Sixth Edition Systems of Psychotherapy A Transtheoretical Analysis

心理療法の諸システム【第6版】
多理論統合的分析

ジェームズ・O・プロチャスカ／ジョン・C・ノークロス 著
津田　彰／山崎久美子 監訳

金子書房

Systems of Psychotherapy
A Transtheoretical Analysis
Sixth Edition

By
James O. Prochaska, John C. Norcross

Copyright©2007 Brooks/Cole, a Cengage Learning Company
ALL RIGHTS RESERVED

ジャンとナンシーへ
To Jan and Nancy

日本語版への序

　本書『心理療法の諸システム』の日本語版が出版されることを光栄に思います。本書の出版によって，主要な心理療法のシステムが人間の条件をどれほど明らかにし得ているか，日本の学生諸君や臨床家・研究者の皆さんに，より一層理解していただけることでしょう。本書を日本の心理臨床を志す仲間たちに届ける労を払ってくれた，私の研究仲間であり友人の一人である津田彰教授と，彼の研究仲間の皆さんに感謝いたします。彼らの臨床心理学者としての適性と翻訳に捧げた貴重な時間が日本語版を可能にしてくれました。

　私は心理療法の理論家として，心理療法のシステムがたとえユニークで優れていても，確固たる証拠もなしに際限なく増え続けている現状を懸念しています。私たちに今求められているものは，多様な心理療法のシステムの中から，心理療法に作用している有効な共通要因を統合し，効果のない要因を除外するといった一致協力した努力です。主要な心理療法のシステムの主成分分析を行い，心理療法の真の治療的アプローチを見出すという，より高いレベルの目標に向けた動きです。共通要因を探し出すための分析と研究により，主要な心理療法のシステムから明らかとなった固有の治療過程が，包括的で科学的根拠にもとづいた心理療法としてまとまり，ひいてはクライエント一人ひとりのニーズに最適化した実践につながることを希望しています。

　本書では，すでに世界的に活用され，個人の変化のステージに合わせて個別最適化した治療を実践する，多理論統合モデルに収斂できる基本的な知見を明らかにしています。こうした発展は，心理療法の諸システムの巨人たちが，いかに心理療法を進歩させ，またそのことによって健康の増進とウェルビーイングを増強させ続けているかを，われわれに教えてくれることでしょう。巨人の肩の上に乗って，われわれは心理療法の過去と現在，さらには未来を見渡すことができるのです。

　巨人たちの大陸へ，ようこそ！　彼らをこわがらないように。われわれのクライエントを悩ます問題パターンとよりよい健康と幸福な生活を生む行動変化のための治療過程を理解するための，頼りになるガイドたちですから。

　　　　　　　　　　　　　　ジェームズ・O・プロチャスカ(*James O. Prochaska, Ph.D.*)
　　　　　　　　　　　　　　　　　ロードアイランド大学がん予防共同研究機構

著者紹介

ジェームズ・O・プロチャスカ（James O. Prochaska）は、ミシガン州立ウェイン大学において、学部、修士、博士課程を通じて臨床心理学を専攻し、その後デトロイトのラファイエット・クリニックにて心理臨床実習を修めた。現在、ロードアイランド大学の心理学教授であり、同大がん予防共同研究機構長である。また彼は、40年にわたって、さまざまな臨床場面で心理療法の経験を積み、さらにいろいろな臨床ならびに研究機関の代表に専門的意見や助言を与えてきた。

これまで、研究代表者として、米国国立衛生研究所から6000万ドルを超える競争的外部研究助成金を獲得しており、心理学の領域で、最近5年間、もっとも論文が引用されている研究者の5人の内の1人として、米国心理学会から表彰されている。多理論統合にもとづく自己変革、ヘルスプロモーション、心理療法などの論文は200以上にも及び、著書の分担執筆は30以上ある。著書は、カルロ・ディクレメント（Carlo DiClemente）との共著である "The Transtheoretical Approach"（1984）と代表作の "Changing for Good"（John Norcross, Carlo DiClemente との共著）（1994）（中村正和監訳『チェンジング・フォー・グッド』法研、2005）である。

彼は優れた講演者であり、世界中からワークショップや基調講演の講師として招かれ、また、米国国立がん研究所、国立精神衛生研究所、国立薬物乱用研究所、米国がん協会等の要請に対する研究活動にも従事してきた。数多くの賞に輝いているが、最近では、米国心理学会からロザリー・ワイス賞とロバート・ウッズ・ジョンソン財団から革新賞を受賞している。また、米国がん協会から心理学者としては初めて、臨床研究に対する栄誉勲章を授与されている。ジムは妻のジャン（Jan）とともに、ロードアイランド州南部の家に住んでいる。2人の子どもたちは結婚して、カルフォルニアに住んでおり、3人の孫がいる。

日本語版への序

　世界を隔てている壁は低くなり，知識はグローバル化しつつあります。心理療法は国際的な影響力をもったみごとな専門家集団として立ち現れています。本書『心理療法の諸システム』の各章の翻訳は，心理療法の世界が意識化することや変化すること，そして平和であることを切望していることを，われわれに気づかせてくれました。

　世界を隔てている壁が低くなっている1つの証として，地球のあちこちに同時発生的に状況の変化が湧き上がっています。その同時代の一例として，根拠にもとづいた実践（EBP）が世界中を駆けめぐっていることです。EBPは，心理療法を含むあらゆる専門活動がしっかりとした科学的研究にもとづいて予測されなければいけないと主張します。たくさんある他のテキストと違って，本書『心理療法の諸システム』は，心理療法の各システムを支持する科学的研究について，読者に懇切丁寧にレビューしています。

　今，日本の研究者の皆さんが，本書を広く利用できるようになったことを嬉しく思います。本書は，それぞれの心理療法のシステムに対する文化的観点からの批判に加え，独立した章として，多文化間心理療法を取り上げているからです。多文化間主義を強調したことで，英語から日本語への翻訳がいかにタイムリーなものであるかと考えます。

　自分と同じような立場にある専門家を手助けする仕事は，大変名誉なことです。心理療法家は概して仕事に対する達成感が高く，他の専門家たちと比べてたくさんの人生の贈り物が得られると報告しています。まさしく，私たちセラピストは，他者を支援するという仕事の中で，このような満足感を得ているのです。米国の哲学者でエッセイストでもある，ラルフ・ウォルドー・エマーソンは，次のように書いています。「人生における最大のすばらしい補償作用の1つは，他者を心から支援しようとする者は，必ず自らを救うということである。」

　われわれの願いは，本書の日本語版がいつまでも，皆さんの知的好奇心を虜にすることです。本書で紹介されている数多くの優れたカウンセリング理論は，われわれ人間をもっと豊かにするために，効力を発揮する心理療法へと案内してくれるでしょう。最後になりますが，皆さんのご多幸をお祈りします。

ジョン・C・ノークロス（*John C. Norcross, Ph.D.*）
スクラントン大学，ペンシルバニア

著者紹介

　ジョン・C・ノークロス（John C. Norcross）は，首席でラットガース大学を卒業後，ロードアイランド大学で臨床心理学を専攻し，修士および博士課程を修了している。心理臨床実習はブラウン医科大学で行った。現在，ペンシルバニア州のスクラントン大学の心理学教授であり，大学理事のメンバーでもある。また，臨床心理士としても活躍している。

　250を越える学術論文をこれまで発表しており，15の編集書を出版している。最近では，"Evidence-Based Practices in Mental Health"（Larry Beutler, Ron Levantとの共著），"Psychotherapy Relationships that Work, Authoritative Guide to Self-Help Resources in Mental Health"，また "Psychologists' Desk Reference"（Gerry Koocher, Sam Hillと共著），"Insider's Guide to Graduate Programs in Clinical and Counseling Psychology"（Tracy Mayne, Michael Sayetteと共著）を著している。米国心理学会（APA）心理療法部門の代表で，国際臨床心理学会の会長，APAの委員長の任にある。"Journal of Clinical Psychology: In Session" の編集委員長をはじめ，数多くの雑誌の編集委員会の委員をしている。職能心理学の米国資格授与機構の臨床心理学部門の責任者である。

　ノークロス博士は，24以上の国でワークショップや講演を行っており，最近，教育と実習に対するAPA特別功労賞に輝いている。ペンシルバニアの年間優秀教授賞（カーネギー財団）など専門の学会からも教育と研究に関する多くの賞を受けている。米国臨床心理実践アカデミーの役員にも選出されている。ジョンは，ペンシルバニア州北東部で妻と2人の子どもたちと生活し，仕事をしているが，そこではいたずらな飼い猫と戯れる日々もある。

まえがき

　本書『心理療法の諸システム：多理論統合的分析 第6版（Systems of Psychotherapy: A Transtheoretical Analysis, 6th edition）』によって，代表的な心理療法の諸システムが系統的，包括的かつバランスよく概観できる。のみならず，それぞれの心理療法のシステム内において，また多様な諸システムを横断して統合に向けて概説以上のものになるよう企画されたものである。各心理療法のシステムの枠組みの中で，そのシステムのパーソナリティ理論から精神病理の理論までを論じることで，結果的に，治療過程と治療関係に焦点が当てられている。また，本書は代表的な心理療法の諸システムを横断して，それぞれの心理療法の本質的な差異を明確にしながら，心理療法の諸システムに共通する多くの類似点を強調する統合的枠組みを提供する。比較分析は，心理療法の諸システムが，変化を必要とする内容についてどれほど不一致であるかを示す一方で，どれほどそれらの変化を生み出す過程が一致しているものかを，はっきりと証明する。

　本書は，第一に，心理療法やカウンセリングの専門課程の学部生と大学院生を念頭に執筆されている。本書は，心理療法の諸システム，カウンセリングの諸理論，心理療法の基礎，カウンセリング入門と銘うった講座などの基本テキストとして活用できるのはもちろん，心理学，カウンセリング，ソーシャルワーク，精神医学，看護学，人間関係論などを専攻する他の分野の学生にも大いに活用してもらえる。第二に，この大著は心理療法のすべての専門家のためのものでもある。急速に進展し続ける心理療法の領域を，比較して展望したいという専門家の要求に応えられる内容が盛り込まれている。われわれは，本書が学校での試験，資格試験，認定試験などに格好のテキストとして活用された学生諸君から，そして，心理臨床の実践活動の中でより統合的な見解を得るのに役に立ったという専門家の方々から，たくさんの手紙や意見を頂戴し，とても勇気づけられている。

われわれの目標

　本書（第6版）の内容と目標によって，心理療法の実践家として，教育者として，研究者として，理論家としての著者の個人的な目標を具体的にすることができた。われわれは，統合的な心理療法の実践家として，さまざまな臨床的アプローチが多様に異なるクライエントとセラピストのためにあるという，その存続性と意味を正しく理解している。そこで，これらのアプローチの概念的基盤から生じる理解というものが，いかに刺激的で深いかを伝達したいと思っている。そのため，第三者的な立場で心理療法の諸システムを記述する

のではなく，それぞれの心理療法の唱導的な立場に自分たちを置くことを心がけた。

　実践家として，われわれはまた，心理療法のような生命の領域に関する専門書は，対象の問題を正しく評価することで現実味を帯びてくると確信している。このために，2人合わせると60年間にも及ぶ臨床活動から得られた貴重な症例（事例）を含めることにした（以下，個人的経験からの記述には，プロチャスカ，ノークロスと注記する）。われわれは，複雑な心理療法の同一症例——C夫人の症例——を，心理療法のそれぞれのシステムがどのように定式化し，治療するかを，明らかにする。この症例をはじめとするすべての症例が，理論的考察を補っている。このやり方によって，さまざまな理論は，心理治療の現場で判明することと関連づき，実際的で一貫性のあるものになる。症例は，当然，クライエントの匿名性を保つために改変してある。

　われわれは心理療法の教育者として，代表的な心理療法の複雑さと多様性を認識している。本書は，本質的な概念を明確に具体的に，しかし過度に簡略化せずに示す。われわれの学生はよく，理論家たちが実際以上にものごとを複雑にしてしまう傾向があると不満をもらす。読者が，本書を読み進めるにつれて，人間の条件の複雑さに深い思いを抱くとともに，人間の条件を作り出す心の複雑さをより理解できるようになることを願っている。

　この数十年間，心理療法の教育者，指導者としての活動を通じて，われわれは学生が情報を収集したり，分析，比較したりするための包括的で構造化されたテキストを求めていることがわかった。そこで，文体や章の内容がそれぞれ異なったまま編集された心理療法の本ではなくて，同じ構成と文体で統一した書物を執筆することにした。たとえばアップルさん（Ms.）に対するアプローチの時の書き方とオレンジ氏（Mr.）の時の書き方が異なるのではなくて，どのアプローチもC夫人（Mrs.）について詳しい治療過程を体系的に書くということにした。

　心理療法の研究者としてのわれわれに，個々の心理療法がポジティブ（時にはネガティブ）なやり方で，クライエントに強力なインパクトを与え得ることを実証的証拠は教えている。この観点に立てば，心理療法はアスピリンというより，ペニシリンにたとえられる。弱い効果ではなく，より強力な効果を引き出すことが期待される療法に関して，方法論的問題での違いがあっても，われわれは心理療法の諸システムの有用性を提示できるだろう。そこで，本書では，対照群を置いた比較結果研究とメタ分析のレビューを扱うことにする。これらの要約を通じて，それぞれの心理療法のシステムの効果を判断することが可能になる。研究と実践によって，各心理療法のシステムが持つそれぞれの限界と矛盾がさらに浮き彫りになる。この理由から，われわれは行動論的，精神分析的，人間性心理学的，文化的，統合的といったそれぞれの観点からのアプローチの批判を丹念に検討する。この基本的な努力は，思いやりのある提案と批判的な分析を兼ね備えているバランスのよいコメントを提示している。

　心理療法の理論家として，われわれは，経験的証拠がないにもかかわらず，各流派のユニークさと優秀さだけ強調した心理療法の諸システムの際限がない増殖を歓迎してはいない。現在，まだ形になっていないわれわれのディシプリン（代表的な研究領域，素養）が必要とするのは，諸心理療法がその有効性を発揮できる本質的な特徴をまとめ上げ，効果

的な実践に関連しない特徴を取り除くための努力である。代表的な心理療法の諸システムについて比較による分析を加えることで，心理療法の多理論統合的アプローチが可能となり，さらに高次の統合段階へと達するだろう。また，比較による分析と研究から，統合された根拠にもとづく心理療法を目指そうと思う。そして，主要な心理療法の諸システムから導かれたいくつもの固有の治療法と治療関係がそれぞれのクライエントの要求に適うように特別仕立てで構成されるはずである。このようにして，心理療法の有用性と適用可能性が永続的に高められると，われわれは確信している。

本書（第6版）の変更点

　心理療法の分野では，次から次に，戸惑うほどの速さで，変革が起きている。ある年もてはやされた治療法――たとえば，神経言語プログラミングなど――が，わずか数年のうちにたちどころに消えてなくなる。心理療法のディシプリンが持つ変化しやすい性質のゆえに，同時代で進行中の進歩に遅れないでついてゆくために，実践家や学生はつねに最新情報を手に入れることが必要となる。

　本書は，変化し続ける心理療法の状況に沿って展開している。1979年の初版本は，比較的短いもので，非常に複雑な心理療法の統合への可能性についてのヒントを著したにすぎなかった。第2版では，対象関係論と認知療法，システム療法を付け加えた。第3版では，ジェンダーセンシティヴ／文化重視療法や統合療法の章を新たに設けるとともに，対人関係療法，短期精神力動療法の項目を追加し，指導者向けの教育マニュアルを導入し，共著者としてジョン・ノークロスを迎えた。第4版では，構成主義的心理療法の章を新たに設け，短期型の心理療法の項目を加えた。さらに，動機づけ面接やEMDR，男性重視心理療法などの特徴を追加した。また，各心理療法を個別に論じるというよりは，理論横断的に変化のプロセスがわかるような表を追加した。

　第5版では，心理療法の将来について論じたまったく新しい章を加えるとともに，精神分析の章から精神力動的治療とアドラー派心理療法を独立させて，構成し直した。さらに，ゲシュタルト療法の章では，体験療法についての資料を追加し，対人関係療法（IPT）の章でも，大幅な記述を加えた。読者からのフィードバックを参考にして，各章の最後に重要用語のリストを加えた。

　第6版の本書では，以下に列挙するように，それぞれの心理療法の分野における最近の動向を反映させた修正と加筆を試みた。

- 第13章に，新しく多文化間療法を独立させた。第5版では，ジェンダーセンシティヴ療法と一緒になっていたものである。
- 第2章では，間主観的精神分析の統一化を試みた。
- 第6章は，ゲシュタルト療法と体験療法を再構成し，プロセス体験療法の解説として特徴づけた。
- 第15章では，統合療法，折衷療法の共通要因を追加した。

- 第16章では，多理論統合モデルについての考察を広く深く試みた。
- 対照群を置いた治療結果研究とメタ分析による研究の最新のレビューを，それぞれの心理療法のシステムについて行った。
- 各章の末尾に，主要な重要用語，推薦図書と参考となるウェブサイトのリストを掲載した。
- 米国では，本書とは別に，2人の教育者，リンダ・キャンベル（Linda Cambel）博士（ジョージア大学）とアンソニー・ジリアーノ（Anthony Giuliano）博士（ハーバード医学校）によって著された "Instructor's Resource Manual"（コンピュータ化されたテスト設問パッケージを含む）が刊行されている。これは，認定をうけたテキスト採用者のみが購入できる。

本書では，代表的な16の心理療法のシステムが詳細に分析され，また別の30の心理療法にも検討が加えられたが，これらの改訂によって，類書には見られないより幅広い心理療法の展望を示すテキストとなった。その結果として，心理療法の主要な理論を包括的にバランスよく検討するという本書の揺るぎない目標が達成できた。『心理療法の諸システム』の発展的拡充は，各心理療法の学派間の基本的一致点と同時に，意味のある相違点を探究するという比較による分析を通してのみ成し遂げられるだろう。

謝辞

前書（第5版）の出版と本書の準備に対するわれわれの試みは，共同研究の仲間たちや家族からの計り知れない支援を受けた。詩人のジョン・ダンの言葉にもあるように，「何者もそれ自身で完全な島であるものはない」。われわれの複雑で大きな企ては，これまでの先達の苦労があってなされている。また，ビートルズの歌詞にもあるように，われわれの友人たちからの数多い援助を得て本書はできあがった。

とりわけ，われわれの友人ともっとも近い同僚であるカロル・ディクレメンテ（Carlo DiClemente）とウェイン・ベリサー（Wayne Velicer）の両博士には，彼らの多理論統合的アプローチの継続的な発展に対して特別に感謝する。原稿をワープロで入力し，原典にあたって調べてくれたエレーヌ・テイラー（Elaine Taylor），アリソン・スミス（Allison Smith）とドナ・ラップ（Donna Rupp）の多大な努力に負うところが大きい。

第6版について批評してくれた次の方々にも謝意を表する。マイケル・レイター（Michael Reiter）（ノバ・サザンスタン大学），カリー・ナシフ（Carrie Nassif）（フォート・ヘイズ州立大学），スザンヌ・ハンサー（Suzanne Hanser）（バークレー音楽校），スティーブン・ジョイ（Stephen Joy）（アルバーサス・マニュスカレッジ），マリア・フローベルト（Marie Flaubert）（セント・トマス大学），マーチン・リッキー（Martin Ritchie）（トレド大学），アンディ・ポメランツ（Andy Pomerantz）（南イリノイ大学），ジェフ・バンローネ（Jeff VanLone）（レハイ大学），ウイリアム・I・ドフマン（William I. Dorfman）（ノバ・サザンスタン大学）。

われわれは彼らの批評を楽しみ，不思議なことに満足した。彼らの批評は時々，本書が1つの特別な理論的方向に向かっていることに気づかせてくれた。批評してくれた人の中には，われわれが精神分析家を嫌っていると推測する人がいたり，本書を通じて精神分析的観点が読み取れると考察する人もいた。そのような矛盾する批評こそ，理論的バランスをもって本書が執筆されている証であると考える。

　ここ何年にもわたって，支援をしてくれた次の3つの団体に特別にお礼を述べたい。まず，米国国立衛生研究所，ロードアイランド大学，スクラントン大学の惜しみない研究資金の助成に感謝する。続いて，心理療法の究極の教師であり続けるクライエントに負うところが大きい。第三に，本書『心理療法の諸システム：多理論統合的分析（第6版）』に意義を認めてくれたワッズワース（Wadsworth）の方々，特に責任編集者であるマルキータ・フレミング（Marquita Flemming）に感謝する。

　最後に，われわれの妻（ジャンとナンシー）と子どもたち（ジェーソンとジョディ，レベッカとジョナサン）に心からありがとうと言いたい。家族は，われわれの学問のために快く犠牲となってくれたり，孤独から抜けだす助けをしてくれた。家族の支援のおかげで，われわれ2人は，近い将来心理療法のもっている力をよりよい世界を築くために活用してくれるはずの人々の教育に，存分に貢献することができたのである。

　　　　　　　　　　　　　　　ジェームズ・O・プロチャスカ（James O. Prochaska）
　　　　　　　　　　　　　　　ジョン・C・ノークロス（John C. Norcross）

監訳者のことば

　この本は，ジェームズ・プロチャスカ（James O. Prochaska）とジョン・ノークロス（John C. Norcross）の共著 "Systems of Psychotherapy: A Transtheoretical Analysis, 6th edition"（Thompson, 2007）の日本語版である。著者のプロチャスカ教授とノークロス教授についての詳しい履歴等は，著者紹介の項でなされているので，繰り返さないが，2人はいずれも，著名な心理臨床の実践家であり，臨床心理学の研究者であり，またクリニカルサイコロジスト養成の教育者でもある。今でこそ，統合的な心理療法の理論と実践が注目されるようになったが，プロチャスカ教授は1990年当初より，当時大学院生であったノークロス先生とともに，その運動の先駆けとなって必要性と重要性を説いてきたパイオニアである。

　さて本書は，多様な心理療法のシステムの共通原則と個別法則を "transtheoretical" 分析することで抽出するとともに，どのような心理臨床の実践がクライエントのニーズに適うものとなるのか，臨床心理学の研究と心理臨床の実践を統合する包括ケアとしての新しい臨床心理学の地平について明示したものである。したがって，学校・職域・地域・医療・保健・看護の領域で心理臨床実践を行っている人には日々の自らの心理臨床の専門活動を整理し直し，臨床心理学を学んでいる人には広範多岐にわたる心理療法のシステムを構造的に理解するための水先案内となることを意図して書かれている。

　"Transtheoretical" という専門用語には，日本ではさまざまな訳語がある。プロチャスカ教授らの最初の著書 "Changing for Good"（Harper Collins Publisher, 1994）を翻訳出版した（『チェンジング・フォー・グッド』法研, 2005）中村正和先生（大阪府立健康科学センター）らは，"transtheoretical" モデル（TTM）を「ステージ変容」モデルとして，またプロチャスカ教授のTTMを我が国の健康心理学の領域に，いち早く広めた竹中晃二先生（早稲田大学）や山田冨美雄先生（大阪人間科学大学），島井哲志先生（南九州大学）は「トランスセオレティカル」とカタカナで表記している。監訳者自身も，かつては「汎理論的」（『健康支援』北大路書房, 2001）とか「行動変化ステージ」（『医療の行動科学II』北大路書房, 2002），「理論横断」（『健康教育概論』実務教育出版, 2003）など，"transtheoretical" という用語の持つ意味に対して，いろいろな日本語訳をしていた。

　しかし，米国ロードアイランド大学の客員教授として，プロチャスカ教授の研究室に約1年間滞在する機会を得て，彼から直接にTTMを学ぶにつれ，また彼がこの言葉を造語として考え出した真意を尋ねたり，TTMを糖尿病の治療に適用し，著しい治療成績をあげておられる石井均先生（天理よろづ診療所）と一緒にプロチャスカ教授と対談したりして，本書に示されているような「多理論統合」という訳語を当てるのがもっとも内容的

に相応しいということになった。この経緯については，J.O. プロチャスカ・石井均・津田彰（2007）「医療者にとって『多理論統合モデル（変化ステージモデル）』とは何か」糖尿病診療マスター 5 (2)： 181-192，津田彰・J.O. プロチャスカ（編）(2006)「新しいストレスマネジメントの実際」(現代のエスプリ No. 469) などを参照いただけると幸いである。

　さて，多理論統合的分析がなぜ今日の心理療法の実践と研究において，さらにはまた心理療法の諸システムの心理臨床教育において必要とされているのか，その意義はどこにあるのか。本書の冒頭でも記されているように，心理療法においては，実に多くの学派が存在している。このことは，現在の日本の臨床心理学の隆盛の礎を築かれたお一人の故河合隼雄先生（前日本臨床心理士資格認定協会会長）が約25年前にすでに，次のように述べておられる。

　「筆者は心理療法において多くの学派が存在することは，その『科学性』をおびやかすものではなく，むしろ，その『科学性』の在り方の特徴をよく示していると考えている。(中略) したがって，学派の存在はある程度避け難いことであり，そのどれが『正しい』と考えるよりは，そのどれが『ある個人に対して適合しているか』と考えるべきであると思っている」，そして「心理治療というものは，一般原則とはずれたところでこそ，意味深い事象が起こるような特徴をもっているので，それにまるっきりとらわれるのはおかしいが，大体どのようなクライエントがどのような学派に向くのか，というくらいの目安は持っている方が望ましいと思えるのである」と結んでいる（心理臨床学研究，1984，2： 1-6）。

　この河合先生の心理療法における学派の選択についての提言は，村瀬嘉代子先生（日本臨床心理士会会長）や平木典子先生（東京福祉大学）が提唱される「統合的心理療法」として，数ある心理療法の理論と技法を理論的，実証的，実践的視点から整理，統合し，確実性のより高いものに洗練し，真にクライエントのために役立つ心理療法の理論と技法の基本を再確認する作業へと現在発展してきた。

　ここ数年来，監訳者が一緒に研究させていただいているラリー・ビュートラー教授（米国パシフィック心理学専門職大学院）を中心に，単一学派の理論と技法によるアプローチの限界を克服し，心理療法の治療効果に共通する一般原則と個別原則を踏まえた「系統的な心理療法のシステムの選択」(systematic treatment selection) が真に実りある実証に基づく臨床心理学の理論と実践になるという考え方が隆盛になっている（Castonguay, L. G. & Beutler, L.E., eds., 2006, Principles of Therapeutic Change that Work, Oxford University Press)。

　ビュートラー教授らは，心理療法の治療効果に占める学派独自の技法効果は15％程度に過ぎないこと，むしろ，クライエント側の要因（クライエントの自我の強さや問題に対する対処スタイルの特徴，疾患，症状の程度など），治療的共通要素としての共感，温かさ，受容などのセラピスト側の要因，クライエント-セラピストの関係性の要因（信頼を基盤とした対人関係性の在り方とそれを維持する力），プラセボ効果（治療設定やクライエントとセラピストの持つ心理療法への期待や知識，先行経験など）が心理療法の効果の大部

分を占めるということを実証的に明らかにしている。

　これらの知見に従えば，個々の心理療法のシステムのどれが「正しい」とか「効果があるか」と考える以上に，心理療法の理論と技法の特徴やクライエントの特徴，セラピストの特徴，クライエント-セラピスト間の関係性，経験的に効果があるとされてきた心理技法などの複数要因について，クライエントが抱える問題の性質と重篤度，それに対する治療の準備性や動機づけ（抵抗性）のレベル（段階），セラピーへの好みなどに見合った心理療法の諸システムをタイミングよく実践する統合的心理療法が重要であり，意義があることが示唆される。すなわち，たとえメタ分析などによって平均値的に効果量が有意で，科学的根拠のある心理療法とされている技法であっても，それが目の前にクライエントに対して本当に適用可能かどうかを吟味しながら，心理療法の諸システムをいかに当人にうまく適合（matching）させて健康支援を行うかを考える視点に他ならない。

　心理療法家の養成のためのカリキュラムを作るとき，いろいろな学派について，それぞれの心理療法に関する主な学派の理論と技法について，基礎的な内容をひととおり学んでおく教育が求められる所以でもある。このような流れを背景に，多様な心理療法のシステムの理論と技法を組み合わせたり，まとめたりして適用する統合的心理療法が最近論じられ，学派間の対話も行われだしている（杉山崇・前田泰宏・坂本真士編，2007『これからの心理臨床』ナカニシヤ出版）。

　加速度的に変貌する現代社会の影響を強く受け，クライエントが抱える問題がますます複雑化，多様化している昨今，セラピストに求められているのは代表的な心理療法の諸システムを上手にクライエントに適合させる個別最適化した心理療法の実践であり，研究であり，心理臨床の教育である。これらのニーズに適い，効果性と有効性，有用性を最大限引き出してくれる枠組みとして，多理論統合的分析が誕生し，心理臨床に携わる実践家，教育者，研究者がこの考え方を受け入れるようになり，実際，統合的心理療法として広まっている。

　臨床心理学は今まさに，クライエントのために最大限貢献できる新たな心理療法のシステムを構築し始めた。この流れをさらに確実にし，よりよい心理臨床の実践と研究，教育が展開されていくためにも，本書が大いに活用されることを期待する。ひいては，経験的に効果のあるとされる心理療法のシステムをどのようなタイミングで，どの程度，どのようなクライエントにどのように適合させていくかという，研究と実践を包括するケアの広がりに貢献すると確信する。このことがクライエントの問題に対する行動変化を，より有効的かつ効率的に促すとともに，心理療法の最終目標であるクライエントの心理的ウェルビーイングと生活の質（QOL）の向上へとつながっていくことになるだろう。

　今，本書の校正作業を終えて，大学の研究室の窓から，黄色く色づいた銀杏の街路樹を眺めていると，4年前に研究休暇で滞在していた，米国ニューイングランド地方の燃えるような紅葉の中にあったプロチャスカ教授の研究室で過ごした日々が思い出されてきた。滞在中，プロチャスカ教授から謹呈された原書の表紙の裏にサインされている，"To Akira, For your help in bringing TTM to many more people in Japan" という添え書きに対して，いくばくかの成果実証が得られたことである。本書が今，監訳者の研究仲間

の心強い協力を得たことに感謝したい。
　本書が刊行されるまでには多くの方にお世話になった。本書に掲載されている人名の英語読みをカタカナにしてくれたロードアイランド大学博士課程大学院生の小林久謹さん，さらに金子書房編集担当の方々，とりわけ真下清前出版企画部長には，原稿を丹念に読んでいただき，通常の出版社の編集の仕事を越えた，詳細でしかも適切な指摘をいただいた。ここに厚くお礼を申し上げたい。

　2009年晩秋の筑後路にて

津田　彰

監訳にあたって

　尊敬する先輩の一人である津田彰先生が研究休暇先の地から，「心理療法について書かれた大部の本があるが，日本で訳出する価値があるか検討してほしい」という依頼を寄せてくださった。筆者には短期間でこうした判断をする力も資格も毛頭ないが，後輩として何とかこのお尋ねに応えねばならないと思いながら，海外から送られて来た第5版のテキストファイルを開けた。

　各章を構成している小見出しだけを見てもたいへん魅力的なものであったし，自分が比較的詳しい心理療法の章を見ると，実にすばらしい出来栄えであることはすぐわかり，津田先生にその旨を伝えた。先輩は，帰国までに実現に向けて，第5版がさらに改定されて第6版が刊行の予定という情報を含めて，著者の一人であるプロチャスカ教授と密な話し合いを進めていることを知らせてくれた。津田先生のお人柄とパワフルな仕事ぶりあってのことと受け止めている。

　第一線の各訳者は，訳出に多くの時間を割き，監訳者の無理な注文に快く応じてくださったと思う。この場をお借りして，改めて感謝申し上げる次第である。多くの訳者が分担して1冊を訳出すると，当然のことながら，訳文の統一に差異が生じるが，完成度の高い原文がその点をあまり気にならなくさせているともいえよう。他章とあえて揃えずに独自の訳語を尊重した章もあり，監訳者としては工夫の要るところであった。監訳者もすべての心理療法に詳しいわけではないので，その点はご叱正を賜りたい。

　心理療法がそもそもクライエントのためにあることを考えれば，ここに紹介されている多様な心理療法に精通することが臨床家の責務であろうし，なによりまず，拠って立つ技法のみに拘泥することから自由にならなければなるまい。そして，心理療法が多理論統合の方向を目指すことを歓迎するが，臨床家が自分の臨床にその方針を採用していくことが難しいのは，科学的な研究の不足とそうした体制を整えられない臨床現場のある種の制約とわれわれ人間の怠惰かもしれない。結論としては，目の前のクライエントのためにテーラーメイドの処方を用意できるよう，われわれは鋭意努力するのみである。また，心理療法の科学性を追求するあまり，エビデンスに乗りにくいアートの諸要因を軽視することがあってはならないことに改めて警鐘を鳴らしておきたい。いつなんどきも温かく，互いに敬意を払う治療関係が心理療法の成否のかぎを握ることは誰しもが認めるところであろう。

　本書は心理療法についての知の宝庫であることはいうまでもないが，読んでいるうちに自らがセラピーを受けているような体験をするのは筆者だけではないと思う。

山崎久美子

目　次

日本語版への序　ジェームズ・O・プロチャスカ（著者紹介）……………………ii
　　　　　　　　　ジョン・C・ノークロス（著者紹介）………………………iv
まえがき ……………………………………………………………………………vi
監訳者のことば　津田　彰 …………………………………………………………xi
監訳にあたって　山崎久美子 ………………………………………………………xv

第1章　心理療法の定義と比較　統合の枠組み …………………………………3

　心理療法の定義　6
　理論の役割　7
　治療の共通性　8
　変化のプロセス　14
　変化のプロセスに対する最初の統合　21
　治療の内容　22
　C夫人の症例　24
　重要用語　27／推薦図書　27／推薦ウェブサイト　28

第2章　精神分析的療法 ……………………………………………………………29

　ジグムント・フロイトの人物像　30
　パーソナリティ理論　31
　精神病理の理論　39
　治療過程の理論　41
　治療の内容　45
　治療関係　51
　精神分析の実用性　52
　主要な選択肢：精神分析的心理療法と関係精神分析　53
　精神分析の有用性　56
　精神分析に対する批判　59
　C夫人を対象とした精神分析　62
　将来の方向性　65

重要用語　67　／　推薦図書　68　／　推薦ウェブサイト　68

第3章　精神力動的治療……………………………………………………69

　　　フロイトの後継者たち　70
　　　アドラー派療法　72
　　　自我心理学　89
　　　対象関係　91
　　　短期精神力動的治療　94
　　　精神力動的治療の有用性　97
　　　精神力動的治療に対する批判　100
　　　C夫人を対象としたアドラー派療法の分析　103
　　　将来の方向性　105
　　　重要用語　106　／　推薦図書　107　／　推薦ウェブサイト　108

第4章　実存療法……………………………………………………………109

　　　初期の実存療法家3人の人物像　110
　　　パーソナリティ理論　112
　　　精神病理の理論　118
　　　治療過程の理論　121
　　　治療の内容　126
　　　治療関係　134
　　　実存療法の実用性　135
　　　短期実存療法　136
　　　主要な選択肢：実存-人間性療法，ロゴセラピー，現実療法　136
　　　実存療法の有用性　143
　　　実存療法に対する批判　144
　　　C夫人を対象とした実存分析　146
　　　将来の方向性　149
　　　重要用語　150　／　推薦図書　150　／　推薦ウェブサイト　151

第5章　パーソンセンタード療法…………………………………………152

　　　カール・ロジャーズの人物像　153
　　　パーソナリティ理論　155
　　　精神病理の理論　157
　　　治療関係　160
　　　治療過程の理論　162
　　　治療の内容　167

パーソンセンタード療法の実用性　172
　　短期パーソンセンタード療法　174
　　主要な選択肢：動機づけ面接　174
　　パーソンセンタード療法の有用性　178
　　パーソンセンタード療法に対する批判　181
　　C夫人を対象としたパーソンセンタードの分析　184
　　将来の方向性　186
　　重要用語　188　／　推薦図書　188　／　推薦ウェブサイト　189

第6章　ゲシュタルト療法と体験療法　190

　　フリッツ・パールズの人物像　191
　　パーソナリティ理論　192
　　精神病理の理論　196
　　治療過程の理論　198
　　治療の内容　207
　　治療関係　213
　　ゲシュタルト療法の実用性　216
　　短期ゲシュタルト療法　217
　　体験療法　217
　　ゲシュタルト療法と体験療法の有用性　220
　　ゲシュタルト療法に対する批判　222
　　C夫人を対象としたゲシュタルト分析　225
　　将来の方向性　227
　　重要用語　228　／　推薦図書　229　／　推薦ウェブサイト　230

第7章　対人関係療法　231

　　対人関係療法の創始者たちの人物像　232
　　パーソナリティ理論　233
　　精神病理の理論　234
　　治療過程の理論　236
　　治療の内容　240
　　治療関係　243
　　対人関係療法の実用性　243
　　主要な選択肢：交流分析　244
　　短期対人関係療法　251
　　対人関係療法の有用性　251
　　対人関係療法に対する批判　254
　　C夫妻を対象とした対人関係分析　256

将来の方向性　258
　　　重要用語　259　／　推薦図書　259　／　推薦ウェブサイト　260

第8章　暴露療法群　…………………………………………………………………261

　　　暴露療法群の特徴　262
　　　インプローシヴ療法　263
　　　暴露療法　270
　　　EMDR　277
　　　暴露療法群に対する批判　285
　　　Ｃ夫人を対象としたインプローシヴ療法　287
　　　将来の方向性　290
　　　重要用語　291　／　推薦図書　291　／　推薦ウェブサイト　292

第9章　行動療法　………………………………………………………………………293

　　　行動療法の概略　294
　　　拮抗条件づけ　296
　　　随伴性マネジメント　307
　　　認知行動変容　317
　　　治療関係　324
　　　行動療法の実用性　326
　　　短期行動療法　328
　　　行動療法の有用性　328
　　　行動療法に対する批判　339
　　　Ｃ夫人の行動分析　342
　　　将来の方向性　344
　　　重要用語　345　／　推薦図書　346　／　推薦ウェブサイト　347

第10章　認知療法　………………………………………………………………………348

　　　アルバート・エリスの人物像　349
　　　REBTのパーソナリティ理論　351
　　　REBTの精神病理の理論　352
　　　REBTの治療過程の理論　355
　　　REBTの治療の内容　360
　　　REBTにおける治療関係　366
　　　アーロン・ベックの人物像　367
　　　認知療法の精神病理の理論　368
　　　認知療法の治療過程の理論　370

xx

認知療法における治療関係　373
　　認知療法の実用性　374
　　短期認知療法　375
　　認知療法の有用性　375
　　認知療法への批判　383
　　C夫人を対象とした認知分析　386
　　将来の方向性　388
　　重要用語　389　／　推薦図書　390　／　推薦ウェブサイト　391

第11章　システム療法 …………………………………………392

　　システム療法の背景　393
　　コミュニケーション／戦略的療法　396
　　構造療法　407
　　ボーエン家族システム療法　415
　　短期システム療法　421
　　システム療法の有用性　422
　　システム療法に対する批判　427
　　C家族を対象としたシステム的分析　432
　　将来の方向性　434
　　重要用語　435　／　推薦図書　436　／　推薦ウェブサイト　437

第12章　ジェンダーセンシティヴ療法 …………………………………………438

　　社会・政治的力の概略　439
　　パーソナリティ理論　440
　　精神病理の理論　441
　　治療過程の理論　445
　　治療の内容　450
　　治療関係　453
　　実用性　455
　　短期療法　455
　　主要な選択肢：男性センシティヴ療法　456
　　ジェンダーセンシティヴ療法の有用性　459
　　ジェンダーセンシティヴ療法に対する批判　459
　　C夫人を対象としたフェミニストの分析　462
　　将来の方向性　463
　　重要用語　464　／　推薦図書　465　／　推薦ウェブサイト　465

第13章　多文化間療法（共著：アリソン・スミス）　……………………………………466

多文化間療法のパイオニアたちの人物像　467
パーソナリティ理論　471
精神病理の理論　473
治療過程の理論　476
治療の内容　480
治療関係　483
多文化間療法の実用性　485
短期多文化間療法　486
主要な選択肢：LGBTのクライエントを対象にした心理療法　487
多文化間療法の有用性　491
多文化間療法に対する批判　492
C夫人を対象とした多文化間的分析　495
将来の方向性　496
重要用語　498　／　推薦図書　499　／　推薦ウェブサイト　499

第14章　構成主義的療法　ソリューションフォーカスド療法とナラティヴ療法　…………500

構成主義的心理療法の概略　501
ソリューションフォーカスド療法　503
ナラティヴ療法　511
構成主義的療法の有用性　517
構成主義的療法に対する批判　519
C夫人を対象としたナラティヴ分析　523
将来の方向性　524
重要用語　526　／　推薦図書　526　／　推薦ウェブサイト　527

第15章　統合療法と折衷療法　……………………………………………………528

統合化への気運　529
共通要因　532
技法的折衷か理論的統合か　535
精神力動的-行動的統合療法　538
マルチモダル療法　546
短期統合療法と短期折衷療法　556
統合療法と折衷療法に対する批判　557
C夫人を対象としたマルチモダル分析　559
将来の方向性　561

重要用語　562　／　推薦図書　563　／　推薦ウェブサイト　563

第16章　比較による結論　多理論統合療法に向けて……564

発達的観点　565
多理論統合モデル　568
変化のプロセス　569
変化のステージ　572
変化のレベル　583
統合化　584
多理論統合的関係　588
多理論統合療法の有効性　589
多理論統合療法に対する批判　592
C夫人を対象とした多理論統合的分析　594
重要用語　598　／　推薦図書　599　／　推薦ウェブサイト　600

第17章　心理療法の将来……601

デルファイ投票法　601
12の新たな方向性　604
おわりに　617
重要用語　618　／　推薦図書　618　／　推薦ウェブサイト　619

本文内容一覧……621
参考文献……624
人名索引……665
事項索引……679
監訳者・訳者紹介……696

心理療法の諸システム

多理論統合的分析

［第6版］

1 心理療法の定義と比較
統合の枠組み

　心理療法の領域は未来の社会変化を見越した衝撃によって打ち砕かれ，飛び散った治療法の破片で溢れかえり，大勢の人が戸惑っている。われわれは，過去50年の間に有名ブランドの治療法が次から次に誕生するという，超インフレ状態を目撃した。ハーパー（Harper）は1959年に，心理療法のシステムが36あると報告した。その後1976年にパーロフ（Parloff）は，心理療法の市場には130を越える療法が出回り，"ジャングル状態"になっていることを指摘した。1979年のタイム誌では，200以上の治療法が紹介されている。最近の推測では，400以上の心理療法が生まれ，さらに増加しているという。

　ライバルのセラピストからの批判に応える形で，心理療法は雪崩現象的に増え続けている。各心理療法のシステムはそれぞれユニークかつ効果的であり，いずれも適用が可能であると主張する。新しい心理療法の創始者はふつう，対照群を置いた治療結果研究がないにもかかわらず，80～100％の治癒率があると強調する。健全な多様性の域を越えて，もはや不健康なカオス状態になっている。学生はじめセラピスト，クライエントは混乱し，分断され，不満を感じている。治療に成功していると主張する多くの心理療法のシステムについて，どの理論を研究し，教え，用いたらよいのだろうか。

　ある特定の心理療法を提唱する書物はきわめて説得的である。本を読めば，その新しい考え方と方法を使って実践したくなる。けれども，われわれがそれぞれの心理療法を急進的に唱導する立場になった時，混乱が舞い戻る。指導者の意見に耳を傾けて治療法を比較しながら聞いているうちは，それほどの混乱はまだない。しかし，基本的な前提で不一致が生じ，他の心理療法の名前さえ口にしないようなルールが決められるとそうはいかなくなる。

　心理療法の破片化と混乱は，心理療法のシステムの比較による分析によって解決できると，われわれは確信している。本質的な差異を損ねることなく，諸システム間の類似性に

焦点を当てることで，それは可能になるだろう。

　比較による分析を行うためには，比較の対象となる個々の心理療法のシステムを適切に理解しておくことが条件となる。そこで，それぞれのシステムを考察する時，最初に，症例（事例）を簡単に呈示し，個々のシステムがどのように発展してきたのか解説する。システムはパーソナリティをどのように扱い，精神病理をどのように位置づけ，治療をどのように進め，治療の内容や治療関係がどのようなものなのかについて吟味する。次に，心理療法の実用性とその様式を簡潔に紹介する。

　システムの有用性について，比較対照研究を要約することで，当該の心理療法に寄せられている批判をさまざまな視点から評価する。どの章においても，同一のクライエント（C夫人）の症例分析による結論を行う。将来の方向性を推測し，関連書の紹介で締めくくる。

　それぞれの心理療法のシステムの検証と比較による分析は，次のようなアウトラインに従う。

- 臨床症例（事例）
- 創始者の人物像
- パーソナリティ理論
- 精神病理の理論
- 治療過程の理論
- 治療の内容
- 治療関係
- 心理療法の実用性
- 短期の治療形態
- 治療の有用性
- 療法に対する批判
- C夫人を対象とした分析
- 将来の方向性
- 重要用語
- 推薦図書
- 推薦ウェブサイト

　比較による分析を行うために，各心理療法のシステムの類似点と相違点とを示すために，統合モデルを用いることにする。統合モデルを選んだ理由の1つは，他の心理療法に対する**寛容**な精神である。比較的安易に行われる，他の療法の欠点探しをするのではなくて，統合モデルはそれぞれの心理療法について，自分のシステムにとって有用となるものに焦点を当てる。統合はまた，現代の心理療法の大きな流れでもある。臨床研究は，**統合／折衷主義**（integrational/eclecticism）がメンタルヘルスの専門家に広くオリエンテーションされていることをつねに示している（Norcross, 2005のレビューを参照）。

表1-1　米国の心理療法家における基本的な理論的オリエンテーション

理論的オリエンテーション	臨床心理士	カウンセリング心理学者	精神科医	ソーシャルワーカー	カウンセラー
アドラー派	0％	1％	1％	1％	2％
行動療法	10％	4％	1％	4％	6％
認知療法	28％	26％	1％	4％	10％
構成主義的療法	2％	1％	0％	2％	1％
折衷／統合療法	29％	29％	53％	34％	37％
実存療法／人間性心理学	1％	6％	1％	3％	13％
ゲシュタルト療法	1％	1％	1％	1％	2％
対人関係療法	4％	7％	3％	1％	1％
精神分析	3％	2％	16％	11％	3％
精神力動的療法	12％	13％	19％	22％	8％
ロジャーズ派／パーソンセンタード療法	1％	4％	0％	2％	8％
システム療法	3％	4％	1％	13％	7％
その他	5％	3％	3％	2％	2％

引用資料：Bechtoldt et al., 2001; Norcross, Karpiak, & Santoro, 2005; Norcross, Strausser, & Missar, 1988

　心理療法を統合しようとする企てがこれまで行われてこなかったのは，心理療法の諸システムにそって，それぞれの心理療法のシステムを考えたり，作業したりする知的な枠組みと適当な包括的モデルがなかったことが最大の理由と思われる。本書の後半で，洗練された統合モデルを示す。心理療法の複雑性を正当に評価するには，それでもまだ完璧ではないが，現在の混沌とした状況を整理するには，十分価値がある。400以上の理論を扱うことに比べれば，統合モデルは変化のプロセスをある程度の数まで絞り込んだ仮定をしている。その変化のプロセスが現代の心理療法の諸システムに共通して存在していると考える。統合モデルはまた，治療の内容が個人の機能レベルに即して4つにまとめられることを示唆する。

　それぞれの心理療法のシステムを，変化が起こるために必要な個々のプロセスに沿って，あるいはプロセスを組み合わせて比較する。同時に，変化の内容について，個人機能のレベルに沿って比較する。システムは自尊感情のなさ，親密さの不足，コントロールできない衝動などといった個人機能レベルでの個々の問題をどのように共通に概念化できるか，比較検討される。臨床家の関心は，基本的に，現実世界の生身の人間にあるので，ここでの比較による分析をたんに概念とデータだけに限定しない。われわれの分析は，代表的な心理療法のシステムが治療困難な同じ症例をどのように概念化し，その治療を行うのかについても比較する。

　本書では，比較による分析の対象として，16の代表的な心理療法を取り上げる。自然消滅しかけ，あまり顧みられることがないと目されるシステム，あまりにも未成熟で依拠するパーソナリティ理論や精神病理の理論がないシステム，あるいは，もともと本書ですでに扱ったテーマの変法にすぎないシステムは除外してある。除外の最終的判断は経験則に依った。米国のメンタルヘルスの専門家が，理論基盤としているシステムのうち，1％未満のものを除外した。表1-1に，われわれの複数の研究から集めた1,500人を越える心理学

者，精神科医，カウンセラー，ソーシャルワーカーが用いている心理療法の理論を要約している。

心理療法の定義

　心理療法のテキストの順当な始まりは，対象それ自体であるところの心理療法を定義することだろう。けれども，心理療法の定義は1つではなく，まだ一致が広く得られていない。自分の理論的立場にもとづいて，心理療法は対人相互的説得，ヘルスケア，心理教育，専門家にコーチされた自己変革，行動工学，養育のやり直し，友情の獲得，神秘主義の現代版など，さまざまに定義されている。心理療法の実践はやさしいが，それを説明したり，定義したりするのは難しいように思われる（London, 1986）。

　われわれの統合的な立場に立てば，受け入れられる心理療法の定義には，いくつかの必要条件がすでに盛り込まれている。第一に，臨床上の現象が具体的かつ操作的に定義づけられていること。第二に，定義が理論的で可能な限りにおいて意味的に中立であること。第三に，異なる立場の心理療法家からの合意が最終的に得られ，賛意と正当性が検討されていること。第四に，適切な言葉遣いによる総称的な定義に対して，正当な評価が与えられていること。つまり，個々のアプローチの統合を損なうことなく，定義が理論を公平に扱っているかどうかが重要となる。

　われわれの定義をここで示す（Norcross, 1990, p.218）。

> **心理療法**（psychotherapy）とは，説明と同意を受けた参加者の行動と認知，その他の個人的特性について，彼らが望む方向への変容を手助けすることを目的として，確立された心理学的法則にもとづいた臨床的技法と対人的態度を意図的に応用すること。

　この定義は確かに包括的であるが，理論と方法の点で，とてもバランスのとれたかなり中立的なものである。たとえば，理論的オリエンテーションやクライエントのニーズが異なった時に求められる形式，参加者の人数や構成を特定していない。同じく，心理療法の訓練と資格要件なども記していない。われわれは，変化のプロセスが複数存在すること，変化すべき内容も多元的であることに気づいている。ここでは，変化を起こすための治療法と治療すべき内容の範囲を定めていない。定義の要件として，「確立された心理学的法則にもとづいた」方法を示すことで，臨床的ならびに研究的妥当性を十分満たすと考える。

　われわれの定義はまた，「臨床的技法と対人的態度」の2つを明確にしている。ある治療システムでは，変化のメカニズムに積極的に働きかけることが治療法となっているが，別なシステムでは，治療関係に焦点を合わせ，それが変化の源泉と考える。この立場では，セラピストの対人的態度と体験が治療法と同じ位置を占める。最後に，心理療法として積極的に定義づけられるあらゆる活動は，参加者とセラピストとの相互の共通目標として，「参加者が望む方向への変化を手助けすることを目的として」のみ行われるべきであるこ

とを，われわれは認識している。さもないと，心理療法と名づけられていても，その行為は強制とか罰を曖昧に含んだ形態になってしまうことになりかねない。

理論の役割

　理論（theory）という言葉は，多義的である。一般的な意味では，理論は実践とか経験則とか必然的事物と対比して用いられる。科学の分野では，ふつう，所与の範囲のデータを説明するために用いられる一連の陳述として定義されている（Marx & Goodson, 1976）。心理療法の場合，理論（またはシステム）は人間行動，精神病理，治療による変化のメカニズムに関する一定の見解と考える。このような考え方は，心理療法の理論の特徴についての必要条件ではあるが，十分条件とはならない。行動論的モデルや統合モデルでは，パーソナリティと人間の発達の説明をよく行うが，すべての理論がこのような説明を必要とするわけではない。

　われわれが心理療法に関する理論のテキストを改訂していることを知った同僚は，理論の有用性にときどき疑問を投げかけた。彼らは，なぜ心理療法の実際的適用と蓄積されている知見だけで教科書を書かないのかと質問した。われわれのそれに対する反応は，その時々の気分によって違ったが，だいたい似ていた。心理療法を上手に学ぶやり方の１つは，その療法が一番伝えたいものが何かを心に留めて，それを他の療法と比較することである。たとえ，われわれの知識が蓄積され，研究の広範な基盤があったとしても，"絶対的真実"ということは，心理療法に限ればあり得ないだろう。理論はいつでも，その時点で"真実"にもっとも近い形で存在することになる。

　心理療法の理論やシステムの道標がなければ，セラピストはたとえ１回の治療面接であっても，無数の情報と印象に飲み込まれ，それに傷つき，方向を失い，圧倒されてしまうだろう。初回面接において，クライエントに尋ねる時，何をもっとも優先しなければいけないのか，幼いころの記憶なのか，両親との関係なのか，人生の意味なのか，感情の混乱なのか，環境の強化因子なのか，最近の認知か性的な葛藤なのか，その他別なことか。いかなる時でも，われわれは治療面接では，共感し，指示し，教育し，モデルを呈示し，支持し，質問をし，違う枠組みでとらえ直し，解釈すべきなのか。心理療法の理論は，臨床の現象を記述するものである。治療に関する概念の優先順位を明確にし，治療の方向性を明らかにするために，多くの関連情報を整理し，組み立て，まとめ直す。この作業を通じて，首尾一貫した知識体系としての理論が洗練化されてくる。

　心理療法の理論のオリエンテーションの中に深くとどめられている人間性のモデルは，純粋主義者にとっては，たんに哲学的な問題ではない。そのモデルは，人間の能力がどう研究され，どう育成されるのか，またどの側面が無視され，それらを十分発達させないでおくかに関して，強い影響を及ぼす。治療では，クライエントが背後に有する精神病理や健康度，現実の概念と治療過程の取り扱い方などと必然的に向き合うことになる（Kazdin, 1984）。治療の諸システムが人生のさまざまな展望を認めるものとなれば，結果的に

人間存在のいろいろな可能性を含むこととなる（Messer & Winokur, 1980）。

　これに関して，自分の理論にしっかり依拠している心理療法家ほど，独善的で保守的であるといった誤った理解を，われわれはぜひとも是正したい。このような広く行き渡った誤解は，特定の理論にもとづく心理療法家はすべて，クライエントの置かれている状況や問題に対して，臨機応変に対応せずに，自分たちの技法に固執しているといった印象を与える。これを解決する1つは，理論的オリエンテーションを選別し，特定化することである。理論に相応しい特定のラベルをたとえ任意につけたとしても，それに従い，終生しばられる必要は決してない（Norcross, 1985）。優れたセラピストほど柔軟であり，優れた理論ほど適用範囲が広い。つまり，われわれは，理論を幅広い文脈の中で使用することができるとともに，セラピストは自分の理論の中に，立場の異なる理論の考え方を取り入れることができる。あるオリエンテーションを好んでも，別のオリエンテーションの概念や方法の使用を排除するわけではない。換言すれば，本質的な問題は，特定の理論を支持するセラピストにあるのではなく，クライエントを狭い範囲に押し込め費用を払わせてしまうセラピストにあると言える（Stricker, 1988）。

治療の共通性

　理論的な差異にもかかわらず，心理療法の中心ともいえる核はある。この核こそが，いろいろな立場の心理療法を1つにまとめ，銀行預金の管理や農作業，理学療法などの他の活動と区別するものである。これは**共通要因**（common factors）とか非特異的変数とよばれるもので，すべての心理療法に共通する核となっている。ある心理療法においてだけ特異的に生じるものではない。しかしながら時として，これらの心理療法における共通性が理論によっては中核として特定できなかったり，研究はまったく正反対なことを示唆している（Lambert, 1992とWeinberger, 1995のレビューを参照）。

　メンタルヘルスの専門家は，心理療法の共通要素や中核がさまざまに分化してきたことを目撃してきた。早くも1936年に，心理療法の治療結果について，ローゼンツワイク（Rosenzweig）は，『不思議の国のアリス』に出てくる有名なドードー鳥の「皆が勝利者で，誰もが栄誉に浴した」という一節を引用して，心理療法は信用にほかならないと記している。さらに，心理療法の結果がどれも似たりよったりなのは，心理的解釈とカタルシス，セラピストのパーソナリティが治療の共通要因であるためと解釈した。1940年には，ワトソン（Watson）が心理療法の諸システムに共通するものを明らかにしようと開催した会議の報告をしている。参加者はローゼンツワイク，アドラー（Adler）やロジャーズ（Rogers）など立場の異なるセラピストたちであった。その結果，心理療法を成功させる上で共通なものとして同意された要因は，支持，解釈，洞察，行動の変化，よい治療関係，セラピストの特性などであった（Watson, 1940）。

　いろいろな心理療法のシステムがそれぞれに，お互いの治療成績が優れていることを主張したとしても，それらが主張するほど，結果は違うことはないだろう。治療法が異なっ

ていても，それらには"治療的"要素として共有しているものがおそらく同じだからである。理論が違っていても，セラピストとしての共通のストラテジーを獲得できたか，その程度いかんによって，共通要素が明確になる。それは，種々の理論的バイアスにもかかわらず，最後まで残った共通要因に他ならない（Goldfried, 1980）。

　しかしながら，予想するとおり，今日，共通要因として数え上げられるものは，その構成の違いや特徴などにおいて実に多様である。さまざまな著者が心理療法にかかわるいろいろな領域やレベルに焦点を当てているので，結果的に，共通要因の概念化が多岐にわたる。

　共通要因についてのここでの考察は，グレンキャヴェッジとノークロス（Grencavage & Norcross, 1990）の研究にもとづいている。これは，50の代表的な論文から提案された共通要因を一致させようと試みた研究で，最終的に，全部で89の共通要因が提案された。それらの分析において，もっとも一致を見た共通要因はクライエントのセラピーに対するポジティブな期待と促進的な治療関係であった。ポジティブな期待と治療関係，ホーソン効果，その他の関連要因について，それぞれ順に考察していく。

ポジティブな期待

　共通要因として，もっとも広く論じられ，検討されてきたのが期待であろう。これらの共通性は，「教会などの堂々とした建物に対するコンプレックス」——治療機関それ自体に対するクライエントの忠誠心，巡礼の最後の扉，セラピストの自信や治療への自信——と記述されている（Torrey, 1972）。われわれのコンピュータによる文献検索によって，治療に対するクライエントの期待について扱っている200以上の研究があることが判明している。これらの研究の大部分の仮説は，セラピーの有効性を信じるクライエントの期待に応じて治療成績はよくなるというものであった。ある評論家は，心理療法は，われわれがクライエントに治療によってよくなるだろうという期待をよび起こす影響の過程以上のものではないと批判する。われわれが心理療法によってクライエントを回復させたり，症状を改善できたりするのは，クライエントが治療に対して抱く期待の強さで決まるという。多くのセラピストが日々悪戦苦闘している中で望むことは，心理療法の過程がとても単純であったらと願っているのに，である！　これまでに得られている知見によれば，心理療法の効果はクライエントが治療に対して抱く強さのみというほど簡単なものではない。研究では，特に何もしないでセラピーを行った場合の結果と比較して，クライエントに期待を抱かせた場合では，症状の改善がどちらのほうにより顕著に生じるのかどうか比較された（Clarkin & Levy, 2004; Garfield, 1986; Wilkins, 1977, 1979）。期待効果を報告している研究では，そのほとんどにおいて，強いポジティブな期待は系統的脱感作や対人関係療法のような治療法の効果を非常に高めることを明らかにしている。成功した心理療法の結果の3分の1まで，ヒーラー（癒しの専門家）とクライエントがともに治療の有効性を強く信じているという事実に帰着させられるかもしれない（Roberts, Kewman, Mercier, & Hovell, 1993）。

　けれども，心理療法の効果は決して期待のみで生じるものではない。複数の治療結果研

究をさらに精密に分析すると，心理療法群，共通要因の条件群，無治療群の順で，効果的であることがわかった（Barber, Funk, & Houston, 1988）。治療の成績は，それぞれ，心理療法群，プラセボ群，対照群（何もしない，もしくは待機者群）の順であった。実際，クライエントにポジティブな期待を抱かせるような操作を加えた"非特異的"もしくは**プラセボ**（placebo）群と比較すると，心理療法の効果は約2倍であった（Grissom, 1996）。研究的な立場では，心理療法のすべてのシステムにおいて，期待は重要な要素であると仮定するだろう。けれども，それはクライエントが変化するための中心的な過程というよりも，ポジティブな期待はセラピーを継続させるために必要かつ重要な要件として概念化されている。時間，費用およびエネルギーを必要とする治療過程では，クライエントは治療が役立たないと思えば進んで参加しないだろう。クライエントがセラピストの教示で，脱感作，催眠あるいは精神分析を共同作業するためには，そのような投資に相当する回復をクライエントに期待させる必要があると考えるのは妥当であろう。そこで，われわれの作業仮説として，セラピストにとって大切なのは，クライエントに希望を持たせ，ポジティブな期待を高めるような意識的な関わりであるとする。心理療法の研究では，セラピーがそのような非特異的もしくは共通要因の影響をどのくらい受けているのかを示す必要はない。むしろ，大切な課題は，信頼感のみによってもたらされた治療の結果以上に，特定の治療技法がクライエントに変化を促し，彼らの負担を軽減できるかを示すことにある（Kazdin, 1979）。

治療関係

心理療法は根本において対人間関係である。心理療法に共通する要因（Grencavage & Norcross, 1990）と治療上推奨すべき要因（Norcross, Saltzman, & Guinta, 1990）を列挙した時，セラピスト間でもっとも一致した唯一のものは，強力な治療同盟の形成であった。

このもっとも確かな共通要因は，心理療法が成功するための主要な決定要因の1つとしてつねに指摘されている。なぜ心理療法によって人は治るのかという問いに対して，心理療法の違いがあっても，心理療法の結果の少なくとも12%は治療関係に由来すると考えられている（Horvath & Bedi, 2002）。心理療法の結果に関する文献を広範にレビューした結論（Bergin & Lambert, 1978）をまとめると，治療結果の最大の説明率は，クライエントがすでに有している要因，たとえば変化への期待とか障害の重症度などである。次に変化を説明する主要な要因は治療関係であり，そして，かなり説明率が低くなるが，第三の説明要因として治療技法が続いた。

治療関係の相対的な重要性については，まだ議論の余地がある。治療関係のタイプを連続体で表すと，急進的な行動療法はその一方の端に位置する。この立場では，クライエント[※1]とセラピストとの間の関係をほとんど重視しない。セラピーの中で生じるクライエントの変化は，セラピストの存在がなくても，プログラムされたコンピュータの中で即座に現れる。このような治療システムでは，実務的な理由でのみ，人間のセラピストは存在し

ている。というのも，現時点では，治療過程について，セラピストなしにプログラムがうまく作動するだけのテクノロジーが発達していないからである。

　連続体の中間に位置するのは，認知療法であろう。この治療学派では，セラピストとクライエントとの関係について，治療が進展するための先行条件の1つとして考える。この観点から，クライエントは変化のプロセスに参加する前に，セラピストを信頼し，協力関係を結んでおかなければいけない。

　連続体のもう片方の端に位置するものとして，ロジャーズのクライエント中心療法は関係性を変化を生む本質的な過程であるとみる。カール・ロジャーズ（Rogers, 1957）は，説明する際に，彼が信じることは治療関係にとって必要な条件であることを非常にはっきり述べてきたので，治療関係の性質について諸システムを比較するためにこれらの条件を使用することができる彼の基準を簡潔に概説してみよう。

1．関係における2人の中で，セラピストはクライエントより自己一致していること，すなわち情緒的に健康でなければならない。
2．セラピストは純粋な態度でかかわらなければいけない。
3．セラピストは無条件的で肯定的関心を持ってかかわらなければいけない。
4．セラピストは周到な共感を持ってかかわらなければいけない。

ロジャーズに従えば，これら，たったこれだけの条件がポジティブな結果にとって必要十分条件となる。

　主としてセラピストとクライエントとの関係を治療で綿密に取り扱う内容が中心と考える，精神分析のような心理療法の諸システムがある。この見解に立てば，治療関係が治療場面のセラピーの内容（クライエントの対人的行動）として，正しく持ち込まれるために重要であると考える。このように，変化する必要がある内容は，面接室の外で生じる問題に人が焦点を当てていくことよりも，むしろ治療中に生じうる。

　心理療法における治療関係の役割は，心理療法のシステムによってさまざまである。そこで，治療関係について，どの心理療法のシステムが（1）変化の要件と考え，（2）変化のプロセスと考え，（3）変化の対象とすべき内容と考えているのか決定することが必要であろう。また，以下のそれぞれの心理療法の章では，セラピストが治療関係を促進するために行う行動に加えて，治療関係の相対的な寄与についても考察する。

ホーソン効果

　心理学者は，自分に特別な関心が向けられていることを知ると，多くの人が作業遂行などの行動をよりよく高められることを以前から知っている。工場の照明条件の改善が作業

注1　治療関係を満足する形で記述できないこと，理論的に中立の立場を守ることができないことなどの理由で，クライエントと患者という言葉を，われわれは本書を通じて適宜使い分ける。

の生産性を向上させるかどうか検討した古典的なホーソン研究（Roethilsberger & Dickson, 1939）において，自分たちが研究の対象者となり，周囲から注目を浴びているということを知った結果として，人は生産性を増すことがわかった。そのような生産性の向上はモラールの高まりとか，他者から注目されることによる自尊感情の向上に由来すると推測されている。この発見以降，このような現象は**ホーソン効果**（Hawthorne effect）とよばれるようになった。

　すべての心理社会的治療に共通する1つの要素は，セラピストがクライエントに特別な関心を向けることにある。その結果として，関心は治療結果に強い影響を及ぼす共通要因として仮定されてきた。誰でもセラピーを受けている時は，有能な専門家の関心を1時間にわたって独り占めすることができ，それが感謝の念となる。この特別な関心は治療過程に強く影響する。それは，時として，クライエントがそのような特別な関心を向けられることを望まないために，症状が改善しないという場合を含めて起こる。

　研究者は，クライエントへの関心の後に続いて，特別な治療が伴わなくても治療の改善につながることをしばしば体験する。たとえば，ポール（Paul, 1967）は，人前で話すことに恐怖を抱くクライエントの半数が，関心を向けるなどの非特異的な要因を操作することを意図した注意プラセボによって，症状の著明な改善が起こることを報告している。同じく印象的な知見は，この注意プラセボに加えて，洞察療法を実施したグループの成績が注意プラセボのみの群と比較して，ほとんど変わらなかったことである。これに対して，注意プラセボと脱感作療法を併用すると，著明な症状の改善が起こった。洞察療法に対するポールの評価の仕方には若干問題は残るが，治療過程において，関心は強力な共通要因であることを示唆している。

　注意プラセボ以上に，心理療法が有効であると結論づけるためには，関心に対して十分統制した研究が必要となる。特に何も治療を行わなかったグループと比較して，ある特定のセラピーの成績が優れていることを示しただけでは十分ではない。なぜなら，特定のセラピーによって生じたとされる症状の改善は，クライエントに向けられた関心に由来しているだけかもしれないためである。

　若干の研究デザインでは，心理療法における注意の効果を測定したり，統制したりしようとしている。もっとも代表的な研究デザインは，ポールの研究のように，注意プラセボ群を設定することである。対照群の被験者は，心理療法を受けるクライエントと同じように関心が向けられるが，変化をもたらすと目される過程には参加しない。もう1つの研究デザインでは，異なる心理療法のシステム同士を比較する。たとえば，精神分析と認知療法の治療法を比較する研究である。もし，ある治療的アプローチが他のアプローチと比較して，より優れた治療成績を収めた場合には，治療結果が異なったことはたんなる注意以上の何かで生じたことであり，関心を向けるというだけでは治療の有効性は十分には得られないことを物語っている。この意味で，関心の影響が統制されたことになる。しかしながら，有効性の低い心理療法が，無治療群と比較して著明な治療結果を示したからとしても，プラセボ効果以外の何がそのような効果をもたらしているのかはわからない。最終的には，そのような比較研究では，注意プラセボのような条件が設定されていなければ，2

つの治療法が共に症状改善をもたらした場合やいずれの治療法も有効でなかった場合には，心理療法がホーソン効果以上のものを有していると結論づけることは難しい。心理療法の有効性を適切に評価するためには，ホーソン効果とそれに関連する要因を統制した対照群の設定が不可欠となる。

他の共通性

『説得と癒し（Persuasion and Healing）』という著書の中で，ジェローム・フランク（Jerome Frank, 1961; Frank & Frank, 1991）は，あらゆる心理療法的な技法には心理的な癒しに関連する時代がかった手続きの工夫と変法が織り込まれていると主張した。しかしながら，多文化的で，競争的な米国の社会では，心理療法を互いに区別することが特に強く強調されている。セラピストの威信と経済的保証のために，ライバルの別のセラピー以上に，自分の心理療法のほうの有効性が大きいことを証明することに躍起になっており，伝統的には，共通要因を見つけたり，共通要素を分かち合ったりするといったことには，あまり関心が向けられていない。

フランクは，すべてのアプローチに共通する要因の関数として治療変化が生じると主張した。共通する要因としては，感情の変化，秘密の関係，治療的な場面設定，論理的もしくは概念的スキーマ，治療的儀式などである。その他同意が得られている共通要因として，温かな人柄で，元気づけてくれ，社会的に承認されたセラピスト，カタルシスの機会，新しい行動の獲得と練習，クライエントの"内的世界"についての説明，示唆，対人関係の学習などがある（Grencavage & Norcross, 1990）。多くの観察者は今日，あらゆるセラピーで共通する要因のみで，クライエントに観察される多くの改善が説明できると結論している。

これらの治療的共通性がとても強大なので，幾人かの療法家は共通要素として，明確になった共通要因にもとづいた心理療法を提唱している。ソル・ガーフィールド（Sol Garfield, 1980, 1992）は，ある特別な症例を例にして，あらゆる心理療法的アプローチに共通する変化のメカニズムの本質が，治療関係と感情の変化，説明と解釈，強化，脱感作，問題への直面化，スキル訓練などにもとづいていることを見出した。セラピストが強力な決定因子として構造化している別の共通因子は，若干異なるが，いずれも心理療法の共通性を有しているという点では同じである。第15章（統合療法と折衷療法）で，共通要因のアプローチについて，もう一度取り上げる。

特異的要因

共通因子の理論家は同時に，それぞれの心理療法が有するユニークな価値，すなわち特異的要因にも気づいている。セラピストは心理療法を非特異的に実践することはできない。特異的な技法と関係が治療時間の中に組み込まれる。心理療法の研究は，ある特定の症状には，たとえば認知行動療法が特に有効であることやカップルの葛藤問題にはシステム療

法が有効であるなど，その特異的有効性を明らかにしてきた（Lambert & Bergin, 1992）。学問的には，心理療法は特異的要因の実用性と共通要因のパワーとを統合することで，おそらく発展するだろう。

ここで，われわれは治療システムが特異的ないしユニークな寄与をもたらすと目される変化のプロセスについて考察する。

変化のプロセス

本章の冒頭で述べたように，心理療法が無数に誕生し，他と異なる技法が際限もなく増殖を続けている。まるで，泥沼から抜け出せない状態である。比較的単純な禁煙プログラムの例を考えてみても，われわれの初期の研究によれば，健康の専門家が公式に用いている治療法が50以上，禁煙に成功した個人のチャレンジャーでは130ものやり方があった。心理療法を評価したり，比較したりするために，もっとコンパクトで簡便で感度のよい枠組みはないのだろうか。

多理論統合（transtheoretical）モデルは，現存するいくつかの理論を越えて，変化のプロセスをいくつか扱い得る数まで絞りこむ。文献的には，心理療法の全理論は全体で数百を越えており，おそらくそれらの理論的ないし哲学的領域に共通する基盤まではとても到達できないだろう。心理療法には，数千にものぼる特定の技法が存在しており，個々の瞬間，どのテクニックで対応したらよいかの合意は得られないだろう。それに比べて，**変化のプロセス**（processes of change）は包括的な理論（たとえば，精神分析，行動主義，人間性心理学）と特定のテクニック（たとえば，夢分析，系統的脱感作，家系図）の中間に位置する中程度の抽象化レベルである。表1-2に，変化のプロセスを反映する中範囲の抽象化の例を示してある。

中範囲の抽象化を通じて，分析が変化のプロセスないし法則として，多くの心理療法の内容がある程度意味あるレベルにまで収斂されるだろう。熟練したセラピストは，治療計画をきまって中範囲のレベルで扱う。大理論や特定技法に即して問題を取り扱わずに，クライエントの変化のプロセスに焦点を当てる。

変化のプロセスは，人が抱えている問題に対する，あるいはもっと広い意味での人生全般との向き合い方や，感情，思考，行動などを変化させるために行う顕在的，内在的活動である。変化のプロセスは心理療法の中で，またセラピーのセッション中で扱われる。これらのプロセスは，代表的な心理療法のシステムの比較による分析から理論的に導かれた

表1-2　抽象化のレベル

レベル	抽象化	例
高い	理論の全体	精神分析，ゲシュタルト療法，行動療法
中程度	変化のプロセス	意識化，拮抗条件づけ
低い	臨床技法	解釈，2つの椅子技法，セルフモニタリング

ものである（Prochaska, 1979）。次節で，基本的な変化のプロセスについて説明する。

意識化

伝統的に，心理療法においては個人の意識化は，変化のプロセスの主要な1つであった。意識化のプログラムは現代風であり，ここ数十年，クライエントの意識を高めるために，いろいろな背景を持ったセラピストたちがこれを扱ってきた。フロイト（Freud）の基本的な目的は"無意識の意識化"であり，いわゆる洞察療法は個人の無意識レベルを高めることから作業が始まる。**気づきの心理療法**（awareness therapies）は，言語の進化とともに出現した人間の特性と目される意識に働きかける点で共通している。

意識の拡張についてはまだ多くが明らかでないが，**意識化**（consciousness raising）は心理療法のシステムと直接かかわる。言語と意識については，あらゆる刺激に反射的に反応する必要はない。たとえば，背中を手で叩かれて生じる自動的なエネルギーによって，われわれは動作に反応しているわけではない。その代わりに，刺激が含んでいる情報に対して反応しているのである。背中を叩いた手が友達のものか，泥棒が物を奪おうとして叩いたものか，配偶者の手なのかで反応は異なるように，刺激に適切に反応するためには，われわれは情報を的確に処理する必要がある。洞察療法によって，個人にとって益する情報が増えると仮定されている。それらの情報処理を通じて，もっとも効果的な反応で対処ができるようになる。

変化のプロセスの個々の段階で，セラピストの焦点は個人的な体験レベルと環境レベルにおける変化を促すことに注がれる。クライエントに与えられる情報が，クライエント自身の行為や体験によって生じた刺激を含んでいる場合には，**フィードバック**（feedback）とよぶ。フィードバック過程の例として，自分の怒りの感情に気づいていない，厳格で礼儀正しい中年女性を取り上げる。彼女は自分の怒りを，子どもたちが自分を避けていることや最近起こした自動車事故と結びつけて考えることができないでいた。というのも，まったく自分は怒っていないと主張していたからである。心理療法に参加したグループのメンバーとの自分のやりとりをビデオテープで見た後，彼女は呆然となった。そして，「なんとまあ。私は怒っているのだろうか！」と語ることができた[注2]。

クライエントが関心を持つ環境的な出来事と関連する情報は，**教育**（education）とよぶ。教育を通してのセラピーの展開例として，ここ数年，勃起までの時間と射精するまでの時間が非常に長くなっていることに悩んでいる高齢男性の例を示す。マスターズとジョンソン（Masters & Johnson, 1966）が報告しているように，そのような遅れは，高齢男

注2　この女性の例のように，そして，多くのクライエントについても同様に，われわれがクライエントの個人的問題を概念化する仕方が，実際にそのような問題であったように，クライエントに示すことはできない。たとえば，経験的な方法では，この中年女性の問題が，本人が気づいていない怒りの感情に由来していることを示せないが，クライエントの問題の源泉を仮定することは，心理療法では有用となる。本書に提示されている症例では，臨床的解釈に対する究極の妥当性を仮定しなくても，治療目的に沿った最良の援助法が示されたことが述べられるだろう。

性ではふつうのことであるとわかった時，彼の悩みはなくなった。

　心理療法において，フィードバックと教育にとってもっとも大事な領域の1つは，クライエントが脅威となるような情報を避けるために用いる認知の組み立てについての情報である。これらは防衛的な構造をなしており，自分と世界にとって都合のよい肯定的な情報だけを選択的に選び出したり，否定的な入力を無視したりするような目隠しまたは"色眼鏡"でもある。認知的な目隠しは，自分の意識化を進めることを妨害するので，フィードバックや外部からの教育が必要となる。

　たとえば，私（プロチャスカ）の妻も心理療法家であるが，いかに私が気づかないでこのような目隠しをふだんしているか，次のような情報から教えてくれた。誰をセックスアピールがあると思っているか，お互いに当てることにした。自分がリストした上位3人は，妻も同じようにリストしていると絶対確信していた。友達の名前を妻に言った時，妻は笑いながら，きっとそう言うだろうと思っていたが，自分はその彼には魅力を感じていないと答えた。また，妻は私が彼の妻を魅力的とリストしていることを当てた。2番目に魅力的とリストした彼についても，私の予想は外れた。妻はすぐに，彼の妻を私がリストしていることを言い当てた。長年，妻が魅力的であるとする男性の資質に気づかないほど，いかに自分の気持ちを妻に置き換えて眺めてきたかを悟った。

　そのような情報への気づきは，われわれの行為や経験の変化にどの程度の影響を及ぼすのだろうか。研究からの明確な答えはないが，われわれの理解をさらに進めるための例がある。意識を光線にたとえてみると，自分が気づいていない情報は，暗闇のままであり，影響の源泉に気づかず，道に迷い，後戻りし，彷徨っている。暗闇の中で，われわれは目の不自由な人と同じように，無数の刺激がわれわれに注いでいることはわかっている。けれども，光はわれわれの生活にとって役立つような刺激を照らしていない。たとえば，加齢によって男性の性的反応がふつう影響を受けることを知らなければ，高齢の男性（女性）はどのやり方が自分にとっていちばん相応しいのかわからないだろう。男性（女性）としての峠を越したことを認め，セックスを諦めるのか，精力増強剤として1日2個の生カキを食べたらよいのか，性生活についてのステレオタイプ的なメディアの情報に惑わされずに，今の活動を楽しんだらよいのか，など。

　多くの心理療法の諸システムは，意識化が進むことで，変化が起こることを認めている。伝統的な用語を翻訳すれば，このようなシステムはこれまで当人が気づかなかった経験や環境の情報を提供していると言い換えることができる。意識化による不一致が，クライエントに強く影響している情報を処理する上での最良の手助けのための技法となる。

カタルシス

　カタルシス（catharsis）は，治療の変化のプロセスとして，もっとも長い歴史を有しているものの1つである。古代ギリシャ人は感情の喚起が個人の苦悩を解放し，行動の改善に導く最良の手段であると信じていた。歴史的に，カタルシスは感情の水圧モデルにもとづいている。怒りとか罪の意識とか，不安といった受け入れがたい感情は直接に表出す

ることが抑えられている。けれども，そのような感情を堰き止めておくと，放出の出口を探し求めて，感情は大きな圧力としての情動（もしくは感情）となり，時には間接的に，怒りが頭痛のような身体的反応に変換されて現れてくる。感情がもし，心理療法の中で，直接表現されたなら，貯まっていたエネルギーが発散し，症状の源泉からクライエントは自由になるだろう。

　別の比喩を使えば，感情を抑圧しているクライエントは感情の便秘状態にある。このようなクライエントにとって，情動的ストレスを解放するために必要なことは，適度な感情の蠕動運動である。このたとえでは，心理療法は感情の発散を促す心理的な下剤として働き，そのような感情に抵抗することもなくなる。治療過程は感情を阻止している壁を取り払うことを目的とする。感情が有している別の暗闇の側面を発散することで，自然現象としてそのような感情をより受容できるようになり，将来的にそのコントロールが容易になるだろう。

　しばしば，この治療過程はカタルシス的な反応を誘発する刺激が個人の内部から生じる時，個人的体験のレベルでも起こる。このような場合，われわれはカタルシスの１つの形態として，**修正感情体験**（corrective emotional experiences）と称する。

　同僚のセラピストが数年前，同様のカタルシス体験に遭遇した。彼女は抑うつ的な発作から逃れようとしていた。自分の抑うつの原因がどこにあるのか摑めないでいたので，精神的安定を図るために，仕事を離れて休息日をとった。１人で家にいて，音楽を聴きながら，誰もいない時にのみしかやらない，勝手気ままな振り付けで踊り始めて，感情の発散を始めた。ひとしきり踊った後，子どものころ，いつも自分の背後に母親を意識していたこと，その母親への激しい怒りを感じ始めた。同僚は，シャツを背中で破るほどの強烈な怒りをすぐに表出した。彼女のパートナーが家に戻ってくるころまでには，冷静になっていたが，彼は破れたシャツを見て，同僚の気が変になったのではないかと驚いた。

　カタルシス反応は感情的な場面を目撃することでも引き起こされるという考え方は，少なくともアリストテレス（Aristotle）の時代まで遡ることができる。アリストテレスが演劇と音楽について著述した中に，このエピソードが記されている。この歴史的伝統に敬意を払って，この種のカタルシスの源泉を**劇的解放**（dramatic relief）とよぶことにする。頭痛や不眠，その他の抑うつ症状に苦しんでいる患者が，イングマール・ベルイマン（Ingmar Bergman）の映画『ある結婚の光景』を観ている時，大泣きしている自分に気づいた。生活の安定と引き換えに，自分が望んでもいない結婚をしていることに，いかに自分が失望しているのか気づき始めた。ベルイマンによって，自分の絶望的で活力をなくさせる結婚から抜け出す勇気を吹き込まれたと感じるにつれて，クライエントは自分の抑うつが軽くなっているのを感じた。

選択

　個人に変化をもたらす選択の役割は，多くの心理療法の諸システムの背景となってきている。大部分の科学者にとって，決定論的世界観に立つ限り，**選択**（choosing）の概念

を顧みることはなかった。多くの臨床家は，自由と選択を率直に考察することによって柔軟な考えに向けられる批評家たちの非難に対する攻撃手段を備えようとはしないできた。心理療法の結果として，クライエントが変化を選択するようになることを，多くの心理療法の諸システムは仮定しており，実際にクライエントはそのような変化をたどるだろう。けれども，クライエントがどのような手段によって選択のプロセスに近づくのか，理路整然とした説明はほとんど行われてこなかった。

本質的な変化のプロセスとして，（実存療法家以外は）選択について自由に論議することがなかったために，どのような選択が作用しているのかあらかじめ予想することは難しい。ある理論家によれば，選択というのは非還元的行為である。だから，選択の原因をある出来事に帰属させると，そうした出来事がわれわれの選択を決定したという矛盾が生じる。人間の行為は自由選択で為されているように思われている。何かがわれわれにそのような選択をさせたという時には，自由な存在としての自分自身に対して，誤った確信を表明する証となりかねない。けれども，ほとんどの臨床家はそのような自由な存在についての急進的な見解を，クライエントに対してあてはめようとはしない。セラピストは，さまざまな条件がクライエントの選択を制限していると信じている。

行動論的観点からすると，選択は個人にとって有効な選択肢数の部分関数となる。もし1つの反応しか得られない場合には，選択は存在しない。人間性心理学的立場では，これまで考えたことがないような選択肢を意識化できると，有効な反応数は急激に増加すると考える。つまり，さまざまな心理療法の諸システムにおいては，選択数の増加は意識の拡大の結果によって起こると考える。

選択の自由は，伝統的に，言語を発達させた意識の獲得によるユニークな人間の行動と見なされている。責任は，自分に語りかけ，自分が反応できるという意識に付随して生まれる負担である。選択と責任が言語と意識の出現によって起こったとするならば，自由な選択を可能にする治療過程が言語過程もしくは意識過程を通じて行われると考えるのはきわめて自然である。

もっとも簡単な選択は，特定の選択肢についての結果を意識化するという情報処理を正確に行うことである。たとえば，ホルモン補充療法（HRT）を受けた全員の女性ががんを発症させたという説明を受けた更年期の女性が，がんになるリスクを避けるために，HRTを止めるという選択である。けれども，HRTを行わないという選択において，他の多くの人生選択と同様に，選択の結果について生じるであろうすべての影響を意識化することはできない。結果は絶対的であることはほとんどあり得ない。このような状況では，明確な外的ガイドラインは存在しない。重大な過ちを引き起こしかねない別な選択をする可能性に直面することもあるだろう。われわれが選択する能力は，将来引き受けなければならない責任によって生まれるだろう不安を受け止める関数で決まる。

いわゆる実存不安の例を取り上げる。私の講義を受けている女子学生の1人が，妊娠していることを親に告げてからパニック症状が起こるようになったので，相談に来た。親は中絶を勧めたが，彼女とボーイフレンドはお互いに子どもを産むことを願っていた。ボーイフレンドも学生であり，彼女は経済的な援助を富裕な親から受けていた。親は赤ん坊を

生めば，大学を続けられないだろうし，そうなれば親子の縁を切ると言った。21歳の彼女は，親から独立してやっていくことは難しいと思っていた。親にコントロールされていたけれども，それは同時に，親から守られているとも思っていた。数回の治療面接後，彼女のパニック発作が選択のジレンマで起こっていることに，彼女自身だんだん気づいてきた。彼女の基本的な選択は，親の世間体など家族の将来のために中絶をするかどうかではなく，自分自身の将来を犠牲にするかどうかにあった。

　経験論的レベルでは，選択とは，新しい別の選択肢に気づくようになることである。たとえば，生き方についてのこれまでとは異なる新しい選択を意識的に試みるなど。どの選択肢に従うかによって責任の程度が決まり，それに付随して不安も経験する。選択の範囲を広げることで引き起こされるこの種の経験レベルを，われわれは**自己の解放**（self-liberation）と名づける。ゲイやレズビアンに対する職業上の制約をなくすといった環境的変化もまた，個人の選択を増すことになる。このような変化の動きについては，**社会的解放**（social liberation）と名づける。このような社会的変化に重点を置いて活動している心理療法家は一般に唱導家とよばれる。

条件刺激

　選択による変化と逆の次元では，反応をコントロールする条件刺激を修正することを通して行動の変化を引き起こす。古典的（パブロフ型）条件づけによって個人の行動が誘発される場合，条件刺激の変化が必要となる。問題行動がそのような条件刺激に対して条件づけられていると，条件刺激を意識しても反応の変化は難しく，また変化に向けての選択をしたとしても，条件づけられた反応を変化させることは困難になる。

　われわれは，特定の刺激に対する振る舞い方を変化したり，行動を通じて刺激の発生頻度を変えるように環境に働きかけたりすることができる。刺激に対する行動の仕方を変化させることを，**拮抗条件づけ**（counterconditioning）とよぶ。一方，環境を変化させることについては，**刺激コントロール**（stimulus control）とよぶ。

　拮抗条件づけの例として，性交時の不随意的な膣けいれんに対して恐怖を抱いた女性の治療例がある。膣けいれんとして知られるこの恐怖症では，ペニスを挿入することができない。クライエントは自分の環境を変えることよりも，夫に対する自分の反応を変えることを希望した。大部分の拮抗条件づけのように，用いた手続きは，性交による恐怖反応に対立するリラクセーションを経験させながら，性交と結びついた条件刺激に徐々に慣れていくというものである。以前に体験した性交時の膣けいれんとその予期的な不安反応に拮抗させるために，リラクセーションが採用された。

　刺激コントロールは，問題となった条件刺激が起こる確率を下げるために環境の調整を行うものである。運転時に不快感などの不安症状に悩む学生の症例がある。車が少しでも傾くと，学生は震えが始まる。このような症状が起こるようになった原因について，彼は大学に入学したころ，突然の大きな音がして車が動かなくなったエピソードを挙げていた。このような経験を一度ならず三度もして，ようやく故障の原因がハンドルの軸の歪みであ

ることがわかった。彼の問題行動は，条件づけの関数のように思われたので，拮抗条件づけによるアプローチで治療をすることにした。けれども，セラピーが始まる前に，学生は故障の多い今までの車から新しいトラックに交換した。すると，彼の運転時の不安反応は新しいトラックを運転している時にはまったく起こらず，彼の問題行動は自分自身で行った刺激コントロール手続きによって解決できた。問題行動を喚起する環境手がかりを消失させたり，回避したりすることが刺激コントロールの中心となる。

随伴性コントロール

多くの行動療法家にとって，行動の結果によって，行動がコントロールされていることは自明のことである。特定の反応に随伴して強化がなされると，その反応の生起確率がその後高くなること，逆に，もしその反応に対して罰が与えられると，反応はあまり生じなくなる。スキナー（B.F. Skinner）が示したように，行動を支配する強化随伴性を変化させることで，精神病理的症状を含め，行動を変化できる。強化や罰が行動をコントロールする程度は，随伴性が即時かどうか，明確な強化か，強化スケジュールなどの変数によって決まる。人間性心理学的あるいは認知行動論的観点に立てば，ある結果に対する価値づけいかんもまた，随伴性コントロールを左右する重要な変数となる。

環境からの随伴性を操作することで，個人の行動を変化させることを，**随伴性マネジメント**（contingency management）と名づける。たとえば，尿意を催しやすい学生が公衆トイレでも用がもっと足せるようになりたいと言ってきた。また，余裕のある生活をしたいので，お金がもっと欲しいとも語った。そこで，私（プロチャスカ）は学生と，彼が公衆トイレで排尿をするつど，2ドル支払うという行動契約をした。この場合，私はお金が支払えてうれしいのである。

たまに，行動療法家は別な方法を採用することがある。行動による結果は代えずに，結果に対する反応の予想と経験を変化させる効果的な治療である。強化随伴性をそのままにして，結果に対する反応に修正を加えることを，**再評価**（reevaluation）と名づける。

女性との交際を望んでいるとても内気な男性がいた。彼は，交際を申し込んでもきっと断られるだろうと思って，自分の気持ちを打ち明けられないでいた。集中的な心理療法の面接を行うことで，彼は女性がデートの申し込みに応じない時は，彼に原因があるのではなく，彼女のほうにその理由があるということを受け入れ始めた。誰も，彼女の真の理由はわからない。口髭をしている男性を好まないのか，あるいはなぜその誘いを断ったのか理由は不明である。デートの申し込みに応じなかったということの解釈を再評価することで，この男性はたとえ最初の申し込みがだめであっても，女性にもう一度デートを申し込めるようになった。

変化のプロセスに対する最初の統合

　変化のプロセスに関して概観してきたが，表1-3に，これらをまとめている。意識化，カタルシス，選択のプロセスはいずれも，伝統的な洞察もしくは気づきの心理療法といった精神分析的，人間性心理学的な心理療法などの伝統を含んでいる。このような心理療法のシステムは，いずれも，個人の主観的側面（人間の皮膚の内部で生じる過程）に基本的に焦点を合わせている。個人のこの種の見解を取り扱うことは，環境から生じる外的な圧力とも相互作用しあって，内的な変化のための潜在力となる。

　条件刺激と随伴性コントロールのプロセスは，行動療法，認知療法ならびにシステム論的伝統といったプロセスも含めて，**行動志向療法**（action psychotherapies）の中心をなすものである。これらの心理療法では，基本的に，内的な変化に対する個人の潜在力が外部からの力や環境からの圧力によって妨害されていると考え，その外的な圧力に焦点を合わせてセラピーを行う。これらのプロセスは，実存療法家が目標水準とよぶものである。

　われわれの多理論統合モデルによれば，意識化やカタルシス，選択などの自己意識のプロセスにのみ焦点を当てることは，個人の変化に及ぼす環境からの圧力を無視して，全体像をあたかも内的側面のみから理解しようとしていることを示唆する。一方，客観的な環境のプロセスにのみ焦点化する行為は，主観的で内的な潜在力を恣意に無視していることになる。統合モデルでは，意識化のプロセスと行動のプロセスをともに統合することで，よりバランスの取れた効果的な心理療法を提供できる。これら連続するプロセスの次元体によって，内的次元から外的次元までのコントロールが連続して生じていることや，主観的な変化から客観的な変化への気づき，自己の内面に向かう変化から環境に注意を向ける変化について幅広く理解できるようになる。また，内的変化に対する個人の潜在力を認めることで，より全体的な個人像が描けるようになる。と同時に，そのような個人の内的変化に環境や随伴性が強い制約を加えていることがわかるようになる。

　変化のプロセスに関する考察を終える前に，2点注意しておきたいことがある。1つめは，特定の心理療法のシステムの内容と変化のプロセスとを混同しないことである。意識

表1-3　体験および環境レベルにおける変化のプロセス

気づき（もしくは洞察）療法	行動志向（もしくは行動）療法
意識化 体験レベル：フィードバック 環境レベル：教育	**条件刺激** 体験レベル：拮抗条件づけ 環境レベル：刺激コントロール
カタルシス 体験レベル：修正感情体験 環境レベル：劇的解放	**随伴性コントロール** 体験レベル：再評価 環境レベル：随伴性マネジメント
選択 体験レベル：自己の解放 環境レベル：社会的解放	

化や随伴性コントロール，その他のプロセスは，特定の治療システムが提案する介入ではない。むしろ，理論普遍的で一般的な変化方略である。2つめは，変化のプロセスに関する用語の多くが読者には馴染みの薄いものに違いない。しかし，本書を読み進めるうちに，次第に馴染んで，親しみやすくなるだろう。

治療の内容

　変化のプロセスは，心理療法のシステムの特徴をいくつかに分類できることを示した。ある特定の治療において変化の対象となる内容もまた，心理療法のシステムを通じて，パーソナリティと精神病理などに収斂される。心理療法について著した多くの本は，治療過程と治療の内容をしばしば混同して書いている。また，治療の内容についての言及がほとんどで，変化のプロセスについての説明はきわめて少ない。結果的に，心理療法の理論書ではなく，パーソナリティの理論書になっている。

　心理療法におけるプロセスと内容の区別は，本質的なものである。後述するように，パーソナリティ理論を扱わない心理療法の諸システムは基本的にはプロセス理論であり，治療の内容についてなんら先験的な概念を考慮しない。行動療法や折衷療法，システム療法，ソリューションフォーカスド療法などの諸理論は，治療の内容にはあまり関心を払わずに症例化を試みる（Held, 1991）。アドラー派や実存療法，文化重視療法などの心理療法の諸システムは，他の心理療法の諸システムを採用して，治療の内容にほとんどすべてを関連づけて取り扱う。多くの心理療法の諸システムは変化のプロセスでは一致しているが，扱う治療の内容において基本的に異なる。

　別の言い方をすれば，パーソナリティと精神病理の理論は変化すべきものが**何か**を教えてくれるのに対して，プロセス理論は変化が**どのようにして**生じているのかについて教えてくれる。

　心理療法の諸システムはセラピーの内容によってさまざまに異なる。多様化した心理療法の領域では，その内容ごとに，順番をつけて並べ替え，まとめ直すことはとても難しい。パーソナリティ理論を比較したマッディ（Maddi, 1996）の比較モデルは注目すべき指針である。心理療法が取り扱っているさまざまな治療内容について，マッディのモデルを一部参考にしながら，統合と優先順位づけを行う。

　心理療法のほとんどのシステムでは，パーソナリティと精神病理の葛藤を仮定している。葛藤を重視するある理論では，精神病理を個人の内部における葛藤の結果として考える。このような葛藤を精神内界の葛藤と称したが，われわれは個人内葛藤とよぶ。なぜなら，個人の内部で生じている力関係の葛藤を反映しているからである。たとえば，独立したいと願っていても，独り立ちすることによる怖れも同時に生じているような場合である。別の理論では，パーソナリティにおける対人間葛藤に焦点を当てる。たとえば，貯蓄を好む女性とお金を使うことを好む男性との間で生じる長期にわたる不一致が，この例に相当する。個人と社会との間で生じる葛藤を基本的に重視する理論もある。これらの葛藤を，こ

表1-4 パーソナリティの各レベルで扱う治療内容

1. 個人内葛藤
   a. 不安と防衛
   b. 自尊感情の問題
   c. 個人的責任

2. 対人間葛藤
   a. 親密さとセクシャリティ
   b. コミュニケーション
   c. 敵意
   d. 他者のコントロール

3. 個人‐社会間葛藤
   a. 適応 vs 超越
   b. 衝動のコントロール

4. 葛藤を超えて達成へ
   a. 人生における意味
   b. 理想的な人間

こでは個人‐社会間葛藤とよぶ。同性愛的な生活をオープンにして人生を送りたい個人が，同性愛者に対する社会の偏見から社会的に糾弾される危惧を抱くような場合である。行動変化の葛藤を超えて達成への個人療法が近年増加している。

　われわれの統合モデルでは，さまざまなクライエントがパーソナリティのいろいろなレベルにおいて，葛藤によって引き起こされた機能不全状態にあることを仮定する。あるクライエントは個人内葛藤を示し，別のクライエントは対人間葛藤を示し，他のクライエントは自分と社会との間で葛藤している。葛藤を解決できたクライエントはさらに，より実存的なあり方を心理療法に求めている。

　いろいろなクライエントが，さまざまなレベルでうまくいかなくなっている。そこで，それぞれの葛藤のレベルで，典型的な問題をどのように概念化し，治療したらよいのか比較するための枠組みが必要となる。個人内葛藤のレベルでは，不安や防衛，自尊感情，個人的責任に対する葛藤を克服するために，それぞれの心理療法のシステムがどのようにそれらを取り扱うのか検討する。対人間葛藤のレベルでは，親密さやセクシャリティ，コミュニケーション，敵意，対人的コントロールにまつわる問題を検討する。個人‐社会間葛藤のレベルでは，適応 vs 超越，内的衝動の観点から比較する。行動変化に対する葛藤を乗り越えるレベルでは，人生の意味を基本的命題とする心理療法について検討するとともに，心理療法の成功によって理想的な人間になるとはどのようなことなのかについても考察する。表1-4は，パーソナリティのいろいろな側面で生じるもっとも共通する治療内容を要約している。

　依存症や気分障害，家族性疾患などの特定の問題を，個人内葛藤として概念化したほうがよいのか，あるいは対人間葛藤として概念化したほうがよいのかなど，実質的な相違は無数起こるだろう。われわれは，問題をパーソナリティが作用する特定の側面やレベルに概念化する時の不一致を予想する。優れたパーソナリティ理論ほど，理論が仮定するもっとも重要な個別の機能水準レベルにすべての問題を還元できる。たとえば，パーソナリティの対人相互理論は性的障害が個人内葛藤（性的欲求と性的行為をうまくやれるかといった不安との葛藤）によって基本的に生じている症例を示してくれる。逆に，個人‐社会間葛藤の理論では，性的障害が個人の性的欲求と社会の性的抑圧との不可避的な緊張によって本質的に起こっているとするこれまでの論議に気づかせてくれる。われわれの統合的な

仮定は，心理療法の諸システム間の比較による分析がパーソナリティ理論の側面に関連する問題を概念化したり治療したりする上で，どのシステムが特に有効なのか明らかにしてくれるだろう。

心理療法の諸システムを比較すると，パーソナリティ理論のレベルがカウンセリングルームで扱う人数と治療的やりとりの焦点に関する要件を必要とすることがわかる。もし，理論が個人内レベルの機能に焦点を当てていれば，治療は主として個人を対象として行うことになる。というのも，基本的に，問題が個人内に存在していると仮定するからである。これに対して，対人機能に理論が注目すれば，それが葛藤の対象となって，カップルや2人ないし3人の家族のメンバーで，治療が進む。

個人－社会間葛藤を焦点化する心理療法では，もしセラピストの価値観が社会の側に置かれるならば，個人を変化させることを目的とする。たとえば，幼児と性的関係を持つことに，なんら内的葛藤を持っていない小児性愛者を治療する場合，セラピストはクライエントを変化させることを試みる。なぜなら，セラピストの価値観はこのような性的行為を容認しない社会の価値観と一致しているからである。けれども，ある葛藤の場合には，セラピストの価値観が個人の側に置かれることもある。たとえば，白人優位の職場で，自分たちの民族的同一性を自由に表明することを希望するヒスパニック－ラテン系の人たちの葛藤がある。この場合，セラピストはクライエントの側に立った治療を積極的に行い，社会の変革を促す運動を支援することを主眼とするかもしれない。心理療法を比較する時，それぞれのパーソナリティ理論がパーソナリティ機能のどの水準を強調しているのかを検討することになろう。そのようなパーソナリティ理論の強調は治療過程において，個人を対象にするのか，あるいは数人の関連する人を同時に受け持つのか，さらには社会の変革を求めるグループを対象として作業するのかを規定する。

C夫人の症例

心理療法のシステムは変化のプロセス，理論的内容，調査研究といった個別のたんなる組み合わせではない。何はともあれ，システムは現実世界の中でひどく苦しみながら生きている個人に関心を向けている。システムの比較において，基本的に大切なことは，症例として示された現実のクライエントの問題に対して，個々の心理療法がどのように概念化を行い，治療を試みるのかをいきいきと描き出すことにつきる。われわれが，そのような比較のために選んだのが，次に示すC夫人である。

C夫人は6人の子どもを持つ，47歳の女性である。子どもは，上からアーリン17歳，バリー15歳，チャールズ13歳，デブラ11歳，エレン9歳，フレデリック7歳である。これだけの情報で，鋭い観察者はC夫人の全体的なパーソナリティ像が読み取れるかもしれない。

子どもの名前がアルファベット順に並び，子どもたちの年も2歳ずつ離れており，強迫性障害（OCD）の1つの特徴を示している。ここ10年間，C夫人は強迫的な洗浄行為に悩まされている。治療が始まる前から彼女が記録を始めた，1日の洗浄行動の回数についての基準チャート表は毎日25〜30回，1回につき5〜10分，手を洗っていることを示している。毎

朝のシャワーは約2時間かけて，お尻から始まり，それぞれの身体各部を儀式的行為のようによく洗わないと気がすまない。もし，洗う箇所を抜かしたりしたら，もう一度，最初からやり直さないといけなくなる。幾度となく，夫のジョージは，妻が朝のシャワーを続けている時に仕事に出かけ，仕事を終えて帰宅した時にもまだ，妻が8時間ずっとシャワーを浴び続けている姿を目撃した。妻のシャワーが長く続かないように，ジョージは妻の体洗いの儀式の手助けを始めた。そのため，彼女は，「ジョージ，どの腕」と叫び声を上げると，夫は「左の腕だよ，マーサ」と大声で返事をした。シャワーでの儀式に夫が参加するようになったので，彼は午前7時に仕事に出かけるためには，その前に妻をシャワーから連れ出す必要があり，5時前に起床した。このような日課を2年間続けていたが，夫はほとんど爆発寸前であった。

ジョージは妻のもろもろの随伴症状に対して，ますます耐えられなくなっていることを実感し始めていた。妻は，家族の皆にも，同じ下着を1日以上身につけることを許さなかったし，誰にも下着を洗わせなかった。そのため，家の隅々には，うずたかく積まれた汚れた下着の山ができた。われわれは，夫に下着を洗濯機に持って行くように指導した時，彼はその下着の数の多さに圧倒され，数えることを止めたということを聞いた。夫は，1度しか身につけない下着に，1,000ドル以上も投資していることがわかり，非常に絶望的な気分になった。

他の物も，家中散らかし放題であった。床に落ちたフォークや食べ物のふたも，C夫人の前では拾うこともできなかった。C夫人は，料理をはじめ，掃除，洗濯など家事をここ数年間まったくやらなかった。子どもの1人は，家を"ゴミ捨て場"と評していた。私（プロチャスカ）が家を訪問した時，この表現が実感できた。

以前は，C夫人はパートタイムの仕事をしていた。どんな仕事を彼女はしていたのだろうか。当然，何か洗うことに関係する仕事であったのだろうか。実際，彼女は歯科クリニックで，医療器具を洗浄する歯科助手をしていた。

彼女にとって，身繕いは重要な関心事ではなくなっていたので，容姿は見られたものでなくなった。ここ7年間，一度も新しい洋服を買っていなかった。洋服はほころび始めていた。美容院に行くことはもちろん，髪もめったに梳かしたことはなかった。体と髪を執拗に洗うので，ゆですぎてクシャクシャのロブスターのごとき様相を呈していた。C夫人の儀式的な洗浄行為はまた，寝室から階下の浴室に行き，体を洗い終わるまで，上半身裸のまま家の中をうろうろすることになった。思春期の息子たちにとって，母親の裸を見ることはひどく困惑することとなり，これもまた，夫人が大いに狼狽する結果となった。子どもたちはまた，母親がしつこく手を洗うことや下着を替えることを強要するので迷惑がっていた。さらに，家の中に，子どもたちの友達を誰一人として迎え入れなかった。

OCDの症状と一致して，C夫人には物を貯め込む習癖があった。2つのクローゼットには，数百枚のタオルやシーツ，一度も使ったことのないイヤリングや20年前の衣装がぎっしり詰め込まれていた。彼女は，この収集癖を特に問題と思っておらず，それらは母親から，あるいはそのまた母親から代々継承されている家族の財産と思っていた。

C夫人は性感障害もあった。一般的な表現を使えば，冷感症であった。これまでの人生の中で，性的な興奮を味わったことがなかった。しかし，結婚してから最初の13年間は，夫との性生活も進んで果たし，それなりに満足していた。けれども，ここ2年間のうち，性交渉は2回だけで，夫婦生活はきわめて不快なものになっていた。

症状をリストすると，C夫人は現在，臨床的にはうつ病であった。彼女は，自分のセラピストが治療を断念し始めていること，夫が自分を精神病院に入院させようとしていることに気づいて，アスピリンの入った瓶を飲み込もうとする自殺の仕草までしている。
　C夫人の強迫的な儀式はギョウチュウ（蟯虫）にとりつかれているという強迫観念に変わり始めていた。約10年前，ひどい流感に罹っていた時，長女にギョウチュウがついたことがあった。妊娠している時，しかも自分がひどい風邪に罹っていた時，また1歳の子どもの養育をしながら，病気になった家族の看病をしなければならなかった。家庭医は，家族全員にギョウチュウが広がらないようにとアドバイスをした。そこで，ギョウチュウの卵を駆除するために，子どもたちの下着や洋服，シーツなどを丹念に調べるようになり，これらをすべて煮沸するようになった。C夫人は，ギョウチュウに家が汚染されたこの時期，自分も夫もひどく神経質になっていたことに気づいていた。けれども，娘のギョウチュウがなくなった後も，C夫人は清潔にすることとギョウチュウがずっと気になり続けた。
　ギョウチュウのエピソードが起こる前までは，C夫妻は比較的うまい具合に結婚生活を送っていた。2人とも大家族を望んでいた。会社の管理職としての夫の収入はそのような家族の経済を支えるのにじゅうぶん見合うもので，お金の心配はまったくなく，余裕があった。最初の13年間の結婚生活の間，C夫人の強迫行為と強迫観念的な徴候は若干見られたが，夫が問題とするほどではなかった。夫と年長の子どもたちは，C夫人との楽しい思い出をたくさん記憶していた。家族は温かい雰囲気と愛情をずっと持ち続けられると感じていた。
　C夫人は，厳格で，権威主義的で性を抑圧するカソリックの家族の3人姉妹の真ん中として育った。身長が180cm以上，体重が100kgもある大きな父親が絶対的に家では君臨していた。C夫人が思春期を迎えたころ，父親はデートして戻ってきた彼女を玄関先で待っていて，根掘り葉掘り，何をしたのかデートについて質問した。ある時には，自分のデートの後をつけたこともあった。父親は怒りを表に出すことを許さなかった。特に，親に怒りを向けることを抑えつけた。そのため，彼女は自分の気持ちを丁寧に表現しようと試みた。しばしば，父親は彼女の言葉を遮って，黙れと叫んだ。C夫人の母親は，冷たい感じのする強迫的な人であった。娘には，セックスを毛嫌いしていることを繰り返し話して聞かせた。何度も病気に気をつけるよう，そして清潔に保つよう言いつけた。
　C夫人の心理療法の処方を考える時，鑑別診断の1つとして，彼女は重篤な強迫衝動と強迫観念の障害なのか，仮面的な潜在性の統合失調症なのか区別することは大事である。一連の心理診断のテストバッテリーはすんでおり，以前の検査結果と同様に，思考障害や精神病的過程を疑わせるような徴候は見つかっていない。
　C夫人はこれまで通算6年間の精神療法を受けている。臨床家はこの間，問題は彼女の神経質的な性格にあることをいつでも指摘していた。集中的な個人療法を行っても，何の症状改善が見られなかったので，一度だけ統合失調症という診断名がつけられたことがある。われわれのクリニックでは，彼女の症状について，難治性の強迫衝動－強迫観念障害の診断基準に合致していると査定した。
　次章からは，心理療法のそれぞれのシステムがC夫人の問題をどのように説明し，どのような治療を行い，彼女がひどく苦しんでいる先入観念を取り除くことができるのか調べることとする。

重要用語

行動志向療法 action therapies
気づきの心理（もしくは洞察）療法 awareness (or insight) therapies
カタルシス catharsis
選択 choosing
共通（非特異的）要因 common (non-specific) factors
意識化 consciousness raising
随伴性マネジメント contingency management
修正感情体験 corrective emotional experiences
拮抗条件づけ counterconditioning
劇的解放 dramatic relief
教育 education
期待フィードバック expectations feedback
ホーソン効果 Hawthorne effect
統合（折衷主義）integration (eclecticism)
プラセボ placebo
変化のプロセス processes of change
心理療法 psychotherapy
再評価 reevaluation
自己の解放 self-liberation
社会的解放 social liberation
特異的要因 specific factors
刺激コントロール stimulus control
治療の内容 thrapeutic content
理論 theory
多理論統合的 transtheoretical

推薦図書

Castonguay, L. G., & Beutler, L. E. (Eds.). (2006). *Principles of therapeutic change that work.* New York: Oxford University Press.

Frank, J. D., & Frank, J. (1991). *Persuasion and healing* (3rd ed.). Baltimore: Johns Hopkins University Press.

Freedheim, D. K. (Ed.). (1992). *History of psychotherapy: A century of change.* Washington, DC: American Psychological Association.

Gabbard, G. O. (Ed.). (2002). *Treatments of psychiatric disorders* (3rd ed.). Washington, DC: American Psychiatric Press.

Gelso, C. J., & Hayes, J. A. (1998). *The psychotherapy relationship: Theory, research, and practice.* New York: Wiley.

Lambert, M. J. (Ed.). (2004). *Handbook of psychotherapy and behavior change* (5th ed.). New York: Wiley.

Maddi, S. R. (1996). *Personality theories: A comparative analysis* (6th ed.). Pacific Grove, CA: Brooks/Cole.

Roth, A., & Fonagy, P. (2004). *What works for whom? A critical review of psychotherapy research* (2nd ed.). New York: Guilford.

Zeig, J. K., & Munion, W. M. (Eds.). (1990). *What is psychotherapy? Contemporary perspectives.* San Francisco: Jossey-Bass.

JOURNALS: *American Journal of Orthopsychiatry; American Journal of Psychiatry; American*

Journal of Psychotherapy; Archives of General Psychiatry; Brief Treatment and Crisis Intervention; British Journal of Psychotherapy; Clinical Case Studies; Clinical Psychology and Psychotherapy; Clinical Social Work Journal; Counselling and Psychotherapy Research; International Journal for the Advancement of Counseling; Journal of Child and Adolescent Psychotherapy; Journal of Clinical Psychology: In Session; Journal of College Student Psychotherapy; Journal of Consulting and Clinical Psychology; Journal of Contemporary Psychotherapy; Journal of Counseling and Development; Journal of Counseling Psychology; Journal of Infant, Child, and Adolescent Psychotherapy; Journal of Mental Health Counseling; Pragmatic Case Studies in Psychotherapy; Journal of Psychosocial Nursing and Mental Health Services; Journal of Psychotherapy in Independent Practice; Psychotherapy; Psychotherapy and Psychosomatics; Psychotherapy Networker; Psychotherapy Patient; Psychotherapy Research; The Scientific Review of Mental Health Practice; Voices: The Art and Science of Psychotherapy.

推薦ウェブサイト

American Association for Marriage and Family Therapy: **www.aamft.org/index_nm.asp**
American Counseling Association: **www.counseling.org**
American Psychiatric Association: **www.psych.org/**
American Psychological Association: **www.apa.org/**
International mental health associations: **www.ccacc.ca/ltoAssoc.htm**
National Association of Social Workers: **www.naswdc.org/**
Society for Psychotherapy Research: **www.psychotherapyresearch.org/**

2 精神分析的療法

ジグムント・フロイト

Sigmund Freud

　カレンは自分の問題が解決されないならば，看護師養成プログラムを終わりにすることにしていた。彼女は優秀な学生で，同僚や患者と円滑にやっているようであった。ところが彼女が南3の外科病棟を巡回し始めた時に，頭痛と度重なるめまいに苦しめられ，さらに深刻な結末として，彼女が患者に与薬をした時に起こした2つの医療過誤があった。彼女はこのような医療過誤が致命的だとよく理解し，彼女自身の看護能力同様，なぜ看護師教育の最後の年にそのような問題が始まったのかを理解することにも関心を持ったのであった。カレンは南3病棟の看護師長に対して否定的な感情が多くあるのを知ってはいたが，このような感情が今の彼女のジレンマを説明できるとは信じなかった。

　心理療法の数週間後，カレンの重要な葛藤の1つが12歳の時に起きた彼女の父親の死にまつわることだと私（プロチャスカ）にはよくわかった。カレンはちょうど7年間母親と一緒にいた後に，父親と暮らすようになった。父親が心臓発作を起こし，緊急搬送された時，彼女がどんなにうろたえたのかを思い出した。しばらく経つと，父親はまるで危機を切り抜けたように思われ，カレンは父親に毎日会いに行くのが楽しみになり始めた。こういった訪問の中のある時，父親が激しい痛みで彼女をぐいと抱きしめ，看護師を呼んでくるように言った。その後，彼女はこのことがなぜそんなにむずかしかったのかは思い出さなかったにもかかわらず，看護師を見つけられなかった無力感はよく覚えていた。いつまで経っても看護師が見つからないように思われ，ようやく看護師を見つけた時には，父親はすでに死んでいた。

　質問した理由はわからないが，私はカレンに父親が亡くなった病棟の名前を尋ねた。彼女は少し黙り考え，やがて驚いたことに，「南3だわ」と口に出した。そしてその病棟の看護師たちが別の救急事態に巻きこまれていたと考えはしたけれど，手があいて忙しくない看護師たちに対して，どんなに困惑し，どんなに怒りを感じているかを表現するかのよ

うに，ひどく泣き出した。しくしく泣き，体を震わせ，怒りを表した後，この数か月のうちで初めてカレンは落ち着きを取り戻し，リラックスしたのであった。私の精神分析のスーパーバイザーは彼女の症状は消失すると言ったが，確かに彼の言うとおりであった。さらにスーパーバイザーは，カレンの青年期の体験が代弁した人生早期の葛藤にわれわれが深く関わらなければならないとわかっていたが，今のところ，看護師養成プログラムでのカレンの問題は取り除かれた。

ジグムント・フロイトの人物像

　ジグムント・フロイト（Sigmund Freud, 1856-1939）はそのキャリアの初めに，患者が人生早期のトラウマをカタルシス的に想起することで回復するという様子に非常に感銘を受けた。しかしまもなく，より意味深く永続的な変化を引き起こすには，自分自身のアプローチに変化が必要であることを発見した。時を経て，彼は自分の考えを催眠からカタルシスへと，最終的には患者の意識だけでなく文化の意識をも根本的に変化させる力動的分析へと路線を変更した。

　フロイトの才能は多くの人々に称賛されてきたが，彼は，もっと大いなる知力を持てたらと，人生を通して不満だった（Jones, 1955）。

　フロイト自身，彼の傑出している性質は勇気だと信じていた。人間の未知なる深みに下り，彼が発見したことを当時の厳格なヴィクトリア朝の文化の中で明らかにすることには，確かにとても勇気があり魅力的であった。フロイトはある時，好奇心の強さとは子どもの性的好奇心に由来し，「僕はどこからきたの」「私の両親は私を作るのに何をしたの」といった子どもの不安を伴った疑問が昇華されたものであると述べた。これらの疑問はフロイト特有の魅力を引き立たせ，後になって彼自身の複雑な家族布置のため，パーソナリティ理論の中核的な位置を占めた。フロイトの母親は父親の半分の年齢で，2人の異母兄弟は母親よりも年上であり，さらには彼よりも年上の甥が1人いた（Gay, 1990）。フロイトは，社会的階級の低いユダヤ人家族に生まれた"将来有望な少年"ともてはやされた。

　フロイトは，何年かにわたる努力の末成功した。17歳になった1873年にウィーン大学に入学してから，生理学研究室で研究生として働き，1891年に神経学で博士号を取得し研修医となるまで，彼の熱心な研究と研究への傾倒が知名度や経済的成功をもたらすことを期待していた。彼は決して開業医になろうとはしなかったが，しかしながら研究の報酬は厳しく限られており，ユダヤ人に対して大学での昇進の機会が制限されていることがわかった。最終的に彼が30歳で結婚をした後，より多くの報酬が得られる個人開業を始めた。しかしフロイトは，患者との作業が彼に確信させた着想を同僚と話し合うためには，熱心に稼いだお金でも喜んで使った。フロイトを確信させた着想というのは，**神経症**（neurosis）の根底には性的な葛藤がある——すなわち，さらに明確にすると，イドの本能的な願望とそういった願望を直接的に表現することへの社会からの報復との間に存在する葛藤である。

フロイトの深い洞察は専門家からの侮辱に遭い，個人開業の経営は急速に衰退していった。数か月間は新しい専門医からの照会を受けなかったし，数年間は彼の洞察を共有する仲間もいなく，1人で知的探求を続けようとする内から湧き出る勇気だけに頼らなければならなかった。この1890年代の同時期に，ある程度彼の神経症症状を克服するべく，部分的には**無意識**（unconscious）の研究で自分の主観を役立てるべく，フロイトは苦痛を伴なう自己分析（self-analysis）をし始めた。驚くべきことに，フロイトは専門家としての孤立によって特に勇気を失うことはなかった。タブーな考えに対して当然の抵抗として出遭った反対者を解釈することができたのであった。

結局，1900年代初期，フロイトの冒険的な研究は，20世紀の心理学を方向づける体系としてウィリアム・ジェームズ（William James）といった学者から最終的に認められるようになった。ウィーン精神分析学会に加入したとても輝かしい同僚たちとともに，フロイトはまさに20世紀の心理学を方向づけたのであった。多くの同僚たちが**精神分析**（psychoanalysis）の発展に貢献したのだが，フロイトはただ彼だけが，創設者として何が精神分析とよばれるかを決定する権利を持つと主張した。このことは，自分の研究体系を発展させようと強く志すアルフレッド・アドラー（Alfred Adler）やカール・ユング（Carl Jung）を含んだ非常に優秀な人たちを，精神分析学会から去らせた。フロイトの主張は，心理療法理論を改定する場合，実証というよりも権威に拠った教条主義の慣例に従う傾向があった。しかしながらフロイト自身，その生涯を通じて自分の理論に批判的であろうとし，経験が考えに反していたならば選びぬかれた考えを仕方なく放棄した。

精神分析の成功により，フロイトは学術的な研究や患者に没頭することを止めなかった。彼は午前8時から午後1時まで患者に会い，家族との昼食や散歩で休息してから午後3時から午後9時または10時までふたたび患者に会い，そして妻と夕食や散歩をした。続いて午前1時または2時まで手紙や本を書いたり読んだりするといったように，1日18時間を仕事に費やした。この人物は性や性の変化を理解しようと献身しつつ，自分の性に対しては時間やエネルギーをほとんどかけなかったこともまた際立っているのだけれども，この人物による研究への貢献は注目に値するものであった。

フロイトは，第二次世界大戦以前にウィーンからロンドンに移住したのだが，骨が破壊されていくがんに罹っていたにもかかわらず研究をし続けた。しかしパーソナリティ，精神病理，そして心理療法における非常に包括的な理論を発展させたまま，医師に自殺幇助をさせるようにして85歳で亡くなった（Gay, 1988）。

パーソナリティ理論

フロイトのパーソナリティ理論は，彼自身と同じくらい複雑だった。6つの異なった観点からパーソナリティを考えた。(1) **局所論**（topographic view）。意識と無意識の機能の様式。(2) **力動論**（dynamic view）。心的な力の相互作用を詳述するもの。(3) **発生論**（genetic view）。口唇期，肛門期，男根期，潜伏期，性器期にわたった心的現象の起源や

発達との関連。(4) **経済論**（economic view）。心的エネルギーの配分，変化，消費に関するもの。(5) **構造論**（structural view）。イド，自我，超自我といった持続的な機能単位にまつわるもの。(6) **適応論**（adaptive view）。フロイトが示唆しハルトマン（Hartmann, 1958）が発展させた観点で，一連の心的変化をする正常で予測可能な環境との相互作用といった生来的な準備性と関連するもの。力動論的観点，発生論的観点，構造論的観点は，もっとも直接的に関係する精神病理や心理療法における理論に主として焦点を当てる。

　これらの観点すべてから言えることは，精神分析学とは**妥協形成**（compromise formation）へとつながる葛藤モデルということである。心というのは，意識と無意識との力関係や，自分が即座に願望することと社会が受容可能なものとの間に起こる恒常的な葛藤に巻き込まれるのである。最終的に成熟した人たちの振る舞いは，こういった葛藤との争いに対して妥協をする。イドは食物，セックス，身体的な安らぎ，他者からの称賛などの本能的充足を求めるだろうが，超自我はこのような世俗的で即時的な快楽を否定するだろう。そのためわれわれは，いつも妥協するのである——われわれはそれに相応しい時まで待って，食事をし，セックスし，排便し，そして純粋に注意を集中させる。われわれの心は，いつでも妥協しているのである。

　フロイトは，パーソナリティを動機づける力動的な力がエロス（生および性）でありタナトス（死および攻撃性）であると信じていた。これらの相補的な2つの力は身体的な土台を持つ**本能**（instincts）であるが，空想，願望，感情，思考，そしてもっと直接的に行動によって表出されるのである。個人は，性衝動や攻撃衝動をすぐにでも充足したいと一貫して望んでいる。性急な充足欲求は，家族を含んだ社会的な慣習が安定し秩序を保つならば，性や攻撃性を多少コントロールするように要求する社会のルールとの，避けられない葛藤を生じる。そこで個人は，コントロールできない衝動から性衝動や攻撃衝動を抑える**防衛機制**（defense mechanisms），または内的にコントロールする機能を発達させざるをえない。こういった防衛がなかったならば，文明世界はレイプや略奪が蔓延する獣のジャングルとなったであろう。

　防衛機制の発達は，レイプや略奪をしようとする基本的で内的な願望を意識化するのを妨げる。ここでの仮説は，基本的で内的な願望に対して気がつかないままなら，少なくとも直接願望にもとづいて行動はしないだろうというものである。さらに防衛機制は，社会的なルールを壊す理由による処罰からの危険を締め出すものであり，また親から教えられたルールや社会的なルールを破りたいという願望から生じる不安や罪悪感を経験させないようにもする。このような防衛機制が適切に作用するには，性衝動や攻撃衝動が意識されるのを妨げようと用いられる防衛が無意識の状態のままでなければならない。にもかかわらず，人は，あなたが秘密にしていることを知っている3歳児を，その秘密から遠ざけておこうとするのと類似の，ジレンマに直面するのである——隠されたものが圧倒的に魅力的なものだと知ろうとして，絶えず困らせるように。

　フロイト派の特徴の中核は，性衝動や攻撃衝動をコントロールすることを目的とされた社会的なルールとの無意識の葛藤であり，さらには安全で間接的な衝動の充足を許すような防衛機制であると同時に，罪悪感や不安を最小限に保つような衝動をコントロールする

防衛機制なのである（Maddi, 1996）。正常なパーソナリティと神経症のパーソナリティとの違いは，いうまでもなく程度に関わる問題である。無意識の葛藤があまりにも激しく痛々しいものとなり，その結果防衛機制が極端に制限的にしか機能しなくなると，神経症的な症状が出現し始める。すべてのパーソナリティが無意識の葛藤を繰り返している間中，人はそれぞれ葛藤状況において異なった特有の衝動，ルール，不安，防衛を示す。そういった違いは，葛藤が生じた時のライフステージの特異性に拠っているのである。フロイトにとってライフステージは，口唇期，肛門期，男根期，性器期における性の展開に本来決定づけられる。ライフステージそれぞれで経験される違いが，さまざまな性格特性やパーソナリティの方向づけに決定的なものとなるのである。

口唇期

生後18か月の乳幼児における性的願望は，口唇領域に集中している。乳幼児にとってもっとも快楽なのは，乳房などの願望を充足させてくれるような対象を吸うことである。本能的な衝動は口唇-体内化段階（oral-incorporative phase）で口唇からの充足を受動的に受け取り，口唇-攻撃段階（oral-aggressive phase）で口唇からの快楽をさらに能動的に取り入れる。乳房または哺乳びんを吸うこと，おもちゃや指または足の指を口に押し入れること，片言にしゃべることさえも，乳幼児では口唇の充足を受け取る行動なのである。成人では，キス，フェラチオ，クンニリングス，または乳房やその他の身体部分を愛撫することで，口唇性欲が認められる。

乳幼児の口唇性欲は激しく切迫しているものだが，乳幼児は適切な口唇の充足に不可欠な乳房や哺乳びんを与えてくれる両親に依存している。切迫した要求に応ずる両親が，どうやって子どものパーソナリティに顕著な影響を及ぼすのだろうか。極端に愛情剥奪的なまたは過保護な両親は，子どもが口唇期からその後に続くパーソナリティの発達段階へと成熟するのを困難にさせるだろう。愛情剥奪的なら，子どもは口唇期で固着したままとなる。すなわち心的エネルギーは，主として幼児期に供給された口唇の充足を見つけ出す方向へ向けられる。過保護なら，子どもは口唇期にまた固着するが，心的エネルギーは口唇を充足させる状態を繰り返し維持する方向に向かうのである。愛情剥奪や過保護のいずれかによる固着はまた，以下のような両極端な性格特性を含む口唇性格の発展につながるのである。悲観主義（pessimism）/楽観主義（optimism），疑い深さ（suspiciousness）/騙されやすさ（gullibility），自己の過小評価（self-belittlement）/自惚れ（cockiness），受動性（passivity）/操作性（manipulativeness），羨望（envy）/称賛（admiration）である（Abraham, 1927; Glover, 1925）。

決して規則的ではないが，過保護は上記の組み合わせのそれぞれ右側の性格特性に導かれた，外界や自己に関する前言語的なイメージへとつながると考えるのは容易である。楽観主義とは，対象がいつも素晴らしいというイメージに由来するため，対象がそのままであり続けると思っている。騙されやすさとは，人から受け取ったものが何であっても良いものだとし人生早期の体験が元になっているため，さしあたり人が言うことを何でも当然

のように鵜呑みにしてしまう。自惚れとは，両親が溺愛するような優れた人物だという考えから続いているのだろう。操作性とは，望めば何でも両親にさせることができることから生じる心構えと関連するだろう。最後に称賛であるが，他者は自分や両親と同様に良い人物であるという感情によるものであろう。

　一方，愛情剥奪は悲観主義につながる可能性がある。すなわち，それは最初の心構えから自分の要求は満たされないということである。疑い深さとは，両親が信じるに値しないとなると信じられる人はほとんどいないという感情に由来する。自己の過小評価とは，両親がまったくかまってくれないなら恐ろしいことだというイメージが元になっている。受動性とは，どんなに激しく蹴ったり泣き出しても両親は世話してくれないだろうという繰り返し結論づけた結果として生じる。羨望とは，人々が特別な世話してくれるほど愛しいと思わせる特性を持ちたいと切望することである。

　こういった性格特性に加えて，口唇期の固着は脅威やフラストレーションを感じた時にはさらに原始的な防衛にもとづいた傾向を表す。**否認**（denial）は，満たされない口唇の欲求を締め出す方法として，最終的に目を閉じ眠らなければならないことから生じる。認知水準でこの防衛は，世界や自分からの脅威を感じる側面から注意を締め出すことと関係している。**投影**（projection）は，幼児が自分の中に取り込んだ何か不快なものを吐き出したり，その不快なものを環境の一部にする肉体的な基盤をもっているということである。認知的には，投影は状況の中にあって不快あるいは脅威であるのは自分自身であることに気づくことを意味する。身体的水準における**体内化**（incorporation）は，食物や飲み物を取り入れ，このような対象を自分の実際の一部とすることが含まれている。認知的には，こういった防衛は他者のイメージを自分自身のイメージにおける部分とすることに関係する。口唇期の子どもたちは，生まれながらにして自分の要求を満たしてくれる他者に依存している。そのため，この段階で固着した人たちは，分離不安を防衛することに対して特別な関心を抱くのである。口唇性格の人たちは，本当の自分が利己的で要求がましく依存的であると，愛する人が知れば，彼らは去り，今までの愛情を向けなくなるだろうと心配するのである。口唇性格の人たちは1人ぼっちにされないように，抱きしめられ，世話を焼かれ，食べ物を与えられ，母乳を与えられたいといった激烈な願望をコントロールしなければならないことを，体験をもって学習するのである。それで，心中では，与えずに受け身で受け取りたい，または受け取る必要もないのに攻撃的になってでも手に入れたいと絶えず切望するのだけれど，そういった出し惜しみ的で自己愛的な願望を否認するか投影することを学習する。

　防衛が十分に機能した**口唇性格**（oral personality）の人たちでは，それだけで病気だとは考えられないが，後で議論する前性器性格と同様に非常に未熟な人格だと考えられる。自分自身を病気だと考えたり他者からそのように考えられないで，過剰に楽観的で騙されやすく自惚れている人，自分や他者の欠点を否定するような人が，確かに多く存在する。同様に，疑い深いことが賢明であると信じている人，世間にあまり期待しない人，他者との間で自分が利己的で操作的であると知覚する人も多く存在する。こういった人たちでも，稀に病気だと診断されるのである。

肛門期

　肛門の機能を屋外トイレに割り当て肛門からのうんちの光景や臭いを封じ込める社会では，この汚い領域が18か月から3歳の子どもには快楽のもっとも強い源泉なのだという，フロイトのような医師のことを考えるのはぞっとすることにちがいなかった。極端に清潔なわれわれの社会であっても，多くの人たちは肛門が感覚的満足の源泉でありうると想像しづらいことは，やはりそうだろうと理解される。しかしながらトイレの中のプライバシーでは，肛門を露出することが肛門自体を「リフレッシュさせるひとときの休息」であると多くの人に認められている。ある便秘の患者が言うように，一週間の中でもっとも快楽に満ちた時間なのである。

　肛門期（anal stage）の子どもたちは，肛門やうんちで遊ぼうとする強い衝動に駆り立てられ，社会の清潔さに関するルールとの葛藤に直面する。肛門を露出したい快楽があっても，腸をコントロールして両親のルールに従わなければならない。トイレット・トレーニング以前の子どもは，肛門の緊張が強まると同時に括約筋を自由に解放することができた。しかし両親を代表とする社会は，子どもがすぐに緊張を減らしたいという生まれながらの願望をコントロールするように要求する。エリクソン（Erikson, 1950）の言葉では，子どもはがまんする，それから出すことをさっさと学習しなければならない。それだけでなく，子どもは，がまんする時と出す時の正確なタイミングをも学習しなければならないのである。がまんしなければならない時にもらしてしまったら，それは大変なことだし，うんちしなければならない時にがまんしてしまったら，もっと大変だ！

　肛門期はこういったトイレット・トレーニングと関連するだけでなく，力に関するあらゆる努力と関係がある。何を食べ，いつ眠り，服の着方，誰とキスをするかといった「恐るべき2歳時」での努力のすべてが，社会や両親のルールと交渉し自分を主張しようとする子どもの努力を表す。保護者がさらに要求がましくまたは過保護であるならば，子どもは肛門期に葛藤を持ち固着する可能性が非常に起こる。肛門固着から進展する両極端な性格特性は，以下のとおりである。すなわち，けちな（stinginess）/過剰に気前のよい（overgenerosity），窮屈な（constrictedness）/ゆったりした（expansiveness），頑固な（stubbornness）/大人しく従う（acquiescene），規則正しい（oderliness）/散らかった（messiness），細心な（meticulousness）/雑な（dirtiness），時間厳守（punctulatiy）/遅刻しがちな（tardiness），明瞭な（precision）/漠然とした（vagueness），である（Freud, 1925; Fenichel, 1945）。

　フロイトの関心の多くは，極端に早過ぎるもしくは厳しいトイレット・トレーニングをさせようとする，過度に要求がましく極度に支配的な両親に対してであった。このような保護者のスタイルを受容する個人は，耐えようとする傾向によって支配された**肛門性格**（anal personality）をより発達させるようである。子どもが言語化できない体験とは，自分がうんちしたくない時に一方的にうんちさせられると感じられることだろう。子どもが本当にうんちしたい時に，両親は子どもに何をしたのだろうか。実のところトイレに洗い

流したにすぎないのである。そのような個人は，もう一度うんちしようとすると非難されるように反応する。そのためこのような性格では，お金にひどく固執し（けちな），さらにはこういった感情（窮屈な）や仕方（頑固な）をとる。しかしながら，厳しいトイレット・トレーニングの過程で，実際に子どもが清潔か注意深くなかったら，もしトイレへ時間どおり規則正しくし，きちんとトイレをしなかったならば，自分が罰されることも学習する。

　トイレット・トレーニングに気乗りしない過保護な両親というのは，少しでも圧迫を感じるなら，いつでもすぐにうんちするようにと子どもを非常に促しやすい。肛門性格に対するこのような道筋は，お金を容易に放出し（無駄使いな），感情を放出し（感情の爆発），意志を放出する（大人しく従いがち）人々を生む結果になる。適切なトイレット・トレーニングといった基本的な社会ルールに対する無関心は，散らかしっぱなしの，雑で，遅刻しがち，事実の詳細に無関心であるような子どもを促進すると一般的に仮定されている。

　肛門期の葛藤は，特有の防衛の発達へと導くとも仮定されている。**反動形成**（reaction formation），すなわち本当に望むことと反対のことを経験するというのは，肛門を汚したいという願望を表現するというよりも，両親が要求するように非常に清潔できちんとした反応をまず発達させるものである。**打ち消し**（undoing），すなわち受け入れがたい願望または行為を償うことで，「パンツのうんちから温かく感じるのが好きだよ」と言うより，「パンツにおもらしして，ごめんなさい」と言うことのほうが安心だと学習した時に生じる。**隔離**（isolation），すなわち思考を伴った感情を経験しないことで，子どもが肛門の機能を本能的な経験というよりも機械的な行為として見なさなければならない時に，部分的に出現する。**知性化**（intellectualization）は，感情が付与された経験を知的で論理的な言葉で話すことによって中性化する過程であるが，胃腸系を鎮める大腸の定期的な動きについて話すという経験と部分的に関係する。

　肛門性格の人たちは，いつでもどこでも汚したいという肛門願望をコントロールし，また肛門を触って，愛撫し，何かを入れて，肛門を喜ばせたいという肛門性愛的願望をコントロールするために，こういった防衛や別の防衛を用いるのである。過保護な家族で育った人たちでも，仲間から，または教師のような両親的人物からの罰を受けることなしには，どんな時も肛門の訓練はできないと発見する。肛門性格の両タイプはまた，トイレット・トレーニングや，文化が本能をコントロールするように主張する他の生活領域での葛藤と関連した多大な敵意および攻撃性を意識しないでいられるように，これらの防衛を用いる。しかし十分に防衛された肛門性格は，病理ではないが未熟であると考えられる。肛門性格の人たちは，整頓することおよび時間を守ることに非常に誇りを持ちやすく，こういった性質に対して他者から称賛されることもある。

男根期

　この段階の名称は，主に男性の生殖器と関連しているが，フロイトが男性について多く

を理論化し女性にまで一般化することに伴った問題を提示する。両方の性において，**男根期**（phallic stage）の性的願望は生殖器に焦点化していると考えられている。3歳から6歳までの両方の性は，自分の生殖器へ非常に関心を示し，マスターベーションの頻度が増加すると仮定される。また異性に対しても非常に関心を持ち，性的好奇心を充足させようと互いのことを探索するといった"お医者さんごっこ"のゲームに没頭する。

　子どもたちの葛藤には，生殖的な願望が含まれていない。なぜならば理論的に，子どもたちはそのような願望を充足できるからである。葛藤は性的願望の対象と関係しており，この時期では異性の親に対してである。母親に対する男の子の願望は，さらに男根期以前の要求，つまり特に吸うことへの要求を充足させる主要な源泉に母親が役立つという自然の成り行きとして説明される。そのため，息子が器官的な性的願望を自分の母親へ向け，母親が自分を充足させてくれるだろうと期待すると仮定するのは，論理的なことである。**エディプス葛藤**（oedipal conflict）はもちろん，父親が母親を楽しませる権利および威厳をすでに持っているということに対してのことである。息子の恐怖は，父親が問題の源泉——息子のペニス——を取り除くことで，ライバルを処罰するだろうとすることにある。このような**去勢不安**（castration anxiety）は，結果的に息子に母親への願望を抑圧させ，父親への敵対的な競争を抑圧し，さらには父親の言うとおりに振る舞えば去勢を避けられると望んで，父親のルールと同一化する。

　娘が母親よりも父親に対する願望をなぜ終わらせるかという疑問は，息子同様に娘にとっても母親が本能的な願望充足の主要な源泉だとするなら，説明はより困難である。母親がペニスを与えないで自分を欺いたのだとわかった時に，娘は母親に対して敵対的になることを，フロイトは主張した。フロイトが女性をそのように仮定した理由は，クリトリスではなくペニスがないため女性を悪い何かと関係していると結論づけたのだろうが，いまだに謎のままである。たとえば，フロイト派でない同僚は，5歳の姉が3歳の弟のペニスを見つけるストーリーを伝えている。彼女は，ペニスを羨望しないで，「ママ，ママ，アンディのヴァギナが垂れ下がってるわ」と大声で叫んで母親のところへ行ったのである。

　それでも，啓発的な女性による理解可能な抗議にもかかわらず，多くの古典的な分析家はまだ，少女は早期にペニスを羨望し，母親に怒りを向け，父親のファルスを少なくとも共有できるようにと部分的に父親へ性的願望を向けると今でも仮定している。

　さらに決定的な問題は，両親が子どもの性器的な願望へいかに反応するかである。過保護または過剰に拒否的な反応ともに，以下の両極端な性格特性を結果的に形成するような男根期の固着を生じさせる。すなわち，虚栄心（vanity）/自己嫌悪（self-hatred），誇り（pride）/謙遜（humility），上品（stylishness）/地味（plainness），うわついた（flirtatiousness）/内気（shyness），社交的（gregariousness）/孤立（isolation），活発な（brashness）/恥ずかしがりや（bashfulness）である。

　過剰な拒否とは，両親が自分とは異性の子どもに対して愛情もハグもキスもほとんど示さず魅力的だと評価もしないことだが，それは次のような自己イメージにつながりうるのである。すなわち，「両親が私にハグもキスもしてくれないなら，私は憎むべき存在なんだわ。きっと自分と違う性の親が，私のことを望ましくないと見ているのなら，どうして

好奇心があって，洋服を上品に着て，社交的か活発で，自分に自信を持てるのかしら」と。他方，過保護な両親を持つ人は，誘惑的または実際近親姦的などちらだとしても，容易に虚栄心を発展させるだろう。お父さんはお母さんよりも自分たちを好むかその逆だとしても，実際に自分は意味ある人物にちがいないと感じる。好奇心があり，上品で，誇りを持ち活発といった性格特性すべてが，世間ではもっとも立派な人間というイメージを持続することの土台になる。

しかしながら，自分の両親への性的願望に関する葛藤は，たんに両親の反応の仕方だけのせいではない。娘はまた，ライバルである母親がさらに自分を傷つけはしないかといった仮定からの不安が含まれているような，去勢不安に防衛しなければならない。さらに娘は，社会の基本的な近親姦のタブーに対しても防衛しなければならない。こういった葛藤は，近親姦の願望に対する主要な防衛である退行へと導かれる。異性の両親に関する空想さえも意識しないようにして，子どもは近親姦やそれに伴う去勢やタブーから離れて安心感を持てるのである。しかしながら，すべての葛藤的な願望とともにではあるが，衝動は偏在し，無意識の防衛によってのみ意識の周辺に保たれるのである。

潜伏期

古典的精神分析の理論では，この段階は新しい性欲の展開とは関係がなく，かなり前性器的な願望が広範囲に抑圧された段階であった。フロイトはすべての前性器性格形成が6歳までに達成されると信じていたために，新しいパーソナリティの発展を潜伏期（latency stage）と関連づけなかった。葛藤的な前性器期と青年期でふたたび出現する嵐――性器期の始まり――との間の中休みと，潜伏期は主として見なされていた。

最近の精神分析学の定式化では，潜伏期は自我の発達の時期であり，市民である上での社会的なルールを学習する時期だとされる。こういった発達が，子どもを心理学的に青年期へと入らせ，性器期で困難が生じた時に性器期の道筋の案内を可能とするのである。

性器期

性器期（genital stage）では，リビドーが再出現する――生殖はこの時期である。男根期と潜伏期との困難をうまく乗り越えられると，青年はさしあたって性（愛）と攻撃（仕事）のための適切な対象を見つけなければならない。

フロイト派の理論では，個人は本能的な願望と社会的な禁止との間に少なくとも何か葛藤なしには性器期へと進展しない。ある人は口唇期，肛門期，男根期で固着したが，その各段階と関連したパーソナリティのタイプを示すだろう。別の人はそれぞれの段階で葛藤を経験し，それらの各段階の性質や防衛を組み合わせ混合性パーソナリティを示すだろう。しかし好結果の分析を経ることなしには，誰も十分に成熟した，性器性格（genital character）の人物にはならない。そのような性格こそは，分析の理想的な目標だから，われわれは，この理論の理想の個人の項まで，議論を先延ばしすることにしよう。

精神病理の理論

　あらゆるパーソナリティというものは前性器期の不可避な葛藤や固着により少なくとも部分的に未熟であるため，われわれ誰もが精神病理へと退行しやすい。葛藤や固着が人生早期に生じるとそのような退行がさらに起こりやすい。なぜなら不安を取り扱うのに未熟な防衛に依存をしているからである。さらに，前性器期の衝動を防衛するのに心的エネルギーがよりいっそう用いられるため，前性器期の葛藤が強烈であればあるほど，われわれはより弱まっていき，さらには成人のストレスへの対処をするために心的エネルギーが利用できなくなるのである。前述したように，十分に防衛が機能される口唇性格，肛門性格，男根性格，または混合性パーソナリティは，突然のストレスが惹起されたり，防衛機制や症状形成の悪化につながるような環境的状況に置かれなければ，決して崩壊することはないだろう。

　突然起こりうる——愛する人の死，情事への誘いや病気の出現というような——出来事は，個人が自分の全生活をコントロールしたいという衝動を刺激する。両親から拒否されまたはタブーである性行為を願望するといった幼児期の経験の反復であるように，個人はこのような現在の出来事に対して無意識水準で反応する。個人の幼児期の反応は，自分たちの衝動がコントロールできなく，彼らが分離または去勢といった全生活内で非常に恐ろしい罰がこの先起きるというパニックに結びつく。このような個人はまさに自分のパーソナリティが崩壊する脅威を感じる上に，恐怖にも感じるのである。個人のパーソナリティの輪郭は，つねに安全な水準で衝動を保つ繊細なバランスを持つような性質であり防衛なのである。子どもと同様に，成人のパーソナリティが弱まり幼児的な本能が完全に優勢となるのではと，個人は不安を抱く。かつてはパーソナリティ発達の原因であり，現在はパーソナリティ解体の原因となるおそれのある幼児期と同様の葛藤を，個人は無意識水準で再体験しているのである。

　そのような兆しと直面して，衝動が意識に上がるのを妨ぐのに不可欠などんな心的エネルギーでも費やそうと，人々は非常に動機づけられる。こういったことは，病理的になる地点までかつて用いた防衛の悪化になるかもしれない。たとえば，浮気を仕掛けられてタブーである性行為に強烈な願望を持つ既婚女性は，そのような願望を再抑圧することに，より一層強く頼ることになるだろう。まもなく彼女は疲れ果て，別の神経衰弱症状を示すかもしれないが，少なくとも彼女が浮気をしたくてもそうする心的エネルギーを持っていない。彼女が疲れていると不平をもらしている間，幼児期の願望を行動化するのを恐れるより疲れていたほうが彼女にとってよいのである。タブーである性行為への強い固着と葛藤を持っていなかった女性は，もしそれが危険を犯す価値があると考えるならば，たんにその申し出を断るか受け入れるかもしれない。

　症状が進行するほどに，人が日常の出来事に過剰な反応をする場合，受け入れがたい衝動や幼児的不安に対して症状で防衛していることは，フロイト派には明確である。多くの

場合，症状もまた，受け入れがたい願望を間接的に表現するのに役立っている。たとえば，頭痛，めまいといったカレンの症状や医療過誤は，南3病棟の看護師長に対する怒りの現れであり，それに伴う不安を彼女の注意から逸らしたのであった。彼女の医療過誤は，まだ怒りをまったく意識していない，つまり内的な怒りにかられているわけではないが，敵対的な願望表現を可能にした。彼女の症状は受け入れがたい衝動に対する防衛であるし，このような願望の間接的な表現に貢献したのであり，そういった時に症状は二重の意味で変化に対する抵抗をするのである。

しかしなぜカレンのような人たちは，第一に南3病棟に配置される出来事に過剰な反応をしたのだろうか。なぜ彼女は，12歳の時のようにもう一度現在の南3病棟に反応したのだろうか。そしてなぜ彼女は，以前の南3病棟と現在の南3病棟とを十分論理的に区別をしなかったのだろうか。南3病棟への反応が主として意識水準で行われるならば，確かに意識，**二次思考過程**（secondary thought process）にもとづく論理的な区別が可能だったであろう。しかしカレンの無意識の反応は，**一次過程思考**（primary-process thinking），すなわち**非論理的**（alogical）思考に従っている。論理的な思考とは，以下のような文の主題から推論することが含まれている。(1) すべての人間は死ぬ運命にある。(2) ソクラテスは人間である。それゆえに (3) ソクラテスは死ぬ運命にある。一次過程で推論することは，そのような言葉の**属性を断定しやすいこと**（predicates）である。陳述が断定的に続いていく。そのためわれわれには，以下のように思われるのである。(1) 聖母マリアは処女である。(2) 私は処女である。(3) 私は聖母マリアである。すなわちカレンの場合，(1) 看護師たちにより私の父親が亡くなった病棟は，南3病棟であった。(2) 私が今いる病棟は，南3病棟である。(3) この南3病棟は，看護師たちによって父が亡くなった場所なのである。

カレンのような人たちが無意識水準で反応した時には，どんな推理過程を通してであっても系統的に進行しない。つまり，いくらか彼女らの一次過程反応は，自動的で非合理的である。一次過程で反応することもまた，過去，現在，未来との区別がなく，**無時間**（atemporal）なのである。そのため無意識水準では，カレンの反応は10年前の南3病棟と現在の南3病棟との区別がされていない。無意識水準ではあらゆることが現在であり，10年前に出現した同様の衝動と不安が誘発されているのである。

一次過程思考の他の特性として**置き換え**（displacement）があり，心的エネルギーが非常に集中した思考をより中立的な思考へと変えることに関連している。カレンの症例では，父親に感じていた強い怒りを，南3病棟の責任者というより中立的な人物に置き換えた。一次過程思考も象徴的であり，全体に代わる一部分（*pars pro toto*）を意味するのだが，出来事の部分であっても全体を表象するのである。この症例では，南3病棟という名称が，カレンの父親の死を掻き立てる多くの感情の象徴になった。最後に，一次思考の経験には，**顕在内容**（manifest content）と**潜在内容**（latent content）が含まれている。意識的，すなわち顕在的な内容は，出来事の隠された，すなわち潜在的な意味において，さほど重要でない部分なのであった。カレンは，新しい病棟での取り乱した顕在内容だけを初めのうちは意識していた。つまり，心理療法で明らかにされるまで，彼女は南3病棟

の名称の重要な潜在的意味さえ意識していなかった。

　このような一次過程反応の理解に伴い，現在の南3病棟に配置されたことに対するカレンの無意識での反応が，なぜ非合理的にあるいは非論理的に思えたのかについてさらなる十分な理解ができるようになる。同様にカレンが，腹を立てた子どもに対してなぜとても適切な態度で対応していたのか，なぜ南3病棟の名称といった比較的中立的な刺激から理解されるより多くの心的エネルギーや意味とに彼女の対応が関連していたのかについても理解できるのである。

　われわれがカレンのこういった出来事の潜在的な意味へと心中深く入り込んだなら，12歳でのカレンの経験は，5歳時の最初の（離婚による）父親喪失を表象するのがわかるだろう。南3病棟の看護師に対して沸き起こる兆しとなった怒りは，部分的に母親への本来の怒りが置き換えられている。その母親はカレンが想像した母親であり，カレンが父親をとても求めていた年齢に父親を去らせた母親なのである。南3病棟にいることもまた，カレンが必要とした時に去ってしまったことへの敵意が混ざった性的願望を伴う父親に対して，意識的な感情をもたらすかもしれない。カレンが父親の死を望もうとする空想でさえ，10年早く看護師になっていれば父親を助けられたのにと世話する娘の自己イメージを傷つけるだろう。自己イメージを守ること，危険な衝動を行動化し経験すること，および，あらゆる不安や危険な衝動から誘発される罪悪感に対して自分自身を守ることは，最後の手段である防衛としての症状出現の原因になるだろう。

　心理療法の本質が無意識水準にあるなら，そして突然引き起こされた出来事，誘発されている衝動，パニックの引き金になる不安，防衛的で依然として充足されていない症状の性質，といった心理学的な重要性に意識を持たないなら，どうしたら個人が自分の障害を乗り越えられようか。

治療過程の理論

　フロイトにとって，唯一，治療過程というのは無意識を意識する時に成功する。われわれがより現実的な方法で環境的な出来事に反応できるより以前に，環境に対する病理的な反応が無意識に，すなわち環境的な出来事を原因とする一次過程の意味にいかに由来するのかについて，最初に意識しなければならなかった。症状を取り除くために，われわれは症状を放出することへの抵抗を意識しなければならない。なぜなら症状が受け入れがたい衝動を防衛し，部分的にその衝動を和らげるからである。われわれは，衝動は子どものころ思っていたほど危険なものではないということ，部分的に本能の成熟的な表現を認めることによって，衝動をコントロール下に置くためより建設的な防衛を用いることができることを，少しずつ認めなければならない。最終的に将来起こりうる再発を防ぐために，成熟した性器的な機能水準に発展し続けられるように前性器期の固着を解放する意識過程を用いなければならない。そのような意識領域の根本的な増加には，患者と分析家の両者で相当な作業が要求されるのである。

意識化

患者の作業　　自由連想（free association）による作業は，非常に単純に思われる――考えや連想がいかに些細なことだと思えても，心に思い浮かんだことを何でも自由に伝えることである。患者は防衛を働かせないで心のままにし連想ができれば，その連想は本能に占められるだろう。本能があらゆる心的エネルギーの源泉であるため，個人においてもっとも強力な力であり，本能が意識に出現しようとつねに圧力をかけるため，その時患者は本能を表すような思考，感情，空想，願望をすぐに連想する。しかし人生早期の課題は，そのような直接的で統制不可能な本能を表現することがもっとも危険であるということであった。患者は同時に，症状が進んだ時に防衛が弛緩することは恐ろしいことであり病理につながりうる，ということを学習した。しかしながら，患者がカウチに横たわり心に浮かぶことを何でも話すようにと分析家に指示されるからといって，少なからぬ抵抗や防衛を伴うことなく，患者が指示どおりできるとは限らない。

　潜在的な恐怖や結果的に防衛的になることに患者が直面し作業し続けるのを援助するには，患者が苦しみを緩和したいと望み，分析家の指示がそのような緩和をもたらすと信じられるほどの理性的な患者の自我の一部と，分析家が**作業同盟**（working alliance）を形成しなければならない。このような作業同盟を通して，詳細な夢や幼児期の記憶が患者を脅かす衝動をもたらしても，患者も進んでそれらを思い出していくようになるのである。

セラピストの作業　　セラピストの作業は，患者が本当に精神分析に適用できる候補者かどうかを決定するように評価することから始まる。グリーンソン（Greenson, 1967, p. 34）が簡潔に表現するように，「現実から退行をあえてしないような人や現実へ容易に戻れないような人には，精神分析にわずかな危険がある」という。このことは一般的には，統合失調型パーソナリティ，双極性（抑うつ）パーソナリティ，スキゾイド・パーソナリティ，境界性パーソナリティと診断される患者は，古典的精神分析において危険が多少なりともあると考えられている。

　分析が進展するならば，自由連想することへの患者の抵抗や，患者が退行した時に現れる転移や，分析家に対する本能的な願望を表現する転移を分析する時に，セラピストは4つの手続きを用いる――それは**直面化**（confrontation），**明確化**（clarification），**解釈**（interpretation），**徹底操作**（working through）である（Bibring, 1954; Greenson, 1967）。

直面化と明確化　　4つの手続きで最初の2つは，基本的にフィードバックの手続きである。分析的な直面化では，セラピストは分析されている主とする行為または経験に対して患者が意識していることを確かめる。たとえば，主となる転移に直面化した時に，分析家は患者に対して，「私に怒っているように見えます」または「私に性的な感情を持っているようですが」というようなフィードバックを与える。明確化は，しばしば直面化と混

交して用いられるが，患者が経験する主な現象に関したより明確で詳細なフィードバックなのである。グリーンソン（1967, p. 304）は，分析家への憎しみを持つ患者に直面化した後に，患者が自分の憎しみについて詳細を明らかにするようにいかに援助するかという例を提示した。

　　彼が私をぐちゃぐちゃになるようにやっつけたくて，本当に私を粉々にし血まみれのネバネバしてべとついた固まりのようなゼリー状のものに押し込んだ。子どもの時に母親が彼のために作った，くそいまいましいオートミールを食べるように，彼は大きな「音を立てながら」私を食べ尽くしてしまった。その時彼は，いやな臭いのする不快なクソのように，私をくそみそに言った。そこで「ねえ，このいやな臭いのするクソをどこにやったんだろう」と彼に尋ねたところ，「あんたがおれの大好きだった亡くなった母といっしょくたになるように，そのクソの中に擦りこんでやるんだ」と繰り返し彼は言った。

　解釈　　患者の経験を直面化し明確化することは，非常に重要な分析的な手続きへの準備段階となる。グリーンソン（1967, p.39）は，分析自体とほぼ同義な方法として解釈を定義する。

　　解釈するとは，無意識の現象を意識させることを意味する。さらに正確にいうなら，無意識の意味，源泉，歴史，様式，または仮定された心的出来事の過程を意識させることを意味するのである。分析家は，解釈に至る自分の理論的知識と同様に，自分の無意識，共感，直観を用いる。解釈することで，容易に観察可能なことを乗り越え，無意識の意味や原因を心理学的な現象に帰するのである。

　解釈は患者の経験を超えるため，患者に対するフィードバック以上のものである。心理学的な現象に帰された意味や原因は，少なくとも部分的に，精神分析的理論で決定づけられる。そのため，患者の反応の意味や原因に関して患者に与えられる情報というのは，精神分析が人々やその問題をいかに理解するかに関するある程度の教育なのである。このことは，解釈が理論的用語で与えられるということではない。確かに個人にとって解釈は私有化されたものであり，その点ではフィードバックである。それにもかかわらず，患者は解釈を通して，意識経験が無意識の過程から生じさせられるものとして，成人での行動が幼児期の経験に決定づけられるものとして，さらには分析家が両親または過去の重要な他者であるかのように見なすこと，などを教えられる。
　精神分析の理論に傾倒するセラピストは，精神分析的な解釈が患者に当てはまるということで，そういった教えを患者が受け入れると仮定をする。結局，解釈を証明するのは，患者の反応なのである。患者が**洞察**（insight）を得られるならば——すなわち，過去の隠された自分の側面について認知的で感情的な気づきに目覚めるとしたら——分析家は自分の解釈の妥当性を確認できるのである。解釈を証明するもっとも決定的な答えは，解釈が結果的に患者をよい変化へと導くか否かなのである。

解釈を証明する基準としてこのような改善に伴う問題は，分析での改善がゆっくりと徐々に進行するとされることである。最初に分析家と患者は，患者が内から湧き起こる脅威的な勢力を意識することに反して分析に投げ込む繰り返しの**抵抗**（resistance）を解釈しなければならない。患者は約束を間違えたり，来談するのが遅れたり，劇的に改善しセラピーから去りたいと望んだり，改善しないという理由で面接を止めたいと望んだり，夢を抑圧したり，そして防衛を支持する何百もの別の行いをしたりする。そのような時には，洞察へと導かれる解釈を通して盲目的な抵抗が徐々に減少しながら，クライエントはセラピストに隠された衝動を開放するようになっていく。クライエントはフラストレーションを感じる性的および攻撃的な衝動をセラピストに置き換えることで衝動を充足させたいと願望し，患者が幼児期からの重要な人物とのあらゆる関係を再体験する中で神経症的な転移を展開する。数週間か数か月に及んで，セラピストは患者を世話してくれず何も与えてくれない貪欲な母親のように体験される。すなわち，その時分析家は，患者を誘惑する好色な父親であり，または何も悪いことはしない立派で賢明な両親，またはいつも悪者で愚かな人なのである。転移反応は，強烈な抵抗を理解することに役立つ。すなわち，人がセラピストを攻撃して快く感じたり，賢明に患者を世話する両親にとても充足を感じたりする時に，どうしてさらなる成熟をするのだろうか。解釈を繰り返すことで，痛々しくも，このような強烈な感情や衝動が患者の前性器期に由来し表象しており，あまり反応しない，白いスクリーンのような分析家によって誘発された現実的な感情でないことを，患者が認識し始めなければならない。

　徹底操作　　抵抗や転移の解釈から生じる洞察を幾度となく繰り返し作業するゆっくりとした段階的な過程を，**徹底操作**（working through）とよぶ。この非常に長い最終段階である心理療法において，患者は症状を含む多くの防衛的な操作を強く意識するようになる。患者は，防衛しようとしている衝動や，症状の中などで患者がまだ表現している多くの方法を明らかに意識するようになる。患者はかつて子どもの時のように自分の衝動を恐れる必要のないことに気づくようになるが，なぜならば，転移関係の中で患者が強く言葉で表現せず，去勢され拒否され圧倒されなくなったからなのである。人々は罪悪感や不安を伴わないでいくらかの充足を許すような，衝動をコントロールする新しくさらに成熟した方法が確かにあることを意識するようになる。そして段階的に患者は，衝動をこのような新しいコントロールへと向かわせ，未熟な防衛および症状を諦めるようになる。新しい防衛の使用や意識領域の急速な拡大は，フロイト派によってパーソナリティにおける実際的な構造の変化として見なされる。そのパーソナリティにおいては，前性器期の葛藤で形成された心的エネルギーは，より成熟した個人の自我にただちに有効利用できるのである。

その他の過程

　ほとんどの分析家は，主として外傷神経症において修正感情体験が，症状の一時的な緩和を導くと考えている。しかしながらカタルシスは，分析家に用いられても，精神分析過

程の一部分であるとは考えられていない。分析における唯一根本的な変化の過程があり，それというのは意識領域を増やすことである。分析の段階すべてが，そういった過程の一部分なのである。

治療の内容

個人内葛藤

精神分析は明らかに，個人の中心的な関心事である衝動，不安，防衛との内的葛藤を伴うといった，心理療法での個人内葛藤に焦点を当てる。問題は個人間の水準で行動化されるだろうが，そのような問題の起源や解決は，おのおのの個人内葛藤の分析を通してのみ，唯一得られるのである。

不安と防衛　われわれは，分離や去勢の脅威による不安についてすでに論じてきた。フロイト派もまた**原初的不安**（primal anxiety）を仮定するが，それというのも外的刺激に圧倒されているという仮説的な出生外傷（birth trauma）に拠るからである。原初的不安とは，パニックが主となるもので，本能的な刺激に圧倒されつつある成人の脅威のことである。道徳的な不安は，すなわち罪悪感のことで，内在化されたルールを破壊することによる脅威のことである。

心理療法において，不安とは不安の嫌悪的な特性のため人々に安らぎを求めさせようと駆り立てる動因なのである。しかしながらかつてのセラピーでは，分析家は患者がパニックにならないように非常に速やかに衝動を覆い隠すようにと注意を促し，セラピーを終わらせるか，圧倒されるような精神病的経験を持つかのどちらかにしなければならなかった。不安は，心理療法がゆっくりと進行する中心的な理由の1つである——理由の一部は，危険な連想にすり寄っていく時，不安が人々に抵抗を支えるよう信号を送るためであり，また一部では，未熟な自我は高水準の不安の下で持ちこたえられないと分析家が感じるからである。

防衛または**抵抗**（resistance）は，これらが心理療法で生じる場合一般に防衛とよばれるが，心理療法におけるほとんどの行動でも防衛的機能に役立てることができる——早過ぎるまたは遅過ぎる，多弁または寡黙であること，セラピストを肯定的に感じるまたは敵意を感じること，細部に焦点づけたりまたは詳細を避けることである。そのため分析家は，決して心理療法が進展するには素材に不自由しない。防衛とは，約束を間違えたりまたは夢を思い出せなかったりするといったように，どんな防衛であってもクライエントの抵抗として受け入れられる可能性が非常に高い。分析の目的は，防衛を取り除くことではなく，未熟で歪んだ防衛をより成熟した現実的で願望充足的な防衛にある程度まで取り代えることなのである。

自尊感情　自尊感情とは，精神分析において主要な内容の領域ではない。患者が自尊感情をめぐる葛藤を持つのは当然のことだろう。非現実的に低い自尊感情を持つ人がいる——2例ほどをあげると，連続的に自己を過小評価するのに没頭する愛情剝奪的な口唇性格の人たち，または自分を醜く望まれない存在と感じ拒絶された男根性格の人たちである。自惚れた過保護な口唇性格の人たちや，自惚れが強くでしゃばりである過保護な男根性格の人たちといった，非現実的に高い自尊感情を持っている人が他方にいる。前性器性格は，自分中心的に世話され，敵意をもってコントロールし，誘惑的に自己愛的でありたいという幼児の願望が優勢である限り，自分自身を根本的に良く感じられないのである。しかしながら，心から自尊感情が欠如することは，パーソナリティの問題が原因ではなくその結果であり，分析家は尊重の問題を直接的に取り扱わない。幼児特性の受容は一時的な安らぎをもたらすが，前性器性格が実際に要求するのは，パーソナリティそのものの変化なのである。分析家が行う最善なことは，患者が自分のパーソナリティをさらに性器的な水準で機能するように意識的な再構成をすることであり，そうすることで唯一個人は安定した自尊感情を経験することができるのである。

責任　精神分析のような決定論的なシステムでは，個人の責任についていかに話せるだろうか。開業において分析家は，面接の料金の支払いに患者が責任を負っており，週3回から6回の面接の約束を守り，できるだけ自由連想を行う，ということを期待する。しかし理論的には，精神分析での自由や選択は存在せず，そういうことから責任性も存在しない。精神分析を受ける人たちに，すべての病理的行動が無意識的な葛藤や前性器期の固着により決定づけられるなら，殺人，強姦，そして支払いをするかどうかといった行動に対しても責任を持つことがどうやってできるだろうか。自分の行動に責任を持つ時のこういった困難というのは，フロイトが神経症の世代からわれわれを解放し新たに精神病質の世代を提示した，とマウラー（Mowrer, 1961）が言った理由の1つである。フロイトは決定論者であるが，フロイトの理論は自由の心理学なのである（Gay, 1990）。フロイトの**心的決定論**（psychic determinism）では，物理的世界において原因が伴わない出来事が存在しないように，原因を伴わない心的な出来事または心的状態は存在しないのである。心理的な世界において，偶然的な出来事というのは何もないのである。精神分析はなお，究極的に自分たちの抑圧した葛藤や心的防衛を気づかせる下地を作るために，無意識の独裁政治からわれわれを解放するのである。

対人間葛藤

親密さとセクシャリティ　親密さ，すなわち，人と人との間で本当に包み隠さず分かち合うことは，未成熟なパーソナリティにとっては基本的に不可能である。親密さの問題は，基本的には転移の問題である。前性器性格は他者のように別の人にかかわることができないが，幼児期のイメージに似た人に従って他者を歪めている。ピアジェの言葉によると，もっとも早期の両親間との経験が，人というのはどういうものかという原初的な概念

の内在化されたスキーマとなる。人の新しい経験はどれもが，そうした人の行動に対する選択的な注意を通して，このスキーマに同化される。

　ピアジェ（Piaget, 1952）は，人間に関する子どものスキーマは新しい経験を調節するように変化すると提唱しているが，一方，フロイト派の**固着**（fixation）の概念では前性器性格は，人間に関するスキーマが発達しつづけることはないと提唱している。むしろ，未熟な個人は内在化したイメージに合うように人に関する経験を歪める。たとえば，人が，人間とは信頼に値いせず，拒絶的だという考えを発展させたら，彼らはまったくとるに足りない不信の理由と拒絶のしるしに注意を向けてそれを，新しい，親友になる可能性のある人は，彼らが生まれた時から知っている拒絶的な人々と同じだという証拠とするだろう。

　徹底的な精神分析は，そのような人たちが互いに価値があり新鮮味や特異さを伴い個々人を知覚できる水準まで，成熟可能な唯一の方法なのである。現在の破壊的な歪みを避けるには，われわれが過去の関係性をいかに歪ませているかを十分に意識することによってのみ可能である。

　未熟な人たちの性的な関係性もまた，主として転移関係なのである。2人の未熟な人間が持つことのできる対象関係は，相手を，自分の充足されなかった前性器期の本能を満足させてくれる人と見なすといったことでしかない。そのため口唇性格の人たちは，配偶者を窒息させるといった固執し要求がましい方法と性的に関連づけられる。肛門性格の人たちは，自然とセックスがしたくなる時にというよりも11時のニュースが終わった毎週水曜日の夜といったように，非常に規則的な方法で性的に関係しようとするかもしれない。男根性格の人たちは，ベッドで多くのことを約束するがほとんど何も与えない悩ましい誘惑的な人物として関係を持とうとする。成熟した異性のパートナーとして他者を関連づける能力というのは，前性器の固着を充足させる徹底操作をした後にだけ生じる。別の言い方をすれば，われわれ分析家と患者は，夜にぶつかり合う2人の対象に置き換えられるのである。

　コミュニケーション　2人の未熟な人たちの間で行われる多くの対人間コミュニケーションは，相互に重なり合った独白であって，真の対話ではない。未熟なパーソナリティは自己中心的な世界に閉じ込められ，そこでは他者は自分の充足のためのただの対象なのである。未熟なパーソナリティは他者が話すことには反応しないが，他者から充足させられたいという自分自身の願望には非常に反応する。またそういったパーソナリティの持ち主は互いに話し合おうとはしないが，彼らが，相手はこうであろうと仮定している内的イメージを話そうとする。未熟なパーソナリティが送るメッセージは，顕在内容を持つが，同時に本当に言いたいことを隠すためのものでもある。人々が本当に意味していることを解釈するためには，分析者は"第三の耳で聞く"（Reik, 1948）数年の月日が必要であるとすれば，塞がれた両耳で配偶者はどうやって聞くことができるのか。古典的なフロイト派の観点から見れば，2人の未熟なパーソナリティ間の夫婦療法による試みは，現代の劇作家が好んで書いた不条理な対話をただ生み出すだけであろう。

敵意　われわれの都会で行われる暴力はフロイト派によれば，人間の生来的な敵意の反映として見なされる。ティンバーゲン（Tinbergen, 1951）やローレンツ（Lorenz, 1963）といった動物行動学者の研究が，動物とは攻撃性を発散する本能を持ち合わせていると示唆するように，フロイトの研究は，人間という動物は叩きつけ破壊する攻撃的な本能を持っていると示唆した。しかし人間はまた，文明化された社会で暮らしたいと願望しており，安定した社会的組織——少し例をあげると，対人関係，家族，そしてコミュニティ——は，ほとんど防衛を受けないパーソナリティによる敵対的な感情噴出によって絶えず脅かされている。自分の怒りをほとんどコントロールできない妄想性パーソナリティならば，分析によって覆いを取るセラピーよりも支持的療法または薬物療法を通して，防衛は強化される。過剰にコントロールしがちな神経症ならば，期待できることはせいぜい敵意を，競争，主張，または狩猟といったより社会的に受容されるはけ口へと再度向かわせることなのである。別な言い方をすると，われわれは皆，狩人でありながら獲物なのであろう。

コントロール　対人関係のコントロールで気を揉むということは，対人関係を支配しようとする防衛にしばしば気を揉んでいることなのである。防衛が強固になればなるほど，個々人は自分の世界観や行動の仕方に他者が従っていると主張しやすくなるであろう。たとえば，繰り返し世間に対して敵意を投影する人は，他者に世界を敵意ある場所と見なすように強いる可能性がある。それとは逆に，個人が抑圧的だがばら色に見えるような眼鏡で防衛をするなら，人との相互作用は世間の陽気な側面にだけ焦点が当てられるだろう。相容れない防衛を持つ2人が互いに相互作用しようとするなら，葛藤が存在するだろう。例えば何の映画を観るべきかを決めるといった些細な問題は，明るい喜劇を観たいというばら色眼鏡を持つ配偶者や，戦争映画を観たいという敵意を投影した配偶者を巻き込んで，コントロールのための心的葛藤に転じ得る。

　個々人もまた，幼児期の願望を充足させる対象以外の何者でもないと他者を経験する場合，対人関係をコントロールしようとする。前性器期のそれぞれのタイプのパーソナリティは，他者をコントロールする独特なスタイルを持っている。すなわち，口唇性格の人たちは執着することでコントロールし，肛門性格の人たちは完璧な強情さでコントロールする。そして男根性格の人たちは誘惑を通してコントロールする。非常に激しいコントロールを行う人たちは，コントロール過剰な家族に由来する肛門性格であるように思われる。こういった個々人は，かつてトイレで屈服を強いられ，そのため自分の身体のコントロールを失ったと感じている。さてこのようなパーソナリティでは，もう一度決して屈服しないようにと断固として行動する。

　ある肛門-制限的な女性は，2歳の時にむりやり排泄させられる冷水浣腸を進んで用いる女性の家庭教師によって育てられた。彼女は，生後10か月でトイレット・トレーニングを受けた男性と結婚した。彼は妻が自分たちの性生活を決して感じ楽しまないと不平を言っていた。彼女は彼のセックスの要求には応えるが，オーガズムを感じることができないようであった。彼らを心理療法へ導いたトラウマは，彼女が自分の問題を解決しようとい

う決心に引き続いて起こった。彼女はマスターズとジョンソンの報告[訳注1]を読み，彼らは週末にセックスができるように，ニューヨークの部屋を予約した。ニューヨークに到着したとたん，夫にアプローチして非常に興奮し始めたが，今度は彼のほうが勃起できなかった。彼は自分たちの性的関係をコントロールしようと決めたので，妻を困らせるためにペニスを勃起させなかったのである。

　治療中に，分析家は患者がいかにコントロールしようとするかを敏感に意識しなければならない。コントロールする行動が抵抗の防衛的な目的または転移の充足的な目的にどのような時に役立つのかを，分析家は認識するだろう。分析家は患者のコントロールしようとする試みを直面化し明確化しなければならず，その時にコントロールする操作の意味や原因を解釈しなければならない。分析家のもっとも効果的な対抗コントロール的な方法は，沈黙である。すなわち，患者がどんな主張をしても，分析家は沈黙で応えるのである。それは，黙り込んだ配偶者と対決しようとするのに似ている——はずである。黙っているほうがコントロールしているので，相手のやる気をくじいてしまうのである。

個人-社会間葛藤

適応 vs. 超越　　組織化された社会からのルールに関する要求と，他者からの要求を省みず即時の充足に対する個人の基本的な願望との間に，根本的に解決できない葛藤が存在すると，フロイト（1930）は信じていた。端的に言えば，超自我とイド，現実原則と快楽原則を表象している。彼が生きたヴィクトリア時代のように，文化は幼児性欲（childhood sexuality）について反対するべきではないと，フロイトは信じていた。明らかに，誰よりもフロイトは，現代の性の革命に対して責任を担っていた。それでもやはり，文化はある程度まで抑圧的でなければならないという考えを，フロイトは受け入れたのであった。彼は文明化された個人だったので，文明社会に陰から影響を及ぼし，社会の中の不平不満を進んで治療しようとした。

　急進的なフロイト派の中には，個人は抑圧的である必要がないと信じる者がいる。暴力や科学的分析と商業ベースの解釈を通して人間の本性を取り壊そうとする，死の本能（death instinct）の破壊的表出のすべては，生の本能（life instinct）の再三にわたるフラストレーションの結果である。ベッドや野原での遊びを自由に表現するより子どもっぽく自発的なライフスタイルを採用するなら，フラストレーションを感じてそんなに攻撃的になる必要はないだろう。急進的なフロイト派の観点では，一般に本能として性欲を受け入れるが，攻撃性を自発的な性欲への願望抑圧から生じるフラストレーションのためだと仮定している。個々人は自分の特有な文化を超越するように奨励されるべきであって，社会から排斥される可能性と向き合う中で，自分自身の独自な道に従うことで充足を見つける

訳注1　ワシントン大学医学部臨床産婦人科教授ウィリアム・H・マスターズ（William H. Masters）とその助手バージニア・E・ジョンソン（Virginia E. Johnson）によって1950年代から行われた，人間の性反応や性不全に関する研究報告。主として個人のマスターベーションや性行為に対して集中的な研究が行われた。

ものと，急進的なフロイト派は一般的に信じるのである。しかしフロイト自身，多くの方法で急進的であるのと同様に，もっとも意識的な個人であっても彼らが生きる文明とかなりの妥協をし，天使の世界へ超越するといった空想を捨てねばならないと確信した。

衝動コントロール　人間の性衝動や攻撃衝動はコントロールされなければならないと，フロイトは確信した。われわれは，文明化という薄い表層によって覆われた動物なのである。心理療法家がその表層を取り除くように促すのは，究極的には街路で強姦や暴動を促すようなことである。フロイト自身がこのような薄い表層を取り除くことに貢献したと信じる人たちがおり，彼らは，現在のポスト・フロイト派の社会においては性欲や攻撃性をコントロールできないと見なしている。薬物，アルコール，食物への依存は，いたるところに蔓延している。それというのも，暴力が街路中を支配しているように思えるからである。しかしながらフロイトという人物は，セラピストが衝動抑圧的なパーソナリティのコントロールをするよりも，神経症のコントロールを緩めるようにするほうが非常に簡単だと気づいたもっとも早い1人であった。彼は衝動コントロールの薄い表層の除去を説いたのではないが，個人や社会にとってもっとも望ましいのは固いが不安定な幼児の表層をより成熟した一連の衝動コントロールに置き換えることだと，むしろ信じたのである。

葛藤を超えて達成へ

人生における意味　フロイトは，われわれは葛藤を超えられると信じなかったけれども，われわれは葛藤のまっただ中に人生の意味を見つけることができると，それとなく示唆した。人生の意味は愛と仕事において見出せる（愛することと働くこと）。仕事とは，本能を昇華することにおいて社会的に最上な活動領域である。すなわち，フロイト自身が自分の性的好奇心を患者の性的な願望を分析する研究の中に昇華できたのであった。**昇華**（sublimation）とは，われわれがイドのエネルギーをより好ましい代替活動へと注ぐことを許す，成熟した自我の防衛のことである。すわなち，口唇期の吸うことは葉巻を吸うことになりうるだろうし，肛門期の排出は抽象的な芸術になりうるだろう，などである。

　仕事の意味ということでフロイトが全面的に受容されるのは，主に彼自身が仕事に没頭したことから生じている。彼の驚くべき多産性は，仕事に情熱を持って取りくむ人となりから生じていたにちがいない。さらに意味の明確な源泉は愛である——2人の人が一緒になることを許す雰囲気であり，もっとも文明化された性欲の表現だからもっとも安心で満足な状態である。人生における意味を強迫的に反芻するのは，愛することや働くことにあまりに未熟な人からしか生じない。

理想の個人　フロイトにとっての理想の個人であり精神分析の究極的な目標とは，性器水準の心的機能を十分に獲得し維持するように，前性器期の固着や葛藤を分析している人のことである。**性器性格**（genital personality）とは理想的な人であり，口唇性格の執拗な依存なしにセックスをし，肛門性格の強迫性なしに仕事で十分に能力を発揮し，男根

性格の自惚れなしに自己満足をしている人たちである。この理想の個人は，肛門性格の高潔さなしに利他的で寛大であり，文明化で計りしれないほど苦しむことなく十分に社会的であり適応的なのである（Maddi, 1996）。

治療関係

　患者–分析家関係は2つの部分からなり，セラピーでの異なる2つの機能に寄与する。**作業同盟**（working alliance）は，分析家に対する患者の比較的に神経症的ではなく合理的で現実的な態度にもとづいている。この同盟は成功する分析の下準備なのであり，なぜならば患者が陰性転移反応に直面したとしても，患者の合理的な態度により分析家を信じ，分析家と協力するようにさせるからである。

　転移（transference）とは，精神分析における非常に重要な内容の源泉である。転移反応では，分析家と同じではないが実際に自分の幼児期における重要な他者に分析家を当てはめようとする患者が，分析家に対する感情を体験する。過去の人と関連する感情や防衛が，分析家に置き換えられるのである。このような転移反応は，前性器性格の中心的な衝動と防衛との葛藤を表象するのである。分析家と関わる中でのこのような衝動と防衛の繰り返しというのは，現実に生じた精神病理の内容を分析家に提供する。患者は過去の葛藤について話すだけではなく，分析家との現在の関係でこのような葛藤を実際に再度生き直すのである。転移反応の経験それだけが，治療過程そのものではない。なぜなら，転移の本質は無意識だからである。患者は，自分が分析家に対して激しい反応を持っているが，自分の反応における本当の意味を意識していないことを知っている。分析とは，すなわち転移反応の無意識的内容を意識することであり，それが治療過程なのである。

　患者に対する分析家自身の反応は，作業同盟が発展するように温かく人間的ではあるが，患者の転移反応を十分に刺激するように無反応で真白な状態との繊細なバランスでなければならない。分析家はただ白紙のスクリーンであるため，冷たくよそよそしいというステレオタイプが生じる。しかしながら，フェニケル（Fenichel, 1941）のように正統派の分析家であっても，何よりも分析家は人間であるべきだと記述している。フェニケルは，多くの患者がセラピーでの彼の自然な振る舞いにどんなに驚いたのかを知って，非常に狼狽した。患者が分析家を信頼し分析家による治療を信じられるためには，分析家が温かさと純粋な関心を患者に伝えなければならない。

　フロイト派は，セラピーを通して純粋になることが心理療法だというロジャーズ（C. Rogers, 1957）の仮説に反対する。分析家があまりに現実的になるならば，分析家はアナリザンド（analysand）の，過去の人たちから分析家への反応を転移するといった要求に干渉するだろう。患者は，分析家の白紙のスクリーンを，患者が望むほとんどんな対象にでも変形することができるのである。しかし，三次元のセラピストを過去からの対象へと歪めるには，精神病的な転移が必要にちがいない。

　自由な流れの連想を許すために，患者のさまざまな行為への公平な態度をとることが最

良であるとするロジャーズの一般的な信念に対して分析家は賛成するが，無条件の肯定的関心（unconditional positive regard）では応じない。しばしば，沈黙といった中立的な反応は，転移反応を非常に刺激し，そのようにして患者のさまざまな行為に対する分析家の反応が無条件で中立的な関心としてもっとも記述されるのである。

　分析家は，正確な共感がセラピーにとって重要な一部だというロジャーズの理論に賛成するだろう。共感は，何よりも有効な解釈の主要な源泉である。精神分析家もまた，分析家は患者よりも健康的でなければならなく，ロジャーズの言葉でいえば，患者よりも自己一致していなければならないのである。

　分析家は，自分の無意識過程を，適切な解釈の別の源泉として，また，**逆転移**（countertransference）——クライエントを分析者自身の幼児期の衝動を充足させる対象とさせたい分析者の願望——にもとづく患者への反応に対する監視役として，意識しなければならない。たとえば，患者が分析家にイライラさせる自分の兄弟を思い出させたため，分析家は敵意から温かい交流や支持を抑えてしまうことがあると認識しなければならない。同様に，クライエントに非常に肩入れしてしまうのは，患者が分析家に性的願望を行動化するように仕向けることを表すという認識を，分析家はできなければならない。基本的に分析家は，患者から生じることと分析家が促していることとを，十分に区別できるくらい健康でなければならない。なぜならば，転移反応の最中で患者に対して，そのような重要な区別をすることが期待できないからである。

精神分析の実用性

　精神分析家が自分自身の逆転移反応を分析する能力があるとみなされるためには，訓練分析家（training analyst）によって精神分析を受け，精神分析の研究所——研究所で週に何時間費やすかによるが4年から6年ぐらいの過程——を卒業しなければならない。精神分析の初期では，米国の分析家の多くは精神科医であった。なぜならば非医師が分析の研究所に入学することが非常に困難であったためである——フロイトは素人分析（lay analysis）の実施，すなわち非医師による分析を支持したのだが。しかしながらここ30年間のうちに，非医師の精神保健専門職者が形式的な精神分析の訓練に定期的に受け入れられている。

　精神分析家に個人分析そのものを達成するように課す場合，「しかし貧しい気の毒な人は，このような専門職で要求される理想的な資格をどこでどうやって取得すればいいのだろうか。その答えは自分自身の分析の中にあり，それは将来活動する下準備として始められる」と，フロイト（1937/1964, p. 246）は自問自答した。精神分析家の99%が，または精神分析的心理療法家のおよそ90%が個人分析を経験しており，治療経験は他の学派の心理療法家よりも一般的に長く，平均して400時間から500時間に及ぶことが調査で明らかになった（Norcross & Guy, 2005）。

　古典的な分析家は週に4回ないし5回，患者に会うことを好むが，少なくとも週に3回

は会わなければ，その治療が精神分析ではないと，いまだに考えられている。現在の精神分析は50分の面接につき110ドルから175ドルで行われ，その費用は都市や分析家の評判によって変動する。理論的には，意識される無意識の中に多くのことがつねに存在するという意味で，分析は際限がないほど長いと考えられるが，分析家との実際の作業は平均3年から5年で達成される。

　正統な分析では，可能なら患者は分析の期間中に，どんな重要な変化もしないことに同意する――結婚や引越しといったような。何よりも，患者が自分の徹底的な分析をしないで重要な決定をすべきではない。ときおり，患者は精神に作用する薬物や，アルコールまたはタバコといった化学物質を止めることが求められる。

　精神分析自体，患者（すなわち，**アナリザンド** analysand）と，開業のオフィスで孤独に関わりあう分析家を必要とする。患者はカウチに横たわり，そのカウチの頭側で分析家が椅子に腰掛けている。患者は，多くの会話をする。すなわち，分析家は患者が1人でよく作業をしている長い時間，しばしば黙っているのである。患者は自分の過去，夢，分析家への感情を主とする連想をするようにかすかに促される。分析家は自己開示を最小限に保ち，患者と社会的な交流をしない。言うまでもないが，分析家は患者の人生の中心人物となり，神経症的な転移の間，分析家はまさに中心人物そのものになるのである。終結に続いて，分析家は患者の記憶に非常に重要な他者の1人としてとどまるのである。

主要な選択肢：精神分析的心理療法と関係精神分析

　精神分析における標準的な操作的手続きの修正は，精神分析からの歴史を通して起きてきた。おりおり精神分析の革新は，古典的精神分析の同僚から非正統的な分析として拒否される結果になった。そして精神分析の革新者たちは，新しい心理療法のシステムを樹立していった。その実例がカール・ユングであり，後の分析心理学の発展なのである（第3章で考察）。別の時には，正統的な精神分析の修正は実践上不可欠と見なされるが，なぜならば特定の患者が長期間で集中的な分析のストレスを経験するための自我や経済的な資源を持っていないためである。その実例が，精神分析的心理療法および関係精神分析の発展なのである。

　実践場面で，現代のフロイトを信奉する者の多くは，古典的精神分析よりも精神分析的心理療法に非常に傾いている。その上，多くの心理療法家が，精神分析の研究所以外の場所――ソーシャル・ワーク，臨床心理学，カウンセリング・トレーニング・プログラムを含む――で訓練しているのだが，自分たちをフロイト派だと考えているのである。

　アンナ・フロイト（Anna Freud, 1895-1982）は，ジグムント・フロイトの末娘であるが，精神分析を子どもや青年に適用するのにほぼ60年の歳月を捧げた。彼女の仕事は，父親に言い残された終わりなき問題の取り組みであった。そしてアンナは精神分析における本能理論の基盤を放棄することなく，自我の機能を直接的に考察することで精神分析の境界線を広げようとしたのであった。確かにアンナは，自我心理学の"母"の1人として当

然なことながら知られている（このことも第3章で考察）。アンナは，防衛機制に関するわれわれの理解を統合し拡大した。彼女の古典的な専門書である『自我と防衛機制（The Ego and the Mechanisms of Defence）』(1936)では，自我と防衛の両概念に対する関心が正当だと示されたのであった（Monte, 1991）。

　精神分析で実に受容可能な変化として精神分析的療法のより柔軟な形式を設立することが，シカゴ精神分析研究所のフランツ・アレクサンダー（Franz Alexander, 1891-1963）やその同僚たちに多くを負っている。アレクサンダーとフレンチ（Alexander & French, 1946）は，神経症の治療手段と同様に，神経症に関する知識を収集する科学的手段として役立つように，正当な分析がフロイトによって発展されてきたと議論した。しかしながら，パーソナリティの発達や精神病理の進展の基本的な説明は確立したが，あたかも分析家それぞれがエディプス・コンプレックスを再発見するかのように，すべての患者にそうすることなど正当化できるわけがない。精神病理における精神分析の原則についての徹底的な理解によって，セラピストは患者を標準的な分析に当てはめようとするより，特定の患者の要求に合う精神分析的療法の形式を作りだすことができる。

　確かに古典的精神分析を要求する患者もいる——つまり，慢性的な神経症および性格（character）の障害である。しかしこのような患者は，非常に少数である。特に共通するのは，状況的なストレスによる自我の防衛機制が崩壊した結果生じた，中程度の慢性的なケースや急性の神経症反応である。中程度の障害で急性の障害を持つクライエントは，以前の精神分析の考えより非常に経済的な方法で成功裡に治療されるのである。アレクサンダーとフレンチ（1946）は，1回から65回の面接をすべて継続した精神分析的療法で治療された，600人の患者について報告をした。彼らの短縮されたセラピーで報告された改善は，長期的・標準的な精神分析を通してだけ達成できるものと以前は信じられていた。

　精神分析の柔軟な方針によって，精神分析的療法は高度に個々に特徴づけられるようになった。カウチが用いられるか，またはセラピーは対面して進行されるだろう。直接的な会話は，自由連想にとって代わるだろう。**転移神経症**（transference neurosis）は進展するのを認められるか，または避けられるだろう。薬物や環境操作は適切な場合には含まれるだろうし，セラピーでのアドバイスや提案は力動的な解釈と共に含まれるだろう。

　毎日の面接は過度の依存を促す傾向があるため，心理療法の面接ではつねに一定の時間間隔が設けられる。毎日の面接はまた，次の日の面接がつねに利用可能なので，クライエントにとってできる限り集中した作業をしないですむというルーティンの感覚をもたらす。原則として，面接はふつう，セラピーの初期には，激しい情緒的な関係性がクライエントとセラピスト間で発展するように頻回に行われ，その面接がクライエント自身に最適だと思われるかどうかによって一定の間隔が設けられる。セラピーの進展後，新たに得られたことを試みさせたり，セラピーが行われないでどの程度機能できるかを見る機会をクライエントに与えるために，セラピストは治療を中断するのが一般的に望ましい。こういった中断はまた，さらに成功する終結への道筋を整備するのである。

　転移関係の本質はコントロール可能なところだが，転移はどの精神分析的な療法でも不可避に起きる。十分成熟した転移神経症は，一般に標準的な分析の長さを説明するものだ

が，より短期の精神分析的療法ではしばしば転移神経症の進展が防げられる。陰性転移によってもセラピーは複雑にかつ延長させられ，特定の患者では失望することもあり得る。転移関係がコントロールされ支持され，セラピストがクライエントに影響する援助を行うのに陽性転移にもとづくならば，セラピーはたいてい速やかに進行する。たとえば，セラピストに陽性の父親転移を持つクライエントは，破壊的な結婚から離れるようにといったセラピストの提案や建設的な仕事に変わるといった提案を，陰性転移に巻き込まれたクライエントよりも受け入れやすい。

　適切な解釈が用いられることで，転移の本質をコントロールすることが可能である。転移神経症は無用か，もしくは危険でさえあると決まったならば，解釈は現在の状況に制限される。なぜなら，幼児神経症の葛藤に対する解釈が退行と依存を促進させるからである。心的機能の早期段階への退行は，現在の葛藤を対処することを回避する手段として解釈される。心を搔き乱す過去の出来事への注意は，現在の非合理な反応の動機づけを明確にするためだけに用いられる。

　精神分析的心理療法家は，白紙のスクリーンの状態ではなく，個人的な問題で援助してくれ，クライエントが頼りたい時見つかると期待される類の人物となることで，転移をコントロールすることも可能となる。セラピストが現実的な人物となる場合，神経症の転移反応は現在の状況に不適切であると明瞭に見なされ，転移反応が進展されなくなる。セラピストの逆転移反応は，治療関係を促進するのに役立てることが可能である。逆転移反応から遠ざかって分析する必要はなく，むしろセラピストはどの反応がセラピーに援助的なのかを意識的に判断し，そうした反応を表出しなければならない。たとえばクライエントが自分の父親を本当に拒否していたなら，白紙のスクリーンの状態でいれば陰性転移を生み出すだろう。そのため，より受容的な態度をセラピストが表出することは，治療関係をさらに促進することを可能とするだろう。

　クライエントに安心され信頼される治療関係に進展することが，早期の葛藤で締め出された困難な情動や感情をクライエントが表出できるか否かを決定する。怒り，性的願望，依存といったかつて防衛された情動や感情の表出は，セラピーを成功へと導くことになる。そのため**修正感情体験**（corrective emotional experiencing）は，正統な分析において強調されている意識化以上に決定的なプロセスである。もちろん，セラピーに対しては柔軟な態度で，治療過程をどちらか一方の問題としては見なさない。最高の状態でのセラピーとは，問題となった情動への知的洞察を通して，意識的な自我の機能に統合された修正感情体験を含んでいなければならない。

　最近，精神分析では，欲動に還元するパラダイムから関係性のパラダイムへの移行を経験している。**関係論モデル**（relational model）は，セラピストが関係的な治療領域に不可避に組み込まれると主張する。すなわち，セラピストの影響や感情は，患者の力動と関連していると見なされ，潜在的に有益な情報を提供するのである（Mitchell, 1988, 1993）。患者に全面に由来した転移に代わって，関係精神分析は転移を患者とセラピストとの相互作用的なプロセスと見なしている。無理に逆転移を避けるのではなく，対人関係論の精神分析家は逆転移を，患者の性格や人生での困難についての非常に価値ある情報の源泉とし

て受け入れる。スティーブン・ミッチェル（Stephen Mitchell, 1988, p. 293）の著書『精神分析の関係概念（Relational Concepts in Psychoanalysis）』から，この理念の要点を引用する。

> 分析家が患者との関係のマトリックスに情緒的に入り込まなかったら，またそこに自分を発見しなかったならば——分析家はある意味で，患者の懇願に操作されなかったり，患者の投影に形付けられないでいたり，患者の防衛を苦痛に感じてフラストレーションを感じていなかったならば——，患者は決して十分に分析に従事しないし，分析的体験に確かな深さを失うだろう。

　この精神分析での関係論または**間主観的**（intersubjective）な進化は，一者心理学から二者心理学へと進展したことを意味する（Chessick, 2000）。
　関係論的精神分析は，性欲動や攻撃欲動ではなく願望に焦点を当てる。その主な願望は，親密で安全な対人関係への願望である。それに応じて心に関する理論は，イド，自我，超自我といったフロイトの構造論的観点ではなく，他者や外的世界との相互作用から社会的に構成された心なのである。関係論的精神分析において重要な内容も治療方法も，人間的な関係なのである。
　精神分析の関係論モデルでは，洞察と修正感情体験とが深く持続的な変化を生起するのに不可欠であると仮定している。そのように，関係論的分析家は変化過程について，より広いレパートリーを持っている。すなわち，解釈は依然として残っているが，治療関係での新しい相互作用の力によって補われる解釈である（Gold & Stricker, 2001）。
　フロイトにおいて変化の中心は，患者の頭の中にあった。だが，関係論的精神分析において，その中心は人との間にある。分析家の役割は，そのようにして高尚で理性的な孤立から，患者を思いやる能動的な関係へと変化した。古典的精神分析では禁欲，中立性，匿名性が重要だったが，関係分析では応答性（responsiveness），相補性（reciprocality），相互性（mutuality）が取って代わる。関係分析家は，患者が異なった方法で彼または彼女自身に耳を傾け経験させるために，異なった情緒の存在を創造していく。このような方法で，患者は修正感情体験を経験し，共感的関係の文脈で新しいスキルを学習するのである。

精神分析の有用性

　精神分析は転移や逆転移から生じた歪みに関心を持っているにもかかわらず，この治療システムではそれ自体の効果の分析に関連した起こりうる歪みをコントロールすることにはほとんど注意を払わない。フロイトは，精神分析の命題や精神分析の治療に実験的な裏付けを不必要と見なしていた。初期の研究者であるザウル・ローゼンツバイク（Saul Rosenzweig）への手紙の中で，精神分析の主張は「実験的実証から独立している」と記

表2-1　患者診断による精神分析の効果に関する初期の調査結果

診断カテゴリー	患者数	治癒または改善	変化なしまたは悪化
神経症	534	63%	37%
性的障害	47	49%	51%
性格（character）の障害	111	57%	43%
器官神経症や器官状態（たとえば，大腸炎，潰瘍）	55	78%	22%
精神病	151	25%	75%
特別な症候群（たとえば，偏頭痛，てんかん，アルコール依存，吃音）	54	30%	70%

原典：Knight（1941）からのデータ

述された。約60年間，精神分析の効果は熱心な分析家が報告した事例研究や臨床調査によってほとんど支持されてきた。そのような事例研究や臨床調査は全治療体系にとって実験的な出発点であるのだが，どの治療効果であっても科学的に証明するにはあまりにバイアスがかかっている（Meltzoff & Kornreich, 1970）。

精神分析研究でもっとも早くよく知られた研究の1つにナイト（Knight, 1941）の研究があり，彼は少なくとも6か月間の精神分析を受けていた患者の気質を調査した。データは，分析終結時に患者が「明らかな治癒」「非常に改善」「改善」「変化なしまたは悪化」のいずれかを分析家の判断とした。この調査研究は，ベルリン，ロンドン，トピーカ，シカゴにある精神分析研究所で診られた患者のデータを含んでいるという点で，横断的研究の利点があった。診断カテゴリーで患者を分類し，ナイトは表2-1のような結果を報告した。患者のいかなる診断に対しても，古典的精神分析を達成する患者の約半数が，「明らかな改善」か「非常に改善」であった。

精神分析の結果に関する後の調査は，同様に肯定的な結果を示した（たとえば，Bachrack et al., 1991; Fonagy & Target, 1996; Freedman et al., 1999）。改善がいかに測定されるかに拠っているが，改善率は60%かそれ以上と分析家により一般的に報告される（Galatzer et al., 2000）。精神分析に関する自然主義的な効果研究は，極端に肯定的な効果を示す（たとえば，Blomberg et al., 2001）。しかしながら，事実上このような研究のすべては，治療が期間や技術などの点で標準化されない自然主義的な状況での回顧的，統制不可能な研究であるという事実が伴っている。そのような研究は，セラピストは実際処方した方法を実践していないといったかなりの批判を受けやすいが，しかし，対照群を置いた実験における出発点なのである。

不幸にして，古典的精神分析または関係精神分析に関する対照群を置いた治療結果研究は存在しない。マートン・ギル（Merton Gill, 1994, p. 157）は彼自身情熱的な分析家であるが，精神分析とは「人文的な知識やセラピーの唯一重要な分枝であるが，論争に対するある種，系統的実証をもとめる西洋的文明からの要求を満たすのを拒否する」と，生前嘆いていたのであった。そのように，古典的精神分析，関係精神分析の効果は，適切に検討されていない。私は精神分析が，まったく治療しないことよりも優れていると理性的に確

信を持っておそらく述べられるが，しかし，精神分析が信頼されるプラセボ療法よりもそれ自体効果があると証明するということを問題なく結論づけることもできない。精神分析が，より集中的でない心理療法やより高額でない心理療法よりも優れているとは，もはや結論づけられないのである。

利用可能性がある対照研究は，精神分析的心理療法に関するものである。2つの古典的な研究の結果を概観してみよう。

テンプル大学で行われた厳密な研究において，スローン，ステイプルス，クリストル，ヨークストン，ウィップル（Sloane, Staples, Cristol, Yorkston, Whipple, 1975）は，短期の精神分析的心理療法の効果と短期の行動療法の効果を比較した。治療状況それぞれを無作為に割り付けられた30名の患者であり，34名の患者が待機者リスト群[訳注2]に割り付けられた。患者は，テンプル大学病院外来クリニックで治療された。患者の3分の2は神経症とされ，3分の1はパーソナリティ障害を呈していると診断された。同等の経験のセラピストが選ばれた。患者のおのおのは，本研究とは関係のない経験のある3人の精神科医の1人によって，初めのうちにアセスメントされた。患者と査定者は共に，5件法の尺度で主とする3つの標的症状を同定した。

平均14面接で4か月にわたって，治療は継続した。行動療法家は，もっとも援助的であると信じられるどんな技法でも用いるのは自由であった。上級のセラピストは，拮抗条件づけ技法（counterconditioning techniques）をほとんどもっぱら用いており，2番目のセラピストは認知的再構成を強調しており，下級のセラピストは好んだ技法を何も示さなかったようであった。精神分析的心理療法家は，感情や洞察の説明や表現に続いて治療関係の重要さを強調していた。自由連想，夢分析，防衛の表出もまた，精神分析的心理療法家のアプローチには明瞭であった。

この研究の非常に著しい結論では，4か月のセラピー終了時に，両方の治療群とも無治療群よりも有意に改善され，そして両群の心理治療の形式はどちらも一方より効果的であったことはなかった。症状の改善率では対照群の48%と比較されたが，それぞれの治療群の80%の患者が改善または回復のどちらかと考えられた。全適応率では精神分析的心理療法群の77%と待機者リスト群の47%と比較して，行動療法の患者93%は改善と考えられた。2人の患者だけが，1人は精神分析的心理療法で1人は待機者リスト群で悪化したと評価された。改善と評価された待機者リスト群の被験者の割合が非常に高いのは，患者が「少し改善」と見なされれば，このように評価されたという事実からだろう。当然同様なことが，各心理療法群の患者にも当てはまる。

メニンガー財団心理療法調査プロジェクトは1959年に始められ，20年間近く続いた。その研究は42名の成人の外来患者と入院患者を含んでおり，彼らは精神分析または精神分析的心理療法で診られていた。精神分析は，平均して835時間続けられた。すなわちカーンバーグ（Kernberg, 1973）によるプロジェクトの結果の要約では，患者の大半は健康－病

訳注2　待機者リスト群（waiting-list control group）とは，心理療法の効果研究を行う際に用いられるもので，心理学実験における対照群と類似なもの。たいてい無作為に割り付けられてから実験群と同様の介入を与えられるが，その介入は実験群よりも遅れて行われる。

態評価尺度（Health-Sickness Rating Scale）では改善していたが，精神分析で改善された患者と精神分析的心理療法のそれとの間に改善したという有意な差はなかった。2つの治療法の直接的な比較は，患者が2つの群で無作為に割り付けられたのではなく意図的に区別されたので，実施が困難であった。2つのセラピーの効果に関する結論をさらに限定すると，プラセボ療法群と無治療群の両方が欠損していたということであった。

『治療における42名の人たち（Forty-Two Lives in Treatment）』の中で，ワーラーシュタイン（Wallerstein, 1986）はメニンガー・プロジェクトで見られた42名の患者に関する治療歴と後の人生上の変化を，30年間の広範囲にわたって記録した。カーンバーグ（1973）による初期の報告と平行して，ワーラーシュタインはこの広範囲な研究から以下の包括的な結論を下した。すなわち，"構造の変化"と"行動の変化"との伝統的な差異は，非常に疑わしい。言い換えると，個人内葛藤の解決は変化にとってつねに不可欠ではない。支持的な精神分析的心理療法は，期待される以上の成功が生じる。古典的精神分析は，期待されるほどの成功が生じない。この研究における精神分析や精神分析的心理療法の治療結果は，その他の研究と同様に（Sandell et al., 2000），結果がばらばらというよりもまとまった方向になる傾向がある。

要約すると，精神分析家の仕事からの恩恵や精神分析におけるいくつかの自然主義的な効果研究について，精神分析家に対する多様な臨床調査が存在するが，その絶対的な効果または相対的な効果を証明する対照群を置いた治療結果研究が存在しない。人を惹きつけるような研究が，精神分析的心理療法の効果について行われていない。わかっていることは，一方で精神分析，他方で精神分析的心理療法の結果がかなり同様であると示唆された（対照的に，かなりの数の研究が短期精神力動的療法で行われている。これらの研究は第3章で概観される）。

同時に，精神分析の目的は特に量的研究へと改められるものではない。いかにしたら人生での喜びを測定し，いかに愛や仕事に対する能力を操作化できるだろうか。解決した転移神経症は，自己報告のチェックリストで評価できるのだろうか。精神分析は基本的なパーソナリティの構成への影響を望む——持続的な**構造の変化**（structural change）——という点で，その他のセラピーよりも曖昧である。それらの治療的客観性は，測定可能な症状にもとづく結果の中で容易に特定化されない。臨床研究や自然主義的な効果研究を通過した広範囲な研究が，精神分析の多面的な成功の証拠を提供するのには十分科学的で慎重を要するということは，精神分析家の多くに信じられている。

精神分析に対する批判

行動論的観点から

精神分析に対する行動論からの批判は，頻繁で強烈である。批判者たちの1つの立場には，理論的に，精神分析はあまりにも主観的で非科学的であるという考えが中心にある。

無意識過程，自我，防衛といった精神分析の概念は，まったく唯心論的であり，客観的に測定され科学的に妥当化される方法で観察可能な行動に繋げることはできない。非常に頻繁に，フロイト派は自我やイドといった概念を確証する以上に現実的な概念として扱っている。超自我の形成，女性の性欲，夢の解釈やその他の想像上の概念についてフロイトの考えは，科学的な調査に耐えうるものではなかった（Fisher & Greenberg, 1996）。"洞察"それ自体はしばしば心理療法的であるという見解は，別の唯心論的なフィクションなのである。スキナー（B.F. Skinner, 1971, p.183）は，以下のように記述した。

> 意識を強調する心理療法の理論は，適切かつ非常に効率よく強化の随伴性を準備された自律的な人に，ある役割を割り当てる。問題が部分的に意識の欠如にあるなら意識は役立つだろうし，治療行為を行うならある状態に対する"洞察"が役立つだろう。しかし，意識または洞察の片方だけではつねに十分でないし，それだと偏っているだろう。効果的に――非効果的に――振る舞うために意識をコントロールするような自分の行動や状態に対して気づく必要はない。それどころか，ムカデが自分の足を1つひとつ数えるような探求が証明するように，恒常的な自己観察は妨げになるだろう。

しかし，さらに悲惨な反応がある。行動論者たちは，精神分析の理論を議論しない。すなわち，精神分析の理論を無視するのである。精神分析が治療的に作用していることを証明する経験的なデータがないのに，いかに精神分析が治療的に作用するとどうやったら考えることができるだろうか。100年間の実践の後に精神分析の治療効果の評価をするように計画された対照実験が何もないのは，科学的には不名誉なことだ！　10年ごとのわずかな実験でさえも，平均的な分析よりも立ち遅れているだろう。フロイト自身は対照データを収集した理論構成にあまり没頭しない天才だとして大目に見られるが，彼の後継者たち皆がそのように大目に見られるはずがない。自分たちの治療法が他の心理療法より確かに優れていると精神分析の研究所が経験的に証明しないなら，生き残るには時代遅れで，セラピーにおける太古の恐竜のように，かつては優勢であった精神分析体系を行動論者たちは無視し続けることになるだろう。

実存的観点から

行動論の観点とは対照的に，精神分析は実存主義者たちにとってあまりにも客観的すぎる――経験的にではなく，理論的にそして実践的に，である。人間に対する精神分析の概念化を見てみよう。精神分析では，人間という存在を対象，すなわち欲動と防衛のエネルギーのただの塊と見なす。人間は，コンプレックス，発達段階，防衛，葛藤といった神経症的な集合体として描写される。このような精神分析の概念は自己概念の核心に浸透し，脱人間化の優勢な勢力の1つになっていく。

精神分析はまた，われわれの経験において非常に決定論的である。この宇宙のありとあらゆるものとは異なっているという選択権を人間に認めるような自由，選択，責任，主観

的経験が，精神分析のどこに存在するのだろうか。精神病理から人々を解放する過程として意識を非常に強調するこの心理療法体系が，どうして真剣になって自由や選択を取り扱わないのだろうか。われわれは，精神分析の心的決定論や還元主義を超越して自由な選択をすることができるのである。

文化的観点から

　フロイトは確かに，心理療法における祖父であった。不幸にして多くの創始者に当てはまるように，フロイトはあまり役に立たない心理学的な，そして男性中心的な偏見を持っていて，それは心理療法家の後続世代に受け継がれた。個人の体系的，ジェンダー的，社会的な勢力に関する影響を強調する文化的観点からの辛辣な攻撃が，何年にもわたって精神分析に向けられてきた。

　出発点において，精神分析的治療は広義の社会的文脈を事実上無視していた。個人心理内の性質ばかりに焦点を当てることは，家族のサブシステムとしての個人を軽視する。障害や固着は，家族の非機能性または社会的問題以上に内的な葛藤に帰属される。典型的な例として，初期にフロイトは勇敢にも女性患者の障害を彼女たちが幼児期に遭遇した性的虐待を原因としたが，後になってこの立場を撤回しこういった主張を空想だと述べた。結果として，フロイト以後のセラピスト世代は，幼児期の性的虐待を現実の暴力というよりも内的な空想として治療するのであった。

　精神分析家たちが，果敢にも内的な精神病理学的なオリエンテーションから対人関係を考察する時，主として母親批判に集中する。ある研究（Caplan, 1989）では，母親非難の性質や範囲を決定づけようと10年間にわたる心理学の研究を分析した。4つのカテゴリーのうち——母親が行うこと，母親がし損なうこと，父親が行うこと，父親がし損なうこと——唯一それらのカテゴリーのうち，1つだけがつねに問題だと見なされると判明した。それは，「母親が行うこと」である。おねしょ，統合失調症，学習障害を含む70以上の子どもの障害を引き起こす責任が，母親にはあるという。父親の役割は，周辺的なものと仮定されている。精神分析家たちは「ほど良い母親（good enough mother）」を定義しているが，では「ほど良い父親」とはなんだろうか（Okun, 1992）。少なくとも正常な発達から逸れていく時に，子どもに対する父親，家族，文化の影響は最小限の影響しかない。母親というのは，責められなければならない。

　「生物学とは，宿命である」というフロイトの悪名高い発言は，女性の力や地位を制限する試みを表現している。古典的精神分析における性差別的で古典的な例は，ペニス羨望（penis envy）である。伝えられたことによると，少女はペニスを持たないので自分が悪い何かと関連すると結論づけ，自分の父親のファルスを共有するように父親に心的エネルギーを備給するのである。しかしながら，このような複雑で実証されない合理化は，少年には適用されない。なぜ，ヴァギナ羨望が存在しないのだろうか。フロイトは，あまりにも性的空想に焦点を置きすぎ，性差別的なイデオロギーに十分な焦点を当てなかったのであった。

精神分析の理論は，明らかに家父長的でありヨーロッパ中心的であるため，以下の点で多くを非難されるだろう。いくつかの例をあげると，上流階級の男性の価値観であること，フロイトの内輪において少数の女性精神分析家だけしかいないこと，精神分析の歴史的なオリエンテーション，高額で非効率な治療過程，行動変化の代わりにパーソナリティの再構成に焦点づけられること，である。大まかなところ，ハリエット・ラーナー（Harriet Lerner, 1986）の言葉を借りるならば，われわれはフロイトの目から埃を払うべきである。

統合的観点から

どの治療システムの価値でも、それを探求するのが統合的観点の本質であり、特に精神分析のような豊かで複雑なシステムではそうである。自分たちの作業，特に作業をしている問題の成り立ちにおいて，精神分析的アプローチを用いる統合的心理療法家がいる。精神分析とは，診断的マニュアルの中核やロールシャッハの評定内容となるパーソナリティと精神病理の内容を十分に持つ数少ない理論の１つである。多くの統合主義者たちもまた，治療内容について考える際に，抵抗，防衛，転移の概念を用いるだろう。

しかしながら心理療法の全般的なシステムとして，精神分析は統合的な考えにとって非常に教義的な方法となる。多くの治療システムのように，フロイトのような天才の信奉者は一般に創造的ではなく，そのためほとんど柔軟ではない。フロイトであるなら理論やセラピーを進化し続けるだろうが，現在多くの精神分析の開業医たちにとって革新であるより正統であるほうが重要であり，また自分たちの逆転移による行動化を可能な限り締め出すことに立ち向かうのが重要だと思われるのである。

われわれは，精神分析的心理療法や関係精神分析の柔軟性に非常に親しんでいる。しかしながら，精神分析といった精神分析的心理療法は，他のどの治療形式よりもあまり効果があると証明されていない事実には満足できない。精神分析がもっとも長期にわたる高額な選択である場合，クライエントに古典的精神分析を薦めるのは十分に正当とはされない。精神分析は治療内容の豊富な源泉を提供するだろうが，治療結果において現実的な利点はまだまったく証明されていない。

C夫人を対象とした精神分析

C夫人が結婚して数年，未熟ではあるが一見すると適切にものごとをこなしたのであった。強迫的な性格または肛門性格である彼女は次のような性格特性を示した。自分の子どもの名前をアルファベット順にきっちり並ぶようにつけ，秩序立てたり，細部にまで注意深く掃除することにこだわり，新しい服を買わないので，袖を通していない服をとっておく極度のけちで，決して自分の性的感情を放出したりあまり興奮しないような性格であった。これらはおそらく，肛門期に過度にコントロールしがちで非常に要求がましい両親と，C夫人との相互作用の結果であった。C夫人の母親が掃除や病気に過度に関心を持つ強迫的な人であったと，われわれは知っている。彼女の父親は，C夫人の攻撃的な表現や男性への関心を過度に

コントロールした。そのような両親はトイレット・トレーニングといった問題に関する要求が非常に厳しく，彼女の腸の活動やその他の衝動を溜めるか放出するかに関した葛藤の多くが彼女の中で生じたことを想像できるのである。精神分析理論から，汚し散らかすといった肛門からの快楽への防衛として，また怒りを表現する衝動に対する防衛として，少なくとも部分的にC夫人の肛門性格が発展したと仮定できるだろう。

　なぜ娘のギョウチュウ（蟯虫）症例にまつわる経験が，C夫人のそれまでの適応的特性や防衛の崩壊を引き起こしたのか，そしてなぜ本格的な神経病を出現させたのだろうか。アジア型インフルエンザや病に罹った大勢の子どもたちの世話からもたらされた病気や疲労は，C夫人の防衛にストレスをかけたのだろう。しかし引き起こされた出来事は，C夫人が幼児期早期から防衛してきた衝動を誘発するような類のものであった。何よりもまず，娘が自宅にギョウチュウを持ち帰り，アジア型インフルエンザですでに家族が寝込んでおり，母親が妊娠してさらにはオムツが必要なよちよち歩きの赤ちゃんの世話を負っている時に，人はどのように感じるのだろうか。比較的に抑圧的でない両親は，子どもが意図的にギョウチュウに罹ろうとはしないので，怒りを直接表現しないかもしれないが取り乱すことだろう。しかし，C夫人は子どもと同様に怒りを自由に表現しなかったし，おそらく両親と同様に怒りを防衛しなければならなかったのだろう。

　ギョウチュウによる症状はまた，肛門にいるギョウチュウによる肛門の痒みに特徴づけられる。事実，痒みの問題がギョウチュウだと確信を持つためには，かかりつけ医がC夫人の娘が寝静まっている時に，照明を当て娘の肛門を検査するようにC夫人に指示した。一方でギョウチュウは痛々しいものであり，他方で肛門を掻くことから由来するその快感を得たいという衝動であった。病気や疲労によって防衛が弱められ，攻撃性や肛門期の性欲に関する脅威となる衝動が娘の罹ったギョウチュウによって刺激されて，C夫人の受け入れがたい衝動への間接的な表現と同様に防衛もするといった神経症症状の出現に対して，C夫人の状態が準備されたのであった。

　C夫人の神経症症状の観察により，C夫人の脅威となる衝動に対する防衛についての情報をさらに提供した。強迫的にシャワーを浴び，手を洗うといった行動が，継続的な掃除への没頭を促す強化となった。C夫人の脅威が汚れている状態にあるならば，すぐさま洗ってしまう！　このような強迫的な症状は，部分的に汚れや排泄物の別の象徴で遊びたいという願望をコントロールするために，清潔にし続けるという反動形成が強化されたものである。自分の娘を傷つけたい願望が再度現れると，すぐさま自分の手洗い行動が今朝の娘とのやり取りから自分を取り払う手段として，また手を洗ってそのような残虐な思考を清潔にすることによって自分の攻撃性に関するどんな罪悪感をも否認する手段として有効なのである。きっちり角をそろえて重ねられた肌着のように，文字どおりC夫人と彼女の家族とが肛門に関わる対象との直接的な接触から隔離するのに役立つのであった。

　C夫人の神経症症状は，彼女の願望充足をいかに与えたのだろうか。シャワーを浴びる時の儀式にもっとも明白なのは，C夫人はその儀式で自分の居場所を失うたびに，自分自身で肛門へ刺激を与えるように立ち戻らなければならなかったからであった。思わず床に落ちた肌着や物といった汚れた素材を隔離する過程で，C夫人は自宅をめちゃくちゃな状態にすることもできた。C夫人が，自分の攻撃性の表現として，夫を午前5時に起床させ，子どもたちに対しては食事の支度をしないか，適切に彼らの世話をしないことを理解するのに，それほど多くの解釈を必要としなかった。

C夫人は自分の感情や願望のいくつかをなぜ直接的に表現できないのか，そのため自分の葛藤を神経症的に解決する要求をなぜ防げないのだろうか。まず初めに，そういった直接的な表現は，そのような衝動をコントロールすることに傾倒するC夫人の中心的なパーソナリティとはまったく反するだろう。第二に，C夫人の弱まっている防衛から誘発された退行は，合理的な二次過程水準ではない一次過程水準で，C夫人をさらに現実の状況に反応させるだろう。無意識的な原初的水準で，C夫人はコントロールの緩衝により自分が行うすべてのことをコントロールできなくなり，自分の衝動に圧倒されるのを心配するだろう。本能的な刺激により圧倒されるのはそれ自体パニックを生み出すが，C夫人もまた，ズボンを汚したりわずかに怒りを表現したりする悪い女の子だったという理由で，過剰にコントロールする両親に対する怒りに直面して驚愕したのであった。もともとの無意識水準では，C夫人は安心して怒りを表す成人の親としてではなく，自分の憤りを表現するのが苦手で感情をコントロールしがちな小さな少女として経験していた。

　C夫人への精神分析を考える時に，C夫人の問題が確かに強迫神経症であり，C夫人の神経症症状が精神病過程を覆い隠している状態の偽神経精神病ではないということを完全に確信しなければならない。彼女がすでにどのくらい退行したのか，そしてどのくらい彼女の生活で防衛症状が優勢となっているかを仮定したら，C夫人が精神分析中にさらなる退行を助長する現実的な危険性が存在するだろう。分析家が，C夫人は精神病過程である根拠を示さないという先行報告を，追加評価で裏づけられると感じたなら，その時に精神分析が進展するだろう。

　カウチに横たわり心に思いつくことは何でも話すように指示されると，分析家をいくらかコントロールするのを諦めなければならないことにC夫人はとても不安になるだろう。明らかにC夫人は，分析家が何をするのかについて知っており，これから先彼女にまったくコントロールをさせないと信じられるほど十分に，分析家を信頼しなければならない。彼女が思いつくままにすることへの抵抗がすぐに生じるだろう。C夫人が不安になるたびに，ギョウチュウに対する強迫症状へとただちに戻る形式をとるかもしれない。また彼女が不安になるたびにギョウチュウについて話す傾向を直面化したり明確化したり，C夫人がギョウチュウ以上に脅威となった連想の経験を防衛するために強迫症状を用いることに意識させるよう，このような傾向を解釈しただろう。

　さらに精神分析家は，C夫人の感情を隔離するような十分に形成された防衛を取り扱わなければならないだろう。C夫人が出来事に何を思うかだけではなく，その出来事に何を感じるかを話す彼女の傾向に，分析家はゆっくりと直面化していくのである。また分析家は，C夫人が過度に温かさや愛情を持っている出来事についてとても敏感になるだろうが，なぜならばそのような感情表現は，自分を世話してくれずにコントロールするセラピストに対する憎しみや忌み嫌う彼女の真の感情に反応しうるからである。

　精神分析家は，C夫人の儀式的に掃除をするという行為が象徴的に洗い清めることなのだと理解する時，ゆっくりと彼女を援助するだろう。どんな"汚い行為"に対しても，C夫人は果たして償なっているのだろうか。C夫人の父親に対する性的衝動，同性愛の感情，殺意のある怒り，重荷となる家族への怒りが，すべておそらく無意識の原因となるものである。あらゆることが彼女の両親や社会によって禁じられ，あらゆることが彼女の懲罰的な超自我に内在化され，しかしながらあらゆることが本質的な怒りであって人に対する好奇心でもあったのである。

> C夫人は自分の症状の防衛的な性質や分析中の他の行動傾向を徐々に意識しながら，分析家に対して現れる感情をさらに強烈に体験することができただろう。C夫人が退行しながら，十代の時に父親がデートに付いて来た時に，父親が彼女の日常の性的関係をコントロールしたいのだと思われたように，分析家がそのようにコントロールしようとするのではないかという恐れを意識されたのかもしれない。さらに脅威的なことには，父親のような分析家に彼女の性欲をコントロールされたいという願望があり，そのため分析家やC夫人の願望を一緒に充足させたいのだろう。彼女がさらに退行すると，父親のような分析家が肛門性交をもつことで彼女を充足させ，母親のような分析家がお尻を拭き取ることで彼女を楽しませてほしいという願望をC夫人が意識するようになるのかもしれない。
>
> C夫人に対する分析家の逆転移反応には，彼女の両親2人から分析家へと置き換えられたかなり敵意のある感情が含まれており，そのためC夫人の母親と父親のように彼女に何も与えてくれないにもかかわらず，分析家が要求がましく支配権を持っていると，C夫人は頻繁に怒り出すだろう。しかし彼女は，両親／分析家が自分を州立病院に送り込んで破壊し拒否するつもりだったという恐れを意識せずには，自分の敵意や性的衝動を意識できない。そして彼女は自分の感じた反対の感情表現をし，謝罪し，自分の反応を打ち消すという別の方法で，または自分の衝動をさらに中立的な思考に隔離することで，どのように自分の不安や衝動を何度もコントロールしようとしたのかについて強く意識するようになるだろう。
>
> C夫人は分析家との神経症的な転移を徹底操作するにつれ，自分の神経症の意味や原因への洞察を得られるようになった。C夫人は自分が持つ危険な衝動を，自分の怒りを言葉で表現するように願望をコントロールして充足させるように，より成熟したはけ口へと向かわせる方法を意識していくのであった。何年も過ぎてC夫人は，敵意的な衝動や性衝動を刺激される恐れのある状況が訪れた時に，パニックになることなくそういった衝動を表現する際にいくらかの柔軟性を自我に与えられるほど十分に，自分の性格を意識的に再構成できるだろう。

将来の方向性

　過去一世紀のうちに，多くの心理療法家が精神分析に対して弔いの鐘を鳴らしている。そして精神分析は，知識の形として，また治療形式として消失するだろうと確信している。精神分析を"恐竜"や"コンパクトな時代の大型自動車"として貶めかすのは，こういった心情を反映する。しかしながら，われわれやその他の多くの者が，シルバーマン(Silverman, 1976) による精神分析理論の評価に賛成する——マーク・トウェインが自分の死に関する新聞の報道を取り上げた時の名言から引用すると——「私の死に関する新聞の報道は，多いに誇張されすぎている」と。

　フロイトは死んだと解説者たちは繰り返し公表してきたが，繰り返されるフロイトの埋葬というのは揺らいでいる精神分析の根拠に拠るのである。現代の精神分析理論の中心にあるのは，研究による支持と臨床的な合意を得てきた，一連の命題なのである。こういった中には，無意識は活発的で影響力を持つ，多くの行動障害の起源は幼児期に根づいて

いる，人間は内的葛藤にあり，妥協的な解決をもたらす，自分や他者やその関係性の心的表象は自分の日常の機能に深く影響を及ぼす（Westen, 1998），があげられる。これらの知見は，フロイトからの遺産なのである。

しかし実際に，困難な時代変化に新しい世代の精神分析家たちは直面している。このことには正式な精神分析を受ける患者数の減少，非精神分析的な心理療法の数の増加，長期の心理療法のための適切な保険適用からの計画的な撤退，低コストで効果のある心理療法やコスト制限への集中，向精神薬使用の増加，治療関係での守秘義務を侵害することが避けられないピア・レビュー[訳注3]やマネジドケアの増加，が含まれている（Rouff, 2000; Wallerstein & Weinshel, 1989）。

これらすべての理由において，精神分析の将来はおそらく，時間制限的な精神分析的療法や簡易な関係論的精神分析にあるだろう。訓練中の精神分析家や精神分析を必要とする裕福な人が利用する古典的精神分析はありつづけるだろうが，今日では正式な精神分析を受けているのは，心理療法またはカウンセリングを受けている全患者の1％以下である。

われわれが精神分析に予見する将来は，**対人関係**（interpersonal）と**統合**（integration）といった用語によって要約されるだろう。精神分析が再来し持続することに対して率直な反論があるが，結局のところ，このような将来は対人関係や関係の強調に帰すとオブザーバーたちは同意する。新しい注目は，治療関係における二者関係の性質に払われている。患者とセラピストの2人ともが，持続的で相互的に治療状況へ寄与するが，その状況ではつねに現実の要素と転移の要素が含まれているのである。"純粋"な転移（そして逆転移）の概念は，錯覚であることがわかっている。二者モデル，関係モデルが優勢となっているのである。

実際にわずかな心理療法家たちが，古典的精神分析の"純粋主義者"なのである。精神分析の統合は現代の心理療法界の趨勢となっており（第15，16章参照），現代の精神分析的なセラピストが示しているとおり，患者の要求に治療方法を合わせ，環境の変化に適応するように非常に開かれている。多くの心理療法家たちは別の心理療法体系，特に人間性主義的療法や認知療法からの方法を注意深く統合し吸収させながら，精神分析的なオリエンテーションを取り込み続けている。その証拠に，フロイト自身の治療症例を概観すると（たとえば，Lynn & Vaillant, 1988; Yalom, 1980），心理療法に精通した人というのは，行動療法のような宿題を呈示したり，患者の支持者である家族に介入するといったような，多くの"非精神分析的な"方法を用いたことを示している。こういったことからフロイトは，初期の統合的心理療法家なのであった。

精神分析の新たな力に貢献することには，神経科学の進歩を統合するという特別な関心がある。神経科学者たちは，脳に関する生物学的な説明が100年前にフロイトが記述した心理学的な理論にもっともよく噛み合うかもしれないと，まさに発見している（Solms, 2004）。**神経精神分析学**（neuro-psychoanalysis）という用語（そして雑誌のタイトル）

訳注3　ピア・レビュー（peer review）とは，研究法の1つのこと。専門雑誌に掲載された科学的で学術的な調査研究や論文に対して，同領域のさまざまな専門家たちによって評価していく研究法のこと。

は，神経科学と精神分析という，以前は分割されていた領域を結びつけるのである。

　これまでに心理療法の創世記に関する著書があるならば，おそらく次のような言葉から始められるだろう。すなわち，「初めに，精神分析以外に何もなかった」と（Scaturo, 2005）。フロイトには，何もないところから創造し構造のないところから構造化するといった，手におえない課題が課されたのである。フロイトは，心理療法のまさにパイオニアなのであった。後にパイオニアに反論するのが容易な時代になるが，最後に決定的な発言をするのではなく最初の発言をするのがパイオニアの機能なのである（Guntrip, 1973）。精神分析は，もはや初期の古典的な精神生物学とたんに結びつけられない。すなわち，フロイト自身が，自我の分析に注意を転じた1920年代に，その出発点を超越する最初で大きな動きを始めたのだった。フロイトという人物は，人間の経験の内的な作業へと体系的な探求を行う，まったく新しい領域を開発したパイオニアなのであった。

重要用語

肛門性格 anal personality
肛門期 anal stage
アナリザンド analysand
去勢不安 castration anxiety
明確化 clarification
妥協形成 compromise formation
直面化 confrontation
修正感情体験 corrective emotional experiencing
逆転移 countertransference
防衛機制 defense mechanisms
否認 denial
置き換え displacement
力動論 dynamic view
経済論 economic view
固着 fixation
自由連想 free association
発生論 genetic view
性器性格 genital personality
性器期 genital stage
体内化 incorporation
洞察 insight
本能 instincts
知性化 intellectualization
解釈 interpretation
間主観的 intersubjective

潜伏期 latency stage
潜在内容 latent content
顕在内容 manifest content
神経精神分析学 neuro-psychoanalysis
神経症 neurosis
エディプス葛藤 oedipal conflict
口唇性格 oral personality
口唇期 oral stage
男根性格 phallic personality
男根期 phallic stage
原初的不安 primal anxiety
一次過程思考 primary-process thinking
投影 projection
心的決定論 psychic determinism
精神分析（学）psychoanalysis
精神分析的心理療法 psychoanalytic therapy
性心理段階 psychosexual stages
反動形成 reaction formation
関係論モデル/関係精神分析 relational model/psychoanalysis
抵抗 resistance
二次過程 secondary-process
構造の変化 structural change
構造論 structural view
昇華 sublimation
局所論 topographic view

転移　transference
転移神経症　transference neurosis
無意識（the）unconscious
打ち消し　undoing
作業同盟　working alliance
徹底操作　working through

推薦図書

Fisher, S., & Greenberg, R.P. (1996). *Freud scientifically reappraised: Testing the theories and therapy.* New York: Wiley.

Freud, A. (1936). *The ego and the mechanisms of defense.* New York: International Universities Press. ［黒丸正四郎，中野良平訳（1982）自我と防衛機制．アンナ・フロイト著作集2．岩崎学術出版社；外林大作訳（1958）自我と防衛．誠信書房．］

Freud, S. (1900/1953). *The interpretation of dreams.* First German edition, 1900; in *Standard edition* (Vols. 4 & 5), Hogarth Press, 1953. ［高橋義孝訳（1968）夢判断．フロイト著作集2．人文書院．］

Freud, S. (1933/1965b) *New introductory lectures on psychoanalysis.* First German edition, 1933; in *Standard edition* (Vol. 22), Hogarth Press, 1965. ［懸田克躬，高橋義孝訳（1971）精神分析入門．フロイト著作集1．人文書院．］

Galatzer, R.M., Bachrach, H., Skolnikoff, A., & Waldron, S. (2000). *Does psychoanalysis work?* New Haven: Yale University Press.

Greenson, R.R. (1967). *The technique and practice of psychoanalysis* (Vol.1). New York: International Universities Press.

McWilliams, N. (2004). *Psychoanalytic psychotherapy: A practitioner's guide.* New York: Guilford.

Mitchell, S. (1988). *Relational concepts in psychoanalysis: An integration.* Cambridge: Harvard University Press. ［鑪幹八郎監訳（1988）精神分析と関係概念．ミネルヴァ書房．］

Person, E.S., Cooper, A.M., & Gabbard, G.O. (2005). *Textbook of psychoanalysis.* Washingtion, DC: American Psychiatric Publishing.

JOURNALS: *American Journal of Psychoanalysis; Bulletin of the Menninger Clinic; Contemporary Psychoanalysis; International Journal of Psychoanalysis; International Review of Psycho-Analysis; Journal of Clinical Psychoanalysis; Journal of the American Psychoanalytic Association; Modern Psychoanalysis; Neuro-Psychoanalysis; Psychoanalysis and Contemporary Thought; Psychoanalysis and Psychotherapy; Psychoanalytic Dialogues; Psychoanalytic Inquiry; Psychoanalytic Psychology; Psychoanalytic Quarterly; Psychoanalytic Review; Psychoanalytic Social Work.*

推薦ウェブサイト

American Psychoanalytic Association: **www.apsa.org**
APA Division of Psychoanalysis: **www.division39.org/**
New York Psychoanalytic Institute & Society: **www.psychoanalysis.org/**
Sigmund Freud and the Freud Archives: **users.rcn.com/brill/freudarc.html**

3 精神力動的治療

アルフレッド・アドラー，ハインツ・コフート

Alferd Adler　　Heinz Kohut

　マックスはハーバード医学校に入学しようとやっきになっていた。彼は，自分が間抜けでないことを証明するには，その素晴らしい学校に入るしかないと思い込んでいた。彼の心の深い部分に根ざす劣等感の原因は，家庭で彼よりも成績のよい弟のほうが優遇されていたことだった。マックス自身も，さほど目立たないものの，成績のよい学生だった。彼は，大学での成績が振るわない理由を，彼が同性愛だという噂を振りまかれているためだと考えていた。マックスは，自分がいつか男子ばかりの学校で同級生のペニスに手を伸ばして握りしめるのではないかと心配していた。

　周囲の人々が心配していたにもかかわらず，彼自身は自分がゲイではないことを確信していた。彼は，男性とのセックスを望んだことはなかったし，2人の女性との間でまずまず満足できる関係を経験していた。マックスは，彼の同級生に手を伸ばして握ろうとするという強迫観念を，彼を苦しめる人々に復讐したいという願望の現れだと考えていた。彼が治療を受ける目標として考えていたのは，ペニスや彼の同級生の考えていることについての強迫観念を消し去り，ハーバード大学に入学できるようになることだった。

　マックスのかつてのセラピストの1人は，やはりハーバード大学の医師だった。彼はマックスがハーバード大学にふさわしい人物だといって励ました。しかしマックスは，そのセラピストからの激励の手紙をもらっていたのだが，ハーバードをはじめ他の医科大学の受験に失敗してしまった。私（プロチャスカ）の，目標が不合理で不釣合いに高すぎるというコメントに，彼は耳を貸そうとしなかった。誰も彼を止めることはできず，彼は熱心に勉強して，入学試験の点数を上げようとした。治療関係が深まったと感じた時期に，私は彼に賞賛に値する努力をしているが，自分自身のことばかりを考えていると告げた。彼は，その意見に同意したが，ハーバード大学で医師の資格を得たなら，人々のために本当によいことをできるはずだと反論していた。私は，アルフレッド・アドラーの手法を使っ

て，彼が本当に他の人々のことを大切にできるかと質問した。そして次の1週間の間，毎日少なくとも1人の人を幸せにすることを課題として与えることにした。

その週，州立病院は，ストライキ中だった。マックスはその期間，毎日多くの重症患者をケアするボランティアをすることで，私の課題に応えた。彼は，期待以上の活躍を始めた。彼はそこでの患者がどう扱われているかを見て大変に驚き，他のボランティアや幾人かの患者と共に患者の権利のための市民団体を立ち上げた。彼はそのような組織がすでにあるのを知ると，その力を結集するために尽力し，その組織運営の委員会の市民メンバーに選出された。

彼の他者への関心が強まるにつれ，彼のペニスや周囲の人々の意見へのこだわりは消えていった。彼はさらに，患者の権利の擁護運動に参加している熱心な活動家の女性と恋に落ちた。彼は，州立病院を変革するために精神医学を志したいと考えるようになり，ハーバード大学に入りたいという意志は強まった。

フロイトの後継者たち

心理療法の領域においてフロイトを引用することは，物理学者がニュートンを引用するのと似ている。両方とも本当のパイオニアであり，その切り拓いた揺るぎない歴史の価値はすでに確立されている。彼らに続く人々は，その理論に忠実に従い，それを充実させることに努力を傾注した。

フロイトの直系の弟子たちは，彼のやり残した仕事を完成させ，拡張しようとした。これらの新世代の精神分析家，新フロイト派のセラピストたちは，現在では**精神力動的心理療法家**とよばれている。精神力動的理論にはさまざまな考え方があるが，古典的精神分析とは異なる共通の特徴を持っている。その中心となる考え方は，次のように要約される。

精神分析	精神力動的心理療法
イド	自我
精神内界	対人関係
防衛	技能の習得，適応
生物学的	社会的

古典的精神分析ではイド（もしくはいわゆる**欲動理論** drive theory）が強調されていたが，精神力動理論では，**自我心理学**（ego psychology）という学派の名称に表れているように，自我と自我機能に強調点が移っている。フロイトは精神内界（個人の内面）の葛藤をもっとも重視していたが，彼の後継者たちは，対人関係（個人間）の葛藤を重く見ていた。実際，精神力動的治療の有力な学派は，**対象関係**（object relations）論学派である（**対象** objectsとは他者もしくは他者表象を意味している）。フロイトによって重視されていた生物学的要因や防衛機制は，このように社会的要因や対処行動や技能の習得の

体験に置き換えられている。

　精神分析的治療と力動的心理療法の違いは，明確なものではない。どこからがそれで，どこからは違うかを見極めるのは困難であっても，互いに相違していることは間違いない。混乱に輪を掛けているのは，用語が統一されないで使われていることである。一部の著者は，フロイト以後の治療をすべて精神分析的と表現するが，他の著者は精神力動的という表現を使う。

　第2章でわれわれは，フロイトの精神分析的な欲動理論とその後の対人関係理論を検討した。本章では，4つの精神力動的心理療法，アドラー派，自我心理学，対象関係論，短期精神力動的治療が取り上げられる。

　もちろん他の有力な理論家も精神力動的治療の発展に貢献している。第2章で言及したように，アンナ・フロイト（Anna Freud, 1895-1982）は，ジクムントの実の娘であることにふさわしい貢献をした。ウィルヘルム・ライヒ（Wilhelm Reich, 1897-1957）は，もともとフロイトの初期の研究会のメンバーだったが，死の本能の概念を受け入れられずに，袂を分かった。ライヒは，古典的精神分析の代わりに**性格分析**（character analysis）を発展させた。

　同様にカール・G・ユング（Carl G. Jung, 1875-1961）は，一時フロイトの後継者と目され精神分析学の"皇太子"とよばれていたが，その後，彼独自の**分析心理学**（analytical psychology）を創始した。ユングは，フロイトの徹底して性的な性質を示すリビドーの概念を受け入れられなくなり，別の道を歩むことになった。ユングは，患者の**元型**（archetypes）（従来から受け継がれてきた特性や行動モデルであり，多くの人々に共有されているパターンとなっているもの）を把握するための手立てとして夢と象徴の解釈を特に重視した。ユングは個人の無意識ばかりでなく，**集合的無意識**（collective unconscious）の存在を主張した。集合的無意識とは，古来から受け継がれ，多くの世代にわたって繰り返し体験されている原初的な元型から構成されているものである。この多くの議論を引き起こしてきた仮説は，彼の連想技法や，内向‐外向の区別と同様にユングの重要な業績として知られている。

　ユングとライヒの理論は1950～60年代に非常に高い評価を受けていた。実際，本書の以前の版では，両者はそれぞれ独立した章で取り上げられていた。しかしその影響力が徐々に低下していることは，さまざまな調査でユング派もしくはライヒ派と自認している心理療法家が全体の1％以下となっていることに表れている（表1-1, p.5参照）。われわれが本書で彼らの記述を縮小したのは，そのためである。

　本章は，アドラーの記述から始める。彼はほぼ間違いなく最初のもっとも著名な精神力動論の理論家である。そしてその影響は，長く持続し，今日の自我心理学や対象関係論，短期精神力動的治療にまで及んでいる。

アドラー派療法

アルフレッド・アドラーの人物像

　アルフレッド・アドラー（Alfred Adler, 1870-1937）は，マックスの例で示されているように，劣等感が優越性の追求に変化することを明らかにした最初の理論家である。アドラー自身は医師として有名になることを目指していた。それは，くる病に罹って不安定だった青年期を代償するためだったのかもしれない。6人同胞の中の次男として出生した彼は，兄とのライバル関係を勝ち抜こうとしていたし，母親との関係も良好ではなかった。彼を感情的，経済的に支えたのは，穀物商を営んでいた父親だった。彼はアドラーを，ウィーン大学で医師資格を取得するよう励ました。

　1895年，アドラーは眼科医として開業し，さらに一般医に転向している。ただし，彼はそれを精神科医として有名になってからずっと後だと主張している。ウィーンの精神科医であるからには，彼はフロイトの理論を避けて通れなかった。フロイトの理論は，当時の考え方に衝撃を与え，多くの批判を引き起こしていた。アドラーは早期からフロイトの理論の重要性を認めて，反論の中にあったその理論を積極的に擁護した。フロイトは，それに感謝して水曜日に開かれていた研究会に彼を招くようになった。

　アドラーは，しばしばフロイトの弟子と評されているが，実際は，フロイトと意見を共にする領域があるものの，意見を異にしている点もある独自の立場を持つ共同研究者だった。アドラーの著書『器官劣等性（Study of Organ Inferiority）』（1917）はフロイトに高く評価されていた。しかし，1908年にアドラーが導入した**攻撃性本能**（aggression instinct）の概念を，フロイトは認めようとしなかった。フロイトが攻撃性本能を自分の理論に組み入れたのは，アドラーがその理論を放棄してしばらくたった1923年だった。

　1911年までにアドラーとフロイトの関係は修復不能の状態に陥っていた。アドラーは性を強調しすぎるとフロイトを批判し，フロイトは，アドラーを意識的プロセスを重視しすぎると非難した。議論の衝突が続いて，結局，アドラーのフロイト批判に対して，フロイトに忠実な弟子たちから非難と批判が集中するようになった。3回目の議論の後，アドラーはウィーン精神分析協会の会長，そしてさらにその協会の機関誌の編集長を辞職した。その年の暮れ，フロイトは，アドラーの支持者は精神分析家として不適切であると宣言した。フロイトがこのように他のメンバーに協会から出て行くように求めることは，反対者を排除する不幸の先例となった。

　アドラーはすぐに自分の心理療法の学派を作り，そのリーダーになった。彼はその理論を**個人心理学**（individual psychology）とよび，治療の中でその個人全体を把握しようとすることを重視した。彼の理論の発展は，医師として第一次世界大戦のためにオーストリア軍に従軍したことによって一時停滞した。戦争の後，彼はウィーンの教育システムにおける最初の30の児童相談所の設立に尽力した。アドラーは，社会的活動に関心を抱き，教育改革や子どもの養育方法の改善，対人関係の葛藤を引き起こす旧来の偏見からの自由を

人々に訴えかけた。

　アドラーの一般大衆への関心の強さは、専門用語の使用を避けようとしたこと、自分の業績を専門家でない人々に容易に理解できるように著述したことに表れている。他の多くの知識人と相違して、彼は一般大衆のために講演し、執筆することを好んだ。そのため、一般の人々に対する影響は、専門家に対するものよりも大きかったと考えられる。彼は各地を訪れて、執筆と講演を倦むことなく続け、メッセージを広めた。彼の影響力は、ヒトラーの台頭する前の時期に頂点に達した。この時期までに、39のアドラー派協会が設立されている。

　最近、アドラーの理論の再評価の動きが米国を中心に起きている（Hoffman, 1994）。アドラー自身、米国を彼の理論の生かせる場だと考えていた。1925年、彼は人生の終盤に至っていたが、英語を学んで、米国の専門家と一般大衆に直接語りかけようと努力していた。1935年、彼はロングアイランド医学校の教授となり、ニューヨークに移り住んだ。2年後の67歳の時、彼は、友人たちの休むようにという忠告を無視して出掛けたスコットランド講演旅行の途中で、心臓発作のために死亡した。

　アドラーの大衆への影響の強さは、学術的側面によるものと同じ程度に、個人的なつながりによるものだった。社会的に障害のある人々に心を寄せると同時に、明るい性格のアドラーは、食事や音楽、人々との交わりを楽しんだ。彼はユーモアのセンスで友人たちや聴衆を喜ばせた。高い名声にもかかわらず、彼は高慢さを嫌った。彼は専門家として、そして同時に個人として、人間同士の連帯の重要性を訴え続けた。

パーソナリティ理論

　優越性の希求（striving for superiority）は人間の中心的な動機である。他者に優越することは、人間が現状を乗り越えようとすることであり、必ずしも社会の中で人から抜きん出ること、人を支配すること、リーダーとなることを意味していない。優越性を求めることは、もっと完全に近い生活を実現しようとすることであり、人生の高いレベルの力動的原理でもある。完全や改善を目指すことは、人間の欲動や動機づけに広く影響を与え、それを強めることになる。

　優越性の希求は、さまざまな形をとって表れる。完全な人生の理想としては、「国全体の平和と幸福」「正直は最高の方策」から「世界に冠たるドイツ民族」までごくさまざまなものが考えられる。ここでいう完全とは、人間の心が作り出した理想の状態のことである。そして人間とは、自分の理想を実現するために日々の生活を送る存在である。人はそれぞれ、空想的な人生の目標を作り上げて、それがあたかも人生の最終目標であるかのように考える。この**空想的な目標至上主義**（fictional finalism）は、心理学的事象が歴史的な過去の事情によってでなく、むしろ未来の生活への期待がどのように実現できるかということによって決定されているという事実を反映している。もしもある人が高潔に生きぬくことに対する報酬として天国での全き人生が与えられると信じたなら、天国が存在するか否かにかかわらず、その人の人生はその目標を実現する方向に向けられることになるだ

ろう。このような空想的な目標は，心理学的な事象が主観的な原因で生じる典型的な実例である。人間の心は，たんなる過去の客観的出来事の歴史的結果や過去の客観的な諸状況の結末ではない。人間は内的に形成された理想を追求することによって未来を築き上げるよう，自分自身を決定してゆく存在である。われわれはそれぞれ，自分がなりたいと思う完全な人物に代表される**理想的自己**（ideal self）を心に抱いている。

　それでは，この優越性の理想の源は何なのか。優越性を希求することは，避けることのできない劣等感，それは事実上生来的に埋め込まれている感情といってよいものだが，それへの自然な反応である。自分が劣っているという主観的な感情は，**器官劣等性**（organ inferiorities），すなわち心臓・腎臓・胃腸・膀胱・肺などの病気を生じやすくしている身体的な弱さといった客観的な事実にもとづくものかもしれない。器官劣等性は，他の人に優越しようとすることによって，それを代償しようとするきっかけになっているかもしれない。古典的なケースはデモステネス（訳注：アテネの政治家）である。彼は幼少期の吃音を世界で有数の雄弁家になることによって代償した。

　劣等感もしくはそれをもっと広くとらえて**劣等感コンプレックス**（inferiority complex）は，身体的な欠陥からばかりでなく，主観的に感じられる心理的もしくは社会的な弱さからも生じることがある。たとえば，子どもは兄や姉よりも知識や運動能力に劣っていることに気がつくと，それによってさらに上の発達レベルを目指そうとする。劣っていると感じることは，決して異常ではない。そう感じることは，われわれが限界のある存在であり，人生の諸問題に対処するのに賢明さも，素早さも，力も不十分であるゆえなのだ。劣っているという感覚は，人間が世界ともっと上手に渡り合おうとしてなされる努力を生じさせる刺激となる。

　劣っていることを感じて，優越性を目指して努力することは，ジェンダーの問題にも当てはまる。アドラーの**男性的なプロテスト**（masculine protest）の概念は，主に女性たちの自らに押し付けられている女性的な役割に対するプロテストを指している。女性は男性になることを望んで，解剖学的特徴（男性器）を欲するというフロイトの理解と相違して，アドラーは，女性が男性に社会的に与えられている自由や特権的な地位を要求していると考えた。男性器ではなく，男性の地位こそが目標なのである。男性でも，自分の男性性がなんらかの形で劣っていると感じる時，男性的なプロテストに支配されることがある。そうなると彼は，超男性的な振る舞いをすることによってそれを代償しようとするのである。大きなトラックや銃，筋肉などの男性の力を象徴するものに夢中になることは，このような代償行為かもしれない。

　この劣等感を抱いている人は，他者に優越するための**ライフスタイル**（style of life）を選択する。たとえば，子ども時代に知的に劣っていると感じていた人は，特別に優れた知識人になろうとするかもしれない。そのような場合，知的なライフスタイルは，人生を組み立てるための原則となる。知識人は知識を高めるという目標に従って，毎日の日課を定め，読書や思索の習慣を作り，家族や友人と関わる。知識人のライフスタイルは，たとえば活発に動き回る政治家の生活よりも1人で机に向かっていることが多いものだ。ライフスタイルは，個人の行動パターンと同じではないが，すべての人の行動は，それぞれの

固有のライフスタイルから生じるものである。ライフスタイルは，その人がどのように自分を作り上げるかの理想にもとづいて作られている。ライフスタイルの一部は，生育期の体験によって形成される。**出生順位**（birth order）や**序列**（ordinal position）といった家庭内の位置づけは，個人のライフスタイルに特別に大きな影響を及ぼす。兄か姉のいる子どもは，上の子どもを凌駕しようとして，野心的なライフスタイルを選ぶことが多くなる。第二子は，特に反抗的になりやすいと報告されている（Sulloway, 1996）。第一子は，次に生まれてくる子どもに両親の注目を奪われることを体験させられる。誰もが認めてくれる注目や愛情を独占できる地位を奪われて，子どもは兄弟間葛藤の一部として，恨みや憎しみの感情を抱く。第一子は，昔のライバルのいなかった時代を懐かしみ，保守的なライフスタイルを選択しやすくなる。一番下の子どもは，発達のためのペースメーカーになる上の兄弟がいる。その子は，後の子どもから大人たちの注目を奪われるという心配がなく，王子や王女のような人生を歩むことを望むことができるかもしれない。

　器質劣等性や出生順位といった客観的な事実も個人のライフスタイルに影響を与えているが，それらは最終的に個人の生き方を決定するものではない。基本的にライフスタイルは，**創造的な自己**（creative self）によって決定される。そのような創造的自己は，容易に定義することができない。人間に，客観的な事実をその人にとって意義深い出来事に変えるというユニークな能力を与えているのは，主観的なものの見方である。創造的な自己は，人間をたんなる生物学的要因と社会的環境の結果に堕するのを，それらに意味を与えるように作用することによって防いでいる。創造的な自己は，人間の生活の遺伝的，環境的な事実に意味を与え，それらを力動的かつ主観的でユニークな1つにまとまったパーソナリティに統合する自発的な過程であるといえる。創造的自己は，人間に悪影響を及ぼすすべての力から人間を解き放ち，より完全な未来に向かう人生に生活のための目標設定を可能にする。

　どんなライフスタイルにおいても，人間は対人関係のシステムの中に生まれ出た社会的存在であるという事実と取り組むことになる。健康的なライフスタイルとは，本来誰にでも備わっている潜在的な**社会への関心**（social interest）を反映させているものである。健康な性格の持ち主は，完全な生活が完全な社会の中でのみ可能であることを知っている。健康な性格の持ち主でも，誰にもありふれた劣等感にとらわれることがある。皆が共有している無知，たとえば世界平和を実現する方法を知らないこと，恐ろしい病気に罹らない方法を知らないことによって，人間はその弱点を乗り越える方法を，人間性を高めることに求めようとする。アドラー（1964, p. 31）は「社会への関心は人間の生得的な弱点に対する真に避けることのできない代償である」と記している。

　社会への関心は，誰もが持っている自分の責任を果たそうとする能力だが，それのみでは発達しない。社会への関心は，健康的な家族の雰囲気の中で育てられる必要がある。それは他の人々との協力関係，尊敬，信頼，支持，理解を促進する。永続的な家族および両親の価値観，行動パターンは，それが健康的であるなら，子どもの社会への関心を増し，利己主義的な関心を減らす効果がある。健康な人々は，完全な世界を築き上げるために人生を完璧に近づけるということに動機づけられているものだ。

精神病理の理論

　病理的なパーソナリティの人々には，社会的に建設的なスタイルでは優越感を得ることができないという性質がある。病理的なパーソナリティは，互いに競争する，不信感を抱く，無視し合う，支配する，虐待をする，過剰に甘やかすといった異常な家族の雰囲気から生じる。これらの家族環境は，社会への関心を失わせる性質がある。このような家族環境で生育した子どもは，他者を犠牲にして人生を完全なものにしようとする傾向を示す。社会への関心を失った子どもは，優越感を得るために次の4つの利己主義的な目標を選ぶことになる。それらは，注目を集めようとすること，権力を得ようとすること，復讐しようとすること，自分の欠陥や敗北者であることを公言することである（Dreikurs, 1947, 1948）。これらの利己主義的な目標は，非行に走る子どもたちに明瞭に認められるものだが，彼らはさらに病理的なライフスタイルに至る性格傾向を示すことがある。

　過剰な甘えは，溺愛する両親が子どもの能力の範囲内でできることをやってあげてしまうことによって生じるライフスタイルである（Adler, 1936）。子どもは親から，自分は1人では何もできないというメッセージを受け取る。もしも子どもが自分たちを能力不足だと考えると，彼らはたんなる劣等感よりも強烈な劣等感コンプレックスを発展させる。そうなると彼らは，不適切な劣等感コンプレックスによって生じた過剰な甘えの自己概念に支配され，働くことを学ぶこと，異性とかかわること，社会の中で建設的な活動をすることといった**基本的な人生の課題**（basic life tasks）に取り組むのを避けるようになる。適切な社会への関心を抱くことができないと，彼らはいつも周囲の人々の注目を集めることによってそれを代償しようとする。甘やかされて育った人の世界の見方は，自分が役に立たない人であっても世界が自分にかしずいて世話してくれるというものだ。注目の中心であろうとして，甘やかされた人は，周囲の人々の交流を乱して迷惑を引き起こす。さらに甘やかされた人が受動的になると，世話をしてほしいという依存的な欲求があからさまとなり，生活が怠惰なものになる。青年でも成人でも怠惰になると，建設的な生活を送るように迫る家族や友人から否定的に見られるようになる。迷惑な行動や怠惰であることが周囲の人々の目を引かなくなると，甘やかされた人は拗ねてしまい，社会からひきこもるようになる。

　支配的な親に育てられた子どもは，自分で人生の方向を決められないと感じて，やはり劣等感を抱く。自分が無力だと感じることによって，人生の基本的な課題を回避し，危険な目標にとらわれやすくなる。いつも支配を受けていた人々は，支配されていることから生じる劣等感の急激な先鋭化を回避するために権力を得ることを熱望し，それを生活の目標に据えることになる。能動的に権力を得ようとする人は，他者に権力を振るうことを正当化するために，社会の権威者に反抗することがある。反抗する人は，さまざまな表向きのスローガンの背後に，彼らの目標がたんに他者に支配されずにすむための権力を握ることだということを隠していることがある。もっと受動的な人々は，頑固になって，他者のささいな望みをかなえることも拒否することによって，他者をコントロールしようとする

かもしれない。
　親に支配されたことによって生じるもっとも一般的な神経症的スタイルは，**強迫的なライフスタイル**（compulsive lifestyle）である（Adler, 1931）。支配的な親からいつもなじられ，叱られ，嘲られ，欠点をあげつらわれていると，劣等感が容易に生じて，自分に人生の問題を解決する力がないと感じるようになる。人生の課題を失敗して取り返しがつかなくなることに脅えながら，強迫的な人はためらいがちに人生の歩みを進める。未来を開く力がないと感じると，彼らは躊躇して時間稼ぎの決断回避や疑うことを始める。彼らはまた，恐ろしい時間の進行を止めるために，同じことを繰り返すことによって，時間が停止する感覚を得る。同時に儀式には自尊心が傷つくのを防ぐ働きもある。強迫的な人は「こんなに強迫的でなかったら，私がどれだけのことが成し遂げられるか考えてほしい」といっているようだ。
　強迫行為は，至上の権力を持つことのできる代償的な手段となることから，強迫的な人にとって特別に重要だ。強迫的な儀式は，世界の善と悪の力が激しく戦う場として経験される。強迫的な人はその儀式によって初めて事態をコントロールすることができる。強迫的な人は，強迫的な儀式を行うことによって，自分が敵対的な勢力や死，恐ろしい病気から世界を救う力を発揮できるかのように振る舞う。そういうわけで彼らは，ガス栓が閉じているかどうか，テーブルにナイフが正しい角度で置かれているかどうかの確認を繰り返したり，誰かを車で轢いてしまったかどうかを見るために引き返したりする。この強迫行為ができないと，世界に不幸が起きかねないのである。強迫的な人は自分が人生の舞台で成功できないと感じると，別の活躍の舞台を求める。それが，彼らのドラマティックな儀式である。彼らは，最後に次のような勝利宣言をする。「見ろ。私は自分の衝動をうまくコントロールできたぞ」。
　虐待され傷つけられてきた子どもは，社会を救おうと思うより，社会に復讐しようとする。青年期，成人期を迎えると，彼らはしばしば社会を冷たく残酷だと感じて，優越性を求めて積極的に社会に攻撃的になる不穏当な態度をとる。受動・攻撃的なライフスタイルを示し，いつも思いやりに欠けた振る舞いによって周囲の人々を傷つけている人は，いっそう受動的な復讐の手段をとる。
　無関心な親に無視されて養育された人は，自分は負けたと，よく言う。彼らは社会を冷たいと感じ，自分に社会的成功など望めないと考えている。そして自分の社会に対する優越性をひきこもりや孤立によって示そうとする。ひきこもりとは，彼らにとって他者を必要としないことを示すメッセージなのである。不安定な優越感を維持するために，彼らは孤立しながら他者の価値を否認して，自分が何も価値あるものを失っていないことを自分に信じ込ませようとする。孤立の道に追いやられている人々になると，どうにもならない自分の状況に絶望して，関心の対象になったり，誰か別の人のために役立つことができないと言明する。
　病理的な人々の目指す目標が破壊的なものとなるのは，そのようなことを促す家族の雰囲気を考慮すれば，容易に理解できる。しかし，理解できるといっても，そのような目標を抱くことは間違いだ。病理的な人々は，自分のごくわずかな経験にもとづいて，社会全

般に対して**基本的に間違った考え方**（basic mistakes）を敷衍することによって非適応的な目標設定を行う。なかには子どもに残酷で関心を向けようとせず，その子を復讐やひきこもりをするように仕向ける親や兄弟もいるだろう。しかし誤った見方さえしなければ，このような問題を抱えた人々でも，もっと建設的な対人関係の中で優しさや親切さの証拠を見つけることができただろう。病理的な人々は，少数の人の歪んだ意見からでも，自分自身について基本的に誤った考え方を作り上げてしまう。たとえば養育が放棄された子どもは，一方のまたは両方の親から十分に面倒を見てもらえなかったことから，自分は決して愛されることがないと結論を下すかもしれない。

　このような問題を抱えた人々が最終的に信じ込もうとする筋書きは，少なくとも他の人から見れば，基本的に間違いである。人生の全般にわたって，破壊的な目標を目指す病理的なライフスタイルは，人生を豊かにする方向と逆行する。たとえば，神経症的な迷惑になる人々は，完全な人になるどころではなく，自分が完全な厄介者になっていることに気づくかもしれない。凶悪な復讐をやってのける人は，自分が人に優越するどころではなく，犯罪者になっていることを発見するかもしれない。飲酒によってすべてに優越しようとする状態に追い込まれている人は，完全に酩酊してしまうことのみでしか，完全な幸福を味わうことができないだろう。

治療過程の理論

　ほとんどの患者は，人生の早期に形成されるライフスタイルにその認識パターンを細部に至るまで強く支配されているので，自分のライフスタイルや向かっている目標を十分に認識することが困難である。多くの患者は，彼らの生活の問題が，自分たちの作り上げた生活の結果であるという事実を認めようとしない。彼らは，自分たちを不運な外的事情の犠牲者だと見ることを好む。それゆえ，治療では，破壊的な目標に向かっていることを十分に認識できるようになるために，ライフスタイルの認識の分析が進められなくてはならない。

意識化

　クライエントの作業　ライフスタイルはそれぞれの人の振る舞いに表現されているので，クライエントはそのライフスタイルの本質を隠すことはできない。彼らの行動パターン，話し方，座り方，書き方，返事の仕方，質問の仕方，勘定の払い方のすべてに，個人の固有のライフスタイルが刻印されている。ライフスタイルの認知が安心を伴って行えるなら，クライエントは，夢，早期の体験，家族状況などの治療の特別な現象を報告したがるに違いない。重要な情報を開示することに加えて，クライエントは自分のライフスタイルや人生の目指す目標の分析に主体的に関わることが勧められる。

　ライフスタイルやその障害に対する洞察の深まりは，本を読むことによって促進される。これは**読書療法**（bibliotherapy）として知られている。アドラーと彼の弟子たちは，もっとも早く一般大衆向けのセルフヘルプのための本を書いた心理療法家だといえる。彼ら

は積極的にクライエントにこれらのセルフヘルプの本やそれに関連する本を読むことを勧めた。アドラー派療法のセラピストが用いる読書療法の目的は次の6つのスローガンとしてまとめられる (Riordan, Mullis, & Nuchow, 1996)。

　　知識を身につけ無知を乗り越える学びの体験
　　読み物によって意欲を鼓舞すること
　　目標の形成過程や成功の体験を振り返って目標達成の意欲を強めること
　　自己や他の人々への気づきを深めること
　　よき指導者や手本となる人物を得て社会活動に関わること
　　心理療法で目標とされたライフスタイルの変化を促進すること

セラピストの作業　アドラー派療法のセラピストは、クライエントが提示する重要な情報を解釈することによって気づきの体験を強めようとする。アドラー派セラピストの解釈は、過去の出来事と現在の問題を因果論的に結び付けることではない。過去は、たんに患者のライフスタイルの連続性によって結び付けられているだけである。解釈は、主に過去と未来に通じる現在とを結び付ける活動である。その解釈によって、クライエントは、自分の人生の目標や自分の過去や現在の経験がいかにその人生の目標の達成のために方向づけられているかに気づきを深めてゆく。患者は、いかに自分の行動が、病理的なものも含めて、人生の中で形成された現実性を欠いた唯一の目標の実現のためにさせられていたのかを洞察する。

患者の人生の全般的なパターンや目的を洞察するためには、セラピストが相当に完全なライフスタイルの分析を行う必要がある。**ライフスタイルの分析** (lifestyle analysis) では、クライエントの家族関係の簡潔な把握も行われる。出生順位、同胞の性別、親との別離、自分が愛されていたという感覚といったことのすべてが家族関係の重要な要素である。それらは、クライエントの選び取ったライフスタイルに影響を与えていると解釈される。クライエントの**生活歴の記憶** (anamnesis) に対する解釈は、その人が劣等感を社会的に建設的な形で代償することが促されていたか、それとも妨げられていたかを明らかにする。

ライフスタイルの分析には、世界の性質についての見方の**基本的な間違い** (basic mistakes) の解釈も含まれる。もっとも一般的な認知的誤りは、(1) 誰も自分のことなど気にかけてくれないという過剰な一般化、(2)「あなたは人生で成功しない」といった生活に求めるものの歪み、(3)「自分は本当に未熟だ」「自分はただの主婦にすぎない」といった自分の価値を低く見積もること、(4)「自分は皆に気に入られなければならない」といった自分を安心させる非現実的な目標、(5)「どんな犠牲を払おうとも前進しなければならない」といった誤った価値観である (Mosak & Dreikurs, 1973)。

多くの他のセラピストと相違して、アドラー派療法のセラピストは、患者の問題の解釈だけで満足することはない。彼らは、解釈と同じくらいクライエントにその個人に内在する可能性を伝えることを重視する。ライフスタイルの分析には、そのようにしてクライエントの長所を明らかにすることが含まれている。初期の治療の評価の一部としてライフス

タイルの分析が行われると，アドラー派療法のセラピストは，教師が学生にするようにライフスタイルの要約を，クライエントに手渡す。そのライフスタイルの要約は，セラピストがケースカンファレンスで提示するようなものであり，それについてのクライエントとセラピストの話し合いが行われる。そこではまず，クライエントがセラピストの要約に同意するかしないかの判断を述べる。それに対してセラピストは，クライエントのライフスタイルに対する見方を修正して要約の内容を書き変えたり，クライエントが自分自身をしっかり見つめようとしていないなら，その反応をいっそう完全なライフスタイル得るための抵抗であると解釈したりする。

　ライフスタイルの提示と同時に，セラピストがクライエントに自分の意見を付け加えることや，それについての教育も行われる。それぞれのクライエントは，彼らの特有な家族関係，劣等感のあり方，長所，基本的な誤解について説明される。同時にクライエントには，創造的な自己，社会への関心，優越性の希求といった重要な概念を含むライフスタイルの形成についての教育が行われる。アドラー派セラピストは，社会への関心にでなく利己的な価値観にもとづく人生の目的を解釈し，基本的な誤解を明らかにしながら，クライエントに新しい哲学を教える。実際，アドラー派セラピストは，治療にふさわしい人生の哲学がなければならないと考えている（Mosak & Dreikurs, 1973）。

　クライエントが基本的なライフスタイルを変えるかどうかは，夢の分析の成否によって大きく決定される。夢は，将来の問題を解決する手段であり，個人の夢の見方は，その人が現在の毎日の問題をどのように解決しようとしているかを示している。夢は，将来の行動可能なやり方のリハーサルである。つまり，クライエントが行動をとることを延期したいなら，夢を忘れようとするだろう。もしもある行動をとらないようにしようと心に決めているなら，その人は悪夢に悩まされることになるだろう。治療の中で動きの乏しいクライエントは，見る夢が短く，その中の行動が少ないようである。自分の直面している問題に取り組む準備のできているクライエントは，積極的に創造的な夢の分析作業に関与しようとする。患者に自分自身の夢を解釈することを促すことによって，セラピストは，患者に人生の課題をやりとげることができるようにするための新しい創造的な方法に気づかせようとする。

随伴性コントロール
クライエントの作業　　変化のための認知的アプローチとして，アドラー派療法では，クライエントに将来の目標を再評価させることによって偶発的な出来事の影響を減らすように指導する。クライエントは，地位を得ることや復讐すること，人々に注目されることといった目標を再評価することによって，皆の注目の的になる，他者をコントロールするといった過去の出来事によって生じた傾向を弱めることができる。利己的な目標を再評価する過程で患者は，社会への関心にもとづく行動を，それから得られる成果を当てにして試してみるかもしれない。他の人を助けることによって生じる喜びを経験すると，クライエントは，自己中心的な生活の結果得たものを，現実の他の結果と比較し，評価することが容易になる。

セラピストの作業　クライエントに利己的な目標を追求した結果の再評価を促すセラピストの技法は，クライエントに目標の本質を把握しやすくするイメージを作らせることである。つねに人々の注目を集めようとするクライエントには，自分を道化師のボゾであるとイメージすることが求められる。その道化師は，周囲の人々を侮辱したり，皮肉をいったりして，自分に物を投げるようにしむけて自分に注目してもらおうとする。クライエントは，自分が道化をしていたことに気づくと，ボゾのように自分が水たまりの上の椅子にすわって人々に対して自分をたたきのめすように扇動をしていたことを悟る。このようなイメージによって，クライエントは，自分を卑下するのでなく，自分のスタイルを笑うことができるようになる。ひとたびクライエントが道化師のボゾであろうと，征服者カエサルであろうと笑い飛ばすことができたなら，彼らは注目を集めるとか，支配するとかの願望を手放すことができるのである。

　アドラー派セラピストは，社会への関心を表現することを試みさせる宿題を出すことがある。たとえば，セラピストは，患者に毎日他の人を喜ばせることをするという課題を課す。このような課題をやり遂げるうちに，クライエントは，他者のために何かをすることの意義を実感する。

　患者の価値観に変化が生じると，セラピストは，さらに患者が旧来の利己的な目標に囚われる習慣に戻らないようにする方法を提示することがある。**思いとどまる**（catching oneself）とは，クライエントが広口のクッキーの入れ物に手を入れるのを思いとどまることを考えるよう，励ます技法である。たとえば，クライエントは，過食や酒の飲み過ぎといった破壊的な行動に移ろうとした時，実際に思いとどまろうとするはずだ。クッキーの入れ物に手を入れるのを思いとどまるイメージを訓練することも含め，クライエントは，知らないうちに破壊的な目標に向かう代わりに，状況に立ち向かい，いっそう建設的な結果に注意を向けるようになる。

選択
　クライエントの作業　患者が子ども時代に特定のライフスタイルを選んだのと同じように，彼らは，その後にもライフスタイルを根本的に変えることができる。ひとたび彼らが決定論が想像上のものであることを悟れば，そしてひとたび利己的な目標と社会的目標とを比較して評価すれば，クライエントは，古いスタイルに留まるか，新しい生活を創造するかの選択を自由に行うことができる。多くの権力を握るとか，注目されるようになるとかの目標は多くの人から高く評価されており，クライエントが社会への関心の名の下でそれらを断念しなければならないことはない。クライエントは，一度決めたからという理由ばかりでなく，少なくとも多くの人が目指している目標だからという安心感のせいで，不満足なライフスタイルにしがみつくことがある。根本的に新しいライフスタイルを選び取ろうとすることは，安心できることではない。クライエントが従来から長く保持していたライフスタイルを守ることを決意することもある。

セラピストの作業　クライエントに急激にそして大規模に未知のライフスタイルを取り入れる決断を迫るよりも，セラピストは，生活の中で新しい方法を試すことを勧める。そのような技法の1つは**かのように**（as if）とよばれるものである。その例は，自分だけを頼りにして6年間生活してきた35歳の未亡人が，男性との親密な関係を築こうという気になったというケースである。彼女は，未亡人の会で魅力的と感じた男性がいたが，その男性は彼女に声をかけなかった。彼女には親密な関係を形成するという目標において成果がまるであがらなかったので，私（プロチャスカ）は，会合の後でコーヒーをご一緒にと誘ってみるのはどうかと勧めてみた。彼女は，その新しいやり方は心を踊らせるものだが，自分はそのようなことをする種類の人間ではないと主張した。私は，アドラー派療法の技法を使って，そのようなことを心配するよりも，自分をうまく表現できる女性である「かのように」振る舞うことを奨めた。彼女は勇気を振り絞って，自分を表現できる人である「かのように」行動し，男性と親しくなることができた。彼女は同時に自分が強い人である「かのように」振る舞うと，自分の望みがかなうことを発見した。

　圧倒的に強い感情をコントロールできれば自分は変わることができると主張するクライエントに対しては，**ボタンを押す技法**（push-button technique）が彼らが本当に感情をコントロールできるかどうかを証明するために用いられる。イメージの中で，クライエントは，自分の目を閉じて，過去のとても幸せな出来事を思い浮かべるように指示される。そうすると彼らはその光景に付随する感情に注目するようになる。次にクライエントは，屈辱，不満足，傷ついた体験を思い起こし，その時の体験を書き留めるように求められる。さらにその後で，ふたたび快適な光景を想像するように指示される。特定の考えの「ボタンを押す」ことによって，クライエントは，自分が，考えによって自分の望む気持ちになれるということを学ぶ。感情をコントロールすることを練習すると，クライエントは，自分の気持ちを決定することができることに感銘を覚える。自分が怒りや抑うつを抑えるか，それともそれらを表出するかをだんだん決められるようになると，クライエントは，どうにもできないと感じられていた感情から自分のライフスタイルを解放することができるようになる。

治療の内容

個人内葛藤

　心理的な問題は，基本的に対人関係に源がある。それは，発達早期に個人によって形成された破壊的なライフスタイルを反映している。個人のライフスタイルに焦点を当てることによって，アドラー派セラピストの治療は，伝統的に個人を扱うという形式で行われる。しかしながら，アドラーの高弟であるドライカース（Dreikurs, 1959）は，個人診療施設で初めてグループ療法を始めた人として知られている。破壊的なライフスタイルは，対人関係の場面で明らかになるから，グループ療法の設定において患者は，他者との関わりの中でどのように問題が生じるかをすみやかに理解することができる。

不安と防衛　しかし，自己敗北的ライフスタイルは，ある種の安心感をもたらすものである。セラピストがライフスタイルに疑問を呈する，もしくはライフスタイルへの信頼を揺さぶると，不安が生じて，クライエントは治療に抵抗しがちである。不安がセラピストに治療を進めることを躊躇させることがある。それは，セラピストが探求をつづければパニックになると，患者が脅かすような場合である。このような不安は，クライエントに行動を起こして未来に前進することを妨げるように作用する。この不安の訴えはまた，人生の課題に取り組むという治療の焦点から目をそらすための，かりそめの演技として見ることができる。それは，自分に関心を集中させることで強い不安を生じさせて，クライエントの目をその不安を解消することに向けさせてしまう。セラピストは，不安に対して直接それを治療しようと悩む必要はない。しかし，セラピストは，クライエントのすさまじい不安におののいて，破壊的なライフスタイルの分析を直接しようとしない自らの性向に気づかなければならない。

　もっとも一般的で重要な防衛機制は，**代償**（compensation）である。この代償とは，不安の防衛自体に使われるのではなく，劣等感という嫌な感情に対して生じるものだ。代償はそれ自体問題を起こすことはない。それが問題になるかどうかは，それが他者に優越するためのその人の目標になっているかどうかによる。器官劣等性の感覚を強く抱いている人は，地域でもっとも心気的不安に苦しめられている人になるという代償によって，優位性を得ようとしているのかもしれない。また，同じ人が地域でもっとも尊敬される医師になることによって代償しようとしているのかもしれない。

　心理療法の目標は，劣等感を取り除くことや，それを効果的な対処法によって置き換えることではない。治療は，クライエントの代償の努力を，利己的で自己満足的な目標から，社会的に有用で，自分の価値を高めるような目標へと向けることである。

自尊感情　劣等感については，これまで多くを述べてきた。それは，アドラー派療法において自尊感情の問題が中心にあることを示すためだった。自尊感情の問題を解く秘訣は，不適応の状態の人々に健康そのものだと言って安心させることではない。自尊感情もまた，クライエントに人生早期の体験の複雑な細部を分析させることによって自己に没入するよう励ますことを通して高められるものでもない。自尊感情の逆説は，人が自分を忘れて他の人々のために生きるようにすると，問題であったはずのことが消えてしまうことだ。確かな自尊感情は，世界にとって価値のあるライフスタイルを想像することによってのみ確立される。他の人々の価値を肯定する人生を生きるならば，最高の尊敬に値する自己が巧まず創り出されるのである。

責任　病理のない人々は，個人と社会とに対する二重の責任を負う強さを持たなくてはならない。自分自身の創造的自己というものが，結局，人生の客観的事実を個人的な意味ある出来事に変換する責任があると気づくとき，人はもっとも完全な将来を与えてくれる目標を選択するという根本的な責任と直面している。ひとたび個人が自分自身の人生を決定する責任を認めると，その個人は社会における自分のライフスタイルが持つ影響力に

対する責任を認めなければならない。たとえば，彼らは，より完全な人生を生きることを，より完璧なパーソナリティを創り出すことによってと，その一方で同時に，生きるためにはもっと堕落した場を作り出すことによって，企てようとするだろうか。完全である状態を獲得したいと思うことのできる人は必ず，人類の数々の希望に応答しうる人なのだ。

対人間葛藤

親密さとセクシャリティ　利己的な関心を抱くと親密な関係が得られなくなる。親密さを保つには，直接的な自分自身への関心よりも，価値を置く他者への関心を重視することが必要になる。それにはまた，共通の目標に向かって協力する能力も必要とされる。病的な状態につきものである利己主義も，このような親密な関係における協力とは相容れない。それでも，多くの人は，自分たちがそれを両立できないこと——たとえば利己的な競争，つまり，それなしには対人関係も家族関係も維持できないような，そんな競争の生活に没頭することが許されないといったこと——に驚く。人々は，職場での競争，支配，無慈悲さと，家庭での協力，平等，気遣いというように，ライフスタイルが都合のいいところでバラバラになっているように振る舞うことを望む。このように振る舞うことは，しばらくの間は通用するかもしれないが，結局利己的な成功という目標は，親密な関係を損なうことになる。

アドラーは，人生を進める原動力としてのセクシャリティを否定していたが，彼はそれを人生の大事な課題と考えていた。人生の生物学的な実態として，性別は存在する。人生の重要な課題の1つは，両方の性が性的関係においてお互いにいつくしみ合い，大事にし合うように関わるということである。文化的に規定された性的な役割を明らかにすることにおいて，われわれは，反対の性でなく異なる性と関わり合うようにしなくてはならない（Mosak & Dreikurs, 1973）。同じ性の人々も敵として見る必要はない。**異性の思考を反対の性の思考としてとらえる**ことは，同じ人間同士の協力を妨げ，互いの競争や葛藤を引き起こすだろう。この男女間の協力なしには，セックスをお互いに利益となる体験とするためにお互いが教えあうことは期待できない。

コミュニケーション　言語を習得するために必要な条件は，人間が社会的存在であるということである。しかし言語だけでは，コミュニケーションを成り立たせることはできない。コミュニケーションの問題は，基本的に協力関係の問題だ。効果的なコミュニケーションとは，その本質において協力しようとすることである。ある人が自分の利益のために情報を隠すとか，競争を有利にするために誤った情報を流すとかすれば，コミュニケーションは葛藤を引き起こすことになる。性的な役割をめぐる争いや葛藤の渦中にいるカップルは，同性の友人とのコミュニケーションに問題がなくとも，**互いのコミュニケーションに問題がある**と訴える。そのような場合の治療の課題は，コミュニケーションのパターンを修正することではなく，そのコミュニケーションの目標を利己的な利益から共有できる共通の目標へと向き変えることである。

敵意　アドラーはもともと，攻撃性の本能をもっとも重要な人間の欲動と考えていた。後に彼は，自分の立場を明確にして，敵意を基本的な権力への意志の表現の1つとしてとらえた。現在，われわれは，敵意を優越性の希求の手段の中でおそらく最悪のものととらえている。社会的貢献によって完全さを達成することを断念した人にとって，暴力は優越感をもたらすものに見えるだろう。誰かを叩きのめすことや銃を向けて脅かすことは，ひどい劣等感を抱いている人を，他の存在を破壊することのできるほとんど神のような存在へと押し上げる作用がある。敵意を実行に移すことは，もちろん他の人間の価値を否定することである。敵意は，**自己への関心**（self-interest）は社会への関心よりも価値が高いという考え方の最悪の表現だ。現代社会における暴力の増加という悲劇は，本当に神聖なのは社会でなく自分だという風潮が広がっていることを示しているのかもしれない。

コントロール　すべての人間は，特定の状況を切り抜けたり，他の人を束縛したりするために，コントロールすることを必要としている。しかし，病理的な人は，しばしば他者を支配することで頭をいっぱいにしている。もっとも露骨にコントロールする人は，かつて親によって支配されていた人であり，ふたたび他者の支配下におかれて強い劣等感を味わうのを避けるため，他者に対する権力を求めようとする人々である。甘やかされて育った人は，不安や抑うつ，心気症状を持ち出して自分の気まぐれを満足させようとする小さな専制君主のような人である。甘やかされた人は，自分の力に頼ろうとせず，他者の援助を問題解決の手段とすることを学習してしまっている。甘やかされた人は，大人になってもセラピストを含む他者をコントロールし，世話をしてもらうために症状を使う。

　他者をコントロールすることは，安心感を得る，優越した立場を保つ，自分の誇張された価値を確認するといった効用がある。このようなコントロールによる効用のせいで，クライエントの多くは，隠れてもしくはあからさまに，治療をコントロールしようとする。有能なセラピストは，患者のコントロールの動きを見逃さず，コントロールをコントロールする技法で応える。たとえば，自分たちが不幸せで，進歩することが困難であると訴えて治療をコントロールする患者は，「あなたは私のような難しいケースを体験したことがないでしょう」などといって自分たちの価値を誇張して訴えることがある。セラピストは「ありません。ただし1時間以前は別ですが」などと応じて重大に受け取らないようにする。セラピストは，コントロールのゲームに勝とうとするのではなく，クライエントにそのコントロールの手には乗らないということを伝える。

個人‐社会間葛藤

適応 vs. 超越　適応と超越のどちらを求めるかという問題によって，人は社会に対抗するようなことになってはならない。超越を求めることは，優越性を求めることと同義である。両方とも，レベルの高い完全な人生を達成し個人の適応レベルを向上させようとすることで，満足を得ることを可能にする。健康な人々は，自分を周囲のシステムに対抗させようとする考え方に抵抗を示す。彼らはまた，自分が不可分のものとして関わっている社会よりも自分を上のものとするような，自尊感情の維持を社会を尊重することよりも

重く見る考えを採ろうとしない。社会を超越することは，自分の周りの人より上の存在でありたいと感じる平凡な人にとってありがたいことかもしれない。健康な人々は，社会をより完全なシステムとするために，社会全体の機能レベルを現在よりも向上させようとする。

衝動コントロール　社会化を進めるための親や臨床医の役割は，悪い衝動を抑制することではなく，社会への関心を強めることである。子どもは基本的に，破壊的な衝動をコントロールしなくてはならないけだもののような存在ではない。子どもは，両親や教師によって促されれば，他の人との協力が可能になる社会的な存在である。したがって，衝動はライフスタイルの一部である社会化以前の目標に向けられる必要がある。欲動には，本来，支配するとか破壊するとかといった方向性はない。欲動はそもそも，完成に向かって人間を突き動かす力なのである。だから，セックスや攻撃性といった衝動は，配偶者との絆から喜びを得る，攻撃者から社会を守るといった活動の中で，社会への関心に高められ，いっそう完成に近づけることが可能である。衝動は，社会化が不十分というよりライフスタイルが反社会的になっている場合に社会的な問題となる。衝動がコントロールできなくなることは，社会化が過剰だからでなく，社会化への敬意や熱意が不足していることから生じる。

葛藤を超えて達成へ

意味　われわれは，われわれが作り上げる人生の中から，人生の意味を創造する。われわれは，存在の意味をすでに知った状態で生まれたのではなく，われわれの存在から本来の意味を形成することのできる創造的な自己を持って生まれてきている。遺伝的資質や幼児期の体験という原料から，われわれは，目標およびその存在に意味を与える目標を実現する手段を作り上げる。もしもわれわれが十分な眼力を持ち，われわれの目標が十分高いものであるなら，われわれの作るライフスタイルはもっとも高い人間性にささげられる本当に価値あるものとなろう。もしも目標を見失い障害に見舞われて，われわれが誤った目標のために自分の人生を無駄にするなら，われわれのライフスタイルは，基本的な意味よりも基本的な誤りを反映したものになってしまう。多くの人が疎外を引き起こす基本的な誤りは，存在はそれが自己の神殿になるならば意味があるだろうというものだ。創造的な自己は，内向きになって世界から退却することによってでなく，人間性の最大の欲求やそれの強く求めるものに結び付けられることによって完璧を求める。

理想的な人間　その場限りの欲求や心配を超えた目標に触発されて，優れた人は，期待に心を躍らされながら人生に引き寄せられる。自尊感情は，人を愛する人を世界が必要としていることを知れば保たれる。世界に参加できないことの言い訳に使われる防衛の言い逃れや神経症的な行動にエネルギーを浪費する必要はない。

健康な人は自宅にいても世界の中にいる。理想的な人間は**共同体意識**(Gemeinschafts-gefühl)，すなわち人間全体の幸福を高めようという社会への関心を持ちつづけている。

社会への関心は，たんに理想主義的なもしくは霊的な価値ではなく，メンタルヘルスを保つための実際的な目標である。自己への関心と他者への関心とは，他者との協力によって愛することを達成した人にとって対立したものとして体験されない。普遍的な安全や成功という社会的価値は，いっそう高い公共の善という価値によって退けられる。健康な人々は，他者に対して自分を上だの下だの，対抗しているだのと位置づけることをしない。彼らは，他者との深い関わりから，不完全さを共有していることや愛している人の望みを自分の望みと体験する平等主義を身につけている。

治療関係

治療関係は，クライエントが長い落胆の状態から抜け出し，健康な社会への関心を強めることを援助するアドラー派療法の中心に位置づけられる。セラピストは，クライエントの幸せを願う個人的な関心を示すことによって，クライエントを本当の社会への関心に向かわせようとする。さまざまな意味で，治療関係は，社会への関心の原型である。古典的な人間的な愛，信頼，希望の価値は，社会的関心と治療関係の両方にとって本質的である。セラピストが患者を肯定的に見ることは，人間の幸福を高めることに身をささげた人の愛ややさしさを反映している。セラピストが自発的にクライエントを同等の人として関わることは，重大な問題の解決に向けて積極的に努力するクライエントの能力を信頼していることを伝えることになる。

セラピストは，甘やかされてきたクライエントが，いかに自分の無力さを訴えて願ったとしても，その人生を導びくようなことを行わない。セラピストは，クライエント（学生）が十分なライフスタイルを作り上げることができる潜在能力があると信じている教師に似ている。セラピスト（教師）は，役立つ書籍を紹介し（読書療法），宿題を出して新しい試みを促し，激励をする。セラピストの真剣さは，間違いを恐れず，人間的であることを患者に示し，それはさらに患者に人間が不完全であろうとも人生を高めることができるという信念を伝えることになる。自分を不完全だと感じている患者も，完全なセラピストを求める必要はなく，不完全でもいっそう完全に近い人生を追求することが可能だという信念をセラピストと共有することができる。

治療関係の中で体験される信頼と愛によってクライエントは，これからの人生を損ないかねない落胆の体験を打ち消すことができる。共感的なセラピストから愛，信頼，希望を経験することは，人間が他の人間に社会的関心を抱くことの本当の意味を理解する忘れがたい体験になる。新たに希望を抱き，社会への関心の実際の価値に目覚めて，クライエントは，自己中心的な生き方をやめ，他の人々を大切にする新たな機会を得る。

アドラー派療法の実用性

アドラー派療法のセラピストは心理療法の形式において比較的柔軟で革新的である。治療の様式は，伝統的な個人面接から，家族合同面接，複数のセラピストの関与するアプロ

ーチ（2人以上のセラピストが協力して1人の患者の治療にあたる），複数のセラピストによる集団療法などさまざまある。複数のセラピストによるアプローチはドライカース（Dreikurs, 1950）によって，治療の進展を妨げる重大な転移や逆転移の発展を防止するために始められた。セラピストが2人いることは，クライエントにいかに2人のセラピストが相違しているか，そして協力するかを観察する機会をもたらす。

　心理療法の経過は，少なくとも古典的精神分析と比較して，比較的短いものである。アドラー派セラピストは，最初に時間制限，短期治療を提唱し，治療過程を早めるために能動的な技法を開発した人々である。実際，短期治療の学派の多くが採用しているセラピストの柔軟性，グループ療法や家族療法，宿題を課すこと，心理教育の資料，ライフスタイルの分析，楽観的な見通しを持つこと，協力的な治療関係の確立といった治療の特徴は，アドラー派セラピストによって始められたものである（Sperry, 1992）。

　感情的問題を解決もしくは予防するための教育的志向を持つ治療の1つとして，アドラー派セラピストのワークショップは，温かい支持的なグループの雰囲気の中で，そこにも一定の限界があることを明示しながら，親たちにいかに子育てをするか，協力し配慮するか，個人として努力するかを教える機会として，しばしば実践される手法である。同様のワークショップは，夫婦に対しても行われる。そこに参加する夫婦は，教育的なセッションを受講し椅子に座って他の参加者から教えてもらうか，ステージに上がって聴衆からの強い支持や建設的な提案を受けながら結婚生活の葛藤を語るかをする。アドラー派セラピストはまた，精神科病院の内外で社会への関心を育てるためのソーシャルクラブの設立を進めた。そのソーシャルクラブでは，社会活動を楽しむと同時に，治療で弱さに注目するようにでなく，個人の強さに着目することが促される。

　アドラー派療法では，料金や活動内容についても柔軟である。彼ら自身の社会への関心を反映して，料金なしで地域での活動を行うことが奨められていた。無料（*pro bono*）のサービスは，無料夫婦ワークショップ，親のための無料ワークショップとして行われたり，治療費が払えない人のために行われることがあった。

　アドラー派セラピストは伝統的にどんな種類の患者でも治療していたが，特に非行少年，犯罪者，家族，組織を治療対象とするのに熱心だった。この領域でアドラー派療法が復活したことは，過剰な自己への関心のせいで，社会的関係が崩壊の危機に瀕しているという不安を反映している。アドラーの活動にならって，アドラー派療法のセラピストは，学校の教育現場にも深く関わっている。特に進路指導カウンセラーは，学生に自分の価値を明らかにすることを教え，エネルギーを注ぐ建設的な目標を見つけるように熱心に援助している。アドラー派療法の原則と方法は，職場の問題や組織改革において応用されることが多くなっている（Barker & Barker, 1996; Ferguson, 1996）。

　アドラー派療法の運動は，現在米国を中心に展開している。いくつかの訓練を行うアドラー派療法協会が心理療法，カウンセリング，教育相談の資格を与える制度ができている。アドラー派療法のセラピストになる際には，個人の社会的評価が大きく問題にされる。それは，通常個人の考えを考慮しない他の心理療法システムでの認定資格と比べると対照的である。そのような考え方から，アドラー派療法の訓練施設は，教育者や牧師に加えて，

伝統的なメンタルヘルスの専門家ばかりでなく，医療補助の人や助手を迎え入れている。

自我心理学

　アドラー派療法は，精神力動的治療の中でもっとも影響力の強いものだが，決して唯一のものではない。新フロイト派という新しい方向を理解するために，われわれは，自我心理学，対象関係論，短期精神力動的療法という精神力動的治療の3つの様式に目を向けてみよう。

　古典的精神分析は，本来イド心理学である。そこでは，本能や本能についての葛藤がパーソナリティと精神病理を生じる要因の第一とされていた。イド心理学（もしくは欲動理論）は，一部の精神分析家に支持されているが，別の一部は強い影響力を及ぼした**自我心理学**を創始したハルトマン，クリス，レーウェンスタイン（Hartmann, Kris, & Loewenstein, 1947），エリクソン（Erikson, 1950），ラパポート（Rapaport, 1958）に従った。フロイト自身も1920年代に自我の分析に注意を向けて，イドを越える動きを見せていた。

　イド心理学では自我のエネルギーがすべてイドに由来すると考えるのに対して，自我心理学では記憶，知覚，運動の調整といった本来自我に属する活動があり，イドからとは異なるエネルギーを受けていると主張する（Rapaport, 1958）。イド心理学は自我が本能と社会規範との間に生じる葛藤のバランスをとる防衛の機能だけしかないと考えるのに対して，自我心理学は自我の**葛藤から自由な領域**（conflict-free spheres）があるのだと主張する（Hartmann, Kris, & Loewenstein, 1947）。すなわち，ハインツ・ハルトマンや他の自我心理学者にとって，イドの欲動から独立に機能できる自我である**自律的自我**（autonomous ego）が存在するということなのである。そのような自我は，現実適応や状況を克服することに関与する（Hendricks, 1943）。

　自我の適応努力や客観的現実を乗り越えることは，パーソナリティの発達の一次的な動因である。自我心理学のセラピストは，即座の満足を求める衝動についての葛藤が，発達において重要であることを決して否定しない。むしろ，彼らは，現実適応と状況の克服を求める自我の動きがイドの影響と同じくらい重要だと考えている。

　衝動のコントロール能力を伸ばすことが早期の自我の課題とされているが（Loevinger, 1976），それだけではない。個人にとっては，効果的にそして適切に現実と関わることも重要な課題である（White, 1959, 1960）。効果的に適切に振る舞うことは，防衛以外の自我の活動を必要とする。たとえば，視覚と運動を調和させることや色を区別すること，言語的な技能などを習得するためには，性的もしくは攻撃的衝動を満足させることとは独立に，個人が動機づけられる必要がある。それゆえ，自我はそれ自身のエネルギーを使って，適応的で有能なパーソナリティを発展させるための重要な原動力となる。判断や道徳的な説明といった自我の活動を適切に展開できないことは，早期の性欲や攻撃性の固着と同様に，精神病理の発生に直結する。自我の発達が不適切な人は，その定義からいって，現実適応の準備が不足している状態にある。

自我が自らのエネルギーを持ち，発達の力を得ると，性欲や攻撃性についての葛藤よりも，成熟の過程に関わるようになることは明らかである。フロイトの心理性発達の段階は，すでにすべてのパーソナリティや精神病理を適切に説明するものではなくなっていた。早期の3つの発達段階において葛藤から自由な領域が発展することは，自我を避けることのできない口唇期的，肛門期的，男根期的葛藤から防衛することと同じくらい重要なことである。さらに，自我の適応能力，有能さ，状況を乗り越える能力を向上させる努力は，5歳以降も続けられる。その結果，その後の段階も，それまでと同様にパーソナリティの発達や精神病理の発生に重要な時期となる。

　エリク・エリクソン（Erik Erikson, 1950）は，フロイトの心理性的発達段階の理論を広げて，幼児期から老年期に至るまでの**心理社会的発達段階**（psychosocial stages）の理論を作った。ライフサイクルは，8つの危機の時期から構成されている。たとえば，口唇期は，幼児の信頼と不信の発展することが重要な時期である。別の例としては，潜伏期はエリクソンによれば，将来つく職業で使われる技能を学び修得することに関連する勤勉さの感覚が育つことが重要な課題となっている時期である。他方，フロイトは潜伏期を，静かな活動停滞期であり，新しいパーソナリティ発達の動きは乏しい時期と考えていた。エリクソンの考えでは，無意識の葛藤のゆえでなく，文化的に特定の人種や宗教差別がありその文化でよく用いられている教育方法がうまく機能しなかったために，勤勉さの感覚が発展しなかった人もいるとされている。勤勉さの感覚が発展しないと，不適切さの感覚や劣等感が生じる。劣等感はさらに，抑うつや不安，回避の行動を引き起こす。そうなると，その人は，それ以前の3つの段階で基本的に健康なパーソナリティであったとしても，その後に問題を起こしやすくなる。もちろん，それ以前の段階から問題があれば，以降の段階を順調に進むことはいっそう困難になる。たとえば，口唇期から重度の依存が見られていた人では，そうでなかった人よりも勤勉さの発達において大きな問題を起こしやすくなる。

　ここでの心理療法の重要なポイントは，自我分析のセラピストは，早期の発達段階と同様に後の発達段階にも十分に配慮するということである。すべての問題は決して幼児期の無意識の葛藤の再現ではない。青年期の段階は特に，自我同一性の確立対自我の拡散という重大な課題が問題になる（Erikson, 1950）。早期成人期の人は，孤立に閉じこもらずに，親密さを求めるために成熟した自我の活動を必要としている。中年期の人は，停滞の感覚に支配されないようにして，自我のエネルギーを使うことによって，人生に価値あるものを生み出す生産性の感覚をもたらすライフスタイルを確立することが課題となる。老年期に至ると，死が近づくにあたり，自分の人生を振り返り，自分の人生の全体が生きるに値するかを吟味して，自我の統合が維持されているかを検討することが課題となる。もし価値が認められないなら，絶望感に支配されることになる。

　同一性，親密さ，自我の統合を達成することは，自我心理学のセラピストにとって重大な関心の的である。多くの治療は，患者のこの現代的な闘いを焦点としている。治療で過去にさかのぼるのは，未解決の幼児期の葛藤が患者の現在の適応の障害となっており，それを分析する必要のある場合に限られる。**自我分析**（ego analysis）の内容と古典的精神

分析の扱う内容は明らかに異なっている。しかし自我分析の過程は，長期間の集中的な分析が行われること，自由連想，転移や解釈が利用されることといった点で，古典的な分析過程とよく似ている。他方，自我分析を行うセラピストのほとんどは，精神力動的心理療法の柔軟な治療形式を採用する傾向がある。

対象関係

　精神力動的治療が発展する道筋の1つは，理論家が人間の発達の別の新たな側面を強調して，それをパーソナリティと精神病理を説明する中心となる原理として用いることである。フロイトは，人間の生活を理解する中心的な原理として，イドの活動の充足やコントロールについての葛藤を重視した。たとえば，肛門期的性格者は，彼らの生活が肛門期的衝動をコントロールし充足させることを中心にして組み立てていると考えられる。自我分析のセラピストは，基本的信頼，自律，自らの責任といった自我の活動が生活のあり方を決定しており，自我こそが中心的な原則だと主張している。フェアバーン（Fairbairn, 1952），カーンバーグ（Kernberg, 1975, 1976, 1984），コフート（Kohut, 1971, 1977）といった対象関係論の理論家は，自己と対象の関係が個人の生活を構成する基本原理だという。

　対象関係は，精神内的構造であり，対人関係の実際の出来事ではない（Horner, 1979）。対象関係は，早期の対人関係によって大きく影響されていると同時に，後の対人関係に大きな影響を及ぼす。対象関係とは，自己と他者（対象）の精神的な表象のことである。**対象**（object）とは，フロイト（1923）によって使われた他者を表す用語である。それは，イド心理学において他者がそれ自体の必要や欲求を持つ人間というよりも，基本的に本能を充足させる対象ととらえられているせいである。

　対象関係論の理論家は，親子関係におけるイドの影響力の重要性について若干の意見の相違がある。オットー・カーンバーグ（Otto Kernberg, 1976）は，対象関係を基本的な本能，特に攻撃性によってエネルギーを部分的に受けていると見ている。他方，ハインツ・コフート（Heinz Kohut, 1971）は，早期の親子関係におけるイドの衝動の意義を重視しない。コフート（1971）は，本来子どもはミラーリングを受けることや理想化をすることが必要だと考えている。ここから，他者は，自己の発展を映し出す対象，そして自己の将来の発展のための理想化のモデルになる対象として必要とされていることがわかる。

　自己は，イド心理学や自我心理学で提案されている古典的な口唇期，肛門期，男根期，性器期といった発達段階とは異なる段階を経て発達する。マーガレット・マーラー（Margaret Mahler, 1968）の影響力の大きい理論によると，自己の発達の最初の段階は，最初の2，3か月に相当する**正常自閉期**（normal autism）である。この原初的な未分化の状態では，自己も対象も存在しない。この時期への固着は，幼児自閉症の重篤な病理を生じる。そこでは，対象に愛着することができず，自己イメージがないために精神内界の構造ができないことが特徴となっている（Horner, 1979）。

　マーラー（1968）とボウルビィ（Bowlby, 1969, 1973）によって記述されている**愛着**

(attachment) の過程を経験することによって，子どもは**正常共生期**（normal symbiosis）に入る。この段階では，自己と対象が独立と見られないために，自己と対象とは何なのだという混乱が生じる。この時期は通常，生後2～7月の間続く。

次に子どもは，重要な他者から分離して個体化を練習する分化期に入る（Mahler, 1968）。親からハイハイをして離れてまた近づく，歩いて離れてまた駆け戻る，いないいないばあの遊びをするといったことは，しばらく親が目の前から消えてまた出てくるという身体的な遊びのパターンであり，愛着対象である親から離れて自分を精神的に分化させるための活動である。分化によって，共生期での固着である**共生精神病**（symbiotic psychosis）の状態となることがある。マーラーの言葉（1968, p. 35）によるなら，「幼児期精神病の顕著な特徴は，個体化すなわち個人の存在の感覚が未達成である」ということになる。

正常な状態なら，分化の段階は，2年で統合期に移行する。統合の過程で，それまで別々に認識されていたそれぞれの自己表象と対象表象が独立の自己と対象に関連付けられるようになる。親と自己は，それぞれが独立で関わりあうものとして受け取られる。すべてがうまくゆくと，この段階の子どもは，圧倒されて自律や個体性，自己感覚を失うという恐怖なしに対人関係を作ることを学ぶことができる。

統合の段階では，子どもは，悪い自己イメージと良い自己イメージを両価的にではあるものの1つのものとして統合し始める。同様に子どもは，悪い対象イメージと良い対象イメージとを，両価的に体験される1つのイメージとして統合しなくてはならない。まだ自己表象に統合されていない個人の内部から発する経験，たとえば怒ることができるという自分のイメージは，自己感覚から分裂・排除されていると考えられる。それらが後に想起されると，自己感覚をバラバラにして崩壊の危機をもたらす。

発達の課題は，分化するだけでなく，同一性の感覚を持てるようになることである。早期の発達段階では，子どもの思考と行動は，そのときどきで表現される精神内界の部分が変わることによって，大きく揺れ動く。この不安定さは，**分裂**（splitting）とよばれる強力な親に圧倒されることに対する防衛によるものだ（Kernberg, 1976）。もしも悪い自己イメージを分裂・排除するなら，処罰的な親を恐れる必要は減ることになる。同様に怒る母親のような悪い対象イメージを分裂・排除するなら，対象の脅威を減らすことができる。同一性の発達における次の段階は，精神内界に対象を内在化させる**取り入れ**（introjection）の過程である。これは共生期に多く生じる。母と子どもが1つであるとすれば，母は脅威として体験されにくくなる。しかし，より成熟した同一性には，対象が呑み込まれてしまわずに影響力を発揮する状態にあるままで進行する同一化の過程が必要である。同一性の感覚が成熟すると，個人は他者に圧倒される恐怖なしに他者の影響を受け入れて交流が可能になり，自律と交流を有用と感じるようになる。

コフートの**自己心理学**（self psychology）では，同一性の理想的なタイプは，自尊感情と自信に裏打ちされた**自律的自己**（autonomous self）の確立である。この同一性の中で安んじていられるなら，その人は，過剰に依存的にはならず，親と同じ振る舞いをすることもない。発達論的には，子どもにとって理想的な状況は，彼らの**ミラーリングを受け**

る（mirrored）（喜ばれ，尊重される）欲求や理想化する欲求の両方が親との交流の中で満たされることである。

　両親が誰であるかは，両親がどのように関わろうとしているかよりも重要なことである。もしも両親が成功して輝きたいという自分の願望を受け入れるなら，子どもの露出症を受け入れてミラーリングすることができるだろう。もしも両親が適切な自尊感情を持っているなら，子どもが彼らを理想化しても居心地が悪くならないだろう。もしも自己の発達過程で両親が，子どもがミラーリングを受ける必要や理想化をする必要を満たせなかったとしたら，子どもは同一性の問題を抱えることになるだろう。

　コフート（1971）は，生育期のミラーリングや理想化の不足から発展する**自己愛性パーソナリティ**（narcissistic personalities）の異なる類型に注目した。たとえば，ミラーリングを強く求める人は，称賛されること，感謝されることに飢えている。彼らは，絶えず注目の中心であろうとする。そして，注目してもらうための飽くなき試みとして，関わる相手や携わるものをつぎつぎに代える傾向を示す。理想化対象を強く求める人は，自分が称賛できる権威や権力のある人を求める。彼らは誰かを理想化していないと，自分が無価値だと感じてしまうのである。

　コフートの自己心理学の立場から見ると，自己愛性パーソナリティの患者は，分析者が患者の無意識を映し出すスクリーンの役割と言語的な解釈で意識を広げる役割の間を行き来するだけの古典的精神分析で治療することはできない。精神分析は，患者が転移の体験によって感情を他者そしてセラピストに投影することができる時にうまくいく。しかし，自己の障害の患者では，自分のことで頭をいっぱいにしているので，一貫した感情やイメージを投影することができない。これらのクライエントは，ミラーリングを与え，セラピストの理想化を許す必要がある。

　理想化を受け入れるためには，セラピストはクライエントの投影の影であることをやめて，自分の姿を示そうとしなくてはならない。ロジャーズの強調する共感と肯定的関心（ミラーリング），実存的側面が強調された真実性（理想化を受け入れること）を組み合わせて，対象関係論のセラピストは，子ども時代から体験されている患者の空虚さを埋めることができる。クライエントのミラーリング転移や理想化転移は，満たされなかった自己愛的な欲求の埋め合わせとして発展する。このような転移が生じると，自己心理学のセラピストは，意識化を進める伝統的な解釈の技法を使って，患者が自己愛的な対人関係を中心にしていかに人生を組み立ててきたかについて洞察を深めることを援助する。それによってクライエントは，自律的な自己を発展させる試みを開始することができる。

　ハインツ・コフート（1913–1981）が1979年に発表した有名な論文「Z氏の二回の精神分析」では，古典的精神分析と彼の自己心理学の治療の相違が活き活きと描写されている。コフートは，Z氏を当初古典的精神分析で治療した。しかし約5年後，コフートが『自己の分析（The Analysis of the Self）』（1971）の執筆に没頭していた時期のZ氏の2回目の治療では，自己心理学の立場から治療が行われた。最初の分析では，そこで使われていた古典的な力動的構造論的用語で表現するなら，Z氏は空想的なエディプス的状況の勝利のせいで，明らかに誇大的で傲慢になっていた。その分析で部分的にしか達成されなかっ

た精神分析的な目標は，患者の抑圧されていた去勢不安そして現実に起きたエディプス的な敗北によって生じた抑うつを扱い，それらを解消させることだった。2回目の分析では，そこで使われている自己心理学の用語で表現するなら，Z氏は持続していた理想化された母親との融合を基礎として生じた傲慢と孤立の状態にあった。治療の課題は，2つの段階に分けられる。第一は，Z氏を母親との融合を和らげることの恐怖，そしてそれによって彼自身が生じると知っていた自分を失うことの恐怖に直面できるように援助することだった。第二の段階は，Z氏が自分の怒りや自己主張，セクシャリティ，自律的自己の露出症を自覚する過程において，外傷的で過剰な刺激や自己崩壊の恐怖に直面することを助けることだった。ごく簡略に表現するなら，ケースの理解は，患者のイドの欲動や自我の障害によってもたらされている純粋に精神内界の問題としての理解から変化して，患者の技能的な問題に加えて，十分に対人関係の問題としてとらえ直されるに至ったということができる。コフートの治療スタンスは，従来の分析家の知的で超然としたものから，共感的で，積極的に関わり，励まそうとするものになった。

　対象関係論のセラピストは，伝統的精神分析によって通常の転移関係を発展させる神経症的な患者を効果的に治療できると考えている。しかし境界性パーソナリティ障害や自己愛性パーソナリティ障害などの重度の自己の障害を抱えている患者は，たんに転移や抵抗の解釈だけでは有効な治療にならない。境界例患者は，精神病的転移を発展させる可能性があり，セラピストを分裂・排除された"悪い親"として体験することがある。圧倒されること，制約のないこと，拒否されること，見捨てられることへの深刻な恐れによって，患者は治療を放棄し，治療同盟を台無しにしてしまう。

　境界性パーソナリティ障害の治療を発展させたオットー・カーンバーグ（Kernberg, 1975; Clarkin et al., 1998; Kernberg et al., 1989）とジェームズ・マスターソン（James Masterson, 1976, 1981）は，その骨の折れる治療において制限設定と感情的な支持を組み合わせることの有用性を強調している。電話での接触の回数，攻撃性をセラピストに行動化すること，面接の回数に制限を設けることは，患者の治療において重要なことである。行動化に対して制限設定することは，不安を引き起こし，それが行動化の隠された意味を明らかにするために役立つ。このようなクライエントに制限を明確に設定することによってのみ，セラピストは有効な解釈を行うことのできる機会を確保できる。共感が維持され，境界が明確になっている治療関係において，患者は自分の内界の分裂・排除されている要素に気づくことができる。明確な制限設定が行われないと，自己や対象の分裂・排除されている部分によって，患者の内部の統合が崩されたり，治療同盟が危機に瀕したりする事態となる。

短期精神力動的治療

　最近10年間では，短期精神力動的治療が急速に普及している。この領域の指導的理論家や実践家は，レスター・ルボルスキー（Lester Luborsky, 1984; Luborsky & Crits-

Cristoph, 1990)，ジェームズ・マン（James Mann, 1973; Mann & Goldman, 1982），ピーター・シフニオス（Peter Sifneos, 1973, 1992），ハンス・ストラップ（Hans Strupp）(Levenson, 1995; Strupp & Binder, 1984)である。これらの精神力動的治療には，以下のような共通の特徴がある。

- 治療期間に制限がある。12～40回の面接が一般的である。
- 最初の少数回の面接で，治療の標的となる対人関係の問題を特定する。
- 能動的で，中立的でない治療スタンスを導入する。
- 早期に強力な作業同盟を形成する。
- 比較的早期に解釈や転移解釈を行う。
- 治療終了の過程やそれが不可避であることを強調する。

　忠実な精神分析の後継者として，すべての短期精神力動的心理療法のセラピストは，抵抗の存在を認めること，解釈の価値，強力な作業同盟の重要性といった精神分析の主要な原則を取り入れている。しかし，同時にすべてのセラピストは，短期精神力動的心理療法が長期にわたる心理療法よりも劣らない効果があるという実証的研究や，多くの心理療法に対して健康保険がその回数に制約を設けていることを受け入れている。
　短期治療では，ケースについての徹底的な理解と分析が必要になる。クライエントについての情報と，精神病理についての力動的な理解のすべてを用いて，精神力動的なセラピストは，そのクライエントにもっとも適した治療計画を作成する。そこでは，対人関係のパターンを改善する，自分の感覚に行動を適合させる，特定の葛藤を解決するといった達成可能な控えめな目標が設定される（Messer & Warren, 1995）。標準的な精神分析が治療の流れを自然の動きに任せるのに対して，短期力動的治療のセラピストは，自我をサポートする，イドの衝動を明らかにする，クライエントの生活環境を変えるなどの治療の方向づけを行う。もちろん治療のすべてを細かく計画することはできないので，セラピストは，さまざまな技法を，治療の局面に併せて，意識的に柔軟に用いることをこころがける。
　短期力動的治療のセラピストは，正統的な精神分析家に比べて明らかに能動的で指示的な介入を行い，治療関係で相互的なやりとりをしようとする。古典的精神分析では，セラピストがゆっくり時間をかけて転移を発展させようとし，解釈も最小限に少しずつ行う。短期力動的治療のセラピストは，早期から能動的に患者を治療過程に関わるようにさせ，中心的な対人関係のテーマを扱い，患者のセラピストへの態度，現在の対人関係，過去の重要な対象との関係とを結びつける転移解釈を頻回に行う。
　転移解釈が心理療法を受けるきっかけとなった医学的に説明できない繰り返される急激な胃の痛みに対して行われた例を挙げよう。そのような胃の症状は，過去には母親の前でだけ生じていたものが，現在では恋人のいる時に生じ，さらにセラピストのいる面接室で起きるようになっている。1つの解釈は，胃痛は彼女の表現できない怒りに対処するために習慣となっているやり方だというものである。その怒りを直接表現する代わりに彼女はそれを飲み込み，その結果，痛みとなって彼女を苦しめるのである（Messer & Warren,

1995)。

　短期精神力動的治療のセラピストが古典的精神分析家よりも能動的で柔軟に技法を使うといっても，彼らは明らかに精神分析的方法を使っている。心理療法同士の特徴を比較する研究（Blagys & Hilsenroth, 2000）では，次の7つのテーマと技法が短期精神力動的治療を特徴づけていることが明らかにされている。

- 患者の感情表現に焦点をあてること。
- 患者が回避しようとする特定のテーマ，もしくは患者の示す抵抗を探求すること。
- 患者の人生や対人関係で繰り返されてきたパターンを同定すること。
- 過去の経験を重視すること。
- 対人関係の経験に焦点をあてること。
- 患者の願望，夢，空想を探求すること。
- 治療関係を重視すること。

　後のほうの課題は，セラピストが能動的に**治療同盟**（therapeutic alliance）もしくは**作業同盟**（working alliance）をクライエントとの間に形成することがテーマとされている。この同盟は，協力の意志や合意の意識によって裏付けられていることが特徴であり，セラピストとクライエントとの無意識的に歪められている関係の側面と対照的である。この同盟は，通常，治療目標の一致，治療課題についての合意，治療関係の性質によって評価することができる。治療関係とは，2人の人間がお互いを尊重し，協力して共通の目標に向かって努力する関係なのである。治療同盟と治療の効果が関連していることは，心理療法の研究で一貫して確認されている確かな所見なのである（Horvath & Bedi, 2002）。子どものクライエントでも早期に治療同盟が確立すると治療の成功が期待できることが確認されている（Shirk & Karver, 2003）。

　カール・ロジャーズの考え方（第5章）によれば，治療同盟を重視することによって，精神力動的治療のセラピストは，いっそう共感的に，そしていっそう人間的になる。次のような対照的なやりとり（McCullough, 1997, p. 13）に見られるように，直面化と解釈は，明確化と支持に置き換わるようになる。精神分析家は，以下のように解釈する。

　　あなたの気持ちを尋ねた時，あなたは私から目を逸らしました。今あなたは机を指でたたきました。治療の中であなたがこの問題を避けることによって，あなたに何が起きているのでしょうか。

精神力動的治療のセラピストは，同じ局面でいっそう共感的で控えめな語りかけをする。

　　あなたの感情を尋ねた時，あなたは視線をそらし，口を閉ざしますね。そういうことが起きていることにあなたはお気づきですか。それを直視することはお辛いですか。それを直視するのをお助けするために私にできることはありますか。

要約するなら，短期力動的治療のセラピストは，理論と技法の両方で最大の成果を求めていると言える。理論的には，彼らは精神分析および現代のそれに属する学派の理論や治療指針の枠組みを継承している。技法においては，彼らは多くの技法を柔軟に組み合わせて用いる。その技法の多くは精神分析の伝統に属するものであるが，実際的見地から治療同盟や一般的な治療理論も重視されている。

精神力動的治療の有用性

アドラー派療法

アドラーの独創的な理論の多くは，その代表的なものに出生順位，幼児期記憶，社会的関心といったものがあるが，従来からよく研究されていた（Watkins, 1982, 1983, 1992）。しかし，アドラー派療法の効果についての実証的研究は不十分な状態である。従来の研究のレビュー（たとえば Smith, Glass, & Miller, 1980）では，アドラー派療法の効果についての研究は4件しか示されていない。少数の研究報告の結果では，一般に治療効果は比較の対象とされるプラセボ治療よりも若干効果があるという程度にすぎない。同様に最近の研究の総説（たとえば成人では Grawe, Donati, & Bernauer, 1998，子どもでは Weisz, Hawley, & Doss, 2004）でも，対照群を置いた治療結果研究においてアドラー派療法の目だった効果は確認されていない。

少数の対照研究から，アドラー派療法の有効性についての結論を出すことは，それぞれの研究の焦点が異なっていることもあり，適切ではない。現時点で言えることはせいぜい，それが治療を受けないよりは効果があり，他の治療との比較が行われた数個の研究において，クライエント中心療法や精神分析的治療と同等の効果があったということくらいである。アドラー派療法に対する関心の高まりと科学的な効果研究の方法論が整備されてきた状況から，なるべく早期に大規模な治療結果研究が実施されることが望まれる。

対象関係論の治療

コフートの自己心理学にもとづく心理療法の対照群を置いた治療結果研究はまだ発表されていないが，カーンバーグによる**転移に焦点づけられた心理療法**（transference-focused psychotherapy: TFP）とよばれる対象関係論の治療の対照群を置いた治療結果研究は2件報告されている（Yeomans, Clarkin, & Kernberg, 2002）。最初の研究は，ランダム化試験ではないが，境界性パーソナリティ障害と診断された患者に対する焦点づけられた心理療法（TFP）と従来行われていた治療を比較した研究である。TFPは，事実上すべての指標において従来の治療よりも有効だった（Clarkin et al., 2001）。2番目の研究は，いっそう厳密なもので，ランダム化比較対照試験であり，TFP，弁証法的行動

療法（第10章），支持的心理療法とを比較したものである。90人の境界性パーソナリティ障害の患者がその3種類の治療のいずれかを1年間にわたって受けた。治療後8か月の時点で，それぞれの治療を受けたグループはすべて改善が認められたが，ほとんどの指標でTFPと弁証法的行動療法を受けた患者グループの効果が優れていた（Clarkin et al., 2004）。これらの研究の所見や一般的な治療についての知見をまとめるなら，境界性パーソナリティ障害を特に対象として作成された治療は，従来のその特定の病理が標的とされていない治療よりも優れた効果があるということである（Oldham et al., 2002）。さらに，精神力動的治療と認知行動療法は，このパーソナリティ障害の患者にほぼ同等の効果があると考えられている（Leichsenring & Leibing, 2003）。

一般的な精神力動的治療

精神力動的治療の効果は，多くの対照研究によって調べられてきた。それらの研究所見は，近年**メタ分析**（meta-analysis）とよばれる多くの相違する研究所見を統計的に総合して効果を判定する手法によって再評価が進められている。まず従来の475件の心理療法の効果についての研究を使った基本となるメタ分析がスミス，グラス，ミラーによって行われた（Smith, Glass, & Miller, 1980; Smith & Glass, 1977）。おおよそ，その時点で精神力動的治療を扱った研究が約29件，精神力動的-折衷的治療のものが28件であり，それぞれの効果量の平均は0.69と0.89だった。

効果量（effect size: ES）を表3-1に示す。効果量とは，治療効果の大きさや方向の指標である。効果量が多いほど効果が大きいことを意味する。それぞれの効果量の値は，治療効果のパーセンタイル値，すなわち心理療法の後の治療効果を含む患者の指標の値を，治

表3-1 効果量（ES）の解釈

効果量(ES)	治療を受けた患者のパーセンタイル値	治療の成功率	効果の分類	コーエンの基準
1.00	84	72%	成果あり	
0.90	82	70%	成果あり	
0.80	79	69%	成果あり	高度
0.70	76	66%	成果あり	
0.60	73	64%	成果あり	
0.50	69	62%	成果あり	中程度
0.40	66	60%	成果あり	
0.30	62	57%	成果あり	
0.20	58	55%	成果あり	軽度
0.10	54	52%	効果なし	
0.00	50	50%	効果なし	
−0.10	46	<50%	効果なし	
−0.20	42	<50%	有害事象	
−0.30	38	<50%	有害事象	

Weisz, Donenberg et al. (1995) および Wampold (2001) から引用.

療を受けていない患者の指標に対して位置づけた際のパーセンタイル値であると考えることができる。精神力動的治療を受けた患者は，効果量が0.69であることによって，平均して，治療を受けていない患者の76%よりも改善した。効果量を解釈する際に合意されている基準（Cohen, 1977）では，それは効果が高度であると判定される（0.20が軽度の効果，0.50が中等度の効果，0.80が高度の効果）。表3-1に示されているように，効果量が0.69か0.70であることは，治療成功率がおよそ66%であると考えられる。これを他の治療と比較すると，精神力動的治療は，データの解釈に相違がありえるのであるが，比較的有効からやや有効とはいえないと評価される。

多くのメタ分析が，古典的なスミス，グラス，ミラーらの研究の後に，より洗練された研究デザインで最近の研究を含めて繰り返されてきた。精神力動的治療の効果のメタ分析において，その成人もしくは若年者に対する効果は，ほぼ一致するようになっている（Grawe et al., 1998, Shapiro & Shapiro, 1982; Weisz, Donenberg, et al., 1995）。精神力動的治療は，治療を受けない状態や待機者リスト群にある状態よりも確実な改善をもたらしている。同時にメタ分析は，顕著でないものの一貫した行動療法および認知療法の優位性を明らかにしている。この相違は小さいものである。治療結果は，治療のタイプよりも，治療が必要になった問題の性質によって決定されているからである。

メタ分析で明らかにされたこの相違によって多くの議論が沸き起こった。心理療法ごとの効果量の相違は，治療される問題の性質，効果を計る指標の敏感さ，患者の性質などさまざまな要因によって影響される。比較研究のほとんどが認知療法や行動療法のセラピストによって行われているので，それは，研究者によって，意識的もしくは無意識的に彼らの好む心理療法に有利な指標や患者の条件が選択されているせいで生じたものかもしれない。比較対照研究で認められる比較的小さな統計的な優位性は，実際の治療の現場で必ずしも認知療法や行動療法が優れているということを意味しない。

研究は，治療結果の比較研究において研究者の行う治療によって結果が左右されていることを明らかにしている。8件の総説において，もっとも効果的とされる治療が研究者の行う治療とされる傾向があることが**忠誠効果**（allegiance effect）として知られるようになっている。29件の比較研究を検討した総説では，心理療法の効果の相違の3分の2の分散が研究者の行っている治療法によって説明できるとされている（Luborsky et al., 1999）。すなわち，認知行動療法をしている研究者は，認知行動療法に高い効果を見出しやすく，精神力動的な研究者は精神力動的治療に印象的な効果を多く見出すということである。このような所見は，治療効果の相違についての研究所見の解釈に留保を促している。ある治療の他の治療に対する優位性の主張を，理論的に中立な研究者によって公平な研究が行われるまで結論を急がないようにするべきである。特定の考えにとらわれない研究者が研究を行うか，忠誠効果を生じないように研究したなら，主な治療はどれもほとんどの精神障害に同じくらいの効果が生じるとされている（Lambert, 2002; Wampold, 2001）。このような研究所見は，やはりフロイトが認めていたように，われわれの個人的な偏見や自分の治療をよいものと見たいという願望が研究結果に影響していることを示している。

短期精神力動的治療

短期精神力動的心理療法の成人に対する効果についても，いくつかのメタ分析が行われている。初期の3件のメタ分析（Anderson & Lambert, 1995; Crits-Christoph, 1992; Svartberg & Stiles, 1991）では，いずれも短期精神力動的治療の待機者リストにある対照群に対して大きな効果が認められていた。効果量の値（3種の異なる効果の指標に対して0.81．0.82．1.10）をパーセントで表してみると，短期力動的治療は，治療を受ける以前の段階の対照患者よりも平均79～86％も改善していることになる。これらの初期のメタ分析では，短期精神力動的心理療法が治療後の段階では他の心理療法よりも若干劣るとされている。しかし，ここでも忠誠効果が作用していると考えられる。この短期精神力動的心理療法についての問題を確認するために行われた，最近の方法論的に厳密な17の研究に対するメタ分析では，短期精神力動的心理療法に，治療の標的となった問題で効果量が1.39，全般的な症状で効果量が0.90，社会的機能で効果量が0.80という大きさの効果があることが明らかにされた（Leichsenring, Rabung, & Leibing, 2004）。この効果量の値は，待機者リスト群の中の対照群や従来の治療を受けた患者の変化を越えていた。短期精神力動的治療と他の形式の心理療法との効果の差は認められなかった。すなわち，治療はどれもおなじくらい効果的だったのである。忠誠効果を明らかにした敏感なメタ分析の結果でも，精神力動的治療に特定の精神障害に対する相当の効果があることが確認されている。

　総合して考えれば，対照群を置いた治療結果研究において精神力動的治療およびそれから発展した短期治療には，治療を受けない患者や従来の治療を受けた患者よりも高い効果があることが一貫して実証されている。多くの精神力動的でないセラピストは，依然として初期のメタ分析を引用して，彼らの治療の優位性を主張しているが，精神力動的なセラピストは最近の研究を取り上げてその治療が劣らないことを論じている。「精神力動的治療はどのように効果を産むのか」という疑問は，他の治療と比べて効果が大きいかどうかという点でのみ評価されており，治療なしよりも有効，他の治療より少し劣るかほぼ同等の効果といった答えしか得られていない。しかもこの答えは，ほとんどが誰が研究を実施したか，誰がその結果を解釈したかによって左右されている。

精神力動的治療に対する批判

精神分析的観点から

　フロイトは，アドラーの精神分析からの離反は，表面的で不毛な理論ができるだけに終わるだろうと予測していた（Colby, 1951）。精神分析を拒否することは，アドラーにとってパーソナリティの半分を否定したようなものだった。結果は，一次元的理論である。イドを犠牲にして自我もしくは自己を，無意識を軽視して意識を，生物学的欲動を無視して

社会的活動を，他の防衛を軽んじて代償を，不完全であることを見ずに完全を目指すことを，それぞれ重視する偏った理論になった。陰と陽なら陰のみの理論である。半分の人間で全体であると主張しているようなものである。

　アドラーの全体論の欠陥のゆえに，人目をひくまやかしを多用して，人々が救われるのだという単純な理論が作り上げられた。脅えている従順な女性を自己表現できる「かのように」振る舞わせることで解放する。「ボタンを押す」だけで，テレビのチャンネルを換えるように，憎しみにあふれてひきこもっている人の空想や感情を変えてしまう。プラス思考の効用が，実際はちょっと元気づけるだけなのに，何世紀もの間続く治癒をもたらすと喧伝される。人々は無意識に縛られているのではなく，元気を喪失しているだけなのだといわれる。希望，自信，援助さえ与えられれば，成功した人生を歩むことができるとされる。アドラーは実際，人生の暗い側面を隠すバラ色のめがねを求める人にバラの庭を約束するようなことをしていた。

行動論的観点から

　アドラー派セラピストは，不適応行動を家族関係やその他の環境条件に由来すると考える行動理論を信じるのか，障害されたライフスタイルを精神論的な創造的な自己の未完成のせいであると説く神秘主義者なのかが判らない。アドラー派セラピストはなぜ，患者の観察される親の甘やかしや虐待，育児放棄が問題の発生を説明する要因としてまだ確認されていないのに，神秘主義的な選択や創造的自己の概念に頼ろうとするのだろうか。

　出生順位の効果ははっきりと吟味することが可能であるが，他の優越性の希求や創造的な自己についての仮説は，曖昧であり，科学的な研究の対象とはなりえない。おそらくアドラー派セラピストは，クライエントに変化の責任を担ってもらうためにこれらの概念を使うのだろう。それは，その治療システムにおいてクライエントの行動を適切に変えるための十分な技法が確立されていないためである。その理由はどうあれ，アドラー派は，科学としての体裁をかろうじて保っている理論と，社会への関心に魂をささげる宗教との奇妙な混合物となっている。

文化的観点から

　アドラーとその精神力動的な学派の人々は，フロイトの古典的な過剰に性を強調する欲動理論から脱却し，広く家族や文化的要因の作用を考慮することを試みたパイオニアである。しかし，十分にそれを徹底させたとは言えない。どのような看板を掲げるにせよ，精神力動的理論は，性差別的であり，社会的用語を使うにしても精神内界を重視する立場である。問題はまだ社会にではなく，個人に帰せられている。精神内界の力である優越性や劣等性はまだ，心のあり方を支配している。ライフスタイルの分析は，家族関係の影響を考慮しているが，患者はまだ精神病理とそこからの回復に責任を持たされている。治療では，病んだ社会でなく病んだ個人を変えることが目指される。

アドラー派療法での女性は，フロイト派の治療でよりも，多少は幸せだろう。アドラー派療法では，心理療法が社会化過程の延長として見られている。社会化が進むと，病理的状態から脱出できるようになる。それは，社会化や再社会化が必要な成人や子どもの多くに当てはまり，過剰に社会化されているために苦しんでいる多くの女性にはどうだろうか。礼儀正しく上品な大腸炎の患者は，完璧を目指すことでは解放されないだろう。彼女は，いつも社会との調和を強制されてきたことへの怒りや恨みを表出する必要がある。他者のためにつくしてきて犠牲になってきたために，自分の感覚が失われているという実存的な危機にある妻には，他の人を幸せにすることを毎日奨めるのはお門違いである。彼女には，自分を大事にすること，そして必要な時に自己主張することが必要である。

統合的観点から

　心理療法を統合しようとする人々にとって，精神力動的心理療法は大きな価値がある。アルフレッド・アドラーは，洞察と個人的な事情だけを重視している状態から，行動指向的過程や心理教育にまで視野を広げた。治療関係は，精神分析でのものよりもいっそう平等なもの，実際的なものとなった。自己完結的な個人重視から離れて，個人であることと他者と関わることが心理療法の中で同等の重みを持つものとして扱われるようになった（Guisinger & Blatt, 1994）。アドラーとその弟子たちは，柔軟な考え方を保ち，彼らの治療を変革してきた。彼らには，フロイトとその弟子たちよりも技法の選択において折衷主義的である。アーノルド・ラザルス（第15章参照）のような現代の折衷主義的な心理療法家の多くが，アドラーの業績から大きな影響を受けており，その一般性のあるアプローチに賛意を示していることは驚くべきことではない。

　実用的な見地から，治療を系統的なものにすることと治療効果を実証することは，絶対に必要なことである（Dryden & Lazarus, 1991）。その理論には多くの興味深い考え方が含まれており，ライフスタイルの分析の型が示されているが，どのような障害，どのような患者に，どのような介入を行うかの方向性が系統的に示されてはいない。すべての患者に同じような技法を用いるというのは，本当の折衷主義には受け入れがたい考え方である。アドラー派療法の効果についての実証的なデータは，その理論や介入方法を取り入れることを考慮することすら困難なほどひどく不足している。

　もっと理論的な見地から見るなら，アドラーが彼のアプローチを個人心理学とよんだことは，実際には個人の利益よりも社会の利益を重視していたのであるから，皮肉であるといえる。アドラーは，社会と個人との間に内在する葛藤を解消するため，自己への関心を社会への関心に従属させることによってもっとも重要な個人の関心を形成するべきだと述べている。アドラー派療法の治療理論では，治療は他者の犠牲の上に自己を大事にする方向を和らげることかもしれない。しかし，完全な人生とは，個人への関心を捨て，社会への関心にもとづいて生きることによってのみ実現しうると結論するのは誤りだろう。

C夫人を対象としたアドラー派療法の分析

　C夫人は，ほとんどいつも自分のことについて考えることに没入している人物である。彼女にとって，他者はたんなる影，彼女の劇のような日常に出入りする，取るに足りない役者にすぎない。彼女の生活は，偉大な叙事詩のパロディのようになっていた。彼女は，いまわしいギョウチュウ（蟯虫）を恐れて，現世的な闘争を繰り広げていた。ギョウチュウを勝利者としないためには，彼女が十分に強力であり，完璧である必要があった。彼女は明らかに基本的な人生の課題に取り組むことから目をそらし，彼女の独特のライフスタイルの中で自分がヒロインかスターになるという本質から外れた優越性を希求していた。

　ドラマのようなC夫人の生活のディレンマは，強迫的パーソナリティの人々によく見られるものである。要求がましい両親の下でしじゅう批判され貶められて育った彼女は，彼女が人生の課題に取り組んで成功する可能性があるということが信じられないでいた。彼女は実は自分のセクシャリティの問題に取り組むことにも失敗していた。彼女は，5人の子どもと6人目の出産予定の子どもの養育をうまくできていなかった。彼女が幼少期から抱いていた強烈な劣等感コンプレックスは，そのような状況の中であまりにも当然のこととして証明されてしまいそうだった。彼女が子どものころに心に決めていたことは，他者の期待を感じ取ってそれを実践できる予言者になることだった。彼女は人生の課題を実行する能力が欠けていると感じていた。彼女の解決は，戦いの場を，自分が作り出した，まだ多少コントロールできる神経症的な問題に切り替えることだった。

　急速にC夫人は，他に例を見ないほど強迫的な手洗いをする完全を求める人物になった。彼女は何と変わった，特別な人なのだろう。彼女は幾人かのセラピストの治療を受け入院も経験していたが，ずっと神経症さえなければ，子どもたちや夫の面倒を見ることができるのにと言い続けていた。彼女の強迫的なライフスタイルは，同じ強迫行為を繰り返すことによって時間を冷凍し，人生を前に進めることを妨げ，そして人生の課題に取り組めないという劣等感コンプレックスを代償し，人生に対してなすべきことができないことの言い訳に使われていた。そして強迫行為はまた，彼女が世界の忌まわしい力を押し留めることであり，いかに彼女が優越しているかを示す闘いでもあった。C夫人は，治療の進展を本当に恐れていた。彼女は自分を人生で前進できない人物だと決め付けていた。両親が彼女を劣った存在であり，いつも監視と指導が必要だと見ていたという早期の記憶にもとづいて，彼女は自分について基本的な誤解をしていた。彼女の歪んだ判断が記憶に加えられていたことにも気づかなかった。彼女の両親は彼女を強くするために支持も何もしなかったのだろうか。彼女が自分の安心感を保つために両親に支配するように仕向けていたことはなかったのだろうか。性的なことや病気，異性から守られるために彼女はそう振る舞っていたのではなかっただろうか。家族がそんな専制的な人だったとしても，彼女の周りには，彼女を勇気づける教師とか隣人とか他の大人の人はいなかったのだろうか。このような質問に対する明確な答えが出ることは，けっしてないだろう。

　C夫人が知らなければならないことは，彼女が自分の人生をうまくやれないと結論を出してしまっているために，神経症的な行動パターンを続けているということだ。彼女は，自分が特別でなく，強い劣等感を抱いているからといっても，決してダメではないということを理解しなくてはならない。劣等感は，人間である限り誰でも持っているものなのである。彼

女の精神障害は，特別な存在であろうとして，自分のすべてのエネルギーを自己中心的な生活に投じることによって劣等感を代償しようとした結果なのである。

　もしも，C夫人が他者と一緒に生活することや，他者のために生活することを放棄し続けるなら，彼女は精神病の状態に陥る可能性がある。彼女の思考やコミュニケーションは，すべてギョウチュウやそれに対する恐れ，他者に自分がいかに特別であるかを信じ込ませることに向けられており，社会への関心と縁の薄いものだった。思考と社会的な現実をつなぐ絆は，他の人々がC夫人への関心を失ってしまったら破滅していただろう。

　C夫人が完全に自分のことばかり考えるようになったら，セラピストがその役割を担う者として彼女と関わることが困難になっていただろう。彼女はそれまでに個人治療を相当に経験しており，自分を特別だと考えることにしていたので，治療はアドラー派のグループ療法から開始されることになった。彼女は重症であり，人々が自分に注目してくれることを求めていたので，集団療法に抵抗を示すと予想された。しかし，グループ療法に入ることは，彼女に自分がさほど特別な存在ではないのだというメッセージになった。彼女は，他の人々も重大な問題を抱えており，深刻な劣等感に苦しんでいるのに，人生の中で前進していることを発見した。そのメッセージは，さらに読書療法によって強められた。彼女が本当に他者の心配をすることができないということに気づいたC夫人は，自分が自分の問題に没入することを止めれば，他の人のことを心配することができるだろうと語ることがあった。セラピストやグループのメンバーは，逆の考え方も可能なのだということを示して，彼女の誤解を修正しようとした。彼女が他の人を心配することをグループの中で学び始めると，自分の問題についてしばらく忘れることができるようになった。

　C夫人は，奨めに応じて，人生全体の脚本分析にも取り組むようになった。そこでは，両親に支配されてきたと感じて自分を不適格だと判断する基本的な間違いの分析も行われた。彼女の幼少期の記憶は，彼女の家族関係の中での自分の位置づけの見方と同様に解釈された。集団療法でも自分の劣等感コンプレックスを十分に意識化しようとする彼女に特に強い支持が与えられた。他の人々が強い劣等感を抱いていることを知ってC夫人は，他の人々に真の関心を向けている自分に気がついた。

　セラピストやグループメンバーの心遣いを体験して，彼女は自分への関心のみに集中することをやめ，自分の中に生じた社会への関心に目を向けるようになった。そんな彼女には，危機の状態にある他のメンバーに毎日電話をかけてその人がどう過ごしているかを知るといった他者への関心を強める課題が出された。C夫人は，子どものためにパイを焼くことなどによって子どもに喜びを与えるといった簡単な宿題が出され，自分の作り上げた独自の劇場から離れることが促された。これらの宿題を避ける理由は，すべて抵抗として解釈された。このような課題によって新しい生活を試す中で，C夫人は他者のために生きることが，自分の考えにとらわれる状態から抜け出すという治療効果があることを悟った。

　課題を遂行することは，C夫人にとって，ギョウチュウを防ぐために生きることよりも他者のために生きることを考える上で役立った。自分が自由である「かのように」行動することは，パイのような小さな物であっても，他者にとって価値あるものを作り上げるしばらくの間だけでも，彼女が実際にどのような生活を続けるのかという選択をなしうることを証明した。最終的に彼女は，世界とふたたび関わるために彼女の閉ざされたドラマから抜け出すかどうかの決断を迫られることになるだろう。自分の作ったドラマを生きる生活を長く続けた後でも，C夫人は，平凡ではあるが他の人のために役立つ生活をするという危険を避けて，

> 自分の身体でギョウチュウから世界を守るという従来の仕事にしがみついて安心感を維持しようとする可能性もまだ残されている。

将来の方向性

　アドラーは明らかに心理療法の進歩の先頭に立っていた。彼のフロイトの理論を社会的に再検討する試みは，精神力動的治療が発展するきっかけになった。彼の患者に宿題を出すという試みは，行動療法や他の指示的治療の先鞭を切るものだった。彼の特有のイメージを利用する技法や「かのように」振る舞う技法は，認知療法の技法の予兆となった。また，彼の地域に出向いて展開した心理教育的活動は，現代の地域精神保健活動を思わせるものである。多くのアドラーの考え方は，しばしばそれと知られないうちに，現代の心理学的思考に静かに入り込んでいる。それは，アルフレッド・アドラーほど，すべての立場の著作に謝辞なしで迎え入れられている著者を見つけるのが難しいくらいである (Ellenberger, 1970, p. 645)。

　ある場合には，心理療法のシステムの成功は，いっそうの成果を産み，より広い普及をもたらす。他方，成功しても，別個のシステムとして漸進的に消滅したり，他の諸システムや社会に編入されることもある。アドラー派療法は明らかに後者の道を辿った。

　アドラー派療法の将来に与える影響は，直接的というより，間接的なものだろう。アドラーの影響は，それが発展を刺激した認知療法や行動療法に認めることができる。彼の治療システムは，それが利用されている折衷主義的治療や統合的治療の中にそれと知れずに具現されている。特に劣等感コンプレックスや優越性の希求，社会への関心，理想的自己，序列的順位の概念は，しばしばアドラーの考えた概念という断りなしに，多くの心理療法システムや一般の辞典に取り入れられている。アドラー派療法は，取り入れられ，同化されることによって，その成功の結果として，徐々に消え去りつつある。アドラー派療法の原則的な方向は，"アドラーを越えて" (Manaster, 1987a, 1987b) ということである。行わねばならないことは，アドラー派療法の変革である。そこではアドラーを創始者としてその教えを正しい点と，不正確な点を見極める批判力のあるセラピストが必要である (Hartshorne, 1991)。この変革は，まず間違いなくアドラー派療法の技法と明瞭な理論を持つ短期治療システムの技法とを結びつけることになる (Kovacs, 1989; Solis & Brink, 1992)。"アドラーを越えて" は，豊かなアイディアに満ちているアルフレッド・アドラーの独自の心理療法システムが消えることを惜しむ人々の共感をよんでいる。

　フロイトの実践の将来は，確実に精神力動的治療に引き継がれてゆくだろう。実際の治療では，現代のフロイトの後継者の多くは，古典的精神分析よりも，自我心理学，対象関係論，短期精神力動的治療を主に学んでいる。心理療法を実践している数百人の人々を対象にして行われた，それぞれの準拠する心理療法の理論を尋ねる調査では，精神分析だと答えていたのはわずか2％だった。しかし，18％が精神力動的心理療法だと認めている

(Bechtoldt et al., 2001)。精神分析から精神力動的な考え方への変化は，決定的なものである。

　ここで精神力動的心理治療の将来について3つの予測を呈示したい。第一は，幼児期の障害に注目が集まるだろうということである（Strupp, 1992）。精神的障害になるかならないかの分水嶺とされていたエディプス・コンプレックスは，いまや一般的な現象とは認められなくなっており，病理的な親子関係の時代遅れの治療となっている。ジョン・ボウルビィの，幼児と親子の**愛着スタイル**（attachment styles）についての独創的な著作物（John Bowlby, 1969, 1973）は，特に精神力動的な心理療法家のガイドラインとなっている。第二は，治療の焦点が伝統的な不安や恐怖を主徴とする神経症的状態から，徐々に境界性，自己愛性パーソナリティ障害といった性格障害に移っているということである。これらの状態に対する精神力動的治療は，現在選択すべき治療の1つと考えられている。第三は，将来の治療の訓練が短期精神力動的治療のものになるだろうということである。時間制限精神力動的治療は，経済的で効率的な，多くの患者に適応できる特定の精神障害の治療が求められている現在の動きに応えるものである。

　精神力動的理論は，いっそう実際の治療に対応するように変化している。精神力動的**治療マニュアル**（treatment manuals）がつぎつぎと作成されている。フライトプランや行程マップと似て，治療マニュアルは，適切なセラピストのスタンスや技法についての指針を呈示している。そのようなマニュアルが作成されていることは，ジクムント・フロイトの考え方を直接受け継ぐ研究，訓練，臨床の活動を，特定の問題に対して実践することが切実に必要とされていることを如実に示している。

重要用語

「かのように」振る舞うこと acting "as if"
攻撃性本能 aggression instinct
忠誠効果 allegiance effect
分析心理学 analytical psychology
生活歴の記憶 anamnesis
元型 archetypes
愛着スタイル attachment styles
自律的自我 autonomous ego
自律的自己 autonomous self
基本的な人生の課題 basic life tasks
基本的な間違い basic mistakes
読書療法 bibliotherapy
出生順位/序列 birth order/ordinal position
思いとどまる catching oneself
性格分析 character analysis

集合的無意識 collective unconscious
代償 compensation
強迫的なライフスタイル compulsive life-style
葛藤から自由な領域 conflict-free spheres
創造的な自己 creative self
欲動理論 drive theory
効果量 effect size
自我分析 ego analysis
自我心理学 ego psychology
空想的な目標至上主義 fictional finalism
共同体意識（社会への関心）Gemeinschaftsgefühl (social interest)
理想的自己 ideal self
個人心理学 individual psychology

劣等感コンプレックス inferiority complex
取り入れ introjection
ライフスタイルの分析 lifestyle analysis
男性的なプロテスト masculine protest
メタ分析 meta-analysis
ミラーリング mirroring
自己愛性パーソナリティ narcissistic personality
正常な自閉 normal autism
正常な共生 normal symbiosis
対象 object
対象関係 object relations
対象関係論 object relations theory
器官劣等性 organ inferiority
心理社会的発達段階 psychosocial stages of development
ボタンを押す技法 push-button technique
自己への関心 self-interest
自己心理学 self psychology
社会への関心 social interest
分裂 splitting
優越性の希求 striving for superiority
ライフスタイル style of life/lifestyle
共生精神病 symbiotic psychosis
治療同盟もしくは作業同盟 therapeutic, or working alliance
転移に焦点づけられた心理療法 transference-focused psychotherapy (TFP)
治療マニュアル treatment manuals

推薦図書

Adler, A. (1917). *Study of organ inferiority and its physical compensation*. New York: Nervous and Mental Diseases Publishing. [安田一郎訳（1984）器官劣等性の研究．金剛出版]

Adler, A. (1929/1964). *Social interest: A challenge to mankind*. New York: Capricorn.

Ansbacher, H.L., & Ansbacher, R.R. (Eds.). (1964) *Superiority and social interest*. New York: Norton.

Carlson, J., Watts, R.E., & Maniacci, M. (2006). *Adlerian therapy*. Washington, DC: American Psychological Association.

Crits-Christoph, P., & Barber, J.P. (Eds.). (1991). *Handbook of short-term dynamic psychotherapy*. New York: Basic Books.

Kohut, H. (1977). *The restoration of the self*. New York: International Universities Press. [本城秀次，笠原嘉監訳（1995）自己の修復．みすず書房]

Luborsky, L. (1984). *Principles of psychoanalytic psychotherapy*. New York: Basic Books. [竹友安彦監訳（1990）精神分析的精神療法の原則．岩崎学術出版社]

Mosak, H., & Maniacci, M. (1999). *A primer of Adlerian psychology*. New York: Brunner-Routledge.

St. Clair, M., & Wigren, J. (2004). *Object relations and self psychology*. Belmont, CA: Brooks/Cole.

Strupp, H.H., & Binder, J.L. (1984). *Psychotherapy in a new key: A guide to time-limited dynamic psychotherapy*. New York: Basic Books.

Yeomans, F.E., Clarkin, J.F., & Kernberg, O.F. (2002). *A primer of transference-focused psychotherapy for the borderline patient*. Northvale, NJ: Jason Aronson.

JOURNALS: *Dynamic Psychotherapy; International Journal of Intensive Short-Term Dynamic Psychotherapy; Individual Psychology: Journal of Adlerian Theory, Research and Practice; International Journal of Psychoanalytic Self Psychology; Issues in Ego Psychology; Journal of Analytical Psychology; Journal of Analytic Social Work; Psychoanalysis and Psychotherapy; Psychoanalytic Dialogues; Psychoanalytic Inquiry; Psychoanalytic Psychology.*

推薦ウェブサイト

International Association for Psychoanalytic Self Psychology (Kohut):
　www.psychologyoftheself.com/
Journal of Individual Psychology: **www.utexas.edu/utpress/journals/jip.html**
North American Society of Adlerian Psychology: **www.alfredadler.org**
Society of Analytical Psychology (Jung): **jungian-analysis. org/**

4 実存療法

ロロ・メイ，ジェームズ・ブーゲンタール

Rollo May　　James Bugental

　リリーは末期症状で死の恐怖にとらわれて心理療法を受けたいと訪れた。彼女の結婚は失敗に終わっていた。さらに悪いことに，彼女はとうとう夫を本当に理解することはなかったことを悟った。リリーは離婚を苦にはしていなかったので，なぜ中年になって結婚していないのかを説明しなければならないとは思わなかった。
　リリーは姪や学生たちの面倒をよく見たが，子どもを持てなかったことが失敗だったと思っていた。しかし，彼女はやはり教師としての仕事にも失敗したと感じていた。大学が次第に終身在職の教員よりも臨時教員を多く雇用するようになるにつれて，彼女は１つの非常勤職から別の非常勤職に変わらねばならなかった。
　またリリーは経済的に自分の生活を支えられず，特に健康を害してからは厳しかった。リリーは致命的ながんで死にむかいつつあることがわかった。しかし，彼女をとらえて離さないのはがんではなかった。それは彼女が自分の人生で成就したのは何だったのかという絶えざる問いであった。それは実存的危機であった。与えられた全時間と才能をもって彼女は何を達成したのか。
　リリーはかつて名高かった彼女の一族の期待に添う暮らしをすることができなかった。さらに，彼女は自分自身の期待に添う暮らしもできなかった。
　リリーが深い絶望にある時，私は人生においてもっとも愛情に満ちていた経験を私に教えてほしいと彼女に求めた。親しくなった人々と外国語で話すという異文化体験を回想した時，リリーは生き生きとしてきた。リリーを昔へと引き戻すお気に入りの小説を思い出した時，彼女は活気に満ちてきた。時に彼女はもっと素朴な時間を生きることを望んだ。彼女は，海に近い小さな板葺き小屋に住んでいた島の風景を水彩で描くことがとても好きだったのだ。
　リリーは笑い泣くことができた。彼女は深い感情と思索を持っていた。これらを分かち

合ううちに，彼女は次第に自分の人生が豊かな体験に満ちていたことを味わい始めた。達成したことによってではなく，経験したことによって自分の人生の評価を選ぶことは，リリーにとってすばらしく，自由になることであった。

　リリーは私に特別な花の絵を贈ってくれた。彼女は私に特別な人生の思い出をも残してくれたのである。

初期の実存療法家3人の人物像

　ほとんどの心理療法のシステムは，人類にとって大事件のあった特定の時代と文脈の中で現れてくる。すでに見たように，精神分析は抑圧的なヴィクトリア時代の終焉に近く，性が重要視されたことに対応して現れた。もう1つの例として，認知療法は知的データと感覚的データに焦点を合わせたコンピュータと情報時代の夜明けと共に現れてきた（Miller & Hubble, 2004）。

　実存哲学が発展した文脈は，第一次世界大戦の狂気に続く失われた世代と，第二次世界大戦の破壊に続く意味の探索であった。人類は異常な暴力と残虐さに耐えた。おおよそ6100万人が第二次世界大戦だけで失われたのだ。人々は当然のように死，恐怖，そして日々の精神的基盤における絶望に心を奪われていた。死と非存在への想像は数百万人にとって差し迫ったものであった。それはいったい何を意味していたのか。人生とは無意味であったのか。どうやって死の不安に打ち勝とうと努力するのか。どうやってわれわれは弾圧から自由になれるのか。どのように人類は彼らの凶暴な行動の責任を回避したのか。実存主義は，初め哲学として，そしてのちには心理療法として，人生そして死についてのこうした根本的な問いを発したのである。

　ルードウィッヒ・ビンスワンガー（Ludwig Binswanger, 1881-1966）は，精神病理学の実存的本質と，リリーが体験した実存的危機の治療的効用を主張したメンタルヘルスの最初の専門家の1人であった。ビンスワンガーは，心理療法における危機はそれにまきこまれた人々にとって，通常重大な選択点であると信じていた。彼は治療において個人の自由選択を非常に重視し，患者の1人であるエレン・ウェストの自殺を受け入れるまでに至ったのであった。彼女は死を自分自身のもっとも論理的な選択肢であると考えたのである（Binswanger, 1958a）。ビンスワンガーのような実存主義者は人生の暗部から逃げない。デンマークの哲学者であるキルケゴール（Kierkegaard, 1954a, 1954b）の例に従えば，実存主義者というものは，凄まじくもあるが同時に意義深い人生の局面によろこんで直面するのである。

　最初，ビンスワンガーは患者の経験を精神分析理論に翻訳することによって，狂気のうちにある意味を見出そうと苦闘した。しかし，ハイデガー（Heidegger, 1962）の深淵な哲学論文である『存在と時間（Sein und Zeit ［Being and Time］）』を読んで後，ビンスワンガー（Binswanger, 1958b）は患者への接近において，より実存的で現象学的になった。現象学的な接近によってビンスワンガーは，患者の経験に直接的に向き合い，セラピ

ストの抽象的な理論でなく，患者の言語のうちにあるこうした現象の意味を理解することができるようになった。

　ビンスワンガーは彼の新しい実存的思考をスイスのクロイツリンゲンにあるベルヴュー療養所で実践し始めた。そこは彼が1911年に診療責任者として父親から引き継いだものである。著名な精神科医であるオイゲン・ブロイラー（Eugen Bleuler）のもとでの研修を終えた後，彼はブロイラーから精神分裂病（現在の統合失調症）の症状について多くを学んだのだが，精神病状態を体験している人々の実存の現実的構造を理解するということに興味を持つようになった。彼は後の人生をこの研究に費やした。彼は1956年に引退したが，その後も1966年に85歳で死ぬまで仕事を続けた。

　実存療法家として2番目に古く，そして影響力のあったメダルト・ボス（Medard Boss, 1903-1991）は，ビンスワンガーと驚くほどよく似た経歴を持っていた。1903年にスイスで生まれ，彼もやはりチューリッヒのブロイラーのもとで仕事をした。ビンスワンガーのように，彼もフロイトを知るようになり，彼の考えに深く影響を受けた。ビンスワンガーと同じく，ハイデガーは彼にとってももっとも重要な影響者であり，彼はハイデガーの哲学的見解を効果的な心理療法へと翻訳することに関心を持った。ボスの特別な関心は，彼の主要研究の題名である『現存在分析と精神分析（Daseinanalysis and Psycho-analysis）』(1963) に示されているように，ハイデガーの考えとフロイトの方法を統合することであった。ボスは長年にわたりチューリッヒ大学の医学部において精神分析学の教授を務め，チューリッヒ大学は彼が1991年に亡くなった後も**現存在分析**（Daseinanalysis）（そこにあること，すなわち実存分析）のヨーロッパの中心であり続けた（Claig, 1988）。

　実存療法家の多くがビンスワンガーとボスの臨床的定式化を参考にはするものの，この2人は精神分析にフロイトが君臨するように，あるいはパーソンセンタード療法をロジャーズがその威光でおおうように支配しているわけではない。理由の1つは2人とも心理療法の包括的システムや理論を発展させたわけではないからである。ボスは実際のところ，反理論的にすら見える。ハルとリンゼー（Hall & Lindzey, 1970）に宛てた手紙の中で，彼は以下のように述べている。

　　　　私は実存心理学が自然科学の現代的意味における理論へと発展しないことを望むばかりである。実存心理学が心理学に貢献できるのは，経験されたものと経験されうる事実と現象の下に留まることを科学者たちに教えることと，これらの現象をして科学者たちにその意味と関連性を語らせ，そして出会った対象を正当に扱うことだけなのである。

　アメリカ合衆国におけるもっとも影響力のある実存療法家はロロ・メイ（Rollo May, 1909-1994）である。ビンスワンガーとボスのヨーロッパ的背景や医学教育と対照的に，メイは合衆国で生まれ育ち，神学と臨床心理学の訓練を受けた。彼は5人の兄弟と，後に精神病を患った姉1人と"不和な"結婚にあまんじていた両親の家に生まれた（May, 1989, p.436）。メイの人生早期は孤独で葛藤に満ち，子ども時代の体験によって，孤独の苦悩と混乱した家庭生活に伴う逃れ得ない不安に対して彼は鋭敏になった（Monte,

1991)。ギリシャへの旅と"挫折"に続いて，メイは短期間アルフレッド・アドラー（Alfred Adler）に学ぶためにウィーンへ旅立った。このことは精神力動的心理療法への彼の関心を高めたのである。しかしながら合衆国へ戻り，時代の心理学は彼の実存を満たしている死や愛や意志や憎しみといった深遠な問いかけを探求するものではないことを知った。そのかわりに，メイは統一神学セミナーに所属し，そこで神学者パウル・ティリッヒ（Paul Tillich）との長きにわたる交友関係を結び始めたのである。その後，コロンビア大学での心理学の博士号取得を目指す間に，メイは当時死に至る病であった肺結核にかかった。彼は回復のために結核療養所に2年間入院せざるを得ず，そこで自分自身の死の可能性と直面しなくてはならなかった。メイは病気に対して積極的で，生産的かつ実り豊かな生涯の道のりを通して彼を支え続ける意味を見出していた。メイ自身の実存の闘争は彼の著作，なかでも『不安の意味（The Meaning of Anxiety）』（1950/1977），『実存（Existence）』（May, Angel & Ellenberger, 1958），『愛と意志（Love and Will）』（1969），そして『存在の発見（The Discovery of Being）』（1983）に描かれている。

　彼に先立つビンスワンガーやボスと同様に，メイも実存療法の定式化されたシステムを開発することはなかった。実際，メイと同僚たち（1958）は実存療法についてオリエンテーションを超えた態度であると定義している。またその他の人々は実存療法を人生の究極の関心事に取り組む力動的治療として（Yalom, 1980），あるいは実践的にはいかなる決定論的心理療法にも与しないもの（たとえばEdwards, 1982）と定義してきた。この理由から，実存的運動が具体的技法や実践的結果においてよりも，その哲学的強調点でかかわりある理論家や実践家たちにひろまった学派であることは驚くに値しない。別の言い方をすれば，実存療法は心理療法のシステムというよりも，心理療法についての哲学なのである。

　他のアメリカの心理療法家たちは実存主義の複数の流れを1つの一貫したアプローチへとまとめようとしてきた。彼らは，ゼーレン・キルケゴール（Søren Kierkegaard），マルティン・ハイデガー（Martin Heidegger），ジャン＝ポール・サルトル（Jean-Paul Sartre），そして中でもマルティン・ブーバー（Martin Buber）によって示された実存主義の哲学的基礎を，主としてビンスワンガー，ボスそしてメイといった初期の実存療法家たちの臨床的テーマと彼ら自身の治療体験を，承認できる心理療法のシステムへと結びつけた。アメリカで組織化を行った中心人物はジェームズ・ブーゲンタール（James Bugental, 1965, 1987, 1990），アービン・ヤロム（Irvin Yalom, 1980），そしてアーネスト・キーン（Earnest Keen, 1970）であり，この章において彼らの論文からも引用していこう。

パーソナリティ理論

　実存主義者たちは，パーソナリティという語が個人の中の固定した性格特徴の一群を意味することを受け入れ難いようである（Boss, 1983）。彼らにとって実存は存在の現れで

あり，生成であり，過程であって，それは特定の特性によって固定され，特徴づけられるものではない。Being は動詞形であり，分詞は能動的で力動的な過程を意味している。実存はたんに個人の中にだけ生じるのではなく，むしろ個人と彼らの世界との間に生じるのである。

実存は**世界-の内に-あること**（being-in-the-world）としてもっとも良く理解される。ハイフンを用いることは1人の人間と環境が能動的統一体であるという考え方を英語で伝達する最良の方法である。実存主義者たちは精神と肉体，経験と環境との間の分断を想像させる二元論を拒否する。存在することと世界は，その双方が基本的に個人によって創造されるゆえに不可分である。

現象学的にはわれわれが関与している世界というものは，多かれ少なかれ他者の造営物を反映し，われわれがどの程度因習的かによる，われわれ自身の造営物である。たとえば伝統的なキリスト教社会はわれわれが交流しうる超越的存在を含むが，無神論者の存在はこのような霊的存在を一切含まない。治療において，精神分析家は行動論者ならフロイト派の空想の虚構であると断言する患者の力動を経験する。行動論者は，ひとたび科学的方法で定義されれば，われわれ全員が結局は同じ世界に反応するというかもしれないが，実存主義者は科学的方法自体が人間の造営物であり，それを創造したまさにその存在を理解するには不適切だと論じる。世界観の違いを一致させるのではなく，実存主義者は特定の人間を理解することはその人物の解釈として世界を理解することだということを受け入れるのである。

われわれは世界の3つのレベルに関わりながら実存している。ドイツ語ではそれらは **Umwelt，Mitwelt，**そして **Eigenwelt**（Binswanger, 1963; Boss, 1963; May, 1958）とよばれる。**Umwelt**（環境世界）とは世界の生物的，身体的側面との関連におけるわれわれを意味しており，**自然-の内に-あること**（being-in-nature）と訳すことにする。**Mitwelt**（共同世界）は人々の世界，社会的世界に関しており，われわれはこれを他者-と共に-あること（being-with-others）とよぶことにする。**Eigenwelt**（自己世界）は文字どおり自分の世界であり，われわれが思考し，評価し，自分自身を経験する方法について述べている。それは自己-のために-あること（being-for-oneself）と翻訳される。

パーソナリティはこれら3つの存在レベルでのそれぞれの実存のしかたで異なっている。美しく人目につかない海辺にいることを想像してみよう。ある人は攻撃しようと待ちかまえている鮫の住処だからという理由で海に足を入れることを恐れるかもしれないが，別の人は冷たい水の中でさっぱりしたいと望んで海に飛び込む。ある人は，このように美しい光景の中で恋人がほしいと思うが，別の人はまったくの孤独を感じる。ある人は海辺の住宅開発の絶好の機会として近くの土地を眺めながら歩くが，別の人は近くですでに建築中の家々が海岸を侵食することを悲しく思う。他の人々はあらゆる生物が生まれた海と一致を感じることさえあるが，一方では誰かがどこかで命を終えるために海に帰ろうと思っている。

われわれが他者とともにある時，われわれは彼らがわれわれのことを考え，われわれを評価し，そしてわれわれを判断し得る意識的な存在だと知っている。このことはわれわれ

に他者を恐れさせ，逃げ出したいと思わせるかもしれない。われわれは他人が嫌うような自分についての何かを露呈してしまわないように沈黙を決め込むか，天気についてのような当たり障りのないトピックについてしか喋らないかもしれない。しばしばわれわれは自分たちについて他人が何を考えたり感じたりするかを予測し，彼らに好ましい印象を与えるように自分たちの目に見える行動を変えるものである。残念ながらこれはわれわれが他者とともにいる典型的なやり方であり，**他者-のために-あること**（being-for-others）として知られている存在のレベルである。この存在様式はリースマン（Reisman, 1961）が他人-志向として現代人のパーソナリティ特徴としたものとよく似ている。

幸いにも，他人がわれわれについて何を考えているかを心配することなく，愚かであろうと悲しかろうと，不安であろうと狂気であろうとも，自分自身を表に出すことができるような特別な他者とすごす貴重な時間がある。われわれが**われわれ自身-のために-ある**（being-for-ourselves）時にはわれわれは自分自身について考え，評価し，そして判断するものである。

自己-内省は時として非常に苦痛なこともあり，われわれは内面を深く見ることを選ばないかもしれない。あるいは一杯ひっかけた後とか，苦痛を和らげるために薬を飲んだ後にしか自分自身のことを考えようとしないかもしれない。あるいは絶え間なく内省的になり，そのために他者と共にいることが難しくなるかもしれない。しかし実存主義者にとっては，痛みの危険性や自己-没入は健やかな実存の創造において非常に重要であり，よく考え抜かれた意識的な人生に到達するためには支払われねばならない代価である。

健やかな実存を創造しようとすると，われわれは自然-の内に，他者-と共に，あるいは自分自身-のためにあるための最良の方法を選ぶというジレンマに直面する。意識化とともにわれわれは世界がいかに曖昧なものか，またいかに種々の解釈にひらかれているかを理解する。この本だけでも，われわれは世界の自然的，社会的そして個人的側面を解釈するための手引きとして役立つような10通りを超えるさまざまな解釈について考えている。生きるための実存的選択肢とは何か。最善の選択肢は，必ずしも行動論者たちが提案するように強化を最大限にして懲罰を最小限にすることを選ぶわけではなく，またフロイト派が提案するようにわれわれの本能欲求を環境の要求に適応させることを選ぶわけでもない。

最良の選択肢は真正であることである。実存主義者にとって，**真正さ**（authenticity）はそれ自体の報酬である。真正な実存は自然や他者そして自分自身に対する開放をもたらす。それはわれわれが世界を自分に対して隠さず，また自分を世界に対して隠すこともなく，直接に出会うことを決意したからである。開放とは，真正な個人がより意識的に気づいていることを意味する。それは彼らが自分自身から何者も隠さないことを選んだからである。真正な実存はまた，他者に対して自然な自由をもたらす。それはわれわれが自分自身に関して，今まで装ってきた何かに矛盾するものを暴露することを恐れる必要がないからである。健やかな実存はわれわれが持っているいかなる関係性も真正であることと，もし誰かがわれわれに関心を持ったならば彼らが関心を持っているのは本当にわれわれであり，彼らの代わりに作り上げられたうわべのものではないという，ある気づきをもたらす。真正な関係性によってわれわれは他者を本当に信じることができる。それは彼らが自分た

ち自身の経験に正直であるだろうということと，われわれが聞きたがっていると彼らが思うことをわれわれに言うわけではないことを，われわれが知っているからである。

　われわれの存在のその3つのレベルが葛藤的ではなく統合され，結合していることによって1人の，真正な実存はある程度健やかでいられる。われわれは自分たちを共に体験する。すなわち，われわれが現存しているあり方は，われわれが他者に対しての自分を提示するあり方であり，またわれわれが自分たちは誰なのかを知るあり方である。そこではわれわれは，自分が聴きたくないことを言われないようにするために，他者と親しくならないという自分自身の理想的イメージに振り回わされることはない。また，われわれは自分たちに没入してしまうことはないので，自分たちをとりまく世界に関与できなくなることもない。こうして健やかな実存は，存在のそれぞれのレベルと共に，かつ調和した関係を内包している。そして他者の賛同を得るために自己評価を犠牲にするように，他のレベルを犠牲にして1つのレベルを強調することもないのである。

　真正さによってこれほど多くが期待できるのに，なぜわれわれ全員が真正であることを選ぶわけではないのだろうか。なぜわれわれの多くは，他の人々がわれわれのことを本当に知ったなら一緒にいたくないと思うのではないか，という内なる恐怖を持っているように見えるのだろうか。なぜ他者志向のパーソナリティはわれわれの時代のステレオタイプに見えるのだろうか。われわれ自身と世界についてより十全に気づくことによって現れる恐れは何なのか。

　神学者のパウル・ティリッヒ（Paul Tillich, 1952）は，知りすぎることから逃げ出したいとわれわれを誘惑する，実存に固有な特定条件を明らかにしている。これらの条件はわれわれをいわゆる**実存不安**（existential anxiety）とよばれる恐れで満たすのである。不安の源は，最初にわれわれはいつ死ぬかわからないと唐突に気づくことと共に現れる。存在は非存在を暗示する。心理学もその中に含まれているわれわれの文化は，死を否定するかもしれないが，全実存が無に帰すという事実はわれわれを戦慄させる。本当のことをいえば，われわれは自分の一番大切な人もいつかは死ぬこと，彼らの実存が終わるだけでなく，彼らに密接に結びついているわれわれの存在の一部もやはり終わることに気づいている。

　ずっと以前の夏，妻と私（プロチャスカ）は海に近い塩分の濃い湖で幼い息子と娘とともに泳いでいた。1人の女性が紙コップを借りに来て，振り返った時に彼女は突然自分の4歳の息子がいなくなっていることに気づいた。彼女は子どもが水の中にいると確信していたので，われわれは潜って，潜って，潜った。潜れば潜るほどわれわれは不安になり，彼を見つけ出せるようにと願いながら，しかし徐々にわれわれは見つけ出せないと思った。2時間後に救命隊が絶命した彼の体を，誰もそんなところにその子がいるとは思わなかったようなもっとも深いところから引き揚げた時，われわれはただ恐れおののき，互いを抱え合うことしかできなかった。

　ひとたび意識的存在になると，われわれは実存に内在するのは**行動-する-必要性**（necessity-to-act）であることに気づくのである。われわれは，たとえばどこの学校にいくとか，どの職を選ぶかとか，結婚をするのか，誰とするのか，そして子どもを持つのか

どうかなど，後の人生に大きく影響するような決定を行わなければならない。われわれは行動しなくてはならない，そして現代においてでさえも，われわれが何かを決定する根拠はますます不確実なのである。われわれは自分の決定がどのような結果を招くか，ある程度確実に事前に知ることはできない。そしてそのためにわれわれは，つねに不確実性と罪に脅（おびや）かされている。われわれは結果についておおむね未知なまま決定を下さなくてはならない。

重大な決定において，われわれはただ1人で責任を負わねばならない。重大な誤りを犯すことを知っていて，しかしこの選択がそうした誤りの1つであるかどうかを知らないことの不安が，われわれの責任にはいつもつきまとっている。たとえば私（プロチャスカ）がこの本の第1版を書くのに1年をかけるかどうかを決める時，こうした決定は惨めな誤りかもしれないし，他の魅力的な研究を逃すことになるかもしれないとかなり不安になった。（あなた方は，私が不安になるには十分な理由があるといまや確信しておられるかもしれない！）。

無意味であること（meaninglessness）の恐れは，不安を生み出す人間という実存のもう1つの不測の事態である。人生の方向づけにおいて，われわれは意味あるものとしてなすべきことを知りたいと思う。特別の意味はある人への愛情から，別の人とのセックス，さらにまた別の人への信頼へと変化するかもしれない。しかしわれわれが実存の意味を正直に問い始める時，問題は人生がそれ自体でなにかを意味するかである。劇場や近代美術館に行ったり，最新の小説を読んでこの問題に直面せずにいることはまず難しい。われわれの多くにとって，かつて信じたもの——以前の宗教，政治信条，あるいは以前の治療——は以前ほどにはもはや重要に見えない。このことは，意味というものの現在の拠り所もまた消えて無くなってしまうかもしれないことを示唆している。すべてのセラピストが，かつては生き生きしていた結婚生活がいまやすっかり輝きをなくし，ひどい退屈しか残っていないことを知っている。われわれは，以前は満足していた仕事が今や暇つぶしでしかなく，行方も知れない轍をつけるにすぎないという罠にはまった人々を知っている。われわれのクライエントは不安になり，われわれも同様である。

われわれの不安の一部は，自分が人生において意味を創造する者であること，そしてまたそれを台無しにする者であることを知っていることから生じる。それゆえに，われわれは人生を生きるに足るよう創造し続ける者であらねばならない。

実存がなんら意味を持っていないという予想は恐ろしいもののようである。個人の実存がまったく不合理なものだという結論はもはや揺るぎないものになっているかもしれない。これはジョン・バース（John Barth, 1967）の『旅路の果て（The End of the Road）』に登場する主人公が格好の例である。もし人生に意味がないなら，決定を行う原則もなく，彼は行動ができない。彼のセラピストは，彼が行動する必然性に直面した時には随意の原則に従って行動をするのが良いという巧妙で問題を起こさない解決法を持っていた。生きるための彼の原則はアルファベット順原則と左側原則である。人生において選択に直面した時，彼は最初の文字がアルファベットの早いほうで始まる選択肢か，左側という選択肢を選ぶことになっている。

われわれの**孤立**（isolation），宇宙における根元的な**孤独**（aloneness）は不安をもたらすもう1つの人生の条件である（Bugental, 1965）。私が他者とどれほど親密であるにせよ，私が彼らになることはできないし，彼らが私になることもできない。われわれは経験を共有するが，つねに互いに完全にわかりあうことはできないという脅威のもとにある。さらに言えば，独自の方向性に従って選択をし，人生において自分自身の意味を創造することは，他者には一緒にいたくないと思われるかもしれない，とわれわれは知っている。こうした拒絶の可能性は文字どおり1人でいることの不安を助長する。

　このようないくつかの実存不安の源は人間の条件の特徴を決定する証拠となる。すなわち**有限性**（finiteness）である。死はわれわれの時間の有限性の反映であり，事故はわれわれの力の限界を示している。決定に際する不安や知識の不十分さ，あるいは無意味さの脅威，財産の有限性，孤立，共感の有限性，拒絶，他の人間を操作することの有限性というようなことを示しているのである。

　このような人生の偶発的な出来事はまた，非存在の領域とよばれてきた。この**実存的所与**（existential givens）は必然性の問題——われわれは死なねばならず，行動しなければならない——であり，このゆえに存在の否定であり，その存在は当然制限のないもので，可能性の領域の内にある。一方，非存在はそれと対照して存在の形象が創造されるような土壌である。死は人生の形象をくっきりと浮き彫りにして強調する土壌である。運はわれわれの選択の限界を決定する土壌である。無意味性はそれと対照して意味性が見出される土壌である。そして孤立はそこから親密さが現れてくる土壌である。われわれの存在の形象は意識的で，選択され，そして自由であり，それに反して非存在の領域は無明で，閉ざされていて，そして不可避である。日常生活の中でわれわれは存在を自分たちの"主体性"として経験し，そこではわれわれは自分自身の人生に向かっていく能動的な主体もしくは行為者である。非存在はわれわれの"客体性"として経験され，そこではわれわれは自分たちの意志ではなく他者の力によって決定される客体である。

　真正な存在は非存在をそれ自身のうちに吸収するあいだは生き残る。真正な存在は非存在を避けることによって，それ自身を肯定しようとすると消滅する。意識し，選択し，開かれている主体としてのわれわれ自身は実存不安に直面し，それを生き延びることによってのみ**存在**することができる。実存不安を避けることはさまざまな形の非存在を避けることである。選択を避けることと選択することの不安を避けることは，たとえば選択的主体であることに失敗することである。真正なパーソナリティは実存がいつも非存在から発して存在に至り，また非存在へと戻っていくことを承知している。このことはわれわれがかつてないような暗黒からやってきて，意識の光のうちに生存し，そしてまた死の闇へと帰っていく時に，われわれの実存の全過程においてのみはっきりと観察されるのである。われわれの日々のサイクルも同様である。われわれの実存は現在の中にはすでに存在しない昨日から生まれ，そして現在は知ることのできない明日に属する非存在に向かって突き進んでいるのである。だからこそ，真正な存在は現在の中にのみ立ち現れる，といわれることになる。

精神病理の理論

　偽ること（lying）が精神病理を生み出すのである。偽ることはわれわれが非存在から逃避し，実存不安をわれわれの体験の中に入り込ませない唯一の方法である。4歳の少年の溺死のような非存在に直面した時，われわれには2つの選択肢があり，それは怯えるか，偽るかである。われわれは，家族をつねに見張ってさえいれば事故は防げる，と自分自身に言いきかせることで偽ることを選ぶかもしれない。われわれは子どもたちや配偶者をしっかり抱えて，彼らが視野の中に入っていれば安心する。偽りが作用しているのである。われわれは事故という実存不安に出会うことは避けているが，非存在はつねにそこにあって意識に現れようとわれわれを脅かしている。偽ることはつねにわれわれの世界の一部分を閉ざすことにもなる。この場合われわれは，家族の目の前で転んで首を折った男については，どんな考えも閉め出さねばならない。こうした出来事を意識することは，実存不安をもたらすだけでなくわれわれの嘘が露呈することを脅かすのである。

　偽りはまた，神経症的不安に通じる。たとえばもしわれわれが，子どもが瞬間的に視野から消えたという理由で不安を感じれば，神経症的不安を経験していることになる。神経症的不安は存在への真正でない反応であり，また一方では実存不安は非存在への正直な反応である。われわれの子どもがわれわれの視界から離れることは，彼ら自身の存在のさまざまな表現なのである。彼らはわれわれの偽りを支えるために存在しているわけではない。われわれはより快適にいるために彼らが視野の中にいることが必要だと決めるのだが，彼らはより十全に，そして自由に生きるためにわれわれから離れようとする。われわれは偽りを選択するが，偽りには結果がついてくる。もし家族にずっと気をつけていなければわれわれは不安になる，というのがここでの結果である。治療で出会う母親のように，われわれは子どもたちにいつでも居間で遊ぶように神経症的に言いつけるかもしれない。われわれは彼らの学校の登下校につきそい，休憩時間や昼休みに彼らを見に行き，そうでなければ不安になるという選択をするかもしれない。われわれはただ配偶者が元気でいることを確かめたいだけなのに，なにか言うことがあるかのように幾度も電話でよびだすかもしれない。もしわれわれが電話をかけないようにすると，不安はおそろしく増大して，選択肢はないと自らに言いきかせて，われわれは電話をかけねばならなくなる。

　神経症的不安がこうした不安にもとづいた行動に至る時，われわれは家族をチェックする強迫という精神病理を生み出す。われわれは家族について詳しく調べなくてはならないということによって，もはや家族をあるがままにさせておくという選択肢のない対象としてしまう。精神病理の症状はまさにわれわれ自身の**客体化**（objectifications）である。精神病理において，われわれは自分自身を意志のない対象物として経験する。これは誰かに追いかけられて逃げたいけれども，どんなに意志が固くても走ることができないという悪夢のようにおそろしいことである。われわれは自分自身の偽りの結果として罠にはまってしまうのである。

　精神病理はまた，他の存在レベルを犠牲にして，1つの存在レベルが強調されることと

して特徴づけられる。この場合は，自分-のために-あることが犠牲になり，他者——いわばわれわれの家族——と共に-あることが強調されているのである。われわれは神経症的不安に満たされないために他者-と共に-いなくてはならない。

　偽ることは実存のどのレベルでも生じる。たとえば，心気症者は病気と治癒の本質について偽る。彼らは頻繁にそして早く医師に診てもらえば病気は避けられるという理論をでっち上げる。彼らの体はどんな痛みや痙攣が起きても小走りで医師のところへかけつけるように，いつでも不安の源である。「もしすぐにかけつけさえすれば，自然にしていると一喜一憂せねばならないその思いを克服することができるのに」と彼らは偽る。走らねばならないことを確信したあとも，走らないようにすることは神経症的不安で彼らを満たすのである。彼らは痛みに立ち向かう意志を手放して祈禱師にゆだねてしまった。「あなたが引き継いでくださいよ，先生」と彼らは言うように見える。「生きていくというこの仕事は私にとっては恐ろしすぎます」。本質-において-偽ることは他者-と共に-あるという彼らの自由や，他者-のために-ある彼らの自由を劇的に損なうのである。それは彼らが語ったり考えたりできるのは痛みや痙攣の直近の発作についてだけだからである。

　妄想的な確信をする人々は，自然が彼らを破壊しようという悪意ある力に満ちているときめつける。食事や水や空気には毒がはいっていて，そのためにつねに注意していなくてはならない。より躁的な気質を持つ人々は自然をすべてが愛に満ちた宇宙と考えるかもしれない。彼らは宇宙的な恍惚を求めて宇宙空間に自分たちを押し込む。うつ状態から抜け出ようと戦っている人々は，ばらばらになっていくのは世界であり，破滅していくのは世界であると結論づけるかもしれない。過去の佳き日々は永遠に過ぎてしまい，ここからは下り坂しかないと。

　偽りのもっともありふれたレベルはおそらく他者のための偽りだろう。人生の早期にわれわれは，他者に対して自分自身を偽って伝えることがちょっとうまくできることを学習する。子どもであってもわれわれは十分に利口なもので，偽るという選択肢を巨大な力の源泉とすることができると知るのである。相手の弱点によるが，悲しむふり，狂ったふり，無邪気なふりが他者にどんなふうに影響を及ぼすかは，まず誰もが学びそこなうことのないレッスンである。しかしながら，もちろんすべての偽りは発見される怖れや捕まるという恥を伴うものである。長年にわたって今にも暴かれそうな恥ずかしい思いは募り，もし人々が本当の私を知ってしまったら1人取り残されてしまうのではないかという感情が残る。そのためにわれわれは多くの時間を他者-のために-偽ることに費やし，滅多に他者-と共に-いる自由には費やさないのである。

　能力について自慢するのは他者-に対する-偽りである。自分自身を売ることは成功への王道である，と彼らは言う。人々は彼らが笑うことを望み，彼らは笑う。人々は彼らが自分をアピールすることを望み，彼らはアピールする。他の人々というのは顧客であり，上司であり，教授であるかもしれず，それは本質的な問題ではない。この人々はご褒美のための硬貨を持っており，彼らが偽者の演技を買うならばだれもが幸せなのである。偽者は自分自身を売ることが幸せであり，成功の対価としては安いと思っている。彼らが腕まくりをしてつく嘘は，もちろん，いつの日か彼らが自分自身へと自由になることである。彼

らはひとたび博士号を取得したならば——あるいは最初の仕事か，保有権か，最後の昇進か，新しい地位を得るまで待つほうがよいかもしれないが——自分自身の人生を本当に生きるのだと自らに約束している。

　しかし「このことは病理的といえるのか」とわれわれは問う。それはあたりまえのことで，自然である。満足を先延ばしする能力は，それが自分自身であることの満足であっても，社会で成功するために必要なことである。役割を演じる能力は学術的市場やメンタルヘルス市場において一人前になるためには，不可欠なものである。ヨーロッパの実存主義の名士であれば，真のごく限られた領域のためにのみ生きて健康を保持しておいたりするであろう。しかし彼らが本当に求めているのは，われわれの自己疎外が進まないで，正常な自己疎隔が健康と統計的には等しい，ということである。もしわれわれが自分自身をさしおいて，他者のために生きるようになっていくのであれば，誰しもある程度はそうしているというデータに身を隠すのではなく，せめてそのことに傷つくだけの健康さは残しておこう。

　自ら-のために-偽ることはもっと複雑である。最初に，われわれは意識的に偽ることを選ばねばならない。そしてある時点で，普通は子どものころだが，われわれは自分自身の偽りを信じるようになる。長年にわたり，私（プロチャスカ）は自分が決して怒らないと信じていた。私は十分抑うつ的になるが，決して怒ることはない。最終的には抑うつになることに疲れ果てて実際に怒ることができるのだと，私はセラピーの中で気づいたのである。決して冷静さをなくさないという自分自身の理想的なイメージを守るために，私は自分の感情の大部分を閉めだし冷淡で抑うつ的になり，そして決して怒りはしなかったのだ。

　精神分析家は私が無意識的に自分の怒りを抑圧していたと言うかもしれない。しかし実存主義者はたとえば怒りのように自分たちの"悪い"部分を閉め出すためには，われわれはまず怒りが"悪い"ということを知らねばならないと論じる。サルトル（Sartre, 1956）は，われわれがふりをするには，自己欺瞞を用いて自己の諸側面から顔をそむけることを選ぶ意識的なたった1人の人間がいればそれで十分であると論じている。ひとたびわれわれがこのような自分自身の中の**誤った信念**（bad faith）を演じてしまうと，われわれは自分たちが本当は誰なのかを知るという差し迫った罪悪感に直面させられるようになる。そして結果としてわれわれの偽りは，決して怒らないために抑うつになるように，雪玉のようにだんだん大きくなり，やがて症状化するのである。

　自分自身-のために-偽ることは広い範囲の精神病理で起こる。多くの人々は——批判を超越し，それゆえに否定されることもなく——もっと働きさえすれば完璧に到達することができると信じている。そして彼らはワーカホリックになるのである。他の人々は，聖母マリアを手本とするように性に対して背を向けることで，気高い自己-概念を守る。またさらに，他の人々は自分たちが完璧な配偶者であると信じているので，カップルセラピーを受けることをおそれてもいる。彼らはパートナーをセラピーに行かせようとする。ひとたび心理療法家が配偶者を立ち直らせれば，彼らの結婚はふたたび完璧になるのである。

　われわれが信じるものが未来を方向づけ，今日どのように振る舞うかに決定的な影響を与える。もしもわれわれが客観的でありすぎれば，われわれは選択の根拠を失うかもしれ

ないし，自分たちをまるで風によって放り出されたり裏返されたりする存在のように経験するかもしれない。偽ることによって，われわれは個人的な方向性やわれわれの**志向性**（intentionality）の源との関わりを失うことになるかもしれない。志向性は意味の創造であり，われわれの同一性の土台である。サルトル（Sartre, 1967）は「人は自分自身をつくる者以外の何者でもない。これが実存主義の第一原則である」と書いている。

　われわれの志向性は，必然的に人生において自分の立場を主張することを伴う。われわれの立場はわれわれが何に気を留めるかを決定する——ある人が海岸の美しさに気を留める時に，一方でもう1人の人は海岸の事業可能性に気を留めるように，である。人生においてわれわれが選択する態度決定は人生の意味の源泉であり，われわれが海岸に原因があるというその意味の源泉である。しかし，偽ることによっては，われわれにはまったくコントロールできない突発事故である感染症のように，われわれに襲いかかる精神病理によって人生が決定されていることを確信することになるかもしれない。

治療過程の理論

　偽ることは精神病理を生み出すので，その解消しない症状の解決策の1つが正直さである。実存療法の目的として，真正さと共に意識化が進むことは重要な過程の1つとなっている。それを通して人々は偽りによって閉ざされていた世界と自分自身の諸側面に気づくのである。というのは，偽ることがすでに選択能力が経験されなくなっている個人の客体化をももたらしており，治療は個人が能動的な選択によって自分自身の人生を方向づけることができる主体者や代理者であることを再体験する過程を含んでいなければならないからである。

　実存療法において技法はとるにたりないものである。それは技術というものが，主体としてのセラピストが客体としての患者を変える最善の方法を決定するという客体化の過程だからである。多くの患者たちがセラピストに車の機械的修理のように彼らを直してほしいと望むにもかかわらず，技術的焦点は患者たちに機械的目的物として自分自身を体験することを加えただけであった。実存主義において強調されるのは，セラピストとの真正な関係に入ることをクライエントに勧めることであり，そのために主体としての自分自身について徐々に気づいてゆくこと，いつセラピーが終了するかを決める時さえもセラピストとは意見が異なっていることに自由であることである。技法は強調されないが，ビンスワンガー，ボスやメイといった古典的な実存主義者たちが，実践において，特に治療の早期においては精神分析的技法に大いに頼っているのを見てみよう。

意識化

　クライエントの作業　　もし精神分析学の明示された方向性がこころに浮かんだことをなんでも言うことであるとすれば，実存主義の暗示された方向性はどんなものでも望むも

のになることである。患者たちはセラピーの最初に，セラピストからほとんど介入されることなく，彼らが典型的に世界とかかわっているやり方で自分自身を提示することを許される。実存主義者たちは，患者たちがかかわりの持ちかたについて以前のパターンを反復し，転移関係が形成され始めるであろうという精神分析的仮説を共有している。精神分析家は転移が本能的固着によるものと仮定しているが，実存主義者たちはそれを患者たち自身の客体化の結果として考えており，それによって患者たちは柔軟に存在することや，セラピー-の-世界-の内に-あること（being-in-the-world-of-therapy）のより真正な方法へと開かれることから遠ざけられていると考えている。患者たちは自分たちの心理学的分類をセラピーに押しつけようとし，そのために，たとえばもし彼らの他者-と共にある空間の体験が隔たった空間であれば，彼らはセラピストからも距離を置こうとするだろう。もし患者の時間性が遍在的な過去であれば，患者はセラピーにおいてもまずは過去について話すだろう。

　患者たちは自由連想と似た過程に参加するようにと促されるが，それは自由体験とよばれるのがより適切であろう。ここで患者たちは彼らが今体験していることをどんなことでも自由に正直に表現することを促される。しかし，この伝統的な"自由な"表現は，実際のところ言語による表現に限られ，行動ではない。自由に体験することを試すことによって，患者たちには過去-の-内に-あること（being-in-the-past），あるいは未来-の-内に-あること（being-in-the-future）と同じ存在パターンを繰り返していることがいよいよ意識されてくるようになる。彼らはそこには，たとえば彼らの怒り自体やセラピストの現実のように，体験することや表現することに開かれていない彼らの部分や世界があることに気づくことができるようになる。

　患者たちは通常，こうした体験を閉め出している理由にセラピストを同意させようとするが，その理由は偽りなので，彼らはセラピストの真正さと意見が合わないということに逃げ込もうとする。たとえば「怒ることは未熟だと思いませんか」と言うことで，患者はセラピストに是認するよう圧力をかけているが，「いえ，私は時に怒りますし，かといって赤ん坊のようだとは感じません」という正直な答えに出会うかもしれない。ついに患者は心理療法の過程と人物を自己中心的に体験することから，より真正な対話へと変化することを促される。この時までにクライエントは現在進行中の対話に入ることができるようになるが，セラピーは終結の準備に入っている。

セラピストの作業　残念ながら古典的な実存主義者たちは，クライエントの意識化を促進するための方法を明確には確立していなかった。パーソナリティについてと同様に，多くの実存主義者たちは実存主義を彼らがセラピーにおいて持ち続ける哲学として見なしており，彼らが使用するシステムとしては見なしていない。結果的に実存主義者の多くは，体系的なアプローチについて，そこに関係する人間同士の真正な出会いとは拮抗するものとして反対するようになった。

　しかしビンスワンガー（Binswanger, 1963），ボス（Boss, 1963），そしてメイ（May, 1958a）の論文からは，伝統的な実存主義者たちがセラピーで用いた多様な戦略のアイデ

ィアを知ることができる。セラピストの作業が患者の現象的な世界を理解することから始まることに、彼らは合意している。**現象学的方法**（phenomenological method）は体験の即時性、体験の知覚、体験の意味づけに、そしてできるだけ先験的な偏見を持たずに行う観察に焦点を合わせる（Spiegelberg, 1972）。セラピストは理論的あるいは個人的な先入観を患者の体験に押しつけることなく、患者の独特な世界の解釈を体験しようとつとめる。患者の現象学的世界を理解するにあたり、実存主義者のほとんどは明確化を用いるようである。それは理論的な言語ではなく、患者自身の言葉を用いることで患者の体験をより完全に照らすことができるような、ある種のフィードバックである。このように照らし出すフィードバックは、患者がいままでは閉め出してきた側面をも含め、自分自身の存在について、いままでより意識的になることを助けるのである。

　ひとたびセラピストが患者について現象的な理解を得ると、セラピストはそれに続く技法を選択する。ロロ・メイが述べているように、理解に引き続く治療技法とは、より一般的な治療技法とは対照的に、臨床家が自分の好む理論を通して患者を理解しようとするように、逆のやり方なのである。

　実存主義者たちはこの段階でもっとも多様である。ボス（Boss, 1963）とブーゲンタール（Bugental, 1965）のように、ある人々は患者の転移反応や存在の繰り返されるパターンを分析し意識化するために、主として解釈を頼みにする。ボスとブーゲンタールはうまく合えば患者の反応に精神分析的説明を用いるが、彼らはまた、いかに患者が死や決定やその他の非存在の側面についての体験から繰り返し逃げているかを指摘するように、実存的説明をも大いに頼りにしているのである。

　他の伝統的な実存主義者たちは直面化というタイプを好むようである。そこでセラピストが患者に与える情報は、セラピストの患者に対する本物の反応によって生じるものである。**実存的直面化**（existential confrontation）とは、実存主義者たちが患者について彼ら自身の体験を表明することであり、たんに患者の体験を映し出すだけではないことが精神分析的直面化とは異なっているのである。実存主義者は真っ白なスクリーンとしてあり続けることには関心を持たない、というのは、その言い方が気に障ったとしても、最終的には患者の閉ざされた世界を開くためにもっとも可能性があると思われる、実存主義者の体験からの正直なフィードバックであるからである。

　このような直面化が起きた一例として、私（プロチャスカ）と妻であるジャンが一組のカップルと合同セラピーを行った時、その夫は妻が彼とセックスすることを拒否することについて文句を言っていた。その男性が彼の妻を見くだし貶めて譲らず激昂した時、ジャンは彼に、「吐き気がする」と言った。彼は逆上して反応できなかった。彼は、ただ息まいて翌朝1人で私に会いに来て、今までどんな女性も彼にあのように言ったことはなかったと断言した。彼はそれがなぜなのか、特にその女性がセラピストだった時には、想像できなかったのだ。私は彼がおそらく自分の妻にも同様の感情をかきたてるが、彼の妻は怒られることが恐くてその感情を表出しないのではないか、ということを考えるように促したところ、彼はたぶん、ただたぶんに過ぎないが、彼が性的に彼女に接近した時に彼女の感情を害すようなことを何かしてきたらしい、と考え始めた。彼自身の理想化されたイメ

ージがジャンの激しい直面化でゆさぶられ，責任あるセラピストはあのようには言わないでしょう，と私に圧力をかけて自分の偽りを強化しようとした。私がジャンの正直なフィードバックに直面することを奨励した時，彼の自分自身-に対して-偽ること（lying-for-himself）は開かれてきて，彼は自分自身が"利己的な"妻との間だけに問題があるのではなく，女性-と共に-あること（being-with-women）に本当は問題を持っていて，それほど-完璧-でない（not-so-perfect）人間であると自覚し始めたのである。

　もう1つの実存的直面化の文学作品中の例は，チャールズ・ディケンズ（Charles Dickens）の古典的なお話の中でクリスマスの亡霊に取りつかれたエベニザ・スクルージである。実存主義のセラピストのような亡霊の仕事は，自分の人生についての不愉快な真実にスクルージが直面することを助けることである。自分自身の死に，文字どおり直面することによって，スクルージは1人の患者のように，彼の人生を変えることに貢献できることになる（Yalom, 1980）。

　セラピーは解釈によって始まるかもしれないが，実存主義的であるために，セラピストは結局自分自身の真正なあり方をもって患者と直面しなくてはならない。もしセラピストが真正になれなければ，患者は転移関係にとどまることになり，これが精神分析に終わりがないように見える理由であろう。もしも分析家が客体化された真っ白なスクリーンのままでいたとすれば，患者はどうやってセラピストと共に真正な存在になることができるのか。

　面接において真正であることによって，セラピストは出会いを発展させることができ，それは過去を繰り返すだけの転移関係よりも新たな地平を開く新しい関係性である（Ellenberger, 1958）。たとえばセラピストと距離をとるとか，自分をコントロールする権威者であるという役をふりあてて，患者は継続的にセラピストを自分の病理的世界の分類に凍結しようとするかもしれない。真正になることによってセラピストは凍結されることを拒む。患者の要求に向かい合っても真正であり続けることによって，セラピストは言語的にも体験的にも患者と直面する，すなわちセラピストを凍結してしまおうという試みや，それによって自分自身が役割や症状として凍結しつづける患者と直面するのである。患者は次第次第にセラピストが正直であるために危険を冒していることに気づき，セラピストが患者によって拒絶されたり誤りを犯すような実存不安と向かい合っても真正でいつづけられることを知るのである。患者は存在するための新しい選択肢に気づくようになり，彼のあるいは彼女の実存を変化させる選択に直面するのである。

選択

　クライエントの作業　クライエントはセラピー当初から選択することという負荷に直面させられる，それは特定の臨床家との作業に本腰を入れて取り組むかどうかを決めねばならない時だからである。患者たちはセラピーにおいて何について話すか，また治療の場でどのように居るかも決めなくてはならないということに直面する。セラピストはクライエントに存在の仕方の新しい選択肢を考えるようにと促すが，クライエントは彼らにとっ

て生きるための新しい方向性を見つけ出す可能性を持つ主体としての自分自身を経験するために，新しい選択肢を創造することの負荷を担うよう期待されているのである。ひとたび新しい選択肢を意識すれば，従うべき選択肢に責任をとることに不安を持ちつつ体験し，実存していかねばならないのはクライエントなのである。よって，選択することの負荷はクライエントにある。この負荷はおそらく患者たちが**カイロス**（kairos）（好機・決定的時点・転換点）に向き合った時もっとも明確になる。すなわちそれは離婚や結婚をするとか，症状という防衛手段の中にとどまるか真正さという不安に踏み込もうとするのかというような，実存の根本的側面を変化させる危険を冒すかどうかを決定する重大な選択点と，きわめて重要な機会のことである（Ellenberger, 1958）。クライエントたちは，失敗することはないという保証がないことを知りながら，未知の将来に跳び込む勇気を奮い立たせられるかどうかを確かめに自分自身の中を深く見つめなければならない。ある実存主義者の友人（Atayas, 1977）が述べるように，ひとたびクライエントたちが少なくとも一個人は真正でありえると気づいたならば，彼らはもはや，よりよい選択肢を見分けられない奴隷であり続けることはできない。患者はいまや臆病な存在であるか自由な人物になるかを選択すべきなのである。

セラピストの作業　実存療法家は，患者がセラピーの中で絶えず直面し続ける選択を明確にするためにあらゆる機会をとらえる。その選択がそれぞれの時間に話されるべきことに適しているのかどうか，どのように治療関係をつくるべきなのか，あるいは彼らが今後の面接にやってくるかどうかというようなことである。このような明確化によって患者は，自分が患者，すなわち精神病理のか弱い犠牲者であるとしきりに主張するかわりに，急速に主体であることを意識するようになる。セラピストは患者たちに，人間に固有な意識化の過程——想像力や知性そして判断力——を，生きるために明らかに不合理な方法に代わって，合理的な方法を創造するために利用することを促す。

セラピストは患者たちの不安と混乱を際だたせるようないくつもの小さな選択とカイロスの間中，ずっと患者たちの傍にとどまるだろう。しかしセラピストは，客観的な症状であるよりも真正な主体であることに至る道は基本的に孤独で，患者はたった1人で自分が行った選択の責任を負わねばならないことを知っている。どんなに患者がセラピストの救済幻想を引き出しても，飛び込んでいって患者を助けることは，定義上は患者であるこの人びとが，自分たち自身の人生を支配するのはふさわしくないという偽りを強化することになるにすぎないのである。

キーン（Keen, 1970, p.200）は以下に，実存療法家がある患者に対して，変化を選択するために負わねばならない彼女の責任と，彼女のうんざりするような生き方の両方に直面させている例を提供している。

　患者：どうしてここに来続けているのかがわかりません。私はただあなたに同じことを繰り返し繰り返し話しているだけです。効果がないわ。
　　［患者はセラピストが彼女を治せないことに文句を言っている；セラピストの-客

　　　　体-としての-自己を維持］
　医師：私だって同じ話を繰り返し繰り返し聞いて退屈していますよ。
　　　　［セラピストはセラピーの進展についての責任を負うことを拒否し，また彼が彼女を治すという患者の期待に応えることをも拒否する；セラピストの-客体-としての-患者の拒否］
　患者：多分私はもう来るのをやめます。
　　　　［患者はセラピストを脅す；セラピストの客体としての役割保持への戦い］
　医師：それはもちろんあなたが選ぶことです。
　　　　［セラピストは脅されることを拒否する；主体-としての-患者を主張］
　患者：あなたは私がどうすべきだと思っているのですか。
　　　　［患者を客体化する主体としての役割へとセラピストを誘惑する試み］
　医師：あなたはどうしたいのですか。
　　　　［再度主張］
　患者：私はよくなりたいの。
　　　　［彼女を治してとセラピストに懇願する］
　医師：私はあなたを責めてはいません。
　　　　［主体を-治す人の役割を拒否し主体-としての-患者の部分での望みを支持］
　患者：もしあなたが私はここにとどまるべきだと言うなら，いいわ，そうしましょう。
　　　　［決定を-する-主体の役割を拒否］
　医師：私にとどまるように言ってほしいのですか。
　　　　［患者の決定の回避を直面化し，患者がセラピーをどのように解釈しているかに注意をむける］
　患者：あなたは何が一番良いかを知っているのでしょう。あなたは医師なのよ。
　　　　［患者のセラピーに対する解釈の追認］
　医師：私は医師としてふさわしく振る舞うのですか。

　キーンは言及していないが，もしも実際にセラピストが患者を治す医師や権威のように行動をしていたら，セラピストとしての意味は失われる。責任のある主体としての行動-する-必要性（necessity-to-act）から逃げ出すことを彼女に許すような偽りよりも，患者が医師-客体関係としてセラピーを解釈することがはっきりしてしまうだろう。しかし，セラピストが真正であれば，これはゲームでもなければ戦いでもない。それは選択をする他者の可能性を体験している1人の人間と，本当には選ぶことができないという偽りを強化しようというもう1人の人間の欲求の偽りのない直面なのである。

治療の内容

　実存主義は人格的機能のあらゆるレベルで個人にかかわる実存に関する，相対的に包括

的な理論である。自分自身-のために-あること（being-for-oneself）は個人内の機能に焦点づけられたものであり，他者-と共に-あること（being-with-others）は個人間の機能のための実存的概念であり，世界-の内に-あること（being-in-the-world）は，しかしながらそれ以上の，社会に対する個人の関係を含んでおり，そして**真正さ**を求めることは，葛藤を超えて達成へ至る実存主義者たちの目的を反映している。

個人内葛藤

不安と防衛　　不安はいかなる人にとっても，非存在の脅かしとしてまさにわれわれの実存に根ざしている存在論的特性である。自由の受容と有限性への気づきは避けがたい結果として不安をもたらすか，さもなければキルケゴールがよんだように自由の眩暈をもたらすだろう。不安はわれわれが所有するものではなく，われわれの存在なのである（May, 1977）。

実存的アプローチはフロイトの基礎的な力動的構造を保持しているが，根本的に異なった内容を持っている。「本能衝動は防衛機制を生み出す不安を生み出す」という古いフロイトの公式は，実存療法においては「究極的関心への気づきは防衛機制を生み出す不安を生み出す」によって置き換わる（Yalom, 1980）。それゆえに焦点はおおむね個人の中にある実存的不安の間の葛藤へあてられる。その実存的葛藤とは存在することと，個人がこのような不安に対して防衛として用いる偽りに固有なものである。精神分析と同様に不安は実存療法においても中心的概念ではあるが，不安は非存在に意識的になることの自然な結果と考えられている。治療において徐々に不安に接近するよりもむしろ，実存主義者たちはしばしば，特にカイロスにおいては，正面から不安に向き合う。実存不安に対する唯一の解決策は『存在への勇気（The Courage to Be）』においてティリッヒ（1952）によって提案された以下のものである。「われわれは唯一無二の人間であるために支払う対価の一部としての実存不安を受け入れる勇気を，自分の内側に見出さなければならない。そのみかえりとして，われわれは無比の人間存在を生きる興奮を獲得することができる。」

実存不安は意識の結果なので，それに対する唯一の防衛は意識的偽りである――われわれが本来そうではないもの，たとえば不死であること，万能であること，全知であること，あるいは有限な人間ではない何か，であるふりをすることによって非存在の脅かしから注意をそらすことである。もし望めば，別の偽りには異なる名前をつけることができる。投影は，われわれの外側に属する特定の体験に対する責任という偽りであろう。否認は，われわれか世界が本当はそれであると知っているものをそうでないと主張する，という偽りである。

時をこえて，これやあれやの防衛は無意識になったり，われわれの客観化自己の習慣的部分になったりするかもしれない。しかし，防衛は，われわれがさらに開かれて真正な存在になる苦悩から逃げ続ける場合のみ凍結されたままになる。たとえば，他者-のために-偽ること（lying-for-others）は，われわれの偽りが他者から隠される場合だけ成功できる。セラピストのような他者にわれわれの仮面に気づいてもらうよう選択することで，偽

りの持つ特有な力を取り去ることができる。

　自尊感情　　多くの行動科学者が何と言おうとも，**自尊感情**（self-esteem）は他の人々がわれわれをどれほど評価しているかというものではない。それは**社会的尊敬**（social esteem）である。もしわれわれが多くの行動科学者と同様な誤りを犯し，われわれの自尊感情を社会的尊敬に準拠するとすれば，われわれは他者-のために-あること（being-for-others）へと引き下げられてしまうだろう。他者-のために-あることには，通常他者の承認を勝ち得て，それを保持しようと他者-のために-偽ること（lying-for-others）が含まれている。われわれがどれほど自分自身を評価しているかと，他者がどれほどわれわれを評価しているかには高い相関があるとする調査報告は，ちょうどリースマン（Reisman, 1961）の，われわれはまさに他者-志向社会に至っているという理論を支持する。

　内向的な人は，自尊感情を自分自身-のために-あることのレベルで起こるものであり，自己評価の機能として受け止める。真正な人は，自分自身の承認は他者による評価にまさっているにちがいないと受け止める。他者がわれわれについて考えることから逃げだそうと戦うことは，ロマンティックなナンセンスである。しかしわれわれは，他者がわれわれについて考えることに注意を払うよりも，自分自身について考えることに注意を払うことによって自由になることができる。われわれが自分自身に正直になると，純粋である時にだけわれわれは自分自身について心から良いと感じることができるとわかる。

　実存療法家は，患者の不安定な自尊感情を押し上げることには関心を持たない。たとえば患者がむなしい人生について抑うつ的になっていれば，そのセラピストは「あなたが抑うつ的になるのは当然だと思います。しかし，もしあなたが今までのような生き方がよいと感じるならば，私は心配になるでしょう」というようなことを言うかもしれない。実存主義者は，1人のセラピストにできることは，肯定的な関心や肯定的な強化のような手段によって患者の社会的尊敬を高めることぐらいだということを知っている。しかしそのようにすることで，そのセラピストは患者が他の人のカモ――この場合はセラピストのカモである――でいつづけることを強化する危険を冒すことになる。自尊感情は，患者が真正になるための闘争の果てにようやく自分自身へと向かっていけるくらい，苦労して手に入れることができる自然の反応なのである。

　責任　　実存療法においては責任が中心であることについては，すでに多くを述べてきた。真正であることを選ぶには，自分自身がなにものになるかに責任を持つという実存不安にどれほど個人が直面しているかを見てきた。真正さに対抗することを選ぶこと――偽ること，従うことを選ぶこと――は，われわれ自身になる機会を逃すことに対する責任を負わねばならないことや，実存的罪悪感（May, 1958a）に直面することであることをも指摘せねばならない。**実存的罪悪感**（existential guilt）はわれわれ自身に逆らって罪業を重ねることの結果である。もしわれわれの人生が本質的に真正でないならば――神経症的であるか精神病的であるかのように明らかに病理的であっても，因習的に体制順応的で

あるように月並に病理的であっても——われわれは時に圧倒的な神経症的罪悪感に直面するかもしれない。神経症的罪悪感は，だれかの幽霊ではなく本物の人間になるための責任を放棄してしまうので，より全体的に自己断罪的なものである。このような自己断罪はあまりに激しく，ある人は真に実存することなく自らの人生を破壊したいとすら思うかもしれない。

　自分自身に逆らって選ぶならば罪，自分自身に従って選ぶならば不安，われわれは短い人生においてなんらかの価値を創造するという保証はなく——サルトルがわれわれは「自由の刑に処せられている」と述べたのも不思議ではない。ある患者は偽りの重荷をセラピストに負わせようとし，実存主義者は，患者がさらなる責任を負い，それゆえにより自由で真正な存在となるにふさわしい力を持っていると力説する。

対人間葛藤

親密さとセクシャリティ　他者と親密になることは人間の統合的な部分である。親密さについての実存的理想はブーバー（1958）の著書『我と汝（I and Thou）』に詩的に表現されている。親密な関係性とは，2人の真正な人間の人生においてもっとも大切なものを思いやることと分かち合うことを意味している。これは理想であるが，実際のところは多くの人々が客体化された他者とのみ関わりを持つことを安全だと感じて，ただ私-それ（I-it）の関係性に入ることしかできずにいる。おそらくより多くの場合，2人の客体化された人物の相互関係はそれ-それ（it-it）の関係性になってしまう。この関係性はせいぜい2人の人間対象が互いに役割として関わるだけである。このような関係性は安全で予測可能であるが，関わり合う2人の人間の独自性は与えられることも受け取ることもまったくない。いかなる2人の人間も，2つのロボットでさえも役割をとることはできるが，それは関係性にいかなる本質的な相違を生み出すこともない。

　セクシャリティは実存主義者にとっては親密さほど重要ではない。もしも個人が親密であるのに自由なら，それが自分たちの選んだものであれば，彼らは性的にも自由であると考えられるようである。性的な葛藤については，その人のセクシャリティが自己客体化の過程で否認か理想化されている，というところまでは考慮される。精神分析が確信しているのとは対照的に，セクシャリティは確かに人間性の本質ではない。われわれが性的であるに違いないとか，われわれは性的になれない，というのはまちがった信念である。われわれは性的に自由になりうるし，肯定するのが最善だと信じる時にはわれわれ自身のセクシャリティを肯定する自由と，否定するのが最善な時には自分たちのセクシャリティを否定する自由を意味する。性的な自由が肯定のみを意味するという倒錯的思考を持つのは，われわれの抑圧的文化に応じているだけである。実存的セックスセラピーは性的な関係においてノーを自由に言えるように人々を助ける。それが配偶者の要求に対してでも，性行為の国民的標準回数に劣るというなにかしら内在的なカレンダーに対してでも。実存的セックスセラピーは感覚的な治療と表現するほうがよさそうである。それはクライエントに自分自身のからだすべてを，たんに性器と性器だけでなく頭のてっぺんからつま先まで触

ったり触られたりすることを楽しむ感覚的存在として体験することを促すものである。

コミュニケーション　実存主義者はコミュニケーションにおける葛藤は，おおむねわれわれの孤立に由来するという。それはわれわれが他者の体験には決して直接的に入り込めず，他者が伝えようとしていることを決して完全には知ることができないからである。われわれ自身のものの見方は，他者が伝えてきていることを脅かすことになる。それによってわれわれはふたたび完全に他者－と共に－あること（being-with-others）はできないという実存的罪悪感を体験するのである。このような罪悪感によって他の人々からひきこもってしまう必要はないが，われわれがもう1人の人の体験をできるだけ傷つけないようにと敏感になるきっかけにはなるかもしれない。われわれはまたどれほど一生懸命になっても，他者が体験していることを完全にわかるほど明敏にも敏感にもなれないということを，罪悪感によって本当に謙虚に認められるかもしれない。われわれは聞いて，「わかった，わかった，同じことは私にもあったよ」などと言っておつにすましてゆったりと座っていることはできない——というのは，それは絶対にないことだからだ。

コミュニケーションにおける問題が避けがたいのは，言語が体験を反映する方法としては不十分であるからである。体験は，言語が通常伝える抽象概念よりもはるかに豊かなものである。実存主義者が自分たちあるいはクライエントのもっとも重要な体験を伝えようとする時，それがあたかも詩人か小説家のように聞こえるのは不思議なことではない。しかし言葉が貧しく人々が孤立しているからといって，ある心理療法が体験を理解できないものと決め込む理由にはならない。もし受け手が理論的翻訳装置を捨てて，経験豊かな現象学者の率直さをもって耳を傾ける場合には，言語を媒介としたコミュニケーションは，やはり個人の体験を十分に豊かに描写することができる。

敵意　敵意を体験することは非存在の脅威を体験することである。それは敵意が存在を抹殺するもっとも素速く確かな手段の1つであるからである。この敵意は実存不安を顕在化し，われわれを偽らせ，自分自身あるいは他者に対してわれわれは決して怒らないと言わせる。それに引き続く抑圧は，いやいやながらも強烈な他者との関係性の中へと入り込むようにわれわれの存在へとつながっていく可能性もある。それはこのような関係性はつねに潜在的に葛藤的であり，このために敵意が引き起こされるかもしれないからである。攻撃性を封鎖することは，生命の主張である体のエネルギー源をふさぐように，抑うつや空虚感を引き起こすこともある。

われわれが怒ることができないといった場合に偽っているのと同様に，われわれは自分たちの敵意をコントロールできないという場合も偽っているのである。ある人々は自分自身の有限性を否認するために敵意を持つことを選び，神になって誰が生きて誰が死ぬかを決めることができるようになる。ひとたび自分自身を偽ってしまうと，彼らは無制限に，暴力という力，実存を殺す力にとりつかれる。破壊を選んだ人々は，相手を拒絶するように，彼らに非存在を思い出させて脅かす人々となるであろう。殺人者は実際に「もしお前がいなければ，私を拒絶することもできないのだ」と言う。暴力の格好の標的はイエス・

キリストやジョン・F・ケネディやマーティン・ルーサー・キング・Jrやマルコム・Xといったような人々であり，彼らはある人々には，彼らに比べると自分たちの人生がいかに空虚で真正でないものかと脅威を抱かせてしまうような人なのである。

　しかし，実存主義者にとって暴力はかならずしも病理的な行動というわけではない。カミュとサルトルがフランスのレジスタンス運動のさなかにもっとも意味深い日々から学んだように，彼らのもっとも真正な行動は打倒ナチを支援することであった。カミュ（Camus, 1956）は後に彼の美しい本『反抗的人間（The Rebel）』の中で，実存の第一の問題は自殺であると述べている。生きるべきか死すべきかはわれわれが生き続ける日毎に決定する事柄である。第二は殺人という，やはり暴力の問題――他者を生かすか殺すかである。自分自身にせよ他者にせよ，誰かを殺す力は，ただどれほどわれわれが自由になり得るかを示すだけである。もし自由がわれわれの第一原則であれば，ニヒリズムは正当化され，それによってなにかより良いことが起こるという信念をもってわれわれは他者を殺す。しかし，われわれが殺す自由をコントロールすることになれば，われわれの第一原則は自由ではなく人生の肯定である。カミュは，もし革命が他者の生存の自由を妨げる抑圧を取り除くために唯一利用できる手段であれば，われわれは自由に殺すことができる，と結論づけている。

　コントロール　　サルトルにとって他者をコントロールしようとすることは，心理学的にわれわれが他者に対してなしうる暴力行為の最たるものである。それは自由というものが実存の本質であり，他の人間をコントロールすることは本質的に他者を損なうことであるからである。しかし，サルトル（Sartre, 1955）は多くの人間が他者をコントロールしたいという強い欲求を持っていることをよく知っており，これこそが彼が言うところの「地獄は他人である」の理由の1つである。他者をコントロールすることは，その人を客体化することであり，その個人に自由を与えないことである。その自由とは，彼らが私たちを見捨てたり，傷つけたりする自由，あるいは私たちに自分たちが存外彼らにとって特別な存在ではないと思い知らせるような自由のことである。

　実存療法家は，コントロールされるのは不本意だと言い続けることによって，患者たちに他者をコントロールする試みが無駄であることを教える。その患者がセラピーをやめると脅しても，代金を支払わないにしても，気が狂ったようになったとしても，実存主義者は正直さだけによって反応することを求められ，他者をコントロールすることによって偽りの安全を見つけようという患者の欲求を満たすことは決してないのである。

個人‐社会間葛藤

　適応 vs. 超越　　適応を土台とした人生が健全であるための唯一の道は，個人が適応しようとしている社会が基本的に正直であることである。今の時代では，正直さがわれわれ社会の品質証明であるという人はほとんどいない。大多数の会社経営者が成功のために不正に法律を犯すことを認めているし，多くの大学生は機会があれば不正を働くだろうと

言っており，実際のところ政治家はすべて，選挙において選ばれるためにあたりまえのように彼らの選挙区民の代表の役を果たしていないなど，この点でわれわれはもはや彼らに期待することはできないのである。真実と幻想を分かつことができない，あるいは分かとうとしない狂気の社会にいてどうして正気でいられるだろうか。

偽りと真正でないことの泥沼からはい上がるたった1つの方法は，社会化と工業化の力がどれほどわれわれを操作しやすいロボットにしようとしているかを意識するようになることである。ひとたび自分たちを成功や安全の犠牲にする圧力に気づくと，われわれは誰かのカモになるのではなく，自分自身となるための責任を負わねばならない。意識と選択は，それによってわれわれが唯一無二の人間となり得る人間独自の特徴である。われわれは他者に所有されたり世界によって買い取られたりせずに，それでも他者-と共に-あり(be-with-others)，世界-の内に-ある (be-in-the-world) ことができるのである。

われわれは自分たちが投げ込まれているところのものすべてを超越できると思い誤ってはいけない。われわれの人生という所与——歴史におけるわれわれの時代，われわれの母語，われわれの発生学的組織——は，われわれの自由に対して現実的限界を設定する。カミュ（Camus, 1956）が述べているように，超越は必要なものを選択することから始まる。たとえば太陽まで飛んでいこうとするようなわれわれの身体との戦いは，われわれが社会を超えるために作り上げた限定的自由を破壊することにすぎない。自由とは，たんにこれ以上失うものはないということの言い換えではない。つまり社会が何もわれわれに与えられないということが，自分自身を創造する1つの機会を失うことに匹敵するということが重要な意味なのである。

衝動コントロール　　精神分析とは異なり，実存主義者は自分自身のルールを選択することによって，社会的コントロールが弱まり，衝動コントロールが悪くなることを恐れてはいない。実際にそれが彼らにとって真正なものであるならば，快楽主義的ライフスタイルを選ぶ人もいるかもしれない。他の真正な個人，たとえばガンジーのような人物は，自由支持の表明のために40日にわたる断食といった基本的衝動をもコントロールすることを選ぶかもしれない。たくさん食べなくてはいけないとか，たくさん飲まなくてはいけないとか，たくさんセックスをしなくてはいけないとか，たくさん怒らなくてはいけないというのは自己志向的個人であろうとする可能性に内在する好ましくない信念なのである。衝動-コントロールに問題のある人びとは日々偽っている。「私はたった1杯のビールを飲もうとしているのか，たった1つのポテトチップスを食べようとしているだけだ」，あるいは「さて，食べ始めてしまったから全部食べてしまったほうがいいかもしれない」とか「あなたが私を怒らせた」と。彼らは飽き飽きしたり，不安になったり，抑うつを感じるよりは食べたり飲んだりしたいのだと正直に認識するよりも，多彩な嘘をつくのである。衝動は人間にとって支配的な力ではない，しかし多くのひとびとがそれを支配的なものにしてしまう。意識と選択は成熟した人間の志向するものなので，自由になることは，自発的欲求をあらわにする時だけ真正な存在になる獣やディオニュソス的に無分別な者になることを意味するわけではないのである。

葛藤を超えて達成へ

人生における意味　われわれは人生における意味を見出すのではなく，人生の意味を創造するのである。人生に対する答えが何なのかが問題なのではなく，人生というものは体験されている継続中の経過であり，解決されるべき課題ではないということが答えである。われわれの実存の意味は，われわれが何のために戦おうとするかから立ち現れてくる。個人個人は，実存においてまったく異なりながらもそれにもかかわらず真正な立場を選択することができ，こうしてわれわれは歴史のいたるところに対立する意味を数多く見出すのである。イエスは愛のために，マルクスは正義のために，サルトルは自由のために，ガリレオは真実のために，ピカソは創造のために，マルティン・ルターは信仰のために，ヒトラーは権力のために，そしてマーティン・ルーサー・キング・Jr は平等のために戦った。

実存の意味を知るためにわれわれは自分自身に問いかけねばならない。私は何のために戦うのか。私は立場を主張するのか。私が支払う犠牲に値し，この特定の人間になることを選ぶことによって諦める他のすべての可能性に値する何になるべきなのか。この意味への問いはわれわれにとりつくかもしれないが，たとえ新しい道のりが自分の実存を賭けるに足るほど重要には見えなくても，カイロスの時に安全でうまくいきそうな道のりからはずれるようわれわれを動かすかもしれない。もしこの人生の危機的時期に脱出しなければ，われわれは後になって，抑うつや恐怖，あるいは自分たちがそのために戦ってきたものにもはや味方できないと気づくことに伴う吐き気に圧倒されて，破綻を来すかもしれない。こうした破綻の多くは無意味な感覚を突破した結果であり，不適切な実存のたんなる諸症状というよりも，より意味のある人生の始まる新鮮な機会と見なすことができる。

理想の個人　生きることにとっての理想は，そして心理療法にとっての理想は，実存から意味を創造する選択をして，自分自身を真正なものにすることである。後にサルトルによって借用されたハイデガーの言葉に，真正な人生とは，人間の条件と個人の可能性の達成を正確に予測することを土台としている人生である，というものがある。1人の個人は，その人の世界-の内に-あること（being-in-the-world）が，彼もしくは彼女自身の本性と世界の所与性に徹底的に調和する程度まで真正なのである（Bugental, 1976）。

真正さには自分自身への，関係性への，そして世界への気づきと，選択への認識と受容，そしてこの選択に対する完全な責任の受容が求められる。選択をすることは，われわれの人生に何が起きるかについての限られた情報に直面してとる行動に対して，責任を持つ勇気が要求される。真正な人は，人生において志向するまさにその意味が，死や孤立という非存在の形態によっていつでも否定される可能性があるという事実に直面しながら生き続ける勇気を見出すにちがいない。人が真正さに至るために従う**べき**唯一の価値は，無に直面してさえも正直であることである。

ひとたび患者が基本的に正直である勇気を見出すと，もはやわれわれはその人物がどう

なるかを予想することはできない。われわれは，社会の規範や期待を映し出しているただ因習的な人物がどうなるかについて，あるいは凍結した過去を映し出している病理的な人物がどうなるかについて予想することができるだけである。真正な個人の限界をはっきりさせようと試みることは，彼らをわれわれの理想という限界の中に凍結しようとすることである。真正な人々は，たとえ彼らの心理療法家の理想によってさえも凍結されることを拒むのである。

治療関係

　実存療法家の中心的課題はクライエントを世界-の-内に-あること（being-in-the-world）として理解することである。すべての技術的で理論的な思考はこの理解に従属する。治療的関係は2人の人物の直接的関係，我-汝（I-Thou）であり，共に分かち合うことと体験することは，実存の意味を正しい知識で理解することによって，患者の存在様式の解明をもたらす。治療関係の主たる特徴はセラピストとクライエントが"あるがまま"の精神で"共に-あること"である（Hora, 1959, 1960）。**あるがまま**（letting be）の概念は他者の実存の真正な肯定を意味している。

　治療関係は実存療法にとって，変化の過程と反応内容の源泉の両方の意味がある。患者を真正な出会いに引き入れるために，心理療法家は，たとえば患者が1人の人間としてではなく患者にとどまっていたがるようなやり方，出会いを避けようとする方法に気づくよう助ける。治療関係は患者にとって深淵で真正な出会いへ参加する最善の機会を提供する。それは実存療法家が真正に応答することに義務を負っているからである。もし患者がセラピスト-と共に-真正-であること（be-authentic-with-the-therapist）を選択する勇気があれば，患者は他者-のために-偽ること（lying-for-others）や自分自身-のために-偽ること（lying-for-oneself）から，もう1人の人-と共に-あること（being-with-another）へと根本的変化を遂げるだろう。

　内容の源泉として，治療関係というものは今ここに患者の病理的なスタイルを持ち込むものなのである。ボス（Boss, 1963）やビンスワンガー（Binswanger, 1963）のように精神分析的影響を受けている実存主義者にとって，病理というものは，患者が出会いに入るために分析されるべき，あるいは意識化されるべき最初の内容である転移関係に帰着する。他の実存主義者にとっては，患者が他者-のために-偽ることや自分自身-のために-偽ることが即面接室内で生じるという事実によって，患者を彼らの病理的な存在のありかたと直面させることができるのである。患者が自分の病理的実存を隠すことができないのは，病理的関係は実存的分析者との直接的関係の中にすぐに現れてしまうからである。たとえば，セラピストが彼らに代わっては責任をとりたがらないことによって，患者たちは結局自分たちが責任という実存的不安から逃げ出そうとしていることを，無理矢理にも意識化させられるのである。

　実存主義者は，ロジャーズ派の用語の中の，患者よりもセラピストがまず（自己）一致

し真正であるべきだ，ということには同意するだろう。セラピスト側に関する一致はセラピーにおいてセラピストが誠実であるために必要である。もし患者がセラピストと同じように一致して真正であれば，その二者は価値ある出会いをするだろうし，そこに治療の必要性はないだろう。実存主義者はまたロジャーズが厳密な共感を求めたことにも同意する。セラピストは患者が世界を体験するように体験しようと努力する。**現存在**（Dasein）――セラピストが文字どおり患者とともに「そこにいること」――は体験と関係をもって存在していることの無条件の出会いを意味している（Bolling, 1995）。

　しかし実存主義者は，セラピストが患者に対して無条件の肯定的関心を向け続けなければならないということには同意しない。真正であるためにはセラピストは正直さと真正さに対してだけ肯定的関心をもって反応するが，偽りと病理に対しては決して肯定的関心を向けることはない。セラピストが患者に明白な判断を持たずに偽ることと客体化することを最初に許すのは，患者の現象学的な世界をセラピストが体験するためと理解される。しかしながら真正なセラピストは，患者が偽ることに肯定的関心を持ち続けることはない。

実存療法の実用性

　実存分析家たちは日常的に実際的なことについて書き記すことにはほとんど無関心のようである。治療計画，料金，そして形式などは実存主義者の著作にはめったに現れない。ある人がまとめた印象では，多くの実存分析家が精神分析的心理療法家と似ているが，カイロスのさなかでは異なっている。すなわち，通常の契約は毎週50分の面接である。しかし，患者が緊急な危機的状況にある時の実存主義者は，より柔軟で時間を延長して患者とかかわるかもしれない。たとえばボス（Boss, 1963）は，強迫症患者が自分自身の実存における拒絶によってもたらされた精神病体験を生き延びた時，その病床で4日間を費やした。

　われわれが知る限りでは，伝統的実存主義者は，ある人が実存療法家になる準備が整っているかどうかを判断するための正式な基準を持っていない。実存的作業は患者の主観性に入り込むことに重きが置かれており，このためにセラピストに広い主観を求める。将来のセラピスト自身の主観を豊かにすることは集中的な個人治療や，広い世界での可能な限りの人生経験や，人間の体験を描いているフィクションとノンフィクション双方の幅広い読書や，感受性と技能を育てる実習訓練や，訓練生自身の革新が必要であろう（Bugental, 1987）。実存主義者は同僚の形式的な教育的背景についてはまったく寛容であった。医学，心理学，教育学，そして神学は実存分析家たちの間で代表的なディシプリン（研究領域，素養）である。

　実存主義者たちは，セラピーの補助として薬物をつかうことについては，他の心理療法家よりも寛容でないようである。彼らは不安や罪悪感のような感情を，患者たちにたとえ激しい痛みがあったとしても，たやすく薬を飲んで痛みを殺してしまうのでなく，真正に体験してもらいたいと思っている。薬物療法はまた，自分自身を実存不安から逃げ出すこ

とのできる対象として扱うことによって，彼ら自身を殺してしまう危険性を持っている。

短期実存療法

　実存療法が長期にわたるか短期で終わるかには誰が答えるべきなのか。それはもちろん患者である。関係性を自由に選択することで，心理療法の内容と目標と期間はおよそクライエントによって決められるだろう。「ともにあること」と「あるがままにさせること」の精神の中で，クライエントは自分の選択に責任を持つ。実存療法家は，正直で真正な見解を重視するが，自由促進的心理療法をコントロールするいうことは，その目的と正反対となる。

　一般化できる限られた範囲では，実存分析は精神分析的心理療法にならって比較的長期にわたるようである。集中的短期実存療法，あるいは時間制限実存療法についての論議はブリーフセラピーについての最近の文献にも見出せない（たとえば，Budman & Gurman, 1988; Wells & Giannetti, 1990）。

　しかし同時に，実存分析における主要な選択肢はすぐにブリーフセラピーの役にたつ。選択が中心であること，我-汝の関係，今-ここというオリエンテーション，そして避けがたい実存不安に直面しながらも動きなさいという命令は，すべて治療過程に作用を及ぼす（Ellerman, 1999）。さて，その短期療法の選択肢に話を向けよう。

主要な選択肢：実存-人間性療法，ロゴセラピー，現実療法

　ここまでこの章での焦点は，実存分析，現存在分析そして実存-分析的療法として知られている伝統的実存的心理療法におかれていた。いままで見てきたように，もともと精神分析の中で訓練された初期の実存分析家たちは，後に臨床的作業に向けて実存的オリエンテーションへと創造，転向したのである。しかしそれに続く実存療法家の世代は精神分析的背景からはあまり歓迎されなかった。それに代わって彼らは人間性主義的伝統の出身か，もしくは明らかに実存主義者として訓練されているようである。

　さらに，実存療法には技法的手続きや実践のガイドラインが少ないため，実存的立場のセラピストは，実存主義の主たる信条と矛盾のないように治療手段のバリエーションを自由に選択してきた。伝統的実践は修正された精神分析の方法に従っているものの，クライエント中心療法やゲシュタルト療法やアドラー派療法，さらには認知行動論的方法を好む人たちも実存主義哲学の中にはいる（たとえば，Denes-Radomisli, 1976; Dublin, 1981; Edwards, 1990; Maddi, 1978）。このセラピストたちは本書の他の箇所で扱われる。ここでわれわれは手短かに実存-人間性療法，ロゴセラピー，そして現実療法を古典的実存分析に代わる三様のものとして考えてみよう。

実存−人間性療法

　臨床体験と刊行された文献において，少なくとも2種類の実存療法を見出すことができる。**実存分析**（existential analysis）と**実存−人間性療法**（existential-humanistic therapy）である。実存分析もしくは現存在分析は厳密な精神分析と現代的な人間性実存主義の中間的ステップとして見ることができる（Norcross, 1987）。実存−人間性療法は実存主義と人間性理論の中間面で活動し，心理学における"第三勢力"（精神分析が第一勢力で，行動論が第二である；Maslow, 1962）と密接に関連している。縁続きではあるが同じものではない区別（Yalom, 1980）は"古い国の親類"（実存分析）と彼らの"派手なアメリカの親戚"（実存−人間性療法）の区別である。ヨーロッパの実存主義者は限界，受容，不安，人生の意味，隔たり，そして孤立について語りたがるが，アメリカの実存的人間主義者は可能性，気づき，至高体験，自己実現，我−汝，そして出会いに焦点を当てる。

　ジェームズ・F・T・ブーゲンタール（1915- ）は優れたアメリカ人の一例で，彼自身は自分を実存−人間性心理療法家と見なしている。彼が実践している実存的心理療法にもはや"分析的"という形容詞をつけることはないが，いまだに精神分析の洞察に多くを負っている。にもかかわらず，彼はそれを"人間主義的"とよび，内容を発見すること（分析）に関わるよりも，人間の可能性の実現を促進することに関わる価値体系を強調しようとしている。彼にとって治療の目的は，その過程に関与している人が本当に生き生きしてくることなのである（Bugental, 1991; Bugental & Bracke, 1992）。

　自分自身を実存−人間性セラピストと見なしている22人と，実存−分析的セラピストと見なしている11人の治療実践についての現象学的研究は，やはりその違いを示している（Norcross, 1987）。実存分析家が彼らの実存−人間性の立場の仲間よりも，あきらかに古典的な精神分析的技法――転移の分析と解釈というような技法――を用いているという報告は驚くべきことでもない。対照的に実存−人間性セラピストの多くは，彼らの片割れである実存−分析家よりも，患者との，より身体的な接触（触れること，抱えることや抱きしめること）や，もっとロジャーズ的な温かさと肯定的な関心を報告している。実存主義者を2つの型に限定することは大雑把な分類かもしれないが，これらは実存的実践の多様さを正確にとらえていると思われる。

ロゴセラピー

　非存在の形態の中で，**ロゴセラピー**（logotherapy）は生きる意味がないということにもっとも関心を寄せている（ロゴは意味である）。母と父と兄弟，そして妻をそこで亡くしたナチ強制収容所での幾年にもわたる受難の後でビクトール・フランクル（Viktor Frankl, 1905-1997）は**意味−への−意志**（will-to-meaning）が実存を根本的に支えるものであるという確信に至った（Frankl, 1967, 1969）。むきだしの実存へとすべてを剥奪され，彼はニーチェ（Nietzsche）の言葉の真実を体験した。「何のために生きるのかという理由を持っている人は，およそどのようなことにも耐えることができる」。しかし第二次世

界大戦と核の未来という狂気の恐怖に直面し，いよいよ多くの人間が自分たちの人生が**実存的真空**（existential vacuums）になっていくことを気づいた。非常に多くの患者たちが仕事や愛や死や人生の意味に疑念を持った。心理療法は，欲動と防衛のように個別な心理的障害や精神的葛藤を解決するのに適しているのであろうが，適切な現代的治療は哲学的治療——「なぜ生きるのか」が見つけられないという実存的欲求不満に直面する人々のためにも意味ある治療であらねばならない。

　フランクル自身は，試練に直面する他者を助けることの中に生きる意味を創造することによって，ナチ強制収容所と彼の家族の死を超えて，生き延びたのである。彼の古典である『人間の生きる意味への探求（Man's Search for Meaning）』の中にフランクル（Frankl, 1963）は，妻と両親と兄弟の恐ろしい死，彼自身4年間におよんだ収容所の監禁で出会った蛮行，そして彼を侵略しつづけた無力感について感動的に書いている。圧倒的なトラウマに見えるこの収容体験のさなかで，彼は仲間の収容者が健康を回復するのを助けることによって生きる意味を見出した。フランクルとその他の人々にとって，生きる意味を探求することは安寧への礎であり，自殺に対する解毒剤であった。

　「あなたはなぜ自殺しないのですか」という問いかけは不穏であるが，ある種の患者の治療開始にあたっては有効な質問である。最初のはっとする驚きの後で，その人は自殺をしない理由が生きることの深遠な目的へと花咲く可能性のある意味の種を含んでいることがわかるようになる。非存在のそれぞれの形態に直面することによって，クライエントは生きることの意味に気づくことができるようになる。人間の独自な遺伝的構成と家族遺産という偶然は，どんな人間になることができるかという可能性に限界を与えはするが，しかしまた私たちの独自なアイデンティティの輪郭線を描くことを助けもするのである。死は存在の否定にも見えるが，もし人生に終わりがなければ，決定は無期限に先延ばしされてしまうので，死は行動の責任をもたらすこともある。運命に直面してさえ，人は運命に向かっていこうとする態度に責任を持つ。たとえば強制収容所の犠牲者は仲間の収容者のために死ぬことを選ぶこともできたし，生き延びるために敵に協力することもできたし，よりよい日に向かって戦い続けることによって将来に意味を与えることもできたのである（Frankl, 1963, 1978）。

　人生の意味は抽象ではない。「人生の意味は何だ」という問いかけに心を奪われている人びとは，人生とはわれわれが実存に与える意味は何なのかとわれわれに問いかけてくるものなのだと理解するべきである。われわれは責任を持つことによってしか人生に応えることはできない。われわれはロゴセラピーの絶対的におごそかな「であるから，あなたはすでに二度目の人生を生きているように生きなさい，そして今とまったく同じように一度目も間違って行動してしまったかのように生きなさい」（Frankl, 1963）という言葉を受け容れる時に，自分たちの責任を引き受けるのである。この鋭利な気づきをもって個々の瞬間に直面し，この責任を引き受けることによって，われわれは人生におけるこの唯一無二の瞬間に，われわれにとって他に代え難い人生の意味を見出すことができる。

　ロゴセラピーはその内容においては実存分析とかなりよく似ているが，フランクルはセラピーにおいて，生きる意味により中心的な位置づけを与えている。実存分析が形式にお

いては精神分析と似ているように、ロゴセラピーもある種の短期精神力動療法に形式が似ている。しかし、哲学的な問題がしばしば温かく受容的なやりかたで話され、やはりロゴセラピストは、クライエントが実存的真空になりつつある人生をより意識的に責任を持って見るようになるために、いろいろな方法で直面、教示、推論、そして作業を行う。セラピーの記録（Frankl, 1963, 1967）は、治療技法が解釈と直面化を含みながら、また相当、説得と推論に頼っているということを示している。ロゴセラピーは実存哲学における個人的なフィードバックと説得的教育を組み合わせて、意識化を促進する形の心理療法に見える。

伝統的な心理学問題を取り扱うにあたって、フランクルは2つの特殊技法を開発した。不安性障害を持つクライエントは予期不安に悩まされている。彼らは恐ろしい出会いからとんでもない結果を予想してこのような出会いを避けようと苦闘している。しかしながら避けようとして、彼らはただ、恐ろしい出会いを強制されたとしたら何が起こるだろうかという不安な予想を増大させているだけである。フランクルは、人生の恐ろしい領域からの彼らの回避とひきこもりを"誤った受動性"とよんでいる。この神経症的パターンを一変させるために、クライエントは自分に無関心な態度と自分自身に対するユーモアを採用するよう勧められ、彼らが恐れているまさにそのことがらをやってみるようにと勧められる。この**逆説的意図**（paradoxical intention）によって、クライエントは彼らの予期的行動は彼らが実際に行動することとは違うと気づくのである。

学生クラブに行くと吐いてしまうのではないかと恐れている学生に、私は、クラブへ行きわざと吐くことを指示した。われわれは嘔吐について彼がどんなふうに説明できるか冗談を言いあった。自分に対して十分に無関心になって、彼はクラブへ入っていったが、彼が恐れていることを思った時、彼は実際には予期していたよりずっと自分の不安をコントロールできるようになっていることがわかったのである。

不安な患者たちはしばしば、強迫思考と強迫行為と再対決するために苦闘し、誤った営みを行う。強迫的な行動をコントロールしようとしすぎることに代わり、クライエントは**脱-内省**（de-reflection）を勧められる。脱-内省においてクライエントは彼らの気づきを人生のより肯定的な側面に向けるようにすることで、とりつかれていることを無視するように指示される。意味と価値に満ちた人生に参加することによって、クライエントは精神病理と戦おうとする誤った行動を、個人的可能性の実現という正しい行動へと置き換えるのである。

現実療法

ロゴセラピーは治療における中心的関心として意味の欠損を強調したが、**現実療法**（reality therapy）は責任感の欠損を強調する。患者たちはおきまりのように回避して他者を責めようとするが、現実療法家は患者たちに彼らの人生を選ぶことを求め、さらにその選択に責任があることを強調する。

読者の中には現実療法が実存療法の章にあることに驚く人もいるかもしれない。しかし、

現実療法を発展させた南カリフォルニアの精神科医であるウィリアム・グラッサー（William Glasser, 1925- ）は，彼の治療原則の多くをアメリカにおける最初の実存療法家の1人ヘルムート・カイザー（Helmuth Kaisar）から導き出している。さらに，現実療法の中心的関心事の多くはパーソナリティと精神病理に対する実存的アプローチに類似している。グラッサー（Glasser, 1975, 1984, 2000）の治療に対するアプローチは正直なところ，実存哲学と行動論の技法の独自なブレンドである。本書の前の版の評者には，この理由から現実療法は行動療法か折衷主義の章に入れるほうがよいと提案した人もあった。しかしわれわれは結局この章がもっともふさわしいと考えている。

　目標に到達するために，われわれは環境を適当にコントロールしなくてはならない。グラッサー（Glasser, 1984）によると，人間の脳は周囲の世界を変えるために自分の行動を調整しようとするサーモスタットのように機能する。すべての行動は所有，権力，快楽そして自由という4つの心理学的欲求と生存への身体的欲求を満たすことを目的としている。これらの欲求をうまく満たすことはコントロール感覚をもたらす。

　所有欲は，協力することとカップルや家族やチームやクラブあるいは宗教的組織のような単位として機能することをわれわれに学習させる。権力は他者を搾取することを意味するのではなく，むしろ達成感や能力や業績を意味する。この結果はコントロール感覚——われわれは事を起こすことができるという感覚を与える。楽しさや快楽の欲求はわれわれの達成感とバランスをとる。人生は楽しむべきもので，ただ堪え忍ぶだけのものではない。自由，独立そして自立への欲求は，真に人間的なやり方で機能するために，われわれが自分自身で選択し，行動する機会を持たねばならないことを意味している。力を持つことと自分の欲求にかなった選択をすることの喜びから，成功（したという）アイデンティティは確立するのである。

　失敗（したという）アイデンティティは，子どもが適切な愛情を受けられなかった時や自分自身を無価値だと感じた時に増大するようである。しかし幼児期がどれほど残酷で尋常でなかったにせよ，それはわれわれが現在の行動の責任をとることを避ける理由にはならない。事実，早期の失敗アイデンティティを乗り越えることができる唯一の方法は，われわれが今とっている行動に責任を持ち始めることである。もちろん過去は変わらない。過去は狭められ固定されていて，非存在の一部である。しかし現在と将来はわれわれに開かれていて，もしわれわれが現在の行動に責任を持つならば，さらにわれわれにとってコントロールできるものとなる。

　悩める人々は，責任を受け入れたがらず，正直に現実と向き合いたがらないので失敗アイデンティティを持ち続けているのである。精神の病いというのは，現実や責任を無視したり否認したりするために人々が用いるさまざまな方略に，われわれが名付けたものである。誇大妄想を持つ人，彼ら自身を神だとかナポレオンだとか信じている人は，誤ったアイデンティティを創造することで失敗を否認しようとしている。また他の患者たちは，彼らの症状がどれほど特別なものかということに心を奪われることによって，価値あるものであるという感覚を強化しようとしている。精神病質の患者たちは現実を無視する能力があり，規則や法律やその他の社会による現実的な制約を壊すことに成功していると信じて

いる。ひとたび現実を無視し，否認し始めると，彼らは過ちを繰り返すようになる。たとえば適切な愛情を得ることに失敗した人は愛情欲求を否認して他者からひきこもるかもしれず，このひきこもりによって，価値あるものであるという感覚を生み出すことができる愛情を見出すことに失敗するのである。

　もう1つの人間の悲惨さの源は人間が他者を支配しようとすることである。グラッサー（Glasser, 1999）は，われわれが他者を自分たちの基準に従わせようとする時，われわれはエネルギーの方向づけを誤り，抑うつになると確信している。われわれは他者を支配することができないというのが現実である。われわれが支配できる唯一の行動はわれわれ自身のものである。そして，われわれがただ自分自身の行動しか支配できないということを認識した時，われわれはただちに個人の自由を再定義し，それを高めようとすることができる。

　セラピーは，患者が今自分自身を混乱させるために何をしているのかに気づくように助けることから始まる。たとえば，抑うつ的な患者への質問は「何があなたを抑うつ的にしているのか」ではなく，むしろ「あなたは自分を抑うつ的にするような何をしているのか」である。もし患者が過去の困難に焦点を当てたとすれば，質問はなぜその人物がそのような困難に巻き込まれてしまったのかではなく，むしろ彼らはなぜもっと困難な状況にはならなかったのか，である。このような焦点づけは，自分自身を厄介なことにしてしまっていても，彼らはある種の強さを持ち，自分自身や他者の生命を徹底的には破壊しない責任感を持っていることに気づかせることができる。クライエントは自分の失敗にではなく，自分の持っている強さに焦点づけることを教えられる。強さに気づくにしたがって，クライエントは現実を否認したり無視したりせずに，自分にはうまくできる能力があることを認識し始めることができる。

　現実療法はまず現在を中心にして，選択に焦点を当てる。過去は現在の行動との関連においてのみ重要である。現在というのはあきらかにクライエントが変化を選ぶことができる場なのである。現在の問題を過去の虐待のせいにするのはクライエントによくある言い逃れであり，残念ながら旧態依然としたセラピストによってあまりに強化されすぎている。しかし，現実療法家が冷たく非難がましく患者を指さすわけではない。クライエントはもうすでに十分冷たさや非難を浴びている。セラピーは，温かく真実で思いやりのあるセラピストが，クライエントの今までの人生で失われていたある種の愛情や確信を与えるように，個人的なものである必要がある。

　現実療法の人間的な姿は，すべてを受け容れるセラピストを意味してはいない。価値判断はなされるべきであるが，それは危機に瀕しているクライエントの判断である。セラピストが価値判断をすることは，クライエントから責任をとりあげることにしかならない。もしクライエントが成功するはずなら，彼らは責任のある時には行動を受け容れられるものとして判断するようにならねばならない。このことはクライエントと，彼らが意味ある関わりを持つ人々にとってよいことである。もしクライエントのしていることが彼ら自身や他者を傷つけることであれば，彼らの有害な行動は無責任であり，変化すべきである。自分の行動が自分自身や他者にとっていかに破壊的であるかということに責任を持って気

づいて初めて，効果的な変化は生じる。

　選択は真に主たる変容過程であり，事実グラッサー（Glasser, 1999, 2000）は，彼の**選択理論**（choice theory）を新しい現実療法とよんでいる。治療的変化は，その人がつくり続けた傷に気づくことを基盤にした責任ある選択の結果なのである。

　セラピストの仕事の1つは，クライエントに自分自身の言い逃れについて気づかせることである。セラピストは，過去において両親がとった行動の個人的な問題や今日の社会状況を責めるような理論的な解釈で，クライエントの誤った行動を弁明するという無責任な行動には，明らかにかかわるべきではない。成功する人々は社会の不道徳に呑み込まれることなく，社会という現実の範囲内で働くことができることを知っている。社会の不道徳な側面を変化させる最初のポイントは，自分自身の行動の責任を受け入れることである。

　ひとたび患者が無責任な行動を変化させることを選ぶならば，セラピストはその人物が特定の行動を変化させるための特別な計画を立てるのを助けることができる。セラピストは，この失敗を現実の中で先へ進めるためのガイドとして働く。個人療法か，選択理論療法グループにおいて，何週にもわたって継続する機会を利用できるように計画が立てられる。もしクライエントが現在の限界の範囲内で現実に達成できる以上のことを引き受けているなら，セラピストの仕事は，フィードバックをしてクライエントにその週のより現実的な計画を立てるように援助することである。クライエントが必要としているのは成功体験なのであり，失敗体験を増やすことではない。現実療法家は成功という結果が増えるような毎週の行動計画を通して，引き続き成功アイデンティティが徐々に確立していくような行動を奨励する。しかし，成功は予期される緊急事態をセラピストが管理することによってではなく，むしろクライエントの行動の自己-管理によってもたらされるのである。

　毎週の計画はしばしば契約という形の書面にされる。計画を書面にするということは，変化に対するかなり明確な関与である。書面化された契約は語られたことを忘れたり，ゆがめたりすることを避けることにもなる。計画がどれほど現実的か，どれだけ成功する見込みがあるかを見るためにセラピストはこまかいことを求める。いくら書面にされたものであっても，計画が絶対的なものではないことは明らかである。もし計画が成功しない時は現実からのフィードバックによって変更されうる。しかし，もし計画が実行されない時は，言い訳は受け付けられない。クライエントは，計画を変更することを選ぶという責任も含んだ責任を負っている。われわれの多くは，人びとがやろうとしていると言ったことをやらないので，ものごとはいつもうまくいかないことを知っている。糾弾や非難は助けにならない。重要な問いかけは「あなたは自分の言ったことをしようとしているのか，いないのか。もししようとしているのならば，いつ？」である。あるいはセラピストは「計画は実行に移されていませんね。変更しましょう」と言うかもしれない。

　現実を受け入れるということの一部は，人生がわれわれの目的達成能力に据えた限界をも含む限界を受け入れることである。失敗はわれわれが限界に到達しないことにある。失敗は，われわれが能力と現実のまさにその限界まで成功することに責任をとらないことにある。

実存療法の有用性

　実存主義の論文と心理療法の効果研究について再調査を行ったところ，伝統的実存療法もその他のものも実存療法の有用性を評価するための対照比較研究はないことがわかった。標準的なメタ分析的研究も同様に，子どももしくは成人の実存療法についての効果研究はいかなるものについても報告されていない（Grawe et al., 1998; Roth & Fonagy, 2004; Weisz et al., 1987; Weisz, Donenberg et al., 1995）。あきらかに実存療法家たちは，主観にもとづく効果基準であれ，客観にもとづく効果基準であれ，ありきたりな"成功"率を計算しようとしない。

　標準的な経験的調査に対するこの抵抗は，一般的な"科学的"研究に対する実存的嫌悪に矛盾しない。客観的研究は，経験をテストの値や総数としてのデータにしてしまうことで，人間の非人間化を促進する。実存療法は人々が自己-客体化へとあきらめて逃げ込んでしまおうとする時に，彼ら独自の主体性を体験することを助けようと関わっているのに，人間を数値へと捨象することは患者をさらに客体化することになる。特に実存療法家は，情緒の客体化に依存し人間の生命に金銭的価値を置くようなマネジドケアの下にある"説明義務"に対して，その責任を追及しようとしている。現象学的原則にのっとり，実存主義者たちは，科学のありきたりな経験的手法が人間性の研究を十分に扱うことができる，という神話に寄与することに対抗しているのである。

　ロゴセラピーも，刊行物や経験的効果研究は同じく不足している。われわれも他の研究者たちも，ロゴセラピーの有用性を測定する対照比較研究を見つけ出すことはできない。

　フランクルは逆説的介入に関する最初の提案者であったが，決して唯一の人，あるいはもっとも体系的な人というわけではなかった。家族システム療法家たちは逆説的介入の有用性を調べることにおいてはより独特で多産であった。フランクルの特殊な逆説志向でなく，一般的な逆説的介入のメタ分析は，それが典型的な治療技法と同様に効果的であるが，それ以上でもないことを示している。無治療の対照群と比較した逆説的介入効果の程度の平均は0.99であった。このように平均的には治療を受けた患者は無治療群より84％以上も改善されている（Hill, 1989）。またあるメタ解析は，重篤な症例については逆説的介入が他の介入よりも大きな効果を示したと報告している（Shoham-Salomon & Rosenthal, 1987）。このような結果はロゴセラピーが論証された効力を持つという直接的な証拠となるわけではないが，フランクルの逆説志向を含む幅広い諸技法にとっては効力の証拠であるということを繰り返し述べねばならない。

実存療法に対する批判

行動論的観点から

　実存主義者たちが，なぜ彼らのアプローチを心理療法についての哲学と考えたがり，心理療法のシステムと考えたがらないかは，対照群を置いた治療結果研究がないことによって，よくわかった。実存分析学会の2003年大会のタイトルは哲学-親和的であり，調査-敵対的な「心理療法における調査の（不）可能性」であった！
　しかし真正な哲学の立場なら，病理を克服する患者の支援においてその効果に基礎を置かないということがあろうか。実存主義者が好むならば，現象学的方法を使わせようではないか，しかしその方法が，患者をより率直に正直にするというプラセボ効果をも含めて他のアプローチよりもずっと真正であるという結果になることをも示させようではないか。
　1理論としての実存主義は，愛と意志（May, 1969）といったロマンティックにきこえる思想によって大きく後退した。この思想は人間性の科学をきわめて長く停滞させた。このような哲学化は人間科学へのダメージばかりでなく，スキナー（Skinner, 1971）の説得力のある論議のように，人間社会へのダメージにもなっている。それでもなお自由と尊厳の神話を強調することは，ただ社会の崩壊の持続を導くだけである。もし実存主義者が共同社会の断片化といった疎外現象に本当に関心を持つなら，そこでは不慮の出来事が正気であり，規則破りの社会的重要性が深刻な，よくできた共同体を支援することに彼らの雄弁さを行使させよう。エリート主義の真正な個人の権威にかけて社会を犠牲にすることは，もはやわれわれには負担しきれない贅沢なのだ。

精神分析的観点から

　いったいどうやって実存分析はあれほど多くの精神分析的技法を借用し，にもかかわらずいまだにあれほど精神分析理論を拒否することができるのか。いったいどうやって実存主義者は治療において真正でありながらも，まだ精神分析家のように振る舞うことができるのか。自分たちの原則を冒瀆しているのではないか，また効果的な治療には転移が発展するような関係性が必要だということを示しているのではないか。
　理論として，患者が自分自身を解放しようと戦っているまさにその病理は彼らに責任があり，またその病理を選んでさえいると主張することによって，実存主義者は無意識的葛藤のさなかにある患者に対して深刻な不正を行っている。実存療法家は重症な洗浄強迫や精神病性の迫害妄想を持つ患者たちが，そうすることに駆り立てられていることについて何らかの選択をしていると本当に信じているのだろうか。
　その理論の論理的でかつ滑稽な結論は，ビンスワンガー（Binswanger, 1958a）が患者の攻撃性がひそかに死に向けられることから患者を救う努力をせずに，むしろ患者の自殺の現象学的意味を分析したことに見ることができる。マウラー（Mowrer）はフロイトが

われわれに精神病質の世代を与えたことを責めたが，実存主義はもっと悪いようだ。われわれの時代の哲学として，実存主義が選択の自由と生きることの個人的ルールを強調したことが，社会秩序の崩壊に対して担うべき責任は精神分析よりも重い。

人間性心理学的観点から

すべての人間性主義者が伝統的な実存分析に共感をいだいているという誤った結論に至らないように，非存在の概念に関するマズロー（Maslow, 1960, p.57）からの引用をしよう。

> 恐怖や苦悩や絶望などについてヨーロッパの実存主義者たちがくどくどと言うことをあまり深刻にうけとめる必要はないと思う。それらに対する彼らの治療法は上唇をとがらせておくこと（動じないこと）のようだ。これは高い知能が宇宙規模で泣きごとを言っているのだ。

文化的観点から

もはや力を持たない白人のヨーロッパ人たちが，人々の生活の現実的事情を無視したエリート主義個人心理療法を開発する。親しみがあるようにきこえるだろうか。実存主義はフェミニストや家族システム論や多文化的あるいはその他の文化的な立場を主張するセラピストたちから厳しく攻撃されてきた。実存的理論においては影響力のある女性がいないことと，それによって女性たちの現象学的世界が軽んじられるであろうことが，実存主義は男性知識階層の要塞であるという特有な印象をかもし出している。個々のクライエントを独自な存在と見ることで，実存療法家は家族システムを全体として見そこね，扱いそこねている。セラピストの受動的スタンスと概念の抽象性は，いずれにせよ家族療法を難しくするだろう。

方向性と確かな解決法を欠くので，実存療法は安心感を得たいというマイノリティのクライエントにはあきらかに不向きである。貧困，人種差別，ホームレスそして犯罪によってもたらされるカイロスは実存的関心の分析によっては解決されず，こうした人々の分析は実存主義者の穏やかな拒否に出会って，自殺者の数を増やしかねない。金銭と時間は，**自己世界**（Eigenwelt）についての果てしのない哲学化よりも，彼らの**環境世界**（Umwelt）と**共同世界**（Mitwelt）における現実問題を解決するために使われるほうがよいだろう。もし恵まれない患者たちが，実存主義者が支持するような内的変化を遂げたとしても，彼らは自分たちの外的な現実にはほんのわずかの希望――あるいはほんのわずかの選択と影響力しか持つことはできないのである。ただ実存主義と映画の中においてのみ，人間は無制限の自由を持つことができ，自分自身の意味を構築でき，無限の選択を追求できるのである。裕福で悩み多い人のためにそれはとっておこう。

統合的観点から

実存主義は人間の状態を適切に認識することにおいては豊かだが、セラピーの理論としては貧弱である。たとえば伝統的な実存分析は、同じように重要な他の非存在様式を犠牲にして責任という実存的不安に焦点を当てる。実存分析は、精神分析の治療技法にセラピストの真正さというスローガンをわずかに加えたものを繰り返すばかりで、自分たちの治療方法への洞察はほとんど提供しない。治療的手続きが十分に発展しなかったことは、メイ（May, 1958a）が、実存主義は何でもあり（anything-goes）の無秩序へと堕落するかもしれないと述べた危惧にも垣間見られる。

心理療法の科学的評価を実存的に拒否することは、多くのセラピストが自分たちの仕事の有用性を評価する責任を感じないという、非合理主義を助長しているものでもある。異なるセラピストたちの正直さを評価するのに、どのような基準を用いればよいのだろうか。われわれは、1人の真実がもう1人の嘘であるような独我論にとどまるのだろうか。実存主義者たちは、ブロノゥスキー（Bronowski, 1959）の独創性に富んだ著書である『科学と人間の価値（Science and Human Values）』における真実、すなわち正直さは科学の基本的価値であり、科学的方法はわれわれが持ちうるもっとも正直なものである、ということを認めるのがよい。異なる形態の治療による患者についての現象的記述を比較することはできないという科学的方法に、特有なものはなにもない。実存主義者は比較研究で共有される正直さに参与することが必要であり、そうすることでどの治療がどの問題にもっとも有効かという真実に近づくことができるのである。

C夫人を対象とした実存分析

C夫人の実存分析は事例の描写に限定され、ただ事実のみで彼女の実存現象はわずかしか含まれていない。その事実から、C夫人の前-ギョウチュウ（蟯虫）実存はすでに非常に客体化されてしまっているように見える。性関係において彼女は不感症であり、そのために性に関する自然の歓びを自由にかつ十分に体験することができないので、自然-の内に-ある（be-in-nature）ことができなかった。それというのも彼女の母親がセックスについて吐き気のするようなものであると彼女に嘘をついたので、C夫人は、そのように体験すると予想される彼女自身を閉め出してしまうために、ある時点で自分が性的でないのだと自分自身を偽り始めていた。性に関するもともとの実存不安は、吐き気がするからといって拒絶するという形の孤立におそらく表現されていたのであろう。

日常の出来事の中では、C夫人は彼女の子どもたちをアルファベット順に名付けたり、正確に2年間隔で計画出産したりというのが格好の例であるように、過剰に几帳面であった。このことは、自分自身の外側であるアルファベットやカレンダーに、子どもを持つことや名付けることについての責任を押しつけることで自分の不安を減少させることを連想させる無視できないような客体化にもかかわらず、C夫人は、真正な原則でなく、勝手な原則で人生の不安を支配しようとする非常に因習的な人々のように病理的であった。

危機は，彼女が5人の子どもたちの世話に疲れ果て，6番目を妊娠中にアジア風邪が彼女の家族に一斉に感染した時に起こったのである。娘にギョウチュウが寄生した時，C夫人にとって真正な反応は，どれほど一生懸命に彼女が子どもたちを綺麗にして世話をしても彼らは感染し，さらにまたその他の感染症の可能性にも直面するという強烈な不安が体験されることだったのだろう。C夫人はかつてこのような非存在の脅威に直面した時に真正であったことはなかったが，彼女自身の病気というストレスの下で，彼女はなおいっそうの病気を予期するという不安に逃げこむ偽りを選んだのである。偽りは，内科医が彼女のために衣類を煮沸して熱心に洗濯をするようにと命じるという既成品であった。この時点で彼女はその命令には特別な責任を感じてはいなかったが，彼女は自分自身に「もし私が十分に洗濯をすれば，子どもたちと自分自身から病気という非存在を遠ざけておくことができる」ということに責任を持っていた。そして彼女は洗った。この自然-を-欺くこと（lying-about-nature）にもとづく洗濯によって，彼女は今や洗わないことについて神経症的不安に直面していた。彼女の結論は，彼女は洗わねばならないということであり，彼女の誤った信念は彼女自身を人間洗濯機へと客体化する結果となった。

　完全な自己客体化に取って代わられ，C夫人は自分自身を洗わずにいられないと体験していた。彼女の生活の中の因果関係はもはや意図的なものではなくなったが，モーターのような脅迫的欲動は，汚れがあると自動的にスイッチが入るのだった。時間とエネルギーをあまりに洗濯に費やすので，C夫人は彼女自身-のために-ある（be-for-herself）ことと，彼女の-家族-と-親密に-ある（be-intimate-with-her-family）多くの機会を逃してしまうという実存的罪悪感に直面することが多くなった。彼女の洗濯はまた，彼女の実存的罪悪感を浄化するための試みにも役立っていた。しかし，彼女が洗浄強迫を続ければ続けるほど，彼女は自分がしていることへの罪悪感を持たなくなり，彼女がなりつつあるもの——人間の衣を着た洗濯機，に関する神経症的不安を感じる可能性にますます直面させられるようになった。

　数年の洗浄強迫の後，洗わないという選択肢に直面化させられることは，彼女の過ぎ去った10年がどれほど無意味だったかというはげしい実存不安と直面化することでもあった。洗わないという選択に直面することは，彼女の人生の貴重な年月を無駄に過ごしてしまったことと彼女の家族を傷つけてしまったという自己-非難に直面することでもあった。彼女は洗うべきだという偽りにしがみつくほうがまだましである。少なくともその方法では彼女に責任はない。彼女は人生に失敗していないし，彼女の内科医が誤らせたのだ。彼女の心理療法家が彼女の治療から手をひく（訳注：英語では，wash one's hands of…）と言った時，彼女は誰か他の人にセラピーをまかせることによって彼女への責任をとらせようとするために自殺のまねごとをしたのである。われわれはさらにC夫人の責任逃れの願望を見ることができた。彼女は家族だけでなく，夫に対しても彼女の強迫にも責任がありそれを引き受けるよう圧力をかけた。「さあジョージ，何を次に洗うべきか言ってちょうだい。私はあまりにも機械的になりすぎてしまったから何を洗うべきか覚えていられず決定もできないから」という言葉は彼女の夫とのコミュニケーションの核心である。

　C夫人が彼女の洗浄儀式を肛門で始めた理由は，肛門がギョウチュウの場所であり，他の強迫を持った人々と同様に，彼女の現象世界では病気の源のように見えたからである。C夫人が世界中のあらゆる病気の源をコントロールすることはできなくても，彼女は自分の肛門を綺麗にしておくことと，どんな菌も清浄な体に突入することはないというふりをすること

はできるのだった。

　C夫人は，病気の徴候へのつねに見開かれた目をして，絶えず油断ならない未来を生きていた。彼女の空間は非存在の象徴である病原菌と虫に取り囲まれていた。彼女はこのようにおそろしい世界で，彼女が汚れからだけでなく，いかなる責任からも，そしてそれゆえに彼女の家族を貶めるいかなる罪悪からも，清潔である時だけは安全でいられるのだった。実際，彼女は文字どおりあらゆる汚れから手を洗おうと試みた——道徳的責任を回避する人は責任から放免されるように，また真正さを避けるように作戦行動をとるのである。

　自分自身を客体化するために自分の人生を費やす多くの強迫性障害の患者たちと同様に，C夫人が真正な出会いに加わることはきわめて困難であったろう。しかしこれは彼女を人間として完全に洗いざらしにしてしまわないようにする方法の１つであるはずだ。C夫人が彼女自身の主体性を体験するのを助けるために，実存主義者は心理療法において選択と向き合うことができるあらゆる可能性を探すだろう。たとえば，C夫人が病原菌に触れるのを避けられるように誰かがドアを開けてくれるのを待っている時，実存主義者はC夫人を治療への新しいドアを開けて助けを求めるか，彼女の安全ではあるが行き止まりのパターンに戻るのか，という選択に向き合わせるだろう。

　セラピーの中で何を語るかの選択が与えられれば，C夫人はおそらくギョウチュウに没頭することと洗濯の詳細について果てしなく探し回るだろう。ある時点で，彼女の強迫的没入は，彼女が人としてセラピストと直面せず，患者としてとどまるための手段であると解釈されるべきである。セラピストは，セラピスト自身の感情でC夫人に向き合うことを選ぶかもしれない。たとえば，「私は，ギョウチュウと洗濯についての果てしないこまごましたことを聞くのに飽きてしまいましたよ。私は，あなたが人生とよぶコインランドリーの中でまだ生きるのかどうかを知りたいものです。自分自身を開示することが恐ろしくて怖いことはわかりますが，見てごらんなさい，私の手も綺麗ではないのですよ」と。

　もしC夫人が自分自身をセラピストと分かち合うことに応じれば，その時に彼女が罪悪感と不安に打ちのめされたと感じるカイロスが訪れるだろう。彼女とセラピストの双方が，このばかげた浪費に対する真正な反応である実存不安と罪悪感に圧倒されることなくして，無駄にした十年と直面することはできないことを認識するだろう。セラピストはC夫人の不安と罪悪感をただ不安と罪悪感の**感覚**として，できるだけ小さなものにしようという不当な行為をするかもしれない。彼女は不安に**なり**罪悪感を持つかもしれない，そして健康への唯一の道は真正さを持たないという彼女の直面化を生き延びることしかないかもしれない。C夫人が自分自身を洗い清める以上には，セラピストはもはや彼女の罪悪感を浄化することはできない。しかし，このような危機を通して彼女とともに居続けることによって，セラピストは新しい選択肢が将来にむけて存在することと，C夫人が彼女のセラピスト-と共に-真正で-ある（be-authentic-with-the-therapist）ことを含む彼女の選択肢を無駄にせずに選ぶことができるということを伝えることができるのである。

将来の方向性

　実存主義は心理学，社会学，教育そして人間性において豊かで確固たる基礎を持っている，とメダルト・ボスが述べたように，実存主義は「人間が関係を持っているあらゆるもの」（Craigによる引用，1988）の中に潜在的な声を持っている。芸術においては，大はやりの不条理劇場が宇宙的に無意味な人類の状況を伝えようとしている。心理療法においては，実存主義の歴史的影響はやはり確たるものだが，その将来は不確かである。

　多くの側面で，実存主義の心理療法への今日的影響は，心理療法家で自分たちの基本的論理志向性として実存主義を掲げる人々の割合にくらべてずっと大きなものである（第1章参照）。実存的オリエンテーションはしばしばはっきりと認識されなくとも，臨床実践の基礎となっている（Norcross, 1987; Rubinstein, 1994）。中核となる実存的概念——意味，自由，責任，個別性，真正さ，選択——はほとんどの心理療法の今日的システムへと組み込まれている。実存主義は心理療法と人生の「不思議だが，なぜか親しみのある」オリエンテーションである（Yalom, 1980）。

　この黙示的な，しかし選択的な結合は実存療法の将来にどのような警告を与えるのだろうか。哲学的傾向のある心理療法家と不安に悩まされている患者がいる限り，実存療法は明確なオリエンテーションとして確実に存続するだろう，しかし21世紀にむけてその最大の寄与は，おそらく間接的な社会の力としてのものになるであろう。それは世界中で盛んになっている被害者学への活力あふれる対抗勢力として役立つだろう。人々が自分たち自身を無意識で選択肢を持たない運命の被害者だとかたく信じるように欺く時，実存主義者たちは，彼らを能動的選択と個人的責任を避けることのできない存在であると直面させるだろう。実存療法は自ら-始める変化の可能性と力を推進することになるだろう。人々が自分たち自身を専門家の治療が必要であると欺く時，実存主義者たちは彼らに人格的変化の効力と個人の自律性をもって挑むだろう。これらは治療的努力というよりも社会的勢力だが，それでもなお強力な調整策だろう。

　とりわけ実存-人間性心理療法を見てみると，ブーゲンタールとブラッキー（Bugental & Bracke, 1992）は，空虚感と個人的意味の欠落を訴えるクライエントが増えていて，その支援に特別な価値を持つという見通しを提示している。過去数十年にわたる経済的圧力，政治的圧力，そして社会的圧力が，自分自身である能力に大きな打撃を与えて，意味，自由，そして真正さの探求を込み入らせてしまっている。実存主義は空虚な時代に充実感を提供し，医学の範囲を越えた問題にまで無理矢理に医学的方法を適用している時代に真正さを採用し，フランクル（Frankl, 1978）の書名の言葉にあるように，『意味の聴かれざる叫び（The Unheard Cry of Meaning）』に注意を向けるのである。それが慢性疼痛であれ，社会的排斥であれ，心的外傷後ストレス障害であれ，実存療法はクライエントの苦しみの中に意味を見出す手助けをする。そしてビクトール・フランクル彼自身の場合のように（Lantz, 1992），トラウマや怖れの意味を自己-超越のために役立てることができるのである。

マネジドヘルスケア (managed health care) の出現は内省的療法の可能性を脅かすことになるだろうが，マネジドケアによって提供される短期療法は，逆説的に，実存的人間性療法の伝統の内側に存在している，人生を-変化させる治療への要請を増すかもしれない．自分の内的生活をより幅広く探求したいという欲求に火がつき，より深い自己-探求への患者たちの欲求はブリーフセラピーによって刺激されるかもしれない．実存主義者たちは，短期療法の時代における長期治療への逆説的需要について，おそらく楽観的すぎるだろうが，情報時代の到来からふえ続け，今や充満した自由というものの影響力と，技術革新によってつのってきた孤立は，実際，心理療法と人生に実存的展望を再然させるかもしれない．

重要用語

孤独／孤立 aloneness/isolation
真正さ authenticity
誤った信念 bad faith
自ら-のために-あること being-for-oneself
他者-のために-あること being-for-others
ありのまま-に-あること being-in-nature
世界-の内に-あること／実存 being-in-the-world/existence
選択理論 choice theory
存在への勇気 courage to be
現存在 Dasein
脱-内省 de-reflection
自己世界 Eigenwelt
実存分析／現存在分析 existential analysis/Daseinanalysis
実存不安 existential anxiety
実存的直面化 existential confrontation
実存的所与 existential givens
実存的罪悪感 existential guilt
実存-人間性療法 existential-humanistic therapy

実存的真空 existential vacum
有限性 finiteness
我-汝（我-それ，それ-それ）関係 I-Thou (I-it, it-it) relationship(s)
志向性 intentionality
カイロス kairos
あるがまま letting be
ロゴセラピー logotherapy
偽りの／非真正な実存 lying/unauthentic existence
無意味であること meaninglessness
共同世界 Mitwelt
行動-する-必要性 necessity-to-act
客体化 objectification
逆説的意図 paradoxical intention
現象学的方法 phenomenological method
現実療法 reality therapy
自尊感情 対 社会的尊敬 self-esteem v. social esteem
環境世界 Umwelt
意味-への-意志 will-to-meaning

推薦図書

Binswanger, L. (1963). *Being-in-the-world: Selected papers of Ludwig Binswanger*. New York: Basic.

Boss, M. (1963). *Daseinanalysis and psychoanalysis*. New York: Basic.
Bugental, J. F. T. (1965). *The search for authenticity*. New York: Holt, Rinehart & Winston.
Bugental, J. F. T. (1987). *The art of the psychotherapist*. New York: Norton.［武藤清栄訳（2007）サイコセラピストの芸術的手腕．星和書店］
Frankl, V. (1963). *Man's search for meaning*. New York: Washington Square.
Glasser, W. (1975). *Reality therapy*. New York: Harper & Row.［真行寺功訳（1975）現実療法．サイマル出版会］
Glasser, W. (2000). *Counseling with choice theory: The new reality therapy*. New York: Harper Collins.
May, R. (1977). *The meaning of anxiety* (rev. ed.). New York: Norton.
May, R., Angel, E., & Ellenberger, H. (Eds.). (1958). *Existence: A new dimension in psychology and psychiatry*. New York: Basic.［伊藤博ほか訳（1977）実存：心理学と精神医学の新しい視点．岩崎学術出版社］
Wubbolding, R. E. (2000). *Reality therapy for the 21st century*. New York: Brunner-Routledge.
Yalom, I. D. (1980). *Existential psychotherapy*. New York: Basic.
JOURNALS: *Existential Analysis; International Forum for Logotherapy; International Journal of Existential Psychology & Psychotherapy; International Journal of Reality Therapy; Journal of Humanistic Psychology; Journal of Phenomenological Psychology; Review of Existential Psychology and Psychiatry*.

推薦ウェブサイト

International Society for Existential Psychology & Psychotherapy:
　www.existentialpsychology.org/
Society for Existential Analysis: **www.go.to/existentialanalysis**
Viktor Frankl Institute: **logotherapy.univie.ac.at/**
William Glasser Institute: **www.wglasser.com**

5 パーソンセンタード療法

カール・R・ロジャーズ，ウイリアム・R・ミラー

　マーティは，金銭的には裕福であったが，情緒的には恵まれていなかった。彼は，マイアミ，フェニックス，およびハンプトンで魅力に満ちた家につぎつぎと住んだが，生活は中身のないものだった。ゴルフ，テニス，ポロ（馬上球戯）の試合，パーティや外食をして時間を過ごした。しかし，妻，子どもそして友人は，マーティから離れていった。彼の空虚な会話，いやみなジョーク，消極的な態度や乏しい感情のせいで，彼らはどこか別な場所で今より豊かな人間関係を求めるようになっていった。

　まず，マーティは他者に対して腹をたてた。彼は，ますます孤立していくことを，周りの人が自己中心的だからとか，一流会社を売却してもはや重要な人物でなくなったという事実のせいにした。次に，マーティは自分が孤独に悩んでいることさえ否定しようとした。彼はむしろ独立独歩でいることを好んだ。すなわち，彼は，いつも一匹狼だったのだ。いったい，他者が必要な奴なんているのだろうか？

　妻が家を出てゆき，ハンプトンに1人取り残されて初めて，マーティの否認が崩れ始めた。彼は，妻に一緒に心理療法に参加しないかと求め，自分の感情を追体験し，表現し始めた。彼はゴルフの試合やポロの試合について話す代わりに，空想や夢について妻と分かちあい始めた。彼は，イルカの夢を見て，それが，彼がなりたいと思っているたぐいの人を象徴しているのだと思った。そのイルカは，海面で小躍りして喜ぶことができただけでなく，体験の深みに潜ることもできた。彼らは，音や合図によって鋭敏に意思の伝達ができた。すなわち，彼らは，他者の欲求に敏感でしかも思いやりがあった。

　思いやりのこもった共感的な治療関係によって，マーティは，当初から恐れていた，自分の感情の成長は情緒的には障害されていないと気づいた。彼は，母親に男は感情を表に出さないものと教えられてきたために，自分の感情を封印するようになったと気づき始めた。彼は，真の感情を不謹慎なジョークに置き換えてきたのである。彼は，人前でどぎま

ぎした十代の時は，意見を述べず，人のどんな拒絶の表れに対してもチェックしながら認識して自己擁護をしていた。彼は，真の人間関係を社交と取り替えてきたのである。

心理療法によって，マーティは徐々に防衛を解いていった。彼は，男は女々しいと思われるのではないかという脅えを抱かずに情緒を取り交わすことができるとわかった。彼は，妻に傷つけられることなく，妻と親密になれると気づいた。これらの変化が生じ，マーティは以前よりもなりたいと望んでいた人になりつつあったので，私（プロチャスカ）は，彼に，心理療法の何があなたにもっとも役立ったかを尋ねた。彼はすぐに次のように答えた。「あなたは本当に私の話を聴いてくれ，本当に私に関心を持ってくれている」と。カール・ロジャーズは，同時代の心理療法家に，傾聴することと人のケアに深い価値があることを説いた。後になって，彼は，真に共有することの重要性を加えた。

カール・ロジャーズの人物像

カール・ランソム・ロジャーズ（Carl Ransom Rogers, 1902-1987）は，ウィスコンシン州の農家である自分の家族の原理主義的プロテスタンティシズムから離れ，ニューヨークのユニオン神学校での自由主義的な宗教に移行することから始め，深く変化に対して開かれていることを示した。厳格で禁欲主義で信心深い彼の家族は，飲酒をすること，ダンスをすること，トランプ遊びをすることや映画を観に行くことを許可しなかった。幼少期の躾によって，ロジャーズは，1人の人として，価値の条件を子どもに押しつける両親から，彼の自尊感情に及ぼす痛烈な影響をじかに受けるという経験をした。その後の研究関心を予示するかのように，彼は，幼少期から科学的関心を示し，14歳で農業を専攻する熱心な生徒になり，こうして早くから実験計画と経験主義の真価について正しい理解を深めた（Sollod, 1978）。牧師になるための準備の2年間を経て，ロジャーズは，心理療法における訓練のために，多くの実際の聖職者，あるいは聖職者になる可能性のある者と同じ行動をした。彼は，フロイト派の雰囲気が強い中で，1931年にコロンビア大学から臨床心理学でPh.D（博士号）を取得した。

1927年から1928年までの研修生時代から始まって，ロジャーズはニューヨーク州のロチェスター市にある児童虐待防止協会の児童研究部（児童相談クリニック）のサイコロジストとして12年間過ごした。ロジャーズのアプローチに関して後から出てくる誤解の1つに，彼のアプローチは，主に神経症的問題を抱える中流階級あるいは上流階級の成人に役立つという指摘があった。しかし，ロジャーズの考えのタネは，下層階級の親子を対象とする仕事の中で蒔かれたのである（Barrett-Lennard, 1998）。

この時期に，彼は，自身の臨床経験を理論化し，心理療法の基礎にした。非常に多忙であるが，充実したスケジュールを送っていたその中頃に，時間を見出して最初の著書『問題を抱えた児童に対する臨床的処遇（The Clinical Treatment of the Problem Child）』を書き上げた。それは1939年に出版された。ロジャーズは，オットー・ランクの仕事（Otto Rank, 1936）の中に，インスピレーションと自分の考え方を得て，確認した。オッ

トー・ランクは，人の抱える問題を治すのは，技術的スキルよりもむしろ，セラピストの人間性のほうが重要であるということを強調した人物である。

1940年，ロジャーズは，心理療法を学生に訓練するために，オハイオ州立大学に異動した。しばしば，学生に対して誠実であったので，学生はロジャーズに複数の重要な教訓を教えた。これらの教訓の1つとして，ロジャーズの考えは，効果的な心理療法の本質についての新たな見解を表しており，ロジャーズが最初に考えていたように，一般的に受け入れられている原理をまとめ上げたものではないというものがあった。彼らはまた，ロジャーズに，もし，ロジャーズの新たな理論が科学的な考え方をする学生に受け入れられれば，治療結果研究によってその理論の有効性を証明しなければならないだろうということを確信させた。ロジャーズは，科学的手法に強く傾倒して，オハイオ州立大学の学生と，後に1945年に異動したシカゴ大学の学生との，両方の一連の効果研究に発展させた。

『カウンセリングと心理療法（Counseling and Psychotherapy）』(1942)や『クライエント中心療法（Client-Centered Therapy）』(1951)などの著書におけるロジャーズの臨床的および理論的著書の明快さと，科学的研究における比較対照研究を行ったことで，広く認められるようになった。ロジャーズはそのような人間性心理学者であったため，伝統的なアカデミックな世界において見事に成功し，1957年に生まれ故郷にあるウィスコンシン大学に戻った。ここで彼はあらゆる心理療法についても進んで厳密な心理検査を行い，自分の学説が統合失調症のクライエントに深い変化を生み出すのに有効であるかを調べた。その5年の研究の間，ロジャーズとその他のセラピストは，自分たち自身がより積極的に純粋になり，自分たちの内的経験をより開示しつつあることに気づいた。そして，そういった営みを通して，統合失調症のクライエントがより改善しているようであった。

1964年，ロジャーズはカリフォルニア州のラホヤにある西部行動科学研究所（Western Behavioral Sciences Institute）に移り，人間関係能力を改善することに奮闘する健常な人のグループを仕事の対象にし始めた。1968年，ロジャーズらは，ラホヤに人間研究センター（Center for Studies of the Person）を設立した。ロジャーズは，心理療法におけるヒューマニスティック・アプローチの世界的貢献者の1人として，人間性の変化を，教育，事業，結婚，および国際関係にもたらそうとすることに深く関与した（Rogers, 1970, 1977, 1983, 1987b）。また同様に，個人が基本的に持っている人間性をもっと十分に実感できるよう援助することにも深く関わった。長期にわたってものごとの調停をするという貢献もしたために，対立状態にある派閥の間で多くのワークショップが開催され，その貢献は1985年に中央アメリカにおけるルスト・ワークショップ（Rust Workshop）(Solomon, 1990)において完結した。心理療法とクライエントから，人間関係の相互作用へと彼の仕事の焦点を拡大したことで，「クライエント中心」アプローチから「パーソンセンタード（人間中心）」アプローチへの名称変更もなされた。

カール・ロジャーズが演説をした時，聴衆は偉大な人物が目の前にいるということがすぐにわかった。彼の言葉使いは力強く，彼が醸し出す独特の雰囲気は温かくて優しいものであった。彼は，どんな質問にも喜んで対応し，もっとも批判的な意見にさえ応答した。彼は，いかにセラピストとして純粋でありながら開示的でいられるかどうかを尋ねられた

時，誠実さで聴衆を驚かせた。彼は，次のように述べた。最初，精神科のクライエントを仕事の対象とし，その後，成長志向のグループを仕事の対象とした年月の間，思慮深く，非指示的なセラピストのモデルは，「自分（ロジャーズ自身）のような人」にとって非常に心地よいものであるということを見出すようになった，と。彼の人生の大半はかなり内気で，それゆえに開示的な生き方ではなかった。カリフォルニアの陽気な気候の中で，集団の中で開放することを重視し，彼は，自分の以前のスタイルのあまりに多くが，自分自身の多くを明かすことを防ぐ便利な機能であったことを認識するようになった。ロジャーズは，まさしく死ぬまでずっと，自分の人生における指針と同様に，心理療法においても，いつも尊重してきた純粋性を十分に実現しようとしていたが，決して十分に実現することはなかった。

パーソナリティ理論

　全人類は，まさしく根本的な動機づけの力，すなわち**自己実現**（actualization）に向かおうとする傾向を持っている。ロジャーズ（Rogers, 1959, p. 196）は，**実現傾向**（actualizing tendency）を，「有機体（である人間）が持っている，有機体を維持あるいは高めるのに役立つ方法であらゆる能力を開発する生得的な傾向」と定義している。これには，空気や食物や水への生理的欲求を満たす傾向，および緊張を低減させる傾向だけでなく，成長によって自分自身を伸ばす傾向，および人間と関係することや人間を生み育てることによって自分自身を高める傾向も含まれる。また，これによって，人間の有効性が拡大することも示されており，このゆえに，外部からの力によるコントロールから内部からのコントロールに移行するだけでなく，文化的道具をコントロールすることによっても自分自身を伸ばすのである。

　われわれ人間はまた，生まれつき**有機体的価値づけ**（organismic valuing）を持っており，それによって，生活を維持あるいは高めるものとして認識される体験を肯定的に評価し，成長を無駄にするであろう体験を否定的に評価することが可能になる。それから，われわれ人間は，生まれつき，自身の動機づけを高める自己実現力，および調整する評価過程を持っている。さらに，われわれ人間は，こういった根本的な有機体の過程がわれわれに十分役に立つということを信じている。

　世界に関係する際，われわれは"リアルな"あるいは"純粋な"現実ではなく，むしろ，われわれが体験する現実に反応している。われわれの世界は，体験されている，すなわち現象学的な世界なのである。もし他者がわれわれの特定の行動を理解したいと望むなら，自身をできる限りわれわれの内的準拠枠の中に置き，われわれの主体的気づきの中に存在するように世界を意識しようとしなければならない。われわれの現実は確かに，部分的には環境によって形成されているが，われわれは，また，われわれの主体的世界や内的準拠枠の創造にも積極的に関与しているのである。

　自己実現傾向の1つとして，われわれはまた，積極的に差異を認め始める。たとえば，

われわれが所有している個人的なあり方や機能の一部である体験と，他者が所有している体験の相違を見始めるのである。われわれが所有するようになる特別の経験は，**自己体験**（self-experiences）である。われわれは，こういった体験を，言語やその他のシンボルによって象徴的に表すことによって，自己体験を意識できるようになる。生きているという意識や機能におけるこういった表象は，重要な他者とのやりとりによってさらに精緻化され，自己という概念になる。われわれの**自己概念**（self-concept）には，何が「私は（I）」あるいは「私に（me）」についての特性を示しているのかについての認識や，重要な他者との関係（対人関係）についての認識や世界との関係についての認識や，こういった認識と結びついている価値についての認識が含まれる（Rogers, 1959, p. 200）。

　自己意識が出現しはじめると，われわれはそういった自己への**肯定的関心**（positive regard）への欲求を発現させる。この欲求は人において普遍的なものであるのだが，ロジャーズ（Rogers, 1959）は，実際，愛を必要とするようになると述べているスタンダール（Standal, 1954）という彼の学生に同意しているように思える。こういった肯定的関心への欲求――たとえば，大切にされたいという欲求，受け入れられたいという欲求，愛されたいという欲求など――は，発達途上の人の中にあるもっとも潜在的な欲求となるほど非常に嗜癖的である。「ママは，私を愛している，私を愛していない」ということは，母親の顔，身振り，およびその他の曖昧な徴候に視線を向け，母親が自分を肯定的関心を持って抱いているかどうかを見る赤ん坊個人にとって終わりのない難問である。母親の愛は強調されるが，あらゆる他者，特に重要な他者からの肯定的関心により，人は動かずにはいられないのである。

　親などの他者が，肯定的関心を持ってある特定の行動に反応する時はいつでも，われわれは他者にどれほど肯定的に評価されているのかといった総体的なイメージが強化される。他方で，親に，眉をひそめた表情か，別の否定的関心の表現である行動で反応されるならば，われわれがどの程度親から愛されているかについての総体的認識は弱体化されるであろう。結果として，重要な他者による肯定的関心を表されることは，非常に強力なので，有機体的な価値づけ過程よりも個人を動かさずにはおかない可能性がある。個人は，有機体を自己実現させる肯定的評価を持つ体験よりも，他者の肯定的関心に惹きつけられるのである。そういった愛への欲求が顕著になると，個人は，どの程度その体験をすることで有機体が維持あるいは向上させられるかよりも，愛を受ける可能性によって行動を管理し始める。

　個人は，すぐに，他者からの関心を体験するのとほぼ同様の方法で自分を見るようになり，自分をある特定の行動や体験に対する総合的な布置として好んだり嫌ったりする。この学習された**自己関心**（self-regard）によって，人は自分や自分の行動を，重要な他者が自分を見てきたのと同様の方法で見るようになるのである。その結果として，実際には根本的に満足のいくものとして体験されていない行動の中に，多くの退屈な時間を単調で退屈な資料を記憶して過ごした後に試験で優（A）を取った自分に満足しているなど，肯定的にみなされるものがある。他の行動で，実際には不満足な体験ではないのに否定的に見なされること，たとえばマスターベーションが悪いことだと感じるといったことなどがあ

個々人は他者についての取り入れられた，あるいは内在化された価値に従って行為し始める時，**価値の条件**（conditions of worth）を獲得している。人は，これらの価値に従って生活しない限り，自身が肯定的な価値を持っているとは見なせないのである。ある個人にとっては，このことは，たとえどれほどの犠牲を払おうとも，目的を達成した時にのみ自分に満足し，自分を愛すべき，価値のあるものであると感じることができるということを意味している。また，親切で人当たりがよく，決して誰にもノーとは言わない時のみ，自分に満足する人もいる。いったんそのような価値の条件が獲得されると，人は，自身が持つ価値によって管理される人から，他者の価値によってコントロールされる人へと変わる。われわれは，非常に幼いころに，基本的な自己実現傾向と他者や自分からの条件つきの愛を交換することを学ぶ。

　理論的には，そのような交換はなされる必要はない。ロジャーズ（1959, p. 227）は，次のように非常に明確に述べている。「万一，個人が無条件の肯定的関心のみを体験するのであれば，その時は，価値の条件はまったく発展せず，自己関心は無条件のものとなり，肯定的関心および自己関心への欲求は決して有機体の評価と矛盾せず，その個人は心理的に適応し続け，十分に機能するだろう」と。不幸なことに，そのような仮説的状況は，多分，心理療法場面を除いては，現実には起こりそうにない。

精神病理の理論

　親の愛が条件つきのものであればあるほど，それだけ病理が発展していくらしい。自己関心への欲求のために，人は，内在化されている親の価値の条件によって，選択的に体験を知覚し始める。価値の条件と一致している体験および行動は，気づきに正確に表現される。たとえば，達成を強要する親がいる人は，実際にうまく行ってきた体験を知覚し，正確に想起できるはずである。しかしながら，価値の条件と矛盾する体験は，価値の条件に合うように歪曲されるか，気づきから排除されるかもしれない。たとえば，自分に満足するために目的を達成しなければならない人は，訪問している歴史上の遺跡や博物館や国の数を数えるというように，休暇を歪めて達成のための時間とするかもしれない。ワーカホリックの人の中には，遊びたいといった望みやただのんびり過ごしたいといった望みを持っていることを完全に否認する人もいるかもしれない。「楽しみは馬鹿者のためにある」が，彼らの座右の銘である。

　歪曲されたり，否認されたりする体験がある時，体験されていることと人の自己概念の一部として表されていることの間に**不一致**（incongruence）がある。そういった不一致の1例は，私（プロチャスカ）が，自分が怒りを体験することを容認することはできないが，それにもかかわらず自分に満足していると示した時，早くも示唆されていた。私は，自分を，決して怒らない珍しい人の1人であると知覚している。妻は，それ以来，私に，私が怒ることが予期される状況では，まず唇をすぼめ始めるだろうと教えた。もし，その

欲求不満が継続すれば，その次に私は口笛を吹き始めるだろう。私は，自分がこういった怒りの身体的な手がかりに決して気づこうとしなかった。たとえ，今にも爆発しそうな笛吹きティーポットのように，頭がふらふらしていたとしても，である。

ロジャーズにとって，心理的不適応の核心は，人の全体験と自己概念の一部として正確に表されるものとの間の不一致である。自己と体験の間の不一致は，人の根本的な仲たがいである。自己が脅かされているのである。不一致にある人は，もはやあらゆる人の生得権である統一体として生きることができない。その代わり，われわれはほんの一部分においてのみ，ありのままの自分でいられるようになる。しかしながら，われわれの十分な自己実現を目指す生得的な傾向は消えず，われわれは内輪もめしている家族のようになるのである。われわれの行動は，われわれがそうであると信じたいと望んでいる自己によって管理される時もあれば，われわれが関係性を自分のものだと認めないようにしてきた有機体の側面によって駆り立てられる時もある。精神病理は，全体性の欠如に伴う緊張や防衛や不十分な機能を持つ分裂したパーソナリティを表している。

心理的不適応は，人のこの根本的な仲たがいの結果として生じたものである。他者からの肯定的関心を維持するために，われわれはもはや，ありのままでいることや，独自の体験についての生まれながらの有機的な価値に忠実なままではいられない。非常に幼いころに，われわれは体験する価値のいくらかを歪曲，あるいは否定し始め，他者への価値という点によってのみそれらを知覚し始める。実存主義者がどうしても主張しようとしたように，自身や体験についての曲解は，嘘をつきたいという意識的な選択の結果生じたものではない。幼児期における悲劇的要素や発達もあるのだが，むしろ，それは当然のものなのである（Rogers, 1959）。

人は仲たがいの状態で暮らしている時，自己と一致しない体験は脅威をもたらすものとして潜在知覚される。**潜在知覚**（subception）は，意識的な認知が必要とされる水準以下の水準で刺激を識別する有機体の能力である。特定の体験は脅威をもたらすものとして潜在知覚することによって，有機体は，価値の条件に背く怒りなどの体験を意識しないようにするため，合理化，投影（投射），否認などの知覚の歪曲を用いる可能性がある。もし人が価値のない体験に気づけば，自己概念は脅かされ，自己関心への欲求は欲求不満になり，不安な状態になるだろう。

諸症状を含む防衛反応は，脅威となる体験が正確な気づきになるのを防ぐために発現する。たとえば，怒ることを愛情のこもらないことのように感じている人は，怒りを否認し，頭痛で終わる。頭痛は気分がいいものではないかもしれないが，少なくとも，たいていの人は病気にかかっている人を愛せる。成功に対してのみ自己関心を持っている人は，働きたいという強迫的な欲求を発現させるかもしれない。彼らは，興奮薬の服用によって夜遅くまで自分を追い込むかもしれず，身体がはなはだしいストレスを体験している一方で，それぞれの成功に気分を良くする。性的欲望によって脅かされ，自分が潔白で無邪気で神のようであると信じている程度まで知覚を歪曲する人もいれば，一方では，そういった欲望を不潔で卑しい思考であると考えようとする人もいる。私が州立病院で検査したある患者は，渡した最初のロールシャッハカードを見て，それを投げ捨て，次のように怒鳴った。

「いったい，悪神はなぜこれらの絵を忌まわしい共産主義者に見せないのだ？　奴らは子どもをありとあらゆる性教育によって邪道に導いている奴らなのだ！」と。

　人はみな，自己概念と一致しない体験によって脅かされる。それから，多かれ少なかれ，われわれ人はみな，自己関心を保護するため，および過度の不安を防ぐために防衛や症状を用いる。防衛は，肯定的な自己関心を保護するのに役立つが，かなりの犠牲を払ってそうするのである。防衛の結果，情報を歪曲したり選んで省略したりするせいで現実を不正確に知覚するようになる。私（プロチャスカ）がセラピーの仕事を始めた初期のころのこと，45歳の男性が私の診療クリニックの中に入ってきて，次のように言った。「君は青臭い若者だ。きっと自由結婚（オープンマリッジ）に賛成しているんだろう。君なんかとカウンセリングはできないね」と。彼は，自由結婚（オープンマリッジ）に対する私の見解を尋ねもしないで，別のセラピストに紹介するよう要求してきた。厳格に世界や自分に対する見解を防衛することで，結局，人は，自分の情報処理様式がかたくなで不十分になる。人は防衛的で病理的であればあるほど，それだけその人の知覚はかたくなで不十分なものとなってしまう。

　重大な自己と体験の不一致を抱え，特定の事象によって自身の厳格な防衛がうまく機能しなくなり，パーソナリティに不具合が生じかねない人たちがいる。もしその事象によって自己と体験の間の不一致の程度が，明らかにされるおそれがあるならば，またもしその事象が突然，明らかに勃発するならば，その時，そういった人たちはまさに自己概念が脅かされ，不安が押し寄せる。彼らの防衛はうまく働かないので，今や，以前は自分との関係を否定していた体験が意識の上に正確に表れるのである。こういった人にとって，組織化された自己像は，受け入れられない体験によって壊れてしまうのである。

　LSDのひどい幻覚体験をした後，私のところに受診しにきた大学2年生は，パニックや崩壊を体験していた。その体験の前には，彼は自分がイエスの真の信奉者であると確信していた。彼は，自分を情愛があり，親切であり，急進的なキリスト教運動によって，他者の幸福のために活動しているとみなしていた。LSDによる最近の体験では，彼は，自分を極端に自分に固執する人であるとみなし，女性崇拝者の信奉を得るため，そして新聞報道の記事の中に自分の写真を見つけるため，キリスト教集団におけるリーダーの役割を誤って利用した。堂々巡りをし続け，新聞から自分の写真を探し出そうとし続けていたが，自分の写真が見も知らぬ人であると感じて，ぞっとした。彼はこれらの自己知覚をLSDのせいだと合理的に解釈することができなかったのである。彼は，自己を救うために壊れかけた橋から飛び降りようと考えるほどにパニックになり，人格崩壊を起こしていた。幸い，カウンセリングセンターによる危機介入の援助と友人の支援によって，彼は，完全であるが理想化されていない自己感覚を再統合するという骨の折れる過程を開始するために，心理療法を受けることを決意した。

　人が心理療法を受けるのは，消耗からであれ，知覚的歪曲のせいで十分に機能しないからであれ，防衛的な症状があまりに有害すぎるからであれ，よりよい自己実現を望んでであれ，その目標は同一である。すなわち，統合の過程によって自己と体験の一致を増やすことである。ロジャーズは，自己と体験の統合は，治療関係から生じるものと概念的に説

明している。そこで，ロジャーズの治療過程についての理論を検討する前に，われわれは通例の体裁を捨てて，彼の治療関係についての見解を示してみよう。

治療関係

ロジャーズ（Rogers, 1957, 1959）は心理療法における**必要にして十分な条件**（necessary and sufficient conditions）は，治療的な関係の中にあると非常に明確に述べている。6つの条件は建設的なパーソナリティの変化をもたらすために必要とされるものである。と同時に，これらの6つの条件が同時に満たされると，どのような治療的な変化が生じるのにも十分足りうるものである。すなわち，これらの条件とただこれらを満たすだけですべてのクライエント，すべての心理療法，すべての状況において，治療的なパーソナリティの変化をもたらすことができると仮説を立てているのである。

1. **関係性**（relationship）：明らかに，2人の人は一方が他方との違いについて，知覚することのできるような関係性の中にいなければならない。
2. **脆弱さ**（vulnerability）：治療関係の中にあるクライエントは不一致の状態にあり，それゆえに自己が脅かされる体験を潜在知覚する可能性による不安によって傷つきやすい状態にあるか，そのような閾下知覚をすでにしているために不安に陥っている。不安に対する脆弱さから，クライエントは治療的な関係を探し求め，そこに身を置きたいという考えに至るのである。
3. **純粋性**（真実性）（genuineness）：セラピストは治療関係において，一致しており，純粋である。**純粋性**は，セラピストが自身に対して自由で，かつ深い状態にあり，セラピストの現実の体験が，自己の気づきによって正確に表現されるということを意味している。それは表面的に見せることとは正反対のものである。このことはセラピストが生活場面のすべてにおいて，つねに純粋であることを意味しないが，治療関係に入った時に必要になるものである。ロジャーズ（Rogers, 1957, 1959）は，もともとこの条件の中に，セラピストがクライエントに対し，明確に純粋な体験を開示する必要性はないと考えていた。セラピストがクライエントやセラピスト自身を欺かないようにすることのみが必要なのである。統合失調症のクライエントに対するクライエント中心的な活動（Rogers et al., 1967）や，人間関係グループの活動（Rogers, 1970）を経て，ロジャーズ（1970）はセラピストの純粋性には，自己表現が含まれているという結論に達した。

　ロジャーズ自身の実際の自己開示の程度は，多くのエンカウンターグループのリーダーに特有の，広範囲にわたる自発的な自己開示と比較すると，かなり少ないもののように思える。以下の統合失調症のクライエントとのセッションからの引用は，ロジャーズが，彼自身の現存の感情を表現しようという意欲が増したことを説明するために用いられる1例である。

クライエント：僕は助からないと思っています。
ロジャーズ：そう。まるで助からないような感じを抱いているのですね。あの，まったく希望が持てない感じがしているんですね。わかりますよ。私は希望がないとは感じていませんが，あなたがそう思っているということは実感しています（Meador & Rogers, 1973, p. 142）。

　他のクライエント中心療法のセラピストが，かなりさらに進んだ率直な感情表現をすることを理解することになるだろう。

4. **無条件の肯定的関心**（unconditional positive regard）：セラピストはクライエントに対して，**無条件の肯定的関心**を体験していなければならない。クライエントの不一致は他者の条件によって内在化された価値の諸条件によって引き起こされる。クライエントは気づくことに対して，歪曲されたり否定されたりした体験を受け入れられるようになるためには，クライエントの価値の諸条件が減少し，クライエントの無条件の自己関心が増加しなければならない。もし臨床家がクライエントに対して無条件の肯定的関心を明示することができたならば，その時クライエントは，重要な他者からの肯定的関心を失うおそれがあるために，以前に，歪められたり，否定されたりした体験を，正確に気づき始める。クライエントが肯定的関心を知覚すると，現存している価値の諸条件は弱まり，解消され，強い肯定的な自己関心に置き換えられる。セラピストがクライエントを尊重し，一貫してケアを提供することができれば，クライエントはどんな経験をし，どんな表現をしようとも，今あるすべてのものを，愛情とケアを持って受け入れられるようになる。

5. **正確な共感**（accurate empathy）：セラピストはクライエントの内的世界を体験し，クライエントにその理解を伝えようと努力する。共感によって，われわれはクライエントの個人的な世界を，その体験に深入りして，怒りや，恐れ，混乱といった感情を抱かないで，自分が所有しているかのように感じる。クライエントの世界をはっきりと感じることによって，われわれは，クライエントがほとんど気づいていない，クライエントが体験したことが持つ意味への気づきを含め，われわれの理解を伝えることができる。

　深い共感的理解を伴っていなければ，クライエントはセラピストの無条件の肯定的関心を信じることはできないだろう。セラピストが，いったんクライエントをより十分に知るようになると，クライエントは，セラピストに肯定的関心を持って受け入れられない自分の側面が出てきて脅かされた感じを抱くだろう。セラピストの正確な共感と無条件の肯定的関心によって，クライエントは十分に自分を理解し，十分に自分を受容できるようになるのである（Rogers, 1959）。

6. **純粋性の知覚**（perception of genuineness）：最小限に見積もったとしても，クライエントはセラピストの受容と共感的理解を知覚する。セラピストが，ただ役割を演じているようにではなく，純粋であることによってはじめて，クライエントはセ

ラピストのケアリングと共感を信じることができるのである。

治療過程の理論

ロジャーズはクライエントの肯定的な変化をもたらす，クライエントとセラピストの関係の諸条件を多く記述しているが，そのような変化を生み出すクライエントとセラピストの間の相互作用の中で起こる，実際の過程についてはあまり言及していない。1950年代を通じて，純粋性，肯定的関心，正確な共感というセラピストの促進的条件が，クライエントが生来持っている自己実現傾向を解放するために必要なもののすべてであると仮定するのに事足りていたように思われる。1960年代に入って，ロジャーズと共同研究者（Rogers et al., 1967）は治療過程には直接的で強い感情表現が含まれ，それが矯正された感情体験に導かれるということを理論化し始めた。後のクライエント中心療法の理論家の，たとえばウエックスラーやツィムリング（Wexler, 1974 ; Zimring, 1974）は，クライエント中心療法を，クライエントの情報処理の過程をより効率よくするセラピストの援助を通しての意識ないし気づきを拡大する過程とみなし始めた。最近のクライエント中心療法の変化の過程は，疑いなく，意識の覚醒と肯定的関心に特徴づけられる純粋で共感的な関係の文脈に沿って起こる，中和的な感情体験が組み合わさったものとして考えることができる。

意識化

クライエントの作業　肯定的関心が向けられると，クライエントは面接中に話したいと思っていることはなんでも自由に話せ，セラピストよりもむしろクライエントのほうが，セラピーの流れを決定づけるようになる。これはロジャーズ（1942）がセラピーを記述するために，そもそも最初に**非指示的**（nondirective）と銘打ったものである。クライエントは悩みを脱却するためにセラピーにやってくるので，彼らは自分が悩まされている個人的経験と関係する情報を表現したいと思うはずである。だからクライエントの責任は，彼らの個人的経験をセラピストに知らせる主導権を握っており，セラピストからのフィードバックを利用することができる。

セラピストの作業　伝統的には，クライエントの意識化を促進する上でのセラピストの作業は，ほぼ完全に**反射**（reflection）の機能にある。クライエントが感じたことに対する鏡，あるいは反射し返す者として，本質的に，セラピストは「あなたは〜と感じていますね」と述べるメッセージをクライエントに伝達するだろう。もっと特殊例ならば「あなたはアルコールに頼っているお父さんに失望しているのですね」とか，「ルームメイトにはとびっきりのボーイフレンドがいて，あなたもボーフレンドがほしいと望んでいるから，羨ましいと感じているんですね」といった感じになるだろう。正確な共感を持って，クライエントを理解しようと十分に献身することで，セラピストは独断的，権威主義的，

あるいは解釈的な形でクライエントがいかに，あるいは何を感じるかを語ることはしない。セラピストは，その代わりに，鋭敏かつ見事にクライエントの表現のうちにある本質を摑むことができる。セラピストは，非常に共感的に，ある程度正確に反映することができる。その理由として，セラピストは解釈したり自己表現をしたりする必要はないので，歪みを生じることはない。セラピストはクライエントの感じている事の本質に積極的に聴き入り，自由に生き生きと反映するのである。

　そのようなセラピストという思いやりがあって一致した鏡があることで，クライエントは，以前には部分的に歪め否認していた経験に対し，さらに十分に気づきを得るようになる。これらの体験には，もちろん，彼らの感情が含まれ，より重要なことには彼らの生の感情が含まれている。よりいっそう重要なことには，おそらく，クライエントは，セラピストが反映している"あなた"——豊かになりつつある"あなた"——に十分に気づき始めるようになる。つまり体験を生み出す"あなた"は，かつては自己関心を価値のないものとして判断したが，しかし今やその自己関心は，重要な他者によって尊重され共有されている。セラピストからの共感的なフィードバックを得ることによって，気づきを得るようになった"あなた"であるクライエントはますます幸福で，より一致した人になっていく。

　ごく最近では，パーソンセンタードのセラピストは，何か特別な感情の反映の技法と複雑な共感的な態度を同一視するのは誤りだということを認識している。これは共感的な応答方法が限界に達した結果として結論づけられている（Bohart, 1993b；Bozarth, 1984）。ロジャーズ（Rogers, 1987a, p. 39）は，人生の晩年に「私は**感情の反射**（reflection of feeling）という言葉にたじろいでさえいる」と書いている。彼はこの単純な知的なスキル技法が複雑なタイプの対人関係の反応を正確に表現するものとして，誤って教えられていることを嘆いている。共感の定義についての進展と，パーソンセンタードのセラピストの役割の拡大は，セラピストが特定のクライエントにもとづく積極的で特徴的な共感の仕方を開発することにより，クライエントの世界を体験することである。

　現代の考え方では，意識化を促進させる際のセラピストの担う作業にはフィードバック機能以上のものが含まれているとみなされている。パーソンセンタードのセラピストの作業の1つは，クライエントが自分の感情によって生じる知覚情報の中に存在する豊かさを，より十分に使用できるように注意を再分配できるように援助をすることである（Anderson, 1974）。セラピストはより柔軟かつ，十分にクライエントの感情に傾聴することによって，クライエントが以前は気づいていなかった経験の個人的な意味に気づくために知覚の歪みを克服していく助けをすることである。それによってクライエント中心のセラピストは，代理の情報処理装置として役立つことができる。クライエントの非常に堅固で不完全な様式の情報処理過程を補償していく中で，セラピストはまず注意機能を担う。それによって，クライエントの体験，特に脅威になる体験に気づくようになることを進める。もしセラピストがクライエントの脅かされた経験に反映しなかったとしたら，クライエントの選択的注意の過程によって，そのような情報が短期記憶の中で失われ，注意して受け取った他の情報によって締め出されるだろう。

適切事例：ある内気な大学2年生は，彼女のルームメイトのボーイフレンドについて話す中で，彼女のルームメイトとの親密な関係，彼女のボーイフレンドに対する賞賛，そしてかすかな嫉妬の感情を含む種々の感情を表現していた。嫉妬は彼女が受け容れられない感情だったので，このクライエントは自分への賞賛かさもなければ親密さの感覚へ注意を集めようとした。そして，最近ルームメイトと口論の原因だったかもしれない嫉妬の感情に気づく機会を失ったかもしれなかった。

　クライエントは彼または彼女に関与を向けることができる情報よりも，侵害されるような情報が多いことが常なので，脅かされる経験からの情報はセラピストによって共感的に反映され，それによってさらに処理され続けられない限り，たいてい失われるだろう。パーソンセンタードのセラピストは，事実，かなり指示的ではあるが，繊細で非強制的なスタイルで，クライエントの中ですでに進行している情報に対してのみに応答することによって，実際そのように脅かされるような情報を選択して気づかせる。言い換えれば，パーソンセンタードのセラピストはセラピーの過程を相対的にコントロールするが，内容に関してはコントロールしないのである。

　クライエントのための代理の情報処理装置として，セラピストはやはりクライエントが情報を体制化する上でのより最適な方法を採用できるように助ける。クライエントは自己関心を脅かすような感情に接近した時，狼狽し，混乱し，防衛的になり，そのような意識体験の中での感情を体制化したり，それを統一したりするのに十分な言葉や象徴を見つけることができないかもしれない。怒りや嫉妬といった以前は受け入れられなかった感情を体制化する言葉を切望して探すクライエントもいれば，一方ですぐさま断念して，何か他のことをし始めるクライエントもいるかもしれない。簡潔かつ正確な方法で，セラピストはクライエントの体験からもたらされる情報を共感的に体制化することによって，作業をさらに進めることができる。その時体制化された情報は，気づきを得るのに十分なものになる。

　そのような有益な体制化の事例に，夫に対し，さまざまな心乱れる感情を表現した55歳の女性の例がある。彼女は，夫が娘の結婚に備えて家を修理するためにお金を使おうとしないのに腹を立てていた。彼女はレストランを成功させるためにどれほどの年月働いてきたか。彼女は，お金はあるのに幸せではなく，意気消沈していた。彼女は，夫が，夫婦の絆の1つとして，現金よりもむしろ金を貯えた上で家を改築するために使うほうがよいと考えている，と理解しようとしていた。彼女は迷いと混乱している感じを述べた。私（ノークロス）が彼女に「あなたは，いつか2人で本当に住めるようにするつもりだというご主人の口約束に苛立ちを覚えているのですね」と話しかけると，彼女は突然涙を流し，「そう。そう，そう，そのとおりなんです。夫は，私に，いままでずっとそういい続け，引き延ばしてきたんです」と言った。

　体験をより実現していく様式には，生活における，より豊かで，強くて，意識的な表現を引き起こす，構造，象徴，あるいはスキーマを用いて，情報を体制化するといった，一連の過程のパターンが含まれる。セラピストは，クライエントが積極的で活き活きとし，心に強く訴えてくる象徴や言葉を使うことによって，情報を一連の変化をさせるための構

造を呼び起こし発展させる援助をする。たいていの場合，クライエントの言語や象徴は型にはまっていて，反復的で，単調で，安心できるもので，経験を気づきへと変えていく防衛的なやり方を反映している。喚起的な象徴は，経験をして，以前にクライエントの自己関心を傷つけていた気づきへと向かわせるおそれがある。クライエントは，セラピストがいかにしてクライエント自身の感情をより活発で豊富な言語によって摑みうるかについて気づくようになってくるにしたがい，クライエントはいかにして自分の生活が実際に活き活きとするかについて気づく象徴を使い始めるのである。

　ツィムリング（Zimring, 1974）はクライエントが自分を表現する，より活発で，前向きで，体験をより実現していく様式に気づくと，実際，より活発で，前向きで，自己実現的になるということを説明するために，ウィトゲンシュタイン（Wittgenstein, 1953, 1958）の哲学を引用した。ウィトゲンシュタインの見解では，表現と体験は統一されたものである。体験は有機体のどこにも存在せず，気づかれるのを待っている。体験は表現によって創造される。したがって，クライエントが自分を表現する際に用いるようになる象徴が，より豊かで，より力強くて，十分であればあるほど，クライエントはますます豊かで力強くて完全な人になるのである。

カタルシス

　意識化の過程において，パーソンセンタードのセラピストはクライエントの感情を第一とすることを強調してきた。セラピストが「あなたは～と感じているのですね」と継続的に焦点づけることで，クライエントは自分のより深い感情に気づくことができるし，またもっとも強力な感情を解き放ち，表現し，そして所有することもできる。ロジャーズ（Rogers, 1959）は，感情には情緒的な意味と個人的な意味という構成要素があるという。前節において，個人的な意味，すなわち情報的ないし認知的な感情の構成要素を，表現し，体制化し，統合することを吟味した。本節では，感情の情緒的な構成要素を，カタルシスとして開放することを吟味しよう。この構成要素は治療過程においても先の2つの構成要素と同様に重要なものである。ロジャーズは感情の情緒的構成要素と認知的構成要素の表現を，分離できないものとしてみなしたけれども，われわれはそれらを体験的統一体であると認識しながらも別々に検討していくことにする。

　クライエントの作業　クライエントは自分を表現する過程において，たいてい感情面で苦しい体験を避けることから始まる。セラピーの初期に感情が語られる時，それらは自己の外部にある過去の体験として説明される（Rogers & Rablen, 1958）。クライエントは情緒問題を語るが，そのような問題は自分以外のところに起因していると，まずは説明するだろう。「ルームメイトが私を窮地に陥れている」とか「家族は本当にうるさい」とか「勉強にはもううんざり，やりきれない」などは，早期のコミュニケーションで見られる好例である。クライエントはセラピストの共感や肯定的関心に応答しながら，次第に自分の感情を吐露し始めるが，それらの感情はいまだに主として過去の感情であり，したがっ

て強烈さに欠けている。クライエントは自分が受容されたという体験をすると，自由に今現在の感情を述べ始めることができるが，それでもまだ人生を生きているとは言えないし，感情体験を表現しているとは言えない。クライエントの作業の1つに，たとえ不安が喚起され，選択的に，そういった脅威となる感情に注意を向けないように防衛反応が引き起こされても，新しく生じてくる感情にとどまることが挙げられる。

　その結果，クライエントは，その瞬間の感情を存分に吟味し，表現し始める。この感情は自分の内側からもたらされたものとして受容される。と同時に，以前は否認されていた感情体験が噴き出してくる。そのような感情を否認し続けるよりもむしろ，感情が評価され，変化しうるものであるという自信をより強く獲得するようになる。彼らは，即時性と強烈さを伴って感情を体験することは，生きて行くための前向きの指針になりうることを発見するのである。彼らは自分の感情を信じ始め，内側の喜怒哀楽に，より価値を置くようになる。感情体験が解き放たれ，所有されることで，クライエントはもう一度純粋な感情を価値づけする，自分の生来の有機体の基礎に触れる。クライエントが内在化された他者の価値づけによって支配され，歪曲され，脅かされるのではなく，自分の生活を導く内的な基礎を見つけると，そのような感情を解き放ち受け容れることは，しばしば鮮明で，強烈で，劇的なものとなる。

　セラピストの作業　元来，セラピストの作業はただたんに，クライエントが放つあらゆる感情に対して，無条件に尊重する態度を示すことによって，クライエントが自分の基本的感情に触れられることを可能にすることのように思われてきた。今では，セラピストはさまざまに議論されているが，クライエントの注意をその感情的側面に向き合わせ続けることによって，クライエントが脅威となる自分の感情体験に触れ，それを表現する手助けをすると認められる。セラピストは，クライエントが暗々裏に感じていることの本質をクライエントに明白に反映すると，その結果として，クライエントは感情や体験の意味に注意を向け，感じることになる。

　もちろん，完全に無条件であるような対人関係はありえない。パーソンセンタードのセラピストは，たとえば人生や安全の価値について純粋に信念を表明する。ロジャーズが初期に使用していた**非指示的**という用語は，決してクライエントと意を異にせず受身的にどんなことやどんなものに対しても同意するという意味であるかのような誤解を生じさせた。ロジャーズはもしクライエントが自殺しようとか，セッション中にセラピストを身体的に傷つけようとするならば，積極的に介入する（Patterson, 1985）。しかしロジャーズはつねにクライエントの破壊的な衝動を理解しようとするだろうし，クライエントの自己探求を促進するはずの方法を用いて理解しようとするだろうということなのである。

　多くのクライエント中心のセラピストは，自分の感情を直接表現するというロジャーズの手本を真似ている。とりわけグループワークでは，セラピストはそのような感情を「君のトムへの攻撃の仕方には怒りを覚えるんだけど」とか「あなたがそうおっしゃったことで深く感動もし，悲しい気分にもなっています」とか「あなたのことが本当にもっと知りたいですね」といった形で表現するだろう。パーソンセンタードのセラピストがその瞬間

における自分の感情体験を表現することに対しての理論的な理由づけは，より強い純粋性や一致を考慮に入れることにある。その上，心理療法家が，意志の弱いクライエントが苛立ちを引き受けられないために，セラピスト自身の苛立ちを押さえる口実として，非指示性を用いるならば，基本的にクライエントの力を軽視していることが態度で伝わってしまうだろう (Barton, 1974)。

　セラピストの自己表現がその経験から正当とされる根拠は，自分の強い感情から純粋に話すセラピストはクライエントが自分の感情体験を開放し，表現できるように促し，開放する傾向にあるという発見にある (Rogers et al., 1967)。重要な注意点としては，自己表現するセラピストはクライエントの中に潜在的にある感情を開放することよりもむしろ，上述したような相互交流によって，実際にクライエントの中に感情体験を創造するかもしれない，ということである。しかしながら，クライエント中心療法における伝統的な見解では，脅かされるような感情はクライエントの中に潜在的に存在しており，クライエントの防衛により，解き放たれていないものとされる。セラピストが感情を自己表出することと，そしてまたもっとも重要なことは，セラピストがクライエントの感情を共感的に伝達することによって，クライエントは徐々に感情を否認したり，あるいは歪曲したりしなくなり，自分のもっとも強固な感情を話しだし，生きぬこうとしはじめる。

治療の内容

個人内葛藤

　パーソンセンタード療法は，概念内容を重視した理論というよりむしろプロセスを重視している。とはいえ，治療についての多くの共通した問題について話すのは重要なことである。よく言われるように，パーソンセンタード理論は，とりわけクライエントの自己概念とクライエントの全体験との間の葛藤に関心を払ってきた。その葛藤とはクライエントの自己概念を脅かしているさまざまな感情を含んでいる。集団療法や組織のコンサルテーションでさえ，パーソンセンタードのセラピストは個人が十全に機能するために，個人が不一致を克服するために肯定的関心を持って中心となってかかわり続けている。

　不安と防衛　不安は人びとの問題が引き起こすのではなく，分離した生活の困惑の結果生じるのである。不安はしばしば治療へと人を動かすものではあるが，われわれの課題は不安を減じることではなく，どちらかといえば有機体的経験が気づきへと向かうことを脅かしていることを発見することができるように，クライエントの不安に注意を払って聴くことなのである。

　実践では，パーソンセンタードのセラピストは，クライエントを潜在的に混乱させている不安の影響に注意を払う。それゆえに，クライエントを脅かしている感情体験であふれさせない。その代わりに，彼らにはより段階的に適切に感情体験をしていくことを認める。

パーソンセンタードにおけるカタルシスのスタイルは，おそらく暴露療法群（第8章参照）よりも緩やかで劇的ではないであろうが，それもまた不安が人を混乱させ不一致を引き起こすというより，リスクを伴わない信念のためであると考えられている。

不安を喚起する経験と照らしあわせて防衛は，経験を否認し，完全に気づきから経験を追放するかそれとも投影や合理化のような防衛機制を用いるのである。いわば，人の自己概念を維持するのを良しとする傾向のある体験過程なのである。ピアジェの知見から言えば，歪曲した防衛は，新しい経験に自己概念を調節することなく，新しい経験を自己のスキーマへと同化することを伴う。自己は脅かされないままであるが，しかし成長する機会を失ってしまうのである。

自尊感情　ロジャーズは，内面の問題の中心に自尊感情の必要性を提起し，それを**自己関心**と名付けた。低い自尊感情の脆弱さは，自分が自分だと考えることと自分が本当に自分であることの両者の間の距離と正比例する。問題は，自分が実践できない過大すぎる観念を持っていることではない。つまり，問題は，自分についての観念が，何ものかにならんとして生まれてきたものにわれわれをさせてくれるにはあまりに貧弱であることである。自尊感情のために努力することは，われわれの両親の干渉という制限された条件下で創出された自己概念を実現しようとすることにはまってしまう，落し穴である。努力することが限定的であればあるほど，われわれは自分に感じることを認めない時にのみ，自分を心地よく感じられるのである。その解決策は，自尊感情を増大することにではなく，むしろ価値の条件を拡大して，われわれがなりえるすべてと，われわれが信じている自分だけでなくこうであると思われている自分を賞賛できることにある。

責任　ロジャーズは科学者であり，行動科学が完全な決定論を想定していた時代に教育を受けてきたので，彼は独自の理論に中核の構成概念として自由と責任を包括していなかった。しかしながら，後年，彼は結婚しているカップル，教育制度，国際関係に関する彼の仕事の土台に自由と責任を据えた。臨床場面の文脈では，悩む人はなにもかも条件の付きすぎた親の関心を必要としている犠牲者である。セラピストは効果的な治療に必要な6つの条件のうちの4つを提供する責任がある。すなわち，クライエントは自分をセラピストと快く関係づけていく準備をするのである。この一見決定論的なシステムの中でさえ，われわれは，生まれつき備わっているわれわれがなりうる傾向を実現するために，安全で制限されている自己概念を解放することで自由というものが経験されることがわかる。責任があるとは，他者の内面化された価値にというよりも，自然に有機体の価値に返答することを再習得することである。責任を持つ人は，**他律性**（heteronomy）あるいは他者や環境によりコントロールされることから，**自律性**（autonomy）や内面のコントロールへと移ってゆく自己実現している人である。

対人間葛藤

親密さとセクシャリティ　親密さは治療的であり，治療は親密なものである。治療関係というものを必要かつ十分な条件として定義する際に，ロジャーズは肯定的関心，きめ細かい共感，対人の純粋性といった親密な関係を究極的な目標に据えた。進行している親密な関係と治療関係との主な違いは，前者は，パートナー同士が，関係性を築くためには，少なくとも比較的，調和というレベルでは対等である。一方の後者はどうかというと，親密さというレベルに到達すると，しばしば，セラピストとクライエント双方のさびしさにもなるが，治療は終結へと進んでいく。

　治療と親密さというものにはかなりの類似性があるために，不一致の状態にある人の幾人かは，専門的な援助がなくても実現に向けて自分で歩んでいくことができるのである。不幸なことに，われわれは自分自身に与えずにおくものを，すなわち，われわれの傷や欠陥であったり，また完全でないことを含めた人間味という慈しみなのであるが，それを他人に適えてやることが難しいといういくぶんの理由ゆえ，真に親密な関係はめったにないのである。人を愛し，親密さを感じるためには，ほとんどの人は，自分自身に関する知覚をまさに歪めるように，愛するに値する諸条件に合わせるためにパートナーに対する知覚を歪めなければならない。結局のところ，本当の意味で関わっていく人を見つける時，関係性における誤りとギャップというものは，彼ら自身の慈しみという狭い条件というよりはむしろ，パートナーの不完全さによるものだと思いがちである。

　われわれの社会は，伝統的に性的な価値にあまりにも狭い条件を与えている。このように制限つきでは，あまりにも多くの人は，彼らが敬意を払って所有することができるはずの自分のセクシャリティというものの豊かさを，自分のものだと認められないのである。セクシャルであることに関して過度に禁止することの反動から，われわれは，性的にうまくいかなければならないとか，ふつうそうであるように十二分にオルガスムに到達しなければいけないとか，いつも刺激を受けてずっと濡れていたり，勃起しなければならないとか，あまりにも早く射精せずに，でもいつも射精しなければならないといったことに価値を感じることがいいと思うといった，極端な方向へ行ってしまうことにもなるのである。マスターズとジョンソン（Masters & Johnson, 1970）が記載した性的交渉の時の不安のほとんどは，関係性において性的に自然であるべきというよりは，むしろ性的にうまくいくべきであることに価値があるとする。このことは制限つきの諸条件を非常によく表している。

　もっと自然なセクシャリティというものは，そこへと夢中になるゴールでもなく，目指すべき遂行でもない。それはそもそも親密な関係性そのものの中で生じるものである。そのような関係性の中で，われわれは，性的に関わろうとする際の自分やパートナーのやり方に関して価値があるとする極端な制限やひどく要求がましい条件を取り除くことができる。時々ほとんど誰にも起こることであるが，性行為がうまくいかなかったとしても，親密な関係性の中では拒絶されるという脅威は，まず生じないのである。性的な困難を克服しようとするカップルにはムードというものが存在しているにちがいない。ロジャーズ

(Rogers, 1972) 自身，妻が夫の一連の勃起障害を克服するように支えるためには，どのように妻は無条件の関心を夫に払うかというきわめて親密な体験を再評価したのである。もしセラピストがより親密な関係性を培うことなく性的障害のみに焦点を当てれば，性的交渉が失敗すると治療を必要とし続ける関係性の中にカップルを置き去りにしてしまいがちになる。

コミュニケーション　かつてコミュニケーションの問題は必ず起こり，言葉では感情を表現しきれないと考えられた。しかしながら，われわれはきめ細かい共感を持って気づきを深めて，心底注意深く傾聴するなら，他人が言葉で伝達しているものを本当に十分に理解することができるということを知っている。コミュニケーションという問題はもはや言葉の問題ではないのである。またそれは世話をほどこす際の問題なのである。多くの種類の効果的な療法を受けたクライエントの証言は，誰でも心底注意して傾聴していれば，どれだけ十分に人は言葉で伝達できて理解されるかに気づいていることを示してくれている。われわれがセラピスト（Truax & Carkhuff, 1967）と近接領域の専門家（Carkhuff, 1969）を対象に積極的な傾聴ができる力を増強する教育ができるように，われわれはまた，よく聴き，効果的に言葉で伝達ができるように両親（Gordon, 1970）や教師（Gordon, 1974）を鍛えることができる。

敵意　ヒューマニスティックな観点から，ロジャーズは，生来の実現傾向は互いにぶつかるというより，むしろ互いに導きあうものとして考えている。敵意はコントロールされねばならない生得的な衝動ではない。敵意は，ある程度，親の関心という制限的な条件によって過剰にコントロールされた反応である。敵意というものは，時に，他者の賞賛を得る目的で人生の一部を否認しなければならないことに対する，われわれの有機体的な反抗の方法である。敵意はまた，人がやましさや無価値感を感じることなしには怒りの感情を表現できない時，明らかになる。もちろん，思いやりなどほとんどなく敵意を他者に示す人もいるのだが，敵意を示す人というのは，かつてあまりにも思いやられた体験が少なく，人間性を奪われた環境の中で育てられた人といってよいだろう。

コントロール　コントロールは，対人関係において人々が他者に価値の条件を押し付けようとする時，問題となる。繊細であろうがそれほどではなかろうが，そうした人々がコミュニケーションする仕方は，自分たちが持っている愛すべき人間のイメージに合わせて他者が行動すれば，彼らも気遣いをつづけようというものである。素敵であって，勝利者であって，自分に自信が持てて，丁重で，機知に富んでいて，くつろいでいて，性的に魅力があって，行儀よく振る舞う，それがまさに人が彼らのパートナーや子どもたちに期待を寄せる条件のいくつかである。われわれは，他者の関心が有機体的に気持ちよいことの上に保たれていることに価値を置いているので，他者によってコントロールされるように自分自身を仕向けるのである。われわれは，順次，他者の肯定的関心をコントロールするという限定的な方法で行動する。われわれの価値に関する条件が一致するかぎり，われ

われは，葛藤を感じないで互いをコントロールすることを続けようとする。価値の条件がぶつかりあって，たとえばある人々は他人を待たせ続ける時のみ価値を感じることができるといったような時に，コントロールへの非難が鋭くなる。コントロールされることとコントロールすることを諦めるために，人はセラピーで制限つきの価値の条件を手放すように専念しなければならない。

個人 - 社会間葛藤

適応 vs. 超越　完全な人間となるべく，内面化された価値の条件を超えることは，人が洗練されていく過程を超越するためにいくつか必要なものがあることを示唆している。しかしひとたび，人がより自己一致していく過程に置かれると，さらに実現者になることと社会の一員になっていくという間で生じる本来存在する葛藤というものはなくなる。生得的な実現傾向に関するロジャーズ（1959）の見解は，文化的な道具を使いこなすことを通して物や人と関係づけ，創造し，成長するための社会の一員になることを含んでいる。ロジャーズは疑いなく，結婚，学校，大学，仕事といった人間を人間らしくしていく社会の機関や組織のためになるようにと考えていた。ロジャーズの職業生活の本当に多くは，おそらくもっとも思いやりのある社会の組織である大学と成長を目指した人間研究センターで費やしたので，彼は，自律したクライエントが社会へと巣立っていき，十分に機能し，世界の中で生かされ，精神的にくつろいでいられる，と確信していた。

衝動コントロール　自然な有機体的な価値づけは，本来備わっているもので衝動を制御することである。ヒューマニスティックな雰囲気の中で育った人というものは，有機体的に高め，有機体を破壊するようなことはしないやり方で，飲食し，性的な関係を持つものであろう。コントロール下にある特別な衝動を，巧みなテクニックや気まぐれなダイエットで切り抜けようとする試みは，短期的な利益を生み出すが，ほとんど長期には維持することにはならないかもしれない。なぜなら，彼らは，自己制御へと向けた自然な能力を高めることに精神を集中させることに失敗するからである。ひとたび人は，真の自分であることや，他者が望むものでいるという一定のストレス下にないことを心地よく感じるなら，しばしの心地よさを求めて食べすぎたり，飲酒したり，喫煙することに頼る必要がないであろう。自己受容は衝動コントロールを惹起する。

葛藤を超えて達成へ

意味　意味は，われわれが所期の目標に限りなく近づこうとする傾向を実現するプロセスから立ち現れてくる。自然体の生活より，もっと生きるに値する何ものかがなければならないという信念に取り付かれている人たちは，おそらく彼らの人生に存在しているものをそれほど経験していない。もっと生きるに値する何ものかがなければならないという観念が心にしばしば浮かんでくるのは，彼らが経験しているよりも生きるに値するものが

よりはるかにあるかもしれないが，失っているものは外部ではなく自分の中に探すべきものだという潜在知覚を表しているものだ。調和して完全な人生を生きているプロセスには，そこに人生の意味を与える必要はない。評価の場，すなわち意味の源泉は個人の内面に見出されるものである。人間とは，全体として他者や社会に押しつけられた意味を持つより，彼あるいは彼女自身の意味の中心であるべきである。価値を決める基準は実現傾向である。さて，この行為あるいは経験というものは有機体を高めるだろうか？

理想の個人　ロジャーズ（Rogers, 1961）のよき人生を目指した理想の個人とは，**十分に機能している人間**（a fully functioning person）である。もちろん，この理想的なタイプの個人とは，有機体的な信頼を示威する。新しい体験の1つひとつに対して開かれていれば，人は，ある状況の中で重要な情報を自分に取り入れ活用しきるだろうし，今生じている出来事に対する最良の応答として現れる行動の経緯に信頼が持てるだろう。人は，あれかこれかと思い巡らして決定を下す必要はなく，関連する情報を歪めたり否定せずにいればその結果として，自ずと最良の決定が立ち現れるのを見出すだろう。体験に対して開かれていることは，人が根本的にいまを生きていること，過去に属する情報を加工したり，現在に属する情報を排除したりしていないことのしるしである。

　十分に機能している人は，構造化されたカテゴリー，たとえば自己に関する柔軟性のない概念によって体験を加工処理することをしない。そのかわり人々は，ロジャーズ（Rogers, 1961）が**実存的な生き方**（existential living）とよんだ中で，自己とパーソナリティを体験から立ち上がらせるのである。彼らは構造の意味を，体験が自己とパーソナリティの流動し変化する体制へと帰着することの中に発見する。自己は，価値に関して内在化された条件と矛盾しないものしか加工処理できない束縛された構造よりも，まさに，豊かで，胸おどらせ，積極的に挑み，報いようとするプロセスとして体験される。

　有機体的な信頼をすること，経験することに対して開かれていること，および現在において実存的に生きていることは，行為というものが過去の経験にもとづいて，いくぶん予測可能かもしれない悲しい事実があるにもかかわらず，人は内部から自分の人生を選び，管理する能力を持つという経験的自由を生み出す。自由の最大の意義は，創造的であること，および新しい効果的な思考と行動と存在を生み出すことが可能であることの中で生ずるが，それは人が生きることの源泉に触れているからである。

パーソンセンタード療法の実用性

　自己の尊厳（self-authority）にもっとも焦点を当てたパーソンセンタード療法は，心理療法における心理検査やルーティンのアセスメントの実施の負担を軽くするものといえる。パーソンセンタードのカウンセリングでの心理検査の使用は，3つの条件のもとで勧められる。すなわち，クライエントから心理検査の依頼があった，クリニックの方針で心理検査は施行すべきとされている，および，職業や職業選択における成功を収める際の検

査として，その遂行の決定を十分に熟考したうえでクライエントと臨床家のために"客観的"なやり方で施行される，という3つの条件である（Bozarth, 1991）。

　心理療法家の人となりは，パーソンセンタードの仕事の際の正規の訓練よりもずっと重要であるので，多様な背景を持つセラピストが歓迎される。カウンセリング心理学，カウンセリングの教育，ソーシャルワーク，牧会カウンセリング（訳注：牧師が行う専門的カウンセリング）はとりわけロジャーズ派のアプローチが役立つ。

　クライエント中心のカウンセラーは，ピアカウンセリングを行う学生やセルフヘルプグループにおける素人のファシリテーターといった準専門家を対象にした訓練のアプローチの中でもっとも活動的で目立っている（Carkhuff, 1969）。もともとはトルアックスやカーカフ（Truax & Carkhuff, 1967）によって開発された方法で，具体的にはモデリング，ロールプレイング，ビデオ学習，フィードバック学習によって，学生は，徐々に共感的に，純粋に，肯定的関心を払っていけるような訓練を含んだスキルを習得するよう訓練される。準カウンセリングの大部分はロジャーズ派の原則に従って遂行される。

　個人を対象としたセラピーは一見望まれるようだが，本質的ではない。しかしながら，意欲的なパーソンセンタードのセラピストは成長志向の体験に参加しようとするだろう。臨床家の感受性を高め，十分に機能することを促す体験ならどんな体験も価値ある訓練である。

　残念ながら，訓練を受ける者の共感性を高めるための努力は形式偏重になり，心がこもらないオウム返し，ないしは不毛な技法と区別がつかなくなっている。亡くなる直前に執筆した最後の論文の中で，ロジャーズ（Rogers, 1987a, p. 39）は，共感性を認知的スキルとして指導したことを遺憾に思っていた。「その強弱と個人的にかかわりあう深さの点も含めて，純粋でセンシティヴな共感など教えようもない」と。共感性の訓練——というよりはむしろ共感性を体験することと保証すること——はまさに，体験療法グループと個人を対象としたセラピーを含めて，本物の我-汝関係の中にのみ生じるだろう。

　1セッションの料金は他の治療形態の世間相場並みの値段であると思われる。純粋な治療関係は概して対面での出会いであり，面接のための机などはない。

　パーソンセンタード療法は（ほとんどの心理療法と同様に），カップル，集団，家族療法といった形態へとどんどん広がってきた。ロジャーズは厳密な個人への働きかけから，より大きなシステムへの介入の域まで導いたように，現代のパーソンセンタードのセラピストはグループでのセラピー，カップル，家族を対象としたセラピーで（Person-Centered Review, 1989, 8：特集号参照），あらゆるコミュニティ，あらゆる国において活躍している（Levant & Shlien, 1984：図を参照）。ロジャーズはまた，人の間での純粋な出会いを特に大切にして集団治療に深みのある影響を及ぼしてきた。彼はカウンセリングルームから核戦争や国際関係といった地球上で繰り広げられることへと関心が広がってゆき，したがって実践の範囲を広げるために，**クライエント中心療法**から**パーソンセンタード・アプローチ**へと名称を変えることを断言した。

短期パーソンセンタード療法

"短期"という用語と"パーソンセンタード療法"という用語は，同じ文章の中で用いられることはめったにない。ロジャーズ自身のセラピーの事例は，ほとんどが数10回のセッションを持ち，たびたび数100回に達する。クライエントには自己実現傾向が備わっているので，数年にわたる心理療法は不必要であるが，もっとも共通した実践は1人につき6か月から1年にわたって週1回のペースで会うことであった（Budman, 1981；Koss & Shiang, 1994）。

過去において，パーソンセンタード療法の権威と教えと語りに対する歴史的な批判は，臨床家が治療的過程を早めるための方法に関する実験をすることを躊躇させてきた。評判の高いパーソンセンタードの心理学者であるアーサー・コムズ（Arthur Combs, 1988, p. 270）はユーモアを込めて以下のように述べた。「パーソンセンタードのカウンセラーの担当するグループを観察してきた人ならば誰でも，どこに向かって旅を続け，よい決定に到達するためのより速い方法があるかを必ず自身に問うて来たに違いない」。現在では，時間効率と治療の短縮は，パーソンセンタードの実践に向けての中心的な課題となっている。

主要な選択肢：動機づけ面接

ウイリアム・R・ミラー（William R. Miller, 1947- ）は，彼の**動機づけ面接**（motivational interviewing: MI）をカール・ロジャーズのニューファッションだと書いている。動機づけ面接はクライエントが自分のアンビバレンスを探査し，解決するのを援助することによって変化可能な本来備わっている動機づけを高めるパーソンセンタードで，かつ指導的なアプローチである（Rollnick & Miller, 1995）。そのため，パーソンセンタードのスタイル（温かさ，共感性，平等主義の関係）とパーソンセンタードの技法（キーとなる質問，陳述を繰り返すことが可能となる傾聴）の双方の要素が組み合わさっている。動機づけ面接は，望ましい変化に関するセラピストのゴールを含み，かつ患者が行動変化に向けて動き出すよう具体的な介入をするので，パーソンセンタード療法について詳細に説明している（Moyers & Rollnick, 2002）。

ミラー（Miller, 1978）は，行動上のセルフコントロール技法を問題となる飲酒者の治療のために適用することで，研究者としての進展が始まった。公正な実証主義者であった彼は，対照群が10回の治療面接を受けたクライエント群の治療成績に比べ，非常に優れた改善を示したので当惑した。対照群は，最初のアセスメント，励まし，助言を受け，セルフヘルプのための本を渡されていた（Miller & Munoz, 1982）。

ミラーは，その結果を信じられなかったので，治療を18セッションに増やして2度追試した（Miller & Taylor, 1980）。研究1では，カウンセラーの治療中の行動を観察し，トルアックスとカーカフ（Truax & Carkhuff, 1967）によって開発された共感尺度を用い，

行動を評価した。実験群と対照群は類似の効果を示したが，セラピストの共感の具合の評価は，6か月の時点で相関が0.82，12か月の時点で0.71，2年後の時点で0.51であった。セラピストの共感は，特徴的な治療ではなかったが，クライエントの治療に効果的であると予測できた。ミラーは，ロジャーズによって主張された共感と繰り返しの傾聴は，どんな効果的な短期療法であっても，その中核となるに違いないと結論づけた。

心理学と精神医学を専門とするニューメキシコ大学の著名な教授であるミラーは，新しい心理療法のシステムを創造したというわけではなかったが，忠実にデータを集計し分析し，動機づけ面接を開発した。彼は今では30冊以上の著書を世に送り出し，科学情報研究所は彼を世界でもっとも多くの引用される科学者の1人としてリストにあげている。彼は基本的には，変化に関する心理学に関心があり，依存症の形成とアセスメントと治療の普及についての研究を重点的に進めてきている。

彼の研究と効果的な短期治療の分析から，ミラーとロルニック（Miller & Rollnick, 1991, 2002）は，動機づけ面接の実施に当たって，次の4つの原則を見つけた。

- クライエントのメッセージを理解したことを伝え，クライエントへの純粋な思いやりを表現するために反映的な傾聴を行うことで，**共感を表現する**。心の底から，動機づけ面接は基本的にクライエントに敬意を払い，クライエントの自己保存の欲求を理解する。
- クライエントが深くとらえている価値と今の行動の間の**ズレを明らかにする**。変化は知覚されたズレによって動機づけられる。臨床家よりもむしろクライエントが変化を目指して議論を行うべきである。クライエントは文字どおり自分を語ることで変わっていく。
- 直面化よりむしろ，感情の反映を体験して**抵抗を取り除いていく**（roll with resistance）。抵抗は，クライエントがアンビバレンスの一方の状態を言葉に表す時，簡単に理解される。セラピストは変化を目指して議論をすることを回避すべきである。すなわち，クライエントの抵抗は，セラピストがそれとは違って応答すべきであるという合図である。
- クライエントが変われるというメッセージを積極的に届けることで，クライエントの**自己効力感をサポート**する。セラピストは，変化は可能であると，クライエントに自信を植えつけ，変化を許容し，楽観主義を強化するという短期介入を行う。クライエントは答えと解決を見出す際のもっとも重要な供給源である。

動機づけ面接において，セラピストは，クライエントが否認している間は，変化の必要性を力説するような古典的な直面化（たとえば「あなたはお酒をやめなくてはならないんでしょう!?」といったやり方）を注意深く避けていく。直面化や議論でもってクライエントの抵抗に対応しようとするセラピストは，**対抗抵抗**（counterresistance）を示していると言われる。ストレートすぎる直面化は抵抗を弱めるよりむしろ加速させてしまう。動機づけ面接法は，治療関係が破綻してしまうのを回避し，クライエントの話そうという変

化が現れるのを認めていくやり方でそれを異なる方向にむけようと努める時に，抵抗を治療の相互作用へと向かわせるように本来のエネルギーをうまく利用しようとする。カヌーの漕ぎ手がおそらくは強い流れに逆らって上流へと行こうとしないように，動機づけ面接を行う者はそれこそクライエントと議論しないのである。セラピストなら，目の前のクライエントが相互作用を推し進める際のエネルギーを利用して抵抗を扱おうとするだろう（Moyers & Rollnick, 2002）。

　率直に説得しようと努めるかわりに，セラピストはクライエントから体系的に関心と変化を引き出し，分別を強化する。すなわち，セラピストはクライエントの自己管理による変化を積極的に促進するのである。セラピストは，患者が変化することに対するアンビバレントな感情を探究できる温かい，そして共感に富んだ雰囲気をいつも用意する。抵抗に真正面から直面化させず，開かれた探求を励ます方向へ上手に持ってゆく。この過程の基礎となることは，現在の行動（現実自己）と望ましい目標（より理想的な自己）の間に生じる**動機づけに関するズレ**（motivational discrepancy）をクライエントと一緒に明らかにするという目標である。証拠は，その種の乖離が，行動変化のきっかけとなる動機づけを与えるということを示している（Miller & Rollnick, 1991）。

　以下は，動機づけ面接者とアルコールの乱用を改善したいクライエントのやりとりである（Miller & Rollnick, 2002, pp. 148-149）。

　　クライエント：たくさん飲んでいるように見えるでしょう。以前は酒量が決して増えるようなことはなかったし，自分を酒飲みだなんて思っていないんですよ。
　　面接者：驚いているのですね。〔直面化させる代わりに反映技法〕
　　クライエント：ええ！　ふつうどのくらいの飲酒量かと聞かれて，たくさん飲んでいるとは思った。それでも酒量は友達と同じくらいなんです。
　　面接者：そう，あなたを困らせているようですね。たくさん飲んでいるってわかっていらっしゃる。この検査の結果は，成人飲酒者の中では95％以上の多量飲酒者に入りますね。で，あなたの友達の飲み方もノーマルと思っているのですね。では，この2つのことをどうやって一致させることができますか？〔**2つのことに共感を示しながら，ズレに気づかせていく**〕
　　クライエント：自分はトップの5％に入るくらい飲めると思うね。
　　面接者：すると，あなたの友達はかなり酒飲みですね。
　　クライエント：「酒飲み」かどうかはわからないです。自分たちが思っている以上に飲んでいるとは思いますが。

　　セッションのあとのほうで

　　面接者：で，あなた自身が飲んでいるということをどう意味づけるのですか？　今ここで何が生じているのでしょうか？〔**開かれた，キーとなる質問をする**〕
　　クライエント：ええ，何かしたいと思うし……こんなふうに飲み続けたくないと思っ

面接者：それでは，「何をするか」についてのリストを作成できますか？　この次の
　　　　　ステップは何になりますか？〔玄人はだしの策略を回避する〕
　　クライエント：酒を飲むことに関して何かをしなければいけないですね。たとえば，
　　　　　減らすとかやめるとか。
　　面接者：減らすかやめるか，どちらかなのですね。
　　クライエント：ええ，難しいかもしれない。このまま飲み続けたら，いろんなことが
　　　　　悪くなるでしょうか？
　　面接者：たぶんそうでしょうね。
　　クライエント：だから，何かしないと……減らすかやめるか。
　　面接者：完全にやめなければならないことがわかったとしたら，できますか？〔自己
　　　　　効力感を支持する〕
　　クライエント：はい。やめなければなりませんよね。
　　面接者：どのようにやっていきますか？〔解決や決定をクライエントに委ねる〕
　　クライエント：とにかく何か試して，それが有効かどうかわかるんじゃないでしょう
　　　　　か。

　動機づけ面接は，3つの活用方法がある。まず第一に，クライエントの変化しようという動機づけを高める目的で，治療の最初，すなわち前奏曲として用いる。第二として，動機づけ面接は，それ自体が有効な短期介入して用いられる。たとえば，患者はアルコール乱用がスクリーンされると，一次予防の観点から動機づけ面接が適用される。第三として，動機づけ面接は他の治療法とともに用いられる。たとえば，動機づけ面接法は，クライエントのアンビバレンスを弱めたり，抵抗を小さくするため，他の心理療法に統合されうる（Miller & Moyers, 2005）。

　動機づけ面接を展開していくミラーの経験によるアプローチはそれを学ぶためにはもっとも効果的な方法を決めるまでに拡大している。ミラーと共同研究者（Miller et al., 2004）は，5つの訓練方法を評価する研究を行った。すなわち，①臨床のワークショップ単独，②ワークショップと実践のフィードバックの併用，③ワークショップとコーチング（個人指導）のセッションの併用，④ワークショップとフィードバックとコーチング，⑤セルフガイド訓練のみの待機者リスト群である。物質乱用に関して専門的な資格を持った者が5つの訓練方法の1つに無作為に割り当てられ，彼らの動機づけ面接の実践が12か月にわたって分析された。ワークショップに参加した専門家は，自分自身のみの訓練（セルフガイド訓練）を行っている者より事がうまく運んだ。フィードバックやコーチングとの併用群は，ワークショップ単独群より動機づけ面接の実施が優れていた。動機づけ面接は，理想的にはコーチングとフィードバックを含めた体系的な訓練をとおしてうまくやっていけるようになり，こうなると本物で世界的な物質乱用の実践家といえる。

　歴史上もっとも規模が大きい心理療法の治療結果研究の1つであるMATCHプロジェクト（Project MATCH）では，**動機づけ増強治療**（Motivational Enhancement Therapy: MET）の4つのセッションは，認知行動的コーピングスキル訓練の12のセッションと12段階からなるファシリテーション療法の12のセッションとを比較した（Project MATCH Research Group, 1993, 1997）。2つの同時並行であるが独立したランダム化臨床試験が行われた。1つは，外来で心理療法を受けているアルコール依存症の952名のクライエントを対象にしたもので，もう1つは，アルコール入院治療に続いてアフターケア治療を受けている774名のクライエントを対象にした研究であった。動機づけ増強治療の最初の2セッションでは，身体的健康，脳機能，対人関係および職業上の機能を含んだアルコール乱用に関係する問題についての，集約的なアセスメントにもとづいた動機づけ面接と個別のフィードバックを行った。動機づけ増強面接の最後の2セッションは基本的には後押しのセッションであった（Miller et al, 1992）。

　より短期の動機づけ増強治療は，より長く，より確立された12段階の認知行動的な治療と同様に，それぞれの追跡調査において効果的であった。長期のフォローアップがなされた特別な記録の中によれば，動機づけ増強治療は認知行動的なコーピングスキル訓練と比較してより効果が示されたとあるが，この訓練の対象となった患者が，変化に対するレディネスの初期段階において測定されたので，変化することに対してはじめのうちに動機づけがより低い。カール・ロジャーズが予見していたように，クライエントは，自分が変わることに促進的な諸条件やきちんと受け入れてくれるセラピストと相応な自律性が備わった時，短い時間で長い道のりを進むことができる。

　動機づけ面接は元来，嗜癖的な行動に焦点を当てて発展したが，健康関連行動の主（ホスト）に適用されている30の対照群を置いた治療結果研究のメタ分析において，動機づけ面接は，よく用いられる時間のかかる他の治療より効果的であった。動機づけ面接群は，嗜癖的な障害と行為に対して無治療群とプラセボ群に比較して，効果量が0.25〜0.57であった（Burke, Arkowitz, & Menchola, 2003）。動機づけ面接は，長さにしてちょうど平均100分で，臨床的な影響力を示した。つまり改善率51％，クライエント飲酒量という点では56％の減少を見た。しかしながら，結果は喫煙あるいはHIVのリスク行動の有効性を支持しなかった。全体として，嗜癖的な障害に対して動機づけ面接は少ない介入で大きな効果を示した（Burke, Arkowitz, & Dunn, 2002）。

パーソンセンタード療法の有用性

　ロジャーズは，クライエントを現象学的に理解することと心理療法を経験に即して評価することという独特な組み合わせを，一貫して支持した。彼は，心理療法研究，とりわけ，**プロセス研究**（process research）に関する豊かな伝統の創始者という意味で，草分けの1人として広く評価されている（プロセス研究とは，効果研究が治療の成果や有効性の足跡をたどるのに対し，クライエントとセラピストの間の相互作用に関するものである）。ロジャーズと彼の仲間は，指示的な治療に対する人間性心理学的アプローチと治療に対する評価的な科学的アプローチは両立する必要があると説明してきた。

ロジャーズは，パーソンセンタードアプローチの将来の発展について言及した彼の最後の論文の中で，経験に即した研究の必要性を以下のように強調し続けた（Rogers, 1986, pp. 258-259）。

> パーソンセンタードアプローチが狭く，独善的で，限定的なものになることを回避できる唯一の方法がある。その方法は，実際的であるとともに愛情のこもった心で，新たな展望を開き，新しい洞察をもたらし，われわれの仮説に挑戦し，われわれの理論を豊かにし，われわれの知識を広げ，人の変化という現象をもっと深く理解することを優先した研究を通じてである。

クライエント中心療法を拠り所にした研究が与えた推進力は，少なくともロジャーズの理論的貢献と彼の心理療法の有用性の重要さに匹敵する（Strupp, 1971）。パーソンセンタード療法の有用性に関する一連の2つの独立した研究が続けられてきた。1つは，ロジャーズの必要で十分な条件という前提が正確であるかどうかに関することである。2つめは，パーソンセンタード療法の全体としての効果に関わることである。わたしたちは，これらを順に考えよう。

ロジャーズがその証明を挑発した，かの「治療によるパーソナリティの変化にとって必要かつ十分な条件」なるものは，たくさんの研究発表，少なくとも10のレビューと，そのレビューのレビューまでをも到来させた（Patterson, 1984）。ロジャーズがひたむきに期待していた共感，純粋性および肯定的関心に関する実証的な研究は，これらの変化にとって促進的な対人関係の条件は，結果にとって価値ある貢献要因ではあるが，必要でもなく十分でもないということを証明した。公平なレビューは，「セラピストの変化促進的な態度に対する患者の肯定的な見方は，治療の進展を強化する傾向はあまり強くなく」（Beutler, Crago, & Arezmendi, 1986, p. 279），「治療の〔必要かつ十分な〕条件という仮説に対する証拠は説得的でない。見出された関連はあまり強くなく，初めに立てた仮説よりも，もっと複雑な関連が治療結果とセラピストのスキルの間に存在することが示唆された」（Parloff, Waskow, & Wolfe, 1978, p. 251）と結論づけた。

多くのパーソンセンタードのセラピストたちは，今ではこの指摘を認め，本来の前提を再定義した。たとえば，ミッチェル，ボザースとクラフト（Mitchell, Bozarth, & Krauft, 1977, p. 481）は，「はっきりしないけれども，共感すること，温かさおよび純粋であることがクライエントに変化を起こすことにとってある程度関連するが，それらの潜在力や一般化する力はかつて考えられたほど大きくないと示唆されると思われる」ということを明らかにした。ラスキン（Raskin, 1992）は，影響力を持ったクライエント中心の実践家であるが，共感すること，温かさおよび純粋であることは必要条件ではないが，たぶん十分条件ではあって確かに変化を促進すると，本来のロジャーズ派の特性に関する自分の立場を要約した。これらの条件が必要かつ十分であると本気で提案する研究者は，パーソンセンタード心理療法派の中にすら，ほとんどいない（Bohart, 1993b ; Kirschembaum & Jourdan, 2005）。

同じころ，肯定的関心，共感性および純粋性に関するセラピストの特性がほとんどのクライエントや状況にとって本当に変化を促進するものであると証明した研究がある。関連文献の中の記念碑的ともいえるレビューにおいて，オリンスキーとハワード（Orinsky & Howard, 1986, p. 365）は，「一般的にいって，この領域における相当な数の知見の50〜80％は十分に肯定的であり，これらの次元は患者の治療結果に必ずといっていいほど関連している」と結論づけた。ロジャーズによって見出され，何十年かあとになってミラーによって再確認されたように，セラピストに共感性があるかどうかのクライエントの評価は，成功している心理療法の中で，もっとも誠実で意志強固なセラピストの決定要素である（Bohart et al., 2002）。共感性は，パーソナリティが変化するにはとても大切なものであると同時に，パーソンセンタードや他の心理療法の諸システムにおいて確実に変化を促進する（Burns & Nolan-Hoeksema, 1992 ; Norcross, 2002）。

　早期の治療結果研究の一般的なパターンは，パーソンセンタード療法群は，無治療群と大学生のサンプルにおける待機者リスト群および少し障害のあるクライエント群より良い治療成績を上げた。1960年代の初期に，ロジャーズとその共同研究者（1967）は，パーソンセンタード療法を果敢にも統合失調症のグループに適用した。いくつかの心理療法のうちの1つはその後，こういった重篤な障害者の集団を対象に試された。それらの結果のパターンを見ると，ほんのわずかしか効果がみられなかったことがわかる。

　精神疾患のないクライエントを対象にしたパーソンセンタード療法の全体の有用性に目を向け，さまざまな被験者を対象としたメタ分析の結果を展望したい。60の研究を集めてみたところ，スミスとグラス（Smith & Glass, 1977 ; Smith, Glass, & Miller, 1980）のメタ分析は，パーソンセンタード療法群が平均0.63の効果量を示すことがわかった。これはそこそこの効果として解釈され，無治療群より明らかにすぐれてはいたものの，他方でプラセボ治療群の平均効果量0.56と比べると十分には高くないものであった。パーソンセンタード療法は，心理力動的治療や他の洞察志向の心理療法の効果と類似していたが，系統的脱感作や焦点化された行動的治療の効果よりわずかだが低かった（Shapiro & Shapiro, 1982）。他の多くのオリエンテーションより高い変化量を示したクライエント中心療法に関する治療結果の測度の1つの典型は自尊感情に関する問題であって，この問題では，とりわけパーソンセンタードアプローチが高く評価された（Rice, 1988）。

　スミスら（Smith et al., 1980）のメタ分析に含まれるクライエント中心療法に関する17の公刊された研究を再評価してみると，クライエント中心療法は，その明らかな有効性がアカデミックな場で起きる諸問題の治療に大きく依拠していることが示された（Champney & Schulz, 1983）。アカデミックな場での問題や教育に携わるカウンセラーばかりでなく，医療の場および個人開業にいたるロジャーズ派の治療の有効性を一般化する際の注意が奨励された。

　クライエント中心療法に関する，ごく最近のレビューは同様に，無治療群より明らかにすぐれており，また積極的なプラセボ治療群よりおそらくすぐれており，しかしながら，認知行動的な心理療法の効果と比較するとたぶん劣っていることが示されている。米国やヨーロッパで公刊された多くの心理療法に関する897の成人対象の治療結果研究の包括的

なレビューの中では，グロウとその共同研究者（Grawe et al., 1998）は，研究全体の90％以上でクライエント中心療法群は待機者リスト群や無治療群と比較して統計的に有意な効果を生んだことを示した。同時期に，直接比較したところ，クライエント中心療法は認知的および行動的な治療より効果が少なかった。さらにグリーンバーグ，エリオットとリエター（Greenberg, Elliot, & Lietaer, 1994）は，古典的なクライエント中心療法群を無治療群と比較した研究において，クライエント中心療法は平均0.95の効果量，すなわち確かに大きな影響力を示した。しかしながら，クライエント中心療法と認知行動療法を5つの直接比較で比べると，クライエント中心療法のほうがわずかではあるが劣っていた（Reicherts, 1998）。

子どもと青年を対象にしたクライエント中心の心理療法の有効性に関するメタ分析において，同様の結果が明らかになった。1つのメタ分析（Weisz, Weiss, et al., 1987）は，クライエント中心療法を含めた約20の比較対照研究を確認した。平均効果量は0.56であり，パーソンセンタード療法を用いて治療を行った成人を対象にした報告は0.63であって，よく似た結果を示した。しかしながら，この効果量はさまざまな行動的治療で得られた効果量（0.75から1.19）より小さかった。子どもや青年を対象にした治療結果研究に関するその後のメタ分析（Weisz, Weiss, et al., 1995）は，クライエント中心療法の有効性を試す6つの新たな研究を同定した。効果量は無治療群よりふたたび明らかに良くなり，行動的，認知的療法群ならびにペアレント・トレーニング介入群に見られる効果量よりも低かった。

パーソンセンタード療法に対する批判

行動論的観点から

ロジャーズ派は，パーソンドセンタード療法を科学的吟味のもとに置くことを快く賞賛すべきである。しかしながら，彼らの実験における多くの方法論的な誤りに関する批判に対してオープンであることはよくわかる。彼らの研究の致命的な不備は，(1) 治療の志願者でない人たちを対照群に置いたこと。(2) 未治療群を除外したこと。(3) プラセボ効果を比較対照することに失敗していること。(4) セラピストや実験者を満足させる要請に応じるような自己申告という測度に頼っていること。(5) 現実に生じた行動を無視して，主観的な体験を評定することに賛成したクライエントをみようとしたこと，である。

たとえ十分な対照群と厳密な方法が採用されても，一般的なメタ分析の結論は，認知行動療法はパーソンセンタード療法より有効であるということである。行動療法家が共感と温かさを用いれば用いるほど，おそらくそれは有用ではあるだろうが，セラピストの対人関係上の行動はクライエントの行動障害を克服するには不十分である。明確で教えやすい行動論の技法がさらに効果的であることが判明したら，「デリケートでさぐりを入れるような」セラピストの特性でそれを止めてはならない。

理論的な観点から言っても，パーソンセンタード療法は生真面目な質問に対してもオー

プンである。あらゆるレトリックのもとに，ロジャーズは，あいまいな形式の消去に明らかにもとづいた治療を弁護している。問題が多い反応は親の随伴する愛情と関心に条件づけられてきたとみなされる。セラピストは，肯定的関心に随伴も条件もまったくない社会的学習環境を確立することでプロセスを覆す，と思われている。クライエントは，強化されることや罰せられることなく，困っている行動について延々と話し続けることを許される。ついには，随伴するものがなくなって，困ったことを話すということが消去されるのである。もちろん，われわれは，クライエントを困らす行動それ自体が変わったのか，あるいは，クライエントがそれについて語るのを止めただけなのかを，言語的な消去というパラダイム単独でもって決定することはできない。しかし，消滅した反応の自然な回復といったものは必ず冗長で，しかも混乱した状態に導くが，その時，なぜ消去に依拠するのだろうか。さらに言うと，消去のみが使われる時，消滅したままの不適応的な反応の代わりに，学習されたどんな新たな行動も語る手段を持たない。

　ロジャーズは，いささか神秘的な有機体の実現傾向を信じていると主張していた。この傾向は，もしわれわれが足で踏んだりさえしなければ，ドングリはまっすぐ高く育つだろうと決めてかかる目的論の古びた信念を思い出させる。もちろん，われわれは今，ドングリを育てることですら，その方法が，ある程度はどのように変化しつづける環境によって育成されるかという機能と関わることを知っている。

精神分析的観点から

　ロジャーズ派のアプローチは，いかにしてわれわれの認識が，もっとも心理的治療を受けるに適した人たちによって曲解され得るかという見本である。パーソンセンタード療法は元来学生との取り組みにもとづいているので，大学生に非常にアピールする人間性について霊感を与える理論である。野心的な人，典型的にはアメリカ人のように達成にかられる個人を対象とした理論と治療は，実現化するという生得的なある傾向と間違えられている。そのような実現化を推進する傾向など，ロジャーズとその共同研究者（1967）が，十分機能している個人へと変化させるのに失敗した慢性の統合失調症者たちのどこにあったのだろうか。

　パーソンセンタード療法が現に与えたものは，理想化された母の愛情に関するあらゆる要素を有する転移関係である。クライエントは，最善でもあり最悪でもあるが，彼らがいるべき，そして無条件の愛情に出会える薔薇園を約束されるのである。事実は，研究（たとえば，Truax, 1966）が示したように，カール・ロジャーズでさえクライエントが表現している感情に究極的な条件つきで反応をしたということである。

　クライエントが特別な感情を表出した時，ロジャーズは本当に関心を示し，共感を表明したらしい。われわれの愛情が無条件なものであるというように装うことは，クライエントに対して，不適切である。なぜなら，真の現実世界というものは，実際のところ，愛によって条件づけられているからである。そのような見せかけは，世界の残りの部分と比べて，セラピストだけが本当に彼らを愛することができるとクライエントが信じるように鼓

舞してしまいかねないのである。

文化的観点から

　治療関係を超えたより広い環境に注意を払わないパーソンセンタードは，しばしば無知や無駄につながる。ヒューマニスティックな理論が取り上げる社会的環境は，自己が失われるか実現されるかという闘争の場というより，むしろ自己実現の障害物として単純に扱われる場である。ロジャーズがしばしばカッコをつけた外的な"現実"あるいは"現実の世界"といった概念を控え目に扱うことは，心理療法の内面の感情と潜在可能性についての，非現実的で，自分自身に甘く，高くつくおしゃべりという公的イメージしか追認しない。"現実"は50分のセッション中に表出される感情よりはるかに多くのものから構成されている。すなわち，家族内の人間関係，社会の慣習，経済的報酬，市民の権限といったものなどは，ほんの2，3例にすぎないが，パーソンセンタードのセラピストが認めようと配慮するよりも，ずっと自我に影響を及ぼすのである。

　ロジャーズが自己，個性化，自己実現に没頭するのは文化の上で特徴的である。彼の立場は西洋文化が個人主義に置いている高い価値を反映もし，強化もする（Usher, 1989）。すべての文化が"自己"を重要視しているわけではない。少なくとも1つの文化において，"自己"という用語は存在すらしない（Pervin, 1993）。ロジャーズの理想的な個人の特性は文化を超えて適用はしない。ある民族は，評価に関して外的な（あるいは内的な）帰属を好み，それは見事に機能する。パーソンセンタードのセラピストは治療の中で話された内容に対しては比較的非指示的かもしれないが，潜在的価値はまったく非指示的ならざるものである。別の例を挙げれば，相互依存や縁故を超えた独立や自律の持つ価値は，西洋的（および男性的）観点を反映している。

　ロジャーズと違って，フェミニストは，女性にとって自己知覚を変えるだけでは十分でないと主張する。「そうした内的変化が，女性の身体的かつ心理的な実現化にとってのあらゆる文化的，経済的，法的，対人的な障害物を排除するというほのめかしは，ばかげている」（Lerman, 1992, p. 15）。ゆっくりとした個人の変化ではなく，力強い集団での唱道は，女性やマイノリティを苦しめている現代の諸問題の多くをよりよく解決するだろう。

統合的な観点から

　ロジャーズが賞賛されるべきは，何が治療関係を構成しているかを明確にした点での，彼の顕著な貢献に関してである。しかしながら問題は，ロジャーズは，極端に走りすぎたように思い，治療が進むために必要な条件であるかもしれないものは同時に，治療が成功する十分な条件であると結論した。治療を促進できるセラピストの特性への彼の期待は，まるである無条件の愛情関係がやってきて，十分に機能している人を解放し，その人はいつまでも幸せに生きるのである。まるでハリウッドのメロドラマのように響き，そこでは彼は，普通1週間に1時間だけ会う治療を施す関係に，どれほどの影響力があるとしたの

だろうか。われわれは，ある特別な関係が1つあれば，過去や現在の人生を特徴づける条件つきの関係からの破壊的影響に打ち勝つことのできる十分な力がある，と信じるよう頼まれているのである。

　ロジャーズが関係という変数を非常に強調したことで，効果的な心理療法家とは，たんに感じることや関連づけることが問題なのであって，多くを知ることではないという幻想をも強めてしまった。彼のシステムは，調和のとれた人なら，ピアカウンセラーでも準専門家であっても，かつパーソナリティや精神病理の知識を必ずしも持たずして，誰でもあらゆる患者や問題を対象に効果的な心理療法を行えるということを示している。ロジャーズのシステムでは，知識はほとんど重要ではない。すなわち，効果的な治療にとって知識は確かに必要な条件ではないということである。しかし，フロイト，アドラー，メイ，そしてロジャーズ自身のような卓越したセラピストが，人を思いやる超越した能力を発揮するだけでなく，真剣に知的に関わる一個人であり続けたということには驚かされる。

　結局，ロジャーズはあらゆる臨床的な出会いのための一元化した公式や非凡な治療を具体化した（Norcross & Beutler, 1997）。すべてのクライエントは本質的に同じ問題で苦しんでおり，すべてのクライエントは同じ治療を望んでいる。ロジャーズは，自ら認めたように個人主義的心理学に関心を持ってはいたが，特殊なクライエントに合ったアプローチで治療を個別化しようとすることはめったになかった。パーソンセンタード治療のように，患者の中には，比較的控え目でかつ構造化されていない心理療法の形態を非常に求める人もいるが，そうでない人もいる。その代わりに，指示的なセラピーを要求し，強力な助言を心待ちにしているといった患者たちである。生活歴を含むヒストリーの聴取，直面化，教示，解釈，指示，助言などはすべて問題を持つクライエントを治療する際の本質的な臨床的営みといえる。こうした場合は，パーソンセンタード療法は禁忌が最良であり，下手な実践は最悪である。

C夫人を対象としたパーソンセンタードの分析

　C夫人は，特にいつも清潔で，ばい菌などと関わりなく，性的には慎み深く，従順であることに価値があるという両親による条件が求められるような，とりわけ厳格な雰囲気の家庭で育てられた。彼女の強迫的なあり方のパターンから，われわれは彼女自身が内在化した価値の条件が彼女の両親のそれと同じように固いということを想像できる。彼女が自分自身に持つことを許した体験は，どうしたら清潔で病気に罹らないかを証明することに絶えず心配している体験でしかなかった。

　結婚した当初は明らかに，彼女は恋に落ち，より柔軟でより良く適応するだけ十分に周囲に関心を払っていた。生活がうまくいかなくなってしまったことだけで，根拠のない推測に陥りやすい。彼女の家族が重篤なインフルエンザに襲われたり，またギョウチュウ（蟯虫）の流行する可能性が，彼女の自己関心に，もう清潔でいられなくなっていて，彼女の家族を気遣うことも十分にできないということに直面したことで，脅威を与えてしまったのかもし

れない。もっと核心的なレベルでは，自分は病気になったり，不潔になったりすると，自分は子どもたちを本当に愛することができないのではないかという潜在意識によって，彼女は脅かされてきたのかもしれない。C夫人は病気の子どもたちに愛情を注いで親子関係を持つことに対して嫌というほど厳しい限界を体験してきたし，子どもたちが自分をもっとも必要としている時に自分は子どもたちを本当に愛することができなければ，自分はそんなたぐいの母親であるといった疑念に脅かされてきたのかもしれない。しかし，彼女は，愛情というものは実に偶然的なものであり，またそれを不潔な人や病人のために浪費する余裕などないのだという，両親から与えられた課題を内在化してきた。

　われわれは，意識に現れて気づいてしまうのを怖れているまさにその体験を知らないでいるのだが，愛されていないという強烈で否定できない体験に直面して，パニックになっている人について印象を形成するのだ。彼女は洗浄したり，ばい菌から避けるという生活を編制することで維持することができたほんのわずかな自己関心を保つことにもがいてきたので，彼女の生活は歪んだものになってしまった。もしわれわれが彼女の症状を内包したコミュニケーションに共感すれば，われわれはどれだけ壮絶に彼女が「私には価値がある。私は愛される。どれだけ私が清潔であるかを見てよ。私は病気ではない。私を置いていかないで。私は自分自身をもっと愛することができるし，もっと自分の関心に価値を感じることができる。私は働けば働くほど，清潔になる」と叫んでいるかを聞くことができるかもしれない。

　もし彼女が真の感情を表現することができれば，彼女はいい続けるであろう。「私が洗浄を止めたなら，自分のセラピストと私の家族は私を愛することができる」。すなわち「私が清潔で純粋無垢であれば自分自身を愛することができる。私は自身が失ったことに関心を向けてばかりいるというワナに嵌っているか，あるいは，私は，洗浄し続けることで所有できるわずかな自己が感じることのできる価値を手にしている。また，私にいくばくかの関心を払ってくれる数人の人を失ってしまうというリスクも持っている。自殺を選ぶとしたら，この八方塞りのような状況にたった1つの選択肢しかないように思われる時であろう」と。

　C夫人の見方はひどく悩んでいる人の歪んだとらえ方であろうか。われわれは不潔であることや病気であることを排斥するのか。われわれの社会においては，その中の大きな宗教集団では成熟した愛情よりも，もっと清潔であることに価値を置いているが（Rokeach, 1970），われわれは，C夫人のような人々が存在を歪んだ社会的価値に置き，そして自身の有機体として体験していることを犠牲にしていることを，意外に思うだろうか。C夫人は清潔さのような社会的価値に心を奪われたばかりに，愛情のような有機体の価値から隔てられてしまった文化の中の悲劇の原型である。

　C夫人は，家族とセラピストによって，厳格に条件つきの世話を受けてきた。彼らは「洗浄してはいけません。そうすればわれわれはあなたを大切にしますよ」といい，彼女は「洗浄した時だけ自分自身を大切にできる」という。有能な心理療法家は，C夫人が洗浄について話していなくても，彼女が洗浄していてもいなくても同様にきちんとした関心を払う環境を確立しなければならない。われわれは，彼女が残したわずかな自己関心を保持することを絶えず心配している女性と話していくことに真価を認める時，われわれは彼女が洗浄しているという彼女に残された自尊感情の源を放棄させる必要を感じないであろう。

　まず初めに，洗浄していようといまいと，何かに心を奪われていようといまいと，彼女は思いやってくれる人の肯定的関心を体験することが必要である。そして次にやっと，彼女は肯定的に関心を払われることは，洗浄していようといまいとそのことには付随しないことを

> 理解し始めることができる。その後，彼女は徐々に少しずつ自由になることができることで，たぶん，洗浄しようがしまいが，自分自身を愛することもできるようになると思われる。
> 　思いやりは根本的な問題であって，清潔であることは重要ではない。C夫人は，今それが正当であろうがなかろうが，本当に求めるものは無条件の思いやりである時に，無条件に清潔であることを，清潔が正当であろうがなかろうが，規定され続けてきたのである。

将来の方向性

　ロジャーズの主要な貢献は，アドラーや実存主義者がそうであったように，多くの実践家の好んだオリエンテーションはロジャーズ派のそれではなかったが，彼らが徐々にではあるが，ロジャーズのやり方を喜んで組み入れていくようにさせたことである。パーソンセンタードの価値と方法は治療の潮流の一部となり，認知療法，自己心理学療法，フェミニスト療法，体験療法および構成主義的療法と融合した。ロジャーズの永続する影響力には，的確な共感を中心に据えていること，セラピストの**人となり**（person）を重視していること，テクニックを超えた関係性が優先すること，治療関係が人を癒す力を含んでいることなどがあげられる。

　パーソンセンタードのセラピストは誇りをもって，その原則を多くの心理療法のシステムに注入することに心を向けることができる。しかし同時に，この広範囲に及ぶ融合は，人気がゆるやかな下り坂にある一因になっている（Lietaer, 1990）。65年経過した独特なシステムであるパーソンセンタード療法は明らかに米国では終焉に近づいている（ヨーロッパ大陸では人気があるにもかかわらずである）。

　クライエント中心の心理療法の将来に充てられた巻の節のタイトル（Lietaer, Rombauts, & VanBalen, 1990）はその将来の方向性を要約している。すなわち，「他のオリエンテーションとの対話」と「特殊な問題と場面設定」である。特殊な問題に対するプロセスのフォーカスを改良するためにパーソンセンタード療法の多くの実践家が議論している（Bohart, 1993b；Tausch, 1990）。クライエント中心療法の内外で，変化を促進できるセラピストの特性は，心理療法の他のシステムからの特別なテクニックと有利に統合されてきた。クライエントの経験がセラピストによって導かれたことに対しての継続的な試金石であり続ける限りは，対人関係と技法の間には固有の葛藤は必ずしも存在しない。

　ローラ・ライス（Laura Rice, 1988；Rice & Greenberg, 1984）は，もともとの関係の諸条件と，ある**クライエント・マーカー**（指標）（client markers）によって指し示された専門化したセラピストの介入の間に決定的な区別をしている。これらの指標は特定の変化の課題に対して表現されたか，あるいは暗示されたレディネスを表明している。たとえば，直面化は，セラピストがクライエントから食い違ったメッセージを受け取った時，とりわけ有用である。受容関係にある文脈に沿って提供されれば，直面化でさえ，より高度なきめ細かさが求められる共感が広がりうるのである（Greenberg, Elliott, & Lietaer,

1994 ; Norcross & Beutler, 1997 ; Sachse, 1990）。セラピーのセッション外の行動課題は，クライエントが治療関係外の特定の行為を実行したい時，お互いに計画可能となる。クライエント中心療法において見落とされているこれらの介入を選択することで，セラピストは，対人関係と技法という両方の世界を最善のものとできるだろう。

　動機づけ面接はパーソンセンタード療法にエネルギーをもたらし，新しい装いで，療法を生き生きさせ続ける。動機づけ面接は嗜癖の領域のみならず，臨床家がアンビバレントな人の変化の準備をするのを助けるというヘルスケアの領域をも占領した。多くの障害に決定的に簡便で明らかに効果的であれば，動機づけ面接はセラピストの共感とクライエントの自律という病気を治す力にわれわれの注意を向け直させた。

　心理療法の中核としての共感は復活しつつあるかもしれない（Bohart & Greenberg, 1997）。テクニックによる介入にうんざりしたクライエントが，保険会社が"管理して"実践家によって急いでつくられた数回のセッションが用意された際，クライエントは2人の個人が純粋に出会うという本当の人間関係を切望するかもしれない。セラピストはクライエントの関係を重視する世界を再度熟知するにしたがって，精神分析（たとえば，Kahn, 1985）や認知療法（たとえば，Safran & Segal, 1990）において，さらに行動療法（たとえば，Goldfried & Davison, 1994）においてさえ経験されてきた，ロジャーズと驚くほど似ている共感的な観点を発見するかもしれない。共感を評価しようと理論的にも実践的にも奮闘しながら仕事をしている研究者たち（Duan & Hill, 1996）はまた，心理療法は技術的な企てよりむしろ人間関係について効果的に考えられ，研究されてきたということに気づかざるを得ない。

　パーソンセンタード療法は，新しい臨床的環境と挑戦に適応しつづけるだろう。たとえば，健康心理学，チャイルド・セラピー，カップル・セラピー，そして家族療法は，この療法のシステムの有望な相手であるだろう。準専門家や医療関係の専門家，特に医師，看護師にとってパーソンセンタード療法の訓練は消費者本位の考えやホリスティック医療システムの中でうまく用いられていくにちがいない。

　おそらく一番重要なことは，パーソンセンタード療法は短期治療の時代にあっては，新しい理論的なアイデア（Combs, 1988）と積極的で折衷的な介入（Lambert, 1986）に開かれて続けている必要があるだろう。この開かれた態度はまさにロジャーズ自身の人生と彼ののちの著書（Rogers, 1986, p. 259）が証明しているものである。そこには以下のように嘆願してある。「新しい展望を開けよ，新たな洞察をもたらせよ，われわれの仮説に挑戦せよ，理論を充実せよ，知識を広げよ。そうすれば，人が変化するという現象を理解する際に，より深くわれわれは関与できる」と。

重要用語

自己実現 actualization
実現傾向 actualizing tendency
自律性対他律性 autonomy vs. heteronomy
クライエント・マーカー client markers
価値の条件 conditions of worth
対抗抵抗 counterresistance
共感 empathy
実存的な生き方 existential living
十分に機能している人間 fully functioning person
純粋性/自己一致 genuiness/congruence
不一致 incongruence
動機づけに関するズレ motivational discrepancy
動機づけ増強治療（MET） Motivational Enhancement Therapy
動機づけ面接 Motivational Interviewing
必要にして十分な条件 necessary and sufficient conditions
非指示的療法 nondirective therapy
有機体的価値づけ organismic valuing
肯定的関心/無条件の肯定的関心 positive regard/unconditional positive regard
プロセス研究 process research
MATCHプロジェクト Project MATCH
（感情の）反射 reflection (of feeling)
抵抗を取り除いていく roll with resistance
自己の尊厳 self-authority
自己概念 self-concept
自己体験（＝自己経験） self-experiences
自己関心 self-regard
潜在知覚 subception

推薦図書

Bohart, A. C., & Greenberg, L. S. (Eds.). (1997). *Empathy reconsidered: New directions in psychotherapy*. Washington, DC: American Psychological Association.

Farber, B. A., Brink, D. C., & Raskin, P. M. (Eds.). (1996). *The psychotherapy of Carl Rogers: Cases and commentary*. New York: Guilford.

Kirshenbaum, H., & Jourdan, A. (2005). The current status of Carl Rogers and the person-centered approach. *Psychotherapy, 42,* 37-51.

Miller, W. R., & Rollnick, S. (2002). *Motivational interviewing: Preparing people for change* (2nd ed.). New York: Guilford.

Rogers, C. R. (1951). *Client-centered therapy*. Boston: Houghton Mifflin. ［保坂亨・諸富祥彦・末武康弘訳（2005）ロジャーズ主要著作集2，クライアント中心療法．岩崎学術出版社．］

Rogers, C. R. (1961). *On becoming a person*. Boston: Houghton Mifflin. ［畠瀬直子訳（2007）人間尊重の心理学 新版 わが人生と思想を語る．創元社．］

Rogers, C. R. (1980). *A way of being*. Boston: Houghton Mifflin. ［諸富祥彦・保坂亨・末武康弘訳（2005）ロジャーズ主要著作集3，ロジャーズが語る自己実現への道．岩崎学術出版社．］

Schneider, K., Bugental, J. F. T., & Pierson, J. F. (2001). *The handbook of humanistic psychology*. Thousand Oaks, CA: Sage.

Seeman, J., & Cain, D. J. (Eds.). (2001). *Humanistic Psychotherapies: Handbook of research and practice*. Washington, DC: American Psychological Association.

JOURNALS: *Journal of Humanistic Education and Development*; *Journal of Humanistic Psychology*; *Journal of Phenomenological Psychology*; *Person-Centered Review*; *Person-Centered and Experiential Psychotherapies*.

推薦ウェブサイト

Association for Humanistic Psychology: **www.ahpweb.org/**
Association for the Development of Person-Centered Approach: **www.adpca.org/**
Center for Studies of the Person: **www.centerfortheperson.org/**
Motivational Interviewing: **www.motivationalinterview.org/**

6 ゲシュタルト療法と体験療法

フリッツ・パールズ，レスリー・グリーンバーグ

Fritz Perls　　Leslie Greenberg

　ハワードにとってはセックスがうまくいっている限りは世の中はバラ色であった。17歳から27歳までの間，彼は性欲が旺盛であり，エロティックな冒険か，それを想像することに，大方の時間と労力を費やしていた。性的な関係を持つということは彼の生活の中でもっとも意味のあることであり，また満足のいく活動であった。したがって彼がインポテンツだとわかった時には，その嘆きようが混乱を極め深刻なものであった。しかし，それは不思議ではない。17歳の時の娼婦との初体験以外は，いつの時も性には問題を感じたことはなかった。ハワードは愛の行為を好み，むしろ自慢にしていて，自分自身をなんと偉大な愛の持ち主であることかと思っていた。しかし今やどんなにあがいてもうまくいかない状態になっていた。当然ながら，塞ぎ込み，不安定になっていた。
　幸運にも，ハワードにはギニーという名前の特別なパートナーがいて，大事な存在に彼は思っていた。彼女は，インポテンツの彼と性的な関係にあることを欲していたので，一緒にセックス・セラピーを受けることに積極的であった。そこで標準的なマスターズとジョンソン（Masters & Johnson, 1970）流の感覚活性化に焦点づけするセラピーを開始した。ところが残念なことにこの試みはうまくいかなかった。なぜならハワードのうつ状態や不安は並みたいてのものではなく，何も強制されない，楽しいだけのエクササイズでは結果が出なかった。ギニーといる時，彼の勃起が抑制されたままなのがふつうのせいかうまくいかないので，そこで系統的脱感作法を試みることにして，その後，ふたたび感覚活性化にもどることにした。そうするとハワードは想像のレベルでは不安なしにセックスすることができるようになったが，現実にはそうはうまくいかなかった。
　そこで私（プロチャスカ）はゲシュタルト療法を用いて彼がセックスに対する極度のプレッシャーを感じる意味についてワークしてみた。私はハワードに彼のペニスをできるだけありのままに想像し，そのペニスと対話することを促した。そして想像の中で，仮にペ

ニスが何か思いの丈を喋れるとしたら，どんなことを言うか勧めてみた。すると，「ハワード，お前さんは過大な欲求を私に押し付けようとしている。お前さんの人生の意味のすべてを私が左右するかのように突きつけてくる。それは，どんな立派であろうと1つのペニスには荷が重すぎるというものだ。いくら私でもそんな重い荷物では耐えきれなくへたってしまうよ！」

フリッツ・パールズの人物像

　フレデリック（フリッツ）・パールズ（Frederich（Fritz）Perls, 1893-1970）はゲシュタルト療法の開発者であり，人びとが自らと自らの身体により深く気づきを持つ，その援助をするゲシュタルト・ワークの名匠であった。しかし，パールズは始めからそのようなアクション志向的なアプローチをとってはいなかった。心理療法というシステムの創始者の多くがそうであるように，彼の初期の経歴を見ると，フロイト（Freud）の精神分析に深く影響を受けているのがわかる。生地でもあるベルリンにて医学博士号（MD）を取得した後，ベルリンとウイーンの精神分析研究所で分析を受けている。彼の展開に多大な影響を及ぼしたといわれるウィルヘルム・ライヒ（Wilhelm Reich）に分析を受けている。パールズ（Perls, 1969b）は，もしもヒットラーの出現がなかったならば，限られたクライエントの精神分析医として生計を立てていただろうと述懐している。

　しかしながら，敏感な1人の個人としては，ヒットラーの脅威を予感していた。そして1934年にアーネスト・ジョーンズ（Ernest Jones）が南アフリカのヨハネスブルグでの精神分析の求人を知らせてくれた時，パールズは応じたのであった。実践が順調にいくとわかると，彼は南アフリカ精神分析研究所を設立した。そこでの24年間の実践経験の中で彼は精神分析の改善，もしくは掘り下げとでもいうべき彼の方法を発展させている。そして1947年には「フロイト学説とその方法の改変」と副題のついた『自我，餓え，そして攻撃（Ego, Hunger and Aggression; A Revision of Freud's Theory and Methad）』を出版している。当時パールズは，まだ本能説を信奉していたが，性欲が種族の存続に欠かせない本能であると同様，餓えを満たしたいという欲求も個にとっては必須のものであるという説を提出していた。他にも，パールズが精神分析に対して改変の余地があることを提案していたが，それらが1969年に出版された改訂版には，「ゲシュタルト療法のはじまり（The Begining of Gestalt Therapy）」という副題をつけることになった。

　南アフリカの黒人に対する人種差別政策が高まりを見せ，不当な弾圧が押し寄せてきたので，パールズはふたたび南アフリカを離れる決心をして，1946年に米国へ移住した。そこで，同じセラピストでもある妻ローラとともにニューヨーク・ゲシュタルト療法研究所を設立した。ニューヨークではサイコドラマを創設した精神科医で心理療法で語られる言葉と行動との融合を図ったジェイコブ・モレノ（Jacob Moreno）の影響をたぶん受けたと思われる。1951年には，『ゲシュタルト療法――パーソナリティの躍動と成長（Gestalt Therapy: Excitement and Growth in the Human Personality）』を共著で表しているが，

それはゲシュタルトのエクササイズが数多く紹介されていて，まさに高揚させられる著作である。

　パールズの人となりは，彼の著作と同様，バイタリティに富んでいたが，それはまた，複雑怪奇な側面も持ち合わせていた。それはおそらく，彼の著作を読み刺激を受けてワークショップにやってくる心理療法の専門家を意識しての言動からの印象であろう。確かに，彼は鋭い勘の持ち主で，挑発的，操作的，機知に富んでいて，反抗的で刺激的だと映ったのである。パールズほど人となりと技法とを切り離して考えることが難しい人物はいない。多くの専門家がパールズとの出会いによって生気を取りもどし，より完全になっていくように感じられた。ゲシュタルト療法のことを熱っぽく，かつ福音であるかのごとくに世に語り広めたのは，またパールズのことを礼賛したのは，それらの人びとであった。パールズはそれらの礼賛者を失望はさせなかった。控えめに言わなければならないが，「米国の中で，またたぶん世界中のなかで，神経症患者のセラピーにおいてはだれよりも最良のセラピストであるかもしれない。これはなんと誇大妄想的であることか。しかし同時に私は，誰とでも，いつもうまくいくとは限らないことを認めている」と，自叙伝に述べている。

　このような厚顔な自己中心癖を持つ人物が1960年代には，むしろ格好のいい人物と映っていた。そして大挙してカルフォニアのビッグサーにあるエサレンに押し掛けパールズに拝謁したのである。そこにおいて，パールズにユニークさ，正直さ，自由な関わりを求めた人びとは失望することはなかったが，優しい包容力のある積極的な尊重を求めにいった人びとは欲求不満を味ちわわねばならなかった。彼の個人的に持つインパクトと著作のおかげで，ゲシュタルト療法の波はパールズの生涯の最後の10年間に大きなうねりとなって世に波及していったのである。彼はブリティッシュコロンビアにゲシュタルト・トレーニング・センターとそのコミュニティを建設したかったので，1970年に亡くなる直前にそこへ移り住んだのである。

　パールズの死後，あまりにも大きかったパールズの存在に，ゲシュタルト療法家たちは，しばし何ができるのか，ゲシュタルト療法はどうあるべきか，とまどった。パールズは，そのダイナミックで自由自在の性格から，ゲシュタルト療法の介入法に変遷が見られている。一定であることのみが彼の関心事ではなかったからである。それゆえ多くのゲシュタルト療法家たちは，1969年に出版された『ゲシュタルト療法逐語録（Gestalt　Therapy Verbatim)』をパールズの最新の心理療法とその理論構築がなされたものとみなしている。ここでも上記を主な引用文献として見なしていこうと思う。

パーソナリティ理論

　何世紀にもわたって人間は身体を伴った存在であることを放棄したいと願ってきたが，われわれは基本的には生物学的な有機体でしかない。それゆえ，日々の生活の目的は，好んで**究極の目標**（end-goals）（Perls, 1969a）とパールズはよんでいたが，餓えや性を満たし，サバイバルのための雨風を避ける囲いを必要とし，そして何よりも呼吸することな

ど，生物学的な必要性を満たすことにある。われわれが取り入れてきた社会的な役割は究極の目標を満たすための道具的な手段でしかない。そこで心理療法家の役割は，たとえば，来談者が生計を支えるための道具的手段を獲得できるよう援助し，ひいては餓えを凌ぎ，雨風を避ける囲いを得るという究極の目標を満たすことができるようにすることにある。健全な人間であれば，日々の生活は，満たさなければならないと意識に上ってくる究極の目標に気づき，それを満たすことに費やされている。身体の発する声に耳を傾けるならば，もっとも緊急な究極の目標が何であるかがわかり，それに緊急事態として反応する。すなわち，脅迫的な疑いを持つことなく，この瞬間に取らねばならない最重要の行為は究極の目標に気づき，それを充足することにある。そこで，究極の目標を満たす物質を選び，それを外界から選ぶ。

　究極の目標は，完全に満たされない限り，圧力（切迫した欲求）として経験される。それは，外界にあるものとうまく交換することによって一度は閉じられ収まっていた欲求である。たとえば，喉の乾きを覚えたとすると，外界にある水分を取り込むことにより，喉の乾きを潤し，欲求は完結する。この，絶え間なく欲求を満たすというプロセスが，全体もしくは**ゲシュタルト**（Gestalts）を形成するプロセスであり，パールズが有機体の営みを維持し続ける地球上の唯一で不変の法則であると指摘するものである。

　そこで，この生物としての欲求を満たすということが，地球上の幾万もの飢餓状態にあるものを考えればわかるように，真実，重大な関心事となる。米国のような贅沢な社会では，このような生物として必要な基本的な欲求を満たすことについては，あまり時間と労力を費やさない。そのかわり，社会的な欲求を満たすことに関心を払い，いわゆる社会的ゲームをすることにやっきになっている。それゆえ，ひとたびこれらの社会的に生きる手段でしかないものが究極の目標となると，自我機能の主要なものとなる。学生として，教授として，あるいはセラピストとしての役割演技に，ほとんどすべてと言っていいくらいの労力を費やさなければならないと思ってしまう。われわれの社会的環境をより効果的に操作するためにどのような役割を演じたらよいのか，そして自他ともに演じる役割の価値を高めるために，その実践に神経を費やす。役割を繰り返し演じていると，それは習慣となる。そしてその習慣は固まった行動パターンとなり性格特徴となる。ひとたび社会性を帯びた性格となりパーソナリティとして固まってくると，われわれの基本的な自然な存在は**擬似的社会的存在**（pseudosocial existence）となってしまう。

　人間は健康で自然な存在である時には，日常生活のサイクルは**有機体としての欲求**（organismic needs）に気づき，経験に開かれていて川の流れのようなプロセスとなる。このプロセスは，もっとも緊急の欲求を満たし完結する方法を見つけ，そしてつぎに次善の究極の目標が生起してくることに気づくことになる。今，何がわれわれに生起しつつあるのかに気づきを持つことができれば，有機体の知恵として，瞬間瞬間のもっとも緊急を要する欲求を満たす最善の方法を見つけることができる。

　健康な存在であれば，ライフサイクルのすべての段階において，自然な成熟のプロセスを辿る。すなわち，環境に依存しなければならない幼児から自らの生存のためにセルフサポートができるようになる成人に至る発達段階において，自然に成長をしていく。人間の

発達は胎児からはじまり，栄養，酸素，母体という安全な囲いに依存している。生まれ出るやいなや，少なくとも自ら呼吸をしなければならない。そして漸次，這うことを覚え，二本足でたち，歩行をし，筋肉の発達を待ってそれを使い，五感を，そしてウイットを働かせるようになる。やがて，どこへ行こうとも，何をしようとも，あるいは何を経験しようとも，それらはみな自らの責任においてすることであり，また自分自身そのものであることを受け入れなければならないことを知る。健康な大人であれば，独自の応答する能力を持ち，思考し，意見を言い，自らの感情を経験していることに気づきを持っている。この成熟した責任性は人が人であることを可能にしている基本である。パールズ（Perls, 1969a）にとっては，「責任とは，端的にいって，私は私であり，私以外のなにものでもない私である」と言い切ることである。

健康な大人として，成熟した他者は，同様に自分自身のために応答し得ることに気づいていて，他者が負わなければならない責任は負わない。幼児のような万能感を持ったり博識ぶることをやめ，他者はわれわれが知っているよりも自らをよく知っており，われわれが方向づけするよりも自らを方向づけすることができることに気づいている。それゆえ，他者にセルフサポートをするチャンスを与え，他者に干渉したいというわれわれの欲求を諦める。他者はわれわれの期待に応えるために存在してはいないし，われわれも他者の期待に応えるために生きてはいない。

健康なパーソナリティの持ち主は社会的役割を果たすことに心が奪われていない。なぜなら，これの役割は，われわれが想像しているだけの，一連の社会からの期待にすぎないからである。成熟した人間は，現代のような狂った社会には，合わすようなことはしない。健康な個人は，古きもの，安全ではあるが行き詰まっている習慣には飽き飽きしている。自らに可能な限り責任をとること，そのような人たちにはパールズの生き様，そして今を新鮮な気持ちで生きる姿勢は，受け入れられている。そのような人たちは，つねに新鮮で新たな方法があることに気づき，目標としているものは達成可能であることを発見している。この新鮮さは，創作的な料理人が発見するところのものと同様であり，喜びと満足のいくセックスにおいて経験するものであり，また有能なセラピストが感じるところのものと同様である。

成熟の持つ自然なプロセスから生み出される魅力的な可能性がある一方，ほとんどの人たちが，未成熟で，幼稚な，依存状態に甘んじて留まっているのはどうしてなのか。そこにはいくつかの幼児期の経験がわれわれの健康なパーソナリティ形成を疎外していると見ることができる。多くの家庭では，両親は幼児が自らサポートする能力が備わる以前に，幼児が必要とする環境やサポートを提供していないことがある。そこでは幼児は安全で安心のできる環境からのサポートを得られず，そうかといって，自らを支えるセルフサポートをする力もまだ育っていない。幼児は**インパス**（impasse：行き詰まり）状態にある。症例としてパールズは胎盤から切り離された"青ざめた新生児"をあげているが，もはや母親からの酸素は供給されないし，そうかといって，自ら呼吸する準備もできていない状態，すなわち非常に恐い状態を挙げている。インパスの他の例として，まだ十分に筋肉も，したがって平衡感覚も発達していない幼児に，サポートなしに立つことを親から強いられ

る場合がある。その場合に幼児が経験するものは、ころばないか、その恐怖でいっぱいになる。このような幼児期のインパスの経験が成熟のプロセスを阻止するのである。

　阻止には他にもあり、多くの場合、いかなる時にも子どもについては何がベストか確信を持っている親が関与している。そのような親のいる家庭では、子どもは自ら選らんだことをすると、そしてそれが、親が最善と思っていることと異なった場合は、"ムチ"もしくは罰が与えられることとして、怖がるようになる。そのような子どもは、自ら選ぶことに**破局願望**（catastrophic expectations）を形成し、「もし、自分で選ぶことをしたら、もう愛されなくなるだろうし、両親は私を嫌うであろう」という観念を持ってしまう。パールズ（Perls, 1969a）は、破局願望は、子どもの成熟に対して親が実際にした仕打ちの記憶というよりは、自ら選んだ結果を恐怖する子どもの観念が親に投影（投射）されたものであると言及している。

　大人になるにしたがって、親と異なる考えや行動をとることはリスクを負うことになるのだということに気がつく。もし、親や仲間と違えば、愛情や承認を得られないかもしれないと思うようになる。自分自身になるリスクを回避するなら、責任を負っていないことになる。われわれの社会には、課された役割を演じないなら、すなわち他者や社会の期待に応えなければ、さらに深刻なリスクが待ち受けている。仕事や友を失い、お金を失い、社会から追放されるという十字架を負わされるかもしれない。そこで健全へのリスクを拒否したとしても、社会を非難することはできない。

　自立することへの仕打ちに対する恐怖は、成熟遅滞の主な原因であるが、しかし最大のものではない。多くの人たちは行き詰まって大人になれないでいる。なぜなら親から甘やかされ、わがままに育っているからである。パールズは子どもに自分たちが持ったこともないようなものを与えすぎている親がなんと多いことか、と嘆いている。その結果、子どもは甘やかされることを好み、親に好きなようにさせているとしている。多くの親は子どもを**フラストレーション**（frustration）にさせることを恐れている。しかし問題に対処する術を学び、自らに自信をつけさせるためにはこのフラストレーションの経験をおいて他にない。過度に与え、十分にフラストレーションを経験させない親に育てられた子どもは、安全で満足しきっているあまり、つねに変わらない環境からのサポートを望むようになって行き詰まってしまっている。パールズの、甘やかされて行き詰まることの指摘は、幼児の固着の1つであるとしたフロイトの甘やかしすぎという概念を思い出させるものである。

　しかしながら、パールズは子どもを甘やかし行き詰まらせている親を一方的に非難はしない。これらの子どもは、それでもなおかつ、自らのために親や他者を操作するために彼らの能力を使う責任があると考える。子どもは操作することにおいては無限であり、たとえば、サポートを得ることができるのであれば、泣くこと、他者の関心を引くことになるのであれば、"おりこうさん"を演じることもできる。彼らの未熟なパーソナリティを親のせいにすることは、彼らの自らの人生に責任を取ることを回避することになる。このことが、操作することの危険性を教えてくれている。

精神病理の理論

　病理的な人というのは，成長あるいは成熟の自然なプロセスの途中で行き詰まっている人である。したがってパールズは，精神病理について話す時には**神経症**（neurosis）という伝統的な専門用語をよく用いていたが，人生において出くわす問題の場合を神経症とよばずに**成長障害**（growth disorders）という用語を好んで用いていたのも頷ける。

　パールズ（Perls, 1970）は，**精神病理には 5 つの層もしくはレベル**（layers or levels of psychopathology）があるとみなしていた。すなわち (1) 偽りの層，(2) 恐怖の層，(3) インパス（行き詰まり）の層，(4) 内破の層，(5) 外破の層である。**偽りの層**（phony layer）はゲームをし，役割を演じる存在のレベルのものである。このレベルにおいては，あたかも大きな衝撃を受けたかのように，無知であるかのように，上品ぶったレディのように，あるいは召使いのように，振る舞う。このあたかもという態度は，呪文に掛かっているか，もしくは理想でしかないのであるが，観念に取り付かれたか，自らか他者が創ったファンタジーをそのまま生きていることになる。たとえば，キリストであるかのように振る舞うことは理想と考えるかもしれないが，それは呪文に掛かった状態であるとパールズはしている。なぜなら，われわれの現実の姿を考えれば，それは現実からはほど遠い企てにすぎないからである。結果は，神経症の人たちは自らの自己の実現を放棄し，観念を実現しようとしていることになる。パールズ（Perls, 1970）はこの病理を，象がバラの木に，バラの木はカンガルーに，それぞれなりたいと願うのと似ていると述べている。

　われわれは幼児期に空想したことに固執し，そこに留まっている。そのほうが，現在の自分と対峙しなくてすむからである。現在の自分に納得しておらず自分以外の何者かになりたいと欲しているからである。もし何者かになることができれば，より確かな承認，より確かな愛情，より多くの外界からのサポートを得られると思っているからである。

　真の自己の代わりに空想の中での自己を創ってしまう。パールズ（Perls, 1969a）はそれを**マヤ**（maya）と名付けている。マヤは，現実の自己と現実の世界との間に創られる虚偽のレベルの存在であるが，このマヤのレベルが現実だと勘違いしてしまう。マヤは防衛機能を持っている。なぜなら，自己を拒絶される脅威にさらしたりせず，また外界から守ってくれるからである。われわれの精神活動の多くは，このマヤの世界に生きることにやっきになっている。たとえば，思考は行動に移す前のリハーサルとして，あるいは役割演技として，考えられる。それゆえ，パールズは考えることをよく思っていない。われわれは，あまりにも観念や理想，そしてリハーサルすることにとらわれていて，やがて現実に対する感覚を持ち合わせなくなるからである。

　自分以外の何者かになりたいとあがく時，それ自体，自分自身でなくなることになり，自らへの不承認や拒否を招くことになる。もし性器が性器として用いられなかったら，それは性器がないのと同じである。人間として持ち合わせている機能を用いないので，自己疎外に陥る。それは，われわれ自身や重要な他者をしていぶかしがらせることになる。それはパーソナリティの穴であり，空虚感であり，あるべきところにあるものがないことに

なる。空虚感は偽りの人為的な所作を生み出す。たとえば，性器を本来の機能として用いないなら，生来の聖人か高徳な人であるかのように演じることになる。社会から望まれるような性格となり，そしてそれはやがて，フロイトが超自我と名付けたように，自らの性格の一部となる。

そのプロセスにおいて，偽りの性格が形成される。偽りの性格は，よく受け取ったとしても，われわれが誰なのかの半分を代表しているにすぎない。たとえば，もしわれわれが形成する性格がいじわるで欲求ばかりするものであれば，その背面には，両極性の観点からすれば，親切で譲ることをいとわない性格が隠されている。この偽りの性格には，個人が，純粋な存在である時には，一連のそれぞれが持っている**両極性**（polarities）（Polster & Polster, 1973）と直面しなければならないという事実を隠そうとする傾向がある。たとえば，聖人ぶったり，高徳ぶったりすることに頑に執着するのは，悪魔的で性欲をむき出しにしたいという反対の欲望を押さえようとしているのかもしれない。健全な人というのは，両極性のもう1つの極，すなわち隠されている欲望に気づき，時に受容し，人間の全体性を大切にしようとする。病理的な人は，偽りの性格が本来の自分だと装い，もう1つの隠されている極を否定し気づこうとはしない。

パールズが，ゲシュタルトにおける両極性として挙げている**トップドッグ**（Top Dog：勝ち犬）と**アンダードッグ**（Under Dog：負け犬）はよく知られている。トップドッグは良心，正義感で，つねに正しくあれという部分である。このトップドッグは，命令，欲求，固執，叱責により主人役を取りたい部分である。アンダードッグは奴隷のように卑屈になり，トップドッグの理想を雄牛のように強気で押し付けてくるものに屈服しているように見えるけれど，実際は，受身の抵抗という手段によって支配しようとする。アンダードッグはわれわれの一部でおどけたり，怠惰であったり，馬鹿げたりして見せるが，それはトップドッグの命令をうまく受け取っていると見せかけるための手段なのである。

両極性はトップドッグとアンダードッグの両極だけでなく，一般的にも見られるものである。出会いと離別，力と弱さがそうである。健康な人にあっては，この両極性のバランスが維持され，うまく継続されていく。しかし神経症の人においては，一面しか気づかれておらず，その結果，両極性は流動的でなくなり，かたくなに2分割された状態になっている。われわれが，演じようとしている側面とは異なった側面を持っていることを認めようとしない限りは，たとえば，強くもあり弱くもある，残忍でもあり親切でもある，主人でもあり奴隷でもある，などの両面を認めないならば，人生のまるまる全体を経験するというゲシュタルト的人生を送ることはできない。

われわれが真のわれわれのすべてと直面しようとするなら，すなわち全体となろうとするなら，病理であるところの演技をする**恐怖の層**（phobic layer）と直面化することになる。この層においては，己の納得のいっていない側面と対峙することの痛みを覚え，恐怖におののく。それゆえ，感情的な痛みを避け，逃げ出す。そのような痛みは何かが間違っており是正しなければならないという自然のサインであるにもかかわらず，である。恐怖の層は，幼児期の破局願望が関係している。ほんとうの自分を出すと親は愛してくれなくなるだろうし，あるいはほんとうに振る舞いたいように振る舞えば，社会から追放されるだ

ろう，などの破局反応である。このような恐怖症的反応は，ほとんどの場合，ほんとうの傷つきに気づかせない。したがって，セラピーに来談したとしても治療を望まないで，むしろ神経症的傾向を助長させるだけの場合が多い。

恐怖の層の下には，精神病理的にはもっとも深刻な層があり，**インパス**（行き詰まり）の層とよばれている。インパスは成熟を阻む層である。ロシアでは病気の層とよばれているが，このインパスは，自らの中に方法を見出せなく，また環境からのサポートも拒否して，これ以上サバイバルするチャンスがないと決めつけてしまう層なのである。この層にいる時には，自分の力ではどうにもならないので，死ぬか崩壊する恐怖を持っていて，先に進めない。神経症の人もまた，この層から先に進むことを拒否する。他者を操作し支配することのほうが彼らにとって楽だからである。それゆえ，無力で馬鹿で，狂っており，おおげさに言うなどのことを演じ続け，他者からの同情を買おうとする。セラピストに対しても例外でなく，同様の振る舞いをして関心を払ってもらおうとする。それは，支配のための策略を継続して立てることのほうが，容易だからである。なぜなら，自己信頼観を育てることより，効果的に他者を操作することに時間と労力を費やしてきたからである。神経症の人がインパスの層から，彼らの内に向かって爆発する層，内破の層に行こうとすることを恐れ，移りたくない気持ちがあるのは，不思議なことではない。

内破の層（implosive layer）を経験することは死の状態を経験することで，自分ではない自分の死を経験するようなものである。神経症の人は，いままでどのように生きてきたかにもよるが，耳が無感覚であり，心臓も止まっているかのごとくで，性器も，そして魂も，みな死んだように動いていない。パールズ（Perls, 1970）は，この内破の層を死体のように固まっている緊張病の状態と比較している。緊張病は固く不変の性格が安全で安心できると思って，そうすることに全エネルギーを注ぐが，しかしすっかり死んでいるのである。内破の層を通過するためには，人はいままでアイデンティティ感覚として働いていた性格から脱皮しなければならない。生まれ変わるために，人は自らの死を経験することで恐怖にさらされる。それゆえ容易なことではない。

役割意識や，それまでの習慣，すでに形成された性格，それらの変容は，責任を持ち十分に生きることを回避するために使われてきた大きなエネルギーを解放することである。そこでは人は，神経症の**外破の層**（explosive layer）と直面する。その層は，それまでの全生涯に溜め込んだエネルギーを解放するが，その爆発の大きさは，内破の層で溜め込んだ量による。生き生きした人間性を回復するためには，オルガスムへの高まりを感じ，怒りや悲しみ，そして喜びを爆発させることができなければならない。このような爆発があってはじめて，神経症の人はインパスや内破の層から大きく先へ進むことができ，成熟した人が経験する喜びや悲しみを味わうことができるようになる。

治療過程の理論

神経症の状態から外への爆発を伴った脱出をはかると，そこには刺激的で，かつ浄化さ

れるような生活が待っている。怒り，喜び，オルガスム，悲嘆などの感情が解放され表現されると，そこにははっきりと全体性を感じ，また人間であることを感じる喜びが待っている。パールズが行くところにはどこも大勢の人が群がってきたのであるが，頷ける。しかしパールズはすぐに，浄化されるような生活は，偽りのゲームや役割を演じている生活，真の自分のものとして所有していないパーソナリティの部分，それらに対する気づきを高め，それと闘った後にはじめてやってくることを説いた。いかに真の自分ではない自分を演じてきたか，いかにその幼児期の想いにとらわれ動けなくなっている自分があるか，そのことに気づきを持たなければならないのである。

意識化

ゲシュタルト療法における意識化は，マヤの状態，偽りの状態，ファンタジーの状態から自由になることを目的としている。なぜなら，マヤはメンタルな世界のことであり，観念，理想，ファンタジー，頭の中でのリハーサルの世界のことであるので，マヤからの脱皮は「頭で考えないで，からだで感じなさい」とパールズが言うところを実行することである。この頭で考えることをやめることはラディカルな意識変革であり，未来型の思考や理論化から現在志向の感覚の覚醒化への変革である。この意識の現象学的レベルにおいて，われわれはものごとがどうあるべきかという理論上の概念を経験するだけでなく，むしろわれわれやわれわれを取り巻いている現実をすべての感覚器官でもって経験できるのである。それは悟り（satori）であり，目覚めの経験である。突然に世界が開け，眼前にちゃんとある，という感じである。夢から覚めるように，知的なことに酔っている状態から目覚めるのである。この覚醒化があってふたたびわれわれ自身そのものに触れることが可能となる。

クライエントの作業　クライエントの作業は単純に見えるかもしれない。**今-ここ** (here and now) に留まっていればよいのであるから。瞬間瞬間の気づきはクライエントにゲシュタルトの原理にしたがって作業することを可能にする。もっとも大切な未完結な状態はつねに意識の中に上ってくるし，また完結できうるものである。しかしクライエントは今-ここに留まることは容易でないことを発見する。クライエントが**ホットシート** (hot seat) に座るやいなや，それはセラピストの面前に出るということであるが，クライエントが持つ神経症の偽りの層についてワークすることを期待してのことである。幾人かのクライエントは救いようのないもので，セラピストからの強い後押しや指示がないと先へ進むことができない。他に間抜けでセラピストの治療的招きを理解できないクライエントもいる。あるいは"優等生の患者"の中にはトップドッグを期待どおり演じることができるものもいる。

クライエントは，さらに，ゲシュタルトのエクササイズ，それはクライエントが日頃演じている役割や人生ゲームに気づくためにデザインされているものであるが，それに参加することを勧められる。これらのエクササイズはそのものが目的ではなく，感情の葛藤状

態を回避しないですむような手だてとして用いられる。たとえば，トップドッグとアンダードッグのエクササイズでは，クライエントはトップドッグの椅子に座り，アンダードッグめがけて"すべき"ことを投げつける。そして椅子を交代して，アンダードッグの椅子に座り，今度はトップドッグに，完全にはできないことの言い訳を並べたてるのである。あるいはクライエントは，気づきをより促進させるために，ノンバーバルな表現，たとえば，足をばたばたさせたり，不安気な笑いをしたり，などを演じることを勧められる。

　クライエントはこれらゲシュタルトのエクササイズにもがきながら参加するうちに，恐怖の層に気づき，いかに現実から逃げていたか，逃げの言い訳をするために破局願望を持っていたのかをより深く体感する。たとえば，サポーティブでないセラピストに対する極度の怒りを感じても，もしそれを表現すると，セラピストから拒否されるのではないかという恐怖から，その怒りを封印してしまうかもしれない。そして，クライエントは拒否された経験の**投射を自分のものにする**（own the projection）ように勧められ，現実に彼らを拒否しようと脅かしているのは誰か，たとえば両親とか自分の良心をロールプレイするよう勧められるかもしれない。エクササイズにおいては，クライエントは意識の中に上ってくるものについて話すことではなくて，行為で表現することが奨励される。たとえば，両親やトップドッグを表す椅子を用意して，それらの人がどのように言うのか，実際に声に出して表現することである。そのようなアクティブな表現を通して，彼らの能力が発揮されるのを疎外しているものはなにか，今-ここにおいて心の底からの気づきを持てるようになる。

　セラピストの作業　意識化に介入するセラピストのワークの中では，まず第一に，かつもっとも重要なのは，患者をフラストレーション状態に誘うことである。より正確に言えば，セラピストは，クライエントが擁護されていたいという願望，不快な感情に蓋をしたいという願望，自ら選択する責任を回避したいという願望，それらの願望を持っていることが成長を妨げている基なのだと，クライエントをフラストレーション状態にさせるのである。このフラストレーション状態を起こさせること自体は，ゲシュタルト療法のクライエントとの関係性やクライエントが回避しているものを見出そうとするセラピストの介入の副次的な産物なのである。クライエントがうまくいかないのはセラピストの責任だと操作してくることを防ぐことが，フラストレーション状態にさせる。もしセラピストがクライエントを"助ける"ことに終始するとしたら，それははじめから失敗していることになる。そのような助ける態度は，温情主義でしかなく，クライエントはセラピストを必要としていることの補償作用として，セラピストを自ら無能だと感じさせるように仕掛けてくる。

　セラピーのはじめに，ゲシュタルト療法のセラピストは，セラピーの中で何をするかはクライエントの責任であることを明言する。パールズ（Perls, 1969a, p.79）はワークショップの開始時につぎのような教示をよくしていた。

　　さあそれでは，狂おうが，自殺しようが，改善しようが，ワークに熱狂しようが，あるい

はあなたの人生を変革する経験をしようが，それはあなた次第です。私は私のことをする。そして，あなたはあなたのことをする。この責任を取れない方は，このセミナーには参加しないでください。ここにいらしたのは，あなたの自由意志ですよね。あなた方がどれほど"大人"でいらっしゃるかはわかりませんが，大人とは自らの責任をとる方です。自らの考え方，自らの感情など，自分自身に対する責任です。何か異論がありますか……ではよろしいですか。

　そしてパールズははじめる。
　ゲシュタルト・セラピストは，もちろん，上記のような教示だけではクライエントが，援助を職業としている専門家への依存度を軽減するとは思わない。究極的には，セラピストが操作されないために取りうる唯一の方法は，自分のことに責任の持てる成熟したクライエント，あるいは他者のために責任を取ることをやめているクライエントに出会うことしかない。成熟した人は，それが心理臨床家であれクライエントであれ，適切な内的サポートを得ていて，他者から好かれているとか必要とされているとかを問題にせず，また同僚の非難を恐れない人である。パールズ（Perls, 1969a）は，たとえば，もしクライエントが意味のないお喋りをつぎからつぎへと続けるなら，そしてそれが眠気を誘発したとしたら居眠りをしただろうと，臆面もなく書いている。たとえそれが，伝統的なセラピストや，そしてクライエントから非難を浴びせられたとしてもである。しかし，そのようなパールズの正直な反応は，セラピーを刺激的な冒険の旅にする責任はセラピストにあると考えるクライエントをフラストレーション状態にさせる。
　ゲシュタルト・セラピストの責任の一端は，クライエントに対しても同様なのであるが，今-ここに在ることである。**現在中心**（present-centered）ということは，ゲシュタルト・セラピストは前もって容易されたエクササイズを用いることはできないということを意味する。用いられるエクササイズは，今-ここに留まることを妨げているクライエントに，何がそうさせているのかに気づきを持つことを可能にする瞬間，採用される。クライエントが，たとえば，過去の親への憎しみをぶつけ続けるなら，ゲシュタルト・セラピストは**エンプティ・チェア**（empty chair）技法を用いるかもしれない。そこでは，クライエントはエンプティ・チェアに親が座っていることを想像し，いままで言えなかったことを何でも自由に言ってみることをする。そのような未完結の親への憎しみを言語化することは，親に対する非難ゲームを閉じることのはじまりである。
　エクササイズは，確かに前もって決定することはできないが，ゲシュタルト・セラピストはクライエントの気づきを惹起するために，豊富な経験から臨機応変にエクササイズを用いることができる。『ゲシュタルト療法（Gestalt Therapy）』（Perls, Hefferline, & Goodman, 1951）には，多くのエクササイズが系統的に提示されているので，読者は自らに合ったエクササイズを選ぶことができる。理論的には，どのタイプのエクササイズを選ぶかは臨床家の創造性に任されている。しかし実際には，多くのゲシュタルト・セラピストはパールズ（Perls, 1947, 1969a; Perls, Hefferline, & Goodman, 1951）の古典的とも言われるエクササイズに依っている。レビツキーとパールズ（Levitsky & Perls, 1970）は

一般的なゲシュタルト・エクササイズやゲームを紹介しているが，意識化に関するものには，以下がある。

- **対話ゲーム**（games of dialogue）：クライエントが自らのパーソナリティの2つの極を演じることで，たとえば，抑圧された男性性の極と優越感に浸る女性性の極との間で対話すること。
- **私が責任を取る**（I take responsibility）：クライエントは文章の終わりに，「……，そして私が責任を取る」と付け加えることを要請されるもの。
- **投射遊び**（playing the projection）：クライエントが投射している人物になってみる遊びで，たとえば両親を責めている時であれば，その両親になって発言すること。
- **役割交代**（reversals）：クライエントは，隠された極を経験する目的で，いつもとは異なった仕方，在り方をしてみること。
- **リハーサル**（rehearsals）：クライエントが，社会における役割を取るために常日頃準備することがらを演じてみること。そこにはどんなクライエントであるのかのリハーサルも含まれている。
- **文章を補ってもいいですか**（May I feed you a sentence?）：セラピストがクライエントのために特に意味があると感じたクライエントの叙述を，「文章を補ってもいいですか」と許可を得て，繰り返したり試しに言ってみたりすること。

　ゲシュタルト・セラピストはワークの中ではクライエントが何を言いたいのかを解釈しはしない。解釈は伝統的なセラピストが持つマヤの代表の1つであると見ている。それはクライエントの現在しつつある経験というより，クライエントやその内的世界がどの理論に合致しているかを見ているので，その意味に置いてセラピストのファンタジーである。それは，人の上手をいく行為の変形にすぎない。クライエントにセラピストが，自らの感覚で感じたものではなく，いかに優れた頭の持ち主であるか，したがって傾聴しなければならないかを示す方法なのである。しかし，「文章を補ってもいいですか」は，実際には，解釈に近い場合もある。そこで，ゲシュタルト・セラピストはこのエクササイズをフィードバックとして用い，もしもそれが適切でなかった場合には，クライエントが自由に返せるようにしている。

　ゲシュタルト・セラピストは，クライエントの気づきの促進を促す。それはクライエントの目と耳を，いままで気づいていなかった彼らについての情報を得るために，用いることを勧めるのである。クライエントは自らが喋ったことにはすでに気づいているので，ゲシュタルト・セラピストはロジャーズ派のセラピストがするようにクライエントの言葉を反射することはしない。ゲシュタルト・セラピストはクライエントの声の質，姿勢，あるいは動きなど，ノンバーバルな表現により関心を持っている。ゲシュタルト・セラピストは目に映ったもの，聞こえたもの，特に身体の自然な動きがブロックされているところが見えたら，それをフィードバックする。さらにはクライエントに，胸を手で覆い隠しているなどのノンバーバルな表現に注意を向けるだけではなく，心のうちで感情が外に出ない

ようにいかに筋肉を硬直させているかを体感してもらうために，その腕に"なって"みることを勧める。これらのアクションを伴うエクササイズにより，クライエントは，頭のてっぺんからではなく，身体でとらえられる深い気づきを経験しはじめる。

カタルシス

クライエントは漸次，自らが偽りゲームをしていることに気づくようになるにつけて，また，身体による抵抗や今-ここを強迫的に避けていることに気づくようになればなるほど，彼らは自分自身から逃げる必要がなくなる。しかしながら，自分自身になることへの恐怖は残っており，インパスに入り込むこともある。そこではクライエントは継続して自分自身になることは不可能なので，そのことをセラピストに伝えようとしてくる。もし助けてくれないのなら，狂ったり，パニックを起こしたり，セラピーにはもうこないと迫ってくる。クライエントの破局願望は現実に起こり得るもので，たんに幼児期に抱いた空想の延長ではないことをセラピストに信じさせようとする。セラピストは，インパスに入り込み無感覚になったことを過去のものにする内的な力をクライエントが持っていることを信じる，と介入するのである。このように慎重に選ばれたエクササイズにより，クライエントは役割やゲームという名のもとにないがしろにしていたパーソナリティの側面を再所有しはじめる。クライエントが真に人間としてあれば，他者から愛されないとか承認されないかもしれないといった感情を解放しはじめる。

クライエントの作業　カタルシスによる解放は，クライエントがセラピーを中止したいという思いを乗り越え，継続に責任を持つ時に起こる。セラピストはクライエントがホットシートがホットになりすぎていると感じる時には，それ以上無理に留まることを強制しない。爆発する前にホットシートを中断することができるし，事実，中断するケースもある。しかし，もしクライエントがホットシートに留まるならば，勧められるエクササイズをするかしないか責任を負うことになるし，ただたんに受身でしたがっていくことを意味しない。

もしクライエントが自らの生気のない自分と対峙する用意があるのなら，**ゲシュタルト・ドリームワーク**（Gestalt dream work）に挑戦しなければならない。夢はゲシュタルト療法ではよく使われる。それは夢にパーソナリティがそのまま表現されているからである。夢は，日々の役割を演じるために躍起になっているために欠かしている自己のパーソナリティの，すべての部分を表現する時と場を提供している。しかしながら，夢がカタルシスになるためには，クライエントは夢を語るだけではなく夢に登場する人物を演じなければならない。クライエントは，たとえ意味がなさそうに思える部分であっても，夢の1つひとつの詳細な部分に"なる"よう要請される。それはパーソナリティ全体が露わになるためである。全体やありのままの自己が露わになる時にのみ，健全で丸々のパーソナリティの持ち主になることができる。

私（プロチャスカ）は大学のテニュアー（定年までの在職権）の人事があった時，その

ことにとらわれて、セックスを初めとして、何事においても喜ぶことができない自分に気づいていた。そこでゲシュタルト・セラピストである友人に助力を求めた。すると彼女は、夢というより何か浮かんでくるものを空想するよう提案した。すぐに浮かんできたものは私がスキーをしている光景であった。そこで彼女は私に山になってみることを勧めた。山になってみて、私は麓であると言ったとたん温かい感情を経験できたのである。頂上に近づいていくにつれて、美しく見えた頂上は、また冷たく凍っていた。彼女は私に雪になることを勧めた。そうすると頂上のあたりはいかにも険しく、凍てついていることを感じた。人は私が凍てついているので私の上で滑って前へ行くことができなかった。しかし麓にいる人は私の上を難なく歩き、私を削り溶かしている。この作業が終わった時、泣きたいとも叫びたいとも思わなかった。ただスキーで滑った感じだった。そこで私の論文や本を投げ捨ててスキーに行った。太陽に照らされてまぶしいばかりの雪景色に囲まれ、ゲーテが「生きている喜びは何かを実行することであり、言葉ではない」と、ファウストに語らせている言葉を想起していた。成功を急ぎすぎて、私は実行することをやめてしまうという、自らに対する根本的な罪を犯していた。

　ゲシュタルト療法におけるカタルシスは、基本的には、クライエントが自らの内にある経験を言語化する結果として惹起される。たとえば、夢がそうであるが、そのプロセスは**修正感情体験**（corrective emotional experiencing）の1つの形として見ることができる。また、ゲシュタルト・セラピーは、グループやワークショップで行われることが多いので、必然的に、**劇的解放**（dramatic relief）をもたらす。それはホットシートに座っている当人の修正感情体験が、そこにグループに一緒になって居合わす人びとにもカタルシスをもたらすからである。

　パールズにより開発され弟子たちにより精緻化された**エンプティ・チェア**（empty-chair）による対話は、修正感情体験に伴う劇的解放の治療的価値を明らかに示している。エンプティ・チェアは、たとえば、亡くなっている親や別れた結婚相手との**未完結の経験**（unfinished business）を想起し、情緒的な経験をしている時などに用いられる。クライエントは、エンプティ・チェアにアルコール依存症の親など、重要な他者をイメージして、その人物に対して十分に感情を表現するのである。この行為がクライエントの抑圧している欲求を解き放ち、十分に表出することを助け、他者からの情緒的な分離を可能にさせる。未完結の問題の解決を左右しているものは、激しい感情の表出、欲求や願望の宣言、そして他者に対する見方の変化である（Greenberg, Elliott, & Lietaer, 1994）。

セラピストの作業　カタルシスはゲシュタルト療法においては非常に劇的であるが、それは、セラピストの場面設定をする最初の介入によって左右されると考えられている。グループの参加者は誰かがホットシートに座り情緒的で激しい作業をしないか期待している。セラピストはというと、作業するクライエントにスポットライトを当てるべく待ち構える。セラピストはドリームワークをしたい人はいないかと治療的招きをすることもある。筋書きは、クライエントによって作られるが、まずは、どの夢のドリームワークをするか決定される。ひとたびドリームワークが始まると、セラピストは、一部分を演じるという

より，全体の指揮をとるディレクターになってクライエントの劇的な作業を促進させる。

　有能なディレクターがそうであるように，ゲシュタルト・セラピストは注意深く観察し，**プロセス診断**（process diagnosis）して，クライエントがどのような問題で自己が二分割されているような情緒的な混乱を起こしているか，その出現を見きわめる（Greenberg, 1955）。そして明らかに出現した時，セラピストはセッション中に適切な実験を勧めるか，葛藤を解決するための課題を提供する。パールズはこのような実験を難なくやれたが，現在のゲシュタルト・セラピストは特定の問題にはそれに合った特定の実験をセッション中に選んで用いるようになっている。たとえば，二分割の問題には2つの椅子による対話を，純粋に脆弱性の問題なら共感的是認をという具合である。

　ゲシュタルト・セラピストは，また，クライエントが心の痛みを避けようとしたり，仮面を取ることに恐怖を抱いていることにも留意する必要がある。セラピストはこれらの回避を，夢の中の重要部分をソフトな声で述べて，フィードバックしたりクライエントに回避行動へ注意を向けさせたりして，封じ込めなければならない。もしフィードバック自体では変化をもたらすことができない時には，ゲシュタルト・セラピストはクライエントがエクササイズに取り組み，さらに自己を表現できるように，たとえば映画監督が俳優に厳しい演技指導をして最善の演技を引き出すように，クライエントに挑戦する。クライエントが強くなるよう挑戦を受けることは，挑戦に明け暮れる今の競争社会に生きるためには意味のあることである。「はい，もう一度，もっと大きな声で！」とゲシュタルト・セラピストが叫ぶことがある。これはクライエントが，たとえ怖がったり恥ずかしがっていたとしても，彼の内側には作業の中でさらに自分を出せる十分な力を持っているという確信があるからである。

　ゲシュタルト・セラピストは問題や状況を強調するために演劇で使われる手法を用いることができる。クライエントは，真の感情が十分に表現されるまで，**繰り返し**（repetition）や**誇張**（exaggeration）した表現などの技法による介入を受けることがある（Levitsky & Perls, 1970）。それらの技法についてパールズ（Perls, 1969a, p.293）からの引用を見てみよう。

　　パールズ：さあ，あなたのトップドッグと話しなさい。そしてウジウジするのを止めなさい。
　　ジェーン：（大きな声で，痛みながら）私にかまわないで。
　　パールズ：はい。もう一度。
　　ジェーン：私にかまわないで。
　　パールズ：もう一度。
　　ジェーン：（吐き出すように，同時に泣きながら）かまわないで！
　　パールズ：もう一度。
　　ジェーン：（泣き叫びながら，ほんとに大きな声で）私をかまわないで！　あなたの言うとおりする必要はないわ！　（続けて泣きながら）いい子になる必要はないわ！　この椅子（ホットシート）に座っている必要はないわ！　あ

なたが閉じ込めてるのよ！（叫ぶ）アァ！外見にこだわらせてるのは（泣く）あなたよ。（叫び，泣く）アァ！あなたを殺してやりたい！
パールズ：それをもう一度。
ジェーン：殺してやりたい。
パールズ：もう一度。
ジェーン：殺してやりたい。

　ゲシュタルト・セラピストは"私"をつけて言ってみることをクライエントに勧める。それはより感情を伴い，それによってより責任が明確になるような言語的表現に変えることを要請することになる（Levitsky & Perls, 1970）。パールズ（Perls, 1969a, p.115）がこの方法でマックスと関わっているところを紹介しておく。

マックス：私は胃と両手に緊張を覚えています。
パールズ：緊張，緊張というのは名詞ですね。緊張は名詞です。ここで名詞を動詞に変えてみてください。
マックス：私は緊張しています。私の手は緊張しています。
パールズ：あなたの手は緊張している。手はあなたと関係ないです。
マックス：私は緊張しています。
パールズ：あなたは緊張している。どのように緊張していますか。あなたは何をしているのですか。
マックス：私は私を緊張させています。
パールズ：そのとおりです。

　パールズのような著名なセラピストであれば，緊張をほどくのに**喜劇的解放**（comic relief）や喜びをもたらすためにユーモアを用いることも可能である。ここにコミカルな方法でひどい劣等感で悩んでいるクライエントに対した例をあげよう。彼はだれよりも醜く，かつ不適当な人間だと思っていた。数回のセッションの後，彼は「誤解してほしくないのだが，あなたには劣等感を感じなくなりつつあります」と言った。私（ノークロス）は即座に，「それは結構なことだ」と，笑って応答した。そこで彼も大笑いし，私も腹の中から笑った。しばらくしてクライエントは，「劣等感を感じないと言えたことがどれほどすばらしいことか，あなたにはわからないでしょう」と伝えてくれた。
　ゲシュタルト・セラピーの創造的な過程は，セラピストが科学者でも技術者でもなく，芸術家であることを意味している（Zinker, 1991）。パールズが人を魅了したのは，ワークショップなどでしばしば見せたユーモアを含めた芸術的な即興性による介入であった。ゲシュタルト・セラピストが効果的なセラピーのステップをあらかじめ決定できないことはほとんど明らかだが，そのゆえんは多分ユーモアということの中にあるのだ。ユーモアが効果的になるのは，セラピストが自由で即興的で，創造的なユーモアの中にきっかけをとらえることができるかどうかにかかっている。カタルシスがもたらされる経験は，即興

的に介入することができるセラピストと即興的に関係を持つことができるか格闘するクライエントにのみ見られるドラマティックな結果なのであろう。

治療の内容

個人内葛藤

　ゲシュタルト療法家にとっての最重要課題は個人内の葛藤の問題である。たとえば，トップドッグとアンダードッグとの間，**社会的自己**（social　self）と**自然なままの自己**（natural self）との間，所有していない部分と破局願望のために不承認か拒否されるかもしれないので表現できていない部分という両極性の葛藤である。パールズはゲシュタルト療法をグループで行っていたが，彼のはグループの中の参加者間の人間関係を扱うという内容のものではなかったのでグループ・セラピーとは言えないものであった。パールズのセラピーは，グループというセッティングで行う個人セラピーであった。それゆえ彼のグループでの重要な内容は，ゲシュタルト流エクササイズを媒介として個人内で起きる気づきとカタルシスによる解放である。それゆえグループ参加者は，ホットシート上の人には直接というよりその人の身になって関わるということになる。

　不安と防衛　不安は現在とそれまで，今-ことここ-あそこの間のギャップである（Perls, 1969a）。現実である今を離れて未来に心を奪われてしまうと不安を経験する。もし未来の事柄，たとえば試験，講演，担当するセラピーなどを予想した場合，われわれの起こす不安は舞台負け（あがる）以外の何ものでもない。試験で良い点が取れるだろうか。講演はうまくいくだろうか。難しいクライエントとうまく関われるだろうか。一方，将来に起きる素晴らしい出来事に対しても案じながら期待することがある。多くの人は，今と計画中の活動，繰り返され継続される仕事の今と未来，未来の安心を保障する保険など，今と未来との間を埋めている。これらの人は，未来への不安を安心できる何ものかに置き換えている。しかし，人生の中で何が起きるかわからない未来の限りなく豊かな可能性をも失っている。問題は，急激に変化する社会において自らの身分や地位にしがみついている人が起きつつある変化に付いていけなく，パニックを起こしていることである。

　パールズにとっては不安をどう解消するかは明らかである。今-ここで生きることである。今-ここと未来とのギャップの間ではなく。現在を十分に生きるためには，クライエントは不安を興奮に変換することができなければならない。

　しかしながら多くの人は，幾重にも重なっている防衛機制により今-ここと直接に，かつ即座にコンタクトを持つことを避けている（Perls et al., 1951; Polster & Polster, 1973）。

　・**投射**（projectors）は，その人の経験と世界を歪めている。自ら所有していない部分

を他者の中に見ている。その人は自らの性の興奮を放棄している。たとえば，セラピストを含めて他者のほうが性のことばかり考えていると見る。
- 取り入れ（introjectors）は，外界にあるものを受け入れてしまうことであるが，受動的にであり，かつ何でも無差別にである。したがって個人のアイデンティティへとつながる新しい経験として統合し同化することはない。それは他者が告げることは何でも呑み込んでしまう見せかけの口先だけという性質を持っている。
- 反転（retroflectors）は，外界から身を引くことであるが，他者にしたいことを自己に向けてしまうか，あるいは自己に他者がたぶんするであろうことをする。1つの例は，母親を叱りとばしたいと思っている女性が，感情が爆発するのを避けたために，慢性的に歯ぎしりをするようになったというのがある。また，内向的なある男性は，他者に対して性的な誘惑をしないですむように自慰行為にふけっている例もある。
- 偏向（deflectors）は，慢性的に的を外すことにより直接的なコンタクトを回避する。話している最中に話題から逸れたり，具体的な話題になると感情的になるのでそれを回避するために一般的な話しかしないか，関係を持つことをしなかったりする。外す人は，セラピストを含めた他者からのインパクトを，飽きてみたり，混乱したり，場違いに思ったりして，避けようとする。

パールズ（Perls, 1969a）はいかに頻繁に思考が今-ここを避けるために用いられているか強調している。この点はパールズはフロイトの Denken ist Probearbeit——思考は試行，パールズのことばでは，思考はリハーサルである。思考はわれわれが社会的役割を果たそうと準備をする，その方法なのである。パールズ（Perls, 1969a）は社会的役割を果たすため多くの人は2つの知的ゲームをしていると言う。1つは**比較のゲーム**（comparing game）または"〜より多い・より大きい・より上ゲーム"である。それは一段勝っていることを誇るもので，「私の家はあなたの家より立派である」または「私はあなたより偉大である」あるいは「私はあなたより惨めである」または「私のセラピーはあなたのよりましである」「私の学説はあなたのより妥当である」などである。もう1つの知的ゲームは**適合ゲーム**（fitting game）である。他者もしくは他のセラピーを，われわれの好む世の中の現象の概念に当てはめようとするものである。最悪なのは，人間はどうあるべきかについてのわれわれの概念にどう適合するか，模索していることである。

自尊感情　あやふやな自己効力感は神経症の原因ではないが，結果である。自己効力感が他者からの承認や評価に依っているかぎりは，他者がどう思うか，そしてその期待に応えることに心を奪われていることになる。確固とした自己効力感は，自分で自分をサポートする内的な力を持っていることを発見した結果で，自然に感じられるものなのである。支持的な心理療法を行うメンタルヘルスの専門家は，クライエントの揺れている自己効力感を支えようとするが，長い目で見れば結局のところ，低い自己効力感を助長しているにすぎない。それは，クライエントは自らの内には支える力がないことを暗に告げているようなものだからである。他方，ゲシュタルト・セラピストの厳しいスタンスは，クライエ

ントが必死になって求めている時でも，不必要なサポートはしない。それは，暗に，クライエントに自らが自分の足で立つ内的な力を持っていることを告げるためである。内的な力のあることを気づかせられると，クライエントは自らの中に確実な基盤を発見し，自らを善しとするのである。

責任　自らの人生に責任のあることを受け容れることができるかどうかは，すでに見たように，健康で成熟した人間になれるかどうかにかかっている。発達的には，人間は責任を負うことを回避してきた。それは，甘やかされ，あるいは他者が世話するように操作してきたからである。あるいは両親の期待と異なる言動をすると是認されず拒否されてきたからである。伝統的な実存主義者とは違って，パールズは責任の回避を，限りある人間が持つ実存的不安から引き起こされているとは見ていない。パールズにとっては，目標の決定は，ありのままの有機体であれば自然に，かつ必然的に行われることである。決定するのが難しい時とは，人がありのままでない時である。

方向の源が自然である時は，ゲシュタルト・システムにおいては，実存的罪悪感を感じることはほとんどない。人が罪とよんでいるものは，多くの場合，言語化されない恨みである。たとえば結婚前のセックスに対する罪悪感は，しばしば，自然な納得のいく性的満足を得させない両親や教会への言語化されない恨みである。恨みを直接的に言葉に出して言えれば，あるいはエンプティ・チェアを使って言えれば，罪悪感はすぐに消える。

パールズは，責任には自らがコミットしたことを果たす義務が伴うことに，直接触れてはいない。それについて明らかなのは，彼が責任を語る時，義務については触れていないことである。成熟している人は他者のために責任をとることはしないから，たぶん今に生きている人にとって，自分自身に真実である以外の義務はないのである。今，この瞬間に生きる人にとって，コミットメントは未来志向であり，そして，未来のある時点で，過去のコミットメントに従って行動することがもっとも重要になるということなど予測できないので，それは馬鹿げているのである。

対人間葛藤

親密さとセクシャリティ　純粋な親密さとは，ゲシュタルト的な観点からは興奮を覚えるものであり，満ち足りたものである（Luthman, 1972）。通常とは異なり，親密な関係は他者へのコミットではなく，自らへコミットすることから形成される。われわれはありのままを提示するよう任せられているのであって，相手が期待したり好むような姿を提示するのではない。もし，本当の自分の姿が相手から好まれていないなら，どのように繕ってもやがては破局に終わる関係なので，時間を無駄にしないうちに早めに終わるのが最良である。

関係を持つ時，われわれは，相違を成長への機会ととらえ，葛藤の原因とは思わない。相違はフラストレーションを起こすことになるが，ゲシュタルト派の人にとっては，フラストレーションはさらなる成熟をもたらす刺激として歓迎される。関係を持つ時，何が好

きとか何が嫌いとかは，われわれについてのステートメント（情報を提供しているもの）であり，相手を貶めることではない。たとえば，相手の作る料理を好まなければ，それは料理の嗜好についてのステートメントであり，相手が料理べただとくさす理由を言っているのではない。

　相違が出てきたら，その相違についてオープンに話し合い，気持ちを出すように心掛けねばならない。そして，相手と，許容できる限界や範囲について，どこまで譲り合うことができるか，話し合わねばならない。関係を維持することを優先して妥協することはできない。なぜなら，やがて関係を蝕むことになるもやもやした恨みを蓄積することになるからである。この許容できる限界は，相手を支配しようとするものではなく，2人の地図上の等高線のようなものとして理解される。ひとたび気持ちをオープンに表出すると，関係を維持するためだけに妥協をすることはできなくなる。このような発見は相手を非難したり憎むのではなく，たんに一緒にはならないことを認める理由である。他方，もし，一緒になるとしたら，まず1人が純粋でいられるだけ強い存在になり，もう1人は二番手にまわるという関係である。

　パールズはセックスについてあまり書いていないけれど，他の著者たち（Rosenberg, 1973; Otto & Otto, 1972）はセックスが全体的，あるいはホリスティックな経験になるための一連のエクササイズを紹介している。ゲシュタルトでは，セックスを性器におけるオルガスムだけではなく身体全体の経験に解放するためにはからだに精通し，感覚の活性化をはかり，古い慣習を破り，器官全体で自然に響き合うことが必要であるとしている。より効果的な呼吸法，より自然な骨盤の動き，ファンタジーを現実にする方法やセックスにおけるユーモアを楽しむ方法，さらにはいかにしてオルガスムへ至るか，これらはセックスをより全体的な経験にするために必要になる。

コミュニケーション　　パールズは主に個人を対象にしていて，継続した関係を扱ったわけではなかったので，コミュニケーションの葛藤についてはほとんど触れていない。しかし，コミュニケーションの多くは社会的ロールプレイであると言いたげである。人々はいかにすばらしいか，彼らの果たす役割が人生の中でいかに重要か，あるいはいかに惨めであるか，あるいは無味乾燥であるか，お喋りをしているだけである。行動志向のセラピストとしてパールズは，お喋りばかりの関係から真に感情を伴った行動，たとえば喜びを分かち合うためにダンスをするとか，悲しみを表すために泣き合うとかを奨励している。パールズは身体が姿勢や動きにより伝達していることなど，ノンバーバルなコミュニケーションに気づくことを人びとに訴えている。

　われわれが言葉に頼らなければならない時，葛藤はゲシュタルト療法の次のいくつかのルールにより最小限に押さえることができる。第一に，命令形でコミュニケーションをはかるべきである。なぜなら，パールズ（Perls, 1970）にとっては命令が唯一の，かつ真実のコミュニケーションの形であるからである。たとえば，だれかに質問をする時，確かに，その人に命令をしているのである。「今晩，映画に行きたくありませんか」と言う代わりに，「今晩，映画に行こうよ！」と，直接的に言うべきである。直接的な命令をする時，

コミュニケーションの相手は2人がどのような関係にあり，何を望んでいるかをありのまま知ることができる。そこで相手は質問にではなく，直接当人に，選択の結果を伝えることができる。第二に，言わねばならない時は自分自身についてであり，他者についてではないので，自分に責任が持てるように，"私"を付けて言うべきである。「あなたは私をひどい目に遭わせ，あなたが私を怒らせている」と言う代わりに，「私は怒っている。私はあなたがひどいことをするままに任せていたけれど，これからはもっと配慮しなさい！」

敵意　敵意の問題は境界の問題である。アイデンティティを持つことのできるものと自己の自我境界の中に入っているものは友好的で，愛する存在であり，思いやりの持てるものとして経験される。自我境界の外にあるものとして経験されるものは，異質なもの，脅威であり，敵意である。たとえば，白人優位を認めているアメリカ人はアフリカ系アメリカ人を彼らの自我境界から閉め出し，彼ら黒人に対して敵意を露わにし，戦争状態に持ち込んでいる。他の白人は広がりであり，彼らの社会においては平等であると考えているが，人種差別をする人に対しては自我境界から閉め出し，敵として交戦する。

親密な関係においては自我境界は広げられ，異質なものを受け入れ，"われわれ"として取り込んでいる。しかしたとえ親密な関係においても，異質な他のすべてをいつも受け入れることはできない。それはわれわれ自身がすべての側面を持ち合わせていないからである。親しい人に対する敵意は，彼らの資質が，われわれが自分のものだと認めずに，自我境界の外へ投射したものを思い出させる場合が多い。古いことわざが示すように，「自らのうちにある恐怖を他者の中に見た時に嫌悪感を持つ」である。もし遅刻ばかりする友に対して敵意を覚えるなら，自らのうちに時間を正確に守ることを拒否するところがないか調べるべきである。

親密な人に怒っていることを伝えないのなら，やがて敵意が明らかになることを恐れて，早晩，コミュニケーションは取れなくなる。ある問題を終結しようとしてできなかった時，恨みは，ゲシュタルトが完結を求めていることの重要なサインになる。そのままにしておくと，未完結の経験となる。心理療法では，クライエントはエンプティ・チェアにコミュニケーション上困難を覚える親しい人を座らせ，敵意や恨みを強くぶつけるよう勧められる。敵意を表出し終わると，クライエントは親しい人が完全でないことを許しはじめる。それは，クライエントも完全でなく，そのような自らを許すことができるようになるためである。

コントロール　未成熟な人は人間関係のコントロールにおいてつねに戦闘状態に巻き込まれる。彼らは助けを必要とする惨めな，病んでいる人を演じる。それは，彼らを面倒みるよう他者を操作しようとしているからである。あるいは，完全主義者を演じる。それは，トップドッグの役割がそうであるが，他者に光を見させたり，彼らのような完全な人間にさせるよう努める責任を感じている。彼らは人間関係のレベルで演じているが，彼らの深層におけるトップドッグとアンダードッグ間のコントロールの絶え間ない闘いという病理がそこに存在している。成熟と統合を勝ち得たもののみがコントロールのための闘い

から解き放たれ，つぎの「ゲシュタルトの祈り」(Perls, 1970, p.1) にあるような生き方ができる。

> 私は私のことをする。あなたはあなたのことをする。
> 私はあなたの期待に応えるためにこの世に生まれてきたのではない。
> そしてあなたも私の期待に応えるためにこの世に生まれてきたのではない。
> あなたはあなたであり，私は私である。
> しかし偶然に，互いに出会うことができるならば，それは美しい。
> もしそうでないとしても，それは仕方のないことである。

個人 - 社会間葛藤

適応 vs. 超越　　ゲシュタルトは超越のセラピーである。社会への適応は，社会が今より安定し健全であった過去においてはセラピーのゴールであったかもしれない。しかし多くの現代社会の批評家たちと同様，パールズ (Perls, 1970, p.23) は「私は思うに，われわれは狂気の社会に生きていて，集合的精神病になっていくか，リスクを負って健康になり，そして多分十字架にかかるか，いずれかの選択しかない」と言っている。

健康な人はみな，ある程度は社会からはみ出ている経験をしている。彼らは違いを経験し，それゆえに社会の暴力の潜在的な標的にされている。このように異質なことは，社会が狂っている限り，成熟した人，十分に気づいている人の宿命である。

人を残酷に扱う社会に適応することは，自分自身を放棄することを意味する (Denes-Radomisli, 1976)。たとえば，ニューヨークの地下鉄の極悪で混雑している状況に適応するということは，人間であるという感覚や親切心を期待する気持ちを放棄することを強いられることである。押しのけられ突き飛ばされることを嫌がっていても，自らもそうせざるをえないことを意味する。そのような状況の中で少し楽になるためには，乱暴に扱われているという意識や乱暴している意識に，蓋をするか否定しなければならない。うまく適応するということは，やがて人間として感じることができなくなり，役割に徹しロボットになることである。

不幸なことに，多くの人にとっては，代わるべき手段は社会から疎外されること以外にはない。そこでは健全な人は見知らぬ土地における見知らぬ人でしかなく，不健全な人が自分で自分を遠ざけ，健全な人も自己疎外に陥る。パールズの最終的な解決の方法は超越することであり，そのためにカナダに限られてはいたが，健全な人が自分自身になれ，全人的な存在になれるゲシュタルト・コミュニティを創ることであった。

衝動コントロール　　有機体の衝動はコントロールされる必要はないが，完結される必要がある。空腹時には食べ物を求めるし，興奮した時はセックスを望むが，それらは危険ではない。むしろ，これらの有機体の欲求を満たすことは人を創っていくことになる。これらの衝動は，生物的に動機づけられ方向づけられていて，人がたんに社会的役割で動い

ていることを越えたところで働いている。この自ら方向性を持つという生物的な欲求は，どちらかと言えば文化から自由で，狂気の社会に一致させるというよりは，人が自らの身体を信頼し健全な人生を送ることにつながるのである。人が，もし，自らの身体からのメッセージを信頼するよう育てられていたら，婦女暴行や略奪の社会ではなく，自由で満たされた人の住む社会をつくることができる。

葛藤を超えて達成へ

　意味　今に生きることの意味は，1回きりの存在である命の瞬間瞬間の営みを新鮮に生きているという実感を持つことにある。これ以上の充実した命の営みは考えられないのである。現在に生きている人の中には，後悔をする人はいない。なぜなら，後悔は過去にとらわれて生きている人が被る天罰だからである。未来に心を奪われることもない。なぜなら，われわれは，もっとも健康的な未来は，現在においてもっとも緊急なゲシュタルトに1つひとつ向き合い完結させることでもたらされる，と信じているからである。未来のためには，唯一，かつ純粋なゴールがある。それはわれわれが責任性を身につけ，全人的な存在になることである。もしこれが十分な意味を持たないというなら，カンガルーか王様にでもなればよい。

　理想の個人　ゲシュタルト療法の理想は，セラピー後においてセラピストを必要としない自分を発見することである。理想的なクライエントの姿は，多くの操作をしてきたのとは反対に，彼ら自身の足で立ち，彼ら自身になる内的な力を持っていることを自ら是認することである。そのような人間は，自らの中心はなにか，自分自身の気づきをしっかり発見している。自らのうちにある中心とは，自らの生き方への責任を持つことで，両親や過去のせいにしない生き方をいう。彼らは心底から，彼ら自身であることのために，たとえ究極的には排斥され十字架にかかることを含めて，自然発生的な，また予測不能であることへのリスクを負う力のあることを見出している。リスクを負うことの見返りとして，理想的な人間の姿は自由に創造的になれるし，真にユーモアに富み，喜びに踊り，悲嘆に圧倒され，怒りに憤慨し，セックスにおいてはオルガスムを全身で感じることができるのである。

治療関係

　ロジャーズ派の言う，セラピストがクライエントよりいっそう一致していることの大切さ，パールズの好みでは，より成熟するであるが，このことを確かにパールズは裏書きした。もしセラピストが，クライエントの期待に合わせないといけないというプレッシャーに勝って自ら自己支援をすることができるなら，自分自身の生き様においても適切な成熟を醸成していることになる。関係性は，**我-汝**（I-Thou）の関係，ロジャーズの言う純粋

な出会いとよぶところの関係，であることがゲシュタルト療法の考え方である（Levitsky & Perls, 1970）。

しかしながら，実際においては，パールズはよくトップドッグを演じ，患者をアンダードッグ，もしくは患者役に追いやっていると共同研究者から批判されている（たとえば，Kempler, 1973）。ケンプラーは，パールズの残した逐語記録を見る限り確かに，パールズ個人，あるいは"私"が抜けていると指摘している。ホットシートという形式においてはクライエントをアンダードッグのポジションに追いやり，セラピストはトップドッグよろしくクライエントにエクササイズをさせている。クライエントがパールズに自らの行動と向き合うよう要請した時には，パールズはクライエントにそのような要請をする自らの動機を考えるようにと，精神分析でよくする動きをしている。

理論においても実践においても，パールズは，セラピストの正確な共感的理解でもって応答する点においては，ロジャーズに賛成している。ゲシュタルト・ワークにおいて臨床家は，クライエントが重ねてくる投射，すなわち自分のものだと認めないパーソナリティーの一部を経験し，そしてこれらの盲点を的確にフィードバックできなければならない。

一方，理論においても実践においても，ロジャーズ派の無条件の肯定的関心という概念については，パールズは相容れなかった。パールズにとっては，セラピスト側のそのような行為は幼児化を助長すると思われるからである。患者は，セラピーの中で未熟な無責任な言動をすると，セラピストを含む成熟した人間の怒り，焦り，退屈，その他ネガティブな反応を招くことを学ばなければならない。換言すれば，ゲシュタルト療法は**安全な緊急対応**（safe emergency）（Zinker, 1977）であると言えよう。そこでは，患者に，安全で信頼のおける関係性の中で，それ以外では挑戦することができない，破壊的で根深い言動を修正する機会が与えられていると言える。ゲシュタルト・セラピストは，患者に，たんに話をするだけではなく，今-ここでセラピストとともに新しい自己になることを勧めている。

ゲシュタルト療法の治療関係は，最高にうまくいく時には，治療過程においても内容においても，それら両方において成立している。今-ここにあるプロセスの1つとしてセラピストは，患者が今-ここから逃げ出そうとしたとしても，あくまでも現在に留まることを要請する。患者が無能さや狂気じみたことを演じ，希死念慮を持ち，セラピストを誘惑しようとしたとしても，セラピストはそのような未熟な言動に乗らないで阻止する。そのようなフラストレーション状態にある関係を通して患者は成長し，知らないふりをし，未熟だと装っている自分に気づくよう強いられる。ゲシュタルト・セラピストは自らの気づきを用いて，患者に回避している自らを気づかせ，また，エクササイズや治療的招きにより患者が自ら塞いでいる問題の解決をはかる。セラピストの俊敏な気づき，豊かな成熟，そして今-ここに生きる能力と，クライエントの今-ここに生きる力のなさ，責任の回避との間における関係性は，ゲシュタルト療法のプロセスが展開する重要な場である。

ゲシュタルト療法において，クライエントが自分のものだと認めないパーソナリティの部分をセラピストに投射してくるという点は中心的に重要な内容である。クライエントの発達上の未熟さの演技と彼らの防衛の数々が，関係性というコンテクストにおいて直面化

させられ，フラストレーションを感じさせるのである。加えて，ゲシュタルト・セラピストがトップドッグ対アンダードッグの関係を助長する点において，彼らは，クライエントの権威や，良心もしくは内在化された親との葛藤を戦う現実の戦場を提供している。

　ゲシュタルトについて書かれた著作が示すように，人々が処方されたエクササイズに参加することで，彼らの意識が大いに覚醒しエネルギーが劇的に解放されるというなら，治療関係は不必要であるということにはならないか。成熟した関係性がゲシュタルト・ワークの効果を高める点については異論はないであろうが，関係性は，ゲシュタルトのエクササイズを通して惹起される健全な成長には基本ではない。1つには，ゲシュタルト・ワークにおける治療関係の必要性に反対の意見があるが，それは"関係"の定義による。ゲシュタルト・ワークには，いままで見てきたように，継続中のセラピーにおける関係性を参加者（セラピストとクライエント）が共に維持することを求められていないし，ワークショップに参加する以前の治療関係も必要ではない。パールズの目から見た必要な関係とは，今-ここに生きているクライエントとセラピストの間に共通の場と調和がある状態である。この関係もしくは調和こそが，治療過程の基盤である。そして，この関係性が成り立っていないエクササイズは空虚で表面的で，むしろクライエントにとって潜在的に有害である（Forfar, 1990）。パールズはテクニックを用いる時，共感的で純粋な結びつきを望んだか。もちろんである。成長のためには継続した関係が必要だと主張しているか。否である。

　パールズ自身は，晩年，セラピーは，セラピスト自身が何者なのかの自然の成り行きでしかなく，同時に真正なセラピスト-クライエント関係の結果でしかないということを学習する代わりに，あまりにも多くのセラピスト志望者がテクニックをもっぱら習いたがることを懸念していた（Kempler, 1973）。しかし，パールズは，知らず知らずに，彼の著作やワークショップにおいて，ゲシュタルトのエクササイズは，真正な関係よりも，ゲシュタルト療法の内容やプロセスに必須のものであるという信念を与えてしまっている。そして，われわれがすでに指摘したとおり，パールズのテクニックのほとんどは彼の特有のパーソナリティから由来していて，それを分けて考えることは困難である（Wagner-Moore, 2004）。

　ゲシュタルトにおける関係性について最近の話題は，パールズの真正な**コンタクト (contact)** の概念をめぐって活発になっている（Robine, 1991; Wheeler, 1990; Woldt & Toman, 2005）。コンタクトは，人と人の集団との間で行われる直接取引における差違の正しい評価である（Perls, 1969a）。精神分析の対象関係論（第3章）の考え方とは異なって，コンタクトはまだ対象や他者を指定しない。むしろ，コンタクトという用語は感覚運動パターン，すなわち感じ方や動き方，何かに向かって行ったり，何かから遠ざかることを示している（Robine, 1991）。このコンタクトは治療的な絆をつくり出すために大きな働きをする。セラピストとクライエントは互いの感情や存在を共感し，今-ここにおける相手に真正に応答し，慎重に我-汝の関係をつくり出し，セラピストの人としての側面を露わにし，そして今出会っている2人の存在の違いを敬意をもって認識する。このゲシュタルト関係におけるコンタクトの働きの新たな強調は，強烈な直面化を和らげる。そしてクライエントがストレートに直面化する時の痛みについて，パールズは十分にそれを感じ

215

る感性を持っていた。さらに、関係的なコンタクトを強調することで、ゲシュタルト療法は、理論的にも実践的にも、実存-人間性主義的伝統の諸システム、とりわけパーソンセンタードや実存主義の観点が望んだ治療関係に近づいたのである。

ゲシュタルト療法の実用性

　パールズがセラピーをするのに必要としたものは、ホットシート用の椅子と、クライエントが演じるエンプティ・チェアと、ホットシートに座るクライエント、そしてセラピストとクライエントとの間で行われるワークに積極的に参加する聴衆、もしくはグループである。パールズは、いわゆる面接室でクライエントと会うことはめったになかった。特に人気のあった時代にはそうであった。彼のほとんどのセラピーはエサレンでのワークショップか、講演か、あるいはセミナーで行われている。クライエントの多くはパールズとの1回だけのセラピーであったが、パールズの信奉者たちには大きなインパクトを与えていることは驚嘆に値する。明らかに、パールズがクライエントとワークするのを見ているだけでドラマティックなインパクトが与えられている。

　ゲシュタルト・セラピストの多くは、いまでも、グループ形式のセラピーを好んでいる。たとえそれがグループの参加者間ではなく、基本的にはセラピストとホットシートに座っているクライエント間であってもである。しかし、文献を見る限り、グループ形式より個人セラピーを好むセラピストが増えている傾向が見られる。たとえば、夫婦や家族のセラピーをするゲシュタルト・セラピストが増えている (Greeberg & Johnson, 1988; Wheeler & Backman, 1994; Woldt & Toman, 2005)。

　ゲシュタルト・セラピストの多くは、週1回の割合で、1回2時間かそれ以上、時にはマラソンセッションを行うのが通常になっている。パールズのワークショップの費用については、ワークショップまたは講演に参加する費用は必要であるが、ホットシートでのセラピーについては追加の費用は支払わなくてもよかった。そしてホットシートに座りセラピーを受けるかどうかは、クライエントの判断に任されている。

　プロフェショナルとしてのゲシュタルト・セラピストには、心理学者、ソーシャルワーカー、精神科医、牧会カウンセラー、教育者などが含まれている。彼らのトレーニングはまちまちであるが、確立している訓練としては、いずれかのゲシュタルト・トレーニング機関での、少なくとも1年の集中訓練を受けている。大きな都市ではゲシュタルト研究所が存在するが、その中でも1954年にローラ・パールズ (Laura Perls)、イザドール・フロム (Isadore Fromm)、ポール・グッドマン (Paul Goodman) が設立したクリーブランド・ゲシュタルト研究所が有名である。

　総じて、ゲシュタルト・セラピストは、患者のスクリーニングや終結に関しては一定していない。それは、セラピーを受けるのも終結するのもクライエントの責任であるとしたパールズの考え方に依っている。事実、パールズと同僚たちは、「自分自身の行動について善とするか否かは自分以外にはない」と、書いている (1951, p.255)。セラピーの期間

については，ワークショップ，マラソン，週1回の6か月間，あるいは1年以上の長期にわたるものなど，さまざまである。

　ゲシュタルト療法と体験療法のトレーニングは，まさに経験的である。方法は，個人の気づき，情緒的な成長，それに伴う人格的変化を通して行われる。ここでの考えは，個人の成長は他者とのコンタクトによること，そしてこのコンタクトが創造的なプロセスを育み，また弾みをつけるということである。このように個人の発展はプロフェショナルなトレーニングに組み込まれている。学習の多くは，セラピーグループでなされるが，そこでは同門の学徒がセラピストにクライエントとしてありのままの自分を露わにし，それを同席している同門の学徒が観察する。これは本質的には，個人が互いにやって見せたり観察したりして学び教えるという**集団での学習**（circular learning）からなっている（Napoli & Wolk, 1989）。最近では，体験学習とスキルトレーニングとを合わせた，より体系的な方法によりゲシュタルト療法のスキルを教える試みが見られている（Elliott et al., 2004; Greenberg & Goldman, 1988）。

短期ゲシュタルト療法

　ゲシュタルト療法の本来持つ特徴は，短期で焦点づけされたセラピーに貢献している（Harman, 1995）。その1つは，クライエントとの契約時に，どの葛藤と取り組みたいのかを焦点づけするのに役立っている。他は，あそこ−あのときにおける長期の分析と比べて，今−ここに焦点づけすることは，問題を現在に絞ることに役に立っている。さらに，未完結の経験を解決するエンプティ・チェアを使った対話のように，積極的で直接的な技法は数回のセッションで葛藤に十分気づき，解決に向けての手がかりを提供してくれる（Paivio & Greenberg, 1995）。短期ゲシュタルト療法は例外ではなく，もともとパールズのがそうであったように，むしろルールになっているようである。

体験療法

　体験療法は1960年代に，主に当時隆盛だった精神分析や行動論的な見解への反動として，また代替として，ヒューマニスティックな流れに属する心理社会的治療法の領域をさす。パーソナリティの中心の構成や変化の中心軸は治療的に**体験すること**（experiencing）である。パーソナリティは，内的な"存在の在り方"や体験の潜在力という観点から理解されるが，それは，直感的で，ホリスティックで，コンテクストに依り，かつ身体的な性質に特徴づけられる理解の様式である（Bohart, 1993a）。より深い体験へアクセスすることは，体験療法の真骨頂である。それはクライエントが到達し得る最高のものであり，また体験療法の成功を査定する基準でもある（Mahrer & Fairweather, 1993）。

　この範疇にはパーソンセンタード療法やゲシュタルト療法が入るが，ここでは自らを特

に"体験的"と称するセラピーに限定して使うことにする。その主なものにはカール・ウィタカー（Whitaker & Bumberry, 1988; Whitaker & Keith, 1981）の象徴的・体験的家族療法，ユージン・ジェンドリン（Eugen Gendlin, 1981, 1996）のフォーカシング，アルヴィン・マーラー（Alvin Mahrer, 1989b, 1996）の体験療法がある。ここではゲシュタルト療法に代わるものとしてレスリー・グリンバーグの**プロセス志向体験療法**（process-experiential therapy）を簡単に見てみよう。なぜなら，グリンバーグはこのセラピーについて多くを著し，治療マニュアルにまとめていて，かつそのプロセスと効果について多くのリサーチをしているからである。

レスリー・グリンバーグ（Leslie S. Greenberg, 1945- ）は数学と物理学の信奉者で，機械を扱う工業エンジニアとなったが幸福ではなかった。彼の初期における職業上の不満は，あまりにも多くの人々が感情を殺して生きている，そして人間らしく感じたり生き生きとさせるものから切り離されているという臨床的な予感を抱かせることとなった。グリンバーグは政治的不安や教育的理由から南アフリカのヨハネスブルグを離れてカナダにあるヨーク大学のカウンセリング専攻博士課程に入学した。そこでは，1960年代の内面の探索という時代の流れと供応して，シカゴ・カウンセリング・センターでロジャーズから訓練を受けたローラ・ライス（Laura Rice）の学生となった。

それゆえ，もともとはクライエント中心療法のカウンセラーとして訓練を受け，トロント・ゲシュタルト研究所においてゲシュタルト・セラピストとして，そしてカルフォルニアのパロアルトにあるメンタルリサーチ研究所でファミリー・セラピストとして訓練を受けている。彼のプロセス志向体験療法はクライエント中心療法とゲシュタルト療法，そして彼の**感情焦点づけカップル療法**（emotionally focused couples therapy）の要素を取り入れたもので，カップルとファミリーに適用されるものである。彼は10年間ブリティッシュコロンビア大学の教授として勤めたのち，ホームグランドであるヨーク大学の教授として返り咲いている。そこでは数多くの体験療法の著者として，また指導的発言者として，感情焦点づけ療法に対する科学的探求心に情熱を注いでいる。

心理療法のシステムはパーソナリティ理論と精神病理から始まる。体験療法のセラピストは，人間は感情的体験により深く形づくられ，組織されていると信じている。この感情は人間の生活を創造的にし，かつ組織する力である。多くのサイコセラピストは，人々が感情を抑制したり処理したりと，まるで敵の戦士のように扱うのを援助する。しかし体験療法の理論では，感情を，ホモサピエンスに特有の成長を助長する機能として価値づけている。事実，最近は，プロセス志向体験療法は**感情焦点づけ療法**（emotion-focused therapy）と同一のラベルを張られている。

精神病理についての体験療法の理論は，対人関係療法（第7章）や認知療法（第10章）のそれとは明らかに対照的である。対人関係療法ではうつは人間関係の問題から引き起こされると考えられ，そのセラピーは現在の人間関係を再構築することにあるとしている。認知療法では自己，世界，未来についての否定的な思考が精神病理のカギになる決定因であり，そのセラピーは思考のパターンを変えることにあるとしている。人間関係や認知的要因は，うつなどの精神病理の側面をとらえてはいるが，体験療法ではそれら要因のどち

らもその背景に感情が介在しているとする。このように，否定的な信念の修正や人間関係における相互作用は有効ではあるが，感情焦点づけに根ざした自己組織の変化ほどの効果はない。感情のスキーマは，体験の基盤となる単位である。

　プロセス志向体験療法（PET）はクライエントの情動知能を育む。それは問題解決や行動をコントロールするための，自己と他者の感情的状態についての認知が含まれている。PETはまた，クライエントの**感情制御**（affect regulation）（適応する感情を助長し，適応しない感情を抑制するための認知的，感情的，行動的な戦略）を助け，感情についての記憶を変えるのに役立つ。目標は感情の利用を増加し，感情制御を高め，感情についての記憶を変えることによる自己組織の変化である。もっと単純にいえば，PETはどのような感情体験をしているかに気づき，その感情とうまく付き合い，過去の感情的体験を新しい体験に変えることを援助するものである。

　これらのPETの目標はカタルシス（修正された感情体験）と選択（自己の解放または新しい生き方へのコミットメント）の結合を通して達成される。PETは，ロジャーズ派のパーソンセンタード関係をより積極的にしたものと，2つの椅子のワークやエンプティ・チェアでの対話のようなゲシュタルトの介入とを混合したものである。治療関係と特定の変化のプロセスは，どちらも治癒につながっている。

　温かい，共感的関係はクライエントが新しい関係性を受容することによって自らの感情を知り，それを変容するためには必須である。誕生から成人に至るまで，感情はそれに応じてくれる他者の存在により和らげられる。PETのセラピストは一貫してクライエントを承認し，クライエントの言うことを正確に聴いていることを伝える。セラピストは感情のコーチ（Greenberg, 2002），すなわちクライエントが自らの感情に気づき，制御し変化することが可能になるようにコーチの役割をする。有能なコーチになるためには，セラピストは傾聴と承認を基本に置いておかねばならない。共感を基礎にしてのみ，セラピストはいつフォローし，いつ積極的な提案，ゲシュタルト的な介入をするかを知ることができる。

　ひとたび安全で強固な治療同盟が形成されると，セラピストはクライエントの特定の葛藤における特有のしるしや言語的な兆候に介入する。たとえば，クライエントが自己批判の矛盾を抱えていることが明らかになった時は，セラピストはより直接的な介入をする。あるクライエントのしるしは，人格が二分割され，相反する2つの自己やパーソナリティになるという経験，まさしくパールズが自己の両極性とよんだところのものである。セラピストは**2つの椅子のワーク**（two-chair work）を勧め，二分割されている自己の問題が解決されるまで，クライエントに椅子を代わりながら反目している感情を言語化するよう介入するであろう。自己批判がかなり激しいクライエントの場合は，セラピストはクライエントの1つの側面から他の側面のクライエントにネガティブな批判をあびせるよう，そして椅子を交代して，今度はそのネガティブな批判に応答するようセラピーを展開させる。別のクライエントの問題は，現在は会うことのない，あるいは亡くなっている人との未完結の経験であった。ここでは，セラピストはパールズが未完結の経験を解決するのに用いたエンプティ・チェアの対話の手法を使う。結果は，特定の情動的な葛藤への非指示

的で，共感的関係，そして指示的な介入である（Greenberg, Rice, & Elliott, 1993）。PETはフォローとリードの2つの介入スタイルを合わせている。

　クライエントのすることは体験すること，すなわち身体で感じることに注意を向け，その感情に気づくことである。感情を失っているクライエントは，失っていないクライエントよりセラピーにかかる時間数は多い。このようにセッション数はクライエントによるが，うつのクライエントに対しては，感情焦点づけ療法では，少なくとも16セッションは費やされる。もちろん，慢性的な患者や重篤な患者には，それ以上のセッション数が費やされる。

　うつのセラピーではPETは4つの段階に分けられている（Elliott et al., 2004）。第一はつなぎの段階，すなわちセラピストはクライエントと瞬間瞬間強くかつ共感的に一体感を持つことである。ここではパーソンセンタードの関係性を伴った共感，純粋性，そして肯定的関心が中心となる。第二は感情の喚起と探索の段階，すなわち焦点づけワークの核心の段階である。そのつぎは代わりを構成する段階，すなわちクライエントが周りから受け容れられる感情を生むことである。最後に第四では，新しい意味づけへと統合する段階である。クライエントは核になっている感情の体験的転換にもとづいて新しい物語を形成する。

　いままで述べたように，グリンバーグのプロセス志向体験心理療法は活力のある，かつ統合されたセラピーである。それはゲシュタルト療法に取って代わるセラピーの代表的なものであるが，同じ学派に属するものである。プロセス志向体験療法の特に有効な点は，その効能が治療マニュアルにコード化されていること（Greenberg, 2002），体系的に教えることができ（Elliott et al., 2004），そしてその効果がいくつかの比較対照試験で研究されていることである。

ゲシュタルト療法と体験療法の有用性

　人間性主義的アプローチの1つとして，ゲシュタルト療法は伝統的な科学の実証的な研究の立場からは必ずしも歓迎されてこなかった。成長を志向するアプローチとしてゲシュタルト療法は，症状の改善ではなく，機能の向上という点で効果があると，もっぱら評価されてきた。認知療法や行動療法と比べると，ゲシュタルト療法の有用性についての体系的な研究はほとんどない。ほんの少しの初期の研究は成長の経験，意思決定の葛藤，それに非精神科領域のものであった。

　ゲシュタルト療法の効果に関する1980年代に行われた量的な研究は，部分的にしか支持されていない。スミスと共同研究者（Smith et al., 1980）が調べた各種心理療法についての475に及ぶ研究は，おおむね0.85という高い効果のあることを示している。ゲシュタルト療法の効果を調べた18の研究では0.64を示し，平均的な数値でしかなかった。このゲシュタルト療法についての効果量は無治療群より優れてはいるが，プラセボ治療群（効果量0.56）よりわずかに優れているにすぎなかった。

厳密なレビュー（Greenberg et al., 1994; Elliott, Greenberg, & Lietaer, 2004）の結果は，ゲシュタルト療法は待機者リスト群や無治療群よりは優れていることが示された。プラセボ治療群と比べた最近の研究はない。同時に，ゲシュタルト療法と他の心理療法を比べた5つの研究では，ゲシュタルト療法は5つのうち4つが低い得点であった（Greenberg, Elliott, & Lietaer, 1994）。

ゲシュタルト療法は，このように，無治療群よりは優れているが今回調査した他の心理療法よりは優れていなかった。これは統計的視点と臨床的な視点のどちらに立つかによるが（第3章で触れられている），ゲシュタルト療法は調査された認知療法や行動療法よりも劣っている。それにゲシュタルト療法は子どもや青年期の人たちに対して，メタ分析の観点からは，あまり研究されていない（Weisz et al., 1995, 2004）。

体験療法に転じると，プロセス志向体験療法は，無治療群や他のセラピーより，一貫して良い結果が出ている（Greenberg et al., 1994）。初期にはプロセス志向体験療法は結婚の悩み，意思決定の困難，非精神病理圏群に対して研究されている（Reicherts, 1998）。最近の，ランダムになされたクリニックを訪れたうつのクライエントについての研究では，プロセス志向体験療法はパーソンセンタード療法より効果的であり，認知行動療法とは同じくらい効果的であったことを示した。グリンバーグとワトソン（Greenberg & Watson, 1998）は，パーソンセンタード療法に体験的方法を加えることで，ロジャーズ派の治療が終結期において患者の大きな変化をもたらしたことを見出している（6か月後のフォローアップではないが）。最近の研究では，感情焦点づけの介入を加えたロジャーズ派の治療関係がうつの治療に効果のあることを，先の研究同様，見出している（Goldman et al., in press）。ワトソンと共同研究者（Watson et al., 2003）は，クリニックを訪ねたうつの人に試みたプロセス志向体験療法と認知行動療法とを比較している。66人のうつの症状を持つ人の自己肯定感と不適応感が，16セッション後には両方の心理療法において改善が見られている。この結果は2つの心理療法に同様に見られたが，人間関係の問題領域においては認知行動療法よりプロセス志向体験療法のほうが統計的に有意に減少している。

体験療法とゲシュタルト療法の効果については，アカデミックな見地からは議論の余地のあるところである。多くの認知行動療法の立場に立つ大学教授たちは，初期に行われたメタ分析や量的研究のレビューから（上に要約したごとく，また既述の章にあるごとく），体験療法は認知行動療法より劣っていると考えている。しかし，認知行動療法が少し優れているという統計的な優位差も，大部分は，方法論的要因，特に研究者の**忠誠効果**（allegiance effect）に関係している（Luborsky et al., 1999）。すなわち，体験療法の信奉者たちは認知行動療法より彼らの心理療法のほうが確実であり，プラスの効果があると主張するし，体験療法を好まない人たちは体験療法は他の心理療法に比べて効果が低いことを見出しがちである（Elliott, Greenberg, & Lietaer, 2004）。研究者の理論的忠誠が，体験療法が他のセラピーに比べて効果があるのかないのかを見る上で，効果測定に強い影響を及ぼしている（効果量＝0.59）。そして研究者の忠誠の問題が統計的にコントロールされると，体験療法と他の心理療法の相違はなくなってしまう（Elliot, Greeberg, & Lietaer, 2004）。

ゲシュタルト療法と体験療法の効果の比較研究は，将来，どういう人にどういう心理療法がもっとも効果があるのかというプログラム研究によって明らかにされると思われる。たとえば，カップルのための心理療法には**感情焦点づけカップル療法**が，結婚生活におけるねじれた関係を変えるのには，研究の結果，適切であるというように（Johnson et al., 1999）。そこでの心理療法が何に焦点を当てるかといえば，関係性の視点から感情の凝りにどのように接近し，研究の対象とするかである。4～5の対照群を置いた治療結果研究は，感情焦点づけカップル療法は，他のカップル療法とはいまだ比較はされていないものの，無治療群や対照群よりはるかに効果のあったことを示している（Johnson, et al., 1999）。目標は，カップルに対して最大の効果を発揮できる心理療法の成功の要因は何かを調べることである。

　一連の研究の中で，ビュートラーと共同研究者（Beutler et al., 2005 を参照）は，望まない感情に対する気づきを惹起することによって感情表現の促進をはかった，ゲシュタルトに基本をおいたグループ療法の効力を調べている（Daldrup et al., 1988）。そのゲシュタルトに基本をおいたグループ療法は，4人から8人までのうつの外来患者に週1回で20週行われたセラピーにおいて，認知療法および支持的／自己指示的セラピーと比べられている。グループは経験を積んだ心理学者によって導かれて，そして治療的なモデルにしたがって逐一モニターされた。評価のための一連の質問紙が治療中，グループ終結時，3か月，6か月，12か月後のフォローアップ時に施行されたが，いずれのセラピーもうつに対して効果があったという結果になった。

　予想されたとおり，3つの方法は全体的な効果という点では差異は出てこなかった。しかし，これもまた予想されたとおりであるが，3つの方法が同じ患者に交差して行われた時には，効果の差異が見られた。特に，アクティングアウトや投射（外に向かう力）しやすい患者は，パーソナリティの性向が内省的で気づきを促す方法とは衝突するので，認知療法が最善である傾向が見られた。反対に，うつの患者は内罰傾向（内に向かう力）の方法と合うので，ゲシュタルトを基本においたほうが効果があった。さらに予測されたように，指示的な療法（認知療法やゲシュタルト療法／体験療法）は抵抗が少ない患者には最上の効果をあげた。一方，自己指示的な方法は抵抗の多い患者により効果的であった。結論として，ゲシュタルトを基本に置くセラピーは内省的で，抵抗の低い，過剰に社会適応している患者により効果的であった。この研究は，パールズが彼のセラピーのシステムを構築する過程で出会い，かつ効果のあった患者はどのような患者であったかを見事に示している。

ゲシュタルト療法に対する批判

行動論的観点から

　社会という観点からは，ゲシュタルト療法の究極的に行き着くところは無政府状態であ

ることを認めなければならない。「あなたはあなたのことをする。そして私は私のことをする」は，ロマンティックな響きがあるが，しかし他者のことを気にかけない自己愛的，あるいは自己中心的な個人を助長する浅い考えのスローガンでしかない。パールズは自らの口で，理想的な人とは他者のために責任を負わない人であると言っている。それでは，親が子どもを社会に送り出すという責任はどうなるのか。人間が，もし他者を助けるという社会からの期待を拒絶しても，協調的に，かつ安全に住むことができるという保証はあるのか。この点をパールズは忘れていたように思われる。それは，エサレンでのワークは，すでに社会化を達成している大人たちとであって，たとえばセックスのような有機体としての欲求を，暴力や力づくで満たすことはよくないこととわかっている人たちなので，問題にされなかっただけである。ゲシュタルト・セラピストに，たとえば病理のある受刑者のような社会性の未発達なクライエントに，どのようなコミュニティが作れるのか，セラピーで試してもらったらよい。

　パールズのゲシュタルト療法に関するほんのわずかな，対照群を置いた治療結果研究で十分であるならば，心理療法のネガティブな結果についての冷静な結論を認めねばなるまい。46の研究のレビューは，心理療法における非精神病の成人に対するネガティブな効果に関して，表現的–体験療法（expressed-experiential therapy）は他の心理療法に比べて，症状を悪化させる割合が高いことを見出している（Mohr, 1995）。それゆえ，この結果を直視しなければならない。ゲシュタルト療法について効果があったと証明する研究はないのである。多くの研究がそのネガティブな効果のリスクについて報告している。経験に裏付けられたセラピーとは言いがたいものである。

精神分析的観点から

　「自我のあるところ，イドあらしめよ！」。うぶなゲシュタルト派の人なら，人間の精神的健康と社会秩序を圧倒しかねない生物的衝動があることを否定するであろう。パラノイアや症状の激しさにより圧倒されて自我のプロセスが崩壊の危機に瀕している患者に，ゲシュタルト派はどう介入するのであろうか。症状の激しさをさらに助長させるのであろうか。責任ばかり強調する一方で，患者がもし自殺や狂気の沙汰になることを欲したとしても，それは彼らの責任だとするのは，専門家として無責任ではないのか。そのような考え方は，ワークショップに成長を求めてやってくる健常者になら通用するかもしれない。しかし，日常の患者の臨床において，たとえば正気の部分にかろうじてしがみついている人たちに，成熟した自らを支えることのできる人間になりなさいと，このアプローチを用いるのは確かに危険である。

文化的観点から

　ゲシュタルト療法における気づき，セルフサポート，そして責任の強調は，個人は個人のためにあることを誇張し，他者との関係を離れて，重要な進行中の関係や文化的システ

ムに注意を払わない（Saner, 1989; Shepherd, 1976）。隔離や戯れを招くのがオチであろう。誰が家族やコミュニティに関心を向けるのか。ゲシュタルト派でないことは確かである。「ゲシュタルトの祈り」（Perls, 1973）の教えるところは，「私は私であり，あなたはあなたである。私はあなたの期待に応えるためにこの世に生まれてきたのではない。そしてあなたも私の期待に応えるためにこの世に生まれてきたのではない。私は私であり，あなたはあなたである」。ここにある"私意識"は"われわれ意識"を除外してしまっている。それゆえパールズは，理想的な人間は社会的に疎外されるであろうと予測しているが，それは驚きには値しない。そのような人間は自らが蒔いた"私意識"の種をたんに刈り取ることになるからである。2人の間の関係が，都合が悪いという理由や無理な企てという理由で改善されない時には，投射であるからとして捨てさられる（パールズの言う"仕方がない"こととして）。

　ゲシュタルト療法によれば，社会問題になっている犯罪は真の犯罪者によって起こされてはいないことになる。それらはたんに自らの行動に責任をとることに失敗した手近な，かつ頭だけの言い訳にすぎない。これはたぶん，軽度の神経症で，カルフォルニアのビッグサーのロマンティックな海岸に住んでいる裕福な人にとっては当たっているかもしれないが，大部分のわれわれにとっては，貧困，病気，性差別，人種差別，そして犯罪の社会問題は，少なくとも犯罪者にささげられているのだ。カルフォルニア以外の，また1960年代以外に，十分な統合，表現，自由のある生き方を真面目に約束できる場所や時代はどこにあったのか。女性にとっての重要な問題は，社会問題，政治問題，経済問題を乗り越え，許容できない，あるいは価値がないと差別されることのない，調和のとれた自己の感覚を持てるようになることである（Polster, 1974）。しかし，女性の"自分と関係があると認めない"点や"さまざまな矛盾"はその人の内的な問題で，したがって感情表出によってそれらの社会ストレスから解放されるとした点は，間違った見解である。見当違いも甚だしい。変化は個人の責任でするというゲシュタルトの指令は，うまくいかない時には犠牲者を非難する結果を招く。圧迫を受けているものの真の解放は，内からだけではなくて，外からももたらされなければならない。

統合的観点から

　パールズは，身体を犠牲にして精神を過大評価する二元論を拒絶する実存主義の流れに属している，と信じていた。しかし，パールズがわれわれに残したのは，精神を犠牲にして身体を過大評価するという，先と異なる二元論であった。ゲシュタルト療法は生物学的側面を強調しすぎているので，認知的な理論の裏付けを必要としている。多くの人々（たとえばGreenberg et al., 1993; James & Jongeward, 1971; Martin et al., 1990; Tosi et al.,1992）が，ゲシュタルト療法と認知療法の統合を提案している。そのような統合がなされ，人間の認知能力にも同等の比重がかけられるまでは，ゲシュタルト療法は，デカルトと今やトップドッグとなった身体との間をめぐって，身体のために弁じて最後は不幸にも哲学の入った買い物カゴをぶちまけることに終るといった，均衡を企てる運動として留

まるしかない。

　多くの"真の信奉者"がそうであるように，パールズとそのゲシュタルト療法の熱狂者たちは，不可能な約束をして，このセラピーの有用性を見境いのない適用へと拡大しすぎたのである。ゲシュタルト・ワークは，過度に社会化をした人，抑制の強い人，そして萎縮している人などに効果がある。コントロールのない，深刻に疎外されている人に対しては，リスクの多い提案となる。そして衝動をコントロールできない人，たとえばアクティングアウト，非行，爆発性障害などについては禁忌であり，もちいてはならない（Shepherd, 1976）。折衷的指示的な方法はその働き方を選択して使用すべきであり，いつでも無差別に用いてはならない。

C夫人を対象としたゲシュタルト分析

　現代社会に生を受けたものの多くの人々と同様に，C夫人は自分の身体について社会的に認められない部分を所有しない（認めない）ように育てられてきた。彼女の人生の大部分は，性的欲求や怒りの感情を表出する身体を認めないで過ごしてきた。すっかりひどくなった神経症が露になって以来，C夫人は自己の身体を認めなく，無いものにしようと，洗い流すという行為を繰り返している。幸いなことに，彼女の存在の生物学的基盤は潰えても死んでもいなかった。彼女の身体は人間であること，それゆえ病気にもなるし，怒りも感じるし，性的欲求もあることを気づかせるようなメッセージを送り続けている。しかし，C夫人は彼女の身体の声に耳をかさないで，「洗い流せ，身体を綺麗にせよ！」という行為を布巾がすり切れるまで使われるように，強迫観念と行為を繰り返している。

　C夫人は幼年期にはセックスや怒りを表面に出さないように育てられてきた。それはもし良い子でなく，また清潔な少女でなければ，両親から罰を受けるという破局願望があったからだと話している。この破局願望が現実であったか，ファンタジーであったのかは不明であるが，重要なポイントは，これらの恐怖は恐怖の層の一部であるが，良い子のモデルや良い母親のモデルを演じさせ，今や良い神経症のモデルを演じさせるという偽りの層に安住させていることである。

　彼女の症状が出始めた時には，C夫人は，時間もエネルギーもなく，いったい自分は何をしているのかを考えていて，周りの人のために責任をとることの不満が増加しつつあったに違いなかった。5人の子ども，そして新たな妊娠，おむつ交換，皿洗い，病気，おまけにギョウチュウ（蟯虫）のいる身体であった。そのような状態で誰が怒りや絶望を感じながら叫ばないでいられるであろうか。ところが，C夫人は毅然と立ち上がり，自己主張したことはいままでなかったので，これは期待薄である。かわりに，彼女は自分の責任をギョウチュウのせいだと投射し，生涯ギョウチュウや彼女自身を洗い流すことに専念するようになった。

　もし彼女が本来の彼女と直面化していたとすれば，すなわち，怒りを表出し，自由でありたいと願望し，かつてないくらいに自己中心的であったりすれば，必ず拒否され傷つくと告げていたのが彼女の幼児期の破局願望であった。それゆえ，本来の自分は何者かなどと考えるな，ただギョウチュウと洗い流すことだけ考えなさい！であった。

　ギョウチュウのエピソードがなぜインパス（行き詰まり），すなわち病気のポイントの象

徴だったのかは，C夫人は成熟した人格の持ち主にはなれなく，責任が取れるだけの能力を育ててこなかったことにある。C夫人が自立するためには，現在は，明らかに子どもが多すぎるし，病気持ちだし，欲求が多すぎる。劇的な症状を呈することで，C夫人はサイコセラピストを含めた他者を巻き込み，面倒を見させていることに成功している。C夫人は，何回くらい洗い流すかシャワー儀式を記録するためにジョージを巻き込み，他者を症状でもって操作していることは明らかである。C夫人は，健康になり自分の足で立つより，病気のままで他者を操作しているほうが楽であった。

　彼女のインパスを徹底操作するために，C夫人は彼女の神経症的内破の層と直面しなければならないであろう。不感症，過去10年にわたる空虚感，そして中心の喪失感を経験するであろう。なぜなら，彼女の悲惨な生活の責任をギョウチュウに投射してきたからである。それゆえ，現在の彼女の生活がギョウチュウを中心に回っていることも不思議なことではない。C夫人には，習慣になっているかたくなな神経症的パターンで縛られているので，生きた感じは，もはやなかった。

　C夫人は，ほとんどすべての彼女のエネルギーを神経症に注ぎ込んできたので，ふたたび生まれ変わるためには大きな爆発を引き起こす必要があるであろう。彼女はいままでの生涯のすべてを喪失したことに気づいて悲しみが爆発するであろう。良い子や良い母親を演じさせた娘，夫，両親，そして自分に向かって怒りをぶつけるであろう。C夫人は，また，彼女は自分のセクシャリティ形成の基を見出すために，幼いころの身体にたどり着くであろう。それは生涯で初めてオルガスムに爆発することができるためである。このような潜在的には暴力的な爆発でのみ，C夫人は生きる喜びを取り戻せる希望がある。

　彼女の破局願望の恐怖に直面すること，インパスを乗り越え責任のある存在になること，そして感情的爆発からの震えを経て，彼女のアイデンティティの源でもあるクリーンな性格に変わることは，C夫人にとっては課題が大きすぎるに違いない。そのようなC夫人にとっては，神経症の改善を約束してくれる心理療法を強く望むであろう。四六時中，自ら洗い流していなくても，ミセス・クリーンでいられるからである。

　C夫人は，いままでの未熟な適応のできていない生活に帰るよりもセラピーに専念したいであろうと仮定して，ゲシュタルト・セラピストなら今-ここに留まることを要請するであろう。もちろん，彼女はできないであろう。彼女はギョウチュウのことか洗浄癖の話を継続するであろう。彼女は無能な患者を演じ，セラピストが惨めな境遇から救い出してくれるならどれほど感謝に耐えないかと告げるであろう。このような戦術は彼女の惨めな人生の責任をセラピストに転嫁しようとするものである。ゲシュタルト・エクササイズの強力な手法の１つは，彼女の問題と人生についての供述を，「……そして，その責任は私にあります」で終わらせるように勧めるのである。そうすることで，もし，彼女が勇気づけられ，自ら神経症に対して責任をとろうという方向に向かう経験をするなら，C夫人は彼女の今まで無駄にしてきた人生を直視し，その悲嘆のいくぶんかを味わい始めるであろう。

　ゲシュタルト・セラピストは，C夫人にギョウチュウとの関係をロールプレイするエンプティ・チェア技法を導入するであろう。彼女は最初にギョウチュウになって話すが，それはトップドッグらしきものである。そしてつぎに，彼女の現在の気持ちでギョウチュウに応えるであろう。彼女に対して，「洗浄しなさい！　さもないとあなたを食べてしまうぞ！」と叫ぶにつれ，彼女の生活を支配しているギョウチュウに対する憤怒を感じ始めることができるだろう。彼女は怒りをさらに漏らし出しはじめるけれど，後で罰を受けなくてすむように，

いけない子や怒り虫として拒否されないように，多分，怒りを出すことを回避したいと思うであろう。彼女の破局願望がいかに子どもじみているかに気づき始めるであろう。また，彼女の責任をすべてギョウチュウに投射していたことにも，漸次気づいていくであろう。同時に，心理療法家がC夫人に，彼女の人生にセラピストをもっと直接に関与させるために，いかに多くの戦略を用いているか，そのことをフィードバックすることも大切であろう。

　ゲシュタルト・セラピストは，C夫人を急いで助けるよう操作されることを拒否するので，C夫人はセラピストに向かって怒りを増幅させてぶつけてくるかもしれない。このことが，今-ここで怒りを感じてはいけないという，ギョウチュウに対する囚われから解放されることになるかもしれない。怒りを表出することに対する恐怖に慣れてくると，彼女は破局願望は彼女の投射であることを確実に思い当てることができていくであろう。すなわち，彼女のセラピストは傷つけもしないし，拒絶もしない，そしてギョウチュウも寄ってこないことを洞察するであろう。

　所有していない自らのパーソナリティを所有し直すためには，C夫人はゲシュタルト・ドリームワーク（夢のワーク）に参加する必要があるかもしれない。なぜなら，彼女の覚醒している時間のほとんどが強迫観念と洗浄儀式に費やされているからである。彼女の就眠の時間は彼女の所有していない自己が自発的に表現される唯一の時間であるからである。しかしC夫人に夢に注目することを強制することは困難である。それは，夢の中で現実であったが覚醒時に記憶として甦ってくるものは，すべて痛みと悲嘆であるからである。しかしながら，解放は，もし彼女が洗浄儀式に依存していたものを放棄することができるなら，到来するであろう。おそらく，ゲシュタルト・ドリームワークのみがC夫人のようなかたくなに習慣として固着している特徴を浄化し，ふたたび活性化し，彼女の身体の器官を再所有する過程を促進するものである。

将来の方向性

　振り返ってみると，行動は1970年代の心理療法が関心を持った内容であり，かつ焦点が当たったものである。認知は1980年代と1990年代であった。情動（emotion）は，新しい世紀においては，おそらくもっとも関心の持たれるテーマであろう。感情（affect）を心理療法にどう取り上げ，情動的変化を促進していくかが心理療法の実践，研究，そしてトレーニングの主な焦点になるであろう。このことは，ゲシュタルトや体験療法にふたたび関心が集まることになる。回避したりコントロールするのではなく，情動は，適応力を増加させたり問題解決をはかる組織する過程（organizing process）として，その存在がますます認知されてきている（Greenberg et al., 1993）。心理療法における認知ブームの中で"心"の重要性がふたたび叫ばれるようになって，援助職にある専門家たちは，1960年代のパールズやエンカウンター運動の全盛期から40年間の空白を経て情動を再発見するであろう。

　われわれは，少なくとも2つの局面においてゲシュタルトは継続して影響を及ぼしていくと見ている。心理療法の統合と症状もしくはクライエントの訴え方の2つである。うま

くいっているどの統合的あるいは折衷的心理療法も，言葉や考えを越えたところで成功している。それらは，表現的，ゲシュタルト，体験的，感情的，感情焦点づけなどと呼ばれようが，いずれも統合的実践家は感情を喚起し，実のある経験に導く介入法を模索している。同時に，ゲシュタルトで感情に関わることは，十分でない場合もある。そこでゲシュタルト・セラピストたちは彼らの見方のバランスをはかったり，なおいっそう満足のいくものにするために，他のオリエンテーション，たとえば，サイコダイナミックス，認知療法，システムズ・アプローチに，特に関心を寄せている。1976年に出版された『ゲシュタルト療法ハンドブック（The Handbook of Gestalt Therapy）』（Hatcher & Himelstein）の寄稿者たちはゲシュタルトを補完するために他の心理療法の方法を取り上げている。それを見れば，ゲシュタルト・セラピストたちは，成長は同化作用によることを認識していることがわかる（Yontef, 1988）。

体験療法研究のレビューの中で，グリーンバーグと共同研究者たちは（Greenberg et al., 1994, p.533），「たぶん，このレビューから明らかになったことは，すべてのクライエントに1つの定型化された方法を提供することから，症状や問題により，それらに合うような体験的な方法へと転換することである」と結論づけている。いくつかの症状と患者の訴えは，パールズや他のゲシュタルト派の人たちが提唱している道筋に沿うかたちで体験的方法を実際上要求しているように思われる。言葉や考えのみでは慢性的痛み，パーソナリティ障害，性的虐待，PTSDからの感情的憤怒を癒すためには不十分である。最近のゲシュタルト療法と体験療法のハンドブック（Greenberg, Watson, & Lietaer, 1998; Woldt & Tolman, 2005）には，さまざまな障害に対する処方に多くのページが割かれている。

同時に，感情を表現するワークはすべての人々が選択する治療ではないと考える時に付随する発展がある。自立心や抵抗の高いクライエントは，より指示的要素に対しておそらく否定的に反応するだろうし，彼らにゲシュタルト療法を実施することは，ネガティブな効果を招く高いリスクの説明の一部になっている。われわれは漸次，初期の過度にコントロールされた患者への体験療法のすばらしさなど，臨床的な経験の蓄積や研究報告をもとに，ゲシュタルト・ワークを"いつ用いるか"のタイミングについての知見を得つつある。その知見によれば，結局のところ，ゲシュタルト療法は，フリッツ・パールズが成果を挙げた比較的に健康で過剰に社会適応しているクライエントに適用すべきであるという結論に到達する。

重要用語

感情制御　affect regulation
忠誠効果　allegiance effect
破局願望　catastrophic expectations
集団での学習　circular learning

喜劇的解放　comic relief
比較のゲーム　comparing game
コンタクト　contact
修正感情体験　corrective emotional experien-

cing
偏向 deflectors
劇的解放 dramatic relief
感情焦点づけ療法 emotional-focused therapy
感情焦点づけカップル療法 emotionally focused couples therapy
エンプティ・チェア empty chair
究極の目標 end-goals
体験すること experiencing
体験療法 experiential therapy
外破の層 explosive layer
適合ゲーム fitting game
フラストレーション frustration
ゲシュタルト・ドリームワーク Gestalt dream work
ゲシュタルト Gestalts
成長障害 growth disorders
今-ここ here and now
ホットシート hot seat
"私が責任を取る" "I take responsibility"
インパス（行き詰まり） impasse
内破の層 implosive layer
取り入れ introjectors
精神病理の層 layers of psychopathology
"文章を補ってもいいですか" "May I feed you a sentence?"
マヤ maya
自然なままの自己対社会的自己 natural vs. social self
有機体としての欲求 organismic needs
投射を自分のものにする own the projection
恐怖の層 phobic layer
偽りの層 phony layer
投射遊び playing the projection
両極性 polarities
現在中心 present-centered
プロセス診断 process diagnosis
プロセス志向体験療法 process-experiential therapy（PET）
投射 projectors
擬似的社会的存在 pseudosocial existence
リハーサル rehearsals
くり返しまたは誇張 repetition or exaggeration
反転 retroflectors
役割交代 reversals
安全な緊急対応 safe emergency
悟り satori
トップドッグ対アンダードッグ Top Dog-Under Dog
2つの椅子のワーク／方法 two-chair work/method
未完結の経験 unfinished business

推薦図書

Gendlin, E. T. (1996). *Focusing-oriented psychotherapy: A manual of the experiential method.* New York: Guilford.［村瀬孝雄・池見陽・日笠摩子監訳（1998, 1999）フォーカシング指向心理療法，上・下．金剛出版．］

Greenberg, L. (2002). *Emotion-focused therapy: Coaching clients to work through feelings.* Washington, DC: American Psychological Association.

Greenberg, L. S., Watson, J. C., & Lietaer, G. (Eds.). (1998). *Handbook of experiential psychotherapy.* New York: Guilford

Hatcher, C., & Himelstein, P. (Eds.). (1976). *The handbook of Gestalt therapy.* New York: Jason Aronson.

Perls, F. (1969). *Gestalt therapy verbatim.* Lafayette, CA: Real People Press.

Perls, F. (1973). *The Gestalt approach and eye witness to therapy*. Palo Alto, CA: Science & Behavior Books.
Polster, E., & Polster, M. (1973). *Gestalt therapy integrated*. New York: Brunner/Mazel.
Woldt, A. S., & Toman, S. M. (Eds.). (2005). *Gestalt therapy: History, theory, practice*. Newbury, CA: Sage.
Zinker, J. (1977). *Creative process in Gestalt therapy*. New York: Brunner/Mazel.
JOURNALS: *Gestalt; Gestalt Journal; Gestalt Review; International Gestalt Journal; Journal of Humanistic Psychology; Person-Centered and Experiential Psychotherapies*.

推薦ウェブサイト

Association for the Advancement of Gestalt Therapy: **www.aagt.org/**
Emotionally Focused Therapy: **www.eft.ca**
Gestalt Therapy Page: **www.gestalt.org/**
International Gestalt Therapy Association: **www.gestalt.org/igta.htm**
Process-Experiential Therapy Website: **www.process-experiential.org/**

7 対人関係療法

ジェラルド・クレーマン，マイーナ・ウィスマン

「今の私は本当の私ではない。そしてもう二度と本当の自分には戻れない」，マリリンは，こう思い込むようになった。コンサルタントとしての仕事もうまくいっていなかったし，家族とも，特に夫のエドとしっくりいっていなかった。

　お互いの役割をめぐって2人はいつもいさかいを起こし，マリリンは慢性的に怒ってひきこもり，エドは強烈な親密さと依存を追い求めるという，インパス（行き詰まり）に陥っていた。マリリンは，エドが育児と家事に専念することを拒否したのを恨めしく思っていたが，その一方で，仕事と結婚生活と子育てと家事をバランスよくこなすことができるスーパーウーマンとして社会に適応してきており，アンビバレントなところもあった。マリリンはこれらすべての責任をここ数年間はこなせてきたものの，今の彼女はより以上の外回りの仕事をこなさなければならなかったし，2人のティーンエージャーの娘もさらに手がかかるようになってきていた。エドには中学校の教師という彼の仕事が妻の仕事ほど過酷なものではないということをわかってはいたが，彼の家庭では彼の父親は工場の仕事でへとへとに疲れて帰ってくれば何もしないですんでいたのだ。

　このカップルは2人の関係について，もう一度協議し直さなければ，この関係が崩壊し，離婚に至ってしまうだろうとわかっていたので，夫婦療法を捜し出した。エドがもっとも求めていたのは，身体的にも情緒的にもより親密になることであった。マリリンがもっとも求めていたのは，子育てや家事の手伝いのような，情緒的，身体的なより多くの支援であった。エドは，テレビコマーシャルでよく見かける抗うつ剤が問題解決の足しになるだろうと思ったので，当面の救いとして妻が薬物療法を受けることも希望した。当初マリリンは，怒りがただの情緒的問題だと思っていたが，睡眠や摂食，気力，それにセックスに伴う問題は，うつ病でないということは否定しがたかった。しかし彼女は，薬物療法だけでは自分の対人的な問題が解決しないだろうということがわかっていた。

2人はまだお互いの関係を再構築するところまでは来ていなかったが，彼ら自身や結婚生活に対する感情がよくなること，雰囲気がよくなること，2人のティーンエイジの娘に対してよりよい役割モデルとなること，もっと仕事にエネルギーを注げること，友人たちや親戚たちともっとよいつきあいができること，といった変化がもたらしてくれるであろうさまざまな利益を積極的に捜し求めていた。このように共有できたことが，2人が離れ離れにならず，一緒にいることを後押しした。エドは薬物療法が助けになるとも思っていた。マリリンもそれに同意してはいたが，薬物療法のために，より受容的になり，意欲がそがれてしまうことを心配していた。しかし彼女は，父親としてまたパートナーとしてのエドがもっと先を見据えられるように手助けすることによって，スーパーウーマンとしての自己イメージを手放す時が来た，とも思うようになっていた。

　本章では，"対人関係的"といわれる2種の心理療法について検討する。まず，たんに**対人関係療法**（interpersonal therapies：IPT）として知られる新しく効果的なシステムの詳細について，その基礎を概観し，考察する。その後，主要な別のやり方として，旧来の，下火になりつつある**交流分析**（transactional analysis：TA）について検討する。（次のサイトにアクセスすれば，TAについての詳細な考察が完全な文章で参照できる。http://counseling.wadsworth.com/prochaska6）。

対人関係療法の創始者たちの人物像

　対人関係療法（IPT）の起源は，サリヴァンとマイヤー（Harry Stack Sullivan & Adolph Meyer）の対人的アプローチであり，これはボウルビィ（John Bowlby）の愛着理論により知られている。**精神分析の対人関係学派**（interpersonal school of psycho-analysis）の主導者で，米国の有名な精神分析医の1人であるサリヴァン（Sullivan, 1953a, 1953b, 1970, 1972）は，異常な行動のもとには問題のある対人関係があることを見出し，さまざまな力動的な心理療法によって，改善できると確信していた。セラピストは治療中，反映（reflectiveness）と契約（engagement）を組み合わせて使用し，**関与しながらの観察者**（participant-observer）の立場をとった。対人関係学派の創始者で"心理生理学的"アプローチで知られるマイヤー（Meyer, 1957）は，患者が現在置かれている心理社会的な環境を強調しており，多くの精神病理は，とりわけストレスフルな状況における，すなわちストレスフルな環境における，環境への適応の誤った試みの表れであると仮定した。第2章および3章で触れたように，ボウルビィ（Bowlby, 1973, 1977）は人生早期の愛着（attachment）は広範にわたってその後の対人関係を決定づけると仮定した。

　IPTはもともと，1970年代初頭に，ニューヘブンからその後ボストンに移り住んだクレーマン（Gerald L. Klerman）博士と彼のニューヘブン時代の共同研究者であるウィスマン（Myrna M. Weissman）博士，ローンサビル（Bruce J. Rounsaville）博士およびシェブロン（Eve S. Chevron）による，うつ病についての共同研究の一部として発展した。彼らのそもそもの研究は，急性期のエピソードから回復したうつ病患者に対する維持

療法における，抗うつ薬の使用に関する心理療法の役割についてのものであった。クレーマンは心理療法が効果的だとは思っていなかったのだが，最初の維持研究においてその効果が示されたのである。そこでクレーマンとウィスマンおよび共同研究者たちは，その治療をより詳しく記述してこれを対人関係療法と命名し，薬物療法のみによるもの，IPTのみによるもの，両者の組み合わせによるものによる一連の治療研究を行った。したがってIPTは当初から，**ランダム化臨床試験**（randomized clinical trials: RCTs）に論拠を置き，検証されていたのである。

彼らの研究は，定評ある1984年に出版された『うつ病の対人関係療法（Interpersonal Psychotherapy of Depression）』（Klerman et al., 1984）において極致に到達した。彼らの臨床的な試みのポジティブな結果は，米国国立精神衛生研究所（NIMH）のうつ病についての共同治療研究（Collaborative Treatment Study of Depression）へとつながった。この研究では，急性期のうつ病に対して薬物療法，IPT，および認知療法をテストした。その後の数年間，IPTはすべての年齢層のうつ病患者の治療法として徹底的に研究され，さらに他の精神疾患に対しても有効だった（Klerman & Weissman, 1993）。事実，今日，対人関係療法といえば，クレーマンとウィスマンのそれを指すといってよい。

クレーマン自身はIPTの隆盛を見ることなく，1992年に死去した。けれども，クレーマンの妻のマイーナ・ウィスマン（Myrna Weissman）とクレーマンの最後の弟子のマーコビッツ（John Markowitz）はIPTに関する新しい研究をまとめ，『対人関係心理療法の総合ガイド（Comprehensive Guide to Interpersonal Psychotherapy）』（Weissman, Markowitz & Klerman, 2000）において治療マニュアルを刷新した。この文献にはクレーマンが物故の共著者として名を連ねている。

今日では，IPTはウィスマンやマーコビッツが主導して，心理療法の優れた体系となっている。ウィスマンはかつてエール大学の教授だったが，コロンビア大学に移り，現在は精神医学・疫学部門の教授であり，ニューヨーク州立精神医学研究所の臨床・遺伝疫学部長を務めている。IPTについての革新的な業績に加えて，彼女は特に気分障害や不安障害の分野では疫学者として国際的に著名である。クレーマンのやり方を受け継いで，彼女は引き続きRCTを用い，大うつ病の治療には心理療法と薬物療法を組み合わせたほうがどちらか一方を行うよりも効果的であるということを示している。

パーソナリティ理論

心理療法の諸システムはそれぞれのパーソナリティを文字どおり失い始めている。精神分析や実存主義，パーソンセンタード療法のような旧来の体系では，十分発達したパーソナリティや，人間の発達に関する豊富な理論を持っている。しかし，IPTを含む新しい心理療法の体系は，概してパーソナリティや発達について詳細に説明することを避けている。

IPTでは固定的なパーソナリティ・パターンの代わりに，固定的な対人関係パターン

を用いている。治療は人生早期に作られた固定的な対人関係パターンを変化させるため計画される。人生早期の健全な対人関係（すなわち愛着）はその後の人生における対人関係を健全なものにする。人生早期の愛着に問題があると，現在の問題のある対人関係を介して表現される病気にかかりやすくなる。

精神病理の理論

　うつ病やその他の疾患は対人関係の文脈において発症する。対人関係の持ち方は，気分（およびその他の行動すべて）に影響し，気分はその人が自分の役割をどのように果たすかに影響する（Markowitz, 1997）。対人的アプローチのうつ病の理解の仕方は，幼児期早期の体験についての精神分析的な強調点と現在の環境の中のストレッサーについての認知行動的な強調点とを統合しており，非教条主義的な立場を反映している。

　この結合は以下のようにしてなされた（Halgin & Whitbourne, 1993）。子ども時代に，情緒的に豊かな養育，認知的な操作，そして満足のいく対人関係を発展させるために必要な行動スキルの獲得に失敗すると，ボウルビィの愛着の研究が示しているように，絶望や孤独，およびそれによる抑うつが生じる。抑うつはソーシャル・スキルの不足や喪失への過剰反応，コミュニケーションの歪みによって維持されるが，これらはいずれも他者からさらに拒絶されることにつながるので，ひとたび抑うつが確立してしまうと，その状態が維持されてしまうことになる。環境の中のストレッサーは悪い環境をさらに悪くするのである。

　たとえば，早期の養育者の失敗によって抑うつになるようにしむけられた女性が，夫を失って傷つく。彼女はいつまでも悲嘆にくれ，あまりにも取り乱すので，友人や家族は彼女から遠ざかってしまい，その結果，彼女だけが取り残されてしまう。早晩，彼女の行動が人々を遠ざける，彼女は孤独で惨めになる，なおさら他者とのやりとりが難しくなるという悪循環が形成される。こうしてみると，対人関係の途絶は抑うつの原因でもあり，結果でもあるといえる。4つの主要な対人関係の問題がうつ病やそのほかの精神病理をもたらす。それらは，対人関係の喪失，対人関係上の役割をめぐる不和，役割の移行，対人関係の欠如である。それでは，それぞれについて順に見てみることにしよう。

喪失と悲哀

　愛する人を亡くした時，悲哀に暮れるのは正常なことである。正常な悲哀には抑うつと同じ特徴がいくつかあるが，このような悲しい気分や社会的なひきこもりは，通常治療する必要がない。実際，悲哀を経験してもほとんどの人は治療を求めないし，悲哀に伴う症状はその人が喪失を受け入れることにより，数か月のうちに消失し始める。

　けれども，異常な悲哀反応はこのパターンをこじれたものにし，うつ病やその他の病理をもたらすだろう。たとえば，遅延した悲哀反応では，先に喪失を経験して正常な悲哀の

過程を終えていない人が，その後に，さほど重要でない喪失に直面したり，当初の喪失を思い起こすような出来事に直面したりして，深刻な悲哀を示すかもしれない。このような遅延悲哀反応は，本来の喪失よりずっと後に生じるので，正確に診断されないかもしれない。

対人関係上の役割をめぐる不和

対人関係上の役割をめぐる不和（role disputes）は，患者と少なくとも1人の重要な他者がお互いの関係の中で相容れない期待を抱いている場合に生じる。クレーマン，ウィスマンとその共同研究者たち（Klerman et al., 1984）は，未解決で反復される対人関係上の役割をめぐる不和が，うつ病の症状の発症，維持，悪化と関連する傾向があることを観察した。患者たちは，自らの対人関係をコントロールできていないという感覚を持ち，重要な他者との対人関係を喪失することを恐れているのであろう。

役割をめぐる不和はふつう，次の3つの段階のいずれかに陥る。**再交渉**（renegotiation）；両者は不和に気づいており，それを解決しようとしている。**インパス**（行き詰まり：impasse）；両者間の再交渉が停止され，無言の敵意だけが残る。**崩壊**（dissolution）；対人関係は回復不能なほどダメージを受ける。再交渉では，患者は，対人関係においてより適応したコミュニケーションパターンを用いる必要がある。インパスのケースでは，患者は，対人関係上の役割をめぐる不和をうまく解決できるという期待を抱いて，交渉を再開するように試みるだろう。崩壊では，患者はその対人関係がもはや終わってしまったことを悟らねばならない。そして失われた対人関係によって空けられた隙間を埋めてくれるような新たな興味や対人関係を探す必要がある。

特定の，対人関係上の役割をめぐる不和は，過去においても同じような性質の不和において示された，より一般的な機能のパターンを示しているだろう。ある人々は，対人関係上の役割をめぐる不和，すなわち葛藤を，親，教師，上司，警察官などの権威のある重要な他者との間で繰り返し経験する。もし，これがそのケースであるなら，そのようなパターンから患者が何を得るのかを確かめることによって，反復される対人関係上の役割をめぐる不和についての説明が可能であろう。

役割の移行

多くの文献がうつ病やその他の病気と，ストレスフルな生活上の変化とを結びつけている。これらの変化のうち多くのものが，個人が自分自身をそこに見出す社会的役割の移行と関連している。ネガティブな**役割の移行**（role transitions）（たとえば失職など）がうつ病と関連していることは理解しやすいが，表面的にはポジティブな役割の移行でさえもうつ病やその他の病気に導く可能性があるということは，認められにくい。たとえば，子どもを持つということも，新たな責任や，親として失格なのではないかという不安，こんなに素晴らしい赤ちゃんに対して自分が不適格なのではないかという怖れといったストレ

スと関連づけられることもある。もっともよく見られる役割の移行は，更年期のような生理的な変化を含むライフサイクルにおける変化に伴うものや，結婚，出産，退職といった社会的な役割の変化に伴うものである。一般的には，うつ病やその他の病気と関連する役割の移行は，移行への対処に際しての無力感，ソーシャル・サポート・ネットワークにおけるメンバーの喪失，および新しいソーシャル・スキルを開発する必要性によって特徴づけられる。クレーマンら（Klerman et al., 1984）は，ほとんどのケースにおいて，患者が役割の移行とそれが引き起こすストレスに気づいていることを報告している。

対人関係の欠如

クライエントの中には，とりたてて，死，役割の移行，対人関係上の役割をめぐる不和といった，病気を引き起こすような対人的な問題を抱えていない人もいる。そのかわりに彼らは，対人関係の欠如が疾患の源泉にあることを暗示するような，孤立のパターンを示す。対人関係の欠如を示すクライエントは，一般に生活を通じて対人関係を形成したり維持したりする上での問題を抱えている。適応的な対人的な機能性を有する人は，緊密な対人関係を家族や親密な他者との間で，心地よい対人関係を友人との間で，適切な対人関係を仕事仲間との間で，それぞれ維持している。それに対して対人関係の欠如にある人は，社会的に孤立し，他者のことが気になって仕方がなく，意味のある対人関係が，たとえあるとしてもわずかでしかない傾向にある（Gotlib & Whiffen, 1991）。

ひとり親家族

青年期への対人関係の心理療法（IPT-A）では，成人のIPTに含まれる4つの原因のほかに，第五の対人的な問題を加えている。それは，ひとり親家族（シングル－ペアレント・ファミリー）である。悲哀，対人関係上の役割をめぐる不和，役割の移行，対人関係の欠如に加えて，問題を抱えた青年の多くは，両親の離婚や死別，ひとり親家族に伴う権威葛藤に遭っている（Mufson et al., 2004a）。

治療過程の理論

対人関係の心理療法は，早期の発達的な経験がその後の対人関係に対して影響していることを認めているが，焦点を当てるのは現在の対人関係である。IPTは，"あの時，あそこで"を再構築したり分析したりするのではなく，対人的な領域の"今，ここで"を再構築したり改善したりしようとする。うつ病は，パーソナリティ特性や生物学的な弱点から生じるのではなく，心理社会的，対人的な状況によって発症する。そこで，うつ病から回復するために重要なことは，うつ病の発症に関連のある状況や，現在の対人的な状況において困難なことと再交渉できる可能性を調べることである（Frank, 1991）。

IPT は，主として患者の現在の対人関係と生活の状況に焦点を当てた短期療法であり，現在を志向した心理療法である。そのようにとらえて他の心理療法と比較をすると，もっとも理解しやすいだろう（Klerman et al., 1984）。

IPT は：	IPT にはあてはまらない：
時間制限的に	長期に
焦点化する	無制限に
現在の対人関係について	過去の対人関係について
個人間の	個人内の
対人的	認知／行動的
対人関係を改善する	洞察に到達する
強みを同定する	防衛を同定する
対処の仕方を学ぶ	問題を治す

対人関係療法の変化の過程は，典型的には12から16セッションにわたって，3つの段階をたどる。第1段階の初期のセッションでは，意識化がもっとも強調されるプロセスである。IPTの実践家は，症状を調べ，患者の"病気の役割"に応じて病的な現象に名前をつけ，投薬の必要性を査定しながら，うつ病に対処する。相互作用の性質を決定し，重要な他者の期待とそれが満たされているかどうかを明確化し，対人関係における患者の欲求を変化させることによって，この疾患を対人的な状況と意識的に関連づける。そのようにして，現在の疾患に関連する重要な問題の領域が同定される。そして最終的に，IPTの概念と治療契約が説明される。

IPTの第2段階は中盤のセッションであり，**重要な問題領域**（primary problem area），すなわち，悲哀，対人関係上の役割をめぐる不和，役割の移行，対人関係の欠如に直接的に働きかける。これらの問題領域のうち，1つだけ，多くても2つが扱われる。おそらく数多くの問題領域が浮かび上がり，気づかれることになるだろうが，時間的な制約があるために，そのうちのもっとも困っている領域に焦点を当てなければならない。

治療方略は，どの対人的な問題領域がターゲットとなっているかによって多少異なるが，ここでは未解決な悲哀について考えてみよう。ここでは，喪の過程を促進し，失ったものの代わりとなる興味や対人関係を患者が再構築するのを助けるために，カタルシス過程が応用されている。これらの目標に向かって，症状の発症を重要な他者を喪失したことと関連づける，患者の故人との対人関係を再構築する，喪失にまつわる出来事の連鎖と結果を記述する，関連のあるポジティブな感情とネガティブな感情を探る，他者と関われるようになるために可能な方法を検討する，といった多くの方略が採用されている。

以下はIPTのセラピストが，患者の悲哀に対して援助し，喪失から抜け出すために情動を促進させてカタルシス過程を応用している例である（Klerman et al., 1984, p.172）[注1]。

患　　　者：この罪悪感が苦しいんです，あのう，えーと，おまえはいけないんだって，幸せになってはいけないんだって思えて。

セラピスト：うん，うん。つまり，あなたが何かを楽しんでいたら，彼のことを思っていないじゃないかっていうこと。

患　　　者：彼のことを考えなくなってきていて，でも私には……いきなり，本当にいきなり，何かしている時に，それは楽しいことなんですけれども，おい，おまえがそんなに幸せではいけないだろうっていう考えがおそってくるんです（くすくす笑う）。

セラピスト：うん，うん。わかります。

患　　　者：彼は私が悲しむことを望んでないだろうということはわかるんですけれど……

セラピスト：だけどある意味では，そんな悲しい考えにしがみついていることは……彼にしがみついているのとちょっと似ていませんか。

患　　　者：たぶん。昨日，ずっとやりたいと思っていたけれどできなかった，できなかった……たぶん私は自分がやっておかなければならなかったことを認めていなかったんだわ……石のことで電話をしたんです。そのお，お墓の。

セラピスト：ふむ。

患　　　者：そして……おそらく来週出かけて，墓石を選ぶんです。たぶんそれをすれば……少しは落ち着けるんじゃないかと思います。今まではそれができなかったんです。

　カタルシスがなされると，条件刺激を変化させる過程に対する信頼を増やす方向へと治療が進展する。うつ病や他のよくある病気の条件刺激とは何であろうか。空虚な時間，たった1人でいること，他人から必要とされているように感じられないこと，頻繁な口論，非難などは，病気を解決し将来の再発を予防するために変えなければならないもっとも一般的な条件刺激といえる。

　対人関係上の役割をめぐる不和の治療過程についてを例にとると，うつ病や不安，薬物依存，その他の病気の引き金となる対人葛藤を劇的に取り除くために，対人関係の状況の再交渉あるいは再構築に焦点があてられる。崩壊に対しては，破滅的な対人状況を変化するための唯一の選択肢はその対人関係を破壊することである。

　以下はあるIPTのセラピストが，うつ病の再発を取り除き，予防するために，対人状況を変化させるために仕事をしている例である（Klerman et al., 1984, pp.178-179）。

注1　この引用と以下の引用は，G.L. Klerman, M.M. Weissman, B.J. Rounsaville, & E.S. Chevron の著書『うつ病の対人関係療法』からのものである。Copyright © 1984 by Gerald L. Klerman, Myrna M. Weissman, Bruce J. Rounsaville, and Eve S. Chevron. Reprinted by permission of Basic Books, a member of Perseus Books, L.L.C.

患　　　者：これまでで一番自由なんです。それで本当にときどき，自分の時間をうまく使えていなくてとてもイライラするんです。
セラピスト：どのように使いたい……
患　　　者：ええ，だれかのために何かやるとか，ねえ，わたしはまだ……きっと何か，どこかで何かボランティアの仕事をするとか。
セラピスト：うん。
患　　　者：何人か，そういうことをしているって知っている人と……話をしてきたんです。そのうちの1人の女性は……病後療養所で働いていて……週に何回かそこへ行っているんですって。彼女はそれが大好きなんです。
セラピスト：うん。
患　　　者：で，それが彼女に，ええ，役に立っている感じを与えているんです。
セラピスト：うん。それは踏み出すのにはとても大きなステップのようですか。
患　　　者：はい……電話をかけるっていうのは，私にはとても大きなステップです。私は電話魔じゃないんです。電話が嫌いで……受話器をとって誰かにかけるなんて絶対にできない……
セラピスト：じゃあ。ふらっと立ち寄ってみたら。
患　　　者：そんなこと考えたこともありませんでした。（くすくす笑う）それは電話をかけるより簡単ですね。

　他の多くの心理療法とは異なり，IPTはイデオロギー的な理由から薬物の使用をためらうことはしない。また，すべての疾患に対しての普遍的な一般化も行わない。こうした統合的な特殊性はおそらく，IPTが他にあまり例を見ないことに，しばしば付加的に薬物療法を用いなければならず，他の心理的な問題とはまったくかけ離れた形で出現することも多い，大うつ病（major depression）に焦点を当てていることに由来している。薬物を使うことやうつ病の根幹に焦点を当てることもまた，その治療目標，すなわち症状を取り去ることと対人関係を改善することに由来している。短期であり，さほど激しくない心理療法であることから，IPTは，パーソナリティや性格（character）の永続的な特性や特質に対して著しいインパクトをもたらすことは期待しない。
　IPTの第3段階は終結である。他の心理療法と同様に，治療を終えるにあたっての感情を話し，進歩した点を振り返り，残された課題についてまとめがなされる。他の計画的な短期療法がそうであるように，終結するための準備は，明示的に，こだわりをもって行われる。
　要するに，IPTは，変化の多様なプロセスを見込んでいる。教育という形態の中での意識化は，患者の病気であることを明示するために，また1つあるいはそれ以上の重大な対人関係の問題と結び付けるために用いられる。カタルシスはクライエントを喪失と悲哀から情動的に解放し，再出発を助けるために用いられる。そして条件刺激は，対人関係の問題の解決において患者の環境と行動の両方を変容するのに役立てられる。

治療の内容

個人内葛藤

不安と防衛　不安は個人に内在するものかもしれないが，その起源は人と人との間にある。もっとも破滅的な不安は，対人関係の放棄，拒絶，虐待，無視，孤独によって引き起こされる。外傷的な対人関係上の出来事の時期が早く，深刻で，頻繁であるほど，薬物依存や摂食障害のような臨床的な問題を引き起こしやすくなる。

IPT の関心事は，こうした不安をどのように防衛するのかを見極めることではない。関心があるのは，こうした不安を喚起するような出来事を予防するために必要な対人関係上の資産を同定することである。心理力動的な防衛に焦点を当てると，クライエントとセラピストは気がめいるような過去に閉じこもってしまう。よりよい対人関係や対人スキルを築くような資産に焦点を当てれば，クライエントが現在と将来をもっと満足させることを楽しむように手助けをすることができる。

自尊感情　自尊感情は，対人関係の拒絶，虐待，無視の再発を予防するためには貴重な資産である。われわれが自分についてよりよい感じを持てれば，それだけ他者からもわれわれに対してよりよい感じを持ってもらえる傾向がある。同じように，重要な他者がわれわれに対してより良い感じを持てば持つほど，われわれの自尊感情が高くなる傾向がある。自尊感情はわれわれの中に存在するものではあるが，そのもっとも深い根はわれわれと重要な他者との間にある。

責任　うつ病やその他の病気をもっとも促進させやすいライフイベントは，患者が責任を負う出来事である。独立したストレスイベント（すなわち，愛する人との死別のような，われわれにはコントロールできない，あるいはわれわれが責任を負えないような出来事）と従属的な出来事（すなわち，友人を得ることのような，われわれの行動に従属していると考えられる出来事）とを区別する必要がある。独立したストレスフルな出来事を経験している量はうつの人とうつでない人との間に差はないが，従属的な出来事を経験している量はうつの人がより多いということを示す研究がある（Hammen, 1991）。これについて，従属的な出来事に対してより責任を持つようにしたり，このような苦痛を与えるような出来事が生じる可能性を減らす対人関係上の資産を開発したりするのに心理療法が役立つのは，心強いことである。

対人間葛藤

親密さとセクシャリティ　対人関係がより親密になればなるほど，その関係がもたらす痛みや苦しみもより大きくなる。結婚はもっとも親密な対人関係といえるだろう。しか

し，結婚生活の問題は，うつ病（Gotlib & McCabe, 1990），不安障害（Hand, Lamontagne, & Marks, 1974），アルコール依存（Moos et al., 1982）などいくつかの心理的な障害と結びついている。うつ病が緩和された後でも，結婚生活の問題は存続する。こうしたことは，うつ病やそのほかの病気の治療と予防のためには，親密さやセクシャリティが育つような対人関係の治療が必要であるということの何よりの根拠である。

コミュニケーション　しばしば，対人関係上の役割をめぐる不和と対人関係の欠如は，コミュニケーションの欠如が原因だといわれる。実際のところ，不完全なコミュニケーションによって満足のいく対人関係を築いたり維持したりするのは難しい。コミュニケーションが苦手な人々に対して，IPT には，率直に対峙する代わりに行われる，あいまいで間接的で非言語的なコミュニケーションのような，一般的なコミュニケーションの問題の分析が用意されている。これらは，確かめもせずに自分がコミュニケートしたと思い込んでしまうこと，メッセージを受けとったかどうだか確かめもせずに自分が理解したと思い込んでしまうこと，コミュニケーションを打ち切る沈黙についての分析である。誤ったコミュニケーションを正すことによってコミュニケーションに関する資産を構築することは，対人関係上の不和を切り抜けたり，対人関係の欠如に対抗したりするのにもっとも良い方法の1つである。またうつ病やその他の病気の再発予防にも，もっともよい方法の1つである。

敵意　行き詰まってしまったり，再交渉がなされていなかったりする対人関係上の不和は，精神病理を引き起こすような慢性的な敵意に陥りやすい。実際，再発のもっとも強力な予測因子の1つは，**感情表出**（expressed emotion：EE）として注目されている現象である。EE は，苦悩を抱えている人に対して，その配偶者や家族が過剰に感情的に関わったり，慢性的に批判したりすることを引き起こす。高い EE の（激しい感情表出がある）家庭に暮らしていることが，統合失調症あるいは気分障害と診断された患者の再発率を予見することが見出されている（例えば，Roth & Fonagy, 1996; Simoneau, Miklowitz & Saleem, 1998）。

個人 - 社会間葛藤

適応 vs. 超越　虐待，無視，慢性的な批判，拒絶，放棄，孤立などが目立つ関係の中で育った人は，そのような家庭に順応してしまう高い危険性を有している。子どもとしてはどのような選択肢があるだろうか。たぶん彼らは，対人関係の上で自分に何か悪いところがあるから，そのような仕打ちは何でも受けなければならないと結論づけるだろう。このような人は対人関係が欠如するために，このようなパターンを繰り返す危険性が高い。うつ病やその他の病気は，このような対人関係の状態が病的であり，変えられなければならない兆候といえる。IPT は，過去の病的で誤った扱いを変えることができるなどとは言わない。IPT は，対人関係の欠如が解かれ，適切な扱いを受けることにより健全な対

人関係を築くことができるという望みを持っているのである。

衝動コントロール　平均的なアメリカ人が心理的に悩ましい（強い不安，抑うつ，自尊感情の低下，認知機能の乱れを伴うような）出来事に直面した場合，不健全な衝動コントロールによってそれを乗り切ろうとする傾向がある。彼らは，たくさんの酒を飲んだり，たくさんのタバコを吸ったり，たくさんのジャンク・フードを食べたり，たくさんの合法的なドラッグあるいは違法なドラッグを使ったりする（Mellinger et al., 1978）。アメリカ人は典型的に，情動的および心理的な苦痛に対して，いくつかの口唇期固着の形で対処する。それでは口唇期に由来する行動の形態のうちもっとも健康的なものは何であろうか？　話すことである！　これは，心理的な苦痛が，人々が心理療法を求めるもっとも一般的な原因であるということの理由の1つである。IPT は，コミュニケーションを介したソーシャル・サポートを，苦痛に対するもっとも良い緩衝材の1つと見なしている。

IPT は，1つか2つのもっとも重要な対人関係上の問題を解決することによって，気分障害や不安障害の再発を予防しようとしている。現在のところ，うつ病と摂食障害に対するこの方略についてはデータが支持している。しかし，ヘロイン依存のような重篤な衝動コントロールの障害に対しては，IPT は成功していない。問題は，多数の依存症患者（66％）が IPT からドロップアウトしてしまうことにある（Carroll, Rounsaville, & Gawin, 1991）。IPT への公平さにかけて，すべての病気の解決策であるとは決して主張しない。

葛藤を超えて達成へ

意味　クレーマンとウィスマンおよびその共同研究者たち（Klerman et al., 1984, p. 50）は現代における意味（meaning）について以下のように雄弁に語っている。

> 都市化や工業化が進み，エジプト，中東，インド，中国における文明発祥以来の伝統的なソーシャル・サポート——宗教，教会，拡大家族，緊密な近隣の人々——は，その価値が下がり，効果も低下している。われわれは非宗教的で可動性の高い社会に暮らしている。宗教は真実や真理，目的達成への決意，慰めの源泉としては受け容れられず，教会はソーシャル・サポート，慈愛や福祉，レクリエーションや教育を仲介するものとしてはふさわしいものではなくなっている。拡大家族や直接的な近隣の人々との共同社会の結びつきは，ほとんど感謝祭やクリスマスにあがめられるノスタルジックなイメージ以上のものではない。こうした重大な変化のただ中で，人々は愛着や自尊感情，目的達成への決意への要求に応える他の手段を探し求めている。現代社会がかつてのサポート・システムを縮小あるいは破壊し続けられる程度には限度がある。それが生物学的な理由であれ，心理学的あるいは社会学的な理由であれ，人々は，情緒的な営みを提供し，自尊感情を強化し，性的な満足を与え，家族と子どもを発達させるものとしての愛着を必要とする。このように，家族や近隣の人々との伝統的な形態はその重要性が小さくなったが，現代の都市生活において情緒的に適切で同じような価値を持つ，その代わりになるものが発達してきている。対人関係に対する心理学的関心

とプロフェッショナルな心理療法の成長は、これらの要求に対して非宗教的で科学的、合理的な回答を提出している。

現代演劇のかなりのものが、対人関係が少数の重要な他者との関係に縮小し続ける社会における意味の探求についてのものである。現代演劇の創始者であるイプセンが書いた『人形の家』の中のあるやりとりである。

……この3年間が、私には休みがなくて、働きづめの長い1日のようなものだったわ。でも、それももうおしまい……病弱だった母はもう私を必要としていないし……息子たちだってそう。

ずいぶん自由な気分になったでしょうね。

いいえ……言いようのない虚しさだけだわ。もう誰のために生きているわけでもないの。

治療関係

治療経過の中でのセラピストの役割は一貫して、中立的なコメンテーターではなく、患者の代弁者である。対人関係療法のセラピストは、少なくとも長期かつ洞察志向の心理療法の実践家と比較すれば、受動的でなく能動的である。治療関係は転移感情の表れとしては概念化されない。すなわち、援助してもらおうという患者の期待は現実的なものと見なされる。そして患者とセラピストとの相互作用は、双方が進歩に対して破壊的である時にだけなされる。この立場を学ぶことについて、われわれの仲間の1人は以下のようにまとめた。「IPTにおける対人関係は、心理療法の外側のうつの対人的な源泉を分析するために言及されるのであって、心理療法における対人関係を分析するためではない」。

ロジャーズ派の用語でいえば、IPTの治療関係は共感と温かさであって、無条件の受容ではない。セラピストは、うつは解決されるべき問題であって、受け容れられるべき問題ではない、また一時的な問題であって、永続的な、患者の人生の将来についての問題ではないというメッセージを伝える。

対人関係療法の実用性

対人関係療法（IPT）は、それぞれの専門性において最高のレベルに到達し、外来患者に対する少なくとも2年間の心理療法の経験を持つ、さまざまな分野のメンタルヘルスの専門家によって運用されるようにデザインされている。さらには、IPTのセラピストは短期療法や対人関係理論に対して厚意的な態度を持っているべきであり、理想的にはいか

なる心理療法の体系に対しても固い愛着を抱いていないほうが良い。

IPT は，治療マニュアル（Klerman et al., 1984; Weissman et al., 2000）によって実践されており，このマニュアルは重要な研究（以下の節を参照）を促進させ，臨床実践を導いてきた。治療マニュアルにこだわるのは IPT の特徴である。クレーマン，ウィスマンやその共同研究者たちはいくつかの著述の中で，セラピストの役割を，患者との共同作業的な関係の中でマニュアルを"かたくなに守る"こととさえ述べている。マニュアルに従った作業を16セッション以下で終わらせることと，患者の退行と激しい転移反応をできる限り避けるために，速やかに終結に向かうことに焦点があてられる。

他の心理療法のシステムと比較して，IPT はその応用に関して実用的かつ普遍的である。IPT は前述したように，**組み合わせ治療**（combined treatment）において薬物療法と心理療法とを組み合わせることに熱心である。IPT はまた，集団療法や，熟練した看護師のような比較的費用がかからなくてすむ心理療法家による実施など，より費用効率の良い形で治療を行うことにも積極的である。IPT は，急性期の疾患の治療にも，維持治療，すなわち再発の予防にも，用いられることが明示されている。

クレーマンとウィスマンおよびその共同研究者たちによって，IPT の米国国外への普及およびうつ病以外の疾患への適用が徐々になされている。しかし，トレーニングの機会と研究プログラムはこの10年間に爆発的に増加している。第1回の IPT についての国際学会が2004年に開催され，国際対人関係療法協会（International Society for Interpersonal Psychotherapy）が世界中の多くの国々でトレーニングをコーディネートしている。

主要な選択肢：交流分析

対人関係療法はいくつかの前提に収束する。第一に，不適応な対人関係のパターンを多くの精神病理の中心的な原因と考えている。第二に，対人関係療法は，現在あるいは将来の対人関係において患者が機能するように改善を図ることがその狙いである。第三に，そのような変化を促進するために，心理療法の対人関係——セラピストとクライエントとの間の対人的な相互作用——を明示的に利用する（Mallinckrodt, 2000）。

IPT はこれらの前提を包含しているが，心理療法の対人関係そのものを明示的に用いることはめったにない。それに対して交流分析は，セッション中のセラピストとクライエントとの間の対人的な相互作用を広範に利用している。特に，交流分析（transactional analysis：TA）の治療は，親（Parent），子ども（Child），および成人（Adult）の自我状態の注意深い分析と修正に依るところが大きい。

TA の創始者であるエリック・バーン（Eric Berne, 1910-1970）は，彼の教師の言葉よりもクライエントの言葉に耳を傾けようと決心した時，まず人々の現象を親（Parent），子ども（Child），成人（Adult）によって説明することを思いついた（Berne, Steiner, & Dusay, 1973）。彼は10年間にわたって精神分析を実践し，クライエントが発した言葉を，それが何であれ，彼が教師から教わった理論的な言語に翻訳することを学んでいた。それ

ゆえ，クライエントが「私は自分の中に幼い男の子がいるような感じがする」と言った時，バーンはいつもなら，オットー・フェニケル（Otto Fenichel）が同じような症例においてそうしたように，幼い男の子は取り入れられたペニスを意味するものと解釈したであろう。しかし，「オットー・フェニケルならこの症例について何と言うだろう」と自問する代わりに，彼はクライエントに，それについてどう思うかと尋ねた。すると，そのクライエントは本当に幼い男の子のように感じており，さらにその感覚は，そのクライエントの人生の決断においてもっとも意味のある臨床的事実であった。治療が進み，バーンはある時「どちらのあなたが話しているのですか。幼い男の子ですか，成人した男性ですか」と尋ねた（Berne et al., 1973, p.371）。この質問がなされた瞬間に TA は誕生した。

　バーンの影響は1960年代に頂点に達した。1958年に40名だった彼のサンフランシスコ・セミナーは，6年後には国際協会へと成長した。一般の読者に向けてパーソナリティと心理療法についての彼の理論を著した『人生ゲーム入門（Games People Play）』(1964) の人気に伴い，彼の理論は多数の支持者を魅了した。

　TA においてすべての事柄は，人間のパーソナリティは3つに分けられた**自我状態**(ego states)，すなわち**親**(Parent)，**成人**(Adult) および**子ども**(Child) (PAC) から構成されているという前提にもとづく。これらの自我状態は理論的な構成概念ではない。直接的な観察によって検証できる現象学的な事実である。人々が，たとえば子ども（Child）の自我状態にいる時，子どものころにそうしたように，座ったり，立ったり，話したり，知覚したり，感じたりする。子ども（Child）の行動は，理屈によって媒介されあるいは遅延されたものではなく，衝動的で刺激と結びついたものである。癇癪をぶつける，無責任でいる，希望的な考えにひたる，空想にふけるなどといったことは子ども（Child）の表れである。同時に，子ども（Child）は自発性，創造性，ユーモア，楽しみの源泉でもある。

　子どもの自我状態は，本質的には，子ども時代のままである。それはまるで，子ども（Child）が脳の中の消すことができないテープに記録されていて，それがいつでも再生されるようなものである。子ども（Child）は遅くとも8歳，早ければ新生児ごろの場合もある。

　親の自我状態も本質的には子ども時代からそのまま持ちこされている。親（Parent）は基本的に，両親または権威のある人物から写し取った行動や態度から構成されている。親（Parent）の大部分は子ども時代からのビデオテープのような記録にもとづいているが，現実の養育を受けた体験の結果として，新たな親の姿や変化をまねながら，一生を通して変容しうるものである。親（Parent）が支配的である場合，支配的な親の言葉を使う。つまり，「～すべき」「～したほうがよい」「～しなければならない」「～しないほうがよい」「後悔するぞ」というような言い方が目立つ。指さしたり，いらいらして腰に手を当てて立っているというようなジェスチャーは，親（Parent）に共通してみられる表現である。

　親（Parent）は，パーソナリティにおける，支配的で制限的で厳格なルールの作り手であるとともに，養育的で思いやりのあるパーソナリティの部分でもある。親（Parent）はまた，伝統や価値観の貯蔵庫であるため，文明の保存にとって重要である。あいまいな状況や見知らぬ状況において，成人（Adult）が適切な情報を手にすることができない時，親（Parent）は意思決定をするためにもっともよい基盤である。

　成人の自我状態は，本質的に，予見や決定を下すためにデータを収集し，処理するコンピュータであり，感情を伴わない器官（organ）である。成人（Adult）はゆっくりと発達する自我状態であり，物理的および社会的環境との相互作用を通して何年もかけて現れる。成人（Adult）はより鮮明に論理や理屈にもとづいて行動し，また，情動によって曇らされないため，もっともよい現実の評価者である。成人（Adult）は環境ばかりではなく，子ども（Child）や親（Parent）の情動や要求に対しても，現実的な評価を下す。

　いずれの自我状態も適切な状況で用いられる限り適応的である。たとえば，親（Parent）は，コントロールが必要な時，たとえば子どもや，恐怖，未知で好ましくない衝動をコントロールする必要がある時には理論上ふさわしい。子ども（Child）は，新しいアイデアや新しい暮らしについて創造する時のように，創造性が要求される場合や，パーティや祝宴の席のように楽しむ状況には適応的である。成人（Adult）は，結婚や職業，家計について決断を下す時のように，正確な予見が求められる場合に理論上ふさわしい。そこで，よく適応したパーソナリティは，その場の状況の要求に応じて，1つの自我状態から他の自我状態への切り替えを容易に行う。

　自我状態はパーソナリティの構造を規定するが，動機については規定しない。行動の動機は，食物に対する飢えのような，生き残りのための生物・起源論的な動因からだけではなく，認められることへの飢え，構造化への飢え，刺激への飢えのような心理学的な動因からももたらされる。もっとも重要な心理学的な動因の1つがストロークへの要求である。幼い子どもたちにとって，情緒的および身体的に生き残ろうとするならば，抱っこされたり，なでられたり，抱き締められたりして，直接的な身体接触の形でストロークされることが必要である（Spitz, 1945）。大人たちは認知されることによって得られる刺激からだけでもストロークを獲得することを学習する。

　時間を費やすためのもっとも刺激的な方法は，他者とストロークを交換することである。ストロークの交換は人との**交流**（transaction）を規定し，ストロークへの飢餓および刺激への飢餓が，ヒトを生得的に社会的な動物として位置づける。自発的で直接的，親密な交流は，刺激的で，脅迫的で圧倒的なものになりうる。このような自由で構造化されていないストロークの交換は一般的には避けられる。特に短期的な社会的相互作用においては，より構造的で安全な交流が選ばれる。

　もっとも安全な交流の形は**儀式**（ritual）であり，これは高度に形式化したやりとりである。「やあ，元気かい」「元気だよ，ありがとう。君は」という挨拶のような，インフォーマルな儀式が存在する。一方，伝統的な式典として確立した，結婚式や葬式のようなフォーマルな儀式もある。そこでは完全に構造化されており，次に何が起こるかについて見通しがきく。儀式はほんのわずかの情報しかもたらさないし，お互いが認知し合っているというサインもわずかしか構成されない。

　もっとも危険性が高く，刺激的で，しかも構造化されている交流は**人々が演じるゲーム**

(games people play）である。ゲームは複雑な一連の裏面交流であり，罪悪感，抑うつ，怒りなどの感情である心理的な**ペイオフ**（報酬：payoff）に向かって進行する。裏面交流におけるコミュニケーションは，表面的，社会的な意味合いだけではなく，隠された心理的意味合いについても行われているように思われる。たとえば，女性が男性に「私のところへおいでになって，彫刻のコレクションをご覧になりませんか」と尋ね，男性が「それは結構ですね。私は本当に芸術が好きなんですよ」と答えたとすれば，2人は，娯楽の時間を共有し始めながら，単純で，率直なやりとりを2人の成人（Adult）の間で行っているのだろう。しかしゲームでは，どちらのプレーヤーも異なったレベルでのメッセージもコミュニケートしている。2人は，たとえば，「坊や，私のアパートであなたを独り占めしたいのよ」「僕は君と関係が持ちたいんだ」というような，子ども（Child）から子ども（Child）へのメッセージを交換しているかもしれない。

　ペイオフが生じるためには，プレーヤーのうちの1人が**スイッチ**（switch）を押さなければならない。このケースでは，少し飲んだあと，2人は音楽を聴きながらソファーに寄り添って座っている。女性のほうはまだ，誘惑的なコミュニケーションを送っているようだ。男のうぬぼれはさらに先に進むことを確信させる。彼は自分の手を彼女の脚にもっていった。がそれは，彼は彼女から突き飛ばされ，怒った声で「あなたは私をどんな女だと思っているの！」とはねつけられただけだった。

　このカップルは"キス・オフ"あるいは"憤慨"のゲームを完了したのだ。相互の認知，刺激それにいくらかの構造化された時間を一緒に得られるうえに，それぞれに対して感情的なペイオフもある。この女性は心から，男たちに対してOKでないと怒りを感じている間，ちょうど彼女の母親がいつも言っていたように，自分がOKであるという彼女の人生の基本的構えを確認することができる。この男性にとってのペイオフは抑うつ感情であり，それによって自分がOKでないという信念を確認することができる。

　ゲームは，人生早期に選択した**基本的構え**（life position）を再確認させてくれる。生まれてすぐの数年間の経験にもとづいて，子どもたちは自分の周囲にいる他者と比較してどのような生涯を送るかについて決断を行う。基本的構えは，自分がどのようであるかということと，他者がどのようであるかということについてを要約した信念を含むものである。4つの可能な**基本的構え**は，(1) 私はOK，あなたもOK，(2) 私はOK，あなたはOKでない，(3) 私はOKでない，あなたはOK，(4) 私はOKでない，あなたもOKでない，である。しつけの過程で，自分たちがOKでないと確信することを助長されない限りは，子どもたちの，最初の，そして普遍的な立場はOKである。言い換えれば，バーンが確信していたように，親たちが子どもたちをカエルに変えない限り，子どもたちは王子様やお姫様として生まれている（Steiner, 1974）。

　不健全な基本的構えをとることは，明らかに人々を問題のある人生に向かわせる。1つの例を示そう。「私はOK，あなたはOKでない」と決断した人は，犯罪や社会病質の人生に向かっていく。他人を食い物にする，他人から奪う，他人をだます，他人を犠牲にして自分が成功するということは，「私はOK，あなたはOKでない」と決断したことが完全に正しかったということをさらに確認することになる。自分が行っていることがすべて

OKで，うまくいっていないことは何もかもがOKでない誰かの責任に違いないと確信している時に，誰が良心を必要とするであろうか。もう1つの例として，「私はOKでない，あなたはOK」と決断した人は，OKであると判断した他者に対して，いつも劣等感に悩まされている。このような人生の立場にいる人は，他者からひきこもることになるかもしれない。なぜなら，そこにとどまり，自分がOKでないということを絶えず思い返すことが辛すぎるからである。ひきこもりはOKでないという立場を再確認させるばかりではなく，OKであるという信念をもたらしてくれる，他者からの適切なストロークを受け取るあらゆるチャンスを奪ってしまうので，より自滅的でさえある。

「私はOKでない，あなたもOKでない」と結論づける人は，もっとも動かすのが難しい。なぜこのような人たちは，OKでない他者に対して反応しなければならないのだろうか。自分自身も，他者もOKでないとすれば，人生にどんな希望があるのだろうか。これらの人たちは自殺をしたり，他人や自分自身を傷つけたりしないかぎりは，ただ生きているだけなのである。統合失調症や大うつ病の極度のひきこもりは，それらにもっとも共通する結末である。

TAは典型的には，**構造分析**（structural analysis）から始められる。この過程を通して，患者はより十分に，かつ混乱し，汚染され，排除された自我状態を意識するようになる。治療はその後，意図に反する交流を意識化するという，狭義の交流分析に進む。ここではまず自滅的なゲームから始まり，患者を苦しめている不健全な基本的構えへの十分な気づきへと導かれる。

治ってきているという自覚がなされると，クライエントは自分の自我状態を選択することができるようになる。また，気づきが高められると，悲惨なゲームや基本的構え，脚本をそのまま続行するか，本質的な人間の飢えに見合うような，より建設的なパターンを選択するかを決断することもできるようになる。言い換えれば，TAにおける変化の過程の核心は意識化と選択である。

TAにおいて，意識化は教育的プロセスとして始められる。クライエントは，TAの用語や概念について熟知することが期待される。これは，通常，バーン（Berne, 1964, 1970, 1972）やハリス（Harris, 1967; Harris & Harris, 1990），ジェイムスとジョングウォード（James & Jongeward, 1971），スタイナー（Steiner, 1971, 1974, 1990）の著書などを使った**読書療法**（bibliotherapy）として行われる。教育は心理療法においてももちろん続けられる。たとえば，クライエントは，今どの自我状態が表れているかに気づくようになることをはじめとして，TAの概念を自分たちの生活に応用するように教えられる。クライエントが自分たちの生活をTAの用語の観点から分析するようになると，しばしば，セラピストやグループのメンバーに，自分で行った解釈が正しいかどうかをフィードバックしてもらうことを期待するようになる。

クライエントが自分の混乱を鎮めるのを促進するために，セラピストはしばしばクライエントに，「あなたはどの自我状態にいますか」とか「今，あなたのどの部分が話しているのですか」，「その仕草をさせたのはあなたのどの部分ですか」というような質問をする。そうするとクライエントは，セラピストや集団療法の他のメンバーからのフィードバック

をチェックすることができる，自分の主観的な気づきの観点から答える。

　最近われわれのもとを訪れた2人の患者について検討してみよう。2人とも自滅的な自我状態を自覚するようになるほどハードに働いてきた。ある中年の男性はほとんどいつも仕事をしており，妻には，彼女がいかに家事に気を配るべきであるかを，頻繁に説教していた。彼の厳格な親（Parent）が，子ども（Child）と成人（Adult）の両方の表現を排除することに成功していたため，暮らしの中に何の楽しみも喜びも見出すことができなかった。他方，もう1人の中年の男性について考えてみよう。彼は，つねに道化師のいたずら者で，毎日がパーティのような人なのだが，真剣になることができないので，彼の妻をうんざりさせている。彼は優勢な子ども（Child）を示しており，成人の自我状態や親の自我状態が出現するのを阻むことによって，人生をまじめな側面から見ることを避けている。

　交流の感情的な影響力に気づくようになると，それは患者が演じているゲームの分析の一部である。たとえば"キス・オフ"のゲームにおいて，お互いに魅惑的な子ども（Child）と子ども（Child）との間でなされていた掛け合いは，女性のほうがスイッチを親（Parent）に切り替えて，非難するように「あなたは私をどんな女だと思っているの」と尋ねた時に，交叉した。このような切り替えによる感情的な衝撃はゲームの重要なペイオフであるので，交叉交流がいかに感情を引き起こすかを患者が意識化するようになることが，とても重要である。ゲームを分析する作業の多くは，クライエントに，彼らが演じているゲームが繰り返されるという性質と対決させ，そのゲームのペイオフとそれがいかにクライエントの人生の立場を強化しているかについて解釈することからなる。

　自我状態，ゲーム，基本的構えについてより十分に意識化する過程において，クライエントは意志の力がついてきたことにも気づくようになる。たとえば，混乱あるいは汚染を減らすことによって，クライエントたちは，どんな特殊な時にでも，どの自我状態にカセクト（備給）すべきかを選択する力をだんだん持つようになってくる。セッション中に，それまで排除されていた自我状態を表出した後は，クライエントはその自我状態をセッションの外でも表出することを選択できるようになる。ひとたび自分の自滅的な基本的構えが，もともと不適切な情報にもとづいた子ども時代の決断であることに気づくようになると，建設的で自己実現的な生活を送るために成人（Adult）として，より見通しのきく選択をすることができるようになる。

　ＴＡは，契約としてそれを取り決めることによって，治療の当初からすぐに患者の意志による力を促進することができる。契約において，患者はどの目標に向かってともに作業するのかを選択し，セラピストはその目標が自分の価値体系に合っているかどうかを決定する。セラピストはまたクライエントに，いつでもその契約について再交渉できること，また現在の契約が完了したら治療を終結できることを伝える。

　再決断療法（redecision therapy）（Goulding & Goulding, 1979）として知られるセラピストの一連の介入は，過去における自分自身についての信念に対するクライエントの挑戦を促進する目的で，交流分析とゲシュタルト療法から生み出された。クライエントは自分の選択を厳しく制限する「〜するな」という禁止令に耳を傾けることを教えられる。そ

れらは，子どもであるな，重要であるな，近づくな，成功するな，成長するな，信用するな，そしてもちろん，お前であるな，である。これらの禁止令に気づいて選択に直面すると，クライエントは自分がどんな人物であるか，どんな人物になりたいかについて自由に再決断できる（Gladfelter, 1992; McClendon & Kadis, 1995）。

　治療関係は TA の内容の一部でもあり，過程の一部でもある。たとえば，患者がセラピストと演じようとしているゲームは，分析されるべき内容の重要な一部分である。常習的に遅刻してくるクライエントや費用の不払いをするようなクライエントはおそらく"キック・ミー"を演じているのだろう。実際，経験のないセラピストは，クライエントの自滅的なゲームを分析するよりもキックのほうに関わってしまうだろう。同時に，クライエントの成人（Adult）をつなぎとめ，強化するために，セラピストが成人（Adult）として関与するならば，その対人関係が治療のプロセスの一部分になりうる。

　効果をあげるために，治療において TA のセラピストは偽りがあってはならない。なぜなら，効果的な成人（Adult）やユーモラスな子ども（Child），おもいやりのある親（Parent）のふりをすることはできないからである。TA のセラピストは，クライエントと対等な関係にあるという信念を持っている。治療契約が強調していることは，セラピストと患者が対等に話ができるという信念を示している。すべての人の成人（Adult）は，世界との関わりにおいて等しく効果的であると仮定されており，治療目標の1つはクライエントが少しでも早く成人と成人のレベルの関わりを持つことである。

　TA において患者は，たんなる潜在的なゲーム・プレーヤーではない。確かに心理療法家はクライエントに比べてゲームを演じない傾向にはあるが，TA のセラピストはクライエントを犠牲にして自分の脚本を演じないようにつねに警戒しているに違いない。傷つくほどにまで誰に対しても与えすぎて，誰に対しても何も与えられなくなってしまうという，"バーンアウト"は専門的な援助者に典型的なラケット・システムである（Clarkson, 1992）。同じように"トップ・ガン"というゲームでは，セラピストが好ましくないやり方で他の誰かと競い合う（Persi, 1992）。これらのゲームやその他のセラピストが演じるゲームと戦うために，自己分析を継続することや，診療室以外のところで安定したストロークが得られることが必要である。

　TA では集団療法がよく用いられる。これは，1つには，おもに成人（Adult）としての1人のセラピストとの関わりで通常生じるものよりも，より問題のある交流を含めて，はるかに多くの交流を可能にするからである。典型的なグループは8人程度のメンバーで構成され，1週間に一度，2時間程度顔を合わせる。親の自我状態や子どもの自我状態を示す，身体的な手掛かりを発見するために，クライエントたちが他のメンバーの身体全体を見えるようにしておく。ビデオテープ・レコーダーが使えると，クライエントたちが自分たちの自我状態や交流（transaction）を分析するのに役立つ。交流を図解するための黒板もあるとよい。

短期対人関係療法

　TAは長期的な心理療法としても短期的な心理療法としても運用することができる。バーンは，数年がかりの心理教育，個人療法，集団療法から構成される長期的な心理療法を志向していた。昨今のTAのさまざまなバージョンは，他の心理療法のシステムからえりすぐった方法を組み合わせた，より短期的な治療を奨励している（Tudor, 2002）。

　それに対して，IPTは前もって期間が12週から16週と決められている，はっきりとした時間制限療法である。IPTは，前もって，毎週，対面式で，現在志向の，短期療法として実践することにしている。患者の生活の，現在の対人関係の流れに焦点を当てる実用主義的な介入が，症状が再現した時に備えていくつかの保護策を用意するのと同程度に，急性期のエピソードからの回復を促進すると考えられている（Frank & Spanier, 1995）。

対人関係療法の有用性

　まず，交流分析（TA）について見ると，文献をレビューしてもTAの効果についてコントロールされた研究はほんのわずかな件数しかなされていない。スミスら（Smith, Glass, Miller）が1980年に行ったメタ分析では，交流分析について調べた8件の比較対照研究が示されている。TAの平均効果量は，プラセボ治療の平均効果量の0.56よりもわずかに高い0.67であったが，これはすべての心理療法に対する平均効果量の0.85よりもわずかに低いものであった。成人に対する個人心理療法についての最近のメタ分析（Grawe et al., 1998）では，わずかに4件の比較対照研究が226名の患者をカバーしている。彼らは，TAの効果について確かなことが言えるほど，治療群と対照群の比較研究の数が十分ではなかったと結論づけている。TAの文献の中には小児を対象とした治療に注目したものもいくつかあるが（たとえば，Massey & Massey, 1989; Veevers, 1991），メタ分析ができるほど十分な数の比較対照研究は，小児のTAについて行われていない。

　したがって結論としては，成人に対する交流分析は，何も治療を行わないよりは効果があり，通常，プラセボ治療よりも効果的であるということである。この研究および"差異"についての解釈によれば，交流分析は他の洞察志向の心理療法の中ではもっとも結果がよく，その他の型の心理療法の中ではもっとも結果が悪い。関連した結論としては，交流分析は，十分な件数の相対的な有効性を評価した信頼できる研究による満足な評価がなされていないと言える。

　反対に，クレーマンとウィスマンによる対人関係療法（IPT）は，過去20年間徹底的に研究されてきた。しかし，皮肉なことに，発展が最近であるために，ほとんどの主要なメタ分析には含まれていない。クレーマンとウィスマン（Klerman & Weissman, 1991）はうつ病患者に対する6つのランダム化臨床試験におけるIPTの結果をまとめた。それによると，急性期のうつ病の治療において，IPTはさまざまな指標において一貫して，他

の対照治療群よりも効果があった。IPT と三環系抗うつ薬による薬物療法との組み合わせでは，それぞれの治療法を単独で行うよりも効果的であった。ある研究では1年後に追跡したところ，ほとんどの患者において IPT の肯定的な効果が持続されていた。

維持治療としての IPT の有効性もいくつかの試行において研究されている。あるよく構成された研究では，三環系抗うつ薬（アミトリプチリン）が効果を示した150名の急性期うつ病の外来患者に対して，薬物のみ，IPT のみ，薬物と IPT との組み合わせの3つの条件で8か月間の維持治療を行った。その結果，薬物のみによる維持治療は症状の再発を予防するのに役立ったが，対人的な問題の予防にはほとんど役立たなかった。それに対して，IPT のみの場合，社会的機能や対人関係は改善したが，症状の再発の予防には役立たなかった。薬物療法と心理療法とのネガティブな相互作用は見いだされなかった。それどころか，おそらくはそれぞれの異なった効果のために，薬物療法と IPT を組み合わせた場合がもっとも効果的であった（Klerman & Weissman, 1991）。もちろんこれらの結果は，過去においてすでに薬物療法によって症状を抑えられた外来患者に対してというように，限定的にしか一般化できない。

エレン・フランクら（Frank, 1991; Frank, Kupfer & Perel, 1989）による別の研究では，うつ病患者に対する対人関係療法の予防的な効果が検証されている。IPT は，維持治療の初めから薬物の投与を中止した患者に対してポジティブな治療効果があった。18か月間の維持治療の後，IPT のみを受けた患者や IPT とプラセボを受けた患者は，時折の診察とプラセボを組み合わせて受けた患者に比べて，平均して10か月間以上うつ病の再発を見なかった期間が長かった。"再発せずにいた"期間の中央値は，前者が61週に対して後者は21週であった。これらのデータは維持治療において IPT には得るものがあるとともに，うつ病の早期の再発を予防するという価値を指摘するものである。

ある興味深い研究（Miller et al., 1998, 2001）は，高齢のうつ病患者の治療における IPT に薬物療法を加えた時の効果を検証している。60歳以上のうつ病患者，70名以上が抗うつ薬（ノルトリプチリン）と IPT を熟練した臨床医から受けた。少なくともに81％の患者が（心理療法と薬物療法の）**組み合わせ治療**（combined treatment）に対して，十分な反応を示した。もっともよく見られた問題領域は，役割の移行（41％），対人関係の不和（34％），および悲哀（23％）であった。

草分けとなった米国国立精神衛生研究所（NIMH）のうつ病治療に関する共同研究プログラムでは，外来の単極性うつ病患者に対する，対人関係療法，認知療法，イミプラミンと臨床的マネジメントとの組み合わせ，プラセボと臨床的マネジメントとの組み合わせの効果を査定している（Elkin et al., 1989）。この研究は，**NIMH 協同治療研究**（NIMH Collaborative Treatment Study）という略称で広く知られているが，多くの点で草分けとなった研究である。第一に，これが，心理療法のフィールドにおいて NIMH によって始められた，最初の協調的な，多数の施設にわたっての研究であったことである。心理療法に関しての協調的な臨床試行モデルは頻繁に用いられているが，これほど大掛かりなものはめったにない。第二は，その事業規模の大きさである。560名の患者をスクリーニングし，そのうち239名を治療，18か月以上の経過を査定，28名のセラピストをトレーニン

グ，全米の3箇所の施設において4つの治療条件を設定するといった規模の大きさには目を見張るものがある。第三に，NIMH協同研究が，結果を比較する研究において採用する対照群の厳密さと数についての研究規準を設定していたことである。セラピストのトレーニングが標準化されており，セラピストがそれぞれの治療マニュアルを遵守しているかどうかが注意深く監視され，潜在的な患者を厳密にスクリーニングし，疾患に関連した結果の指標が多重的かつ適切に使われ，臨床結果の追跡調査が治療後18か月間にわたってなされる，といったコントロールがなされていた。

　終結時には，どの治療を受けた患者にも，うつ病の症候学上あるいは機能において有意な改善が見られた。結果指標のバッテリーを集計すると，3つの臨床的な治療が総体的にもっとも良く，プラセボ治療がもっとも悪かった。終結時のBeck Depression Inventory（ベック抑うつ質問票）において回復したと判別された"完治"患者は，対人関係療法で70％，イミプラミンで69％，認知療法で65％であり，プラセボ錠剤の投与と支持や励まし，および必要に応じて直接的な助言を行う通常のミーティングを組み合わせたプラセボ治療では51％であった。初期段階のうつ病の重症度に応じて患者を2群に分けた二次的な分析では，治療群間の有意差はより重症度の高い患者のサブグループにおいてのみ認められた。ここでは，対人関係療法の優越性を示すある程度の予備的な証拠とイミプラミンの優越性を示す強い予備的な証拠が示された。これに対して，重症度が高くない患者においては，3つの治療群間に差はなかった。

　最近では，うつ病の青年に対するランダム化臨床試験では青年期への対人関係療法（IPT-A）が通常の治療（TAU）より効果が優れていることが示されている。63名の青年が学校において精神保健クリニックに基盤を置いた治療を受けたが，このうちIPT-Aを受けた者がTAUを受けた者に比べて，うつ病症状が有意に少なく，総合的な機能は有意に改善していた（Mufson et al., 2004b）。

　また，IPTはそもそもうつ病の治療法として導入されたのであるが，他の疾患に対しても広く応用されてきている。たとえば摂食障害では，IPTは，摂食の問題や体重の問題ではなく，対人関係ストレスと現在の対人関係をターゲットとしている（Johnson, Tsoh & Varnard, 1996）。過食はしばしば，満足できない対人関係状況の文脈の中で始まり，また葛藤的な対人関係からくる不安が過食の引き金となることが多く，食物を摂取することについてのコントロール感を失わせることにつながる。比較対照研究では，IPTは1年間の追跡調査において，過食，嘔吐ともに90％以上の症状を取り除くことができた。これらの肯定的な効果が安定するのに，IPTは認知療法や行動療法に比べていくらか時間がかかったが（Fairburn et al., 1993），長期的な追跡調査では，IPTにより治療された摂食障害患者は行動療法によって治療された者に比べて，うまく食事ができていた（Fairburn et al., 1995）。

　以上述べてきたように，NIMH協同研究およびその他の研究は，うつ病治療における対人関係療法の効果を強力に支持している。青年期，成人，老年期いずれにおいても，うつ病の急性期および維持治療の両方で，治療をしない，あるいはプラセボ治療に比べてIPTは一様に優れている。初期の結果では摂食障害の治療においても有望である。しか

し，先に触れたように，IPTが物質依存の治療には否定的であるという結果も示されており，疾患の治療にとってIPTがつねに王道であるわけではないことが示唆されている（Markowitz, 1997）。どのような疾患に対してIPTが有効であるかを見極めることが，今後の研究の課題となろう。

対人関係療法に対する批判

行動論的観点から

はて，対人関係療法（IPT）は何が違うのだろうか。ランダム化臨床試験（RCTs）から生まれた，短期かつ問題焦点型の心理療法である。クレーマンとウィスマンは，RCTsがすべての治療の有効性を検証し，確立するためのものであるという点でわれわれと見解が一致している，献身的な科学者である。彼らは注意深く自分たちの治療研究をなぞり，徐々にしかIPTを他の疾患や状況に拡張していない。IPTの進歩は実際のところ，行動論的と言うほうがふさわしいほど科学的であった。

われわれの最大の悩みの種はIPTというラベルにある。ラベルを読むと，すなわちIPTの治療マニュアルを読むと，対人関係療法の用語で包まれた，洗練された認知行動療法の形態を見出すことができる。患者を教育し，感情を喚起させ，社会的スキルや刺激コントロールを教え込むということは，われわれ行動療法家がすることである。ポスト・フロイト派の対人関係論的な用語を避け，セラピストの行動に集中してみよう。そうすれば，ラベルに対して正直になり，IPTが認知行動療法の兄弟，そうでないとしても近い従兄弟くらいなものであると言い切ることになるであろう。

精神分析的観点から

IPTはいろいろとあろうが，はっきりと言えることは"対人関係論的"でないということである。この用語は，サリヴァン，ボウルビィをはじめとする，コンプレックスを抱えた患者に対して積極的に聞き出し，集中的に働きかける対人関係論の精神分析家によって用いられるべき用語である。IPTはそのどちらでもない。

IPTは人間のいない対人関係理論である。患者にはパーソナリティがなく，ただ悲哀や役割の移行があるだけである。IPTは人間についての理論ではなく，たんなる変化の技法である。IPTは個人間の精神生活における動因の力について説明しておらず，たんに役割に関する不和とか対人関係の欠如について説明しているだけである。IPTは，セッション内の相互作用や転移，抵抗について探求する治療関係をひどく嫌い，それらを回避した対人関係や治療の外側の焦点を外在化する対人関係のみを扱っている。患者は専門的なマニュアルと薬物治療に託される。IPTは性格を変えることには関心がなく，興味があるのは症状の緩和だけである。つまり，IPTは対人関係論も対人関係も目標も持ち

人間性心理学的観点から

　TAはハンプティ・ダンプティのジレンマに直面している。人間が3つの部分に分解されるとすれば，すべての王様の馬とすべての王様の家来でも人間性を元に戻すことができない。西洋的な思考の伝統的な二元論の代わりに，TAはわれわれを親（Parent），成人（Adult），子ども（Child）の3つのパーソナリティに分けるが，それでは全体としての良さを知ることができない。

　分裂と孤立が治療を求める人の数を増大させている時代にあって，ゲームだの脚本だのといった治療的な用語をなお使おうと思えるだろうか。TAは，パーソナリティがばらばらの部分から出来上がっているといってわれわれを安心させることによって，分裂を強めているのである。TAは，親（Parent），子ども（Child），成人（Adult）といった現象を社会的役割として認めずに，これらの役割が人間のパーソナリティの重要な実在であるとしている。この根本的に分裂している仮定が変わらない限り，われわれは健康のために欠くことのできない全体性を現実のものとすることは望めない。

文化的観点から

　IPTは十分とは言えない。なるほど対人関係理論は，個人の精神内の葛藤から対人関係パターンまで臨床的な焦点を適切に拡張している。しかし，家族システムや社会政治学的な文脈までは達しておらず，この点が足りないのである。彼らの主張を煮詰めると，仮定された対人関係上の問題の決定因は，文化的な構造や社会化にはなく，依然として個人内に位置することになる。

　人々が演ずるゲームを本当に見たいと思うのなら，"配偶者虐待"や"貧困の中にいる子どもたち""労働力の中で低賃金の女性たち""マイノリティに対する非難""裕福な白人のための裕福な白人による政治"を見てみたらどうだろう。これらの脚本を分析して変えようではないか！

　IPTの実践家たちはうつ病の根本的な原因が対人関係上の役割をめぐる不和にあると仮定している。真の問題は役割についての不和である。女性の伝統的な役割のように抑圧的な役割は，うつ病を引き起こしがちである。女性のうつ病の比率が男性の2倍であるのも道理である。少数民族の女性の伝統的な役割はずっと小さいものである。問題はクライエントの過度に制限的で過度に抑圧的な役割への適応を援助することではない。挑戦は，人々のために虐待や無視，弾圧から抜け出す機会を作ることにある。しかし，これらの機会は孤立したカップルや核家族のような断片的なユニットにたんに焦点を当てても作り出すことができない。われわれは，健康的でつながりあった家族があふれるコミュニティを支援するような，社会的なネットワークの再構築を援助しなければならない。

統合論的観点から

　一般的な言葉で１つの心理療法を提示することは，人々にその心理療法の良さを認識させ，用いようとさせるのに明らかに有利である。同時に，心理療法の理論や日常的な言葉で語られる心理療法を定式化することには，深みを失ったシステムを作り出してしまうというリスクが付きまとう。

　1960年代および1970年代において，TAに人気があったことは，人々が生活にTAを応用するために，その平易な用語を利用していたことを表している。実際，あまりに頻繁に耳にしていたために，TAが如才のないマジソン通りのスローガンの体系のように聞こえた。"私はOK－あなたはOK"はOK中古車置場の格付けのようである。"人々が演じるゲーム"は，人々を悩ませる人間の交流よりも，テレビのリアリティ番組のほうにふさわしいキャッチ・フレーズである。2000年代のIPTの流行は，ふつうの言葉と実用主義的な介入を使用することによって，研究主導で，パーソナリティをほとんどかえりみない療法が繁栄しうることを示している。さらに，薬物療法と併用して効果が上がる心理療法は，医薬の時代にはどんな心理療法であっても成功するはずである。

　対人関係療法はしばしば，人間の状態や人間の変化の複雑性についての神秘を表現するために必要な高度な知的素養がいらない，常識的なアプローチとして成功を収めてきた。IPTもTAも，言語においても語用論においても，典型的に米国流のものである。日常使う言葉は，日常の出来事を表現するのにもっともふさわしい。もしわれわれが人間の病理を日常の言葉で説明しようと（そして修正しようと）すれば，無味乾燥なものになってしまう。IPTおよびTAに伴う問題は，それらがあまりに通俗的で，あまりに認知的で，実在を活気に満ちたものにさせる深みとか情熱とかがないということである。

Ｃ夫妻を対象とした対人関係分析

　Ｃ夫妻の結婚生活は憂鬱な行き詰まり（インパス）にあり，対人関係療法の手助けをすぐに得られないと，離婚しないかぎり崩壊に陥るであろう。Ｃ夫妻の親密な交わりは強迫的な儀式に置き換わった。Ｃ夫人は，お互いが近しくなり，思いやるために手を差し伸べる代わりに，洗濯と管理に両手を使うことに没頭した。そしてＣ氏は彼らのfolie-a-deux（二人での狂気）に関わるばかりで，8人家族を満足いくものにしようという努力をしていない。

　心理療法においてＣ夫人の源家族に焦点をあてて遡ると，彼女の冷酷で管理的な父親が家族内外の彼女の人間関係をどれだけ支配していたかを，たやすく理解することができた。また，息苦しいほどにきれい好きで，過剰に人付き合いをし，性生活のない母親も想像することができた。しかし，過去について理解したところで現在が変わるものではない。Ｃ夫人はすでに，まるでいくつかの無意識の鍵を見つけられたら現在の強迫観念の錠を開けられるかのような，彼女の過去をよみがえらせる心理療法に長い時間を無駄に費やしてしまっている。

　Ｃ夫妻の現在の葛藤の鍵を見つけたいと思うのなら，２人の対人関係のパターンを分析する必要がある。Ｃ夫人は強迫的に手を洗っていた。しかし，手は洗うためにあるのではない。

よちよち歩きの子どもや10代の子どもにはやさしく，配偶者には親密で官能的なやり方で触れるためにあるのである。彼女は，夫から強迫観念のきっかけを与えられて独りシャワーを浴びながら孤独を感じる代わりに，夫とシャワーを共にするやり方をもう一度学ばなければならない。

　もし，C夫人が奇跡的に強迫観念を払いのけることができたとしたら，何が残るであろう。虚しさだろうか。あるいは幸福だろうか。そのあとを何が埋めるのだろうか。ほとんどの人は，対人関係によって重大な意義と達成感を得ている。もしC夫妻が，2人の関係について再交渉し，再構築する治療を受けなかったら，2人が分かち合っている強迫観念は，うつ病に置き換わり，婚姻関係は崩壊しているだろう。

　しかしおそらく，彼らの対人関係は修復できる限度を超えているようだ。おそらく彼らは，憂鬱な離婚を経た将来に直面しなければならないだろう。とすると，彼らは予想された喪失に伴う，予想された悲嘆に対して，援助を必要とすることになるだろう。離婚が視界に入ってきた時に，彼らは和解や再構築に向けて動くことができるかもしれない。

　C夫妻が2人の結婚生活や彼らの家族をよみがえらせるチャンスが巡ってきたら，彼らは自分たちの長所を利用しなければならないだろう。表面的には，長所はたくさんあるようには思えない。しかし，このカップルがどれほどの時間と努力を不合理な儀式を維持するために費やしているかを考えてみよう。もし彼らが結婚生活を維持するためにそのほんの一部でも使ったら，彼らはどんなことを成し遂げられるだろうか。

　そうするために，C夫人は自分たちがより健康になれば，より多くの自分たちの問題が自分たちの長所から浮かび上がり，健康でなくなれば，より多くの自分たちの問題が自分たちの弱点から出てくるという不思議を学習しなければならない。C夫人の核心的な弱点の1つは不潔と病気に対する怖れである。われわれは彼女が親密さと性的関心に対して不合理な恐れを抱いているとも予測している。彼女には，自分の恐れとの対峙を始めるために援助が必要である。その援助のいくらかは薬物療法から得ることができる。今日，抗うつ薬には，うつと同程度に強迫観念をも軽減する効果があることが知られている。組み合わせ療法がC夫人にとっては最適であろう。

　C夫人はまた，親密さと性的関心に対する恐怖に向きあうために援助を受けることもできる。同時に，彼らは，彼らの神経症ではなくお互いの長所を，どのようにサポートできるのかを再交渉することができる。彼らは，徐々にでもお互いに敏感で官能的なやり方で触れ合い始めれば，次第に，感覚に焦点を当てられるようになる。C夫人は，自分の手と体を，人をコントロールするためにではなく，人と関係を持つために使うようになる。

　C夫人には，自分の役割がコントロールすることではないと受け入れるための，援助が必要となろう。健康な対人関係において，われわれは影響の重要な源泉とならなければならない。すなわち，C夫妻は，6人の子どもたちにとってそのようになるべきである。しかし，社会的コントロールとは異なり，対人的な影響は双方向でなされる。したがって，2人は子どもたちから影響を受けること（そして変化すること）に対してオープンでなければならない。そうすれば彼らの子どもたちは，対人関係上の長所の源泉となりうるのである。子どもたちは，自分たちの両親が健康で幸福であることを望んでいる。子どもたちは達成感と喜びを促す源泉になりうる。しかし，C夫妻はコントロールしたいという欲求を手放すことを始めなければならない。

　最善のIPTをもってしても，C夫妻は問題を抱え続けるだろう。どんなに懸命に努力し

> ても，C夫人は問題とは無関係に手を洗うことはできない。それは6人の子どもたちに伴う問題ではない。彼女の恐れや彼女の父親についての問題でもない。C夫人の問題が，拡大家族での対人関係へのコミットメントのような，長所から生じるようになれば，彼女は徐々に健康になるだろう。
>
> 　維持 IPT は要求に応じていつでも利用できるようにしておかなければならない。彼らが2人の婚姻生活や家族の対人関係の再構築に取り組んでいると，長年の儀式が彼らを強迫観念と孤立に引っ張り込む時があるだろう。そのように危うい時には，C夫妻は，長所と再発予防を支える源泉として，彼らの心理療法家のもとを訪ねる必要があるだろう。

将来の方向性

　1960年代と1970年代に評判が高まった後，突出した心理療法のシステムとしての交流分析（TA）はゆっくりと鎮まっていった。それは，その言語が難解であったことと研究が不十分であったことによる。それでもなお，TA は対人関係論的な見方に強い弾みをつけ，より科学的な代用物に置き換えられようとしている。対人関係療法（IPT）および心理力動的な心理療法を対人関係論的に変形したものは流行中である。しかし，TA の見通しは暗い。

　他の心理療法のシステムとの統合に，TA にとって一縷の光明を見出すことができる。交流分析はしばしば夫婦家族療法のシステム理論と組み合わされているし，再決断療法は TA とゲシュタルトの融合であり，多くの交流分析家は実存／人間性主義および対人関係論のグループとの関係を持っている（Clarkson, 1991; Hargaden & Sills, 2002）。TA の将来進むべき道は統合的な心理療法である（Erskine, 1997; Knapp, 1999）。

　クレーマンとウィスマンの対人関係療法の多くの特徴は，人気の拡大を予見させる。IPT があきらかに治療マニュアルにもとづいて運用されてきていること，比較対照研究によって厳格に査定されてきていること，その本質として短期療法であること，多くの実践家を惹きつける対人関係論のオリエンテーションにもとづいていること，維持治療と同程度に急性期の治療も適用できること，協同的な薬物療法と両立すること，これらは皆ごく近い将来の心理療法の特徴となりそうなことである（第17章参照）。また，多くの疾患に，とりわけ，気分変調性障害，カップル間の葛藤，摂食障害，青年期のうつ病，外傷性の悲哀などに，創造的で幅広い応用が利くことからも，IPT の人気は高まるであろう（Klerman & Weissman, 1993; Mufson et al., 2004a）。

　とりわけ特徴的なのは，不安や抑うつ，機能的な身体の不調と直接関連する訴えを呈する割合の高い，患者のプライマリ・ケアに対して，看護師の実践家によって行われる，より短期の形での対人関係療法の応用のための効果的な取り組みである（Klerman et al., 1987）。この方法によって，本格的な心理療法よりも，幅広い人々に対して IPT を提供することができる。

IPTの効果は洗練された薬物療法と，より手の込んだ理論に支えられた心理療法のどちらとも優位に比較される。将来の挑戦は，IPTのトレーニングの機会を広げることと，対人関係療法がどのようにして（どのようなプロセスを経て）これらの健康へ効果を及ぼすのかを理解すること，他の疾患への一般化の可能性を検証することとなるだろう（Frank & Spanier, 1995; Markowitz, 1997）。こうすることによってIPTは，その効果を改善でき，その範囲を，人間性をより広く分かち合う対人関係機能に広げられる。

重要用語

読書療法 bibliotherapy
組み合わせ治療 combined treatment
崩壊 dissolution
自我状態 ego state
感情表出 expressed emotion (EE)
（人々が演じる）ゲーム games (people play)
インパス（行き詰まり）impasse
対人関係療法 interpersonal psychotherapy (IPT)
精神分析の対人関係学派 interpersonal school of psychoanalysis
基本的構え life positions
NIMH協同治療研究 NIMH Collaborative Treatment Study
親-成人-子ども Parent-Adult-Child (PAC)

関与しながらの観察者 participant-observer
ペイオフ payoff
重要な問題領域 primary problem area
ランダム化臨床試験 randomized clinical trials (RCTs)
再決断療法 redecision therapy
再交渉 renegotiation
儀式 ritual
対人関係上の役割をめぐる不和 role disputes
役割の移行 role transitions
ストローキング stroking
構造分析 structual analysis
スイッチ switch
交流分析 transactional analysis (TA)
交流 transactions

推薦図書

Berne, E. (1964). *Games people play*. New York: Grove.［南博訳 (2000) 人生ゲーム入門．河出書房新社．］

Harris, T.A. (1967). *I'm OK—you're OK*. New York: Harper & Row.［宮崎伸治訳 (2000) 幸福になる関係，壊れてゆく関係．同文書院］

Kiesler, D.J. (1996). *Contemporary interpersonal theory and research*. New York: Wiley.

Klerman, G.L., Weissman, M.M., Rounsaville, B.J., & Chevron, E.S. (1984). *Interpersonal psychotherapy of depression*. New York: Basic.［水島広子ほか訳 (1997) うつ病の対人関係療法．岩崎学術出版社．］

Mufson, L.H., Dorta, K.P., Moreau, D., & Weissman, M.M. (2004). *Interpersonal psychotherapy for depressed adolescents* (2nd ed.). New York: Guilford.

Sullivan, H.S. (1953). *The interpersonal theory of psychiatry*. New York: Norton.［中井久夫ほか訳（1990）精神医学は対人関係論である．みすず書房］

Teyber, E. (2005). *Interpersonal process in psychotherapy* (5th ed.). Belmont, CA: Brooks/Cole.

Weissman, M.M., Markowitz, J.C., & Klerman, G.L. (2000). *Comprehensive guide to interpersonal psychotherapy*. New York: Basic.

JOURNALS: *Psychiatry; Interpersonal and Biological Processes; Transactional Analysis Journal*.

推薦ウェブサイト

International Society for Interpersonal Psychotherapy:
 www.interpersonalpsychotherapy.org/index.html
International Transactional Analysis Association: **www.itaa-net.org/**
Society for Interpersonal Theory and Research: **www.vcu.edu/sitar/**
United States of America Transactional Analysis Association:
 www.usataa.org/

8 暴露療法群

トマス・G・スタンプル，エドナ・B・フォア
フランシーン・シャピロ

Thomas G. Stampfl 　　Edna B. Foa 　　Francine Shapiro

　ミーガンは，夫のロジャーが彼女のいやみや批判に我慢がならなくなることを恐れていた。彼は別居を望んでいた。彼は，彼女が集中的な心理療法で彼女の敵意の源泉を理解しようと頑張っている間は，我慢しようとしていた。彼は彼女の要求に慣れようとしたが，自分の努力はむなしいと思い込みはじめていた。しばらくして，彼女のこうした辛辣さが始まったのは思春期で，アルコール依存症の父親が，娘が自分の性器を触ったり，自分が娘の身体を愛撫するのを彼女が拒否するなら，脅したりした時期だったことを理解した。ロジャーは，そのような人格をおとしめる要求に服従しまいという彼女の決意を理解していたが，これまで，彼女の度重なる言いがかりや不当な攻撃におとしめられている感じを抱いていた。こうした苦痛から逃れたいと2人とも求めていた。ミーガンのカップルセラピストは，インプローシヴ療法が彼女の敵意を低減し，結婚を維持し，心理療法を継続できるのではと考えた。
　私（プロチャスカ）はミーガンに子ども時代の性虐待をできるだけ鮮明に思い浮かべられるか尋ねると，彼女は，酒瓶を手に持ち，薄ら笑いを浮かべた父がふらつきながら彼女の部屋に入ってくるのを難なくイメージできた。彼が彼女の胸をつかみ始めると，極度の不快感と激しい怒りが彼女の内側で湧き上がった。しかし，しかたなく屈服するのでなく，今回私は，彼女のイメージをベッドの上の酒瓶にまで拡げさせた。父親が上からのしかかり，彼女の靴を脱がせようとし，彼女はありったけの力を込めて瓶で彼の頭を殴った。彼は床に倒れた。ぐでんぐでんに酔っていたので，それ以上殴らなかった。
　父親の性器が下着からとび出しているのを見た時，彼女はベッドの上に立って，そこから彼の性器の上に飛び降りて，踏みつぶしてやりたい衝動を感じた。彼女がその場面に入り込んだ時，椅子から跳び，床の上で飛び跳ね，踏みつけ，「おまえのものをつぶしてやる，汚らしい粗悪品。つぶしてばらばらにしてやる。くそやろう。おまえのせいで男がみ

んな変態に思えるじゃねえか。男を近づかせると自分が変態の気がするじゃねえか。」

　この場面に繰り返し自分をさらすことで，ミーガンは彼女の強い恐怖と男性への敵意を解放することができた。これは，容易にわかるが，夫にも般化した。この暴露のワークがミーガンにこのような感情を脱感作し，再び夫とカップルセラピーにかかれるようにもなった。暴露療法は結局，彼らの結婚を再出発させることを可能にした。

暴露療法群の特徴

　直接，たとえばミーガンの性虐待のような，恐怖刺激に直面し，ミーガンの怒りのような強い情動を活性化することは，**暴露療法群**（exposure therapies）として知られるいくつかの治療アプローチの顕著な特徴である。1970年代にこうした療法に注意が向けられた後に，1980年代にはこうした臨床的人気が衰えた。しかし，近年，頑固な不安や，外傷障害の持ち主と奮闘するべく，復活してきている。

　この章では，これらの治療法のうち，もっとも刺激的な3つの療法，**インプローシヴ療法**（implosive therapy），**暴露療法**（exposure therapy），**眼球運動による脱感作と再処理法**（Eye Movement Desensitization and Reprocessing: EMDR）を検討する。この章の順には意味があり，3つの療法の歴史的発展（過去から現在）と，その理論的予測（完全な行動療法から統合療法へ）を示している。

　これから見ていくように，これらの暴露療法群は直接直面するとか，徐々に情動を下げるなどの手続きにはかなり異同があり，**インプローシヴ療法**はイメージを素晴らしい形で用いるし，暴露は想像上や実際の恐怖に直面させる。そして，EMDR は導かれた眼球運動や手へのタッピング[訳注1]で脱感作を行う。これらのアプローチでは，精神病理や心理療法の説明もかなり異なる。それにもかかわらず，患者を情動的な痛みに直接暴露することが行動的な障害をもっともよく治療するという前提は共通している。読者の中には，暴露は大きく行動療法の技法だと論じる方もあろうし，したがって，行動療法や認知療法の章で扱われるべきと思われる方もあろう。初期の形態の暴露が行動的伝統から始まったのは事実だが，今の暴露療法群は暴露の現代版では**ない**。これらは，かなり複雑で，特徴的で，統合的な心理療法の諸システムに発展している。これらが別の章立てになるのは当然のことである。

　この章を適度な長さにするために「パーソナリティ理論」「治療の内容」の節は省略した。さらに，3つの療法の批判はまとめて，重複を避けるようにした。

訳注1　クライエントの両手のひらや甲に対してセラピストの指で軽く左右交互にトントンと叩く刺激。

インプローシヴ療法

トマス・スタンプルの人物像

トマス・スタンプル（Thomas Stampfl, 1923- ）は，インプローシヴ療法の開発者で，クライエントに対して，子どもを細切れにしてしまうこと，汚水槽で昼食を食べること，ネズミにかじられてしまった昼食を食べることといった恐ろしい情景をイメージすることを求める。しかし彼は，魅力的で，気さくで，なおかつ温かい人物として関わるのである。彼は職に就いた当初から，回避行動が精神病理学の中心であると確信していた。そして彼は，それらのもっとも恐ろしい記憶，感情そして思考に直面している人々を助けるための心理療法のシステムを開発した。

臨床心理学者としてシカゴのロヨラで訓練され，彼は精神病理学の精神分析的な文脈を学び，そして，**回避条件づけ**（avoidance conditioning）や，**消去**（extinction）といった学習理論のプロセスを学んだ。クリーブランドのジョン・キャロル大学で教鞭をとっている間，彼は精神分析と行動療法を統合した治療を開発することを試みていた。ミルウォーキーにあるウィスコンシン大学へ臨床心理学部の学部長として異動した際，彼は主にインプローシヴ療法による行動形成の論文に関心を持っていた。彼は，実験室での内破（内的破砕）（implosion）の効果を示し，そして内的破砕をカウンセリング場面において応用した初期の行動科学者の一人である。退職してもなお彼は，この形の暴露療法に対して影響力のある提案者であり，そして彼の学生，とりわけニューヨーク州立大学のドナルド・リーヴァイ（Donald Levis, 1991, 1993）は，インプローシヴ療法を支持する一人である。

精神病理の理論

精神病理学を特徴づけている症状や防衛機制は，学習された**回避反応**（avoidance responses）で不安を低減している。恐怖症者は，犬，エレベーター，もしくは高所のような刺激を避け，強迫神経症の患者はおそらく汚物，病気，怒りを避ける。統合失調症者は，人との密接な関わりをおそらく避ける。心気症の患者は病気を避けようとする。仮に困難を抱えた個々人が，彼らの症状や防衛をこうした刺激を回避するのに用いなかったとしたら，彼らは時々はパニックまで発展する不安に直面することになるだろう。

どのように不安や回避反応が学習されるかを理解するためのもっとも良い方法は，動物の回避行動についての興味をそそる研究を考察することである。おそらく初めのうちは，動物を用いた研究が人間の病理については不適切なものに見えるであろうが，これらの研究は，人間の精神病理学や矯正介入（Levis, 1993; Stampfl & Levis, 1973a, 1973b）についての優れたアナログ研究であるとわかる。

犬に恐怖を条件づけることは可能であり，以前にニュートラルであったブザー音を回避させることができる。仮に犬がトレーニング用の檻の中にいる時にブザー音が鳴ったとし

た場合，犬は初めブザー音に対して注意を向け，そしてその後そのブザー音を無視することを学習する。しかしながら，仮にブザー音の後に苦痛や恐ろしい出来事（たとえば，電気ショックや激しい音）が起こるとすると，異なる反応パターンが生起する。たとえば，ブザー音とショックが同時に起こるとすると，この犬は（もう一方の檻へと壁を飛び越えて）ショックを回避することをまもなく学習するであろう。ブザー音とショックが対呈示される試行を数回行うと，この犬はショックを回避するためにブザーが鳴るとすぐに壁を飛び越えることを学ぶ。仮に数回の回避学習の試行の間に外傷的なショックは提示されていないとしても，この犬はブザー音が聞こえると即座に回避し続けるだろう。ソロモンとウィン（Solomon & Wynne, 1954）によると，彼らが実験した犬たちはショックを受ける機会がなかったにもかかわらず，100回もの試行間，ブザー音から回避し続けたと報告している。犬たちはあたかも自身がブザー音恐怖症であるかのように行動をした。

　マウラー（Mowrer, 1947）は，回避条件づけを説明するために**学習の2要因説**（two-factor theory of learning）を用いている。第一の要因は，ブザー音とショックが対呈示されることで動物がブザー音を恐怖の対象であると学習するというような**古典的**もしくは**レスポンデント条件づけ**（classical or respondent conditioning）である。この条件づけられた恐怖は，ラベルづけされた不安である。ブザー音は，恐怖に似た自動的で自律性の条件反応を誘発する条件刺激になる。仮に犬をブザーの近くに置いたままにしていたら，回避不安は即座に増加するであろう。また仮に犬が，壁を飛び越えたならば不安は減少し，そして，犬の回避行動は強力な不安低減の結果によって強化されるだろう。回避学習についての第二の要因は，**オペラント**もしくは**道具的条件づけ**（operant or instrumental conditioning）とよばれているものである。なぜならこの条件づけは，この犬の不安を最小化する手段となるからである。古典的に条件づけられた不安は，回避反応を活性化する動機もしくは動因として作用するのに対して，不安の低減は，回避の手段への強化のために必要な結果を提供する。

　この動物によるアナログ研究を人間の疾患へと応用することは，ヒトが特定の刺激を回避することを学習するプロセスを学ぶことになる。たとえば，他人，特に女性と親密な関係になることを恐れてしまうという問題を克服しようとして，心理療法を受けている24歳の男性がいるとしよう。彼の外傷的な幼年期は，敵意にみちたアルコール依存の母親と虐待的な父親で特徴づけられていた。たとえば彼は，彼が学校行事の遠足について朝食の時間に大喜びして話をしていると，突然，母親が彼の話し声が大きすぎると，彼の髪をつかみ，彼の顔を朝食の熱いスープの中へと浸したというようなさまざまな身体的および心理的虐待を想起した。彼はいつ後頭部を殴られるのか予測できなかったし，また，怒りや，興奮そして悲しみを表現したことを罰せられるのかも予測できなかった。彼が予測できたことといえば，人，特に両親が彼の周囲にいる時，彼は，恐ろしい事態に遭遇しそうであるということであった。

　この，とりわけ彼の両親に対して不安を誘発するように条件づけられた刺激は，**般化**（generalization）の過程を経て，彼が感情的に関っているほとんどすべての人々に示されるようになった。彼が誰かに近づこうとすると，彼の古典的に条件づけられた不安が誘

発された。そのすぐあとで彼が近づいていた対人関係から離れ，避けた時，不安は低減し，彼が他者を回避するという行動は強化された。朝食の熱いスープに彼の顔を押しつけたり，予測できない罵声を浴びせるはずもない初対面の人々に彼が近づく時でさえ，彼は不安を示し，そしてあたかもショックが眼の前にあるかのように回避した。

　この事例はまた，障害の条件づけは，動物によるアナログ研究で示されるよりも複雑な現象であることのほうが多いことを示している。1つには，子どもが自然な環境の中で，罰せられたり，脅威を与えられた時，不安を引き出すよう条件づけるのはブザー音のような1つの刺激のみではなく，むしろ刺激の複合体である。人間は，まず初めに出会った不安の一貫した文脈において——この事例の場合，両親，大人，人，朝食の熱いスープ，朝食の食卓についていること，強い感情を感じていること，そして感情を表出していること——不安を経験することを条件づけられる。

　スタンプルとリーヴァイ (Levis, 1966; Levis et al., 1970; Levis & Stampfl, 1972; Stampfl & Levis, 1973a, 1973b) は，光に後続する音，音に後続する黒い壁のような一連の複合した刺激についての動物の条件づけの効果を検証するために実験室で研究を行った。そこで彼らは，一連の複雑に条件づけられた刺激は，より効果的な回避条件づけへと導くということを発見した。つまり，より即座に条件づけが成立し，そしてショックが1つの刺激と対呈示されている時よりもより消去抵抗が高いということである。

　若い恥ずかしがり屋の男性の条件づけの事例は，人間と動物の間の条件づけの別の重要な相違点を明らかにしている。動物でのアナログ研究の場合で言えば，この恥ずかしがり屋の男性は，彼が罰せられたその時に存在した刺激（つまり人）という刺激の回避と不安が条件づけられる。しかしながら彼は，彼の親が彼を殴ったり，彼に対して大声を上げたりした時に，彼が何を考え，また何を感じていたのかについても不安が条件づけられた。つまり彼は，興奮したり感情的になる出来事を想起した時でさえ不安になり，そして，そのような経験を想像したり空想するのを回避することを学んだ。これは伝統的に**回避抑制** (avoidance repression) とよばれている。その結果，防衛は，恐ろしいことについての思考や，恐ろしい感情の回避，もしくは誘発された不安のような内的刺激についての関心を回避するような空想をも含むことができる。たとえば，この若い男性が彼の怒りを抑制したり回避する時，彼は怒りの感情によって引き出された不安の消去の結果として強化される。

治療過程の理論

　精神病理の原因が条件づけられた不安や回避であった場合，その病理の解決には，回避反応と不安反応の両方をもっとも効果的に消去する方法が適用される。**消去**とは，もはや強化されないために，条件づけられた不安が徐々に消失することである——この場合，もはや回避によって強化されることはない。インプローシヴ療法は，実験心理学者が，実験室内で下等動物を相手に消去の手順を踏んでいる時，いかなる介入が彼らの操作を忠実に反映しているのか，というたった1つの問いに対する応答から生み出されたのである

(Stampfl, 1976)。

　初期の調査研究（たとえば，Baum, 1970; Black, 1958; Solomon, Kamin, & Wynne, 1953）によると，回避は，動物が不安を誘発する刺激が存在する時に回避反応を妨害するならば効果的に消去することができる，ということが示されている。われわれ（Schiff, Smith, & Prochaska, 1972）は，2分弱の反応妨害が，ラットの回避反応のほぼすべてを消去しうるということを実験によって発見した。古典的に条件づけられた不安の消去は長引くけれども（Spring, Prochaska, & Smith, 1974），動物を不安の対象から回避できないようにすることで効果的に消去することができる。

　不安を誘発する刺激に直面させたまま動物の反応を妨害すると，強烈な感情的反応が喚起される。この動物は，檻の中をうろつき，壁をよじ登り，壁に体当たりをしたり，檻の隅で固まったり，慌てたりするであろう。古典的に条件づけられた不安は，即座に消去されるだろう。なぜなら，あらゆるショックや，学習された不安反応を強化するような無条件刺激は二度と与えられないからである。ショックのような予期された罰が与えられない場合，この動物は，ブザー音は苦痛を与える刺激ではなく，回避する必要もないということを学習する。

　動物のレベルでは，条件刺激に動物を直面させ続けることで不安を消去させるこの方法は，**反応妨害**（response prevention）とよばれている。人間のレベルでは，インプローシヴ療法のための課題は，セラピストがクライエントが刺激を回避するのを妨害しながら，クライエントに不安を喚起させる刺激を提示することで，病理的な不安を消去することである。

　カタルシス　クライエントの作業は，臨床家が描写する刺激場面をいかなるものであろうともできるだけ鮮明にイメージし，そして，この場面から引き出される強烈な不安や他の嫌悪的感情をできるだけ十分に体験することである。クライエントは，走り出したり，隠れたり，逃げ出したくなったとしてもこの恐ろしい場面をイメージし続けることを教示される。彼らは1回目のセッション終了までにも不安が大幅に低減できるのだから，心理療法に通い続けるようにと教示を受けている。

　クライエントの作業の中には，インプローシヴ療法のセラピストが1回目のセッションにおいて提示した場面を，セッション後もできるだけ想像するように努めることも含まれている。クライエントは，可能であるならより多くの感情を喚起したり不安を感じるようにするべきである。また，次のセッションまでの間，彼らは不安を引き出すような内破的なシーンのいくつかを想像し続けることによって，家庭でも消去のプロセスをやり遂げることが望まれる。明らかにカタルシスをもたらすこの治療は，非常に多くの努力や協力をクライエントに求めるものである。

　インプローシヴ療法は，さらにメンタルヘルスの専門家からも努力を要求するかもしれない。これは確かに，セラピストにとってもっとも精神的疲労が激しい行為の1つであろう。わずかの評価セッションに続いて，インプローシヴ療法のセラピストは，最大の不安水準を喚起する刺激となりうる場面を構造化しなくてはならない。この際の刺激は，虫に

対して病的なまでに恐怖を生じる人にとっての虫のように，一連の不安喚起の手がかりとしての初めの症状ともっとも直接的に関連するものである。インプローシヴ療法のセラピストが，虫についての場面を鮮やかにイメージできているかどうかをクライエントに対して尋ねる時，彼らは，虫が彼らの腕，髪の毛の中で這いずり回ったり，ベッドカバーの下，クライエントの身体の上じゅうに虫がいて，虫の複眼が飛び出ていることや，キスするようにクライエントの唇に触角が触れながらという具合に，虫がクライエントにこの上なく接近していることを想像してもらう。

インプローシヴ療法のセラピストにとってより挑戦的な課題としては，抑圧していたり，認知的に回避している場面を組み立てることがある。それらの抑圧されている刺激は，抑圧された激怒の感情のような，精神分析家が精神力動と言及しているものと同義である。それらの**力動的な手がかり**（dynamic　cues）（もしくは，**仮定された回避の手がかり**（hypothesized avoidance cues）としても知られている）は，もっとも不安を顕在させる条件刺激であると仮定できる。力動的な手がかりは精神病理学の精神力動論にもとづいており，そしてまた，セラピストの臨床的な解釈にもとづいている。それらの手がかりは，敵意や性的衝動，肛門の衝動のコントロールを失うことの恐怖，責任や良心に直面することの恐怖，そして不安そのものへの不安といったものが含まれている。インプローシヴ療法のセラピストは，もっとも感情を喚起する場面を作成するために，すべての想像力を利用する。

インプローシヴ療法のセラピストはクライエントに対して，その場面が現実的かどうか，それらが意味をなしているかどうかを心配する必要はないと教示する。クライエントがあたかも自分の目の前で起こっていることであるかのようにその場のイメージを持ち，そしてその刺激を描写することによって引き出された不安，怒り，罪悪感，そしてその他の感情をできるかぎり十分に彼ら自身で感じるように導く。

内破的な場面が提示されたら，クライエントには，速い呼吸，汗ばんだ掌，悲鳴，椅子を握っていること，背中を丸め顔を隠すなどのような喚起された不安の徴候が観察される。不安の徴候が観察された際には，インプローシヴ療法のセラピストはこのフィードバックに応じて，この場面を激化させるかもしくは繰り返し，より多くの不安を引き出し消去する。ふつう，礼儀正しい人は他人が不愉快を感じることを話したりイメージすることはしないだろう。対照的に，インプローシヴ療法のセラピストは故意にイメージを増幅し，計画的にそれをより不快なものにするのである。

インプローシヴ療法のセラピストはまた，クライエントが不安に対する防衛を試みているという徴候を見逃さない。その場合，セラピストは回避を妨げるか，またはより懸命にイメージするように励まし続けることによって，クライエントが防衛を打破するように試みる。この例は，私（プロチャスカ）の患者のある女性が，自分の子どもたちが，緩慢で苦痛に満ち，だが防ぐことのできる死に臨んでいるのを見つめつづけるように言われた時，起こったことである。子どもたちは彼女に，自分たちを救うように嘆願した。私は彼女に対して，彼女が子どもたちに「私はあなたたちを助けない。そして助けたいとも思わない」と声を荒げて叫んでいる様子を想像するように教示した。これは激しい不安と絶叫を

生じさせた。彼女がその場面で，何が起こっているかをはっきりと描写しつくした時，彼女は場面を変え，「私は助けることができないし，あなたたちはただ死んでいくのよ」と言った。この時点で私は「そうではなくて，子どもたちを助けようとは思わないと子どもたちに言いなさい」と教示することで，彼女の怒り願望の否認を中断させた。彼女がもはや怒りを否認しなくなると，彼女の血圧および心拍数の増加にも表れるように，彼女の不安はすぐに増加した（Prochaska, 1968）。

あたかもそれが十分ではないかのように，インプローシヴ療法のセラピストは，不安が著しく減少し，少なくとも部分的に消えるまでその場面にとどまらなければならない。仮にセッションや場面が，クライエントが高い不安を顕在させたまま終わるのならば，クライエントは，なおさら条件刺激に対して敏感になり，いったんセッションが終わると，クライエントの回避は増加する。クライエントはまた，治療場面に対して条件づけられた不安を持ち，治療場面に戻ってくることを避けるかもしれない。その結果，インプローシヴ療法のセラピストは，クライエントが特定の場面と関連するほとんどの感情を出し切るまでその場面にととどまるように訓練されている。

治療関係

理論的に言えば，不安を喚起しうる刺激はテープや映画で提示することができるため，治療関係を開発する必要はない。例を挙げると，子どもおよび大人にホラー映画を使って，死，暴力，そして未知数の最悪の不安に直面させ，そのような場面の劇的な効果によって嫌悪感情を解放することができる。しかしながらこれらの映画は，イメージが十分に長い間繰り返されないで，不安が消去するのに十分な頻度がないために，不安が増大してしまうという逆の効果を生じることがある。

実際には，インプローシヴ療法のセラピストは，クライエントが最大限に逃避したい時にクライエントを脅威的な刺激の中に居続けさせる。そして，もっとも嫌悪的な刺激が繰り返され，そして繰り返される不安が，明らかに減少するためにも，持続的な治療関係は必要不可欠である。インプローシヴ療法のセラピストは，治療場面においてクライエントが協力し続けることができるように，クライエントからの信頼を勝ちとる必要がある。信頼関係の構築は，セラピストが，クライエントを混乱させている問題について理解し，支援したいとクライエントとコミュニケーションをとっていく，初期の評価段階のセッションの始まりと共に開始される。

インプローシヴ療法のセラピストは，治療における真正さには関心がなく，治療に効果があるかどうかに関心がある。彼らが共感を示すのは，効果的な場面を開発することへ導く臨床的解釈を見立てるための評価セッションの間だけである。治療の間，クライエントが内破的な場面を経験している間の不安を，セラピストが共感をもって観察することはない。セラピストは，クライエント本人は彼らが普通に生活している時に信じているよりもずっと強いのだという信念から，思いやりのある配慮をクライエントに伝える。クライエントが最悪の恐怖に直面できる強さと勇気を持てるのは，彼らが自分の強い不安が心理療

法によって引き出されており，未知のコントロール不能な内的な原因からではないと知っているからである。興味深いことに，内破的な技法に対してもっとも抵抗を示すのは──クライエントではなく──他の一般的なメンタルヘルスの専門家である。

実用性

インプローシヴ療法のセラピストは，クライエントの不安を作り出すことを避ける自分自身の社会適応的な傾向を克服するために訓練されなければならない。セラピスト自身の条件づけられた不安は，彼らが非常に嫌悪的な刺激を効率よく提示できるように消去されるべきである。私自身の経験では，われわれは，患者に対して効果的に不安な内容を提示し，その場面にとどまってもらう前に，それらすべての場面で自分自身を内破しておくことが必要だとわかった。

昔は，ほとんどのインプローシヴ療法のセラピストは，精神分析理論と学習理論の両方を正しく理解し用いる訓練がされた。今では，重要視されているものは学習理論の基礎についてであり，精神分析的な内容は訓練課程で最小限になっている。

回避についての問題は，主に対人関係についてであると予測されるため，インプローシヴ療法のセラピストは主に個別で治療を行う。インプローシヴ療法は一般的に3〜20セッションである。クライエントが激しい不安を経験している最中にセッションの時間を終えると，クライエントはダメージを受けるため，セッションは普通標準的な1回のセッションの時間である50分よりも長くなる。インプローシヴ療法は，クライエントが感情を十分に表出するために，比較的防音設備の整った面接室を必要とする。また，その部屋は1階が好ましい。上の階で患者が床をどんどん踏み鳴らすのをありがたがる下の階の住人などいないからである。

有用性

インプローシヴ療法は広く研究がなされ，それらの効果についてもメタ分析によって報告されている。スタンプル（Stampfl, 1976）の初期の本の章の中で，臨床的な問題を有しているクライエントに対するインプローシヴ療法の効果についての比較対照研究を4つ引用している。4つの比較対照研究すべてが，インプローシヴ療法は無治療群と比較して効果的であり，そのうちの1つの研究では，インプローシヴ療法群は脱感作群よりも効果的であり，もう1つの研究では，脱感作群とインプローシヴ療法群は同程度の効果を示しているということを発見している。インプローシヴ療法についての別のレビューにおいては，インプローシヴ療法群が系統的脱感作群と比較される場合，治療効果の一貫した差は示されていないということで一致している（Morganstern, 1973）。

いくつかの研究は，PTSDを発症している退役軍人の治療においてインプローシヴ療法の効果を示している（Keane et al., 1989; Keane & Kaloupek, 1982を参照せよ）。クーパーとクラム（Cooper & Clum, 1989）は，さらに戦闘関連PTSDの治療についてのイ

メージ暴露による一般的な心理療法と薬物療法的アプローチの効果の増加についての研究を行った。7人の退役軍人が，個別のインプローシヴ療法に標準的グループ療法と薬物療法を加えて6〜14セッションを受け，残りの7人はグループ療法と薬物療法と心理療法家との個別セッションを受けた。結果，インプローシヴ療法は標準的な治療の効果を増加させることが示された。セッション終了直後と追跡調査において，インプローシヴ療法群のクライエントは，PTSDの症状の経験が有意に少なく，睡眠の改善が報告された。たとえば，内破を行ったクライエント7人すべてが，少なくとも50％の悪夢の低下を経験していたが，標準的な対照群のクライエントは1人もそのような経験をしていなかった。このセッション直後において観察された差異は，追跡調査時には縮小してはいたが，結果として，グループ療法と薬物療法による効果の値を超えるインプローシヴ療法の増加効果はひきつづいて見られている。

シャピロら（Shapiro & Shapiro, 1982）は，少なくとも2つの治療群と1つの対照群が含まれているインプローシヴ療法とフラッディング法の効果を評価した10種の研究を含んだ143種の比較対照研究を用いてメタ分析を行っている。すべての研究における効果量の平均は0.93で，インプローシヴ／フラッディング法の平均効果量は1.12（一般的に大きな効果量といえる），そして比較されたほかの治療よりもわずかに大きな効果を示していた。このメタ分析に含まれていた調査の多数は，わずかな問題を有した学生のボランティアを使用して70年代に行われた行動のアナログ研究であった。

しかしながらより近年，典型的な研究により，インプローシヴ療法の効果は衰弱性の症状を被っている実際の患者にも十分に示されているという結論を見出している。もちろんこの結論は，不安や外傷症状を被っている成人についての限定されたものである。インプローシヴ療法群は，無治療群よりもつねに効率がよく，プラセボ療法よりも一貫して効率がよく，そして別の心理療法の技法と比較して優ってはいないとしても，全般的にほぼ同類の効果を示している。

暴露療法

エドナ・B・フォアの人物像

多くの臨床家が暴露療法として作られた治療に貢献してきたが，もっとも影響を与え，体系的であるのは，おそらくエドナ・B・フォア（Edna B. Foa, 1937- ）だろう。イスラエル・ハイファ出身で，大学院留学のために渡米した。彼女はイリノイ大学大学院を修了したが，そこは1960年代に臨床プログラムを行動療法とする拠点の1つだった。教授陣には，レオナード・ウルマン，レオナード・クラズナー，ゴードン・ポール（Leonard Ullmann, Leonard Krazner, Gordon Paul）ら何人かの行動療法の初期の指導者がいた。1970年にミズーリ・コロンビア大学で博士号を取得し，フォアはその当時行動療法のメッカであったテンプル大学で，行動療法の父であるジョセフ・ウォルピ（Joseph Wolpe）

の下で働くために，米国国立精神衛生研究所（NIMH）のポスドクの研究員資格を受けた。

フォアは長くフィラデルフィアで職歴を重ねた。最初はテンプル大学で，次にペンシルバニア大学医学部，そして1998年からはペンシルバニア大学の精神医学部門に所属している。1979年には，影響力のある不安治療研究センターを設立した。そこで彼女は多くの共同研究者たちと，主として強迫性障害（OCD），心的外傷後ストレス障害（PTSD），社会恐怖などの不安障害に対する暴露療法の有用性について研究し続けている。

精神病理の理論

行動に関する慣習の中で，暴露療法のセラピストたちは不安を，2つの学習要因によって統制された条件反応とみなしている。レスポンデント学習とオペラント学習はともに，行動障害の発達と維持に関係している。条件づけは恐怖の習得を説明し，消去（もしくは慣れ）は恐怖の減少を説明する。

フロイトは**神経症的パラドックス**（neurotic paradox）という用語を，自己破壊の性質を持つにもかかわらず消滅させられてしかるべき不適応な不安が残っているという，この現象を説明するために造り出した。このパラドックスは短期間か長期間かを区別することにより解明された。短期的には，強迫観念を起こさせる思考や強迫的な行為は，実際には恐怖状況への直面を避けることによって不安を和らげる。連続して5回も手を洗ったり，ドアの鍵を5回も確認するような強迫行為のある人は，「ほっ，また汚いものと危険が避けられた」という不安の減少によってその行為を強化してしまっている。しかしながら，長期的には，このような手洗い行為や確認行為は，変わることなくより強烈な回避とより強烈な不安を引き起こす。不安を引き起こす状況（試験や直面化や恐怖）からの回避は，直接的には安心をもたらすが，結局はより苦痛を与えるのである。

フォアと暴露療法のセラピストたちは，伝統的な行動療法と**情動処理**（emotional processing）理論の立場から不安にもとづいた精神病理学を概念化している（Foa & Kozak, 1986; Foa & Jaycox, 1999）。たとえば，なぜレイプの被害者の何人かは回復し，その他の者は慢性的なPTSDに発展するのだろうか？ 情動処理理論は，外傷的な出来事を処理するために特別な努力が必要とされ，そしてこの処理の完了が回復には必要であると提言している。慢性的な障害は，この処理が行われていないことと，記憶の中の外傷的な経験の再現が，精神的な損害の可能性と強度の不安に対処する能力についての誤った評価というような病理学的な要素を含んでいることの，徴候である。それゆえ，フォアの暴露療法は，行動的な条件づけを引っくり返すことと，患者の誤った認知や情動処理を訂正することをめざしている。

治療過程の理論

成功した暴露療法は，患者の精神病理的構造を活性化し，同時に，新しくてより適応的

な構造を組み入れうる修正情報に接触させる。治療上の方略は，付随する事象の強化と神経症的パラドックスを変えること。すなわち，故意に，恐怖をもたらす刺激に長時間接触させたり（**長時間暴露**：prolonged exposure），回避を積極的に妨害すること（**反応妨害**）である。短期的には，患者は確かに不安の増大を経験するが，長期的には，**消去**の過程を通じて不安と回避が減少するのを等しく経験することになる。

　たとえば，発達途上の子どもによくある恐怖として，大きくて見慣れない犬に対する恐怖がある。子どもは，（震えたり，嫌がったり，泣いたり，汗をかいたり，その他にもさまざまなことを通して）また，結果として回避したり（顔をそむけたり，その場を離れたり，その場に犬がいるために入ることを拒んだりする）ことで不安を明らかにするだろう。この恐怖に拮抗条件づけを行うためには，われわれは暴露療法のいくつかのタイプを選択することができるだろう。私（ノークロス）は私の息子のジョナサンが野良犬との不快な遭遇をきっかけに犬恐怖に発展した際に，この療法を強いて選択した。

　1つめの選択は，暴露療法を集中的な方法で行うのか，漸進的な方法で行うのか，ということである。ジョナサンを直接，ただちに，犬に暴露することができるかもしれないし（集中的），最小の恐怖から最大の恐怖までゆっくり少しずつ恐怖の度合いを増大させて犬に暴露できるかもしれない（漸進的な方法）。前者は，直接ジョナサンを知らない犬の隣に置くことであるが，それはもちろん強い不安状態に陥らせる。後者は，少しずつ普通の空間でジョナサンが「赤ちゃんのハイハイ」のように犬に向かっていくことを経験させることである。

　2つめの選択は，恐怖となっている犬は，ジョナサンのイメージによって提示されるのか（**イメージ暴露**：imaginal exposure），現実の状況で提示されるのか（**現実暴露**：*in vivo* exposure），ということである。どちらの場合も，恐怖刺激は集中的に提示されるのか，漸進的に提示されるのか，がある。暴露の方法は，暴露の媒体の次元で変わり，覚醒レベルの違いで別の名前を与えられる。たとえば系統的脱感作法は，イメージ上の一方の極にあり，もっとも覚醒レベルが小さい暴露である（第9章参照）。もう一方の極には，強烈な現実暴露がある。

　3つめの選択は，ジョナサンが恐怖の犬を避ける企てをどのように阻止すればいいのか，ということである。完全な**反応妨害**は，ほとんどすべての不安がなくなるまで，子どもが犬から離れるのを禁じる必要があるだろう。部分的な反応妨害では，不安が少し残っているところで妥協したり，不安が減少していくにしたがって子どもが犬から離れることを認めるだろう。

　あれこれと考えてみた末に，われわれはジョナサンを部分的な反応妨害のかなり強烈な方法で，イメージ暴露と現実暴露をともに使いながら治療することに決めた。われわれは家でジョナサンに，リラックスすることと犬が近づいてくるのを想像することを教えた。ジョナサンはすぐに上手にそれができ，われわれは思い切って外へ出て近所の犬のところへ行き，その場で何分か犬をなでさせ，踏みとどまらせた。難解な言葉と，心理学者の父親にもかかわらず，2時間の"治療"は高い効果をあげた。事実上，自分の子どもが恐怖に打ち勝つために両親が日常するべき第一のこととほぼ同じことを，われわれはしたので

ある。

　OCDへの暴露療法における治療ターゲットは，強迫観念と強迫行為のもととなる破滅的な恐怖である。それぞれのセッションは**馴化**（habituation）（恐怖を生み出す刺激下での不安が50％減少していると定義されている）が達成された後に終結される。反応妨害は，教えや，激励，指示，説得，その他の身体的ではない手段で手洗い行動のような強迫行為の儀式を妨害するために使われた。なぜならば，その儀式は不安を減少させる機能として働いているからであり，患者は恐怖にもとづいた強迫行為の結果は，たとえ儀式を行わなかったとしても起こらないことを学ばなければならない（Turner, 1997）。

　イメージ暴露治療も現実暴露治療も，条件づけの理論から起こったものであるが，最近の概念化では，暴露の最中の恐怖感の減少を説明する情動処理の概念を訴えている。フォアと共同研究者（Foa & Kozak, 1986; Foa & Meadows, 1997）は，暴露が間違った連合と評価を修正することを示した。情動処理の過程は，恐怖刺激の導入による恐怖構造の活性化，恐怖構造の病理学的な要素と矛盾している修正情報の提示を要求する。それゆえ，暴露は，患者に彼らの誤った考えに反したものを実感させることによって，症状を減ずるのである（Foa & Meadows, 1997）。すなわち，外傷を思い出させる客観的に安全な状況にいることが危険ではないということ，外傷を思い出すことがその出来事をふたたび経験している外傷と同等のものではないということ，不安は恐怖刺激や記憶のある中で漠然と残ったままにはならないということ，そして，不安を経験することはコントロール感の減少をもたらさないこと，である。

　心的外傷後ストレス障害（PTSD）を治療する中で，フォアは脱感作と認知の変化を共に使用する。初期のセッションでは，アセスメントを必要とし，外傷についての一般的な反応と，**呼吸法の再教育**（breathing retraining）（クライエントに横隔膜から穏やかに呼吸することを教える）を行う。暴露を始める前に，クライエントは治療方法のはっきりとした理論的根拠の教えを受ける。外傷に繰り返し暴露するというのは，まず面接室の中でのイメージ暴露によって情動処理を高め，次に現実暴露によって外傷と関連した状況が危険ではないことを，クライエントが理解できるようになるということである。

　暴露療法のセラピストはクライエントに，「治療は不安や回避したくなる衝動を起こさせるような状況と記憶に直面することを含んでいます」と警告する。しかし，セラピストはまた，暴露療法の理論的根拠をクライエントに思い出させるためには，「恐ろしい記憶と直面することは，回避することよりも恐怖を減少させるでしょう。あなたがそれと結びついた恐怖を回避したくなることはいたって自然なことですが，これまで述べてきたように苦しい記憶を回避すればするほど，あなたの生活に支障が出てくるのです」というふうな表現を用いる。

　イメージ暴露の間，クライエントは暴行，戦闘，災害といった外傷的記憶を思い出すよう求められる。クライエントは「これらの記憶をできる限り十分にかつ鮮やかに思い出してください。第三者に起こったこととして話をしないでください。そうではなく，現在形で，あたかもそれが今ここで起こっているかのように話してください」と教示される。クライエントはすぐに記憶に入り込み，恐怖に陥り，セラピストはクライエントの忍耐力を

励まして，たとえば「記憶の中にとどまってください。あなたは大丈夫ですよ」や「あなたは勇敢です。イメージの中にい続けてください」といった言葉かけを行い，クライエントを強化する。暴露療法のセラピストは徐々に不安が消えるような言葉かけを行い，クライエントがそのイメージに十分長い時間とどまれば，不安は減少すると言って，クライエントを安心させる。

現実暴露では，セラピストはクライエントと実際に外傷が生じた現場へ行くこともあれば，外傷が起こった時と同じ洋服を着ているかをクライエントに尋ねることもあるだろう。フォアの治療では，現実暴露はセッション間に練習する宿題として実施される。クライエントは，少なくとも45分か不安が減少するまで，恐怖状況を思い出すよう教示される。

強迫性障害（OCD）に対する暴露療法も類似の手順を踏む。クライエントは，暴露療法の理論的根拠の教えを受け，リラクセーションや自己を落ち着かせる方法を教えられ，徐々に恐怖の対象や活動に暴露することを求められる。OCDでは，一般的に，"汚い"ものをさわることによって不潔になってしまうのではないか，という恐怖や，確認すること，洗浄すること，整頓すること，といった強迫的な儀式をしなければ，狂ってしまうのではないか，という恐怖の事例が見られる（Foa & Wilson, 2001）。セラピストはクライエントに狂ってしまうと思われる事象に対しての長時間暴露を提示し，まず彼らの想像上で，あとから実際の環境の下で行う。ここで重要なのは，患者が過去に不安を減じてきた，確認や洗浄や整頓の儀式を，しないように手助けする反応妨害である。時間がたてば，長時間暴露と反応妨害は結果として，以前には恐怖の対象や活動であったことへの馴化が導かれる。

たとえば，ある強迫的な患者は，生野菜や調理されていない肉に触ることを極端に恐れていた。私（ノークロス）はクライエントに一連の状況を鮮明にイメージさせ，見ているかのように，近づいているかのように，そして，一時的にそれらのものに触らせるようにといった不安階層表を使用することによって，暴露を始めた。クライエントはイメージ暴露では不安をうまく扱うことができ，わたしは生のにんじんの束とセロリの茎を購入して次のセッションに持ってくるように言った。彼は——それらを買って治療に持ってくるのにゴム手袋をはめて——しぶしぶ持ってきた。彼は現実暴露もうまくこなすことができたのである。彼の勇気と治療の成功の証として，彼はレストランのコックとして働くようになるまで，集中的な"維持療法"を続けたのである。

同様の過程が依存症の治療における**手がかりに対する暴露**（cue exposure）の有用性として提案されている。物質乱用において，ビールのにおいやウオッカのボトルが視界に入ってくる手がかりはアルコールの使用と関連し，予期される快楽や生理的な渇望といった，条件づけられた反応を誘発する。これらの条件づけられた反応は，物質乱用をふたたび始めたいといった欲望や薬物をやめることを回避する欲望と結びつく。

物質の欠乏状態の中，摂取前の手がかりに対して繰り返し暴露することは，条件づけられた反応と不適応な認知の消去をもたらすことに役立つ可能性がある。こうして将来における物質乱用の可能性を減らしていくのである。アルコール依存症に対する手がかりに対する暴露の初期の結果は有望だったが（Drummond & Glautier, 1994; Monti et al., 1993;

Sitharthan et al., 1997)，9つの治療結果研究による近年のメタ分析では，現在のところ条件を満たしているものとして，手がかりに対する暴露はほとんど有用でなかったと示唆している（Conklin & Tiffany, 2002）。

治療関係

多くの点で，暴露療法のセラピストは，有能だが頑固である親のように仕事をする。そこで，信頼が生まれる。確信はモデル化され，現実もイメージも，どちらの暴露も共に恐怖の刺激がクライエントを傷つけることはないと証明している。また，怯えた子どものように逃げるより，クライエントが恐怖刺激の真っ只中に留まれるよう親の頑固さを出したほうがいい。治療関係は，「問題から逃げてはだめ。すぐに恐怖に打ち勝てるし，恐怖のない未来があるのよ」と言える強固な愛の形を反映しているのである。

実用性

暴露療法の実践は全体的にインプローシヴ療法と類似している。8～12セッションで，それぞれ1，2時間が平均的である。宿題は，セッションとセッションの間に与えられ，クライエントは，たとえばリラックスしている間に以前のセッションのオーディオテープを聞くことや恐怖状況をイメージすることなど，自分で暴露をコントロールして，処理をするように求められる。訓練はさまざまなタイプの暴露療法を経験してきた行動療法家や認知療法家によって受けることができる。

有用性

暴露療法は，不安および外傷障害の治療のための対照群を置いた治療結果研究の中で，相当な注目を浴びた。代表的な研究でフォアと共同研究者たち（Foa et al., 1991）は，PTSDを伴った45人のレイプ被害者を，ストレス免疫訓練群・長時間暴露群・支持的カウンセリング群・待機者リスト群の4群にランダムに割り付けた。治療は，90分の個人セッションを隔週で9回，女性のセラピストによって行われた。多数の効果尺度が治療終了時と治療3か月後に取られた。すべての治療において治療終了時と，追跡調査時に改善が見られた。治療終了時には，ストレス免疫訓練群（第9章参照），長時間暴露群ともに支持的カウンセリング群と待機者リスト群よりもPTSDの症状の改善を著しく示した。しかしながら追跡調査では，長時間暴露群はPTSDの症状に対してより優れている結果を示した。これらの結果のために提供された解釈は，長時間暴露群は，被害者が繰り返しレイプの記憶に直面することを求められ一時的に高いレベルの覚醒を作り出すことがあっても，レイプの記憶の永続的な変化を起こし，それゆえにより永続的な利益をもたらすのである。

さらに，PTSDに対する暴露療法の多数のレビューによると，研究者は一貫して暴露

療法群が待機者リスト群および標準的な治療群より優れているという結論を出している（Foa & Meadows, 1997; Frueh, Turner, & Beidel, 1995）。特に，暴露療法は結果として侵入的なイメージおよび生理学的な覚醒といった症状の減少をもたらす。治療効果は通常は時間を越えて維持される。PTSDの治療における61のメタ分析（Van Etten & Taylor, 1998）は，暴露療法（とEMDR）は，PTSDにもっとも有効な治療法で，薬物療法や暴露療法以外の治療効果よりも優れているといった，同様の見解に達した。これらやその他のメタ分析（Bradley et al., 2005; Sherman, 1998）は，暴露療法を最後まで終えたPTSDの患者の半分以上が改善し，終結した後まで改善が維持され，今日もっとも有効な心理療法の1つとして考案されたことを示した。

　暴露療法に対する絶え間ない，かまびすしい批評の1つは，その方法が**症状の増悪**（symptom exacerbation）を引き起こし，患者の脱落に至ったり，効果が見劣りするということである。しかし，PTSDの被害者についての最近の研究では，これとは違うことを示している（Van Etten & Taylor, 1998）。たとえば少数の女性強姦被害者に限って，暴露治療の最中により多くの苦痛（平均10～20％）を示すのみなのである。さらに，このような悪化を報告した人は，報告していない人同様，治療から多くを得ている（Foa et al., 2002）。しかし，暴露療法のセラピストは，患者の中にはしばらくの間症状が悪化する経験をする人がいること――よくなる前には悪くなるかもしれないということを患者に思い出させる必要がある。

　いくつかのメタ分析が，とりわけOCDに対する暴露療法の有用性（Abel, 1993; Abramowitz, 1996; Eddy et al., 2004; Kobak et al., 1998）について行われ，複数のおおまかな結論が導かれた。まず，暴露療法群は，OCDの治療として，大いに有効であった。第一に，反応妨害を伴う長時間暴露療法群は，患者の65～70％相当が改善をした。第二に，反応妨害を伴う暴露療法群は，特に儀式を軽減することにおいてセロトニン系の抗うつ薬の投与群よりも効果がある。治療効果研究はまた，セラピストと患者に対してより少ない治療時間と努力で済む点で薬物療法のほうが優っているが，副作用，ドロップアウト，維持の点では暴露を支持している。第三に，セラピストにスーパーバイズされた暴露療法群は，たいてい自分でコントロールした暴露療法群よりも効果があった。そして第四に，暴露への反応妨害の付加は，反応妨害を付加しなかった結果よりもよい結果と関連づけられた。

　OCDに対する暴露療法と薬物療法の研究は，明らかに効果的な治療が，いわゆるえりすぐりの治療ではあるが万能薬ではないという事実を強調している。まず最初に，約20％のOCDのクライエントは，暴露や反応妨害に参加することを拒絶する。次に，その他の20％くらいのクライエントは，脱落する。治療を終える段階では，OCDの症状は約48％減少する（Wilhelm, Tolin, & Steketee, 2004）。OCDの症状は，成功した治療の後でも中程度は残存する（Eddy et al., 2004）。薬物はかなりの量の服用で多くは25％から50％の症状の減少を提供し，薬物の停止後は80％から90％の確率で再発する（Dougherty, Rauch, & Jenike, 2004）。これは，どの治療が非効果的であるかという提案ではなく，むしろ，OCDは，まだわれわれが学ぶべきことが多くある，深刻で挑みがいのある障害で

あるということである。

広場恐怖を伴うパニック障害の34の治療結果研究におけるメタ分析（Cox et al., 1992）で，暴露療法は大きく強力な効果量（1.34～3.42）を，さまざまな効果変数で示した。抗不安薬（アルプラゾラム）の治療効果もまた，ほとんどの効果変数で有意となったが，暴露療法はもっとも一貫した強い効果を示した。

暴露療法はまた，社会恐怖の治療としても効果を示している。7つの比較対照試験では，暴露療法は治療の前後で自己評定では平均して1.1の効果量を示し，他者評定では平均して3.4の効果量を示した。21の試験では，暴露と認知の再構成を組み合わせた群で，やや低いが効果を上げていた（Fedoroff & Taylor, 2001）。ドロップアウト率は両治療群も平均して18％であり，薬物治療群とも同じぐらいの率であった。

暴露療法は，一般的に特定の恐怖症に対するえりすぐりの治療として認識されている（Lazarus, 1991; Barlow, 1988）。しかしながら，暴露療法の，支持的心理療法を含めた他の治療法の選択肢からの卓越性は，一般に信じられているほど他の療法を圧倒しているわけではない（Barber & Luborsky, 1991; Klein et al., 1983）。

全体として，暴露療法はPTSD，OCD，社会恐怖，他の不安障害の治療に役立っている。暴露療法は唯一のえりすぐりの治療法とよぶことは尚早であるが，確かに選択肢の1つである。暴露療法は，治療しないよりも，複数の代替療法よりも一貫して有益な結果を生み，それはすぐれた薬物療法がもたらすものに匹敵している。

EMDR

フランシーン・シャピロの人物像

1987年の眼球運動による脱感作と再処理法（EMDR）の開発につながる衝撃的な発見は，そのおよそ10年前から始まった。1979年，フランシーン・シャピロはニューヨーク大学で英文学の博士課程を終えようとしており，その領域では成功を経験していた。そしてトマス・ハーディの詩に関する博士論文にとりかかろうとしていた矢先に，彼女はがんの診断を受けた。この衝撃的な診断は彼女の人生で分岐点となり，がんとその破壊的な心理的影響に対する解決法を探し求めた。彼女はニューヨークを離れ，臨床心理学の博士課程に入学し，現在他の人々の外傷体験の治療に用いられている方法を偶然発見した（Shapiro, 1995）。

ある日公園を散歩している時に，シャピロはEMDRの手がかりを発見した。彼女は自身のいやな思考のいくつかが突然消失したことに気づいた。それらの思考を思い浮かべても，以前ほどの動揺や妥当性を感じなかった。それに興味を持った彼女は詳細な注意を払い，嫌な思考が心に浮かんだ時彼女の眼球が自発的に極めて速い往復運動を始めていたことに気づいた。そこで彼女はいやな思考に集中している間故意に眼球を動かし始めた。ふたたび思考は消失し，支配力を失った。後に彼女はこの手続きを他の人々に試み，同様の

肯定的な結果を見出した。当初行動学的な流儀である不安軽減に焦点を当て，また主要な方法が，導かれた眼球運動だったので，彼女は新しい手続きを眼球運動による脱感作法（EMD）とよんだ。

1989年に刊行されたいくつかの成功例に則り，彼女は同僚の臨床家のトレーニングを始め，手続きを一部変更した。その結果，最適な手続きが外傷記憶の脱感作と認知的再構成を同時に引き起こすことが確認された。この認識により彼女は眼球運動による脱感作と再処理法（EMDR）と名前を付けなおした。これは名前の変更にとどまらず，EMDRを不安の脱感作治療としての当初の行動学的概念化を超えた新しい統合的な心理療法のアプローチとみなす，視点の変化をもたらした（Shapiro, 1995, 2002b）。

フランシーン・シャピロは現在，カリフォルニア州パシフィックグローブにある，トレーニングとEMDR臨床家の資格認定に携わるEMDR研究所と，災害支援の調整や無料トレーニングの提供を世界各地で行う組織，EMDR人道支援プログラムの創始者兼上級アドバイザーとして働いている。彼女と同僚は45,000人以上の認定臨床家にEMDRの訓練を行い，これを歴史上もっとも急速に普及した心理学的技法の1つにした。シャピロはEMDRに関して50本以上の論文と章を数冊の本と共に書いた。『EMDR：外傷記憶を処理する心理療法（Eye Movement Desensitization & Reprocessing: Basic Principles, Protocols, & Procedures）』（Shapiro, 1995, 2002a）は専門的な読者向けになっており，一方『トラウマからの解放：EMDR（EMDR）』（Shapiro & Forest, 1997）はこの「画期的な治療法」を一般大衆向けに紹介している。

EMDRとシャピロはいくつかの理由から，初期より激しい論争に巻き込まれてきた。第一に初期の症例の治療経過は，EMDRが数回のセッションでPTSDからの解放をもたらすことができると示唆した。率直な懐疑とはいかないまでも，他の心理療法の形態では扱いにくいものと伝統的にとらえられてきたPTSDについて，実際，より短期間で治療的な利益が見込めることで，パラダイムのひずみを引き起こした。第二にEMDRのトレーニングはいくつかの対照群を置いた治療結果研究が得られる前に実施された。これを他の方法が使えないからこそ難しい疾患に見込みある治療を提供しているとみなした者もいれば，普及が承認をはるかに上回った無責任なトレーニングとみなした者もいた。第三に，初期のEMDRトレーニングは，訓練を受ける人に他人に技法の使用についての訓練をしないことについて同意書に署名を求めることにより，EMDRの正確な方法の一般への広がりを妨げた。シャピロと同僚はこの禁止についてEMDRは当時実験的な治療であることを承認し，トレーニングの質のコントロールを高めるものととらえていたが，他の者はそれを所有権として，また科学的研究の公的で自由な特質に反するものととらえた（Acierno et al., 1994）。そして第四に，特に精神医学や心理学において，心理療法の多くが依然として男性優位の専門域であった。主張的な女性であり，その領域の新参者がトレーニングへの入り口を管理し，パラダイムのひずみを引き起こす治療を，歴史的に困難な患者に提供していることがおそらく抵抗を生み出したのだろう。

精神病理の理論

　人間は精神的に健康な状態へ情報処理を向けさせる，生まれつきの生理的なシステムを所有している。この情報処理システムは生来的で適応的である。そのシステムは傷ついた時に体の残りの部分が生理的に癒す方向へ働くのとほぼ同様に，精神的健康を取り戻すために構成されていると推測される。

　手短に言えば，精神病理はこの情報処理システムが阻害された時に起きる。外傷的な人生経験は感情，行動，認知，身体感覚を動かしはじめ，結果として，アイデンティティ構造の病理的なパターンに至る。病理的な構造は情報が処理されないために起こる。処理の代わりに，外傷的な情報は固定化し未解決で，苦痛な出来事の間に貯蔵された時のまま凝結している。これらのより早期の苦痛な経験は状態特異的な形態で神経系に保持されている。象徴的に言うなら，外傷は神経生理学的に"囚われた"あるいは"閉じこめられた"状態である。

　精神病理が外傷の時期を超えても存続するのは，日常の刺激がそれらの外傷的記憶の中に具現化された否定的な感情や信念を引き出し，クライエントを外傷の時とまったく同じやり方で振る舞い続けさせてしまうからである。別の言い方をすれば，十分な処理の欠如，あるいは解決の欠如により，クライエントは感情的にも行動的にも外傷の時と同じように反応する。苦痛で興奮し，状態特異的に保持され，外傷は今の出来事により誘発され続け，悪夢やフラッシュバック，侵入的思考や回避行動により表現される。

　この章の始めに紹介したミーガンは，もはや自分がアルコール依存症の父親の性的欲求を満たすように強要された十代の若者ではないと知的にはわかっていた。しかし外傷は居座り，大人の彼女と夫との関係を支配し続けた。彼女と彼女の情報処理は過去に留まっていた。外傷的な記憶は情報処理システムの障害により病理的な性格特性の主な原因となる。それゆえに，システムの障害を取り除き記憶を変換することが人を癒す。

治療過程の理論

　初期の EMD は，行動学的モデルにもとづいた脱感作の1つとして概念化されたが，EMDR の概念は**適応的情報処理**（adaptive information processing）へと発展した。シャピロ（Shapiro, 2002a）はそのモデルは作業仮説であると率直に認めている。われわれには外傷によって生理的なレベルで特に何が起きているのかはいまだにわからない。

　外傷的な記憶に接近すると情報処理システムが活性化され，それから情報を適応的な解決に導く。このシステムは外傷的記憶を変容するだけでなく，それに付随して感情，思考，身体感覚を変化させる。総合するとこれらがアイデンティティにも変化を与える。たとえばミーガンに父親との外傷体験を思い浮かべるように頼み，こうして，彼女の情報処理システムを活性化する。EMDR は彼女の情報処理をより適応的な解決に向けて加速させる。性的虐待についてより合理的に考えるため，成熟した認知が"解放される"のに続いて苦痛が十分減少し，結果として彼女のアイデンティティはおびえてひどくいらだった被害者

から，問題を解決した大人の女性に変化する。脱感作と認知の再構成は，神経生理学的レベルで起こる適応的な処理の副産物である。

したがって重要な変化のプロセスは脱感作と認知の再構成による脱条件づけである。意識に浮上しカタルシスがいくらか働いても，それらはEMDRにおける変化の主要なメカニズムではない。

眼球運動が注目の大部分を占めてきたが，EMDRは実際には複数の段階を含んでいる（Shapiro, 1995, 2002b）。第1段階にはクライエントの生育歴・病歴の聴取と治療計画が含まれる。たとえば高いレベルの苦痛に耐えることのできないクライエントや十分なソーシャルサポートのないクライエントは，治療の候補者には適していない。

第2段階は準備がなされ，臨床家はクライエントにEMDRの手続きを紹介し，理論的根拠を説明し，次のセッションまでの間に起こりえる苦痛に対する備えをさせる。暴露療法と同じく，クライエントにできれば直接か配付資料で技術的な手続きの概要を伝え，体験そのものについていくつかの比喩を提示する。一般的な比喩には，電車に乗り窓の外を眺め，外傷体験や記憶にただ気づいているという電車旅行のたとえと，映画館でいすに座りスクリーンに映る外傷的な映像を眺めるという映画館のたとえの2つがある。いずれの比喩も外傷体験そのものから距離を置くことが組み込まれ，結果として生じる情動をある程度自分自身で制御する力を与える。クライエントは脱感作に完全に移行する前に，自分自身を落ち着かせることやリラクセーションに熟達しているように求められる。もしそうでなければ，数セッションがさまざまなリラクセーションの手続きを教え練習するために充てられる。

評価の段階において，EMDR臨床家はターゲットを同定し脱感作を行う前のベースラインのデータを収集する。クライエントはそのセッションで取り扱う記憶，特にもっとも早期かあるいは最悪なものを1つ選ぶように求められる。そして彼（女）は外傷体験に関連した機能不全な，あるいは不健康な自分自身についての考えを表現する否定的認知を選ぶ。1つの例として，ミーガンなら「私は汚れている」「私は愛することができない」あるいは「私は男性を近寄らせることができない」と述べるであろう。そしてクライエントは外傷に関して健康で適応的な自分自身に対する考え方を表現し，後に植え付けにより否定的認知と置き換えるために用いられる肯定的認知を挙げるように尋ねられる。ミーガンなら「私は価値がある」「私はもう一度愛することができる」「私は人間関係に責任を持つ」と挙げるだろう。この肯定的認知は，1は「完全に間違い」で7は「完全に本当」という7段階の**認知の妥当性**（Validity of Cognition: VOC）尺度で評価される。治療前は，情報処理システムが阻害されたほとんどのクライエントが否定的認知を保持し，肯定的認知を1，2あるいは3と評価する（間違いである領域にあたる）。

その記憶と否定的認知を考えながら，クライエントはたった今どのように感じているかをSUDにより評価するよう尋ねられる。SUDは**主観的苦痛単位**（subjective units of distress）の略語であり，0は何も感じないか穏やかな気分，10は考えられる限り最悪である。再処理の前は，クライエントは概してSUDで5から10の間の評価，すなわち中程度から高いレベルの苦痛を報告する。これで，もっとも長く，患者にとってもっとも困難

な**脱感作段階**（desensitization phase）に至る。彼女は衝撃的なイメージを思い浮かべ，否定的認知について考え，それに伴う感情に気づきながらセラピストの手を目で追う。セラピストは苦痛を起こさずにできるだけ早くクライエントの視野の左端から右端への眼球運動を生じさせる。主にセラピストはクライエントの顔からおよそ30〜35cmのところに2本の指を垂直に立てて手のひらをクライエントの方向に向ける。1セット15〜30往復の眼球運動の後，セラピストは「それを消してください」あるいは「それを解放して」と言い，それから「深呼吸をして下さい」と指示する。

　クライエントはたとえば「今何がわかりましたか」「何があなたの中で出てきましたか」といった意図的に大まかな問いかけに対し感情，イメージ，身体感覚や考えについて述べる。クライエントは彼女の体験について，「私は彼が私の後に近づいているのが見えます」「私の胸は締め付けられるようです」「とにかくとても怖くて寂しいです」などと手短に述べる。セラピストは脱感作を妨げるか遅延させるような共感的な意見や支持的な解説を差し控え，代わりに，クライエントに「それと一緒に」あるいは「ただそれについて考えていて下さい」と言い，次の眼球運動のセットを始める。

　眼球運動は情報処理システムを活性化する方法の1つでしかない。手のタッピングや音刺激の反復が代替刺激として広く用いられている（Shapiro, 1995, 1997）。

　刺激が何であっても，脱感作はセッションのほぼ終わりまで，あるいはクライエントがSUDで0か1の評価を報告するまで続けられる。おのおののターゲットは通常完全に処理されるまでに数セッションを要する。

　治療の次の段階は**植え付け**（installation）とよばれるが，それは肯定的認知を植え付けそれをより強くするのが目的だからである。SUD評価がひとたび0か1に達したら，クライエントは，より現実的で適応的な認知がもたらされるに十分な安心感を得ている。クライエントにターゲットと肯定的認知を同時に心に浮かべるように尋ねることで，望ましい認知は最初の記憶と連結される。眼球運動のセット（あるいは代替刺激）はこの結びつきを強めるために行われる。これは，VOC尺度が6か7（完全に本当）になって，SUD尺度と併せて，一連の処置が有益な結果を収めるまで続けられる。

　そのセッションの終わりに，クライエントは脱感作が終わるかどうかにかかわらず，情動的に平衡状態に戻される。クライエントは次のセッションまでの間に起こる苦痛な考え，イメージや夢について日誌を書くように言われ，治療の始めに復習した自分自身を落ち着かせる方法やリラクセーションの練習を行うことを思い出す。

　これらの複数の段階が標準的なEMDR治療を構成している。数々のプロトコルが，特異的な集団や疾患，たとえば子ども，恐怖症，悲嘆や身体表現性疾患などについて開発されてきた。

　その他に，クライエントの処理が阻害され，機能不全な題材が解決に至らない場合がある。それが起きた時は，臨床家は**認知の編み込み**（cognitive interweave）を用いるが，これは積極型のEMDRで，ただクライエントの自発的な処理に頼る代わりに，クライエントの生み出した題材に臨床家由来の言葉を意図的に編み込むものである。クライエントが**堂々巡り**（looping）（動くことなく処理を阻害する繰り返される思考），不十分な情報，

般化の欠如，時間の切迫の4つの状況にある時にしばしば臨床家主導の処理が必要となる（Shapiro, 1995, p.245）。認知の編み込みは，クライエント自身の処理が十分でないことが明らかな場合に控えめに用いられる。

治療関係

EMDRにおける臨床家とクライエントの関係は，共感，信頼と安全により特徴づけられるべきである。傷ついたクライエントのほとんどが恐怖，困惑，沈黙に何年も苦しんできた。人生の最悪の体験を共有するのは大変な勇気が求められ，EMDR臨床家はその勇気と，クライエントが長期間の安堵のために短期間の苦痛に耐えると決意したことに対して敬意を伝えるように期待されている（Dworkin, 2005）。共感的であるにもかかわらず，EMDRセラピストは外傷の処理をしている間は共感的で支持的な言葉を抑えなければならない。他の暴露療法と同様，そうすることは患者の脱感作を阻害し，心理学的に自らを癒そうとする生来の傾向を遅らせる。

治療関係と治療状況はクライエントの安全を保証するものでなければならない。EMDRは外傷的な題材に向き合い，潜在的にクライエントの解離に直面することが多い。ラポールを構築し，患者を選択し，リラクセーションを教え，クライエントに準備させ，再処理を一時停止するための"ストップサイン"を復習し，必要なら次のセッションまでの間に連絡がとれるようにしておくこと，そのどれもがクライエントと臨床家の両者に安全な避難場所を創造する。

実用性

EMDRセッションは一般的に90分にわたり行われるが，それは情動の処理と情動的な平衡の回復に十分な時間を取るためである。より長期間のセッションは時に健康保険の請求に際し困難な問題を引き起こすが，より少ない回数のセッション（単一のターゲットについて4〜6回）なら補塡されるようである。EMDRはマネジドケアの領域において，外傷性障害の短期の包括的な治療として自らを熱心に宣伝している。

実際には臨床家はEMDRをしばしば他の治療方法と組み合わせ，EMDRプロトコルの一部の要素を省略する。EMDRを実施している532人のセラピストを対象にした調査では，彼らは概して統合的／折衷的な，あるいは認知／行動的な方法を志向し，EMDRを主としてPTSDやその他の不安障害に用いていたことが明らかになった（Lyhus et. al., 印刷中）。EMDRは最初は成人向けに開発されたが，子ども向けにも変更されてきた（Tinker & Wilson, 1999）。EMDRの柔軟性の一片は，異なる志向の臨床家やすべてのメンタルヘルスの専門家により行われているということにある。

EMDR研究所はアプローチの技量を高めるために，週末に行われるワークショップへの2度の参加とスーパービジョンを受けての実習を勧めている。2日間行われるレベル1ワークショップは基礎的なことを扱い，レベル2ワークショップは認知の編み込みと高度

な適用に焦点を当てる。

おそらく心理療法の他のシステムよりも，EMDRの創設者や臨床家は災害地域での**無料**（*pro bono*）の治療や訓練に関わってきたであろう。EMDR人道支援プログラムを通し，非常に多くの臨床家が無料で訓練を受け，何万という時間をわずかな報酬か無料でEMDRに費やしてきた。EMDRは世界各地で内戦（バルカン諸国，北アイルランド紛争），自然災害（ルイジアナ州の台風被害，アジア地域の津波被害），特定地域の外傷（国際貿易センターの爆破，エルサルバドルの殺戮）などの被害者を援助するために用いられてきた。

有用性

EMDRの治療効果に関する最近の論争は，多くの心理療法システムが開発され承認されるまでの歴史の繰り返しである。初めに，治療法の創設者と数人の擁護者が比較対照のない症例の経過を発表し，代替の治療法では著明な治療結果が得られないという主張を打ち出す。そして反対者はただちに厳密で対照群を置いた治療結果が不足しているところを指摘し，「治療法の信奉者がデータを超えてしまっている」と公然と苦情を述べる。対照群を置いた治療結果研究が，無治療群やプラセボ治療群と比較して，その効果を証明するよう次第に発表されるが，他の療法に対して優位性があると称するほどのものではない。そして最後に，批判者はその治療法が最初に述べられたほどではないが効果があるとしぶしぶ認める。そして両者ともが勝利を宣言する。治療法の創設者らは新しい，根拠にもとづく心理療法であると立証し，初期の批判者は科学的なプロセスの完全さを保持できたことを誇りに思う。

EMDRの臨床効果の研究についての騒ぎが収まると，われわれはほぼ行きづまりの状態に追いやられる。創設者らはそれを非常に効果があると結論づけ，批判者は注意を促す。シャピロ（Shapiro, 2002c）は外傷の治療にEMDRを用いたおよそ300人の患者を対象とした13の比較対照研究を再調査した。20年余の歴史の中で，EMDRは外傷の治療に用いられる他の方法に比べ，より統制された比較研究を蓄積してきた。シャピロの評価によれば，EMDR群は無治療群より明らかに優れており，比較された他の治療方法と同様に肯定的な効果を記録してきたという。一般市民[訳注2]を対象とした最近のEMDR研究では，77〜100％の単回外傷の被害者が同じように3回の90分セッションを受けた後PTSDの診断基準にもはや当てはまらなくなったことがわかった。

シャピロの楽観的な結論に比べ，批判者はより注意を払い比較考察している。何人かの認知行動的なセラピストは，客観的で標準的な方法を用いた対照群を置いた実験では，イメージ暴露の構成要素の効果を凌ぐEMDRの効果を支持することはできなかったと結論を述べた（たとえば，Acierno et al., 1994; Taylor et al., 2003）。彼らはEMDRの効果についての研究を再検討し，その効果は大部分が言語による報告の指標に限定されており

訳注2　戦争帰還兵以外という意味で用いられている。

(たとえばSUDによる評価），効果は不特定の要素と一致していると結論づけた（Lohr, Tolin, & Lilienfield, 1998）。EMDRを，いまだに市場で成功を挙げた暴露療法の一形態と考えている者もいる。トラウマ研究の第一人者は（McNally, 1999, p.619），「EMDRで効果的な要素は新しいものではなく，新しいものは効果的でない」と評価する。

　これらの，支持者から見て中立的な者による再調査はよりバランスのとれた公平な結論を出している。たとえばボードゥウィンズとハイヤー（Boudewyns & Hyer, 1996, p.193）は，「眼球運動の最終的な功績と影響がいかなるものであれ，EMDRは効果的で有用な心理療法の技法かもしれない。EMDRは暴露療法の能動的な治療要素を患者に受け入れられやすい方法で提供している」と意見を述べた。米国心理学会（APA）の臨床心理部門にある，心理的手続きの促進と普及に関する特別委員会（Chambless, 1998）は，EMDRは，一般市民のPTSDに対して，暴露療法やストレス免疫訓練法の"十分に確立された"効果的な治療法の1つ下のランクであり，"おそらく有効な"治療法と位置づけている。公表された比較対照研究を調査した後，国際トラウマティック・ストレス研究学会はEMDRをPTSDに効果的であると明示した（Chemtob et al., 2000）。

　いくつかのメタ分析はこれらの釣り合いのとれた結論を支持し，また研究範囲を拡げている。あるメタ分析（Van Etten & Taylor, 1998）は61のPTSDの治療結果研究について行われ，暴露療法とEMDRのいずれも効果的であり，ほとんどが同様の効果であることが明らかになった。EMDRは概して伝統的な行動療法や暴露療法より少ないセッションで治療効果を挙げた。他のメタ分析（Davidson & Parker, 2001）は集団や方法の異なる34の研究を横断してEMDRの効果のみを評価した。EMDR群が無治療群と不安を誘発する刺激に対する暴露を用いない治療群のいずれよりも効果的であると証明された。しかしEMDRの効果は他の暴露技法と同等であった。PTSD治療に関する他の2つのメタ分析もEMDRと暴露療法は等しく効果的であるという同様の結論に達した（Bradley et al., 2005; Sherman, 1998）。

　興味あることに，PTSDに対するEMDRの効果は特定の治療プロトコルにきっちりと従った厳密な研究でより高くなっている（**治療法への忠誠**（treatment fidelity）として知られる）。治療結果研究の方法論がより厳格になるにつれて，EMDRの治療効果は大きくなる（Maxfield & Hyer, 2002）。同様に効果量がもっとも大きいEMDR研究は，治療法への忠誠を立証したものである傾向が高い。この結果はわれわれに，すべての治療結果研究において，セラピストの適性と実際に心理療法を厳守しているかどうかも評価されるべきであると気づかせてくれる。

　継続中の論議に関与する，創設者，批判者そして中立的な研究者のすべてが1つの発見については同意している。それは眼球運動はたんに両側性刺激の一形態でしかなく，治療的な効果には必要ないかもしれないということである（Perkins & Rouanzoin, 2002）。現在の実証的証拠では眼球運動は治療に必須ではないかもしれないと示唆している。この点では，"EMDR"の中の"眼球運動"が適切でないことは証明されている[訳注3]。

　　訳注3　この結論は明らかに時期尚早と思われる。

暴露療法群に対する批判

行動論的観点から

　暴露療法は，われわれの行動的な伝統のまさに一部であり，もちろん，かなりの実証的確証を受けている。暴露療法は真実——行動療法の1技法——であり，他の偽科学的扇動療法とは別のものであると言っておこう。

　インプローシヴ療法も，尊敬すべき理論，消去過程に関する根拠にもとづいている。しかし，インプローシヴ療法は新しい瓶に入った古いワインであり，ダラードとミラー（Dollard & Miller, 1950）による精神分析の知見を学習の用語へ翻訳したものの焼き直しである。スタンプルが力動的あるいは仮定された回避の手がかりの妥当性を示していないので，これらの不必要な仮説を落として，不安を明らかに引き出す刺激に極度に倹約的に焦点を当てる——**症状につながる刺激**（symptom stimuli）——ほうが賢明である。

　EMDR は，実証的に支持された治療かもしれないし，そうでないかもしれない。しかし，フランシーン・シャピロと彼女の EMDR の弟子たちは，治療開発の順序を逆に進めた。科学者は熱心に新しい治療の効果と安全性をまず評価する。そして，その後に，実践家がその方法を使うのをトレーニングする。対照的に，シャピロは対照群を置いた治療結果研究が終わる前に2万人の臨床家がトレーニングを受けたと誇り高く言っている。もし，科学的なコミュニティに受け入れてほしければ科学の洗練されたルールに則ってプレイすることだ。

精神分析的観点から

　85年以上前，フロイト（Freud, 1919）は，もし分析家が，積極的に患者を恐怖刺激に暴露するように導くなら"恐怖症のかなりの軽減"が達成されることを観察した。われわれは暴露が恐怖症の行動を緩和することを長く認識してきた。しかし，その時フロイトが予想したことは（暴露療法家と EMDR 療法家が今日認識し損ねていることだが），恐怖症の行動が減少するだけでは不十分である。心理療法の究極の目的は，無意識を意識することであるべきで，恐怖をただ減じることではない。

　EMDR は半分の心理療法である。数セッションで，患者は眼球を刺激されたり，手をタッピングされて，SUD の中立的な状態になる。しかし，心理療法の真の仕事は残されている。EMDR に続いて，セラピストに必要なのは，外傷を解決し，患者の同一性に癒しの経験を徐々に統合する長期の困難な仕事をすることである。素早い治療は存在するが，外傷の心理学的世界に素早い修復はない。

人間性心理学的観点から

　暴露における情動の噴火は，人間の中にある本来的に意味のある戦いから生じているのではない。代わりに，暴露や内破のセラピストは，人工的なエクササイズや邪悪なイメージで人の外側から情動を喚起する。恐怖の場面や出来事に意味を与える中心的な役割をクライエントが演じるわけではない。セラピストはクライエントにひどいエクササイズを課す。クライエントはセラピストの支配力に頭を垂れることを期待されている。行動的な再条件づけが社会の改善を進めるために使われた驚くべき映画『時計じかけのオレンジ』の影である。

　暴露療法は，心理療法における"なすこと""ともにあること"の間の哲学的葛藤に明確な解放をもたらす（Power, 1981）。"なすこと"は，暴露の道具性と技術を完璧に封じ込める。われわれは外傷の犠牲者と"ともにあること"を好み，彼らの辛い経験に何かをなすことではなく，それを目撃し，肯定することを好む。危機の最中には誰しもケアする存在や，なだめる愛着を探すのであり，人間味のない技術や不安を強める課題は探さない。

文化的観点から

　将来不安障害を発症しそうな外傷を受けた子どもや成人は，われわれの思いやりや尊敬を必要としている。対照的に，暴露療法では，外傷の再活性化と不安の増強を受ける。暴露療法家はクライエントの改善に興味があるのみでそうするのだと主張するが，結果が方法を正当化するという論は受け入れがたい。治療が障害よりも悪いかもしれない。

　少なくとも，大勢のセラピストは，不安を生み出す外傷的文脈に共感し，犠牲者の恐怖に共感するだろうと思う。しかし，暴露療法家の治療における共感と感受性は，不安に涙ぐんだ人に，より怖い場面を見つけるために意図的に使われる。感受性と支援とエンパワメントを求める外傷の被害者はより多く，強い痛みを与えられる。臨床家とクライエントの間に共感的，配慮的関係がない時，心理療法はする価値がない。

　憎むべき犯罪と語れない外傷の被害者を治療する暴露療法家（そして，他のメンタルヘルスの専門家）にわれわれが期待するのは，これらの犯罪と外傷の予防のために，力のこもった代弁をすることである。効果的な介入はもちろん有益だが，社会的原因よりも個人の症状のみを治療することで，歪んだ社会と共謀していないか。暴露は，因果の流れではあまりに小さいし，あまりに遅い。暴露するなら，一般市民と政治家を，戦争，レイプ，暴力，貧困，差別の恐怖に満ちたイメージに曝そう。大虐殺があった後に，掃除する代わりに，底にある社会的原因に接近しよう。

統合的観点から

　EMDRはいくつもの理論と方法を組み入れた統合的治療としては先んじている。心理学的な自己治癒とクライエントがリードすることに力点を置いているのは，パーソンセン

タード療法と一致している。自由連想を用いる点は精神力動療法と一致している。イメージ上の暴露を脱感作の方法として用いているのは行動療法から来ている。認知の編み込みは認知療法の折り紙付きである（Shapiro, 1995）。EMDR は確かに眼球運動以上である。心理療法の複雑なシステムである。

　少なくとも，10 年に一度は奇跡的な治療法が治療的な場面に登場する。その例としては，催眠，脱感作，インプローシヴ療法，そして今，EMDR である。専門家が方法の効果の初期の劇的な主張を再現することを望んで，大勢トレーニングに申し込む。専門家も一般人もそのような魔法で催眠術にかかりうる。魔法とは，眼球運動や暗示の中にあると，催眠療法家は言い，魔法とは，脱感作と再処理の中にあると，EMDR 臨床家が言う。もしくは，インプローシヴ療法では情動のはらわたの動きの中にあるのだろうか。

　本当の魔法は，変化のもっとも強力な過程を評価しようとする科学的な動きから表れ，その変化は心理療法システムを越えて見つかり得るだろう。インプローシヴ療法においてカタルシスは鍵概念だろうか。あまりにも長い間避けていた恐怖に直面する選択が鍵概念だろうか。外傷的な手がかりがリラクセーション，眼球や手の運動，その他の専門的方法のような，より健康な反応と対にされた時，消去が拮抗条件づけの機能として実現するのだろうか。心理療法家がより熟練した時，より統合的になろうとする。EMDR における認知的発展を見るのは勇気が湧いてくる。複雑な問題の単純な解決は，時間や科学の試練に耐えられないだろう。

C夫人を対象としたインプローシヴ療法

　C夫人は汚れとギョウチュウ（蟯虫）という条件刺激を盛んに避けている。汚れた下着，床からの汚れ，汚れやギョウチュウのことを考えただけでも不安を生じさせる刺激となる。手洗いはC夫人から汚れの存在，ギョウチュウの可能性を取り除くので，不安を下げる。彼女の強迫的な手洗いは不安低減の強力な強化を道具的に作り出していることは明白である。

　C夫人は，最初強迫的な母親によって汚れや病気への恐怖を古典的に条件づけられた。彼女の条件づけの歴史の詳細は聞いていないが，彼女の手の汚れが脅威，折檻，ビンタやお尻への殴打と対にされ，ついには汚れが自動的に不安を喚起するようになったのだろう。罰が与えられた時に，汚れが自分をやっかいな目に遭わせたと考えるようになった。そして，ただ汚れについて考えるだけでも不安を喚起するようになった。親からのさらなる痛みを伴う罰を避けるために手をさっさと洗うか，衣服を執拗にきれいにするようになった。手洗いや洗濯は不安を急速に低減したので，C夫人はこうしたきれいにすることが条件づけられた。

　きれいが得られる環境で，C夫人の手荒い頻度はギョウチュウの外傷までは正常の範囲内で維持されていた。C夫人が知る限りでは，娘のギョウチュウが無条件嫌悪刺激で，現実的な恐怖対象である。彼女のかかりつけ医がギョウチュウ症になると脅して，家族の衣服と寝具を煮沸消毒させた。C夫人がギョウチュウの恐ろしさを教えられると，ギョウチュウをいつも考えるようになり，ギョウチュウの思考が不安の生起に条件づけられた。

　C夫人はこの時期，さらなる条件づけに脆弱性を持っていた。彼女自身も彼女の家族もア

ジア風邪にかかったことがあったので，健康に不安を持っていた。病気をするたびに，不安レベルが上がり，耐えられないレベルになっていた。彼女の不安を下げ，さらなる病気を避けられる反応を熱心に探していた。医者が手洗いが答えだと言ったので，手洗いが彼女の反応となった。

しかし，現実的な脅威が去った後さえも，手洗いは続いた。ショックが遠くなり，ギョウチュウがいなくなっても，彼女の不安は消えなかった。子ども時代の不安と最近条件づけられたギョウチュウの恐怖が残った。彼女の手洗いは汚れと病気についての不安が刺激となって，不安の低減によって強化された。汚れがあるとか，子どもが手を洗わずこすっているのをそのままにすると，彼女の不安は顕著に高まり，ほとんどパニック状態となった。不安が耐えられないレベルになると，大急ぎで手を洗い，パニックの低減で手洗い反応はさらに強く強化された。汚れかギョウチュウを考えるだけでも，強い不安を喚起した。

C夫人は今や，自分でコントロールできない回避試行を経験して回避する，条件づけられた動物みたいに，条件づけられた不安と回避が成り立っていた。インプローシヴ（内破）理論の立場では，汚れとギョウチュウは，不安を惹起し回避を形成する複雑な文脈のたんなる一部と考えている。他の回避の手がかりの成り立ちを仮定することもできうる。彼女の生育歴からは，怒りの表現，特に父親に対するものへの不安が条件づけられていると見ることができる。怒りの表現を抑圧するか，回避することを学んだ。したがって，汚い下着の山か，娘がお尻を掻いているのを見ると攻撃的な考えや感じが急に湧き起こる。症状につながる刺激，たとえば下着を避けることは，娘への怒りのような内的な刺激も避ける方法として，働きうる。C夫人の強迫的な手洗いは，多分，汚れ，病気，攻撃的幻想を含んだ不安を惹起する刺激によってコントロールされている。

強迫的回避を消去する方法は，不安喚起刺激のおのおのがあってもそこにとどまることである。もちろん，この方法は高いレベルの嫌悪的な情動を引き起こし，C夫人の自然な反応は手洗いにより回避するか，治療を止めてしまうことである。インプローシヴ療法のセラピストは回避をさせないようにする必要がある。嫌悪刺激がある状況にとどまることで，C夫人に恐怖が押し寄せる。しかし，すぐに不安は消え始める。というのは，ショックはないし，罰もない。これらが条件づけられた恐怖を強化していたものである。ギョウチュウはもういない。親ももう痛めつけたりしない。彼女が恐れなければいけないものは条件づけられた恐怖そのものである。彼女が逃げ出さなければ急速に消去可能なのだ。

C夫人は症状につながる刺激を想像するように言われた。たとえば，ギョウチュウに関わる情景である。現実とは関係なしに，彼女は家にいて彼女の強迫と戦おうと決めたのだと鮮明に描くように言われる。ここ数年で初めて，地下室に下りて，洗濯をしようとしている。不潔な下着を集めた時に，便が手や腕にちょっと付いた。さらに，腕を何かが這っているのを感じた。どんどん不安になってくる。手を洗いたい強い要求を感じ，衣類を落とし，流しに走った。蛇口をひねったが，水は出ない。替わりにギョウチュウが出てきた。手にも腕中にもいて，手を洗って落とすことができない。ギョウチュウは皮膚の下に入り込み始め，耳にも這ってき，目にも浸食してきた。すぐに，全身を覆い，彼女の肉を食う。虫の食ったスイスチーズのように，彼女は汚い下着の山の上に弱って，倒れる。

この最初の情景の後，次はC夫人は症状と力動の手がかりの組み合わさった情景を覚悟することになる。彼女は毎年行くピクニックの準備をしていた。このセッションでは，近くの公園に夫と両親でピクニックに行く。テーブルの用意をしている時，C夫人は便意を催した。

屋外便所に歩き，座ろうとすると，穴が巨大であるのに気づき，後ろ向きに落ち込んだ。そのイメージで彼女はパニックになり，意識もうろうとなり，気を失いそうになった。まさに，後ろ向きに倒れ，深い，暗い，汚物の中に倒れ込んだ。表面に這い出て見上げると，母親が彼女の上に排便しようと準備をしていた。彼女は叫んで，母親は娘が汚物にまみれているさまを見てショックを受けた。母親の叱責に彼女は怒り，母親の顔に手に持った汚物を投げ始めた。母親はバランスを崩し，倒れ込んだ。同じ流れの出来事が父親においても起こった。しかし，夫は自分だけが取り残されたとわかったので，紙の皿をつかんで「自分抜きでピクニックはさせないぞ」と叫びながら，飛び込んだ。

むかつくことだが，C夫人はほどよいふんを選ぶことに抵抗できなかった。その珍味を食してみると，歯で砕くのが感じられ，口の中に髪の毛が感じられた。そのものはのどに貼り付き，流し込むためにいくぶん温かい黄色い尿を飲み込んだ。気持ち悪いが，感動的だ。

回避の手がかりを次々にこなしていき，C夫人は自身の怒りと攻撃性に注意を向ける準備ができた。彼女の怒りは子どもに向けられていたが，父親が，怒りを表現することへの怒りと不安両方を喚起するもともとの刺激であった。したがって，父親への攻撃性を含んだ場面は最大限の怒りを引き出すはずだし，最大限の不安を消去するはずである。17歳の自分を想像すると，デートからの帰りが15分遅れた。パジャマを着た父親が立って待っていた。彼女がどこにいたかわかっていると父親は言った。レストランで遅くなってしまったと説明しようとしても，父親は黙れと言った。何も間違ったことはしていないと説明しようとしても，ピシャリとぶち，台所でサンドイッチを作るように言われた。「彼とでいいから一緒に行きたい」と独り言を言ったら，怒りが内部でこみ上げてきた。台所で地下室のドア近くにあったなたに気づいた。それをつかんで，今度こそ彼を本当に殺そうという衝動を感じた。肉切り包丁をベルトに差し，なたをつかんだ。

父親はサンドイッチはまだかと叫んだが，彼女はゆっくりと父親のほうに向かって，「ええ，パパ。今すぐよ今」といいながら，彼女はなたを頭の上に振り上げた。父親は背中を彼女に向けていたので，彼女は父親のはげ頭から放たれる光を見ることができた。父からの蔑みと子ども時代からの屈辱が心によぎり，なたを高く振り上げ，全身の力を込めて，父の頭蓋に沈めた。顔に血が吹き出し，巨大な父親は立ち上がり，彼女に近づき，彼女ののどに手を伸ばそうとした。部屋の角に後ずさり，ナイフを引き出し，彼のお腹に押し込んだ。彼の上に立つと，彼は助けを乞うた。彼女は「私は地獄が好きよ」「あなたは私を十分すぎるほどいじめてきたのよ」と言う。彼女は彼のパジャマの前がはだけているのに気づいた。彼は勃起したまま果てようとしていた。それで，彼女はなたを頭蓋からはずし，性器を根本から切り落とそうとしながら，叫んだ。「このくそ野郎。いい子にしてあげる。私を二度と支配できないからな」。父親が痛みでうめくと，性器を引っ張って，皮一枚まで引き延ばし，最後にプチンと切った。それから，まるでバットのように性器を持ち，顔にぶつけて，「いつも私をバカにしてたわね。私を怖がらせたわね」。

こうした内破的な場面は，いろいろだが，いずれも最大限の不安を喚起するように作られている。C夫人が，場面に十分取り込まれて行くにつれ，現実的な詳細への考慮は背景に消え去り，この様は効果的なホラー映画のようである。現実はギョウチュウ，汚れの恐怖，怒りの危険からなっている。想像上の刺激は不安，怒りを増大させ，感情に溺れる。それを避けようとする。しかし，セラピストは彼女の防衛を突破しようとする。精一杯感じ，もっとも恐れているものから逃れるのでなく，直面することを強いるのである。

> 彼女の幻想と感情に直面し，C夫人はショックが徐々に消え去り，外的な危険が去っていくのを発見する。カタルシス的な解放と不安の消去で，内的な危険も消失する。彼女の手洗いを刺激し，強化していた不安が消えつつある。C夫人は，もはやギョウチュウ，怒り，汚れた手を考えることを避けたいとは感じない。結局，肥えだめでのピクニックの後，手に付いたほんの少しの汚れなんて何なのだろうか。

将来の方向性

この治療法分野のもっとも有望株は暴露療法とEMDRである。インプローシヴ療法は現代は支持者が少ないし，今は自分たちを暴露療法家とよぶのを好むようである。実際，臨床対象でも研究でも，暴露療法はインプローシヴ療法を凌駕している。理論にもとづいて，実験室で示され，今や現場でも証明され，しつこい不安が元にある障害，強迫性障害やPTSDの治療で復活を経験した。エドナ・フォアらの長時間暴露と反応妨害は不安障害のえりすぐりの心理治療の方法と見られている。

EMDRのように，暴露療法は徐々に包括的に，統合的になっており，呼吸法を再訓練し，セラピストの支持，認知療法を治療パッケージに取り込んできた。自信を持って予測するのは，その人気が続き，特に，**仮想現実**（virtual reality）暴露療法（Krijn et al., 2004; Rothbaum et al., 2000; Wiederhold & Wiederhold, 2005）に拡大するだろう。仮想現実はリアルタイムのコンピュータグラフィックス，ビジュアルディスプレイ，他の感覚インプット装置を統合し，コンピュータでシュミレートされた環境に患者を巻き込み，高所，クモ，飛行といった不安を生成する（第17章参照）。

EMDRは，論争に巻き込まれてきたので将来は明確ではない。いくつか確かなこともある。そのシステムのトレーニングを受けた臨床家の数は増加していく。外傷に関しては，他の主流な治療法に匹敵する効果と評価する結果研究が出されていく。今後の過程研究で，さまざまな刺激（眼球運動 対 手のタッピング 対 セラピストによる刺激なし）のそれぞれの貢献が検討されていく。研究と実践の積み重ねが，PTSDを越えてさまざまな障害での効果について同意のある結論に達するだろう。適用については，PTSDと外傷経験は是，パニック障害は，たぶん否（Goldstein et al., 2000）というような明確化がすでに表れている。

暴露療法が幅広く受け入れられるための大きな障害はセラピストの抵抗である。患者は普通，効果を直に経験するので，その手続きを受け入れるが，多くのメンタルヘルスの専門家は暴露に関連した不安を引き出す技法を取り入れるのに躊躇する。直接的に強い情動表現を活性化することは，沈着冷静な"お話し療法"の実践家を狼狽させる。解決の秘訣は，治療的な突破のために，記憶に埋め込まれた痛み，現代の珍妙な専門用語に埋め込まれた痛みにしばしば直面する必要があるという真実を認識することかもしれない。痛みなければ進歩なしである。

重要用語

適応的情報処理 adaptive imfomation processing
回避条件づけ／学習 avoidance conditioning/learning
回避抑制（認知的回避）avoidance repression (cognitive avoidance)
回避反応 avoidance responses
呼吸法の再教育 breathing retraining
古典的／レスポンデント条件づけ classical/respondent conditioning
認知の編み込み cognitive interweave
手がかりに対する暴露 cue exposure
脱感作段階 desensitization phase
力動的な手がかり dynamic cues
情動処理 emotional processing
暴露療法 exposure therapy
消去 extinction
眼球運動による脱感作と再処理法 Eye Movement Desensitization & Repocessing (EMDR)
般化 generalization
訓化 habituation
仮定された回避の手がかり hypothesized avoidance cues
イメージ暴露 imaginal exposure
インプローシヴ療法 implosive therapy
現実暴露 in vivo exposure
植え付け期 installation phase
堂々巡り looping
神経症的パラドックス neurotic paradox
オペラント／道具的条件づけ operant/instrumental conditioning
無料 pro bono
長時間暴露 prolonged exposure
反応妨害 response prevention
主観的障害単位 subjective units of distress（SUD）
症状の増悪 symptom exacerbation
症状につながる刺激 symptom stimuli
治療法への忠誠 treatment fidelity
（マウラーの）学習の2要因説 tow-factor theory of learning (Mowrer's)
認知の妥当性尺度 Validity of Cognition (VOC) scale
仮想現実 virtual reality

推薦図書

Boudewyns, P. A., & Shipley, R. H. (1983). *Flooding and implosive therapy*. New York: Plenum.

Foa, E. B., Keane, T. M., & Friedman, M. J. (Eds.). (2000). *Effective treatment for PTSD: Practice guidelines from the International Society for Traumatic Stress Studies*. New York: Guilford.［飛鳥井望ほか訳（2005）PTSD治療ガイドライン．金剛出版．］

Foa, E. B., & Rothbaum, B. O.(1998). *Treating the trauma of rape: Cognitive-behavioral therapy for PTSD*. New York: Guilford.

Rosqvist, J. (2005). *Exposure treatments for anxiety disorders*. New York: Routledge.

Shapiro, F. S. (2002a). *Eye movement desensitization and reprocessing* (2nd ed.). New York: Guilford.［市井雅哉監訳（2004）EMDR：外傷記憶を処理する心理療法．二瓶社．］

Shapiro, F. S. (Ed). (2002b). *EMDR and the paradigm prism*. Washington, DC: American

Psychological Association.

Stampfl, T., & Levis, D. (1973). *Implosive therapy: Theory and technique.* Morristown, NJ: General Learning Press.

Wiederhold, B. K., & Wiederhold, M. D. (2005). *Virtual reality therapy for anxiety disorders.* Washington, DC: American Psychological Association.

JOURNALS: *Behavior Therapy; EMDRIA Newsletter; Journal of Behavior Therapy & Experimental Psychiatry; Journal of Traumatic Stress.*

推薦ウェブサイト

Center for Anxiety and Related Disorders: **www.bu.edu/anxiety/**
Center for the Treatment and Study of Anxiety (Foa): **www.med.upenn.edu/ctsa/**
EMDR Institute: **www.emdr.com/**
International Society for Traumatic Stress Studies: **www.istss.org/**
Virtual Reality Exposure Therapy: **www.cc.gatech.edu/gvu/virtual/Phobia/phobia.html**

9 行動療法

ジョセフ・ウォルピ，ドナルド・マイケンバウム

ジュアンはカリフォルニアに住む若いセールスマンである。彼はさまざまな状況で機能の低下を招く慢性的な閉所恐怖症で苦しんでいた。ある時ジュアンは交通渋滞に巻き込まれ，パニックのような体験をした。そしてそれ以降，彼はどんな時であろうと運転を避けるようになった。また，エレベーターは不安と回避を引き起こす危険な場所となった。混雑した飛行機に搭乗した時には不安を感じ，飛行機に乗ることはジュアンの行動レパートリーから削除された。さらに，混雑したレストラン，劇場，教会に対しても不安を感じ，ジュアンの生活は制限されるようになった。しかし，彼がもっとも恐れていることは内科医を受診することであった。混雑した待合室は不快な感情をもたらし，MRI検査で装置の中に入ることはさらなる恐怖を引き起こした。また，彼は心臓疾患に罹りやすい家系で，自分にも高いリスクがあり，循環器疾患の専門医と詳しく話し合わなければならないと思っていたが，不安と回避のため，予約をとることはできなかった。

激しい景気の後退に伴い，ジュアンは運転恐怖の改善を最優先に取り組むことに決めた。それは運転恐怖のため，顧客を訪問することが困難となり，人より少ないチャンスの中でこれ以上仕事を失うことはできなかったためである。そして，ジュアンは，系統的脱感作を現実場面で実施することにより，わずか10マイルからカリフォルニア全域へと運転の範囲を徐々に広げていった。

それから，ジュアンは狭い棺のようなMRIと似た装置を作ることを考え，彼はその装置とともに習得した筋弛緩法を用いて日々恐怖に直面し，克服することに取り組んだ。妻と娘は時々，彼が暗い地下室へひきこもることについてからかっていたが，彼が混雑した状況へ出向くことに対して妻と娘は強化もしていた。そして最後には，「細く狭い棺で練習を行った後でも，人込みを恐れるのはなぜであろうか？」と創造的な治療法について冗談を言えるようになるまで回復した。

行動療法の概略

　行動療法は，精神分析やパーソンセンタード療法のように1人の人物が創設した枠組みではない。行動療法家が支持する理論や技法は多種多様である。伝統的に学習理論が行動療法の基礎であると考えられてきたが，学習理論（Pavlov, Hull, Skinner, Mowrer, その他）が行動療法を代表するとは考えられていない。1970年から80年代における認知行動的技法の急激な増加は，専門用語を単一の理論や統一した技法群にまとめることを困難にさせた。そのため，**行動療法**（behavior therapy）という現在の用語は，概念的な行動主義，方法論的な行動主義，あるいは両者の不明確な組み合わせにもとづいている。

　カズディン（Kazdin, 1984）による行動論的治療の主な特徴は，行動の焦点化，学習の重視，指示的で能動的な治療，アセスメントと評価の重視，日常生活での活用である。また，オレーリーとウィルソン（O'Leary & Wilson, 1987）による，より詳細な行動療法の特徴を以下に示した。

- 多くの異常行動は，正常な行動と同様の原理にもとづき獲得，維持される。
- アセスメントは，連続的で，現在の問題に着目して行われる。
- 特定の生活状況において何を考え・感じ・行動しているかを記述することによって，もっともよく人を表せる。
- 治療は，理論や科学的心理学の実験的知見にもとづいている。
- 治療法は，明確に特定でき，再現可能なものである。
- 治療は，それぞれの問題の特徴にもとづいて実施される。
- 治療目標と方法は，クライエントとともに決定される。
- 効果研究は，特定の問題で実施された技法を対象に検証する。
- 結果は，行動変化の程度，日常生活への般化，維持にもとづいて評価される。

　今日ではこれらの概念の多くは広く受け入れられているが，精神病理の医療モデルや精神分析とは根本的に異なっている。たとえば，行動療法では不適応行動は変容されるべき問題であると見なされ，もはや表面的な問題行動は，根底にある障害の徴候であると考えられていない。むしろ，この医療的見解は，症状が問題かつ療法の対象であるという前提のもとで否認される。このような治療では，新しい症状に置換したり，古い症状が再発したりする恐れはない。

　行動療法の方法論的な見解を以下にまとめてみる。治療は厳格な実験的な手続きによって検証されるべき経験的試みである。技法は個人的に関心のある理論にもとづいているからと言って，単純に有効であるとみなすことはできない。技法の有効性は，信頼性や妥当性のある尺度を使用し，同一の条件の下で検証されなければならない。治療の効果を確認するため，**標的行動**（target behaviors）の**ベースライン測定**（baseline measures）は，

治療の開始前に行われなければならない。

　行動論者はデータにもとづき，実験的な方法として治療を行っているが，それはたんに形式的ではなく，厳密に行われなければならないと考えられている。たとえば，データは，実験者やセラピストが観察可能な行動のみを対象としなければならないのであろうか？あるいは客観的な尺度により測定したものでなければならないのであろうか？　実験的なデザインは，クライエントが厳格に検証されるように**少数事例法**（small-n）でなければならないのか，あるいは，技法はプラセボ群や無治療対照群を導入したデザインの下で検証されなければならないのであろうか？

　現代の行動療法は多様な技法，仮説，そして，共通した方法論を有している。このような行動療法で用いられる用語や考え方の多様性は初学者に混乱と曖昧さを引き起こすが，心理療法で行われる創造的な活動につながることもある。以下に，行動療法の３つの主要な推進力を詳細にすることで，この複雑な仕組みを明確にしていく。これら３つの推進力は，**拮抗条件づけ**（counterconditioning），**随伴性マネジメント**（contingency management），そして，**認知行動変容**（cognitive-behavior modification）で，**行動療法の３Ｃ**（3 Cs of behavior therapy）と名づけることにする。（認知療法は独立して第10章で扱う。）

　はじめは，ジョセフ・ウォルピに代表される**逆制止**（reciprocal inhibition）あるいは**拮抗条件づけ**である。ウォルピのアプローチは基本的に不安に関わる問題に対する**レスポンデント条件づけ**（respondent conditioning）にもとづいている。また，彼のアプローチは，入門者から専門家までの誰もが知っている，パブロフとそのイヌの条件づけに直接的に根ざしたものである。拮抗条件づけ技法を利用し，系統的脱感作法や自己主張訓練の信奉者を含むセラピストこそが，もっとも**行動療法家**とよばれるにふさわしいであろう。

　２つめは伝統的に**行動変容**（behavior modification）とよばれ，**オペラント条件づけ**（operant conditioning）に焦点を当てている。このアプローチはスキナー（B. F. Skinner）の業績に根ざしており，行動の随伴性を操作することに関心が寄せられている。スキナーは，少人数でよく統制された手続きの下で介入効果を検証することに熱心であった。しかし，その一方で，効果的な技法に対して理論的な説明をすることに関心は薄かったようである。一部の行政職や市民が行動変容という用語に否定的な意味合いが含まれるということで，**行動分析**（behavior analysis）という名称もこの治療アプローチに付け加えられた。

　３つめは，行動の変化のために認知的な説明や認知的技法を使用する行動論者である。このような多面的な特性を有した認知行動主義は，ドナルド・マイケンバウム（Donald Meichenbaum）によってもたらされた。一般に認知行動論者として知られるこのようなセラピストは，**認知的再体制化**（cognitive restructuring），**ストレス免疫法**（stress inoculation），**問題解決法**（problem solving）といった多様な手続きを利用している。主に認知および論理情動技法の使用を説明するのに，認知のラベルづけを好む心理療法家については，次章で考察する。認知行動療法と認知療法を隔てる境界はまったくぼんやりしているのを，われわれは素直に認める。その違いを云々するのは"机上の"（この特性

の教科書にはまさにぴったりの）問題かもしれない。

　行動療法は3つの枝分かれしたシステムとして表されるが，現代の行動療法家はさまざまな観点にもとづいた技法を使用している。行動療法で用いられる多様な定義と技法を反映して，米国行動療法学会（Association for the Advancement of Behavior Therapy：AABT）は，行動的立場，認知行動的立場，あるいは認知的立場など多様なメンバーで構成されている（Craighead, 1990）。行動療法家はある特定の理論や技法に依拠するのではなく，問題行動に対してその介入方法がもっとも効果的かつ効率的な手続きであれば適用するということが特徴的である。

　行動療法の本質と多様性の両方について把握するため，われわれは標準的な章の構成を修正する。まず，行動論者は一般に，行動をコントロールするにあたっては，環境条件のほうが内的なパーソナリティ特性よりもはるかに重要だと信じていた（Mischel, 1968）。多くの行動療法家は（特に英国において），特性に関してときおり話題にしたが，システムとしてパーソナリティの包括的理論を構築することに関心を示してこなかった。そのため，本章ではこの項を省いている。2つめに，行動療法は変化の内容よりも変化のプロセスを強調してきたため、治療内容の項も割愛した。

　われわれはこれから順に，行動療法の3つの推進力または3つのCそれぞれに関して，精神病理と心理療法の理論を考察する。そして，行動的治療関係をモデリングの観点から吟味する。さまざまな行動的治療への対照群を置いた治療結果研究が有用性の項で示された後，行動療法に対する批判がそれにつづく。最後に，C夫人に対して，拮抗条件づけ，随伴性マネジメント，認知技法，および治療関係のモデリングの視点を組み入れた包括的アプローチによる分析がなされる。

拮抗条件づけ

ジョセフ・ウォルピの人物像

　ジョセフ・ウォルピ（Joseph Wolpe, 1915～1997）の著書『逆制止による心理療法（Psychotherapy by Reciprocal Inhibition）』（1958）は，**拮抗条件づけ**にもとづく行動技法のもっとも包括的なアプローチである。ウォルピは，かなり廻り道して学習理論に根拠を置く治療理論にたどり着いた。南アフリカでユダヤ人として育てられ，彼を信心深い信仰者にしようとしていた祖母の影響を受けた。彼は，多くのユダヤ人作家，特に12世紀のユダヤ人医師であり哲学者であったマイモニデス（Maimonides）の本を読んだ。20代前半には他の哲学者について調べ始め，イマヌエル・カント（Immanuel Kant）から始まり，ディヴィッド・ヒューム（David Hume）へ移って，さらに他の数人の思想家を経てバートランド・ラッセル（Bertrand Russell）へと進んでいった。彼自身の知的な旅が終わるころには，彼の神学は自然科学的な一元論に取って代わられていた。

　ウォルピはフロイト（Freud）を厳格な唯物論者として見ていたので，20代半ばの彼の

人間に対する見方はますます精神分析的になっていった。フロイトの理論はいくつかの重要な事実に合っていないと示唆する研究を読み始めなければ，彼は精神分析的な精神科医になっていたかもしれない。彼は，また，唯物論的なイデオロギーを持つロシアが，パブロフ（Pavlov）を好みフロイトを拒絶したという事実にも心をうたれた。ウォルピは，パブロフの研究に感銘を受けたが，自分がハルの著書『行動の原理（Principles of Behavior）』（Hull, 1943）の中の条件づけの理論的解釈を好むということに気づいた。

　1947年彼はヨハネスブルグのヴィトヴァーテルスラント大学で，医学博士号の学位論文のために，動物神経症の研究を開始した。ネコを用いた研究において，彼はブザーとショックを対提示し，ブザーに対する不安の古典的条件づけを行った。ブザーが鳴ると，ネコは摂食をやめた。ウォルピは，条件づけられた不安が摂食を制止するならば，適切な条件の下では，摂食反応を不安の制止に用いられると理論的に考えた。問題のネコはホームケージでは食事をしないため，恐怖のほとんどない異なるケージでネコに餌を与え始めた。ウォルピは，このように，不安反応を摂食反応に置き換えることによって，動物の不安に拮抗条件づけを開始した。段階的にホームケージと類似したケージでネコに餌をやることによって，最終的にはホームケージで食べることができるまで，彼はネコの不安を減少させた。同様の方法で，彼はブザーに対する不安を制止するために摂食反応を使うことができた。

　ウォルピは，その時，このような拮抗条件づけの手続きの使用が，急進的で新しい療法の基礎になりうると確信していた。彼は人間において，うまく不安を制止することができ，最終的には拮抗条件づけが可能な反応を探し始めた。われわれが知っているように，不安を制止するための深いリラクセーションの利用は系統的脱感作の基礎になり，社会不安を制止するための主張反応の利用は自己主張訓練の基礎になり，そして，不安を制止するための性的興奮の利用はセックスセラピーという新しいアプローチの基礎になった。ヴィトヴァーテルスラント大学で，不安障害を治療するこの新しい効果的な方法に胸を躍らせていた同僚や学生にウォルピは頻繁に会った。アーノルド・ラザルス（Arnord Lazarus）とスタンレー・ラックマン（Stanley Rachman）はこの一員で，彼らはウォルピの系統的脱感作をイギリスやアメリカに広めるのを手助けし，ウォルピ自身もその後，1963年にアメリカに移住した（Glass & Arnkoff, 1992）。

　ウォルピは，行動障害の治療に対する拮抗条件づけアプローチの効果を調査し，200人以上のクライエントの90%で成功したことを報告している。動物を使った研究と人間での成功は『逆制止による心理療法』（1958）として報告され，彼の研究は大学院教育の中で，学習理論の訓練を受けた臨床心理学者からかなりの注目を受けた。

　ウォルピは，バージニア大学やテンプル医科大学，東部ペンシルバニア精神医学研究所，そして，精神医学の優秀な教授として生涯を閉じたペッパーダイン大学で，行動療法と研究プログラムを続けた。彼は著書やワークショップ，米国行動療法学会（AABT）のような組織でのリーダーシップ，『行動療法と実験精神医学雑誌（Journal of Behavior Therapy and Experimental Psychiatry）』の創刊や編集を通して，メンタルヘルス領域で行動療法が主要な展開として確立することへ尽力し，論争好きな中心人物であった。影

響力のある彼のテキスト『行動療法の実践（The Practice of Behavior Therapy）』は，第4版（Wolpe, 1990）まで出版されている。

精神病理の理論

　不安は，多くの行動障害の原因となる。個人が脅威刺激にさらされた時，不安は主に交感神経系の反応パターンを示す。生理的な変化には，血圧や脈拍数の増加，筋緊張の増加，胃や性器への血液循環の低下，大きな随意筋への血液循環の上昇，瞳孔拡大，口の乾燥などが含まれる。これらの身体上の変化は不安の基礎であり，ショックや腰が抜けるような騒音，身体への打撃といった無条件刺激によって誘発される。

　不安は，学習することもできる。「与えられた刺激と時間的に近接して反応が引き起こされ，以前はそうでなかったがその刺激がその反応を引き起こすことができると後にわかる場合，学習が生じたとされる。また，以前から刺激が反応を引き起こしていても，その後それがより強くなる場合も，学習が生じたと言えるであろう」（Wolpe, 1973, p.5）と，学習は説明されている。このようにして，人々はたとえ以前不安を呼び起こさなかったブザーや犬，人々，セックス，エレベーター，汚れを含むどんな刺激にでも，不安反応を示すように学習することができる。

　古典的条件づけ（classical conditioning）（あるいは**レスポンデント条件づけ**）では，犬のような中性刺激が噛まれることのような脅威刺激と連続的に対にされる。噛まれることによって喚起される不安は犬の姿と関連し，犬の姿で不安を喚起するように条件づけることができる。同様に，セックスにおいて脅威にさらされれば，セックスが不安を喚起する条件刺激になりえるし，泥で遊んでいたために叩かれれば，泥により激しい不安を喚起するようになりえる。脅威刺激と関連づけられた思考ですら，たとえば性的な思考でも，不安を誘発するよう条件づけることができる。

　一次性刺激般化（primary stimulus generalization）の過程を通して，他の犬のような本来の条件刺激と身体的に類似している刺激も，同様に不安を喚起することができる。刺激が本来の条件刺激と異なれば異なるほど，より小さい不安しか喚起されないようになる。たとえば，子犬はその人を噛んだ本来の大きな犬と異なるので，最小の不安しか誘発しないであろう。

　般化勾配（generalization gradient）を構成する類似性の勾配，あるいは，最大の不安を喚起する本来の刺激から最小の不安を喚起するような同じではないが関連した刺激までの**不安階層表**（anxiety hierarchy）に，刺激を並べることができる。人間は，**二次性般化**（secondary generalization）あるいは**媒介的般化**（mediated generalization）の過程を通して，内的な効果の類似性にもとづく階層をつくることができる。このようにして，デートを断られたり，待たせられたり，バスに乗りそこなったりというような身体的に異なる状況でも，拒絶されたという内的な感情反応にもとづく階層表や般化勾配を形成することができる。どちらの般化の結果においても，ほとんどの患者は，彼らの不安レベルは刺激状況によって異なると報告するであろう。たとえば，権威的な人物に対する恐怖が条

件づけられた人は，上司のいる場所での仕事では身体的な不調を訴えるかもしれないが，配偶者や子どもが威張りちらす場合を除いて自宅ではほとんど不安を報告しない。

　全般性不安や浮動性の不安を訴える人々は，どのような特定の誘発事象とも独立して反応しているかのように思われる。しかしながら，不安はつねに誘発事象の結果である。すなわち，これらの患者の問題は，彼らがどこにでもある刺激を恐れるように条件づけられたということにある。1つの例として，厳格な両親によって自身の身体に対して不安をもって注意を向けなければならないという条件づけをされたことにより，眠ったりシャワーを浴びようとする時さえ常に不安な状態にあったという患者がいる。

　不安は，精神病理学ではもっとも重要な学習の問題である。いったん不安が特定の刺激に対する習慣反応として確立されると，行動の他の側面も徐々に害され，損なわれ，二次性の症状に至ることになる。性的な興奮の制止による性行為の妨害，不安による睡眠困難，緊張性頭痛や胃の不調，攻撃性の増加，集中力や思考力，記憶力の低下，厄介な振戦や発汗などが，起こるかもしれない。時間とともに，慢性的な不安の生理反応により，身体機能が弱められ，胃腸症状のような精神生理学的症状になるかもしれない。苦痛，身体的疾患や精神障害への恐れとの結びつき，社会生活への支障のために，これらの二次性の症状はそれ自身で不安を引き出すかもしれない。これらの二次性の問題がさらなる不安を生じるならば，新しい学習が生じ，より複雑な症状に至る"悪循環"が形成されるかもしれない。

　条件づけられた不安によって，不安を回避するような反応や不安を終わらせるような反応が頻繁に生じる。回避は自動的に不安を終わらせる結果につながるので，恐怖症のような身体的回避が学習される。このようにして，一部の患者は，医師や飛行機，エレベーター，社交的な集まりを回避しなければならないことについての苦痛を訴える。また，アルコールやバルビツール剤（鎮痛・催眠剤），麻薬，その他のドラッグを使うことで不安を終わらせることを学習する患者もいる。

　時間が経つにつれ，主訴はもはや不安ではなくなり，不安を回避するために恐怖症患者や嗜癖患者となっていく。もちろん，嗜癖自体が不安を生じさせ，新しい不安を減らすためにさらなる問題へと至ることもあり，悪循環が続いていく。患者の症状は非常に多様となり，性的機能不全から恐怖症，対人関係の困難，精神生理学的愁訴，物質乱用と幅広い。患者の中には，想定される機能的なパターンとしては，必ずしも関連がない複数の愁訴を示すことがある。たとえば，内科の患者が風邪にまったく無関係である震えを示すかもしれないのと同じように，患者は関連しないエレベーター恐怖症と不眠症で苦しむかもしれない。恐怖症の治療に成功しても，まったく不眠症には効果がないかもしれない。

　症状は，特定の刺激によって誘発される特定の不安の結果である。したがって，特定の不安と特定の二次性の症状の除去に成功すれば，新しい症状には至らなくなるであろう。**症状の代理**（symptom substitution）と**症状の再発**（symptom return）は，すべての行動を力動的な葛藤にもとづいた傷つきによる相互連結としてとらえる人たちによる，理論上の神話である。多くの行動の問題に共通することは，不安を誘発する刺激とそれによる結果の両方が非常に特定化されているような，条件づけられた不安の存在である。したが

って，治療の成功には特定の不安反応の持続した除去に成功することが求められる。

治療過程の理論

　不安は条件づけを通して学習されるので，拮抗条件づけを通して学習を消去することができる。ウォルピは"神経症的な"ネコの研究における発見を通して，効果的な拮抗条件づけには2つの重大な課題があるとしている。1つめは，不安と両立しない，そして，不安喚起刺激と対にできる反応を見つけることである。逆制止の原理では，「もし不安を制止する反応を，不安を喚起する刺激が存在する状況で生じさせられれば，これらの刺激と不安の間の結合は弱まるであろう」（Wolpe, 1973, p.17）と述べられている。不安を制止する反応と不安を喚起する刺激の十分な組み合わせにより，より適応的反応を新たに，最終的に不適応的な不安反応と置き換えることができる。簡単に言えば，「問題と反対のことをしなさい，そうすれば，問題は消える」ということである。不安を制止することができる反応は多いが，行動療法家によってもっとも頻繁に使用されるものは，リラクセーション，主張反応，運動と性的な興奮である。そして，そのすべては副交感神経の活動と関係している。

　拮抗条件づけのもう1つの重要な課題は，強い不安反応はリラクセーションや主張反応，運動，性的な興奮状態を非常に中断させやすいことである。したがって，拮抗条件づけは般化勾配あるいは不安階層の低い刺激から始めることが，重要となる。不安階層表で低い刺激（大きなシェパードに対して小さな子犬のような）は，非常に低い不安しか誘発しない。簡単に言えば，「最終的なより大きなゴールに向けて，"赤ちゃんのような歩み（小さなステップ）"で始めなさい」ということである。階層の低い刺激に対して，深いリラクセーションや強い主張反応，あるいはその他の拮抗条件づけ反応を用いれば，不安反応を制止することができる。階層の低い刺激でそのような形で対にするのを繰り返すことによって，おのおののレベルの不安は脱条件づけされる。不安レベルが弱まることで，不安を制止する反応と不安を喚起する刺激との対提示は不安階層のより高い刺激まで進めることができ，最終的には階層のすべての刺激に対する不安反応を脱条件づけできる。

　ここでは，4つの行動の技法，すなわち系統的脱感作，自己主張訓練，性的な興奮状態，刺激性制御で拮抗条件づけの原理を説明しよう。

　系統的脱感作（systematic desensitization）　漸進的筋弛緩法は不安と両立しない反応である。ジェイコブソン（Jacobson, 1938）によれば，セラピストは，最初にクライエントに身体を通して筋肉をリラックスさせる方法を教える。リラクセーション訓練の仕方は行動療法家によって若干異なるが，誰もが共通してクライエントに教えることは，筋肉が緊張している時と完全にくつろぐ時の区別の仕方である。セラピストは，クライエントに椅子を握らせて，自分の前腕の緊張に焦点を当てさせることから始めるかもしれない。それから，クライエントは自分の腕をリラックスさせて，緊張とリラクセーションの違いを感じるように促される。腕の各筋線維がリラックスするまで，クライエントは自分の前

腕の緊張を能動的に取り去るように促される。クライエントは，強くいろいろな部位の筋肉を緊張させて，それから能動的にリラックスさせたように，リラックスは自分でコントロールできることを学んでいく。セラピストの中には，クライエントに緊張する腕をリラックスさせるために，たとえば腕を鉛のようにイメージさせた後，素早くひざに落とさせたりする。また，クライエントにゆっくりリラックスさせ，徐々に，しかし，完全に緊張の感覚が自分の筋線維から去っていくのを感じるよう促す。通常，10～15秒間筋肉を緊張させると，10～15秒の弛緩が続いて起こる。身体のおのおのの主要な筋肉群を緊張させリラックスさせたりするが，通常，手と前腕から始め，それから，二頭筋と三頭筋へ移る。次に頭部の筋肉，額から始めて目，鼻，口，そして舌へと進めていきながら，緊張とリラックスを繰り返していく。筋肉群を段階的に移行することによって，クライエントはますますリラックスするようになる。

　ウォルピは漸進的筋弛緩法をクライエントに訓練するために数セッションをかけたが，多くの研究ではリラクセーションを訓練するのに1，2セッションしか用いないと報告している。セラピストがクライエントに各部位の筋肉群をリラクセーションさせる時の教示をテープに録音したり，事前に録音したテープを用いることによって，セッションの間に家でクライエントに筋弛緩を練習させることが可能となった。

　脱感作の次のステップは，もっとも不安を喚起する刺激からほとんど刺激を喚起しない刺激までを並べる**不安階層表**を作成することである。階層表は，いくつかの刺激次元に沿って作成される。たとえば，就職の面接のような刺激喚起の状況へ時間的に近づいていく場面の刺激状況や，恐怖対象となったエレベーターに場所的に接近していく場面の刺激状況といった時間と場所の次元である。クライエントは想像することによって，不安喚起が最小のものから最大のものまで刺激状況に順位を付ける。典型的な階層表では10～20の場面を設定し，10（あるいは100）ポイントのスケール上に，実際にまったく不安を引き起こさないものから激しい不安を引き起こすものまで比較的等間隔に配置する。場面は，クライエントの問題に関連した現実的で具体的な状況が一般的である。患者の抱える特定の不安が数多くなればなるほど，脱感作の効果は減っていきそうだが，しばしば患者は作業のために複数の階層表を持つことになる。階層表が作成されたら，クライエントは陽光がさんさんと降り注ぐ夏の日に浜辺に横になるなど，階層表の場面提示の間，リラクセーションを容易にするためのリラックス場面をイメージするよう求められる。

　さて，もうクライエントは，実際の脱感作を始める準備ができている。クライエントが深いリラックスをすると，場面を想像するよう求められることと，できるかぎり明確に提示された場面だけを想像しなければならないことが教示される。そして，もし不安を経験した場合は，ただちに右手の人差し指を上げて知らせるように教示される。場面がはっきり想像された時クライエントは合図し，もし不安が誘発されないならば10秒間場面を想像し続けなければならない。不安が誘発されたら，クライエントは階層表の場面を想像するのを止めて，リラックスした場面の想像に戻るように指示される。クライエントがふたたびはっきりリラックスしていることを報告すれば，再度，場面を想像するように指示される。場面が不安を誘発しない場合，階層表の次の項目へ移る前に少なくとももう一度繰り

返される。場面が何度も不安を誘発する時，セラピストは前の不安喚起場面へ戻ることができる。そして，その場面が不安を誘発し続けるならば，クライエントに新たな不安刺激を場面に付け加えていないかどうか尋ねる必要がある。付け加えたりしていなければ，クライエントがその先に進み続けるために，新しい項目を階層表に加える必要があるかもしれない。通常，セッションはクライエントがその場面をうまく完了させることによって終わる。次のセッションは，たいてい，うまく完了された最後の項目をクライエントが想像することから始められる。

　ほとんどのクライエントが30分以上集中とリラクセーションを維持することを難しいと感じるため，脱感作のセッションは一般的に15〜30分である。複数の階層表を持つクライエントでは，別々の階層表を順番に取り扱うよりも，1つのセッション中にそれぞれの階層表の場面を含ませる。

　系統的脱感作が終了すると，クライエントは段階的な方法でその効果を試すように促される。彼らは，現実の状況で以前に恐れていた刺激に接近する**現実脱感作**（in vivo desensitization）を用いるよう頻繁に指導される。より強い刺激に直面する前には，階層表で低い環境内の刺激に接近する。系統的脱感作は，臨床実践において広く使用されて，多くの改良が加えられてきた。集団への適用やコンピュータによる管理，長さの簡略化に成功している。曝露療法は系統的脱感作と類似の手続きを共有しており，多くの研究者は行動療法の陣営に曝露を位置づけている。しかし，曝露は一般的に，混乱する刺激に完全で即時の対面を伴うのに対し，系統的脱感作は不安階層表に沿ってより段階的に進められていく。それゆえ，本書ではインプローシブ療法と曝露療法を第8章で取り上げ，行動療法とは分けて扱った。

　自己主張訓練　脱感作が対人的でない状況（たとえばエレベーターに対する恐怖）の恐怖症治療の選択肢であるのに対して，**自己主張訓練**（assertiveness training）は対人関係の相互作用に関連したほとんどの不安に対する選択肢となっている。自己主張訓練の対象者は，レストランでのひどいサービスに対して，ウェイターの感情を傷つけることを恐れて文句が言えない人，退屈な社交の場から不愉快に思われることを恐れてその場を去ることができない人，他の人から好まれないのではないかと恐れて意見の違いを示すことができない人，教授や権威者を怒らせてしまうことを心配し，待たされるのは好きではないと言えない人，自分が劣っていると感じているために昇給や昇格を求められない人などである。いくじなしは大金を相続しない。いくじなしは，自分が相続したのは悪い感情ばかりだとしばしば思うだろうが，それは彼らが自分の権利のために立ち上がることの不安によって抑制されるからである。

　しかし，自己主張訓練はたんに消極的な人や内気な人だけのためのものではない。攻撃性や怒りを伴いすぎて反応する人にとっては，他の人が思いどおりにならないと絶えず怒る代わりに，社会的状況におけるより効果的なコントロールの仕方を学ぶなど，自己主張訓練はしばしば役に立つ。同様に，気恥ずかしくて評価や賞賛，肯定的な感情を表さないようにする人々も，主張的になることを通してより肯定的に表現することを学ぶことがで

きる。主張行動は,「他の人に対する不安以外のあらゆる情動の正しい表現」としてウォルピ(Wolpe, 1973, p.81)によって定義されている。したがって,対人関係において際立って消極的であるか攻撃的である人はいずれも,主張訓練に相応しい対象者である。

　主張することと不安は,ほとんど両立しない。積極的に賞賛や苛立ち,適当な怒りを表すことは,拒絶反応や当惑,起こりうる失敗に対する不安を制止することができる。以前に不安を喚起した刺激状況での自己主張を学習することにより,患者の不安は主張的な反応に置換され脱条件づけされ始める。主張的な行動がより効果的になるにつれて,患者は不安の軽減によってだけではなく,社会的により望ましい改善した能力によって強化される。不安に抑制されてきた人でも,主張反応の拮抗条件づけの効果で不安が除去されていくにつれ,徐々により有能になってくる。

　自己主張訓練の技法は多様であるが,必ず特定の社会的状況に対して直接的で効果的な言語反応をクライエントに教えることを含んでいる。たとえば,並んでいる列の自分の前に割り込みをされた時,イライラすると感じるが何も言うことのできないクライエントには,「これは列です。後ろに回ってください」あるいは,「ここにいる私も他の人も,列に並ぶというルールををあなたが守ってくれたら有難く思うのですが」といったような反応を教える。患者はまた,不安を制止することができるより主張的な非言語的表現を教えられる。顔の表情による"話"は,「今夜はとっても素敵だよ!」とパートナーに伝える時に示す笑顔のように,主張する時の適切な感情を示す。会議に時間どおりに来るよう主張する時に相手の目を直接見ることは,誰であれ他者が尊重されるべき他の人の権利を犯すことは許されないという強い決心を非言語的に伝える。適切な微笑やアイ・コンタクト,声の音量は,社会的相互作用における不安を制止することができる非言語的な反応である。

　患者は,内潜的(イメージ)と顕在的(実際の行動)の両方で新しい主張反応をリハーサルするよう励まされる。内潜的には,クライエントは消極的な行動と主張的な行動,攻撃的な行動を区別し,それから,彼らが消極的あるいは攻撃的に振る舞っていた状況での,より主張的な振る舞いを想像する。顕在的には,クライエントはセラピストあるいはグループのメンバーとのロールプレイを通して主張をリハーサルする。調理が不十分であったためステーキを戻すよう,クライエントが言語的あるいは非言語的に主張する時,セラピストはウエイターやウエイトレスの役をするかもしれない。セラピストはクライエントの主張に対して,「ステーキが不十分であることはわかるが,もし持って返ったらシェフが怒ってしまう」と言い返すように,抵抗することもできる。その時は,「それはあなたとシェフが解決する問題です。私の希望は,私が注文したものが欲しいのです」など,クライエントが自分で考えるような練習もできる。行動リハーサルは,対決すべき相手に対して,より効果的な対処を準備することに加えて,不安の脱条件づけをすることにもなる。

　自己主張的な相互作用のロールプレイングを通して不安が軽減するにつれ,クライエントは現実の状況に向かう能力に自信を持つようになる。それから,セラピストはクライエントが一番恐怖を感じずにもっとも成功しやすいような状況から,**段階的ホームワーク** (graduated homework assignments) を課す。不安の喚起が少ない状況から始めることは,脱感作において不安階層表の下から始めることと同様である。これらの脅威の少ない

状況では主張を通して不安は効果的に脱条件づけされるので，たいていの場合よりストレスフルな状況で主張しようとする時にわずかな不安しか経験されないであろう。あまりに脅威的な状況から始めることは失敗を導きやすくなり，クライエントのより主張的になろうとする試みを強化するよりも罰してしまうかもしれない。困難さのちょうど適当な量をとらえるための言い回しは，「挑戦的であるが，圧倒的でない」である。

クライエントが主張により罰が生じるかもしれない状況で主張的でありたいと望む時，特別な配慮が必要である。過去，多くの行動療法家は罰が後に続きそうな主張的な行動を助長しないという原則を用いてきた。しかしながら，このような原則は，主張的であろうとする際，伝統的に攻撃性をあざ笑われてきた女性や人種／民族のマイノリティを含めた多くの人々のために現状維持を奨励している（Goldfried & Davison, 1994）。しかし，やはりほとんどのクライエントとセラピストは，クライエントの主張が罰，特に敵意あるいは暴力行為を引き起こすことになるという危険性を最小にすることを望んでいる。

最小限の効果的な反応（minimally effective response）を用いることは，主張が敵意やその他の潜在的な罰反応を引き起こす可能性を減らす（Rimm & Masters, 1974）。このように，苦痛または怒りを表現する際は，クライエントは望みの目標を獲得するために必要な最小限の否定的感情を表現すべきである。もし，目標が教授に待たされ続けないということであれば，クライエントは最小限の苛立ちでドアをノックし，教授にもう2時で約束の時間であるということを知らせるのもよいであろう。最小限の効果的な反応はおそらく相手の怒りを引き起こさないので，罰の結果は起こらないだろう。もし最小限の効果的な反応が望ましい目標に至らなければ，クライエントは主張を強め，尊重される自分の権利に対する意気込みをより表現してもよいだろう。

ウォルピの理論は自己主張訓練の有効性の主たる説明でありつづけてはいるが，主張訓練のトレーナーは拮抗条件づけ以外の技法も使っている。多くのクライエントは，効果的に自己主張的な人間であることは何を意味するかについて，自分の姿勢を見直すことがまず求められる。ある人にとって，これには，主張的であることの個人的権利を理解する**認知的再体制化**（文字どおり，思考の変化）と，いつでも善人で礼儀正しくあろうとするような目標の再検証を助ける**価値の明確化**（values clarification）とを含んでいる。

自己主張訓練では，より効果的な主張となるために実施される試みのたびに，セラピストがクライエントを強化するオペラント条件づけも必要となる。セラピストは，**シェイピング**（shaping）のプロセスを用いて，クライエントが主張の最終目標にほぼ到達するのに成功するよう強化していく。たとえば，初期にはたんにアイコンタクトの増加や声量の増大だけが強化されるであろう。多くの主張訓練のトレーナーは，グループのメンバーが互いに付加的な強化をすることができるので，グループでの自己主張訓練を実施することを好む。効果的な強化を与えるまさしくそのプロセスは，クライエントが他の人に対して肯定的な感情を表現する練習となる。

クライエントが主張を伝えるのに失敗してしまうような言語的，非言語的な反応の認識を促すために，自己主張訓練には多くのフィードバックが含まれる。あるセラピストは，アイコンタクトに失敗する行動や，畏縮して非主張的になる行動に関して，クライエント

が直接フィードバックを得られるようにするため，ビデオテープを用いる。また，より主張的になるには何を変える必要があるかについてクライエントの認識を高めるために，クライエント自身やグループのメンバーからのフィードバックを用いるセラピストもいる。そして，セラピストは，他のメンバーに直接フィードバックすることがいかに効果的であったかということを，グループのメンバーにフィードバックすることができる。

　モデリングは，自己主張訓練で使われる重要なもう1つの技法である。ロールプレイや患者との直接の相互作用のどちらを通してでも，セラピストはより効果的な主張のモデルを提供することができる。自己主張訓練を実施するうえでの最小限の必要条件は，トレーナー自身が効果的な主張ができる人物であるということに，多くの行動療法家は同意するであろう。

　ウォルピのもともとの自己主張訓練は，対人関係の行動にいくつかの拮抗条件づけの応用を産み出してきた。**社会的スキル訓練**（social skills training）は，もともと自己主張訓練で教えられていた行動を含み，それを凌ぐものであり，精神病性の障害や発達障害を患っている人々に広く適用されてきた（Curran & Monti, 1982； Hollin & Trower, 1986 を参照）。通常，嗜癖や浪費癖の障害の治療プログラムとして教えられる**拒否スキル訓練**（refusal skills training）は，患者に問題となる乱用物質の誘いを丁寧にしかし根気強く拒否することを可能にする（Marlatt & Gordon, 1985 を参照）。そして最後の例として**コミュニケーションスキル訓練**（communications skills training）には，積極的に聞くことや建設的な交渉などの基本的なコミュニケーションスキルの教示とモデリング，ロールプレイ，宿題などが含まれている（Bornstein & Bornstein, 1986 を参照）。これらすべての手続きには変化の認知メカニズム（cognitive mechanisms of change）を伴っているが，いずれも拮抗条件づけパラダイムの刺激を受けている。つまり，不適切な社会的行動は適切な社会的行動によって阻止され，乱用物質の摂取はそれを拒否するスキルと両立せず，破壊的な議論は建設的なコミュニケーションによって拮抗条件づけされる。

　性的興奮　行動療法のもう1つの拮抗条件づけ技法は，不安を制止する性的興奮の利用である。セックスセラピーのもっとも現代的な形態では，カプラン（Helen Singer Kaplan, 1974, 1987）とマスターズとジョンソン（Masters & Johonson, 1970）の有力な研究にもとづき，拮抗条件づけが性的機能不全の治療における必要不可欠な要素として用いられている。ウォルピ（Wolpe, 1958）は，男性の勃起障害や女性の性的興奮の障害のような性的機能不全は，拮抗条件づけで治療できると報告した最初の1人である。

　性的興奮は，主に交感神経系の反応である不安によってすぐに制止されてしまう副交感神経の反応である。伝統的に社会に存在してきたセックスに対する否定的態度を考えれば，多くの人々が性的な状況に不安を持って反応するよう条件づけられていることは，驚くべきことではない。もし彼らの条件づけられた不安が十分な強さであれば，性的興奮を制止するであろう。相互的に，性的興奮は不安反応の制止に利用できるし，拮抗条件づけを通して混乱した不安に性的な反応を置換することもできる。

　セックスセラピーにおけるウォルピ（Wolpe, 1958, 1990）のアプローチは，彼の現実

脱感作のアプローチとほぼ同じである。クライエントは，最初に不安を感じる可能性のある性的接触がいつであるかを同定するよう求められる。彼らは，性的なアプローチを不安が喚起されるまで我慢するよう指示される。相手にとってはいったん興奮したのに止められるのでとてもイライラする可能性があるので，パートナーの協力が必要となる。実際は，ほとんどのケースにおいて不安は性交が始まろうとしている時に喚起されるので，協力するパートナーには他の手段によってほどほどの性的満足をそれまでどおり与えることができる。しかしながら，パートナーが嘲笑したり，抑制されている相手に不安の始まる限界点以上に行為を促さないことが，もっとも重要となる。止めてただじっと横になったり話していることで，不安が治まったり性的興奮が強くなってもよい。次第に，不安な人は不安が性的興奮によってますます制止され，拮抗条件づけされていくことに気づくことになる。徐々に，2人は裸で一緒にベッドに横になることから，身体の性感帯以外の場所を愛撫すること，性器を愛撫すること，性交を始めること，そして，不安なしに性交を続けオーガズムに達するまでできるようになっていく。

　マスターズとジョンソン（Masters & Johnson, 1970）やカプラン（Kaplan, 1974）の手続きにのっとっていた初期のセックスセラピーのセラピストは，不安の拮抗条件づけの技法を用いていたが，拮抗条件づけは効果的なセックスセラピーに含まれるたんなるプロセスであると単純に考えていた。これらのセックスセラピーのセラピストが不安を軽減するために用いた技法には，文字どおりの**性感フォーカシング**（sensate focusing），つまり，性的な行為そのものに含まれる感覚に集中させる技法が含まれた。これらの練習では，セッションの初期では性器や胸以外の身体部位に愛撫を行い，パートナーがお互いに順番に満足感を得る。満足させられる側は，何が気持ち良くて何がそうでないかを，言語的にあるいは非言語的にフィードバックする。男女が不安なしに性的満足以外の興奮を楽しむことができたなら，オルガスムまでは求めないが性器への愛撫も含めた感覚中心の満足をお互いに与え合う。この段階がうまくいけば，その後男女はオーガズムに達するかどうかの懸念は抱かないようになり，性交を含む感覚的な満足へと進めていくことができる。不安の段階的な減少と性的興奮の著しい増加で，男女は最終的には，比較的自由で満足な性的な体験をすることができる。

　刺激コントロール　　熟考された行動療法の拮抗条件づけ技法の最後は，**刺激コントロール**（stimulus control），すなわち，問題行動を誘発する刺激の回避と代替の適応行動の手がかりの挿入である。もしダイエットで肥満の減量をしたいならば，ファーストフードレストランやスナック食品を避け，その代わり家庭で健康への注意を払った食事をするべきである。第1章で説明したように，われわれは自分の行動を環境で変えることができ，そしてまた，環境を変えることもできる。洗練された行動療法では，クライエントがそのいずれもできるよう支持する。

　不眠症治療における刺激コントロールの教示では，環境の力を利用する。教示も，拮抗条件づけの重要な原理，すなわち，「問題行動と反対のことをしなさい」を厳守する。不眠症に悩む人々にとっての問題行動とは，ベッドに入っているのにいつまでも眠れないと

いうことである。そうなると，ベッドは落ち着いた睡眠とではなく，覚醒とフラストレーションと関連するようになる。この場合に反対のことをするということは，すぐに眠れない時はベッドから出て，ベッドを睡眠の手がかりとして強めることである。以下の規則は，刺激コントロールの教示の構成要素となる（Bootzin, 2005）。「あなたが眠い時だけ，眠るつもりで，横になりなさい」（このルールは，ベッドと寝室を睡眠のための手がかりとして強める）。「睡眠以外にはどんなことでもベッドを利用してはいけません。つまり，ベッドで本を読んだり，テレビを見たり，食べたりしてはいけません」（このルールは，ベッドと睡眠を妨げるかもしれない活動の関連を弱める）。「寝つくことができないと気づいたら，起きて他の部屋に行きなさい」（このルールは，眠ることができないフラストレーションと覚醒からベッドを引き離す）。「望む限り起きていて，それからベッドルームに戻って寝なさい。10〜15分以内で寝つけないならば，ベッドから出なさい」（目的は，ベッドをすぐに寝つくことと結びつけることである）。「寝つけずに10〜15分以上ベッドにいるならば，もう一度ベッドから出なさい。必要ならば夜通し何度でもこれをしなさい」。「夜どれくらい眠ったかにかかわらず，毎朝同じ時間に目覚ましをかけ，起きなさい」（このルールは，身体が一貫した睡眠リズムを手にいれるのを助ける）。「日中居眠りしてはいけません」。

　一般的に，刺激コントロールでは，これまでに問題行動の引き金になっていたような，危険の高い環境と人を患者が避けるよう手助けする。薬物依存から回復中の人たちに，薬物使用を助長した場所や人々，ものを避けるよう訓練する。刺激コントロールには，適応的で問題のない行動の新しい手がかりや注意を形成することが含まれる。たとえば，まじめな友人を作り，薬のない環境で生活し，退薬症状について書かれた資料を読む。パブロフとウォルピの理論を意訳すると，「問題行動と反対のことを実行し，あなたの不利になるような環境ではなく，あなたのためになる環境を作りなさい」ということである。

随伴性マネジメント

精神病理の理論

　人間の行動は——適応的であろうが不適応的であろうが——行為の結果によってコントロールされる。実際のところ，ほとんどの人間行動を説明する同一のオペラントの原理によって人間の行動が説明し得る時，人間は，あたかも珍しい生物種であるかのように絶えず病理的であるとレッテルを貼られる。このように，適応的でない反応（たとえば痛みを伴うような激しく頭を打つ行為）は，その後に続く**強化**（reinforcements）（頭を打った時にだけ，特別な注目が与えられる）によって頻度が増加する可能性がある。逆に言えば，その行動の後に**罰**（punishments）が続くならば，不適応的反応は後続の出来事で減少するかもしれない——たとえば，特別な楽しみを取り上げるか，不快な仕事を与えるなどして。適応的でない行動が一貫して報酬を受けなければ，その行動が生じる回数は減少する

だろう。また，強化が生じなければ，その行動は最終的には消失する。

　特定の反応に随伴した強化と罰は，すでにある適応的でない行動パターンだけでなく，発達で新たに獲得される反応にも影響を及ぼす。適応的でない新たな反応の習得を説明するために，私（プロチャスカ）が大学生の時のカーニバルでの経験を話してみよう。女性の友人と一緒に歩いていると，ギャンブルゲームで運だめしをしないかと客引きが言い寄ってきた。もし，彼が私に最初からサイフからお金をポンと出してほしいと言ったならば，私はそのまま無視して歩き続けただろう。しかし彼は長年にわたり，人間の行動を形成することに関してあることを学習していた。たとえば，彼は**プロンプト**（prompt）から始めた。私に女の子のためにゲームに勝利し，50ドルのぬいぐるみをプレゼントしてみないかと誘った。彼のプロンプトに応じて，私は勝つために何をしなければないかを尋ねた。すると彼は，ただ50セントを置いて，ハンドルを回すだけさと言った。ハンドルが止まるや，私は450ポイントを獲得した。それは私が景品に必要な800ポイントの半分以上であった。獲得ポイントは私にもう１回ハンドルをスピンさせ，今度は，100の追加ポイントを得た。次のスピンは，さらに25のポイントによって強化された。次のスピンでは少しもポイントが取れなかった時，彼はもう50セントを置いて，私を勇気づけるためにまたプロンプトを使用した。結局，これまでの賭けの575ポイントは，確かにもう１回挑戦する価値があった。今度はスピンで50ポイントの次に10ポイント獲得した，すると，彼は「まさかあなたが負けるわけがない」と言った。私がハンドルを確実に回すようになっていたので，彼はプロンプトを**フェイディング**（fading）させた（弱めていった）。すぐに，私はより多くのお金を得ようと，とびとびに５ポイント得てまた５ポイントを獲得した。とはいえ，私のお金は，ポイントが入るまもなく消えていった。彼は確かに，私が早く賭けるように方向づけていった。やがて私は財布の中から19ドルを失い，私がゲームに勝つための800ポイントには届かず，結局785ポイントしかいかなかった。

　心理学専攻学生として，私はこんなはずではなかったと首を横に振りながらその場を立ち去った。そして，かのＢ・Ｆ・スキナー（B. F. Skinner）のことを考えた。彼はカーニバル男以外の何物でもなく，スキナーのハトも私にはかなわなかった。ギャンブル依存の人たちが「最初に負けた時には神が味方して，最初に大勝をおさめた時には悪魔が味方している」と好んで言うのも無理はない。

　不適応な行動はまったく独立して生じるものではない。ある環境や刺激状況が，行動の機会を整えている。ある男性患者は，ほとんど週末に自宅で妻に暴行を加えるが，公衆の面前では彼女を大切に扱う。ある女性のクライエントは，高級な店では万引をするが安売り店では決してしない。不適応行動に対して環境刺激が及ぼすことのできるコントロールは，１つには以下の事実，すなわちある種の刺激は，強化がある特定の刺激状況下で生じる反応に引き続いて起こるだろうという合図の役割を果たす，ということに起因する。これらは，**弁別刺激**（discriminative stimuli）とよばれている。その他の刺激は，これら特定の刺激条件の下での反応には強化が随伴しないであろうという合図の役目をする。それゆえに，クライエントは，攻撃行動や盗みが強化されるのは１つの状況においてであり，異なった刺激状況では強化や，まして罰を受けることはないことを学習する。

行動分析あるいは**機能分析**（functional analysis）は，不適応行動の機会を用意する刺激状況の明示（先行状況：A），標的行動の操作化（行動：B），それに続く強化の随伴性の詳細な記述（結果：C）によって構成される。このA→B→Cのつながりは**行動連鎖**（behavior chain）とよばれ，随伴性を理解し，修正するための基礎となる。

行動分析は，頻繁に起こる問題を，行動の**過剰**（excesses），行動の**欠損**（deficits），行動の**不適切**（inappropriateness）さの3つのカテゴリーのいずれであるかを明らかにする。第一に，過剰な反応が問題である場合，たとえば1日に30回手を洗う，などがある。手を洗うこと自体は不適応的でないが，過剰に手を洗うことが不適応でありえる。第二は，反応する際に必要な行動の欠損，たとえばめったに人と交流しない場合である。欠損については，しばしば学習の欠如，たとえば有効的な社会的相互作用のために必要なスキルを教える社会的環境の不足が問題となる。初期には，行動療法家は適応的行動を増加させるより，不適応な行動の減少を優先させたが，最新の実践では，2つの課題をより合理的に組み合わせている。

第三のタイプの問題は，特定の状況や場合に不適切な反応，たとえば患者がときおり公衆の面前でパンツを下げるといったことを含む。ここでの問題は，脱ぐ割合ややり方ではなく，特定の反応は特定の状況には不適切だという事実である。"不適切"という言葉がしばしば意味するのは，当該の行動は私生活上にせよ，あるいはその他のどこかにせよ実行されるのであって，それはたいていの大人は当然のことと思っているということである。われわれは，この特定の状況において，行動は強化をもたらすのではなく，罰が続いてくるだろうという予想に導かれてしまう。しかし，不適応行動を表している人にとって，この同じ状況が，強化を起こしそうな合図に見えるのである。人間は，まるでひどい酩酊状態か重度の知的障害のように刺激状況の正確な弁別に失敗してしまうか，それとも，観察者にもただちには感知できない実に強力な強化子が生じているのである。

われわれはしばしば，観察者として，強化とは完全に個人的な事態であり，個人の特定の強化歴によって決定づけられているということを忘れる。したがって，ある人にとっては強化をもたらすこと――"チョコレート"と言う――が，他の人にとっては比較的中立か，または――ひどいチョコレートアレルギーの場合は，まったく嫌悪感を引き起こすかもしれない。ある結果が強化子であると判定できるのは，たんにある反応が好ましく見えるかではなく，その反応が繰り返される可能性が現に増大するかのみにかかっている。不適切な行動は，われわれが個人の行動分析を行って，何が実際の強化子であるかを発見するまで，驚くばかり思いもよらないものである。従来，人を困惑させる行動というもの，たとえば自虐的な痛みの追求は，ほとんどつねに個人の学習歴を考慮することで理解が進み始めるのである。

治療過程の理論

環境の随伴性は，つねにわれわれの行動を形成・維持・消去する。行動変容とは，適応的行動を形成し，維持し，不適応行動を消去するために，組織的に随伴性の操作を試みる

ことである。理論的に言えば，治療のプロセスは簡単である。すなわち随伴性を変えると行動は変化する。技術的には，効果的な随伴性マネジメントは，以下の6つのステップを踏む（Sherman, 1973）。

1. 不適応反応とそれが生じる場面を含めて，行動的な見地から一般的な問題を記述する。このステップは**標的行動の操作化**（operationalizing the target behavior）として知られている。
2. 対象となる行動を弁別する。それには，標的行動を明示し，その行動が増加すべきか減少すべきか，またはより適切な状況において発せられた時のみ強化されるべきかといったことを伴う。
3. 行動の測定を開始し，治療が効果的であるかどうか判断できるよう，**ベースラインを測定**する。ベースライン測定は，治療の開始前の反応の値を示す。随伴的な変化が標的行動の変化に固有のものかを判断するために，標的行動以外の行動の測定を含めた行動測定を行う多層ベースラインがしばしば用いられる。
4. **自然場面での観察**（naturalistic observations）を行う。ここでは個々の患者の現在の随伴性とその結果としての効果的な強化を測定するため，自然環境の中での患者を観察するという意味がある。
5. 現在の随伴性を修正する。それには，強化子が与えられるのか与えられないのか，その強化子とはなんであるのか，そしてだれがそれを司るのかといった条件を明示することを伴う。
6. 治療の効果を確定するために，反応の値を図表化しつづけること，および結果をベースラインの尺度と比較することによって，結果をモニターする。治療における変化はそれが必要な時に応じてなしとげることができ，治療は行動の目的にかなった時に終結または安定することができる。

随伴性マネジメント手続きの適用は，**誰**と**何**によって多少異なる。誰とは，もっとも効果的に随伴性のコントロールができる人であり，何とは，コントロールされる結果のタイプは何かである。随伴性マネジメント手続きは，次のように分類できる。(1) 施設でのコントロール，(2) セルフコントロール，(3) 相互のコントロールあるいは契約，(4) セラピストコントロール，(5) 嫌悪コントロール，である。

施設でのコントロール（institutional control）　この種の随伴性マネジメントは，施設管理者がもっとも効果的に随伴性を修正する時に示されている。過去，精神科の慢性的患者のための病院，非行少年のための訓練所，発達障害の人のための施設，問題の多い学生の教室などでは必ずしも十分な支援を行ってきたとは言えない。そういったところで強化を与える時，必ずしも随伴的であると言えないことがあった。テレビ観賞，レクリエーションの時間と見学旅行は，入院患者の毎日の行動とは独立して与えられた。ある強化子（たとえばスタッフからの特別な注目）は，多くの場合，不適応反応（たとえば自傷行動

ないし攻撃的な行動化）に対して与えられた。たいていの強化子は当事者の努力とは無関係に与えられるので，生活状況，衛生の習慣，あるいは社会的行動の改善に対して，ほとんど彼らの動機づけは生じないことになる。

オペラントの原理を不適応的行動に適用するにつれ，病棟医あるいは学級担任は，**トークン・エコノミー法**（token economies）を用いて特定の行動に対してうまく強化子を随伴させ始めた。トークンは象徴的な強化子（たとえば，ポーカーチップか加算表の得点）で，直接的な強化アイテム（たとえば，院外外出，リクリエーション活動，好きな食べ物など）と交換できるというものである。エコノミーは，トークンが何とどんな割合で交換できるか，あるいはトークンをいくつ集めると特定のアイテムないし権利を得られるのかを正確に判断する交換システムを意味する。エコノミーはまた，トークンを得ることができる標的行動と，決まった数のトークンを得るのに必要な反応の値とを明示している——たとえば，ある人がベッドメイキングをするとトークンが1つもらえ，2つ集めると夜に映画を見ることと交換できるといったことである。

トークン・エコノミー法を活用することは単純なことのように思われるかもしれないが，実に複雑である（Ayllon & Azrin, 1968）。操作の効果的なエコノミーのためには，たくさんのルールを付随する必要がある。より重要な問題としては，スタッフの協力と調整がある。というのは，スタッフは，非随伴的システムの場合以上に，クライエントの反応に対して，観察力に優れ，よりシステム的でなければならないからである。それは，1つには強化に対する適切なコントロールである。なぜかといえば，入所者が家からお金を持ってきていたり，"優しく寛大な"スタッフに夜に映画を見るための例外を懇願できたりといったことで強化に接するならば，エコノミーは効果的でなくなるからである。また，変化されるべき行動を明確に定義することである。なぜかといえば，明確な定義づけがなければ評価基準を構成するもの（どんな親でも子どもたちがベッドメイキングをすることを知っているように！）に対しての葛藤を引き起こすからである。そして，問題行動に対する肯定的な別の選択肢を提供することである。なぜかといえば，入所者が，彼ら自身を救うためにとることのできる行動を示されることのほうが，反応を除外する否定的な組み合わせを当てにするより危機的だからである。

おそらく，もっとも重要なのは，問題行動が減少し適応的な反応が形成されるにつれて，トークンは段階的にフェイドアウトして（徐々に使わなくして）いかなければならないことである。なぜかといえば，クライエントが退院した後に一般社会に復帰することまで考えなければならないからである。豊富な社会的強化子をトークン強化子とともに用いることで，クライエントをトークンのフェイドアウトに備えさせる助けとし，それで肯定的な行動がトークンよりも賞賛や承認によって維持できるようになる。また，患者が自分を強化するのを励ますこと（たとえば自分の外見に自信を持つのを学ぶことによって）は，トークンのフェイドアウトの重要なステップである。これらすべて，およびその他の手続きは，適応的な行動が，それが学習された状況以外で生じる**般化**（generalization）や，将来にわたって良好な行動の**維持**（maintenance）を促進する（般化は異なる背景において行動が生起すること。維持は，行動が将来も継続していること）。

セルフコントロール（self-control）　セルフコントロールは，施設でのコントロールとは対極にある。行動療法家としての役割を果たすために，クライエントに実験的行動分析の基礎を教えなければならない。クライエントは，セルフコントロールの問題は神がかった意志力なり道徳的な人格の不足のせいではなく，行動をコントロールする先行条件と結果の操作が不十分なためだということを理解する必要がある。直後の結果のほうが，遅れて生じる結果よりも行動へのより強いコントロールを及ぼすという，基本的なルールを含む行動分析のいろはを，クライエントは理解しなければならない。肥満，喫煙，アルコール乱用，座位中心の生活様式，すべき行動を先送りすることなどは，即時的にはプラスの結果もたらすが，長期的にはマイナスの結果をもたらす。

　適切なベースライン期間中に不適応な反応のきっかけとなる先行条件を記録し，その後，クライエントは彼らの環境の再設計を始めることができる。たとえば，肥満の患者には，テレビを見ること，新聞を読むこと，友人を訪問することから，テレビを切ってテーブルでただ食べるという刺激状況を制限することを含めた，食行動のセルフコントロールの教育が可能となる。テーブルに向かって食反応の制限を始めると，クライエントは過食の誘因を減少できる。また，ほとんどの肥満者にとっては，空腹よりも食物の存在のほうがより重要な食刺激であることを示した研究もある（Schachter, 1971）。クライエントは，それから身の回りで高カロリー食品を効果的に制限できるようになった。

　クライエントはまた，食べることと両立しない行動（たとえば，ウォーキング，ハイキング，ないしサイクリング）を増加できる。ウォーキングやサイクリングが増えれば，食べることは減るようになる。彼らがウォーキングあるいはサイクリングを増やすために，それらの活動の増加に随伴して，別の活動（たとえばテレビ観賞）を強化として使用できる。クライエントはまた，太りやすい食品を避けるために自分自身を強化しなければならない（たとえば，夕食でカロリーを制限できたら，友人への電話が許可される）。友人や家族が，食べすぎなかったことに対して社会的強化子を与えることができるように，クライエントは食行動における変化を彼らに報告するはずである。

　シェイピングの原理の重要性を理解して，クライエントは，むしろ小さな改善（たとえば，30分勉強をすること）のほうが，目標を達成するまで強化が保留されるより，強化が多いことに気づかねばならない。勉強に対する好ましい結果はずっと遅れて現れるので，勉強についての即時的な強化子は，「フルーツジュースを飲む，それとも15分間CDを聞いていいよ」と伝えることによって与えられるべきである。

　クライエントは，問題となっている反応によって終わるのではなくて，非常に長い行動連鎖の初期に介入するように指導される。たとえば，最初にポテトチップを食べた後に食べるのをやめるようにするのではなく，冷蔵庫に近づき始めている段階で介入するのである。クライエントは，彼らの意志力を試そうとして，1枚だけ食べる賭けに勝てるかどうか見てみることよりも，いわゆる意志力とはふつう，問題へと続く一連の出来事の末期ではなく初期に介入することを意味しているのを理解しなければならない。

相互コントロール（mutual control）　随伴性マネジメントのこのやり方は，関係のある2人あるいはそれ以上の人が，互いに欲する結果に対するコントロールを共有する時に望ましいとされる。典型的な例を挙げると，カップルは，その関係から互いに共有したいと思う対人関係上の結果に対するコントロールを数多く共有している。

随伴性の相互コントロールのもっとも一般的なやり方に，**契約**（contracting）が含まれる。契約を結ぶためには，対人関係の中のそれぞれの人が，彼あるいは彼女が増やしたいと望む結果を特定しなければならない（O'Banion & Whaley, 1981）。そうすれば，相手の望む結果を与えることと引きかえに，それぞれが望むものを交渉し始めることができる。

初期の行動療法家であるリチャード・スチュアート（Richard Stuart, 1969）は，離婚調停のため家庭裁判所にいた4組の夫婦で研究を行った。夫はより頻繁なセックスを望んでいたのに対して，妻はもっと親密な会話を望むといったように，お互いに共通の不満を抱いていた。そこでその夫婦は，夫が妻との積極的な会話を15分するごとにポーカーのチップを獲得するという契約を考え出した。そして，彼が8枚のポーカーのチップを獲得すれば，それらと性的接触が交換できるという契約であった。いうまでもなく，話す割合は，劇的に増加した。同時に，妻はよりセックスに応じるようになった。この契約のやり方は人工的でロマンチックでないと思う人もいるかもしれないが，実際その夫婦たちは会話とセックスをますます楽しむようになったようで，4組の夫婦とも離婚を避けることが可能となった。一部の人たちが嫌うのは，契約するということは，われわれが強化子を交換するために相互作用するという対人関係上の**行動交換理論**（behavior exchange theory）（Jacobson & Margolin, 1979）をあからさまにするからである。強化子の公平な交換がある限り，人々は関係を続け，その関係性で比較的満足するだろう。

セラピストコントロール　外来患者の治療では，心理療法家は，患者の日々の環境随伴性への直接的コントロールをほとんどしない。しかしながら，セラピストは注目や評価，賞賛などの社会的強化をコントロールできる。セラピストは，それらの社会的な強化子をクライエントの行動改善に随伴させることができる。

グリーンスプーン（Greenspoon, 1955）は，言語的強化子がクライエントの発する反応のタイプに影響を及ぼし得ること，たとえばセラピストからの言語的強化の働きとして"私"メッセージが増加することなど，を実証した最初の研究者である。有能なセラピストは，クライエントに適応的行動を促していると確信するために，セラピスト自身の言語的あるいは非言語的な強化子を操作することを重視している。多くは，クライエントが自己嫌悪を表現し始めた時に身を乗り出し丁寧に傾聴するなど，セラピストは適応的でない反応に対してのみ特別な注目を与えている。

心理療法家は，クライエントと契約を結ぶことによって，より強力な随伴性のコントロールを増加できる。たとえば，クライエントに100ドルを預けてもらい，適切な反応（たとえば週ごとに減量することなど）をすることによってお金が戻るという手続きを要求できる。1ポンドの減量ごとにたとえば5ドルほどクライエントが得られるという随伴性契

313

約は，セルフコントロール技法の有効性を高める（Harris & Bruner, 1971）。同様に，治療契約には，1ポンド太るごとに5ドル払うなどの**レスポンスコスト**（response cost: 反応損失）を取り交すこともできる。さらには，たとえば白人優越主義者団体やアメリカ市民自由連合といったクライエントのもっとも嫌いな組織にその5ドルを寄付することも可能である。

　随伴性マネジメント手続きは，物質乱用者の治療に対しても有望なので適用されている。アルコール乱用者は，ブレサライザー（酒気検知器）をパスするサンプルを提出したり治療目標の段階をクリアしたりすることで賞をもらえる。「彼らに賞を与えなさい。そうすれば，彼らは可能になるだろう」（Petry et al., 2000）。あるいは，マリファナ依存患者では，カンナビノイドが陰性の尿サンプルを提出すれば，商品券をもらえる（Budney et al., 2000）。随伴性マネジメントは，節制に対する正の強化の使用と物質乱用の再発に対するレスポンスコストの使用により，変化のための動機づけをすることになる（Higgins & Silverman, 1999）。

　もちろん，行動療法家は彼らの面接室や診療所に閉じこもってはいけない。われわれがこの章の最初に言及したように，行動論者は患者の日常生活場面で直接観察をしたり，介入を行うことを尊重している。日常生活場面で，セラピストはクライエントの問題となる反応をコントロールしている先行条件と結果を再構成するための支援を行うことができる。日常生活場面で取り組むことは，面接室からクライエントの家庭への般化について心配する必要がないという利点がある。訓練が問題となっている環境の中で行われるため，訓練結果の移行を考慮する必要がない。たとえば，子どもに対して働きかける時，セラピストが家まで行き，セラピストの代わりとして機能させるように親を訓練することができる。トークン・エコノミーの実施や子どもとの契約，あるいは，不適応的な行動への強化を避けている間に子どもの肯定的な反応を随伴させた社会的強化を行うことによって，より効果的な随伴性を操作する訓練ができる。

　嫌悪コントロール　稀に，弁別刺激と強化マネジメントのコントロールが，不適応な行動を変化させられない時がある。このような時に，行動療法家は慎重に嫌悪コントロールの使用を考慮する。もともと衝動コントロールの問題であると分類されている不適応行動――たとえば，性的倒錯，アルコール依存，喫煙，反復的な自傷など――は，より良い技法が見つからない場合に，嫌悪コントロールによって奏効する可能性がある。重要なポイントは，有能な行動論者は望ましい介入技法で効果が見られなかった後で，**嫌悪条件づけ**（aversive conditioning）を試みるということである。嫌悪コントロールが随伴性マネジメントの枠内で適用される時には，一般的に罰の随伴性を使用することが重要である（特定の反応の後に随伴して嫌悪的な結果がある場合）。

　人は，能動的または受動的な条件づけの両方で罰を回避することを学習することが可能である。能動的学習において，子どもが両親からの罰を回避するために横断歩道を渡る前には止まって左右を見ることを学習するように，罰を回避するために代替反応を得て何かを行うことを学習する。また，子どもが罰を回避するために決して道を横断しないことを

学習する時のように，罰を招く反応をしないことによって，消極的に回避することを学習することが可能である。

　強固で永続する行動が生じた場合において，罰がもっとも効果的な条件づけであると述べる研究は多くある。罰を用いる場合のガイドラインを以下に示す。時間がたってからの罰は随伴性を混乱させ，不安を増加させるので，罰は**即時**に与えられなければならない。それは，嫌悪的な罰であればあるほど効果的であるので，その刺激は忌避されるほど**強烈**でなければならない。強化が個々人ごとに定義されるのと同じで，その人に対して**重要**であるべきである。問題が度を増す前に抑制するために，罰は**行動連鎖の初期**に与えられなければならない。間欠強化が消去抵抗の高い反応を形成するので，それは**連続強化スケジュール**で与えられなければならない。それは，**すべての刺激状況**を越えて与えられなければならない。さもないと，その人は罰を与えられない状況では学習せず，罰が生じる状況で反応回避することを学習するようになる。また罰を与える人の怒りは行動への罰と切り離さないといけないので，適正に**落ち着いた態度**で伝えられるべきである。最後に，罰は，**代わりの適応的な行動**の実証と強化が伴わなければならない（たとえば，幼いきょうだいが衝突する代わりにその行動を抑制させて主張行動スキルを教えるような）。

　セラピストコントロールと嫌悪コントロールを組み合わせた治療を行うために，嫌悪条件づけの慎重な使用法を例示し，罰の原則を適用してみよう。スーザンは，非常に発達が遅れた少女であり，彼女は自分のこぶしで顔を叩くというひどい悪癖が顕著だった。1分間に4～5回，1日に3,000回，1年で100万回，彼女は自分自身を叩いていた。スーザンが頭を叩きはじめたのは，彼女が3歳のころからであった。最初は，抗けいれん薬と精神安定剤によってその行動は減少したが，7歳の時，彼女は頻繁に泣き始めるようになった。彼女の主治医は，服用した薬の量が問題であると思ったので，服薬量を減らした。けれども彼女の自傷行動（head banging）はひどくなり，泣くことにも変化がなかった。薬を増やしたり新薬を試しても効果はあがらなかった。その他の方法もまったく効果がなく，主治医は絶望感を感じ，適切な行動変容ができるクリニックにスーザンを紹介した（Prochaska et al., 1974）。

　われわれ（プロチャスカら）は，スーザンの自傷行動をこれまで心理療法家がどのように治療していたのかを調べるために，彼女の学校の記録に目を通した。自傷行動に対して，ピアノを弾くような拮抗的反応を強化したり，注目を与えたりしないで自傷行動を消去するなどといった，われわれの思いついたアイデアはほとんどすでに試されており，残念ながらこれらの試みは効果がなかった。スーザンがワンウェイミラー越しに観察されていることに気がつかない隔離室を含めた，あらゆる状況においてかなり安定した自傷行為を示すベースラインデータが得られたという事実から，われわれも限界を感じた。

　そこでわれわれは，嫌悪条件づけを試みることを決定した。スーザンの足に電極をつないで15分間のベースラインの記録をとった後，彼女が自傷行為を行うたびに彼女に2.5mAの電気ショックを与えた。診療所では自傷行為の割合は，電気ショックを随伴させてからすぐに減少していった。さらに記録から，学校でもその効果が若干般化していることがわかった。けれどもまもなく，スーザンは電気ショック場面の刺激を弁別し始めた。電極が

付けられるまで，彼女は自傷行為を生起させているが，その後，彼女は自傷行為をやめるのである。しばらくして，彼女はさらにセラピストが彼女を見ていない間は，電気ショックなしに自傷行為を行うことができることを学習した。すぐに，診療所の外では般化がなくなった。われわれは，この発達遅滞の9歳の子どもに裏をかかれたのである。

　連続強化スケジュールで与えられる場合だけ，嫌悪条件づけの罰パラダイムが有効であり得ると理解し，われわれはリモコンでショックを与える装置が，スーザンに対して，どこで・いつ・誰からショックを与えられるのか弁別させることなく1日中いつでもショックを与えることができると考え，その装置の購入を決めた。リモート条件づけの初日，スーザンは通常3,000回のところ45回の自傷行動を行った。翌日は17回まで減少し，やがて6回となった。その後装置は故障し，装置はスーザンに非随伴的にショックを与え始めた。修理をした後，2日だけ12回の電気刺激を与えたところスーザンの自傷行為は0回になった。

　何か月も，彼女は自傷行為を行うことはなかった。われわれは，彼女の腕から装置を外すことを決めたところ，予想外なことに彼女はわれわれのほうに近づいてきてふたたび付けてもらいたがった。われわれは装置を外したが，彼女は何か月も自傷行為を行うことはなかった。実際，その後5年間，彼女が嫌悪条件づけなしに叩いていたかもしれない500万回の自傷行為と比較して，およそ250回の自傷行為を行っただけであった。

　嫌悪条件づけの背景と効果的な罰のガイドラインは，なぜ罰パラダイムが実際には役に立たなくなるのかを明らかにする。たとえば27歳の露出症者の場合，たまたまスクールバスに出くわすかもしれないクライエントのために，セラピストをいつでも付き添わせておくことなど，供給論的にいって不可能である。スーザンの事例では，すべての状況において誰かを付き添わせることはできたが，彼女の両親が，スーザンが起きている時間中リモコン装置を操作する人を雇わなければならないとすると，治療費が高額になることは明らかであった。ある患者たちには，代替する1つの案として，不適応反応後すぐに自分自身にショックを与えることを訓練することが考えられた。

　痛い罰を与える人を導入することは，重大な倫理的かつ法的問題を引き起こしもする。スーザンのケースでは，われわれはスーザンの自傷行為を治療するために電気ショックを随伴させる方法が最善の代替案であるということを知的障害研究部門に説明するのに2か月を費やした。たとえば受刑者などの多くの場合に，嫌悪パラダイムの使用が違法であると決定されると，その方法を行うことはできないのである。嫌悪刺激を随伴させる方法が行動変容に強力な効果をもたらすことがわかっても，それ以上に，その方法の使用に含まれる実践的で倫理的な問題を解決することが必要となる。

　いくぶんは，行動変容に対するセルフコントロールを目指したアプローチがつぎつぎと構想されたことが理由で，嫌悪的な技法としての**内潜的感作**（covert sensitization）の使用に対する異議は減少したのである。内潜的感作（Cautela, 1967）において，条件づけは内潜的刺激と反応（たとえば思考とイメージ）の使用を介してなされる。クライエントは，最初に深い筋弛緩を教えられ，それからセラピストが解説する場面をイメージするように促される。30歳の小児性愛者は，彼を魅惑する10歳の少年に接近することを想像す

るよう求められた。彼が少年にアパートに上がることを求めるように言い寄るにつれて，彼の胃は吐き気を感じはじめる。彼は，自分が食べた昼飯が食道に逆流してくるのを感じ，まさに少年と話すために少年の側まで行こうとするその時，自分自身と少年の全身にゲロを吐きかける。通りの人は彼をじろじろ見ており，彼は少年から遠ざかり，そしてすぐに気分が回復し始める。彼は自分のアパートに歩いて帰り始め，一足ごとに気分がどんどんよくなっていく。アパートに戻り，顔や手を洗い，とても気分がいいと感じる。この男性にこのような内潜的場面を教示した後に，われわれは吐く音や吐くしぐさを含めて現実にイメージさせるように訓練した。さらにより鮮明な場面を作るために，われわれは彼にアパートの窓辺に座らせ，彼がセックスをしたいと思う少年を通りに見つけるやバスルームに向かわせ，少年をセックスに誘うのをイメージしたのと同じく，のどに指を入れて吐かせた。2か月以内で，この常習犯は若い少年に言い寄りたい衝動をもはや感じなくなり，その後，彼は大人との関係を築くための自己主張訓練を行った。

　内潜的感作は通常，罰パラダイムとして構想されるが，そのパラダイムにおける嫌悪的な場面は，反応の不適応な連鎖の最初の反応に随伴する。なぜならば，不適応な連鎖の最初の反応は多くの場合，内潜（カバラント：coverant）もしくは**内潜的オペラント反応**（covert operant response）である（刺激が提示されるとそれについて考えるなど）。内潜的な強化よりも罰のほうが，衝動的な反応の連鎖に関するセルフコントロールを高めることができる。欲求はしているが不適切な刺激から目を背けるのをイメージすることは，強化された新たな内潜的反応である。実践では，不適応な内潜的反応への罰と，より適応的な思考とイメージの強化とは，個人を困難へと至らしめる反応の自動的な連鎖を断つことができる。内潜的感作は思考とイメージに働きかけることから，次章の認知行動療法に分類できるかもしれない。

認知行動変容

　行動主義が心理学における精神主義的な理論にとって代わるものとして確立され，それは認知や感情という構成要素から人間行動を説明しようとした。条件づけは人間行動の重大な決定因として認知にとって代わった。ただし，認知プロセスは，否定されたわけではなかった。行動論者のあいだでは，行動障害を効果的に分析する上では認知プロセスは重要でないと考えたのである。

　しかし，実験心理学者が認知プロセスに関する多くの研究を蓄積し，そして，行動療法家が複雑な問題を抱えた大人のクライエントを数多く治療するにつれ，行動の認知的概念化はふたたび重要視されることとなった。現在の行動療法家の大部分は，認知技法を併用することや"認知行動"というラベルが混合することに抵抗がない。彼らは，われわれが小児または発達障害者の範囲をひとたび越えたのなら，成人の複雑な行動を変化させる際にきわめて重要である認知プロセスを考慮しなければならないと主張する。著名な学習理論家であるエステス（Estes, 1971, p.23）は，以下のようにはっきりと述べている。

下等動物や幼児たち，そして，ある程度の知的障害や神経疾患か行動障害を有するすべての年齢の人間については，その時々の行動は，特定の刺激への反応と先行刺激への反応の結果としての報酬または罰の結果として行動が記述でき，また予測ができる。より成熟した人間において，オペラント行動と特に言語行動の大部分は，特定の刺激への反応系列というよりも高次の習慣によって構成されている。多くの例で，規則，原則，戦略などの活動がよりよく理解されるだろう。このように，多くの状況では，その時々の個人の行動は，特定の反応についての予測される結果によって決定されるというよりは，むしろその都度採用される行動の結果を指示する比較的幅広い戦略によって，決定されるだろう。それらの状況においては，報酬的または罰的結果を伴う経験によって変容された刺激への特定の反応の抽出というよりは，むしろ戦略の抽出である。

精神病理の理論

　認知理論と行動理論を親とした混成物として，精神病理学と心理療法の認知行動的理論は，親となった認知理論と行動理論のどちらよりも明確ではない。一部の認知行動論者は，行動論的視点から彼らの理論と技法を用いて，時折，認知要素を加える。他の認知行動論者は，アルバート・エリス（Albert Ellis）またはアーロン・ベック（Aaron Beck）の認知理論から始めて，それから，行動の要素を取り入れる。

　行動論者には独自の精神病理の認知理論が不足しているため，われわれは不適応行動の随伴モデルに類似した不適応行動の認知モデルを採用する。このように，認知活動における不足を反映する不適応行動がある。高血圧症，緊張性頭痛と慢性不安のような自律神経系疾患は伝統的に認知コントロールの適用外であると考えられていた。なぜなら，心理学的には個人が自律神経系の反応をコントロールすることは生得的に十分に備わってはいないとされていたからである。利用できるフィードバックがほとんどない，もしくは存在しない状態で，混乱を引き起こす自律神経の反応を意図的にコントロールするために認知プロセスを使用することはできない。

　たとえば，絶えず「自分ががんなのではないか」という考えを反芻する心気症のクライエントの場合のように，他の問題は特定の認知反応の過剰によって特徴づけられる。ここでの問題は同じ認知活動が繰り返して起こっているということと，認知プロセスを使って他の問題を解決し，効果的に環境に関わるためのクライエントの能力が，その認知活動によって妨げられるということである。そのような場合，必要とされることは（たとえば，がんについて考える頻度の減少のような）特定の認知反応の低減である。

　おそらく，もっとも代表的な問題は，不適切であるか効果のない認知反応の使用である。あるクライエントにとっては，これは不適切なラベリング，たとえば，セックスに汚ないと誤ったラベリングをしたクライエントが，性的な接触に対しても嫌悪する反応を伴うことである。他のクライエントは，異なった認知的予期を発展させる。たとえばそれは，周囲のすべての人々が厳しくて，冷たく，非難をしてくると予期してしまった大学院生のようであり，そのような予期を持つことによって，彼は日常の生活で，教授やスーパーバイ

ザーと付き合うことに極度の困難を覚えた。認知的観点から見ると，クライエントが環境内で生じている実際の刺激と結果に反応することができていないため，彼らは困難を抱えている。実際の刺激に反応する代わりに，クライエントは自分の環境内の出来事を処理するために用いられるラベルと予期に反応している。もしも，彼らのラベルづけと予期に誤りがあれば，彼らの行動はきっと不適切であるにちがいない。

　より複雑な段階では，若干のクライエントは，問題を解決するためには無効な戦略を発展させる。変化の激しい社会では，ありふれた問題に取り組む効果的な方法を知っておくことは重要である。そのありふれた問題とは，うぬぼれた上司と付き合い，給料を稼ぎ，不可避な結婚の葛藤を解決し，不確かな未来に直面する青年期の不安とともに生活するということである。人々が日常の行動の問題にアプローチするために効果のない戦略しか学習していないとしたら，彼らは欲求不満，抑うつ，その他の感情的混乱を導きかねない重大な失敗をするであろう。たとえば，問題について解決することができるという希望について考えないという戦略を採用したクライエントは，行動を起こす前に，たいてい問題がコントロールできなくなるまで逃げ出し，待避することになるだろう。しばしば依存的というラベルを貼られるクライエントは，最高の解決のために専門家の元へ急ぐという戦略を採用したかもしれない。彼らは，どんな服を着るべきか，各学期にどんなコースを履修するべきか，あるいは，どのように試験に備えて勉強するべきかといった，ちょっとした困惑にさえ対処することができないだろう。セラピストが特定の困惑をどのように解決するかという特定の方向性を与えることによって，このような患者はうまくやることができるかもしれない。しかし，彼らは心理療法家に依存することが比較的短期間に強化されてしまうであろう。そのようなクライエントが実際に長期的に必要とするものは，効果的な問題解決の基本的原則に関する詳細な情報なのである。

治療過程の理論

　患者の問題が情報欠如の結果であるならば，必要な情報を提供することによってクライエントの意識性を増加させることが解決となる。たとえば，クライエントが自分の血圧が上昇していることを知らなければ，その上昇を意図的に防ぐことができる方法は存在しない。自律神経系の不適切な反応の場合，十分な技術が発展するまで，必要不可欠な情報をクライエントに伝えられなかった。

　過去半世紀の間における測定器の進歩によって，体内で生じている特定の生理的活動について進行中のフィードバックをクライエントに与えることが可能になった。これらの**バイオフィードバック**（biofeedback）技術は，クライエントが自らの血圧，脈拍数，脳波，血管の拡張と他の生物学的機能の変化を意識することを可能にした。バイオフィードバック装置をつけることで，クライエントは，自律神経系の反応について認知的コントロールを高める生理的情報を受けとることができる。専門家たちの非常に大きな注目にもかかわらず，バイオフィードバックは，あくまで効果的もしくは漸進的筋弛緩法単独よりもわずかに効果的であるとしか検証されておらず，加えて，ほとんどの場合，リラクセーション

訓練と併用して用いられるだけである（Miller, 1994；Schwartz al., 2003）。（これらの理由から，リラクセーション訓練は別にして，われわれはこれ以上バイオフィードバックまたはその効果に関して議論しない。）

過去の10年間には，特に注意欠陥多動性障害（ADHD）の治療のために，**ニューロバイオフィードバック**（neurobiofeedback）またはEEGフィードバックに対する多くの関心が寄せられた。バイオフィードバックの形式で，（筋緊張または血圧に対立するものとして）脳波活動に関する情報が患者に伝えられる。具体的には，電極が脳波を増幅するために患者の頭に取り付けられる。脳波は，脳波をコンピュータゲームまたは視覚ディスプレイに変換するためのコンピュータに送られる。患者は，それから，コンピュータゲームに集中し，それを操ることによって脳活動を変えることを教えられる。ニューロバイオフィードバックの目的は注意喚起と関連する神経活動を高めるために個人を訓練することであり，その一方で，注意が散漫になることに関連する神経活動を低減させるため訓練が行われる。

誤ったラベルと予期を変えようとする時，行動論者はしばしばエリスの論理情動療法（RET）やベックの認知療法に由来する技法を用いる。詳細は他の章で述べられているが，"恐ろしい""怖い"といった感情の混乱を引き起こすラベルは，認知的再体制化のテクニックによって変化が試みられる。破滅的な予測に関しては，現実的に恐れている事柄が生じる可能性が低いことだけでなく，彼らが持っているネガティブな結果は誇張されたものだということによっても変容を図る。

誤った認知に挑戦するために使用できるもう1つの技法は，社会心理学的研究の中の帰属理論から生まれた。**帰属**（attribution）は，観察された出来事の説明，または何かが起こった時にその原因になったことの報告である。

帰属に関する古典的研究の中で，シャクターとシンガー（Schachter & Singer, 1962）は実験参加者にエピネフリン（アドレナリン）の注射を行い，1つのグループには，彼らが経験する感情的な興奮は与えられた薬によるものであると説明した。他の参加者は薬の作用を説明されず，特定の感情を呼び起こすようになっている状況（たとえば実験を通して怒りの感情を作り出すサクラと一緒にいるといったような）に置かれた。彼らの興奮が薬によるものであると考えることができた参加者は，薬の作用を知らなかった参加者に比べ感情的な反応を示さなかった。

誤った帰属は破壊的な心理的効果を及ぼす。あるカップルは，夫が結婚してから3年の間インポテンツであるという主訴を持ちカップルセラピーに訪れた。この問題は緊張し葛藤した状況で一般的に認められており，それらは彼らの新婚初夜から始まった。披露宴で，花婿の友人は彼にお酒をおごると言って譲らず，新郎新婦が彼らのホテルの部屋に着いたころには，2人は疲労し緊張しており，特に新郎はかなり酔っ払っていた。彼らがベッドに入り，そして，彼の性器が勃起しなかった時に，花嫁は口走った。「ああ，なんてことなの，私はホモと結婚してしまったんだわ」。彼女が，1回だけの例外的なその夜の彼の勃起障害を同性愛に帰属させたのは，彼らの性的関係を損なわせることとなった。もしも，彼女が彼のトラブルをストレスとアルコールの急性症状に帰属させることができていたら，

彼らは混乱した結婚生活の始まりを回避できたかもしれない。個人が自身の障害の原因について理解する仕方が，彼らの心理状態と障害の今後についての予期にかなり影響すると言えば事足りる。

　帰属理論から，ゴールドフリードとデーヴィソン（Goldfried & Davison, 1976, 1994）は，患者がより正確な，または，より有益な帰属をすることを助けるいくつかの方法を提案している。たとえば，臨床アセスメントは臨床医によって作られる帰属ということもできるが，アセスメントは，患者が引き起こす感情的な混乱を修正することができる。勃起障害の原因が同性愛的衝動の葛藤にあると考えるクライエントは，アルコールを摂取した状況での緊張がそのような問題を引き起こすことがあるということを知ることによって，おそらくかなりの不安が取り除かれるだろう。身体的症状のある患者，たとえば，頭痛の原因が脳腫瘍であると考えているために非常に不安になっている慢性頭痛の男性がいるとして，もし彼が頭痛の正確な原因は彼の健康への不安であると知ったなら，非常に楽になるかもしれない。過去，または現在の出来事についての帰属が大きく変わるならば，クライエントが将来の出来事に対して抱く予期は劇的に変わる可能性がある。

　マーティン・セリグマンと共同研究者（Seligman et al., 1979）は，さらに不適切な帰属の測定法と治療法を開発した。彼らは，一貫して安定的，内的と全般的な3つの**帰属スタイル**（attributional styles）を特定した（Peterson et al., 1982；Peterson & Villanova, 1988）。最適なパフォーマンスとメンタルヘルスは良い出来事に対する安定的で，内的で，全般的な帰属スタイルと関係している。つまり，ポジティブな出来事が起こった時に，われわれはその出来事を不変的で，個人的で，全般的な特徴を有していると考える。ネガティブな出来事ではこの逆の帰属を行う。最適なパフォーマンスとメンタルヘルスのためには一時的で，外的で，個人的な帰属スタイルを採用する。つまり，非常に恐ろしい出来事が起こる時，われわれはそれが外部の力によって引き起こされた一時的で異常な出来事であると当然思うだろう。

　たとえば，試験で良い点を取った場合，楽観的な帰属はそれがつねに起こり（安定的），それが自分の責任において（個人的），そして，それが他の教科と生活の中（全般的）で起こると自分に言い聞かせる。しかし，試験で悪い点を取った場合には，楽観的な帰属として，悪い点を取ったことがたまたまであり（一時的），それは教授や状況のミス（外部的）で起こったことであり，さらに，そのような試験の失敗は他の教科や別の状況では起こらない（個別的）と考える。重要なポイントは，帰属が学習された行動であるということである。学習された行動であるなら消去できる。認知行動療法は，患者の悲観的な帰属を変容して，**学習された楽観主義**（learned optimism）に慣れるよう援助するのである（Seligman, 1990）。

　自己教示訓練（self-instructional training）を提唱したドナルド・マイケンバウム（Donald Meichenbaum, 1977, 1986）は**認知行動変容**（CBM）の先駆者であった。マイケンバウムは，不適応的な感情をもたらす患者の自己陳述を減らすことに取り組み，同時に，適応可能なセルフコントロールを容易にする自己陳述を増加させようとした。つまり，自信を傷つける考えを減少させて，役に立つ考えを増やすということである。

マイケンバウムと共同研究者（Meichenbaum, 1977；Meichenbaum & Goodman, 1969, 1971）は衝動的で攻撃的な子どもに特別な関心を向けていた。彼の初期の貢献は小児期と青年期の障害，特に注意欠陥，反抗的，衝動制御の障害に関する簡単でマニュアル化された認知行動的な治療の基礎を作ったことである（たとえば，Barkley, 199L; Kendall & Braswell, 1992）。
　衝動的な子どもたちに，より適応可能な認知コントロールを教えるために，マイケンバウムはロシアの研究者，特にルリア（Luria, 1961）の理論をもとにした。ルリアは，子どもたちが彼らの行動について意図的なコントロールを発達させる3つのステージを仮定している。
　ステージ1では，コントロールは他者，一般的に両親と他の養育者の言語行動によってなされる。ステージ2で，子どもたちは彼ら自身の行動をコントロールするために親の外顕的なことばのパターンを繰り返す。最後に，ステージ3で，子どもの行動は内潜的な自己陳述によりコントロールされる。このように，自己陳述は，他者からの陳述とまったく同じように個人の行動をコントロールする力を持つのである。
　子どもたちが自己教示を通してより良いセルフコントロールを発達させるのを援助するために，セラピストは大きな声で自分自身に語りかけながら課題を行う。それから，子どもは心理療法家からガイダンスを受けながら，課題を行う。次に，子どもは大きな声で自己教示を与えながら課題を行う。それから，子どもは，課題を行っている間じゅう自己教示をささやく。最終的に，子どもは内潜的な自己教示を利用して課題を達成する。マイケンバウムとグッドマン（Meichenbaum & Goodman, 1971, p.117）は，ステップ1で線画の図形を写している間に，セラピストが大きな声で言うようなことを例示している。

　　　よーし，私がしなければならないことは何だっけかな。あの人は，絵を私にまねして描かせたいんだ。私は，ゆっくり，そして，慎重にやらなくてはいけないな。よーし，線をずーと下に引きおろして，そして，右に描いていこう。いいぞできた。今度はもう少し下にいって，そして，左に。いいぞ，ここまでちゃんとできてるよね。よーく覚えて，ゆっくりいこう。さてと，一度手を離して。最初は下がることになっていたんだっけ。大丈夫，大丈夫。慎重に線を消すぞ……よーし。ちょっと変なところがあっても，私はゆっくりやれば大丈夫，さあ，気をつけてぇ，こんどは下に引きおろさなければならないぞ。よーし，できた！

　建設的で慎重な自己陳述を内在化することによって，衝動的な子どもたちは，課題を行う時に彼ら自身にゆっくりやるように教えることと，混乱することなく自分の誤りを正すことを学習できる。これらの自己教示は，感情的な動揺を引き起こす不合理な考えに置き換わるだけではなく，子どもたちにより適応的な行動を指示する対処スキルも提供するのである。
　マイケンバウム（Meichenbaum, 1986）の成人への認知行動変容（CBM）もまた，3つの段階で展開される。第1段階は，問題の概念化であり，患者が自らの問題の性質を理解するのを援助して，治療計画を定式化する積極的共同作業に患者を参加させるというこ

とに関心が持たれる。第2段階は，概念化を試みて，クライエントが問題行動の良い面と悪い面の両方の見方を調査して，サンプルをとり，整理するのを助ける。第3段階は，予備的作業の完了が認知変容と新しい行動を引き起こすことによって，認知行動療法家は現実での彼らの内的対話の変容と新しい行動の実行を成立させることを援助する。この第3段階は，患者が適応的な方向へ向かうために認知，感情，行動そして環境の絶え間ない相互作用を再調整するようにデザインされる。

CBM の3つの段階は，**ストレス免疫法**の中で子どもたちにも大人にも効率よく適用された（Meichenbaum, 1985, 1996）。この治療法は医療における予防接種に類似している。免疫系の健康的反応を戦闘態勢にするために，弱い活性力を持つウィルスを体内に注入する。まさにストレスの多い状況で不安をコントロールすることを学ぶ代わりに，個人はストレッサーに対する予防接種として，内潜的な認知スキルと外顕的な行動スキルを習得することができる。これまで不安を誘発する出来事——学校または仕事の評価，スピーチ，対人関係の葛藤など——であったものを，やりがいのある課題と学習のチャンスとして再評価することができる。そのような課題は，避けなくてはならない脅威としてものごとを解釈せずに，行動的，認知的スキルの柔軟な組み合わせを通して成し遂げられる。

ストレス免疫法は，年少のクライエントがおびえる医学的処置の達成を助けるために多用される。手術，透析または化学療法についての不安に直面している子どもたちは，それらの医学的処置の前に，来るべきストレスのほんの一部を経験するために，病院に連れてこられる。最初は，教育が行われる。子どもたちには，これから起こるだろうことについて特定の情報が与えられる——処置の間，何が起こるのか，彼らの両親はどこで待っているのか，誰がいつ，何を処置をするのか。第二に，リハーサルが行われる。子どもたちは，安全に医学的処置——たとえば，苦痛な注射に対する訓練——に暴露されて，不安を低減するためにリラクセーションスキル技法と対処的思考を教えられる。第三は，実行である。準備ができ，不安の低くなった子どもに実際に医学的処置を行うのである。

問題を解決する個人の方法にはバリエーションがあるが，効果的な問題解決に関する方略（D'Zurilla & Nezu, 1999）についての意見が一致しているということは注目に値する。**問題解決療法**（problem-solving therapy）は，より効果的な戦略を必要とするクライエントに問題へのアプローチを教えることができる。セラピストは，独立した問題解決を促進する原理でクライエントを教育することから始める。クライエントは，刺激，反応，結果がからんだ見地から操作的に問題を定義することを教えられる。いったん問題状況のすべての側面が具体的に定義されたならば，クライエントはより抽象的な問題，たとえば2つまたはより多くの目的の間での葛藤，または目的と目的を達成するための方法を定式化することができる。

たとえば，ある女性は大学を中退するべきかどうかについてのアドバイスを受けるために，私（ノークロス）のところに来談した。彼女は父親が浮気をしていることを知っており，そして，両親は離婚する予定になっていた。彼女は意識が集中できないことや学業について悩んでおり，大学のカリキュラムの残りの科目の単位を落としてしまうのではないかと考えていた。彼女の問題を定式化する際に，彼女自身が進級したいという目的と，弟

を助けたいという間に葛藤があることが明らかとなった。

定式化された問題に対して，次のステップで，可能な限りの選択肢を示す。クライエントは，その状況で起こりうるさまざまな反応を列挙することを促される。ブレーンストーミング（たとえば，Osborn, 1963）の原則がこの段階で促進される。それは，どんな選択肢でも批判を差し控えること。自由奔放に選択肢を出し，とっぴな意見も良いとされること。選択肢が多ければ多いほどますます良く，効果的なアイデアが起こる可能性が増えること。選択肢を組み合わせ改善し，より良い考えを導き出すこと，などである。

生み出されたさまざまな選択肢を使って，問題はそれから意思決定の段階へ移動する。明らかに，人は利用可能な選択肢からの，最高の実行可能な選択肢を選ぼうとする。

たとえば，その女子学生の選択肢の1つはローンを利用して大学に留まり，そうすることによって彼女自身の学業を解決し，弟を資金的に助けることができるかもしれないというものであった。しかしながら，ローンは利用できないかもしれない。彼女の選択肢のもう1つ——家を離れず，働いて，定時制で大学に通う——は彼女の葛藤を解決するかもしれず，さらに実行可能かもしれない。

多くの人々は，取り消し可能な決定はほとんどないということを理解しなければならない時，意思決定に行き詰る。彼らは，1つの選択肢に最善の賭けをしなければならず，それから検証の段階に移って，彼らの選択肢の妥当性を測定しはじめる。人は，行動を起こして（たとえば，彼女が在学中に引越しするような），その有効性を確かめるために，自分の決定の結果を観察する。彼女の行動の結果が彼女の予想に合致するならば，彼女は彼女の問題から抜け出している。結果が彼女の予想に合致しないならば，彼女はいつでも前の段階（新しい選択肢を生み出すか，以前に却下した選択肢を採用するような）に戻ることができる。

簡単に学ぶことができ，臨床実践において遭遇するいろいろな状況に適用できるという点で，問題解決アプローチはセラピストと患者にとって魅力的である。一般的に言って，問題解決療法は，通常良好に対処する能力があるが現在そのようにできていない人々に，そして，対処資源の乏しい人に適用することができる（Hawton & Kirk, 1989）。前者の人々より，後者の人々にとって，問題解決療法はおそらくより長期間の介入を必要とするだろう。

治療関係

行動療法ではクライエントとの治療関係をどの程度重視するかは，用いる技法や行動療法家により異なる。たとえば，系統的脱感作法では，クライエントとの関係は，認知行動変容ほど重要視されていない。前者は，コンピュータを使用したり，集団場面でも効率よく適用されたりしているのに対し，後者は，クライエントと治療家の積極的な共同作業を重視する。特にオペラント技法で社会的強化を用いるのであれば，クライエントとの関係は非常に重要である。このような場合では，クライエントにとって心理療法家の存在価値

が高ければ高いほど，セラピストは社会的強化子として有効になれる。

そして，行動療法家が確かな社会的強化子となれば，クライエントは共感的で思いやりのある存在としてセラピストを受け入れるようになる。このような教育的で共同作業を特徴とする治療関係は，セラピストの共感，理解および温かさについての患者の評価を，一般的に他の関係志向療法に匹敵するものへと導く（Glass & Arnkoff, 1992）。この件に関しては，行動療法と精神分析的心理療法を比較したスローンと共同研究者（Sloane et al., 1975）のしばしば引用される研究がある。録音テープの分析からは，精神分析療法家と行動療法家の間に温かさや肯定的関心の程度に違いは見られなかった。しかし，正確な共感や純粋性，そして対人間接触の深さに関しては有意な違いが見られ，行動療法家はこれら3つの変数で高く評価された。

もしクライエントとの関係になんらかの価値があるならば，それはカール・ロジャーズ（Carl Rogers）が提示した評価基準にもとづくとはかぎらない。行動療法家が，肯定的関心において無条件であると装うことは，クライエントを不当に扱うことになる。それはなぜかといえば，肯定的関心を含む社会的強化は，現実随伴的であるからである。行動論者は，正確な共感には正確な観察に比べずっと関心がない。観察は，反応率と治療の有効性の両方を明らかにする上で欠くことができない。また，セラピストは純粋さについて特別な関心を持たない。クライエントが必要なのは，純粋さに心を奪われているセラピストではなく，適格なセラピストである。

もしクライエントとの治療関係になんらかの価値があるとすれば，心理療法とセラピストのモデリングにおけるゆるぎない前提条件を確立することにある。行動療法家は，クライエントがセッション中やセッション間で彼らに期待されている作業を行うために，十分な信頼と期待，そしてポジティブな見通しを形成しなければならない。また，行動療法家は，自分の行動（モデル）がクライエントの類似した思考や態度，行動に影響を与えるように**モデリング**（modeling）――**観察学習**（obsevational learning）の役を果たさなければならない（Perry & Furukawa, 1986）。たとえば，自己主張訓練ではセラピストが，クライエントに有効な主張行動を教えるモデルとして直接的な役割を担う。モデリングは自己主張訓練で重要な役割を果たすため，主張行動を表出できないセラピストは自己主張訓練の指導者として適任であるとはいえない。

モデリングは行動療法と認知行動変容の技法でも同じく重要な役割を果たしている。たとえば，脱感作療法家は，恐怖刺激に対して恐れないアプローチのモデルになって，クライエントが段階的にリラックスして接近すれば，そのような刺激は克服できると教える。ヘビ恐怖であるセラピストが，ヘビ恐怖のクライエントを治療しているというのは想像しがたい。随伴性療法家は，問題解決に向けたポジティブなアプローチのモデルとなり，批判やその他の罰の形式よりも，歩み寄りと正の強化のほうが対立の最善の解決法であることを指導する。

モデリングは行動変容を行う際に多くの重要な機能を果たしている（Bandura, 1969；Perry & Furukawa, 1986）。セラピストの行動を観察することを通して，クライエントは新しい行動を身につけることができる。たとえば，クライエントが適切な主張を行ってい

る人をはじめて観察することで，効果的な主張行動に必要なポイントを学習し始める。モデリングは，セラピストの行動を観察した後でクライエントがセラピストと類似の行動を行うというように，直接的な指導方法ではないがモデルと類似の行動を行うことで，適切な行動を促進することができる。また，モデリングは，情緒豊かなセラピストからクライエントが人前で感情を表現するしかたを学ぶことで，不安のために回避されてきた行動を改善することができる。さらに，モデリングは，セラピストの子どもがイヌと楽しく遊んでいるのを観察することでイヌ恐怖の子どもがイヌを恐れなくなる時のように，代償的に，そして直接的に不安と関連した刺激を消去することができる。

　重要な点は以下である。少なからぬ研究が，有益なモデリングはいかにすれば可能か，そしてまた，モデリングはいかにすればもっとも効果的になりうるかを論証している。もし行動療法家が治療関係を変化のプロセスの一部に組み込むのならば，次に，彼らはモデルとして果たす役割やその有効性に綿密な注意を寄せなければならない。

行動療法の実用性

　行動療法家の臨床場面での活動は多種多様である。拮抗条件づけや認知行動技法を使用するセラピストは，ほぼ決まった面接室環境内で活動することが多い。一般的に，治療は個人あるいは集団形式で行われる。自己主張訓練やリラクセーション訓練そして問題解決を含む行動・認知行動技法の多くは，費用対効果の面から，そしてモデリング，リハーサル，集団強化を含むグループ・プロセスのために集団形式が適用される。

　一部の行動分析学者はセラピストが面接室に閉じこもっていることに批判的で，クライエントの日常生活と変わらない環境で行われる介入は，面接室での介入で生じるのと同様な般化や訓練の波及効果の問題で悩まされることはないと示唆している。そのため，行動療法家が，トークン・エコノミーのように，より大規模に随伴性を操作する時は，クライエントの環境内で直接的に行っている。残念なことに，「新しい世界に敢然と立ち向かう現象」を恐れるあまり，行動変容はある環境では，その最たるものは連邦政府管理下の刑務所だが，難色を示されたのである。

　たくさんの行動療法が，ケースワーカー，教師，技法家，そして行動マネジメントが行われる施設で働くカウンセラーによって実施されている。強化の系統的な利用は，大部分のデイケア・センター，児童の専門治療機関，青少年収容施設，短期入院プログラム，そして養護ホームで採用されている。重要なことは，随伴性マネジメントを使用するかどうかではなく，治療プログラムの中でもっとも効果的に随伴性マネジメントを行う方法である。

　行動療法家とその兄弟分である認知行動療法家たちは，治療の一部として科学技術を使用することに寛容である。治療で用いる機器は，嫌悪刺激をコントロールするためのシンプルな安楽イスから，複雑なバイオフィードバック機器までさまざまである。最近，その技術庫に加えられたものは，情報を収集し，自宅や職場でクライエントに治療を施すため

のパソコンの利用である。最近の研究では，コンピュータを利用したセルフコントロール訓練は，さまざまな行動障害や嗜癖障害にかなりの効果があると報告されている（たとえば, Hester & Delaney, 1997）。

　行動療法家は絶えず技法の限界を検証しており，その結果，行動療法は広範囲のクライエントに適用されており，おそらくどんな心理療法システムよりもその範囲は広いだろう。拮抗条件づけは，神経症や心身の不調，パーソナリティ障害など言葉を介することができる大人にもっともよく利用されている。認知行動技法は成人や若者にもっとも利用されることが多いが，問題解決法や自己教示は適用範囲が広く児童にも実施されている。随伴性マネジメント技法は，衝動制御の問題，嗜癖障害，子どもの機能障害，知的側面に重度の遅れがあり精神病的に退行した患者の問題など，言語を介する治療では困難な障害に適用される。

　行動療法家は精神医療の現場では広く見られるが，心理学者は他のメンタルヘルスの専門家の2～3倍は行動主義を支持しているだろう。(Glass & Arnkoff, 1992)。このことは，おそらく彼らが学習理論や経験主義的研究の訓練を受けてきたためである。特に注目すべきことは，実験心理学者が行動療法の発展に寄与してきた役割で，それは彼らが伝統的にどんな治療システムにも直接関わってこなかったためである。米国行動療法学会（AABT）はさまざまの理論的立場の人々も受け入れているが、高度な行動技法を持ち、特別な訓練を受けた個人によってのみ行われる行動療法独自の実践も推奨している。

　行動・認知行動療法家は，セラピストの訓練として，能力にもとづいた教育を心理療法の中で早くから取り組んでいる。行動論的要求は，科学的に確立した方法によって能力を証明することである。この目標に向かって，行動療法家は，専門的訓練や治療方法を強化するために，**マニュアル化治療**（manualized treatments）を構築し，**根拠にもとづいた実践**（evidence-based practice: EBP）を立証することに深く関わる。治療マニュアルは，典型的にはセッションごとに治療手続きの操作化を図り，他のセラピストがその手続きを学び，繰り返し行えるようにする。第17章に述べられているように，根拠にもとづいた実践は，実証的に検証され，プラセボや代替治療よりも有効的であると支持されたヘルスケア介入を認定するための新しい動向である。このような根拠にもとづいた実践は，治療を受けている患者や治療を学ぶ学生に支持されるものでなければならない（Task Force on Promotion and Dissemination of Psychological Procedures, 1995）。

　行動療法的治療の実践においては，個人療法を特に必要と考えていない。実際のところ，行動療法家の約半数は自分以外の立場の治療を経験したことがない。これは理論的オリエンテーションを調査した中で，一貫してもっとも低い数字である（Norcross & Guy, 2005）。興味深く，また論争の的になるのは，行動療法家が問題点を誰かに相談する時，その誰かとは仲間の行動療法家で**ない**傾向があることだ（Lazarus, 1971c; Norcross & Prochaska, 1984）。

短期行動療法

　行動療法家はいつも時間の効率と根拠にもとづいた実践に専心してきた。彼らは，短期行動療法が流行になる前に，すでにその支持者たちだった。ある研究（Norcross & Wogan, 1983）によれば，行動療法家たちは他の流派の心理療法家たちに比べ稀にしかクライエントに会わないし，その期間もきわめて短い，と報告された。1年間以上診療を受けているクライエントは，わずか平均7％である。もちろん，特定のクライエントは，セラピストの理論的オリエンテーションではなく，自分の必要性が当然とされた時，治療の延長を要求するだろう。

　費用対効果に対する心理療法全体の動きは，行動療法家にとっては実際，古い話題といってよい。本章のはじめに述べたように，行動療法の中心的特徴は費用対効果を含んでいる。すなわち，具体的に障害を特定すること，治療目標を契約すること，研究が支持する方法を適用すること，そして結果を評価することである。これらの理由によって，行動療法家はマネジドケアが強く主張する短期の問題焦点心理療法にもっとも適っているグループであろう。

行動療法の有用性

　対照群を置いた治療結果研究は，他の心理療法のシステムよりも，行動療法と認知行動療法に対して実施された。子どもと青少年の心理療法に関する対照群を置いた治療結果研究の約3分の2は，行動論的治療が行われており（Kazdin., 1991 Weisz et al., 2004），大人に対する心理療法の対照群を置いた治療結果研究の大部分は，行動論的治療と認知行動論的治療に関するものであった（Grawe, Donati, & Bernauer, 1998；Wampold, 2001）。

　行動療法の効果に関するすべての文献をレビューするには，まるごと1冊の本が必要だろう。しかし，本節でのわれわれのプランは，広く行動療法の有用性に関する多層メタ分析の成果を要約することと，選ばれた行動論的方法といくつかの特定の障害についてである。われわれは，密接に関連する認知療法と暴露療法の有用性について，それぞれ第10章と第8章でレビューしている。

少数事例法

　治療効果に関するわれわれの文献要約とメタ分析によるレビューは，グループ・デザインを用いた比較対照研究のみを考慮に入れている。しかしながら，多くの行動療法家はプラセボ群および／または無治療対照群を用いる伝統的な**群間デザイン**（multigroup design）の代わりとなる正当な研究があることを積極的に主張した。彼らは，多層ベース

ラインまたは ABAB デザイン（下記参照）のようなテクニックが用いられる時，よく統制された事例研究や少数事例研究で妥当なデータが得られると主張している。

多層ベースラインデザイン（multiple baseline design）においては，まず初めにいくつかのクライエントの行動（直接変容される行動だけでなく）が測定される。それから，行動を逐一測定する一方で，治療的介入が1つの行動に対して導入される。介入によって，標的行動のみが改善され他の行動に変化がなければ，それは標的行動と改善をもたらした環境の修正との間に特定の関係があると主張できる。その仮定は，他の行動もまた時間の経過やセラピストとの関係のような特定の影響の対象に，等しくなっていたかもしれないということである。このデザインを薦める理由は多々あるが，1つの問題がある。それは，環境のどの変化が行動の変化をもたらしているのかコメントできない点である。行動の変化は，たとえば明確な随伴性の変化であったのか，あるいは，それは実験者の要求または期待による結果であったのか。

よく似たジレンマはABABタイプのデザインでも起こる。**ABAB（反転）デザイン**（ABAB (reversal) design）では，治療を受けている人を繰り返し測定する。すなわちABABデザインでは，介入前（ベースライン，A）と，介入が実施されている間（B），それに続く，介入が一時的に中止される期間（ベースラインに戻る，A），そして，ふたたび治療的な介入を行った影響のもと（B）で測定される。このデザインの理論的な根拠は，クライエントの行動は治療が与えられる時に改善し，最初と治療をやめた期間で悪化するならば，治療自体が因果関係的に行動の変化を引き起こしたと推測する。繰り返し述べるが，われわれは，治療パッケージの中の何が行動の変化の理由であるのか正確に決定できない。それはクライエントの期待であったのか，セラピストの特別な注目であったのか，治療それ自体であったのか，あるいは別の統制できていない変数によるものであったのか。

われわれのポイントは，以下に述べることにある。少数事例法は新しい手続きの効果を調べるのに優れた方法であり，少数の患者だけに対して適用するのであれば，臨床研究を行うのには優れたモデルである。しかしながらまた，少数事例法は，これまでの多くの伝統的な研究デザインによって提供されてきた検定力と統制を欠いている。これらの理由から，われわれのレビューは，これまで公表された1,000以上の少数事例に関する研究データ自体に関与しない。さらなる実例に関心のある読者は，本章末に掲載の行動的志向の雑誌を参考にしていただきたい。また，デザイン自体に関心のある読者は，カズディン（Kazdin, 2001）やヘイズら（Hayes, Barlow, & Nelson-Gray, 1999）を参照していただきたい。

子どもに対する行動療法の有用性

ワイズら（Weisz et al., 1987, 1995, 2004）は子どもと思春期の若者における心理療法の効果について，いくつかのメタ分析を実施した。つい最近彼らが行った分析は，1962年から2002年にわたって，若年層（3～18歳）の治療におけるランダム化比較対照試験の

236の出版物を統計的に調査するというものであった。さまざまな結果を評定すると，平均的な治療を受けた若者は，治療を受けない若者の約80％よりも，治療後に改善がみられた。行動療法は，クライエントの年齢やセラピストの経験，問題のタイプにかかわらず，非行動療法に比べて，効果的であるとわかった。

行動療法と治療群の数，平均（非加重）効果量における２つのメタ分析は以下のとおりであった（行動科学においては，0.50の効果量は中程度であり，0.80は大きな効果であると見なされていることに留意）。

行動療法	治療群の数		効果量	
	1987	1995	1987	1995
オペラント行動（例：強化）	39	19	0.78	0.69
脱感作／リラクセーション	17	31	0.75	0.70
モデリング	25	12	1.19	0.73
社会的スキル訓練	5	23	0.90	0.37
認知行動	10	38	0.68	0.67
複数の行動論的方法	10	35	1.04	0.86

これらの効果量は，非治療群とプラセボ治療群以上に行動論的方法の効果が優れていることを証明している。メタ分析もまた行動療法が代替治療群（たとえば遊戯療法や洞察志向の療法）に比べて，効果的であることを示唆していた。

子どもの治療において，非行動療法群に比べて行動療法群のほうに優位性がみられるという後者の結論は，批判的に取り上げられている。数人の研究者（たとえば，Shirk & Russell, 1992；Wampold, 2001）は若干のデータと共に，報告された違いは，(1) 行動療法研究と非行動療法研究の間に方法論的な質の違い，(2) 調査者の忠誠が好都合な行動療法をもたらしている，そして (3) 非行動療法の中に代表的な治療が不足しているためかもしれない，と主張している。しかしながら，そのデータの慎重な分析（Weiss & Weisz, 1995a）と別のメタ分析（Weiss & Weisz, 1995b）では，子どもに関する治療結果の文献で，(1) または (2) のどちらかの議論はほとんど支持されないことがわかった。しかし，(3) に関しては，すべての熱心な研究者が幼児治療の研究評価が幼児療法の実践を代表していないことに同意している。治療結果研究は，現実の臨床実践（Weisz et al., 2004）における実際のクライアント，セラピスト，そしてセッティングの類似性，すなわち**臨床の代表性**（clinical representativeness）において特に弱い。とりわけ，確かな幼児治療の非行動論的なタイプ（たとえば遊戯療法と精神力動療法）は，治療結果研究において十分に見受けられない。

大人に対する行動療法の有用性

スミスら（Smith, Glass, & Miller, 1980）の古典的なメタ分析において，系統的脱感作に関する101の比較対照研究と行動変容に関する54の比較対照研究，認知行動療法に関す

る34の比較対照研究が示された。効果量の平均は，それぞれ1.05，0.73，1.13であり，どれも十分にプラセボ効果に対する効果量（0.56）に比べて高かった。

シャピロとシャピロ（Shapiro & Shapiro, 1982）は，スミスらの改善されたデザインの研究を追試した。彼らが対象としたのは，5年以上にわたる研究のみであり，それには少なくとも2つの治療群と1つの対照群が含まれる。143の研究の大部分は行動療法をよりよく評価した。行動療法，治療群の数，平均効果量は，以下のとおりであった。

行動療法	グループ数	効果量
リハーサルとセルフコントロール	38	1.01
内潜行動	19	1.52
リラクセーション	42	0.90
脱感作	77	0.97
強化	28	0.97
モデリング	11	1.43
社会的スキル訓練	14	0.85

これらすべての効果量は大きいと見なされ，無治療群とプラセボ治療群に対する効果の大きさに比べて，すべて優れている。治療間での結果の違いは，心理療法システムよりも問題のタイプと大いに関係がある。しかし，シャピロとシャピロ（Shapiro & Shapiro, 1982）は，それらの研究は行動的および認知的方法のほどほどの優位性と，精神力動的および人間性心理療法の一致した劣位性を明らかにしていると結論づけた。

同様に，対照群を置いた治療結果研究の大規模なメタ分析（Grawe et al., 1998）において，行動療法群は大きくて明確な効果量を達成した。3,400人以上の患者を取り上げている研究において，対照治療以上の統計的に有意な効果が，社会的スキル訓練に関して61の比較のうち45で見られた。1,556人の患者が関わっている研究においては，ストレス免疫法が39ケースのうち30ケースで対照群より優れた機能を有していることがわかった。さらに，775人の患者が関わっている研究においては，問題解決療法が29の研究のうち27の研究で対照治療群に比べて優れているとわかった。すべての調査が完了された時，行動療法や認知行動療法は直接の比較において，クライエント中心療法や精神力動の治療に比べて優れていた。ただし，第3章で議論したように，これらの統計的な有意差に関する臨床的妥当性は依然として意見のわかれたままである。

ある興味深い研究（Bowers & Clum, 1988）は，特定的な治療効果と不特定的な治療効果の相対的寄与率を調査した。彼らはプラセボの不特定的な効果に対する特定的な介入の付加的な寄与に関する評価を得るために，プラセボ条件と行動療法の型を比較している69の研究に関してメタ分析を実施した。彼らの比較は，行動療法群の特定的な効果が，不特定的な効果に比べて2倍大きいことを示した。

カップルと家族に対する行動療法の有用性

いくつかのメタ分析（たとえば，Hahlweg & Markman, 1988； Dunn & Schewebel, 1995）は，**行動的夫婦療法**（behavioral marital therapy：BMT）の効果に関する検討を行っている。治療の構成要素は主として，コミュニケーションスキル訓練や問題解決訓練，不合理な期待と帰属の関係を変容することである。対照カップル群と比較すると，BMT群は行動の有意な変化をもたらした。一般に，これらの利益は長期にわたって維持された。BMTの異文化間比較では，米国とヨーロッパにおけるカップルでも，同程度の効果が見出された。

ごく最近のメタ分析（Shadish & Baldwin, 2005）は，危機にある30組のカップルについて，BMT群と無治療群を比較したランダム化臨床試験の結果をまとめた。その結果は，BMT群が無治療群より有意に効果的であったことを示した（効果量＝0.58）。面白いことに，その結果はまた，**パブリケーションバイアス**（publication bias）がBMTの文献中に存在し，そのために効果の小さい小規模サンプル研究が，他の研究と比較して系統的に見落されていることを示唆した。公表された研究を大量に用いただけのメタ分析は，心理学的な治療の実際の効果を過大評価しがちである。

家族行動療法に関する中程度からより大きい効果については，第11章のシステム療法でレビューされる。家族行動療法は，無治療群や対照治療群以上に，またレビュー次第でときおり，代替的な非行動的な家族療法以上にその有意性を一貫して明らかにしている。

行動的夫婦療法と家族行動療法の効果量は，ある点で顔のない数字であり，それを改善した行動と回復した生活のように解釈することは困難である。具体的な人間の言葉で効果量が何を意味するのかについて明らかにしている，1つの統制された家族療法研究の結果を共有してみたい。アレクサンダーとパーソンズ（Alexander & Parsons, 1973）は，若者の非行治療において，随伴性契約にもとづく家族療法群（n＝46 家族）とクライエント中心家族療法群（n＝19），無治療群（n＝10）とを比較した。結果は，6か月の追跡調査で，クライエント中心療法群の累犯再発率が47％と無治療群が50％であったのに対して，随伴性契約群は26％であった。治療終了後の家族間相互作用の検定では，行動療法群はより多く話しており，また誰が話したかという点から見てもより平等であったことを示した。無治療群と比較して，行動的随伴性契約治療群では，再び非行に走らず進歩した家族数はほぼ2倍に上る。本当は，これが，効果量の顔のない数字がわれわれに示すものである。

特定の行動療法の有用性

社会的スキル訓練　　初期のメタ分析（Corrigan, 1991）は，4つの成人精神科母集団（発達障害，精神病，非精神病，犯罪者）に対する73の研究において，社会的スキル訓練の効果を調査した。効果量は，さまざまな治療結果尺度にわたって大きいものであった。社会的スキル訓練に参加している患者は，スキルの数を増やし，治療の数か月後においてもスキルの獲得を維持し，社会的な機能障害に関連した精神医学的症状の減少を示した。

特に重度の精神障害のある人々に対するスキル訓練を考察している別のメタ分析（Dilk & Bond, 1996）は，社会的スキル訓練を含んださまざまなタイプのスキル訓練の効果を68の比較対照研究を用いて調査した。全体的な効果量は，事後テストで中間（0.40）であり，追跡調査（0.56）でより大きくなった。また，それは社会的スキル訓練がスキル獲得を増やして，精神医学的症状を減らすことに，適度に効果的であったことを示している。この慢性的で治療抵抗の高い母集団に対する社会的スキル訓練の平均効果量は0.30，自己主張訓練では0.40，職業教育前訓練では0.73の結果であった。

情緒障害と行動障害の子どもに対する社会的スキル訓練もやはり幅広く調査された。6つのメタ分析の結果は，社会的スキル訓練群が対照群と比較して64％の改善率を示し，そうした若者に対する社会的スキル訓練は効果的であるということを示唆した（Gresham et al., 2004）。社会的スキル訓練は，攻撃的な顕在的行動と内在的障害を含む，広い範囲の行動問題に対して効果的であった。

ストレス免疫法　メタ分析（Saunders et al., 1996）は，マイケンバウム（Meichenbaum, 1985）によって考案されたストレス免疫法の全体的な効果を測定した。その分析は1,837人のクライエントを含む合計37の研究にもとづいて行われた。パフォーマンス不安（0.51）と状態不安（0.37）の全体的な効果量は，適度に強力な効果を明らかにした。したがって，ストレス免疫法による治療はパフォーマンス不安と状態不安の両方を減らすのに効果的であり，無治療群または対照治療群よりもずっと有効なことが示された。

リラクセーション訓練（relaxation training）　種々のやり方のリラクセーション訓練は，何十年間にもわたり実験的に検証されている。1989年のメタ分析（Hyman et al., 1989）は，多様な臨床的症候群の治療に使われるリラクセーション療法の48の実験的な研究を検証した。健康関連の症候に対する治療の効果量は0.43から0.66までであり，高血圧や頭痛，不眠などの非外科的事例に対して最大であった。

自律訓練法（autogenic training）（特定の自己リラクセーション手続き）はドイツ語圏で広範囲に用いられているが，それに比べ英語圏では少ない。別のタイプのリラクセーション訓練のように，自律訓練法は身体疾患（たとえば緊張性頭痛や高血圧）の治療に用いられると同時に，心因性の障害（たとえば不安や機能性不眠症）の治療に対しても用いられる。自律訓練法に関する60の研究のメタ分析は，事前事後比較と対照群比較の両条件で，中間の効果量を示した（Stetter & Kupper, 2002）。自律訓練法は，同じ障害に対する他の心理療法に比べて，同程度の，全般的により良くも悪くもない働きをする。

自己陳述修正法　ダッシュら（Dush et al., 1983, 1989）は，子どもと大人を別々にして，自己陳述修正法の効果に関するメタ分析を行った。**自己陳述修正法**（self-statement modification）は，マイケンバウムの自己教示訓練の周辺にはっきりと方向づけられたものであった。子どもに関する48の治療結果研究は，自己陳述修正法は標準偏差の約半分で無治療群とプラセボ治療群を上回ったことを示した。効果量の平均値は0.47で，

研究によっては値が等しかった。大人に関する69の研究結果は，自己陳述修正法が無治療群を超えるかなりの成果を実証した。効果量の平均値である0.74は，治療を受けたクライエントの平均値が，対照被験者群の50パーセンタイルから77パーセンタイルへと変化したとみなすことができる。代替療法は，平均して67パーセンタイルへと変化した（効果量＝0.49）。

随伴性マネジメント　随伴性マネジメントの嗜癖障害に対する斬新な適応がある。その方法は，薬物に関わらない活動には組織的に強化を増やし，薬物使用に対してはそのような強化を取り除くことを目的としている。メタ分析は，外来患者のメタドン（訳注：ヘロイン中毒の治療にもっとも多く選択される薬）治療における随伴性マネジメントの効果に関して実施された。治療結果尺度は治療中における，尿検査を通して見つけられた薬物使用であった。その結果は，随伴性マネジメントが薬物使用を減らすことに効果があることを証明した。すなわち30の研究にもとづいて，全体的な効果量0.25をもたらしている（Griffith et al., 2000）。より大きくてより即時的な強化子は，結果としてより良い治療結果をもたらした——どんな行動論者でも予測したように。

行動的親訓練　若干の研究者がお互い個々に，子どもの行為障害と反社会的行動の治療における**行動的親訓練**（behavioral parent training）の大規模な比較対照研究を調査した。少なくとも61の治療群と48の対照群があり，3,592名の参加者を分析に用いることができた（Lundahl et al., 2004）。全体的な効果量は0.80から1.0の範囲であり，両親が訓練に参加した子どもの平均値は，両親が訓練に参加しなかった子どもの約85％に比べて，治療後によりよく適応したことを示している（Serketich & Dumas, 1996；Kazdin, 2005）。行動的親訓練の効果量は大きいため，子どもの教室での行動と両親の個人的対応の両方に対してかなりうまく一般化するように見える。この莫大な文献をレビューした2名の研究者は，「おそらく，行為障害の治療において，親マネジメント訓練ほど丁寧に記録され，経験的に裏づけられた技法は今まで他にない」と述べている（Feldman & Kazdin, 1995, p.4）。

特定の障害に関する行動療法の有用性

強迫性障害　強迫性障害（OCD）の心理学的な治療の効果に関するいくつかのメタ分析が発表された。文献のレビュー（全部で86の研究）では，抗うつ薬，行動療法，抗うつ薬と行動療法の組み合わせ群が，プラセボ治療群に比べて有意により効果的であったと結論づけた（van Balkom et al., 1994）。患者の自己評定に関して，メタ分析は行動療法が抗うつ薬より有意に効果的であり，さらに行動療法と抗うつ薬の組み合わせは抗うつ薬を単独で用いるよりもかなり効果的であったことを示した。これとその他の包括的な治療結果に関する研究のレビュー（Kobak et al., 1998；Eddy et al., 2004）は，補助的な薬物療法の有無にかかわらず，行動療法がOCDの第1選択の治療であることを示している

(OCDの治療として暴露に焦点を当てたより詳細なメタ分析は，第8章でレビューされている）。

パニック障害　いくつかのメタ分析は，もう1つの不安障害（広場恐怖を伴う場合とそうでない場合のパニック障害）に関して，認知行動療法群と薬物療法群，それらを組み合わせた治療群の効果を比較している。もっとも新しくて，もっとも大規模なメタ分析において，バンバルコンら（van Balkom et al., 1997）は，222の治療条件と5,011人の患者に関係した106の研究を分析した。抗うつ薬，認知行動療法パッケージ，抗不安薬，さらに現実暴露を組み合わせた抗うつ薬は，パニック発作と広場恐怖の回避に関して，対照群よりも優れていた。一般に，これらの治療間での効果の差は見られなかった。その結果，行動療法，認知行動療法，暴露療法の複数の方略がパニックの緩和に効果的であることが明らかに実証された。

知的障害　知的障害による問題行動に関する482の経験的な研究について，メタ分析が実施された（Didden, Duker, & Korzilius, 1997）。治療効果は，64の異なる治療手続きに対してだけでなく，1,451のベースラインと治療間を比較して調べられた。随伴性マネジメント手続き群は，他の手続き群に比べて，より有意に効果的であった。面白いことに，形式的な行動または機能分析を実行することが治療効果を増大させるということが，分析によりわかった。

上記および別のメタ分析（Prout & Nowak-Drabik, 2003）は，行動療法および認知行動療法が，発達障害の治療において，他の研究例の少ない心理療法に比べて確かな優位性を有することを示している。個人の治療は，集団治療とは対照的に，随伴性マネジメントを使用することでもっともよい結果が得られるように思われる。

摂食障害　数年間にわたる4つのメタ分析（Hartman, Herzog, & Drinkman, 1992；Lewandowski et al., 1997；Whitbread & McGowen, 1994；Thompson-Brenner et al., 2003）は，神経性大食症の薬物治療と心理療法の効果を調査するとともに，包括的な研究（それぞれ，18，19，26および26の研究）をレビューしている。その結果，心理療法がベースラインから大きな改善をもたらすことを示した。ごく最近のメタ分析（Thompson-Brenner et al., 2003）において，個別の行動療法を受けている44%の患者と個別の認知行動療法を受けている48%の患者は回復していた。個人療法群は集団療法群より十分に良い効果を示していた。個別の心理学的治療群は，薬物治療群（主に抗うつ薬）を上回っていた。全体的に，これらのメタ分析の結果は，行動療法（と認知行動療法）の適用が有望な治療結果を生じさせたということを示唆した。

注意欠陥多動性障害　注意欠陥多動性障害（ADHD）に関する多様な治療研究（MTA Cooporative Group, 1999a, 1999b）は，おそらく，行動障害のある子どもに行われたもっとも大規模の臨床試験である。合計579名の複合タイプのADHD児（7～10歳）

は，14か月の治療において，ランダムに4つの治療法の中からどれか1つを割り当てられた。4つの治療法とは，中枢興奮薬による治療，集中的な行動療法（親訓練や教師コンサルテーション，治療的サマーキャンプ），それら2つの治療の組み合わせ，または標準的なコミュニティケアである。これら4つの治療いずれも，時間の経過にともなって大幅な症状の減少をもたらした。

多くの治療結果尺度は，治療群の組み合わせが単独の集中的な行動療法群より優れていることを明らかにした。ほとんどのADHDの症状に関して，組み合わせた治療群と薬物群の子どもは，集中的な行動療法群より有意に大きな改善を示した。

しかしながら，その後の分析で，行動療法が集中的に適用された場合，行動療法群単独で87尺度のうちの82尺度において，組み合わせた治療群と同程度に効果的であったことが明らかになった。しかし，集中的な行動療法は徐々に減らされ，薬物治療が継続されていた——このことは，時間とともに，その研究で大きな改善が得られたことの説明となった（Pelham et al., 2000）。

これらの治療結果と多数の研究レビュー（少なくとも7つのメタ分析を含む。Purdie et al., 2002参照）は，行動療法と中枢興奮薬による治療が結果として，ADHD児の臨床的に有意な改善をもたらすことを示している。また，これらの2つの治療の組み合わせは効果的であり，どちらか単独の治療よりも量的に大きな改善の成績をおさめるだろう。

EEGバイオフィードバック／ニューロフィードバックの効果を調べている比較対照群研究では，ADHDで苦しんでいる人々に対する肯定的な結果が明らかになった。最近の白書（Monastra et al., 2005）は，経験的根拠を批判的に調べて，EEGバイオフィードバックがADHDの治療に対して"おそらく有効である"と結論づけた。重要な臨床的改善は，発表された調査研究において，患者のおよそ75％と報告された。したがって，行動療法や中枢興奮薬による治療，ニューロフィードバックは，この疾患の治療にどれも効果的である。

統合失調症　統合失調症患者の社会的スキル訓練に関する27の研究の初期のメタ分析によるレビューは，社会的スキル訓練が社会的スキルや自己評価による主張性，退院率の行動的尺度に，肯定的な効果を強くもたらすことを明らかにした。しかし，より明白な症状と機能に関する社会的スキル訓練の効果は軽度であった（Benton & Schroeder, 1990）。

ごく最近のメタ分析は，統合失調症に対する心理社会的な社会的スキル訓練を含むがそれだけに限定されない，対照群を置いた治療結果研究の知見を書きかえた（Bustillo et al., 2001）。さらに結果は，社会的スキル訓練は社会的スキルを改善したが，再発防止や一般的な精神病理または就業に対しては明確な効果をもたらさないことを明らかにした。つまり，社会的スキル訓練は肯定的な影響力は持つが，スキル般化はわずかな程度にとどまる（Roth & Fonagy, 1996）。

怒り障害　いくつかのメタ分析は，怒り障害に関する行動療法，認知行動療法の効果をまとめている。大人における怒りの治療に関して（DiGiuseppe & Tafrate, 2003），50

の研究からの調査は，治療を受けた患者が対照群の76%に比べて，もっとよい状態になることを示した。全体で，患者の83%が治療前との比較で良くなっていた。0.71の全体的な効果量は，自己教示訓練や認知的再体制化，行動的スキル訓練，自己主張訓練，バイオフィードバック，系統的脱感作，リラクセーション訓練の軽度な治療効果を示唆している。

子どもにおける怒りの治療に関して（Sukhodolsky et al., 2004），21の発表された研究と19の未発表の研究からの調査は，効果量の平均値として0.67を示した。この結果は，大人のものと類似している。スキル訓練と複合的治療は攻撃的な行動を減らし，社会的スキルを改善することにより効果的であったのに対して，問題解決療法は怒りの自覚を減らすことにより効果的であった。

結論には2つの面が浮かびあがった。第一に，子どもと大人の怒りに対するさまざまな行動療法，認知行動療法は中程度から大きな効果を示す。第二に，特定の治療法は，おそらく特定の怒りの問題に対してより効果的である。スキル訓練は，社会的スキルを改善するためにすすめられる。リラクセーション訓練は，状況的な怒りの場合にすすめられる。認知的再体制化は，交通渋滞のイライラや特性的な怒りを改善するためにすすめられる（DelVecchio & O'Leary, 2004）。

喫煙　禁煙に関するメタ分析は633の研究結果が統合され，70,000人以上の被験者を含んでいる（Viswesvaran & Schmidt, 1992）。平均して，無治療の場合は6％の人が喫煙をやめ，自己変化プログラム群では15％の人がやめたという結果が出た。これらの両方の結果は，公式的治療よりも著しく効果が劣っていた。もっとも効果的な方法の中では，嫌悪療法（31％の人がやめた），他の嫌悪的な技法（27％の人がやめた），労働現場における教育方法（30％の人がやめた），催眠治療（36％の人がやめた）があった。

夜尿　何十もの研究が，夜尿症に対する心理学的および薬物治療の効果を調べた。治療終了後の量的統合研究は，プラセボ群と無治療群がそれぞれ，わずか12％と10％であったのに比べて，心理療法を受けた子どもの平均57％が夜尿をやめ，薬物治療を受けた37％が夜尿がなくなったことを明らかにした（Houts, Berman, & Abramson, 1994）。心理療法と薬物治療の介入の双方とも対照群より優れた結果を示したが，心理療法を受けた子どもは，薬物治療の子どもより治療後と追跡調査のいずれにおいても夜尿をやめる傾向が強かった。もっとも成功した治療は**尿アラーム**（urine alarm）装置であった。1938年に条件づけの古い行動技法がマウラーとマウラー（Mowrer & Mowrer）によって紹介された。子どもの下に敷かれたプラスチック・パッドかパジャマに付けられた小型センサーが排尿の湿気を感知して，子どもを起こすために警報が作動するものである。

高血圧　本態性高血圧症のさまざまな治療の臨床効果に関するメタ分析は，166の研究で検証された（Linden & Chambers, 1994）。減量治療群（効果量＝0.57），運動治療群（効果量＝0.65），個別最適化した認知行動療法群（効果量＝0.65）は，特に収縮期血圧の低下に有効であり薬物治療群に匹敵した。個別最適化した認知行動療法は，単独の行動療

法（たとえばリラクセーション訓練，自律訓練法，バイオフィードバック）より効果的であった。

片頭痛　メタ分析（Holroyd & Penzien, 1990）は，プロプラノロールの効果を評価している25の臨床試験とリラクセーション／バイオフィードバック訓練群の効果を評価している35の臨床試験の結果を統合して行われた（患者合計数：2,445名）。メタ分析は，これらの方法を用いて治療した繰り返し起こる片頭痛において，十分かつ非常に類似した改善を明らかにした。両治療群は，毎日の記録によって査定した時は43％の片頭痛の減少をもたらし，他の尺度で査定した時は63％の減少をもたらした。対照的に，プラセボ群（14％の減少）と無治療群（原則0％の減少）は，プロプラノロールとリラクセーション／バイオフィードバックより成績は悪かった。

不眠　4つのメタ分析は，不眠治療に関する行動療法の有効性を支持している（Smith et al., 2002）。それらのメタ分析のうちの1つ（Murtagh & Greenwood, 1995）は，66の比較対照研究に対して実行された。一般に，心理療法は睡眠パターンと睡眠の自覚状態の双方で十分な治療効果を生じた。すべての積極的な治療は，基本的には行動療法であるが，プラセボ治療に比べて優れていた。具体的には，以下の効果量が治療後に見られた。漸進的筋弛緩群（0.81），別のリラクセーション方法群（0.93），刺激コントロール群（1.16），逆説的意図群（0.73）。これらは大きくて納得のいく効果である。一般に，もっとも大きな効果量は，刺激コントロール訓練に対するものである（Morin et al., 1999）。

　メタ分析はまた，行動療法と薬物療法（服薬）が持続性の不眠に関して同じ全般的な効果を持つことを明らかにした。しかし，行動療法は睡眠潜時（寝入るまでの時間）の著明な短縮をもたらし，睡眠薬の副作用もなく依存性もない点で優れているように思われる。

過敏性腸症候群　メタ分析は，過敏性腸症候群（10～20％の罹患率とされる慢性胃腸疾患）の心理療法を調査した17の比較対照研究を用いて実施された（Lackner et al., 2004）。一般に，腸機能不全，うつ，不安の減少に関する効果量は中程度であった。心理療法は対照条件に比べて，身体症状と心理的症状のいずれの減少にも有効であった。どの心理療法のタイプが他の治療に比べて効果的であったのかを決定するための研究数は，不十分であった。しかしながら，実際にすべての治療は，行動療法的，認知行動療法的であり，漸進的筋弛緩法，自己教示訓練法，バイオフィードバック法，認知的再体制化，複合的治療がもっとも一般的であった。

　比較対照研究は，以下のような結論になった。行動療法や認知行動療法は，身体症状（たとえば，腸機能不全，高血圧，片頭痛）の軽減だけでなく，心理的症状（たとえば，うつ，不安，摂食障害）の軽減に対してもしばしば効果的であった。このような結論は，精神障害に加えて，身体的な健康状態に心理療法が適応することを支持している。

行動療法に対する批判

精神分析的観点から

　それ自体が経験主義を誇るシステムからすれば，行動療法はかなり期待外れである。質的研究の代わりに，われわれは量的研究を行う。ある人数で良好な成績であれば，次にはより多くの人数がより改善しなくてはならない。しかし，実験が十分価値あるものかどうかを決定する，問題の概念的基礎はどうであろうか。そこで，たとえ脱感作が女子大生のクモ恐怖を減少させたとして，それが何だろうか。それは，セラピストが臨床実践において日常的に直面している圧倒されるような問題と関係があるのだろうか。研究を計画する時，ほとんどの行動論者は，どんな治療結果研究においても鍵となる臨床的質問——「それが何」クエスチョン——を尋ねられたならば，彼らの提供するサービスについて答えるだろう。たとえ大学生に昼食を吐くことを想像させることが1週につき500gほどの体重減少を生じたとして，それが何だろう。その減少が3か月間持続したとして，それが何だろう。

　どんな方法によろうとも減量をした人々の85％が2年以内で元に戻るという，多くの証拠がある。一体どうして，彼らの研究のほんの一部分だけを2年間の追跡調査に使用するのだろう。研究者は，臨床的障害に役立つ治療を確立することに興味があるのだろうか，それとも，より速く論文を書き終えることに関心があるのだろうか。おそらく行動論的研究者は，膨大ではあるが取るに足らない研究へと導く動機への洞察くらいはできたかもしれない。

　行動療法家は，われわれに，行動療法の一貫した優勢を示す抵抗しがたいデータがどこかに存在している，と信じさせようとしている。しかし，そのデータはどこにあるのだ。彼らは，会話が求められる授業中の学生の不安を治療するためにポール（Paul, 1966）が研究で使用した洞察療法の5つのセッショッンの中で発見できるのだろうか。そのような学生はデール・カーネギー（Dale Carnegie）（訳注：『人を動かす』など自己啓発書の著者）にでもくれてやれ！　確かに，スローンら（Slaone et al., 1975, 第2章参照）による古典的な研究は，ほとんど慰めを与えない。包括的行動療法と短期精神分析的療法との厳密な比較では，外来患者への治療効果において治療間の有意差を見出せなかった。精神分析療法家は，時間制限療法においてでさえ，彼ら自身の立場を保ったのである。

　数だけとりそろえたメタ分析の結果は，ことあるごとに——だが一貫してではなく——症状軽減に関して行動療法の優位性を示すであろう。しかし，もし行動論者の"客観的な方法論"の覆いの下を探すならば，短期的成功に対する先入観と，行動論者に都合のいいカードを切る行動的治療結果尺度を見出すだろう。アラン・カズディン（Aran Kazdin, 1991）のような著名な行動論者さえ，治療結果尺度のタイプが比較対照される時，行動的方法論が主張する優位性が消え始めると認めている。そして統計学的有意差は，われわれが研究者の忠誠効果（第3章参照）を考慮する時，すなわちそれが行動療法の主張する優

位性の3分の2を占めているのだが，さらに弱まる。

　他の心理療法システムからの研究者は，方法論について時に無邪気であるかもしれないが，しかし，それは心理療法の目的についての行動論者の天真爛漫さとは比較にならない。症状の軽減は1つの重要な目的であるが，しかし，それは成人が心理療法を求める唯一あるいは第一の目的ではない。行動療法が洞察を増し，対象関係を改善し，自己への気づきを深めることの効果の比較対照試験は，どこに存在するのだろうか——それこそ人々にとってもっとも大切なことである。大部分の行動療法研究が示すところは，人間性の行動論的視点の優位性ではなく，その上っ面である。もっと深く掘り下げなさい，行動主義者さんたち。

人間性心理学的な観点から

　行動療法の研究におけるほとんどすべての成功の評価基準を調べてみてほしい。そうすると，何が存在していないかは明瞭である。少数の研究だけは，成功した治療の評価基準として患者の一般的な幸福感と調和の感情を明確に評価していた。そこで何を想像しますか？　電気ショックは，同性愛者が幸福を見出すことの助けにならなかった（Birk et al., 1971）。行動理論と行動療法から失われていること，それは何が治療にとっての意味のある結果であるか決定するのに役立つ人間的な価値観である。人生の意味は，症状を変化させる5％水準の確率では決定されない。多くの人々が価値観の崩壊で苦しんでいる時代において，行動療法は症状軽減だけに努めている。

　非人間的な世界において幸福と調和を模索している人間に行動療法が提供するものは，いんちきな策略の束である。タバコが自分をクールで魅力的にするとこれまでの生涯で信じ込まされてきた人間は，彼らの面前で第三者からタバコの煙を吹かさせる必要があるか。過食をする人間は，彼らをむしばむ倦怠感や不安感を払拭するため，食事の一口ごとを記録用紙に記録する必要があるか。われわれは不安のすべてを脱感作される人間が必要か，あるいは，われわれは周囲の鈍感さにすべて不安を抱く人間が必要か。われわれは，会話を勇気づけるために人々にポーカー・チップを交換することを教える必要があるか。あるいは，われわれは，人間がもっとも基本的感情を共有することの本質的な意味を見出せるよう援助する方法を学習しなければならないか。一日1つの策略で医者を遠避けることはできない。

　人間をルーツから切り離した西洋社会の疎外的テクノロジーは，もはや問題とみなされない。現在ではそれは治療の一部と見られている。患者もセラピストも一様に，どれほど進んで自分自身を空虚で機械的な人間モデルに合わせようとしているか，それがわかったら，われわれは慄然とせざるをえないだろう。われわれの顔にタバコの煙を吹きかけられたり，愛と引き換えにポーカー・チップを提供されることが，人間性喪失の非常に大きなプロセスの一部であることをもはや理解しないほどに，われわれは疎外されてしまったのか。われわれは，自分がこうだと思っている自分や自分を悩ませていると信じているもののイメージに合わせて，治療法を創り出す。行動療法の進歩は，われわれのコントロール

外にある諸条件によって管理される人間性のイメージを反映している。現代社会における問題解決は，もっと愚かな条件づけに服従することに見出されるのだろうか。

文化的観点から

何が適応行動で，何が不適応行動か，誰が決めるのか。誰と何が，変化しなければならないのだろうか。行動的技法は，クライエントが支配的な社会集団の標準的規範に順応するのを助長するために使用されるのか。文脈によらない明晰な方法論者たらんとすれば，行動論者は暗黙の文脈回避のリスクを冒すことになる（Kantrowitz & Ballou, 1992）。

心理療法家は，対象行動，治療目標，治療結果の評価基準の適切さについて，変わることなく意思決定しなければならない。もちろん，クライエントはこれらの決定を下すにあたり大きな発言権を持つべきだろうが，行動論者は相互責任から簡単に手を引くことができず，「それはクライエントの決定である」と主張して自分を解放することができない。

セラピストの価値が視野から隠される時，暗黙の規範が，誰がどんな変化を必要としているか決定するために使用される。これらの無意識的イデオロギーは，白人，中流，異性愛，男性的な価値といった主流派を反映するだろう。どれほど多くの"反抗的な"マイノリティの若者，"混乱した"同性愛者，"セックスレスな"妻と"無作法な"子どもたちが，価値中立的で文脈によらない技術という名のもとに"御主人様"の強要するいろいろな"改造"をほどこされたことだろう。心理療法はまぎれもなく価値を多く含んだ冒険に富んだ活動である。ともかく出てきて，公にあなたの価値を裏書きしませんか。

個人的スキル訓練に行動の焦点を合わせることは，社会問題を無視し，支配集団の価値を支持することになる（Kantrowitz & Ballou, 1992）。職場でセクシャル・ハラスメントを受けた女性に自己主張訓練を処方するという表向きは親切なケースを考えてみるがよい。自己主張訓練は一方では，おそらく女性の賛成が得られ実証にもとづく治療である。もう一方では，女性のスキル不足に焦点をあてることによって，攻撃的セクシャリティにも境界性の侵犯にも注意が向くことはない。女性は自分で身を守るべきだという社会規範もまた，真剣に問われることがない。女性個人の苦悩は一時的に減じられるかもしれないが，社会の現状はしっかりと守られたままである。

よりわかりやすい例として，以下は行動療法家に対するまさに体系的な不満である。すなわち行動療法家は，症状を持った人ではなく，全家族システムこそが変化を成し遂げるための治療単位であることを見落している。皮肉にも，喧伝される行動主義の"環境主義"は，家族と文化までには至っていない。包括的な治療は，個人とシステム両方の行動パターンを変えなければならないのである。

統合的観点から

クラブにようこそ行動論者！　この仕事に長年携わっている人々の多くは，1つの治療法や単一の理論がクライエントの複雑さとつり合うのに十分なほど完全ではないことを認め

ている。もちろん，いわゆる行動療法とよばれるものの背景には，統一された理論はない。どのアプローチがどのタイプの問題にもっとも有効か決定するために，一連の技法と一本化した関わり方がたんに存在しているだけである。これは，古典的条件づけよりむしろ古典的折衷主義のように聞こえる。

　たとえシリル・フランクス（Cyril Franks, 1984）やハンス・アイゼンク（Hans Eysenck, 1970）のような卓越した行動論者が，折衷主義者は治療という池の水を濁らせたと早くから非難しても，統合理論を持たない新しい行動論的技法の増殖がわれわれに加えたのは，明快さよりもむしろ複雑さである。しかし，折衷主義者は，脱感作，内潜的感作，バイオフィードバック，認知的再体制化，トークン・エコノミー，セルフコントロール，問題解決法といった多様な方法を含んではいるが，統一されたと一般に信じられている心理療法システムの曖昧さとさえ，ともに生きるのに苦労したことはなかった。これらのテクニックは，折衷主義者の手品袋の中身とほとんど同じである。もちろん，ここで実際に批判をしようというのではない。あなたが折衷主義者とよばれるのを気にしないなら，われわれは行動論者とよばれるのを気にしないだろう。

C夫人の行動分析

　C夫人は広範囲の不適応反応によって制限を受けており，彼女が人生への価値あるアプローチにたどりつくためには包括的で複合的な行動療法を必要とするだろう。まず，彼女は汚れと病気に条件づけられた回避行動によって苦しんでいる。彼女が条件づけられた刺激（たとえばギョウチュウ（蟯虫）または汚れ）と接触したと感じる時はいつでも，彼女の特定の回避方法は過度に手を洗うことである。これらの刺激の回避は，料理を回避させ，彼女の子どもたちを過度に気にかけることを含む不適応行動につながった。彼女は性的な関係をも回避するが，それは彼女の汚れと病気の回避とに関連するというより，彼女の母が回避とセックスに対する嫌悪的モデルとなったこととより関連があるだろう。C夫人には，彼女の怒りを率直に示す行動の不足，そして，強化と楽しい経験を手に入れる行動の不足も認められた。

　C夫人の不安は，環境内にある程度つねに存在する汚れのような刺激によって引き出されるので，拡大，一般化した。C夫人は幼いころの母親のモデルとなる行動や，過度な危険性の帰属から，汚れに対する過度の恐怖を学習した。成人してから，C夫人は彼女の主治医がその原因が明らかにギョウチュウだとした過度の脅威によって，汚れについての不安が条件づけられた。

　C夫人の対人関係は，過剰なコントロールで特徴づけられる。それは特に彼女の家族をギョウチュウの異常発生から防ぐためのコントロールである。C夫人は家族内では，中央病院のような役割であることにより，おそらくかなりの強化を受けている。

　ギョウチュウと汚れによって喚起される問題は，系統的脱感作と手がかりへの暴露法が最良の治療法であり，それはまた，C夫人のような強迫性障害のために選択された行動療法であるとみなされている。深いリラクセーション訓練の後に，汚れとギョウチュウに関連した刺激から構成される階層表の作成が続く。たとえば，階層表の一部は，セロハンで包まれた真新しい下着を買うことを想像すること，そして，真新しい下着に触れて，それからきれい

に洗濯された下着に近づき，脱いだ後の基本的にはきれいな下着を持ち上げるという一連の行動が含まれる。不安の自動的で制御不能な反応が脱感作で拮抗条件づけされたことにより誘発されなくなったあと，C夫人は実際に不潔な下着といった刺激に取り組むことができる。時間とともに，C夫人は不安と回避を引き起こす広範囲な手がかりに暴露される（たとえばきれいな下着，不潔な下着，積み重なった洗濯物，不潔な荷物，洗濯機）。そのような暴露セッションの間，C夫人は手を洗ったりシャワーを浴びるといった回避反応を行うことが妨げられる。

同様の方法で，現実脱感作とスキル訓練は，彼女の性反応の欠如とセックス回避に対処するために用いられる。われわれは性感フォーカシングから始め，続いてセックスセラピーのステップを進行させる。C夫妻の双方は，行為を要求せずに官能的に触れることを楽しむことを促された。彼らは，そのようなリラックスして官能的で要求しないという条件が，不安と回避を引き出さずに，官能的で性的な感覚の手がかりになりえることを発見できた。

ギョウチュウについてのC夫人の強迫的思考は，よりポジティブな思考，たとえば官能的な考えや家族と一緒にいると考えるなどといったことによる自己強化を含んだセルフコントロールのセットによって最良の克服ができる。彼女の思考がギョウチュウからパーティの計画に切り替わった時にはいつでも，たとえば「すごい！ 毎日だって，ギョウチュウよりパーティーを開くわ」「ギョウチュウから自由になるって何て気持ちいいんだろう」のようにC夫人が自己陳述をすることで彼女自身を強化する。数年間の洞察療法の後，われわれは，C夫人が自分の問題の原因を，彼女を脅威的に押しつぶそうとする無意識の力の代わりに，彼女の学習歴に帰属させることを援助しなければならないだろう。

C夫人の対人行動の変容には家族全体を巻き込むことになるが，それは彼らが家族の相互作用を支配しようとする彼女の傾向を知らずに強化していたからである。われわれは，彼らがC夫人の不合理な要求に立ち向かうことと，彼女が自分の欲求不満をより直接的に表明することを援助するために，家族の主張訓練を試みたい。この家族は相互コントロールの手段として肯定的よりも否定的なほうに大きく頼っているように見えるので，訓練の一環として賞賛を強調する主張を含めることはもちろん重要である。

そして，家族に強化原則を教えて，C夫人が料理や子どもと遊ぶといった建設的行動に対して彼らが報いるよう援助したり，彼女の不適応行動を彼らが消すように援助することも，また重要である。C夫人が手を洗うことに自分の時間を非常に多く費やしたので，脱感作を通して彼女の手洗いをたんに低減させるだけでは不十分であろう。彼女は，虚しすぎる一日の中に取り残され，それが抑うつを増加させるかもしれない。このように，セラピストと家族は，手洗いを置換することができる建設的代替反応の促進と強化を始める必要がある。これらの反応は，仕事，遊び，リラックスすること，家族の世話，そして家族と友人への強化アプローチの再構築を含むだろう。

この包括的な治療の過程を通して，行動療法家は主張する，自己強化する，危険を冒すことのモデルとなるだろう。C夫人がセラピスト自身の対人関係行動から代理的に学ぶであろうことは，たとえば不安や回避なしで汚れと病気のことについて話すこと，恥や罪悪感なしに性的喜びを高めること，症状よりも主張を通して状況にあたること，などである。セラピストは同時に，一貫した強化の小さな一歩一歩が，不適応反応を消去し代替行動に報いることを学習する大きな歩みになるということを説き，示してやるだろう。

もしC夫人が，汚れがあっても落ちついていたり，彼女自身や夫に怒りや喜びをぶつけた

> り，ギョウチュウへの先入観を自制したり，掃除より家族の世話をするほうが強化を得られるということを学習できたら，ある種の健全さを持った反応の仕方に戻る機会となるだろう。
> 　今やこのままでは，集中的かつ広範な行動変容プログラムなしでは，C夫人が，彼女の失敗のために精神科病院に入院させられる罰を受けるリスクは，非常に高いものがある。

将来の方向性

　過去40年にわたっての成長に匹敵して，近い将来も行動療法は実験し続け，拡大し続けるだろう。**実験**（experimentation）という言葉はここではあえて両義的に使用される。行動療法家は，実験的方法論を信頼してどの技法がどの障害に最適かを決定し，行動的自己アイディンティはそのふさわしい境界を実験する。経験的伝統にもとづいた操作を行うことで，行動的作業は必然的に折衷的になり，特定のクライエントに有効である方法を使用する（第15章参照）。

　しかし，これは実験の他の問題を指摘する。すなわち行動論者は，心理主義の一団や認知の陣営へ追いやられる前に，どれくらい"認知的"になることができるだろうか。B・F・スキナー（Skinner, 1990）やジョセフ・ウォルピ（Wolpe, 1989）のような伝統的な数人の行動論者は，認知概念の採用が不必要に領域を弱めて，壊れやすくすると主張した。概して若い行動論者たちは，認知行動主義のアイデンティティと認知技法の実行に対して満足している。実際，近年AABT（米国行動療法学会）メンバーは組織の名前を行動療法・認知療法学会（Association for Behavioral and Cognitive Therapies）に変えることを，4対1の投票で決めた。それでも，すべてのメンバーが"行動療法家"のテーブルに座っているべきかについて同意しているわけではない。

　行動療法は多方向に拡大しているが，われわれは永続的な2つのことを予見している。第一に，ヘルスケアコストが増加し続け，メンタルヘルスの専門家がしだいにヘルスケア領域に組み込まれるにつれて，行動論的セルフヘルプ，リラクセーション訓練，コーピングスキル，自己教示訓練は，ヘルスケアの実施法としてさらに統合されるだろう。この仕事の多くは，たとえば頭痛，慢性疼痛，ぜんそく，喫煙，高血圧症，肥満といった行動医学的問題に対して実施されるだろう。しかし，われわれは，たとえばコンプライアンス不良，過剰な脂肪摂取，運動不足などの悪い健康習慣に起因する医学問題を同定し，治療し，予防もする行動論的傾向を持った臨床医もまた目にするだろう。行動療法は，精神医学的問題の治療を越えて，小児科学と心臓病学を含むヘルスケアのすべての分野で，必ず進展していくだろう。あまり遠くない将来，行動論的対処戦略は，病気からの回復や慢性疾患への対処，そして有害な医療行為という事態への備えを援助をするために，定まった課程として教育されるようになるだろう。

　第二に，行動療法における行動の変化に歴史的かつ明快な焦点を当てると，そこで賞賛されるのは，**受容**（acceptance）の価値であろう（Jacobson & Christensen, 1998；

Wilson, 1996)。適応的なライフスタイルに変化するために，患者が変化できないものがあり，自分の体型や配偶者や生理的興奮などを受容する必要がある。クライエントは，教育，治療関係の受容，認知的再体制化，自己肯定といった受容を促進するための積極的な戦略を与えられる。これは，行動療法家が多くの介入に関与できないことに満足しなければいけなくなることを言っているのではなく，何が変化が可能で，またすべきなのかを，彼らがだんだんと気づき始めているといえる（Goldfried & Davison, 1994）。

　行動療法の初期の成長を特徴づけた新しい技術の急増が一段落し，その代わりに，これからの進歩は恐らく以下に集約されるだろう。それは，既存の治療を洗練すること，異なる臨床的障害に対する治療マニュアルを開発すること，そして根拠にもとづいた治療がより広く普及し，より効率的に実行できる方法を改善することである。40年間の爆発的な発展を遂げた後，行動療法はその得たものを整理統合し，そのアイデンティティを試験し，今日の心理療法の主要なシステムの1つにふさわしく，よりゆっくりと発展していくだろう。

重要用語

行動療法の3C 3 Cs of behavior therapy
ABAB（反転）デザイン ABAB (reversal) design
受容 acceptance
不安階層表 anxiety hierarchies
自己主張訓練 assertiveness training
帰属／帰属スタイル attribution/attributional styles
自律訓練 autogenic training
嫌悪条件づけ aversive conditioning
ベースライン測定 beseline measures
行動分析 behavior analysis
行動連鎖 behavior chain (ABC sequence)
行動交換理論 behavior exchange theory
行動変容 behavior modification
行動療法 behavior therapy
行動の欠損 behavioral deficits
行動の過剰 behavioral excesses
行動の不適切さ behavioral inappropriateness
行動的親訓練 behavioral parent training
行動的夫婦療法 behavioral marital therapy
バイオフィードバック biofeedback
古典的（レスポンデント）条件づけ classical (respondent) conditioning
臨床の代表性 clinical representativeness
認知行動変容 cognitive-behavior modification (CBM)
認知的再体制化 cognitive restructuring
コミュニケーションスキル訓練 communication skills training
随伴性マネジメント contingency management
契約 contracting
拮抗条件づけ counterconditioning
内潜（カバラント）（内潜的オペラント反応） coverant (covert operant responce)
内潜的感作 covert sensitization
弁別刺激 discriminative stimuli
根拠にもとづいた実践 evidence-based practice
フェイディング fading
機能分析 functional analysis
般化 generalization
般化勾配 generalization gradient
段階的ホームワーク graduated homework assignments
現実脱感作 in vivo desensitization

施設でのコントロール institutional control
学習された楽観主義 learned optimism
維持 maintenance
マニュアル化治療 manualized treatment
最小限の効果的な反応 minimally effective response
モデリング／観察学習 modeling/observation learning
群間デザイン multigroup design
多層ベースラインデザイン multiple baseline design
相互コントロール mutual control
自然場面での観察 naturalistic observation
ニューロバイオフィードバック neuro-biofeedback
オペラント条件づけ operant conditioning
標的行動の操作化 operationalizing the target behavior
一次性刺激般化 primary stimulus generalization
問題解決（療法）problem solving (therapy)
プロンプト prompt
パブリケーションバイアス publication bias
罰 punishment
逆制止 reciprocal inhibition
拒否スキル訓練 refusal skills training
強化 reinforcement
リラクセーション訓練 relaxation training
レスポンデント条件づけ respondent conditioning
レスポンスコスト response cost
二次性（媒介的）般化 secondary (mediated) generalization
セルフコントロール self-control
自己教示訓練 self-instructional training
自己陳述修正法 self-statement modification
性感フォーカシング sensate focusing
シェイピング shaping
少数事例法 small-n designs
社会的スキル訓練 social skills training
刺激コントロール stimulus control
ストレス免疫法 stress inoculation
症状の代理／症状の再発 symptom substitution/ return
系統的脱感作 systematic desensitization
標的行動 target behaviors
トークン・エコノミー法 token economy
尿アラーム urine alarm
価値の明確化 values clarification

推薦図書

Dobson, K.S. (Ed.). (2000). *Handbook of cognitive-behavioral therapies*. New York: Guilford.
D'Zurilla, T.J., & Nezu, A.M. (1999). *Problem-solving therapy* (2nd ed.). New York: Springer.
Goldfried, M., & Davison, G. (1994). *Clinical behavior therapy* (rev. ed.). New York: Wiley.
Hayes, S., Barlow, D., & Nelson-Gray, R. (1999). *The scientist practitioner: Research and accountability in the age of managed care*. Boston: Allyn & Bacon.
Kazdin A. E. (2001). *Behavior modification in applied settings* (6th ed.). Pacific Grove, CA: Brooks/Cole.
Kazdin, A. E. (2005). *Parent management training*. New York: Oxford University Press.
Masters, W., & Johnson, V. (1970). *Human sexual inadequacy*. Boston: Little, Brown.
Meichenbaum, D. (1977). *Cognitive-behavior modification*. New York: Plenum.
O'Leary, K. D., & Wilson, G. T. (1987). *Behavior therapy: Application and outcome* (2nd ed.). Englewood Cliffs, NJ: Prentice-Hall.

Schwartz, M. S., & associates. (2003). *Biofeedback: A practitioner's guide* (3rd ed.). New York: Guilford

Spiegler, M.D., & Guevremont, D.C. (2003). *Contemporary behavior therapy* (4th ed.). Pacific Grove, CA: Brooks/Cole.

Wolpe, J. (1990). *The practice of behavior therapy* (4th ed.). Elmsford, NY: Pergamon.

JOURNALS: *Advances in Behaviour Research & Therapy; Applied Psychophysiology and Biofeedback; Behavior Analyst; Behavior Modification; Behaviour Research and Therapy; Behavioral Technology Today* (electronic journal); *Behavior Therapy; Behavioral Assessment; Behavioral Interventions; Behavioural and Cognitive Psychotherapy; Child and Familly Behavior Therapy: Journal of Applied Behavior Analysis: Journal of Behavior Analysis and Therapy* (electronic journal)*; Journal of Behavior Therapy and Experimental Psychiatry; Journal of the Experimental Analysis of Behavior; Journal of Psychopathology and Behavioral Assessment; Progress in Behavior Modification.*

推薦ウェブサイト

Association for Behavior Analysis: **www.abainternational.org/**
Association for Behavioral and Cognitive Therapies: **www.aabt.org/**
Behavior Analysis: **www.auburn.edu/~newlamc/apa_div25/**

10 認知療法

アルバート・エリス，アーロン・ベック

Albert Ellis　　　Aaron Beck

　はじめにロスがセラピストに宛てて書いた手紙を見てみよう。
　「もう一度自分自身を好きになろうとは思ってもいませんでした。深いうつの穴に入り込んでしまった時，私は外に出られることなど考えていませんでした。どこを向いても，私に見えるのは暗くて嫌なものでした。私の髪はまっすぐでなく，服はヨレヨレで，声は甲高く，おまけに身長はとても低いのです。ああ，神様ひどい。私はこの耐えがたい自分から抜け出すことができなかったのです。なぜそのような状態では人は自殺してしまうのかが私にはわかってしまうのです。『地獄とは他人だ』などと言っていたのは誰でしょう。そのような状況では地獄とは自身のことであり，逃れる手段などないように思えるのです。未来は下り坂，過去は台なしです。
　私があの暗い迷宮に自分自身を導いていたとは信じがたいものです。どこを向いても私に見えたのはネガティブなものでした。古いワインボトルの中には，もう半分しかワインは入っていませんでしたが，私には，一滴も残っていないように思えたのです。人のこころがなし得るものがこんなにも大きいとは。
　私がこころの迷路を通り抜けるのを助けてくださったことに心より感謝しています。嫌な気分でいるために自分自身に言っていたことを見つけるのが楽しくなりました。確かに離婚したことは憂うつですが，私には友人，子どもたち，小説の執筆，そして未来があるというポジティブな事実に意識を集中することができなかったのです。私のこころの中で作り上げていた未来では，太陽はもう二度と輝かないのでした。
　書くことを宿題にして，私の考え方を変える手助けしてくださったことに感謝しています。先生にお会いする前は，私の文章はシルビア・プラス（Sylvia Plath）のように暗くて絶望的でした。もちろん人生に暗い側面がないわけではありませんが，そちらばかりを考えていたら，人生は充実したものではなく空虚になってしまうでしょう。

先生とともに取り組んだ中でもっとも有益だったのは，自分の不適応な認知を正す方法を学んだことです。私が悪い，状況が悪い，お先真っ暗だ，もう生物学的に限界だ，などのような"自動的自己陳述"を見つけて棄てる方法を学びました。私自身小説家として，これまでも言葉の持つ力を理解してはいました。しかし，頭の中で独自の小説を創作し，自分自身を悲劇的な登場人物に仕立て上げ，自己破壊に向かう運命を背負わせることすら可能であるとは，思いもよりませんでした。

今私が構想している新しい小説はずっと明るい話です。すべてが完璧なわけではありません。今でも自分の髪の毛は嫌いなままですし，私はきっといつまでもこのコンプレックスから逃れられないでしょうが，やはり私の人生をもっと有意義にしてくれる男性を求め続けています。もっと自立した考えを持たねばということはわかっているのですが，私の年代の女性はそんなふうに育てられたのです。というわけで，周囲の状況に対する私の考えではなく，状況そのものを変えてしまいたくなる時もあります。しかし，少なくとも周囲が私をぐっと落ち込ませるような事態にはなりません。

これから娘に会いにサンディエゴへ行きます。どうぞお元気で。

―――ロスより」

このロスからの手紙は，認知療法家であれば誰に宛てたものと考えてもさしつかえない。本章では，もっとも影響力が強く，またもっとも普及している2つの認知療法について詳しく見ていく。すなわち，アルバート・エリス（Albert Ellis）の論理情動行動療法（rational emotive behavior therapy：REBT）と，アーロン・ベック（Aaron Beck）の認知療法（cognitive therapy：CT）である。エリスの療法と酷似しているため，ベックの認知療法の治療内容については，ページの節約と重複を避けるために割愛した。

認知療法，認知行動療法，行動療法を隔てる境界は明確ではない。前章で明らかになったように，現代の行動療法は認知療法にますます近づいており，また認知療法は実質的に行動療法の要素を取り入れている。両者には重複する部分がかなりある。認知療法が実に卓越した心理療法のシステムであることは，すぐに明らかになるはずだ。その中でも，アルバート・エリスほど卓越した人物はいない。

アルバート・エリスの人物像

アルバート・エリス（Albert Ellis, 1913- ）は，1957年に米国心理学会の年次大会で革新的なシステムを披露して以来，自身の治療に対する理論的な取り組みを積極的に示してきた。それ以前のエリスは，コロンビア大学で学んだ精神分析療法を実践していた。1940年代の後半から1950年代初めにかけて，彼は古典的精神分析と精神分析的心理療法の両方に関して，効果性についても有効性についても不満足感を募らせていた。フロイトのいうように，不合理な力が神経症患者を悩ませるという点では正しい。しかし，その不合理な力は幼児期からの無意識的な葛藤であるというのは正しくない。こうエリスは考えた。彼

は，自身の幼児期に関して見事な洞察を持ちながらも，無意識に悩まされ続けている非常に多くの患者に遭遇したからである。エリスが見たのは，そうした患者たちが自分自身に不合理な人生哲学を**繰り返し教え続ける**（reindoctrination）姿であった。

今日の患者の自分自身や世界に対する考え方について真剣に理解しようとした時，自由連想はあまりにも消極的で時代遅れであると，エリスは感じた。彼はクライエントの信念体系を直接攻撃し，彼らが自分自身の不合理な固定観念に対して積極的に取り組むことを奨励するようになった。そして，エリスは，この治療アプローチが彼自身に合っていることに気づいた。頭の回転が速く，抽象概念を明確・具体的に表現する能力を持ち，知的討論を好む。そして，論理的議論を厚く信奉し，不合理な怒りや不安を消散する卓越したユーモアのセンスも備えたエリスは，従来の精神分析的アプローチよりも新アプローチのほうが効果的であることをうまく実証した（Ellis, 1957b）。

1959年にエリスは，ニューヨーク市に論理情動療法研究所（Institute for Rational-Emotive Therapy）を設立した。この研究所は，非営利機関として，教育コースや，クライエント向けの論理情動行動療法（REBT）を，専門家向けにはREBTの集中訓練を提供した。以来クリニックは，常時25人以上のセラピストを抱えている。その後，エリス研究所と改称され，現在でも，米国各地で定期的にワークショップやセミナーを行っている。

治療面接中と同様，ワークショップにおけるエリスは指示的なセラピストである。不安や動揺を感じるのではという懸念から言葉を加減したりせず，問題の核心をズバリ突く。エリスの課題は不安や動揺ではないのだ。彼の課題は，認知過程を用いて，存在することの喜びが最大でその苦痛は最小となるような人生を創造するよう，人々を説得することにある。エリスは「人生の目的は思いっきり楽しむことだ」という言葉を好むが，彼は長期的快楽主義者であって，その場限りの欲望を満たすために結果的には長期的苦痛を背負い込むような，不合理な短期的快楽主義者ではない。私（プロチャスカ）はかつてエリスに，「人生の目的が思いっきり楽しむことならば，あなたはなぜ15年間も休暇を取っていないのですか」と聞いてみたことがある。エリスは自分の哲学と実際の人生の間の不合理な矛盾にはまり込んでいるのだろうと思って聞いたのだが，彼が即座に「自分の仕事を心から楽しんでいるのはそんなに変だろうか？ 誰もが同じやり方で人生を楽しまなければならないとは，一度も言った覚えはない」と答えたのには驚いた。確かにエリスの仕事ぶりを見ていると，自分の職業に大きな喜びを見出している。

90歳を超えたエリスは現在もワークショップを行い，700以上の論文，70冊以上の本を出版している。そのうえ，毎週クライエントにも面接している。彼は心理療法においても人生においても，疲れを知らない。

実際エリスの名を掲げた認知療法は，現在も修正と拡大を続けている。1993年，「心の会議（A Meeting of the Minds）」と銘打った研究所主催の会議（Kernberg et al., 1993）において，エリスは，「論理情動療法（RET）」という名称を「論理情動行動療法（REBT）」に変更すると発表した。エリス（Ellis, 1999）は，RETよりもREBTのほうが望ましく適切な用語であると考えている。

REBTのパーソナリティ理論

　REBTによるパーソナリティの説明は，ABC図式を用いる（Ellis, 1973; 1991b）。
　Aは，恋人による拒絶，大学院入試の失敗など，**人生の出来事**（Activating events）を表す。Bは，個々人が自分の人生における出来事を処理するために用いる **信念**（Beliefs）を表す。これらは，たとえば，「恋人による拒絶は残念で，悲しむべきことだ」とか「入試失敗は困ったことだ，不愉快だ」と感じるように，合理的な信念（rB）であるかもしれない。あるいは，「拒絶されたのは破滅的な事態だ」「もう誰にも愛されることはないだろう」とか「大学院に入れないなんて，これで私の成功への道は断たれてしまった」のように考える不合理な信念（iB）もある。Cは，起こったことから生じた感情的・行動的な**結果**（Consequences）を表す。
　大部分の人やセラピストの多くが，感情は個人が経験してきた出来事から直接生じると考えている。すなわち，Aが直接Cを導くと考えている。人生初期の作用因子と活動が恩恵的であるほど，パーソナリティはより健全に発達し，出来事の有害度が増すほどパーソナリティの問題は深刻になる。しかしREBTによると，このように考える人々やセラピストは明らかに間違っている。
　REBTでは，パーソナリティを決めるのは認知の仕方であると考える。重要なのは，出来事（A）ではなく，それら事象に対する個人の認識や解釈（B）である。すなわち，Cを直接引き起こすのはBである。拒絶や失敗に対して合理的信念（rB）を用いて処理した人には，悲しみ，後悔，困惑，不満，そして残念な事象の繰り返しを避けるために，変えられることは変えるという決意などを抱くことによって，適切な結果が訪れるはずである。これに対して，同じような出来事を体験しても，不合理な信念（iB）でその出来事を処理した人は，抑うつ，敵意，不安，挫折感，無気力感などの不適切な結果を引き起こす。肝心なのは，個人は環境によってではなく自分の考え方によって，自分を感情的に健全にしたり混乱させたりできるという点である。われわれの感情を左右するものは，"外側"（out there）にあるのではなく"内側"（in here）にある。ストア派の哲学者（禁欲主義者）たちが2500年前に述べたように（Ellis, 1973），合理的な人には，神経症やヒステリー，感情障害になる論理的理由がない。
　自分の中に内在する論理的実証的傾向にもとづいて生きている限り，人は感情障害を避けることができる。世界についての仮説を超自然的あるいは神秘的なものではなく，自然科学的なものに限定することによって，われわれは物理学，生物学の分野ですばらしい進歩を遂げてきた。憶測を検証し，より効果的な現実構成を構築するためには，経験主義と論理を用いるべきである。理性に頼って人生を送ることで，われわれの自分自身あるいは他者との関係がどれほど効果的になることか。もちろん理性は神ではない。理性の限界が障害となることもある。しかし，感情障害を最小限にするためには，個人的あるいは対人的事象を処理するに当たって合理性を用いるのが一番である。科学的思考こそが，暗闇を

照らす灯りなのである。

　合理的な人間としてわれわれは，世界はつねに公平ではないこと，不運な出来事は誰にでも起こりうることを知っている。そして，折に触れて，悲しみ，後悔，不満，困惑などの感情を経験する。「完璧な人間などいない，誰もが失敗や過ちを犯す」ということを現実的には理解しているのだが，「自分が完璧ではないから，他者から価値がないかのように扱われるのだ」という非合理的な考えにとらわれて，反発してしまう。自分たちの自己利益を優先する傾向を受容しても，やはり，好ましくない社会的条件をより合理的な方向へ変えることに固執する。というのは，より合理的な世界で生きることが，長期的に見るとわれわれの自己利益であることを知っているからである。

　より合理的な世界でわれわれは，自分たちが自己保存的，快楽生産的傾向を持っていることをごく自然に受け入れられる。そうすれば，喫煙や過剰反応など，われわれの有意義な生活を犠牲にしながら即時的な満足を与えてくれる短期的**快楽主義**（hedonism）のような自己破壊的活動に陥ることも少なくなる。もっと創造的になり，もっと効果的に言語を用いて，もっと官能的でセクシャルになり，愛し愛されるなど，より多くの欲求を実現できるようになる（Ellis, 1973）。しかし，これら自然の欲求を絶対不可欠なものと考える不合理の罠にはまらないようにする。たとえば，他者に尊敬され評価されることで人生はより楽しくなるが，だからといってわれわれは他者から承認されなければならないと結論づけない。感情的に健全な人は，より良い関係を保つために他者を十分に考慮しつつも，他者の評価に縛られないよう，絶妙なバランスの中で生きている。

REBT の精神病理の理論

　人間は大変合理的で理路整然とした思考をする傾向を自然に備えていると同時に，ひどく歪曲した思考傾向を持つ生き物でもある（Ellis, 1973）。不合理性に対する生来の性質は，人によって異なり，不合理的に情緒不安定になる傾向もさまざまである。社会や家族においても，整然とした思考を助長するか，歪曲した思考を助長するか，その傾向はまちまちである。残念ながら多くの社会では，子どもが不合理な信念によって自分を痛めつける傾向を増幅させるような育て方をする。いずれにせよ，遺伝的にも社会的にも最高の状態を保ったとしても，われわれの自己破壊に対する感受性を排除することはできない。

　われわれの中に神は存在しない。神のようにありたいという完全主義的で誇大な願望があるにもかかわらず，誰もがいつ次のような罠にはまるとも限らない。すなわち，①ものごとを新たな考えで見ず，問題を先送りにして同じ過ちを繰り返す，②責任ある行動をとらず，願望的思考に浸る，③蓋然的で公明正大である代わりに，独断的で狭量である，④論理や実証主義ではなく，迷信や超自然主義に頼る，⑤責任のある長期的な快楽主義ではなく，貪欲で短期的な快楽主義に耽溺する，といった罠である。病的な人とそうでない人を分けるのは，不合理な思考に頼ることによって自分が感情的に混乱してしまう頻度と強さの違いだけである。

日常生活の精神病理は，人間が持っている機能である **ABC 図式**（ABC model）による説明が可能である。感情障害では，出来事はつねに不合理な信念（iBs）によって処理される。もっとも一般的な不合理な信念として，以下のようなものがある。

1. セックスなど人間の基本的な欲望は，実際はたんに好みの程度にすぎなくても，われわれが必要なものだと定義したから必要になる。
2. 列に並んで待つ，批判にさらされる，拒絶されるなど，実際にはどれほど不愉快であっても我慢できるはずにもかかわらず，われわれには耐えられない出来事になる。
3. 仕事上の業績評価のごとく，われわれの人としての価値は成功や失敗，収入などによって決定される。
4. われわれの存在がまるで彼らに依存しているかのごとく，両親や権威者による承認を得続けなければならない。
5. この世界でわれわれは公平に扱われるべきである（まるで世界が，われわれの願望どおりに動くかのように）。
6. 不道徳な悪人はその悪事ゆえ罰せられるべきである（まるでわれわれが，人間としての価値のなさを評価できるかのように）。
7. ものごとがわれわれの思ったようにならないのは，悲惨でひどいことである（まるで"悲惨な"という観念が，実証的参考対象によって定義づけられる用語であるかのように）。
8. ものごとが悲惨だと考えなかったり，あるいは自分が怒りや不安を抱えていないと，われわれは行動することができない（まるで，世界をより住みやすい場所にする合理的行動をとるためには，感情的に動揺している必要があるかのように）。
9. タバコや麻薬のような有害物は，人生を楽しくしてくれるから，あるいはそれらがない場合しばらくの間不快になるから必要である。
10. 人間の幸せは外からもたらされるもので，人は自分の気持ちをコントロールする能力をほとんど，あるいはまったく持っていない。
11. 人の過去の歴史は現在の行為の極めて重要な決定要因である（まるで人生に強い影響を与える出来事があった場合，その影響が永遠に続くかのように）。
12. たんなる偏見や俗説にすぎない信念であっても，幼年時代に習得した宗教的，道徳的，政治的信念は，成人してから適切な指針となる（Ellis, 1972）。

エリス（Ellis, 1991a; Ellis & Dryden, 1998）は，これら12の不合理な信念をリストし，後には，機能不全の推測と通常それらの原因となる中核的ドグマ（ねばならないもの）とを区別した。

これらの不合理な信念に共通しているのは，要求的かつ絶対的な思考形態で，幼児によく見られる特徴である。これは欲求を必要に変えてしまうことで，たとえば，「望み」を「ねばならないもの」，「願望」を「命令」に変えてしまう思考様式である。選好は否定することができるが，必要は充足を要求する。また，必要はより絶対的であり，誰にとって

もどこであろうと真実であるとみなされる。「われわれは成功しなければならない」「承認を得なければならない」「公平に扱われるべきだ」などは，すべて未成熟な要求形態である。「絶対的に悪い人たち，絶対的に悲惨な出来事，絶対的に正しい宗教や道徳の教えが存在する」というのは，あいまいな余地を残さない絶対的な権威主義を反映している。こういった絶対的信念は，神の要求であり疑問をはさむ余地はないという命令的な性質を持つ。

小説家ジョーン・ディディオン（Joan Didion, 1968, p.163）は，この点を雄弁に表現している。「自分を欺いて『私はこれがほしいわけではない，これを手に入れることは実利的な必要性ではなく，道徳的要求である』と考えるようになったら，流行の狂信者に仲間入りだ。そして，はるか彼方からヒステリックな泣き声が聞こえるようになり，そのころにはかなりまずい状況になっている」。新しいスニーカーやいつもとは違う食事，試験で満点をとることなどを好むのはたんなる選好であり，生物学的欲求や道徳的要求ではない。選好を要求と混同するのはヒステリー症になることであり，確かにかなり問題である。

これらの自己妨害的な哲学を構成する**不合理な信念**（irrational beliefs：iBs）と**機能不全的態度**（dysfunctional attitudes：DAs）は，2つの主要な特質を持つ（Ellis, 1991a）。第一に，これらの中核にはかたくなで独断的で影響力の強い要求が存在し，これらを表現するには「**ねばならない**」「**すべきである**」「**する義務がある**」「**する必要がある**」「**するはずだ**」などの動詞が用いられる。これは「この重要な目標は，絶対に邪魔されず達成されなければならない」という自慰的な思考である。これらの要求から派生した自己妨害的な哲学は，非現実的で過度に一般化された特徴を持つ。「絶対的に重要な目標が達成されなかったことは，悲惨すぎて耐えられない。私は価値がない人間で，これからもほしいものを手に入れるのは不可能だ」といった**破滅的**（catastrophizing）推論である。

絶対的信念を用いて出来事を処理すると，機能不全な結果を生み出すことは避けられない。これら不合理な信念は，列に並んで待たねばならないことに対する怒り，両親の理解が得られないことによる抑圧，不公平な世界についての自己憐憫，不道徳な人たちに対する敵意，独善的な道徳規則を破ることに対する罪悪感など，自分たちに過度な動揺をもたらす結果を生む。毎日何百万人もが情緒不安を経験しているからといって，こういった感情的混乱が正常であると考える理由はどこにもない。たとえば，学年末試験に対する極端な不安は，学生の教育や幸福にとって何か得るところがあるだろうか。途切れがちな睡眠，絶え間ない不安，わきの下の冷や汗，きりきりと痛む胃。これらは学年末試験を前にした学生にふさわしい症状だろうか。むしろ戦場に送られる人にふさわしい症状ではないだろうか。すべての試験で"A"評価を取らなければならないという固執は，合理的な大人の思考といえるだろうか，それとも両親の是認を失うことを恐れる幼児の考え方だろうか。

情緒不安は不健全で不必要であるだけでなく，学習の妨げとなる。大部分の学生は，試験であまり緊張しないほうがいいと考えるが，自分の不安に関しては試験そのもの，あるいは競争社会など，外的事象のせいにする。彼らは自分の価値や，試験がうまくいかなかった場合の結果，そして両親から是認されない可能性に関する自分の内的信念については

考えることができないでいる。成績や評価の仕方に怒りをぶつける学生もいる。彼らは，試験が不公正だったので成績は無効にすべきだと主張する。学校側が彼らの要求に合わせるまで妥協はせず，落第するか最低限の成績でなんとかしのぐ。あるいは，自分のテストへの不安に対して不安を抱く学生たちもいる。彼らは，不安が社会から容認されないことが多いのを知っていて，自分がどれほど不安なのかを周りに知られてしまうのではないかと，さらに不安になる。そして，試験に対して大きな不安を感じる自分を非難し，やがて自分には価値がないと感じ，抑うつに陥ることもある。

　不安がさらなる不安を，抑うつがさらなる抑うつをよぶという図式では，もともとの不適切な結果そのものが出来事になってしまう。それが，さらに不合理な信念によって，悲惨なものとして評価され，感情的動揺を引き起こす結果をつぎつぎと生み出していく。感情的に動揺している自分を非難し，非難し続ける自分を非難し，心理療法に助けを求める自分を非難し，それでもよくならない自分を非難し，そして自分は絶望的な神経症でどうしようもないと決めつけてしまう。こういった具合に，感情的動揺の悪循環が続く（Ellis, 1973）。

REBT の治療過程の理論

　患者（および心理療法家）が出来事（A）また動揺をもたらす結果（C）に焦点を当て続ける限り，継続的な助けはほとんど得られない。しかしこれまで，セラピストの大部分は過去の出来事を重要視し，まるで過去を変えることができるかのごとく，患者の深い過去を探ってきた。まるで不安感や苦悩感を表現さえすれば感情的結果は跡形もなく消散するとばかりに，臨床家はこれらを解き放つことに的を絞ってきた。しかし，精神病理のABC を正確に理解すれば，苦悩を与えている結果を変える適切な道は，A の吟味でも C の表現でもなく，B の直接修正であることが明白となる。

　REBT では，動揺の ABC 図式において，C の次には D と E が来る。D は，不合理な信念に対する**反駁**（Disputing）である。E は，健全で合理的な優先信念である**効果的な新しい哲学**（Effective new philosophy）である（Ellis, 1991a）。したがって，治療過程は，症状を引き起こしている不合理な信念を同定し，それらに対して積極的に反駁し，より効果的な新しい人生哲学を構成する**合理的な信念**（rational beliefs）と差し替えることである。クライエントとセラピストは協力して，クライエントの意識水準を引き上げることに取り組む。幼児のような要求的絶対的な思考様式から，成熟した大人あるいは責任ある科学者の特徴である，論理実証的かつ蓋然論的な情報処理様式へと引き上げる。

　REBT の具体的な治療過程へと分け入る前に，REBT には 2 つの形態があることに留意したい。1 つは，一般的あるいは非洗練型 REBT で，実質的には認知行動療法と同義語である。もう 1 つは，特化あるいは洗練型 REBT で，こちらはエリスの系統的論述をより正確に踏襲するものである。エリス（Ellis, 1987a）は，特化 REBT が認知行動療法とは異なる 9 つの点をあげている。たとえば，REBT はつねに，人間主義的見解を含む

心理教育的手法を採用し，症状を取り除くこととは別に，人生哲学における変化を強調する。REBTと認知行動療法の共通点を評価しながら，次のセクションでは特化REBTについて述べる。

意識化

クライエントの作業　REBTにおける意識化は，その大部分が教育的過程なので，クライエントの作業は学生の仕事に類似していることが多い。自分が抱える問題を説明する過程でクライエントは，自分の感情的動揺の根底にある信念を擁護する事態に追い込まれる。たとえば，人気者でなければ幸せではないという信念を実証するよう挑まれる。クライエントは，自分たちが好んでいる信念や先入観を絶対的あるいは要求的なやり方で提示しても，教師／セラピストに受け入れてもらえないことをすぐに知る。「成功者でなければいい気持ちですごせないと，どこに書いてありますか？」という言い方は，クライエントの独断論に対してよく使われる手法である。

　クライエントはやがて，自分が持っている信念は，論理的あるいは実証的に擁護できない非常に不合理な信念であることに気づかされる。そして，自分が子どものころ家族の中で王様だったのと同じように，会社の中でも自分は王様でいなければならないという信念のようなナンセンスに固執するが，それが自分に感情的動揺をもたらしていることを知る。REBT研究所ではこういった愚かさは容認されない。誠実で謙虚な学生のように，クライエントたちも人生という職業について学ぶべきことがたくさんある。しかし同時に，自分も人間として，教師／セラピストのように合理的で明晰になれる可能性を持っているという適切な信念を維持することは奨励される。

　週に1時間の治療は，英国の大学における個別指導の時間のようなもので，進歩を確認し質問をする時間とみなされる。クライエントが確かな進歩を望むならば，与えられる**宿題**（homework）をこなすことが理想的である。宿題では，理路整然とした本を読むとか論理的に語られた録音テープを聴くことが要求され，これらはエリスや彼の共同研究者によるものが主である。また，クライエントが自分の絶対的あるいは要求的信念を認識できるようになるために，自分の治療セッションの録音テープを聴いて批評をすることが宿題に含められることもある。クライエントの作業は，選好や願望表現がふさわしい時に，自分が「しなければならない」あるいは「べきである」という言い方をしていると気づくようになることである。

　例をあげると，異性から拒絶されることに耐えられないというクライエントには，その仮説を確かめるために，3人の異性をデートに誘うという行動的課題が課される。こういった種類の課題は，証拠がないにもかかわらずクライエントが固執する不合理な信念を論破するための拠り所を提供する上で有効である。これらの宿題を通じてクライエントは，自分の不合理な信念が事実にもとづくものではないことにはっきりと気づく。

　自分の幼児的認知への滑り込みを意識的にとらえる技術を習得したクライエントたちは，REBTグループ内あるいはセミナーにおいて，交代で他者を指導する。あるクライエン

トは，別のクライエントが感情的動揺を生み出すのに用いている潜在的信念について分析する。あるいは，その週の課題であったデートの失敗は，自分には価値がないことを証明しているのだと主張するクライエント仲間を批判したりする。多くの大学院生が教鞭をとり始めた時に気づくように，他者に教えることによってはじめてものごとを本当に理解できるものである。

セラピストの作業　人間の屈曲思考に陥る傾向は非常に根深いものなので，成熟した論理的実証的思考と，ただ理由をつけてものごとを受け入れてしまう愚かさを区別する必要がある。後者は問題を引き起こす厄介なものである。この区別をクライエントに教えるために，REBTのセラピストは数多くの認知・感情・行動テクニックを用意する。それらの方法には，体系化されたものとされていないもの，教訓的なものと対人的なものなど，対極にある両方が含まれる。

セラピストは最初のセッションで，クライエントの感情的主訴を引き起こしている不合理な信念について解釈することから始める。積極的なセラピストは，クライエントが自分の不合理な考えについてすべて説明するのを待たない。REBT理論に精通しさまざまなクライエントを経験したセラピストは，出来事と不適切な結果から根底にある信念の性質を予測することができる。たとえば，配偶者による拒絶（ポイントA）後にひどい抑うつになった（ポイントC）場合は，以下のような不合理な信念が関連している場合が多い。(1) 拒絶は悲惨である。(2) 拒絶には耐えられない。(3) 自分は拒絶されてはいけない。(4) 自分は好ましい相手に受け入れられることは永遠にない。(5) 拒絶された自分は価値のない人間だ。(6) 自分は価値がない虫けらとして罵倒されて当然だ。

セラピストは，解釈のタイミングに神経質になる必要はない。根底にある信念の性質について自分が理解していると確信した時，クライエントに対して率直かつ力強く提示すればよい。REBTセラピストは，たまたま適切に解釈できた事柄がその後の洞察にも有効であるなどという幻想を抱いてはいない。解釈および直面は患者が自分の不合理性にはっきりと気づくまで何度でも繰り返される。

解釈においては，現存の動揺と過去の事象との間ではなく，むしろ現存の主訴とクライエントが自分を動揺させるのに用いている現在の信念との間を意識的に結びつける。クライエントの具体的な不合理な信念に関するフィードバックを与える過程で，セラピストはREBTのABCについても教示する。また，科学的論法とそれを用いて個人的問題を解決する方法について明確な情報を提供する。本，録音テープやセミナー，治療におけるミニ講義などを通じて，クライエントはREBT理論の基礎を学ぶのである。もちろん，どの理論にも当てはまることだが，クライエントの個人的な問題に対する適切な説明や解決策が提示された時，学ぶ者としてREBTを理解し受け入れる傾向がある。

解釈と直面の提供に加えて，セラピストはクライエントの意識を**反論**（refutations）により成熟した合理的水準へと高める手助けをする。セラピストは鋭い論客として，クライエントの信念の中に内在する，あるいは信念と行動との間にある矛盾を指摘する。たとえばセラピストは，人から批判されるのが耐えられないクライエントに対して，彼らの要

求的信念の1つをセラピストが批判したからといって，それは不愉快であるかもしれないが，死ぬわけでも気が狂うわけでも，部屋から逃げ出すわけでもない，ということを示す。イスラム教徒は邪悪であるとしてターバンを巻いた中近東の男性を恐れるクライエントに対しては，イスラム教徒やコーランに関する客観的な情報を用いて反論を繰り返す。セラピストは「それにはどんな証拠がありますか？」「～しなければならないとどこに書いてありますか？」というような一般的な質問の形態をとった反論を頻繁に行う。

　セラピストは能動的学習の効果を信じて，不合理な仮説を論破するため，あるいはより合理的な思考を実践できるようになることを目的に設計されたさまざまな課題を，クライエントが達成できるよう導いていく。仕事を見つけるために効率的な方法を紙に書き出すことは，クライエントがより合理的な結果を訓練する手助けになる。クライエントにマッサージを受けることを奨励するのは，自分は官能的ではない，あるいは罪悪感抜きで快楽を楽しむことができない，といったクライエントの信念を論破するきっかけになる。完全主義者には，左右異なる色の靴下をはくことやシワだらけのズボンを履くことを課題として与え，自己像を打ち破ると同時に，その過程の中で，完璧でなくとも人生を楽しむことはできるという新しい洞察を実践できる。

　REBTでは，クライエントが感情および行動において合理的になれるよう支援するために多数のテクニックを用いる。ユーモアは，クライエントが自分の愚かさに気づくのを助ける比較的安全な方法である。不安障害の治療では，エリスならば彼の合理的でユーモアな歌の1つでも歌うという課題を患者に与えるかもしれない。たとえば，次の「完全な合理性」（Ellis, 1991b）はルイジ・デンツァ（Luigi Denza）の「フニクリ・フニクラ」の替え歌である。

　　　人生の高みを目指さなければ，と考える人がいる
　　　私もそうだ！　私もそうだ！
　　　ほんの少しでも不完全は駄目だ，と考える人がいる
　　　私もそうだ！　私もそうだ！
　　　私は自分が超人だと証明するのだ
　　　人々よりもはるかに優れているのだ
　　　奇跡的な洞察を持っていることを見せるのだ
　　　つねに偉人として評価されるのだ
　　　完全，完全な合理性
　　　それが私にとってはすべて
　　　誤りを犯しながら生きていくなど
　　　想像もできない
　　　私にとって合理ほど完全のものはない

　セラピストによる欠点の自己暴露は，クライエントが，セラピストを含めて誰もが神のように完全であり得るという願望的思考へ後退することを防ぐ。エリスは特に，彼自身が19歳の時に，社会不安を克服するために自分に課題を課した話をするのを好む。彼は8月

の間毎日公園へ行き，ベンチに座っている女性130人に話しかけてデートに誘うことを自分の課題としたのである（Ellis, 2005）。結果は悲惨なもので，130人中デートの約束にこぎつけたのは1人で，その女性も約束の時間には現れなかったのだ！　しかしエリスは，逃げ出したり警察をよんだりした女性が1人もいなかったことを哲学的にとらえた。そして行動的には，彼の社会不安はなくなったのである。

随伴性マネジメント

　自分の理論も含めて，絶対的なものが存在しないことを認識するエリスは，自身のアプローチが限界に達した時には，別の心理療法のシステムを利用する。認知行動主義者として彼は，特に行動療法に理解を示す。実際エリスは，自分自身は認知的観点を強く持った行動療法家であるとみなしたこともあり，「論理情動行動療法：REBT」と改称したことも，彼のこの確信を裏付けている。前章で述べたように，行動療法は認知的な方向に近づいており，したがってREBTの原則も頻繁に取り入れられている。

　クライエントの作業　セラピストによる解釈や奨励にもかかわらず，クライエントが宿題の指示に従うことができない場合，クライエントにとって実行可能と思われる随伴性契約を結ぶよう求める。たとえば，民主党を毛嫌いするクライエントは，セラピストに100ドルを預け，毎週クライエントがデートの約束を取り付けるのに失敗するたびに，セラピストがクライエントの名前で民主党全国委員会宛に25ドルの小切手を送る，という契約に署名するのである。

　セラピストの作業　REBTの療法家はまた，クライエントに具体的な結果を再評価させることで，随伴性の効果を減らすことを試みる。セラピストは，「リスクを負ってみるとしたら，起こりうる最悪の事態は何ですか？」「その結果は本当に悲惨で破滅的なものですか，それともたんに不都合で不愉快なだけですか？」と頻繁に尋ねる。こうして，人に笑われる，デートを断られる，試験で"A"評価が取れないなどの結果が"非悲惨化"され，コントロールする結果としての機能をなくさせる。クライエントの愚かさをグループで笑うように仕向けたり，女性のクライエントに，自己主張をしてグループ内の1人の男性に自分にキスをするよう説得させたりして，セラピストは結果の非悲惨化を行う。セラピストは，悲惨だと思えるあらゆる結果をクライエントに再評価させ，クライエントがそれらの結果にコントロールされることに歯止めをかける。同様に，クライエントに1日に10回予期される結果を思い浮かべるという課題を与え，結果を思い浮かべてもクライエントの感情が動揺しなくなるまで続けさせる。こういった方法でも，随伴性の効果を軽減することが可能である。最後に，クライエントが「しかし，私が予期する結果が本当に起こる客観的確率はどのくらいだろうか？」という疑問を繰り返させることによっても，随伴性コントロールに変化があらわれる。ある結果が起こる客観的確率を再評価することによって，クライエントは，人生にもっと楽しみを生み出すために必要なリスクを負うこ

とができるようになっていく。

拮抗条件づけ

　REBT では，行動療法の伝統における拮抗条件づけの手順も頻繁に使う。そこでは主として，第 9 章で概観した原則と手続きが適用される。健全な行動を取ることは，不健全な行動の拮抗条件づけとなる。つまり，相互に抑制しあうことになる。REBT におけるわかりやすい例は，合理的信念を受け入れることが不合理的信念の保持を妨げる状態となる。さらに，エリスと共同研究者は，論理情動的想像，ロールプレイ，暴露，そして現実的脱感作などをつねに用いた（Ellis & Dryden, 1998; Maultsby & Ellis, 1974 を参照）。

　患者が，拮抗条件づけの取り組みが困難である，あるいはそれによって不安になる，と訴える場合，エリスは通常 3 通りの仕方で対応する。まずは，思考や行動を変えることは確かに困難である，と患者に共感する方法。次に，心理療法は容易である**べき**，という患者の思い込みを問題にする方法。そして 3 番目は，クライエントに，REBT の基本原則の 1 つである PYA「**自分で努力せよ！**（push your ass!）」を思い出させる方法である（Ellis, 2005）。

REBT の治療の内容

個人内葛藤

　心理的問題は元来，個人の内部に源を発する。個人は不合理な信念によって自分の内部に感情的問題を産み出すのである。したがって治療は，クライエントとセラピストの関係ではなくクライエントの要求的思考に焦点を当てた個人セッションから始まる。

　不安と防衛　　不安は不合理な認知から生じる不適切な結果である。不安を感じる無数の事象を分析してみると，不合理な認知がどれほど蔓延しているかが明らかになる。親は子どもの性的関心について過剰に動揺する。同性愛者は恐ろしいと考えられており，地域の人々は学校に同性愛者の教師がいることを脅威とみなす。人々は自分が完璧でなければいけないと考え，批判に遭うと不安になる。誰からも好かれなければならないと考え，誰かが自分に対して怒っていると緊張を覚える。こういった場合は，特定刺激に対して脱感作しても，これらの不安を抹消することはできないが，刺激事象に関してその人が持っている不合理な思考に意義を唱えることで可能となる。

　防衛機構は人間の不合理な傾向の例である。投影（projection）は，感情的動揺は外的事象によって引き起こされると，人々が考えていることを表す格好の例である。抑圧は，不愉快な事象については考えないほうがよい，という不合理な信念の反映である。おそらくもっとも一般的な防衛である合理化は，自分には愚かに振る舞い愚かに感じる正当な理

由があると世間を納得させたいという願望の表れである。REBTのセラピストにとっては，防衛は守るものではなく，問題にするものである。直面，解釈，反論によってこれらの不合理な力を弱めることにより，患者はより合理的で感情的に健全になることができる。

自尊感情　自分の人間としての価値を証明することは不可能である。成功する能力，愛する能力，他者に認められる能力，誠実である能力，あるいは合理的である能力によって人を評価することは，その人の価値の一部をもって全パーソナリティを評価することである。学校の成績からテニスの試合得点や年収まで，われわれのすべての特徴や業績を総計して評価することは，宇宙の中で自分がどの位置にいるのかを示す地球規模の報告書を求めるかのような，無意味で不合理な願望を象徴している。自分の価値あるいは価値のなさについての傲慢な結論は，それがどんなものであれ，自己定義型帰属意識にすぎず，自分が神もしくは悪魔の仲間であると宣言するようなものである。

　自分が人間の仲間で，自然かつ合理的な一員でいるためには，**無条件の自己受容**（unconditional self-acceptance：USA）が鍵となる。自己評価に関する実証的参考対象は存在せず，宇宙中探してもわれわれの価値を測定する客観的基準は見つからない。その逆に，自己受容は論理的で正当な状態といえる。たとえば，自己評価が成績などの業績にもとづくものであると，毎回の試験の結果に気持ちが浮き沈みし，自分の教育を最大限に楽しむことができない。しかし，自己受容を選べば，劇的な浮き沈みを経験することはない。欠点も何もかも含めて自分を無条件に受け入れることができた時，われわれは自尊感情を求めるとらえどころのない探求を放棄できる。そして，どうしたら人生を最大限に楽しめるのか，という重要な問題にエネルギーを費やすことができる。

責任　患者は，自分が自身の個人的問題を産み出すことに関与している場合に限って，自分のうまくいっていない人生に対して真に責任を持つことができる。幼少時に他者が患者をどう扱ったかについて責任を持つことはできない。責任を持てるのは，患者が現在自分の幼少期をどう解釈しているか，ということだけである。患者は自分の遺伝子構造に責任を持つことはできない。できるのは，責任を持って，ナンセンスではなく理性に頼る選択をすることだ。クライエントが，両親や遺伝子によって自分のすべてが決定されていると主張し続けることもある。あるいは，さまざまな心理理論を用いて自分の信念を守ろうとすることもある。しかし，こういった固執は，よりよい人生を創造することを含めた，あらゆる重要な責任を回避することによって，つかの間の安堵を提供するのみである。

　自分の問題に対する責任を受容することは，自分を責めることではない。責めるというのは，「そんなに愚かであるべきではなかった」「そんなに要求的であるべきではなかった」のように"**こうあるべき**"**の暴君**（tyranny of the should）が，異なる形で表現されたものである。過去に愚かで要求的，独断的だった患者は，自分は過去にそうあるべきではなかったという考えに固執して自分を責め，不合理な罪悪感を持ち続ける限り，今後も同じままである。問題は，「今現在，理性を用いて，人生におけるよりよい選択肢を見つけるために，より成熟し責任ある人間になる意思があるか」である。それとも，自己非難

による罪悪感，あるいは両親に対する憤慨におぼれるつもりだろうか。より責任のある，そしてより楽しい人生に対する責任を受容した場合は，後悔や悲しみも伴うが，それにも増して喜びを感じるはずである。

対人間葛藤

親密さとセクシャリティ　愛と親密さは確かに人生をよりよいものにする。絶海の孤島にいるわけではないわれわれは，大切な人を愛し愛されることを嬉しいと感じる。実際，対人関係がよい人ほど幸せを感じやすいことを示唆する証拠もある。しかし，愛や親密さが人間存在にとって不可欠というわけではない。愛を絶対的必要と定義すると，われわれはたちまち，不安で要求的，あるいは恋人に依存的になってしまう。愛が不可欠となった瞬間から，われわれは，必要な栄養を供給してくれる人を所有しようとし，その愛が他者に向けば嫉妬し，もはやそれなしでは生きていけないその愛を，誰かが奪いに来るのではないかと怯える。夫に頼りきっている妻，嫉妬深い夫，所有欲の強いパートナー，不安な配偶者，これはすべて愛を不可欠なものと定義する人の例である。一般的な宗教的信念には反するが，愛を理解するために愛を定義づける必要はないのである。愛は，人生に快楽と喜びを加える人間現象であり，われわれの存在を正当化したり純化したりできる絶対的なものではない。

　セックスもまた，浄化を必要とするものではない。セックスは，生殖，結婚，あるいは愛によってのみ正当化できる不潔な欲望ではない。『罪悪感を伴わないセックス（Sex without Guilt）』(Ellis, 1958) の積極的な支持者であるエリスは，1960年代に性革命が始まるはるか以前から，性的自由を理性的に擁護する稀有な存在であった。多くの人は親密な関係の中で行うほうがセックスをより楽しむことができるだろうという認識は持った上で，「セックスと愛はつねにセットでなければならない証拠はどこにあるのか？」と問うのは筋が通っているはずだ。愛がなければよいセックスはできないとの固執は，羊の姿をした狼の道徳であり，セックスを本能的快楽ではなくより高い価値観で正当化することを必要とする古い抑圧的道徳といえる。

　楽しむためだけにセックスをしてもよいはずだ。セックスは，快楽を生むという人間の自然な傾向をもっともはっきりと表現している。この素晴らしい快楽を自由に楽しむためには，反セックス社会の不合理な抑制，あるいは，オルガスムの回数やパートナーの数で個人の価値を評価するような成果志向主義社会の要求を無視することである。親の要求や成果要求を気にせずに，自分の自然な性的欲求を表現できる合理的な人間こそが，罪悪感や不安を伴わないセックスを楽しむことができる。

コミュニケーション　コミュニケーションの問題と分類されるものの大部分は，実際には思考の問題である。退屈な，奇妙な，反復的な，あるいは矛盾したメッセージを伝える人は，実は，退屈な，奇妙な，反復的な，あるいは矛盾した認知特徴を露呈している。効率的な対話がめったにないのは，効率的に思考する人がめったにいないからである。よ

り合理的な思考様式を持つよう支援すれば，通常のコミュニケーション様式も効果的になるはずである。もちろんここには例外もあるが，その数は比較的少ない。

　例を1つあげると，吃音者の多くは，思考は理路整然としているかもしれないが，完璧な話し手でいたいという願望があまりにも強いため，日常会話中ではごく普通に見られる訥弁に陥る恐怖に襲われる。彼らは，われわれ一般人の口をついて出る「あのー」や「えー」「あー」などの躊躇の言葉を受け入れることができない。そして，自意識過剰的に，もっともつっかえにくい単語ではない言葉を選んでしまう。その結果，彼らはつっかえ，どもり，文を繰り返し，さらに悲惨な訥弁を露呈することになる。彼らは，超人的に能弁であるべきだという要求を自分に課すことをやめ，われわれと同じように躊躇することから始めるべきである。

　敵意　　敵意は，(1) 生来の生物学的な攻撃的傾向，(2) 不愉快あるいは思いどおりにならない事象，(3) 事象について屈曲思考をする傾向およびその屈曲傾向に反することへのかたくなな拒否，の不合理な結果である（Ellis, 1973）。敵意が出現するには，これら3つの条件すべてが存在する必要がある。人間は葛藤に対して攻撃的に反応する反射的動物ではない。さもなければ，われわれのほとんどは，ほぼつねに敵意を抱くことになってしまう。われわれが，略奪や抑制にあふれる不公平な世界で生きていることは明らかで，これはつねに思いどおりにならない事象に囲まれているようなものだ。怒りを爆発させるには，身近なフラストレーションに焦点を当て，それらの事象の意味を恐ろしく悲惨で極悪なものへ拡大し，そのようなフラストレーションは存在すべきではなく，その存在にはこれ以上耐えられないと主張しなければならない。

　敵意に満ちた人は，不正，不公平やフラストレーションを即座に除去することを要求する。こういった不可能な要求が，自分を不必要に動揺させてしまうのだ。自分の要求がすぐさま満たされないといってかんしゃくを起こす幼児と同じである。しかし，敵意を抱える人は，その非現実的で未成熟な要求を永遠に持ち続けなければならないという法律はない。攻撃的になりやすいという生来の傾向を除去することも，すべてのフラストレーションの発生を防ぐことも不可能なので，われわれに与えられた最善策は，敵意を抱く人が，フラストレーションを耐えられないような大惨事ではなく，不運で回避不可能な事象として解釈するようサポートすることである。

　コントロール　　他者をコントロールしようとする要求は，世界は自分の願望に一致するべきだという不合理な要求の表現の1つにすぎない。他者の服従を得る戦術としては，"こうあるべき"の暴君を他者に押し付けて，こちらが思ったとおりに行動しない場合には彼らが罪悪感を持つように仕向けることが含まれる。これは，子どもに対して，礼儀正しくあれ，親に口答えするな，成功しろ，決して家名を汚すな，などと要求する際に用いる，親が得意とする戦術である。怒りを用いて要求に従うよう脅迫するのは，より明確なコントロールのテクニックで，他者に怒られるのは悲惨なことだと信じている人には特に有効である。

大部分のコントロールは,「そのとおりだ。礼儀正しくないことに対して罪悪感を持つべきだ」というように,コントロールされる側が自分の不合理な信念に反応することを許して,コントロールする側に協力する時,はじめて有効となる。「罪悪感を持たせないでくれ。自分の内部にある"こうあるべき"の暴君に立ち向かうだけで精一杯で,それに加えてあなたの暴君と戦うなんてごめんだ」と伝えれば,コントロールしようとしている人の巧妙な不合理なコミュニケーションが,明晰な思考の光によって明らかになる。もっとも有効な逆コントロール法は,自分の合理性を主張することによって相手の不合理的要求の誤りを指摘することである。

個人 - 社会間葛藤

適応 vs. 超越　社会における制限,不公平,フラストレーションを現実的な方法で超越できると考える人にとっては,自分を感情的に動揺させることは避けられない。不可抗力に抗するのは,高血圧,不安,怒り,あるいは抑うつを生み出す愚かな方法の1つである。イカルスのように世界のはるか上を飛ぶというファンタジーは,人間以上の何者かになれるという不合理な人の誇大な信念を象徴している。イカロスのように,超人たちは最終的には無残に倒れるのである。

　社会の不合理な力を相手にする前に,われわれ自身の中にある不合理な力と戦うべきである。国の考え方を正す前に,まずは自分の頭を正さなければならない。一連の不合理な信念と同じように不合理な要求が取って代わるというのは世界史の常だが,これは決して進歩とはいえない。われわれのコミュニティをより住みやすい場所にするために前進することを望むのであれば,社会はもっと公正でまともでなければならないという使い古された独断的要求を通じてではなく,論理的実証的な方法を通じて社会問題の解決に取り組む人々の数がさらに増えていく必要がある。

衝動コントロール　どんな願望であろうと,コントロールが不可能な衝動へそれを変えることができるという点で,人間はユニークな生き物である。働かないで大金を手にしたいというよくある願望が,賭け事をする"必要性"を引き起こす。過食の人は,食べ過ぎの結果として肥満になる可能性を知りながらも,おいしい食べ物に対する欲望は,過食への"抵抗不可能な衝動"になってしまう。盗み,喫煙,性器露出などへの衝動は,人が欲望を自己破壊的な要求へと変えてしまう方法の例といえる。こういった短期的快楽主義者は,「予想に反する賭けをしても,勝つことができるはずだ」「食べたいだけ食べても,体重は増えないはずだ」「ほしいものを盗っても,罪は受けないはずだ」と主張して,自分の行動の現実的な長期的結果を無視してしまう。こうした要求に対して,多くの心理療法のシステムを含む社会の力は,衝動に支配されるパーソナリティを生み出すひどい思考ではなく,愚かにも衝動的行動を攻撃する。より衝動的でない世界の構築を願うならば,われわれが攻撃すべき唯一の衝動は,個人レベルあるいは社会レベルであれ,不合理な思考に浸る衝動である。

葛藤を超えて達成へ

意味 人生になんらかの絶対的な意味を求める時，われわれの失望は必然である。われわれが自ら作り出さない限り，絶対的なものは存在しない。"意味"という言葉に，われわれの存在を正当化できる信念を求めているとしたら，それはやめたほうがよい。宇宙はわれわれの存在を気にかけたりしない，気にするのはわれわれである。しかし，"意味"という言葉に，人生をより楽しくするものを求めるとしたら，その最善策は楽しみを最大にして苦痛を最小にすることしかない。楽しみとはその定義からいってもわれわれが楽しむものであるからだ。どういった楽しみを追求するかは，各人が人生の過程で発見すべき個人的な問題である。重要なのは，われわれの快楽は，要求ではなく願望に発するものだということだ。やらなければならないことをするよりも，やりたいことをするほうが楽しいのは間違いない。

合理的な人は，人生がバラ園だとは期待していない。合理的な人は誰の人生にも厄介なトゲが存在することを知っていながら，そのトゲが致命的な死病に変わることを拒否する。つまり，「モグラの住む丘はそのままに」——不愉快な事象はそれ以上不愉快にならないようにすることだ。意義とは基本的には価値体系である。それゆえ，有能なセラピストは，優れた人生哲学を持っている。心理療法家は，そこまで達することを期待しているクライエントに対しては，深遠な哲学的問題をも議論をする用意ができていなければならない。エリスが繰り返し指摘したように，よく知られている治療法は，患者が**よくなる**ことではなく，患者の気持ちが**楽になる**（症状を最小限にする）ように支援することを主に求めている。よくなることは，哲学的に大きな変化をもたらすことを必要とし，それは価値観の再検討，明確化，そしておそらく差し替えることと密接に関係している。

価値観の問題は，不安や抑うつを軽減する方法といった純粋に現実的な問題を装って出現するかもしれない。しかし，そういった臨床的要求の裏には，不安や抑うつは少ないほうがよい，という価値判断が存在している（London, 1986）。最善の人生には苦悩と喪失が必要だと信じる人もいる。こういった価値観を持つセラピストは，クライエントに抑うつを取り除くのではなく大切にするように説得するかもしれない。クライエントはよりよい人生を求めており，その人生の中でクライエントは，現在の症状から開放され，新しい症状が出てもそれを除去できる強さを持つ。有能なセラピストは，自分自身でも功を奏した選択肢を少なくとも1つは提示できるはずである。

理想の個人 問題解決のために論理と実証主義を用いる人生，合理的な人生に身を投じている科学者は，人間の理想像として適切といえる。ブロノゥスキー（Bronowski, 1959）が的確に唱えたように，誠実さと心を開いたコミュニケーションは科学の中に本来備わっている価値観である。科学者は考えや方法についての合理的批判を歓迎し，自分がひいきにしている理論が最終的により的確で効果的な説明によって拒否されたとしても，それを破局とは考えない。不可避なものに対しては不満ではなく興味を抱く。科学者は自

分の限界を認識し，人生の哲学的問題のすべてに科学が答えられるとは期待しない。彼らは，成功しなければならないという要求に駆られた禁欲主義者ではなく，未知なるものの探究を大いに楽しむ長期的快楽主義者である。科学における革命的な発見の数々は，論理と実証主義にもとづく哲学の重要性の証といえる。

REBTにおける治療関係

　ほとんどパーソンセンタード療法の正反対といってもよいREBTは，クライエントの数々の不合理な信念に意義を唱えながらも，セラピストはクライエントに対して無条件の受容を示すというロジャーズ派の考えには唯一賛同する。クライエントが宿題を達成しない時も，セッションに遅れて来る時も，REBTの臨床家は人間としてのクライエントに無条件のサポートを提供する。しかし，人間としてクライエントを完全に受容するからといって，クライエントに対する思いやりや好感を表現する必要があるわけではない。そういった思いやりはクライエントの気分をよくするかもしれないが，治療を成功させるために不可欠なものではない。セラピストはクライエントを決して人間として評価しないよう努め，クライエントの信念や行動を評価する。
　REBTのセラピストは患者が泣いたり怒ったりするのに特に共感的である必要はないが，動揺がこのように明らかに表現された場合は，クライエントの信念の不合理性を示すのに利用する。感情に対して適切な共感を示すことも，特に重要ではない。そのような共感は，人が気分を害したり，悲しんだり，動揺したりするのを強化するだけの同情の1つの形態であることが多い。クライエントが感情的動揺を作り出すために，おそらく自分自身に向かって語っているであろうことを理解するために，熱心に耳を傾けるという意味では，REBTのセラピストは非常に共感的である。クライエントが自分の気持ちが理解されたと感じるのは，セラピストが自分とともに感情を表に出した時ではなく，セラピストがクライエントの問題の原因を気づかせてくれた時である。
　REBTの実践家には，誠実で率直な人，自分の考え，信念，人生哲学をまっすぐにさらけ出す人が多い。彼らは，セラピストを含む誰もが人間以上の存在になれるというクライエントとの信念に異議を唱えるために，自分自身の欠点を露呈することなどまったく厭わない。超越感情は，クライエントが世界に実際以上のものであることを要求する1つの表れであり，助長されるのではなく，問題にされるべきである。
　哲学者・教師・科学者が一体となったREBTのセラピストは，治療上の信頼関係を主に効果的な教育のための前提条件としてとらえる。クライエントに関係を続ける意志がある限り，セラピストは合理的な論理思考を用いて，感情的問題の根源である不合理な信念に積極的に対抗する方法を教えることが可能となる。
　患者の不合理な考えに対する（患者自身に対してではない）積極的な挑戦から，エリスの強硬な指示的アプローチを問題にするオブザーバーもいる。彼らは，患者の不合理な考えに異論を唱えるエリスの風刺的で大げさな口調が，REBTの評価を下げているとし，

より穏やかな認知的討論モデルを提示している。エリス（Ellis, 1987b）はその点を認めているものの，特に抵抗が強いクライエントに対しては，積極的な論争形式を必要とする場合が多いという考えに変わりはない。

アーロン・ベックの人物像

　エリスと同じように，アーロン・ベック（Aaron T. Beck, 1921- ）も，はじめは精神分析的な立場から出発し，のちに認知療法の第一人者となった。ブラウン大学では学部生として，その後エール大学では医学生として訓練を受けたベックは，精神分析学の難解な性質を理由に，当初精神医学を断念した。彼は神経学を選択したが，初期研修中に精神力動的精神科医に興味を持つようになった。結局はマサチューセッツ州ストックブリッジのオーステン・リグズ・センターへ移り，そこで個人分析を経験し，当時流行していた，自我心理学から派生した認知に夢中になった。

　精神分析学から精神障害についての重要な見識が得られることを確信していたベックは，精神分析学的仮説を実証するための研究に着手した。しかし，夢や観念的な材料に関する実験研究の調査結果により，彼は大部分の精神分析学的概念を捨て去ることになった。ベックは，優れた科学者がするように，精神分析学から離れて逐語的かつ比喩的に証拠を追跡し，認知理論および精神障害に対する治療法を構築した。彼はエリスと同時に，しかし別個に研究を行いながら，クライエントに彼らの否定的な考えを観察・検証するように指導することによって，うつ病が改善することを見出した。

　過去40年間にわたり，ベックは**認知療法**（cognitive therapy）という心理療法の体系を作り出したが，これが大きな注目を集め，幅広い研究を促している。研究を実施するためにベックは，ベック抑うつ尺度（Beck Depression Inventory），ベック不安尺度（Beck Anxiety Inventory），自殺念慮尺度（Scale for Suicide Ideation）などの，汎用される測定道具を数多く開発した。彼の最初の研究および臨床上の焦点はうつ病であり，有名な『うつ病の認知療法（Cognitive Therapy of Depression）』（Beck et al., 1979）を出版した。不安障害（Beck, Emery, & Greenberg, 1985），物質乱用（Beck et al., 1993），パーソナリティ障害（Beck, Freeman, & Davis, 2004）にまで拡大した。彼が情緒的健康において認知要因のみならず人間関係の重要性を認めて執筆した『愛情がいつも足りない（Love Is Never Enough）』（Beck, 1988）は，結婚と夫婦療法に認知療法を適用した一般書である。近年は社会的暴力の痛ましい急増を認め，『憎しみの囚人：怒り，敵意，暴力の認知的基盤（Prisoners of Hate: The Cognitive Basis of Anger, Hostility, and Violence）』（Beck, 2000）を執筆した。

　現在，ベックは結婚して50年になるという。大学を退職して，ペンシルバニア大学の精神医学の名誉教授である。ペンシルバニア州のバラシンウィッドにあるベック認知療法研究センター（Beck Center for Cognitive Therapy and Research）の代表をつとめている。彼は同センターで指導と著作を続けており，心理学者である彼の2人の子どもと一緒

に活動することもある。見識と思いやり，上等の赤い蝶ネクタイで知られるアーロン"ティム"ベックは，認知療法への多大な貢献を続けている。

　ベックは，エリスとは別々に認知療法を開発したが，あきらかな共通点がいくつかある。第一に，ベックとエリスはどちらも当初は精神分析の伝統の中で訓練を受け，より現代志向の認知療法へ移った。それは，彼らが精神分析学の臨床結果に不満を抱いたからである。第二に，ベックとエリスは，クライエントが不適応な認知を自覚し，そのような認知による破壊的な影響を認識し，それらを適切かつ適応的な思考パターンに置き換えることを援助するという目標を共有している。第三に，一般に認知行動主義者に典型的であるが，2人とも，技法の選択においてどちらかといえば折衷的であり，理論改訂においては実地経験主義である。第四に，認知療法の両形式は，問題志向型で，指示的，心理教育的である。第五に，ベックの認知療法およびエリスのREBTは，宿題を重要で不可欠の特性と見なしている。そして第六に，2人とも，セルフヘルプの資源を作ることに熱心である。たとえば，書籍の形の資源である。エリスとハーパーの『論理療法（New Guide to Rational Living）』（Ellis & Harper, 1997），ベックの『愛情がいつも足りない（Love Is Never Enough）』（Beck, 1988），バーンズのベストセラー『気分良く：新しい気分療法（Feeling Good: The New Mood Therapy）』（Burns, 1999）などがある。また，コンピュータを用いた認知療法もある。これらが，伝統的な心理療法を増強させると考えている。

認知療法の精神病理の理論

　ベックとエリスの精神病理の理論は，用語の違いはあるものの，もっとも重要な点では一致する。エリスの不合理な信念の代わりに，ベックは，不適応な認知，非機能的態度，抑うつスキーマなどの用語を用いる。彼の代表作である『うつ病の認知理論（Cognitive Therapy of Depression）』（1979）において，ベックらは，**抑うつの原因となる認知の誤り**（depressogenic assumptions）を特定している。これらのいくつかを表10-1に示す。この表は，エリスのREBTにおける不合理な信念と重なっている。

　われわれの患者の1人の事例を見てみよう。彼は中年の中小企業経営者で，ビジネスの破たん後，うつ病のためにわれわれに相談に来た。彼の不快な気持ちは，このような嫌になるほどたくさんの抑うつの原因となる認知の誤りを示した。「二度と企業経営で成功することはできないだろう」（**一般化のしすぎ**：overgeneralizing）。「ビジネスの失敗のことで頭が一杯だ。人生にとって，ほかに何がある？」（**選択的抽出**：selective abstraction）。「すべては私のせいだ。昨年2週間の休暇を取るんじゃなかった。高価なコンピュータなんかを買うんじゃなかった。もっと一生懸命働くべきだった」（**過度の責任**：excessive responsibility）。「隣人や友人は皆，私が大失敗したことを知っている。陰で私を笑っている」（**自己言及**：self-references）。「すべてが絶望的だ。ビジネスを回復できる見込みはゼロだ」（**二分法思考**：dichotomous thinking）。

　認知療法の精神病理は，クライエントの前意識または前注意のリアリティの構成から始

表10-1 さまざまな抑うつの原因となる認知の誤り

認知の誤り	仮定
一般化のしすぎ	ある状況においてそれが真実ならば、ほんのわずか似ているすべての状況に当てはまる。
選択的抽出	重要なことといえば、失敗してばかりだ。それが自分にとっての唯一の手段であるのに。
過度の責任	すべての悪いこと、不快な出来事、人生の失敗に対して自分は責任がある。
自己言及	自分はみんなの注目の真っただ中にいる。特に、何かに失敗した時に。
二分法思考	すべてのものは一方の極端からもう一方の極端である（白か黒、善か悪）。

まる。このような構成は、現在の環境との相互作用において、**スキーマ**（schemas）とよばれるクライエントの認知機構による操作を反映する。REBTにおいて見られるように、生活上の出来事は、認知という色めがねを通して解釈され、それから苦悩や気掛かりな行動につながる。

認知療法において、**内容特異性仮説**（content specificity hypothesis）として知られるクライエントの行動障害とともに、根底にある認知は特異的に変化すると想定される。異なる病理は、異なる認知的内容と関連している。たとえば妄想性パーソナリティは、動機が疑わしい、隠れた動機を探さなくてはならない、他人を信用することは危険であるということを核とした信念を抱く。結果として生じる行動は、非難し、反撃し、警戒することである。これに対して、演技性パーソナリティは、人々は自分に仕え自分を称賛するためにそこに存在し、さらに自分が、自分の考えでどうにかやっていけるということを核とした信念に固執する。演技性の典型的な行動は、演出法、魅力、かんしゃく、そして号泣を用いることである。C夫人のような強迫神経症の人は、「私は何がベストかを知っていて」、ささいなことがとても重大であるということを核とした信念を抱いている。彼らは、評価、管理、"すべき"といった完璧主義のルールをつぎつぎに適用する。それぞれの障害が、特異的な認知的内容を有している。

うつ病は、パラノイアやヒステリー、恐怖症、強迫神経症よりも多様なパターンの考えに関係している。うつ病における基本的な観念には3つのテーマがあり、ベック（Beck, 1970）はこれを**認知の3要素**（cognitive triad）とよんでいる。すなわち (1) 事象を否定的に解釈し、(2) うつ病のクライエントは自己を嫌悪し、(3) 将来を否定的に評価する。

このような基本的な考え方は、エリスとは対照的に、必ずしも不合理ではないと見なされる。その代わり、ベックはそれらを、あまりにも絶対的で、あまりにも広範または極端で、あまりにも独断的であると特徴づけている。認知の3要素は、適応的でない自己言語化あるいは視覚心像を引き起こし、クライエントはそれを自動思考として経験する。認知療法の大部分は、クライエントの援助を**自動思考**（automatic thinking）の探索に関与させ、そして最終的には、それらを論理的かつ実験的に検証することにより、誤った認知の再評価に関与させる。

認知療法の治療過程の理論

　ベック（Beck, 1976, p217）は，一般的に，治療が成功するクライエントが誤った認知の訂正において，若干の段階を通過すると仮定する。

　　　第一にクライエントは，自分が考えていることに気づく。第二に，どのような思考が間違っているかを認識する必要がある。次にクライエントは，不正確な判断の代わりに正確な判断を用いる必要がある。最後に，その変更が正しいことを彼に知らせるフィードバックが必要である。

　これはエリスのREBTからの引用のように聞こえるが，ベックとエリスの間には，微妙ではあるが重要な違いがある。ベック自身は，この2つの認知体系間の明確な違いのいくつかを線引きしている（Hollon & Beck, 1994; Padesky & Beck, 2003）。一例として，ベックの療法は，エリスのREBTに比べて，より広い範囲で経験主義のプロセスを強調する傾向がある。認知療法においてクライエントは，自分の信念を，自分自身が行動を試みることで検証される仮説のように扱うよう励まされる。エリスが合理性と論理にもとづいた哲学的変換を得ようと努めるのに対して，ベックは，現在の信念を修正するために証拠への依存を促す。もう1つの違いは，認知療法はREBTよりも構造化され，緻密な傾向がある。たとえばうつ病では，ベックは概してセラピーを20時間に制限している。彼は，それぞれの障害――とりわけうつ病（Beck et al., 1979），不安（Beck et al., 1985），物質乱用（Beck et al., 1993）――に特有の治療マニュアルに忠実である。さらに認知療法のセラピストは，クライエントの状態と経過をモニターするセッションの前に，ベック抑うつ尺度やベック不安尺度などの簡単な症状チェックリストを日常的に実施するだろう。この構造は，問題志向を促し，時間の無駄をなくさせ，患者に治療の論理的根拠および方向を提供する。

　認知療法の初期のセッションの1つにおいて，セラピストは，感情と行動に対する認知の影響を紹介する。つまり，セラピストが患者に認知モデルを紹介する。クライエントは最初に，彼らを個人的に巻き込むことのないシナリオとかかわることができる。以下は，43歳のうつ病患者と認知療法のセラピストの間の典型的なやりとりである（Beck et al., 1979, pp.147-148）。

　　セラピスト：ある人が事象について考えたり解釈したりする方法は，その人がどのように感じ，行動するかに影響します。そう，たとえば，ある人が，ある晩1人で家にいると，他の部屋から何か落ちる音が聞こえてきました。もしも彼が「部屋に泥棒がいる」と考えたなら，彼はどんなふうに感じていると思いますか？
　　患者：とても不安で，おびえています。
　　セラピスト：では，彼はどのように行動しますか？

患者：隠れるでしょう。あるいは彼が利口なら，警察に電話をかけるでしょう。
セラピスト：なるほど，では，泥棒が物音を出したという考えを踏まえて，その人はたぶん不安を感じ，自分を守るという方法で行動するでしょう。さて，仮に彼が同じ音を聞いて，「窓を開けたままにしていたから，風が何かを倒したのだろう」と考えたとします。彼はどのように感じるでしょう？
患者：ええと，彼は怖がっていないでしょう。何か高価なものが壊れたと思うなら，悲しむかもしれませんし，あるいは子どもたちの1人が窓を開けたままにしたことで，イライラするでしょう。
セラピスト：では彼の行動は，この考えの後では違うでしょうか？
患者：もちろんです。おそらくそこへ行って，何が問題なのか確かめるでしょう。警察に電話をかけたりしないことは確実でしょう。
セラピスト：なるほど。では，この例でわかることは，ある状況の解釈の仕方がたくさんあるということです。さらに，その状況の解釈の仕方が，気持ちや行動に影響するということです。

　ベックは，うつ病の第一人者として，治療目標を順序づける必要性を認める。最優先事項は，自殺衝動，不眠，体重減少などの重い症状を軽減することである。症状を取り除くためにベックは，クライエントがその努力に対し成功し強化されるという方法で課題を課す随伴性マネジメントを利用する。最初の課題は，たんに卵をゆでることだけかもしれない。クライエントの気分が前より良くなってくるにつれて，たとえば家族のために食事を作るというような，もっと取り組みがいのある課題が与えられる。それによって，さらに大きな強化が与えられる。
　セラピーの初期に導入される介入は，日常の具体的活動を選択し，いかに効果的に気分を調整できるかということにもとづいて厳しく評価する**活動スケジューリング**（activity scheduling）が可能である。このような活動は，さらにクライエントによって，達成と喜びの観点から評価される。何も習得できないし何も楽しめないと特徴的に報告するうつ病のクライエントは，このようにして，それとは反対のフィードバックに直面する。症状が消え始めた後は，根底にある認知に治療の焦点を移す。
　認知的再体制化（cognitive restructuring）の3つの基本的なアプローチ（思考プロセスの修正）は，さまざまなやり方で，(1) 証拠は何ですか？ (2) もっと他にどんな見方がありますか？ (3) それが起こると何か問題でもあるのですか？　と尋ねることがある。うつ病のビジネスマンに当てはめると，このようになる。あなたが二度と成功できないこと，失敗の責任があなただけあること，隣人があなたを笑っていることの証拠は，どこにあるのですか？　この出来事，人生の今の時期，危機的状況のこの機会は，他にどんな見方がありますか？
　たとえば，うつ病の学生は，彼女が志願した大学の1つに合格できないだろうという信念を述べた。認知療法のセラピストは，彼女がその結論に達した理由をゆっくりと尋ねた（Beck et al., 1979, p.153）。

セラピスト：自分で選んだ大学に入学できないと思うのはどうして？
患者：実際に，成績がそれほど良くなかったから。
セラピスト：では，平均点はどのくらいだったの？
患者：ええと，高校の先学期まではかなり良かったけれど。
セラピスト：一般的に言って，平均点はどのくらいだったの？
患者：AとB。
セラピスト：では，それぞれいくつ取れたの？
患者：ええと，ほとんど全部の成績がAだったと思うわ。でも，先学期にひどい点を取ってしまって。
セラピスト：その時の成績は？
患者：Aが2つとBが2つ。
セラピスト：あなたの平均点はほぼオールAになるだろうと思いますよ。大学に入学できないと思うのはどうして？
患者：競争相手がとても手ごわいからよ。
セラピスト：その大学の入学者選考の平均点がどうなのか，調べたことはあるの？
患者：ええと，平均B＋で十分だと誰かに聞いたわ。
セラピスト：あなたの平均点はそれより良いんじゃないの？
患者：そう思うわ。

　患者は意図的にセラピストを邪魔しようとしたわけではないが，実際，入学を許可されるチャンスに関して否定的で誤った結論に達していた。彼女の論理は，A未満のどんな成績も失敗であると見なす，**二分法**または"全か無か"**思考**（dichotomous thinking）の一例であると思われる。この患者は，他の学生と比較したクラスでの席次に関して，自分の間違った結論を他の不正確な結論によって裏付けていた。

　主目的は，**距離を置く**（distancing）手法を患者に教えることである。彼らは，気が動転するような考えを自動的に受け入れるよりも，むしろ再評価しながら，それらに客観的に対処することを学ぶ。われわれは，患者のうつ病のビジネスマンに，彼の一般化のしすぎの裏にある誤った論理を観察すること，そして他のあらゆる状況との類似点の基準を作ることを求めた。彼をゆっくりと説得し，やらせてみたところ，すぐに彼は，成功した3つの事業を持つというキャリアにおいて，これが最初の失敗であるということに気がついた。小さいビジネスの失敗の可能性に関する証拠を集めるよう求めたところ，彼はインターネットを利用して，新規ビジネスの半分以上は失敗することを発見した。

　同じように，クライエントは，自分はその窮状に対して全面的に責任があるという信念を捨てさせる，**脱帰属テクニック**（disattribution technique）を教わる。すべての悪い事象の原因を自動的に自分自身のせいにしないよう，そして責任を分担するよう求めたところ，すぐに彼は，活気のない国家経済，町に新しく来た2つの競合他社，そして納入業者の1つの生産の遅れの全部が，確実に彼のビジネスの崩壊の原因となっていることに気づ

いた。

　クライエントは，"かのように"技法（"as-if" technique）を用いて，自分がビジネスを再建し，財政的にふたたび成功している"かのように"考えるよう指示される。クライエントは"かのように"の技法によって，より積極的な行動の準備をし，よりプラスの方向に認知を再体制化することが可能になる。

　クライエントは，抑うつの原因となる認知の誤りおよび非機能的な認知を自覚することにより，うつ病やその他の精神疾患に罹る運命にあるという脆弱的な予想から，自分自身を解放し始める。たとえば，パニック発作の事例では，身体感覚の誤った解釈を特定し，修正することを教わる。これには，さまざまな認知的および行動的介入が用いられる。その中でも認知的アプローチは，患者による誤った解釈の証拠を質問すること，より現実的な解釈に置き換えること，心象を再構成（restructuring）することである。行動の手順には，パニック発作の真の原因を明らかにするために恐怖感（たとえば，過換気になること，あるいは身体に意識を集中すること）を誘発すること，安全な行動（たとえば，目まいがした時に頑丈な物体につかまる）を妨害すること，患者が自分の症状の転帰に関する否定的な予測が誤っていることを証明できるようになるために，恐ろしい状況に暴露される訓練が含まれる（Clark & Ehlers, 1993）。

認知療法における治療関係

　エリスの直接に対立させるやり方とは対照的に，ベックは主として**ソクラテス式問答法**（Socratic dialogue）を用いる。巧みな質問の進行によって，クライエントは個人的発見を行う。このアプローチは**共同的経験主義**（collaborative empiricism）とよばれる。すなわち，参加者は集めた証拠から，どの考えが非機能的であるか，また，どの道を進むとそのような考えが強化されるのかを決定する共通の任務を負っている。それらの考えが不正確であることをクライエントが自分自身で発見できるように，治療の相互作用が構造化されている。たとえば，フェミニスト運動に対する肯定的な感情を表現すると男性に拒絶されるだろうと考える女性は，次回のデートでこの仮説を検証するよう指示される。宿題の課題は，大部分がクライエントとセラピストの間の相互決定であり，論理を試すため，または証拠を集めるためのアイデアを患者は要求される。

　認知療法のセラピストは，ロジャーズ派のセラピストと同じく，共感的・友好的であろうとするが，しかし，それらが必要かつ十分なものとは見なさない。信用できるセラピストとの関係は，治療の有効性を改善する可能性がある。しかし，認知療法の積極的な要因は，患者とセラピスト間の関係ではなく，問題のあるスキーマの特定およびその改善にある。

　理想的なタイプのセラピストのサポートは，クライエントに信頼できる依存状態を生じさせる。熟練した認知療法のセラピストは，専門の役割として治療方向の指示を維持し，なおかつ，そのクライエントが治療の実施および最終的な成功に関して釣り合いのとれた

責任を有する積極的なパートナーであると主張する。認知療法の一般原則を理解するのはセラピストである。しかし，いかにその原則の適用が自分自身の機能に影響を与えるか，そのエキスパートは患者であるため，この二元的なスタンスは可能となる（Alford & Beck, 1997b）。このように，認知療法のセラピストは，サポートと指揮の両方を提供する。

認知療法の実用性

　エリスの REBT は，初めのセッションで積極的介入が始まる現実的なアプローチとして，もっとも軽度～中等度の神経症の患者に情緒的問題の ABC を 1～20 セッションで教えることができる短期療法となるように考案されている。REBT は広範囲の臨床的問題に有効となりうるが，エリスは，ほぼすべてのセラピーと同様，REBT が軽度の神経症の患者または単一の主症状のある患者の治療にもっとも有効であることを認めている。境界型または精神病の患者のように，不合理な考えへの先天的傾向の強い患者を援助することは可能であるが，セラピーは長期にわたり，少なくとも 1 年は実施される。

　患者が基本的な ABC 図式を会得した時点で，彼らの問題に当てはめる論理的哲学をさらに絞り込み，実践するための集団療法に移すことが多い（Ellis, 1992）。グループは，クライエントが非難，拒絶，喜びへの反応を，より論理的な方法で実践できる現実世界の縮図としての機能を果たす。セラピーグループの中で，クライエントはさらに新しい行動を実践することが可能であり，たとえばアサーション（自己主張）は，人生に対するより論理的態度から得られる。グループ形式でどれほどの心理療法が実施されるかは別にして，その焦点は，グループメンバーの人間関係ではなく，認知療法の手法の適用に合わせられる。

　REBT の際立った特徴は，読書療法の広範な使用および公開ワークショップである。エリスは並外れて多作の執筆者であり，多数のトピックに関して 70 冊以上の本を出している。そして，ほぼすべてのクライエントが，自分の病状に関連したこれらの本を 1 冊以上読むことを期待される。エリスはまた，おそらくは心理療法の歴史の中でもっとも豊富にワークショップを主宰している 1 人である。世界中で文字どおり何千回もの講演，セミナー，ワークショップを開催している。ニューヨークのエリス研究所のユニークな特徴は，金曜日の夜に開催される低料金（1 名につき 10 ドル）のウィークリーミーティングである。これは現在，過去，未来のクライエントなら誰でも参加できるが，REBT の知識を直接体験によって得たい人にも門戸が開かれている。

　形式上は，認知療法は他のセラピーと同じように，標準として毎週 50 分の個別セッションまたは 90 分のグループセッションを用いる。同研究所では，料金を並以下に抑えようと試みてはいるが，正規の個人実践では，コミュニティの相場に追随した料金のようである。

　いずれの認知療法の形式も，さまざまな年齢，障害を持った常連に適用されている。以下の有用性に関するセクションで述べるように，認知療法と認知行動療法は，子ども，青年，成人，高齢者で成功を収めている。今日までに認知療法の成果がもっともよく立証さ

れた領域は神経症性障害であり，とりわけ単極性うつ病と不安障害である。REBT および認知療法は，カップル，家族，性治療，組織に適用されている（Dattilio, 1998; Ellis & Dryden, 1998; Epstein & Baucom, 2002; Freeman, 1983 を参照）。

認知療法は，ますます多くの神経症クライエントに適用され，評価されつつある。ベックの認知療法は，双極性うつ病（Basco & Rush, 2005; Newman et al., 2002），人格障害（Beck et al., 2004; Layden et al., 1993），物質乱用（Beck et al., 1993），精神病的状態（Wright et al., 1992）に適用されている。境界性パーソナリティ障害に対する治療法として人気の高いのは，マーシャ・リネハン（Marsha Linehan, 1993）の**弁証法的行動療法**（dialectical behavior therapy: DBT）である。この療法では，この難治性の障害のために，長期にわたる集中的な個人および集団療法のプログラムに認知療法と行動療法の定番が盛り込まれる。弁証法的行動療法はまた，機能不全的行動を変え，かつそれを受け入れる弁証法——対立する力と力の明らかな矛盾——を扱う。

いずれの認知療法も，適応があれば向精神薬との併用もあり得る。実際のところベックは，単別および併用効果を検証する初期の研究のパイオニアであった。

訓練は，大学院課程において，また，ニューヨークのエリス研究所およびフィラデルフィア郊外のベック認知療法研究センターで，広く受けることができる。いずれの施設も研究生や学位取得後実習，および公開訓練の機会を提供しているが，後者はアメリカ国内で定期的に開かれている。訓練はすべての専門分野で最高学位を取得したメンタルヘルスの専門家が利用できる。今や世界中で，これらの認知療法が確立されている。また，たとえば REBT 関連トレーニング研究所は現在アメリカ内で1ダースを超え，ほぼ同数が海外にもある。

短期認知療法

認知療法は，その積極的で指示的，構造化された性質により，一般に短期アプローチである。問題を診断し，目標を特定し，認知モデルの原則を教え，宿題の実験を迅速にデザインする。録音テープ，本，資料によって正規のセッションを補う。ベックの認知療法のマニュアルは12または16セッションを指示しているが，患者が回復するにつれて，さらに間隔をあける。エリスの REBT は，1〜20セッションで，迅速な変化のみならず「より良く，より深く，より長続きする」変化を提供する。

認知療法の有用性

認知療法の治療結果研究に関するレビューは，第9章で取り上げた認知行動療法について行われた研究を検討することによって，適切にとりかかれるだろう。エリスとベックのどちらも，それぞれのセラピーが"認知行動"療法の一般的な説明に該当すると考えてい

る。本項では，REBTとベックの認知療法に関して具体的に実施された治療結果研究を要約する。この要約は必然的に選ばれた中からのものである。なぜなら現在，認知療法に関して行われた比較対照研究は文字どおり何百もあるからである。

REBT

最初の治療結果研究はエリス（Ellis, 1957b）によって行われた。彼は，すでに終結したケースファイルを手に入れ，精神分析療法，精神分析的心理療法，論理情動療法を用いて彼自身が成功した事例同士を比較した。彼は，自分が行った精神分析療法から16例，精神分析的心理療法から78例，RET（rational-emotive therapy：論理情動療法）を用いた78例を選んだ。その結果は以下のとおりであった。

手法	著しい改善	明らかな改善	少し改善またはまったく改善しない
精神分析療法	13%	37%	50%
精神分析的心理療法	18%	45%	37%
RET	44%	46%	10%

エリスは，これらの結果はRETが精神分析療法よりも優れていると結論づけているが，彼が示したことは，フロイトの分析を用いていた治療初期よりも，彼自身の心理療法を用いるようになった後年のほうが成績がよくなったということである。加えて，彼の研究には，無治療対照群も，同時または同期間実施した治療も含まれていない。彼のこれらの初期研究は，より正確には，彼が治療結果の唯一の判定者となった比較調査と考えられる。

25,000名の患者が参加した475件の研究に関する古典的なスミスらのメタ分析（Smith, Glass, Miller, 1980）では，RETの平均効果量は0.68，認知行動療法の効果量は1.13であった。これは，RETを受ける平均的な患者群が，その終了時に無治療群の75%よりも良い状態になるのに対し，認知行動療法を受ける平均的な患者群が，無治療群の87%よりも良い状態になることを意味する。

1970年代以降，約100件の治療結果研究が，さまざまな障害および母集団によるRET／REBTの効果の有効性を研究している。1991年のメタ分析（Lyons & Woods, 1991）は，合計236例のRETについて，ベースライン，対照群，行動療法，その他の形式の心理療法と比較した。RETの全体の効果量は0.95であった。これは，RETを受けない患者群より顕著な臨床上の改善を示している治療患者群の73%になる。この数字は，RET群が一貫して対照群および無治療群より優れていることを示す。行動療法群，認知行動変容群とREBTとの間に，治療結果の一般的な差異は見られなかった。

同じ結論が，1993年，28件の厳密な対照研究に対するメタ分析で出された（Engels et al., 1993）。REBTは，プラセボ群および無治療群よりも優れていたが，他のタイプの認知および行動療法群と比べると，同等に有効であった。行動技法に力点を置くかその両者

のバランスを取るREBTが，おおよそ認知一辺倒なREBTよりも有効であるという命題に，裏付けは見出されなかった。

　REBTおよび関連する認知療法は，年長児と青年に有効であることもわかっている。150件の治療結果研究に関するメタ分析（Weisz et al., 1995）では，"認知／認知行動療法"に関与させた38の治療群の平均効果量は0.67で，影響はやや大きかった（表3-1を参照。0.20は一般に影響が小さい，0.50は中等度，0.80は大きいと見なされる）。認知療法は，クライエント中心や洞察志向のような非行動療法よりも優れていた。1,021例の子どもと青年を対象としたREBTの有用性についての19件の研究に関する特定要因のメタ分析（Gonzalez et., al., 2004）は，効果量が0.50でやや低いが，子どもへのRETは概して有効であり，かなりの規模であることを示した。REBTは，分裂および行為障害に対してもっとも顕著な効果がある。さらに，成人を対象とした研究（Lyons & Woods, 1991）において見出されたように，治療が長期にわたるほど効果量は大きくなった。エリスがわれわれにしっかりと気づかせてくれたように，考えを大きく変えるには時間と労力を要するのである。

認知療法

　議論の余地なく，過去10年の間にもっとも活発に研究された心理療法は，ベックの認知療法と認知行動療法である。急増しているメタ分析の文献にアプローチするにあたって，うつ病に関するものから始めよう。

　うつ病　　1989年にダブソン（Dobson）は，うつ病に対するベックの認知療法の効果に関するメタ分析を発表した。彼は，うつ病に共通の治療結果評価項目を用いた28件の研究を特定し，認知療法を他の心理療法システムと比較した。さまざまな評価項目にわたって平均効果量はかなり大きかった。つまり，平均的な認知療法のクライエントは未治療対照群の98％よりも優れていた。結果は，無治療，薬物療法，行動療法，その他の心理療法と比較して，認知療法はより大きな効果があることを実証している。

　現状では，この結論は一見したところ正しい。ロビンソンら（Robinson, Berman, & Neimeyer, 1990）によるうつ病治療の心理療法に関する，より包括的なメタ分析は58件の比較対照試験を対象にした。研究の結果は，うつ病のクライエントが実質的に心理療法から利益を得ており，このような利益が薬物療法で得られる利益に匹敵するということを裏付けた。ダブソン（Dobson, 1989）によって見出されたように，最初の分析は，うつ病に対する認知療法と認知行動療法の有用性における優位性を示唆した。しかし，**研究者の忠誠**（investigator allegiance）の効果が取り除かれた時点で，単独アプローチの相対的優位性の証拠は消失した。つまり，他のセラピーの形式を超える認知療法の表面上の優位性の大部分は，研究者の忠誠と一致または一致しない心理療法を実践した時，研究の構成，治療結果を評価する項目の選択，専門知識の差などの研究者の理論的バイアスの結果であった。

ガッフェンら（Gaffan et al., 1995）は，治験責任医師の忠誠とうつ病に対する認知療法の効果をふたたび取り上げ，ダブソン（Dobson, 1989）と同じ28件の研究ならびに1987〜1994年に発表された同様の37件の研究について再分析を行った。またしても，認知療法と他の心理療法との違いの約半分は，研究者の忠誠から予測可能であった。しかし，もっと新しい研究を用いた同様の分析は，治験責任医師の忠誠の効果はなかった。忠誠の効果は，歴史的経緯と関係があり，おそらくは，より強力に認知療法を推進した先駆者とその支持者によってなされた初期の報告の結果を反映しているだろう。時間とともに，他の治療法，とりわけ行動療法を超える認知療法の優位性の見掛けの程度は減少している。現時点では，うつ病に対する認知療法のメリットは，検証済みの正規の非認知療法とだいたい同等である（Wampold et al., 2002）。

　他のいくつかのメタ分析は，青年（Lewinsohn & Clarke, 1999; Reinecke, Ryan, & DuBois, 1998）および高齢者（Scogin & McElreath, 1994）におけるうつ病に対する認知療法の有効性を特に考察した。2件の研究で，青年における認知行動療法は，それぞれが1.02，1.27と大きく，目覚ましい効果量を得た。この結果は，うつ病の青年の治療においては，無治療，プラセボ，そして抗うつ薬の投与よりも，認知行動療法が有効であることを明示している（Michael & Crowley, 2002）。高齢者では，無治療またはプラセボに対して，認知療法の平均効果量は0.85で，この場合もやはり大きく確実な効果があった。この結果は，自己評価および医師が評価したうつ病の尺度に関して，認知療法が無治療よりも確実に有効であることを示していた。同時に，初期の結論と同じく，高齢者のうつ病では，認知療法はその有効性において他の検証済みのセラピーと同等であった。

　確実な結論は，認知療法が青年，成人，高齢者におけるうつ病に対し，無治療とプラセボ治療よりも確かに優れているということである。高い根拠をもって結論づけられるのは，認知療法が他のうつ病に対する正規の心理療法と同程度に有効であるということである。実際，対人関係療法（第7章）とともに，認知療法は一般に，うつ病の"治療の第一選択肢"と認識されている。

　不安障害　次に不安障害を検討してみよう。ベックらがうつ病に関する伝統的な研究を追跡したように，われわれも認知療法について数多くの研究を認めた。量的レビュー研究は，不安神経症に対する認知療法と認知行動療法が，待機者リスト群およびプラセボ対照群よりも一貫して有効であることを示している（Chambless & Gillis, 1993）。認知療法の平均効果量は全般性不安障害に関して1.69，社会恐怖に関して1.00であり，いずれも標準の治療より大きかった。いずれの障害においても，1〜6か月の追跡調査において認知療法の効果が維持または増大した。しかし，いずれの障害も，認知療法が行動療法よりも一貫して有効であることはなかった。

　不安障害における治療結果研究の一貫した結果は，長期的には，認知療法や認知行動療法が薬物治療より優れているということである。薬物治療および認知行動療法のいずれも，短期的には，明らかに固有の類似した効果を患者にもたらす。しかし長期的には，薬物治療の成功は，薬物治療を中断した時点で本質的に消失する。その時点で，認知行動療法は

治療効果が長く持続することに関連するのである（Gould et al., 1997; Hofmann & Spiegel, 1999）。

強迫性障害や社会恐怖の治療として暴露療法が広く受け入れられているが，研究の結果によると，認知療法もまた引けを取らない。強迫性障害に対する対照治療結果研究の文献をレビューしたメタ分析では，認知療法が少なくとも暴露療法と同じくらい有効であることが明らかとなった（Abramowitz, 1997）。認知行動療法と暴露療法を検証している研究をメタ分析的に比較したところ，それらが同等に有効であることがわかった（Feske & Chambless, 1995）。社会恐怖に対する42件の治療研究をメタ分析した研究によると，認知療法と暴露療法の併用により最大の効果量が得られている（Taylor, 1996）。

パニック障害　パニック障害における認知療法の5件の比較対照試験に関する初期のレビューにおいて，クラークとイウラーズ（Clark & Ehlers, 1993）は，患者の86%が認知療法によって治療が終結していること，患者の82%が追跡調査においてパニック症状がなくなっていることがわかった。両群ともに，支持的心理療法やリラクセーション訓練などの別の治療法群よりも概して高かった。パニックの治療効果に関するその後のメタ分析では，もっとも有効な治療法は，認知的再体制化と暴露療法の併用であることがわかった（Gould et al., 1995）。

同様に，肯定的な結果がデイビッド・バゥロー（David Barlow）らにより報告されているが，彼らの**パニックコントロール療法**（panic control therapy: PCT）には，認知療法，行動療法，暴露療法の要素が含まれる（Barlow & Lehman, 1996）。パニックコントロール療法は，パニックの本態と生理学的メカニズムに関する教育，呼吸を遅くする訓練，パニックに結びついた否定的認知に対して行われる認知的再体制化，ならびに，懸念されるパニックに伴う身体感覚に繰り返し暴露される療法から構成されている。現代的な認知行動療法の多くに見られるように，パニックコントロール療法と行動療法，認知療法，暴露療法との間の境界線は曖昧であり，認知行動療法として総称するのが妥当だろう。どんな名称であっても，パニックコントロール療法の有用性は数々の臨床試験で実証されている。平均して，パニックコントロール療法群の約80%が治療後にパニック症状が消失したが，それと比較して，リラクセーション訓練のみを受けた患者群では40%，待機者リストの患者群で30%であった（Barlow et al., 2000; Hofmann & Spiegel, 1999）。

既存の治療法の有用性を費用対効果の観点から評価することも可能である。オーストラリア全体を対象とした興味深い研究は，不安障害と確定診断された成人患者の1年間の費用と効果を算出した（Heuzenroeder et al., 2004）。現行の治療法と比べると，全般性不安障害とパニック障害の両方にもっとも費用効果のある治療法は認知行動療法となった。認知行動療法の実施にあたっては，認知行動療法の訓練を受けた多数のセラピストを幅広く利用する機会を必要とするにもかかわらず，認知行動療法は，これらの不安障害に対する薬物治療よりも高いメンタルヘルス上の総合的な利益をもたらす。要するに，認知行動療法はパニック障害に対する治療の選択肢である。

心的外傷後ストレス障害（PTSD）　　PTSDの心理療法の有用性に関して，ほぼ1ダースにのぼるメタ分析が行われている。結果は，例外なくPTSDの心理療法が，治療前より著明な改善をもたらすことを明らかにしている（Bradley et al., 2005）。すべての治療法における治療前後の平均効果量は1.43であるが，それらが今まで考案されてきた有効な心理療法となっている。認知行動療法は，子ども（Taylor & Chemtob, 2004）と成人（Bradley et al., 2005）において，暴露療法やEMDR（第8章参照）と同等に有効であった。

摂食障害　　過食症（神経性大食症）に対する心理療法と薬物治療の双方の効果をメタ分析により検討した（Whittal, Agras, & Gould, 1999）。この分析には，9件の二重盲検プラセボ対照薬物臨床試験（870症例）と，26件のランダム化心理療法試験（460症例）が含まれた。薬物治療と比較した場合，認知行動療法はすべての種類の治療効果に有意に大きな効果量を示した。これらの量的結果は，認知行動療法が過食症治療の選択肢の1つであることを示唆する定量的な研究レビュー（Wilson & Fairburn, 1993）や認知行動療法と対人関係療法を扱った最近の多施設比較研究の結果（Agras et al., 2000）と一致する。

　認知療法が，対人関係療法やその他の治療法に優る臨床的・統計学的優位性を保っているにもかかわらず，すべての治療法では，過食症の長期的効果はそれほどでもない（Wilson, 1999）。過食症の多施設研究において，たとえば対人関係療法によって治療終結している患者群のわずか8％，認知行動療法による終結患者群の45％が，治療終了時までに気晴らし食いと下剤乱用（パージング）をやめていた。われわれが，治療を開始したが脱落した患者も考慮して再分析した場合（**治療の意図による分析**：intent-to-treat analysis），結果はもっと期待はずれとなってしまう。治療の意図による分析を用いると，認知行動療法群の29％に比べ，対人関係療法治療群のわずか6％しか過食と下剤乱用をやめていない（Agras et al., 2000）。

　摂食障害の個別レビュー（たとえばJohnson et al., 1996; Thompson-Brenner et al., 2003）も，同様の結論に達している。認知行動療法群は，無治療群および対照治療群よりも優れている。個人療法は，集団療法よりも実質的に有効であることを示している。薬物治療と認知行動療法との比較では，心理療法単独は薬物治療単独よりも過食症の症状の軽減に有効であることが示唆される。さらに，心理療法によって生じた行動の変化は追跡調査でも持続し，再発率の高い薬物治療とは対照的である。薬物治療の脱落率は，認知行動療法の脱落率に比べ，概して2倍高い。

慢性疼痛　　多要素認知療法と認知行動療法は，おおよそ慢性疼痛の治療に有効である。これは，成人（Morley et al., 1999）および子ども（Eccleston et al., 2002）の疼痛に対する認知行動療法のランダム化比較対照試験を対象に行ったメタ分析の結論である。子どもの場合，18件の研究は，短期認知行動療法が慢性疼痛の強度と発生頻度の軽減にきわめて有効であることの強力な証拠を提供している。

パーソナリティ障害　マーシャ・リネハンの弁証法的行動療法（DBT）に関して，少なくとも5件のランダム化比較対照試験が，境界性パーソナリティ障害の患者を用いて実施されている。最初の研究は，1年間のDBTを，**通常治療群**（treatment-as-usual：TAU）と比較した。治療の1年後，DBTを受けた患者群は自殺企図がより有意に減少し，治療保持力が高く（DBTは83％，通常治療群は42％），入院期間が短く，怒りが減少し，社会生活ならびに全体的な機能が向上した。これらと他の結果は，DBTが効果的で有効的な治療法であり，無治療や従来どおりの治療より優れていることを示唆する（Heard & Linehan, 2005）。

さまざまなパーソナリティ障害の治療における心理療法の有効性に関するメタ分析のレビュー（Leichsenring & Leibing, 2003）は，認知行動療法を用いた11件の研究が該当した。認知行動療法はリネハンの研究を複数含むが，全体の効果量は大きかった（平均の効果量は1.0）。認知行動療法の結果は精神力動療法とほぼ同じであり，いずれもパーソナリティ障害の有効な治療法である。

精神病性障害　認知療法が成熟するにつれて，たとえばパーソナリティ障害や精神病性障害のように，もっと重症で複雑な障害に対応するようになった。現在，精神病性障害の治療における認知療法と認知行動療法の有用性に関し，少なくとも半ダースのメタ分析が登場している。

典型的なメタ分析（Rector & Beck, 2001）は，次のように結論づけている。すなわち，認知行動療法は統合失調症の陽性および陰性症状の尺度に対して，有意な臨床効果をもたらすことが，認知行動療法群と対照治療群の効果量の比較により示唆される。通常のケア（薬物治療を含む）と認知行動療法の両方を受けている患者は，通常のケア（薬物治療を含む）と支持療法を受けている患者よりも治療効果は大きい。4件の追跡調査研究を分析することにより，認知療法を受けている患者が時間とともに良くなり続けたことが明らかになった（Gould et al., 2001）。もちろん，認知行動療法は統合失調症を"治す"のではなく，急性期の統合失調症の回復を早め，再発を遅らせるためと思われる。

このメタ分析のレビューは，中等度の効果量を示しており，慢性患者に利用可能なもっとも強力な証拠となっている（Tarrier & Wykes, 2004）。同時に，その研究の効果量は，方法論的な研究の質と負の相関を示す。つまり，もっとも有効的な結果は方法的な厳密さにもっとも欠けた研究で得られている。加えて，いまだ精神病に対する認知行動療法の治療的要素を明確にしたり，具体的な治療効果のメカニズムを特定したよい統制研究はない（Gaudiano, 2005）。すべてのメタ分析は，統合失調症の治療における認知行動療法の効果性に関する優れた初期の証拠はあるが，今必要とされるのは，もっと厳密な比較研究であると慎重に結論づけている。

カップル療法と集団療法　認知療法の評価は，個人心理療法に限定されない。認知行動的カップル療法は自分自身とパートナー，人間関係に関するパートナーの不適応な認知を特定し，変えようとする顕在的な試みを重要視する。カップルを対象とした認知行動療

法に関するメタ分析（Dunn & Schewebel, 1995）では，人間関係における行動の改善についての平均効果量は0.54，認知の改善については0.78であった。認知療法を用いて治療を行ったカップルの症状改善は，無治療カップルのそれを上回る顕著な改善を示したが，行動療法や洞察志向のカップル療法を受けているカップルとの間での差はなかった。

認知行動療法群に関するメタ分析によっても，同様の効果量が得られている（Petrocelli, 2002）。この分析には，全般的徴候を軽減するために集団認知行動療法を適用した22件の公刊論文と8件の博士論文が含まれていた。治療前対治療後の全体の平均効果量は0.77であった。この効果量は，認知行動療法を用いた成功率が68％ということになる。

ドメスティック・バイオレンス（家庭内暴力：DV） われわれが認知療法の効果に関し，好意的なレビューばかりを提示したと批判されないように，ドメスティックバイオレンスの男性に対する治療効果を評価した22件の研究に関し，メタ分析レビューのありのままの結果を述べることにする（Babcock et al., 2004）。暴力をふるう男に対する全体の治療効果はわずかだった。このことは，現在，逮捕の効果以上にこの常習的な暴力を減少させる有効な治療法がないことを意味している。また，認知行動療法と他の心理療法間で効果量に差はなかった。つまり，この難治性の母集団では特別に有効な治療法はなかった。

宿題の割り当て 宿題の割り当てやセッション間の実験課題は認知行動療法に限定されないが，有効性に関する研究のほとんど大部分は認知行動療法のものばかりである。認知療法と行動療法における宿題の割り当ての有効性のメタ分析では，1,702症例を含む27件の研究が分析された。このメタ分析は，宿題の割り当てが，面接セッション以外での課題をまったく含まない心理療法よりも，確かに優れた治療効果をもたらし，平均効果量は中程度であることを見出した（Kazantis, Deane, & Ronan, 2000）。将来の研究は，宿題を割り当てることのメリットに関する一般的な疑問から，さまざまな患者に対し異なる種類の宿題を割り当てることの相対的な効果を明らかにするといった，より具体的な問題へと方向転換することになるだろう。

分化的な反応 心理療法の治療効果に対する結果研究の主要な課題は，心理療法システムが特に有効となる障害と患者を，具体的に特定することである。ビュートラーらによる一連の前方向視的研究（Beutler et al., 1993; Beutler & Harwood, 2000を参照）は，個々の患者のコーピング様式と治療抵抗に応じて，ベックの認知療法に対する治療効果の差異を明らかにした。認知療法においてうつ病患者に外的コーピングを適用することは，うつ病患者に内的コーピングを適用するよりも多くの改善が見られた。認知療法および認知行動療法は，行動化と問題行動に特によく作用すると思われる。また，治療抵抗の低い患者は認知療法によく反応した。患者の治療抵抗が少ないと，認知療法家はより積極的，指示的になることができる。これらの結果は，患者の特性に応じて，心理療法を選択的に

適合できることを示唆する。認知療法の場合は，外在的な様式と治療抵抗の少ない患者が特に適応となる。

認知療法への批判

行動論的観点から

エリスは，科学者を1つの理想とした主張は当を得ているが，そもそも彼は合理主義者もしくは哲学者として行動する。彼が書いた REBT に関する何百もの論文や書物の中で，有効性を厳密に統制した実験はほんの一握りである。発表された REBT に関する治療の結果研究の試験は問題の多い数値を示している。研究の半数において，治療法を指導するのにマニュアルが用いられたかどうかの情報がなかった。研究の半数において，その治療がどれほど REBT のやり方に忠実であるかの情報がなかった。さらに研究の大半において，対照治療と REBT とを区別し得る定式化されたアセスメントがなかった（Haaga et al., 1991）。このように広くもてはやされているセラピーや，また，このように多数の閲覧可能な出版物があっても，経験による問題解決をするセラピストの作り出す対話がいかに膨大で，データがいかに少ないかを，理論的に説明することは困難である。

ベックの多要素認知療法についての膨大な研究は，その仕事において何か起こっていることを証明しているが，それがどのように作用するか，あるいはどのように障害が生じるのかを証明するものではない。たとえば，障害が出来事それ自体に由来しているのではなくて，先行事象に関するその人の信念の働きに由来するというベックの中核的仮定を支持するどのようなデータがあるのか？ われわれは，子どもの情緒障害が生じる時，たとえば，母親に殴られたり，父親に性的ないたずらをされたり，仲間に拒絶されたり，教師にあざけられたりするような外傷的な出来事が，子どもたちがこのような出来事について抱く信念よりも重要ではないと信ずるべきだろうか？ われわれは，情緒障害のある人々は，正常に機能していない環境の産物というよりも，むしろ彼ら自身の正常に機能しない思考の被害者であると信ずるべきか？ 精神病理の責任を個人に置くことは，結局は被害者を責める結果となる。

最後に，読者自身の研究データを調べてもらいたい。認知療法のユニークな作用メカニズムが根底にある認知（またはスキーマ）の変化を伴うという仮説は，実証的研究によってまだ支持されていない。むしろ，認知的変化を引き起こす傾向のあるセラピーは多い（Persons & Miranda, 1995）。いくつかの研究では，ゆがんだ認知がうつ症状に与える影響に対するセラピストの着目は，治療終了時の治療結果と相関しない（Castonguay et al., 1996）。行動活性化は，おそらくは認知療法の有効な要素であって，認知的再体制化の結果ではない（Jacobson et al., 2001）。原因と結果を混同してはならない。つまり，認知療法において思考が改善するという結果をもたらすのは，おそらくは認知技法ではなく行動技法であろう。

精神分析的観点から

　REBTは，原始的で父性的な超自我の理不尽な要求を，攻撃的で有無を言わせぬ臨床家からの要求で置き換える。医師は，疑わしい人生哲学を受け入れることを服従的なクライエントに指導する。クライエントは治癒する。それどころか転向する。人々を新しい信仰に転向させるもっとも古いいくつかの形式を用いて，REBTの実践者は体系的にクライエントの世界観をバラバラにする。

　クライエントに対峙するセラピストは，ディベート戦術とソクラテス式問答法の名人である。自分の問題を説明しても，その説明が非機能的で不合理で未熟であるとセラピストから見なされるため，クライエントはさらに混乱する。クライエントは，自我の過程にぶつかってくるセラピストの猛攻撃に対して防御手段がないと感じて精神的に弱くなり，セラピストの言うどんなことでも納得する。認知療法家は，古い防御の代わりに知性化および合理化を提供する。認知療法家が提供する哲学システムは，論理的で経験主義的であるとして美化されるが，これは実際には完全な言葉遊びである。

人間性心理学的観点から

　多くのことを感じすぎてしまうことよりも十分に感じないことのほうが，大多数の人にとっての問題であると認めることをせず，認知療法は今世紀にはどこへ向かうのだろうか？　疎外感は否定的なスキーマではなく，われわれの時代のシンドロームである。疎外感は，われわれが人間であることの証である強い感情体験を無効にさせる。戦慄，畏怖，恐怖，怒りのような感情は不愉快かもしれないが，それらは本質的に非機能的なものではない。

　確かに，履修科目でBよりもCの成績を取ることに怯えるのは未熟であるのかもしれない。しかし，森林破壊や地球破壊について恐ろしいと感じるのは不適切でも未熟でもない。バスに乗り遅れたことに対して激怒するのは不合理かもしれないが，予防可能な病気で死んでいく子どもに対して怒るのは不合理ではない。あまりにも多くの人々が，社会の変わらぬ不公平に対して怒る能力を失っている。問題を棚上げするのはやめよう。われわれの感情を，建設的な変化に燃料供給するために用いて，もっとたくさんのことを感じよう！

文化的観点から

　他の人間のプロセスとは対照的に，認知療法では明らかに思考に焦点を置いている。"合理的思考"および科学的姿勢は　白人男性のヨーロッパ系アメリカ人の好ましいプロセスにうまく適合する。しかし，白人ではなく，男性でもなく，ヨーロッパ人でもない人たちでは，知識獲得方法がいろいろ多様であるため，うまく適合も反応もしない可能性が

ある。フェミニストの一部や多文化的な姿勢と関係がある認識方法——2～3例をあげると直観，霊感，連想——は，認知療法においては無視されるか，低く評価される（Kantrowitz & Ballou, 1992）。認知療法によって，われわれは合理的思考に頼ることが効果的な人間存在の窮極の目的であると考えるだろうが，多数の人は違ったふうに感じ，直観する。

認知療法の土台となるものは，思考は個人の感情の一次決定因子であるという概念である。つらい感情を修正したいと望むのであれば，信念体系を修正する。しかし，信念を変えることは，一部の文化やジェンダーに合致しない。たとえば多くのアジア人は，調和を作ること，対立を避けることを教えられる。彼らが認知療法の綿密な論理的課題に適合しないという理由で，われわれがそのような信念を病的なものと見なし，単純にそれを問題にする必要があるだろうか？　いかにも，認知療法の用語——検証，チャレンジ，反論，再体制化——からして，不正確な信念を打ち砕いて屈服させる男らしい物の見方を型どおりに強要するものであるが，同時に女性の感覚の欠点を強化する可能性がある。さらにわれわれは，認知療法がすべての精神内界に焦点を当てた心理療法（精神内部の治療法）の酷評の中にありながら，精神病理学の本質的，心理主義的な中心である点に留意する必要がある。人々に関連する問題および彼らを癒す方法は，外の文化や世界にあるのではなく，個人の頭の中にある。今やそのような考えこそが"不合理な"信念なのである！

統合的観点から

認知療法は，多くの患者と多くの信奉者に対して，同様な精神面の誤解をおかす。つまり一般化のしすぎである。患者によっては，考えることを要求されたり，同意していても，それを苦痛に感じる人もいる。認知療法は，そのような合理的な立場を前提としないで，ほぼすべての患者がそうであるという一般化に飛びつく。認知療法のセラピストは，多くの患者が"悲惨化"（owfulizing）と"破局視"を修正することによって恩恵を受けるだろうと主張するのではなく，認知療法が皆の治療の選択肢であるかのように振る舞う。このような一般化のしすぎは，人生の悲劇的な面を否定し，人間の情緒的な面を低く評価する。人生において真に悲惨で破滅的な出来事と，情緒不安を引き起こす必要のない不愉快な出来事を，患者が区別できるような理屈づけは可能である。

同じように，REBTは特定の感情状態について一般化しすぎる。そのいい例は，不安は神経症的であり，自己誘発的であるという主張である。このような世界共通の一般化は，たとえば重大な決断や死に対する不安のように，不安を健全で信ずべきものとして受け入れることよりも，むしろ不安になることに不安を抱くことを促す可能性がある。価値と倫理面で，REBTは"に違いない，すべき，ねばならない"が未熟で不適切であると主張する。人間は清く，秩序的で，礼儀正しくあるべきと考える価値判断は，実際は破壊的であるかもしれない。一方，いかなる道徳的要請もばかげているという一般化は，ましてやなおさら人間のモラール（士気）を破壊することになるだろう。ナチズムが不幸で残念だという判断は，立派な人間性の人はすべてナチズムの悪の終焉を求めたという絶対的な信念よりは，人々をして自分の命をあえて危険にさらす程度を低めたであろう。

C夫人を対象とした認知分析

　順序にこだわる強迫的な願望を持つC夫人が，自分の問題のABC図式を正しく理解することができた。彼女はすでにA，つまり活性化する出来事をはっきり認識している。それは娘が罹ったギョウチュウ（蟯虫）事件だった。彼女はC，つまりその出来事の感情的結果も同等に認識している——はっきり言うと，彼女のギョウチュウへの病的恐怖と強迫性は，手洗いを必要としている。その一方でC夫人は，ほとんどのクライエントや一部の心理療法家のように，B，つまり彼女の信念体系によって，不愉快なギョウチュウの事件がどのように破滅的状況を生むに至るようになったかについては，意外に気づいていない。

　惨めな世界を積極的に作り出し，それを維持してきたのが自分であるという事実を，C夫人が受け入れることは困難かもしれない。彼女は，ギョウチュウ事件はひどく嫌なもので恐ろしいと思い込んできた。しかし，家族をアジア風邪やギョウチュウの寄生虫病に感染させたことで，いかに自分を全面的に責めてきたかを正しく理解できるかもしれない。C夫人は，ギョウチュウの恐ろしさだけでなく，それを発症させたことをひどく不快に感じていることに同意するかもしれない。このような不注意な母親になるとは，自分は何という虫けらのような人間だろう。理想的な母親，完全な母親であれば，決してこのような恐ろしいことを起こさせはしないだろう！　C夫人は，うまく子どもたちを病気から守れず，自分は役に立たない虫けらのように非難されるに値すると考えている。自分は，卑しく，ろくでもなく，忌まわしいギョウチュウのふさわしい標的であると。ギョウチュウに罹ると彼女が考えることは，驚くに値しない。

　C夫人は，おそらくつねに絶対的な基準で，特に自分が価値ある存在であるためには完璧であるべきという信念で，ものごとを考える傾向が強かった。確かに，彼女の両親は完璧に清潔で，病気や欲望を抱かないという絶対主義者的な要求によって，C夫人の不合理な信念を奨励した。C夫人もまた，完璧にできると考える傾向があったため，あたかもそれが真実であるかのように，両親のこのような指導を受け入れた。子どもたちへのアルファベット順の命名に反映されるような順序に対する欲求と，本格的に強迫行為を発症する前の清潔であることの必要性も，彼女の完璧主義者の信念を証明するものであった。彼女の不合理な考えは，生活の至るところに明らかに存在した。否定できない病状を生み出すすべてのものは，一連の病気のようにストレスの多い活性化する出来事であり，絶対的な破局的思考の傾向のきっかけとなった。

　C夫人は，自分が破滅的になると考えた後に，再発を防ぐために何事も全力を尽くさなくてはならないと自分を確信させ追い込んだ。彼女は，自分や家族がまた罹患しないように，強迫的に働かなくてはならないと信じた。ひどく強迫的になり，再三にわたる自己非難を行うことは予想できた。いつも洗ってばかりで，決して子どもの世話をしない，何という虫けらのような母親！　いつもシャワーをしてばかりで，決して愛を楽しめない，何という妻！心理療法を何年やっても改善が見られないことや，自殺したいと思ったこと，家族やセラピストを暗い気分にさせたことを理由に，自分自身を失敗者だと責める自己非難の悪循環が進行するだろう。改善しているという証拠があっても，それは夫やセラピストが彼女を州立精神科病院に収容させる用意をしている事実以上に彼女の価値はないことを，如実に表わしている。

もっと近くで見れば，多分 C 夫人は精神的に異常で，有効な外来治療をすぐ受けられない場合は，有望な入院候補者であることが明らかであろう。重度の神経症と診断される大部分のクライエントのように (Ellis, 1973; Beck et al., 1979)，C 夫人には境界性パーソナリティ障害や外来通院中の統合失調症患者に典型的な思考障害の多くの徴候が見られる。たとえば，C 夫人はギョウチュウに焦点を当てすぎるので，彼女の抱えている問題は，その問題への現実的な解決策に終始してしまう。ギョウチュウについて何度も何度も繰り返し考えながら，執拗に繰り返す。さらに，ギョウチュウの脅威を完全に現実とは不釣り合いに拡大し，彼女に群がろうと待ち受けるギョウチュウに絶えず取り囲まれているという考えで，九分どおり妄想と化している。

　C 夫人が外来通院で治療ができるという正確な診断は，心理療法で彼女の病状が完全に消えるという期待をしないようにという警告として役立つだろう。また，この診断は，認知療法を増強させる向精神薬の評価にもつながるだろう。とは言っても，彼女の強迫的な適応がギョウチュウ以前のレベルに回復することに，彼女とその家族はかなり満足するだろう。

　C 夫人がこのように回復するためには，彼女のきわめて不合理な信念を疑うこと，この世界に関する彼女の強迫的スキーマを再体制化することが必要である。自分がそのように定義したという理由だけで，ギョウチュウの事件が破滅的だったということを，彼女は学ぶ必要がある。認知療法のセラピストは，強迫性障害の結果として起こり得る最悪の事態について彼女が考える意欲を徐々にかき立てる。それにつれて彼女は，このような結末は不愉快で嫌なものではあるが，ひどく不愉快とかひどく嫌とかでは決してないということを理解し始める。

　娘が一度ギョウチュウに感染したからといって C 夫人は虫けらでもない。そのような非難に値する行為や失敗など 1 つもないということを，C 夫人が認めることができるようになるまで，彼女の自己非難はセラピストによって繰り返し反論される必要がある。彼女は無条件的自己受容（USA）を教わることになる。彼女が絶対主義者的な思考を要求し続けるならば，自分を強迫的な存在に追いつめ続けることになるが，そうしなければ，彼女は世界を歪める不合理な信念に反する働きをするための，自分の持つ推理力をもっと信頼するようになるだろう。

　強い非機能的思考傾向のある C 夫人は，強迫性障害に駆り立てられる信念を疑うことに一生懸命取り組む必要がある。さまざまな宿題の課題が整っている。まず第一に C 夫人は，たとえば『どんなことがあっても自分をみじめにしないためには (How to Stubbornly Refuse to Make Yourself Miserable about Anything—Yes, Anything!)』(Ellis, 1988) を読むことによって，REBT の基本理念に慣れ親しむように指示される。また，自分の心理療法セッションの録音テープを聞いて，自分が再三にわたって使用している要求の厳しい概念，たとえば，**すべきである，必要である，義務がある**を確認する方法を習得するよう求められる。彼女が自分に言い聞かせる厳しい要求の代わりに，**したい，好ましい，したほうがいい**のような，もっと合理的な用語の使用を実践することが割り当てられる。

　自己非難を問題にする手段として，価値ある人間であるために良い母親は子どもが病気にかからないようにすべきである，という意見を探すことが割り当てられることもある。彼女の夫も重要な宿題の割り当てが与えられる。たとえば『神経症者とつきあうには (How to Live with a Neurotic)』(Ellis, 1957a) または『愛情がいつも足りない (Love is Never Enough)』(Beck, 1988) を読むことであるが，これは，彼女の神経症と結託するよりも，

> 理性的に彼女と付き合うようになるためである。
>   結局のところ，Ｃ夫人は自分の考えを修正し，ひいてはギョウチュウの結末を打開するようになるかもしれない。ギョウチュウは悩みの種ではあってもすべての起こり得る運命の最悪のものではなく，不愉快かもしれないが破滅的ではないという事実を，もっと完全に自覚するようになるかもしれない。セラピストは，Ｃ夫人の非機能的信念がどのように彼女を感情的に動揺させ続けてきたかを解釈する。Ｃ夫人は，彼女の問題の原因はギョウチュウではないが，どちらかといえばギョウチュウについての考え方であることに気づく必要がある。彼女の問題は，妻や母としての不完全性ではないが，どちらかといえば，彼女の不完全性が人間の価値にとって何を意味すると考えているかが問題である。
>   もしもＣ夫人がそのような信念を積極的に疑うことができるようになった場合に限り（これは大きな仮定だが），馬鹿馬鹿しい洗濯のために無為に過ごすよりも，人生の一部を自由に楽しむことができるようになるだろう。Ｃ夫人が，世界が与える以上の順序と完璧の要求を止める方法を習得するなら，人生に喜びを見つけることができる。その場合，われわれにできる最善は，不明確な世界で幸福に生きることのできる不完全な存在として，自分自身を受け入れることである。

将来の方向性

　認知療法の方向性に関するおそらくもっとも安全な予測は，躍進しているということである。概して認知行動療法は，また，とりわけベックの認知療法は，現代においてもっとも急速に成長し，もっとも大々的に研究された心理療法システムである。現在の人気の理由は一目瞭然である。すなわち，認知療法はマニュアル化され，比較的短期間であり，広範囲に評価され，薬物治療と両立可能であり，問題を集中化し，論証できるほど有効である。つまりこういうことである。もしわれわれが心理療法システムのいずれかの株式を購入せざるを得ないとすれば，今後5年間，ベックの認知療法は優良株の有望な選択肢になるだろう。

　ベックの株が値上がりしているのに対し，エリスは下落しているようである。この状況の理由は憶測であるが，ベックはエリスに比べて確かに異論が少なく，エリスは，無神論および性的自由の利点について，ののしり言葉を織り込んだ講義を好む。ベックはより協同的だが，エリスはより対決的である。認知療法はより緻密で，実験にもとづいているが，REBTはより一般的で，哲学にもとづいている。ベックは権威のある学究的な地位に就いているが，対するエリスはつねに大学の外で生きている。ベックらは，エリスらよりも多くの教職ポストを得て，連邦補助金を獲得し，比較対照試験を行った。彼らを観察していた同僚の話では，エリスはニューヨークの愉快なタクシードライバーのように振る舞うが，ベックはアイビーリーグの大学の教授（実際そうであるが）のように振る舞うとのことである。

　認知療法の現在の人気の2つの理由——心理療法の統合へのコミットメントおよび経験的評価への貢献——は，その将来像をもまた特徴づける。REBTは，1950年代における

導入以来，方法論および内容においてますます折衷的になっている（Ellis, 1987b）。REBT の臨床医は，異種の流派からさまざまなタイプの技法，特に，積極的で指示的な技法を導入する。REBT は，患者に懐疑的かつ寛容であるよう指示するのと同じように，自身の実践においても，折々役に立つかもしれないいかなる技法の禁止も事実上やめることを誓っている（Ellis, 1999; Ellis & Dryden, 1998）。ベックの認知療法は，心理療法システムの交流に同等に尽力している。事実，彼の観点の構成および立場により，一部の人たちはこれを統合療法とよんでいる（Alford & Beck, 1997a）。第15章で概観されるように，認知手法は一般に他のセラピーに溶け込んでいる。事実，他の精神分析的療法とのある特定の統合は，**認知分析療法**（cognitive analytic therapy: CAT）として知られ，ヨーロッパではたいへん人気がある（Ryle, 1990, 1995）。

さらに，認知療法の効果の試験への現行の貢献は，根拠にもとづく実践（evidence-based practice）の時代における科学関係，医師，保険団体に役立つことになるだろう（第17章参照）。重篤な障害の状態像への認知療法の適用拡大――双極性障害（躁うつ病），統合失調症，境界性パーソナリティ障害――は，増加しているセラピストや患者にその妥当性を保証するだろう。

統合および評価へのコミットメントは，認知療法を進化させ続ける。このような進化の1つは，いわゆる認知行動療法の第三の波である。つまり，第一の波は行動療法，第二の波は認知療法であった。第三の波はマインドフルネス認知行動療法である。これは，標準的な認知行動療法に，**マインドフルネス**（mindfulness）技法，弁証法，受容を組み入れたものである（Segal et al., 2002; Hayes et al., 2004）。また，東洋もしくは仏教の伝統を西洋の心理療法に加えている。第三の波が海岸線に消えない痕跡を残すのか，あるいは次の潮流に洗い流されてしまうのか，予測は時期尚早である。とはいえ，認知療法が繁栄し続けると同時に進化し続けるという予測に，われわれは確信が持てる。

重要用語

ABC 図式　ABC model
人生の出来事　activating events（A）
活動スケジューリング　activity scheduling
"かのように"技法　"as if" technique
自動思考　automatic thinking
信念　beliefs（B）
破滅的　catastrophizing
認知分析療法　cognitive analytic therapy（CAT）
認知的再体制化　cognitive restructuring
認知療法　cognitive therapy
認知の3要素　cognitive triad
共同的実証主義　collaborative empiricism

結果　consequences（C）
内容特異性仮説　content specificity hypothesis
抑うつの原因となる認知の誤り　depressogenic assumptions
弁証法的行動療法　dialectical behavior therapy（DBT）
二分法思考　dichotomous thinking
脱帰属テクニック　disattribution technique
反駁　disputing/disputation（D）
距離を置く　distancing
機能不全的態度　dysfunctional attitudes/cognitions

効果的な新しい哲学 effective new philosophy (E)
過度の責任 excessive responsibility
快楽主義 hedonism
宿題 homework
治療の意図による分析 intent-to-treat analysis
研究者の忠誠 investigator allegiance
不合理な信念 irrational beliefs (iBs)
マインドフルネス mindfullness
過度な一般化 overgeneralization
パニックコントロール療法 panic control therapy (PCT)
自分で努力せよ PYA—push your ass
合理的信念 rational beliefs
論理情動行動療法 rational-emotive behavior therapy (REBT)
反論 refutations
繰り返し教え続ける reindoctrination
スキーマ（認知的スキーマ）schemas (cognitive schemas)
選択的抽出 selective abstraction
自己言及 self-references
ソクラテス式問答法 Socratic dialogue
通常治療群 treatment-as-usual (TAU)
"こうあるべき"の暴君 tyranny of the should
無条件の自己受容 unconditional self-acceptance (USA)

推薦図書

Beck, J.S. (1995). *Cognitive therapy: Basics and beyond*. New York: Guilford.［伊藤絵美，神村栄一，藤澤大介訳（2004）認知療法実践ガイド　基礎から応用まで―ジュディス・ベックの認知療法テキスト．星和書店．］

Beck, A. T., Emery, G., & Greenberg, R. L. (1985). *Anxiety disorders and phobias: A cognitive perspective*. New York: Basic.

Beck, A. T., Rush, A. J., Shaw, B., & Emery, G. (1979). *Cognitive therapy of depression*. New York: Guilford.［坂野雄二監訳（1992）うつ病の認知療法．岩崎学術出版社．］

Clark, D. A., Beck, A. T., & Alford, B. A. (1999). *Scientific foundation of cognitive theory and therapy of depression*. New York: Wiley.

Dobson, K. S. (Ed.). (2000). *Handbook of cognitive-behavioral therapies* (2nd ed.). New York: Guilford.

Ellis, A. (1973). *Humanistic psychotherapy: The rational-emotive approach*. New York: McGraw-Hill.［沢田慶輔，橋口英俊訳（1983）人間性主義心理療法：RET入門．サイエンス社．］

Ellis, A., & Dryden, W. (1998). *The practice of rational-emotive behavior therapy* (2nd ed.). New York: Springer.

Ellis, A., & Grieger, R. (Eds.). (1986). *Handbook of rational-emotive therapy* (Vols. 1-2). New York: Springer.

Kendall, P. C.(Ed). (2000). *Child and adolescent therapy: Cognitive-behavioral procedures* (2nd ed.). New York: Guilford.

Leahy, R. L. (2003). *Cognitive therapy techniques: A practitioner's guide*. New York: Guilford.［伊藤絵美，佐藤美奈子訳（2006）認知療法全技法ガイド．星和書店．］

Linehan, M, M, (1993). *Cognitive-behavioral treatment of borderline personality disorder*. New York: Guilford.［大野裕監訳（2007）境界性パーソナリティ障害の弁証法的行動療法．誠信書房．］

JOURNALS: *Behavior Therapy; Behavioural and Cognitive Psychotherapy; Cognitive & Behavioral Practice; Cognitive Therapy and Research; Journal of Cognitive Psychotherapy; Journal of Rational-Emotive & Cognitive-Behavior Therapy.*

推薦ウェブサイト

Albert Ellis Institute: **www.rebt.org/**
Association for Behavioral and Cognitive Therapies: **www.aabt.org/**
Beck Institute for Cognitive Therapy and Research: **www.beckinstitute.org**
International Association for Cognitive Psychotherapy:
  www.cognitivetherapyassociation.org

11 システム療法

バージニア・サティア，サルバドール・ミニューチン

　キャシーとダンは名家の出であったが，2人の家族はともに衰退していた。ダンの両親は，ダンと同じくアルコール依存症であったし，キャシーの源家族も，物質乱用，うつ病，身体的虐待といった多様な機能不全の問題を抱えていた。キャシー自身もうつ病と受動的傾向に悩んでいた。2人は共に30代後半でありながら，キャリアの見通しにも行き詰まり，大学院も修了できずにいた。2人が祖先からささやかに受け継いだものは，急速に消滅しつつあった。悪化の一途をたどる家族システムの中で，2人とも身動きできなくなっているようだった。

　システム療法の助けを得て，キャシーとダンは自分たちがいかにそれぞれの源家族の病理パターンを繰り返していたかに気づくようになり，それについて以前よりも率直に話し合うことができたのである。ダンは成功を阻んでいたルールに立ち向かい，キャシーは積極性や自己主張を阻んでいたルールに取り組んだのである。キャシーは，心理療法の一環として，国内各地を旅し，母親や兄弟姉妹に会いにいった。彼女はそこで責任のなすり合いをするのではなく，客観的で思いやりのある態度で話し合おうと努めた。彼女は，家族との情緒的なつながりは保ちながらも，源家族から自己分化する作業を成し遂げようとしていた。

　キャシーは，自分が以前より前向きで，落ち込みもせず成功していることに驚かなかったが，兄が劇的に変化して薬物をやめ，妹が子どもへの身体的，心理的虐待をやめるために家族療法を受け始め，母親が長年のうつから抜け出して気持ちが上向きになり始めたのには驚きを禁じ得なかった。キャシーは，家族の1人が治療を受けて好転すると，他の家族が悪化することを大学院で学んで知っていたが，家族の1人が源家族との関係を再構築（restructure）するにつれて，家族システム全体が好転し始めることができたのは予想外の嬉しい発見だった。

システム療法の背景

　システム療法は，個人は存在する社会的文脈の中でのみ理解できると主張する。すなわち，システム療法は，この療法が発生した文脈の中でこそもっとも良く理解することができるのである。およそ家族が存在しているかぎり，人々は，おそらく家族の問題に耳を傾け，吟味してきたであろうが，システム療法の発展は，実に20世紀に入ってからのことである。

　1950年代，60年代は，システム療法の発展において影響力の大きい20年間であった（Broderick & Schrader, 1991 参照）。この年代には，生物学では**一般システム理論**（General Systems Theory）が生まれ，コンピュータサイエンスでは**サイバネティックス**（cybernetics）が出現している。一般システム理論は，事象を，電子，中性子，陽子などのもっとも単純な要素に還元する従来の科学的方法論ではなく，すべての有機体に複雑性を増大させる生物学的過程の研究を提言した（von Bertalanffy, 1968）。サイバネティックスは，生命体と機械，特にコンピュータシステムに共通する情報伝達と制御の研究を唱道した。本章では，まず，この2つの観点からシステムがどのように理解されるかに注目し，ついで，その理解が，問題を抱えた個人，カップル，家族の治療にどのように適用されてきたか考えることにする。

　すべての有機体の機能を理解するためには，有機体の個々の部分に注目するだけでなく，個々の要素間の関係も検討する必要がある。**システム**（system）とは，相互に一貫した関係にある一連の単位，もしくは要素と定義される。システムには，個々の要素はもとより，個々の要素間の関係も含まれている。たとえば，4人家族を例にとると，その家族システムは，4人の個人だけではなく，この4人の相互関係，全体の文脈，ならびに家族のルールを含んでいる。個々の家族メンバーに，親とか子どものラベルをつけても，それはメンバー間の一貫した関係を意味していることになる。

　組織とシステムは，ほぼ同義である。システムは，一組の組織化された単位，もしくは要素である。組織の原理によれば，要素が一貫したパターンで結合すると，実体は，個々の総和以上のものになるとされている。これが全体性の概念である。たとえば，婚姻システムは，単純に2人の個人に分けることはできない。そこには2人の個人サブシステムが存在するだけでなく，個人間には婚姻サブシステムを作り出す一貫した関係も存在する。すなわち，この場合，1＋1は3になる。

　システムはまた，要素間の関係によって，システムと個々のサブシステムの周辺に**境界**（boundaries）を作るように組織されている。生物システムでは，細胞膜や動物の皮膚によって境界が容易に見分けられるが，人間のシステムでは往々にして境界がより抽象的になる。関係の法則が境界をつくるからである。たとえば，一夫一婦制は，伝統的な婚姻関係の境界を明確にすることに貢献している。つまり，不倫している配偶者は，「境界線をはみ出ている」とされ，関係のルールを逸脱した行為と見なされる。

誰が，誰とどのように関わるかについてのルールがあいまいだと，境界の浸透性が過剰になる可能性がある。たとえば，近親姦が起こっている家族では，親子のサブシステム間の境界が病理的と言えるほどあいまいで浸透しやすい。一方，境界が硬直しすぎると，システム内の個人間やシステム間同士の適切なやりとりが妨げられることになる。例を挙げると，児童虐待が起こっている家族は，より大きな社会システムから厳然と隔絶され，虐待を未然に阻止する社会支援を受けられない可能性もある。

　システムは，よく**階層的組織** (hierarchical organization) として概念化される。システムは，一連の階層的レベルに従って相互に関連しており，個々のシステムは，より小さな構成サブシステムからなっている。逆に言えば，個々のシステムは，より大きいシステムの構成部分をなしている。家族システムは，個人サブシステム，パートナー／婚姻サブシステム，同胞サブシステム，両親サブシステムから構成されている。同様に，家族システムは，より大きな近隣システムの一構成部分であり，これは，コミュニティ，地域，国家といったさらに大きな社会システムと階層的につながっている。

　システムが効果的に機能するには，組織を制御し，維持する方法が必要である。生命体システムの特徴は，力動的な安定状態とされてきた。安定した状態とは，時を経ても変化しないシステムの状態を意味している。システム理論は，システム内の均衡，もしくは安定化を重視する。これは，往々にして硬さとして誤解され，一種の強制された，柔軟性に欠ける行動の構造と受け取られる。しかし，実際のところ，システム理論は制御された変化を重視しており，これによって，システムの選択肢を減らすというよりは，むしろ増やすようなきわめて複雑な相互作用パターンを発展させうるのである。制御機制は，諸要素を力動的な相互作用内に留める。こうした要素が相互に意味を持って作用できるのは，複雑かつ精巧な一連の制御機制があるからである。制御機制は，個々の要素を許容範囲の限界内にとどめると同時に，順応をも可能にする。

　制御された順応は，意味ある変化の鍵である。制御された成長は，細胞組織，臓器そして個々人の分化と発達をもたらすが，成長が制御されていないと，癌のように細胞組織を破壊し，さらには生命体システムを死に至らしめることさえある。

　ホメオスタシス (homeostasis)，もしくはバランスは，生命体システムがどのように安定状態を制御し，維持するかを説明する。神経内分泌系のメカニズムを最初に記述した生理学者ウォーター・キャノン（Water Cannon, 1939）は，神経内分泌系の機能は，一定の血圧，体温，水分含有量といった有機体の内的環境の一貫性を維持することであるとした。有機体内の変化が一連の安全範囲を超え始めると，ホルモンと自律神経系の制御機制が，体内システムの均衡を図るために活性化される。家族システムはそれぞれ独自の機制を持っているが，その第一の目的は，家族内で受容可能な行動の均衡を保つことである。たとえば，家族間の言葉のやりとりは，驚くほど安定した割合を維持することが見出されている（Reiss, 1977）。対話の多い家族は，面接中も高い頻度で発言するが，面接中の個人の発言量は大きく変化する。

　カップルや家族内の自動調整プロセスに寄与するメカニズムは，サイバネティックスにおける自動制御装置に類似している（Wiener, 1962）。**自動制御装置** (servomechanisms)

は，誤差を感知するフィードバックによって，メカニズムの性能を修正する自動的装置である。**フィードバックループ**（feedback loops）は，もっとも重要な制御機制とみなされている。ここでは，2つの事象を直線的因果関係だけでとらえるのではなく，ポジティブ・フィードバック，あるいはネガティブ・フィードバックループのいずれかの特徴で円環的に関わりうるととらえる。

ポジティブ・フィードバックでは，そのループのどの構成部分が増加しても，円環的に連続する次の事象をつぎつぎに増大させていく。この種の連続では，規範からの逸脱が増幅される。したがって，ポジティブ・フィードバックループは逸脱を増大させ，自己破壊的機制として機能する。ポジティブ・フィードバックループは暴走状態（ラナウェイ）を誘発し，ついには，システムの機能範囲を超えた限界へと追いやる。たとえば，家族の激しい口論は，噴出した1人の怒りが，もう一方の怒りを増大させることによって制御不能になり，怒りが循環する形で増幅していく。暴走した怒りは，家族機能を混乱させ，破壊することさえある。

これに対して，ネガティブ・フィードバックループは，ループ内のさまざまな事象に見られる逸脱間に均衡をもたらす。ネガティブ・フィードバックループは，システムの関わりのルールから逸脱を減らし，結婚や家族の安定性を維持させる。たとえば，家族の1人が怒ると，別の1人が病気になるというように，両者の逸脱が互いに釣り合っていれば，この家族は，システム内に不変の敵意を維持しかねない。

生命体は，システムとのエネルギーのやりとりが自由な**開放システム**（open systems）の特徴を持つ。生命体にとっては情報がもっとも重要なタイプのエネルギーであるが，その理由は，あいまいさを軽減するエネルギーだからである。情報が効率よくまとめられ，プログラム化されていると，システムの機能力は高度に複雑で組織だった形で大幅に増大する。コミュニケーションには，情報がある状態から他の状態に変化し，あるいは空間を一点から他の点へ移動するといったプロセスがある。サイバネティックスは，婚姻システムや家族システム内で，情報がいかに効率的に変換され，伝達されうるかという原型になる。

一般システム理論（GST）やサイバネティックスのこうした中核概念は，システム療法の革新的なアプローチに対する知的インスピレーションとしての役割を果たしてきた。システム療法には単独の統一したアプローチは存在しないため，ここでは，3つの主要なシステムアプローチであるコミュニケーション／戦略的アプローチ，構造的アプローチ，ボーエン派アプローチを取り上げることにする。これらのシステム療法は，個人の人格よりも，システム内の関係のパターンに焦点を置いているので，ここではパーソナリティ理論については割愛する。しかし，いずれのシステム療法も，精神病理の進展と維持について，さらに人間システムにおけるその最適の変化の可能性については，重要な論を展開している。

年を経て，**システム療法**（systemic therapies）は多様な意味を獲得してきた。第一に，システミック，あるいはシステム療法は，**治療様式／型**（therapy modality / format）を表す。システム療法は，個人療法，集団療法と同じく，ある一定の人数の人との面接を

意味するが，この療法では，カップルとか家族との面接ということになる。第二に，システム療法は**治療内容／目標**（treatment content／goal）も意味する。すなわち，治療は家族システムの内容を扱い，また，家族システムの改善に向けられる。もはや患者は個人ではなく，カップル，家族，あるいは他のシステムである。この意味では，相談室に家族全員が参加しなくてもシステム療法の実施は十分可能となる。巻頭に上げたキャシーのケースや，マレー・ボーエン（Murray Bowen）の多世代家族療法のように，実際にセラピーを受けるのが1人か2人でも，家族全体のシステムが変化の対象となる。第三に，システム的な考え方やシステム療法は，**パラダイムシフト**（paradigm shift）(Kuhn, 1970を参照）をも意味する。これは，直線的，精神内的因果律という過去の考え方との非連続的決別を意味する。つまり，心理療法と精神病理についての革新的とらえ方なのである。

　本章では，システム療法を主として治療内容／目標として，また，パラダイムシフトとして取り上げることにする。しかし，読者は，ほどなく治療結果研究の多くが家族療法を様式／型として取り上げてきたことに気づくだろう。上記の3つの意味は，しばしば相互に関連し，実践では容易に切り離すことができない。ある心理療法家は，家族療法をする際，家族の何人かに来談するよう誘いかけるであろう。その理由は，システム療法が効果的なパラダイムシフトであると確信し，治療目標としてシステム全体を対象にしたいと願うからである。

コミュニケーション／戦略的療法

　コミュニケーション・アプローチは，単一の個人からというよりは，2つの関係団体から生まれた。1つめは，グレゴリー・ベイトソン（Gregory Bateson）が1952年に開始した二重拘束コミュニケーション研究計画で，研究メンバーとしてジェイ・ヘイリー（Jay Haley）とジョン・ウィークランド（John Weakland），コンサルタントとしてドナルド・ジャクソン（Donald Jackson）が加わった。2つめは，ジャクソンが1958年に，バージニア・サティア（Virginia Satir）とポール・ワツラウィック（Paul Watzlawick）を主要メンバーに擁して設立したメンタル・リサーチ・インスティテュート（MRI）である。しかし，ジャクソンが両団体に参加していたため，組織間の境界はあいまいであった。二重拘束研究計画は，MRIに設置され，1962年の同研究計画の終了と共に，ヘイリーとウィークランドはMRIに移籍した。両団体がいずれもカリフォルニア州のパロアルトに設立されたのは偶然の一致ではない。パロアルトは，情報工学の世界最先端の地であるシリコンバレーの一角にあった。

　プロジェクトに参加した両団体の共通点は，人間行動の理解には，コミュニケーションが重要であるという仮説である。MRIグループは，あらゆる行動はコミュニケーションであるとまで言い切っている。行動しないということが不可能なように，コミュニケーションしないということも不可能というわけである。なぜなら，コミュニケーションには言語的，非言語的行動がすべて含まれているからである。

二重拘束研究計画は，もともと，矛盾したコミュニケーションがいかにして統合失調症の症状を引き起こしうるのかに焦点を当てたものだった。二重拘束コミュニケーションに関する初期の研究は，家族力動と統合失調症的コミュニケーションの重要な関係を明らかにした。1959年，この研究計画は実験的アプローチと家族療法プロジェクトの2つに分けられた。前者では，家族のやりとりがビデオに撮られ，"普通の"コミュニケーションから"統合失調症的な"コミュニケーションを分ける試みがなされた。家族療法プロジェクトでは，自然な状況で観察を行い，一部コミュニケーション理論にもとづくさまざまな技術が導入された。プロジェクトが続いた10年間に，この研究と治療グループの多くの独創的成果は，70以上の出版物になって刊行された（Sluzki & Ransom, 1976）。

　MRIのスタッフは，1965年から1974年にかけて，さらに高い生産性を示し，130本もの論文と9冊の著書を出版した。彼らの著作には，個人間と家族間のコミュニケーション分析に焦点を当てた治療様式が記述されている。その後，二者間と家族全メンバー間のコミュニケーション・パターンを変化させる介入が考案された（Greenberg, 1977）。

　しだいに，この2つのグループ組織は変化し始め，ベイトソンの研究計画は1962年に終わり，彼が1980年に死去するまで，コミュニケーションの視点を広範な人間と動物行動に関する研究へと発展させた。ジャクソンは，1968年にその短くも独創性に溢れた一生を閉じた。サティアはMRIを去り，カリフォルニア州に始まりまたたくまに世界的現象になった人間の潜在能力回復運動に貢献することとなった。サティアはその後，1988年に死去するまで，人間性志向のコミュニケーション療法の指導と擁護に全米各地を駆け回っていた。ヘイリーはフィラデルフィア・チャイルド・ガイダンス・クリニックに移籍し，サルバドール・ミニューチン（Salvador Minuchin）と共にシステム療法の中核拠点を作り上げ，後に，自分のワシントンDC家族療法研究所を発足させ，前妻のクロエ・マダネス（Cloe Madanes）と共同で指導に当たっている（訳注：2006年に逝去）。

　こうした独創的な人々のグループが，首尾一貫した単一の心理療法理論を残すことは期待されないものである。しかし，彼らは，システムにおける精神病理を理解する革新的な一連の概念と，システムに変化を促す一連の治療原理を確実に発展させたのだった。

精神病理の理論

　システム療法家は，家族の1人が精神病理を軽減するに伴って，家族の他の誰かが症状を悪化させる事態に何度も出会ってきた。たとえば，ジャクソンは，あるうつ病の女性を治療していた際，症状が軽快するにつれて，夫が電話で，妻の気分が悪化していると文句を言い始めたことに気づいた（Greenberg, 1977）。妻の症状がさらに改善するにつれて，ついに夫は失業し，その後，自殺するに至った。

　精神病理は，基本的には家族成員間の相互作用プロセスであって，家族1人の個人内の問題ではない。精神病理は，家族機能の内的均衡を家族が保てるようなホメオスタシス機制として機能している。家族が脅かされると，たとえ不可解で，精神病的，あるいは病理的行為によるとしても，均衡を維持する方向へ向かうのである。ある家族の現状維持は，

両親が滅多に口論しないという状態かもしれない。しかし，その両親が激しい口論をして，暴力が制御不能の脅威に曝されると，子どもは症状を出すことで心配を伝えることができる。このような症状は，ネガティブ・フィードバックループの役割を果たす。つまり，家族が**患者とされた者**（identified patient: IP）（あるいは指標となる患者）に対して新たな心配を抱くことで，敵意を停止させるのである。しかし，患者として扱われるべきは，システムを救おうとして発症した一個人のみならず，システム全体なのである。

家族機能の破綻は，**関わり方のルール**（rules of relating）があいまいになった時に生じる。関わり方のルールは，家族機能に安定した秩序を提供する。ルールがあいまいになると，システムは秩序を欠き，その結果，家族に秩序を回復させようとして症状が現れやすくなる。一方，家族メンバーが暴力的な関わり方はしないというルールが明快であれば，家族は暴力的に関わることはなく，親同士の口論が家族機能を脅かす必要もなく，子どもは暴力の脅威を抑えるために症状を出さなくてもすむ。

家族内の関わり方のルールは，家族のコミュニケーション・パターンからよく観察できる。誰が，誰に，どのように，何を伝えるのかが家族をつくっている関係のパターンを規定する。たとえば，おおかたの家族は，両親が怒って口論している時には，子どもはそこに関わらないという明確なルールを持っている。配偶者サブシステムには，親密な者同士の口論に子どもが口を挟むのを禁じる，明確な境界もしくはルールが存在している。

一方，家族のコミュニケーション・パターンが不明瞭だと，ルールはいっそうあいまいになって，精神病理をきたしやすくなる。**二重拘束コミュニケーション**（double bind communications）は，矛盾した2つのメッセージを含むため，もっとも厄介なコミュニケーション・パターンとなる。ベイトソンらは，二重拘束状況の典型例を挙げている（1956, p.259）。

> 急性の統合失調症性エピソードからかなり回復した青年を，母親が病院に見舞った。母親を見て喜んだ青年が，衝動的に母親の肩に腕を回すと，とたんに母親は身を強ばらせた。手を引込めた息子に，母親は「もうお母さんを愛していないの」と尋ねた。さっと顔を赤らめた息子に，母親はなおも「そんなに戸惑って，きまり悪そうにするもんじゃないのよ」と言った。結局，息子が母親といたのはほんのわずかだった。母親が去った後，息子はいきなり看護助手に襲いかかり，保護室に入れられた。

母親は，口では息子に近づきたいと言いながら，非言語的には身を強ばらせ，近づきたくないと言っている。しかし，息子が手を引くと，母親は自らの非言語的メッセージに反して，「もうお母さんを愛していないの」と問い返す。関わりのルールが，非常にあいまいに伝えられている。母親と息子は，近しい関係とよそよそしい関係のいずれを持つことになっているのだろうか。息子に勝ち目がないのは明らかである。母親に近づくと，母親は身を強ばらせ，息子が身を引くと，母親は取り乱す。息子が困惑して敵意を抱くのも納得いく。

コミュニケーションは複雑なやりとりのパターンで，心理臨床家であってもよく誤解す

る。まして患者はなおさらである。ワツラウィック，ベービン，ジャクソンの共著『コミュニケーションの語用論（Pragmatics of Human Communication）』（Watzlawick, Beavin, & Jackson, 1967）は，5つの公理でコミュニケーションを概念化している。第一の公理はすでに述べたように，コミュニケーションしないことは不可能だというものである。沈黙も，往々にして解釈や誤解を招きやすいあいまいなコミュニケーションではあるが，もちろんコミュニケーションである。

第二の公理は，コミュニケーションは，情報伝達の他に，関与するという意味があり，伝達者の関係の本質をきめる。コミュニケーションには，メッセージの内容である"**報告**"の側面と，伝達者同士がどのような関係であるかを明確にする"**命令**"（command）の側面がある。サティア（Satir, 1967）は，コミュニケーションの内容と命令が一致していれば，調和した関係にあることを強調している。一方，母親が口では近づきたいと言いながら，非言語的硬直によって身体では近づかないよう命じたように，2つのレベルのコミュニケーションが一致しないと，その関係は不調和と病理を示している。

第三の公理は，関係の本質は，連続するコミュニケーションが句読点でどう区切られるかによると述べている。たとえば，つねに同一人物がとどめの言葉を言わないと終わらないコミュニケーションでは，その**句読点**（punctuation）が，とどめの言葉を発する人が関係においてより強い力を持っていることを示す。

第四の公理は，人間は言葉によっても，言葉を使わなくてもコミュニケーションしていると述べている。言語的コミュニケーションは，内容の面ではきわめて明確だが，伝達者間の関係については，多くを伝えない。一方，非言語的コミュニケーションは関係についてより多くを伝えるが，関係の本質については依然としてあいまいさを残す。例を挙げると，涙は喜びの表現にもなることができる。家族が非言語的メッセージに頼れば頼るほど，家族の関係はいっそうあいまいになりがちで，問題もいっそう起こりやすくなる。

最後の第五の公理は，すべてのコミュニケーションの交換は，伝達者の関係しだいで，**対称的**（symmetrical）か**相補的**（complementary）かになるということである。もし，同等な立場で，どちらも自由に主導権が取れれば，対称的関係が存在していることになるが，もし，一方が主導権を取り，他方が追従する場合は，相補的関係になる。精神病理は，いずれのタイプの関係においても起こりうる。

対称的関係において，関係の本質を決定づけるとどめの言葉を言おうとして争うと，競争は暴走の状態にエスカレートする可能性がある。言い合いが果てしなく続くことになる。対称的な関係の病理は，多少とも公然の戦闘状態，あるいは**分裂**（schism）（Lidz, 1963）を呈する。夫婦の分裂は，重症の慢性的不均衡と不和，そして反復される離別の脅しなどの状態を意味する。つまり，一方の親が四六時中，他方をけなしている状態となる。その争いの結果，親は子どもの愛情をめぐって張り合い，子どもも親の愛情を求めて張り合うことになる。夫婦が分裂している家族で伝えられるルールは，協力ではなく互いの不信と怒りに満ちた争いである。

他方，相補的関係は，硬直化しがちで，家族成員の適切な成長を妨げかねない。大人になった若者を子どもとして対応すべきだと言い張る親は，より対等な人間として関わるこ

とができるはずの若者の自己感覚を否認していることになる。その否認は，非人格化，混乱，攻撃的行動化につながる可能性がある。硬直化した相補関係にある夫婦システムでは，パートナーの一方がつねに明らかなコントロール力を発揮し，家族を支配する必要がある。パートナー間で持ちつ持たれつという互恵関係が欠如し，夫婦も家族も，支配するパートナーの方向に歪められる（Lidz, 1963）。たとえ不合理で病理的な行動に支配されていても，弱い側は相手の支配を許すため，夫婦と家族システムの存続がたえず脅かされることはない。これらの家族のルールは，自己をすてた妥協であったとしても，調節（accommodation）なのである。

治療過程の理論

　精神病理が，主にあいまいな関わり方のルールをもたらす不明瞭で敵対的なコミュニケーションの機能であるとするならば，システムの個々人が互いの関わりのルールについて，より明確に建設的に伝えられるよう援助することによって，精神病理は最大に改善されるだろう。コミュニケーション療法が強調する点は，コミュニケーションの内容ではなく，コミュニケーションが持つ関係を規定する側面である。そこでは，人が何を話すかではなく，どのように話すかに焦点が当てられている。この焦点とは，**メタコミュニケーション**（metacommunication）である。すなわち，コミュニケーションに関するコミュニケーションである。人は唯一コミュニケーションを通してのみ人と関われるため，人がコミュニケーションの方法を変えると，人との関わり方も変化する。

　ところが，家族のホメオスタシス維持のメカニズムは，家族システムの変化に対する抵抗を引き起こす。もし，セラピストが，その家族が慣れ親しんだコミュニケーションや関わり方のルールを効果的に変化させようとするなら，確実な**戦略**（strategy）（このため**戦略的療法家**（strategic therapists）として知られる）を用いて介入する必要がある。すなわち，家族の硬直した抵抗を崩壊させるほど強力な戦略である。

　意識化　コミュニケーション／戦略療法家の中でもジャクソンは，家族メンバーがその家のコミュニケーションや関わり方のルールの機能不全状態に気づいていることの重要性を強調した。ジャクソンは，変化が可能となるには，家族はルールの機能を理解しなくてはならないと考えた。彼は，家族機能に対する理解を重要視したため，認知コミュニケーション療法家とよばれるようになった（Foley, 1974）。

　クライエントの課題は，家族の関わり方やコミュニケーションのルールを過去に遡って洞察していくことではない。家族の仕事は，今ここでかかわることだけである。その後，家族は，セラピストの指示に従ったり，抵抗したりすることによって，自分たちのコミュニケーション・パターンや関わり方のルールがいかに機能不全であるかを理解できるようになる。

　ジャクソン派のセラピストの最初の取り組みは，コミュニケーションの内容に惑わされないようにすることである。特に家族史にとらわれると，今ここで家族がどのようなやり

とりをしているかをあっというまに見逃す可能性がある。なぜなら，関係のルールは現時点で成立するので，セラピストの最初の課題は，誰が誰に，何について，どのように話しかけるかに気づくことだからである。セラピストは，初回面接で，両親に対する家族の期待について，また，家族システムにおける子ども1人ひとりの役割について質問することにより，家族機能のルールを明らかにすることになろう。セラピストは，より明確なコミュニケーション，願わくば，変化を求めてこうした領域を切り開いていく。

リラベリング（relabeling：再ラベルづけ），または**リフレーミング**（reframing）は，家族のルールを明らかにし，より肯定的にとらえるよう考案された技法である。たとえば，ジャクソン（Jackson, 1967）は，母娘が話し合っているうちに，母親が泣き出すという例を取りあげている。娘は攻撃的というレッテルを貼られてきたため，母親が泣いているのは，娘のせいだと思われ，さらに娘は，母親を傷つけるつもりはなかったと言って，この暗黙の仮定を認めさえしている。セラピストは，この傷つきを"心を動かす親密さ"と新たなラベルづけし直して介入する。この技法は，ある行為の否定的な動機を取り除いて，そこに肯定的な意味づけを与えるものである。この家族のコミュニケーション・ルールでは，娘は，母親に親密に接しようとせず，攻撃的で刺々しいと思われていた。家族は，何年間も2人の関係は悪いと決めつけていたふしがあり，そのため2人のコミュニケーションはすべて否定的にとらえられていた。しかし，もしセラピストが突然，2人のやりとりを肯定的に意味づけることができたら，家族は新たな視点でとらえることができるだろう。

機能不全に陥っているルールを家族に気づかせるもう1つの方法は，**症状処方**（prescribing the symptom）によって，システムに暴走状態を生じさせる方法である。たとえば，両親があまりにも懲罰的であるのが問題であれば，セラピストは，両親の権威を取り戻す手段として，いっそう懲罰的になるのも一案だと両親に勧めることもできる。それは両親がどのように子どもと関わっているかを見出す機会となる。両親の懲罰的なやりとりが増えるにつれて，システム内は，暴走か，破綻かの状況に曝される。やがて，両親は，自らの懲罰的な行為が，家族の幸せにとってどれほど機能不全だったのかについて真に洞察する機会を得ることになる。

症状処方によく似た技法に，**背理法**（*reductio ad absurdum*）がある。これは極端にばかげた不満を取りあげることによって，そうした関わり方がいかに機能不全であるかをクライエントに気づかせる方法である。たとえば，母親が，娘の攻撃性に不満を漏らすとしたら，セラピストは，娘の行動化について母親に同情し，母親が耐えなくてはならない苦悩を強調して，そんな仕打ちを受ければどんな人でも徹底的に打ちのめされるだろうと言う。が，やがて母親は，「私は，**それほど辛い**とは言ってはいないわ」と言って反論するようになる。こうして，母親も家族も，母親が見かけほど娘の行動化に傷ついてはいなかったことに気づくことになる。

選択　クライエントは，症状を自分がコントロールできないものとしてとらえている。そのため，症状から逃れられるかどうかの選択になると，クライエントは"無力"である。

特に家族システムに生じやすい症状は，二重拘束コミュニケーションのパターンである。

二重拘束は，人に選択の余地がないという感覚を起こさせる。選択しても駄目，選択しなくても駄目という具合である。二重拘束コミュニケーションには，矛盾した2つの言い方，つまり，「こっちにおいで，でも，触らないで！」という関わり方のルールがある。二重拘束コミュニケーションは，選択の余地がない受け手に，矛盾した，逆説的コミュニケーションの決定を委ねるところがあるため，症状を起こしやすくする。

　コミュニケーション／戦略的セラピストは，**治療的二重拘束**（therapeutic double binds）をつくりだすことによって，二重拘束の状況や症状から解放する道を生み出してきた。この**逆説的技術**（paradoxical techniques）が正しく構成されていれば，クライエントはセラピストの指示に協力するか，拒むかという2つの選択が与えられることで，クライエントは解放されることになる。

　クライエントの作業は簡単である。すなわち，セラピストの指示に従うか，反抗するかのいずれかである。一方，セラピストの課題はより手腕が問われるものである。セラピストは，クライエントがセラピストの指示に従うか，反抗するかを自由に選択させるような逆説を創らなくてはならない。この指示は以下のように構成される。(1) 患者が変化を期待する行為そのものを続けるように勧め，(2) 症状となっている行為を行うことが変化を生じさせると示唆し，(3) それによって，変化しないでいることが変化することだと言われるため，パラドックスを創ることになる。

　かくして，患者は自らの症状に関してどうしようもない状態に置かれる。協力することで症状を実行することを選べば，もはや"どうしようもない"体験ではなくなり，その行為は，症状でも，どうすることもできない行為でもなく，自らが選択した行為となる。もし，クライエントが指示に抵抗すれば，症状として行っていない時のみそれが可能となり，それがセラピーの目標なのである。治療的二重拘束はクライエントに2つの選択を与え，そのいずれもが，症状や自分ではどうすることもできない行為からクライエントを解放する。

　治療的二重拘束は，患者に対する高い生存価値と期待を含んだ緊密な治療関係が前提となる（Watzlawick, Beavin, & Jackson, 1967）。加えて，クライエントが逆説について意見を述べることで解消することができないほど説得力をもって伝えられねばならない。たとえば，クライエントが，「私をかつごうとしていますね」と言ったら，逆説は解消される。

　ジャクソンは，四六時中，口論している夫婦の事例の中で，口論するのは情緒的関与のしるしであるとリフレーミングし，この明らかな不一致は2人がいかに愛し合っているかを証明しているだけだと伝え，互いの愛情を示すために喧嘩を続けるように勧めた。夫婦がその解釈をひどく馬鹿げていると考えたとしても――あるいは，おそらく2人にとってひどく馬鹿げていたのだろうが――，夫婦は，セラピストにそれが誤りであることを証明しようと始めたのである。その結果，2人は愛し合ってはいないことをただ示すために，口論をやめるという最善策を取り始めた。そして喧嘩をやめる選択をしたとたん，2人は，以前よりずっとうまくやっていけることに気づいたのである（Watzlawick, Beavin, & Jackson, 1967）。

他の事例を挙げると，ジャクソンは，自分が神だと信じて，他の患者や職員から完全に孤立していた髭面の若い男に面接しようとしていた。けれども，男はわざと，ジャクソンから離れて部屋の端に留まり，彼の質問にも意見にも耳を貸さなかった。ジャクソンは，男が自分を神と信じるのは危険だ，なぜなら，それで警戒を解き，身の回りの警戒を怠る可能性があるからだ，と伝えた。それでも，男が危険をいとわないなら，それに従うと伝えた。そうした治療的二重拘束のやりとりの間，男は次第にそわそわし始め，同時に話の成り行きにも興味を示し始めた。ここで彼は，神のように扱われることを選ぶべきなのか，否か。すると，セラピストはひざまずいて病院の鍵を男に差し出し，彼は神なのだから，鍵は必要ないだろうが，もし，彼が正真正銘の神だったら，セラピストよりも鍵を持つほうがふさわしいと言った。男は無表情な顔を崩し，ジャクソンに歩み寄ると，「おい，俺たちのどっちかは狂っている」と言った。

カタルシス　バージニア・サティアは，パロアルトの共同研究者たちよりも感情を重視する点で独特の存在だった。サティアは，システム理論に自我心理学とゲシュタルト理論を結合させた。また，サティアは，問題を抱えた家族は，明確に伝えあう必要があると考えていた。しかし，問題を抱えた家族というのは，感情を率直に伝えること自体が困難である。こうした家族が互いに対する自分の感情を明確にできないと，曖昧な関わり方のルールを持つ傾向がある。そのためサティア（Satir, 1967, 1972; Satir & Baldwin, 1983; Satir, Stachowiak, & Taschman, 1977）のシステム療法に対するアプローチは，家族に感情表現を促し，それによって，感情レベルでの関わりを禁じるルールを変えることに重点を置いている。

患者の課題は，感情を伝える際，非言語による間接的な行動ではなく，思い切ってより直接的に感情を伝えることである。クライエントはまず，自分が話している時によく切り捨てている感情に対する洞察を得る試みをする。他者を責める人は，たいてい他者の感情を切り捨てがちである。一方，他者をなだめる者は，自分自身の感情を切り捨てる。過剰に理屈っぽい者は，話し合われている内容に関する感情を切り捨てる。的外れの話し手は，すべてを切り捨てる。いったん自分が使い慣れたコミュニケーション・パターンに気づくと，次にクライエントは，それまでいつも無視してきた感情を表現することで，より一致した話し手になるよう努力する必要がある。

セラピストは，まず意識化を用いて，クライエントが通常用いる機能不全のコミュニケーション・パターンに気づかせるよう援助する。サティア派のセラピストは，フィードバックと解釈を用いて，言語的，もしくは非言語的なコミュニケーションに含まれる意味に気づかせる助けをする。

クライエントが，自分はより奥深い感情をただ間接的に伝えているということに気づき始めると，セラピストは，もっと直接的に感情を表現するよう励ます。つまり，怒りや羨望といった二次的な感情ではなく，傷つきという一次的感情をクライエントが表出できるよう促すのである。怒りのような二次的感情は家族にとって機能せず，多くの場合，傷つきの表現は，家族がより支持的で配慮に満ちた関わり方のルールを創り出す助けになるの

である。

拮抗条件づけ　ジェイ・ヘイリーは，MRI創立グループの中でも，治療の焦点をパワー（power）に置く点で独自の立場を取る。あらゆるコミュニケーションの背後には，対人関係のパワーに対する葛藤や命令的要素がある。ヘイリーがこの用語を用いる時，"パワー"を獲得した人は，次に起こることをきめる人になることができる。パワーによる方策は，セラピストも含めて人が実社会に影響を与え，支配するための手段であり，その結果，世界をより予測可能にする。

ヘイリーの著名な（かつ物議を醸し出した）著書『イエス・キリストの霊力方略とその他の論考（The Power Tactics of Jesus Christ and Other Essays）』（Haley, 1986）には，ヘイリーが，キリストの霊的メッセージや彼の思想に対してではなく，キリストがどのように民衆をまとめ，対応したかに関心を持ったことが書かれている。キリストは，貧しく弱い民衆の間に信奉者を確立していく仕組みを編み出した最初の指導者であった。キリストの基本的方略は，貧しき者こそ誰よりも力を得るにふさわしい者であることを明示して，彼らを褒めそやしたのである。

キリストは，野獣や空を飛ぶ鳥も用いたという，**降伏戦略**（surrender tactic）に長けていた。たとえば，喧嘩をしている2匹のオオカミのうち，今にも殺されそうな形勢不利なオオカミがふいに首をもたげて，敵に喉笛を露わにすると，敵は手出しができなくなる。その戦略がとられている限り，相手を殺すことができない。敗者は，ただ動きを止め，致命的急所を相手にさらすことで勝者の行動を支配する。キリストは公人として生活する間中，この降伏戦略の効用を説いた。すなわち，拳を振り上げる者を許しながら，もう一方の頬を示せという降伏戦略である。権威者の面前で無力になりながら，つねに勝利し，相手に挫折感を抱かせるのである。

システムにおけるこのパワーの分析が，ヘイリー（Haley, 1976, 1980, 1990）の指示的な問題解決療法を生んだ。彼は，家族システム内で，すばやく上手を取ろうとするのである。ヘイリーの典型的な手続きには，明確化，リフレーミング，そして，拮抗条件づけの曖昧な形として機能する多数の指示があり，この拮抗条件づけでは，以前の病理的な相互作用とは相容れない家族のやりとりが再構築される。

ヘイリー（Haley, 1973）は，有名な催眠療法家のミルトン・エリクソン（Milton Erickson）の業績を広く研究して，2つのタイプの**指示**（directives）を編み出した。**明白な指示**（straight directives）は，セラピストが家族に，指示されたことをしてほしい時に行われる。たとえば，まとまりがなく真面目すぎる家族に，少なくとも2時間，楽しいゲームをする課題を与える。一方，**逆説的指示**（paradoxical directives）は，ドン・ジャクソン（Don Jackson）の理論的基礎にもとづくもので，その目標は，家族がセラピストに対抗するような場合に用いられる。たとえば，"勝者の賭け"では，セラピストは行儀の悪い青年にこの先もずっと行儀が悪いだろうと断言する。つまり，セラピストは，思春期の子どもは自分の行動をコントロールできないという立場をとり，治療的二重拘束をかけるのである。

ヘイリー（Haley, 1984）はまた，**苦行療法**（ordeal therapy）を編み出している。これは，極度に抵抗を示す患者に対して，随伴性マネジメントの行動過程に，システム的なねじりをいれるのである。ここでは，戦略的治療家が，自己変容を望む患者に適切な苦行を課す。この苦行は患者が抱える問題以上に辛いものである。課される苦行の主な要件は，それが症状のもたらす苦痛と同等かそれ以上の苦しみを引き起こすことである。よって，この療法は逆説の変形となる。つまり，治癒は病気よりも辛いのである。

　事例を挙げると，ある30代前半の女性が，習慣的な激しい発汗を伴う極度の不安に悩んでいた。ヘイリーの戦略は，女性が非常に嫌悪する行動をするという契約をとりつけ，それを実行するよりも，むしろ不安をあきらめるというものだった。その契約とは，女性が日中の異常な発汗に不安を感じるなら，深夜の2時に起床して，台所の床を洗いワックスがけをするというものだった。彼女にとって大嫌いな雑用に力を入れることはエネルギーの浪費であるにしても，汗をかかなくなるまで，毎晩，それを繰り返さなくてはならなかった。この方略の成功は，いわば，パラドックスが方略であることに患者が気づかないことにかかっている。ヘイリーのようなセラピストは，患者が治療を中断せずに続けられるような，契約可能な苦行を与えるために限りなく豊かなイメージも養う必要がある。

治療関係

　サティアは，家族に対して積極的かつ指示的であったが，家族システムにおける的確な共感，肯定的関心，純粋性を重視した。セラピストにはより一致して機能的なコミュニケーションを促す雰囲気を生み出すような関わりが求められる。機能的なコミュニケーションでは，どんなことも話し合うことができ，どんな問題も提起でき，妨害するものは何もないという雰囲気が必要である。こうした治療的文脈は，セラピストが家族メンバー1人ひとりと，思いやりのある共感的で一致した態度で関わる時に，もっともうまく達成される。しかし，セラピストは，非指示的であるより，むしろすぐさま家族の中に飛び込み，不一致だったコミュニケーションで切り捨てられてきた感情に気持ちを向けるよう家族を援助する必要がある（サティアの関係性技法の例については，Loeschen, 1997 を参照）。

　これまで述べたように，ヘイリーはコミュニケーションの命令とパワーの側面に注意を向けている。核心的な問いは，他者の行動を誰が支配することになるのかという点であり，それが関係の条件を決定する。なぜなら，誰が主導権を握るかという問題は，どのような人間関係にとっても重大であり，治療関係においても主要な問題だからである。問題のあるシステムでは，人は人間関係の本質を決める責任を回避する。治療システムでは，セラピストが治療関係を決定する責任を持つ必要がある。関わり方のルールは明確である。つまり，セラピストが責任を持ち，主導権を握るのである。

　指示を与えることは，セラピストが，家族内の関わり方やコミュニケーションのルールを変化させる手段である。父親と息子が話している時に，母親が話に割り込み続ければ，戦略的治療家は，母親に割り込みをやめるよう指示することで，パターンを直接，変化させる。また，指示することは，セラピストと家族の関係の強化にも役立つ。なすべきこと

を指示することで，セラピストはその行動に関わりを持つことになり，患者にとって意味のある存在となる。家族が自宅で明白な指示に従おうと，逆説的指示に抵抗しようと，セラピストは，その週を通して家族の生活に留まっているのである。

ミルトン・エリクソンの真面目な弟子であったヘイリー（Haley, 1973）は，治療的関係を統制するため指示的技法と，非指示的技術を活用しようとした。それは，エリクソンが治療した夜尿症夫婦の古典的事例に見事に示されている。エリクソンは，治療を成功させる絶対的要件は，与えられた指示を夫婦が無条件に信頼し，従うことだと伝えた。ついでエリクソンは夜尿症の夫婦に，2週間，毎晩，ベッドに入る前に故意にベッドを濡らすよう指示した。2週間後の日曜日のみ，夫婦はベッドを濡らさず，乾いたベッドで寝る日にすることができた。その翌朝，2人が濡れたベッドを見たら，上掛けを戻し，その時だけ，その後3週間，またベッドを濡らさなくてはならないということであった。2人には話し合いも議論も許されず，あるのはただ沈黙と服従だった。

結果は，夫婦はかなり苦痛を感じながら毎晩ベッドを濡らすこととなった。ところが，2週間後の月曜の朝，2人が起きるとベッドは乾いていたのだった！ 2人は互いにしゃべり始めようとして，沈黙を守るように命令されたのを思い出した。その晩，2人は黙って，乾いたベッドに「潜り込み」，その後3週間，2人は同じ行動を続けた。

この夫婦は自分たちの行動を変える選択をしたのだろうか。それとも，セラピストの禁止命令に従っていたのだろうか。逆説が使われていたのを知っていただろうか。あるいは，セラピストが夫婦の行動に間接的に催眠をかけていたのだろうか。治療をパワーの戦いとみなすヘイリーの見解では，変化のプロセスはさほど重要ではない。重要なのは，誰が戦いに勝利したか，という結果なのである。

実用性

コミュニケーションのパターンは，すべての家族システムが揃った時に，もっとも良く観察され，修正される。けれども，コミュニケーション／戦略療法家は柔軟性があるので，必要ならば，夫婦サブシステムにも，個人サブシステムにも対応する。面接時間は，通常，60分か90分だが，セラピストは，家族メンバーがセラピストの指示に取り組むよう，自宅でも治療が続行されるのを期待する。

コミュニケーションは非言語的行動で伝えられることが多いため，コミュニケーション／戦略療法家は，面接をビデオに録画することが特に初心者の治療訓練にきわめて有効であると考えている。家族療法家全体としても，特にコミュニケーション／戦略療法家は，ビデオ録画法，直接観察法，ワンウエイ・ミラー越しのスーパービジョン技法などを支持する。また，ビデオ録画を活用して，セッションを家族のコミュニケーション・パターンの研究に使うこともできる。

システム療法家にとって，面接料金が時折，厄介な問題になることがある。保険制度の多くは，個人の精神病理の治療に適用されるもので，夫婦や家族の問題には適用されない。そのため，夫婦・家族療法家は，保険金のために，IP（患者とされた者）という見解に

従わざるをえない。また，複数の人間が同時にセラピーを受けるため，面接料金が高くなるのではないかという懸念がある。ともあれ，システム療法家は，通常，面接する対象が家族，夫婦，個人にかかわらず，1回の面接には標準料金を請求する。

構造療法

　サルバドール・ミニューチン（Salvador Minuchin, 1922- ）は，アルゼンチンの田舎町のユダヤ人家庭に育ち，その後，新国家建設の支援のため，世界各地から家族が集結するイスラエルで暮らすうちに，家族の多様性と適応力について学んだ。彼はまた，1960年代初頭に，ニューヨーク市のウィルトウィック教護施設（Wiltwyck School）で非行少年少女の心理療法と研究を行い，家族が精神病理に及ぼすパワーについて学んだ。当初，ミニューチンは，言語的やりとりが明瞭な，精神内界の葛藤に悩みを持つ中産階級の患者のニーズに合わせて発展してきた伝統的な個人精神療法の精神科医として訓練を受けてきていた。ところが，ミニューチンが関わっていたのは，多数の問題を抱える貧困家庭の少年だった。学校の居住環境の中では，伝統的技法で改善が見られても，子どもが家庭に戻ったとたん，またたくまに元の状態に戻ってしまいがちであった。

　ミニューチンらは，心理療法は個人の精神病理理論に立っているというこだわりを捨てて，非行少年に効果のある方法を模索していた。家族療法は1950年代に出現しており，ウィルトウィックのミニューチンらは，その新たな観点を，『スラムの家族（Families of Slams）』（Minuchin et al., 1967）に応用し始めていた。非行を個人の問題として意味づけるよりも，システム的な問題として関わるほうがより役立つことが明らかになった。しかし，ミニューチンらは，家族療法でさえも非行の万能薬ではないことを認めることになった。心理療法は貧困やその他の社会的問題に対して回答を持たないのである（Malcolm, 1978）。

　1965年，ミニューチンは，フィラデルフィア児童相談クリニック（Philadelphia Child Guidance Clinic）の所長に就任し，そこで彼は，より広範な家族に対する構造的家族療法を発展させることができた。彼の**構造療法**（structural therapy）は，ストレスによる状態悪化で緊急入院する率が例外的に高い，糖尿病とぜんそくの子どもに多大な影響を与えた。ミニューチンは，糖尿病やぜんそくは身体的病因の疾病であるので，家族療法で治癒できないことを知っていた。ミニューチン（Minuchin, 1970）は，自分の治療モデルは拒食症に対してもっとも有効であろうと信じていた。なぜならこの摂食障害は完全に情緒的要因によると説明できたからである。家族構造の変化に働きかけることによって，ミニューチンは，それまで個人の精神病理とされた摂食障害の子どもの80％以上を治すことができると主張した。

　構造療法が，この後さらに発展し，洗練されていったのは，ミニューチンがウィルトウィック教護施設からブラウリオ・モンタルボ（Braulio Montalvo）を招き，MRIグループからジェイ・ヘイリーを呼び寄せたころの1970年代であった。この成果は古典的名著

『家族と家族療法 (Families and Family Therapy)』(Minuchin, 1974) にまとめられ，そこには，十分に発展した家族理解と治療の構造的方法が述べられている。1976年，ミニューチンは，所長を辞職し，家族療法家の養成に専念した。彼はニューヨーク市のミニューチン家族センターで養成を続け (Colapinto, 1991)，9冊目の著書である『家族療法の習得：成長と変容の旅 (Mastering Family Therapy: Journeys of Growth and Transformation)』(Minuchin, 1997) を書き上げた。

精神病理の理論

　構造理論は，精神病理の原因よりも，何がそれを維持しているかに関心を持つ。セラピストが症状を持つ患者を診るころには，問題のさまざまな原因は病歴の一部になっている。そうした過去の原因は，実証的に究明されず，また絶対に変えることはできない。変化が可能なのは，精神病理を維持している現時点の要因なのである。その原因が個人の精神内的力動であろうとなかろうと，精神病理を維持しているのはシステムの対人関係の力動である。よって，病理的な精神内的構造を探るよりも，むしろ家族構造に焦点を合わせるべきである。

　病理的な家族システムは，健康な家族システムと対比するともっとも良く理解できる (Minuchin, 1972)。まとまりのある家族は明確な境界があるだろう。夫婦サブシステムは，配偶者のプライバシー保護のため閉じた境界を持つだろう。両親サブシステムは，子どもとの間に明確な境界を持つが，よい養育への道を妨げるほど強固ではない。きょうだいのサブシステムは独自の境界を持ち，ヒエラルキーに従って編成される。結果的に子どもたちは，家族の文化がきめた年齢とジェンダーに合わせて，責任と特権が与えられる。家族メンバーも各人が尊重されるべき境界を持つ個々のサブシステムである。また，核家族を取り巻く境界もまた尊重される。ただし，どの親族が入るかについては，文化的，社会的，経済的要因によって大きく異なる。

　あるサブシステムのさまざまな境界は，誰が，どのようにサブシステムに参加するかを規定するルールである。たとえば，両親のサブシステムの境界は，母親が年長の子どもに，「あなたは弟の親じゃないのよ。弟がマッチで遊んでいたら，お母さんに教えてちょうだい。私が止めるから」という時に，その意味が明確になる。健康な発達には，家族内サブシステムが他のサブシステムから比較的自由であることが必要である。たとえば，きょうだい間で身に着けた仲間と交渉する技能の発達は，両親からの干渉がないことが必要である。明確な境界もしくはルールは，外部から干渉されない状態を維持する助けとなる。

　家族内のやりとりを規定するルールは，通常，あまり明確にされてはいないが，家族全体を，すなわち，家族の構造を形成している。家族がその構造を変化させるには，やりとりの基本となるルールを一部変える必要がある。

　家族**構造**（structure）の主な2つの型は，病理的で，なおかつ変化を必要とするものである。1つめは，**遊離家族**（disengaged family）で，その境界は過剰に硬直している。遊離した家族は，家族成員間の接触がほとんど，あるいはまったく無く，健全な構造，規

律，権威が相対的に欠如している。家族間の結びつきも希薄か，存在しないに等しく，遊離家族の全体の印象は，距離があることである。家族の1人ひとりは，長い間，孤立した軌道で互いに無関係に移動し，家族関係は遊離している。このグループに属する母親は，受身的で動きがとれない傾向が見られる。打ちのめされた感じがあり，自己評価が低く，不当に搾取されていると感じ，多くの場合，心身症的で抑うつ的な症状を発症している。こうした家族の子どもは，反社会的症候群を発症する危険性がある。

　問題のある家族の2つめは，**絡み合いの家族**（enmeshed family）で，その境界は拡散している。絡み合った家族のきわだった特徴は家族メンバーの"堅い結びつき"で，家族の1人が変化しようとすると，即座に，他の家族に補完的な抵抗を引き起こす（Minuchin et al., 1967）。絡み合いは，基本的に家族のサブシステムを機能させる境界の弱体化である。また，核家族と源家族間の境界が十分に維持されていないことによって，姻戚問題が起こりやすい。子どもと親を隔てる境界は，近親姦などの不適切な方法で侵害されることも多々ある。配偶者と両親の役割が十分に分化されていないため，配偶者サブシステムも，両親サブシステムも機能できない。また，個人の境界も尊重されないため，個人のサブシステムも適正な自律とアイデンティティを発達させることができない。たとえば，拒食症の思春期の子どもは，食事するように要求する家族に対し，「いや」と言うことによってのみ，自律を主張できるのかもしれない。

　家族は，変化の要求にたえず直面している開放システムである。こうした要求は，家族の友人の死といったより広範な環境の変化によってもたらされるかもしれない。あるいは，たとえば，赤ん坊の誕生や子どもの青年期といった家族内の発達的変化から生じるかもしれない。健康な家族は，家族の1人ひとりの成長，家族内の個々のサブシステムの成長，そして1ユニットとしての家族の成長による変化の要求などに対応する。一方，機能不全の家族では，変化の要求に病理的な方法で対応する。たとえば，遊離した家族では母親がいっそう抑うつになったり，子どもが行動化するなどである。根本的な問題は家族が成長できず，変化に適応できないことなのであるが，通常は，家族の1人が症状を示し，患者とされた者（IP）となるのである。

治療過程の理論

　家族構造の中に症状が現れ，それが維持されて適応が困難であれば，治療目標は，家族メンバーを病理的でない形で成長させ，関わりが持てるようにするため，家族の構造を再構築することである。家族の構造は相互関係のルールを反映しているため，家族構造を変えることは，関わり方のルールを変えることを意味する。つまり，そうすることが硬直したり，拡散したシステムの境界を正常な境界に変え，遊離したり，絡み合った家族を健康な家族へ変えることになる。

　意識化　ミニューチン（Minuchin, 1974）は，システム理論に独特の意識に関する見解を持っている。すなわち，意識はたんに大脳内で処理されるだけでなく，大脳外での処

理も行われている。個人は，社会的文脈の中で考え，感じ，存在するが，家族の中で個人が体験する出来事は，意識の重要な側面となる。家族の文脈が，より高い発達段階に変化すれば，個人の意識も高まるであろう。たとえば，遊離した家族メンバーは，社会を，極端に硬直した境界により分離された人々と受け取るであろう。人々が相互に関わり，相互に依存し合うと見ることは，家族のルールに反する。ただ，より関わりのある，境界を低くするような家族の文脈に参加することによって，個々人は本来どう関わるのかということに関心を向けるようになる。

　このプロセスでクライエントのすべきことは，比較的簡単である。つまり，家族面接に参加し，人の話によく耳を傾け，セラピストから，望ましいと思える変化について聞かれたら意見を述べ，家族の文脈の中で関係のパターンの変化が起こったことを認めることである。摂食障害の有名な事例において，ミニューチン（Minuchin, 1974）は，心遣いの行き届いた思春期の少女に，部屋のドアを閉めることに反対する家族のルールについて，「もっとプライバシーを守るためにドアを閉めたいか」と尋ねた。少女は，「是非そうしたい」と答えた。そう答えることによって，少女は，構造療法家に対して，この絡み合った家族の中で，個人サブシステムの周りにより明確な境界を作る必要性を強調したのだった。両親が初めて自分たちの寝室を閉めたことも含めて，他の者も自室のドアを閉め始めたことを認めながら，クライエントたちは，より良い境界を持つことが，いかに家族がより良い家族機能に貢献できるかを具体的に理解したのだった。

　構造療法では，セラピストがかなり動くことになる。セラピストは積極的で指示的である。適切な方法でクライエントの行動を方向づけるためには，セラピストが特定の家族を支配する構造とルールを意識していなければならない。セラピストは今ここに注目する。なぜなら，家族のルールは，誰が誰と，どのようにやりとりをかわすかを観察することによりもっとも良く理解されるからである。そしてセラピストは，これらの気づきを，公然と家族と分かち合う。他の側面は，家族の文脈を変えることによってさらによく理解される。例を挙げると，呈示された問題をセラピストがきまってリフレームすることによって，家族は症状は個人の出来事ではなく，システムの出来事であることをより意識できるようになる。

　ミニューチン（Minuchin, 1974, p.1）は，リフレーミングについて，激越うつ病で二度入院したことがあるスミス氏と妻，12歳の息子と義父との初回面接の例を挙げている。

　　ミニューチン：問題は何でしょうか？
　　スミス氏：私の問題だと思います。
　　ミニューチン：それはどうかな。そう決めつけないで……。
　　スミス氏：でも，入院していたのは，私ですから……。
　　ミニューチン：そうですが，だから，あなたの問題かどうか，私にはわかりません。まあ，いいでしょう。じゃ，あなたの問題はなんですか？
　　スミス氏：不安でいらいらして，ずっと気が滅入って……まったくリラックスできないようで。

ミニューチン：自分が問題だと思っているのですか？
スミス氏：ええ，まあ，そうかなと思います。他の誰かのせいかどうかわからないし，ともかく，問題を持っているのは私ですから。
ミニューチン：あなたの考え方を聞かせてもらいましょう。原因が他の誰かだったり，外部の何かだったとしたら，あなたの問題は何でしょうか？
スミス氏：そうですね，すごく驚くでしょうね。
ミニューチン：家族の中で，誰があなたをイライラさせますか？
スミス氏：誰も私をイライラさせたりしていないと思います。
ミニューチン：じゃ，奥さんに聞いてみましょう。いいですか？

　ミニューチンは，個人に焦点づけるのではなく，家族という文脈における1人に注目する。症状がどのようにシステム的な問題になるのか，家族が気づくよう援助する。このような問題のリフレーミングは，家族メンバーが完全な個人志向からシステム的な見方へと意識を高める助けになる。
　リフレーミングは，症状が家族内のホメオスタシスを維持する上で果たす役割を解釈するために活用されることが多い。ミニューチンは，精神病の発症で入院していた娘の両親に，娘が両親と一緒に帰宅すれば，娘はふたたび正気を失うかもしれないという気がかりを伝えた（Malcolm, 1978）。娘が正気を失ったのは，両親の結婚生活を救うためであり，精神病的症状は，悪い娘の脆弱さを示したというよりは，家族が一緒にいられるよう手助けした良い娘の一策と解釈されたのである。リフレーミングは，家族の1人ひとりに，症状が家族機能にいかに不可欠であるかを気づかせることに役立っている。
　セラピストは，家族が自分たちのやりとりを言葉で述べるのではなく，それを**エナクトメント**（enactments：再演）するように励ます。エナクトメントでは，セラピストが，家族に「門限時間について，母親と話し合って決めてください」というような，特定の動きを指示する。より劇的な例では，セラピストが昼食を用意し，面接時，拒食症患者と家族がどのように食事をするかを再演させる。家族にやりとりのパターンを再演させることで，家族メンバーは意識して自身の反応を体験することになる。エナクトメントはまた，セラピストが実際動いている家族メンバーの様子を見ることができ，こうした観察を通してその家族構造に気づくことになる。

　選択　構造療法は，われわれが**社会的解放**（social liberation）と名づけたプロセスを強調する点で，他の療法と比べて独自性がある。社会的解放とはプロセスであり，そこでは，社会システムが健康的な反応をすべくより多くの選択肢がつくられることで変えられていく。システム内の選択肢が多ければ多いほど，個人は自分自身の成長を促す反応を選択する自由が広がる。構造療法家は，家族システムの再構造化を重視し，それによって家族内のサブシステムが，より自由に反応し，より健康なパターンで関わることができるようになる。
　クライエントが病原的ルールからシステムを解放するための関与は，公式，あるいは非

公式な治療参加の契約から始まる。契約には，面接の頻度，面接の参加者，面接期間，最初の治療目標といったルールが含まれる。この他，家族は，部外者であるセラピストを自らの家族システムに加えることを暗黙のうちに選択している。治療が開始されると，クライエントたちはセラピストが勧める別な関わり方を試す勇気が求められる。

　再構築のための面接中の課題や宿題は，家族を拘束してきたルールに反するので，ストレスを生じさせる。しかし，課題に取り組むことによって，家族メンバーは病理ではなく，成長を育む家族内の関わりを促進する新たなルールの創造に積極的に関わることになる。

　構造療法家を，1つの社会的システムを破壊的な関わり方から解放する自由運動の闘士に喩えるのはさほど無理ではないだろう。他の闘士と同様，構造療法家の最初の仕事はシステムを内部から変化させるために，そのシステムに加わることである。しかし，これは容易なことではない。家族システムは部外者を閉め出すように境界を作っているからである。ミニューチンは，家族メンバーとサブシステムに関わりながら家族システムに参入するさまざまな技法を**ジョイニング**（joining）という共通用語で示している。セラピストは，その家族特有の比喩や慣用句を用いて話せるようにならなければならない。また，両親，あるいは子どもの代理と見なされないように，家族サブシステムのすべてに加わる必要がある。両親にジョイニングする際は，セラピストは責任の言葉を用い，きょうだいサブシステムにジョイニングする時は，権利の言葉を用いる。

　システム療法家は，新しい社会システムに参入する人類学者と同じく，初めのうちは，自身をシステムのルールに調節していくことが求められる。もし，家族が4世代にまたがる階層構造であるなら，セラピストは，まず曾祖母に声をかけるであろう。この種の**調節**（accommodation）には，家族構造を計画的に支持することで，家族サブシステムを維持することが含まれる。また，セラピストは，話の意味を明らかにするために質問したり，言い分を認めたり，時にはポイントを強調するよう求めながら，家族のコミュニケーションや行動の文脈をたどって家族に調節していく。もう1つの調節技法は**ミメシス**（mimesis：鏡映的模倣）で，家族の重要なコミュニケーションや行動パターンを模倣，もしくは真似ることである。たとえば，陽気な家族では，セラピストも陽気になり，コミュニケーションのスタイルが制限されている家族では，セラピストの言葉数も少なくなる。

　ひとたびセラピストと家族が一緒になれば，実際に，新たな治療システムが作られたことになる。これは，セラピストがそのシステムのリーダーとなり，より指示的になることによって示される。例を挙げると，セラピストのリフレーミングは，患者とされた1人に焦点づけるのではなく，システムレベルで家族が機能することを伝えている。セラピストは，家族にジョイニングしていく際，強力なサブシステムに締め出されないよう，対決を回避するが，いったんすべてのメンバーが1つにまとまれば，セラピストが，システムのルールやそれまでのパターンにあえて対決し，挑むことが可能になる。

　境界設定（marking boundaries）は，セラピストが家族の再構築のために使う技法の1つである。構造治療家は，良きリーダーのように，心理的な家族の地勢図を作り上げてきており，家族の中で誰が誰に，どのように関わるかを正確に把握している必要がある。それによって，より健康な境界を引き直すための課題を与えられるようになる。たとえば，

母娘が，姉妹のようなやりとりをしていれば，セラピストは，母親に娘の行動を1週間，管理させようとするかもしれない。もし，家族の1人が尊敬されていないことが境界で明らかになれば，構造療法家は残りの家族にその人について考え，発言するよう促すであろう。親としての役目にかかり切りのカップルの周りに明確な境界がなければ，セラピストは，子ども抜きで週末どこかに外出するよう提案するかもしれない。

構造療法家は，宿題を出すことで，家族の治療的なシステムの機能を家庭でも維持させることができる。娘の行動を1週間，管理する宿題をする母親は，家では，以前のような自分と娘の関係を姉妹とみなす関わりのルールではなく，より健康な治療システムに反応していることになる。

面接におけるエナクトメント（再演）の活用は，これまでの関係のパターンに対する意識を高めるだけでなく，セラピストが，"今ここ"での関わり方のパターンを変えることを可能にする。たとえば，セラピストは，通常のコミュニケーション・パターンを中断させる遮断技法を用いることができる。父親とのコミュニケーションが，母親の仲介で妨害されている可能性がある娘であれば，直接，父親に関わることを求められる。もし母親と父親が，子どもを2人の間に座らせて，自分たちの境界を明確にするのをいつも避けているなら，セラピストは，子どもに両親のいずれかと席を替わるように指示して，そうした関わり方を阻止することができる。

セラピストは，機能不全のパターンを指摘するために，家族が実際に行っているやり方を誇張して模倣することもある。思春期の娘を怒鳴り散らす過干渉な母親がいる家族には，セラピストがもっと大声で怒鳴るかもしれない。その場の雰囲気を巧みに操ることによって，母親の関わり方を和らげることができ，その結果，娘がより自律的になるようにすることができる。

この他，セラピストは，症状を利用して変化を促すこともできる。ミニューチンは，家族の表面上の問題が子どもの盗みの例を挙げている。盗みは，両親サブシステムが効果的コントロールをしていないことへの反発と解釈され，セラピストは，子どもに，父親から盗むように指示を与える。この技法は，両親がより適切にコントロールできるような差し迫った状況に症状を移動させる方法である（Minuchin, 1974）。

構造療法家は，家族のやりとりのパターンを調節したり，ジョイニングしたり，承認したり，阻止したり，チャレンジしたりすることを通して，家族を破壊的な関わり方のルールから解放する。家族の再構築を援助する過程で，セラピストは，精神病理を生み出してきた相互作用から家族メンバーを自由にするのである。

治療関係

構造療法家は，独自の関わり方でクライエントに接する。ジョイニングの過程では，的確な共感，温かさ，思いやりが示される。ただし，治療的システムがひとたび確立すれば，セラピストは権威的なリーダーとして関わることになる。セラピストは，心理的政治家のように振る舞い，破壊的構造を助長させてきた社会システムに対抗して，家族1人ひとり

の利益を擁護する。セラピストは，家族の個々のサブシステムの仲間となり，明確で健全な境界内での関わりや，境界を越える関わりを阻む一連のルールを覆していく。

　ジョイニングにもとづく治療関係なしに，セラピストが，からみあい，遊離したやりとりのパターンから家族を解放する手助けをするのは難しいだろう。とは言え，治療関係だけでは，家族システムに構造的な変化をもたらすことはできない。セラピストは，自ら進んでホメオスタシスのあるシステムに挑み，直面し，阻止し，崩壊させなければならない。家族療法家は，不均衡を引き起こす技法を用いることによって初めて，問題のある家族に，より健康な方向に自らを再構築するより大きな自由をもたらすことができるのである。

実用性

　治療の様式は，治療の機能と一致する必要がある。セッションの目標が，家族が空間でどのような構造をとるかを観察することであれば，家族全員が参加する必要がある。室内は，家族メンバーが，自分が最初に座りたいと思った所にどこでも座れるぐらいの大きな融通のきく広さがあることが望ましく，これによって家族のルールが明らかになる。一方，セラピストも，家族を再構成する手段として座席の配置を直せるぐらい柔軟であることが求められる。こうしたクライエントの座席の配置といったさまざまな治療実践は，家族構造を理解し，変化させるプロセスの一部となっている。

　夫婦サブシステムの境界の強化を図るセラピストは，夫婦だけとの面接を1，2回要求するかもしれない。セラピストが多世代家族の再構築を図ろうとするならば，クライエントたちが祖父母についてただ話すのを聞くのではなく，多世代の人々を面接に参加させることが非常に役立つ。

　実践では，構造療法は，子どもや思春期の子がIPとなっている家族にもっとも多く利用されてきた。そうした家族は通常，成人が患者とされる場合に比べて，家族が揃って進んで来談するからである。

　構造療法は，積極的な短期間治療を目的に考案され，家族が再構築されるようなプロセスに働きかける治療である。固定観念にとらわれた状況から家族を解き放つことによって，この再構築化は，システムが未使用の資源を結集し，ストレスへの対処能力を高めるようにすることができる。構造療法家は，家族が本来持っている助力資源を動くようにするために，参加を必要最小限に収めることが求められる。

　構造的介入の結果として，家族はたんに変化するだけでなく，**メタ変化**（metachange）が促進される可能性がある。これは，現行の危機を克服することに加えて，将来の危機に対しても外部からの援助を受けることなく，家族の対処能力が高まることを意味する（Colapinto, 1991）。このような高度な達成は，もちろん望ましいが，それほどではない実用的な達成であっても，十分価値がある。家族は，将来，危機に瀕した際に，援助を求める必要があるかもしれない。しかし，その時の支援面接の見通しは，セラピストが何年も家族と関わるような長期的面接を必要とせず，より実践的で，自然で，かつ経済的なものになる。

ボーエン家族システム療法

　聴衆は専門家の会議で，マレー・ボーエン（Murray Bowen, 1913-1990）が，シンポジウムの一環として理論的研究を提示することを期待していたが，ボーエン（Bowen, 1972）は，その代わりに，自身の源家族を変化させるために用いた"大会を揺さぶる"手続きを提示したのだった。

　ボーエンは，何世代にもわたって南部の小さな町を支配し続けてきた巨大な拡大血縁一族の子孫だった。1967年のシンポジウムで，ボーエンは，近親者たちの支配的な三角関係の中に驚くべき戦略で介入してきた方法を明らかにした。その方法とは，他人が一族の不愉快な噂を振りまいていると書いた手紙を，大勢の親戚に送付するというものだった。彼は，手紙を"おせっかいな兄弟より"とか"戦略家の子孫より"と親しみのこもった署名で結んだのだった。さらに，近々訪問すると告げた後，当地に赴くと，大歓迎を受けながら，予想どおり憤慨する親戚の対応に当たったのだった。一族に与えた影響は劇的なものだった。行き来がなかった親戚関係の多くが復活した。当初，近親者がボーエンに対して抱いていた怒りがひとたび収まると，彼の介入は，一族全体に温かな感情をつくっていった。

　ボーエンの源家族への介入は，それまで20年間にわたってボーエンが開発してきた家族システム療法に端を発している。ボーエンは，第二次世界大戦で軍医として従事した後，カンサス州トピーカのメニンガークリニックで訓練を受けた。初期のシステム療法家がそうであったように，ボーエンも統合失調症の理解と治療にとりわけ熱心であった。統合失調症が，母子間の未解決な共生関係から生じていると理論づけるのは今に始まったことではないが，統合失調症患者の検査と治療の一環として実際の治療場面に母親を参加させるのは，メニンガーのような精神分析センターでは過激的ともいえる改革だった。

　その後，ボーエンの臨床研究は，1954年から1959年までの5年間，ワシントンDC郊外の国立精神衛生研究所（NIMH）における家族研究へと継続された。ボーエンは，まず，統合失調症患者と母親の小グループを病棟に一緒に住まわせることから開始した。患者と母親両方の個人療法を1年間行った後，そこに父親が加わり，個人を集団の中の1人として治療するのではなく，家族を1つの単位として治療するようにした（Bowen, 1978）。

　ボーエンは，従来の個人心理療法を無視した彼の新規の方法に対してNIMHは必ずしも支持的でないと感じて，数マイル離れたジョージタウン大学に移籍し，死ぬまで当地に留まった。そこで，ボーエン（Bowen, 1978）は，**家族システム療法**（family system therapy）として知られる知性に訴える意図的手法を編み出し，そこで，詳細な多世代研究を完成させた。研究対象となった数事例の中には，300年以上に遡る事例も含まれていた。こうした家族研究は，研究者の人生をかけても数事例の研究に留まるとしながらも，ボーエンは，自らの一族が多世代研究におおいに活用できるという独創性に富む判断を示したのである。この研究と，自身の親族への介入により，ボーエン（Bowen, 1978, Kerr

& Bowen, 1988）は，患者とセラピストの両方が，源家族から自身を分化させることの重要性を確信するに至ったのであった。

精神病理の理論

情緒的障害は，個人が源家族から適切に分化できない場合に生じる。**自己分化**（differentiation of self）は，家族の情緒的緊張の中に留まりながら，自らを情緒的にコントロールする能力で，これは，家族内の情緒的な問題を，人がどの程度客観的にとらえられるかを示している。

融合（fusion）とは，自己と家族の分化を妨げる現象で，これには未熟さの2つの側面がある。1つは，客観的思考が情動に圧倒されて取り込まれている時の，感情と思考の融合である。その結果，情緒的な未熟さによる行為を正当化する合理化，もしくは知性化が起こる。もう1つの融合は，共生関係の場合のように，二者以上の関係における境界の欠如や，個性の欠落状態である。

家族の融合は，結果として，"行き詰まった連帯"を特徴とする**未分化の家族自我集塊**（undifferentiated family ego mass）の状態を招き，集塊状の情緒的一体感をつくっていく。家族が恐れや，不安を感じれば感じるほど，いっそう融合の傾向が強まり，個人のストレスや苦しみが強まれば強まるほど，家族融合によって生じる一体感という安心を追い求めることになる。慢性的な悩みは，人を情緒的に不健康にし，家族からの分化を不可能にする。そして，永久に身動きがとれないまま家族の下に留まり，家族もまとわりつく。

夫婦などの二者間の融合は，脆弱な第三者を味方につけることによって緊張を和らげる。その結果，融合によって**三角関係化**（triangulation）が引き起こされる。二者関係は，無神経になったり，イライラしたり，身を引いたりして，必然的に不安定になるため，一方が傷ついたり，拒否されたと感じると，親や子ども，隣人，恋人を自分の味方にして三角関係を作ろうとする。**三角関係**（triangles）は，はるかに安定した関係であり，実際，どのような情緒システムにおいても基本的構成要素である。三角関係は，家族からの分化を困難にする。なぜなら，両親は安定したシステムを維持するために子どもを必要としたり，子どもは他の人から守ってもらうため，親の1人を必要とするからである。葛藤関係の夫婦にもっとも起こりやすい三角関係は，姻戚関係の問題や不倫，子どもの問題を引き起こす。

安定状態にある三角関係は，安心していられる二者と1人の部外者によって構成される。この種の典型的な三角関係は，密着した母子と，受身的で引っ込みがちな父である。この場合，お気に入りの立場は，仲間はずれの部外者ではなく，密着した二者の1人になることである。このため，部外者に緊張が高まると，予想される動きは，もともと二者関係にあった1人を部外者に追いやって，残りの1人と二者関係を形成しようとすることである。よって，三角関係内の焦点は，3人が個々に有利な立場を得ようと画策するのに応じて，長期間にわたって刻一刻と変化する。この場合，父親が子どもに接近しようとすると，母親は仲間はずれにされないよう動揺する傾向がみられる。

三角関係が緊張状態にあると，部外者の立場が好まれる。この安心していられる立場にいる者は，「喧嘩は2人でして，私はほうっておいて」と言えるのである。緊張状態にあって，三角関係内の焦点を入れ替えることができなければ，元の二者関係の2人が，他の都合のいい家族，たとえば，他の子どもと別の三角関係を作るだろう。緊張が過度に高い時には，家族システムはいっそう部外者を巻き込んで三角関係を形成していくことになる。よくある例としては，危機にある家族は，三角関係システムを利用して，家族問題の関与者として，隣人，学校，警察，精神保健の専門家を巻き込んでいく。家族がうまく他者を巻き込むことができれば，より安心していられるホメオスタシス状態に立ち戻って，部外者同士を争わせることになる。

　通常，人は，自己分化によって三角関係を変化させるのではなく，むしろ**情緒的遮断**（emotional cutoff）を利用して源家族との未解決の愛着に対処する。情緒的遮断は，両親の近くに住んでいる場合は問題を否認したり隔離したり，物理的に家出をしたり，あるいはその両方の組み合わせで成り立っている。その遮断の型はどうあれ，人々は情緒的親密さを切望すると同時に嫌悪する。精神内的な遮断の機制を使って，両親の近くに住む生活に耐えられる人は，通常，よりよく機能するが，両親から物理的距離——いわゆる悪名高い"地理的治療"——を取る人は，両親を咎めたり，人間関係においても衝動的に未熟な動きをする傾向がある。問題が自身の結婚生活や核家族に起こると，ここでも同様に問題から逃れようとしがちである。

　三角関係は世代にわたって起こる傾向がある。というのは，親も子も，夫婦の対立に巻き込まれる対象として，もっとも利用されやすく脆弱的な存在だからである。妻が，自分の結婚生活にかなり不満を感じていれば，妻は自分の不安を子どもに投影することで，結婚生活のホメオスタシスもしくは均衡を回復することができる。**家族投影過程**（family projection process）は，子どもの問題に両親を没頭させることによって，両親を1つにまとめる。この投影を受けやすいのは，情緒的にもっとも両親に密着し，もっとも融合している子どもである。そして，こうした子どもこそ，家族のために症状を発症する人となりやすい。また，この子は，適切な自己を分化する機会がほとんどないだろう。なぜなら，家族は，両親の人間関係におけるホメオスタシスの維持のため，その子どもを必要としているからである。心理療法を通じて，その子の融合が解かれ，成長すれば，たとえば次に，両親の結婚が崩壊の危機にさらされるだろう。

　三角関係は，概して世代にわたって生じるため，**多世代伝達過程**（multigenerational transmission process）を通して深刻な精神病理が発現する可能性がある。三角関係化に巻き込まれている子どもは，自己分化のレベルがやや低い家族に現れるかもしれない。その子どもも，同じレベルの分化度の相手と結婚しやすく，さらにその子どもは，さらに低い自己分化レベルになる可能性も考えられる。最終的に多世代を経て，自己分化の過度に低い子どもが現れるので，統合失調症のような深刻な病理が避けられないものになる。精神病理が作られるのは，個人的な過程というより，ほとんどの場合，多世代伝達過程によって発現する。

治療過程の理論

　精神病理は，家族の情緒システムからの不適切な自己分化により生じる。したがって，ボーエン派の治療目標は，自己分化を高めることにある。三角関係は，自己分化を邪魔するため，心理療法の成功は，家族メンバーの脱三角関係化にかかっている。セラピストは，起こりうるすべての家族の三角関係に働きかけるというよりも，家族が連動する三角関係のシステムであるという知識の利点を生かす。1つの三角形に生じた変化は，おそらくすべての三角形に変化を起こすことになるであろう。

　核家族は，1組の男女，つまり夫婦の融合の結果として形成される。したがって，たとえ家族の症状を発現しているのが子どもであったとしても，自己分化を高める必要があるもっとも重要な家族メンバーは夫婦である。ゆえに，ボーエン（Bowen, 1978）は，子どもを治療に参加させることよりも，夫婦のサブシステムに働きかけるほうを選択する。また，ボーエンは，セラピーの成功は，成熟し，分化しようという意欲のあるただ1人の個人との面接で可能であると確信している。最終的には，問題のある三角関係の1人が，自分の感情反応をコントロールし，他の2人に肩入れしなくなった時，残り2人の情動の激しさが低下し，共により高い自己分化へと進んでいく。

　しかし，三角関係化された1人が，情緒的密着の状態にいることができないと，残りの2人は誰かと三角形関係を形成するだろう。つまり，セラピストは，三角関係にあるたった1人のメンバーをより分化させ，脱三角形化することを援助することによって，家族全体のシステムに変化をもたらすことができるのである。

　意識化　　自己分化は，家族の情緒的問題を客観的に考えることを必要とする。クライエントは，より鋭く観察する力をつけることによって，自身と家族についていっそう客観的にとらえることができるようになる。観察力には，情緒的なやりとりを離れ，情緒的距離を置いて事態を理解する能力が含まれ，自動的で自律的な反応をコントロールする。

　家族システムの2人以上のメンバーが面接に参加した場合，個々の患者が取り組むのは，他者が何を伝えているのかを観察することである。観察することによって，クライエントは，情緒的に返答するのではなく，他者が伝えようとしていることをより客観的に認識できるようになる。クライエントが1人の時には，同様の観察力を宿題として使えるようにする。家庭にいる時，家族内の三角関係で個々の果たす役割に注意を払い，それぞれの三角関係に表れる典型的な情緒反応を観察することが課題となる。観察は，客観的な見方を導くだけでなく，家族の問題に巻き込まれすぎて，自身と他者を明確に見ることができない家族メンバーとは異なる独自の見方ができるようになる。

　一方，家族の2人以上が参加した場合，ボーエン派の療法家は，情緒システムを十分に抑えて，クライエントが過度の感情反応を示さずに，客観的に葛藤を処理できるように働きかける。セラピストは，まずは配偶者の1人に，次にもう一方に，積極的にたえず質問を続ける。ついでセラピストは，傾聴しているクライエントに，今，話し合われたばかりのことについて，それぞれの考えや観察を語るよう求める。また，夫婦が互いに直接，話

し合うように勧めることは，結果的に夫婦が客観的でなく情緒的に反応を示すよう働きかけることになる。

またセラピストは，家族システムがどのように機能しているか，していないかを教えようとする。この教育は，クライエントが互いの家族史や，源家族の歴史においてそれぞれが果たしてきた役割に気づくよう助けることから始まる。セラピストは，数世代にわたる家族の関係を示した家系図である**ジェノグラム**（genogram）を作成する。ジェノグラムには，家族成員間の親しい関係や，遮断した関係，葛藤のある関係が描かれる。そして，ジェノグラムは，三角関係を教え，それがいかにクライエントの自律した自己分化を妨げているかを説明するために活用される。

家族システム療法家は，意識の分化レベルを上げるために，解釈よりも観察を重視する。解釈は，家族のやりとりに関する"理由"に向けられる。人がなぜ，そのような行動をとるのかは，直接の観察では明らかにされないし，他者の動機についての解釈は主観的で感情的になりやすい。観察の焦点は，家族関係の中で誰が，何を，いつ，どこでということに向けられ，それらはより客観的で，観察可能な事実である。

選択　患者は，より自律的な方法による対応を選択することによって，家族システムから自身を解放することができる。自律は，"私たち"の位置からではなく，"私"の位置から対応することである。"私"の位置は，家族として"私たち"が事実と思っていることよりも，"私"自身が事実であるとみなしたところから生まれる。家族の考え方とは違う反応をしようと選択するには，多大な勇気が必要である。なぜなら，ボーエン自身，家族とは異なる反応をしようと決めた時に家族の怒りを覚悟したように，家族の拒絶や憤怒を受ける危険に曝されるからである。

自律的な反応を選択することは，源家族に戻って，私的な問題で両親やきょうだいを責めることではない。そうした類の非難は，家族システムに対するたんなるもう1つの情緒反応にすぎず，責められた肉親は第三者を味方につけようとして三角関係をつくるだろう。自律的な対応とは，他者を責めることでも，変えようとすることでもない。

分化しつつある人は，他の家族に価値観や信念を押しつけないで，「これは私の考え，もしくは信じていることです」とか「これは私がしよう，あるいはしないと思っていることです」を伝える"私"の位置を選択する。**対応力のある私**（responsible I）は，自身の体験や快適さに責任を持ち，他者が他者自身の幸せをつくるように情緒的，知的余地を残しておく。適度に分化している人は，他者に見返りを期待せずに，純粋に他者への気遣いができる。しかし，家族の融合が持つ一体感の力は，分化を自分勝手とか敵意と受け取る。

家族とはかなり異なる立場を選択する人は，分化に対して対抗すると考えられる力に情緒的に対応するのではなく，進んで合理的に対応しようとする必要がある。分化に対する家族の反応として予想できる段階は，(1)「あなたは間違っている」，(2)「元に戻れ」，(3)「そうしなければ，責められたり，仲間はずれにされたり，両親やパートナーに迷惑をかけた咎をうけるだろう」などである。

セラピストの仕事は，家族が持つ力に情緒的に対応するのではなく，自律的に対応する

ことである。セラピストは，家族システムに三角関係化されることなく，分化した状態でいることを選択する。また，セラピストは，クライエントがセラピストに罪悪感や，怒り，不安，過度の責任を感じさせてくる試みに，冷静に対応できるぐらい十分に分化している。つまり，セラピストは，"私たち"や"あなた"の位置からではなく，十分に分化した"私"の位置から対応する。

クライエントが，源家族の中で思い切って自律的な対応をする用意がある時，セラピストは，むしろコーチやコンサルタントとして機能する。クライエントの目標は，他者を責めたり，変えたりすることではなく，自己分化であることを明らかにする。目標は，相手との対決に勝つことでも，解釈を強いることでもなく，ただ自己分化を高めることなのである。クライエントは，他者が変わろうが変わるまいが，家族とは異なる対応を選択できることに気づく。そして，異なる対応をすることは，実質的に近親者を解放して変化させることになるが，それは彼らの責任であり，クライエントの責任ではない。セラピストは，優秀なコーチと同様，面接と面接の間にクライエントが源家族と関係の中で進歩していることを確認することになるであろう。

治療関係

ボーエン派の治療関係では，セラピストが何をするかと同じぐらい，セラピストが何をしないかが重要である。有能なセラピストは，自分自身が家族の三角関係化に巻き込まれないようにする。夫婦は，意識的にせよ無意識にせよ，あらゆる種類の画策を駆使してセラピストを三角関係に巻き込んで感情的に反応させようとするが，分化したセラピストは意識的に冷静な対応をしようとする。家族システムに飛び込んで，強い感情転移反応を起こそうとする家族療法家もいるが，ボーエン派のセラピストは，客観的な"私"の位置を保つことで転移反応を防ぐ。セラピストが夫婦との三角関係に加わることで，症状を除去したホメオスタシスを回復させることは可能かもしれないが，それは将来の症状を未然に防ぐ自己分化を確立する助けにはまったくならない。要するに，ボーエン派のセラピストは，三角関係や感情の渦に巻き込もうとする不可避の企てがあっても，自律して責任のある，自己分化した行動モデルとして振る舞うのである。

家族システムのセラピストは，"私"の位置を維持することで，純粋な姿勢で関わり，それによってクライエントは，セラピストとは別の自分の信念と行動の分化を促進することができる。セラピストは，ケアしていることを伝える穏やかでリラックスした関心のある態度で関わり，自己分化というよりも家族の融合を招きやすい無条件の肯定的関心を確立しようとはしない。すなわち，ボーエン派のセラピストは，問題のある家族に何が起こっているかを理解するための共感ではなく，観察力や客観的思考力に依拠して動く。

実用性

ボーエンの家族療法は，家族全員の面接参加を主張する他のシステム療法に比べて，よ

り柔軟性がある。事実，多くの家族メンバーが面接に加われば加わるほど，両親を脱三角関係化するのは難しくなる。両親がそれまで注いでいたエネルギーと感情は，三角関係化されていた1人の子どもから，他の子どもに移動する可能性があるからである。ボーエン（Bowen, 1978; Kerr & Bowen, 1988）自身は，子どもと一緒よりも，夫婦か動機の高い1人の親と関わることを好む。だが，他のボーエン派のセラピストは，実践の一環として家族全員に面接している。推定では，システム療法の約25％が家族全員を対象に，25％が夫婦を対象とし，50％が個人面接となっている（Aylmer, 1978）。

　家族システム療法家は，通常，クライエントと週1回50分から60分面接し，クライエントが，家族機能や家族システムにおける個々の役割を意識できるようになると，面接回数は，隔週や月に一度に変更する。面接の間隔を空けるのは，クライエントが自分の源家族を観察したり，情緒的ではなく自律的に対応するという宿題をするために必要な時間となる。自己分化は長期にわたる，苦痛を伴うプロセスだが，その過程を経てようやく両親の前でも以前より自律した大人になることができる。

　心理療法は，このプロセスを確実に促進させることができる。同時に，クライエントの多くは，自己分化を追求するよりも，症状の軽減を求めている。したがって，治療は多くの場合，クライエントにとって短期間のものになるが，真の成長を達成するには，十分に間隔を置いた数年間の面接が必要となるだろう。

　ボーエンは，他のシステム療法家以上に，心理療法家の**源家族療法**（family of origin therapy）の強力な提唱者であった。セラピストは，クライエント・システムの一体感を持とうとする力による三角関係化を避けなくてはならないため，ボーエン派のセラピストが，自身の源家族と十分に分化するため長期にわたる個人療法を受けることは不可欠である。そうした心理療法が，ボーエンの方法や関連する世代間療法における訓練の中核部分となっている（Lebow, 2005）。

短期システム療法

　システム療法は，理論と実践で，変化のプロセスをもたらす積極的な短期治療法として考案された。この療法は，コミュニケーション・スキルの指導や関係の再構築，力の再配分によって，システムの活用されていない資源を動かし，成長力の向上を改善する。

　システム療法は短期療法の先駆であり，時間制限を重視する今日の心理療法に適合するものである。構造療法家や戦略的療法家は，家族が本来持っている助力資源を起動させるために，最低限の参加を奨励する。コミュニケーション療法は，もともと，統合失調症の家族に関して発展してきたので，通常は1，2年間の長期にわたって継続する。対照的に，MRIの新しい短期療法（Segal, 1991）とヘイリー（Haley, 1976）の問題解決療法は，わずか数週間か数か月の短期間の作業である。

　MRIは，早くからコミュニケーション／戦略療法の短期版を展開し，評価しており，これをMRI短期療法とよんだ（Segal, 1962; Weakland et al., 1974）。この方法はワツラ

ウィックら（Watzlawick, Beavin, & Jackson, 1967）が提起したコミュニケーション理論を基礎としているが，実践面で重要な修正点がいくつかある。短期療法は，10回の面接で特定の問題を解決し，症状を変化させるというモデルで，必ずしもシステム自体を変化させるのではない（Segal, 1991）。ケースの公式化は，システム的な見方にもとづいて行われるが，治療は，1人の個人で行われることが多い。コミュニケーションの変化は，主に家族メンバー間の行動的なやりとりを変化させることによってなされている。短期療法の97事例の追跡調査によれば，平均的な面接回数は7回で，40％の患者が主訴の完全な解消が得られ，32％に顕著な改善が見られ，28％は改善が見られなかったと報告されている（Weakland et al., 1974）。

システム療法の有用性

システム療法の有用性を査定する従来の研究方法論の価値については，いくつかの研究者集団で激しい論争となっている。多くはその実証的な評価を擁護しているが，療法研究の大半はシステム的思考の原理とは対局の論理的実証主義を前提にしていると批判する者もいる。彼らは，システム理論は**直線的でない力動**（nonlinear dynamics），つまり，行動科学者になじみのある直線的因果モデルには影響されない変化を特徴としており，システム理論はむしろカオス理論と複雑性理論によってもっともよく理解されると共に，複雑な人間システム研究にはより洗練された方法となると主張している（Warren, Franklin, & Streeter, 1998）。

直線的でない力動や，**新たな認識論**（new epistemology）（どのように認識するかを研究する認識論）の信奉者によれば，科学的方法の仮定は，下記に示すシステム理論の基礎をなす仮定とは相容れない（Goldenberg & Goldenberg, 2000）。

- 何が現実と変化を構成しているかについて多様な見方が存在する（単一の客観的事実があるというよりは）。
- ほとんどの出来事には多様な原因が関わっている（単純で，直線的な，治療－原因－改善といった連鎖ではなく）。
- システム全体（個人内変化や，厳密さを確保する小さな単位ではなく）が研究の単位となるべきである。
- セラピストは，（直線的因果律にもとづく説明を求めるのではなく）システム的な関係を探究するべきである。

しかしながら，良かれ悪しかれ，この"新たな認識論者"は，自らの指針にしたがって対照群を置いた治療結果研究を発表していないため，ここでは従来の方法で行われた公表調査を検討するのみに留まる。

総体的効果

夫婦や家族療法の一般的な効果に関して，少なくとも20のメタ分析が実施され，公表されている。これらのメタ分析は，システム療法の理論的位置づけというより，家族療法の形式が中心であるが，それでも，ここでは妥当である。

20のメタ分析（Shadish & Baldwin, 2003）の量的研究レヴューから，以下の実証的結論が得られた。

- 夫婦・家族療法は，メタ分析0.65の平均的効果量で，無治療対照群と比較して，確かに効果的である。この数字は，未治療群の34％に比べて，夫婦・家族療法を受けた65％が治療に成功したと解釈される。
- 治療効果は，（終結後の）追跡調査でわずかに減り，効果量0.65から0.52に下降する。プラス効果は残るが，時の経過とともに徐々に減少する。
- 夫婦療法の平均効果（$d=0.84$）は，家族療法の効果に比べてより高い傾向が見られる。この数字は，治療を受けたクライエントの成功率が約69％であるのに対し，未治療群の成功率は30％と解釈される。
- 多様なカップル療法と家族療法を直接比較すると，差は小さく，通常，両者間に有意差はない。例外を挙げるとすれば，サティアの療法とパーソンセンタード療法がやや低く，行動夫婦療法がやや高い（第9章参照）。
- カップル・家族療法と他の治療法との比較では，前者が，個人療法や集団療法といった別の療法と同等か，時には効果が上回ることが一貫して示される。また，個人療法と家族療法の効果は，"今のところ，ひきわけ"であることを示唆している（Shadish et al., 1995, p.348）。

夫婦・家族療法（MFT）に関する治療結果の文献は，比較的多く，きわめて印象的である。総合すると，「……セラピストおよび研究者は，MFTの治療結果研究文献の状況に満足してよいだろう。一般的に，他の心理療法の大部分の分野における治療結果研究と同じか，あるいはそれを上回っており，適度で，臨床的にも有意な効果を示している」（Shadish et al., 1995, p.358）。

特定の障害

心理療法の調査研究が成熟するにつれて，「この心理療法は役に立つか」という一般的な疑問から，より具体的に「この患者やこの障害に一番効果的な心理療法はどれか」という疑問へと徐々に変化している。夫婦・家族療法の治療結果研究もこの経過にならって，全体的効果の調査から，特定の障害に有効であるかという調査に移行しつつある。この節では，アルコール依存，物質乱用，行為障害，統合失調症の4つの障害に関して対照群を置いた治療結果研究を要約する。

アルコール依存　アルコール依存の家族を含む療法について21の比較対照研究がメタ分析によって実施された（Edwards & Steinglass, 1995）。家族療法は，アルコール依存者に治療動機を促すには明らかに有効で，事実，家族が心理療法に参加したというアルコール依存者が治療に入った割合は，4つの研究において，57〜86%で，対照群では0〜31%であった。アルコール依存者がひとたび治療に入れば，家族療法は個人療法よりごくわずかの効果が見られる。

物質乱用　物質乱用の治療において家族療法の有効性を実証してきた報告はいくつかある。15の研究（1,571事例）のメタ分析には，物質乱用向けのカップル・家族療法が含まれている（Stanton & Shadish, 1997）。カップルまたは家族療法を受けたクライエントは，受けなかったクライエントに比べ，物質乱用が有意に顕著に低下する。家族療法は，思春期患者にも成人患者にも有効であり，またメタドン（訳注：物質乱用の治療薬）維持療法と併用すると費用効率が高いことが示された。メタ分析によれば，家族療法は（1）個人療法，（2）ピア集団療法，（3）物質乱用治療のための家族心理教育よりも効果があると示されている。特に思春期の物質乱用者に注目した場合，6研究のうち5つが，個人カウンセリング，もしくは思春期集団療法といった家族を対象としない外来患者の治療形態に比べ，家族療法はより効果があるとされた（Williams & Chang, 2000）。

行為障害　数種の行動療法（第9章を参照）と特定の家族療法は，若者の行為障害（反社会的行動）の治療において有効性を実証してきた。**多システム療法**（multisystemic therapy: MST）は，家族システムと社会生態学的な社会的学習理論にもとづきわめて指示的な，家族を基盤とする介入である（Henggeler & Schoenwald, 2003）。MSTの"多＝multi"は，多数の治療目標，すなわち，思春期の問題に関与している個人システム，家族システム，拡大システムを意味する。個人システム，家族システム，社会システムを多重に査定するには，2か月から4か月の治療期間を要する。708名が参加した11のMST治療結果研究をメタ分析した結果，0.55の平均効果量が示された（Curtis, Ronan, & Borduin, 2004）。治療を進めるにしたがって，MSTの治療を受けた若者と家族は，他の治療を受けた若者と家族の70%以上よりも良く機能していた。興味深いことにMSTは，若者の個人的適応に対してよりも，家族関係に多大な効果（より大きな変化）を示した。

　MSTと機能的家族療法は，他の少年犯罪者プログラムと比較して，経済的な負担がもっとも少ない（Aos & Barnoski, 1998）。この療法は，非行を減少させるには，もっとも費用効率の高い方法である。納税者および犯罪被害者に対する費用の節減は，治療を受けた若者につき，MSTでは13,908ドル，機能的家族療法では21,863ドルであった（Sexton et al., 2003）。

統合失調症　統合失調症の家族治療プログラムは，1つには統合失調症の高い再発率を考慮し，1つには**感情表出**（expressed emotion: EE）による再発の予測が可能である

ことによって，数多くのプログラムが実施されてきている。研究によれば，統合失調症の患者が過度に批判的な，あるいは過剰に関わってくる（つまり，過度な感情表出が示されている時，Roth & Fonagy, 1996）肉親と同居したり，頻繁に接触している場合，再発が起こる可能性が高いことが証明されている。家族療法では，病気を治療するのではなく，機能の向上と再発防止を目標としている。

過去25年間の統合失調症における治療結果データによれば，家族療法の有効性が指摘されている。一連の著者（Huxley, Rendall, & Sederer, 2000）は，統合失調症患者おける70本の比較対照研究を取り上げ，26本が集団療法，18本が家族療法，11本が個人療法の研究であった。また，70本の研究のうち61本は，対照群を含んだ研究で，すべての研究には心理療法のほかに薬物療法が含まれている。補助的心理療法は薬物治療の利点を増進し，精神病性障害における機能を高めている。家族療法は，きわめて前途有望な研究成果が実証された。

数例のメタ分析では，特に統合失調症の家族の治療結果を調べている。1,467名の患者（Pilling et al., 2002）を対象にした18の比較対照試験では，再発削減，再入院の減少，薬物治療の協力改善において家族療法の一貫した効果が示されている。他のメタ分析でも，統合失調症の治療では，薬物治療に家族療法を併せて実施することが，再発率を減らし，患者の快適な暮らしを増進させることが証明されてきた（Barbato & D'Avanzo, 2000; Mari & Streiner, 1994）。家族療法に関する25の臨床試験のメタ分析では（Barbato & D'Avanzo, 2000），治療1年後の再発率の中央値が，家族療法では18%，対照群では44%。治療2年後の再発率は，家族療法で33%，対照群は64%であり，家族療法を治療に組み入れることで，再発率が半減する。社会的機能を査定する完全データを揃えた6つの研究では，家族療法を受けた患者の中等度の改善が示されている。

コミュニケーション／戦略的療法

コミュニケーション（communication）療法家の大半は，これまで自らの治療に関する統制された査定に関わってこなかった。たとえば，サティア（Satir, 1982）は，自らの療法の評価に対して，これまでタイプ，国籍，民族，所得収入，信仰，政治的信念の異なるほぼあらゆる形態の約5,000組の家族を治療してきたと報告している。サティアは，コミュニケーション療法がほとんどの場合クライエントに役立ってきたと信じているが，その有効性について正式な調査はしてこなかったとする。事実，サティアの方法に関して，ほとんど直接評価できる結果がないので，効果量が有意でないという結果になっている（Shadish et al., 1993）。

戦略的（strategic）療法の有用性に関するメタ分析の結果（Shadish et al., 1993; Stanton & Shadish, 1997）によれば，概して有効性が高いとは言えないが，物質乱用者の治療には安定した効果がある。戦略的療法は，統合失調症，不安障害，心身症の治療には成功すると主張するが，その効果については，不明確のままである（Gurman, Kniskern, & Pinsof, 1986; Sandberg et al., 1997）。物質乱用への有効性の立証以外では，その

絶対的効果や相対的効果を決定する十分な成果はない。

逆説的介入は，戦略的療法に限定されないが，これまで研究上の注目を集めてきた。メタ分析（Shoham-Salomon & Rosenthal, 1987）では，12のデータセットにおいて，心理療法の逆説的介入が有効であることを検討している。全体的に，逆説的指示は典型的指示や直接的指示と同様の効果は見られるが，それを上回るものではない。しかしながら，逆説的介入は，治療終結1か月後のより重篤なケースにおいて比較的有効な結果が明らかにされている。現在，議論の余地があるとされるのは，肯定的意味づけあるいは，肯定的リフレーミングが症状処方に比べて多少，効果があるかどうかという問題である。つまり，あるメタ分析（Shoham-Salomon & Rosenthal, 1987）では，リフレーミングは症状処方に比べ有効であるとするが，他のメタ分析（Hampton & Hulgus, 1993）では，症状処方がリフレーミングよりも治療効果があるとされている。

構造療法

1970年代，ミニューチンと共同研究者は，小児の不安定型（インスリン依存型）糖尿病，摂食障害，慢性ぜんそく，心因性腹痛の4疾患に関する一連の臨床調査研究を発表した。そこでは，きわめて印象的な発見が報告されている。たとえば，追跡調査によれば，治療を受けた糖尿病患児の88％が回復した。すなわち，治療後にはアシドーシスのための入院がなくなったり，糖尿病コントロールが正常値に安定するということが起こったのである（Rosman et al., 1978）。他の例では，2～16か月間の治療によって，小児と思春期の拒食症患者の86％が，追跡調査で通常の摂食の型や正常な体重を獲得したことが見出された（Rosman et al., 1978）。

こうした所見は，多くの統制されていない調査研究であったため，評価や信頼を下すのは難しい。通常こうした調査は，その後の調査報告も含めた累積的なものだからである。ある報告では（たとえば，Minuchin et al., 1975），拒食症の画期的な効果が，もっぱら構造療法だけの成果のように感じさせるものもある。他の報告（たとえば，Liebman et al., 1975）では，摂食障害の治療は，構造療法と行動療法の統合であると述べている。随伴性コントロールのプロセスは，拒食症児が唯一病院や自宅で体重を増加させることによってのみ活動の恩恵が得られるという方法で実施された。これも調査研究であるため，結果については，どこまでが構造療法で，どこまでが行動療法によるものか見きわめが難しい。さらにまた，プラセボ対照群や無治療群，代替的な家族療法といった比較対照群がないことが，上記のような関連調査に好結果をもたらしたのかどうかを不透明にしている。

対照群を置いた治療結果研究では，有効性についてより明確で信頼のおける証拠が出されてはいるが，構造療法に関して実施された研究はほんのわずかである（Shadish et al., 1993）。構造療法は，物質乱用，心身症，行為障害の家族治療でこれまで検証されてきた。これらはすべて扱いにくい母集団のため，構造療法は，おそらく有効であると判断されてはいるが（Sandberg et al., 1997; Stanton & Shadish, 1997），それは治療を受けない場合は確実に，そしておそらく個人治療に比べて有効であるだろう。しかしながら，その有効

性は，他の小児期の疾患はもとより，統合失調症，気分障害，不安障害についてもいまだに検証されていない（Shadish & Baldwin, 2003）。

ボーエン家族システム療法

われわれが把握し，そして他の研究者（たとえば，Sandberg et al., 1997; Sahdish & Baldwin, 2003）が把握する限りにおいて，ボーエン派の治療方法に関しては，ランダム化比較治療結果研究は実施されていない。薬物乱用にボーエンのシステム療法を適応した研究が1つあり，これは家族面接と個人面接が併用されている（Stanton & Shadish, 1997を見よ）。他にもいくつか研究が行われているが，統制されていない試験の段階である（Nichols, 2003を参照）。したがって，ボーエン家族システム療法の有効性については，ほとんど検証されていない。

今後の課題

治療結果研究の概説を締めくくるに当たって，統制された研究の大半が家族治療の型について実施されており，個々のシステム療法について行われたものでないことを銘記しなくてはならない。治療の型（面接室の人数）と，治療システム（システムの重視）におけるズレは，研究者をいらだたせ，治療結果研究の解釈を妨げるであろう。治療が効果的なのは，面接を受けるクライエントの人数によるのか，あるいは，家族システムを目標としているからか，あるいは両方の要因なのか，という問題である。ここでふたたび先に述べたことを繰り返しておこう。すなわち，システム療法は多角的で，重複する意味，つまり，治療の型，治療内容／目標，パラダイムシフトがあるという点である。

システム療法に対する批判

精神分析的観点から

ミニューチンの構造療法は，複雑な問題に対して単純な解決策を構築しようとする，精神分析とは別の長期的な試みである。たとえば，あらゆる精神病理は現在の家族の構造化された対人関係により維持されているという仮定は，単純すぎる。より重篤な成人の精神障害者で1人暮らしの境界性パーソナリティ障害の場合はどうだろうか。関係性を再構築するのではなく，関係性を発達させることに援助を必要とする人に構造療法家はどう対処するのだろうか。患者のおよそ4分の3は個人心理療法を受けていることを思い出してほしい（Norcross et al., 2002）。構造療法は，大多数のクライエントに何を提供できるのだろうか。セラピストとクライエントが席順を編成し直す方法は限られている。構造療法家が観察し，構図を描き，個々の患者と共に再配置しようとする構造上の関係とはどのよう

なものなのだろうか。

　この他，患者の家族史や生育歴，内的力動をあっさり度外視するという考え方も，あまりに短絡的すぎる。ただ家族に加わり，行動を開始させる。しかし，家族は，問題がどう発展したかに決して気づかないだろうし，それがどう消滅したかを必ずしも理解しないだろう。明らかなのは，温和な代理の親が家族に加わり，家具の配置を変え，開いたドアと閉まったドアの喩えを用いて明確な境界を示して境界争いを収めたことだけだ。確かに家族を再編成し，おそらく援助することも可能だろうが，家族が次の発達の危機に直面した場合はどうなるのだろうか。家族に対して，問題の原因や治療の洞察力を得させるシステム的な試みはいっさい行われていない。家族が，全能のメンタルヘルス専門家から，さらなる再構築（または再養育）を得るために戻ってこなければならないとしても当然であろう。

行動論的観点から

　ボーエンは，古酒を新しい瓶に注いでいる。古酒というのは，ボーエンの精神分析的な伝統を指し，新しい瓶は多世代家族を指している。重要な概念は，明らかにフロイト派の香りを感じさせる。家族融合からの自己分化は，イドからの自我分化のようである。知性に情動を抑制させるという目的は，自我がイドを抑制させる目的と同じように響く。三角関係は，精神病理の源ともみなされる。つまり，これは，葛藤している母，父，子どもの精神病理への手がかりとしてのエディプスコンプレックス的な葛藤に類似しているように思える。精神分析の理論家の中には，ボーエンを自分たちと同じ精神分析家の1人だと主張するのも無理からぬことである。

　治療においても，ボーエンは精神分析が好むある種の考古学の旅を踏襲する姿勢が見られる。精神分析療法家は，少なくとも患者を誕生時に連れ戻すにすぎないが，ボーエンは，今起こっている問題のさらなる手がかりを求めて前世代に遡って調べようとする。ボーエン派のセラピストは，コミュニケーション／戦略的療法家とは異なり，症状がなくなっても終結にはしない。精神分析家が自律的自我を求めて精神を再構築するように，自律的自己を求めて多世代の関係性を再構築し続ける。

　精神分析家のように，ボーエン派の治療家は源家族から自己分化するという考古学的な旅のような果てしない訓練過程を経ない限り，客観的指導者として機能を果たすことはできない。セラピーで，セラピストが三角関係化（逆転移の行動化）する危険を起こさないために，セラピストは自ら集中的なセラピーを体験する必要があるのである。

　ボーエンは，精神分析とシステム理論という，いずれも科学的研究に確固たる基盤がないことを十分理解せずに，両者の理論的展望を橋渡ししようと試みた。その結果は，統制された実験の厳密な検証を受けていない不安定な構造を露呈した。さらに，この理論が基盤とする理念と実践は，個人なのか，システムなのかについてもあやふやという結果が示された。たとえば，ボーエンは，家族全員を対象とする面接よりも，個人を対象とする面接を好んだことに注目してほしい。カップル面接をする時でさえ，2人のコミュニケーシ

ョンや構造的関係に注目するのではなく，夫婦がセラピストと個々にコミュニケーションを交わすようにしている。

さらに，真のシステム理論家は，自律的自己をいったいどう信じることができるのだろうか。システム理論家は，個々の要素はそれが属する組織化されたシステムに規定され，制御されると仮定する決定論者である。ボーエンの主張は，まるでシステム理論を逆立ちさせているように見える。ボーエンは，個人が，家族全体の合計よりも大きく，強力になれるとわれわれに信じ込ませたいのではないだろうか。

人間性心理学的観点から

コミュニケーション／戦略的療法家は，多くの逆説を提示しすぎている。最初，彼らは，システムがどのように同じ状態を保てるかを基盤とする理論を作りあげた。次に，人々を変化させるにはこの理論が役立つと勧める。全体の概念，階層の概念，ホメオスタシスの概念，フィードバックループの概念といったものは，システムが安定した関係をどのように維持するかを説明するもので，どのように変化するかを説明していない。さらに，この理論は，抵抗をセラピストに予期させ，変化への家族の潜在能力には悲観的にさせる。その結果，家族は，敬意をもって扱われるのではなく，変化のために誤魔化される羽目になる。

逆説的に言えば，抵抗を起こすことは，システムの法則というよりは，セラピストの技術であるかもしれない。いったい誰が，神のように扱われたり，わざとおねしょをしろと言われたり，あるいは，自分の不満が一笑に付されてしまうことに抵抗しないというのだろうか。そんなセラピストであれば，期待どおりの教えられた抵抗を生じさせることもできるだろう。そんな誤魔化しがうまく行けば，セラピストはとても利口ということになるし，誤魔化しが失敗すれば，家族の抵抗が強いということになる。

夫婦・家族システムは，どうしてそれほどに安定していると信じなければならないのだろうか。結婚は空前の比率で崩壊しているというのに。コミュニケーション／戦略的理論は，安定していた1950年代には妥当だったかもしれないが，急激に変化する21世紀にはふさわしくない。今日では，安定ではなく，変化が当たり前である。未来の衝撃には，社会システムにおける過剰な変化と，極度の不安定感による苦悩が含まれている（Toffler, 1970）。治療的混乱が少なければ少ないほど，駆け引きや誤魔化しは少なくなるだろうし，さらに，セラピストの純粋性や支持が増えることによって，今日の家族に必要なより大きな安定が醸成されるであろう。

このような家族の中で個人は重要なのだろうか。それとも，個人はシステムの法則に支配された，心を持たない要素にすぎないのだろうか。システム療法家は，森は見ているが，木を見てはいない。こうした法則の責任を負うのはいったい誰なのか。システムか，それとも，システムの中の個人なのか。そして，法則を変えるのは誰の責任になるのだろうか。ヘイリー（Haley, 1976, 1986）は，この逆説に気づいていたが，残念ながらクライエント側に権限を与える代わりに，セラピスト側に力を明け渡すことで決着を付けてしまった。

権力争いでは，変化のプロセスよりも，結果だけが重視される。となれば，セラピストは争いに勝つのだろうか。こうした気風は，危険なことに目的は手段を正当化するという考え方と紙一重である。しかし，症状処方や二重拘束，苦行療法といった巧みな操作技法を駆使することをどう正当化できるのか。こうした技法は，上質の不条理劇作りには役立つだろうが，今日の問題を抱える個人や夫婦，家族のために人間味のあるシステムを作ることはできない。

文化的観点から

　家族システム療法の"父親"は，まさに男性的バイアスを持った父親である。バージニア・サティアは例外として，家族療法の先駆者たちはもともと1940年代，50年代に精神分析の伝統を受けた白人男性で，心理療法に対しても生来，男性優位の姿勢を持っていた。
　マレー・ボーエンの見方は，フェミニストにとってはおおいに価値あるものだが，彼の"分化"の概念は，分別ある男性の政略である。ボーエンは，自己分化した人を"自律的""自己のための存在""知的"と述べ，一方，自己分化の低い人は，"愛と承認を求め""他者のための存在""同類的"とみなした。ボーエンのシステムの中で価値があるものは，男性が社会化するための特質であり，価値のないものは女性が社会化するための特質であるとした。実際，ソクラテス以来のすべての社会的，哲学的学派に当てはまることだが(Lloyd, 1984)，ボーエンは，行動指針として理性を掲げ，それを男性とその行動に結びつけ，感情を低く評価し，それを女性とその行動に関連づけたのである。
　また，ボーエンは，子どもの問題を説明する際に，父親役割を軽視し，母親役割を過剰に強調するという文化的偏見を繰り返した。そのため，母親は，自身の母親と分離できないという理由から，自分の子どもに"過剰投資する"とした。家族全員が入院しても，父親はケースの説明から省かれる。ジェノグラムの専門家であることは，ジェノグラムに書かれた1人を悪人にしないことを保証するものではない（Luepnitz, 1988）。
　サルバドール・ミニューチンも同じく，母親を通して家族の均衡を崩し，家族を再構築しようとする。母親は過度に巻き込まれた存在であり，母親自身がほとんどの場合，変化を必要としている家族メンバーである。ミニューチンの著書やビデオテープの分析では，彼が，片隅に追いやられた父親たちに最大の敬意を払い，変化へのプレッシャーはあまりかけずに治療していることが示されている（Luepnitz, 1988）。実演のビデオ録画，特に『怪獣のてなづけ方』という題名のビデオを見ると，"適正な"アメリカ家族のステレオタイプ化された母親を彷彿させる。それは肥満し，責任感に圧倒され，外部との活動手段も断たれ，父親が持っている自尊心もない母親である。その挙句，構造療法家は，その母親に，「変わらなくてはいけない」と告げるのだ！　構造的家族療法は，より大きな社会基準の母親非難を繰り返していると言えるだろう。
　コミュニケーション／戦略的方法は，まだ吟味されていない人生を完璧にしようとする。理解より行動をしばしば先行させ，洞察よりパターンの変化が重要だという前提は，必ずしも，女性や他の抑圧された集団には当てはまらない。行動と洞察の二元論は不適切であ

る。なぜなら，女性は心理療法でその両方を求めることが多く，加えて，エンパワメントはある種の気づきをもたらすからである。相互の洞察もないまま，苦行の指示，逆説的介入，さまざまな方策を用いることは，たとえそれが治療的に行われても，社会統制を感じ始めるのではないだろうか。

　ほとんどのシステム理論の根底には，あらゆる階級，文化，民族的差異を超越した健全な家族機能の1つの規範モデルが存在する。多元的社会では，人々が家族形態の多様性も含めて豊かさや強さの多様性を理解する助けをすることは不断の戦いである。ルイスら（Lewis et al., 1976）は，健康な家族について集中的研究をした後，本の題名を『織りなす綾（No Single Thread）』に決めた。本書には，家族機能のあり方はさまざまで単一構造は存在しないことが見出されたと書かれている。それにもかかわらず，多くの家族療法家は，絆の深い夫婦，両親，きょうだいのサブシステムからなる50年代のアメリカの理想的核家族であるオジーとハリエットモデル（訳注：家庭にいる母と働く夫と子どもという伝統的家族モデルのこと）を理論化し続けている。アメリカの国勢調査によれば，働く父親，専業主婦，2人の子どもという固定観念に該当するのは全世帯の5％以下にすぎない。当てはまらないその他大多数の1人親家族や，子どものいない家族，拡大家族，同棲のカップル，同性愛カップルの家族，混合家族，移民家族はどうなるのだろうか。多元的社会では，包括的な理論化と包括的実践が求められている。

統合的観点から

　システム療法は，分別をわきまえた活用範囲内であれば，心理療法家の技法のレパートリーに，きわめて役立つ補強となる。たとえば，戦略的療法家は，抵抗がかなり強い個人や夫婦，家族には有効とされる逆説的介入を編み出している。しかし，クライエントの多くは治療に協力的であり，そうしたクライエントに逆説的な介入をすることは，治療同盟の尊厳を揺るがすものであり，またセラピストのイメージを操作的な支配魔として固定化させるものである。構造療法は，強い抵抗に対処する適切な理論や技法に乏しいが，心因性ストレスや拒食症という危機に瀕した子どもを救おうと決意した家族には役立ちそうに思われる。一方，ボーエン派の療法は，源家族から離れていく過程で問題を感じている青年に対してより効果があるようだ。アルコール依存症と物質乱用者の治療には，ある種のシステム情報にもとづく家族療法が間違いなく必要である。こうした範囲内で，システム療法は変化へのより包括的なアプローチの要素となることが可能である。

　しかし，すべての問題をシステムの問題として説明しようとすると，システム療法は圏外になる。家族の1人が改善すると，他の誰かが悪化するというケースがあるのは事実である。しかし，さらによくあるのは，家族の1人が物質乱用，不安神経症，うつ病，その他の精神病理から回復すると，家族全体のシステムが改善するというケースである。症状代理形成の悪影響が何世代にもわたってセラピストを脅かすように，システム的な立場は，症状が家族間で入れ替わるような患者代理の存在が例外ではなく法則であることをわれわれに信じ込ませようとしている。しかしながら，患者代理が，症状代理形成よりもより頻

繁に起こると示唆する調査研究は皆無なのである。

C家族を対象としたシステム的分析

　6年間，個人療法志向の心理療法家たちは，文脈を度外視してC夫人の治療にあたってきた。C夫人は単独の問題として治療され，家族から引き離されて精神科病院に1年間入院するまでになっていた。精神病理を個人の問題とみなす従来の観念にとらわれたメンタルヘルスの専門家には，C夫人の症状が病理的な家族システムの中でどのように進行し，維持されていたか理解できなかった。

　夫婦サブシステムは，話しかけたり，行動を起したりするC夫人に対して，C氏が反応するという相補的関係を特徴としていた。そして，家族全体は，C夫人の症状に向けて歪められていた。C夫人の潔癖さに対する強迫性は，家族の関わり方のルールを支配していた。C夫人の源家族が，彼女の支配的な父親の方向に歪められていたのは納得の行くことだった。

　C家の家族システムは，病理的にてん綿状態（訳註：情緒が深く，こまやかで離れにくい状態）にあった。あいまいな境界に溢れ，C夫人は，10代の息子の前でも胸をむき出しで走り回っていた。子どもたちには，友達を家に招けるような空間はなかった。夫婦間の境界は，C氏が洗浄の儀式に加わった時に消えた。C氏が朝5時に起床すると，「右腕だ，マーサ，左腕だ，マーサ」と怒鳴り散らした。しかし，この時点で，C夫人だけが患者とみなされたのだった。**二人組精神病**！　家族全員が，金属食器や下着で家中を散らかし放題にし，やがてそれはゴミの山と化していった。それでも，州立病院から厄介払いされようとしたのはC夫人だけだった。**家族精神病**！

　不可解で病的な行動を取ることによってのみ，家族の均衡を唯一回復できるというほど，この家族を脅かしているのは何なのだろうか。家族史からは，ギョウチュウ（蟯虫）やアジア風邪の蔓延，6度目の妊娠の恐怖といった家族の健康システムが脅かされていたことが示唆された。家族が成長できず，この危機がもたらした変化に適応できないのは明白だった。家庭医は清潔さを保つよう洗浄を命じ，C夫人は洗浄に洗浄を重ねた挙句，患者にされてしまった。しかし，他の家族メンバーは成長して家族に課せられた途方もない要求に応えられるようになったのだろうか。たとえば，C氏は，5人の子どもの世話，病い，ギョウチュウの蔓延といった重荷に対応できる完璧な親になれるのだろうか。

　てん綿状態のC家の境界は，過度に浸透しやすい状態で，ギョウチュウやアジア風邪がすでに境界を侵食していたのだった。家族システムが清潔を保つことに没頭しているのは，境界をもっと明確にする必要性を伝えているようであった。C夫人にしても，彼女の父親が彼女の個人的関心事にとらわれていたように，自分も子どもの健康や衛生面の不安に完全に巻き込まれていた。C夫人は，自分の境界を明確にしようと必死になって自分の肌をごしごし磨いた。つまり，彼女にとって肌を磨くことは，個人としての物理的境界を明確にすることだった。

　C家は，一連の強迫的ともいえる関わり方のルールの下に，1つにまとまっていた。家族にはすでに大勢の子どもがいたからだが，このルールのため，近所の子どもが，文字どおり，C家の境界を越えて来るのは禁じられていた。C夫妻の夫婦としての営みは，強迫的なシャワーで保たれていた。また，このシャワーにかかる時間のため，C夫人が子どもと関われる

午前中の時間は限られていた。この他，夫人は自分の関心事も制限して，健康と衛生についてのみ話し，友人や気持ちについてはいっさい触れなかった。

10年間，家族の強迫的な関わり方のルールが，家族のさまざまな境界を除去したり，明確にしたりする働きをしてきた。しかし，年長の子どもが思春期や大人に成長するにつれて，あまりに硬直した，締め付けの強いルールは，自律や親密さ，プライバシーを求める子どもの高まる要求に対応できなくなった。家族は自ら再構築しようとして，C夫人を一家の境界から追い出すと脅かし，夫人は自殺を図ることでそれに応えた。

C家は，家族の中に加わってコミュニケーションと境界を再構築できる，影響力のあるシステム外の人間を確かに必要としていた。必要とあればC夫人の両親も含め，家族全員が面接を必要としていた。セラピストは，まず家族の個々のサブシステムと仲間になり，子どもに対しては，より重要な自律や責任について話すことになるだろう。また，子どもたちが自分の境界内の部屋に友達を招くという目標を伝えられるよう励ますかもしれない。この他，デートや門限，社会で働くルールといった新たな領域の話し合いを開始するだろう。

システム療法家が，新たな治療システムを作るべくひとたび家族に加わると，不均衡を生み出してきた機能不全のルールや構造から家族を解放することに取りかかるだろう。当然のことながら，家族システムの再構築方法に固定したやり方はない。治療中の，一連の固定した関わりのルールでは，ある強迫的な関わりのルールを，他に置き換えるよう逆説を提示することである。セラピストは，家族の病理的な会話や構造に対して，家族メンバーの対応よりも，より自由に柔軟な態度で関わる。もし，家族が，C夫人の問題として決めつけようとするなら，セラピストは強迫的な症状をシステムの表現にリフレーミングできるだろう。洗浄への強迫的なルールは，家族が健康的で一緒にいたいという願望の表れであると肯定的にリフレーミングされよう。症状のリフレーミングは，これまでその症状がどのように家族に仕えてきたかという気づきを家族が深められるよう，認知的不均衡を生じさせるのである。

セラピストは，面接でも家庭でも異なった関わり方をするよう処方することで，強迫的なルールから家族を解放する手助けができる。C夫人が面接で，子どもから物理的に距離を取ろうとしたら，セラピストは幼い子の手を取って，「おいで，皆がママを愛していることがママにわかるように，ママをおもいっきり抱きしめてあげよう」と声を掛けるだろう。セラピストは，皆が健康でいられるように，両親に子どものために一晩，愛情のこもった健康的な食事を夫婦で作る宿題を課すかもしれない。この宿題は，両親の周りにより良い境界を作る助けにもなり，また，子どもたちが，両親の関係が相補的ではなく，平等であることを知ることにも役立つだろう。

C家が再構築に対して頑強に抵抗を示すことになれば，システム療法家は家族を解放するために逆説的な技術を採用できる。たとえば，セラピストは，「午前中2時間，シャワーを浴びなさい」と症状処方することができる。その論理的根拠は，C夫人にとっては，家族のために清潔に保つ気遣いを伝えられる最良の方法の1つになる。加えて，C氏にとっても，午前中のシャワーは妻に気遣いを示せる最良の方法でもある。シャワーは2人が夫婦として協力しあえる一番良い方法なので，医者は，長時間の，くつろいだ温かいシャワーを浴びることを指示したのである。

もちろん，朝の長時間のシャワーの症状処方は，治療的二重拘束でもある。この課題はC夫妻に，課題に従うかどうかという選択を与える。もし，従うことにすれば，自らの症状を実行することを選ぶことになり，症状はもはや統制できないものではなくなる。「自分では

> どうしようもない。私が洗うか，妻が洗うのを監視しなければならない」という悩みはもはや必要なくなるし，従わない選択をすれば，症状を示す行為は実行しないことを自ら選ぶことになる。いずれにしても，C夫妻は，病理的に構築された関わりの方法から徐々に解放されることになるであろう。

将来の方向性

　システム理論は，伝統的に確立された叡智の一部というよりも，選択肢の1つに留まっている。システム理論に結びついた臨床概念と治療戦略は，いまだ主流の一部とは見なされていない。その一方で，システム的な考え方が，精神力動的，人間性心理学的，行動論的，認知論的といった従来の伝統的に確立された大局観に近づきつつある明白な兆候に誰もが気づいている（Coyne & Liddle, 1992）。したがって，システム療法の将来は，拡大する機会に満ちているといえるが，新たな方向への追求が必要となるであろう。

　有望な1つの方向性は，核家族システムの治療範囲を超えて，システム理論は引き続き応用されていくだろう。新たな適応領域の1つは，矛盾しているが，個人の患者で，個人心理療法の文脈内で，精神とシステムの両方を取り扱うことである。セラピストは，家族システムの中で自己を再発見してきた（Snyder & Whisman, 2003）。もう1つの応用は（専門機関誌の題名でもある）家族システム医学で，これは，家庭医学と家族療法が統合されたものである。これまで見てきたように，アルコール依存や薬物依存の家族治療は特に効果的で，認知症の患者や，循環器疾患の患者の家族療法も同じく有効である（Pinsof et al., 1996）。システム理論は，今後も引き続き，組織やコミュニティといったより大きな社会システムに適応されるであろう。

　他の可能な方向性としては，機能不全家族のための合意診断システムの利用である。DSM-IV（APA, 1994）のような伝統的診断体系は，疾患の原因を個人内に位置づけ，関係性の文脈を軽視している。これまで機能不全の関係についての標準的分類理論体系はなく，その結果，システム療法家と患者は，臨床上，法律上，保険上の困難など，多様な問題に阻まれてきた。しかし，DSM-IVの著者らは，関係性機能を査定する詳細な尺度を研究し，DSMの次版に可能な限り含めることに同意している。同様に重要なのは，いくつかの機関が，家族診断の包括的類型を収集することに協力している。カスロウ（Kaslow, 1996）の記念碑的な編著『関係の診断と機能不全家族パターンのハンドブック（Handbook of Relational Diagnosis and Dysfunctional Family Patterns）』は，さまざまな類型論を要約し，臨床的診断の真の相互作用システムのための次の足場を提供している。

　システム療法の内部では，学派主義の決定的な崩壊や，統合に向けての運動が行われている。家族療法家の大規模な調査では，3分の1から2分の1が，理論的オリエンテーションは折衷派と述べている。すなわち，システム療法は一枚岩的ではなく，単一派とはかけ離れている（Jensen et al., 1990; Lebow, 1997; Rait, 1988）。システム療法と心理療法統合の接触の深まりによって，相互に利益がもたらされている。

過去には，システム療法は，運転手が蓮華座にゆったりと座ってオートマティック運転をしている車のようなものであった。家族療法は，ジェンダー関係の規範的概念と家族文化の理想化された概念を基盤としていた。文化的，ジェンダー的差異を誇張したり，あるいはそれを無視したりしながら微妙な偏りをもって実施されてきた（Hare-Mustin, 1987）。けれども，それはもはや過去のことである。将来，システム療法は，ジェンダーに敏感で，文化的な要求にかなう治療を作り上げることであろう（例として，Boyd-Franklin, 2003; McGoldrick et al, 2005 を参照）。

　これまでの歴史を振り返ってみると，家族療法家のほとんどが，心理学，カウンセリング，精神医学，社会福祉といった専門領域で教育を受け，さらに学位取得後の教育プログラムや，夫婦・家族療法のワークショップに参加してきた人たちである。ただ，これに相当する教育は，大学における夫婦・家族プログラム訓練の要件となりつつある。かつて家族療法家としての州の認定が開かれた門戸は，家族療法課程の学位がなければ，専門家として認められなくなってきている。現在，20以上の州で免許もしくは資格が規定されているため，皮肉なことに，各領域の創始者の大半が家族療法家としての資格を得られなくなるであろう。

　こうした変化に対する妥当性については，熱く議論されてきたが，専門職としての家族療法は，心理学や医学，その他の専門職と同様の独占性を持つと思われる。システム療法の技法と理論は，心理学，社会福祉，カウンセリング教育の大学院生が"家族療法家"として公式に認められなくても，それらの領域の標準となるであろう。多くの心理療法システムが青年から大人に成長する際に当てはまることだが，かつては革新的な先駆者であったシステム療法は，訓練と資格認定の観点では，より制度化されてきている。

　システム療法は，その必然的な進化にもかかわらず，複合的システムから個人的力動システムへの変換を拒んでいる。もっぱら個人の内部にのみ注意を向けることは，はなはだ不完全なことなのである。システム療法は，今後も，人間の問題とその解決について説明する新たな概念化の方法を探り，パラダイムシフトを続けていくであろう。

重要用語

調節 accommodation
境界 boundaries
ボーエン派／家族システム療法 Bowenian/family systems therapy
命令 command
コミュニケーション療法 communication therapies
相補的関係 complementary relationship
サイバネティックス cybernetics
自己分化 differentiation of self

指示 directives
遊離家族 disengaged family
二重拘束コミュニケーション double bind communication
情緒的遮断 emotional cutoff
エナクトメント（再演）enactments
絡み合いの家族 enmeshed family
感情表出 expressed emotion（EE）
源家族療法 family of origin therapy
家族投影過程 family projection process

フィードバックループ feedback loops
融合 fusion
一般システム理論 General Systems Theory (GST)
ジェノグラム genogram
階層的組織 hierarchical organization
ホメオスタシス homeostasis
患者とされた者 identified patient (IP)
ジョイニング joining
境界設定 marking boundaries
メタ変化 metachange
メタコミュニケーション metacommunication
ミメシス（鏡映的模倣）mimesis
多世代伝達過程 multigenerational transmission process
多システム療法 Multisystemic Therapy (MST)
新たな認識論 new epistemology
直線的でない力動 nonlinear dynamics
開放システム open systems
苦行療法 ordeal therapy
パラダイムシフト paradigm shift
逆説的指示/技術 paradoxical directives/techniques
パワー power
症状処方 prescribing the symptom
句読点 punctuation
背理法 *reductio ad absurdum*
リフレーミング reframing
リラベリング relabeling
対応力のある私 "responsible I"
関わり方のルール rules of relating
分裂 schism
自動制御装置 servomechanisms
社会的解放 social liberation
明白な指示 straight directives
戦略/戦略的療法 strategy/strategic therapy
構造 structure
構造療法 structural therapy
降伏戦略 surrender tactic
対称的関係 symmetrical relationship
システム system
システム療法 systemic therapy
治療的二重拘束 therapuetic double binds
治療様式/型 therapy modality/format
三角関係/三角関係化 triangles/triangulation
未分化の家族自我集塊 undifferentiated family ego mass

推薦図書

Bowen, M. (1978). *Family therapy in clinical practice*. New York: Jason Aronson.

Gurman, A. S., & Jacobson, N. S. (Eds.). (2003). *Clinical handbook of couple therapy* (3rd ed.). New York: Guilford.

Haley, J. (1976). *Problem-solving therapy: New strategies for effective family therapies*. San Francisco: Jossey-Bass.［佐藤悦子訳（1985）家族療法－問題解決の戦略と実際．川島書店．］

Hoffman, L. (1981). *Foundations of family therapy: A conceptual framework for systems change*. New York: Basic.［亀口憲治訳（1986）システムと進化－家族療法の基礎理論．朝日出版社．］

McGoldrick, M., Giordano, J., & Garcia-Preto, N. (Eds.). (2005). *Ethnicity and family therapy* (3rd ed.). New York: Guilford.

Minuchin, S. (1974). *Families and family therapy*. Cambridge, MA: Harvard University Press.［山根常男監訳（1984）家族と家族療法．誠信書房．］

Satir, V. (1967). *Conjoint family therapy*. Palo Alto, CA: Science and Behavior Books.［鈴木浩二訳（1970）合同家族療法．岩崎学術出版社．］

Sexton, T. L., Weeks, G. R., & Robbins, M. S. (Eds.). (2003). *Handbook of family therapy*. New York: Brunner-Routledge.

Watzlawick, P., Weakland, J. H., & Fisch, R. (1974). *Change: Principles of problem formation and problem resolution*. New York: Norton.［長谷川啓三訳（1992）変化の原理－問題の形成と解決．法政大学出版局．］

JOURNALS: *American Journal of Family Therapy; Contemporary Family Therapy; Family Process; Family Therapy; International Journal of Family Psychiatry; International Journal of Family Therapy; Journal of Family Psychology; Journal of Family Psychotherapy; Journal of Feminist Family Therapy; Journal of Marital and Family Therapy; Journal of Psychotherapy and the Family; Journal of Sex and Marital Therapy; Journal of Systemic Therapies; The Family Journal.*

推薦ウェブサイト

Ackerman Institute for the Family: **www.ackerman.org/**
American Association for Marriage and Family Therapy: **aamft.org**
APA Division of Family Psychology: **www.apa.org/divisions/div43/**
Avanta—The Virginia Satir Network: **www.avanta.net/**
Bowen Center for the Study of the Family:**www.thebowencenter.org/index.html**
Minunchin Center for the Family: **www.minuchincenter.org/**

12 ジェンダーセンシティヴ療法

　ローリーは私の面接室にやってきて，私からできるだけ遠くに座った。彼女は抑うつ的で，怒って，ひきこもっていた。彼女は混乱し，なぜこんな慢性的な状態になったのかわからないと言った。
　ローリーが心理療法を受けにきたのは，夫が別れると脅しているからだった。彼は妻と親密になれなかった。セックスの時も，まるでローリーがそこにいないかのようだった。
　私はローリーに，虐待されていないかを尋ねた。彼女は泣き出して，「なぜわかるんですか。恥ずかしくて，母親にも，牧師にも，親友にも誰にも言ってないんです」と，泣きじゃくった。
　「ローリー，いったい誰をかばってきたの」
　「母です。母は父なしでは今は生きられません。そして，父は別れるといって，私の家族を脅しているんです」
　「お父さんはどうなの」
　「ダメ，私は父を憎みました。憎んでも，私たちは父を頼っていました。父なしでは生きられなかったんです」
　「今はお父さんなしで，生きられる？」
　「もちろんです」と怒ったように叫んだ。「私はここ何年も父に近づいていません」
　「お父さんに何を言いたいですか」
　「私は父を憎んでいると言いたいです。彼がどんなに私を傷つけたのか——どんなに私の人生をメチャクチャにしたのかを知らせてやりたいです。この汚い秘密を明らかにしたい，こそこそする必要はないです」
　ローリーは徐々に，体の緊張が解けてきて，父親や家族から自由になっていった。次の面接では，彼女は私の机の近くの椅子に腰掛けた。

社会・政治的力の概略

　現代の心理療法は，白人男性のイメージの中で作られた。ヨーロッパのもっとも早い時期から，心理療法は男性社会が定義してきた健全な精神状態を強調しており，それに奉仕する多くの人々のニーズを無視してきた。女性がクライエントの大多数を占めていたにもかかわらず，ほとんどの心理療法の研究や実践や訓練は，歴史的に男性によって行われてきた。心理療法の優位性は**男性中心**（androcentric）にあるというのが，最終成果である。

　全国的に広がる女性の心理療法家は，1960年代後半に対話を始めだし，それがフェミニスト療法運動に影響を及ぼし，火を点けることになった。1970年代には，これらの女性たちが協力して，多くのフェミニスト精神保健組織をつくり，そこに女性心理学協会が含まれていた。キャロル・ギリガン（Carol Gilligan, 1982）の『もうひとつの声（In a Different Voice）』は，心理科学における男性中心の見方に論争をしかけ，それをより包括的なフェミニストの用語で再枠組みをした点で，初期に強い影響を与えた仕事であった。彼女の仕事で直接焦点を当てているのは道徳の発達であったが，彼女のより広い関心は，心理学のデザインや行動や解釈における性差別主義による歪みを明らかにすることだった。そのような著書に刺激されて，当時の女性権利運動，国連女性の10年（1976-1986），フェミニスト療法などが，それ以来急速に成長した。

　フェミニズム（feminism）は，フェミニスト療法の哲学的ルーツであり，社会的・経済的・政治的権利を，男女間で平等化する関わりである。あとになって，フェミニストという用語の使用について，混乱と反発があった（Faludi, 1991）。辞書に定義されているように，われわれはそれを記述的に正確に使用するつもりである。フェミニストとは，女性が政治的・経済的・社会的権利を男性と平等に持つべきであるという原則を信じ，擁護する人である。

　フェミニスト療法（feminist therapy）は，2つの確信にもとづいている。1つは，女性が抑圧された人々の特徴を多く共有していること，もう1つは，女性が平等の権利と平等の声を否定されてきたことである。健全な個人になる鍵は，女性の自己概念や，男性とのより平等な力のバランスの確立に，男性優位な社会の否定的な影響が及んでいると認識することにかかっている。ギリガンの用語（Gilligan, 1982, p.xxvi）の中に，「目標は，女性の声を心理学理論の中に持ち込むことであり，男女間の会話を再枠組みすることである」とある。

　誰一人として，フェミニスト療法の創造や発展に責任を持ってはいない。その代わり，これは協働的な努力であって，何百人ではなく何十人もの臨床家，権利擁護者，理論家が関わる仕事である。フェミニスト療法は，自律的個人の成長を促進するのと反対に，協働の一番よい意味からも，相互依存的な協働というフェミニストの伝統からも，確かにグループとしての努力である。

　われわれはこの章で，男性のための心理療法を短く探索しながら，主要なジェンダーの

取り扱いに慎重な（sensitive）代替療法として，フェミニスト療法を細かく調べていく。

パーソナリティ理論

　フェミニスト心理療法は，逆説的ではあるが心理学ではなく，1960年代から70年代の女性運動の哲学にそのルーツを持つ。したがって，人格に関する一致した理論を持っていない。しかし，フェミニスト理論に共通する明確な強調点は，次のような主張である。すなわち，人のアイデンティティは，ジェンダー役割やジェンダーにもとづく差別といった有力な環境的圧力によって，深く影響を受けている。
　ジェンダーは，認知構造や行動パターンに影響を及ぼす。ナンシー・チョドロー（Nancy Chodorow, 1989）によれば，ジェンダー間の心理学的相違は，子どもがまず女性に育てられるという事実によると提案してきた。少女のアイデンティティは，母親との関係の中で，連続性の感覚にもとづいて作られる。少女は，母親から送られる人格のメッセージを内在化させ，それを自分自身の行動目録に合わせようと試みる。これと対照的に，少年は母親との関係の中で，非連続性を通してアイデンティティを形成する。少年は母親との同一化を断念することを学び，父親との関係性を通して男性性を獲得する。母親は，娘とより強く結びつき，息子から離れ，その結果少女と少年との間に"心理的能力の分割"が生じると，チョドロー（Chodorow, 1978）は主張する。なぜなら，少女は母親から友好的であることと養育されることを学び，母性へ動機づけられて成長する。しかし，少年は母親を見習うことを積極的に避け，養育されようとしない。少年は年上の男性役割モデルが持つ，攻撃的でパワー探求的な本性をたいていは見本にする。
　パワーの不平等とジェンダー役割期待は，子どもがこの世に誕生した時から，認知構造を形作る。子どもは誕生の時から，ジェンダー役割期待というメッセージでつねに攻め立てられる。例証的な研究（Smith & Lloyd, 1978）で考えてみよう。第1子を持つ母親は，ジェンダーに適した服装，あるいはジェンダーと反対の服装をした生後6か月の子どもと会わされて，10分間遊ぶように教示された。結果は，女の子の服装をした子どもだけが，最初に一緒に遊ぶ人形を渡されたが，一方で少年の服装をした子どもは，最初にハンマーかガラガラを渡された。男の子の服装をした子どもは，女の子よりもっと活発にからだを動かすように励まされた。
　少女はたいていはやさしく細やかで従順なことを期待され，一方で少年は強く頑健で勇敢なことを期待される。少女は，男性にとって魅力的になるよう社会化され，男性は，女性を消費の対象として見るよう社会化されている（Luepnitz, 1988）。ジェンダー政治学は，アメリカ社会という織物に深く縫い付けられており，心理・社会学的発達段階を通して，自分自身をどう見るかに深く影響されている（Meth & Pasick, 1992, p.5）。ジェンダー役割期待は，大人の人格に深く染み込んでいる。

精神病理の理論

　心理的な苦悩の多くは，環境的に引き出されたり，**文化的に決定される**（culturally determined）。社会構造が非常に硬直化しているため，人々に成長が認められない時や，男女間にパワーの不平等があるために人々の関係が不均衡な時に，病理的なことが起こる。苦悩は，たんに精神内界で起こる葛藤の結果だけでなく，より多くの場合は社会・政治的要因の結果と考えられる。実際，**精神病理学**（psychopathology）という用語は，一般的に精神内界という視点を彷彿とさせるため，フェミニストの文献の中では用いられない。むしろ，**苦悩**（distress）や**痛み**（pain）あるいは**問題**（problem）という用語が好まれる。

　精神病理学でいうところの正常や同一化の定義は，しばしば1つの男性中心のバイアスを反映している。精神障害に関する有力な分類は米国精神医学会のDSM-IV（1994）であるが，そこには実際の症状のクラスターが書かれているが，それは会員（75%の男性）優位な態度を表しており，自律とコントロールという典型的な男性の行動を過大に評価している（Nikelly, 1996）。依存的性格，自滅的性格，受動-攻撃的性格などは，DSM-IVの中では女性優位な精神障害として，また女性が容易には逃れられない不利な地位や搾取的な状況から起こる，対処できない行動として提示されている。しかし，DSM-IVでは，誇張された男性の特徴は病理的とは考えない。妄想優位性パーソナリティ障害，貪欲なパーソナリティ障害，マッチョなパーソナリティ障害はどこに入るのだろうか。

　ジェンダーの社会化（gender socialization）は，苦悩の発生だけでなく苦悩の表現をも形作る。さまざまな行動障害の発生率は，性によって異なる（Robins et al., 1984）。女性は苦悩を内在化させ，男性は外在化させる傾向にあり，性役割のステレオタイプと一致して，男性はアルコールや薬物の乱用や反社会的パーソナリティ障害など，苦悩を外在化させる障害の生涯にわたる発生率が女性より高い。一方，女性は感情的，恐怖症的，強迫性障害やパニック障害など，大きくいえば内在化された問題の発生率がより高い。

　相互関連のある社会・政治的要因の多くは，行動上の苦悩という形の危険に女性を置く。短い不完全なリストには，性役割のステレオタイプ化，ジェンダー役割期待，役割に伴う緊張と葛藤，性的トラウマ，ジェンダー関連の経済などが書かれている。われわれは，これらを短く検討してみよう。

　より大きな文化からのメッセージは，メディア（テレビ，雑誌，映画など），学校を基盤にした性差別主義，宗教的な組織，性差別主義者の言語を通して，日常的に書き換えられている。これらのメディアは，ジェンダーの不平等，ステレオタイプ化された性役割行動，否定的な自己価値などのメッセージを，若い子どもたちにしみ込ませている。教科書はふつう，少女を受動的で怖がりに，少年を冒険心に富み勇敢に描いている。カリキュラム選択では，しばしば少女は人文科学や家政学のコースを，少年は数学や科学のコースを取るように奨励される。教師は少女の失敗を能力が足りないせいにし，少年は努力が足りないせいにする（Worell & Remer, 1992）。

このような社会的メッセージは，**内在化された抑圧**（internalized oppression）の要因になる。外的メッセージは，われわれがどのように考えたり感じたりするかの一部分となる。少女は，いわゆる"少年のおもちゃ"とされるトラックや汽車で遊ぶと叱られ，少女の自己価値は可愛くて礼儀正しいことと教えられる。少女はめったに，自律心やスキルを要求される活動をしなさいとは言われず，"着せ替え（dress up）"と"おままごと（house）"で遊ぶように言われる。一方，少年はお医者さんや警官遊びをするように言われる。人生の早期に少女は，より大きな社会が期待することを確認し始め，自分自身や自分の本当の欲求を価値下げし始める。ある研究者（Seidenberg, 1970, p.134）は，次のように強調している。「女性は誰ひとりとして，女性的でないとよばれることを犠牲にして，名声を得たり何かを達成する喜びに浴したりしようとは思わないだろう。このようなベルトより下を殴る反則（訳注：性的なゾーンへの攻撃）をすれば，多くの女性は絶望に陥る」。

　ジェンダー役割期待は，しばしば誤った自己感覚を生み出す。女性は，社会が規定する"ジェンダー・ルール"を受け入れざるを得ない。女性は，淑女で，決して汗をかかず，叩かず，怒らないと期待されている。女性は男性を喜ばす努力をすべきで，何よりも男性を攻撃したり負かしたりしてはならない。このようなジェンダー役割期待やダブル・スタンダードは，攻撃的なふるまいの中でとらえられる。あなたは主張的な男性を何というだろう，成功者？　あなたは主張的な女性を何というだろう，あばずれ？

　これらのルールを疑問なく受け入れることは，もし女性に選択のチャンスが与えられても，選択をしないという役割を取るだろう。誤った不満足な人生を何年も過ごした後に，女性の怒りと恨みの貯水池ができ上がり，しばしば自滅的な行動を通して表現される。

　どこにでも存在する性役割ステレオタイプは，すべての人間の可能性を制限する。人はジェンダー役割期待に従うことを強いられる時，自分のジェンダー境界の外にあるスキルに到達すること――あるいは獲得する努力さえ――失敗するだろう。個人，特に女性で，伝統的な性役割志向性を受け入れる人は，伝統的な女性役割や期待に強く執着していない人よりも，抑うつや不安の出現が高く，低い自尊感情や社会的ひきこもりが多い（Worell & Remer, 1992）。

　Ms.A は，超フェミニンで，いわゆる男性的な特徴をまったく持たない格好で治療にやってきた（Lerner, 1986）。彼女は"おてんば娘"の時代を体験せず，全人生を通して攻撃的な遊びは避けてきた。彼女は家庭的で女性的なモデルのようだった。最近，ボーイフレンドやフェミニストグループから，もっと自由になるように圧力をかけられて，ほんの少し服装を変えてみようと，ジーンズを着たりして男性的な面を出そうとしたが，離人感と非現実感が始まった。心理療法を通じて，Ms.A は，男性に属するものとはまったく異なる，女性にだけ属する行動に厳密に合わせて性的アイデンティティを維持しているのが明確になった。

　女性の苦悩はまた，変化する役割に対する社会の反対によって作られるストレスから生まれる。女性が新しい役割に入っていくと，彼女たちは自己や自立の感覚をより発達させるが，社会はこの変化を嫌い，彼女たちの成功を妨げる。新しい仕事の役割に就いた女性は，しばしば貧しい子どものケアに関する選択に直面したり，育児や家事の責任を平等に

果たすことに不本意なパートナーや，柔軟なシフトや仕事を共有するポジションを作りたがらない雇用主の抵抗にあったりする。伝統的な家事役割と仕事をバランスよく行う挑戦が，多くの女性たちを役割過重と役割緊張に導く。

役割緊張（role strain）は，異なる役割から来る葛藤的な要求を含んでいる。たとえば，ある女性は昼間働いて家に帰り，夕方家族のケアをして，それから夜に学校に通っている。彼女は4つの明確な役割（労働者，母親，妻，学生）をこなし，そしてこのすべての役割を適切にやり遂げなければならないという緊張は想像を絶する。

役割葛藤（role conflict）は，良い母親であることに関わる要因が，学生という要因と葛藤を起こし始めるなど，それぞれの役割が衝突を起こすことを意味する。1つの役割の持つプレッシャーが引き継がれ，個人に他の役割への義務を果たさせないようにし始めるだろう。デイケアに子どもを"見捨てる"ということをめぐって葛藤があると，多くの女性は良い母親と良い労働者の間の選択を強制されたと感じる。この罪悪感に火を点けるのは，社会が女性に適切な育児の実践をするようにと送りつけるメッセージと関連がある。

母親非難（mother blaming）あるいは母親バッシングは，子どものすべての問題に母親の責任があるように描き出している。心理学は，母親のために"受容できる"，あるいは褒めるに値する行動の概念を含んでいない（Caplan, 1989）。もし，家族が温かく愛すべき状態に見えるとしたら，家族は"絡み合っていて"，それはいつも母親の過ちであると考えられる。母親や父親を描く時，そこにはダブルスタンダードがある。母親はどのような状態かによって描かれ，父親は何をするかで描かれる。もし，両親が同じやり方で行動する場合，母親の行動は"冷たい"と描かれ，父親は"それでよい"となる。

性的トラウマは，主に女性の精神病理のせいにされる。子ども時代あるいは大人になってから，性的な暴力を受けた女性は，受けていない人と異なる目で世界を見る。彼女たちはしばしば，疎外感を感じ，他人との調和を乱していて，心理的距離などを感じている（Walker, 1990）。女性に対する暴力は，酷いことに一般的で，その破壊的な結末が，その人の残りの人生に出没して悩ます。アメリカ女性の4分の1近くが，子ども時代になんらかの性的虐待を体験しているだろう。子ども時代の性的虐待の歴史が，大人になってからの摂食障害，物質乱用，心的外傷後ストレス障害，さまざまな解離性障害に現れる。

性的トラウマを体験した女性は，二度も被害をこうむる――一度目は行為の間に，そして二度目は社会や法律によってである。レイプの60%は知り合いによるが（Worell & Remer, 1992），この犯罪に関わった男性はしばしば野放しである。レイプに対する女性への非難は，暴力を否認し犯罪の本質をトラウマ化するやり方である。女性が社会のルール（いつでも自分で身の安全を守るというルール）を破ったと暗示することで，レイプに対する責任を女性に負わせることは，女性がその行為を報告したり，ルール違反の時に生じる怒りや喪失の感情を体験したりすることを妨げる。レイプ被害者の30%しか報告していないし，加害者の20%しか有罪にならない。その代わり，被害者が罪を感じさせられ，抑えられた怒りが病理的な症状になって現れる。

フェミニスト・セラピストは，家庭戦争のトラウマを認知したパイオニアである――性的虐待，ドメスティック・バイオレンス，小児期の虐待，職場でのハラスメントなど，女

性はそれらからのサバイバー（生還者）と認知した（Brown, 2005）。事実，事件特有の結果である対人間のトラウマに対して名前を創り出した――その1つがバタードウイメン症候群（Walker, 1979）である。

女性の低い経済状態が，さらに苦悩を作り上げ持続させている。女性は，低い賃金，低い地位，性役割的仕事（雑用）の一群に据え置かれ続けている（Worell & Remer, 1992）。女性であることで，明らかな経済的不利がある。**貧困の女性化**（feminization of poverty）は含蓄のある言葉である。すなわち，独身女性や離婚した女性およびその子どもたちは，特に米国において，貧困層の増大し続ける部分を構成している現実をとらえているからである（Goldberg & Kremen, 1990）。労働賃金や家での子どもの養育におけるジェンダー格差は，女性を経済的に弱い立場に置き，そのためより無力で苦悩の多い状態に置くように企てられている。

家父長制の結果として，女性はだいたいは男性より少額で，ふつう収入レベルで男性より低く置かれている。平均的な女性労働者は，男性の労働者と同様の教育を受けていて（教育歴の平均は12.6年），両者ともフルタイムで勤めていても，男性が1ドル稼ぐのに女性は76セントしか貰えない（米国労働省統計，2001）。給料における格差は，女性が仕事を中断した時にさらに悪化する（Rose & Hartmann, 2004）。女性は事務職の85％を占めているが，マネジャーや管理職はたったの40％である（米国労働省統計，1997）。社会は，男女間の給料や権力の違いで証明されるように，労働現場では男性に価値を置き続けている。お金はメンタルヘルスを保障しないが，人生の精神的緊張を緩和する作用をもつ。

一般的に，職場は女性にとって厳しい場である。働く女性の40～90％が，定義によるセクハラを受けた経験がある（Worell & Remer, 1992）。男性優位社会におけるハラスメントやハラスメントの受容は，女性を無力で低い自己評価のままにしておく。これは，女性を性的対象物であるとみることを強化し，女性が知的で貢献できる人物であるという考えを否定する。

キャリアを持つ多くの女性は，子どもを持つかどうかの選択に悩む。会社は，いわゆる"母親への道"を指定し，昇進も重要な任務も突然消失し始める（Paludi, 1992）。また，転勤や昇進を妨げることは，**ガラスの天井**（glass ceiling：昇進の障壁）である――企業の階段を昇ろうとする時，女性やマイノリティが直面するとらえがたい障害である。女性はヒエラルキーの頂点を目指すことができ，忍耐と粘り強さをもって頂点を極められるといわれても，めったにそうしない。ガラスの天井は，女性がトップマネジャーの地位につくことを阻んでいる。一握りの女性しか，フォーチュン誌のトップ500企業のCEOになれないし，企業の管理職の女性は15％だけである。

このような集団状況下で，女性が生活していく上での問題は，必ずしも精神病理の問題とは言えない。むしろ，それらの問題は，しばしば抑圧的な状況を生き抜くための合理的で創造的な試みというべきである。抵抗は回復力の証であろう。女性たちの抑圧的な状況を正しく理解しないままに，セラピストが女性の問題を，間違って彼女らの病理的な傾向のせいにすることは，**基本的帰属エラー**（fundamental attribution error）に関わることである（他人の行動はその人の傾向のせいにしながら，自分自身の行動は状況のせいにす

る風潮は間違いである)。

　どんな苦悩であれ，原因が発見される時にのみ回復が可能になる。フェミニストの視点から，機能不全の行動の原因は，主にジェンダーに関係しており，遺伝子や染色体の問題ではなく，ジェンダーの社会化，プロセス，期待，差別に基本的に関係する。このように正しい行動はしばしば，本質において情報的で政治的である。

治療過程の理論

　フェミニスト療法における治療過程は，エンパワメントと平等な治療関係の文脈の中で，気づき（意識覚醒，意識化），決定（選択），行動（社会的自由）という一連の流れである。

　意識覚醒　意識覚醒（意識化）はフェミニスト療法の核心的部分である。何よりも大切な目標は，クライエントがフェミニスト意識を発達させ（Brown, 1994），人の悩みは，個人的な欠陥から生じるのでなく，文化の中で優位グループでない地位にいるため，つねに脱価値化され，排除され，沈黙させられてきたやり方から生じており，この気づきを発展させることである。まず女性は，男性優位な文化における抑圧的な親指（訳注：男性性器の象徴）から逃れるために，これらの価値や期待が女性の人生に与えてきた否定的な衝撃を，現実として見なければならない。社会・政治的さらに対人間的な力が，いかに女性の行動に影響を与えてきたかを理解することが重要である。両性ともジェンダー役割期待に従うが，女性がもし役割期待を黙認することを拒否すると，しばしばより厳しい罰を受けることになる（Hyde, 1991）。

　女性が社会的に受容されると教えられてきたことと，女性にとって事実健全なこととは，徐々に区別されるようになるだろう。多くの女性は，"よい女の子"――素直で従順――になるよう育てられるが，のちにそのような受動的なスタイルは，行動上の欠陥や情緒的苦悩の一因になることを学ぶ。たとえば，対人間関係的に主張的でなく，受動的であれと教えられた女性は，主張的な女性より，うつ病，摂食障害，性的葛藤を経験しやすい（McGrath et al., 1990）。

　意識覚醒は，隠された行動目標を明らかにする助けになる。女性は自分が望んでいるのでなく，社会が女性にあるやり方で行動するように期待するため，しばしば女性はものごとを行うのだと悟るようになる。女性が満たされていないと感じる理由は，自分のために何か行うことはめったになく，誰か他人の期待に応じて行動していると悟った時，外的な状況と心理的な問題との結びつきがしばしば表面化してくる。

　Ms.Jの事例で考えてみよう。彼女は30歳の女性で，経済的に成功した夫と結婚し，幼い娘の母親である（Lerner, 1988）。彼女は抑うつを訴えて治療にやってきて，私の人生は「行くところがない」と述べていた。Ms.Jは夫のことを，反復的に家族と距離を置いたり支配したりする"輝ける仕事中毒"者と説明した。彼は娘が幼稚園に入るまで，妻が仕事に出るのを"許す"ことはなかった。クライエントは今の仕事に飽きて満たされず，

表12-1　女性との治療のガイドライン

1．治療行為は，ジェンダーに規定された役割にもとづく制限から自由であるべきで，クライエントと臨床家との間で探索された選択は，性役割ステレオタイプから自由である。
2．心理臨床家は，社会にある性差別的実践の現実，多様性，その意味などを認識すべきであり，そのような実践治療についての選択を精査するように，クライエントを励ますべきである。
3．セラピストは，クライエントのジェンダーに規定されたアイデンティティから来る，性役割，性差別主義，個人差などに関する最近の実証的知見を知っておくべきである。
4．セラピストによって使われる理論的概念は，性的バイアスや性役割ステレオタイプから自由であるべきである。
5．心理臨床家は，女性の受容に関して男性と同じように，品位を傷つけるラベルでなく，言語によって表明すべきである。
6．心理臨床家は，問題を状況的あるいは文化的な要因に帰すことができる場合，クライエントの中にある個人的問題を，その原因に据えることを避けるべきである。
7．心理臨床家および十分に情報を提供されたクライエントは，治療形態，時間的要因，料金の取り決めなど，治療関係について互恵的に同意を交わす。
8．クライエントの家族へ正確な情報を伝える重要性は認めるにしても，診断や予後や経過についてのコミュニケーションの特権は，結局のところクライエントにあってセラピストにはない。
9．もし，技法として権威主義的なプロセスが採られるとしても，治療においては，女性のステレオタイプな依存性を維持したり強化したりする効果を持たせるべきではない。
10．クライエントの主張的な行動は尊敬されるべきである。
11．女性クライエントが，身体的虐待やレイプのような暴力に服従させられているなら，クライエントが犯罪の犠牲者であることを，心理療法家は認めて，それを認めたと言ってあげるべきである。
12．心理療法家は，女性のクライエントのセクシャリティ探索を認め，それを励まし，自分自身の性的嗜好性を決定する権利を認めるべきである。
13．心理臨床家は，女性クライエントと性的関係を結ぶべきではなく，クライエントを性的対象として扱うべきではない。

出典：女性との治療のガイドライン，1978, American Psychologist, 33, pp.1122-1123.

大学院に戻るのを望んでいたが，彼女の有能さや夫を除外して彼女が何かに関わることを夫は，決して我慢できないだろうと恐れていた。文化の強制と型どおりの結婚の補完物としての立場を保ちながら，クライエントは夫を支え調和を保つために，自分自身の野心を脇において義務的に低い機能レベルを保ち続けていた。

　セラピスト（therapist）の中にある，可能性のある性的バイアスや性役割ステレオタイプについて，意識覚醒させる（意識化する）ことがセラピストの仕事の始まりである。多くのメンタルヘルスの考え方は，性役割バイアスに関連した原則を採用してきた。表12-1は，米国心理学会（APA, 1975, 1978）が公表した，女性のセラピーに関わる13のガイドライン・リストである。責任ある心理療法家は，日常的に自分の実践や言語がジェンダー・ステレオタイプでないか点検して，心理療法の特徴について自分で意識を覚醒させるなどを義務化している。

　フェミニスト・セラピストは，意識覚醒に関してさまざまな選択肢を持つ。1つの課題は，クライエントの支援者であり，彼女が感じたものは何であれ，彼女にとって有益だろうと勇気づけることであるが，それだけでなく性差別主義者の使う社会的方法と個人的認知についても彼女を教育することである。セラピストはクライエントに，受け入れるように社会化されてきた不公平な期待を説明し，さらに彼女たちの問題に社会規範がどれほど

影響を与えているかを評価するように励ます。自己開示および相互支援の使用を通して，セラピストはクライエントを勇気づけて，もっと自己志向的で自律的になってもよいと伝える。意識覚醒の中で，フェミニスト・セラピストはクライエントに，伝統的な心理療法家では達成困難な何かを，教育し理解させることができる。

　フェミニスト・セラピストは張り綱を渡る。彼女たちは，女性が性差別主義社会によって課せられた制限に，いかに従わされているかを説明するが，それだけでなく女性は受動的な犠牲者の役割を受容すべきでないという考え方も強化する。どちらかの側に少なすぎても多すぎても，たぶん改善が遅れるだろう。

　セラピストはクライエントに，フェミニスト原理を推薦し，治療過程を助けるグループを自由に照会する。女性グループ，家庭内虐待グループ，自己主張訓練，パワー分析，性役割分析などは，フェミニスト原理にもとづいたさまざまな教育的グループの見本である。**パワー分析グループ**（power analysis groups）は，以下のようにデザインされている。すなわち，そこでは女性たちが男女間に存在するパワーの違いに徐々に気づき，人生における対人間的でかつ組織的な外的なるものへの影響力を持っているとして彼女たちをエンパワーするのである。同様に，**性役割分析グループ**（sex-role analysis groups）は，社会の性役割期待がいかに女性たちに逆の影響を与えてきたか，その気づきが増大するように，また社会化が男女間で異なるやり方で行われているので，そのやり方を理解するようにデザインされている。

　CR（意識覚醒）グループ（consciousness-raising groups）は，フェミニスト療法の統合的な要素である。これらのグループは，最初女性運動から発展したもので，定期的に集まって女性としての人生を話し合う女性グループを含んでいる。彼女たちは自分たちの人生についての情報を共有し，経験の中の共通のより糸を見つけている。夫から虐待されている女性が，CR（意識覚醒）グループに入り，その結果他のグループメンバーが同じような虐待を受けているのを発見する。自分だけが苦境にいるのでないことが，孤立感の軽減に役立つ。さらにグループメンバーの体験やアドバイスが，必死になって必要としていた支援を求める後押しになるだろう。差別や暴力を伴った体験が，自分だけに関わる孤立した出来事ではなく，女性の間では至る所に存在する体験であることを理解するようになる。

　読書療法（bibliotherapy）とは，読むことを通して自分自身や環境について，クライエント自身が学習することに関係する。治療課題に関連した書籍や文献を読むことは，クライエントを教育し，セラピストとクライエントの間の知識の違いを減らす。アサーション，性的虐待，女性の健康，共依存，職場での差別，人間関係の問題，源家族などに関する本が，一般的である。

　選択　真正な選択は，しばしばクライエントが理解しにくい概念である。長年，無価値といわれ沈黙させられてきたあとに，ジェンダー役割の重石という，首に巻きついていた悩みの種なしに，人生を選択し成長できるという考え方は，魅力的でもあり脅威でもある。社会の力は強く，古い文化的規範を打ち破ることは難しい。ひとたびクライエントが，

社会の自分の人生に及ぼしてきた衝撃を理解すると，より健全なライフスタイルに合った真正な欲望が発現してくる。

ところが，"ボートを揺らす"という新しい風土に対して，社会はそれほど速く容易には順応せずに，彼女の努力に抵抗するだろう。変化の仕方を選択していく過程を通して，クライエントはおそらく多くの障壁に直面するだろう。差別，憎しみ，落胆などの障壁もあれば，家族や友人からの落胆も含まれるだろう。すなわち，クライエントは従順で依存的だったため，「今までどおりがよかった」と彼らは感じるからである。

クライエントが直面する2つの大きな選択は，彼女がどこまで変化を達成したいと望むかと，家父長的な社会の支援なしにどこまで目標を達成できるかである。女性が人生を変える時に獲得するパワーは，この過程で家族から離れる痛みに耐えうるほどの価値はないかもしれない。賞やパワーという賞を手に入れたとしても，もしそれを一緒に喜べる人生における大事な人々がいなければ，それは価値がないかもしれない。端的にいえば，フェミニスト療法を選択することは，パワーを選択してそれをいかに使うか選択することを意味する。社会が与えた衝撃を真に理解している女性は，変化するための知識というパワーを使うことができる。そういう女性は，パワーを持たず依存的なままでい続ける選択ができる，もしくは，自分自身と社会をともに変えるパワーを使用する選択ができる。

フェミニスト・セラピストは，クライエントを勇気づけて，より良い方向に人生を変化させられるであろう選択をさせる。それは他人が喜んで与えてくれるものに落ち着くのでなく，本来権利として与えられているものを，ロビー活動を通して獲得するという選択である。セラピストとクライエントは，治療の媒介変数に合意する。理想的にいえば，セラピーはジェンダーに規定された役割の締め付けから自由になることであり，探索する選択は性役割ステレオタイプからの解放である。クライエントをエンパワメントすることで，セラピストは彼らの自律心，自己信頼，パワーをさらに発達させる援助をする。現在の状態を受動的に受け入れるよりはむしろ，何かを選択することはパワーを必要とし，パワーはセラピストがクライエントに少しずつ教え込もうと努力しているものである。**エンパワメント**（empowerment）という言葉は，この過程の本質をとらえている。選択は結局のところクライエントの責任であるが，賢明に選択ができるように，クライエントにパワーとスキルを発達させる援助をするのが，セラピストの仕事である。

社会的解放　社会的解放（social liberation）として知られる変化の過程は，社会的行動に代わる代替行動を増やすことである。これらには，抑圧された人々の権利を擁護したり，クライエントの生活の変化をエンパワーしたり，政治的な介入を行ったりすることが含まれる。

クライエントの生活の社会・政治的文脈や，"内的"世界と"外的"世界を相互に連結させることは，しばしば伝統的な心理療法では無視される（Gerber, 1992）。しかし，フェミニスト療法を通して，クライエントは**「個人的なことは政治的なこと」**（"The personal is political"）という陳述の重要性を理解するようになる。このフェミニストのモットーは，本質的に関わりを意味している。すべての女性への抑圧を理解するための1

つのバイアスとして，自分自身を理解する時に利用する関わりである。このモットーは，精神病理の根源は精神内的ではなく，本来社会・政治的であるというフェミニストの核心を表している。苦悩に及ぼす精神内的影響は，女性をとらえてきたステレオタイプな期待やジェンダー差別など，より大きな社会・政治的力に比べれば少ない。したがって，セラピーの焦点は，不健全な外的状況や，多くの女性たちが内在化してきたメッセージを変化させることでなければならない。

　フェミニストは，伝統的には個人的なものとみなされた多くの行動を——個人間の単純な相互作用として——それらを政治力の表現として再概念化した（Hyde, 1991）。たとえば，女性が職場で性的ハラスメントを受けたり，学寮で性的暴力を受けた時，社会の人びとはこれを個人的な行為——すなわちある人が別な人に対して行った行為とみなす傾向がある。ところが，フェミニストは，これらの行為を個人への攻撃とみなすだけでなく，男性の女性に対するパワーの政治的表現とみなす。性的暴行は，たんに1人の女性に対する個人的な攻撃ではない。それは女性の品位を貶めたり，恥をかかせたり，虐待したりする権利を持つと感じている男性たちから，女性たちへ向かうパワーの行使である。

　自分自身の差別や無力化の体験を振り返ると，抑圧は，女性だけでなく女性も男性も同様，社会のすべての人々に影響を及ぼすことがわかる。抑圧の影響がわかったからといって，抑圧が消えるわけではない。そこで女性は，政治的過程に関わるようになり，社会的態度や政治的行動を変えるために，働くことを必要とする。たんに，女性は不平等なパワーを持つと理解するだけでは十分でない。女性たちは，人々を理解しようと試みないで人々にラベルを貼るジェンダー期待や有害なステレオタイプから，人々を自由にするために協力し合わなければならない。

　フェミニスト・セラピストは，女性が外からの改革と同様，内からの改革に耐えうるようにエンパワーする。伝統的な治療は，内的・個人的な心理的変化に焦点を当てる。フェミニスト療法はこの本質的な変化を支持するが，これとあわせて外的・集団的・政治的変容をも組み込んでいく。たとえば，性暴力からの回復の支援を受けている女性は，導き合い（co-leading）療法グループを通して回復過程を広げたり，女性援助センターのボランティアをしたり，性的虐待について市民を教育したり，被害者を保護する法案作りに向けて州議会でのロビー活動を行うよう励まされるだろう。

　フェミニスト・セラピストは，女性が自分たちの権利を求めて戦い続ける必要性を理解できるように支援し，さらに関わるための肯定的役割モデルになるように努めている。この目的に向けて，セラピストみずから社会変革を起こすグループを作ったり参加したりする。フェミニスト・セラピストは，クライエントのために裁判所で証言したり，すべての女性のために議会で証言したり，適切な子どものケアのために群衆を扇動したり，さらに虐待から女性を解放するために，多くの社会・政治的な活動に参加する。

　同時にフェミニスト・セラピストは，仲間であるメンタルヘルスの専門家に教育したり解放したりを試みる。1980年代以降フェミニストたちは，「家族の中で起こる暴力や虐待の問題，変わりつつある文化の中でのジェンダー役割の持つ緊張，常習行為と境界線上にある違反行為の倫理，診断的ラベル付けにおける正確さとケア，結婚や養育の議論におけ

る当事者すべての公平でバイアスのない評価の必要性への配慮，クライエントの行為や関係性に対するパワーの必要性」などに，すべての心理療法家の注目を集めてきた (Brown & Brodsky, 1992, p.56)。

治療の内容

個人内葛藤

不安と防衛　不安とは，女性を追従的な地位に置き続けるための性差別主義，差別，暴力の力に対する女性の自然な反応である。部分的には不安は，次のような葛藤からの結果である。すなわち，女性にとって伝統的に役立つ経験を超えて，人生経験を拡大したいという欲求と，女性が集団のアイデンティティから得る絆や強みを維持しようとする欲求との間の葛藤に由来する。社会の制限が，女性の悩みを増大させ，女性の防衛的な反応を引き起こす。この自然な不安は，女性を非主張的で，弱く，依存的だというステレオタイプにはめ込んできたが，女性が1人で歩くことに恐怖を感じたり，差別的な悪習から常に身を守らなければならない時，不安や防衛は，適応的な対処の形態である。

自尊感情　女性の自尊感情の多くは，関係における維持と相互作用にもとづいている。多くの女性は，人生の関係的な側面が適切である時や，そのままの自分やそうありたい自分が愛され受け入れられていると感じる時，大きな満足感と充実感を感じる。

より広い文脈では，女性はしばしば社会を関係の集まりとみなす。これらの関係の本質が，全体として集団の自尊感情を形作る。多くの理論家は，女性の関係の持ち方を，男性のそれより健康的だとみなしているが，いったん不健康な関係が生じると，そのようなスタイルは女性の間により低い自尊感情と不適応的行動をもたらす。

何世紀もの間，男性は，女性は性格や成し遂げたことでなく，魅力的なことがもっとも重要な特性だという信念を，女性の中に埋め込んできた。一方，女性も自分自身のニーズや欲望でなく，男性の欲望を満たすように努力している。この信念が女性の自尊感情を歪めたに違いない。どれほど知的で，どれほどいい仕事をしても，本当に女性が求めるものは唯一，外見を良くし夫を見つけることであると聞いて，女性は何を望むのだろう。このメッセージは，多くの女性が自分の可能性にかけて努力することを禁じており，代りにこのメッセージが女性の罪悪感と不適切感につながる。

一般的に，女性は自分の能力を過小評価し，反対に男性は過大評価する傾向がある (Worell & Remer, 1992)。女性が「私なんか能力がない」とか「私はできない」という科白を言う傾向は，主に社会的な期待から来ている。女性の成功は幸運により，男性の成功はスキルによる，とみなす傾向が社会にはある。言い換えれば，これは女性の劣等感を育む有害でステレオタイプなメッセージであり，それがつぎつぎに低い自尊感情と自己への否定的な態度を導く。

責任　多くの女性は自分自身にでなく，すべての人々に対して責任の感覚を持っている。彼女たちは，自分自身のニーズよりも，他者（両親，子ども，家族，仕事仲間，スーパーバイザーなど）のニーズを上におく。女性たちは，個人的な責任に対する欲求を評価するようにならなければいけない——それは幸せになって，自分自身が良く適応をするためである。責任とは，自分自身のために時間を作り，他人をよりよく育てるために自分自身を育てることに関わることである。女性は他者を真に愛し支援するために，まず自分自身を愛し支援しなければならないことを悟らなければならない。

女性はまた，抑圧と無力性のサイクルを打ち破るために，支援に対する責任を受け入れなければならない。社会の否定的な衝撃を理解し，変化のために働くという責任は，すべての女性の双肩にかかっている。女性たちは，「個人的なことは政治的なこと」というモットーの完全な意味を理解しなければならない。それは自分自身だけでなく，すべての人々を抑圧の足かせから解き放つ必要性を正しく評価することである。

対人間葛藤

親密さとセクシャリティ　慢性的な断絶は，もっとも多くの人間的な苦悩の源泉である。フェミニスト療法は，これらの断絶を癒し，人々を結合の中に戻し，人々を自分自身や他者との親密さの中に戻すことに関わる。

女性は，自分自身が性的対象と見られ，そう見られたことに反応するという事実から生じる，親密さやセクシャリティの歪んだ感覚に直面する。多くの女性にとって，セクシャルであることが，男性と居たり関係したりする1つの方法でもある (Jordan et al., 1991)。男性優位の社会では，セックスと親密さを同等に見る。女性は他の女性と親密な友人関係を一般的に結べるが，男性と親密な絆を結ぶことは難しい。男性は女性を性的な消費の対象と見るように社会化されてきており，このようなステレオタイプ化された期待を壊すのは困難である。

コミュニケーション　男性も女性も"同じ言語で話す"ことを学んでこなかったため，両性間にコミュニケーションの問題が存在する。ときどき，女性がロシア語で話しているのに，あたかも男性は中国語で話しているかのように見え，そこには混り合ったメッセージを整理するのに役に立てる翻訳者がいない。男性は怒りを表現し，一方女性は痛みや欲求を表現する傾向がある。男性は報告のコミュニケーションを好み，女性は関係（rapport）のコミュニケーションを好む。この2つのコミュニケーション・スタイルは，真正なコミュニケーションの欠乏に導く。「あなたはまったくわかっていない」という科白が，しばしば繰り返される (Tannen, 1990)。

有効にコミュニケーションを行うためには，男性も女性もお互いに相手に耳を傾け，自分自身のことだけを考えることをやめて，自らを相手のコミュニケーション・スタイルへと開いていくことを進んで学習しなければならない。多くの女性は，怒りや欲求不満を効

果的に表現することを学ぶ必要があり，一方多くの男性は，感情や欲求を全面的に伝えるコミュニケーションを学ぶ必要がある。

コントロール　コントロールの中心課題はパワーである。誰がパワーを持っており，彼らはどのようにそれを行使するのだろうか。現代の社会のパワーの基盤は，何世紀もずっとそうであったように，男性の手のうちにある。このパワーの不均衡は，男性の優位性を反映し，また不朽なものにしている。男性は女性に関する神話を持ち続けている。すなわち，女性は自己信頼を傷つけ，資質を歪め，本当は女性を相対的に無力な状態にしておくということである。女性は，自己信頼を欠き，虐待を受け入れ，自分の人生をコントロールできない感覚を持つことを含めて，多くのやり方でコントロールのこの欠落を内在化するのかもしれない。女性に課せられた価値ある状態は，女性がパワフルではないと考えられ，男性に対しておとなしく恭しくあるべきと語られる。もし，女性がパワーとコントロールが欲しいと表明すると，彼女たちは女性的でないとラベル付けされ，男性中心の社会から叱責される。女性が男性と同等の足場を築くためには，パワーを獲得するために働かなければならない。なぜならば，パワーの獲得は，自己信頼とコントロールの獲得だからである。

個人 - 社会間葛藤

適応 vs. 超越　フェミニスト療法の目標は，クライエントが心理的問題の根底にある社会的・対人間的・政治的環境を変化させるようになることである。たんに抑圧的社会に適応することは，クライエントにも社会にもよくない。なぜなら，性差別主義的社会に"適応すること"こそ，問題だからである。自己と社会が進歩するためにはすでに知っていて受け入れていることを超越していくこと——女性と男性両者の成長を促進するためには家父長的パワー構造を超越しなければならない。

個人的・社会的パワーの獲得を通して，女性は社会的期待に添うことは，女性が望む満足と一致しないことを発見するだろう。女性は，自分自身のために人生を生きること，伝統的で制限のある社会状況を超えて動くこと，そして社会のコントロールの網の目に引っかかった人々を自由にするために，新しく発見されたパワーを行使することを学ばなければならない。

葛藤を超えて達成へ

人生における意味　女性は伝統的に，愛着（attachment）を通して自分自身を規定し，関係を通して意味を発見してきた（Gilligan, 1982）。子どもを養育し，夫を助け，高齢の両親を世話し，そして家庭の情緒センターとして奉仕することは，何世紀もの間，人生の意味の源泉であった。ところが，関係や責任を強調することは，不必要に制限的である。子どもを持つか持たないままでいるのか，仕事に一身をゆだねるのか家庭に身をささ

げるのか，結婚するかしないかを決断するのに，女性たちは意味を見出すかもしれない。ひとたび家父長制の枷から解放されると，女性は自分たちができるやり方で人生を意味あるものにするだろう。

理想の個人　女性であれ男性であれ，理想の個人は感情や欲求に共鳴する人で，また自己を育くみ，相互依存的な人である。相互依存性には，2人の自立した人間の共有とケアが含まれる。理想的な人間は自尊感情とパワーを持っているが，これらを他者をコントロールするために行使しない。理想の個人は，社会および自己への気づきを高いレベルにまで発展させて，さらに社会の向上に向けて仕事をする。

何人かのフェミニスト理論家は，次のように示唆してきた。理想の個人は，アリストテレス学派の平均的な人，ステレオタイプな男性と女性の特徴をバランスよく持つ人，**両性具有**（androgyny）として知られる概念を表象するということである。両性具有的な個人は，大きな柔軟な行動のレパートリーを持ち，状況に応じた幅広い心理学的特徴をあらわす。両性具有説は，伝統的なジェンダー役割の特徴から女性が自由になり，より充実した人生へと導く方法として多くの人々に規定されてきた。両性具有的な個人は，典型的に"フェミニン（女性的）"な女性より，自立的で，柔軟で，高い自尊感情を持つ傾向にある (Bem, 1975, 1977)。

ところが，理想の個人の原型としての両性具有に対しては，多くの議論がある。両性具有的パーソナリティに価値を置くことによって，社会は新たな期待，すなわち信じられないほど要求されている理想を掲げようとしている。いまや，人々は自分自身に規定されたジェンダー役割だけでなく，別のジェンダー役割でもうまくやらなければならない。ハイド (Hyde, 1991, p.119) は，「良き過去の時代では，女性は料理がうまくできれば，当然有能な（"成功した"）女性と考えられた。新しい基準や両性具有に照らし合わせると，女性は料理がうまいだけでなく，車の修理もしなければならない」と付け加えている。あるフェミニストは，両性具有になるには，女性の行動パターンに"男性的"特徴を付け加えるべきで，それによってより男性のようになるのだと言う。男性優位の社会にあってカレー風味をつける試みにおいて，典型的に選択された男性の特徴をまねるように女性をかりたてる代わりに，社会のほうが，女性がすでに身に付けている資質を評価することを学習すべきである。

治療関係

フェミニスト療法におけるクライエント－セラピスト関係は，2つのEによって特徴づけられる。すなわちエンパワメントと平等主義である。**エンパワメント**は，セラピストがクライエントに，社会的および個人的パワーを徐々に教え込む支援の過程である。社会における両性間のパワーバランスは，驚くほどに不均衡である。何世紀もの間，身体的強さから学歴や職業的優位性まで，男性は女性に対してパワーの上で優位性を保ってきた。そ

こで女性は，2つのジェンダー競争ではいつも2番目であるように思われる。つねに"第二の性"（de Beauvoir, 1961）にいることは，心理的に有害であり，女性はこれらのメッセージを内在化させてきた。

　女性にはパワーが付与されており，治療関係がモデルになってパワーを提供している。女性がパワーを獲得し，それを適切に行使するように教えられる時，多くの精神病理は消失するだろう。セラピスト自身のパワーの理解と自己開示の使用を通して，治療的対話は，クライエントにパワーを移行し，治療室外での相互作用にとって役割モデルとして役立てられる。

　治療関係の第二の重要な点は，**平等主義**（egalitarianism）である——これはセラピストとクライエント間の比較的平等な関係である。パワーの平等化は，さまざまなやり方で明らかにされるだろう。たとえば，当事者間の知識量の差を減少させたり，共通の目標を生成したり，臨床家の自己開示を増やしたり，セラピーの過程を脱神秘化するなどである。食い違いを減少させるには，セラピストがクライエントの見方や洞察をできるだけ高く評価することである。なぜなら，セラピーは協力関係であり，目標はセラピストとクライエントによって，相互に生成されるからである。自己開示は，当事者間で役割の持つ距離感やパワーの違いを減少させ，信頼関係を発展させる助けになる。フェミニスト療法では，しばしばセンシティヴな女性問題——レイプ，セクシュアル・ハラスメント，身体上の変化など——に焦点を当てるため，セラピストの自己開示は，信頼，コミュニケーション，理解の感覚を確立する際の重要な要素になる。

　セラピーは，脱神秘化の過程である。フェミニスト療法は，存在し，信じ，理解するための方法である。流動性を認め，相互の結合性を評価し，探索を励ますという総体的な見方が，フェミニスト療法である。「フェミニスト・カウンセリングは，教条，硬さ，ジャーゴン（専門語）を避けるようにする。それは，神秘化したり不可解にしたりするのでなく，カウンセリング過程を容易に利用可能にし理解しやすくすることである」（Walker, 1990, p.73）。

　平等主義的関係は，フェミニスト療法において中核的に重要である——まず，それはセラピーにおける社会的コントロールの側面を最小限にするからであり，次には社会で女性が遭遇するパワーの不均衡をセラピー場面で再生産しないからである。その重要性は，女性を対象にしたセラピーのためのAPAのガイドラインに反映されている（表12-1，第9項）：「もし，技法として権威主義的なプロセスが採られるとしても，治療においては，女性のステレオタイプな依存性を維持したり強化したりする効果を持たせるべきではない」。女性の意見や感情が認められる関係に関われるようになることで，彼女たちはこのような他者との関係の典型に期待し反応するようになるだろう。

　結局，フェミニスト療法における治療関係は，感情，思考，問題，そして何よりも問題解決に関して，セラピストとクライエント間で起こる，深遠で個人的で双方向性のコミュニケーションによって特徴づけられる。人間性主義的伝統では，理想的な関係は，相互の尊重，共有，共感，平等の関係である。

実用性

　フェミニスト療法は，はじめから消費者志向である。クライエントは，快く関係がもてるセラピストに出会うまで，セラピスト・ショッピングするように励まされる。多くの臨床家以上に，フェミニスト・セラピストは，広い範囲の対象者がサービスを受けられるように，低料金のセッションとスライド式料金表を採用する傾向にある。
　フェミニスト・セラピストは，クライエントやその家族を招いて，これから受けようとするサービスの種類について質問を受ける。治療についての典型的なインフォームド・コンセントを済ませると，フェミニスト・セラピストは**エンパワーされた同意**（empowered consent），すなわち——たとえば，心理療法のリスクと利益，なんらかの方法を拒否する権利，セカンドオピニオンを求める能力，いつでも治療を終わらせる権利などについて，クライエントが臨床家の持つ知識にアクセスできるという意義を求める。女性グループや読書療法をはっきり強調することは，心理療法の脱神秘化や社会的解放の価値に貢献することになる。
　また，実用的な点として，フェミニスト・セラピストは，治療グループ，コミュニティ組織，専門家協会に対して，階層性のないリーダーシップ・アプローチを開拓してきた。リーダーシップそれ自体が"ジェンダー化"されており，ジェンダーの文脈内で行われる。また，女性のリーダーシップ・スタイルとして知られているように，階層性のないスタイルは，コンセンサスの構築と包含を強調している。それは，リーダーシップ・パワーにより平等主義的な分配を受ける重要部分である。
　フェミニスト・セラピストは，メンタルヘルスの領域で付加的にジェンダーに気づく訓練を要求する。治療中の女性のジェンダーを評価することは，少女や女性がどのように育てられたかを理解するだけでなく，心理社会的サービスがどのように女性に効果を現しているかを知ることを求めている（Walker, 1990）。ジェンダーや性役割発達のコースでは，以下のことが提供されるべきだ。すなわち，現代社会のジェンダー分析，女性をカウンセリングする時の課題や技法，女性問題を含んだ事例のフェミニスト・スーパービジョンを伴った実践などである。
　最後の実用的な点は，心理療法家のジェンダーである。自らフェミニスト・セラピストを名乗る人のほとんどは，女性である。男性のセラピストはフェミニスト療法を実践できるか，あるいはフェミニスト療法に賛同するだけなのか，議論が多い（Ganley, 1988）。

短期療法

　フェミニスト療法は，長期療法でも短期療法でも行える柔軟なアプローチである。セラピーの長さは，重要な決断をするようにエンパワーされ期待されている患者によって，ほぼ決まる。自分自身の心理療法を含めて，女性は自分自身の人生の専門家になり権威にな

る。患者とセラピストが一緒になって，個人の変化と社会の変革の両方についての大望のある目標を追求すると決めたなら，それによってセラピーの期間は長くなるだろう。フェミニストの意識が発達するには，かなりの時間が必要であるが，フェミニストとしての活動の成功はもっと長く続く（Brown, 1994）。

主要な選択肢：男性センシティヴ療法

　伝統的な心理療法は，元来女性を治療するために，男性によってデザインされた。このように，心理療法は，女性の人格発達に関する男性の仮説を反映している。近年になって，フェミニスト心理療法家たちは，これらの仮説の誤りを列挙して，正しいものを提出している。次の課題は，正確な男性の人格発達理解にもとづいた男性のための心理療法をデザインすることである（Levant, 1990）。

　フェミニスト運動は，元来女性の福祉を促進することが意図されていたが，男性がジェンダー役割期待によって否定的な影響を受け，彼らも役割の緊張に苦しんでいるという現実に刺激された。ブラノンとデイビッド（Brannon & David, 1976）は，4つの**"真の男性性"のステレオタイプ**（stereotypes of "true masculinity"）について要約した。

- 女性っぽい持ち物は持たない：真に男性的な人は，どんな"女性的な"物も避ける。
- 大きな車輪：男性的な人は，成功し崇められる；彼は家族の稼ぎ手である。
- 丈夫な樫の木：男性性には，発散する自信，強さ，自己信頼などを含む。
- くたばれ：男性的な人は攻撃的で勇敢である。

　ステレオタイプに合わせるため，男性はこのような基準を達成するか，"失敗"という結果を受け入れなければならない。これらの期待を無批判に受け入れて達成することは，男性にとって負担であるが，それはまた男性的でないとし，それゆえ社会的に排斥されるリスクでもある。この2つのリスクと折り合いをつけるために，男性は，タフで反抗的で時々暴力的な見せかけをして，その後ろに自分の感情をしばしば押し隠してしまう。

　西欧文化における男性の特権的な位置は，同時に祝福でもあり呪いでもあった。一方では，男性は教育，所有権，政治，雇用，パワーにおける優位を享受してきた。他方で，この男性のジェンダー役割が，達成と成功に夢中にさせると同時に，情緒的表出の抑制および攻撃性とコントロールへの依存を引き起こしている（Eisler & Blalock, 1991）。指摘される多くの男性の問題――ドメスティックバイオレンス（家庭内暴力），蔓延する同性愛恐怖，女性を物化する見方，健康要求の無視，切り離された父親性など――は，典型的な男性の社会化の不幸な副産物である（Levant & Pollack, 1995）。男性は多くの特権を持ちながら，女性より平均で6年も早く死に，女性の4倍も多く自殺する状態が続いている。

　男性のジェンダー役割は，心理療法を複雑にする。男性は，援助を求めるのが苦手である。なぜなら，援助を求めると自分の弱さを認め，さらに自尊感情を脅かすことになるか

らである。多くの研究が示してきたように，伝統的な男性のイデオロギーを承認する男性は，心理療法に対して否定的な態度を持ち，それを求めることも少ないと言われている（Addis & Mahalik, 2003）。男性が心理的な援助を求めたがらないことは，男性を悩ます問題の発生率の高さや深刻さとは著しく違っている。

　男性の社会化は，**失感情症**（alexithymia）として知られている状態である，情緒に気づいたり表現したりする困難をも引き起こす。男性は本当に，しばしば自分の情緒に気づかない。そのような気づきがないために，男性は認知に頼ったり，どう感じるべきかを論理的に推論しようと試みがちである（Levant, 1990）。

　マルクの事例で考えてみよう。彼は40代の初めに私（ノークロス）のもとに相談にきた時は，3回目の離婚に巻き込まれ，3人の子どもたちとも疎遠だった。マルクは，支配する母親と，仕事で家をしばしば空ける距離の遠い父親に育てられた。彼は少年として養育をほとんどされなかったので，手本やスキルや親密になったり，表現したいという意向を受け取ることが決してなかった。彼が自己表現できなかった時は，95％の時間を苦悩と怒りを表出することに費やした。伝統的な男性の基準に従えば，マルクは強さを発散させ，感情を無視し，大きな車輪になった。彼はスポーツと学問に優れ，内科医になって成功した。私との最初の予約で，マルクは「なぜ，なぜ私は女性たちと話ができないのか。なぜ子どもたちは私を嫌うのか。なぜ私はいつも寂しいのか」と尋ねた。

　マルクの人生を見ていく1つの方法は，**ジェンダー・アイデンティティ・パラダイム**（gender identity paradigm）に固定させると，そこには2つの明らかで反対の"男性"と"女性"のアイデンティティがある。マルクは，男性の性役割の伝統的な特徴を実体化させた。すなわち女っぽい持ち物でない，大きな車，丈夫な樫の木，そしてくたばれ！である。ジェンダー・アイデンティティ・パラダイムによると，健康な心理的適応は，安全なジェンダー・アイデンティティの達成に左右される。

　マルクの人生を見ていくもう1つのより新しい方法は，**ジェンダー役割緊張パラダイム**（gender role strain paradigm）（Pleck, 1995）のレンズを通すものである。ここでは，ジェンダー役割は社会的に構成され，しばしば問題をはらんでいるように見える。ジェンダー役割緊張パラダイムによると，ジェンダー役割規範はしばしば一貫性がなく矛盾している。社会的な非難やストレスに満ちた結果は，ふつう役割違反から起こり，ジェンダー役割規範によって規定された多くの行動は，機能不全に陥る（Good & Brooks, 2005）。

　男性役割は，広く行き渡るジェンダー・アイデンティティに賛同する両親や教師や仲間や文化的な伝達者によって，はからずもであるが破壊的にマルクに課せられてきた。マルクは自立を過大評価し，結合を過小評価するよう学んできた。そのため彼には，親密な情緒を表現したり，成熟した愛着を形成したりする能力が限られていた。ジェンダー・アイデンティティ・パラダイムは，心理的健康が伝統的なジェンダー役割規範に適合していることにもとづいているとみなすことに反して，ジェンダー役割緊張パラダイムは，伝統的ジェンダー役割に適合していることが，苦悩や機能不全を引き起こすと主張する。

　セラピーで男性を治療することは，骨の折れる過程であるかもしれない。男性はしばしば親密さを恐れ，治療関係は確かに親密なものである。男性は自分の問題を認め，それを

セラピストと共有するのを概して嫌がる。たとえば，私の男性クライエントの1人は，共感についての一番軽い助言に対して繰り返し抗議した。「私は偉大な男で，誰かが私の手を握ったり私を気の毒だと感じてくれる必要はない」と宣言した。共感的に共鳴する試みは，"男性的でない"として拒否された。

男性センシティヴ療法（male-sensitive therapy）は，ジェンダーについての信念と問題のある行動が強く結びついていることを，男性が理解する援助をしようと努めている。治療を通して，男性は情緒的欲求を認知し，信念の根源を突き止め，これらの信念が自由に選択されずに，しかしそれにもかかわらず変えられていることを認識するに至るのである。男性は，男性性に関する意味についての"現実"を，より機能的で健全な理想像へと変えることを目指す。たとえば，"真の男性"は肯定的で脆弱な感情を表現したり，関係をもっとオープンに育てたり，相互依存や安全への欲求を認めたり，身体的あるいは知的な反応に代わるものを学んだりすることができる。

少年や男性を対象とした治療フォーマットは，従来の対面での個人療法よりもっと柔軟である。セラピストはしばしば，やっかいな男性を援助するのに，男性の持っている関係スタイルと相いれないアプローチを用いることによって試みる（Kiselica, 2003）。思春期の少年を治療している男性のセンシティヴ療法家は，男性に友好的な方法を採用するだろう。形にとらわれない設定で治療をはじめたり（たとえば，外でフットボールを投げ合ったり，チェッカーやチェスで遊んだり），男性が深刻な問題を会話し始めるための普通のやり方なので，ユーモアで話したり，自己意識を軽減するために対面ではなく横に並んで座ったり，感情についての開いた質問を避けたり，若い男性のアジェンダ（検討項目）の中で，主要となる実用的な問題に焦点化したりする。重要なことは，ある特定の少年が世界とどのように関係を持ち，その後それに応じてどのように治療に適応していくかを，セラピストが発見することである。

グループ療法もまた，男性のための強力で一般的な治療フォーマットである。男性は，スポーツチーム，ボーイスカウト，軍隊，労働部門などで，絆を持ち協力することに慣れている（Kiselica, 2003）。グループというのは孤立を埋め合わせ，時間をかけて信頼を築く。以前は，男たちはさっさと手を引いてしまうのが一般的だったが，今では毎週か2週間に1回のグループミーティングが，より代表的である（Andronico, 1996）。

最近では，男性に関する特別な心理学的な関心についての気づきが増してきたことにより，心理療法で男性を治療することについての新たな議論が見えるようになってきた。2つの組織的な勢力として，男性と男性性に関する心理研究会（SPSMM）とアメリカ男性研究協会があるが，そこでは男性に関する批判的な研究を促し，男性センシティヴ治療を推進している。あふれるばかりの最近の書籍は，心理療法における男性の問題に焦点を当てている（たとえば，Brooks, 1995; Good & Brooks, 2005; Horne & Kiselica, 1999; Levant & Pollack, 1995; Meth & Pasick, 1992; Pollock & Brooks, 1998; Rabinowitz & Cochran, 2001）。台頭してきた男性センシティヴ治療は，女性にも男性にも同様に，ジェンダーについて深遠で広がりのあるインパクトを形成していることに対して，フェミニストの学問領域に歴史的な負債を認めている。

ジェンダーセンシティヴ療法の有用性

　オープンで統制されていない多くの研究が，個人フェミニスト療法，CR（意識覚醒）グループ，ジェンダーセンシティヴ心理教育グループの効果について行われてきた。しかしながら，フェミニスト療法について行われた，ランダム化比較効果研究を探すことができない。成人を対象にした個人心理療法，青年期の心理療法，カップル心理療法の有用性についての多くのメタ分析の中にも見当たらない。フェミニスト療法の有用性は，相対的にも絶対的にも厳密に評価されてこなかった。

　有用な研究は，第一に女性のセラピスト，第二に患者のジェンダーと同性のセラピストが，とりわけこれらのセラピストがステレオタイプでない性的な見地に立つと，治療**過程**（process）を促進することを示唆している（Beutler, Crago, & Arezmendi, 1986）。異性との会話に比べると同性との会話ではたいてい共感性が増強され，満足感が増大することが観察される。しかしながら，同性の治療関係は，常に同じ**結果**（outcomes）を生み出すとは限らなかった（Orlinsky & Howard, 1980）。すなわち，セラピストのジェンダー，あるいは患者-セラピスト間のマッチングの治療の有用性に関する一貫した結果は出ていない（Bowman et al., 2001; Sue & Lam, 2002）。

　フェミニスト療法の有用性に関する伝統的結果研究では，他の治療システムより効果を測定するのが難しいかもしれない。なぜなら，ほとんどの評価研究では，症状の寛解で測定するが，フェミニスト療法の検討項目では，それはほんの一部にしかすぎない。フェミニスト療法家は，意思決定，態度，柔軟性，社会的擁護活動における変化に関心がある。たとえば，応答者の体験という現実を受け入れる方法論を用いる研究では，CRグループが女性の参加者に重大なインパクトを及ぼすことを見出している（Ballou, 1990）。女性に体験を報告してもらったり，あるいは自己報告や参与観察を用いて研究者自ら参与していく研究に携わっている研究者は，社会的／政治的気づき，職業的関心，自己知覚，性役割，自我の強さなどに有意な変化を見出してきた。しかしながら，標準化された症状軽減測度では，CRグループでの有意な変化は見られない。

ジェンダーセンシティヴ療法に対する批判

精神分析的観点から

　フロイトはほとんどの男性がそうであったように，女性との間でも複雑で葛藤的な関係を持っていた。それにもかかわらず，フロイトは，ジェンダーの文脈を理解したり，女性の運動を奨励することでは時代に先んじた先駆者であった。彼の理論は，源家族におけるジェンダーの相互作用に光を当て，抑圧的なビクトリア時代のセクシャリティの基準から

女性を解放した。彼の精神分析は，最初の間は女性を被訓練者として受け入れ，そして心理療法家のために非医学的訓練を保障した（その時代は，医学校は女性を受け入れなかったので）。フロイトは前フェミニスト・セラピストであった。

　フェミニストは，人間に作用している決定的な力についてのフロイトの強調を共有するという点で正しいが，その決定論の源泉を突き止める点は間違っている。社会的期待や文化的実践が，確かに神経症に影響しているが，本質的な源泉はわれわれの内面にある精神内的なものである。社会を非難することは，犠牲者を作り出しはするがサバイバーを生まない。シェークスピアの科白を書き換えると，「ブルータスよ，間違いはこの地球（または社会）でなく，われわれの中にある」。

　心理療法の本質的な真実は，個人の闘争と適応のための究極の能力が，個人のうちから戦い取られるのであって，抑圧的な社会に対抗して取るものではない。われわれは，「政治的なものは個人的なものである」と言う。解決のためには，外ではなく内面を見つめよ。

行動論的観点から

　科学は多様な条件を超えて，適用できる普遍的な法則の追究である。多くのフェミニストは，そのような普遍的な原理が存在することを否定するだろう。彼らは，すべての真実は文脈にもとづくと主張する。しかし，微積分学は，女性より男性に対して妥当性が少ないのか。物理学の法則は，ジェンダーによって変わるのか，人によって適用が変わりうるエレクトロニクスやメカニクスの普遍的な真実があるのか。各人は自分自身の物理学の原理を構築すべきなのか。そのような極端な主張が真実であるとしたら，カオスは次から次へと起こるだろう。

　科学としての心理療法も，行動変化に関する普遍的な原理の追究に関わる。随伴性マネジメントの原理は男性のためであり，女性のためではないという証拠があるのか。確かに，どの行動が強化され，どの行動が罰せられるかについて，ジェンダーが影響するかもしれない。しかし，もし人々が社会的に容認される行動を強化しなかったり，反社会的な行動を罰しなかったりすれば，早晩文化はなくなるだろう。もし，女性が優位な文化によって自滅的な行動をとるように条件づけられてきたのなら，条件に拮抗し文脈をコントロールするために，随伴性マネジメント，拮抗条件づけ，および刺激コントロールの原理をもっともよく適用していただろう。

　そして，大げさなジェンダーインセンシティヴを覚悟で，フェミニスト治療が現在の行動療法より，クライエントに多くの改善をもたらすことを示す実験的なデータがどこにあるのか。ジェンダーへの感受性は，社会的進歩をもたらすかもしれないが，確実な成果を欠く研究は科学的な後退をもたらす。

人間性心理学的観点から

　伝統的に，学者やメンタルヘルスの専門家はスピーチの自由に関して熱心な擁護者であ

りつづけた。ところが，今日のように政治的正確さの時代には，あるタイプの自由なスピーチのみが許される。リベラルなフェミニストは，政治的課題――プロ・チョイス（堕胎の選択の賛成），ゲイ同士の結婚賛成，アンチ・ガン（銃器所持反対），反ビジネスなど――を推進するために，自分の演壇を利用する。女性のための自由なイデオロギーとして始まったものが，社会を抑圧するイデオロギーへと展開していった。

大学キャンパスや専門家団体の中に警察を置くことを考えたフェミニストは，その包囲のもとに表現の自由を据えてきた。われわれは自分たちが好むスピーチを守るだけなのか。われわれは自分たちが価値をおく多様性を，ただ受け入れるのか。もし，保守主義者がフェミニストの原理を支持しないならば，彼らは演説したり奉仕することが許されるのか。フェミニストのリベラルな感覚を攻撃する他の保守的な――宗教的な原理主義者，反差別撤廃運動，堕胎反対グループの――主張はどうなのか。保守的な主張を重んじる人なら誰しも，自分が女性を憎んだり犠牲者を非難したりする人嫌いと決め付けられるのを恐れている。多様性の促進という名のもとで，おそらくフェミニズムは検閲を促進しているのである。

統合的観点から

フェミニスト療法は，メンタルヘルスの診断，治療，理論において，男性中心のバイアスに時代遅れの修正を持ち込んだ。しかし，この修正でさえ，あまりにも行き過ぎたかもしれない。他の何よりも患者のジェンダーを評価することと，多くの精神病理が社会問題に帰属させることは，あまりにも行き過ぎている。それは，大学キャンパスにおいて，フェミニスト理論や社会問題のコースで発表される極端なリベラリズムのように聞こえはじめている。

統合的観点を重視する者は，人間行動のバランスの取れた包括的な説明を好む。確かに患者のジェンダーは，治療計画を立てる上で重要であるが，人種，年齢，性的志向，診断，パーソナリティ，治療目標，社会経済的地位，変化の段階など，何十という他の要素がある。確かに多くの人間の問題は，社会的病いが引き起こすが，脳の化学，非現実的な思考，内的葛藤，家族機能の不全なども原因になる。特権を与えられたジェンダーは何よりも，科学的に防衛できないし，臨床的にも守れない。

最後に，フェミニスト療法と理論は，白人女性によって，また白人女性と共に発展してきた。2人の指導的なフェミニスト（Brown & Brodsky, 1992, p.53）の率直な謝辞の中に，「最近，フェミニスト療法理論は，それが映し出す現実の中では多様でも複雑でもない。有色女性，貧困や労働者階級の女性，非-北米女性，65歳以上の女性，障害を持つ女性たちの生活と現実を包含していない点で，出発からして不十分である」とある。真に包括的な心理療法は，主流にいる成人女性のニーズだけでなく，すべての人々，男性も女性も子どもも含んだニーズを統合しなければならない。

C夫人を対象としたフェミニストの分析

　今世紀は長い間，C夫人のような女性たちが，文脈なしに治療されてきた。すなわち，結婚や家庭という文脈ではなく，むしろ女性が果たせる役割や女性的な行動のルールを命じるより大きな社会的文脈で治療されてきた。個人の精神病理は悪者として見なされ，女性たちがいかにして硬直した制限的な社会の犠牲者になりうるかという認識はほとんどなかった。

　C夫人の冷感症を例にとってみよう。どれだけの男性が，冷感的だと診断してきたであろうか。これは女性がセクシャリティの点で弱いからだろうか。あるいは，女性は歴史上性的に抑圧されてきたからであろうか。娘のデートのあとを待ち構えて，彼女をあたかも犯罪人のように責めて詰問したC夫人の父親に注目してみよう。彼はまるで管理する権利を持つ財産であるかのように彼女のデートにつきまとうずぶとさを持っていた。父親はあえて，そんなことを自分の息子にするだろうか。息子にそんなことをしようと考えるだろうか。

　それほど10代の娘のデートにこだわる父親がいるとしたら，われわれは近親姦的行動の可能性を疑ってみなければならない。今世紀ではほとんど，近親姦的な考え方は，子ども時代特有のファンタジーの作用と考えられていた——フェミニストたちが，この酷い現実を覆っていたカバーを剝ぐまでは。何百万人の子どもたち，それも特に女の子たちが，性的虐待の犠牲者であると判明した。あまりに多くの女性クライエントがそうであるように，C夫人においてもトラウマティックな記憶をカバーするために，症状が使われているという現実的な可能性を，心理療法は必ず探る必要がある。C夫人が潔癖さにこだわるのは，汚く嫌いと感じさせられた初期の体験と関連があるかもしれない。虐待的な行動によって汚され傷つけられた自分のお目出たさというトラウマを，人はどのようにして洗い流すのだろうか。

　もちろん，C夫人が家をばい菌や虫からきれいにしつづけることは，女性の仕事が決して終わらないステレオタイプを表している。男性は家事に強迫的になるだろうか。男性はしばしば家事を嫌がり，めったに強迫的にならない。いつC夫人は，コントロール不能な強迫になったのだろうか。1歳の娘にギョウチュウ（蟯虫）がわいて，医者はC夫人にすべてを煮沸しなさいと言った時，家事のトップに育児とインフルエンザ，そして妊娠が上がった。多くの人々はいまだに理解していないが，世界中で2つの文化だけが，まとめて5，6時間以上，何をおいても子どもの世話をする責任を誰かに負わせているのである。それは，情緒的にあまりにも疲れることだ。C夫人が病気になるのも不思議ではない。機能不全に陥っている社会システムの中で，彼女は効果的に機能することに固執した。

　彼女は今までに安心したことがあったのか。AからEまで，次から次へと子どもを生んできた。弱らない人などいるのだろうか。彼女がこれほど多くの子どもを持つようになったのは，カソリック教徒の義務を果たしていたのか。彼女がセックスをするようになったのは，妻としての義務を果たしていたのか。C夫人はいつ自由だったのか。小さい子ども時代でもなく，花開く10代でもなく，若い母親の時代でもなく，成熟した妻の時代でもない。おそらくシャワールームという場所の中で，彼女は誰の要求からも，誰のコントロールからも自由になる体験をしたのだろう。しかし，彼女の身体を愛撫する温かい湯の感覚から，なんらかの喜びを見つけたとしても，彼女は娘として，母親として，妻として演じる役割が硬直して制限的なように儀式によってたちまちコントロールされた。

　C夫人は，何が間違っているかを話してくれる，別のセラピストを必要としていない。彼女は確かに，何をすべきかを自分に話してくれる，別の男性を必要としていない。C夫人は，

娘として，母親として，妻として，そして歯科衛生士として規定された，強制的なコントロールについて意識化するために，フェミニスト療法の持つ自由さが必要である。しかし，いつ彼女はこのようなステレオタイプな女性役割という狭い境界から出て，自由になったのか。

C夫人は，何をすべきか言われる必要はない。彼女はセンシティヴ療法の女性セラピストによって，彼女がしたいことをするようにエンパワーされる必要がある。

C夫人は１人のセラピストによって一方的に分析されないで，相互的な発見と方向性の過程を通して，セラピストと共に自分自身を共同分析するであろう。彼女は徐々に自分の威信を発見して，まもなく自分自身の声で話すようになるだろう。C夫人は，社会的弱さよりむしろ，個人的な強さを通して，どうしたら自分の人生をコントロールし始められるかを発見するだろう。たとえば，もし彼女が過度の家事に飽き飽きしたら，NOという選択ができる。もし彼女が，父親や夫や前のセラピストや医者など，男性たちによってコントロールされてきたことに腹が立ったら，強迫症状で自分自身をコントロールするのでなく，彼女はエンパワーされて関係を再構成することができる。

あまりにも多くの女性たちのように，C夫人は過剰学習させられた弱さよりも，むしろ隠れた強さを通して，人生を自由にコントロールする必要がある。個人治療に加えて，平等主義の女性グループあるいは主張訓練グループが，彼女の意識とスキルの両方を高めるだろう。

C夫人が自分の身体や自己を勝ち取るために，また彼女の魂にはあまりにも小さすぎる役割やルールを破るために，いったん戦いを始めると，そのような癒しが夫や子どもたちや牧師からの抵抗にあうが，それは驚くに当たらないだろう。解放された女性が何を選択するかは，誰が知ろう。疑いもなく，彼女が神経症から立ち直るのを望む。しかし，予測しやすく自己犠牲的でコントロールしやすい女性に彼女を仕立てた役割やルールから，彼女を自由にすることを望むだろうか。

もし，C夫人が健康や本来の姿が自分にとって必要であると決心したらどうだろう——これは彼女が今まで決して経験してこなかったことである。彼女は子どもを捨てたとか，教会に反対したとか，夫をないがしろにしたとかで，責められるだろうか。抑圧的な力が十分に働いて，彼女が自由に果たせる確かな役割があるとC夫人に信じさせるかもしれない。もし女性が内在化された文化的葛藤から自由になりたいならば，その時心理療法は，自己変革のみならず社会変革を促進する援助をするにちがいないと，フェミニスト理論は承認する。C夫人にとって，個人的なことは政治的なことでもあろう。

将来の方向性

心理療法において，**文化的な有能性**（cultural competence）を目指しての広範囲にわたる運動の一部として（第13章），ジェンダーはクライエントの体験に対する，批判的な文化的変数であり中心的媒介である。女性——そして男性——は，特殊な公式化と介入を要する特別な文化として認知されるだろう。心理療法家は，アセスメントを行う時や治療を施す時，ジェンダーの文脈をますます考えるだろう。

われわれや他の人々（Brown & Brodsky, 1992; Good & Brooks, 2005）は，ジェンダーセンシティヴ療法の将来において４つの緊急な課題を予測している。１つめは，フェミ

ニスト療法は，人間の行動やパーソナリティについての中心的で組織化された理論から，利益を得るだろう。さもなければ，フェミニスト療法は，心理療法から十分に成長したシステムというよりは，政治的に正しい付加物として見られるだろう。2つめに，フェミニスト療法と男性センシティヴ療法は，子どもや家族や高齢者や障害を持つ人々のニーズを取り込んで十分にそれらを扱うだろう。3つめは，もしジェンダーセンシティヴ療法が，根拠にもとづいた療法とみなされるなら，ランダム化比較対照結果研究が行われる必要があるだろう。4つめでもっとも差し迫っているのは，ジェンダーセンシティヴの訓練機会が，大学院の訓練や生涯教育の両方において存在しなければならない。最善の訓練は，女性心理学（または男性心理学）についての単独で別々のコースではなく，ジェンダー化されたカリキュラムを通して注入される継続的な知識である（Bronstein & Quina, 2003）。

継続的な過程とは，力のある口うるさい人間として行動し，破壊的で優位な性差別主義者のパラダイムから外れて，ジェンダー分析によって形成された新しいビジョンに向かうものである。ブラウンとブロドスキィ（Brown & Brodsky, 1992, p.56）の言葉では，フェミニスト療法は，

> つねに，われわれの文化の中で最少の力しかなくもっとも抑圧された人々への声である。われわれの同僚が，女性や，権利を剥奪され危機に瀕した他のグループのメンバーとの作業を発展させるというよい意図にどれほど満足しようとも，われわれはつねに苛立ちの源であるだろう。われわれは継続して主流派の理論や実践に挑戦することで，人間の多様性をもっと受け入れ，彼らの前提に多くの疑問を投げかけ，成人のクライエントが機能できるように，家父長的でありたい彼らの要求をいとわずに吟味していきたい。

この変わらぬ焦点化，すなわちジェンダーセンシティヴ療法の過程は，数年のうちにそれらが貢献することをおそらく予言するだろう。

重要用語

失感情症 alexithymia
男性中心 androcentric
両性具有 androgyny
読書療法 bibliotherapy
CR（意識覚醒）グループ consciousness-raising groups
文化的な有能性 cultural competence
文化的に決定される culturally determined
平等主義 egalitarianism
エンパワーされた同意 empowered consent
エンパワメント empowerment

フェミニズム feminism
フェミニスト療法 faminist therapy
貧困の女性化 feminization of poverty
基本的帰属エラー fundamental attribution error
ジェンダー・アイデンティティ・パラダイム gender identity paradigm
ジェンダー役割緊張パラダイム gender role strain paradigm
ジェンダーの社会化 gender socialization
ガラスの天井 glass ceiling

内在化された抑圧 internalized oppression
男性センシティヴ療法 male-sensitive therapy
母親非難 mother blaming
パワー分析グループ power analysis groups
役割葛藤 role conflict
役割緊張 role strain
性役割分析グループ sex-role analysis groups
社会的解放 social liberation
"真の男性性"のステレオタイプ stereotypes of "true masculinity"
「個人的なことは政治的なこと」"the personal is political"

推薦図書

Brown, L.S. (1994). *Subversive dialogues: Theory in feminist therapy*. New York: Basic.
Good, G. E., & Brooks, G. R. (Eds.). (2005). *The new handbook of psychotherapy and counseling with men* (rev. ed.). San Francisco: Jossey-Bass.
Jordan, J.V., Walker, M., & Hartling, L.M. (Eds.). (2004). *The complexity of connection: Writings from the Jean Baker Miller Training Institute*. New York: Guilford.
Pollock, R. E., & Brooks, G. R. (Eds.). (1998). *New psychotherapy for men*. New York: Wiley.
Rosewater, L. B., & Walker, L. E. A. (Eds.). (1985). *Handbook of feminist therapy*. New York: Springer.
Worell, J., & Remer, P. (Eds.). (2002). *Feminist perspectives in therapy: Empowering diverse women* (2nd ed.). New York: Wiley.
JOURNALS: *Journal of Feminist Family Therapy; Journal of Men's Studies; Gender & Psychoanalysis; Men and Masculinities; Psychology of Men and Masculinity; Psychology of Women Quarterly; Women & Therapy.*

推薦ウェブサイト

Feminist Therapy Institute: **www.feministtherapyinstitute.org/**
Men Web: **www.menweb.org/**
Society for the Psychological Study of Men & Masculinity: **www.apa.org/divisions/div51/**
Society for the Psychology of Women: **www.apa.org/divisions/div35/**
Stone Center/Wellesley Center for Women: **www.wcwonline.org**

13 多文化間療法
共著：アリソン・スミス

Lillian Comas-Diaz　　Beverly Greene　　Stanley Sue

「アムステルダム大学で研究を始めたころ，私と実家の家族はほぼ半年にわたって家族療法を受けていました。当時，家族療法はまだ提唱されて日も浅く，そのため治療場面ではとてもぎこちなく緊張を強いられましたが，カルバン主義者特有の心の平静さをもって，その試練に耐えました。振り返ってみると，治療に当たってくれた家族療法家たちもまた，私たち家族と同様に不慣れで緊張しながらも，その状況に耐えていたのでしょう。セラピストたちの入念な戦略に，私たち家族が慎重に協力していくことで，確固たる自信はなかったものの，"前進している"という考えだけは共有できました」。

「そのころ，米国の家族療法のパイオニアであるカール・ウィタカー（Carl Whitaker）がヨーロッパを訪問し，オランダで数家族を対象としたデモンストレーションセッションを行うことになりました。そこに，私たち家族が選ばれたのです。セッションは英語で行われ，子どもたちには相互通訳をしました」。

「それは印象的なセッションでした。今回は入念な戦略を用いたわけでもないのに，1時間もたたないうちに，カール・ウィタカーは私たち家族を混乱させたのです。家族の1人は"家族内の犠牲者"とみなされ，別の1人は"死の恐怖による衝動に左右されている"と解釈されました。そして両親については，子どもたちにとって"優しいが，息が詰まるような管理者"であると表現されました。私は子どもたちへの通訳に追われながらも，激しい怒りの感情にとらわれ——それは家族全員が感じていたでしょう——それからどう逃れようか必死でした」。

「その後のセッションで，家族療法をやめることを決心したとセラピストたちに伝えました。彼らに対して軽く抵抗しただけです」。

「私が言いたいのは，アメリカと北ヨーロッパの文化がきわめて似ているとはいえ，実際にはその文化差が非常に大きい点です。カール・ウィタカーはとてもすばらしい家族療

法家で，彼の視点にもとづいて考え抜かれた解釈を下したに違いありません。しかし，彼の解釈は——それが事実であったとしても——私たちには理解することができませんでした。彼の治療システム上では適切な解釈だったのでしょうが，私たちには恐怖と動揺を喚起させるものでしかなかったのです。私たちへの関わり方は，伝えようとした内容いかんにかかわらず，失礼極まりないものと感じました。彼の治療は私たちにとって，大混乱の中で均衡を保とうとするようなものでした。オランダの中上流階級の1家族の視点から見ると，このセッションが役立つとは到底考えられませんでした」。

専門のカンファレンスの場で，同僚のオランダ人のシエード・コリヤン（Sjoerd Colijn）博士はこのような体験談を語り，心理療法において，ある文化にもとづいたシステムを別の文化に導入しようとする際に起こりうる誤りについて提示ししてくれた。家族全員が気持ちよく了解してくれたので，文化に配慮しない治療への警告として，また心理療法における多文化主義の重要性を明確に示すために，上述のような体験談を披露した。

多文化間療法のパイオニアたちの人物像

歴史上，心理療法の王道にもっとも影響を及ぼしたのは，中上流階級で白色人種の異性愛者である。心理療法の概念がヨーロッパから発生したため，その社会政治的価値観は，西洋文化にもとづいたものだった。マイノリティグループや，主流から排斥された集団に対する関心はほとんど向けられなかった。当時のほとんどの心理療法家は，自らのアプローチが人種，民族，文化，性的志向にかかわらず，すべてのクライエントに適用できると信じていた。このように，当初の心理療法は超文化的な視点に立ち，どんな規模，型であっても，すべてのクライエントにつねに適合できると考えていたのである。

しかしながら，すぐに，心理療法とは人間によって人間の問題を解決するために創造されたこと，人間の知恵によって創造されたものは，当然，文化的であることに気がついた。心理療法は特定の文化的枠組み（Wohl, 1989）と密接につながっているのだ。中流階級，ヨーロッパ圏を想定した伝統的心理療法は，たとえばアフリカ系米国人，アジア系米国人，ラテン／ヒスパニック系米国人，アメリカ先住民といったマイノリティグループや抑圧された集団の人々の問題への対処には不都合なことが，だんだん判明してきた。

人口動態の変化により，あらゆる職業に文化的配慮の必要性が明確になっている。特に，心理療法のように対人関係を扱う職業において，それが顕著である。アフリカ系米国人はアメリカ合衆国全人口の13％を構成している。アメリカ合衆国でのアジア系米国人人口は1970年代の2倍となり，現在全人口の4.5％を構成し，半世紀で10％の増加となっている。ラテン／ヒスパニック系米国人はもっとも多く，アメリカ合衆国全人口の14％を構成して，国内でもっとも増加が速いマイノリティグループである。個人が2つ以上の人種登録をする場合があるため，これらの分類は重複している部分がある（U.S.Bureau of Census, 2001）。現在，10分の1以上の米国人は海外で出生し，民族という点から見た場合，3分の1以上の人がマイノリティグループに属していると考えられる（Stuart, 2004）。現在の

移民状況や出生率傾向が続けば，2050年には有色人種はもはやマイノリティではなく，マジョリティとなるだろう。

　問題を地球的視点からとらえるために，以下の統計について考えたい。現在，地球という村の人口がちょうど100人と仮定すると，

- 村には57人のアジア人，21人のヨーロッパ人，14人の西半球の人々，8人のアフリカ人がいる。
- 70人の非白色人種がいる。
- 70人の非クリスチャンがいる。
- 村全体の富の50％が6人の人の手中にある。その6人はすべてアメリカ人である。

　アメリカ合衆国をはじめ，世界の人口構成はさらに多様化が進むため，心理療法を実践するには多様化に適応するか，追いやられてしまうかのいずれかであろう。**米国の有色人種化**（browning of America）が進むことは，人々の肌の色だけでなく，心理療法のシステムも変わっていくと言い換えられる。

　多文化間療法は歴史的変革を遂げてきた。コモディアス（Comas-Diaz, 1992）は，民族的にマイノリティの人々に対する心理療法を4つの発展段階に分けて概説している。初期の段階は**試行的立場**（reactive position）である。抑圧された人々への心理療法の効果について，問われ試された時期である。第2段階は**査察的立場**（inquisitive position）として特徴づけられ，女性や有色人種の人々が心理療法から多大なメリットを得ることを，多くの臨床的知見や数値での調査結果から明らかにされた時期である。現在は第3段階に位置し，**修正主義的立場**（revisionist position）と表してよいだろう。この段階では，有用性への問いという枠を超え，心理療法の過程の変数としての人種，ジェンダー，文化が，民族性-ジェンダー相互作用と同様に検討されている。

　今後は，**統合的立場**（integrative position）に入ると考えられる。統合的立場では，マイノリティの個人個人の日常的事実を包括的に示すことになる。人種，文化，生物学，性別，階級，性的志向，宗教，その他の変数の多用な相互作用は，どれも新しい統合モデルの発展を考える上で重要である。

　この章で取り上げる3人の多文化間療法のパイオニア（冒頭に3人の写真を掲載した）は，上記の段階の発展に寄与している。3人（それぞれヒスパニック系米国人，アフリカ系米国人，アジア系米国人）は，実際の人生で人種差別や軽蔑を乗り越え，文化を重要視した心理療法の実践に向けて自らの専門知識を捧げた。

　リリアン・コモディアス（Lillian Comas-Diaz, 1949- ）が多文化間心理療法家になるまでの道のりは，文化，民族性，ジェンダーの相互影響が鮮明に読み取れる（Comas-Diaz, 2005）。ディアスは長年の伝統的療法家の血を受け継いでいた。父方の祖母は民間療法家で，聖母マリアの慈悲に祈り，時にジプシーのカード占いを使い，またアフリカのオシリス神に祈った。北方へ移住を考えていた労働者階級のプエルトリコ人の両親は，生活のためにシカゴに移り住んだ。ディアスが口蓋裂をもって生まれた時，両親はまず受け

入れ文化圏の米国医学に助けを求めた。彼女の両親は，何もないまま，拙い英語でイリノイ大学での実験的手術が受けられるよう交渉した。まだ6歳だったのに，彼女はカルチャーショックを体験し，プエルトリコに戻ることとなった。寒さの厳しいシカゴを離れカリブ海の温暖な島へ戻る途中，故郷を切望した。スペイン語と英語の入り混じった（スパングリッシュ）夢を見る一方で，人々の態度に及ぼす文化の広範な影響に気づき始めた。身体障害と文化間移動に苦しみながら，傷ついた療法家としてのアイデンティティを築いていった。その後，博士号取得のために米国本土のコネティカット州に戻ったが，そこにはエリート主義，人種差別，性差別といった事柄が待ち受けていた。

彼女の社会政治的な体験は，心理療法の解放を強く主張するきっかけとなった。抑圧に気がつき，それを批判的に分析することで，ラテン系の人々の心理社会的状況を向上させ，自由と解放のパラダイムを通して人々のアイデンティティを守り，働きかける戦士となっていった。

今日，ディアスはワシントンDCにある多文化間メンタルヘルス研究所（Transcultural Mental Health Institute）の所長で，ジョージワシントン大学医学部精神科でも教え，さらに開業心理療法家でもある。彼女の多彩な活動は，雑誌『文化の多様性と民族的マイノリティの心理学（Cultural Diversity and Ethnic Minority Psychology）』の編集，APA民族的マイノリティ部門主任，イェール大学付属コネティカット州メンタルヘルスセンターヒスパニック診療部門所長などでも明らかである。また，彼女の民族文化心理療法（ethnocultural psychotherapy）は，多くの記事，心理療法のビデオおよび書籍で紹介されている。

スタンレー・スー（Stanley Sue, 1944- ）は，オレゴン州ポートランドで生まれ，今となってはすっかり忘れてしまった理由から，テレビの修理屋になるために地元の男子工業高校に通った（Sue, 1994）。技術を勉強して1年が過ぎたころ，勉強していることにほとんど興味を見出せず，むしろ心理学の魅力に惹かれていった。両親に臨床心理士になりたいと伝えると，中国出身の父親は「何だそれは」と言った。父親からすれば，お金を払って悩みを聞いてもらう人がいること自体が信じられないことだった。この両親の反応には，ある文化的差異が反映されている。今でも，多くのアジア系米国人にとって心理専門職はものめずらしい。彼はたゆまなく心理学領域でのキャリアを追い求めることに渾身の努力を続けた。結果，2番目の兄も心理学者になることを決意し，1番上の兄も心理学者になり，心理学者と結婚した。さらに，弟までもが心理学者になったのである！

学生時代にスーは民族性に関するメンタルヘルスの書物を読み始めた。アイデンティティの発達，メンタルヘルス，多様な民族性に配慮した介入といったことを知らなかった彼にとって，それは印象的なものだった。スーの初期の研究では，アジア系米国人の人口的な多さに比べてメンタルヘルスサービスが十分活用されていないことを明らかにしたが，これはいまだに変わっていない。なぜ，アジア系米国人はそれらのサービスを十分活用しないのか。精神障害について周知されていなかったからか。多様な民族のクライエントに対し，それらサービスの有用性をどう証明できるのか。ワシントン大学での10年間，そしてUCLAでの15年間，スーは数百の雑誌，論文および単行本に執筆し，こうした疑問に

対し厳密な視点から追求した。

　スーは現在，カリフォルニア大学デービス校の心理・アジアアメリカ研究所の高名な教授である。また，彼はアジアアメリカメンタルヘルス全国研究センターの前所長である。名著『異常行動の理解（Understanding Abnormal Behavior）』(Sue, Sue, & Sue, 2003) は心理学者である兄弟らとの共著で，多文化的視点を盛り込んでいる。

　ビバリー・グリーン（Beverly Greene）の両親は，アメリカ黒人差別時代の最中に最南部で生まれた。ビバリーが大人になると，両親はビバリーとその兄弟を連れて，頻繁に親戚を訪ねて旅をした。親戚の中には，1860年代前半に奴隷としてアメリカ合衆国に連れてこられた100歳を超える母方の曾祖母もいた。

　ビバリー・グリーン（1952- ）はニュージャージー州イーストオレンジで4人兄弟の1番上として生まれ，両親，父方の祖母，後に母方の祖母が加わり，さらに父方の叔父，叔母と，多世代家族の中で育った。グリーンは公民権運動のうねりの中で成長し，マーチン・ルーサー・キング・ジュニア暗殺のほぼ1か月後に高校を卒業したが，その時はロバート・ケネディ暗殺のちょうど1週間後でもあった。グリーンがマーチン・ルーサー・キング奨学生第1期生としてニューヨーク大学に入学した当時は，ベトナム戦争反対の高まり，アンジェラ・デービス（社会改革を提唱し拘置された黒人女性）の解放運動，女性の権利運動の真っ最中だった。グリーンの社会正義を貫く手段としての心理療法への関与は，人種差別，両親の出生地への訪問，子どもを人種主義から守ろうとする両親の努力，先述したような激動の社会政治的環境など過去の体験に触発された結果であろう。

　グリーンは現在，セントジョンズ大学の心理学部教授で，ニューヨーク市ブルックリンでは心理療法家として個人開業もしている。彼女の研究では，特にジェンダー，肌の色，性的志向による差別に虐げられたクライエントを対象とした心理療法に焦点が当てられている（Jackson & Greene, 2000; Greene & Croom, 2000）。共著『変貌する世界での異常心理学（Abnormal Psychology in a Changing World）』(Nevid, Rathus, & Green, 2002) は毎年多くの学生に読まれ，より包括的で忍耐強い態度で精神病理現象に関わることについて考えさせられる。

　3人の多文化間心理療法家は，社会的に不穏であった1960年から1970年代にすべて成人した。そのころ，メンタルヘルスの専門家は，人種的マイノリティの人々の心理学的問題が認知されていないことに気がついた。しかし，文化的配慮を必要とするマイノリティグループに関する見解はさまざまな批判を受けた。多文化的な動向は，米国心理学会（APA; American Psychological Association）と米国カウンセリング学会（AACD; American Association for Counseling and Development）の両学会が，人種的・民族的マイノリティグループにより効果的に働きかけをしていく方針を固め，組織化を始めたことで勢いを増した。教育カンファレンスにおいて，文化的配慮を伴わない心理療法を実施すれば，非倫理的だと非難されると教えられた。1978年には初めて，民族的マイノリティの心理療法の効果について大統領精神保健委員会が調査を行った。1980年代から1990年代にかけて，専門機関は多様性への配慮と多文化的配慮に関するガイドラインを倫理・教育規範に取り入れていった。

多文化間心理療法は，次の立場のうちのどちらかにもとづいている（Sue & Sue, 2003）。第一は，**文化相対主義**（cultural relativism）で，クライエント集団，たとえばアメリカ先住民，アジア系米国人，アフリカ系米国人，ラテン／ヒスパニック系米国人のそれぞれを想定した，文化に限定した心理療法の発展から成り立っている。文化限定的な理論と技法を，各集団の独特な社会文化的な日常に適用することで，心理療法に変化が生じるとする立場である。第二の立場である**文化普遍主義**（cultural universality）は，多様で大多数のマイノリティグループにおいて自由に適用できるように，広く文化を超越した治療スキルの発展から成り立っている。

今日，ほとんどのメンタルヘルスの専門家は，これら2つの立場のどちらの側にも立っていない。この章では，文化相対主義，文化普遍主義の両面を結合させて示したい。**多文化間心理療法**（multicultural psychotherapy）は普遍的に効果があるものの，文化限定的な要素が混合されたものだからだ（Pederson et al., 2002）。

本章を進める前に，この本全体を通して多文化間心理療法を概念化し提示するにあたり，その際のわれわれの視点について述べたい。多くの関係者が，多文化間心理療法は独立した心理療法のシステムではないと考えている。文化への配慮という考え方は独立したものではなく，すべての心理療法のシステムに取り入れられるべきだからだ。これはもっともなことである。だからこそ，この章だけでなく他の各章においても，心理療法における文化の役割について（各心理療法システムへの文化的批判という形で）言及している。

パーソナリティ理論

文化はわれわれが吸っている空気のようなものである。普段は目に見えないものの至るところにあり，重要な影響があり，生命維持に欠かせない。注意を空気に向けさせた時だけ，もしくは，いつもと違うと感じたり不快に感じたりした時に，その存在と影響力に感謝する。文化も空気とちょうど同じように，目には見えないが，その影響力は大きい。

文化はパーソナリティの主たる決定要因である。それぞれの異なる文化は，特有の行事や，思考回路や行動様式を含んでおり，それらが集団や個人を形成する。**文化**（culture）とは人間の知識，信念，行動などが，学習されながら次世代へ受け継がれ統合された集合体である。文化はひとまとまりの属性，共有する伝統，常識的な信念，生活規範などの連鎖によって，社会の人々を結び付けている。これらは特定の階級，コミュニティ，集団を特徴づけてもいる。文化は出会いの問題に関わっている。つまり，階級，人種，民族性，ジェンダー，世代，性的志向などの出会いの問題で，これらは多様でかつ変化していくものである（Baruth & Manning, 2003）。

文化は決して適切に定められた区分ではない。絶えず変化するばかりか混成しており，主観的でその境界は曖昧である。そのため，多文化間心理療法には単独の普遍的なパーソナリティ理論は存在しない。それどころか，文化の数だけパーソナリティ理論があると考えられる。ある文化の中に多数の集団が存在する際に，定義や特徴の境界について共有し

ている場合もあるだろう。しかし，全世界的なパーソナリティ理論は存在しない。それぞれの文化に配慮し，それぞれの文化に根ざした多様な観点からの立場をとるものである。

アジアの古いことわざが，以下のように伝えている。すべての個人は，(a)他のどの個人とも似ておらず，(b)何人かの個人と似ており，(c)他のどの個人とも似ている。個人としての(a)では，遺伝的性質により，共有できない体験もあいまって，生物学的に唯一無二の存在である。(b)では，類似点と相違点の両方の視野を含んでいる。個人個人は文化を基盤とする信念，価値観，社会的慣習の中に生まれるからである。普遍的ともいえる(c)では，われわれは皆同じ人間であり，生物学的には同じ種に属していることを意味している（Sue & Sue, 2003）。

重要なのは，文化に関係している**人種**（race）と**民族**（ethnicity）は異なる過程を経ていることを意味する点である。人種とは共通の遺伝や祖先を持つ人々，そして外見的な特徴や特性といった見地からその人種と知覚され，その人種としての対応をされる人々のカテゴリーである。一方，民族とはライフスタイル，規範，価値観の面で共有される文化を指す。これらの定義に従うなら，同じ人種の2人のクライエントであっても，同じ民族性を持つとは限らないという意味を含んでいる（Panigua, 1998）。

人種には，2つの重要な意味を持つ。1つめは，人種は社会的構成要素で，身体的な属性や特徴から判断されるカテゴリー分けの方法であること，2つめは，人種が権力，地位，機会に明らかに関わることである（American Anthropological Association, 1998）。西洋文化では，社会的態度や政治的方針の向上によって社会平等性が強化されているにもかかわらず，ヨーロッパの人々や白人（White）の"人種"は有利で，多くの機会を得ることができる。こうした点から，人種とは人々を不公平に区別する相対的，政治的過程である（Smedley & Smedley, 2005）。米国で黒人（Black）やヒスパニック系であることは，人種による権力差を体験し，暗黙の偏見や既成概念をこうむる。

欧米文化では自立を重視する。とりわけ，独立していることをとても重視する。しかしながら，これらの価値観はすべての民族集団に支持されているわけではない。多くの非ヨーロッパ系の子どもたちは，協調性や家族に頼ることに重点を置いて養育される。アジアの人々が子育てをする場合，家族単位での相互依存を教え，個人的ニーズよりも家族や社会的なニーズをより優先することが，家族全体に求められる。また，多くのアフリカ系米国人は大家族の中で育てられ，親族関係の強力な結びつきと，家族の一員としての"身内意識"を感じる。これらの文化的特徴の多くは，優位な文化圏にある人々には共有されていない。つまり，さまざまな集団間で個人個人が異なるように，文化的集団の間にはパーソナリティ特性に相違がある。

事実，ある1つの文化のみを身につけている人は存在しない。すべての人が多様な集団に属しており，各集団が異なる影響を及ぼしている。こういった複雑な影響のために，ある1つの集団の文化知識で，その文化がその人に当てはまりそうだと，文化的傾向を推察してしまうのは危険である。幅広い多様性を1つの分類で対応しようとすれば，メンタルヘルスの専門家は，**画一性神話**（myth of uniformity）に陥ってしまう。これは集団のすべての人が同じ特徴を持つという単純な思考にも当てはまる。つまり，ある特定の文化集

団に属していることに配慮することと、その人の集団内での個別性に目を閉じてしまうこととの境界は微妙である (Stuart, 2004)。

精神病理の理論

　精神病理現象が明らかにしている事柄は、しばしば文化に関わることである。社会において人種的／民族的マイノリティ、その他の排斥された集団の人々は、個人的、組織的、文化的抑圧下に生きており、それらの抑圧はしばしば彼らの品格を奪い、不利な立場を強い平等な機会を与えない。偏見と差別を体験することは、異文化に生きる人間にとっては社会的現実であるが、優位な立場に属する人間にとっては、たいてい知られざる現実である。

　米国精神医学会の『精神疾患の診断・統計マニュアル第4版』(DSM-IV, 1994) では、臨床家が精神病理学的診断を下す際には、1人ひとりの民族的、文化的背景を考慮に入れるよう勧め、「**文化に結びついた症候群**（culture-bound syndromes）の用語集」を提供している。表13-1は文化と密接していると考えられる障害について概要を示したものである。これを見ると、多くの症例において精神病理学に使用される表現が文化的に関わることがわかる。

　ある程度までは特定の文化を超越して一般化できるが、押しやられた文化圏での精神病理現象は、しばしば社会的、政治的、経済的要因に起因している。これらの要因は差別的状況、家族の影響、社会の"かくあるべき"という規範、不適応および経済的困難を含む。順に考察してみよう。

　精神病理現象に至るまでの過程は、移民が船や飛行機から降り立ったその第一歩から始まる。すぐに移民は、欧米の価値観が重んじられる支配的文化からの差別的メッセージに攻め立てられる。自国ではほとんど体験することのなかった人種的・民族的差別は強いストレスを引き起こし、自尊感情や自文化への誇りを失わせていく。事実、アフリカ系米国人やヒスパニック系米国人に見られる人種的偏見、差別、抑圧された敵意から派生するストレスは、高血圧症の発症率増加と関連している可能性がある (Schaefer, 2004)。

　アメリカ合衆国は、人種的、民族的既成概念に満ちあふれている。「アフリカ系米国人は運動能力に優れている」「アジア系米国人はずる賢く、従順である」。マイノリティの人々はこのような既成概念で烙印を押され、それから脱却しようともがく。自分自身や自分の文化的集団に対しても否定的態度をとり始め、そうした態度で自己実現を可能にしようとすることがある。マイノリティグループの人々が、白人の米国人といったイメージに適応を試みれば、自身の文化的集団からはずれ、健康的な集団的アイデンティティを構築することができなくなるだろう。適応を試みる過程で、重要な関係性から最終的に外れてしまうのである。

　精神病理現象はまた、先祖が何世紀も前から移住してきたマイノリティの人々にとっての記録である。多くのアフリカ系米国人は祖先を辿ると、200、300年前の奴隷貿易に行き

表13-1 文化に結びついた異常な行動症候群

障害（disorder）	文化	性質
アモク	マレー半島	突然の，激しい他殺的攻撃性に特徴がある。通常，症状が出る以前はひきこもりがちで物静かな男性に見られる。症状の発生にはストレス，睡眠不足（sleep deprivation），興奮，アルコールが引き金となるようである。
神経性無食欲症	北米，西欧	痩せへのこだわりから食べることを拒否する。若い女性にもっとも頻繁に見られる。
アタケ・デ・ネルビオス	カリブ海近隣諸国	ストレスから来る短時間の衝動性，解離性，コミュニケーション障害。スペイン語圏の人々にもっともよく見られる。
ラター	マレー半島	他人の言動の繰り返し，否定的観念，衝動的な卑猥発言。'蛇'という言葉やくすぐったい，などの体への刺激が引き金となるようである。教養の低い追従的な中年女性にもっとも頻繁に発症する。
ススト	メキシコ・中米	恐怖体験によって魂が体から離れる感じを経験する。うつ状態や内科的症状に起因する。儀式的質問を通して，魂が体に戻る。
対人恐怖症	日本	他人に不快感を与えたり，傷つけてしまうことに対する強い不安。社会的状況での困難さや身体的欠点を気にすることからくる。
ウィンディゴ	アルゴンキンインディアン	通常男性の猟師に見られる。魔術をかけられていると信じ込み，不安や感情の乱れを呈す。一番の恐怖は人食い鬼にされてしまうことである。

出典：American Psychiatric Association (1994); Carson & Butcher (1992); Oquendo, Horwath, & Martinez (1992). ＊髙橋・大野・染矢（訳）を参考にした。

着くのだろうが，この過去が彼ら自身にも繰り返されるのである。差別は滅多に消滅しない。ただ形を変えるだけである。明白な形の差別から，複雑で間接的ながら耐え難いものに形を変える。人種的・民族的マイノリティの人々は，これらの差別的メッセージを数年間抑圧する。その間に，そうしたメッセージは，自尊感情を低下させ，自己嫌悪の渦中で次世代に伝えられていく。

　権力と特権のある人々は，自らはほとんど人種差別をしていないとしばしば信じているが，自らの特権や偏見の広がりを維持していく構造を持った人種差別的社会に生きている。これは**無意識的人種差別主義**（unconscious racism），つまり知らず知らず非意図的に行われる偏見の表出につながる差別的行動を引き起こす。多様な実験研究により，無意識的差別による曖昧な偏見について明確化されたが，それによると米国白人の80％の人々の態度にそうした偏見が表れる（Dovidio & Gaertner, 2004; Dovidio et al., 2002）。

権力を持つ人々が，それを自発的に放棄することは滅多にない。差別は，マイノリティのうちでも少数の人が怒りを爆発させるのを遅らせる。それは，白人の文化を崇拝し，自らの文化を中傷し始めるからである。その結果，自らの文化集団との間に葛藤が生じ，それはしばしば対人間葛藤や自我同一性危機を引き起こす。

精神病理現象は支配的文化との衝突から発生するだけでなく，支配的文化への家族の反応にも起因している。マイノリティの家族はしばしば**文化変容**（acculturation）を経験する。文化変容とは，他の文化への適応や他の文化から慣習を持ち込むことによって生じる個人や集団の文化様式の変化のことである。簡単に言えば，個人は家族や本来の文化的集団に対し忠誠を貫きたいと望む一方で，新しい思考や行動様式を体験したいと考え，両者の狭間で非常に苦しむことになる。

支配的文化への親の見解は，しばしば子どもの見解と衝突する。年配のマイノリティのクライエントが抱える問題が役割の逆転といった文化適応問題，社交性の低下，差別などに起因する一方，若年のクライエントは文化的柔軟性の欠如に関して，家族間の葛藤をより多く体験している。特に若年のマイノリティグループは，両親の母国語を学んだり話したりすることや，伝統文化に従うことを拒み，ものごとを"米国式"に行いたいと思う傾向にあるようだ。マイノリティの両親にとって，こうした反抗はしばしば無礼な態度に映り，家族問題の原因としてアメリカ社会を非難する。

他所者は，頻繁に言語，慣習，社会的役割の上下関係などで数多くの問題に直面する。男性移民は，尊重されなかったり収入や社会的地位の損失にうまく対応できない場合が多く，女性は一般に移行や文化変容過程を比較的容易に乗り越える。女性移民のほうが男性よりもより仕事に就くことができ，この役割の逆転は，男性にとって受け容れ難いものである。こうした葛藤は，まず家庭内で表面化してくる。

社会のかくあるべきという規範は，民族的マイノリティの人々を文字どおり"狂わせる"。マイノリティグループの人々は，主流文化に統合できない時や自らの民族の境遇を受け入れられない時，どちらにおいても混乱し，蔑まれ，苦しむ。白人文化の成功基準に迎合しようとするアフリカ系米国人は，"アンクルトム"や"オレオ"（外側が黒く，内側が白いビスケット）などと烙印を押され，黒人社会から追放されるかもしれない。一方，服装，言語，慣習を通して自らの伝統文化を主張するアフリカ系米国人は，白人に支配された労働社会では成功できないだろう。このような"努力しても非難される（文化変容の場合）""しなくても非難される（文化変容をしない分離の場合）"というジレンマに陥れば，葛藤は必ず強まり，健康的にバランスの取れた状態にはたどり着けない。

ヨーロッパ系白人の規範に受け入れられない場合は，破滅的な状況になりうる。参加したい集団に個人的に拒絶されるだけでなく，もはや身を寄せる支持的集団も失なう。この二重拒否によって，物質乱用，うつ病，不安といった精神病理現象は一気に進む。たとえば，保留地のアメリカ先住民は物質乱用やアルコール依存になる確立が突出して高く，自殺率は国内平均の2倍に達している（Sue & Sue, 2003）。アメリカ先住民に見られる物質乱用は，欲求不満の解放や倦怠感除去といった欲求と関係している。

心理的苦痛はまた，経済的困難とも直結している。いくつか数えあげただけでも，財力

の無さ，低学歴，栄養失調，不適切な子育て，標準以下の住居，高額なため受けられない医療サービスなどがある。貧困は慢性疾患や行動障害の主要な危険因子である。

　人種・民族の健康への影響は，生物学的脆弱性よりも社会的不平等によるところが大きい。教育，収入，雇用のどれをとっても，社会経済のレベルが下降するにつれて，健康問題を抱える人の数は増す（Pederson et al., 2002）。そればかりか，多くの知見から，臨床家の漠然とした人種的偏見や民族的な既成概念と並んで，臨床家とその患者間の人種的権力差も，世界中で有色患者が受けている不平等な医療サービスの要因と指摘できる（Institute of Medicine, 2003）。米国において，黒人，ヒスパニック，アメリカ先住民という理由だけで，たいてい質の悪い医療を受けざるをえないのである。

　強調したいのは，2つの重要な意味において，精神病理現象が文化的に生み出される点である。第一に，精神病理現象は，支配的文化の総意によって，異常だとか不適合だと把握される行動である。"異常さ"は見る側の視点で決まり，一般に見る側とは常識的信念や支配的集団の規範に属する人々である。第二として，精神病理現象の原因は生物学的なものであると同時に，文化的，社会学的なものである。原因は個人に内在するのではなく，多くは社会にあるのである。

治療過程の理論

　心理療法を実施する際の文化的適応能力は，どの段階においても，心の中に深く浸透している幅広い社会政治的状況と深く関係している。多文化間心理療法でもっとも頻繁に使用される治療過程は，意識化，カタルシスおよび選択である。

　意識化　多文化間心理療法家は多くの目的から，意識化のプロセスを用いる。抑圧を理解し，マジョリティ文化からの不利な影響に気がつくことができれば，素朴な現状受容から脱し，抑圧システムに抵抗し，自分自身や文化の中での自分に対し反映させ，自らを再定義することで誇りが高められていく（Ivey, 1995）。

　セラピストは，支配的文化がいかに抑圧し，自己概念が形成されてきたかをクライエントが理解できるような支援から始める。支配的文化を否定的に内在化してしまうと，自らのアイデンティティを見失ってしまう。意識の解放化は，自らの生活がいかに虐げられていたかをクライエントが正しく認識する助けとなる。セラピストは，内面的な苦痛がしばしば人種主義や偏見などの外的ストレッサーと関係があり，それらに対する反応であることを指摘する。

　同時に，クライエントは自分自身の真実に直面しなければならない。つまり，支配的文化の規範に尊敬の念をもってしがみついている可能性があり，自身の文化を中傷している可能性がある点である。結果的には，クライエントは自分自身の文化に背を向けたことで自らを疎外し，重要な文化集団のサポートを失ってきたことに気づくことができる。

　ある中国系女子大生の症例を考えてみよう。彼女は存在価値がないといった感情や自殺

念慮などの抑うつの反応を訴え，心理療法を受けていた。家族以外の中国人とはほとんど交流がなく，中国に関するすべてのものごとに軽蔑感情をあからさまにしていた。中国の慣習に敵対心を持ち，特に中国人男性に対しては，内向的で受動的，性的魅力もないと言って敬遠していた。彼女は白人男性のみと付き合い，彼女の家族はこれを残念がっていた。しかし，付き合っていた男性との関係が終わってしまった。男性の両親が彼女の人種を拒絶したからである。彼女はこれに対し強く意識しなかったものの，自分がこの人種に生まれてきた運命を否定することにだんだん困難を感じ始めた。この男性との関係が終わったことで，自分が中国人であり，社会のすみずみまで完全に受け入れられているわけではないことに気づかされた。最初，現在の状況を中国人のせいとして公然と非難していたが，後に敵対心のほとんどが自分自身に向けられるようになった。自らの潜在的な文化に違和感を持ち，米国文化にも完全に受け入れられず，彼女は自我同一性危機に陥っていたのだ。結果として，存在価値を見出せないままうつ状態を呈していたのである。この症例が示すように，意識化させることは，偏見がもたらす破壊的影響についての理解を助け，それを通してのみ，文化的疎外状況の修正に向けて歩み始めることができる（Sue ＆ Sue, 2003）。

　意識化はまた自分自身の文化的状況が，心理的治療の受け入れや変化に向けての実行をどれだけ阻害しているかをクライエントが気づく助けとなる。たとえば，メキシコ系女性は夫からの暴力に対して，それが神の意思による状況だと信じて援助を求めない。同じ状況でも，東南アジア系女性のミャオ族の伝統では，何か悩み事があれば一族の長老に初めに相談すべきとされており，臨床家に相談することを躊躇する。虐待にあったアフリカ系米国人女性は，心理的援助を求めるのは白人だけがすることだと言いきかされて社会生活に適応させられてきただろう（Mitchell-Meadows, 1992）。このような状況では，文化に敏感なセラピストだけが，女性たちがこういった有害な社会化の影響に気づけるような援助ができる。

　心理療法家は，クライエントが人種差別に対処する際の個別的様式に意識的に同一化することや，不健康な状況への気づきを促す。最近離婚し，ストレス性の片頭痛に悩む黒人の医学生の症例について考えてみよう（Sue & Sue, 2003）。彼は，通っている医科大学の人種差別的な環境と，なかでもある教授が問題の原因になっていると感じていた。その教授と直接対決し，人種差別的態度をとったとして教授を訴えたいと望んでいた。しかしそうすれば，退学処分を受けかねないこともわかっていた。治療においては，彼がそうした行動を選択しても離婚からくる怒りの感情の全面的な解決にはつながらないこと，教授との対決という自らの選択の結果から残る悔しさや，精神的弱さに圧倒されてしまうことを明らかにした。彼が離婚の影響を理解し始めると，もっと広い視野で選択肢を考えられるようになり，マイノリティ相談室に不満を相談するほうがよいとの判断に至った。教授との間での緊張状態は高いままであったが，最適な選択をしたと感じられ，大学にも残ることができた。

　クライエントだけでなくセラピストにとっても，文化的に配慮した意識化から得られるものがある。多文化的気づきは，身近なところから始まる。心理療法家は人種主義やクラ

イエントの文化に対する自らの感情について理解し，それらと折り合いをつけておくべきである。クライエントが民族的同一性を受け入れることを援助しようとするならば，セラピストは自らの文化的偏見を論じることに臆してはならない。自らの世界観について継続的にはっきりと語る（そしてその根源にある多様性を評価する）ことで，セラピストは個人的に抱えている偏見についての気づきをより深めることで制御できるようになる。このような偏見への気づきは，面接での双方向の情報の還流を促す。たとえば，セラピストがクライエントに次のように言ってもよい。「私自身，偏見に気がつかないまま配慮を欠いた表現をしてしまったことを，あなたが教えてくれたことに感謝しています」。

カタルシス　クライエントが支配的文化の自分への悪影響を理解すると，差別や文化的疎外といったことからくる抑圧されていた怒りはたいてい表面化する。マイノリティのクライエントがこの怒りを表現し，この怒りは理にかなった当然のことだと気づき始めることが重要である。

地位を失ったラテン系女性であろうと，人種差別に憤慨している黒人であろうと，健康的な怒りの表出は治療に欠かせない要素である。セラピストの初期の目的は，敵対心に働きかけ，怒りを適切な方向に転換させることで，クライエントの感情的な反応の表出を促進させることである。セラピストが人種的マイノリティの経歴を持つ人なら，人種差別とそれに対する怒りにどう対処すればよいかクライエントに示す際に，的確なモデルとなる。マイノリティのセラピストは感情と対処方法をクライエントと共有できる。たとえば，アメリカ先住民で雇用差別に苦しんだことがあるセラピストの場合，同じ状況に直面しているクライエントとその体験を共有できる。

支配的文化出身のセラピストは，人種の多様性と多文化主義の積極的態度を形成できる。白人のセラピストは事前にクライエントの文化について学び，さまざまな文化を尊重し，理解することに心から興味を持っていることを示せれば，クライエントが肯定的な配慮や他者への受容的態度を持つことを触発できる。

選択　意識化とカタルシスの後は，具体的な選択によって変化に導く。クライエントが抑圧の存在を認め，傷つきを表出できたら，新たな基盤となる解放と誇りをどのようにして建設的に方向づけるかを選択する必要がある。かつて，エミリー・ディキンソンが述べたように，「傷ついた鹿こそが，もっとも高く跳ぶ」のである。

クライエントが直面する重要な選択とは，自己意識を，自らの文化集団にいかに統合させるかという問題である。どのくらい統合させるのか，自己のどの部分が傷つき，自分の文化のどの部分が欠落しているのか。どうすれば文化的な視点に向かい合いながら，健康的な関係を築くことができるのか。民族的な配慮を必要とするクライエントは，これらの問いに応えるような選択，それも支配的社会によって評価された価値観や目標だけでなく，自分自身の価値観や目標とも矛盾のない慎重な選択ができるように学ばなければいけない。

あるアフリカ系米国人の歴史学の教授が，教授職に専念できないことへの怒りを治療中に露わにした。「あなたたち白人は，自分のキャリアにとって何がベストかを心配してい

ればいいでしょう。しかし私の場合，自身のためだけではなく，黒人全体にとって何がベストかまでも配慮することが求められるのです。人生のすべてをかけて，歴史に好きなだけ没頭できるようにがんばってきました。しかし，黒人学生や黒人教授団や黒人研究をないがしろにしたら，罪悪感を持ち，裏切り者とみなされることを恐れなければなりません。あなたのような白人の教授は，こんな問題を抱えていますか」。いいえ。白人男性として，私（プロチャスカ）は，自分が選んだ専門分野だけのことを気にかけていればよい特権を保持していることを認めなければならなかった。

　移民のクライエントは文化の伝統と役割を，新天地での規範にどう組み入れていくか選択を迫られる。クライエントは新しい社会にどの程度文化変容をしていきたいかを判断し，両文化をそれぞれの重要な側面を失うことなく融合させていくかを決めなくてはならない。このようなクライエントの基本的な選択は，突きつめれば健康的で快適なバランスを保った生き方の選択である。もちろん，言うは易く行うは難しである。健康的な基盤がなければ，健康的な成長は難しい。

　クライエントが文化変容とマイノリティ文化伝統の保持とのバランスを踏まえた選択に直面する時，セラピストは将来に対しての混乱や不安に対処できるような援助に焦点を当てる。なかには，マイノリティグループには戻らないというクライエントもおり，つらさや罪悪感といった感情を表すだろう。セラピストはそうした感情に働きかけてクライエントを支え，その決断を支持する。別のクライエントは，自らの文化集団に戻ることを決断しながらも，拒絶されることを恐れているかもしれない。このような場合，セラピストはその文化集団に再適合する手立てや，また拒絶された時の対処についてもクライエントと一緒に考えていく。先ほどのアフリカ系米国人教授の場合，いまや頻繁に会えない白人の同僚からの怒りと，長い間どこへ行ってしまったのかと心配していた黒人の同僚からの怒りの両方に対処していく必要がある。

　双文化アイデンティティを選んだ別の症例では，多文化間心理療法家はその決断結果から発生する混乱に効果的に対処できるように援助する。クライエントは自分自身が下す決断への賛否両論と，その決断によってどのように人生が変化していくか注意している必要がある。協調的な計画と双方向的な問題解決によって，力をつけてきたと感じることができる。

　積極的介入のための霊感的な手法の1つに，**解放心理療法**（liberation psychotherapy）(Friere, 1970, 1973) がある。それは押しやられた伝統的な観念に挑戦し，マイノリティ文化の従属的地位からの脱却手段を提唱する。社会的な仕組みへの気づきは，具体的な変化をもたらす。自由への働きかけは，解放心理療法の基盤を形成する。世界に変化をもたらすために，積極的な介入をする必要がある。

　解放心理療法の実例は，多文化間療法家の体験やクライエントの成功体験に数多く見られる。リリアン・コモディアスはサービスが行き届いていないクライエントのために，ヒスパニックのためのクリニックを主宰した。スタンレー・スーはアジア系米国人のメンタルヘルスに関する全国センターを設立し，ビバリー・グリーンはジェンダー，皮膚の色，性的志向の相互関係が見落とされていることについて，本シリーズの書籍出版の中心的役

割をはたした。意識化さえ始まれば，大きな妨害の波の中であっても，クライエントが勇気をもって大学の多文化センターから一歩を踏み出し，政治的機関に駆け込んだり，支払可能な金額での子どもの医療ケアを強く要求し，職場での文化的配慮のための研修導入を強く主張できる。行動を伴わない論議では，社会的正義の保障には不十分である。

治療の内容

個人内葛藤

不安と防衛　文化的規範に対する不安は，多くのマイノリティのクライエントの苦痛の根源である。クライエントが自分の文化規範と支配的文化規範を融合できない時，多くの場合，不安は防衛行動や不適応行動となって現れる。また，クライエントが標準的な教育，仕事，医療ケアなどを求めても平等な機会に恵まれない時，不安は当然現れる。

不安は文化背景により，異なった形で現れる。頭痛や，特にラテン／ヒスパニック系の人々に見られる幻覚のような身体症状や身体的訴えは一般的で，心理的葛藤の表現として文化的に理解される。多くの文化で，情緒的苦痛よりも身体の病気のほうが受け容れやすい。不安はまた，行動化されて現れる。特にスケープゴートになっているマイノリティの思春期の若者や家庭内において行動化が認められる。

自尊感情　人種／民族差別は，固定観念とかくあるべしという預言の網の目に新しい世代世代の人々を捕えることで，数世紀にわたって波紋を広げている。役にたたない存在だというメッセージを何世代にもわたって内在化させられ続けた人々は，どうしたらこれから傷を負わず，心理的に健全でいられるのだろうか。マイノリティの人々が白人による支配的な文化がもっとも優れているというメッセージをつねに送り込まれれば，そうしたメッセージを受け入れ，自分と自分の文化集団の両方を中傷し始めるだろう。これは，**内在化された人種差別主義**（internalized racism）として知られるプロセスである。マイノリティの人々はしばしば支配的文化を崇拝し，自らの独自文化と自分自身を劣ったものととらえてしまう。

対人間葛藤

親密さとセクシャリティ　親密さ，より正確に言えば親密さの欠落は文化に関する問題の中核である。親密さは恋人の間だけでなく，家族や文化集団内の深いつながりの根底をなすものである。このつながりが，主として支配的文化の暗黙の人種差別が原因で切れてしまったら，家族からの援助の損失のみならず，自己の損失をも実感するだろう。親密さのあるつながりを回復すること，もしくは損失を受け容れることが，自己意識と自尊感情を取り戻す際に重要である。

文化集団によって，健康的なセクシャリティの概念は異なる。もっとも無難な一般的概念は，セクシャリティに唯一の雛形は存在しない点である。性的慣習は，それが反映されている文化の観点から認識されるものである。性的慣習は支配的なヨーロッパ・アメリカ的視点からのみ判断できるものではない。さらに，伝統的な白人ヨーロッパ文化では男性が家族の首長，つまり権力のある立場として強調されてきたが，ヒスパニックやアフリカ系米国人の家族構成では，関係性は情緒的支柱で考えられるため，男性よりも女性が中核をなしている。

　コミュニケーション　　コミュニケーションに関わる問題は，マイノリティグループ内で発生するのと同時に，支配的文化とマイノリティ文化との間でも起こりうる。文化集団間におけるコミュニケーションの困難は，期待，偏向，偏見を抱かせるメッセージにある。健康的なコミュニケーションと破壊的なコミュニケーションを分ける要因は，人種的・民族的中傷のような差別があるに違いない。コミュニケーションは文脈によって，良くも悪くもなる。コミュニケーションは，それを図る際に，個人間やマイノリティグループ間での相違がそれぞれの類似点を覆ってしまった時に失敗する。
　文化集団内，とりわけ家族内でのコミュニケーションの困難は，個人と文化集団との間での関係性が失われてしまった時には，誤解や憤りなど形を変えて現れる。コミュニケーションが悪くて生じる見解の不一致は，育てられた環境とは異なるライフスタイルや体験したいと望む個人のニーズを，所属する集団メンバーが理解しようとして，はじめて修正可能となる。個人はまた，自らが生まれ育った集団の価値観を正しく認識・評価しなくてはならない。双方向のコミュニケーションの経路が開かれている時にのみ，相互的理解と相互的尊重に行き着くことができる。

　敵意　　マイノリティの人々が持つ敵意は，長年の差別と自己尊重の低下からの反応と考えられる。ロサンゼルスでアフリカ系米国人運転手を集団暴行したにもかかわらず無罪放免となった白人警察官たちに抗議する暴動であっても，米国へ入国拒否されたハイチ移民に広がった暴動であっても，怒りは抑圧に対する自然な反応である。問題は，敵意が蓄積され不適応行動として表れてくる点にある。暴力的行動として表現することが非常に多いマイノリティグループの若者の未来は，絶望的である。しかしながら，彼らの叫びに耳を澄まし，理解する必要がある。「公平なき世の中に，平和はない」。破壊的敵対心に反対しつつ，憤りの正当性を世に主張するには，繊細なバランス感覚を必要とする。

　コントロール　　多くのマイノリティの人々にとって課題となるのは，いかに敵意をコントロールしながら，同時に周囲からの支配，とりわけ社会のバイアスのかかったメッセージによる支配を食い止めるかである。バイアスのかかったメッセージは，マイノリティグループの人々が自らの潜在的能力の発見を妨害する認知や行動をもたらす。コントロールに関する問題の解決，すなわち個人内にある敵意のコントロールと，社会的報酬に対する組織的コントロールは，個人と集団へのより大きい機会を確立することにかかっている。

個人 - 社会間葛藤

適応 vs. 超越　多くのマイノリティグループの人々は，これまで決して完全に社会に適応したことはなかった。したがって，社会に対し超越をはかることはなおさら難しい。マズローの欲求階層説では，人は安全と安定，所属と愛情の欲求を満たさなければ，自己実現や超越を達成できないとしている。

　超越をはかるには，マイノリティグループの人々は内在化された人種主義から脱却し，自尊感情を獲得する方法を学ぶ必要がある。社会的状況に安易に適応するのではなく，社会から押し付けられたものではない肯定的価値観や自主性の段階まで超越するのである。それが支配的社会からの分離という形で実現されるものであっても，時にはその選択も必要である。

衝動コントロール　特定のマイノリティグループの人々は，衝動をコントロールできないまま問題を多発させてしまう否定的なステレオタイプが認められる。事実，さまざまな人種のうち主流集団の人々は，衝動をうまくコントロールできる遵法的市民である。しかし，非常に貧しくて疎外された人々が，怒りをより行動化させることは驚くにあたらない。若者が夢の実現できる機会をほとんど与えられない場合，成功という幻想を行動化ということで表現することは決して珍しくない。心理療法家は，衝動を無分別に行動化させることは自滅的であることを，個人がはっきり認識できるよう援助する必要がある。自己向上につながる価値ある行動を見つけながら，衝動の裏に隠された感情を承認していくことが治療の鍵となる。

葛藤を超えて達成へ

人生における意味　多くの人は，文化的祝い事や文化の継続性に意味を見出すことができる。家族は文化の基本単位で，家族の構成員は，結婚，子育て，孫を持つこと，その他の関係性の中から意味を見出していく。家族は誕生日や記念日，季節的行事などを共に祝う。学校教育は，家族が子どもたちの社会化・文化化を促す際の助けとなり，子どもたちが文化的秩序に参加して準備する1つの場としてみなされている。

　しかし，文化の狭間にいるマイノリティグループの人々にとって，そのような意味はまったく文脈的にとらえられず，葛藤でしかない。どの文化に忠誠心を捧げればいいのか。家族にとって，この文化が信頼できるものでなかったらどうだろうか。結婚や家族を祝うといっても，LGBT（レズビアン，ゲイ，両性愛，トランスジェンダー）といった一部の人々の性が文化的に容認されない場合は，どうなるのだろうか。こうした文化的葛藤は，大多数の人が人生を通して体験する意義の根源を揺るがすものである。この解決には，狭量な偏見ではなく豊かな多様性によって定められる，包括的で結合力のある文化を創造する努力が求められる。

理想の個人　文化の相違性といった文脈では，単一の理想の個人などといった神話を支持しない。むしろ理想として掲げるのは，マイノリティの個人個人が自らをありのままに受容できる状態である。そうした意味での理想の個人とは，間違ったメッセージにとらわれず，支配的ヨーロッパ・アメリカ文化の実際を，徳や美の手本ではなく，別のライフスタイルとして認識できるようになることを意味する。マイノリティの個人として，自文化を尊重しながらも，自らが合うと感じる習慣の中で生きることをためらわない。コントロールできるが支配は受けない。そして何よりも，文化的多様性は価値観や誇りの源であり，質を高め，力の源となっていくのである。

治療関係

　長続きする治療関係の構築は，同時に変化を促すもっとも強力な要因であり，多文化間療法のもっとも難しい側面である。共感，肯定的関心，協働が多文化間心理療法の基礎となるならば，治療関係は強力なものとなる。臨床家の課題は，傾聴，援助，承認（正当性の肯定）にある。治療関係は，往々にして異人種，異民族である臨床家が，クライエントの信頼，信用をゆるぎないものにしようとするところに難しさがある。もっともなことだが，支配的，否定的文化出身の臨床家と心理療法を継続していくことに，躊躇するかもしれない。
　この理由から，文化的に多様なクライエントとの心理療法は，各クライエントの個人的ニーズと文化的好みに合わせたものに変える必要がある。どんなクライエントであっても，一緒に関わることが目標となる。たとえば，強い感情を抑える慎みという態度や，問題への直視を控える態度に重きを置くアジアの人に対しては，開放的な心性を持ち，心理的な受け入れの素地があり，自己主張が求められる西洋文化圏に生きるクライエントとは異なる治療関係が必要となる（Leong, 1986）。
　事実，ほかならぬ"心理療法家"という言葉の意味は，文化により変化する。アジア系米国人とアフリカ系米国人は，心理療法家を"医者（physician）"としてとらえ，アメリカ先住民はセラピストを"呪術医（medicine man）"とよぶ。ラテン／ヒスパニック系米国人はセラピストを民間療法者もしくは神聖療法を提供する呪術医を意味するクランデーロ（curandero）という名でよぶ（Schaefer, 2004）。人種，民族，文化は人間の行動に多大な影響を及ぼすため，結果として，マイノリティがどのように関係性をとらえるかにもつながっていく（Sue & Sue, 2003）。
　マイノリティのクライエントは，自分と同じ民族的背景を持った心理療法家との関係をしばしば快適と感じるようである。同文化のセラピストは役割モデルとなり，マイノリティのクライエントの問題を偏見に染まらない意見として強調できる。しかしながら，多様な文化集団があるため，それぞれのクライエントの文化的背景に合う心理療法家が待機していることを期待するのは非現実的である。

セラピストと患者間の人種・民族的な調和がいつも得られるとは限らず，調和が効果につながるという保障がない以上，文化的に多様なクライエントの治療に対する責任は，すべて心理療法家にあるとされる。セラピストは，根本的に自らとは異なる文化的背景を持つクライエントとしばしば出会うことに気づく。これは，クライエントとセラピストの両者にとって問題となりえる。クライエントは，セラピストから誤解されていると感じるかもしれず，セラピストはクライエントの文化的枠組みを理解しようと苦しみ，治療的戦略をクライエントの個人的ニーズに合わせることに困難を感じるかもしれない。
　セラピストはクライエントとの人種的，民族的違いが，いかに両者の関係性や治療の成功に影響を及ぼすかつねに油断できない。このような対話を引き出すために，以下のように問いかけてみるのも1つの方法である（Cardemil & Battle, 2003, p.281 から改変）。

　　　繊細な話題であることはわかっていますが，異なる人種・民族的背景の私と一緒にいることについて，どのように感じているのですか。

そして，さらに，

　　　できるだけ役に立つよう，あなたのニーズに合った治療をすることが目標なので，お尋ねしました。けれども，あなたの体験を完全に理解できていないと感じる時があるのです。こういったことについて，自由に話し合いたいと思っていることを知ってもらい，あなたの文化について理解不足な点は教えてもらいたいのです。

セラピストはこうした対話を試みて失敗を犯すより，こうした話題を省略して失敗を犯している（Cardemil & Battle, 2003）。
　こうした状況では，クライエントと一緒に治療目標を整理して示し，文化の優先性を治療に組み入れるなど，セラピストとクライエントの真の協働が必要とされる。クライエントの文化特性を治療に統合していく作業は，セラピストがその文化に尊重と興味を持っていることを示すことになる。それが，クライエントの受療行動，病気の受容，医療ケアを受けるといった思考回路全体に影響を与える。
　文化的に有能なセラピストは，治療関係の中での言い回しに留意する。白人は次の話し手にうまくつながるように，話し手が変わる際に短い間合いをとる傾向にある。アフリカ系米国人は，話し終わるかどうかというところで次の話し手が始められるように，発言を重複させる傾向にある。ラテン系米国人はより大げさに発言を重複させ，まるでいっせいに話しているようである。アジア系米国人は，何が発言されたかを確認するための沈黙を快適と感じる。アメリカ先住民も，発言に対しよく考え意見を述べられるよう，こうした沈黙をより長めにとる（Sue & Sue, 2003）。
　セラピストの母国語がクライエントの母国語と適合しない場合，問題が発生する。米国ではおよそ18%の家庭で英語以外の言語が使用されている（U.S.Census Bureau, 2001）。しかし，通訳者を入れることに関しては，議論の余地がある。明確な利点としては，特に

緊急の場合は、医療専門家がクライエントをある程度まで理解できることが挙げられる。一方、重要なリスクも挙げられる。クライエントの内面について、通訳者の遺漏、付加、置換などによって事実が歪められたり、間違った解釈がなされるかもしれないからだ。見知らぬ第三者の参入が、不愉快であることが判明する場合もある。クライエントは感情表現を躊躇し、セラピストは通訳内容に混乱したり、誤解するかもしれない。通訳の使用は誤った診断を招き（多くの場合、必要以上に重症な診断が下される）、治療中断の率を高める（Panigua, 1998）。クライエントの利益のためにどうしても通訳を入れることを心理療法家が判断した場合、通訳者は分限をわきまえ、家族や友人ではなく、両者が無関係な個人が望ましい（APA, 1993、また APA, 1991; APA, 2003 を参照）。

　クライエントを力づける際に、多文化間心理療法家はしばしば異なる援助的役割を担う。助言者、指導者、変革のための代理人、促進者、コンサルタント、さらには**権利擁護者**（advocates）の役割である。権利擁護者としての心理療法家は、社会変革に向けてクライエントを力づける。セラピストはクライエントと社会全体の双方に働きかけ、その成長を指導し支える。ある葛藤状況において、クライエント側に擁護すべき価値があるとした時、治療関係は確実に強まる。このように、セラピストは個人と協働する一方で、社会変革をも追求するのである。

　多文化間心理療法は、的確に行われれば、双方が学びあう関係で成り立つ。個人的に意義深く、情緒が満たされた関係での文化的相互作用は、クライエントと同様にセラピストにも影響を与える（Pederson et al., 2002）。両者の治療が終結時には、文化多様性を尊重できるようになっており、それはその先も続く。

多文化間療法の実用性

　1つの治療がすべての人種、民族に当てはめられないのと同様に、多文化間療法の実践に際しては、普遍的な処方に絞り込むことはできない。治療形式やセラピストチームはクライエントの文化によって決まるのである。

　多文化間療法家は個人、夫婦、家族、集団を対象とし、それをさらに発展させる。セラピストは、クライエントの人生の変革をもたらすネットワークの発展に努める。

　うつに苦しむ有色青年女性の場合、セラピストとクライエントは、つながりを感じられるように、クライエントの友人にも面接に参加してもらった。友人らは、家族に援助を求める方法をクライエントに示してくれた。その後の面接では、大学やコミュニティ資源を友人たちと討論し、大学や教会で彼女がうまくできるように援助した。セラピストはクライエントが抑圧に抵抗を示す言動があった際には、有効なリーダーシップ技法の練習を取り入れ、その行動性を高めた。友人、家族、大学、教会および社会的行動性を取り込んだ多面的なアプローチによって、クライエントはより広いコミュニティと結びつき、押しやられた孤立感を緩和する能力を高め、安全な助言者を見つけ、抑圧に対する行動的な発言力を強固なものにした（Querimit & Conner, 2003）。1人の子どもを育てるのに村をあげ

て取り組むには，おそらく周りの大人の健康が保てる村にしていく必要があるだろう。

　西洋文化（と心理療法）は個人主義に傾きやすいが，多くの文化は集団主義的な観点を持つ。たとえば，アメリカ先住民は，クライエントに援助のできる家族全員が一緒にクリニックに来院する。ダーヤニ・ヤウフー（Dhayani Ywahoo）（Cook, 1997）は次のように述べている。「アメリカ先住民の世界観に，内や外という概念はない。人間，家族，歩くもの，這うもの，泳ぐもの，飛ぶものすべてが恩恵をこうむるには，輪の中にいるすべてのものが必要である」。定型的な多文化間療法の実践では，当該クライエントだけでなく，しばしば家族やコミュニティ全体とのつながりを画策する。

　マイノリティ文化での働きかけの一部には，**伝統的**または**土着・伝統療法家**（traditional or indigenous healers）との接触が挙げられる。多文化間療法家は，クライエントの要望やその必要を感じた場合には，民間療法家（folk healers）としばしば協働する。このような協働に対し，民間療法はインチキだと教えている専門研究機関や公的機関はおそらく異議を唱えるだろう。しかし，このような協働は，民間療法と心理療法は共通部分が多いことを示し，前者はより霊的な体験にもとづいている（Comas-Diaz, 2005）。

　多文化間療法家とクライエントにとって，心理療法の初期の段階からその方針を相互的に吟味することが肝要である。通常実践されるのは，クライエントとセラピストそれぞれの役割や心理療法という取り組みの本質について，初めてのクライエントに理解させることである。**治療開始前の患者の心構え**（pretreatment patient preparation）とよばれるこれらの手順は，直接的指示，情報収集的面接，モデリング，ビデオ上演，ロールプレイなどさまざまな形態をとる。多くのクライエントは，心理療法のプロセスに関してさまざまなものを期待しており，メンタルヘルス治療の特性に不快感を抱くこともある。治療開始前のオリエンテーションでは，このような期待を明確化させ，クライエントにとってより快適な役割を一緒に決めていけるよう準備していく。導入の準備をすることでの好ましい影響は，非常に多くの知見で明らかにされている（Levine, Stolz, & Lacks, 1983; Lorion, 1987; Orlinsky & Howard, 1986）。

　多文化間療法は現代西洋思想の本流を超越しており，研修カリキュラムを多様化させる必要がある。学生は，文化的感受性と文化的スキルを高めるような教育を受けなければならない。学生は当然，受け持つクライエントの文化について知識を身につけ，さらに異なる民族間関係，人種差別主義，そして文化的集団が機能している歴史的，社会的，心理的文脈についての気づきを高める必要がある。こうした背景があれば，セラピストが各クライエントの文化的な背景をはっきりさせられなくても，文化的感受性と尊重を表現することができる（Yutrzenka, 1995）。

短期多文化間療法

　多文化間療法では治療の長さではなく，そのプロセスを重要視する。文化的感受性の広義の目標は，長期，短期療法両方の共存である。多文化間療法の長さを決めるのは，個人

と文化的傾向の問題である。異なる人々（文化）には異なる方法を用いる。多文化間療法はどの地域のクライエントとも面接するため，セラピストは，クライエントにとって心地よい長さの面接を提供できるよう準備しておかなければならないからだ。

　残念ながら，人種的・民族的マイノリティのクライエントでは，他の一般的母集団よりも心理療法の継続率が低い。マイノリティのクライエントの50％が，メンタルヘルス専門家との1回の面接で中断していると見積もられる（Panigua, 1998）。これを踏まえ，短期多文化間療法は意図的に用いられるべきもので，コミュニケーションの失敗やセラピスト－患者間の不適当な組み合わせによる無意識的な結果ではない。

主要な選択肢：LGBTのクライエントを対象にした心理療法

　レズビアン，ゲイ，両性愛，トランスジェンダー（lesbian, gay, bisexual, and transgendered：LGBT）の心理療法を多文化間療法の章で議論するのは，一見場違いに見えるかもしれない。LGBTのクライエントは多様な集団を構成している。内容は異なるものの，差別，偏見体験の共有という点では，LGBTのクライエントと民族・人種マイノリティのクライエントには相通ずるものがある。

　LGBTは民族・人種マイノリティと，さまざまな点で重要な特徴を共有している。特に，社会において抑圧された集団であり，有害なものという既成概念にさらされてきた。また，心理療法研究においては調査対象としてなおざりにされ，押しやられていた。メンタルヘルスシステムのサービスが行き届かないか，不適当なサービスを受けている（Sue & Lam, 2002）。どこにいても，排斥，無視にあい，専門家の文化的無神経と類似した問題が存在する（Brown, 2005b）。つまり，LGBTのクライエントは性に関するすべての現実について，文化的に有能な心理療法家を必要としているのである。

　少なくとも有色人種が米国で権利平等を勝ち取ったとはいえ，LGBTには当てはまらないことである。「米国の法律はわれわれを保護していない。場合によっては危険にさらしている」（Brown, 2005a, p.364）。多くの州で，LGBTの結婚や養子縁組が非合法化されている。州によっては，同棲すら禁止されている。これらの法律は，性的志向のマイノリティに対する差別は合法だといっているようなものである。

　心理療法の歴史から見ると，LGBTは忌わしいものとして，無視され，虐待される下層文化として扱われてきた。実践家は同性愛を病理現象として扱うようしばしば指導された。こうした視点は，1952年に同性愛がパーソナリティ障害として分類され，たとえば小児愛のような性的倒錯と並んで記載されたことで正式なものとなった。1968年には，同性愛は精神病圏ではないとされた。1973年には，長い年月を経て同性愛を米国精神医学会の診断分類から外すことが決まったが，それでも病理現象としての観念はなくならなかった。

　同性愛は今や精神障害としては分類されていないものの，LGBTのクライエントに対する同性愛嫌悪は現存する。よくわきまえたセラピストでさえ，社会的潜在意識にはどうしても影響されてしまう。セラピストはLGBTに関する多くの不正確で否定的な情報に

長年さらされてきており，その分，LGBTのクライエントのアイデンティティを肯定するのは難しい（Baruth & Manning, 2003）。

　修復的治療（reparative therapy）あるいは**性転換（転向）的治療**（sexual conversion therapy）は，LGBTのアイデンティティ肯定に反するものである。LGBTのアイデンティティを認めるのではなく，これらは異性愛志向に"戻す"か，少なくとも性別と同一の性行動を振る舞えることを身に付けさすという具合に，LGBTのクライエントを変化させるか，"転向"させる意味合いを持つ（Haldeman, 1994）。そうした療法には，構築された嫌悪幻想，精神力動的方法，集団療法，宗教にもとづくプログラムなどが含まれる（Lasser & Gottlieb, 2004）。修復的治療が依然として実践されている一方，それが信頼性に欠けるといった考えも広まっている。性転換（転向）プログラムの効果も証明されているが，注意をひきつけるほどではない（Haldeman, 1994）。事実，さまざまな研究が修復的治療の治療的効果について否定的な見解を示している（Jones, Botsko, & Gorman, 2003）。同性愛はもはや病理現象としてとらえられず，性的志向を変えようとするのは正当性に欠け，むしろ有害である（Shidlo & Schroeder, 2002）。事実，米国精神医学会（APA, 2002）は，患者の性的志向を変えようとする試みに警戒する立場を表明している。

　セラピストがLGBTと関わる際に感じる効果の低さの理由として考えられるのが，まず，ゲイ，レズビアン，両性愛に関する信頼できる情報を欠く点である。次に，非異性愛者の行動に対する暗黙の偏見の影響が挙げられる（Eubanks-Carter, Burckell, & Goldfried, 2005）。心理療法家はLGBTと関わる準備に乏しいと感じている。LGBTの問題は心理学教育においてしばしば除外されていたからである。臨床・カウンセリング系大学院生を対象とした年度末調査では，読まれたLGBT関連記事数，LGBTとの面接回数，LGBTをテーマにした教育訓練回数の多くはすべてゼロであった（Philips & Fischer, 1998）。

　しかしながら，同性愛嫌悪は異性愛者に限られたものではない。異性愛主義世界で，つねにLGBTは間違い，もしくは病気であるといわれて育ったことで，多くのLGBTは**内在化された同性愛嫌悪感**（internalized homophobia）を体験している。これは，他人の同性愛，もしくは自己の同性愛的特徴に対する一貫した否定的態度を意味する。内在化された同性愛嫌悪感を持つLGBTは，他人からだけでなく，自分自身から辛らつな批判を受ける。

　民族的，人種的マイノリティの人々と同様に，LGBTは一般的な異性愛文化の規範の中では，自らの欲求にもとづいた自我同一性の確立に困難を感じる。同性愛的志向の自己受容は厳しい。多くの同僚からは拒絶され，家族から疎遠になってしまった同性愛者もいる。LGBTは社会から排斥され，非難，暴力，差別を受ける。ミュージカル『レント』のコーラスが誇張して歌っているように，「どうしたら同じ時代の中で結び付くことができるんだろう，お前の血の中の細胞が裏切ったよそ者や家主や恋人たちと」。

　異性愛主義社会に生きることは，多くのLGBTにとって重大なストレスを引き起こす。少数派の性的志向を呈すことは，慢性的苦痛をはじめ深刻で有害な人生体験まで，多くのストレスを抱えることになる（APA, 2000）。たとえば，法的権利の消失や緊急時のカッ

プル関係の無効化（同棲パートナーへの医療保険，在宅医療打ち切り方針，入院時の面会権，パートナーによる治療の意思決定など）は，無力感や抑うつを引き起こす。

LGBTのクライエントは，異性愛のクライエントに比べて不安，抑うつ，物質依存に陥りやすい（Cochran & Mays, 2000; Cochran et al., 2003）。可能性が高いからといって，同性愛が病理現象だと示しているわけではない。むしろ，社会的差別や政治的危害がメンタル面に及ぼす有害な影響を示唆している。いくつかの症例では，不適切なストレス対処に原因があるが，差別の影響も無視できない。したがって，LGBTのクライエントは，たとえジェンダー（性の自己認知）や（生物学的な）性別が異なっていても，主流の性的志向を持つクライエントとは異なる一連の特別な治療を必要とする。

心理療法における性的志向への気づきとLGBT問題は，他の事柄を包括しているわけではない。ラウラ・ブラウン（Laura Brown, 2005b, p.351）がこの点について非常によく表現している。「LGBTのクライエントに効果的に関与するには，セラピストはクライエントの性的，もしくはジェンダーの志向性を主題として扱うことを避けねばならない。むしろ，クライエントが訴える苦悩に焦点を合わせ，同時にセラピストはクライエントのLGBTとしてのアイデンティティの特徴を見逃してはならない」。

LGBTに使用されてきた治療過程は，基本的には文化的に排斥されたクライエントの治療過程と同じである。つまり，意識化，カタルシス，選択である。気づきと感情表現という大きな課題は，やがて自己解放と社会的解放への道筋となる。

表13-2は，米国心理学会（APA）の許可を得て，レズビアン，ゲイ，両性愛のクライエントを対象にした心理療法のためのガイドラインの要約である。本章では触れなかったが，LGBTのためのコミュニティ資源やLGBTの両親，子ども，友人のためのサポート機関に関する知識についても言及している。「レズビアンとゲイの両親，家族と友人（Parents, Families & Friends of Lesbians and Gays; PFLAG）」は，この領域での主要な全国的機関である。

LGBTの心理療法の成功の決め手は，クライエント-臨床家の関係に多くがかかっている。おそらく，他の心理治療システムよりも大きい。温かく，支持的で無条件の尊重的な関係は，長年の抑圧や無能といった有害な影響を改善する。したがって，真に共感的，受容的なアプローチはLGBTの人との関係の核心となる（Perez et al., 2002）。このアプローチでは，「同性愛，両性愛，非定型ジェンダーにかかわらず，あなたのジェンダーと性的志向はあなたの人間性の一部ですから，あなたを尊重します」と伝える（Brown, 2005b）。

この積極的（順向的）態度は，**ゲイ肯定セラピー**（gay affirmative therapy）で明らかにされている。ゲイ肯定セラピーでは，LGBTの統合性を認め，擁護する。こうした治療は，同性愛嫌悪社会からの有害な影響を緩和し，クライエントの前向きな関心を促進する。ゲイ肯定セラピーは，ゲイやレズビアンのセラピストらが自分の人生についてやり取りを始め，異性愛主義的偏見から解放されたセラピストによる力づけの必要性が認識され，1980年代から1990年代はじめに誕生した（Kort, 2004）。

異性愛主義（heterosexism）は，クライエントは異性愛者であるという前提から始ま

表13-2 レズビアン,ゲイ,両性愛のクライエントを対象とした心理療法のためのガイドライン

同性愛者,両性愛者に対する態度
1. 心理学者は同性愛,両性愛が精神病の徴候ではないことを理解している。
2. 心理学者は自らのレズビアン,ゲイ,両性愛の問題に対する態度や理解がいかに密接にアセスメントや治療に関連しているかをわきまえておくことが望まれる。また,必要な際にはコンサルテーションを求め,適切なリファーを行うことが望まれる。
3. 心理学者は社会的スティグマ(たとえば偏見,差別,暴力)がレズビアン,ゲイ,両性愛のメンタルヘルスやウェルビーイングに及ぼすリスクを理解するよう努力する。
4. 心理学者は同性愛や両性愛への不正確で,偏見的な見方が,治療や治療過程におけるクライエントの行動表出に影響することを理解するよう努力する。

人間関係と家族
5. 心理学者はレズビアン,ゲイ,両性愛という関係性の重要さに理解を示し,尊重するよう努力する。
6. 心理学者はレズビアン,ゲイ,両性愛の親に立ちはだかる,特定の環境や課題を理解するよう努力する。
7. 心理学者はレズビアン,ゲイ,両性愛者の家族には,法的もしくは生物学的に関係が認められない人が含まれる場合があることを認識する。
8. 心理学者は,1人の同性愛者,両性愛者の志向がいかにその人の実家やその親類までに影響を及ぼすか理解するよう努力する。

多様性の問題
9. 心理学者は,人種・民族的マイノリティと同様に,レズビアン,ゲイ,両性愛者が,その文化的規範,価値観,信念に関わって直面する特定の生活問題や困難を認識しておくことが望まれる。
10. 心理学者は両性愛の個人が経験している特有の困難を認識するよう望まれる。
11. 心理学者はレズビアン,ゲイ,両性愛の若者が抱える特別の問題を理解するよう努力する。
12. 心理学者はレズビアン,ゲイ,両性愛者の世代間差,およびレズビアン,ゲイ,両性愛者の高年齢層が体験する困難を考える。
13. 心理学者は身体的,感覚的,認知的,情緒的な障害のあるレズビアン,ゲイ,両性愛者が抱える特定の困難を認識するよう望まれる。

教育
14. 心理学者はレズビアン,ゲイ,両性愛問題について専門的な教育・研修の提供を支持する。
15. 心理学者は継続的教育,研修,スーパービジョン,コンサルテーションを通して同性愛や両性愛の理解や知識を深めるよう望まれる。
16. 心理学者はレズビアン,ゲイ,両性愛者にとって適切なメンタルヘルス,教育,コミュニティ資源を自ら熟知するよう最良の努力をする。

出典:アメリカ心理学会(2000)から抜粋「レズビアン,ゲイ,両性愛のクライエントを対象とした心理療法のガイドライン」Amrican Psychologist, 55, 1440-1451.

っている。インテーク用紙1つとっても,それは明らかである。家族歴や生活歴を聴く際には,しばしばLGBT歴は除外されている。異性愛者であるセラピストのほとんどは,主流の性的志向に属していることでの権力や特権に気がついていない。LGBTの人がどのような体験をしているかなど,ほとんど知る由もない。セラピストは共感できないとあきらめる前に,いかに異性愛の規範が社会に浸透しているかに気づき,自らの特権に注意を向けねばならない。たとえば"結婚セラピー"という語の使用("カップルセラピー"ではなく)でさえ,結婚の権利が認められない人々を傷つける可能性がある。

LGBTに関与するセラピストは，とりわけ言葉に配慮するべきである。**同性愛**（homosexual）という用語は，多くのゲイやレズビアンにとって不快な臨床用語である。それは，アフリカ系米国人をカラードやネグロと表現するのと似ている（Kort, 2004）。セラピストは，"性の嗜好"や"生活様式"ではなく，**性的志向**（sexual orientation）と表現するほうが望ましい。志向は継続的で変化しないが，嗜好は善し悪しがあり，生活様式は選択によるものだからだ（Kort, 2004; Baruth & Manning, 2003）。

この観点からすると，両性愛は不注意にも，ほとんどの治療や研究で誤って分類されてきた。両性愛者は，ゲイやレズビアンとはまた異なる多様な体験や関係性を共有している。異性愛か同性愛かという性的志向の両極化は，両性愛を過渡期の状態として表現し，無能感を高めてしまう可能性がある。

今後，心理療法はLGBTに関する比較対照研究の必要性により関心を向けることになるだろう。心理療法が一般的にゲイ男性に効果があると証明されてきた一方で，よりよく暮らせるようになったか，悪化したか，それとも異性愛のクライエントと同程度かといった，実証的研究においては判断できていない（Sue & Lam, 2002）。レズビアン，両性愛，ゲイ肯定セラピーにおけるメンタルヘルス治療の効果について，実証的研究はほとんどされていない。

また今後，性的志向への関心は，"逆転した人々"として例外的なものではなく，むしろ心理療法の主流となるだろう。個人的態度や行動の変化には時間がかかる。われわれは否定的偏見を，おそらく完全に忘れることはないだろう。しかし，努力と教育を通して，セラピストはそうした偏見への気づきを学び，LGBTのクライエントへの関与の効果を高めるために，ステップを踏むことになる。1人の人間の変化は，しばしばシステム全体の変化を導く。

多文化間療法の有用性

心理療法における人種や民族性への有用性についての研究レビューを検討すると，レビューした研究者自身の人種が反映されていることに気づく（Abramowitz & Murray, 1983）。白人による研究では，民族的差異の効果を最小視する傾向にあり，民族的マイノリティによる研究では，差異が認められる研究を強調する傾向にある。

それでもなお，さまざまな確固たる結論が導き出されている。第一に，メンタルヘルスサービスは多くの人種的，民族的マイノリティに行き渡らない（Sue & Lam, 2002）。研究結果では，特にアジア系米国人やポリネシア人，ラテン系米国人，ヒスパニック系はメンタルヘルスサービスを十分に活用していないことがわかっている（Breaux & Ryujin, 1999; Sue, Zane, & Young, 1994）。第二に，人種的マイノリティグループの人々は，民族が類似したセラピストを好むという結果がある（Abramowitz & Murray, 1983; Atkinson, 1985）。関連研究のメタ分析によれば，民族的マイノリティはヨーロッパや米国のカウンセラーよりも，民族的に類似したカウンセラーを好む傾向が確実に強い（Coleman,

Wampold, & Casali, 1995)。第三に，現時点では，民族的マイノリティに属するカウンセラーの治療結果は，改善する方向か（もしくは悪化する方向か）は明確化されていない（Atkinson, 1985; Sue, 1988; Sue & Lam, 2002)。確固とした治療結果研究であれ，根拠の乏しい自然場面的な研究であれ，患者-セラピスト間の民族適合という要因に有意差があることを一貫して証明できていない（Beutler, Crago, & Arezmendi, 1986; Shin et al., 2005)。

　文化的に多様な人々に対する心理療法の有用性に関する比較対照研究は，米国ではほとんどなされていない。限られた研究結果においては，以下の結論が導き出されている（Sue, 1994; Sue & Lam, 2002)。

- アフリカ系米国人クライエントが白人の米国人クライエントよりも良い治療結果を得たという報告は皆無である。民族の差異が見出せないとする調査もあれば，アフリカ系米国人のほうが治療結果が多少不良だという見解を支持する調査もある。
- アメリカ先住民を対象とした心理療法の効果を問う研究の質問項目は不適切である。
- アジア系米国人を対象とした治療効果に関する結論は，どれも結論づけるには早すぎる。4つの治療結果研究しかなく，データが限られている。
- 米国におけるラテン系を対象とした心理療法の有用性に関しては，メタ分析研究では有意な結果が得られている（Navarro, 1993)。スペイン語で行われた治療的介入の大部分（57%）を含む全15の研究が対象となった。すべての治療は，無治療対照群より有意な効果を示した。また，効果量の平均値は主流の心理療法に近かった。ラテン系の人々を対象とした多文化間心理療法の明確に有意な効果が示されたが，白人系米国人にも有意な効果をもたらすのか検討の余地がある。

　多文化間療法は発展し適用が拡大してきたが，人種的，民族的，性的志向のマイノリティに及ぼす効果については的確に調査されていない（Brown, 2005b; Sue & Zane, 2005)。多文化間療法のランダム化臨床試験は皆無である（Ivey & Brooks-Harris, 2005)。大統領メンタルヘルス委員会によって1970年代後半に得られた見解がくり返されているが，約35年が経って，米国公衆衛生局長（2001）により見解が更新された。それによれば，人種的，民族的マイノリティに関しては，研究と実践との間はとりわけ微妙である。民族的マイノリティ集団を包括し，心理療法における文化的側面の影響について説明できる実証的な研究が必要である。

多文化間療法に対する批判

精神分析的観点から

　多文化間療法を批判する？　冗談でしょう？　差別・偏見の排除を目指し政治的に公正

を旨とする勢力は，そうした批判は学問上危険だとしている。多文化主義の持つ公正，平等，多様性などは好ましいことで，権利でもあることは誰もが認めている。社会的抑圧的システム排除の名のもと，学問的圧力的システムが取って変わろうとしている。

　心理学は，被害者学に取って代わってきた。皆が病理現象の産出に加担したわけではない。個人は不適切な既成概念と家族，学校，政府，職場を含む差別システムの被害者といえるのか。これら社会的組織すべてが，人種的マイノリティの抑圧の陰謀者なのか。

　この世界観は少々偏執的だろう。われわれをコントロールし強制しているあらゆる外部の力に当てはまらない場合には，われわれは幸福であり，健康であり，成功者となるだろう。われわれが問題の発生に加担しているのなら，その解決法はわれわれが見つけなければならない。しかし，われわれが社会的な圧力の被害者であるなら，社会的変革なくして解放されないことになる。そうした社会的分析は学問の一部分を占めていた。しかし，多文化主義者が政治的イデオロギーを心理療法の名のもとに発展させるのは，はたして適当だろうか。

　多文化主義の運動は伝統的心理療法の信頼性を脅かし，身分保証政策の名で取って代わろうとしている。そして，独自の政策を代用させようとしている。多文化間療法では精神病理現象を主に文化的なものであるとし，柔軟性のない人種政策を押し付けようとしている。個人的責任と内省中心の心理療法に立ち返るべきである。

行動論的観点から

　多文化的な多様性は心理療法において重要な要素であるが，1つの要素にすぎない。押し付けられた多様性への配慮は，思いがけない悪影響を生む（O'Donohue, 2005）。倫理コードには文化的感受性という用語を取りあげているが，文化的に感性を持った実践が支配的になるほどの理論的根拠や研究結果はない。民族的マイノリティのクライエントがきちんと調査されていないという理由だけで，有用性が確認されている治療の適用を避けねばならないのか。治療効果を高めるという論拠が無いにもかかわらず，患者とセラピストの民族性，人種を処方どおりに適合させなければならないのか。白人で熟練したセラピストが受け持っているヒスパニック／ラテン系クライエントは，多文化主義の名のもとに，経験の浅いヒスパニック／ラテン系セラピストへリファーされるべきなのか。共有している価値観は有用性であり，多様性ではない。

　有用性に関しては，多文化間療法は臨床試験研究が実施されていない。クライエントの半数がランダムに抽出され，多文化間療法を受け，残りの半分は他の療法を受けるような対照研究が見当たらない。ある意味では，政治的価値観は経験上の根拠で支えられるべきである。もうその時がきているはずだ。そうした根拠を示せないのであれば，多文化間療法は根拠に裏付けされたアプローチではなく，1つの政治的価値観の範囲に留まるべきだろう。

人間性心理学的観点から

　平等性と多様性の価値観は同情を喚起させる。しかし多様性が必要だと主張するのなら，個別性はどうなるのか。個別の人種や民族的集団は，パーソナリティよりもアイデンティティを形成させるものなのかを議論しないのか。人間的な社会と人間性心理学は，すべての個人にはかけがえのない価値があるとしている。1人として同じ人間は存在しない。しかし，集団心理学では集団構成員すべてが同じものとして扱われる恐れがある。多様性の名のもと，個人としてのアイデンティティを失いかねない。

　平等性という単一の価値観の上に成り立っていた旧ソビエト連邦では，人々は個人としてのアイデンティティを失った。平等と社会的公正の目的の外にある，個人の自由といった他の価値観は犠牲になった。圧制反対の名のもとで，社会主義的システムは人類の歴史上もっとも抑圧的だといわれるいくつかの体制を生み出した。20世紀における最大規模の試みの1つは，すべての人が平等な結果を得られる文化を創造しようとしたことだ。これらの試みは，すべての精神病理現象は不公平な社会に原因があるとする信念の一部にもとづいている。

　ほとんどすべての精神病理現象が非道な貧困の結果としてとらえられている。こうした試みの結果はどうだったか。もちろん，どの集団も絶望的貧困の中で生きてはいけない。しかし，それでアルコール依存症が減少し，うつ病が減少したのか。抑うつが緩和され，幸福がもたらされたのか。個人的病理現象を社会的解決に求めるような壮大な実験は，結局は病的社会の創造につながる。

統合的観点から

　われわれが独断主義だというのなら，どうして抑圧的イデオロギーから患者を解放する援助ができるのか。被害者だと決め付けておいて，個人が自主的な人間になるよう力づけることができるのか。集団の一部として扱いながら，クライエントが自らの独自性をどうやって肯定できるような援助ができるのか。もっとも重要な文脈，つまり折衷主義について認識しておくべきだ。

　折衷主義では，個人，アフリカ人，アジア人，ラテン人，アングロ人，すべての文脈は独自的と仮定される。そしてそれぞれの心理療法が1人ひとりのニーズに適合するように，個別的に構成される必要がある。実際に，社会的抑圧から個人の解放を促した症例がいくつかある。精神的な強迫からの解放を促した症例もある。その他，内因性のうつ病治療にも用いられている。多文化主義，構成主義，経験主義，折衷主義のどれかが唯一ではない。単一のシステムだけに原因が潜んでいるわけではないことに，いつ気づくのだろうか。

　慎み深く理論を適用させることで，人間性は高まる。治療的多元性によって，各個人を平等に扱う最良の準備ができる。セラピストとして，何がすべての個人にとってよいかなど決定できないことを認識すべきである。全能のセラピストは存在せず，クライエントの人生を再構成する最良の選択を決められるだけの能力もない。社会全体を再構成する最良

の方法を決める知恵を期待するなど，どうしてできよう。もちろん，虐げられた人々，苦悩している人々，抑うつに悩まされている人々にとって便宜を提供できるような社会変革に向けて権利擁護できるし，するべきである。しかしながら，われわれは過ちを犯すかもしれず，よりよい解決法が別にあるかもしれないという慎み深い態度で臨まなければならない。正義がわれわれの側にあるからといって，それが真実とは限らない。

C夫人を対象とした多文化間的分析

　米国の主要文化圏に属する白人クリスチャンであるC夫人は，文化的葛藤とは無縁と思われるかもしれない。しかしながら，C夫人の手洗い行為やその他の強迫行為は，彼女を支配している文化の文脈以外に考えられない。文化的価値観の相対的分析から考えてみると，白人のクリスチャン系米国人は愛よりも清潔さを重要視している。清潔さは，至敬の神に次ぐものに位置づけられる。

　C夫人がいかに熱心に清潔を保とうとしていたか。家族のため，社会のために励んでいたことは，とても賞賛されるべきだろう。C夫人が自身と家を清潔に保つために，TVショッピングの石けんや洗剤の購入の誘惑からどれだけ攻め立てられてたか，過小評価しないでもらいたい。主婦として，薄汚れた家や汚い部屋にしておくのは，どんな批判を受けるより辛いことである。主流文化において，もっとも一般的な強迫行為が洗うことであることに，他にどんな理由があるのか。しみ1つない自分を社会に認めてもらうためには，社会的罪滅ぼしの達成いかんにかかっているかのようだった。

　彼女の強迫行為が始まった時，主流文化圏でもっとも人気の石けんの色はもちろん白色で，99.44％純粋だと宣伝されていた。純粋性とは，C夫人がまさに希求する状態である。どんな汚れからも病気からも無垢，無色への幻想として，感情の純粋さとして，それはC夫人が文字どおり「わが神よ，わが魂から罪を洗い流してください」と手を合わせて祈っているかのようだった。

　この汚れなき人の何が罪になりうるのか。文化的視点からもっとも重要な罪深きことは，所属文化での根元的な関心事を無視することであろう。どんな文化でもどんな家族でも，根元的な関心事とは，自身を再生産することである。C夫人のやったことは，なんとすばらしいことか。若い時，セックスの目的は子どもを作るためだと学んだ。

　大人になり，C夫人の一番の目的は出産だった。それが彼女の職業のようだった。そして，別の仕事が出現した。汚れたおむつ，汚れた手をしたたくさんの子どもたちを育てながら，どうして自分の手や家をきれいに保てただろうか。また，家族全体に伝染する細菌が入ってくれば，免疫がない子どもは年に平均して4回以上呼吸器系の感染症にかかった。これでも，病気や汚れに対し，必要以上の不安を感じない人などいるのだろうか。

　C夫人の対処方法は以下のようなものだった。彼女はシャワーを浴びて洗いの儀式に浸っている時だけが，圧倒する恐れ，家族や文化的期待から逃れることができた。C夫人に多文化的視点があれば，支配的文化の汚らわしい秘密を見抜くことができたかもしれない。米国は，1人の子どもに来る日も来る日も1日5時間以上たった1人で責任を持つことを個人に求める，世界でも数少ない文化を有した国であるということを彼女は学ぶかもしれない。ほとんどの文化では，そのような子育てや世話は非常な労力を要し，個人の対処能力を上回

ってしまうということを認めている。

　国内のマイノリティ文化から学ぶべきもっとも重要な点は，家族やコミュニティを超えて，計りしれないほど貴重な社会的援助が供給されていることである。C夫人には，そうした援助は一切なかった。自分しか頼れず，どんな葛藤も社会がもたらす欠点ではなく，個人的不適応とみなされた。実際，文化的問題の責任を負わされていたのである。

　C夫人は，夫からの社会的援助すら当てにできなかった。子ども時代，家父長支配的な家族の中で育ち，夫は家族の権力者であると学んできたからである。しかしながら，圧制的システムが持つ1つの弱点は，自分の力が通用しないとわかると，病理現象で対応することを学びえる点である。つまり，強さで対応できなくとも，病理現象で対応できるのである。C夫人は，夫から社会的援助を期待するには，自分の強迫行為に関心を持たせることだと徐々に気づいていった。C夫人は夫のジョージを忠実な助手にし，シャワーでの一連の儀式で高僧のように振る舞った。

　C夫人が清潔性，出産，コミュニティからの孤立，家父長支配などの文化的抑圧から解放されるには，自分が無理に文化適応させられてきたことを意識化する必要がある。次から次へと子どもを生んだ時，それが自身の満足感から望んだことだったのか，キリスト教徒として課されたことだったのか。6人の幼い子どもがいて，なお，清潔さは神の次に位置する大切なものなのか。青年がタバコやアルコールの宣伝に立ち向かうのを学ぶように，C夫人は自分の文化の宣伝に立ち向かうことを学ぶ必要がある。

　C夫人は，弱さではなく，強さの獲得のための援助を得るには，家父長的な文化的抑圧支配に対し自分を主張することを学ぶ必要がある。対人的強さが，個人の病理現象に取って代わることができれば，子どもたちに非健康的な食事をさせないですむし，十分に世話ができるようになる。

　C夫人の力の一部はカタルシスから出現する。カタルシスは，清潔性，出産，家父長支配のために多くを犠牲にしてきたことの怒りと，その放棄へのとまどいが含まれる。罪の意識を洗い流そうとするのではなく，その感情を行動に移すのである。自分はもちろんすべての人が健康でいられる独自の文化の中に，家族を再構成する必要がある。

　C夫人は多文化的視点を学んできた現代の霊的指導者のような"自然療法家"からよい支援を得られるかもしれない。こうした霊的指導者は多文化間療法家として，C夫人がセックスは子どもをつくるだけでなく，生命を祝福できる営みであることを受け容れられるよう援助できる。こうした援助は，C夫人が愛や受容などの価値観は，清潔性よりもずっと神に近いと考えられるものとなる。さらに，健康的な文化は，社会や健全性に臆することなく，違いや多様性を表現できるものだと理解できるよう援助していく。

将来の方向性

　心理学の歴史には多くの理論的変化があったが，すべて白人，西欧の共通した特徴を維持してきた。伝統的心理療法からは忘れられた存在だった多様な人々に対し，今後は単一的な治療で決着することはないだろう。人々がどっと押し寄せ多元的になった社会では，多文化間療法は不可欠である。伝統的心理療法が伝統的に対象としていた白人，中流階級

の人にとっても，心理療法の適正が保持されるためには，今後は多文化的感受性に配慮する必要がある。文化的有能さに欠ける心理療法家は，うまくいっても心理療法が時代遅れになるリスクを背負い，悪ければ文化的な理由による医療ミスの罪責感に苦しむことになる（Hall, 1997）。

多元論（pluralism）は多文化間療法の発展においてもっとも有力になるだろう（Comas-Diaz,1992）。多元論は多数の民族的，人種的集団が存在し，社会に受容されており，かつそうした状態を理想とする信念が息づいている状態である。多元論が社会的な青写真となり，心理療法の構造にも多様性と柔軟性が吹きこまれることを望みたい。現在の規範にただ疑問を投げかけるのではなく，自民族中心に陥らない，より包括的な多元論的な規範に形を変えていかなければならない。現存する，人間の行動に関する多くの"普遍的"テーマは，文化的視野狭窄や，文化支配主義の例としてみなされるだろう。多元論は心理的健康の多様化する定義において，治療モデルを拡大しながら，文化的力動の認識を広めながら形を変えていく。

包括的心理療法への第一歩は，性的志向，年齢，障害の程度などの個人のアイデンティティの重要な側面をすべて包括するために，文化が意味する守備範囲を広げることである。これらは人種的・民族的マイノリティ，LGBTのクライエント，障害者が体験するのと同じような偏見や抑圧にたびたびさらされる。文化的に敏感な実践において考慮される要因の頭文字から（Hays, 1996），多少スペルは違うもののADRESSINGという語を作ることができる。

　　A 年齢と世代の影響　　　（Age and generational influences）
　　D 障害　　　　　　　　（Disability）
　　R 宗教　　　　　　　　（Religion）
　　E 民族性　　　　　　　（Ethnicity）
　　S 社会的地位　　　　　（Social Status）
　　S 性的志向　　　　　　（Sexual orientation）
　　I 地域特有（土着）の伝統（Indigenous heritage）
　　N 民族の起源　　　　　（National origin）
　　G ジェンダー（性の自己認識）（Gender）

将来的には，実践家はさまざまなクライエントを対象としたアセスメントや治療において，これらの多様な要因が複雑に絡み合う問題に取り組むことになろう。それぞれの要因は異なるが，文化変容‐分離，包括‐排他，権力‐抑圧という観点から見て多くの共通点がある。

多文化間療法は深い同情とつながりをわれわれにもたらす。LGBTのような特定の性的志向の人々，9.11同時多発テロ事件後のイスラム教徒のような特定の宗教的コミュニティに対する偏狭な態度に，徐々に気づくだろう。将来，われわれが寛容さをもって結束し，それぞれの差異を祝福できるよう希望したい。

心理療法における文化的効果への関心を高める研究は始まっている。より多くの民族的マイノリティを援助専門家に引き付けることで，心理療法はアメリカの有色化に関与できることになる。異文化間カウンセリング専門家のデルファイ投票法では，教育や研修に関するすべての分野での需要増加が見込まれている（Heath, Neimeyer, Pedersen, 1988）。

　21世紀に向けてもっとも力を入れたい挑戦は，民族やLGBT問題に十分注意を払った研修プログラムの考案である。学会などの専門組織は人種，民族，性的志向は行動に影響すると正式に認めるようになった。しかしながら，それらが臨床研修の一定のプログラムに沿ってなされた形跡はない。多くの研修プログラムは，学生のニーズに対し，一元的な多様性や多文化の授業に依然として頼っている状態である（Jackson, 2004）。全体として，文化的多元論は教授会，カリキュラム，心理療法プログラム研究にまだ反映されていない。

　多文化主義は心理療法の調和において，新しい視点と，異なる優先順位をもたらす。現在の政治，慣習，権利は再評価され，より包括的，多元的プロセスに代替するであろう。挑戦はすべての人に平等だと体験されるやり方で，これらの移行を有効的に管理することであろう。こうした辛抱強い移行は，あらゆる文化の世界観をすっかり包み込むことによって，フィールドを強化することに貢献するであろう。

重要用語

文化変容 acculturation
権利擁護者 advocate
アメリカの有色化 "browning of America"
文化相対主義 cultural relativism
文化普遍主義 cultural universality
文化 culture
文化に結びついた症候群 culture-bound syndromes
民族 ethnicity
ゲイ肯定セラピー gay affirmative therapy
異性愛主義 heterosexism
査察的立場 inquisitive position
統合的立場 integrative position
内在化された同性愛嫌悪感 internalized homophobia
内在化された人種差別主義 internalized racism
レズビアン，ゲイ，両性愛，トランスジェンダー lesbian, gay, bisexual, and transgendered（LGBT）
解放心理療法 liberation psychotherapy
多文化間心理療法 multicultural psychotherapy
画一性神話 myth of uniformity
多元論 pluralism
治療開始前の患者の心構え pretreatment patient preparation
人種 race
試行的立場 reactive position
修復的治療 reparative therapy
修正主義的立場 revisionist position
性転換（転向）治療 sexual conversion therapy
伝統的または土着・伝統療法家 traditional or indigenous healers
無意識的人種差別主義 unconscious racism

推薦図書

American Psychological Association. (2003). Guidelines on multicultural education, training, research, practice, and organizational change for psychologists, *American Psychologist,* 58, 377-402.

Comas-Diaz, L., & Greene, B. (Eds.). (1994). *Women of color: Integrating ethnic and gender identities in psychotherapy.* New York: Guilford.

Greene, B., & Croom, G. L. (Eds.). (2000). *Psychological Perspectives on lesbian, gay and bisexual issues* (Vol. 5). Thousand Oaks, CA: Sage.

Paniagua, F. A. (1998). *Assessing and treating culturally diverse clients: A practical guide* (2nd ed.). Thousand Oaks, CA: Sage.

Pedersen, P. B., Draguns, J. G., Lonner, W. J., Trimble, J. E. (Eds.). (2002). *Counseling across cultures* (5th ed.). Thousand Oaks, CA: Sage.

Perez, R. M., DeBord, K. A., & Bieschke, K. J. (Eds.). (2000). *Handbook of counseling and psychotherapy with lesbian, gay, and bisexual clients.* Washington, DC: American Psychological Association.

Sue, D. W., & Sue, D. (2003). *Counseling the culturally diverse: Theory and practice* (4th ed.). New York: Wiley.

JOURNALS: *Cultural Diversity and Mental Health; Hispanic Journal of Behavioral Sciences; Journal of the Asian American Psychological Association; Journal of Cross-Cultural Psychology; Journal of Gay and Lesbian Psychotherapy; Journal of Multicultural Counseling and Development; Journal of Multicultural Social Work*

推薦ウェブサイト

APA Multicultural Guidelines: **www.apa.org/pi/multiculturalguidelines.pdf**
Association for Multicultural Counseling & Development:
　　www.bgsu.edu/colleges/edhd/programs/AMCD/
Parents, Families & Friends of Lesbians and Gays (PFLAG): **www.pflag.org/**
Society for the Psychological Study of Ethnic Minority Issues:
　　www.apa.org/divisions/div45/
Society for the Psychological Study of Lesbian, Gay, and Bisexual Issues:
　　www.apa.org/divisions/div44/

14 構成主義的療法
ソリューションフォーカスト療法とナラティヴ療法

インスー・キム・バーグ，マイケル・ホワイト

Insoo Kim Berg　　Michael White

　ダイアンは高校時代から交際してきた恋人から，まったく突然，予告なしに絶望の淵に落とされた。彼は何とひどいことをしてくれたのか。よりによって恋人からこんな仕打ちを受けるなんて！　彼女の心は引き裂かれ，絶望の中に投げ出されているのを感じた。ダイアンは怒りと悲しみの間で揺れ動いていた。ベットの隅で起き上がれずにしくしく泣いていたかと思うと，次の瞬間には恋人への復讐のために殺人方法を考えていたりした。彼はまったくとんでもないことをしてくれたわ。真の恋人であり最初のセックスパートナーであり，最初の心の友だったのに！

　さらに悪いことには，彼女の母親も同じくらい動揺しているようだった。母親は何とかしてダイアンの心の支えになり慰めようとしたのだが，そもそも母親は，時間をかける洞察志向の心理療法家であった。そう，母親は家でダイアンにぼんやりと暗示し，今後予測されてくる「人間関係における傷つきやすさ」と「心的外傷」について比喩的なヒントを与えただけだった。母親，つまりこのセラピストは毎週，問題の根源に焦点を当てるために洞察療法を実施しながら何か月も，もしかしたら何年も待ち続けようとしていた。

　しかし，ダイアンは自分の生活の情緒的側面の危機を考古学的発掘ではない方法で抜け出したいと望んだ。面接で私（ノークロス）が彼女に心理療法の目標設定を訊ねた時に，彼女は即座に「残りの4年生の時間を無駄に使いたくないんです。本来の学生生活に戻りたいんです」と言った。その夜，私は彼女をイメージの世界に招き入れた。初回面接が終わり，彼女は家に帰り，一晩寝たところで奇跡が起きた。彼女が心理療法を必要としていた問題はすでに解決していた。何が違っているのか，彼女は気づいた。ダイアンはすでに答えを知っていた。「朝，幸せな気持ちで起床して，1日の予定を立て，バスケットボールの練習が楽しみなんです。そして何人もの友人のことを考えているわ」。ダイアンは，健康になるやり方を知っていたし，どのように取りかかればよいかわかっていた。

母親が実施した数か月の重苦しい心理療法の努力も効果がなかったにもかかわらず，私のところでダイアンはたった4回の面接で問題を終結にすることができた。彼女が落ち込んだ日（後に彼女はその日を「自由の日」とよぶことになるのであるが）と第1回の面接日までの間の1週間は泣いて暮らしていた。その後，彼女はカレッジに所属している学生として相応しい生活を取り戻す計画を作るために，考えられるあらゆる資質と才能を投入した。バスケットボール部にもどり，彼女のお付きみたいだったので無視していた友人とも付き合うようになった。そしてもっとも重要なことは，恋人と別れ，自分の興味を求め始め，自分らしさを取り戻したことである。彼女は一晩かけて，ベストセラーになっていた『オフェリアの復活（Reviving Ophelia）』（Pipher, 1994）を読み，多くの思春期の女性と同様に，人間関係の中で自分自身を見失っていたことに気づいた。問題を追求するのでなく，解決法を追求した4回の面接が終わってみると，ダイアンは完全に元気を回復し，自分の才能と資質を有効に活用できると感じていた。

　最後の面接を終結したのは，われわれが最初に出会ってから2か月しかたっていなかった。彼女は私のほうを向いて言った。「ママは本当に驚いているの。最初ママは，私たちが2週間ごとに会おうと約束したことにあきれていたわ。もしママのやり方を続けていたら毎週2回は会わなくちゃいけなかったでしょうね。ママのことは好きよ。でも何をどうしたらいいのかは，患者本人のほうがセラピストよりよく知っているってわけ。だからセラピーにそんなに時間をかけなければならないということもないのね。私は自分とママにこのことを立証したのよ」。

　この章では，**構成主義**的療法として知られている新しい2つの心理療法を紹介する（Neimeyer & Mahoney, 1995; Mahoney, 2003）。この2つの治療法には次のような共通点がある。両方とも"短期"療法である。普通4回から5回の面接で終結する。すなわち，問題の原因を追求するのでなく，どうしたら変化するかとか，解決するための資源（リソース）に焦点を当てていく。そしてどちらの療法もクライエントのユニークさを強調し，クライエントの主観的な観点や自己を構成する語り（ナラティヴ）を，"客観的"事実や社会的に認められる事象よりも優先する。これらの療法の性質と同様に，この章の解説も比較的簡潔に記述しよう。

構成主義的心理療法の概略

　どこの大学のキャンパスでも大きな哲学的論争の1つに，**経験主義**（empiricism）か**構成主義**（constructivism）かという議論がある。知識についての構成主義の主な主張点は，知識の所有者というものは，客観的事実や本人から独立して真実に到達することはない——または到達することができない——ということであった。真実は見出される人の外側にあるのでなく，真実はわれわれ各自が形成する人の気持ちの内側につくられるものである。われわれは世界が本当にどうなっているかについての知識を得ることはできない。あらゆる知識は，ある特別の現象に適用して相対的につくりだされた構成概念であり，文

化であり，言語であり，理論なのである。

このことは具体的対象物や物理的存在の事実を否定するものではない。構成主義者たちはみな同じ土俵上にいて，誰もが直面する壁に衝突している。真なるものは存在しているのであるが，それらは知能や言語の対象物ではない。われわれが構成した真実とは，われわれの文化や知覚や言語の結果なのである。ヘンリー・デイビッド・ソロー（Henry David Thoreau）が書いているように，「見ようとしているものではなく，見えているものが重要なのです」と。

われわれは患者や患者が持ってきた問題を純粋に直接的には知ることはできない。われわれは，患者自身と患者が持ってきた問題をたんにセラピスト流に解釈して理解しているのである。異なる理論，異なる言語，そして異なる文化が，同一の患者やその患者の条件を異なった観点からまったく異なった認識をするのである。

たとえば，後述するＣ夫人の症例がそれである。本書に出てくるどの治療システムでもＣ夫人の特殊な疾病構造と彼女の強迫性障害の症状を見立てることはできよう。そしてＣ夫人は彼女自身が現実の構築に積極的に関与している。彼女の現実は，回避されるべき下着類のような脅迫的なもので満ちあふれている。

経験主義は次のように考える。すなわち，適切な科学的方法を所与のものとすれば，われわれは，Ｃ夫人とその強迫状態に関する信頼できる妥当な知識を発見することができる。科学的方法を用いることよって，彼女の症状の真の原因を十分に解明することができ，その知識はＣ夫人が十分に社会的に適応し，彼女の症状の本当の原因を探求し，結果的には強迫行為に打ち勝つことの助けになる最善の解決法を見出すことができる。現時点で，われわれは，Ｃ夫人の症状の原因と治療法に関する科学的な合意に到達するための心理検査や個人面接などといった科学的技術のすべてを開発したとはいえないかもしれない。しかしながらわれわれは今も，そのような複雑な事例の真実を知るための科学的方法論を開発中である。

対照的に，構成主義は，科学とはたんにもう１つの社会的構築物にすぎないと考える。歴史的に異なる時代には異なった科学者が，異なった文化的文脈の中で研究し，異なる理論の真実を創りあげている。本書における種々の理論の多様性は，心理療法が発展するにしたがって消滅してしまうような一時的な条件ではない。理論の多様性はクライエント１人ひとりの複雑さと個性を反映しており，未来永劫に続くものである（McNamee & Gergen, 1992）。

次のようなある審判員のジョークが，経験的あるいは客観的な観点と，構成主義的観点の違いを明確に浮き彫りにしてくれている（Hoyt, 2000）。３人の野球審判員がいかにボールとストライクを区別するか議論していた。日頃から規則を厳格に適用しようとしていた第一の審判員は，「わたしは見たまま判定している」と語った。それに対して，客観的正確さを優先している審判員は「それは結構ですな。わたしはルールに沿った審判方法で判定しています」と述べた。最後に構成主義者である第三の審判員は「わたしが判定するまでボールかストライクかわかりませんよ」と言った。

われわれのクライエントは，偽りなくさまざまな解釈の多様性に開かれている。このこ

とがクライエントの人格を守ることの一部となっている（Held, 1995）。クライエントは，パーソナリティや精神病理のユニークさを説明できる普遍的な法則や原理のセットを強いられることはない。

　人々はみな偉大な詩に似ている。人や詩とふれあう時，われわれはその人やその詩から何か独特なものを感じとっている。文学批評は，たとえばエリオット（T.S.Eliot）の詩「荒地」のような，一つの詩に対して多くの意味や解釈を構成する。詩を書き終わった時に，この詩の意味するものは何かと問われて，彼は「何かを解釈しようとして書いたのではない。書いた結果，いま意味が生まれたのだ」といった。

　このような**ポストモダン**（postmodern）の文学批評は，人間性というものを一掃した。諸科学は科学における知識とは，解釈によるのではなく，妥当性と再現性の結果によると主張しながら，抵抗を示している。

　心理療法は科学なのだろうか。それとも芸術なのだろうか。パーソナリティや精神病理や心理療法についての知識は，われわれが発見しうる真実にもとづくものだろうか。それともセラピストは，セラピストとクライエントが一緒に構成し解釈した言語，理論，そして"真実"を知るだけのことなのだろうか。

　構成主義的心理療法の先駆者たちは多くの理論的オリエンテーションを見出している（Mohoney, 2003）。1950年代に，ジョージ・キリー（George Kelly, 1955）は**個人的構成**（personal constructs）による認知理論を開発している。この理論の中では，人間を，自分の世界を積極的に構成する，好奇心を持つアマチュアの科学者として見ている。キリーの基本的な仮定は，「人は自分に偶然に起きた出来事を，あらかじめ自分が先行経験している方法で心理学的に道筋を整理していく」というものであった（Kelly, 1955, p.46）。人は，客観的な事実によるのではなく，彼または彼女の個人的構成手段を用いて世界を解釈したり意味を理解しているのである。1970年代に，ロイ・シェファー（Roy Schafer, 1976）は，精神分析に新たなる概念化と言語を提出し，ナラティヴの伝統を強調した構成主義者の立場を明らかにした。精神分析家の行う解釈は，"正しい解釈"すなわち"真実"（the truth）に対立する"有用なナラティヴ"である，と述べている。

　このような構成主義の系譜や他の考えも，1990年代に入り臨床実践の世界に浸透し，学問の世界におけるポストモダン運動の中でよく知られるようになり，発展した。この章では社会構成主義（social constructivism）を基盤としたもっとも影響力の大きい2つの治療法，1つは**ソリューションフォーカスド療法**（solution-focused therapy：解決志向療法），2つ目は**ナラティヴ療法**（narrative therapy）について紹介したいと思う。

ソリューションフォーカスド療法

パーソナリティ理論および精神病理の理論

　ソリューションフォーカスド療法（解決志向療法）は，次のような新たなる仮説を用い

て始められた。「人々は健康である。人々は有能である。人々は自分の人生を高めることのできる解決法を考えうる能力を持っている。心理療法は人々に対して，問題よりはむしろ解決法に焦点を当てることによって彼らの人生を高める援助をすることができる」という仮説である。

　過去に用いられてきたパーソナリティ理論と精神病理の理論は，基本的には解決よりもむしろ原因に，将来を変化させることよりも過去の問題に焦点を当ててきた。われわれはいつの間にかセラピストも患者も，行動を変化させるために解決法を見出す前に，トラブルの行動の原因を知ることが必要であると長い間信じ込まされてきている。しかしながら，構成主義を用いて治療してみると，人々の問題の本当の原因が何であったのかを知る必要がないことがわかる。われわれは今まで信じていたのと別の解釈を構成すれば，それがすなわち治療となるのである。われわれは人々の問題を説明するための試みの中で，異なるパーソナリティ理論や精神病理の理論を適用すればよい。しかし，パーソナリティ理論や精神病理の理論の"真実"は誰にもわからないのである。パーソナリティ理論や精神病理の理論の全部を否定した多くの行動療法家のような，立派な経験主義者たちがいる。約1世紀にわたって探求してみたが，パーソナリティ理論は人間行動についてほとんど何も説明できていない。

　その上，原因を見出すことが効果的な解決方法を構成する考えを支持する確固たる証拠を見出すことはほとんどできない。オンコロジスト（腫瘍学者）は，乳がんの原因を知らなくては乳がんの治療学を確立することができない。25年前に友人からの誘いに負けて酒飲みになった**原因**と，いまどのように行動を変化するために治療するかという**治療法**とはほとんど関係がない。

　変化はつねに起きている。人々は毎日禁煙を誓い，禁酒をしている。人々は毎日うつと不安に打ち勝っている。人々は自分の能力以上の問題と取り組み，心理療法を知らないままに問題処理をしている。パーソナリティ理論や精神病理の理論を用いて自分の問題を解決している人は，ほとんどいないといってよい状態である。

　何が，ソリューションフォーカスド療法の中で，パーソナリティや精神病理のような過去の原因探求法に取ってかわるのか。何が，セラピストを含めて人々を救い，問題志向的試みから解決志向的企てへ移行させるパワーになるのか。過去の中に解決法が見つからないのであれば，現在や将来に解決法はあるのだろうか。

　何が将来の幸福や健康をもたらしてくれるのか。より幸福な目標やより健康な目標とは何か。われわれの過去は変えられないが，われわれの未来の目標を変えることはできる。よい目標とは今までの閉塞した壁を打ち破り，希望に満ちた未来にわれわれを導いてくれるものであるべきである。実際の短期療法家が知っておくべきことは，各種の性格特性の類型や精神病理学上の疾病分類を学ぶことではなく，治療のさまざまな目標のさまざまな特徴であるといえよう。

　次によい目標めざすために必要な条件の基準を書いてみよう（Berg ＆ Miller, 1992; Walter ＆ Peller, 1992）。

- **ポジティブであること**：ネガティブな目標の代わりに，「私は禁酒を守ることができるし，うつを克服することもできる。または不安を取り除くことができる」といったものにするべきである。目標はポジティブなものにするべきである。ここでのキーワードは**代わりに**である。飲酒，うつ，不安などの**代わりに**，あなたが行うべきポジティブなこととは何か？　目標を設定する際の簡単な治療の言葉は，「あなたはその**代わりに**何をしますか」ということである。
- **プロセス**：ここでのキーワードは，**いかに**である。ここで別のタイプの，さらに幸福になるには，さらに健康になるには，どんな別の方法があるだろうかということである。
- **現在**：変化はつねに現在に起きるものである。昨日でもなければ，明日にでもない。ここでのキーワードは**あるがまま**である。助けになる単純な一言は，「今日ここから何か始めませんか。それとも今と同じ状態でじっとしていますか。今の気持ちと異なることを言ったり行動したりしていませんか」である。
- **実践**：「この目標は実現可能ですか」と聞いてみるとよい。ここでのキーワードは**実現可能性**である。クライエントは，配偶者や使用者や両親や先生に変化を求めているのに，実現不可能な解決法を追い続けているか，自分自身にさらなる別の問題を起こしている。
- **目標の具体性**：目標がどの程度具体的に明示されているか。総括的，抽象的，不明瞭な目標になっていないか。「私は家族ともっと時間を共に過ごしたい」では，具体的とはいえない。具体的には「私は毎日夕方には妻と15分間散歩に出かけます」「私はボランティアとして娘のサッカーチームのコーチの手伝いをします」「私は土曜日には息子とゴルフをします」というように具体的な目標を示す必要がある。
- **クライエント・コントロール**：「新しい事態が起きた時，**あなた**はどうしますか」。ここでのキーワードはクライエントに**あなた**とよびかけることである。というのは，ここで**あなた**とよびかけることで，「あなたは有能で，この問題をよりよく導く調整能力や責任を取ることができます」といっているのである。
- **クライエントの言葉を使う**：目標づくりにはセラピストが使い慣れている専門用語より，クライエントが日頃用いている言葉を用いるべきである。たとえば，「私は父親とエディプス・コンプレックスによる葛藤の解決をしたいと思う」というより「私は父親と毎週大人のコミュニケーションをするために電話で話したいと思います」というのである。

　パーソナリティ理論や精神病理の理論の代わりに，また，問題対処法や過去に遡及する対応法の代わりに，ここでは特定のポジティブな目標を設定していく。この心理療法はクライエント自身の言語によって構成され，クライエント自らのコントロールのもとに進められていく。

治療過程の理論

　人々が，あまりにも彼らの問題に焦点を当てすぎたために過去のパターンを繰り返して立ち往生しているならば，セラピーの目標は，より健康でより幸福な未来を維持するために，できる限りすぐに解決へと焦点を切り替えることである。問題を語ること（**プロブレム・トーク**：problem talk）は問題に焦点を当てつづけるので，したがって治療的変化は解決を語ること（**ソリューション・トーク**：solution talk）への移行を伴うことになるのである。

　ソリューション・トークとソリューションフォーカスド療法は，ウィスコンシン州ミルウォーキー非営利治療センターの短期家族療法センター（BFTC）でのささやかな出発に起源を有している。この短期家族療法センター所長で社会福祉学修士のインスー・キム・バーグ（Insoo Kim Berg）は，ソリューションフォーカスド療法の創始者の1人であり，後輩にもっとも影響を与えた実践家の1人である。彼女は1980年中頃からソリューションフォーカスド療法について9冊の本を書き，数多くのビデオテープを残している。彼女は韓国出身であり，ソーシャルワークの西洋式のトレーニング法に東洋式の伝統を調和させている。彼女によると，心理療法の結論は，意識化と変化の選択プロセスの創造的な統合にある。

　意識化　　多くのクライエントが，問題で頭が一杯になって治療にやってくる。「私はいつも落ち込んでいます」「私は飲酒をコントロールすることができないでいます」「妻と私はいつも口論をしています」「私は悩める子羊です」「眠れない」など。これらの悩みに対して次のように尋ねてしまいがちである。「なぜ落ち込むの？　なぜ，あなたは飲酒をコントロールできないの？　なぜあなたと奥さんはいつも口論してしまうの？」

　セラピストはこのような原因の探求を考える時に自分の得意とする理論を用いようとするだろう。しかしこんなことが役に立つだろうか。セラピストは，クライエントに問題や，問題を生じることになった過去の数多くの経験をさらに強く意識させているだけなのである。過去に起きた出来事をまことしやかに説明することは，クライエントとセラピストを一時良い気持ちにさせるかもしれないが，しかしそれでクライエントはそれ以後よい人生をおくることができるだろうか。

　このようなやり方に代わって，インスー・キム・バーグとソリューションフォーカスド療法のセラピストは，問題のパターンの例外の部分に意識を集中させるようにした（Miller, Hubble, & Duncan, 1996）。「じゃ，落ちこまなかった時はどんな時でしたか」「教会に行った時とか，ゴルフをしている時とか，好きな音楽を聴いている時にもそうでしたか」。このような**例外**（exceptions）的な場面をクローズアップして気づきを喚起していくと，解決法が見出されるようになり始める。

　セラピストが「飲酒について我慢できたのはいつでしたか」と聞くとクライエントは「えーと，定期的に匿名断酒会（AA）の会合に出席していた時です。それと教会で宗教的雰囲気に浸っている時です。それから，私を世話してくれる人が来ている時です」。こ

のように話を聞いていくと，いかに飲酒の問題を克服するかということについて意識を高める手がかりが得られる。

　時には問題を生じている時の例外がほとんど見つからないというクライエントもいる。このような場合には問題に対してポジティブな例外を見出すことに困難を伴う。このような人に対して，インスー・キム・バーグは**ミラクル・クェスチョン**（miracle question）を用いる。このやり方は「もしあなたに奇跡（ミラクル）が起きて，今晩中にあなたの問題が全部解決したとすると，あなたの周囲はどう変わっていますか」というものである。問題で一杯になっている世界に対して例外のイメージを形成していくことは，クライエントが，いま体験している現実だけが唯一の現実ではないことを意識させるようになる。治療のミラクルは，クライエントが想像上の現実を，彼らが達成できる実践的かつ特異的な目標へと変換する助けとなりうる。

　選択　　われわれが選んだ目標が，われわれが生きる未来を決定する。クライエントは問題で一杯になった生活の中で現在の例外の場面をより意識化するようになるので，さらにもっと多くの例外を創造することを選択することができる。うつ気分に満ちた生活に焦点を当てる治療に導入されたクライエントは，教会の会合に出席することを選び始め，たびたびゴルフをするようになり，もっと頻繁に精神を高揚させる好きな音楽を聴くようになる。飲酒問題で苦しんでいたクライエントは，毎日ＡＡ協会のような断酒会の会合へ出席するようになり，宗教的で精神を高める書物を読むようになり，自分を世話してくれる人たちともっと社会的接触を始めるようになるなど，自分からアルコール問題が解決する方向へ努力するようになる。

　ここに治療的な選択に対する4つのガイドを示す（Walter & Peller, 1992）。

1. もし選択が有効だったら，そこに留まってはならない。よくなる選択をしなさい。
2. もしその選択がすこしの効果しかなかったら，それを土台として別の選択をしなさい。
3. もし何も効果がなかったら，ミラクル・クェスチョンを含んだ方法を試すための選択をしなさい。
4. どのセッションも最後だと思って選択させなさい。来週ではなく，いま，変化を始めるのです。

ここに解決法を見出すための道筋を示す（DeShazer, 1985, 1988, 1994）。

- **目標に焦点を当てる**（goal focus）：治療は，将来を良くするために現在何をするべきかという目標に焦点を当てることによって始まる。「ここにやってきたあなたの目標は何ですか」。このような目標設定のための質問に始まりいくつかの質問を経過する中で，今までミラクル（奇跡）と思われて実現不可能と思われた目標を実現可能ないくつかの段階（スモール・ステップ）へ作り変える。セラピストは過去に起きた問

題を考えるよりも，むしろ現実にいま起きている問題の対処法について考えていく。「今日，あなたはどんな問題を持ってきましたか？」という問いかけは，むしろクライエントに問題への焦点化を続けさせるようにする発端となる質問である。

- **問題に焦点を当てる**（problem focus）：もしクライエントが問題や不満を語ることで反応したら，セラピストは理解し共感する。しかしひとたび問題という物語が語られたら，セラピストは焦点を移動できるように準備する。
- **解決に焦点を当てる**（solution focus）：「ある問題が解決するときに，あなたは何か違ったやり方をしますか？」。クライエントは今，ちょっとでも違うことを始める準備ができているだろうか。もし準備ができていたら，すぐにその変化を始めなさい。
- **例外に焦点を当てる**（exception focus）：「もし今あなたが今までやってきたのとは別な方法をやるとしたら，どのようなことが生じるでしょうか？」「もし，その問題が起きていなかったら，今ごろはどうしていましたか」。これらの質問はクライエントの強みを信頼して行える**例外さがしの質問**（exception-finding questions）とよばれているものである。
- **意図的選択かそれとも自然発生的か**（choice or spontaneity）：計画的かつ意図的な選択によって問題がない状態を作り出すことができたのだろうか。それとも自然発生的にか偶然にか予測なしにか，ますます幸福で健康な状態になったのだろうか。

もしこのような例外的状況がクライエントのコントロールのもとで作り出せるようになったら，クライエントがもっと大きな変化をもたらすように援助し，さらに特定の目標を設定できるように援助する。もし変化が偶然に起きた場合（たとえば友人が偶然立ち寄るといったような場合）には，今度はあなたが友人を立ち寄らせるように工夫してそのような条件が意図して起きるように焦点を当てていく。

もしクライエントがセラピストの尋ねるいくつかの質問に「さあ，わかりません」とか「知りません」と答えを言うようになったら，クライエントがよい兆候を示しているとセラピストは知るべきである。今起きているプロセスはクライエントにとっては新しい体験なのである。この新たな事態がクライエントにまた別な考えをもたらすかもしれないし，今まで考えたことのない別な選択肢を選択する始まりになるかもしれない。

- **小さな変化が大きな変化をもたらす**：もし以前の面接で作られた目標が達成されたり，ある程度の成果を見せてきたら，次の面接段階を計画するべきである。私（ノークロス）のクライエントの1人は次のように言っている。「先生のカウンセリングの効き方は，スピードの速いボートではなく大洋を航海する貨物船のよう。最初はゆっくりと徐々になんですが，しかし一度進路が決まると，私をしっかりと支援してくれ，いつの間にか新しい方向に確実に進んでいることがわかるわ」。
- **事例ごとに解決方法はユニークである**：個人1人ひとり，誰もがユニークな存在である。したがってその解決法もそれぞれユニークなものである。セラピストの個性が違うと解決法も異なるという，あまりにもその違いの大きさに驚くはずである。一例と

して，ある街の中心地に1人住まいをしている高齢女性が行った解決法を紹介する。うつ状態から抜け出すために彼女は3つの教会（カソリック派，バプテスト派，福音主義派）に参加した。彼女は普通の人が支援を受ける3倍の社会的支援と社会的機会を受け，うつになる空虚な時間は格段に減った。たいていの人々は人生を1つの宗派でしか構成しないという事実は，彼女が全キリスト教会主義になることを禁止しなかった。

- **解決法は会話の中から出てくる**：面接中，対談形式の話し合いにしろ，自分への問いかけにしろ，解決法は対話形式の中から生まれてくる。もし治療がわれわれの知り尽くしている過去の問題について話し合うように仕向けるものなら，昔の古い自己が出てくるだけである。だからすぐに解決法を探す会話に切り替えるべきである。もし治療を短くしたかったら，治療的対話はできる限り解決法に焦点を当てたものにするべきである。
- **言葉がわれわれの現実である**：セラピストで，その言葉がパーソナリティや精神病理の専門用語で満ちている者がいたら，それは過去を繰り返す長期治療を行おうとするセラピストである。クライエントで，現在の実践的で個人的な目標について話そうとする人は，その現実が変化し始めているクライエントである。

同様な方針と原理が，法制度により心理療法を受けるように指示されている保護観察下の（または強制された）クライエントの解決構築に用いられる（Berg, 1999）。バーグは最初，セラピストに担当のクライエントに対する個人的偏見を排除させる。さらに外から見たり聞いたりしている情報を一切忘れるように求める。このようにすることはセラピストに偏見や先入観なしにクライエントの立場から聴くことを可能にする。そこでバーグは共に力をあわせて有効な解決法を模索し，クライエントの目標に向かってどのような手順が可能か相談にのっていくことになる。具体的方法は以下のものを含む。

- クライエントが望んでいること（具体的目標）をさらに細部にわたり検討する。
- 少なくとも，クライエントが特定の第三者を満足させるためにやらなければならないと思っていることを明確にしておく（ミラクル・クェスチョンの変形）。
- 問題を語るのではなく，解決のやり方について話をする（ソリューション・トーク）。
- 過去または現在の中で成功例を見出す（例外さがし）。
- クライエントが例外を反復して行うために必要なことを見出す（スケーリング）。
- 望む目標に到達するために次のスモール・ステップとは何かを聞く（目標設定）。
- クライエントが目標に向かって歩んでいることを，クライエントの重要な他者がどのように評価するか明確にする（他者による評価）。
- クライエントがその目標に到達した時，さらにクライエントを援助していく。

治療関係

ソリューションフォーカスド療法は短期療法の1つとされているので，セラピストはできる限り早く問題から解決に焦点を切り換えていく積極的役割を果たしていくことが求められる。セラピストは優しく，しかし終始一貫してクライエントが自分の強みを探求し，解決法を確立していけるようにクライエントを導いていく。基本的関係の方略は，クライエントの自発性を奮起させ，クライエントの応答能力を引き出し，さらにその能力を高めていく（Hoyt, 2000）。そしてひとたび解決に焦点が当ったら，クライエントはそれを引き受けようと一生懸命になる。クライエントはどんなことを目標にするかについては誰よりも専門家である。目標はクライエント1人ひとりでつねに異なっており，クライエント自身によってよりよい将来を作り出すために設定される。

ソリューションフォーカスドの臨床家は，治療過程づくり，構造づくりの専門家である。したがって，クライエントが成功する解決法を生み出すことができるフレームワークの中で目標を設定するよう支援をする。この時の基本的関係は，専門家同士の多面的な協働関係のようなものである。この時の専門家（クライエントとセラピスト）は，おのおの分担された解決法を共同で構成する役割を担っている。クライエントとセラピストの間の関係は，目標を達成するために作られた関係である。すなわち，患者は治りたいために治療を受けにやってきて，目標を達成しようとする。その目的に向けて，セラピストは多面的な協働関係を結ぶ者同士として治療を成功させ，終わらせることができるといえる評価基準を確立する。

短期の，クライエントの強みを基盤とした療法は，クライエントの解決能力と臨床家の技術を強調し，治療関係を強調しない。しかしながら，ソリューションフォーカスド療法が多くの人たちに受け入れられるようになると他の療法の手法が混合してきた。より注意したいのは，この治療関係がいかに困難な状況から引き離し，うまくいく解決法への道を見出すことに一生懸命になるかということである（Lipchik, 2002）。さらには，最近，多面的な協働関係を結ぶ者同士として，クライエントとセラピストの情緒面や対人関係における特質にも注意が払われてきている。

実用性

多面的なチームが解決法を創造するために協働するのと同様に，治療関係は，実行可能な解決法を構成するのに必要な間だけ持続する。注目すべきことに，治療的面接が計画されることはほとんどない。さまざまな精神病理学上の探究や病因論の研究に時間を浪費したりすることもない。時間を有効に活用するこの療法では，研究調査はできるだけ解決法に関するものに限られる。

解決志向の治療は，終結時ではなく，解決法のプロセスの開始時にデザインされる。コラボレーター（協働者）として，クライエントは療法が終結してからも長くこの解決法を実行し続けることが求められる。このように時間を効果的に用いる方法で治療を開始する

面接回数	ケース数	ケース%
1	72	26%
2	80	29%
3	47	17%
4	31	11%
5	20	7%
6	10	4%
7回以上	15	6%

ことは，障害の原因を見抜き，最善の治療的解決を治療面接で提供できる熟練のセラピストに頼ろうとするクライエントの傾向を制限する。

　ソリューションフォーカスド療法は，本当に短い。平均面接回数は3回から5回程度である。ミルウォーキーの短期家族療法センターで治療を受けた275名のクライエントに関する研究では，上表のような治療回数の分布であった（DeJong & Hopwood, 1996）。

　表に示したように，患者の80%以上は4回以内の面接であり，平均すると2.9回の面接をしていることになる。他の臨床機関でも，患者が受けるソリューションフォーカスドの短期療法は，2回か3回である（Rothwell, 2005）。

　ソリューションフォーカスド療法は，ほとんどすべての行動障害とあらゆる治療計画に適用されてきた。この方法はコーチング，教育，物質乱用のカウンセリングなどにたびたび用いられている。事実，問題となる飲酒に対するソリューションフォーカスド治療（DeShazer & Isebaert, 2003; Miller & Berg, 2005）は，第5章の動機づけ面接と多くの共通点を持っている。短期の療法は，軽度の問題や適応障害の治療（Araoz & Carrese, 1996）に特に評価されるが，慢性の精神障害（Booker & Blymyer, 1994; Webster, Vaughn, & Martinez, 1994）に対しても推奨されてきた。この療法の基本的概念――クライエントがすでにやっていることを用い，クライエントの持っている強みを強調し，言葉で語られる解決法について話し，クライエントの信条を聴くこと――は，病歴上禁治産者として扱われてきた入院患者に対しても適用が可能である。

　ソリューションフォーカスド療法は，最初，カリフォルニア州パロアルトのMRI研究所（第11章参照）およびウィスコンシン州ミルウォーキーの短期家族療法センターで家族療法として出発したが，現在では広く個人療法の分野でも用いられている。

ナラティヴ療法

　ソリューションフォーカスド療法家は，現時点でクライエントが選んだ目標を用いることによって，クライエントの将来を構成していくことになるが，これに対してナラティヴ療法家は，現在語る物語によってクライエントは過去を構成するのだと主張する。過去は，新たな**語り**（narratives）すなわち物語を構成することによって，変化させうるのである。米国の歴史が，ひとたび歴史から排除された，女性，アメリカ先住民，アフリカ系米国人

について書かれたり，その人たちが書いたりしたナラティヴによってどのように変えられているかを見なさい。

現実主義者や経験主義者は，過去の真実を変えることはできないと主張したがるかもしれない。過去のことは過去のこと，というように，正直な解答は相手の語り口を繰り返す。"～だったこと"とは，歴史書がわれわれに語っていることだと認めなさい。あなたが知っている歴史書は，歴史そのものではない。歴史書は，人々が物語を語る自由を求めれば求めるほど，何度となく書き換えられてきている。

ナラティヴ療法家は**反現実主義者**（antirealists）である（Held, 1995）。彼らは，われわれが語る物語の背後に存在する客観的な真実などないと信じている。われわれが存在するこの"現実"がわれわれの物語である。彼のストーリー（his-tory），彼女のストーリー（her-story）は，それぞれのクライエントにとっての真実なのである。どれもユニークであり，個人的なものであり，主観的なもので，幸いにも変化に開かれているものである。

パーソナリティ理論および精神病理の理論

パーソナリティ理論および精神病理の理論は，心理療法家がクライエントについて語る物語である。不幸なことにそのような諸理論は，セラピストがクライエントに押し付ける物語にもなりうる（McNamee & Gergen, 1992）。そのような理論にもとづいた押し付けや解釈は，良くてクライエントを強迫的にするか，悪くすれば，クライエントを破壊的にする。何十年もの間，男性セラピストは女性たちが"ペニス羨望"に悩んでいると女性たちに思い込ませようとしていた。女性の"歴史（herstory）"は，"投票羨望""キャリア羨望""給料羨望""政治力羨望"，さらに性的虐待と関係があった。あまりにも長い間，小児の性的虐待は，親との性的接触によって満足したいという小児の願望にもとづく小児期の幻想の出来事であるという，支配的理論によって解釈されてきた。ゲイやレズビアンの人たちについての専門家の物語は，彼らは性的倒錯者というDSM障害である，というものだった。

ナラティヴ療法家が，経験的なパーソナリティ理論や精神病理の理論を排除するのは当然である。セラピストたちが，人々がどういう人間かについて語ることができると信じているのは職業的な傲慢さである。クライエントは自分がどのような人であり，どのようになりたいのかについて，われわれに自由に話せなければならない。理論は過酷である。理論は1つの視点をみんなに押し付けようとする。真実と見せかけてだます理論は，同様に過酷である。真実などは存在しない。われわれが真実について語るいくつもの物語が存在するだけである。

遅かれ早かれ定着した経験上の現実は，客観的であるといわれており，その結果，われわれは誰しもいつかは同じ現実に到達することができる。それは，たとえば，健康なパーソナリティというものについて真実が明されるやいなや，われわれは皆がみな同じ人間になろうとして努力する，ということを意味しているのだろうか。人間のこのような心理的

クローン化は，人間の生物学的クローン化が非倫理的であるのと同様に非倫理的とみなされるべきである。世界が必要としているのは多様性であり，同一性ではない。一卵性双生児でさえ同じアイデンティティ，同じパーソナリティは持っていない。誰もがそれぞれに彼または彼女の語るべきユニークな物語を持っている。それはちょうど，どのクライエントもそうであるのと同様にである。もしわれわれがクライエントの自由や個性を守ろうとするなら，その時われわれはすべての人に同じ現実を押し付けることを要求してくる帝国主義的経験主義を拒絶することから始める。

　ナラティヴの驚くべき特徴の1つに，語りが開かれていて，現在進行中で決して終わらないことがあげられる。歴史的ナラティヴや科学的なナラティヴも開かれていて，現在も進行していて変化している。われわれの物語が変わるので，われわれも大いに変わるのである。女性，マイノリティそして他の抑圧されていた人たちが彼ら自身の物語を語る機会を表に出していくようになって，われわれの社会がいかに劇的に変化してきたかを見てもらいたい。

　もしあなたがあなたのアイデンティティ，すなわちあなたが誰であるかという現実を知りたいなら，他の誰かの理論に向き合ってはいけない。あなた自身の物語の中で次の章へと進みなさい。

　パーソナリティ理論や精神病理の理論に代わって，ナラティヴ療法家はわれわれに物語を信じるようにと激励する（White & Epston, 1990, 1994）。物語は，人生を忠実に描写しない。人生を方向づけているものである。優れた文学批評家のように，ナラティヴ療法家は，われわれがどのような人であるか，われわれがどのような人であったのか，われわれは何になりうるかについて新しい意味や新しい解釈を構成することを援助してくれる。

治療過程の理論

　問題に関するわれわれの経験は，われわれが構成してきた物語の1つの機能であるとした場合，問題に対する解決法は，古い物語から**脱構築**（deconstructing）し，新たな物語を構成することから現れてくる。治療的ナラティヴは，物語を支配などから解放しながらより意識的に構築されなければならない。

　ナラティヴ療法の先駆者であるマイケル・ホワイト（Michael White）は，もともとの職業は機械製図工をしていたが，それから自由になり，家族療法に特に強い興味を持つソーシャル・ワーカーとして新しいアイデンティティを構築した。最初グレゴリー・ベイトソン（Gregory Bateson, 第11章参照）のサイバネティックな考え方に魅せられていたが，やがてホワイトは人々が意味とアイデンティティを構成する方法に熱中するようになった。彼は文化人類学，文学理論，ポストモダン哲学にもとづいてナラティヴ・アプローチを展開させた。ホワイトの『物語としての家族（Narrative Means to Therapeutic Ends）』（White & Epston, 1990）を含む数多くの本と，彼の南オーストラリアを基地とした継続中の臨床実践が，意識化と選択と拮抗条件づけの変化のプロセスを統合している。

意識化　最初にわれわれは自分の物語のどれだけが，家族や社会の中の**ドミナント・ディスコース**（支配的言説：dominant discourses）から構成されてきたかを意識化する必要がある（McNamee & Gergen, 1992）。日常生活や自分自身についての思慮の仕方と感性的判断の仕方を教えてくれる影響力のある人々は誰か。誰の言葉がセックスを悪いものと決めたり，立派な身分はよいものと定義したりしたのであろうか。誰の物語が自発的であることは危険で，人にコントロールされることは安全だと言ったのか。エネルギーにあふれ，熱中している子どもたちが長時間退屈な教室に座っていられないからといって，注意欠陥多動性障害（ADHD）と診断し，薬を処方するという現実を構成したのは，誰なのか。表層的な社会的ディスコース（言説）より自分自身の仲間や空想を好む人は内向的でひきこもりがちで反社会的であると言明したのは，誰のドミナント・ディスコースなのか。

　昔は影響力のある人々はわれわれの経験を編集する特権を持っていた。多分彼らのうちの何人かは，「私はひ弱で，臆病で，内気で，醜い。私はセックスの対象物で，しかも扱いにくい，やっかいな人間だ」というように，われわれの人生に意味を押し付けるほど十分の強さを持っていたのである。

　ナラティヴ療法家の面前で，われわれは自分の人生の物語を構成するようになる時に，われわれは**特権を持つ立場**（privileged position）にいるのだということに気づくことができる（White & Epston, 1990, 1994）。われわれの個人的経験にあらかじめ決められた理論的解釈を押し付けることはできない。統合失調症，双極性障害，強迫性障害，性的倒錯，嗜癖，ＡＤＨＤなどと傷つけるような診断を減らせるだろう。治療的ディスコースは，われわれが自分の人生のテキストの読者と著者の両方であるという特権的な立場に立つ時にのみ生じる。

　われわれがわれわれの物語をふたたび語り始める時，心理療法家は，多様な視点から自分自身をとらえられるよう，われわれを援助できるのである。われわれが健康になりうまくやっていることに驚かなかった人は，過去にいただろうか。われわれの人生はつねにこのやり方だったのか。それとも重要な変化や段階があったのだろうか。われわれは，過去が変化する世界であることに気づき始めると，未来が変化する世界である可能性を持ったものであると気づき始めることができる。

　しかし，まず，われわれは既成の問題がいかに影響力を持っているかに意識的にならなければならない。劇的に物語っていくにつれ，悪役と犠牲者をつくることになる。問題を擬人化することは，多くの時間とエネルギーと自己意識を要求する重圧体としての道を開くことになる（White & Epston, 1990, 1994）。私のうつは，悲しい音楽を聴き，気のめいるドラマを観，ばかげた実存主義小説を読み，悲しい話を語ることを要求する悪魔である。私の嗜癖は，夜更けにクラブに出かけたいと猛烈に要求する。そこは，人々がドアのところで出入りをチェックされ，酒，セックス，誘惑といったものに夢中になる場所だ。私の延引癖は，書類や業務を遅らせようとし，また，できる限り長く他人の願いに応えるのを引き伸ばして，規則に反抗させようとする。

　われわれの人生におけるこの鍵となる性格の影響を描き出してみると，われわれは，わ

われわれの問題の記述，要求，落胆によってどのようにわれわれが決定されてきたかを，より具体的に理解することができる。その上さらに，ユニークで予期せぬ結果を探し出すこともできる。その一部分になるようにというその問題の挑戦に抵抗した機会とは，いつだったか。事実や空想の中で自分の悪魔を倒して，われわれがヒーローやヒロインになる機会とは，何だったか。われわれが問題の支配や重圧から逃れて，自分の問題から自由になる時とは，いつだったのか。そして，われわれは，奇抜さと新しさに脅かされた世界で，まるでロシアの詩の中に登場する，ソビエトという檻から逃れて見知らぬ世界を彷徨するあの狐のようではなかったか。われわれは小さな檻の安楽さと安全さの中に戻ったのか。われわれは新しい生活を書き著わさなければならない責任と自由から逃れたのか。

選択　われわれは選択可能な物語を構想する備えがあるのだろうか。われわれに対抗する構想，われわれのセクシャリティを抑圧するとか，われわれの独自性に重圧をかけるとかいったことがたとえあったとしても，だからこそわれわれは，自分の好みの構想を打ち立てることができるのである。われわれは自分の声や自分の言葉で個人の特権的観点からドミナント・ディスコースを転覆させる道を選ぶことができる。たとえば，日誌を続けることは，われわれの言葉が重要であり，われわれの経験は意味あると主張する1つの選択である。われわれの両親に宛てて，彼らに配達される心配のまったくない手紙を書くことは，われわれの中のあまりにも長く無視されてきた部分に意味を与えることへと，われわれを解放させる。われわれの中の大人の部分，主張し，怒り，許す大人の部分は，われわれが「そうだろう」とか「そうだったろう」と話している時に現れてくるものであろう。

拮抗条件づけ　新たな物語を構築するために，新たな言葉が必要であり，新たなイメージが必要であり，新たな意味が必要になる（Friedman, 1993）。慢性的な構成に対抗するために，マイケル・ホワイトとナラティヴ療法家は，詩的文章や絵画的な表現を薦めている。自分の言葉が豊富になればなるほど，われわれの体験もより豊かなものになる。われわれの言葉が多義的になると，われわれの人生はもっと意味を増す。もしわれわれの人生があまりにも空虚なものであったり，狭いものであったり，平凡なものであったり，無気力にするものであったり，生命力を弱めるものであるならば，その原因は言葉が制限されているためである。

　ナラティヴ療法においてクライエントは，それまで彼らが表したことのない彼ら自身のさまざまな面を経験することができる。情動の広範な領域——怒り，興奮，喜び，悲しみ，憤り——これらが，人を憂うつにさせる，お決まりのさえない，退屈な，単調な意味に対抗する。興奮，予感，フラストレーション，驚嘆は，心配性の人のこわばって，くどく，重苦しい言語に取って代わる言葉だ。ある人の自己が変化していることのもっとも明瞭なサインの1つは，その人の言葉が変化することだが，問題を意味するだけの過去の使い古した言葉を，個人的な意味の希薄な技術的もしくは科学的用語に置きかえるべきではない。

　ナラティヴ療法はクライエントに人生の物語を叙述または再叙述させ，自分が人生の著者であるという感覚を体験することを促進させるばかりでなく，彼らの新しく創り出した

語りの主演者にしていく。彼らは治療面接で自由にリハーサルできるが，そこでは新たに行動したり話したりすることの不安が，安全で自分を受け容れてくれる場で生じうる。しかし，クライエントは次の段階の実行に入るよう励まされる。すなわち，最初は受け入れてくれる友人と共に，やがて問題の一部を共に経験してきた職場の仲間や両親と行動を共にする段階である。

あるクライエントの両親は，クライエントが配達されない手紙の中で両親に宛てて書いた豊かな対話について話しはじめた時，ものが言えないほど面くらってしまった。クライエントは，ただ彼女の昔話，彼女が「まあ，なんて完璧」に装い，振る舞い，言葉づかいしなければならなかった頃の話をしただけではなかった。今や彼女はとても完璧とはいえない話しぶりで，時にどもったり口ごもったり，また時に大声で感情的に話した。時に生き生きと話したり，調子が悪い時もあった。ある特に感動的なひとり言で彼女と彼女の父親との仲違いが表現されると，両親は拍手喝采し，涙を浮べた。その後，彼らは変化していった。

治療関係

申し分なく，それぞれの治療関係はユニークなものである。特定のクライエントと特定の臨床家がある特定の時間，場所，コンテクストを共有して面接することで構成されているからである（McNamee & Gergen, 1992）。その関係は交される対話の中で展開してゆく。すなわち，治療関係はパーソナリティや精神病理の標準的な理論や心理療法の理論にもとづいた包括的な原理によってあらかじめ決められているものではない。こんなふうに関わることでのみ，クライエントの個性を尊重したり守ることができる。

理想的には，これ以上何も言う必要はない。しかし実際上，一般的なガイドとなる原理原則がなかったとしたら，教えたり学んだりすることがなくなる。原理原則や連続性がなければ，あるクライエントでうまくいったものを他のクライエントへ応用したり，ある面接場面で効果があったものを他の面接場面に転用したりすることはできない。

治療における連続性は，クライエントが語る物語から構成される。ナラティヴ療法家が一般的に貢献している点は，クライエントが語る物語を，制限をより少なくし，より自由に新たな編集を構成するよう優しく導くことである。ナラティヴ療法家は，生育史を"作り出して"いるのであって，たんに生育史を"聞き出して"いるのではないし，物理学より詩学のほうが，人間の人生の縦糸と横糸を十分に吟味するための関係を重視した立場であることを承認している（Hoyt, 2000）。

文学批評の手段を教えることは，セラピストは何を物語の"真実"に与えることができるかである。セラピストは，クライエントがより自由な将来へ羽ばたく小説の語りを構成するのを手助けできる。もしわれわれがセラピストとクライエントの関係の豊かさに敬意を表したいならば，対話の多義的な意味を傾聴し，解釈する必要がある。

普遍的で正しい治療的態度というものは存在しないが，セラピストは**ナラティヴの共感性**（narrative empathy）（Omer, 1997）とよばれてきたものを目指して日夜努力してい

る。形式的な共感（これは，クライエントを外側からや理論的見解から記述しているが）とは異なり，ナラティヴの共感は，クライエントの問題パターンの持つ内なる情緒的論理を構成し表現しようと試みるものである。共感的ナラティヴであるかどうかの基準は，「そう，そのとおり」という反応をクライエントから引き出せるかどうかにある。

実用性

　おのおのの治療関係のユニークさに光を当てると，どのナラティヴ療法にも当てはまる共通した実践を説明することは不可能であるかのようにも思える。ナラティヴ療法は最初家族療法において紹介されたが，今日では子ども用，大人用，カップル用，家族用，地域コミュニティ用と多方面に展開している。ソリューションフォーカスド療法とは異なり，ナラティヴ療法の長さは，ケースによりさまざまである。この療法は，短期療法を好むが，語りという共同構築物が短期のプロセスを必要とする理論はない。実際上，面接時間はセラピストによって標準50分で組まれていて，例外はほとんどない。しかし，クライエントは書いている日誌や手紙にナラティヴ・プロセスを続けているので，この約束事の厳格な境界線を越えることができる。クライエントは自分自身の現実を創り出しているのだが，当然面接費用は，クライエントが支払うべきものである。

構成主義的療法の有用性

　より新しい構成主義的療法は，対照群を置いた治療結果研究の代りに，2，3の調査とセラピストの公式発表を促進して，より古い臨床の伝統を模倣してきた。この療法の主要な理論家や実践家たちは，その有用性を経験的に研究していくよりも，これらの手続きを治療的に応用していくことに力を注いできた。市場に出された新たな心理療法として，構成主義的療法はその到達においては，まだ初期段階にあるといえる。
　われわれの文献レビューでは，個人のナラティヴ療法についてのランダム化比較治療結果研究は見当たらず，個人のソリューションフォーカスド療法について少数の研究があるのみであった。ソリューションフォーカスド療法の研究の大部分は，未公刊の博士論文，試験的調査，ある種の実験的研究などが含まれている（たとえば，Malgady & Costantino, 2003; Wettersten et al., 2005）。ソリューションフォーカスド療法の5つの比較対照研究では，小規模の人数で通常の治療群あるいは無治療群と比較してその有用性が証明されている（Gingerich & Eisengart, 2000）。しかしながら，ソリューションフォーカスド療法は，他の心理療法の諸システムと比較して，多くの臨床的障害に対する有用性について，これからも実証していかなければならない。
　ソリューションフォーカスド療法に関するある治療結果研究（DeJong & Hopwood, 1996）では，研究デザインに対照群がないので，査読つきの研究雑誌には公表されていない。それにもかかわらず，研究結果の所見は治療のいくつかの典型的実践例として伝わっ

ている。1992年から1993年にかけて短期家族療法センター（BFTC）で治療を受けた275名のクライエントに対して行った研究がある。クライエントの大部分は，BFTCに所属しているソリューションフォーカスド療法のセラピストによって治療されている。そのうちの一部のクライエントは，ワンウエイ・ミラー越しに聞いていた上級のソリューションフォーカスド療法家によってスーパーバイズを受けた研修生に治療を受けていた。クライエントのうち57％はアフリカ系アメリカ人，5％はラテン／ヒスパニック系，3％はアメリカ先住民，36％は白人であった。半分以上のクライエントは失業中だった。そして大多数のクライエントは公共福祉局からの紹介であった。

　2つの治療結果の指標が，治療の成功かどうかを判断するために用いられた。最初の中間指標は，セラピスト自身が，毎回の面接の中で尋ねた**スケーリング・クェスチョン**（scaling question）の結果であった。これは「スケールを1から10までとします。10はあなたが治療に持ってきた問題が解決している状態です。1は問題が最悪の状態です」と説明した。この測定で，26％は「改善なし」もしくは「さらに悪くなった」と回答している。49％のクライエントは「少し改善された」（スケーリング・クェスチョンでは1から3ポイント改善された状態）と回答している。そして25％のクライエントには有意な効果が認められた。2番目の指標は，治療後にクライエントに電話で接触して，「治療の目標が満たされているかどうか」を訊いたものであった。50％のクライエントに接触して，45％のクライエントが「治療の目標は満たされていた」と回答していた。さらに加えて32％のクライエントが目標に向かってなんらかの改善があったと回答していた。残りの23％は「改善が見られなかった」と回答した。もちろん，このような対照群を置かない研究では，どれだけのクライエントが，心理療法なし，長期治療，別タイプの治療で改善したと報告したか，信頼できる比較はない。

　家族療法に関しては，文献レビューで，構成主義的家族療法の有用性の研究がほんの2，3，公表されているだけである。ある研究（Besa, 1994）では，ナラティヴ療法の有用性として6組の親と子の間の葛藤が減少したと報告されている。別の研究（Conoley et al., 2003）では，3人の攻撃性の強い子どもたちに対して解決志向の家族療法を試みて有用性を確認している。59名の子どもとその家族の大規模な研究（Lee, 1997）において解決志向の家族療法の治療結果が調査され，平均5.5回の面接で，65％の成功率を見出している。しかしながら，これらの研究も対照群または他の治療法との比較研究が行われていないので，事実上結果の解釈が不可能になっている。解決志向の療法とナラティヴ療法のどちらも，カップルおよび家族療法の主なレビューには含まれてはいない（Sandberg et al., 1997; Sexton et al., 2003）。

　1つには，構成主義的治療法に関する対照群を置いた治療結果研究の不足というものは，"科学的"な研究雑誌に公表を認められた典型的な経験主義的研究に対する反応であるとも言える。このような調査研究には構成主義的原則と合わないグループデザイン，標準化された測定法，マニュアル化した治療処方，そして数量的分析などが求められている。実証の研究的定義はどう経験を客観化できるかどうかで決まり，そして1つの実証概念が他を圧して特権化されるのである。学界や保険会社によって表彰される典型的な研究は，真

実を発見するというよりは，むしろ研究を管理するグループの政治的ニード（要求）に適合した特異な真実を特権化する。人間科学においては，議論の余地なき真実に導くような，バイアスのかからない研究はありえないのである（Cushman & Gilford, 2000）。

構成主義的療法に対する批判

行動論的観点から

乳がんの進行を極端に恐れる2人の女性についての物語をお話ししよう。2人とも，何人かの親戚が乳がんで亡くなっていた。知人も乳がんが進行していた。成功したキャリアウーマンとして，30代中頃まで子どもを産むのを遅らせてきた。不安と抑うつに対して2人のとった対処法は，暴飲暴食と運動不足だった。40歳に直面して彼女らは，不安が増し対処能力が減少しているのがわかった。

1人の女性（ナン）はナラティヴ療法家に相談し，彼女の物語を語った。ナンは，彼女のテクストは，子育てよりもキャリア形成をすることで社会的地位向上を優先させた女性を怖がらせるために，科学を用いる社会によって元来書かれてきたものと解釈した。乳がんのような悪い出来事は，このような暴飲暴食の女性にふりかかるであろう。セラピストの援助を得てナンは，女性が自由にまず自分のキャリアを充実させて子どもを持つのを遅らせたことを罰しないで，自分自身の物語を共同構築した。この物語構築においては，他の誰かの権利を侵害しない限り，彼女がどう対処するかは彼女自身の仕事であった。彼女は恐怖とネガティブな結果に悩まされずに自分の物語を話すことができるという自分の力をあらためて認め，ナラティヴ療法を終えた。それから4年後，ナンは診断を受けずに末期の乳がんで死亡した。

もう1人の女性（アン）は，極端な恐怖心を減少させるために，根拠にもとづいた脱感作療法とエクスポージャー法の実践をしている行動療法家に助言を求めた。セラピストはアンに，通常のマンモグラフィの検査を受けることを含めて，恐怖と直面させる準備をした。アンは，アルコール依存，高脂肪ダイエット，座ってばかりのライフスタイルが乳がんとその他の慢性疾患の危険を増大することを科学雑誌から学んだ。行動療法の助けを借りて，アンは情緒的落ち込みに対処する健康的な生活習慣を身につけていった。彼女は乳がんと慢性疾患の危険を減らすためにベストを尽くして行動療法を終えた。2年後，アンは乳がんの早期段階と診断され，外科的手術と化学療法により治療は無事に成功した。

精神分析的観点から

もしあなたがパーソナリティと精神病理の複雑な状態を正当に評価できる心理療法の理論を持ち合わせていないとしたら，その時の解決は簡単である。パーソナリティと精神病理という現実を否定すればいい。パッ，と吹き飛ばして，これで問題は消えてなくなる！

証拠？　それはポストモダニズムと共に消えてしまう別の問題である。モダニストだけが，合理主義と経験主義の特権的立場を信じている。すなわち，理性や実験法を通して，われわれは現実と空想を区別できると信じている。構成主義的セラピストを装ったポストモダニストは，われわれを幼児期のナルシズムに退行させるだろう。現実原則を拒絶せよ！　自我を打倒せよ！　われわれを援助したり，われわれの患者が何が現実で何がそうではないのかを決定する際に，理性や認知や客観性などは何の特権的な立場も持たないのである。

　人生の悲劇的現実は，現実が過酷だということである。現実はわれわれを自由にあらゆる空想を満たすことをさせない。このことは，願望充足的な空想に固着した多くの患者からの一般的な不平である。今やわれわれは，一生にわたる精神病理をつかの間の時間の中に固定できるという空想に眩惑させられた臨床家からも，同様の不平を耳にする。即時の願望充足はクライエント，臨床家，マネジドケアを行う組織など，誰にとっても利用可能である。

　解決志向の療法は，われわれに，短期精神療法と精神分析療法についてのフロイト（1917／1966）の説明を思い出させる。短期の治療は，心の中にある何かを覆い隠し，うまく言いのがれをすることを求める。これに対して精神分析的治療は，心の中の何かを暴き，それを取り除くことを求める。前者は化粧のような振る舞いであり，これに対して後者は外科手術のようなものである。短期療法は抑圧を強める，しかしそのことを別にして，短期療法はあらゆる過程を症状形成を不変なものとしておくのである。

　短期で，うわべだけの心理療法の動向はどこで終わるのだろう。短期ソリューションフォーカスド療法においては，パーソナリティや精神病理はすでに脱構築され意味がなくなっている。次は心理療法それ自体の問題である——薬物療法の現実（もしくは空想？）によってそれが脱構築され消滅したら。水道の水でプロザックを飲み，ダイエットソーダでゾロフト（訳注；プロザック，ゾロフトともにSSRI型抗うつ剤）を飲んで，パーソナリティからも精神病理からも心理療法からも解放されて，この勇敢な新世界の構築に取りかかることができるのである。

人間性心理学的観点から

　われわれは，全体主義に反対する立場から，個人主義を擁護しようとしているポストモダニズムの目的に拍手を送りたい。確かに20世紀という時代は，現実（reality）という名の下に人々を威圧する政治的で個人的な病理現象を繰り返し目撃したのである。その現実はファシズムや共産主義，民族主義や性差別主義，植民地主義や帝国主義から構築されていようとも，結論はいずれも同じである。ディスコース（言説）を操れる権力を持った特権階級の人間が，すべての人たちに対して普遍的真実（truths）を押しつけることができる。われわれは権力者が，人を不適格者と診断するのを繰り返し目撃してきた。たとえば，人格障害者とか，政治的囚人とか，たんに問題を持つ人というように。人がどのように取り扱われるかは，彼ら次第である。彼らは人にラベルを貼り，誹謗し，投獄し，精神

科病院に収容し，電気ショックを与え，与薬し，大多数の人々から疎外することができる。

　ポストモダンの臨床の挑戦は，特定の場所と時間に存在する特別な一個人の持つ特異性をいかに守るかということである。問題は，科学の普遍的真実の圧制的な一般性に代って，ナラティヴ療法家は，たった1つの道具を持ちつづけているということである。これは文学批評に由来する解釈という道具である。文学批評とは，特定の読者1人ひとりがテクスト（詩，演劇，何かのパフォーマンスなど）に自由に新しい意味を与えることである。この心の中のメタファーによって，個人はそれぞれ，ドミナント・ディスコースから失われている意味を発見して脱構築されるのである。そして，新しい演劇やパフォーマンスは，クライエントと臨床家の間の会話を通して共同構築されるのである。

　しかしながら，この新たな構築がいかに人間性を失わせることがありうるかを検証してみよう。詩は苦痛を感じることはないが，人々は苦痛を感じる。言葉や語句は思い悩まないが，女たちは心配する。メタファーは感情を見落さないが，男たちは見落す。理論は人生を高めたり制限したりする決定を下すことはないが，個々のクライエントと臨床家はそうするのである。言語表現はわれわれがどう生きるかに対して責任がない。人が成熟していくことに関して支配や束縛から自由になるということは，われわれが自分の言動に対して，まさしく責任をとることができるということである。もし望めば，われわれはたとえ外国語であったとしても，学ぶことが可能である。われわれは，生き，学び，変化する際に，知るという1つの道具のみによって制限されない。文学批評が創造的，構成的になりうるにつれて，文学批評は，私が誰であり，何者になろうとするのかを知るための助けとなる特権的な立場を持たない。

　ここで，われわれはアブラハム・マズロー（Abraham Maslow）のメタファーをふたたび思い出す。われわれの唯一の道具が金づちであるならば，その時われわれはすべての事柄やすべての人を，釘のように扱うだろう。

　どうかお願いだから，私の本当の問題を，あたかもたんなる詩だとか，ただのメタファーや間に合せのテクストであるかのように，その金づちでどんどん叩かないでほしい。もしあなたが，実在する人としての私が誰であるのかを知る方法を持たないなら，その時はあなたが心理療法家として何者かを私は知りたくない。

統合論的立場から

　構成主義か経験主義か，文字的表現か数値的データか，芸術か科学か，どちらかを選ばなければいけないと誰が言うのか。メンタルヘルスの専門家として，私は両方の方法を採用している。芸術は私の発想の源である。科学は私の実証性の源である。

　演劇，詩的作品，絵画，そして音楽はどれも，人間性についてのより深く，より豊かな認識を創り出すことができる。たとえば，劇場は，自己が挫折していくパターンを打破するための個人のもがきを，しばしばリアルなものにしてくれる。詩的作品や絵画に用いられるイメージは，直接の観察からはしばしば隠されているわれわれ自身の暗闇の中に新たな洞察を与えることができる。音楽は，耳を開けばすべてを経験することができる広範囲

の感情のようなものに声を与える。これらは他の人たちとの共生や共動作業を豊かにできることを知ったり，表現したりする素晴らしい方法である。

　同時にわれわれの人生や仕事は，問題や人々を通して一般化することのできうる科学的な原則の発見によって等しくレベルを高めうるのである。行動論的方法と認知療法は，たとえば，世界中で苦痛を和らげているが，どの言語を使って，誰が治療の物語を語っているかという質問からはまったく独立している。他の例をあげれば，変化の各段階を通じて快方に向かうという根拠の確かな原則に関するわれわれの研究が，以前に治療可能だと思われた人たちよりももっと多くの人たちに届けられる治療プログラムを作ることを可能にさせてきた（第16章参照）。そのように一般化された原則は，われわれに他者を変化させうる何か特別なことを知っているという自信を持ってクライエントに接することを許している。

　われわれは，それぞれ個別の個人について新たに何もかも発見しなければならない"何も知らない人"のように振る舞うべきではない。もちろん，われわれは，個々のクライエントにとって特に重要なこととは何か，また，彼らの人生をもっとも高める特別の変化とは何かを理解するために開かれている必要がある。しかしながら，われわれが，クライエントと共有すべき一般化された知識を持っていないと，クライエントは，効果のあがらない非効率な試行錯誤学習をする羽目になる。クライエントはそれぞれ，変化の循環を創り直さなくてはならないだろう。心理学や教育の専門家であるわれわれは皆，何十年となくやってきているうちに，教示的学習のほうが，試行錯誤学習よりもずっと効率的で効果的であることを知っている。臨床倫理は，われわれにクライエントと科学の両方に耳を傾けることを求めているのである。

　われわれは，人間性に対する多くの解釈を構築していく優れた才能を持つ芸術家や人文科学者に，特別な立場を与えてよい。研究やテスト理論の開発に携わる科学者たちにも，同様の立場を与えてもよい。彼らの科学的方法を用いると，われわれのもっとも妥当性の厳格なテスト基準を用いて得られた，一方に有利なお気に入りの解釈でさえ却下できるのである。しかし，絶対的確実性を備えたテストと合致する文学や科学の理論というものは存在しない。だから，ニーチェが警告したように，真実の確実性を代理している人々によって，誤った方向へ導かれるべきではない。科学は，われわれがデータとして知っているすべてのことから十中八九妥当であることを教えてくれる特権的な立場にある。

　心理療法はといえば，残念ながら，特定の人や特定の問題について一般化できうる科学的に妥当な知識がしばしば十分でない。それでも，われわれは理論的解釈の根拠に頼って現在から時間を遡ろうとする。ここにも，特定の問題を理解し緩和していこうとする，共に奮闘している臨床家とクライエントが保っている特権的な立場というものがある。これらの見解は，心理療法の芸術と科学によって提供されなければならない最善のものが知らされた時，もっとも妥当でもっとも援助的なものになるであろう。

14 構成主義的療法

C夫人を対象としたナラティヴ分析

　C夫人は何度も自分の物語を述べてきた。治療を始める前に，そして治療中も，治療後も，彼女は繰り返し，ギョウチュウ（蟯虫）への彼女の没頭の話をした。彼女の精神分析的治療は，彼女の過去の出来事にさかのぼり，強迫的に彼女の病気の細部にわたって注意が払われた。子ども時代の記憶に彼女の障害の隠された原因を見出そうとしていくうちに，彼女のセラピストは木を見ていて森を見失った。C夫人のディスコース（言説）そのものが彼女の障害だった。

　C夫人が子ども時代の思い出に焦点を当てれば当てるほど，彼女は人から求められてはその期待に添えなかったドミナント・ディスコース（支配的言説）を繰り返した。「もっと清潔に掃除しなさい。もっとかわいくしなさい。そこの物を拾いなさい。そこに置きなさい。えんどう豆を食べなさい。もっとゆっくりとね。時間までに家に戻りなさい。もっとうまく振る舞いなさい。もっと良くやりなさい。もっと健康的にね。もっと注意深くしなさい。もっとちゃんとしなさい。もっと素早くやりなさい。静かにしていなさい」

　ナラティヴ療法では，彼女の過去で特権的立場にいた人（家父長的両親，教会の牧師，精神分析家）を見出すために時間を用いることはしない。彼女の両親と牧師は明らかにいかによい子ども，よいアメリカ人，よいクリスチャンとして振る舞うべきかを，あらかじめ決められたやり方にもとづいて要求をしていた。彼女の心理療法家は，両親や牧師よりもっと巧妙であったが，しかしC夫人は，彼女にあらかじめ決められたカテゴリーが押し付けられるという同じパターンを，彼らが繰り返していることに気づくことができた――強迫神経症，肛門期固着，トイレットトレーニング時の葛藤，性的衝動と攻撃性の衝動に対する防衛，洗浄強迫のリストなど。言葉は異なってきたのだが，意味は同じであった。ある特権のある人物（両親，牧師，心理療法家）などは，彼女に物語を語らせる権力を持っていた。親の，宗教上の，そして心理的な構成物はC夫人の個人的経験よりも優先された。すべてが慈悲深かったので，彼の行動を解釈する権利を彼女は持たなかった。自分自身がよい人でいるためにはただそれをしているのみであった。

　ナラティヴ療法家は，C夫人にあらかじめ決められた意味を押し付けようとはしないであろう。C夫人は，心理療法家によって書かれた彼女自身に関する，独立した理論の公式化を必要としなかった。C夫人には，自分自身で描いた生きた個人的な物語を話す権利がある。C夫人は自分自身の物語を構成するように勇気づけられるであろう。何が適合しているか。何がよいと感じるか。以前の話で見失っていたものは何だったか。C夫人はドミナント・ディスコースを脱構築し始めた。どういった意味を見失っていたのだろうか。すべての清潔にする行為によって覆われ，コントロールされていた，隠されたテクストは何なのだろうか。歓びはどこにあるのだろうか。楽しみはどこにあるのだろうか。自発性もない。付き合うこともない。願望もない。要求だけ。決定もない。混乱だけ。はっと気づかされ，C夫人はそのようなディスコースで失っていたのは，彼女自身であり彼女の魂であることを発見することができた。

　彼女のナラティヴ療法家はC夫人に彼女自身の生活の中心にいる特権的な立場を受け入れるように励ますであろう。誰も彼女に何をすべきかを話すことを必要としなかったし，彼女の物語を話し，それが意味したことやそれをどのように打ち明けるべきかを決めることを必

要としなかった。C夫人は自分自身が生きていることについての書き手に，自由になることができた。

日々の暮らしの日誌の中で，C夫人は，第1子を持ったことの喜び，ずっと前にすっかり忘れてしまっていた強い欲望など，ドミナント・ディスコースによって洗い流しながら，書き落としてきた多くの意味を彼女自身の言葉で書き始めることができた。

彼女は，自分のソープオペラ（訳注：主婦向けの昼メロドラマ）を進行させたと決心したかもしれない。それは活力を失ってしまっていた。あまりに長い期間，彼女は，特権的な両親が奨める"清潔にしなさい""よい子でいなさい""行儀よく"ということを手に入れようと，がんばりすぎたのである。彼女はコメディからドラマまで，ミステリーから歴史物まで，物語の全領域にわたって体験することを決めることができた。

C夫人はある地方の大学のいくつかのコースの履修を申し込むことを決意するかもしれない。ここで彼女は多くの視点から世界を見ることができた。彼女の生活を再活性化し，空虚を埋めるのに，生活の中に美術と音楽を取り入れる以外に何かもっとよい方法はあるだろうか。家族とフットボールゲームにでかけることができたら，なんて楽しいことなのだろう。結局，彼女自身の生活を再構成した時に彼女は新入生のように感じた。

C夫人はそのようなカリキュラムをなぜ"リベラル・アーツ"とよぶのか理解するようになる（訳注：「リベラル・アーツ」は現在大学の「教養科目」を指し示すこともあるが，元来は「因習に縛られない自由な学芸科目」という意味を持つ）。彼女にとって，支配や束縛などから解放するものであった。もし彼女が人生のより早期にそのような教育を受けていたら，彼女は両親の特権的な立場を見通していたかもしれない。彼女は生活を再構成するこの方法が，たくさんあるやり方の1つにすぎないことに気づいているかもしれない。だから，彼女は自身の人生を書き始める以前にすでに自由でいることができた。

幸いにも，C夫人は自分の世界と自分自身を再構成するには決して遅すぎないことを見出すことができた。大陸を超え，年齢や理想や感情を超え，宗教や哲学を超えた構成物を結合させることで，いまや彼女の人生を豊かなものにすることができた。C夫人は，問題に深く没頭することから，いかに開かれていて前向きであることが人間らしさであると，支配や束縛から解放されている気づきへと焦点を移すことができた。もはやC夫人は過去に固着する必要がなくなった。すなわち，彼女自身の語りを創り出すことによって，彼女は彼女の物語と彼女自身がいかに開かれていて前向きであるかについて自分の特権的な立場から気づくことができた。

将来の方向性

構成主義そのものが学問領域におけるドミナント・ディスコースの1つである。そしてそれにもとづいた心理療法は，おそらく成長しつづけることだろう。確かに，構成主義的用語（「構成〜」で始まる用語）の使用は過去25年間に心理学関連の文献ではおよそ2倍になった（Mahoney, 1996）。この章では，構成主義的心理療法の2つの主要な例を研究してみた。第12章のジェンダーセンシティヴ療法と第13章の多文化間療法も構成主義的療法の選択肢である。ジェンダーセンシティヴ療法は女性と男性に特化されてデザインされ

ており，多文化間療法は民族的／人種的マイノリティに対してデザインされている。理論的には，構成主義的観点から創り出されうる治療法は際限がないといってよいほどある。

構成主義の考え方は，メンタルヘルス領域における**根拠にもとづいた実践**（evidence-based practices：EBP）に向けた現在の動向に対する啓発的な反響としてますます台頭するであろう。この動向は治療の安全性や有用性（詳細は第17章参照のこと）についての信頼できる経験的研究を基礎とした実践を支持している。しかしながら構成主義の考え方は，この経験主義的帝国主義の主義主張に対して忠実なライバルとして，その位置を確立していくであろう。ポストモダン精神の持ち主である構成主義的心理療法家は次のように挑戦するだろう。「ある特定のクライエントにもっとも効果ある保険会社を決定するのは誰か？」「治療関係において共感にまさる統計とはどのようなものか？」「誰が研究者に個々の患者の物語を書く許可を与えるのか？」「このような動向には誰かの隠された政治経済的意図があるのではないか？」「なぜ対照群の研究だけを，特別待遇するのか？」「質的研究とナラティヴ研究の違いは何なのか？」。構成主義は，経験的研究だけが心理療法を考察する時の唯一のもので，間違えやすい不完全な方法であるということに当然のごとく異議を申し立てるだろう。

構成主義者の活動に対する将来の挑戦の1つに，発展しつつある多種多様なアプローチの中からどの療法を実際に教えたり用いたりするのかを選別する評価基準を明確にすることがあろう。しかし，そのようなことをする際の問題は，もっとも効果あるアプローチを選択するための前もって決定された評価基準そのものが構成主義の考え方に逆らうことになりうることである。いったい，われわれが教えられたり応用される心理療法の一般原則なるものが存在するのだろうか。もしおのおののアプローチが，特定のトレーニーと協働する特定のトレーナーによって最適に構成されるとしたら，その時これらの療法の指導は，教室や訓練クリニックよりも，むしろ伝統的な徒弟制度や契約関係の文脈でなされることになるであろう。

学究的世界では，大学教員の身分確保および学問的自由の原則は，彼らが選択したことは何であれ，教え，そして書く権利を全教員に与えている。授業カリキュラムや研究計画の課題表に，あらかじめ決められた評価基準が押しつけられることはほとんどない。しかしながら，ヘルスケアの機関には，そのような身分確保や学問の自律はない。マネジドケアの組織では，数量的成果や根拠にもとづいた実践が求められる。経営に協力する科学は，ヘルスケアの支配的な力になりつつある。ナラティヴ療法およびソリューションフォーカスド療法の療法家は，自分たちの哲学的前提をテストしようとする限定的な未来に立ち向う傾向がある。彼らは，ＤＳＭ診断基準で障害と診断された現実のクライエントを，構成主義的臨床家がより少ない費用で効果をあげうることを示すしっかりした経験的データを導き出す必要があるだろう。とすると，他の選択肢はヘルスケアシステムによってカバーされず，制御されない実践を構築することになるであろう。

構成主義的治療の将来の方向性は，これらの療法の使用が特に明確に示され，"客観的"治療結果研究と矛盾しないと思われる臨床環境を選ぶことになるであろう。たとえば，一例として，ソリューションフォーカスド療法は，特に危機管理と重度の精神障害によく適

合するように思われる（Rowan & O'Hanlon, 1999）。他の例として，ナラティヴ療法は，すでに治療効果が立証されている高齢者の患者や回顧形式の治療によく適合する（Scogin & McElreath, 1994）。

もう1つ別の方向性は，伝統的なDSM診断基準に対して拡大する批判と脱構築である。精神医学の診断基準は，たんなる構成概念であって，確実な統一概念ではない。すなわち，診断基準は，患者の経験をエンパワーするのではなく，権威に力を授けるために不適切に利用される（Cosgrove, 2004）。構成主義的療法家は精神病の診断を捨て去り，多次元の査定を好む。それは，クライエントの強みに焦点をあてるとともに，個人を，彼または彼女の文脈と最善のやり方で理解することを可能にする方法について熟慮する家族メンバーを視野に入れたものである（Gergen, 2001）。歴史的に，心理療法家，精神診断，精神病理学に許されていた特権は，将来的には徐々に地域社会，世論の合意，そして個人の強みに道を与えるかもしれない。

その間に，構成主義の哲学的主張，学究的世界における人気，そしてソリューションフォーカスド療法の時間の短さは，短期心理療法時代に，クライエントが解決を促進させ人生の物語を書き直すのを援助する臨床家におそらく訴えかけるであろう。

重要用語

反現実主義 anti-realism
構成主義 constructivism
構成主義的療法 constructivist therapies
拮抗条件づけ counterconditioning
脱構築 deconstructing
ドミナント・ディスコース（支配的言説） dominant discourses
経験主義 empiricism
根拠にもとづいた実践 evidence-based practices
例外探しの質問 exception-finding questions
例外 exceptions
目標に焦点を当てる goal focus
ミラクル・クェスチョン miracle question

ナラティヴの共感性 narrative empathy
ナラティヴ療法 narrative therapy
ナラティヴ（語り） narratives
個人的構成 personal constructs
ポストモダン postmodern
特権を持つ立場 privileged position
プロブレム・トーク problem talk
スケーリング・クェスチョン scaling question
社会構成主義 social constructivism
解決法へ焦点化 solution focus
ソリューションフォーカスド療法 solution-focused therapy
ソリューション・トーク solution talk

推薦図書

Berg, I. K., & Miller, S. D. (1992). *Working with the problem drinker: A solution-focused approach*. New York: Norton.

DeJong, P., & Berg, I. K. (2001). *Interviewing for solutions* (2nd ed.). Pacific Grove, CA: Brooks/Cole.

DeShazer, S. (1985). *Keys to solution in brief therapy.* New York: Norton.
DeShazer, S. (1994). *Words were originally magic.* New York: Norton.
Gergen, K. J. (1994). *Realities and relationships: Soundings in social construction.* Cambridge, MA: Harvard University Press.
Hoyt, M. F. (Ed.). (1998). *The handbook of constructive therapies.* San Francisco: Jossey-Bass.
Lipchik, E. (2002). *Beyond technique in solution-focused therapy: Working with emotions and the therapeutic relationship.* New York: Guilford.
Mahoney, M. J. (2003). *Constructive psychotherapy: A practical guide.* New York: Guilford.
Miller, S. D., Hubble, M. A., & Duncan, B. L. (Eds.). (1996). *Handbook of solution-focused brief therapy.* San Francisco: Jossey-Bass.
Neimeyer, R. A., & Mahoney, M. J. (Eds.). (1995). *Constructivism in psychotherapy.* Washington, DC: American Psychological Association.
Rothwell, N. (2005). How brief is solution-focused therapy? A comparative study. *Clinical Psychology and Psychotherapy,* 12, 402-405.
White, M., & Epston, D. (1990). *Narrative means to therapeutic ends.* New York: Norton. ［小森康永訳（1992）物語としての家族．金剛出版．］
JOURNALS: *Constructive Change; Constructivism in the Human Sciences; Journal of Brief Therapy; Journal of Constructivist Psychology.*

推薦ウェブサイト

Brief Family Therapy Center (Solution-Focused Therapy): **www.brieftherapy.org/**
Constructivist. net: **www.constructivist.net/index.htm**
Dulwich Centre (Narrative Therapy): **www.dulwichcentre.com.au/**
Society for Constructivism in the Human Sciences: **www.constructivism123.com/**

15 統合療法と折衷療法

アーノルド・ラザルス，ポール・ワクテル

ある学生たちにとっては，毎回の試験が彼らを不安にさせる脅威となっている。彼らはどんなに勉強したとしても自信が持てないし，リラックスできない。彼らは，それらの極度の不安が，成績の妨げになっていると信じており，たいていはそのとおりなのである。彼らを弱らせているテスト不安は，試験問題の明確な理解を妨げたり，正答への回答を妨害したりすることがある。それゆえ，彼らがどんなに頭がよくても，たいてい自分の実力以下の能力しか発揮できない。

テスト不安の高い学生たちは，試験の前には眠れなくなる。さらに重要な試験の日には，食べることさえ困難になるかもしれないし，一時的に胃腸の具合が悪くなることもある。彼らの最悪の恐怖は，試験を前にして完全にかたまってしまうことであり，またかろうじて始めた試験を前にして混乱し，自分をこのうえなく馬鹿だと感じることである。テスト不安があまりに嫌悪となり脅威となると，ある学生は"死にも等しい運命"といったが，そこから逃げるために優秀な学生たちでさえ大学をやめてしまう。

そういった学生を救うために，われわれはテスト不安に対する2つの心理療法を行い，比較してみた。1つめは，伝統的な**系統的脱感作**（systematic desensitization）であり，それは深い筋肉の弛緩とストレスを増加させる試験場面のイメージを組み合わせたものである。講義時間外に，学生たちは，試験イメージの反応としての高い不安に拮抗する，筋弛緩法を学習した。2つめは，新しく統合的な治療法であり，**力動的脱感作**（dynamic desensitization）とよばれるものである。この治療法は，行動療法を基本とした拮抗条件づけに，テスト不安における力動的解釈のイメージを用いたものである。

精神力動的な見方では，人を弱体化させるテスト不安は，親からの批判や拒否といった脅威や，他の形での愛情喪失に出会うなどの，幼少期の失敗や間違いの経験に起因するものである。親の承認に依存している子どもたちは，それらが彼らの両親の理想であると気

づいても，それに対して自由に抵抗することができない。彼らが怒りを表出すると，体罰や感情的な虐待を受ける危険性や，拒絶される可能性がある。成長して学校に通うようになれば，毎回の試験が彼らの自己価値を図るものとなる。毎回の試験が，自分は賢くなく，注意深くもなく，親を満足させるのに不十分であるという，彼らの両親の厳しい判断を証明する脅威となる。彼らには，試験におけるどんな不明確さ，評価や表現のわずかな不公平さでさえも，自分をけなそうと待っているだけなのだという親や教師への怒りとともに，自分を圧倒する脅威となる。

力動的脱感作法では，学生たちは一連の評価的状況を鮮明にイメージすることを学習する。それは，彼らが失敗して親や教師に叱られる，そして自分を圧倒する不安や怒りで爆発する，その結果として，親からの心理的屈辱や身体的な罰を受けるというものである。この治療の特質は，行動的なプロセスと精神分析的な内容を統合している点である。

われわれは，これら2つの脱感作法による治療が，テスト不安を有意に減少させる効果を見出しても驚かなかった。実際に，即効性に関しては，2つの療法に差はなかった。しかしながら，われわれを喜ばせたのは，力動的脱感作法のほうがより広範囲に般化した評価状況でも効果を示したことである。統合療法を受けた学生たちは，試験の困難さに対処できるようになったばかりでなく，もっと他の評価状況においてもリラックスできるようになった。たとえば，初対面の人と会う時やスピーチをする，デートにでかける時，あるいは新しい仕事に就く場面などである。これまで相容れないと考えられてきた心理療法のシステムから，強力なプロセスと適切な内容を組み合わせた革新的な方法を探し出すという，統合化に向けた運動の前進を，彼ら学生たちが助けてくれたのである。

統合化への気運

心理療法の統合（psychotherapy integration）は，1つの学派のアプローチという限定した見方を超えて，別の学派から何が学べるか，またクライエントにとって恩恵とは何かを探すことに動機づけられている。その目的は，心理療法の有用性と効果を高めることにある。現在統合化の運動とよばれているものは，開かれた研究の精神と多理論的な（各理論を越えた）対話への熱意に特徴づけられる（Norcross & Arkowitz, 1992）。

フロイトのころより，理論のオリエンテーション間にある対立は長く，心理療法の歴史と分かち難いものである。それらの初期のころは，各心理療法の学派は，注意と愛情を競い合う兄弟げんかのように，"教義が教義を食う"状況であった（Larson, 1980）。心理療法家は，彼ら自身特有の理論的枠組みの中で伝統的に管理されており，多くの場合それに代わる概念や潜在的により優れた介入に気づかない傾向があった。

心理療法が成熟してから，イデオロギー的な冷戦は終息し，統合が現れた。理論システムを超えた討論では，攻撃的な論争は減少するか少なくとも特定の問題を論じるようになった。各理論システムは徹底的に再検討を受けており，心理療法家は，どのシステムにも不備な点があることや，他の療法にも潜在的な価値があることを認めている。

統合という見方は，おそらく，哲学と心理療法の歴史と同じくらい昔から存在してきたであろう。哲学においては，すでに，3世紀の伝記作家であるディオゲネス-ラエルティオス（Diogenes Laertius）により，折衷学派が2世紀のアレキサンドリアで花開いたことが言及されている。心理療法においては，フロイト（Freud）が，多様な方法の選択と統合について意識的に取り組んでいる。事実，早くも1919年に，フロイトは，高度に純化したアプローチは普遍的な適用可能性を欠くこと，また患者の多くは，不可欠とされる心理学的心性の持ち主ではないことを認めて，精神分析的心理療法を古典的分析の代替治療法として導入したのである（Liff, 1992）。

東ヨーロッパを孤立させていた鉄のカーテンとその政府のように，強大な治療の単一システム（パブロフ型条件づけ）でさえ，心理療法の統合を阻止することはできなかった。1950年から1968年のチェコスロバキアにおいては，フェルディナンド・ノブロック（Ferdinand Knobloch, 1996; Knobloch & Knobloch, 1979）が，さまざまな理論を組み合わせ，さらに個人と集団，そして家族様式の治療法を抱合した統合的アプローチを開発した。心理療法界からの刺激を受け，この統合的心理療法は多くの現代的アプローチに先行し，心理療法の近代原理のいくつかを予示した。

心理療法の統合という考え方は，幾多の世代でメンタルヘルスの専門家たちが興味を持ってきた。しかし，統合がただの興味の領域から明確な関心事として示されようになったのは，ここ20年ほどのことである。実際に，心理療法における統合について関心を向ける今の動向は，多くの出版物および組織・機関誌の発展の両方に示されている（Goldfried & Newman, 1992）。そこからは，1970年以前に一時的に活発化し，1980年代には関心が高まり，1990年から現在にかけて，急激に加速したことが明らかとなっている。

最近の統合的心理療法への急速な関心の高まりは1つの問いへと導く，"なぜ今"なのであろうか。これについては，過去20年に統合の発展を，多くの互いに影響しあう動機が助長したとされている（Norcross, 2005）。

- **心理療法の（種類）激増**：400以上もの療法のどれが学ばれ，教えられ，あるいは用いられるべきだろうか。名のある心理療法の過度な膨張は，自己賛美の疲弊状態を作り出している。「あまりに多くの種類の心理療法があるために，どれか思い起こしてみたとしても誰も区別できないし，また，とても多くの競争者が心理療法を行っているが，新しい心理療法を打ち立てることはとても困難になっている」（London, 1988, pp.5-6）。これは統合の"不毛理論"ともよばれることであり，闘争中の学派間の和解が最後の方策である。
- **あらゆる患者や問題に1つの理論で対応することの不適当さ**：いかなる心理療法も療法家も，失敗は免れないものである。そのような際には，経験のある臨床家であれば，自分が行っている方法よりもっと効果的で異なるオリエンテーションの臨床的手法がないかと考えるだろう。世界的潮流となっているのは，狭い概念や限定された臨床手法ではクライエントのさまざまな疾患や多様な要求に対処することができないというありのままの認識である。臨床現場では，たとえ統合的で包括的でなくとも，より柔

軟性が求められているのである（Kazdin, 1984）。
- **外的な社会経済に伴う事態**：心理療法は，簡単には無視できない資源，すなわち政策立案者や心理療法に詳しい消費者たち，そして保険会社などから，増大する圧力を経験してきた。誰もが，治療効果を実証する厳しいリサーチを要求している。心理療法家は説明責任を果たさなければ，専門家としての威信や顧客，収入を失うことになる。このような外部からの攻撃が，メンタルヘルスの専門家たちを共に前進させるようにした。異なる治療法を持つことについては，"ばらばらで耐える" よりも，"束になって耐える" ほうがいいといわれている。
- **短期療法や問題焦点型アプローチの台頭**：短期や問題焦点型というアプローチは，分岐した治療法を近づけ，そしてより互換性のある異なった治療法を創り出してきた。統合における，特に折衷技法では，「どのような治療法が，この問題を抱えているこの患者に対して効果があり，即効性があるのか」という，実用的で時間制限のある命題に対応している。
- **さまざまな心理療法を観察し経験する機会**：ある特定の障害——パーソナリティ障害，強迫神経症や摂食障害など，わずか2，3例だが——を治療対象とした専門化されたクリニックの設立は，他の療法に接することを可能にし，さらに他の療法をもっと真剣に検討し考慮させる刺激になった。心理療法の治療マニュアルもまた，いわば "理論の顔見せ" 的な非公式の説明をもたらした。それまで避けられたり，知られていなかった療法が次第に取り組まれるようになり，それらの不安は薄れてゆき，以前に懸念されていた療法が臨床のレパートリーの中に統合されていった。
- **心理療法の共通性が治療効果に大きく寄与するという認識**：第1章でも議論したように，特定の心理療法間における結果の相違は，わずか10〜12％にすぎないことが示されている。治療の成功を予測する最大の要因は，クライエントの自助力，協調的な治療関係，セラピストの質などの心理療法における共通要素である。
- **統合のための専門職組織の発展**：専門家ネットワークの発展は，心理療法の統合に対する関心の結果であり，また原因ともなっている。いくつかの組織において，主としてSociety for the Exploration of Psychotherapy Integration（SEPI）は，会議やネットワークや専門誌を通して統合に力を入れている者たちを結びつけた。いまでは，統合論者や折衷論者たち専門家の本拠地となっている。

これらの活動は，心理療法のフィールド全体が統合化に向かっていることを物語っている。しかし，いったい何が個人療法家たちに折衷主義や統合化を受け入れさせているのだろうか。個人史的な見方によると，ロバートソン（Robertson, 1979）が，折衷主義や統合的立場をとるのを容易にする6つの要因を見出している。1つめの要因は，特定の教義的立場を身につけるための訓練に対するプレッシャーの欠如とそれに匹敵するカリスマ的人物の不在である。2つめの要因は，調査によって実証されてきたことであるが（Norcross, 2005のレビューを参照），臨床経験の長さである。心理療法家として，複雑なクライエントに出会い問題が長期化すると，単純すぎる単一の理論を拒否しやすくなるのであ

る。3つめの要因は，心理療法を実践することが生計を立てるためなのか，それとも人生の哲学を得ることにつながるのかという点である。ロバートソンによれば，折衷主義者はより前者の傾向であることを主張している。これまで，いくつかの表現の中で，科学者と実践者が区別されている（Ricks, Wandersman, & Poppen, 1976, p.401）。

> 日々の心理療法の仕事から離れ，書斎や図書室の静けさの中にいる限り，われわれは心理療法家たちを競合する諸学派のそれぞれの支持者であるとみなすことができる。しかし，いったん現実の心理療法に参加して，その複雑さをまのあたりにすると，みせかけの単純さは失われてしまう。

残りの3つの要因は，パーソナリティ変数である。強迫神経症的な者は，すべてのセラピー体系の介入には秩序を与えることを必要とし，反体制的気質者は，ある理論上の仲間から離れようとする。また，現状維持に対する懐疑的態度が挙げられる。これらのパーソナリティ特性は，有名な統合療法家の個人史においてよく見出されている（たとえば，Goldfried, 2001）。

共通要因

心理療法の統合へ向けて多くの方法がある。"すべての道はローマに通ず"である。現在，もっとも用いられているのは，共通要因，技法の折衷，そして理論的統合による方法である。すべてが，単独の学派のアプローチの範囲を超えて見ることにより，セラピーの効果を増進させることに重点をおいているが，それらはむしろ違った方法や基準で行われている。

共通要因（common factors）アプローチは，第1章で述べたように，異なるセラピーが共有している中心となる構成要素を究明する。目的は，それらの共通点を基本としたより容易で，有効なセラピーをつくることである。共通要因の支持者は，セラピーの結果を説明することにおいて，セラピー間で違いを生じさせている独自の要因より，共通点のほうが重要であるということを主張している。すなわち，積極的な治療関係や，動機づけが高く一生懸命に努力するクライエントや，共感的なセラピストといった要素のほうが，精神力動論的アプローチ，経験主義的アプローチ，認知行動的アプローチ，家族システム論的アプローチといった特有の治療方法よりも治療の効果についてより多くを説明するであろう。

共通要因を定義する方法の1つは，理論と技法とのなんらかの抽象概念のレベルに焦点を当てることである。この抽象概念の中間のレベルは，多理論統合モデルの中で**変化のプロセス**（change process）として知られているように，経験を積んだセラピストの努力による発見的なものである。統合の動きのリーダーであるマービン・ゴールドフリード（Marvin Goldfried, 1980, p.996）は，以下のように述べている。

　　　　心理療法のオリエンテーションが異なる臨床家が共通した技法にたどり着けるという点では，そうして生まれたものは，セラピストのさまざまの理論的バイアスによる歪みに耐えたような確固とした現象からなるようである。

　オリエンテーションにおいて何が共通しているかを特定する上で，われわれはまた，それらのうちもっともよく機能するものを選択するだろう。
　ブルース・ワンポールド（Bruce Wampold）は，共通要因アプローチの，熱心で影響力のある支持者である。膨大なメタ分析の心理療法研究にもとづいて，ワンポールド（Wampold, 2001; Wampold et al., 1997, 2002）は，ある特定の心理療法がすぐれた結果を生み出したことを示したと主張するような調査が，少なくとも 3 つの点において誤解を招くと述べている。
　まず，相対的な心理療法の研究は，しばしば治療の効果を過大評価する。なぜなら，治療間の違いは，一部は個々のセラピストの差異によるものだからである。他のセラピストよりも効果のあるセラピストもいる。臨床試験における本当のセラピーの違いは，セラピスト間の差異を考慮することによって推測される。つまり，セラピストの影響を無視することは，セラピーの効果を過大評価するという結果を招く。ワンポールド（Wampold, 2001, p.200）は，治療の効果と**セラピストの効果**（therapist effects）とをそれぞれ分けられれば，「圧倒的多数の証拠が，セラピストの効果が大きく……その効果は治療の効果を大きく上回ることを示す」と結論づけている。
　次に，優れていると主張されているいくつかのセラピーは，しばしば治療的であるよう意図されているセラピーと，治療とはよべないような別の治療法との比較によるものである。多くのランダム化臨床試験において，比較されるセラピーは臨床的であるように意図されておらず，構造的に同等ではない。比較されるセラピーは，クライエントに対する論理的根拠や説明を有さなかったり，教育を受けていないセラピストやセラピーに忠実でないセラピストによって行われていたりする。また，回数が少なかったり，セラピストが普段用いている応対を使用することを禁止されていたりすることもある。きちんとしたセラピー（bona fide therapies）のみを比較した時，ワンポールドは，結果が同等であることを一貫して見出している。他の研究者ら（Luborsky et al., 2002）が同様に，積極的治療を比較した17のメタ分析を検討した結果，有意でないわずかな差を得た。差の小ささは，共通要因の効力や**ドードー鳥の評決**（Dodo bird verdict）を支持している。不思議の国のアリスの中のシーンから用いられており，ドードー鳥はかけっこをした人たちを審判し，「みんなが勝ちで，みんな賞賛に値する」と宣言する。調査したすべてのきちんとした心理療法は，同等の成功をおさめている。
　第三に，前の章で議論したように，ワンポールドは，「研究者の理論への忠誠は，確実にセラピーの結果に強い影響を及ぼす」と記している（Luborsky et al., 1999; Wampold, 2001）。ある治療法の支持者によって行われた，その療法に賛同する研究がある一方，別の治療法の支持者によって行われた研究が別の療法に賛成するといった例はごまんとある。

実際，ワンポールド自身が行ったメタ分析の結果，**忠誠効果**（allegiance effect）は，治療間の違いによる影響の何倍もの影響があることがわかった。心理療法の研究のほとんどが，調査対象である心理療法に忠誠のある研究者によって行われたものであることを考えれば，療法の明白な優位性に関しては，忠誠を考慮に入れなくてはならない。

　ある心理療法が特定の障害に対して他のセラピーよりも効果があるという医学モデルの否定は，何を意味しているのか。心理療法の共通要因モデルは，セラピストやセラピーの関係性，セラピーとクライエントの価値観や文化との適合性に根付いている。クライエントはもっともよいセラピストを選ぶべきであるし，もっとも自分の世界観にあったセラピーを選ぶべきである。セラピストは，「心理療法の共通する中核的要素をよく理解し，スキルを身につけるよう」訓練されるべきである（Wampold, 2001, p.229）。これらは共感的な傾聴や，仕事上の協力関係を発展させていくこと，自分自身の葛藤を克服すること，対人間および精神内力動を理解すること，自分の仕事について内省できるようになることを含んでいる。心理療法家は，同じ性質であり説得力があると考えるすべての治療アプローチについて学ぼうと努めるべきである。心理療法家はまた，クライエントに対して，クライエントが納得でき，クライエントの問題の克服に関する期待を変え，クライエントに役立つ行動に導くような説明を行うべきである。

　ハブルらもまた，心理療法に対する共通要因アプローチを強く主張している。彼らの書いた適切な題名の本である『変化の核心（The Heart and Soul of Change）』（Mark Hubble, Barry Duncan, & Scott Miller, 1999）では，彼らは共通性が，個人療法や医学，薬物療法，家族療法，教育を含めたあらゆる行動の変化にどれほど大きな影響を及ぼしているのかについて示している。彼らは，研究結果の公平な解釈が4つの重要なセラピーの要因を支持すると主張している。

- クライエント要因（クライエントの生活に自然に起こる変化を生かすこと，クライエントの能力に注意を払うこと，セラピー外でのクライエントの世界を活用すること）。
- 関係性要因（クライエントの変化に対する準備性に対応したり，クライエントの協力関係に対する考え方を受け入れたりすることによって，よりよい治療関係を促進すること）。
- 希望や期待（治療のための儀式を行ったり，できることに焦点を当てたり，治療の方向を将来に向けたりすることによってクライエントの希望を手助けする）。
- モデルや技法（構造を提供したり，新しい考え方や行動の仕方を提案するので，効果的な方法を選ぶこと）。

　これらの要因は，理論的なオリエンテーションや技法的な介入ではないが，変化の核心にある。

　これらの共通要因を受け入れることは，心理療法についての用語を統一すること（Miller, Duncan, & Hubble, 1997）や，特に難しいクライエントのための効果的な治療へとつながるだろう（Duncan, Hubble, & Miller, 1997）。クライエント要因の影響やクライ

エントの"一生懸命な"特徴に，より注目することで，治療結果にもとづく療法（outcome-informed therapy）が生み出されるだろう。心理療法家は，心理療法をガイドするために，正しい理論や方法が良い結果につながると仮定せずに，治療関係でのクライエントの体験や治療の成功を体系的に査定すべきである（Miller, Duncan, & Hubble, 2005）。

　これらの手短な（1分もかからない）査定は，セッションごとに，もしくは数セッションおきに患者が4項目の自己報告式尺度によって受ける，結果に関する率直な質問からなっている。結果は，ただちにセラピストにフィードバックされる（インターネットバージョンは www.treatmentoutcomesonline.com を参照）。このモニタリングアプローチはクライエント自身の効力感を増すし，変化にもとづいてセラピーを統合し，その結果として治療効果が向上するというものである。実際，いくつかの研究のレビューでは，治療中クライエントの状態の向上について即時のフィードバックを与えることは，特に，ネガティブな反応が予測されるクライエントにとって有効であり，治療の成功に大きく寄与することが示されている（Lambert et al., 2005）。重要な点は，クライエントにとって恩恵のある理論や体験の変化であって，心理療法家にとってのものではない。

　ブルース・ワンポールド，ジェローム・フランク（Jerome Frank，第1章）やミラーのグループや，ダンカンやハブルらは，それほど教義的ではなく結果にもとづいた，普遍的根拠のあるアプローチを強く提言している。われわれは，すでに共通要因を第1章で紹介しているし，第16章でもまた検討するので，この章ではさらに技法の折衷と理論的な統合に焦点をあてる。

技法的折衷か理論的統合か

　技法折衷主義（technical eclecticism）は，最小限の理論的なアプローチであるが，非理論的とか反理論的であると解釈されるべきではない（Lazarus, Beutler, & Norcross, 1992）。技法折衷主義者は，クライエントや問題にとって，もっとも適した治療を選択する能力を高めようと努めている。この追求は，主として，同じような問題や性格特性を持つ個人に対して，過去にもっともよく作用したというデータによって導かれる。折衷主義は，その介入が誰に対して作用するのかを予測することに重点をおいている。その基礎は理論的というよりもむしろ現実的なものである。

　折衷主義の支持者は，異なる源泉，すなわちその技法が生まれた理論に必ずしも同意することなしに，その手続きを取り入れる。一方，理論的統合主義者は，哲学的に相容れない異なったシステムを引き寄せる。折衷主義者にとって，メタ信念と各技法との関連性は必要ではない。「技法間の理論的和解を試みようとすることは，宇宙の果てに絵を描こうとすることと同じくらい無駄なことだ。しかし，心理療法における非常に多くの文献を読むことによる，"技法の探求"は，臨床的に質を向上させうるし，治療的にも有益である」（Lazarus, 1967, p.416）。

折衷主義という用語は，両価的感情を得ている。否定的なものでなくても，臨床家にとっては，無秩序でどっちつかずの性質というような意味が含まれている。この用語が得てきたネガティブな評価からすれば，これほど多くの臨床家が研究の中で折衷主義であることを認めるということは実に驚くべきことである（Garfield, 1980）。

　しかし，評価基準に沿わず体系だっていない組み合わせである**混合主義**（syncretism）という——"優柔不断"と非難されたような状態は，適切な方向へ転換すべきである（Norcross, 1990; Patterson, 1990）。そのようにでたらめの"折衷主義"は，第一に十八番の技術から派生したものや不適切な訓練の結果であり，気まぐれでないとしたらそれは"怠慢による"任意に生まれた方法の混合である。アイゼンク（Eysenck, 1970, p.145）は，この折衷主義を無分別のバイキング料理にたとえ，正確な論理的根拠や実証性のない"理論の寄せ集め，乱雑な手続きのごたまぜセラピー"と評した。この独特の混乱した臨床的創造物は，何年もかけて苦心した調査と経験から生み出された効果的な心理療法の対極にあるものである。ロター（Rotter, 1954, p.14）は何年も前に，このことについて次のように要約した。「あらゆる体系的な考えは，先在する見識の統合体を意味する。折衷主義であるかどうかということが問題なのではなく，一貫性や体系的であるかどうかということが問題なのである」。

　理論的統合（theoretical integration）は，単独の理論からなる心理療法よりも，より良い結果を得ることを期待して，2つまたはそれ以上の心理療法のシステムを統合するものである。名前に含意されているように，理論的統合とは，各心理療法の技法とともにその心理療法の基になっている理論を統合することを強調している。すべての主要な心理療法のシステムを併合するという壮大な枠組みにおいて，さまざまな組み合わせの試みがなされ，その方向性の中で精神分析理論と行動理論も統合されている。

　心理療法家は，臨床におけるハイブリッド（混合）の創造の中で，まさに可能な限りのすべての理論を組み合わせてきた。187人の自称，統合的心理療法家を対象として，6つの理論（行動療法，認知療法，人間性療法，対人関係療法，精神分析療法，システム療法）の組み合わせについて調査し，その結果，全部で15通りが示され，それらは少なくとも1名のセラピストから選択されていた（Norcross, Karpiak, & Lister, 2005）。もっとも多い組み合わせは，表15-1に示しているが，1976年（Garfield & Kurtz, 1977）と1986年（Norcross & Prochaska, 1988）にも同様の調査が実施されている。1970年代後半の典型的な組み合わせは精神分析療法と行動療法であった。1980年代後半は，一番人気のある組み合わせのすべてに認知療法が入っている。2000年前半に入ると認知療法は組み合わせのリストを独占するようになる。表に示されているように，14の組み合わせのうち上位の5番目までが認知療法と他の療法との組み合わせであり，それは全体の42％を占めている。1970年代後半には，行動療法と人間性療法との組み合わせと同様に，当時1位であった行動療法と精神分析療法の組み合わせもかなりランクを落としている。

　理論の統合は，技法を組み合わせる方法以上に，概念を創造するという責務が伴うものである。その目標とは，理論の枠組みを創造すること，すなわち2つ以上のアプローチのもっとも良い基本原理を心理療法に統合することにある。さらに，統合には，たんなる理

表15-1 年代別，心理療法の組み合わせにおける頻度

組み合わせ	1976* %	ランク	1986 %	ランク	2003 %	ランク
行動療法と認知療法	5	4	12	1	16	1
認知療法と人間性療法			11	2	7	2
認知療法と精神分析療法			10	3	7	2
認知療法と対人関係療法			4	12	6	4
認知療法とシステム療法			<4	14	6	4
人間性療法と対人関係療法	3	6	8	4	5	6
対人関係療法とシステム療法			5	7	4	7
精神分析療法とシステム療法			4	9	3	8
対人関係療法と精神分析療法			<4	15	3	8
行動療法と対人関係療法			<4	13	2	10
行動療法とシステム療法			5	7	2	11
人間性療法と精神分析療法			<4	12	2	11
行動療法と人間性療法	11	3	8	4	1	13
行動療法と精神分析療法	25	1	4	9	<1	14

＊1976年の調査では，すべての組み合わせでの％とランクの報告はない（Garfield & Kurtz, 1977）。

表15-2 折衷療法と統合療法の比較

折衷療法	統合療法
技術的	理論的
差異性	共通性
多数からの選択	多数を組み合わせる
あるものを応用する	新しいものをつくる
収集	混合
部分を応用	部分の統一
非理論的だが経験的	経験的であるというより理論的
部分の総和	部分の総和以上
現実主義的	理想主義的

論の組み合わせ以上のものが求められており，その理論とは，各部分を足し合わせた以上のものであり，実践と研究のための新しい方向性を導くものが要求されている。

さて，それでは，どのように，折衷と統合というこの2つのストラテジーは異なるのだろうか。米国国立精神衛生研究所（NIMH）のワークショップ（Wolfe & Goldfried, 1988）および，いくつかの研究（Norcross & Napolitano, 1986; Norcross & Prochaska, 1988）では，統合と折衷の相違についてまとめられている。それが表15-2である。折衷と統合との根本的な違いとは，経験的実存主義と理論的適応性という点にある。統合とは，折衷主義の実用的な手続きの調合という以上に，概念的あるいは理論的創造にまで言及するものである。料理にたとえると，折衷主義は1回の食事のために多くの料理の中からいくつかの皿を選んで構成する。それに対し，統合主義では異なった食材を組み合わせて新しい料理を創るものである。この相違は，当然の結果として，理論的統合の発達の初期段階に根を下ろしており，現時点において実践されている多くは折衷主義であり，理論的統

合は将来への約束手形を表している。ワクテル（Wachtel, 1991, p.44）によると,

> さまざまな学派と連携している習慣や境界を覆い隠すことは困難であり，統合療法家の多くは（統合における）目標よりも，日々の現実にとどまっている。折衷主義の実践と統合主義の向上心は，われわれの多くが統合化の活動の中で費やしている多大な時間が如実に表している。

さて，われわれは，理論的統合と技法的折衷の例をそれぞれ1つ考察してみよう。すなわち，ポール・ワクテルの**精神力動的-行動的統合療法**（integrative psychodynamic-behavior therapy）と，アーノルド・ラザルスの**マルチモダル（多様式）療法**（multimodal therapy）である。

精神力動的-行動的統合療法

ポール・ワクテルの人物像

ポール・L・ワクテル（Paul L. Wachtel, 1940- ）が1977年に書いた名著『精神分析と行動療法──統合化に向けて（Psychoanalysis and Behavior Therapy; Toward an Integration）』は，理論的統合への試みを洗練された時代へと導びくものであるとみなされている。彼は，大学，大学院レベルで精神分析的心理療法家として正式な教育を受けたが，この初期のころの伝統的な視点が大きく彼に影響している。しかし，次第に，実践をする中で行動的，そしてシステム的視点を受け入れるようになった。

初期のころに統合化への影響を与えたのはジョン・ダラード（John Dollard）である。彼はイェール大学の心理療法コースでワクテルを指導し，最初の心理療法のスーパーバイザーでもあった。彼はまた，1950年に出版された『パーソナリティと心理療法（Personality and Psychotherapy: An Analysis in Terms of Learning, Thinking, and Culture）』のニール・ミラー（Neil Miller）の共著者である。この影響力の大きい寄与とは，精神分析的概念を行動的な用語に解釈しようと試みただけでなく，神経症と心理療法における認識を統合し，心理療法を2つの視点からもっと統一した理論に作り上げるという試みであった。ダラードとミラー（Dollard & Miller, 1950, p.3）の目標は──「最大の目標は，精神分析におけるバイタリティと自然科学研究の厳密さ，文化的事実を組み合わせること」であったが，この目標はワクテル自身の実質的な仕事を予期するものであり，彼の仕事の中核へと発展する。

1977年に彼の統合の著書は始まった，皮肉にも行動療法について"愚かで，薄っぺらで，ことによると道徳に反する"ものとして描こうとしたものであった（Wachtel, 1977, p. xv）。しかし，彼はこの論文を書くために初めて行動療法とは何かについて向き合うことになり，またそれについて注意深く考えることになった。ジョセフ・ウォルピ（Joseph

Wolpe）とアーノルド・ラザルスを含む今日の行動療法の先駆者を実際に観察した時，驚いたことに，彼がとても惹きつけられてきたある特定の精神分析療法と多くの行動療法家が行ってきた範囲とが，ぴったり適合することがわかった。ワクテルの経験は，われわれに次のことを示している。分離し孤立した理論的学派は他の立場を永続的に風刺することに終始してきた。またそのことにより，根本的な視点の変化を避けて，心理療法の実践で拡張してきた。統合とは概して"差別の廃止"が起こったあとになされるものであり，その後に相互作用が起こるのである。

　つまり，ワクテルは，標準的な精神分析療法の多くの資源に満足しておらず，行動的な視点の中にいくつかの長所を見出したのである。精神分析学は，幼少の経験の役割を過度に主張し，変化の手段としての洞察の役割を強調しすぎ，変化の主要な資源としての消去のプロセスを過小評価し，ソーシャルスキルの役割への注目も不十分なままだった。行動療法は，積極的介入の可能性を導き，人の行動が決定される文脈の役割に光をあて，経験による強化の手続きを強調した。彼の考えの多くには精神力動的な影響が残っており，よって彼は時折，自分のアプローチを"統合的精神力動療法"あるいは"統合的関係性療法"と説明している。しかし，行動療法の社会的学習の解釈と精神力動的療法の対人関係の解釈との両立性が，彼の統合的理論の特有な特徴である。

　ワクテルはニューヨーク市立大学の有名な心理学教授の立場から，SEPI（Society for the Exploration of Psychotherapy Integration：心理療法の統合を調査するための協会）の共同創設者として，さまざまな大陸のワークショップリーダーとして，統合理論を明確に述べ拡げてきた。彼の見方の範囲は関連性のある心理療法とのはっきりとした結びつきによって拡がり（Wachtel, in press），体系的な勢力も拡大している（『豊かさの貧困（The Poverty of Affluence）』1989；『個人心理療法における家族力働（Family Dynamics in Individual Psychotherapy）』Ellen Wachtel 共著, 1986）。より継ぎ目のない統合に向けての彼の進化は，1993年に影響を及ぼした本のタイトルである『治療的コミュニケーション（Therapeutic Communication）』にも示されているように，セラピストとしてのわれわれの言葉は必然的に介入の一形態であることを明らかにしているが，さらなる探究が今も進められている。

パーソナリティ理論と精神病理の理論

　不安が病理の中核であるということは，精神分析学派と行動主義派において共通している点である。正確に言えば，2つの立場間で，不安への治療と処方に関しては主要な違いがある。しかし，これらの違いは，正反対というより相補的と理解することができる。橋が分離している亀裂をつなぐように，精神分析学と行動療法を分離している最初の前提から，これらの実践の発展のために，より共通点が発見できるとする。これらがワクテル（Wachtel, 1977, 1997）の統合戦略である。

　精神分析的見方の特色は，特定の幼少期の願望や恐怖，それらは後の経験によって変化するかもしれないにもかかわらず，それらの影響に固執することを強調することである。

抑圧とは，欲求や空想が"成長"したり発達段階で変化することを妨げるものである。

　これは，"時間が止まったままの無意識"または，ワクテルによると**精神病理学のぼんやりした大げさな見方**（woolly mammoth view of psychopathology）——かつての氷の世界に閉ざされてしまい，そのまま保持されてしまったもの，である。現在の機能においても過去の経験を重視するという古典的フロイト派の視点は，精神分析と行動療法を調和する多くの努力に対する主要な障害となっている。しかしながら，神経症を構築した歴史的次元の概念をもう一度再評価したなら，不安に対してのより行動的な説明（と介入）を利用できたであろう。ワクテルはこの古典的見方に対し，きちんと議論することを試みたのである。止まったままの時間を変えられないことはなく，われわれは原点にある空想と願望を修正して対処することが必要である。

　過去の名残りに閉じ込められた神経症というものは，内的精神構造の階層の覆いを徐々にとることによってのみ変えられるのだろうか。あるいは，このような初期の傾向は，患者のいる今の生活から説明できるであろうか。そして，もし生活の仕方が変化したならば，これらの傾向は変化するのか。後者の2つの質問に肯定的な立場から，ワクテルは古典的な精神分析的考えに代替する対人関係を積極的に提案した。これは，カレン・ホーナイ(Karen Horney)，ハリー・スタック・サリバン(Harry Stack Sullivan)，エリク・エリクソン（Erik Erikson）らの明確な記述に強く引き付けられたもので，玉ねぎの皮をむいていくと比喩される精神分析的方法とは対照的な彼の見方は，バラの花が咲くように自己創造のプロセスを展開した。

　この初期の要求は，おそらく現実とはさほど対応していないと思われる。さらに言えば，現実的に人は反応するのであり，あるいは現実と接する自我の知覚を完全に切り離すことはできないと考える。したがって，人が生活を変えることが，現実離れした内的精神態度の変化を導くことに役立つのである。

　不安に苛まれ，母親を幼少のころに亡くしている30歳の料理長は，彼の妻と受動的な依存関係にある。彼は妻に，何を着ればいいか，何を食べたらいいのか，何を作ればいいのか，余暇時間に何をすればいいのか聞いていた。この状態は，彼らに子どもができるまでは許されていた。今，2人の子どもの面倒をみなくてはならない妻は次第に夫にイライラし，夫のことを"3人目の子ども"とよんでいた。彼は，妻から追い払われ，まとわりつくのを拒まれて，大人になって子育てをするように要求されるとパニックになった。彼の問題は，女性から見捨てられるという**スキーマ**（schema）が口唇期に埋め込まれたものであり，彼の人生を拘束し続けるのだろうか。あるいは，妻につきまとうパターンは子育てや世話の中で現れた問題なのだろうか。ワクテルは，クライエントの未解決の精神の葛藤と彼の現在の対人関係における行動という，平行した2つの面から答えを見つけるのである。

　その人の人生を支配するような葛藤は，その原因と同様，彼あるいは彼女の生き方からも理解することができる。内的な精神葛藤は問題行動を作り，問題行動は内的精神葛藤をもたらす。この進行する病因の過程は**循環的精神力動**（cyclical psychodynamics）として知られている。たとえば，従順さや自己卑下的なライフスタイルは，おそらくは抑圧さ

15 統合療法と折衷療法

れた怒りによるものであるとされる。逆に，従順さと自己卑下的なライフスタイルはまた怒りを発生させるのである。これは悪性の自己永続的サイクルである。患者の今の生活の仕方によって彼らの問題を止めることができ，同時に問題を続けさせることもできる。

ところで，過去と現在の間の関係性，連続性はどのように構成されているのだろうか。伝統的な精神分析とは考古学のようなもの——階層的な段階が残されている。また伝統的な行動的な視点は，ある出来事から他の出来事への般化という条件づけのプロセスを強調している。ワクテルは，過去と現在のつながりを対人関係の出来事における回復の循環として概念化した。ピアジェの図式の概念を援用し，古い概念の中に新しい経験を同化するという——ものごとについての見方や考え方のより身近な方法である。新しい人との新しい関係では，以前と似たような条件でアプローチする傾向がある。

神経症の中核にあるのは不安であり，クライエントの循環的精神力動が維持され援用された。ある若い女性は，性的行動について強い葛藤を持っていることが治療の発達歴で示された。この内的葛藤が，性的な関係性への強い不安をもたらし，そして彼女が興味を持った男性にアプローチする日常のソーシャルスキルの学習の抑制につながった。彼女は，内的な精神葛藤が性的覚醒に対する不安を生起するという悪性のサイクルに陥ってしまい，そのことが性的な状況を回避させた。ゆえに，男性と話す時には変に落ち着かず，したがって彼女の不安は性的な興奮よりも強まってしまう。数え切れないほど繰り返すこのような循環的パターンは，精神分析セッションで最終的に"浮かび上がる"不安の風変わりなシンボルの現れと考えるより，彼女の現在の男性に対する恐れのほうに原因がありそうである。

治療過程の理論

神経症を持続させるような対人関係の出来事は，そのパターンを変化させるために，セラピストの積極的な介入の必要性を有している。循環的精神力動的な見方では，患者の生活の中での日々の問題に直接介入することに価値を置いている。ワクテルは，解釈は心理治療的な介入で"純金"のごとく重要であるという主張や，抑圧された記憶を表出することや，真の洞察を与えることは自動的に行動の変化を起こすという，ほとんど支持されていない精神分析的見解から離れた。解釈的な努力で問題の起源あるいは現在の動機を洞察しようとするのは，破壊的な出来事の循環を止めさせる多くの方法の1つでしかない。

当面の治療的側面から示唆されることは，出版されたワクテルの論文集（Wachtel, 1987）のタイトルにあるように，**行為と洞察**（action and insight）を結びつけることである。行為と洞察は相互に促進しあうものであり，すなわちどちらを排除しても完璧に満足に至らない臨床的な現象を理解し接近するための方法である。「別な言い方をすれば，われわれが誰であるかということと，何をしているかということは分けられるはずがないことであり，つまり，基本的な人格の変容は，われわれがいかに日々の生活を送るかという根本的な変化を要求している」（Wachtel, 1987, p.vi）。それは，行為か洞察かという問題ではなく，またどちらが先でどちらが後にくるかということでもない，両方からでなく

ては意味がないのである。

　ワクテルの変化のプロセスにおける相乗効果の理論に誠実になるとすれば，われわれは，拮抗条件づけのもとで起こる行動のプロセスと，気づきが生起する洞察のプロセスを共に考慮しなければならないだろう。

　セラピストの作業　精神力動的－行動的統合療法のセラピストは，精神力動と行動主義という両方を用いた臨床的スタイルを取る。精神力動においては，第3章で述べられているような，精神力動派のセラピストが行うものと同じような解釈的な仕事を行う。また行動的には，第9章で要約されている行動主義のセラピストが行うような拮抗条件づけやスキルトレーニングと類似したことを行う。これら2つを一緒にすることで，相乗効果のある統合療法となり，どちらか一方でやるよりもその効果は明らかである。

　ワクテル（Wachtel, 1991）は，テスト不安であると自己診断したある男性の治療の中で，彼が不安を乗り越えるために，系統的脱感作法，イメージ法，洞察志向の作業を結合させた。循環的精神力動の視点は，セラピストが，ジョンという男性の資格試験で経験する際の多くの特徴やパターンとの関連性を見るように導く。男性が自分の地位と屈辱を心配することが，彼に試験を軽視させ，試験勉強から遠ざけてしまう。このことは，以前実施された試験の失敗や，準備不足であるという認識力のなさによって，さらなる不安を生起させる。その失敗は試験に対する不安を強め，さらに彼の地位を脅かし，試験からの回避をさらに促進し，全般的に思慮の浅い補償行動が現れる。

　その治療は，時には交互に，時にはいっせいに，男性の地位への心配，これらの心配に対する恥の感情，不安を生起させる受験刺激に自分を暴露させる必要性，彼の回避行動，勉強習慣，およびその他考慮すべき事柄などが，複雑に織りなされた介入中にくりひろげられる。"精神分析的"な探索からの洞察は，系統的脱感作法のプロセスや心象的手続きの象徴を告知し，これら2つの"行動主義的"な手続きは，新たないっそう深い洞察のための燃料を補給する。

　歴史的に対抗していた2つの理論的アプローチのつなぎ目のない理論的統合には，他とは異なるセラピストの作業が要求される。たとえば，精神分析と行動主義の間の亀裂を埋める橋渡しや，ステレオタイプ的見方に覆い隠されている2つの理論の重要な共通性を見抜くことを要求する。それぞれのセラピー形式から指揮され獲得される技術的適性は異なっているが，統合的療法家は，妥協できない矛盾した議論ではなく，相互に補足的な観点を見つける困難な精神的な作業を成し遂げなければならない。

　系統的脱感作法と自己主張訓練という行動主義的な方法を考えてみよう。精神力動的な治療と系統的脱感作法には，重要な違いが実在するが，一般的に考えられているより，しっかりと固定しているわけではない（Wachtel, 1977）。もし誇張された過去を越えて，行動療法家が実際に行っている経験を見ると，いくつかの類似点に突き当たる。

　脅迫的イメージや空想を増加していく漸進的暴露は，行動主義的，力動的作業の両方の特徴である。普通，症状の起こる原因に直接向かうことは不可能である。たとえ思い起こせたとしても，そのような対象への直接強制をしても，ほとんど治療効果は得られない。

それより，フロイトが発見したように今の時点から元の出来事まで，徐々に，かつ系統的に戻っていくことで，最終的に出来事が想起され許容できる。このことは，概念的にも方法論的にも，系統的脱感作法とよく似ている。"不安を低減する""解釈のタイミングをはかる""患者のペースに沿う"という指示のもと，力動的セラピストはまさに系統的脱感作法のような条件を作り上げる訓練をされてきた。"荒っぽい分析"や，"フラッディング法"（恐怖症患者を計画的に恐怖の原因に直面させて治療をはかる）——このような嫌悪感を伴うイメージへの早すぎる対決——はクライエントには嫌がられる。それゆえ精神分析家と行動論者は，リラクセーションや階層的で段階的なアプローチや，不安の刺激への暴露，そしてクライエントが進んでセラピストを信じ，恐れを探索するといった，等しく効果的な構成要素を強調している。

同様に，自己主張訓練の重要な構成要素に対する支持も，行動論者と精神分析家に分かち合えるだろう——もし行動論者と精神分析家がお互いの実践をオープンに吟味することを選択すれば。具体的な欠陥が認められても，セッションの中で"訓練"が提供され，セラピストのモデリングと患者のリハーサルが強調され，現実的な世界に段階的に入っていくことが促進される。自己主張訓練は現実脱感作となるのである。

近年，ワクテル（Wachtel, 1997, in press）は，循環的精神力動を関係性の領域まで拡げた。この治療法は，クライエントの内的精神世界を主としたものから，彼らの生活の文脈を主としたものにまで及ぶ。積極的に系統的な方法を使用し，面接室に他の重要な方法を持ち込むことにより，より豊かなものとなったセラピーは，結果として現実世界での活動を促進する。

循環的精神力動療法家の仕事を要約すると，伝統的な精神分析に行動主義，そして関係性／システム的アプローチを介入に利用することであり，また，それらが相互に促進しあい，相乗効果をあげるようなやり方で行うのである。技術的な能力と統合的なコミットメントが洞察と行動の融合に要求されるのである。

クライエントの作業 心理療法家の中には，統合の負担があまりにも煩わしいと感じる者もいるが，クライエントはたいていは行動と洞察の統合をすんなりと受け入れる。患者の問題の中心である典型的な葛藤と抑制は，一様に行動的な欠陥をもたらし，原則として，患者は，彼らの困難の原因となっているものの理解と，それらを修正するための具体的な手段に関心がある。おそらく，循環的精神力動療法における唯一特異な可能性は，患者がセラピストのガイダンスのもとに洞察を行動に，行動を洞察へと繰り返し解釈することである。これ以上に，クライエントの仕事とは，どんな時も"行動主義的"な，あるいは"精神力動的"な介入の本質を信頼することであろう。

治療の内容

循環的精神力動的アプローチは，多様な観点からなる概念と方法を筋の通った見方になるように結合させるための統合的な取り組みによって発展してきた。理論的統合とは，寄

与する資源に的をしぼったすべてに及ぶ情報を包含し，幅広い臨床的介入に文脈を提供することを目指している（Wachtel & Mckinney, 1992）。統合的な取り組みとして，アプローチには特定のあるいは特異な治療的内容を規定してはいない。むしろ，包括的なやり方の中で臨床的な現象をとらえて，新しい取り組みにも目を向けようとしている。

　反復する内容は，もしそうよべるなら，生まれた不安を維持する**悪循環**（vicious cycles）を広げる機能である。循環的精神力動論では，主に，トラウマ経験の固着としてではなく，経験によって動作にセットされた悪循環や現在まで維持された循環的パターンを強調している。この循環的プロセスの強調は，内的精神と対人関係の両方において，個人的精神力動と家族システムアプローチを一緒にする手がかりを提供し（Wachtel & Wachtel, 1986），さらに精神分析的アプローチの性格学的な主眼と，行動主義的アプローチの状況的な主眼を統合する手がかりとなる（Wachtel, 1977）。

治療関係

　心理療法とは，何よりもまず，それは1つの人間関係である（Wachtel, 1990）。現実の関係の育成と転移の分析が，ワクテルの精神力動の土台を示している。一方，対人関係および統合における変異が伝統的な精神分析の視点とは異なるのがポイントであり，基本的にはより積極的な介入を要している。

　ワクテル（Wachtel, 1983, 1987）のフレーズを使うと，「中立な立場では，うまくいかない」という。彼は，伝統的な精神分析学がとってきた療法中立性と模範的な行動にしたがって回避するスタンスが，多大な制限となっていることを述べている。最小限の介入では，概して最小限の変化しか得られないのである。"転移の泥沼化"や"フィールドを台無しにする"にする危険性は，創造的で直接的な介入の機会を失うことによって増加する。

　より積極的で明確なスタンスや，より行動的で積極的な関係性が求められている。治療関係は，変化の前提と変化のプロセスの両方に見られる。また，治療関係は，現在の問題に依存し，おそらく内容によっても変わるだろう（シャイネスのように）。そして共感，誠実さ，そして尊敬が，イメージ，系統的脱感作法，自己主張訓練，セッション間の宿題といった行動主義的な方法を用いたセッションの中でうまく結びついていく。

　中立性を主に強調するいくつかの心理療法の陣営は，無意識の非難を向けた多くの解釈や，あるいは否定的な態度によってワクテル（Wachtel, 1983）を激怒させた。『治療的コミュニケーション（Therapeutic Communication）』という本の中でワクテル（Wachtel, 1993）は，原則として敬意を持って協同的に情報をクライエントに伝えることを述べている。

　前にジョンという男性のテスト不安の治療において検討したように，彼の地位に関する心配の探索は——初めは強く否認されていたが——彼の両親の心配へ言及することから始まり，彼が徐々に彼自身の葛藤を探索する方向へと進んだ。その探索は，ジョンが，彼の自尊感情を保つことを許容する仕方で，それらの心配を探索できるように保証されていた。

これらの心配についての責任を認めそれを引き受けることへ向けての道筋は，初期に，まず責任を否認すること（つまり彼の両親へのこだわり）を通じて進んだ。人々が自分の経験の責任を認知し，それを負うことができるように，最初は他に責任を転嫁する戦略は，**心理療法で提供される外在化**（externalization in the service of the therapy）として知られる。これは，解釈と情報の提供がクライエントの自尊感情と治療関係を弱めるより，むしろ高めるのを保証するために開発された，いくつかの戦略の1つである。

実用性

統合的観点として，他の代表的な心理療法の学派とは対照的に，循環的精神力動論は心理療法の学習と遂行の実用性についてはほとんど言及していない。治療の典型的な継続期間は純粋な行動療法よりも長いが，純粋な精神力動的治療よりは短い。基本原理は，家族事情や社会批判にも適用されてきたが，治療はもっぱら神経症の通院患者の個人治療に適用されてきた。ワクテルのアプローチは症状を軽減するために薬物療法と併用して用いられ，そのような並行セッションの中で，患者の生活における"個性ある気質"に働きかけるのにとても適している（Wachtel, Kruk, & McKinney, 2005）。

有用性

ワクテルや他の心理分析の実践者たちの臨床経験から，精神力動的療法を行動的知見からとらえ，より積極的に融合することの価値が証明されている。主要な研究は，社会心理学や発達心理学においても大規模に実施され，循環的精神力動論の中心的教義を支持するものとなっているが，それらの有用性には，期待効果や自己成就的予言，予測の非確証などを含んでいる（Wachtel et al., 2005, レビュー参照）。しかし，彼のアプローチにおいて対照群を置いた比較結果研究は行われていない。

一方で，統合的心理療法の他の形式における治療結果研究が近年実施されている。先行研究（Schottenbauer, Glass, & Arnkoff, 2005）によると，多くの多様な統合療法が実質的には実践されており，4つかそれ以上の比較対照研究が見つかっている。これらは，アクセプタンス・コミットメント療法（Acceptance and Commitment Therapy）や，認知分析的療法（第10章），弁証法的行動療法（第10章），感情焦点療法（第6章），EMDR（第8章），MBCT（マインドフルネス認知療法：Mindfulness-Based Cognitive Therapy），マルチシステム療法（第11章），系統的治療選択（Systematic Treatment Selection，この章で以下に議論する），そして多理論統合療法である。最後の心理療法は，統合の"もっとも徹底的に検証されたモデル"として述べられており（Glass, Victor, & Arnkoff, 1992, p.17），第16章でレビューされている。これらの統合的心理療法は，未介入群やプラセボ群よりも効果があることが実証的に示されている。しかし，従来型の単独理論の心理療法よりも優れているかという点については，2, 3の例外を除いては示されてはいない。

最近の心理療法の統合における治療結果研究の劇的な進歩には驚かされる。さらにすばらしいことは，かつては異端的で不可能だと考えられていた心理療法の統合化が，現在方向性を転換したセラピストによって広く取り入れられていることである。これらの統合的療法がいま，単一理論の心理療法家自身によって"求められている"という事実が統合化の受容が広がっていることの証拠であり，ワクテルの草分け的研究によってその動きは加速している。

マルチモダル療法

アーノルド・A・ラザルスの人物像

　アーノルド・A・ラザルス（Arnold A. Lazarus, 1932- ）は，ワクテルの始まりとはかなり違うが，行動論の伝統から技法的折衷主義を提唱した。ラザルスは南アフリカ共和国で生まれ，そこで成長し教育を受けた。1960年にヨハネスブルグにあるウイッツウォーターズランド大学で行動療法のパイオニアであるジョセフ・ウォルピの指導の下，博士号を取得した。ラザルスの学位論文，「恐怖症状の治療における新しい集団技法（New Group Techniques in the Treatment of Phobic Conditions）」は，恐怖回避の客観的尺度を使用し，グループにおける系統的脱感作の効果を検討したものである。

　彼の初めのころの行動療法における訓練や実践における治療結果や追跡調査の研究は，行動介入のすばらしい進展を示すものであったが，その進歩もそれほど長く維持されなかった。早くも1950年代後半に，ラザルス（Lazarus, 1956, 1958）は，心理的諸問題は幅広い範囲の枠組みに照らし合わせて取り組むことがベストであり，心理教育的，心理治療的，そして薬学的方法の多様な分野の結合が求められていることを主張した。1967年，彼は簡潔に折衷技法の利点を提起し（理論的統合と対比して），特に行動療法の治療道具として認知的介入を加えることを薦めた。その時までに，彼は自身の提起した"広範囲スペクトルアプローチ"からなる行動療法を，狭い範囲に限定した行動療法からはっきりと区別している（Lazarus, 1966b, 1971a）。

　ラザルスは行動療法を認知的介入にまで拡大して検証したが，その介入は彼にとって不完全であり満足のいくものではなかった。彼の事例分析から，クライエントの危機的状況やクライエントを取り巻く問題を明らかにすることがよい結果を得ることに気づいたが，強迫神経症やパニック発作，嗜癖，そして自殺傾向などを持つ人々にはあてはまらなかった。さらなる介入研究が，行動や認知の枠組みを超えてイメージや感覚，感情領域へと導くこととなった。

　最終的には，1973年にラザルスはすべての様式を包括する**マルチモダル（多様式）療法**と名づけた特有の方法を発表した。彼は新しい技術を多様な様式のレパートリーに組み入れて，彼の治療的スタンスをクライエントの個人的ニードと呼応させる考えに従って実験してきた。このようにして，純粋な行動療法家から折衷的セラピストへの彼の進化は今日

まで続いている。

　彼は，スタンフォード大学，テンプル大学とイェール大学に所属した後，永住の地となったルトガース大学の応用・心理学専門大学院を見つけた。彼はその大学で現在の卓越した名誉教授の称号を受けている。ラザルスの学問的所産は，250を越える論文と共著書，17冊に及ぶ単著書というように多作であり，それらの中には代表的な著書『マルチモダル療法の実践（The Practice of Multimodal Therapy）』（1981/1989a）がある。ラザルスはもっとも影響力のある心理療法家の1人として彼の仲間たちから定期的に，世界の至る所からワークショップに招かれ，また全国調査の要請を受けている。彼はまた，ニュージャージー州プリンストンにあるラザルス研究所を指揮している。ラザルスの対人関係におけるカリスマ的能力は，幼い時期に南アフリカ共和国で受けたイギリス式の教育により備わったものである。そして彼の気骨のある気性は，幼いころのボクシングの経験で鍛えられたもので，折衷技法においては力強い説得力のある声に現れている。

パーソナリティ理論と精神病理の理論

　予想されるように，マルチモダル理論におけるパーソナリティとは，広く包括的である。われわれは，遺伝的資質や社会的学習歴，そして身体的環境など複雑な相互作用の産物である。ラザルスは，気分障害や統合失調症，感覚閾値の生まれつきの違いなどの病因・原因を遺伝的役割とよんだ。社会的学習の3本柱である，古典的条件づけ，オペラント条件づけ，代理条件づけ・モデリングは，いくつかの障害の説明になる。しかし多くの臨床的症状は，実際の条件づけというよりも知覚の連合から発生しているようである。純粋な行動理論の見方から，より現象学的で認知的な視点へ向かっている。ラザルスは，人々が"外（外の刺激）"には自動的にほとんど反応せず，そのかわりに刺激の表象である"ここ（内的認知）"に反応することを指摘している。パーソナリティ発達におけるたくさんの影響力の存在を認める一方，マルチモダルの立場は生物学的環境と広範囲な社会的経験による学習の影響を強調する。

　パーソナリティ理論については，**オッカムの剃刀**（Occam's razor；ある事柄を説明するためには，あまり多くの前提を仮定すべきではない）にたとえられるだろう。つまり，理論を不必要に増やすのではなく，さまざまな理論の中からもっとも簡潔なものを選ぶのが望ましい。ラザルスは，人間の個性を形成し維持しているいくつかの要因，すなわち出来事に共通する関係や連合，モデリングや模倣，無意識的な心理過程，防衛反応，個人的出来事，メタコミュニケーション，身体的閾値の要因以外を見る必要はないと主張した（Lazarus, 1997）。しかし，ここにきても，われわれは治療に資するパーソナリティ理論や精神病理における明確で的確な説明をなお得てはいない。

　同様に，マルチモダル・アプローチは，心理的混乱を，貧弱に理解された数多くの影響要因の結果であるとみなす。また精神病理とは，概して以下の1つかそれ以上の要因，つまり葛藤や両価的な感情，誤った情報，情報の欠如・欠落，不適切な習慣，生物学的な機能不全，対人不安，否定的な自己受容，外界のストレス，実存不安などから生起する

(Dryden & Lazarus, 1991; Lazarus, 1989b, 2005)。

　一見シンプルな特定の恐怖症の症例を検討してみよう。精神分析学的見解では，5歳児の"ハンス坊や"で知られているフロイトの恐怖症研究に代表されるように，恐怖症はほとんどいつも無意識の意味があり，たいていは敵意や性的問題の置き換えであると説明されている。行動理論の視点では，ワトソンとレイナー（Watson & Rayner, 1920）による，"アルバート坊や"とよばれる11か月の子どもの症例では，毛皮のような物に恐怖を条件づけた。それによると恐怖症とはたいていは条件づけに起因し，その後回避行動によって悪化する。

　ハンス坊ややアルバート坊やのような標準事例に具体化されている心理学的定式化は，マルチモダル療法にとって役立たない。精神分析的視点と行動論的視点を二分することが臨床的な進歩を停滞させてきた。もっと複雑な概念化やマルチモダルの治療が，恐怖症や他の行動障害に対して要求されているのである（Lazarus, 1991）。

　折衷的アプローチの特徴を示すマルチモダル療法は，原則的に治療対象としての精神病理を改善することには関心を寄せるが，その理論を説明することには関心がない。どの折衷技法の背後にも，あいまいで包括的なパーソナリティ理論がある。そして今，内容や変化のプロセスをはじめとして，臨床的な注目を折衷主義に転換することを懸命に進めている。

治療の内容

　マルチモダル療法の中心的前提とは，患者たちを悩ます特定の問題は数多く，治療はそれに見合うだけ数多くの特定の技法を使ってなされなければならないということである。他のシステムの心理療法家とは異なり，マルチモダルのセラピストは治療する特定の内容を指示するのでもなければ，クライエントの問題を**プロクルステスの寝台**（Procrustean bed）に縛り付けることもない（プロクルステスはギリシャ神話にでてくる宿屋の主人で，彼は何も疑っていない客をシングルベッドに寝かせ，ベッドに合うようにその客を切ったり，伸ばしたりしたことを思い出してほしい）。むしろ，マルチモダル・セラピストの仕事とは，クライエントの特定の障害や度を越した行動を包括的，体系的にアセスメントすることである。

　マルチモダル療法のアセスメントの定型は **BASIC I.D.** である。

　　B＝行動（Behavior）
　　A＝感情（Affect）
　　S＝感覚（Sensation）
　　I＝イメージ（Imagery）
　　C＝認知（Cognition）
　　I＝対人関係（Interpersonal relationships）
　　D＝薬物／生物学（Drugs/biology）

これらの頭文字は，心理療法のための内容を明示し，セラピストが，各自に対する特定の効果的な介入の選択をガイドする役を果たす。ラザルスが繰り返し強調する点は，すべての様式があって，だが治療中に直接扱えるのは1つだけだということである。感情（情動）は間接的にのみ作用する。なぜならそれを直接引き出すことや変化させることはできないからである。また感情は，行動，感覚，イメージ，認知，対人関係，薬物／生物学の過程を通じてのみ，喚起されたり影響をうけたりする。多くの人々は不快に**感じて**治療を望むが，マルチモダル療法の立場では，苦悩を減らすもっとも洗練された確実な方法は，諸様式間で生じている特定の相互関係的な機能不全パターンを排除する。

治療過程の理論

　心理療法の多くのシステムでは，仮定された変化のプロセスが治療内容の選択の動因となる。つまり，セラピーの**方法**がセラピーの**種類**を決定する。対照的に，マルチモダル療法では，患者の問題は，BASIC I.D.の各々の領域でマルチモダル（多様式な）アセスメントによって分類され，広い立場から，採用される変化のプロセスを決定する。このことから，この章では，これまでの章の原則から離れて，先に治療の内容を示し，その次に治療過程を述べる。

　マルチモダル療法の折衷技法は，ずらりと列挙された多様な変化のメカニズムへと導く。一定の事例に作用する特定のメカニズムは，選択された技法に依存しており，それはまた患者の特定の問題にも依存している。すべての患者と問題に横たわっている，主要な変化のメカニズム仮説を以下に述べる。

- **行動**：正の強化；負の強化；罰；拮抗条件づけ；消去
- **感情**：承認，明確化，感情の承認；解除反応
- **感覚**：緊張緩和；快的感覚
- **イメージ**：対処イメージ；自己像の変容
- **認知**：認知的再体制化；意識を高める；教育
- **対人関係**：モデリング；自己主張力や他のソーシャルスキルを高める；不健全な衝突を避ける；判断をせずに受容
- **薬物／生物学**：医学的疾患の鑑別；物質乱用をやめる；よい食事と運動；必要とされる向精神薬などの薬物治療

　マルチモダル療法におけるメカニズムの変化に利用できるこれらのリストの一部は，第16章で述べられている10の変化のプロセスとほとんど重複する。フィードバック，教育，情動体験の修正，刺激コントロール，自己解放，拮抗条件づけ，再評価，および随伴性マネジメントのすべてが明確に述べられている（ラザルスはこれらの正確な用語を使用しないけれども）。

欠けているのは，社会的解放と劇的解放であるが，これら2つの変化のプロセスは心理療法全体において利用される頻度がもっとも低い（第16章参照）。しかし，ここでもラザルスは時折，発表した事例記録にこれらのプロセスを組み入れた技法を報告している。社会的解放の事例では，患者自身をエンパワメントし，彼らの社会的な権利を擁護する組織へ紹介する。劇的解放の事例では，強烈にカタルシスを促進する。

　マルチモダル・セラピストによって使われるすべての変化のプロセスをここでもう一度要約するよりも，それぞれのプロセスが定義され解説されている前の各章を参照してほしい。拮抗条件づけと随伴性マネジメントについては，行動療法家がもっとも専門的に扱っているように，認知的再体制化は認知療法家が，対人関係の援助はパーソンセンタード療法家が用いている。これはマルチモダルと名づけられるだけあって，事例に適した効果が期待される場合は，理論的枠組みに関係なく有効な介入法を借りるということである。

　クライエントの作業　クライエントの作業は，セラピストと同様に，その心理的問題の特徴と用いられる手続きのタイプに大きく左右される。治療では，クライエントの立場で（セラピストのではなく），主としてクライエントの目標であること，つまり個別化と目標指向が大切となる。もしイメージが技法として選択されたら，患者は深いリラクセーションに導かれて，場面を思い浮かべ，その経験をセラピストに伝え，セッション間の練習のために，いくつかの視覚化された場面を共同で行う。もし，自己主張訓練が**治療選択**（treatment of choice）として合意して選択されたなら，クライエントは活発なロールプレイに参加し，自己主張訓練のテキストを購入して読むこと，次のセッションに先立っていくつかの課題を宿題として試みることが求められる。

　マルチモダル療法は，能動的で比較的要求の多い治療法である。しかし治療でセラピストに要求するレベルよりも，クライエントにはより負担の少ない要求をすべきである（Dryden & Lazarus, 1991）。熟練した臨床家は，個々のクライエントの能力と目的に沿って治療のペースを合わせるだろう。クライエントはたいていそれほど圧倒されたと感じていないものであるが，逆にセラピストの中には，そう感じる者もいる（Dryden & Lazarus, 1991）。

　セラピストの作業　適切にマルチモダル療法が実行された日は，臨床家は心身ともに消耗することになる。すべてのクライエントに，実質上同じような技術的介入，関係性のスタンス，および治療フォーマットを提供する心理療法家の場合は，さほど大変ではないが，あらゆるケースでこれらのすべての要素を作ってゆくことは，さらなるエネルギーと相当の能力が要求される。

　セラピストは，初期面接とマルチモダル生活歴質問紙を実施することにより，情報を得ることから始める（Lazarus & Lazarus, 2005; Research Press版もあり）。これらの情報は，クライエントの**様式のプロフィール**（modality profile）を描くことにつながっている。これは基本的に，BASIC I.D.の様式に関するクライエントの問題を図示することである。もし，より詳細な情報が必要となったり治療が行き詰まったりした時には，2回目

のBASIC I.D.評価を実施する。

　様式のプロフィールに加えて，もう1つのマルチモーダル・アセスメントの手続きとして，BASIC I.D.における量的評価である**構造的プロフィール**（structural profiles）を使用する。7段階評価尺度（1がもっとも低く，7がもっとも高い）であり，クライエントが各様式について評価する。まず行動の評価を行い，クライエントには以下のように説明する。「実行家といわれる人たちは，いくつものプロジェクトに関わり，ものごとをやり遂げ，行動志向的で忙しくしていることを好みます」，そして次に「あなたはどれくらい自分を実行家だと思いますか」と尋ねられ，それらの評価はグラフ上に示される。

　この臨床の情報を蓄積して，マルチモーダル・セラピストは，このケースにとって必要な治療手続きと態勢を選択するために，クライエントとのコンサルテーションを進めていく。当然，セラピストの仕事は，そこで選択された手続きと態勢のタイプに左右される。マルチモーダル療法（Lazarus, 1989a）で使用される「主要な技法用語集」は，少なくとも39以上の介入法を含んでいる。もちろん，それらは"主要な"ものだけである！　たとえば，ジェンドリン（Gendlin, 1981）のフォーカシング技法とは対照的に，逆説的な戦略や思考遮断を実行した場合では，セラピストに課せられた職務はまったく異なってくるだろう。

　技法選択の第一の原則は，その技法の有効性を証明する結果研究である。たとえば過食症の治療では，普通，反応妨害法および認知的再体制化に関わる，構造化され能動的なプログラムが要求される。しかしながら，その技法は各個人の固有な特徴に対応しなければならない。もし反応妨害が失敗であるか，あるいはクライエントに受け入れられない場合は，次にエンプティ・チェアのテクニック，イメージなど，多数の他の介入が検討される。治療技法の選択とは科学であるが，それを実行するのは芸術といえる。

　悪魔が憑依したネコの怪物の陰惨なテレビ番組を見た後に，ネコ恐怖症を発症した若い女性の治療で，ラザルス（Dryden & Lazarus, 1991）は，最初に標準的な脱感作を選択した。それは，猫との距離を徐々に縮めることを視覚化させながら，クライエントにリラックスしてもらうという広範囲な研究と実験室ベースの手続きによるものである。しかしこの事例ではうまくいかなかった。ラザルスは，この事例に関連するものとして，神経言語学的プログラミング（NLP）から引用したある技法を思い起こした。彼にとってNLPは理論的でないため科学的に受け入れ難いものであったが。その技法は，小さなサイズに縮小した恐怖の対象を粉々にするイメージによって構成されるものである。この事例では，この方法がクライエントにぴったり適合し，すばらしい効果をあげた。技法的折衷主義者として，ラザルスはNLPの技法を，その背景にある理論を完全に取り入れなくても用いることができた。

　要約すると，マルチモーダル・セラピストの仕事は，マルチモーダル・アセスメントを行い，治療技法の選択をして，クライエントごとに必要な治療関係を築いてゆくことである。

治療関係

　マルチモーダル療法は，手段と結果の原則としてではなく，クライエント－セラピスト関

係を土壌として，そこから技法が根付くことが可能となる（Lazarus & Fay, 1984）。その点に関して，マルチモダル・セラピストは行動療法家の仲間と同様に，すべての事例の実践において，治療関係を変化の前提条件とみなす。また変化すべき治療関係の内容として，特定の対人関係のスタイル（自己主張の不足または怒りの行為のような）が，セッションでのクライエントとセラピストの治療関係に問題であるとみなされた時だけ，それを考える。温かいケアの関係は，変化への背景であるが，変化の中核プロセスであることは稀である。それより，多くの場合，クライエントは不適切な行動や誤った認知の修正，BASIC I.D.を通じて明らかとなったその他の問題への対処スキルトレーニングが必要とされる。

　ラザルス（Lazarus, 1991, 1993）は，ロジャーズ（Rogers, 1957）が提唱した，純粋な共感，セラピストの自己一致，および肯定的関心が，建設的なパーソナリティの変化の必要十分条件であるという考えを特に批判している。その理由の1つは，実証的研究によってこれらの要因が支持されていないからである（第5章参照）。もう1つ別の理由は，すべてのクライエントに同一のものを提供し，統一された（あるいは統一様式の）クライエントとの治療関係は，クライエントに合わせて個別最適化した心理療法とは真っ向から反するからである。ラザルス（Lazarus, 1993, p.404）の言葉を引用してみよう。「彼ら（クライエント中心療法の過激派）は，いつ，どんな状況の下で，誰に焦点づけた教示あるいは教育的スタンスを用いるべきかを考えるために立ち止まらない。それとも，謎めいた指導者が指示するかもしれない」。さらに，「われわれがみな『心理学入門（Psychology 101）』で学ぶ最初のことの1つは，個人の違いはもっとも重要であるということであるが，その点についてはどう考えるのであろうか。誰もが固有な存在であるのに，クライエントの治療となると，それがすべて同一の特性からくると仮定するかのように思える」（p. 406）。

　マルチモダル・セラピストは，クライエントを治療に合わせようとするのとは逆に，特定のクライエントにもっとも適した関係を提供するために，各治療プロセスを修正しようと試みる。ラザルス（Lazarus, 1971a, p.38）の著書，『行動療法を越えて（Behavior Therapy and Beyond）』において，彼は，セラピストの共感と温かさは多くの場合治療を促進するが，しかしながら，「依然として，このような一般原則にも個人によっては例外があることに注意する必要がある——たとえば，温かさや共感，遠まわしな要求，中立な相互関係が逆に作用するというケースがあるというように」ということを強く主張している。

　また，**真のカメレオン**（authentic chameleon）という見方がよく引き合いに出される。各クライエントの要求や期待に応じて，関係性のスタイルやスタンスを柔軟に選択することが求められている。このことには，非形式的もしくは形式的なセラピストの水準，セラピストの個人情報開示の程度，セラピストがどの程度会話の話題を誘導するか，概して，どれくらい指示的，支持的，感情反射的であるか，を包括している。「われわれが明記する唯一の禁止事項は (1) 硬直するな，(2) クライエントに恥をかかせたり，クライエントの尊厳を剝ぎ取るな，である」（Lazarus, 1989b, p.129）。

さて，セラピストの対人関係のスタンスを導く指標になるのが，クライエントの変化に対するレディネスと心理的抵抗のレベルである（Lazarus, 1993）。とても臆病で声の大きい押しの強い人に対して過度に萎縮する若い女性の治療では，例として，ラザルスはたいてい囁くようにしゃべり，非常に礼儀正しくするであろう。一方，「まあ順に言えば，妻であり，母親であり，主婦であり，パートで法律事務所の秘書をしている」と自分を説明する中年女性が相手の時には，彼は親しみやすく気さくな様子で応対するだろう。

ラザルスの面接室に入るなり彼を上から下まで眺め回した，挑戦的でぞんざいな女性との最初の面接における逐語録（Lazarus, 1993, p.405）から検討してみよう。

　　患者：どうして部屋の外にお墓があるの？
　　ラザルス：（驚いたように，ロジャーズ派スタイルで答える）部屋の外にお墓があるんですか？
　　患者：窓の外を見なさいよ，バカね！
　　ラザルス：（彼の部屋の窓から見える，歩道に沿って設置された2つの新しい花壇を見ながら）なるほど，そう教えてもらったので，自分の面接の失敗の数々をお墓の1つにちょうど埋葬しましたよ。もう1つのほうには，あなたが協力的でなくなった時のためにとっておくことにします。

これらはとても異なった2つの関係のスタンスであるが，しかしながら，確かにそれらは両方ともクライエントの治療に関わっている。真のカメレオンは体の色を変化させ，さまざまな背景にとけこむが，しかしいかなる生き物も無限の色調と影の幅は持ちあわせていない。もし，セラピストのスタイルが患者の期待から著しく離れているのならば，よい結果は期待できそうにない。セラピストが個々のクライエントとの関係のスタンスに合わせることができない，あるいはその意志がない時には，ラザルスは率直に他の専門家に照会することを薦めている。

治療における関係性のスタイルの柔軟性は，治療外の関係でも適用されている。ラザルスら（Lazarus & Zur, 2002）は，クライエントとのある特定のフォーマルな境界を注意深く越えることは，よい治療効果をもたらし得るとしている。クライエントに招待されたパーティに参加したり，あるいは頼まれればクライエントとテニスをするかもしれないが――これらを通じて，頻繁に治療へのポジティブな感情を強めることが結果に結びつくのである。厳格なルールブックにある禁止事項（多くの資格・免許委員会で規定されている）に従っている臨床実践家は，クライエントが得られるはずの真の受容と自己肯定感という基本的な人間性の感覚を与えそびれているかもしれない。

実用性

それぞれ独自性のあるクライエントのために心理的治療を特別仕立てにしようとする，個別化した心理療法を一般化するのは本当に難しいことである。マルチモダル療法にかか

る料金，形式，治療期間についての質問には，"ケースによる"とくり返し答えている（Dryden & Lazarus, 1991）。

　マルチモダル療法の平均治療期間は，障害の重症度が緩和するのは，過去の経験からほぼ30セッションぐらいであり，毎週のセッションは半年間，それよりも長かったり短かったり，ケースによって異なる。マルチモダル・アプローチでは，他の大半の心理療法よりもはるかに多く，多様な形式――個人，カップル，家族，集団――を，さまざまな母集団――入院患者，外来患者，子ども，高齢者――と組み合わせて用いる。また専門的なセックスセラピーや薬物療法も提供されるが，それらは過去のケースでは比較的頻繁に適用されている。

　ラザルスの折衷技法では，たくさんの資源から効果的な方法の選択をする臨床訓練が要求される。セラピストは継続的に効果的な方法を求めて，その理論的遺産からは独立して技法を模索し，心理療法の結果研究に注意を払わなくてはいけない。さらに，マルチモダル・セラピストは，豊富な介入技法と関係性のスタンスに関する柔軟な能力を獲得するよう積極的に努力すべきである。このようにセラピストは精神的にも感情的にも非常に消耗するのである！

　難解な理論に惹きつけられることは，折衷療法の有効性の範囲を損なわせることになる。精神分析学の研修では，ある例として，行動を促進するよりも，精神的葛藤を探索することに多くの時間を費やす傾向がある。家族システムの愛好家は，1本1本の木ではなく森全体を見る傾向にある。最後の例として，厳格な認知療法の研修では，治療の様式を変換するかわりに，いつ課題を説明するかという無駄な議論を続ける傾向にある。やはり，柔軟性のある実践が効果的な治療の鍵となる。

　マルチモダル療法の研修としては，米国内にあるいくつかのマルチモダル療法協会施設において，多くの組織的な折衷技法の訓練が受けられる。また，個人療法については，セラピストの個人的な問題が明らかに治療の効果やアセスメントを阻害している場合を除いて，研修の義務はない。

有用性

　マルチモダル療法の臨床的有用性については，2つの治療結果研究およびいくつかの論文で検討されている。オランダにおいて，クウィーら（Kwee, 1984; Kwee & Kwee-Taams, 1994）が，不安症状に苦しむ84人の入院患者を対象に――彼らの大部分は先行治療では効果が見られなかった――治療結果研究を実施した。マルチモダル療法ではかなりの症状の改善を示し，その効果は9か月の追跡調査でも維持された。スコットランドでは，ウィリアムズ（Williams, 1988）が，学習障害児を対象として，マルチモダルの治療群と低統合的アプローチ群を置いた治療結果研究を行った。その結果，マルチモダル手法の効果が支持された。

　ラザルス自身，マルチモダル治療を受けている患者に対していくつかの追跡調査を行っている。より多くの治療法を意識的に用いるほど，その効果の持続性も比例して高まるこ

とが見出された。このことは，もっと多くの心理療法を習得することは，クライエントの再発を減らすことになるという，マルチモダルの原則を示している。

マルチモダル療法の効果を検討した数少ない比較対照研究は，治療の効果を支持しているが，その効果の証明はもうひとつ明確でない。マルチモダル療法は，これまでの他の心理療法のシステムと比較して，開かれた枠組みの最先端の研究を取り入れようとしている。しかしながら，よい治療法の領域を精査することがセラピストの総合成績を高めるかどうかは，未解決の有用性の問題として残されている。

折衷心理療法の治療結果研究は，以下の3つからおおよそ行われている。1つめとして，もっとも一般的に言えることは，心理療法におけるすべての実証的研究は，折衷技法の選択に際しての情報提供となる。折衷的であることの本当の利点は，これまでの膨大な研究で心理療法の効果性がすでに証明されており，特定の疾患や患者における異なる有用性が示されていることである。もちろん，この研究は心理療法家が自覚して治療結果に忠実な場合に限り，結果が改善されると解釈できる。

2つめは，いくつかの対照群を置いた治療結果研究は，"折衷"あるいは"混合"という心理療法として，ぞんざいに特徴づけられて行われてきた。成人を対象とした文献による包括的なレビュー（Grawe et al., 1998）では，22の比較対照研究で1743名の患者に使用されていた種々の心理療法（明確な学派との関連もなく，技法の多様な組み合わせもないもの）が折衷技法として説明されていた。そのレビューにおいて，13の研究のうち9つの比較研究で，折衷療法は症状の回復の点から見て，対照治療よりも優れていた。さらに，6つのうち4つの比較研究でも，折衷療法によって主観的幸福感（subjective well-being）が増した。一方，子どもを対象とした文献による包括的なメタ分析（Weisz et al., 1995a）では，"混合的"治療において20の比較対照研究が挙げられており，効果量0.63で中位から高位の効果量というまあまあの結果が得られている。しかしながら，治療効果の解釈上の問題としては，この多種多様な様式を用いる治療の意味することへの理解が乏しいという点である。おそらく，信頼できる結論としては，無治療群より折衷治療群あるいは混合療法群が一貫して優れているということであり，同時にこれらの心理療法は他の心理療法のシステムとの比較が不十分だということである。

3つめは，もっと明確にプログラム化された進行中の研究は，各個人ごとに違う治療を意図的にマッチさせる統制された折衷主義の有効性を支持している。**処方箋マッチング**（prescriptive matching）の例としては，ラリー・ビュートラー（Larry Beutler）の『**系統的治療選択**（Systematic Treatment Selection）』（Beutler & Clarkin, 1990; Beutler & Harwood, 2000; Beutler et al., 2005）が挙げられる。異なる効果を予測するすべての患者の諸特性は，まだ特定されていないが，ビュートラーと共同研究者によって行われた多くの研究は，ある一定の特徴を示す患者に対して一定の治療を適用することで，心理療法の成功率が高まることを示している。

特性の異なる人々に対しては，異なる働きかけが必要となる。たとえば，研究の80％において，セラピストの指示的態度と，クライエントの抵抗の度合いをマッチングすることで，治療結果が向上している。強い抵抗性を示すクライエントには，自己コントロール法

やセラピストの非指示的方法が効果的であるが，一方，抵抗性の低いクライエントには，指示的方法や明確な指導が効果をあげた。つまり，治療的関わりにおいて，クライエントの抵抗の度合いとセラピストの指示性はマッチングできるということである。また，別の例を挙げると，同一の研究の79％において，外的もしくは衝動的コーピングスタイルを持つ患者は，症状に焦点をあてたセラピーやスキルを獲得するセラピーに好意的に反応した。一方で，内的もしくは自己抑制的なコーピングスタイルを持つ患者は，対人関係や洞察を重視するセラピーに好意的に反応した。最後の例として，ソーシャルサポートがほとんど得られていない患者は，対人関係療法や家族療法（Norcross, 2002, 研究レビューを参照）が効果をあげた。これらおよびその他の処方箋マッチングを支持する研究より，心理療法における高い有効性と効果が示された。

短期統合療法と短期折衷療法

　時間制限療法と心理療法の統合とは確実に相性が良い。実質的にはすべての短期療法が，積極的な介入，協同的な治療関係，そして折衷的なオリエンテーションを売りにしている（Hoyt, 1995）。統合の動きを促進する力の1つには，われわれが見てきたように，短期療法が優勢であったこと，そしてその結果，さまざまなクライエントに対して，6ないし12セッション，あるいは24セッション内にセラピーを終結させる圧力が存在していた。短期療法と統合療法は，実践的かつ柔軟な姿勢を共有しているが，その態度はその分野で以前支配的であった学派に特徴づけられる，観念的な姿勢とはまったく正反対のものであった（Omer, 1993）。

　短期療法の臨床の現場では，完全に折衷的ではないとしても，柔軟なオリエンテーションが求められている。たとえば米国の心理療法家294人を対象にした研究によると，理論的な方向として統合／折衷への気運が高まることで，それと同時に短期解決を望む現場では，問題焦点型心理療法が用いられるようになっていた（Austad & Berman, 1991）。

　ワクテルは，循環的精神力動論の観点が短期療法と相反しないのは，それらが矛盾するものではなく，積極的介入を促進するものであるためと述べている。循環的精神力動療法の治療期間はたいてい1年以上であるのに，特定の状況下では，時間制限のある相応しいやり方が行われ始めてきている（Wachtel et al., 2005）。

　ラザルス（Lazarus, 1989, 1997; Lazarus & Fay, 1990）は，とりわけ短期のマルチモダル療法について述べている。彼が短期療法に関して執筆した本の始めのページで，その話題に適切な文章を寄せている。すぐに"本題に入り"，そして「誰でも短期療法は提供できる。しかし短期だが包括的な心理療法を提供することは可能だろうか」と問い，そのことに対し「私ははっきりと"多くの場合可能だ"と答える」と述べている（Lazarus, 1997, p.1）。その本の中で，マルチモダルの簡潔な手順に従い，どうしたらこういった心理療法を行えるのかを正確に説明している。まず，BASIC I.D.のそれぞれのモダリティ（様式）において何か重要な問題があるかどうかを判断する。次に，クライエントと協力

して，特別に配慮を必要とする重要な問題を3つか4つ選び出す。3つめに，それらがはっきりと示されたら，患者に内科検診と向精神薬の治療を受けさせる。4つめに，可能な時はいつでも，実証的に妥当性が確かめられた治療法をその問題に適用する。

効果的な短期療法というのは，いかに時間を節約したということよりも，その時間に何を成したかにかかっている。より少ないものでより多くを達成しようとすることで，折衷主義の臨床家は急いで問題を確認し，治療関係を深め，特定の方法で介入するという，重要な事柄を要求される。一般的にこの記述はおそらくすべての短期療法にあてはまるが，特に短期のマルチモダル療法では必ずあてはまる。

統合療法と折衷療法に対する批判

精神分析的観点から

ワクテルの統合的な精神力動的-行動的統合療法で正しいのは前半の"精神力動的"のところのみである。彼が行動論的介入を加えようと主張したことは，彼が精神内界の奥深いところで必然的にゆっくりと葛藤が変化することに我慢ができないということを意味する。もし彼がわれわれに行動論的方法を用いることを真剣に期待するのなら，繰り返される臨床ケースにおいて彼らが加えたものが，精神力動的療法のみで成し遂げられるもの以上の寄与があることを明確に証明すべきである。そもそも持っていた信条を守りなさい！

ラザルスはまったくの認知行動療法家である。彼の手法は積極的すぎ，技法的すぎ，そして精神内界の葛藤や洞察による貢献をあまりに否定しすぎる。彼は面白がって自分の著書や研修会において古典的精神分析を非難している。言いたいことはよくわかった，もうそれ以上言う必要はない。詳しいことは認知行動療法に対するわれわれの批判を参照しなさい。

行動論的観点から

ワクテルの統合的な精神力動的-行動的統合療法で正しいのは後半の部分の"行動療法"のみである。彼が精神分析的なメタ心理学を保持しようと主張していたことは，学習により身についた行動的問題の修正法が効果の無いものであることを受け入れたことを物語る。もし彼がわれわれに精神力動的方法を用いることを真剣に期待するのなら，彼は対照群を置いた治療結果研究において，彼らが加えたものが，われわれが行動療法のみで成し遂げた以上の何かを提供できることをはっきりと証明しなければならない。精神分析的な心理用語を使う話し方とはきっぱり手を切りなさい！

ラザルスは認知的介入を用いて，狭い範囲に限定されていた行動療法の手続きを改良することにより，われわれの将来を予想していた。しかし現代の基準から見れば，彼は折衷技法派に変装した認知行動療法家である。BASIC I.D.のアセスメント用紙と構造的プロ

フィールを捨てなさい。そうすれば社会的学習の伝統の中で自称経験主義者になることができる。帰ってらっしゃい，アーニーちゃん（訳注：ラザルスのファーストネーム）！

　折衷主義とはたいてい，セラピストが主要な心理療法の諸システムから，技法を求めたり，借りたり，盗んだりすることを意味する。折衷主義者はめったに新しい治療的介入や理論的構成概念を作り出さない。他の人が借用できる新しい概念を作り出すというよりは，あの手この手でよせ集めるという点において，彼らはまったく創造的だといえる。比較対照研究と臨床的な特異性が，より必要とされている。われわれは理論の起源にかかわらず，もっとも効果的な技法を結合させる傾向を支持する。しかしプディングの味を見るには食べてみることだ。料理を続けなさい。そしてなにか食べる価値のあるものができたら，われわれを呼びなさい。

人間性心理学の観点から

　混成語がハイフンで結ばれて出来たワクテルの精神力動的-行動的統合療法は，名実ともに，人間性心理学の，あるいは実存主義的な貢献を無視している。2つの理論を結合することは必ずしも統合的であるということにはならない。われわれは理論や方法を結合させることを快く受け入れるが，しかし真の統合というものは少なくとも第三勢力である人間性心理学の部分を疑問の余地なく含むものでなくてはいけない。

　われわれにとって心理療法とは，援助関係において2人の人が出会うことを意味する。一方ラザルスにとっては，心理療法とはむしろ技法の総合商社だ。彼のクライエントたちは，彼が事例発表をする際 BASIC　I.D. によって部分に分割され，消えてなくなってしまうのだが，それから正確な外科的介入により修復されるのだった。われわれはクライエントに対するそのような人間のとらえ方，どのように部分は互いに結合するのかといった感覚，そして部分により構成された全体がどういった種類の機能を果たすのかという感覚をまったく持っていない（Davis, 1990）。治療関係の構築はわれわれにとってはつねに治療の基盤をなすものであるが，しかしラザルスの"真のカメレオン"の妥当性は，純血のまがいものといったところだ。

文化的観点から

　ある心理療法のドアが開いている時は，別の心理療法のドアは閉じている。心理療法の統合においてはたいてい取引が行われている。精神を探求するとともに積極的介入をすることを薦める時，ワクテルはより深い意味や意図へと至る道を閉ざしている。認知と感情の要素を行動療法の範囲に持ち込む時，ラザルスは，自らの主張を測定可能な目標と環境随伴性に還元している（Messer, 1992）。

　統合することは別の問題を生じさせる。臨床の技法というものは，その心理療法的背景を考慮せずに，ある文脈から別の文脈へと無差別に組み入れることのできるような，実体のない手続きではない。ある心理療法のシステムで効果的な技法は，別の心理療法のシス

テムへと翻訳され移行されると何かを失ってしまうのだろうか？　新しい文脈では，その意味や意図に異なったニュアンスが加わるのだろうか？　以前の文脈において検討された技法の治療結果研究は，新しい文脈において再度検討される必要はないのだろうか？　大半の文脈主義者はそのように考える（Messer, in Lazarus & Messer, 1991）。

ワクテルとラザルスが，カップルセラピーと家族療法を行っていることや，システムの力について認識していることをわれわれは称賛するが，その一方で，彼らは統合の動きの中において文化差に敏感であったり，ジェンダーに配慮したりする事柄をあまり認識していない（Ivey & Brooks-Harris, 2005）。あなたは心理療法の統合を希望するか。それならば，抑圧されている人々や権利を剥奪された人たちが，われわれの社会の富裕な資源に組み込まれるような方法を見つけなさい。そうすれば現実の問題のいくつかは解決されるだろう。さもなければあなたは理論と技法を包括するだけで，大半のグループの人々を排除することになる。

C夫人を対象としたマルチモダル分析

　C夫人のような複雑なケースでは，包括的で個別化された心理療法が必要とされる。C夫人のように広範囲にわたる複数の問題には，マルチモダル・アプローチが理想的である。
　まずは，クライエントのBASIC I.D.における過度もしくは欠損の障害を具体的に特定する問題チェックリスト（様式のプロフィール）を作成する。このプロフィールのリストは，治療的介入を方向づけ，治療の継続的評価を可能にしてくれるもので，セラピーの期間を通じ，このリストを参照することになる。セラピー開始時におけるBASIC I.D.情報のほとんどは，初回面接と2度目の面接までにクライエントによって記入され提出されるマルチモダル生活歴質問紙から得られる。
　それには以下が含まれ，詳細な問題チェックリストの基となっている。

- **行動**：洗浄強迫，料理や子どもの面倒を見ない，だらしない身だしなみ，ひきこもって孤立しがち，汚いものを避ける。
- **情動**：不安（特に汚いものや散らかったものを前にすると），抑うつ，背後にあって表現されない怒り，制度化されることへの恐怖，繰り返し生じる絶望感。
- **感覚**：身体感覚の喪失，神経過敏，洗うことを妨げられたり汚いものを前にしたりするとパニックを起こす。
- **イメージ**：親の非難や干渉的な支配をまざまざと思い描く，C夫人の家族を汚染しているというギョウチュウ（蟯虫）のイメージ，彼女自身が入院しているという状況の想像，儀式を行えない時に"気が狂いそうになる"。
- **認知**：ギョウチュウに関する侵入的思考，きれいにしなければという命令的な要求，完璧主義，破局的な思考，"私はどうしようもない。自殺したほうがましだ"。
- **対人関係**：過度に他者をコントロールしようとする，夫婦間の不安，異性との出会いを避ける，ほとんどの友人から離れる，自分の子どもたちや友人を遠ざける，困難が持ち上がると強迫的な儀式を用いる。

薬物／生物学：たいてい体調が悪く，定期的な運動に関する言及がなく，うつや不安に対する薬物治療が必要なこともある。

　生活歴質問紙からも，C夫人が結婚生活を維持でき，州立の精神病施設への入院を免れるのに役立つような能動的で行動指向的なセラピーを求めていることが見て取れる。仮に，C夫人が自分の最初の治療目標は洗浄時間およびそれと密接に関連した汚いものを避けるという行為を減らすことだと答えたとしよう。セラピストの好みや強迫性障害の包括的な診断ではなく，本人の希望と様式のプロフィールが個別化された治療戦略の詳細な計画を形作っていく。C夫人のように，クライエントがほとんどすべての機能に問題を抱えている場合，マルチモダル療法が強い影響を与えられれば与えられるほど，治療結果はより好ましく効果的なものになる。このようにかなり慢性的な障害の場合，C夫人が包括的なプログラムを用いることなく発病前の機能レベルに戻れるかは疑わしい。

　では，どこから手をつけるのか。クライエントが最優先と考えている問題でわれわれが確実に効果的な介入を行えるところから始める。ギョウチュウや汚いものによって引き起こされている彼女の情動，イメージ，行動における問題は，漸進的な反応妨害法と現実脱感作を伴う系統的脱感作法との組み合わせによってもっともよく改善されることが研究から明らかになっている。まず，C夫人は不安を感じた時に適用できるよう，深いリラックス状態を得る訓練を受ける。彼女は自宅で録音テープを使ってリラクセーション反応を訓練する。いったんこれができるようになれば，汚いものやギョウチュウに関連した刺激に関する階層表を作成する。この階層表には，たとえば，セロハンに包まれた真新しい下着を買うところを想像する，次に真新しい下着に触る，洗いたての下着に近づく，そして着用済みだが基本的にはきれいな下着に近づき拾い上げる，といったことが含まれる。脱感作によって拮抗条件づけられることにより，不安が誘発されないようになって初めて，C夫人は実際に汚れた下着に近づき，また，洗浄時間を制限することができるようになるだろう。意のままに使えるリラクセーション反応を新たに身につけ，行動コントロールに対する自信を高めていくことにより，彼女は少しずつ，毎日のシャワーに費やす時間を減らし始めるであろう。

　彼女の不安とそれに伴う儀式を大幅に軽減した上で，彼女の不合理な認知を取り上げる。先行研究とC夫人の希望は，認知療法が最適な治療であることを示している。心理療法のセッションの間の宿題には，認知的な歪みの確認とそれに関する議論をテーマとして扱う「一瞬たりとも信じるな！あなたをイライラさせる40の有害な考え（Don't Believe It for a Moment! 40 Toxic Ideas That Are Driving You Crazy）」（Lazarus, Lazarus, & Fay, 1993）のような自学書がお薦めである。C夫人の低下した自己効力感と自己主張不足のため，エリスの方法よりも，もっと支持的で漸進的で協働的なスタンスの治療関係が勧められる。

　数週間におよぶ毎週または隔週のしっかりした治療面接の後，C夫人は徐々に行動的にも認知的にも回復してくる。しかし，他の部分にはまだ障害があるため，おそらくそれらも同時に着手していくことになるだろう。もちろんつねにクライエントの希望や期待に注意しながらである。彼女の官能的感覚の欠如やセックスの回避には，感覚へのフォーカシングとそれに続くセックス・セラピーの漸進的な方法がもっともよく効くだろう。マスターズとジョンソン（Masters & Johnson）の著書の中の読み物といったような形での教訓的な情報が，彼女が両親から受け継いだ迷信を打ち消すのに用いられるだろう。セックス・セラピーの一

> 部は夫婦同席のセッションにおいても行われ，そこでは彼女が家族の相互関係をコントロールしようとするやり方についても取り上げられるだろう。われわれは家族がC夫人の不合理な要求に対抗するのを助け，またC夫人がより直接的に自分の不満を表現するのを助けるため，家族間主張訓練を試みることができる。
> 　前述した介入に対する彼女の反応によっては，われわれはもちろん抗うつ薬の投与を勧めるという可能性も検討するであろう。抗うつ薬の投与の有用性は，類似した問題に苦しむ多くの患者の研究から明らかにされている。彼女が深いリラックス状態を習得できなかったり，認知療法に反応しなかったりする場合，これは特に有効である。
> 　マルチモダル療法は，その結果，その状況でその患者に利用できる，心理療法的，教訓的，かつ精神薬理学的にもっとも効果的な介入を組み合わせることを目指す。われわれは，彼女がさまざまな建設的なコーピング反応を獲得するのを援助する上で，多様な様式の側面に影響を与えようと試みる。もしC夫人が汚れに対する過敏性を抑え，リラックス反応や現実的な考え方を代わりに用いることを学び，怒った時に思っていることを主張し，彼女自身と彼女の夫を楽しませるならば，彼女は徐々により価値のある生活を取り戻すだろう。消極的で精神分析的な黙想によって助長された強迫観念的な反芻のかわりに，彼女は能動的でマルチモダルな介入がもたらすより健全な機能を高めていくだろう。

将来の方向性

　誰に聞いても，心理療法の統合の1つあるいはそれ以上の諸法は21世紀の心理療法の時代思潮を表していると言うだろう。この章の最初のほうでわれわれが見てきたように，過去20年間に統合の動きの出現を促進してきた力の潮流は，これからも理論間の協同と統合的治療に巨大な圧力を加え続けるだろう。マネジドケアの医療費補償の制限と根拠にもとづいた実践の要求――メンタルヘルス活動の財源に関してこれまででもっとも急進的な変化をもたらしたことが十分論証可能である――は，短期的で統合的，そして処方箋的な実践を好むだろう。

　理論的統合主義者と技法折衷主義者とではどのように今後の統合が進むのかという点で，意見が異なる。理論的統合主義者は理論統合の方向がますます整理され，認知科学と神経科学からの知見の組み込みが多くなることを予測している（Goldfried & Castonguay, 1992）。われわれは，また統合的アプローチを創り出す際，実証的知見の信頼性に配慮し続け，単独のオリエンテーションで心理療法を行っている人々への意識の向上も継続していくつもりである。多くの心理療法家はそれぞれの理論的アイデンティティを持ち続けるだろうが，それぞれのパラダイムの限界を認め，他の方法を試してみるだろう。このようにして"事実上の統合主義者"となる（Goldfried & Castonguay, 1992, p.8）。

　技法折衷主義者は，理論的統合が将来完全に限界を迎え，そしてえり抜きの治療法を特定の臨床障害に適用することが標準的な実践になると予見している。ラザルスは多くの折衷派の目的を繰り返し叫びながら，"心理療法の統合"という用語や専門領域が意味をなくし，もはや必要のないものとなることを願っている（in Norcross & Goldfried, 2006）。

心理療法家にとって不可欠な知識が集まり，それらが同一のものと考えられるようになった時，理論が張り合いあっているひまなど無いはずだ。根拠にもとづいた心理療法の技法はすべてのきちんとした学校で教えられるだろうし，その成果が知られている治療法は多くの障害へと，これまでと同様，実施されることだろう。心理療法は臨床的診断を受けた患者だけでなく，診断を受けていない患者の持つ治療抵抗のレベルや変化のプロセス，状況的文脈という変数にますます合うものとなるだろう（Lazarus et al., 1992）。

　他に考えられる方向性としては，意図的に治療関係をそれぞれのクライエントに応じて作り変える試みがある。まったく同じ治療関係のスタンスをすべてのクライエントに提供する代わりに，折衷派のセラピストは親切にも特定の人や問題に合う形でそれらを作りかえることだろう。技法に関する用語"治療選択"の概念と平行しているが，その問題を概念化する1つの方法は，対人関係の行動の用語で，治療的な**関係性の選択**（relationship of choice）の自由だ（Norcross, 2002）。このことは，単なる技法の選択という折衷主義に向けられた歴史的な言外の意味以上に，個に応じた関係性のスタンスへと，折衷主義の範囲を広げることになる。

　統合療法が成熟したとき，それは例外なく制度化され，もともと意図された開かれたシステムではなく，もう1つ別の張り合っている療法の学派としてやがて現実的なものとなるだろう。統合療法が，1つの側面としての無計画な混合主義におちいる危険と，他方のイデオロギー的な制度化の危機との間をうまく航海することができるかどうかによって，今後大いに，心理療法に対して永続的に貢献するかどうかが決まるだろう。

重要用語

行為と洞察　action and insight
忠誠効果　allegiance effect
真のカメレオン　authentic chameleon
BASIC I.D.
変化のプロセス　change process
共通要因　common factors
循環的精神力動　cyclical psychodynamics
ドードー鳥の評決　Dodo bird verdict
力動的脱感作　dynamic desensitization
心理療法で提供される外在化　externalization in the service of therapy
精神力動的-行動的統合療法　integrative psychodynamic-behavior therapy
様式のプロフィール　modality profile
マルチモダル療法　multimodal therapy
オッカムの剃刀　Occam's razor
処方箋マッチング　prescriptive matching

プロクルステスの寝台　Procrustean bed
心理療法の統合　psychotherapy integration
関係性の選択　relationship of choice
スキーマ　schema
構造的プロフィール　structural profiles
混合主義　syncretism
系統的脱感作　systematic desensitization
系統的治療選択　systematic treatment selection
技法折衷主義　technical eclecticism
理論的統合　theoretical integration
セラピストの効果　therapist effects
治療選択　treatment of choice
悪循環　vicious cycles
精神病理学のぼんやりした大げさな見方　wooly mammoth view of pathology

推薦図書

Beutler, L. E., & Harwood, T. M. (2000). *Prescriptive psychotherapy: A Practical guide to systematic treatment selection*. New York: Oxford University Press.

Goldfried, M. R. (1995). *From cognitive-behavior therapy to psychotherapy integration*. New York: Springer.

Hubble, M, A., Duncan, B. L., & Miller, S. D. (Eds). (1999). *The heart and soul of change*. Washington, DC: American Psychological Association.

Lazarus, A. A. (1989). *The practice of multimodal therapy* (rev. ed.). Baltimore: Johns Hopkins University Press.［高石昇監訳（1999）マルチモード・アプローチ．二瓶社．］

Lazarus, A. A. (1997). *Brief but comprehensive psychotherapy: The multimodal way*. New York: Springer.

Norcross, J. C., & Goldfried, M. R. (Eds). (2005). *Handbook of psychotherapy integration* (2nd ed.). New York: Oxford University Press.

Wachtel, P. L. (1977). *Psychoanalysis and behavior therapy: Toward an integration*. New York: Basic

Wachtel, P. L. (1997). *Psychoanalysis, behavior therapy, and the relational world*. Washington, DC: American Psychological Association.［杉原保史訳（1997）心理療法の統合を求めて：精神分析・行動療法・家族療法．金剛出版．］

Wampold, B. E. (2001). *The great psychotherapy debate: Models, methods, and findings*. Mahwah, NJ: Erlbaum.

JOURNALS: *Evidence-Based Mental Health; Online Journal of Multimodal & Rational-Emotive Behaviour Therapy; Integrative Psychiatry; Journal of Psychotherapy Integration*.

推薦ウェブサイト

Institute for the Study of Therapeutic Change (Miller & Duncan):
www.talkingcure.com/
Lazarus Institute: **www.thelazarusinstitute.com**
Society for the Exploration of Psychotherapy Integration (SEPI):
www.cyberpsych.org/sepi/

16 比較による結論
多理論統合療法に向けて

　多理論統合モデルは，代表的な心理療法システムのそれぞれが持つ優れた技法を統合しようとする比較による分析から生まれた。これまでの章で見てきたように，個々の心理療法のシステムは，人間理解についての素晴らしい見識を示している。

　その中心となる仮定を認めれば，各システムのそれぞれに，人間の機能と機能障害を理解するための確固たる有用な枠組みがあることがわかる。いずれのシステムも，非常に啓発的であり，その理論や技法に対する強い探究心を促してくれる。それぞれのシステムを，治療困難なC夫人の同一症例に適用することで，各心理療法のシステムが問題を抱えたクライエントに対して行う説明と治療がどれほど異なるものか，そしてまた，納得のいくものであるのかが示唆される。システムはいずれも，統合的なモデルでは有用と目される実際的な洞察を提供している。

　しかし，心理療法システムには，短所もある。システムのほとんどは，実証にもとづいているというよりも，きわめて思弁的である。心理療法に対するクライエントの反応を予測したり，十分に統制した研究デザインのもとで，心理療法によりクライエントが変わることを検討したりしているシステムは1つもない。認知療法や行動療法，システム療法などの優れた治療効果を手にした時でさえ，それらの主張が研究者の信奉するプラセボ的な効果により引き出されていることがすぐにわかる。システムの多くは，変化のプロセス（**どう変えるか**）ではなくて，パーソナリティ理論や精神病理（**何を変えるか**）に焦点を当てている。また，当然のことながら，マルチモダル療法と折衷主義療法以外の心理療法のシステムには，個々の深い洞察と技法の有用性（有効性）に関して，より包括的に行動変化のモデルとして統合するための枠組みがない。

　その結果，自分が目指すセラピストのタイプと自分が相談したいと考えるセラピストのタイプとのどちらを選択するかという板挟みに悩まされる。このような混沌に陥らないま

でも，さまざまな領域で，今後どのような枠組みを築けるだろうか。

まず現時点では，実証的研究にもとづいて心理療法を構造化したり，統合したりすることが完全にはできない。治療の有用性に関して，心理療法の市場を独占できる心理療法システムは1つもない。本書を通して見てきたように，これまで主流とされてきた心理療法同士，その成績の違いはわずかである。ロンドン（London, 1988, p.7）の言葉を借りれば，「メタ分析による研究はすべての治療に慈悲を示し，いずれにも悪意を示さない」。また，理論的対立に関するきわめて論理的な分析であっても，決定的な答えを出せずにいる。現在の臨床的知識の状況では，心理療法のシステムを構造化したり，統合したりする方法は，われわれ自身の知性と倫理的発達の程度に依拠していると言えよう。

本章では，統合的理論の知性面と倫理面における発達を理解するために，2つのモデルを初めに紹介する。続いて，多理論統合モデルの中心要素——変化のプロセス，ステージ，レベルについて概説し，本書で取り上げた心理療法のシステムにそれらを適用する。また，多理論統合的な関係性と多理論統合療法の有用性，多理論統合的なアプローチに対する批判について述べる。最後に，C夫人に対する多理論統合的な分析を行い，その治療成績を報告する。

発達的観点

ペリーのモデル

多元的な性質を持つ所与の知識が与えられた時，人は自分の認知的な発達レベルにもとづいて，そのステージ固有の特定のやり方で知識を構造化しようとする。多様な心理療法理論を統合する際でも，われわれは個人的な見解でそれらの作業を行ってしまうのかどうか，ウィリアム・ペリー（William Perry, 1970）の知性・倫理に関する発達モデルで検証しよう。

大学生の発達に関する縦断研究にもとづいて，ペリー（Perry, 1970）は知性・倫理に関する発達の認知ステージ理論を提唱した。彼は，知識の性質に対する思考様式が質的に異なる9つのステージを特定した。ペリーが特定したステージは，基本的に段階を追って移行する。ここでは，学生が知識を処理する際に，それらを構造化する時に関係する知性・倫理に関する次の4つのステージに焦点を当てる。

　　　二元論的→多元論的→相対論的→自己関与的ステージ

二元論者　二元論的ステージでは，正しい／間違い，真実／誤り，良い／悪いというように世界を二極化してとらえる。二元論的な学生がもっとも期待するのは，どの心理療法のシステムがいちばん正しいのかを，専門家としての著者らが，この章で明らかにすることである。二元論的な学生は自らを，真実を入手することを渇望する存在と見なしてい

る。

　二元論的なセラピストはまた，自分が真実を明らかにできると信じている。二元論者は，特定の療法システムが正しく，それ以外のすべては間違っていると考える熱狂的な信者ともいえる。正しい心理療法のシステムを先験的に前提とするため，データにはほとんど関心を示さず，言明されたものだけをデータとして受け取る。

　どの心理療法のシステムにおいても二元論的な心理療法家は存在する。熱狂的な精神分析家，行動療法家，人間性心理学者などは，それらの心理療法が有するシステムの構造の結果としてではなく，彼らの知性面の構造のレベルを反映したものといえる。

　多元論者　　学生の知識処理のステージが上がるにつれて，心理療法のような領域では，多様性や不確実性が存在することを受け入れ始める。彼らにとって，多様性は当初，能力の低い専門家によってもたらされた無用な混乱とみなされる。このような学生からは，「心理療法家が何をやっているのか，自分たちにはよくわからない」という意見が出される。やがて，知識の発達過程では，そのような認識は一時的なもので，多様性と不確実性が正しいと見なせるようになる。多元論的なセラピストは，将来的にはいつか，いずれかの心理療法の理論が正しいと証明されるに違いないと考えている。多元論者はその意味で，ある特定の心理療法にエネルギーを注ぎ込むことが，将来やがて，その療法が正しかったと証明される時に報われると信じる真の賭け手ともいえる。

　相対論者　　知性発達ステージでいえば，相対論的ステージに属する学生は，知識を，真実や絶対的な正当性といった概念から切り離して考える。多様性と不確実性は決して一時的なものではなく，知識の本質は文脈に依存し，相対的であると見なす。心理療法の真実についていえば，妥当な選択肢が複数あり，多元的に存在していると考える。この意味で，相対論者は真の折衷主義者である。

　心理療法のシステムの妥当性は，問題によって相対的に変化する。ある折衷主義者は，心理療法の形式が患者の障害と症状によって異なってくると考える。つまり，うつ病や過食症などの症状に応じて，最適な治療を選択しようとする。別のセラピストは，心理療法のシステムの有用性は患者のパーソナリティによって相対的に決まると考える。その一方で，どんな療法の価値もセラピストのパーソナリティによって相対的に決まると仮定するセラピストもいる。相対論的な立場をとるセラピストの治療法の選択システムは，自分自身のパーソナリティにどれがいちばん適っているかで決められる。別の折衷主義者は，最適な治療法がクライエントの価値観と関連していると考え，心理療法をそれらの価値観と目標にあわせる。

　折衷主義者は，もし知識の相対論的な本質を考えるならば，どれか1つの心理療法がもっとも良い，またはもっとも正しいと認められないとする。成長途上のセラピストにとって，この**相対主義**（relativism）は戸惑いの原因となる。善悪や正誤の既成の指針がなくなり，混沌とした心理療法の世界に迷い，孤立した異邦人になる不安にかられる。そのようなセラピストは，あいまいさに対する耐性が低いとふつう評価される。しかしより正確

に言えば，相対性に対する耐性が低いと言うべきであろう。このような実存的な苦悩と疎外感は，安定感をもたらす**二元論**（dualism）的もしくは**多元論**（multiplism）的ステージへの後戻りのきっかけとなる。

　折衷主義の相対主義は，尊敬に値する１つの学究的な立場ではあるが，セラピストは学者にとどまらず実践家でもあり，それが問題となる。疾患やパーソナリティ，価値観に見合った心理療法を適切に処方することは，心理療法の中でももっとも重要な課題となる。しかし，支援を必要とする患者を目の前にした時，相対論的なセラピストはどうするのだろうか。どの療法がどのタイプの問題や患者にもっともよく効くかといった証拠がつねに得られているわけではない。もちろん，恐れの対象が明確な恐怖症に対する行動療法とか，夫婦間の対立に対するシステム療法，それほど重篤でないうつ病に対する認知療法や対人関係療法のように，最適な治療法が確立されているものもある（Lambert, 1992）。しかし，現在のところ，折衷主義的なアプローチは臨床的経験にもとづいて行われており（その多くはたぶん事実であろうが，まったくの愚行もある），検討の余地が多い。

　心理療法の領域において，知識のビッグバンがもし起こったなら，セラピストのうちのどれほどの人が，心理療法にとって役に立つとされる理論と技法のすべてを自分が習得できると考えるだろうか。知性面での相対主義のステージに達したセラピストの多くは，個人的な関わりを通して理解した相対的世界の中で，自分を方向づける必要があることに気づくようになる。

　自己関与的なセラピスト　　倫理面を重視する心理療法家では，あらゆる状況で的確な根拠もなしに自分が治療を試みていること，そして，その間，知性の統合性を維持しなければならないという板挟みに悩む。もし実証的根拠がいつも確実ではないことや，心理療法の実践に関する合意がほとんどないことに気づけば，セラピストは自らの倫理的立場にもとづいて，自分が価値を認める理論体系に自由に専念できる。倫理面を重視するセラピストが，「これこそが，真実を見てみたいという人間性への接近であり，だから自分をそこに関与させているのだ」と肯定できれば，知性の領域から行動の領域へと進めるだろう。倫理面に関与することは，あるアプローチを習得し，それに修正を加え，評価するための情熱をもたらす。

　倫理面を重視するセラピストは，独断的な絶対主義者ではない。自己関与は相対主義に端を発しており，別の心理療法のシステムでも，クライエントが異なれば，同様に正しいかもしれないという認識に根差した謙虚さを伴っている。セラピストは，クライエントに改善が見られない時や，自分が重視する心理療法にクライエントが乗り気でない場合には，他の療法を進んで用いる用意がある。逆に，二元論的なセラピストでは，真実とか正義，絶対的に良いことといった名のもとで，クライエントを転向させようとするだろう。

　自己関与的なセラピストは，現在の知性の発達レベルでは，自分が出す答えよりも疑問を共有することのほうが大事であると悟った専門家同士で集団を組織する。すなわち，彼らは主として，心理療法における最善の方法は何か，クライエントや仲間や学生に提供できるもっとも有用なモデルは何か，クライエントがよりよい人生を実現するためには，ど

のように援助できるか，といった問題に携わっている。知性の相対論者として，こうした問題に対するわれわれの完璧な答えが何もないことを知っている。われわれはまた，セラピストの仲間が別の選択肢で問題解決に邁進していることを評価できる。

ウェルナーのモデル

　ウェルナー（Werner）の生体-発達理論（1948; Werner & Kaplan, 1963）もまた，セラピストの成熟した統合的姿勢の発達を概念化する上で，示唆に富んでいる（Kaplan et al., 1983; Rebecca, Hefner, & Oleshansky, 1976）。新しい情報を学習する際，最初の3つの発達段階では，人は個々の構成要素を明確に区別することなく，包括的に全体を知覚ないし経験する。第1段階では，すべての心理療法のシステムが無批判に"療法"という包括的カテゴリーに分類される。事情に精通していない一般の人とか，訓練を受けていない学生などが，多分このカテゴリーに入るだろう。

　第2段階では，全体を構成する要素をより正確に，そしてかつ明確に理解するとともに，全体を要素へと分化して，認知したり経験したりするようになる。心理療法のシステム同士の比較を細かく行ったり，正確な対比をしたりすることが高く評価される。けれども，全体的な視野が持てなくなり，結果として全体像を失う。たくさんの心理療法のコース，教科書，正式な教育を受けた実践家がこのカテゴリーに当てはまる。

　第3段階では，分化された構成要素がより高いレベルの全体へと組織され統合される。ここでは，心理療法の一体性と複雑性が認識される。学派間の重要な相違点と本質的な類似点のいずれもが認められるようになる。

多理論統合モデル

　多理論統合モデルは，ウェルナーが言うところの活動の一体性と複雑性をよく考慮した高次の心理療法の理論を目指す点で，折衷主義の相対主義を凌ごうとしている。多理論統合的なセラピストは，倫理的かかわりよりも認識論的かかわりに重きをおく。それは，現行の相対論は，これまでの心理療法の境界を越える概念の発見と構築によって超越されうるという信念にもとづいている。したがって，多理論統合的な心理療法家は，倫理的かつ認識論的かかわりの枠組みのもとで活動する相対論者ともいえる。

　われわれは統合的精神に則り，主要な理論の中心的要素を取り入れた心理療法と行動変化のモデルの構築に着手した。その意味で，**多理論統合的**（transtheoretical）という言葉はこれに由来する。このモデルはいくつもの基準にもとづいている。第一に，本書を通じて強調してきたように，洗練された統合では，心理療法システムの基本的な多様性および本質的な一体性の双方が尊重される。主要な心理療法システムの有用かつ独自の貢献が失われないようにしなくてはならない。というのも，すべてのシステムを最小共通項に分解すると，その豊かさや汎用性が損なわれてしまうからである。第二に，基本的な変数は

測定可能で妥当性が立証されていなければならないという点において，モデルは経験論を強調する。もし新しいモデルを検証しなかったり，既存のモデルよりも説得力がなかったりしたなら，わざわざ新しいモデルを作り出す意味はない。第三に，われわれは障害を抱えるほとんどの人が専門家の助けを求めないことから（Veroff, Douvan, & Kulka, 1981a, 1981b），人が心理療法によってどのように変化するのかと同様に，療法を受けることなく人がどのように変わるのかについても説明できるモデルを模索した。第四に，モデルは精神的および身体的な健康問題を含む人間の多様な問題によく当てはまらなくてはならない。最後に，多理論統合モデルは，セラピストをしてシステムのたんなる借用者ではなく，革新者たらんとなるよう勇気づける。

われわれが目指す統合モデルは，実践のための指針となる構造や比較による分析のための主要な原則を提供すると同時に，セラピストによる心理療法の選択を促し，新しい心理療法のシステムや研究の結果を取り入ることに柔軟でなければならない。

変化のプロセス

多理論統合モデルは，変化のプロセス，ステージ，レベルという3つの主要な原則にもとづいている。それぞれについて，順に説明する。

第一の原則は**変化のプロセス**（processes of change）である。変化のプロセスとは，問題や生活パターンと関連する特定の感情，思考，行動ならびに関係性を変えようとして人が行う内在的および顕在的活動である。変化のプロセスはもともと，本書の主要な心理療法のシステムの比較分析（Prochaska, 1979）から理論的に導き出された法則である。その後，専門的な治療の有無にかかわらず，人が依存行動をどのように変化させるのかに関する実証的な研究結果にもとづいて修正された（DiClemente & Prochaska, 1982; Prochaska & DiClemente, 1983）。

次の10の変化のプロセスが，これまでに，もっともよく実証的に支持されている。

- 意識化（Consciousness raising）
- カタルシス／劇的解放（Catharsis／Dramatic relief）
- 自己の再評価（Self-reevaluation）
- 環境の再評価（Environmental reevaluation）
- 自己の解放（Self-liberation）
- 社会的解放（Social liberation）
- 拮抗条件づけ（Counterconditioning）
- 刺激コントロール（刺激制御）（Stimulus control）
- 随伴性マネジメント（Contingency management）
- 援助関係（Helping relationship）

本書では，主要な心理療法のシステムを比較することで，心理療法のシステム同士が問題を変化させるために用いるプロセスよりも，変化すべき内容において，大きく異なることを示す。すなわち，心理療法のシステムは何を変えるかは異なるものの，どう変えるかについては一致しているように思われる。内容の相違は，治療努力の本質を構成する変化のプロセスの多様性ではなくて，パーソナリティ理論の多様性にもとづいている。

　心理療法のシステムがそれぞれ主張する変化のプロセスは，治療内容に注意が払われる以上に，1つにまとまる。表16-1は，主要な心理療法のシステムがどの変化のプロセスに当てはまるのかを表している。

　表16-1から明らかなように，もっとも当てはまるものが多い変化のプロセスは意識化である。意識の拡大を行動変化の中心的な課題とする心理療法は，他の変化のプロセスの2倍も多い。この表は，理論家にとって，それまで気づかなかった情報に気づく手助けとなるように，どの治療法がもっとも効果的なのかを詳細に検討する必要が少なからずあることを示唆する。

　表16-1に示す多理論統合的分析は，心理療法のシステムが変えるべき内容（何を）については一致を見なくても，変化を生み出すプロセス（どのように）については，いかに一致しているかを示している。すなわち，治療目標は方向性の違いによって異なるが，用いられる介入法はそれほど異ならない（Beutler, 1983）。したがって，治療対象となる問題と心理療法の有効性に関する根拠が一致した場合に限り，推奨すべき治療としての同意が得られるだろう。

　特定の対象物に対する恐怖症の心理療法を例にして，考えてみる。精神内界の達人であるフロイト（Freud, 1919）は，もし精神分析家が患者に自分自身を恐怖刺激に暴露するよう積極的に仕向けたとしたら，"恐怖症のかなりの緩和"が生じるだろうと強調した。これは，恐怖症的行動の暴露による緩和と反応妨害が著効を示すという確立された今日的見解を，ずっと昔に指摘したものである（第8章を参照）。これまでの根拠によれば，恐れている物への暴露により，恐怖症的な不安と回避を軽減する必要があると言われており，いろいろな方法を駆使したこの種のアプローチが最適な治療法と考えられている（Barlow & Beck, 1984; Barlow & Wolfe, 1981）。フロイトは，恐怖症的行動を軽減させるプロセスをよく理解していたが，精神分析が扱うべき内容——治療目標——は，無意識を意識化させることにあると確信していた（Norcross, 1991）。

　表16-1はまた，それぞれの心理療法のシステムが非特異的な要因の影響を強く受けて，変化を生み出していることを示している。変化の10%から40%ほどは，期待感やプラセボによるものと考えられる（第1章とLambert, 2004を参照）。プラセボ群で生じる変化のプロセスは，クライエントが変わることを選んだことに由来しているとわれわれは推測している。プラセボ・セッションへの継続的な参加によって確認されるように，クライエントは変わることを強く決意している。プラセボ・セッションでは，クライエントが自分の治療公約を発表するために一般公開フォーラムを開いている。これは，一般に，プライベートな決意よりも公約が果たされやすいためである。

　この観点から考えると，人は各自の個人的な問題を解決するのに，いったいどの変化の

表16-1　心理療法の本質と考えられる変化のプロセスに基づいた心理療法のシステムの要約

意識化

1. フィードバック

　精神分析
　精神分析的療法
　精神力動療法
　アドラー派療法
　実存療法
　ロゴセラピー
　現実療法
　パーソンセンタード療法
　動機づけ面接
　ゲシュタルト療法
　論理情動行動療法（REBT）
　認知療法
　交流分析
　コミュニケーション／戦略派療法
　構成主義的療法
　ボーエン派療法
　解決志向療法
　ナラティヴ療法

2. 教育

　精神分析
　アドラー派療法
　ロゴセラピー
　交流分析
　論理情動行動療法（REBT）
　認知療法
　行動療法
　ボーエン派療法
　フェミニスト療法
　多文化間療法
　マルチモダル療法

カタルシス

1. 修正感情体験

　精神分析的療法
　パーソンセンタード療法
　ゲシュタルト療法
　対人関係療法
　インプローシヴ療法
　サティア派家族療法
　多文化間療法

2. 感情体験

　ゲシュタルト療法

条件刺激

1. 拮抗条件づけ

　行動療法
　論理情動行動療法（REBT）
　認知療法
　EMDR療法
　暴露療法（エクスポージャー）
　マルチモダル療法
　解決志向療法

2. 刺激コントロール

　対人関係療法
　行動療法
　マルチモダル療法

随伴性マネジメント

1. 再評価

　アドラー派療法
　論理情動行動療法（REBT）
　認知療法
　EMDR療法
　マルチモダル療法

2. 随伴性マネジメント

　論理情動行動療法（REBT）
　行動療法
　マルチモダル療法

選択

1. 自己の解放

　アドラー派療法
　実存療法
　ロゴセラピー
　現実療法
　動機づけ面接
　交流分析
　行動療法
　コミュニケーション／戦略派療法
　ボーエン派療法
　フェミニスト療法
　多文化間療法
　マルチモダル療法
　解決志向療法
　ナラティヴ療法

2. 社会的解放

　アドラー派療法
　構成主義的療法
　フェミニスト療法
　多文化間療法

治療関係

　精神分析的療法
　アドラー派療法
　実存療法
　パーソンセンタード療法
　動機づけ面接
　ゲシュタルト療法
　コミュニケーション療法
　構成主義的療法
　フェミニスト療法
　多文化間療法

プロセスを使うのか，ということが重大な問題となる。セラピストは，専門家の助力なしにクライエントが心理的問題を解決できないといった傲慢な考え方をしてはならない。われわれの研究プログラムの1つでは，自力で自分の行動を変えることに成功した人々につ

いて研究した。自力で行動を変えることができた人と心理療法によって変わった人について比較する研究が，多理論統合モデルを発展させる上で，いかに有用なデータと概念を提供してきたかが容易に理解されるだろう。

　実際，われわれの研究は，人が普段の生活の中で，問題を克服するために，たくさんのいろいろな変化のプロセスを用いていることを明らかにした（Prochaska et al., 1995）。けれども，ほとんどの心理療法のシステムは，変化のプロセスをあまり重視しない。セラピストは最低でも，クライエントと同程度には認知的に複雑であるべきだ，というのが多理論統合モデルの主張の1つである。セラピストは，問題を全体的に一連のプロセスという観点から眺めるとともに，また，適切な時に個々の変化のプロセスを用いるといったテクニックが求められる。

変化のステージ

　変化のプロセスを上手に用いるためには，それを経て人々が進歩した変化のステージの理解が必要となる。行動変化のステージは，われわれが経験的に発見した行動変化に関する第二の次元である。

　自力での行動変化や心理療法の過程で，人がどれくらいひんぱんに変化のプロセスを用いたかを調べようとした時，彼らは，それは変化のプロセスのどの時点について話しているのかによる，と言い続けた。彼らは時期が違えば，別の変化のプロセスを用いていた。すなわち，われわれの対象となった心理療法を受けている患者と自力で行動変化したボランティアは，われわれが今日，**変化のステージ**（stages of change）と称する現象を，彼ら自身の言葉で説明していたことになる。どの代表的な心理療法のシステムでも，これまでは変化のステージを明らかにしていない。これら変化のステージの発見は，統合的な伝統による，きわめてユニークな貢献ともいえる。

　ステージは，変化のサイクルにおける個人の準備状態，すなわちそのステージに特有な態度と意思，行動を表している。ステージの考え方は，行動変化は時間をかけて進展する現象という経時的な法則を反映する。各ステージは期間だけではなく，次のステージへ移行するのに必須とされる課題も表している。個人がそれぞれのステージで費やす時間は異なるが，達成すべき課題は同じである。

　行動変化は，**前熟考期**（precontemplation），**熟考期**（contemplation），**準備期**（preparation），**実行期**（action），**維持期**（maintenance）という5つの連続したステージを移行する。もし最初にうまく変化が起きなければ，前のステージに戻って，もう一度やり直すことになる。変化が完成し，それが定着するようになれば，終結である。以下に，各ステージの説明と，次のステージに進むために達成すべき課題について説明する。

前熟考期

このステージに当てはまる人は，行動を当面変えようという意思をまったく持っていない。前熟考期の人の多くは，自分の問題に気づいていない。G・K・チェスタトン（G.K. Chesterton）がかつて述べたように，「彼らは解決法がわからないのではなく，問題がわからないのだ」。しかしながら，家族や友人，近所の人，同僚は，前熟考者には問題があることをよくわかっている。前熟考者が心理療法を受けに来る場合，他者からのプレッシャーによって，そうしていることが多い。彼らはたいてい，別れると脅かした配偶者や解雇すると脅す雇用主，縁を切ると迫る両親や罰則を下した判事から変化を強要されていると感じている。彼らはプレッシャーがかけられている間は，行動変化するかもしれない。しかし，いったんプレッシャーがなくなれば，すぐ自分の以前の習慣に戻ってしまうことになるだろう。

前熟考者が変化を希望するとしても，それはここ当分の変化を意図したもので，真剣に変化を考慮したものとはかなり異なる。変化のステージ尺度において，前熟考期を見きわめるための項目は，「自分には，変えるべき問題は1つもない」と「自分は，欠点はあるかもしれないが，本当に変える必要のあるようなことは何もない」である（McConnaughy, Prochaska, & Velicer, 1983）。問題を見つめることへの抵抗が，前熟考期の顕著な特徴といえる。

前熟考者は，さしあたって行動を変化しようとは考えていないため，変化のプロセス活動にはほとんどかかわっていない。彼らが先へ進むためには，問題を認識したり，あるいは問題を"共有"し，その問題のマイナス面への気づきを増し，セルフコントロールの力を正しく評価することである。

熟考期

このステージの人は，問題があることに気づいており，問題を克服しようと真剣に考えているが，まだ行動に移すと決意するまでになっていない。これらの人々は，行動変化のステージを測定する尺度には，「自分は問題を抱えており，その問題をどうにかしなくてはと真剣に考えている」や「自分の何かを変えたいと考えている」といった項目に同意する。問題解決に向けた熟慮が熟考期の中核となっている。

熟考期の本質は，ベンジャミン（Benjamin, 1987）が紹介する例に見て取れる。ある晩，帰路の途中，見知らぬ人が彼に近づいてきて，道を尋ねた。ベンジャミンは，その人に道を教え，具体的にその行き方を示した。尋ねた人は，行き方をすぐに理解し，納得した後，反対方向へと歩き出した。ベンジャミンが「方向が違っていますよ」と言うと，その人は「ええ，わかっています。でも，そちらに行くための用意がまだなのです」と返事した。自分の行きたい所がどこかわかっているのに，まだそこへ行く準備はできていない，これが熟考期である。

長い間，熟考期に陥ったままになる人もいる。われわれは，自力による行動変化の研究

の1つで，200人の熟考者のグループを2年間追跡した。まる2年間一度も特筆すべき行動をとることなくずっと熟考期に留まっているというのが，このグループの回答としてもっとも多かった（Prochaska & DiClemente, 1984; DiClemente & Prochaska, 1985）。

　熟考者はその時，選択肢を模索している。行動変化のサイクルの中で前進するには，慢性的熟考とよばれる何年にもわたる強迫的な反芻の罠を避け，行動を起こそうとする強い決心である。このような試し的なスモールステップの行動実践，"ほんの小さなステップ"が彼らを次のステージに導く。

準備期

　準備期では，行動の意図と行動の基準が組み合わせられる。このステージに属する人は，すぐに行動を起こそうとしており，タバコの本数を5本減らしたり，その日の最初の1本目のタバコを30分遅らせて吸ったりと，前熟考者や熟考者とは異なるわずかな行動の変化を報告している（DiClemente et al., 1991）。自分の問題行動を少しずつ減らしてきてはいるものの，準備期の人々は，禁煙，問題飲酒やヘロイン使用からの離脱といった効果的な行動の基準には，まだ至っていない。しかしながら，近々，そうした基準を満たす効果的な行動を起こそうとしている。行動の変化ステージ尺度では，熟考期と実行期の高い得点がこれに該当する。

　重大な行動を起こしかけている誰もがそうであるように，準備期の人には，目標と優先順位の設定が必要となる。さらに彼らは，自分が選択する特定の行動計画に専念する必要がある。自主的に自己規制を増やし始めているので，行動変化のための変化のプロセスにすでに取り組んでいる。

実行期

　このステージに当てはまる人は，自分の問題克服のために行動と経験，また環境を変えようとしている。実行期では，行動の変化がもっとも明確に起こるが，そのためにはたくさんの時間とエネルギーが必要となる。実行期に認められる問題改善は，外部からもっともわかりやすく，目立つものである。専門家も含め，周囲の人は，これらの行動をしばしば変化と見誤ってしまう。その結果，変化を続ける人にとって必須の，後戻りに備えた行動の準備や行動の変化の後に，それを維持するために重要で必要な努力を見落としてしまう。

　問題行動を1日〜6か月の間，首尾よく修正している場合，実行期に分類される。首尾よく問題行動を修正するとは，たとえば，節制ができている場合のように，特定の評価基準に達していることを意味する。たとえば，喫煙の場合，喫煙の回数を半分に減らすとかタールやニコチンの含有率が低いタバコに代えるなどは，行動変化の手助けとなる変化ではあるが，望ましい行動の評価基準を満たすものではない。行動の変化ステージ測定のための尺度では，実行期の人は，「自分は，変わるために本当にがんばっている」や「変化

について話すことは誰でもできるが，自分は実際に行動変化を実行している」といった項目に回答する。行動に関する尺度得点が高く，それ以外の変化のプロセスに該当する尺度得点は低い。評価基準に見合うように目標とする行動を変化させようとして，変わるために非常な努力をしているのが，実行期の顕著な特徴となる。

　実行期の人は，習慣的な行動パターンをやめて，もっと生産的な行動パターンを起こすために，行動志向的な変化のプロセスでは主要とされる拮抗条件づけ，刺激コントロール（刺激制御），随伴性マネジメントといったスキルを利用する。認知的（節制を守れそうにない見通し），行動的（明らかに適切でない決定をする），感情的（ストレスや抑うつの悪化）あるいは環境的（強化子や配偶者からの支援のなさ）なものであるかにかかわらず，行動を継続できなくする可能性のある落とし穴に気づくようになる。このようにして，逸脱やあやまちによって完全な逆戻りに発展しないための有効なやり方を身につけていく。

維持期

　このステージでは，人は逆戻りを防ぎ，実行期に獲得した行動変化を強固なものにする。従来，維持期は変化のないステージと考えられてきた。しかしながら，維持期は行動の変化が起こっていないのではなく，行動変化を維持する期間である。慢性的な問題を抱えている場合，このステージは，最初に行動が始まってから6か月から無限の期間にわたる。行動のいくつかでは，維持期は生涯続くと考えられている。

　慢性的に6か月以上，問題を抱えていない状態にあることや，問題行動に代わる新しい望ましい行動を続けていることなどが，維持期の評価基準となる。ステージを測定する尺度では，維持期の項目として，「自分には，これまで成功してきた変化を維持するために，今，後押しが必要となる」や，「自分の問題の逆戻りを防ぐために，私は今ここにある」などがある。行動変化を安定させて，そこからの逆戻りを避けるのが，維持期の最大の特徴となる。

繰り返し

　よく知られているように，行動変化を実行する人のほとんどが，最初の一度だけでは，成果の維持に失敗する。たとえば，新年の誓いによって問題を解決した人の多くが，少なくとも6か月以上その行動目標を達成できるようになるまでには，5年以上も連続して毎年誓いを立てていたことが報告されている（Norcross & Vangarelli, 1989）。ステージ間の**逆戻り**（relapse）や**繰り返し**（recycling）は，行動の変化の際によく起こる。

　心理療法は，短期的には概して効果的であるが，逆戻り（再発）は依存症や重度の精神障害でもっとも一般的に長期的治療の結果として生じる。アルコール依存者，ヘロイン中毒者，習慣的喫煙者の治療結果をレビューした古典的な論文では，これら依存物質の種類が違っても，逆戻り曲線は，驚くほど類似したパターンを示した。治療完了の3か月以内に，全患者の3分の2が逆戻りし，その逆戻りのほとんどは，治療終結後1か月以内に起

こっていた (Hunt, Barnett, & Branch, 1971)。これまでの治療的アプローチは，行動変化に焦点を当てるだけで，そのような変化を長期に維持させることに注目していないためである。これが治療を終結した患者が逆戻りして，再治療に戻ってくるという"堂々めぐり"，すなわち繰り返しの原因である (Roberts & Marlatt, 1998)。

　逆戻り予防（relapse prevention: RP）は，繰り返しを避け，維持期が続けられるように企図したセルフマネジメント訓練である (Marlatt & Gordon, 1985)。スキル訓練を基礎として，RP はクライエントに以下のことを教える。

- プロセスの1つとして，逆戻りを理解する
- 逆戻りをする危険度の高い状況を知る
- 依存行動を取りたくなった時や，その衝動に対処するやり方を習得する
- マイナスの結果を最小限に抑え，経験から学ぶことによって，逆戻りが生じた時の悪影響を少なくする
- ほどよさを心がけた，バランスのよいライフスタイルを形成する (Roberts & Marlatt, 1998)

　逆戻り予防に関する研究により，良い結果が増えていることにも言及しておく。9,504名の患者を対象とした26の逆戻り予防研究の効果を評価するメタ分析を行った (Irvin et al., 1999)。その結果，逆戻り予防は概して効果的であった。無治療比較群より確実に有効で，アルコール性および各種薬物依存性疾患では特に効果的であった。

　逆戻りや繰り返しは，行動変化における例外ではなく，行動変化の法則であることに気づいたことにより，従来のステージモデルを修正する必要に迫られた。当初，われわれは変化がステージに沿って直線的に進行するものとして，概念化していた。すなわち，人は

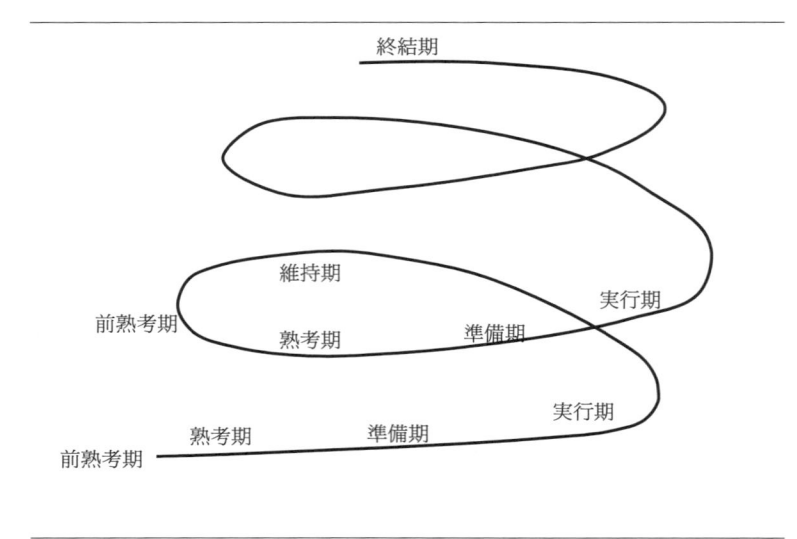

図16-1　行動変化の螺旋パターン

それぞれの段階を1つ1つたんに進んでいくものと考えていた。しかしながら，直線的な進歩は依存症などの慢性疾患ではありうるかもしれないが，比較的稀有な現象である。

図16-1は，実際どのように人は変化のステージを進んでいくのかを模式的に示した螺旋パターンである。この螺旋パターンでは，前熟考期から熟考期，準備期，実行期，維持期へと進めるが，多くの人は逆戻りする。逆戻りによって，以前のステージに逆行する。逆戻りした人の中には，自分を失敗者のように感じて，ばつの悪さや恥ずかしさ，やましさを感じる人もいる。こうした人々は，意気消沈し，行動変化について考えることに抵抗を示すようになる。その結果，彼らは前熟考期へと戻り，長くそこに留まりかねない。逆戻りした人の約15％が前熟考期に舞い戻る（Prochaska & DiClemente, 1984）。

幸いなことに，この研究では，逆戻りした人の大部分——たとえば自力によって行動を変化できた人の85％が，熟考期や準備期にまた戻れたこともわかっている。そのような人は，最近の失敗から何かしらの努力を学ぼうとするとともに，次に取るべき行動についての計画を考え始める。螺旋パターンは，逆戻りする人のほとんどが際限なく堂々めぐりをするわけではないことや，最初の行動変化のステージまで逆行するわけでもないことを明らかにしている。それどころか，逆戻りした人はステージを繰り返すたびに，自分の間違いからいろいろ学ぶ可能性を広げて，次には何か違うことを試みるようなこともできるようになる。

終結期

問題の終結は，問題行動に戻る誘惑を経験しなくなり，逆戻りを予防する努力をしなくてもよくなった時に起こる。治療の終結と問題の終結は同じではない。心理療法はしばしば深刻な問題が完全に終結する前に終わってしまう。その結果，多くの臨床上対象となる疾患で，以前の進歩から逆戻りしてしまうかもしれないと感じた時によく，患者が支援セッションを受けに戻ってくると予測できる。また，ほとんどの問題が終結に至る以前に治療が終わってしまうため，クライエントは心理療法の終結について不安がったり，悩んだりしがちである。

ステージの異なるクライエント

専門的な援助を求めている人は誰でも，同じ行動変化のステージにあって，われわれのもとを訪れてくるわけではない。2つの外来クリニックと1つの大きなアルコール依存症治療センターにおいて，治療プログラムに参加した患者が示した変化のステージ尺度得点のプロフィールは，多様であった（DiClemente & Hughes, 1990; McConnaughy et al., 1989）。スクリーニングの基準や治療プログラムの特定の要求は，援助を求めてくる人のステージの分布人数に影響を及ぼしうる。しかし，スクリーニングの基準として，変化のステージを前もって査定しておかない限り，同じステージにいる相手に同じプログラムを1つだけ提供できる可能性は低くなる。ほとんどの実践家や治療プログラムでは，患者は

想像以上に治療に対して，変化へのレディネスがさまざま異なった集団であることはよく知られている。

患者の治療前の変化のステージは，予後の重要な決定因となる。心理療法の開始時のクライエントの変化のステージが低く，終結期から遠いほど，より速く前進すると予想される。カップル治療のように，2人以上のクライエントが共に取り組む心理療法の場合，それぞれのクライエントが同じ変化のステージにあれば，セラピーは順調に進むと期待できる。パートナーの片方は行動変化の準備ができているのに，もう1人が変化の意味がわからず，変化することを深く考えていない場合，治療は難しい。セラピストは，パートナーの片方からは進むのが遅すぎるとクレームをつけられ，もう一方からは進むのが速すぎると抵抗されるという難しい立場に立たされる。

家族療法では，家族の誰かが違う行動変化のステージにいることは，ほとんど自明である。たぶんこのことが，抵抗の源泉としてのホメオスタシスがシステム論的観点の鍵となっている1つの理由である。家族全員をほぼ同時期に，同じ変化のステージに引き上げるのは，簡単なことではない。

ステージ理論についての代表的な研究

文字どおり，何百ものこれまでの研究で，変化のステージ尺度が用いられてきた。ここでは，変化のステージの臨床的妥当性と予測的妥当性に関する若干の代表的な研究結果を概説する。

介入後，クライエントがどれくらい進歩するかは，彼らの介入前の変化のステージによる（たとえば，Prochaska & DiClemente,1992a; Prochaska et al., 1992）。これは，リハビリテーションプログラムに参加する脳障害患者（Lam et al., 1988），抗不安薬による薬物療法を受けているパニック障害患者（Beitman et al., 1994），カウンセリングを受けている心疾患者（Ockene et al., 1992），地域の禁煙プログラムに参加登録しているメキシコ系アメリカ人（Gottlieb et al., 1990）で確認されている。この強力なステージの効果は介入直後だけでなく，12か月後，18か月後でもあてはまる（Prochaska et al., 1993）。

ある研究で，われわれは570人の喫煙者を家庭で行う4つの異なる治療にランダムに割付け，18か月以上禁煙できている人の割合を調べた。成功の程度は，治療前のステージと直接関連していた（Prochaska & DiClemente, 1992a）。この知見より，喫煙者全体をまるで同一であるかのように扱って治療することに問題があることが明らかであるが，われわれはこれまで多くの治療プログラムで，これを当たり前に行ってきた。

もし，クライエントが治療の最初の1か月に1つのステージから次へと進むことができたら，治療プログラムの最初の6か月の間に，行動の変化を起こすチャンスが倍になる。1か月後のフォローアップでも，まだ前熟考期にあった前熟考者は，6か月後までに3％しか行動変化ができなかった。これに対して，1か月後に熟考期へと進めた患者の7％は，6か月後までに行動を起こした。同様に，1か月後もまだ熟考期であった熟考者では，6か月後までに20％しか行動を起こせなかった。1か月後に準備期へと進めた熟考者の41％

は，6か月後までにタバコをやめようとした。このようなデータは，1か月で1つのステージを進むように援助することを目的としてデザインされた治療プログラムでも，参加者が近い将来，自ら行動を起こすチャンスを倍にできるということを示している（Prochaska & DiClemente, 1992a）。

誰が心理療法に留まるかを予測する，変化のステージの別な研究（Brogan et al., 1999）がある。臨床家は，かねてから約40％の患者が心理療法を治療終了前に中断してしまうことに気づいてきたが，こうした脱落者の特徴は正確にはわかっていなかった。心理療法の時期尚早な終結は，これまで治療効果のもっともよい予測因子とされてきた基本特性などのクライエントの特徴や，期間や強度といった問題の特徴に関する変数を用いて予測されてきたが，こうした変数では治療からの脱落を予測することはできなかった。変化のステージと変化のプロセスを用いると，心理療法の継続者や早期治療の適切な終結者ではない，時期尚早な終結者の93％が正しく特定できた。セラピーから脱落した40％のステージプロフィールは前熟考者のものであった。素早く適切に治療終結した20％のステージプロフィールは，実行期の人のものであった。心理療法を継続した者のステージプロフィールは，熟考者のものと類似していた。

個人の変化のステージは，その当人に見合った最適な心理療法についての処方と禁忌の情報を提供する。行動志向的な心理療法は，準備期と実行期の人にかなり効果的である。けれども，その同じプログラムは，前熟考期や熟考期の人には有効でないか弊害となる。

心疾患患者を対象とした，実行期と維持期に焦点を合わせた集中的な禁煙プログラムは，行動を起こしている患者や行動の準備ができている患者では，とてもうまくいった。しかし，その同じプログラムは，前熟考期と熟考期の喫煙者には失敗した（Ockene, Ockene, & Kristellar, 1988）。この特別なケアプログラムに参加した患者は，入院に続いて，病院での個人カウンセリングと月1回の電話カウンセリングを6か月間受けた。実行期あるいは準備期でプログラムを開始した患者のうち，94％もの人が6か月後のフォローアップ時，喫煙していなかった。この割合は，同じステージの患者が標準的な禁煙ケアを受けた場合の禁煙率の66％よりも有意に高かった。しかしながら，特別な治療プログラムは，前熟考期と熟考期の患者に対しては，有意な効果がなかった。これらのステージの患者に対しては，標準的なケアのほうが同程度もしくはより良かった。

受けた治療とは関係なく，治療前のステージと結果との間に明確な関係があった。12か月後に喫煙していなかった患者は，研究開始時に前熟考者であった人の22％，熟考者では43％，実行期と準備期にいた人では76％であった。

ステージとプロセスの統合

われわれの研究から得られたもっとも有力な調査結果の1つは，特定の変化のプロセスが特定の変化のステージにおいて，より効果を有することである。行動医学や心理療法のここ25年間の研究は，変化のステージが違うと，変化のプロセスの有効性が異なってくるという知見に収束されつつある。変化のステージとプロセスの関連性を検討した47の横断

表16-2　各行動変化のプロセスが強調される変化のステージ

変化のステージ				
前熟考期	熟考期	準備期	実行期	維持期
意識化				
	劇的解放			
	環境の再評価			
	自己の再評価			
		自己の解放		
			随伴性マネジメント	
			拮抗条件づけ	
			刺激コントロール	

研究をメタ分析した最近の研究では（Rosen, 2000），大きい効果量（$d=0.70$ と 0.80）が得られている。

　変化のステージと変化のプロセスとの統合は，セラピストにとって重要な指針として役立つだろう。クライエントの変化のステージがわかれば，セラピストはクライエントが次のステージに進むために，どの変化のプロセスを用いればよいか，援助の仕方がわかる。変化のプロセスを場当たり的に，あるいは試行錯誤的に適用するのではなくて，より系統的かつ効率的に応用できる。

　表16-2は，変化のステージと変化のプロセスの統合を示している（Prochaska, Norcross, & DiClemente, 1995）。言い換えれば，表は5つの変化のステージにおいて，もっともひんぱんに用いられる変化のプロセスを表している。次に，この統合がどのように系統的に心理療法の実践を方向づけられるのか説明する。

　前熟考期は他のステージの人に比べ，変化のプロセスの利用がきわめて低い。前熟考者は自分の問題についての情報に乏しく，またその処理量も少ない。自分自身を見つめ直すといった自己の再評価に費やす時間とエネルギーが少なく，自分の問題のマイナス面に対して感情的な反応をあまり経験しない。自分の問題を周囲の重要な他者にあまり率直に話さず，自分の問題を克服するために外部に注意を向けたり，環境を見直したりすることを，ほとんどしないことがわかっている。治療場面では，こうしたクライエントには抵抗的とか防衛的などのレッテルが貼られる。

　何が，前熟考期から熟考期に進むために役立つのだろうか。表16-2は，いくつかの変化のプロセスが有効であることを示している。第一に，観察，直面化，解釈などの**意識化**（consciousness raising）を図る介入が，クライエントに自分の問題の原因，結果および解決策に気づかせる上で，役立つ。熟考期へ移行するためには，クライエントは自分の行動のマイナスの影響をもっと知る必要がある。クライエント自身が，まず自分が防衛的になっていることにもっと気づかせないといけない。セラピストのこのような働きかけを通じて，クライエントは自分が何に対して防衛的になっているのか，意識化できるようになる。第二に，**劇的解放**（dramatic relief）（またはカタルシス）のプロセスは，ゲシュタルト療法のエンプティ・チェア技法で用いられるような感情体験をクライエントにもたらす。こうした体験は，問題行動と関連する感情の解消につながる。友人や恋人の病気，死

などのライフイベントもまた，抱えている問題と関連している場合は特に，前熟考者を感情的に動かせる。

熟考期のクライエントは，観察，直面化，解釈などの意識化テクニックをもっとも受け入れる。熟考者は，読書療法やその他の教育的介入を多用したがる傾向にある。クライエントが自分自身と自分の問題の性質をより知るようになるにつれ，感情的にも認知的にも自分をより柔軟に再評価できるようになる。**自己の再評価**（self-reevaluation）のプロセスは，クライエントがどんな価値観を示しているのか，どんな価値観にもとづいて行動しているのか，どんな価値観を実現しようとしているのか，どんな価値観を捨てようとしているのか，などについての評価である。抱えている問題が，彼らの基本的価値観に関連していればいるほど，その再評価は自己意識の変化と結びつく。熟考者はまた，**環境の再評価**（emvironmental reevaluation）も用いる。すなわち，彼らは自分の行動が環境，とりわけ自分がもっとも気にかけている人に与える影響に思いをめぐらす。

前熟考期から熟考期への移行と熟考期の中での進歩は，認知的，感情的ならびに評価的な変化のプロセスを利用するようになることと関連がある。個人を，より望ましい行動に動機づけるためには，彼らが自分の問題についてどう考え，どう感じ，自分の不健康的なライフスタイルをどう評価しているのか，行動変化のためにはそれらの見直しが必要となる。

準備期は，近い将来における行動変化に向けての用意と，これまでの変化の試みを通じて得てきた貴重な教訓を活かそうとしている。準備期にある人は，今すぐにでも行動を起こそうとしている。そこで，それに応じた目標と優先事項を設定する必要がある。どのように行動変化を進めていくかといった行動の計画を立てることが役立つ。また，準備期では，自分が選択した行動を最後までやり続けることを固く決意する必要がある。実際，彼らは自己調整を始め，行動の変化をすでに起こしていることが多い（DiClemente et al., 1991）。

行動の変化は，スモールステップでふつう始まる。問題行動の減弱のために，拮抗条件づけや刺激コントロールなどの変化のプロセスが用いられる。拮抗条件づけは，あるストレスフルな場面で，タバコを吸う代わりにリラックスすることを学ぶといった具合に，通常なら問題が引き起こされる状況においても，健康的な代替手段でしのぐ方法である。刺激コントロールは，仕事の後，酒を飲みにバーに立ち寄らないようにするなど，問題を引き起こす可能性のある状況やきっかけとなる刺激の有無を管理する方法である。依存症のクライエントであれば，依存物質の使用開始時間を毎日少しずつ遅らせたり，依存物質に頼る場面の数をコントロールしたりするかもしれない。

実行期に向かう時，クライエントが**自己の解放**（self-liberation）にもとづいて行動することが大事である。彼らは，自分の生活を変える鍵が自律性であること，その力を自分が有していると感じる必要がある。同じく，強制力も自律性と同じくらい自分の生活の一部になっていることを認める必要がある。自己の解放は，困難な状況に直面した時に，そこを切り抜けるためには，自分自身の努力が重要な役割を果たすという信念，すなわち**自己効力感**（self-efficacy）（Bandura, 1977, 1982）と一部関連している。

しかし実行期は，感情的，認知的な基盤以上のものが必要となる。逆戻りを強いるような状況に対応するためには，クライエントは**拮抗条件づけ**（counterconditioning）や**随伴性マネジメント**（contingency management），**刺激コントロール**（stimulus control）などの行動面のプロセスにも長けておくことが求められる。セラピストは，必要であれば，クライエントが実際に行動を起こそうとする時にうまくやれる可能性を増すために，行動面の変化のプロセスの訓練をすることも大切である。

　行動の変化がうまくいっている維持期では，それまでのプロセスを活かし，逆戻りが生じやすい場面をしっかり知っておく必要がある。クライエントは，自滅的な防衛や病的な反応を用いずに，そのようなプレッシャーのかかる場面に対処するために，自分が行える建設的な代替手段をアセスメントする。もっとも重要なことは，自分が望むような自分になりつつあるという感覚である。拮抗条件づけや随伴性マネジメント，刺激コントロールを継続的に利用して，行動の変化を維持することが，自分自身のみならず自分の大切な人にとっても大切であり，そのことを高く評価してもらえているという確信がある場合に，もっとも効果的となる。

　要約すれば，効果的な行動変化は，正しい時（ステージ）に，理に適ったこと（プロセス）を行うことで生じやすくなることが明らかとなった。この結論について，よく起こりやすい2つの誤りがわかった。第一に，クライエント（とセラピスト）の中には，実行期に移行する時，熟考期におもに用いられる意識化や自己の再評価といった変化のプロセスを利用する人がいる。伝統的な精神分析に対して，洞察だけでは行動の変化は起こらないという批判があるように，問題を深く認識するだけで，行動を変化させようとする誤りである。第二に，クライエント（とセラピスト）の中には，熟考期と前熟考期に必要とされる気づきや意思決定，動機づけへの準備もなしに，実行期で多く用いられる随伴性マネジメントや刺激コントロール，拮抗条件づけなどの変化のプロセスを利用してしまう人もいる。洞察を伴わない行動は一時的な変化しか生まない（Prochaska, et al., 1992）という行動主義に対してよく言われる極端な批判のように，彼らは意識化することなく行動を変化させようとする。

　心理療法のシステムの違いによって，変化のプロセスの強調の仕方も異なる。しかし，変化のステージの中に変化のプロセスを取り入れて考えれば，表面的には相反するプロセスであっても，補完的なものに変わる。具体的に言えば，経験的ならびに認知的，精神分析的な説得に関連するこれまでの変化のプロセスは，前熟考期と熟考期においてもっとも効果的である。これに対し，これまで実存療法や行動療法で用いられてきた変化のプロセスは，実行期と維持期でもっとも効果を発揮できる。

　多理論統合の主要な構成概念である変化のステージとプロセスの統合は，これまでの研究により支持されてきている。時期尚早な治療の終結と治療結果の予測を検討した縦断研究によって，これらの構成概念の妥当性が確認されている。ステージに合わせた介入の有効性は，治療結果研究の比較から立証されている。どの変化のステージに属していても，すべての個人のニーズに見合った介入法を開発することの意義は，地域住民を対象とした研究から支持されている（Prochaska & Norcross, 2002; Prochaska et al, 1995のレビュ

―を参照）。

変化のレベル

　ここまでの分析では，単独できっちり範囲の定まった問題に限定して議論しているように思われるだろう。誰もが知っているように，現実への適応は簡単ではないし，人間の行動もそれほど単純ではない。われわれは，障害や症状を個別に切り離して個々に把握できるが，それらの障害と症状は人間の複雑な機能が相互に関連しあった種々のレベルで起こっている。多理論統合的なアプローチは，第三の主要な要因として，この問題を取り上げている。

　変化のレベル（levels of change）は，心理療法で扱われることの多い5つのレベルにおける心理的問題の階層的関係を表している。5つのレベルは，それぞれの特徴を有しているが，相互に関連している。それらのレベルは，以下のとおりである。

1．症状／状況的な問題
2．不適切な認知
3．現在の対人間葛藤
4．家族／システム内葛藤
5．個人内葛藤

　心理療法のシステムは，従来，心理的問題を主として1つないし2つのレベルにおける問題として，介入の焦点をそれらの限られたレベルに合わせていた。行動療法のセラピストは症状と状況因子にのみ，認知療法のセラピストは不適切な認知にのみ，家族療法のセラピストは家族／システムにおける問題のレベルに，精神分析的なセラピストは個人内葛藤に焦点を合わせて，治療を行ってきた。障害の改善に取り組むにあたり，問題がどのレベルに由来して起こっているのか，そして，クライエントとセラピストが互いにどのレベルを優先して治療の対象にするのか合意する時が，治療の重要なポイントになる。

　心理療法にとって，重要なレベルとは何か。それを決めるのは，セラピストが拠り所にするパーソナリティ理論と精神病理理論，そして問題に関してクライエントが納得できる理論である。多理論統合療法は，統合的なモデルの1つとして，それぞれのレベルを扱うことの有効性を高く評価している。たとえ，クライエントの症状が同じであっても，レベルにおける重要性はさまざま異なる。

　たとえば，膣けいれん（ペニスが挿入される際の膣周囲の筋の不随意的な収縮を主徴とする性的障害）の3症例を考えてみる。症例Aは，症状／状況的レベルにのみ焦点を当て，性的関係を持つカップルの状況因子を変えただけで回復した。症例Bは，回復が困難な事例で，膣けいれんの一因となった現在の人間関係の問題に関係するコミュニケーションとコントロールに明らかに問題を抱えていた。症例Cは，失敗例であるが，その若いクライ

エントの女性はいまだに自分の性行為が母親の規範の管理下にあると感じており，家族／システム内葛藤と密接に関係した問題であった。

　セラピストは，これら5つの異なる変化のレベルをどのように系統的に取り扱えるのだろうか。多理論統合モデルでは，まず症状／状況的レベルからの介入を優先する。というのは，変化がより早く起こりやすいのは，問題がより意識化されていて，時間的に現在と近いレベルで問題が起こった場合である。レベルがこれよりも深くなるにつれて，問題の原因は意識の深い部分，そして現在からより遠ざかったところへと隠れていく。すなわち"より深い"レベルでは，障害の原因となった無意識的な人生初期の葛藤が関与している。したがって，変化を深いレベルで起こす必要があればあるほど，心理療法はより長期に及ぶとともに，より複雑になると予測される。

　さらに，問題の原因が過去に遡れば遡るほど，それを変えることの抵抗は大きい。抵抗が強くなる理由の1つは，浅いレベルに問題の原因を求めた場合と比較して，深いレベルに原因を求めると，当人の自尊心がより脅かされるためである。たとえば，腟けいれんが父親の象徴に対する敵意と去勢願望が原因だと考えることは，性交痛の予期が恐怖と腟周囲筋の不随意収縮を誘発すると考えるよりも，クライエントには脅威となる。多理論統合モデルの治療指針の1つは，問題の原因として，もっともらしい理由がつけられ，しかも当人の脅威とならないものを取り上げることである。というのも，心理療法の処方それ自体がクライエントにダメージとなるかもしれないからである。

　重要なことは，変化のレベルが，それぞれ別個に独立したものでもなく，個別にあるものでもないということである。それどころか，ある1つのレベルの変化が他のレベルの変化をも生み出す。症状は，個人内葛藤と関連していても，不適切な認知が家族／システムの信念とルールを反映して起こっていることがしばしばある。多理論統合的なアプローチでは，心理査定や標準的基準によって得られた根拠にもとづいて，いちばん上のもっとも現在に近いレベルからセラピーを始めるが，セラピストはどの変化のレベルからでも介入できる用意をしておく。

統合化

　要約すると，多理論統合モデルでは，心理療法のシステムの統合を，問題の所在のレベルにもとづいて，クライエントの変化のステージをアセスメントし，そのステージに即した変化のプロセスを適用する。表現を代えて平易に言えば，何（レベル）を，いつ（ステージ），どのように（プロセス）して，クライエントの問題に対処するかという基本的な治療構造が確認できる。

　変化のレベルとステージ，プロセスとを統合することによって，治療内容を広範囲に，そして階層的，かつ効果的に介入できるモデルが誕生した。表16-3は，変化のレベル，ステージ，プロセスを統合した概略を示している。

　複数の変化のレベルに介入するには，3つの方略が利用できる。第一は，**レベルのシフ**

表16-3　多理論統合モデルにおける心理療法のシステムの統合

レベル	行動変化のステージ				
	前熟考期	熟考期	準備期	実行期	維持期
症状／状況		動機づけ面接		行動療法 EMDR および暴露	
不適切な認知			アドラー派療法	論理情動行動療法 認知療法	
対人間葛藤		サリバン派療法	交流分析	対人関係療法（IPT）	
家族システム／葛藤		戦略派療法	ボーエン派療法	構成主義的療法	
個人内葛藤		精神分析的療法	実存療法	ゲシュタルト療法	

ト（shifting levels）である。心理療法ではふつう，最初にクライエントの症状とその症状を支えている状況に焦点を当てる。もし，最初のレベルで変化のプロセスが功を奏して，クライエントの変化のステージが進めば，より深いレベルの分析にシフトすることなくセラピーを終結できる。もし，症状のみへの介入では効果が十分でないならば，症状の原因となっている不適切な認知に焦点を当てた治療に移行する。変化のステージを1段階ずつ上がることを目標に，認知面の変化を促す変化のプロセスが適用される。認知的なレベルでの変化が進まなければ，現在の対人葛藤の問題にセラピーはシフトする。変化のステージを1つずつ進んでいくことを目標に，変化のプロセスは対人レベルに適用される。ステージの進歩やレベルのシフトは，クライエントが十分に改善したり，もっとも深く，もっとも意識化しにくく，もっとも抵抗を示す個人内葛藤が分析されるまで，同一のパターンで引き続く。

　第二の方略は，キーとなる**重要なレベル**（key levels）に焦点を合わせることである。クライエントの問題の原因について，臨床家の間で一致が得られるわかりやすい症例もある。問題と重要なレベルとの因果関係の根拠が明確であれば，セラピストはまずこのレベルの介入から始めるだろう。こうした症例は，臨床データを定式化することは比較的簡単であるが，それがかならずしも治療しやすいという意味ではない。

　第三の選択肢は，**最大インパクト**（maximum impact）方略である。治療が容易でない症例の場合，クライエントのいろいろなレベルにおける要因が，問題の原因と結果，維持要因として関連している。インパクトを最大にするためには，すべての変化のレベルにクライエントを関与させる介入を企図する。これは，変化介入の相乗効果を生み出す。最大インパクト方略については，C夫人の多理論統合的分析において後述する。

　心理療法の期間は，セッション間で，クライエントが問題に対してどれくらい一生懸命がんばって取り組んだかということに加えて，変化のステージと変化のレベルによっても異なる。行動を起こす準備ができた状態で治療を受けるクライエントであれば，通常6～12セッションの短期で，セラピーは功を奏する。クライエントが変化に対して防衛的なほど，治療前にうまくいった経験が少ないほど，心理療法の過程は長びく傾向にあり，通

常6〜24か月を要する。

　したがって，状況レベルと認知レベルに問題があるクライエントでは，通常，比較的短期間の治療でセラピーは終結する。源家族の機能不全や個人内の病原的履歴などの背景に深く根ざした障害を抱えたクライエントの心理療法は，通常より長期のものとなる。現在の対人間関係に起因する問題の場合，それより中程度の期間，平均して約12か月である。原因が複数のレベルにわたっている問題も，一般的により長期の治療を必要とする。

　願わくは，心理療法の研究によって，あるレベルへの介入が，ある障害で悩む，あるタイプのクライエントに，もっとも有効であることを予測できるところまで進むことを期待する。すでに，ある対象に対して恐怖を示すクライエントの約半数が，その恐怖症の状況的な要因を修正することによって症状の改善が起こることが研究で示されている。しかしながら，状況レベルの介入において脱落したりセラピーを中断したりする，残りの半数の恐怖症患者への対応については，なんら手だてが示唆されていない（Barlow & Wolfe, 1981）。特定の疾患に対する治療的介入の手がかりを明示する確固たる研究がなされるまで，多理論統合モデルは，いろいろなクライエントに対して，効率よくかつ有効な治療指針を提供できると考える。

　理論的補完性（theoretical complementarity）は，代表的な心理療法のシステムを統合化するための鍵である。表16-3は，多理論統合モデルの統合的枠組みの中に，主要な心理療法のシステムがどこにもっともよく当てはまるかを表している。一般的に，精神分析的療法や体験療法は，行動変化のステージ初期の前熟考期と熟考期で効果を発揮する。実存療法と認知療法，対人関係療法は，準備期と実行期によく適合する。これに対し，行動療法と暴露療法は，実行期と維持期でもっとも効果を発揮する。おのおのの心理療法のシステムの理論的な考え方は，行動変化の"全体像"の中で，それぞれ一定の独自の位置を占めている。

　セラピストが対象目標とするレベルとステージによって，個々の心理療法のシステムの有効性は最大に発揮されたり，そうでなかったりするだろう。たとえば，行動療法と暴露療法は，行動する準備ができているクライエントを対象にして，彼らの症状／状況的レベルの問題を取り扱う時に，効果的である。不適切な認知レベルで問題を扱う場合には，エリス（Ellis）の論理情動行動療法とベック（Beck）の認知療法が，準備期と実行期のクライエントの治療にもっとも適応できる。

　表16-3に欠けている重要な心理療法は，ロジャーズのパーソンセンタード療法である。彼のシステムは，変化の重要なプロセスとして，治療的関係が重要であることを明確に示しており，実証的で説得力がある。治療的協力関係を築く上で，パーソンセンタード技法にのみ頼っているわけではないが，われわれの援助的関係に関する考え方と研究はパーソンセンタード療法的な観点に大いに影響を受けている。したがって，ロジャーズの心理療法のシステムは，多理論統合アプローチの中で，変化のレベルの全体と密接に関わる。

　これまでの心理療法研究のほとんどが，特定の障害に対するある1つのセラピーが他のセラピーよりも，どれほど効果的であるかを明らかにすることに専念してきた。このような競馬レースのような論争は，多くの束縛を生む残念な結果に終わってきた（Luborsky,

Singer, & Luborsky, 1975; Smith, Glass, & Miller, 1980; Stiles, Shapiro, & Elliot, 1986; Wampold, 2001)。約50年近い研究の結果，われわれは，どのタイプの治療がどのタイプの問題を有し，どのタイプのクライエントにもっとも適応的なのかについて，部分的に特定できているにすぎない。

多理論統合モデルは，クライエントの変化のステージと変化のレベルを適合させるという独自の治療的適合性の方法を提供している。もし問題を抱えたクライエントにあって，障害に対して示す行動へのレディネスが各人異なっていれば，治療に際して，どの程度の行動変化を初めにクライエントに求めるかは異なってくるだろう。行動変化を専門とするセラピストは，行動志向的な介入を立案する能力にかけては長けて，いろいろ工夫をこらしてきたが，こうした行動志向的介入では，どんな時でも行動の準備ができているほんの一握りのクライエントにしか適さないだろう。

クライエントとセラピストがそれぞれ異なるステージに取り組むのは，クライエントからの抵抗にあう原因となる。もし，セラピストが行動志向的介入を用いて，前熟考期のクライエントに心理療法を行ったら，クライエントが行動変化の必要性に納得していない場合，クライエントはセラピストに対して，無理やり自分の行動を変えさせようとしている親のように，無神経で威圧的なセラピストと感じるだろう。反対に，クライエントは行動を起こす準備ができているのに，セラピストはもっぱらクライエントの意識化と自己の再評価に頼っている場合，クライエントは治療の進行がゆっくりすぎると感じ，一方，セラピストの側では，クライエントが行動化しているとみなすかもしれない。

同様に，迅速な状況的変化が自分の症状を改善すると信じているクライエントは，自分の幼児期をもっと自覚するために多くの時間を割くことに抵抗を示しやすい。脱感作などの状況に焦点を当てた技法を駆使するセラピストは，自分の恐怖症はずっと深いレベルに根ざしていると信じており，それを理解したいと望んでいるクライエントからの抵抗にあうかもしれない。われわれの大学院生から系統的脱感作を用いて社会恐怖の治療を受けていたクライエントは，「あなたが用いているセラピーは，まるでアスピリンでがんを治療しようとしているようなものに私には思える」と不満をこぼした。

もし心理療法家が，変化のレベルのある1つだけに力を発揮できるのであれば，そのレベルに適合するクライエントだけを治療対象にするという贅沢をしたほうがよいだろう。クライエントがセラピストを選ぶ際，クライエントはそれとなく，自分の問題にもっとも関連していると思われるレベルを扱うセラピストを求める傾向にある。これが，行動療法家を好むクライエントもいれば，精神分析療法家を求めるクライエントもおり，また，対人関係療法家や家族療法家を求めるクライエントもいることの主たる理由となっている。多理論統合的な心理療法家は，クライエントが抱えるさまざまな問題に対応できるように訓練を受けなければならない。つまり，クライエントの問題のそれぞれのレベルに見合った理論と技法について，適切な訓練が必要となる。現時点でまだ明確になっていないことは，どのような訓練をしたら，クライエントの各レベルの行動変化を促進するために適切なのか，その訓練プログラムである。

クライエントの変化のステージと変化のレベルによく精通した心理療法家は，治療プロ

セスが無理なくスムーズに進むのを経験することだろう。もちろん，クライエントが1つのステージにはまり込んでしまうことはありうるが，少なくともセラピストがその停滞の一因ではないことを自覚している。

　その例として，つぎのようなことがあげられる。熟考期に陥ってしまうクライエントの多くは，行動を起こす代わりに，内省的に自分の問題をとらえる傾向がある。このようなクライエントは，意識化や自己の再評価といった洞察志向のプロセスを好むセラピストと相性がよい。しかし，クライエントが自分の問題をもっとずっと深い内面的なレベルで扱うようにし向けることは**医原性の**（iatrogenic）問題を招く可能性がある。換言すれば，セラピー自体が，"慢性的な熟考者"であるというクライエントの問題を増大させてしまう悪い結果につながる。クライエントは，いつかは行動を起こさなければならない。しかし，行動志向的なプロセスを効果的に用いることの訓練を持たない心理療法家は，慢性的に問題を反芻する熟考者が行動を回避するのと同様に，クライエントに行動変化を起こすことを躊躇するかもしれない。クライエントは，何年にもわたってパーソナリティのもっとも深いレベルにおりて，自分の過去をたどる長い旅の後，風刺で知られる「ニューヨーカー」誌の表紙のキャラクターのように大声で叫ぶかもしれない。「助けて！心理療法に監禁されている！」と。

多理論統合的関係

　一般的に，多理論統合的な心理療法家は，変化をうながす専門家とみなされている。すべての答えを有しているわけではないが，行動変化にかかわる変化の重要な側面を知っており，その点で，他の心理療法のシステムのセラピスト以上に，支援を提供できる。クライエントが持つ自己変革の大きな潜在力は，行動変化を起こすためにうまく活用できる。クライエントは，変化に伴う負担の多くを自分で担わねばならないので，問題の概念的な説明や，今いるステージから次のステージへと進むために，自分をどのようにし向けたらよいのか，その方法をセラピストに求めているからである（Prochaska & DiClemente, 1992b）。

　双方向的な取り組みのすべてがそうであるように，ものごとを成し遂げるためには信頼関係を築くことが不可欠となる。多理論統合的な心理療法家は，クライエントに共感的で，協調的に反応する。しかし，治療における支援と関係性のタイプは患者の変化のステージに合わせて適宜調整する。

　クライエントの行動変化のステージに応じて示すセラピストの適切な態度は，以下のように特徴づけられている。前熟考者に対しては，多くの場合，養育的な親のような役割をとる。これは，もっと自立したいと願っていながら，それを忌避し，抵抗的で防衛的な若者に対して示すような態度である。熟考者に対しては，クライエントが自分の状況についての認識が得られるように励ますソクラテス式教師と同種の役割を担う。準備期のクライエントに対する態度は，むしろ，多くの難しい試合を経験し，すばらしい戦術を授けたり，

クライエント自身のプランを再検討させたりできる経験豊富なコーチに近いものである。実行期や維持期へ進んできているクライエントに対しては，セラピストの役割は，期待していたほど行動がうまく進まない時に専門的なアドバイスや支援を提供するコンサルタントとなる。長期的なセラピーが終結する時のアプローチのように，クライエントがより自律的になり，以前には支障をきたしていた問題から解放されて，自立した生活力が身につくと，多理論統合療法家への相談は減っていくことになる。

　これら一連のかかわり方は，いくつかの点で，子どもが発達段階に応じて成長していくにつれて，かかわり方を変えていく模範的な親が示す役割と共通する。この意味で，セラピストは，クライエントが自分の意思で行動を変化しようとステージを歩む時，クライエントに対して抱く逆転移を用いる。クライエントが，自分の人生と発達課題を達成できるようになるためには，セラピストはクライエントにとっての完璧なお手本になる必要はなく，親のように"ほどよい"ガイド役となればよい。

　目の前のケースに対して提供するセラピーの構造とかかわり方もまた，そのクライエントの変化のステージによって異なる。前熟考者は，何かを始めることや防衛をとくことにずっと多くの援助を必要とする。熟考者は，意識化や自己の再評価を行うのを好むので，通常，最小限のシステム内で，セッションの課題のほとんどを行うことができる。いったん行動を起こすことができれば，治療による指示をどの程度求めるかはクライエントによって異なる。行動変化を継続することに自信を無くしているクライエントはふつう，どうしたら次の行動を起こせるようになるのか，もっとうまくやれるのかについて，セラピストの指導に頼る。自分の状況と認知，対人間葛藤，家族／システム内葛藤や個人内葛藤を変えるために，変化の行動的プロセスを独創的に考え出すクライエントもいる。

多理論統合療法の有効性

　多理論統合モデル（TTM）は過去25年間，人が自力で，あるいは治療によってどのように問題に対処できるかに関する膨大なデータを生み出してきた。先に概説したように，望ましい変化量は，個人の治療前の変化のステージに依存する。これらの知見は，さまざまな行動的問題について，自発的に行動を変化できた場合のみならず，セラピーによって行動変化がなされた場合においても，繰り返し明らかにされている。

　これまで，最良の実践は，その**効果性**（efficacy），すなわち長期のフォローアップにおいて望ましい効果が認められた参加者の割合によって評価されてきた。たとえば，ある禁煙プログラムの長期禁煙率が30％であったとすれば，20％の禁煙効果しかなかったプログラムよりも，50％も効果があると判断されてきた。問題となる点は，そこでの禁煙プログラムへの参加率である。禁煙治療が無料で提供された時でさえ，そのプログラムへの参加率は1％以下であった（Prochaska, 1996）。そのようなプログラムは，タバコ依存を治すことに対するインパクトがほとんどないと言わざる得ないだろう。参加率の低さは，どの健康行動に対する変化のプログラムやメンタルヘルス関連行動への参加においても例外

ではなく，むしろきわめて一般的である（Prochaska & Norcross, 2002）。

インパクト（impact）は，参加率×効果性と定義づけられている。30％の禁煙率を生み出すことができた最高の実践プログラムへの参加率が5％であった場合，そのインパクトは1.5％となる。これに対して，20％の禁煙率であった別の実践プログラムの参加率が75％であった場合，そのインパクトは15％となる。禁煙成功率では効果の低い方法が，実際には地域住民に対して10倍ものインパクトを有している。つぎに，インパクトを増加させ，実践の成功率をさらに上げるようデザインされた多理論統合的な研究を概観する。

禁煙研究　われわれの最初の治療研究は，禁煙を対象とした。というのも，喫煙は生命を脅かす最たる行動であること，また，それまでの治療は，準備期の禁煙に対する動機づけの高い喫煙者のうちの一握りの20％を対象として，そのインパクトが検証されていたからである。禁煙を扱った4つの研究に共通していたのは，多理論統合理論の変数である変化のステージと変化のプロセスにそって治療を行った時，最高の実践結果が示されたことだった。コンピュータを介した禁煙治療では，コンピュータに電話による禁煙カウンセラーを加えて介入した時と，少なくとも同程度の効果が見られた（Prochaska et al, 1993, 2001）。また，コンピュータによる治療は，行動志向のセルフヘルプのプログラムやステージにもとづいたセルフヘルプのマニュアルよりも有意に効果的であった（Prochaska et al., 1993; Velicer et al., 1999）。これら多理論統合モデル（TTM）を用いた治療は，約24％という高い長期禁煙率をもたらした。これらの結果は，住民の80％以上が参加した時でも（Prochaska et al., 2001），喫煙者の80％以上が"動機づけの低い"（前熟考期や熟考期）対象であっても一貫して認められた。知る限り，これまでのどの禁煙療法のうちにあって，この実践法はいちばんのインパクトである。

英国では，妊娠中の喫煙者に対する助産師の治療にTTMにもとづくコンピュータ介入を組み合わせることが，推奨すべき実践介入となった（Haslam & Lawrence, 2004）。TTMにもとづく禁煙治療を加えたことにより，個人カウンセリングのみの禁煙治療と比較して，何倍ものインパクトが得られるようになった。

ストレスマネジメント　われわれは，ストレス症状に悩む地域住民に対して，ストレスマネジメントの行動変化のプログラムへの参加をよびかけ，そのうちのじつに70％以上もの参加者（N＝1,200）を積極的に集めることができた（Evers et al., 2006）。ストレスのレベルの高さからして，この集団の人びとがこの先2週間以内に，健康上もしくは精神保健上の治療を求めるかもしれないと予測できた。TTMプログラムは，参加者のストレスマネジメントの行動変化のステージに適合させたセルフヘルプマニュアルにもとづいて，双方向的に6か月にわたって，対象者個人と3回のフィードバックをするものであった。18か月後の追跡調査において，TTM群では，危険なストレス状態にあった対象者の60％以上が，実行期ならびに維持期まで，ストレスマネジメント行動変化のステージに到達することができた。これに対して，ストレスマネジメント行動の変化についての評価だけをした対照群では，目標とする行動変化のステージに移行できたのは，40％に過ぎなかった。

ストレスマネジメント行動変化の研究では，禁煙研究と比較すると，TTM 群は 6 か月後に早くも効果が見られ（参加者の約60%），この効果はその後12か月にわたり維持された。介入はまた，抑うつの有意な低下も生んだ。このプログラムは，SAMHSA (Substance Abuse and Mental Health Services Administration) から科学的根拠にもとづく優れた介入としての認定が得られている（プログラムのデモ版は，www.prochange.com/stressdemo で見ることができる）。

複数の行動変化　多理論統合モデル（TTM）にもとづく健康行動の変容に関する最近の一連の 4 つの研究では，複数の行動を同時に変化できるように，対象者の行動変化のステージに合わせたセルフヘルプマニュアルを作成し，それを適用することで最良の実践成果を得ている。これらの研究に共通していたのは，TTM 治療が複数の行動変化に対して，大きなインパクトをもたらした点である（Jones et al., 2003; Prochaska et al., 2005; Rossi et al.,2003）。たとえ複数の行動変化を取り上げても，喫煙のみを変化すべき行動として扱った時と同じように，24%の禁煙率を得ることができた。これらの知見は，複数の行動を治療目標としても，単一の行動変化を行った時に匹敵する治療効果が得られることを示唆しており，同時に複数の行動変化を試みたほうがインパクトはより大きいことを最初に明示した研究となった。望ましい食習慣や皮膚がんの予防など，変化の対象となったその他の健康行動についても，長期の追跡において，実行期と維持期に移行した対象者の割合が25〜40%とより効果的であった。

いじめと暴力　中高校生を対象として，いじめに関連する 3 つの役割（加害者，被害者，見て見ぬふりの傍観者）への関与を減少するためのプログラムを，TTM にもとづくインターネットで配信することを試みた。いじめは，児童期の児童と思春期の生徒にとって，毎日のメンタルヘルスに直結する最大の関心事ともいえる。

効果の検証は，米国内の12の中学校と13の高校で行った。中学生1,237名と高校生1,202名の多様なサンプルが，分析対象として得られた。中学校への介入研究では，介入群において，いじめの 3 つの役割がそれぞれ約30%減少したが，対照群では約19%の減少しかなかった（Evers et al., 2005）。高校の介入研究では，介入群では 3 つの役割がそれぞれ約40%減少したのに対し，対照群では約22%であった。これらのプログラムは，SAMHSA から科学的根拠にもとづく推奨すべき実践として認可されている。プログラムの提供が比較的簡便であるため，いじめ行動の変化のみを扱った場合と同様に，複数の行動変化における介入プログラムの要素としても適用可能である。

パートナーに暴力をふるう男性加害者向けに，TTM にもとづく治療が，週 1 回 6 か月の強制的集団治療という最良の実践に付け加えられた。参加者200名に介入を試みた時の 6 か月後の追跡調査では，TTM によるプログラムを加えた群の暴力は，集団療法のみを毎週受けた群よりも有意に減少した。ドメスティック・バイオレンスへの最良の実践とされる集団療法に TTM にもとづく介入プログラムを組み合わせると，過去 6 か月間に，加害男性のパートナーから暴力をふるわれた女性はわずか 3 %に減少したが，パートナー

が集団療法のみの場合は23%にのぼった（Levesque et al., 2002）。TTM治療を付加することで，6か月後に，暴力行動の変化に関して，実行期と維持期に進むことができた男性は2倍も増加した。とりわけ心強いことに，TTM治療を受けた加害者では，別の治療を自発的にさらに求めることが2倍以上も起こった。

多理論統合モデルの有効性を検証した対照研究において，クライエントの変化のステージに合わせた治療が，種々の障害に対して優れた治療成績を収めることが示されている。これらの研究により，自主的にメンタルヘルスのサービスを求める実行期に属する比較的少数の患者のみでなく，すべての行動変化のステージにいる人たちにも，TTMが大きなインパクトを及ぼすことがわかった。これに加えて，同時に複数の健康行動を効果的に変化させうるという点でも，費用対効果に優れた治療法と考えられる。

多理論統合療法に対する批判

精神分析的観点から

時に，多理論統合的な心理療法家は，行動志向的な認知療法と行動療法のウォーミングアップとして，精神分析と洞察療法の導入を考える傾向にある。そのようなセラピストでは，行動変化に熱心で実行期に向かうクライエントに対して，熟考期をたんなる通過点として扱うかもしれない。しかし，このような誤った位置づけの仕方は，クライエントのみならずセラピスト自身にも害を及ぼす。

心理療法は，養育的な対人間関係に根ざしており，ある意味で，クライエントの人生を変えるような強烈な経験ともなる。何年もの心理療法によって，われわれの存在そのものである性格を変えることが目的となることもある。ソクラテスが表現したように，"人生の吟味"という表現のほうが，たんに"熟考"と表現すること以上に，もっと適切かもしれない。

行動変化を中心的に取り扱おうとする偏った見解は，多理論統合モデルを用いた研究の随所に散見される。短期間の治療，セルフヘルプのマニュアル，コンピュータを活用した心理臨床家，すべての悪い習慣に焦点を当てて変えようとすることなど。多理論統合療法はそれ自体が医療の役割を担っていることを，われわれは示唆したいが，メンタルヘルスにおけるこのような"近代革命"に対し，フロイトだったら何と言うだろうかと想いをめぐらせたくなる。彼は，心理療法は治療完結までのスピードを競うものではなく，精神生活の深遠な探求をめざすものであることが理解できる実行期にクライエントを到達させよと言うかもしれない。

行動論的観点から

変化のステージに関して，何百もの研究が行われてきた。その結果，治療はクライエン

トの変化のステージやレディネスに合わせて行うべきであることが確実に示された。それは素晴らしいことだけれど，結局それは，セラピストはクライエントの心理療法を，彼らの年齢と治療目標，パーソナリティに合わせて行うものだと言っているにすぎない。有能な心理療法家には，自明のことである。

　もし，多理論統合モデルがクライエントに向けられる興味本位の注目から脱却して，正真正銘の科学的根拠にもとづいた心理療法へと出世したいならば，臨床的障害の全般に対する心理療法のシステムとしての効果をランダム化比較対照試験（RCTs）で証明しないといけないだろう。そこで，何がわかるか。禁煙といじめ，皮膚がんのセルフヘルプ介入効果を検証したRCTsは数多くある。では，抑うつや不安，対人間葛藤を扱ったRCTsはあるのだろうか。TTMは，依存症と行動習慣を自分で変化することに関しては，科学的根拠にもとづいた治療法と考えられている。けれども，心理療法としては，まだその基準を満たしたものとは言えない（Wilson & Schlam, 2004）。したがって，心理療法としてのTTMは，"有望だが検証されていない"という格落ちしたラベルを貼らざるを得ない。

人間性心理学的観点から

　多理論統合モデルは，心理療法の理論というより，行動変化の理論である。子どもの死や危機，がん，犯罪などに由来するいろいろなトラウマなど，個人が被っている重大な出来事によって問題が起こっている場合，多理論統合療法は何ができるだろうか。また，クライエントが自分の手には負えない甚大な影響を受け，それに直面し，それらを受容せざるを得ないような時，いかなる手助けが可能なのか。多理論統合的な心理療法のシステムは，勇気ある人が自分で自分の問題に立ち向かうことを支援できるが，自分では変えられない問題を受容する力を発見していく支援はできない。多理論統合療法はまた，自分で変えることができるものとできないものとの違いを見分けるために役立つ知識を発達させる助けを提供してくれない。

文化的観点から

　変化を進歩と考えることは，じつに西洋的な典型，とりわけアメリカ的な思想である。多理論統合的な心理療法家は，たいていの場合，クライエントが立ち往生している状態から動きが取れるように援助し，行動変化のステージを自ら楽に進んで行けるように支援するだけでよいと考えている。

　歴史的な変化と文化的な変化が前進を意味しているというこれまでの確かな信念に対して，20世紀は深遠な難問を提起した。それまでの時代に殺された人々を全部合わせたよりも，ずっと多くの人々が戦争や暴力で殺された。変化には退行もあることに気づかせてくれた。

　もし，すべての人々に進歩があったのならば，その変化は個人的レベルに留まらず，文

化的なレベルでも生じて然るべきだろう。治療的介入は，特権を有する権力者のみが恩恵を受けるものであってはいけない。社会から孤立し，意見も反映させることができない少数グループに属する人々が優位に立てるように，性差別，人種差別，異性愛主義（同性愛者差別）やその他の"主義・差別"を積極的に標的としなくてはならない。もし，力のある勢力が劣勢な階層グループを激しく圧迫し続けるならば，自分の個人的自由を増すために遂げてきた進歩も，簡単にくつがえされてしまうことになるだろう。

C夫人を対象とした多理論統合的分析

　C夫人の心理療法は，彼女が熟考期で立ち往生した状態に陥っている時から始まった。6年間，精神分析的な心理療法に費やしてきたことより，自分の強迫的な障害パターンとパーソナリティに対する意識はじゅうぶん高まっていた。彼女は，自分の人生を再評価することにかなりの時間を割いてきた。彼女は，自分の人生がどれほど収拾のつかないものになっているかについて，頭ではじゅうぶん理解していたが，感情的にはまだ，自分自身と家族を不潔と病気から守るのは正しいことだと感じていた。強迫性障害のクライエントによく見られるように，C夫人は自分自身と自分の症状を再評価する際，感情の大部分を思考から切り離していた。

　強迫性障害に悩む患者は，熟考期の段階で立ち往生する傾向にある。クライエントは，問題に悩み続けて，いずれは解決される時がくるだろう，きっと完璧な解決法につながる情報が見つかるだろうと考え続ける。自分の症状の原因について，提供され得る最高のものであったとしても，もっと確実な原因を求めている。C夫人のように強迫観念にかられたクライエントは，考えることには限界があることを認めたがらないし，理屈ぬきで全力を注ぐことでしか機能不全の多くの症状は改善できないことなど容認できない。不合理と向き合うことの恐怖は，強迫観念にかられた人を，次から次に違った理論へと向かわせるとともに，次から次へとセラピストを訪ね歩かせ，納得のいく治療情報を何年も求め続けさせる可能性がある。もちろん，セラピストの中にもまた，クライエントの問題をしっかりと理解できずに，行動の変化に向けた治療努力をしようとしない人もいる。

　C夫人は，行動を強要されているように感じていた。彼女にとって，周囲の環境は変化を強要し，脅かすものとなっていた。彼女のセラピストは，しまいに治療を諦め，治療を終結させることを決意した。彼女の家族もまた，彼女のあまりの症状のひどさに，見切りをつけていた。C夫人は，精神科病院に入院させられるという選択肢を拒絶し，その憂うつさと怒りのはけ口として，アスピリンを過剰に摂取していた。

　そこで，彼女の行動の選択肢として，私（プロチャスカ）の治療を受けるか，精神科病院に入院するか，自殺を試みるかのいずれかになった。私は，C夫人が治療への協力を強要されていると感じないように，今よりもっと自由になれる可能性のある選択肢として，われわれの治療に親近感が持てるように願った。実際，もし彼女が治療を強要されているとしか感じていなければ，治療に協力的になれないだろうし，自分をコントロールしようとしている人に対しては，変えられまいと抵抗をするであろう。

　C夫人が変わることについて，どのレベルで援助したらよいだろうか。C夫人は，誰の目から見ても，難しい症例である。症状・状況的レベルでは，不潔と病気に対する強迫的な手

洗いが不安の軽減によって強化されて，症状を喚起していた。認知的レベルでは，完全に安全で安心できるためには，自分が完璧に清潔でなければいけないと堅く信じている。彼女の不適切な認知として，ギョウチュウ（蟯虫）への固執と現実とはるかにかけ離れたギョウチュウの危険性の拡大視が含まれていた。汚れやギョウチュウについて考えたり，イメージしたりすることが恐ろしく耐え難いものになっていた。また，もし強迫的な儀式を怠れば，自分の周囲のことすべて収拾がつかなくなってしまうと信じているようであった。

　対人的レベルでは，C夫人の人間関係は，とても複雑である。汚れや病気から自分の子どもたちを必死で守ろうとして，それが子どもとの葛藤を生んでいた。夫との関係は，親密さと性的関心の薄れに行き着くまでに悪化している。唯一の，特筆すべきコミュニケーションは，朝の妻のシャワー儀式へのC氏の参加である。C夫人は，家族を不安に思っているか，コントロールしているか，家族と葛藤状態になっているかであった。

　家族／システム内のレベルでは，C夫人はいまだに，完全に清潔を保ち，不潔と病気に注意を払い続けるべきであるという，母親のルールに強く影響されている。両親に支配されながらも，その威圧的なコントロールに対して，怒りと憤りを自由に表現できない家庭で育った。

　個人内レベルでは，精神分析でいうところの典型的な肛門衝動に対して防衛していた。肛門や排泄物で遊ぶことへの衝動は，その反対のことをすること，すなわち完全に清潔であらねばならないとする反動形成によって打ち消されている。安物の宝石やその他のがらくたを溜め込み，それを手放せないで苦労している。彼女は，自分の感情と性的衝動，攻撃性を過剰に抑制して，とても窮屈な生活を送っている。ほんのわずかでも防衛を緩めることは，C夫人の気を狂わすことになる。

　多理論統合モデルでは，心理療法を症状／状況的レベルから開始し，必要であればより深いレベルへと移行していくことができる。また，もし，ある特定のレベルで鍵となる問題が明らかになれば，そのレベルに重点的な変化に向けた介入を図ることもできる。あるいは，最大インパクト方略を用いて，それぞれのレベルで変化をもたらすこともできる。複数のレベルにおいて問題が特定できるC夫人のような難治性の症例の場合，最大インパクト方略が効果的である。

　私が，臨床心理の実習生としてC夫人を治療したのは，多理論統合療法が開発されるずっと前だったが，自分の初期の統合的スタイルが，後年に理論化されたものをどれほど見越したものであったかのかがわかり興味深い。たとえば，C夫人の心理療法は，複数レベルへの介入であった。治療の中にも，クライエントに適した一連の行動変化のプロセスが含まれていた。（もし，C夫人が今日，治療を受けたら，間違いなくどれかの抗強迫性障害の新薬が投与されるであろう）。

　症状／状況的レベルでは，セラピストは，C夫人を入院治療することで，彼女の症状をコントロールしていた刺激状況を変えることが可能になった。家庭での手洗いは，自動反射的であったため，洗浄行動を自発的にコントロールすることはほとんどできなかった。入院患者となったことで，手を洗う前にナースステーションに立ち寄って，名前を書いて，また手を洗い終えた後にも記名することが求められた。この記録によって，彼女の強迫洗浄の正確な回数が把握できるとともに，治療効果の評価が可能になった。名前の記入は，看護師がC夫人と不安について話したり，トランプや編み物，テレビを観たりすることでリラックスするように励ましたりする機会となった。これは，C夫人が不安に対処する上で，有益な拮抗

条件づけの活用を促し，手洗いを遅延させる時間としての機能も果たした。行動の遅延はまた，C夫人が自己の解放を行い，洗うか洗うのをこらえるかについて，より意識的に決定することを可能にした。病院スタッフは，彼女が洗うのを我慢できたことを強化し，随伴性マネジメントを行った。治療が進むにつれて，名前の記入は，C夫人が手を洗うことに対して，どれくらい長い時間我慢できるようになったか，どれくらい回数が減ったかなど，行動の刺激コントロールとしても役立った。

　パーソンセンタード療法的に週2回，クライエントと支持的にかかわるセッションによって，スタッフとの援助的関係が強まった。こうしたセッションで，C夫人とは，入院と治療にかかわる多くの考えと感情を分かち合うことができた。また，このようなセッションを通じて，C夫人のセラピストに対するイメージが，高圧的なものから思いやりのある人に変わり，治療を肯定的に受け取ることの手助けとなった。心理療法を好意的に感じるようになるにつれて，自己の解放を積極的にするようになり，慢性化している強迫的な衝動を克服するための行動にもっと力を注ぐようになった。

　包括的治療として，週3回のインプローシヴ療法のセッションも含まれていた。第8章で取り上げたインプローシヴのシーンは，C夫人の問題のほとんどすべてのレベルに波及した。たとえば，最初のシーンは，C夫人を，ギョウチュウでいっぱいの汚れた下着といった場面に直面するよう仕向けた。肛門と遊ぶピクニックシーンでは，不潔と病気を忌避する症状刺激のレベルから，肛門衝動を行動に移したいという個人内欲求にまで及ぶ複数のレベルに影響が及んだ。さらに，安全であるためには完璧に清潔にしていなければならないという不適切な認知にも挑戦した。同時に，幼児期のトイレットトレーニングにおける親の支配に対する反抗と結びついた家族／システムにおけるテーマも取り込んだ。

　第三のインプローシヴシーンは，対人間葛藤，特に子どもに対する両価的な感情に強い影響を及ぼした。彼女は，自分の不注意によって子どもたちがギョウチュウに感染してしまった情景を想像した。ほどなく，子どもたちが夜中に，母親のギョウチュウに対する過剰なまでの注意を煩わしく思っていることを知った。C夫人は，子どもたちの不平の声を無視することで，ついに自分は子どもたちの心配をもうしなくてよくなった，これで解放されたと感じながら眠りにつくことができた。

　対人レベルにおける問題も，家族を交えた合同面接の中で，1週間おきに取り上げた。家族は，長年のC夫人に対してうっ積した強い怒りと不満を表出する必要があった。しばらくの間，4人の子どもたちは，母親には家に帰ってきてほしくないと言って譲らなかったので，C夫人はもう家に戻れないかもしれないと感じていた。けれども，子どもたちの怒りが消失するにつれて，C夫人と年長の子との間で，強迫的になる前はどんなふうであったかという思い出を分かち合うことにより，年下の子どもたちは自分の母親を再評価することができた。C氏との個人面接も，妻へのフラストレーションや憤りの下に埋もれていた温かい気持ちを思い出させるのに役立った。

　C夫人の家族／システム内葛藤は，父親の禿げ頭に斧を打ち下ろすことを想像した第四のシーンでもっとも強い影響を受けた。第8章で説明したシーン以外にも，C夫人は，デートの夜，彼女を寝ずに待っていた父親とのエディプス葛藤を説明する精神分析に立ち向かった。このような情景をイメージすることで，C夫人が自分のもっともタブーとする性や攻撃に関する衝動をいくらか解放できたことで，個人の内面に潜む葛藤にも影響を及ぼせた。

　もう1つのシーンは，コントロールを失い気が狂うことに関する個人内葛藤に対して行わ

れた。彼女は，裸のまま家の中を走り回って，家の中の物を壊し，そのためにクリニックに送り返される光景をイメージした。クリニックでは，家族の立会いのもと，スタッフ全員のミーティングが持たれた。C夫人がした全部の惨状が語られた後，主治医がスタッフと家族に向けて，彼女の良い点を言える者がいないかと尋ねた。沈黙が唯一の反応であった。再度，誰もいないのかと促しの質問がなされても，誰も口を開かなかった。ついに，C夫人は小型トラックで州立病院に送られ，ドアに「治療が絶望的な患者：面会謝絶」という表札がかかった閉鎖病棟に入れられた。このシーンはまた，退院帰宅した後，C夫人が症状の逆戻りに対する状態不安を克服するためにも活用された。

最後のインプローシヴ療法のセッションでは，C氏が自宅から持ってきた洗濯していない本物の下着を使用して行われた。C夫人は，目をつぶったままバッグに手を突っ込み，汚れた下着に触らなければいけなかった。この現実場面でのインプローシヴ療法は，C夫人が状況刺激のみならず，汚れた下着に対して示す過度に危険性を拡大視したバランスを欠いた不適切な認知の変化に役立った。

C夫人がクリニックに入院していた6週間目の終わりころには，手洗いをするたびに名前を記入することを求めた記録用紙が，彼女の洗浄強迫の頻度と持続時間の劇的な減少を示していた。最大の変化は，自分の父親を身体的攻撃することをイメージした4番目のインプローシヴ後に起こった。このセッションの時，C夫人は心理生理学研究室で，不安を測定する7種類の計測チャンネルにつながれた。セッションが進むにつれ，C夫人はこのシーンに身を曝すことは大変苦痛であると報告した。彼女はそのシーンをちゃんと想像することはできたが，これまでのシーンのように感情的にも感じることができなかった。彼女の反応が防衛的な分離のように思えたので，私は彼女に自分をもっと解放するように促した。これ以上最低な男はいないかのように，父親を見下し，その父親を思いきり手で殴り，自分が苦しめられてきたように，今，苦しんでいる様子が見られて，自分はとても嬉しいと父親に言ってやるよう迫った。突然，彼女はテーブルを叩き出し，ののしり，泣きじゃくり，身を振るわせ始めた。C夫人が，感情を開示したセッションの最後の15〜20分間は，7つの不安を測定する指標チャンネルすべてが記録用紙から振り切れた。その後，彼女は自分の部屋に戻っても，看護師の前で感情をあらわにしながら，1時間以上もそのシーンを繰り返し追想し続けた。翌朝もまた，興奮して疲れ果てるまで，再度そのシーンを反芻した。

C夫人の予後

これら一連の集中的治療後，C夫人の気分はかなり改善された。今では，床から毛玉を手で拾うことができた。子どもが汚くして飲んでいた缶から，ソーダ水も飲めるようになった。以前なら，そのような不潔な場面に近づこうともしなかっただろう。彼女のシャワーと手洗いは平均的な回数に減り，C夫人はいつでも退院できる状態となった。

家族も幸いなことに，自分たちのため，母親のために，家での環境的な状態を変えようと，積極的に刺激コントロールを試みた。町のゴミ捨て場のようになっていた家を塗装し，修理し，改装した。C夫人が家に戻った最初の週末，彼女は長年溜め込んでいたがらくたの処分を自ら指揮した。子どもたちとその友人は長い列を作って，ゴミ収集車に回収を頼んだ洋服やタオル，また種々雑多な物が入った箱をC夫人から受け取った。彼女は，これらの物を手放すという自由な感覚を心から楽しんだ。

さらに驚いたことに，彼女はまた，これまでよりもっと，夫との性生活に満足を得ること

ができた。家に戻った最初の日，これまで一度もしたことがなかったが，昼間から寝室に入り，セックスを楽しんだ。C氏は思わず，「これは僕が結婚した彼女でないぞ！」と口走った。数か月後，C夫人は47歳にして初めて，オーガズムを経験した。

家族の誰もが，母親が新たに手に入れた自由にびっくりした。子どもたちは，母親が床に一緒に座って遊んだり，床の新しい敷物に落ちたクッキーを拾い，ゴミを払って，それを食べたりするなど，これまで決して想像できなかったことをしていることを語った。彼女は家族のための食事を作り，掃除を手伝い，子どもたちが友達を連れてくるのを許した。

C氏は，妻の変化に驚き，これまではいつも自分のほうが彼女より適応的であると思ってきたのに，今では彼女のほうが健康的に見えて困っていると話した。私は，彼にもインプローシヴ療法を何セッションか受けてみたらどうかと勧めたが，彼は，ちゃんと自分で適応できるようになるからと言って，冗談に微笑みながら切り返した。

退院当初しばらくは，家に戻れたことを喜び，気分も良かったが，その後，予想されたように，症状の再発があった。C夫人は，クリニックよりも家のほうが緊張していた。彼女の不安の一部は，6人の子どもたちとかなりの期間離れていたことを，急いで埋め合わせようとすることから生じていた。特に，自分が原因になったと考えている次男の情緒面の問題に対して罪悪感を持っていた。次男も心理療法を受けていたが，C夫人は自分に罪があることは確かであり，今の自分にできることは彼が自分を必要とする時にいつでも，感情的に寄り添える状態にあることだと感じていた。

C夫人は，朝のシャワーを5分に制限することについては，まだ多少の困難を覚えていた。不合理な儀式が何度も繰り返された自宅のシャワーに対して，不安を強く感じていた。そこで，私は家に行き，C夫人のインプローシヴ療法をシャワー室で（もちろん，彼女がきちんと服を着た状態で）行った。

C夫人はまた，私がクリニックを辞めることで，われわれの治療的関係が終結した時，軽い抑うつ反応を起こした。月1回の面接を続けていた私のスーパーバイザーは，彼女の劇的な症状改善は，彼女が私に恋愛感情を抱いたことで，セラピストの私を喜ばせようと一生懸命がんばった結果ではないかとひやかした。私は，行動主義者のスーパーバイザーに対して，その解釈はまるで"転移"の解釈のように聞こえますよと，返事した。

私が最後にC夫人の予後を聞いたのは，治療が終結してから2年経った後だった。彼女は，ずっと自律的にうまくやり続けていた。朝のシャワーがときどき問題であったが，彼女にもっとも元気を与えたのは，遅刻を許さない新しい仕事に就いたことだった。C夫人の強迫性格は今でも変わらないが，清潔さにこだわる要求は上手にセルフコントロールできていた。何年も前に立てた誓い，「自分の人生を洗浄強迫のために費やすのではなくて，家族と大切な時間を分かち合う」を改めて言明するだけの確かな自律性を取り戻していた。

重要用語

実行期 action stage
意識化 consciousness raising
熟考期 contemplation stage
随伴性マネジメント contingency management
拮抗条件づけ counterconditioning
劇的解放 dramatic relief
二元論 dualism

効果性対インパクト efficacy vs. impact
環境の再評価 environmental reevaluation
医原性の iatrogenic
重要なレベルへの焦点化方略 key levels strategy
変化のレベル levels of change
維持期 maintenance stage
最大インパクト方略 maximum impact strategy
多元論 multiplism
前熟考期 precontemplation stage
準備期 preparation stage

変化のプロセス processes of change
逆戻りと繰り返し relapse and recycling
逆戻り予防 relapse prevention (RP)
相対主義 relativism
自己効力感 self-efficacy
自己の解放 self-liberation
自己の再評価 self-reevaluation
レベルのシフト方略 shifting levels strategy
変化のステージ stages of change
刺激コントロール stimulus control
理論的補完性 theoretical complimentarity
多理論統合的 transtheoretical

推薦図書

DiClemente, C. C. (2002). Motivational interviewing and the stages of change. In W. R. Miller & S. Rollnick (Eds.), *Motivational interviewing* (2nd ed.). New York: Guilford. ［松島義博，後藤恵訳（2007）動機づけ面接法 基礎・実践編．星和書店．］

DiClemente, C. C. (2003). *Addiction and change: How addictions develop and addicted people recover.* New York: Guilford.

Marlatt, G. A., & Gordon, J. R. (Eds.). (1985). *Relapse prevention: Maintenance strategies in addictive behavior change.* New York: Guilford.

Norcross, J. C. (Ed.). (2002). *Psychotherapy relationships that work.* New York: Oxford University Press.

Prochaska, J. O., & DiClemente, C. C. (1984). *The transtheoretical approach: Crossing the traditional boundaries of therapy.* Homewood, IL: Dow Jones-Irwin.

Prochaska, J. O., DiClemente, C. C., & Norcross, J. C. (1992). In search of how people change: Applications to addictive behaviors. *American Psychologist,* 47, 1102-1114.

Prochaska, J. O., Norcross, J. C., & DiClemente, C. C. (1995). *Changing for good.* New York: Avon. ［中村正和監訳（2005）チェンジング・フォー・グッド ステージ変容理論で上手に行動を変える．法研．］

Prochaska, J. O., et al. (1994). Stages of change and decisional balance for twelve problem behaviors. *Health Psychology,* 13, 39-46.

Valasquez, M. M., Maurer, G., Crouch, C., & DiClemente, C. C. (2001). *Group treatment for substance abuse: A stages-of-change therapy manual.* New York: Guilford.

推薦ウェブサイト

APA Division of Psychotherapy: **www.divisionofpsychotherapy.org/**
HABITS—Health & Addictive Behaviors: Investigating Transtheoretical Solutions:
　www.umbc.edu/psyc/habits/
Home of the Transtheoretical Model: **www.uri.edu/research/cprc/**
Relapse Prevention: **www.niaaa.nih.gov/publications/arh23-2/151-160.pdf**

17 心理療法の将来

　この短いまとめの章では，21世紀の心理療法の重要な傾向を抽出し，強調する。まず，本書のために特別に依頼した62名の心理療法の傑出した権威によって完成されたデルファイ投票法の結果を再検討することから始める。それから，前章や他の出典で明確化された集中的な発展を統合しながら，新しく出現している心理療法の12のテーマを描出する。

デルファイ投票法

　心理療法の将来は，いったいどのようになるのだろうか。ディシプリン（discipline）は，不安定で一時的な性質を持つため，臨床実践，研究のプログラム，大学院での訓練，そして政策決定にインパクトを与える傾向を同定する差し迫った必要性を創り出してきた。われわれは2010年，または2015年の心理療法の顔を予想してみたい。

　しかしながら，将来を予想することは危険で困難な追求である。真に勇敢な観察者のみが，この分野において，はかないものと潜在的に重要で耐久性のある流れとを区別することを試みるであろう（Yalom, 1975）。さらに，心理療法の不確実な世界の中での多くの予想は，自己達成の予言であったり，魔法のような願いの達成であったりする。

　これらの理由により，われわれはさまざまなオリエンテーションにコミットした専門家が，（それがどれほど魅惑的であっても）心理療法の将来において個人的に起きてほしいことではなく，**何が起こるだろうか**についての討論で，合意を得たのである。われわれは，基本的に大きな視点，すなわちディシプリンに直面する大きな流れに関心があった。

　そこで，われわれはこの先10年の心理療法の将来を予測するために，**デルファイ投票法**（Dellphi poll）という感度のよい予測分析方法を用いた。この崇高な古代ギリシャ時代の

神託所の名がついた調査研究法は，グループのコミュニケーションを取り入れているので，その過程はグループで，全体として，複雑な問題に取り組ませる際に効果的である。専門家は，同じ質問に少なくとも2回答えることになる。最初の段階では，専門家たちは匿名で，しかも周りからのフィードバックなしで質問に答える。その次の段階では，専門家たちは他者の名前やすべての意見を知ることができ，また自分たちの予測したことをグループ全体が判断する中で考え直す機会が与えられる。

一般的に，「三人寄れば文殊の知恵」とよく言われているように，デルファイ投票法は複数かつ相互作用的な専門家の観点を利用することができる。デルファイ投票法という方法論の持つ特定の長所とは，(1) 他の予測分析方法に比べて，きわめて難しい質問に対しても首尾一貫して近い答えを提供できること，(2) 第二の段階で得られた答えは，だいたい種類が少なく，よって第一段階で得られた答えよりも曖昧さがなくなり，明確になっていること，そして (3) 専門家の個人的な意見よりも，グループの一致した意見はだいたいにおいて正確であることがわかっていることが挙げられる（Ascher, 1978; Fish & Busby, 1996; Linstone & Turoff, 1975; Moore, 1987)。

62名のデルファイ投票法に参加した討論者は，2001年に行われた2段階のデルファイ法による投票に参加した優れたメンタルヘルスの専門家たちである（Norcross, Hedges, & Prochaska, 2002）。今回の討論は，われわれの以前のデルファイ法による研究に参加した者（Norcross et al., 1990）と一流のメンタルヘルスの学術誌の30名の編集者から構成されている。62名の参加者は全員博士号を取得しており（PhD58名，MD 3名，そしてEdD 1名），博士号取得後平均30年ほどの臨床経験を有している。彼らの多くは大学（58％）に所属しており，続いて個人開業（26％），医学部所属（11％）となっている。また，専門家たちは多様な理論的オリエンテーションの代表であった。すなわち，認知行動理論（32％），折衷・統合理論（26％），精神力動理論（18％），人間性・経験主義にもとづいた理論（9％），行動理論（5％），フェミニスト理論（5％），そしてシステム・家族システム理論（4％）である。

われわれ観察者は，大胆不敵にも，まず次の10年間で多様な理論的オリエンテーションがどの程度用いられるかについて予測した。7件法を採用し，1を非常に減少，4を変わらない，7を非常に増加とした。表17-1に29種類の理論的オリエンテーションの平均得点を得点順に示した。

その結果からわかるように，認知行動療法，文化重視療法，認知療法（ベック），対人関係療法（IPT），技法折衷療法，多理論統合療法，行動療法，そして家族システム療法がかなり増加するだろうと予測された。それらすべては平均得点が4.80以上に達した。それに比して，古典的な精神分析，インプローシヴ療法，交流分析，アドラー派療法，そしてユング派療法はかなり減少するだろうと予測された。ゲシュタルト療法，実存療法，パーソンセンタードアプローチといわれる人間性心理療法は，専門家の人数が減少するであろうと予測された。

続いて討論者たちは，38種類の心理療法の方法の相対的な増加と減少を予測した。38種類の介入のうちの18種類は次の10年間での増加が見込まれた。コンピュータテクノロジー

表17-1 将来の理論的オリエンテーションの混合予測

オリエンテーション	平均値	標準偏差（SD）	順位
認知行動療法	5.67	0.99	1
文化重視／多文化間療法	5.40	0.98	2
認知療法	5.07	1.18	3
対人関係療法	5.05	1.11	4
技法折衷療法	4.89	1.20	5
理論的統合療法	4.89	1.07	6
行動療法	4.81	1.09	7
システム／家族システム療法	4.80	0.96	8
暴露療法	4.70	1.34	9
問題解決療法	4.70	0.99	10
動機づけ面接	4.47	1.35	11
フェミニスト療法	3.92	1.27	12
論理情動行動療法（REBT）	3.83	1.24	13
ナラティヴ療法	3.83	1.15	14
精神力動的治療	3.80	1.19	15
男性センシティヴ療法	3.58	1.36	16
体験療法	3.58	1.12	17
多理論統合療法	3.56	1.46	18
クライエント／パーソンセンタード療法	3.20	1.24	19
EMDR	3.18	1.43	20
人間性心理療法	3.03	1.03	21
現実療法	2.95	1.06	22
実存療法	2.85	1.09	23
ゲシュタルト療法	2.78	0.88	24
ユング派療法	2.33	0.95	25
アドラー派療法	2.25	0.89	26
交流分析	2.13	0.77	27
インプローシヴ療法	1.91	0.94	28
精神分析（古典的）	1.16	1.07	29

注： 1＝非常に減少　4＝変わらない　7＝非常に増加

（仮想現実を利用した療法，コンピュータによる心理療法），クライエントの自己変化（自己変化，セルフヘルプ資源，セルフコントロール法），そして，セラピストによる指示（ホームワーク課題，再発予防，問題解決技法や認知的再構成）という特徴を持つ方法はかなり増加するであろうことが予測された。その一方で，討論者たちは，自由連想，エンカウンターというエクササイズ，情動のフラッディング法・インプローシヴ療法や夢の解釈はかなり減少するであろうと予測した。

またわれわれ専門家は，9つのセラピーの形式の将来の人気を予測した。短期療法，特定の障害に対する心理教育グループ，危機介入，カップル・夫婦療法と集団療法は将来増すであろうと見越した。3つのセラピーの形式，すなわち，家族合同療法，個人療法と1回限りのセッションを持つというセラピーは今と変わらないであろうと予測された。われわれ討論者は，長期療法という1つのセラピーの形式だけは衰退するであろうと予測した。

専門家たちがまとめ上げた評価は，21世紀に入って，何が流行り，何が流行らないかに

ついて予言している。理論的オリエンテーションの観点から言うと，認知療法，認知行動療法，多文化間療法，統合療法，折衷療法，システム療法といった諸派は生き残るであろうが，古典的な精神分析や人間性心理療法はおそらく生き残れないだろう。また，方法や形態といった観点からは，次の10年の心理療法はさらに指示的，心理教育的，技術的，問題焦点的，そしてより短期の療法となるであろうという合意を得た。またそれに付随し，相対的に構造がなく，生育歴を重視し，時間を要するアプローチは減少するであろうと予想された。心理療法の形式という観点からは，心理教育的グループ，カップル療法や集団療法が増加する傾向にあることが示唆された。最大の転換はセラピーの長さであって，短期療法が増え，時間の要する療法は減ると予想される。

12の新たな方向性

われわれが，本書の内容と心理療法の文献に熱中することで，心理療法の将来におけるいくつかの方向性を認識した。これらのテーマのいくつかは，現代の流行を引き続き表している一方で，われわれの過去から続いているものの中断を予測しているものでもある。短期療法，心理療法の統合，多文化間療法のように，新しい時代の到来であると広く認識される新たな方向性をここで強調する必要はほとんどないであろう。代わりにここでは，12の新たな方向性を明言することを選択する。

1．メンタルヘルスケアの経済学

心理療法の将来をめぐってのめまぐるしいツアーを始めるにあたって，まず居間の中のサイ（犀）について述べたい。この場合，サイとは経済学である。過去20年で，ヘルスケアの資金調達は大変革を遂げた。マネジドケアは，今や健康という恩恵を仕事を通して手に入れている米国人の80％以上をカバーしており，その比率は徐々に増加している。

すべてのマネジドケアを完全に統一されたものとして，一様に取り扱うことは正しくないであろうから，関心事を**メンタルヘルスケアの産業化**（industrialization of mental health care）と広く枠をつけることにしたい。以下が，心理療法を管理する一般のメカニズムである。

- メンタルヘルスの治療へのアクセスを制限すること（たとえば，重篤な障害を持っている人を対象にした「医療的に必要な」サービスのみ）
- 心理療法の回数を制限すること（たとえば，6〜12セッションを上限にする）
- 料金が安いセラピストを使うこと（たとえば，修士修了者や学部卒レベルのセラピスト）
- 利用してどうだったのかのレビューを実施すること（たとえば，6セッションごとに行う）

- 第一に短期で症状に焦点化した心理療法を推奨すること
- 外来でのケアに移行すること（たとえば，自殺を試みるような人のみ入院とする）
- ゲートキーパーからの紹介者に対応すること（たとえば，プライマリーケアに携わる医師からの紹介に限る）
- セラピストおよび治療方法に対する患者の選択の自由を制限すること

　ヘルスケアが，産業的な革新を通して明らかにした重要な特徴は，次の2つである（Cummings, 1986, 1987）。1つは，医療提供のコントロールが商業的利害へ移行すると，プロデューサー――ここでは心理療法家になる――のコントロールを失ってしまうということ。2つめは，産業化されるということはさらに安い労働力を求めるため，実務にあたる者の収入は減少するということである。

　心理学者に関するわれわれの研究の1つは，そのうち75％はなんらかのマネジドケアの患者を受け付けており，25％は受け付けていないということを明らかにした。実際のところ，過去5年で心理学者が受け持つケースに占めるマネジドケアの患者の平均は5％から50％と，10倍に膨れ上がっていた（Norcross et al., 1997b）。これらは，心理療法という風景を横切るサイの足跡なのである。

　われわれは心理療法の終結を予想する最後の審判の預言に賛同するわけではないが，将来は公の市場で修士修了者や学部卒レベルの専門家によって，さらに短期の心理療法がますます行われるであろうことを認めざるをえない。この変革をさまざまな機会とみなす臨床家もいれば，こうした変化をののしる者もいるであろう。すべての者がこうした社会経済の力に深く影響を受けるであろう。

2．根拠にもとづいた実践

　根拠にもとづいた実践（evidence-based practice: EBP）という妖怪が国際的に動き回り，どんな形のヘルスケアでも説明責任を果たそうと競っている。根拠にもとづいた実践は，臨床家の見識や患者の価値にもとづくもっとも優れた研究で得られる根拠の統合である（Institute of Medicine, 2001, p.147）。EBPのねらいは，専門家に，有用性を高め公衆衛生を強化するために，確実な根拠，つまりは研究にもとづいた実践を求めることである。

　一見したところ，われわれは根拠を，どんな作業をするか決定する際の指針として使うべきだとする普遍的合意事項がある。それはまるで，"お母さんとその手作りアップルパイ"を公に表彰するようなものだ。誰が，根拠にもとづかない実践などと，本気でその逆を主張できるだろうか。

　しかしEBPは簡単なことでもなければ，それが根拠だと合意をとりつけられるものでもない。根拠を明らかにするにあたって，何を根拠としてみなすかということや，どれに根拠という特権を与えるかということは，すぐれて哲学的で，莫大な量の実践的結果を伴う複雑な問題なのである。たとえば，ある団体によって認定されている心理療法におけるEBPの60〜80％は，認知行動療法による治療である。これらは典型的な技法が構築され

ており，特定された治療のターゲットがあり，比較的短い治療であり，伝統的なアセスメントという手段をめったに使わないのである（O' Donohue et al., 2000）。

しかしながら，行動志向のモデルを，すべての患者が欲するわけでもなく，また，すべての実践家が喜んで欲するわけでもない。たとえば，命に関わるほど重篤な依存症を取りあげると，タバコ依存症の治療のための臨床ガイドライン（Fiore et al., 2000）には，動機づけられた喫煙者に対して，多岐にわたる行動志向の治療がある。しかし米国では，6,000以上もの入手可能な研究があるにもかかわらず，全喫煙者の80％以上を占めている動機づけのない喫煙者のための根拠にもとづいた治療はいまだ存在しないのである。最近のエビデンスはあまりにも数が多いが，それは，たとえば変化のステージのごく初期や合併症をかかえているといった，より複雑な個人を除外した効果試験にもとづいている。

治療マニュアルを求めたり，比較対照研究をあてにしたり，特定の障害に焦点を当てたり，また特定の治療方法を正当と認めるような決定ルールは，ことごとく攻撃を受けている。特に，伝統的なEBPは，中心である治療関係を軽視したり，セラピスト個人の影響力を忘れてしまったり，クライエント個人の複雑さや彼らの背景を無視したりする傾向にある（Norcross, Beutler, & Levant, 2005）。

多数の団体は，すでにメンタルヘルスにおけるエビデンスを総合し，根拠にもとづいた実践についてのそれぞれの一覧表を広く配布している。たとえば，米国精神医学会（American Psychiatric Association, 2000b）は，統合失調症や拒食症からニコチン依存まで幅広い障害に関する1ダース以上の**実践ガイドライン**（practice guidelines）を普及させた。"根拠にもとづいた"とは言えないものではあるけれども，それらや同じようなガイドラインは，範囲や趣旨において似通っている。そこにはもっとも役立つ知識を用いて，"どういう効果があるか"すなわち"最良の実践"についての記載を編集してある。

米国心理学会（APA）の臨床心理学部門は，成人を対象にした**経験的に支持された治療**（empirically supported treatments）を認定しており，また，同業の心理学者に向けてこれらの治療があることと訓練プログラムを公表している。一連の作業班は，ランダム化比較対照研究にもとづき，特定の障害にとって経験的に有効とみなされ，マニュアル化されている治療のリストを作り，それを詳しく説明している（Chambless, 1998）。C夫人のような強迫性障害の症例において，反応妨害を伴う暴露法は"十分に確立された治療"としてリストされており，認知療法や再発予防は"おそらく有効であろう治療"としてリストされている。後に，年配の成人，子ども，カップル，家族に対しても同様に経験的に支持された治療として認定されている。

国や学派を超えて，大規模なEBPの共同研究が生じている。もっとも古いものの1つはコクラン共同計画（www.cochrane.org/）で，英国で設立され，著名な英国の疫学者であるアーキボールド・コクラン（Archibald Cochrane）をたたえて名づけられた。コクラン共同計画を見習った別のグループはキャンベル（Campbell）共同計画（www.campbellcollaboration.org）であり，米国の心理学者であり方法論家をたたえて名づけられた。いくつかの連邦政府機関――その中でも，物質乱用・精神衛生管理庁（SAMHSA）と医療研究・品質調査機構は，メンタルヘルス分野における根拠にもとづいた実践

の確立と変革に貢献することに特化した施設と特別な主導権を持っている。

　確実な根拠にもとづいた基礎の上に臨床的実践を打ち立てたいという願望は，古くから異論のないところだったが，根拠にもとづいた治療が普及したのは比較的最近のことであり，意見のくい違いもある。われわれが確信をもって言えることは，ヘルスケアにおけるEBPはすっかり普及したということである。すべてのメンタルヘルスの専門家はこの高らかに響き渡る呼び声に対して，彼らの作業の安全性，効果性，効率性を明示することで答える必要がある。実際，多様な構成の人々からなるエビデンスへの要求は，将来ますます高まるだろう。

　さらにまた，われわれが自信を持って言えることは，EBPはメンタルヘルスの実践，訓練，政策にとって深い意味を持っているということである。"根拠にもとづいた"とよばれる心理療法は，心理療法が取り扱っているもの，保障していること，教えていること，研究していることをある程度決定するだろう。まったくのところ，ヘルスケアの産業化による（ほとんど）ネガティブな影響に伴って，メンタルヘルス分野におけるEBPの発展ほど臨床家にとって中心的な問題は，おそらくないだろう。

3．治療関係

　根拠にもとづいた実践と実践ガイドラインは，もっともよい治療，すなわちもっともよい方法を選ぶことによって，心理療法の有用性を高めることを試みてきた。しかし彼らは，個々の治療法と同じくらい心理療法の成功を大きく左右するとみなされてきた治療関係を無視して行ってきた（Norcross, 2002; Wampold, 2001）。

　もちろん，治療技法と治療関係とを明確に分けて記述することは，実践においてはほとんど不可能である。両者は心理療法の構造上織り合わさっているのだ。ハンス・ストラップ（Hans Strupp, 1986）は，これらを構成する要素が不可分であることを説明するためのアナロジーを提供した。まず，あなたが十代の息子や娘に自分の部屋を掃除させたいと仮定する。これを達成するための2つの技法は，明確な基準を確立することと責任を課すことである。しかし見事なまでに，これらの技法の有用性は，あなたと十代の若者との関係が，温かさと相互に敬意を払う関係であるか，あるいは怒りと不信感に満ちている関係であるかに左右されて，変わってしまうだろう。これは，技法が役に立たないということではなく，技法がいかによく効果を発揮するかは，たんにその技法が使われる際の関係性のあり方いかんによるということである。

　治療結果研究のレビューにあたる者の間では，セラピスト-患者関係はポジティブな変化の中心であるという事実上の合意形成ができている。以前は治療関係に内在する治癒力を軽視していた認知行動療法のセラピストは，今やその治癒力をはるかに重要なものであると強調している（Glass & Arnkoff, 1992）。精神分析の実践においては，相対的に解釈の重要性を減じ，セラピスト-患者相互作用の重要性を強調する決定的転換がなされている。

　米国心理学会心理療法部門の"経験的に支持された治療関係に関する作業班"は，治療

関係へのセラピストの貢献についての質の高いレヴューを刊行した（Norcross, 2002）。作業班はこのように結論づけた。

- 治療関係は，治療の特定のタイプとは無関係に，心理療法の結果に対して実質的で一貫した貢献をしている。
- 実践ガイドラインは，治療関係を促進させるセラピストの行動や質に対して，明白に言及すべきである。
- 治療関係を含むことなくEBPを普及させようと努めることは，重大な不備があり，誤解を招く可能性がある。
- 治療同盟，集団療法における凝集性，共感，最終目標への同意と協力といった治療関係の一般的な要素は明らかに効果的である。
- ポジティブな関心，適合性，セラピストによるフィードバック，治療同盟がうまくいかなくなった際の修復，セラピストの自己開示，逆転移の取り扱い，治療関係についての解釈の（量ではなく）質といったいくつかの関係的要素は，おそらく効果的である。

　新たな展開は，研究から得られた根拠にもとづいて，（診断に加えて）患者の特性に応じて治療関係を仕立てたり，注文に応じて作ることである。すべての臨床家が知っているように，人々に必要な人間関係はそれぞれで違ってくる。心理療法における適合的な関係作りに関する体系的研究では，セラピストの間で一般的な共通理解として，ある患者は他の患者に比較して対人関係を作っていく上でより適合していると感じていることを確認している。
　現在の研究は，治療関係と患者の特性の最良の組み合わせを調べている。たとえば，強い抵抗を示すクライエントの場合は，セラピストの指示が最小である関係によく応答することがわかっており，一方抵抗が少ない患者は指示的な治療関係のほうが良い結果が出ている（Beutler & Harwood, 2000）。他の例を示すと，多理論統合モデル（第16章参照）においては，前熟考期と熟考期の患者は養育にあたる親やソクラテス流の教師のような関わり方のセラピストがとてもよく適合し，一方実行期にある患者は経験豊かなコーチのようなセラピストがとてもよく適合する（Narcross, 2002，特に研究の展望）。
　研究の蓄積によって，今や，特定のクライエントに対する技法のみならず，治療関係の組み合わせについての処方箋を提供できるようになっている。将来，効果的な治療は「そのブランド名によらず，どれほど患者のニーズに適したものであるかによって決められる」であろう（Weiner, 1975, p.44）。言葉をかえると，問いは「治療関係は効果を出すか」ではなく，むしろ「治療関係はこのクライエントにとって**もっともよく**効果を出すか」ということになるだろう。

4．さまざまな技術的応用

　最近まで，心理療法は情報革命から比較的免れてきた。すなわち，カウンセリングルームというプライバシーと密接性の中で2人の人間がお互いに話し合うということが真髄なる形式として残っている。しかし情報時代は心理療法を，コンピュータ介在治療，遠隔的心理療法，仮想現実を利用した療法，オンラインカウンセリング治療という形式に劇的に変化させている。2人の人間，オフィス，ティッシュ1箱を必要とした，昔から言われてきた心理療法とかわって，21世紀においては，1人の人間とコンピュータのみを必要とするかもしれない。

　コンピュータとインターネットは多様な方法で，行動障害や精神障害を治療する上での助けとなっている。コンピュータは心理教育を用意し，心理療法へのアクセスを容易にし，セルフモニタリングを促進し，コーピングスキルを繰り返し行わせ，結果の測定を提供し，疲れを知らずに確実に機能する（Wright & Wright, 1997）。ネット上のアプリケーションは，セルフヘルプのガイドを与え，心理学的アセスメントとスクリーニングを提供し，治療を受けるか否かの決定においての助けとなり，サポートグループとディスカッショングループを提供する（Barak, 1999）。**行動的e健康**（behavioral e-health）は，心理教育的情報から心理療法まで幅広くインターネットを介して届けられている多様な心理療法のサービスを包括する用語として広く普及している（Maheu & Gordon, 2000）。

　コンピュータが媒介するコミュニケーションは，次の10年間にわたってその意義を拡大することに貢献するだろう特有の優位性を提供している。その優位性とは，以下のとおりである。

- 個人に応じてコミュニケーションを仕立てる能力（たとえば，障害や変化のステージによって）
- 対面で行う介入に比較して削減されたコスト
- 厄介だったり微妙な情報をより進んで明らかにできる
- プログラムユーザーに求められる関与のレベルが低い
- 使い勝手がよく私的なアクセスができる有用性が一貫している
- 子どもに相応しいかそれ以上の教育効果がある
- より優れた標準化と精度（Budman, 2000）

　コンピュータ技術は不安障害の治療において，治療的介入としての仮想現実の使用，すなわち**仮想現実療法**（virtual therapy）を可能にしてきた。患者は，頭部に取り付けて目を覆うディスプレイを使用して，コンピュータがつくり出した環境の中に置かれる。この治療は，高所，飛行，スピーチ，広場といった不安が生じる状況に安全に導入できる暴露法を提供する。比較対照研究の結果は期待できるものであり（Krijn et al., 2004; Rothbaum et al., 2000; Tate & Zabinski, 2004），使用が増えることが予想されている。

　同時に，電話，テレビ電話やテレビ会議による心理療法は拡大していくだろう。これは

遠隔的心理療法（telepsychotherapy）と名づけられている。すなわち，音声，視聴覚，あるいは活字形式でのリアルタイムのやりとりをサポートする双方向性のコミュニケーション技術を通して，患者と異なった場所にいるセラピストによって行われる心理学的治療である（Kaplan, 1997）。今は仮のカウチに座っている患者もいるし，いろいろな国々で，そして世界の至るところで，その日の時間を問わず，心理療法を行っている心理療法家もいる。すなわち，それは生のオンラインカウンセリング・サービスをインターネット上で提供するということである。倫理的かつ需給上の懸念をはらんでいるのだが，さまざまなタイプの遠隔的心理療法が激増することは運命づけられている。情報革命は確かに心理療法に到来している。

5．セルフヘルプの資源

今日，メンタルヘルスの領域において，巨大で，体系的で，にもかかわらず非常に静かな革命が起きており，明日に向けて力を結集している。それはセルフヘルプである。人々はますます自分自身で行動変化をし，セルフヘルプ関連の本を読み，アドバイスや治療を求めてネットサーフィンをし，映画を観て，その訓練を取り入れたり，セルフヘルプや12段階グループに参加している（Norcross, 2000）。

このセルフヘルプ運動は，行動障害を理解し克服するために永遠の人間的探求を続けているが，セルフヘルプ活動に従事する人々の割合は，今や高い数字を記録している。考え得るあらゆるトピックスについて書かれたセルフヘルプ関連の本は，1年に約2,000点の割合で出版され，ペーパーバックのベストセラーの上位を占めている。5％から7％の米国人成人が過去1年間にセルフヘルプグループに参加し，18％が彼らの人生のある時点でセルフヘルプグループに参加した経験を持っている（Kessler et al., 1999）。インターネット利用者のおよそ80％が，インターネット上にヘルスケアに関する情報を求めたことがある（Pew Internet and American Life Project, 2003）。その人たちの抱える問題として，メンタルヘルスの障害と人間関係上の問題がもっとも多かった。"エマーソンの自己信頼""自分で取り組む国民""ホームセンター効果"と呼び方はさまざまだが，セルフヘルプ革命は確実にわれわれを訪れている。

力を集中することはセルフヘルプ資源の増殖に貢献することになるだろう。第一の力とは，マネジドケアである。すなわち短期の専門的治療は，十分な収穫を得るために付属的で補助的な方法を取り入れる必要があることを意味している。第二の力は，利用範囲が広く低コストのセルフヘルプのツールである。第三の力は，セルフヘルプは典型的に個人的かつ匿名性が高いことである。セルフヘルプを実践する者の言葉を使うと，"誰も知りえない"ということである。セルフヘルプは烙印を押すのを減らし，プライバシー性を増大させて，そのことが人気の中心的な役割を担っていると思われる。

もう1つの力は，その有用性である。神経症的な患者が専門的治療を受けずに自力で回復した割合のレビューによると，43％の人々が改善を示したことがわかった（Lambert, 1976）。セルフヘルプの資源と自己管理治療の有用性に関するいくつかのメタ分析は，同

一の研究で比較したところ，それらの効果量が，セラピストが介在した介入とほぼ同じであることを示した（den Boer, Wiersman, & Van den Bosch, 2004; Gregory et al., 2004）。恐怖，抑うつ，頭痛や睡眠障害は，とりわけセルフヘルプというアプローチが適していると思われる。また，依存障害のための12段階グループに対する十分に統制された評価は，一般的にフォローアップ段階も含めてそれらが専門家による治療と同じくらい効果的に行われたことを示している（Morgenstern et al., 1997; Ouimette, Finney, & Moos, 1997; Project MATCH Research Group, 1997）。

このように多様な理由から，自然な環境下の人々と面接室の心理療法家はセルフヘルプと自己変化の資源を用いる。たとえば，いかなる時でも，セラピストの87%は患者にセルフヘルプ／サポートグループを薦めており，85%がセルフヘルプの本を薦めている（Clifford et al., 1999）。われわれのデルファイ投票法における専門家の予想から明らかなように，将来メンタルヘルスの専門家はクライエントに自力で変化するための情報を提供するようになり，"自分で取り組む"心理療法をますます推奨するだろう。心理療法の有無にかかわらず，セルフヘルプは多くの行動障害にとって事実上の国民的治療法である。

6．神経科学

神経科学（neuroscience）における最近の進歩は，心理療法の理論と実践に衝撃を与え始めており，この傾向はこの先10年間は続くだろう。実際のところ，心理療法は，将来"脳療法"とよばれるかもしれない。

心理療法は，脳の中にはっきりと確認できる変化を特徴的に引き起こす（Etkin et al., 2005; Siegel, 1999）。多くの研究において，心理療法は，症状を引き起こす脳の回路における機能的な異常を正常化するための薬物治療に近似している。心理療法と薬物治療は，脳の同じ領域における共通の治療的効果を有している。リーヴス・バックスターら（Lewis Baxter et al., 1992）の将来性のある反復研究において，ランダムに薬物治療あるいは心理療法（暴露法と反応妨害法）を受けた強迫性障害の患者の脳の，複数の領域における異常な機能が正常化するという変化を示した。

心理療法のような，ポジティブな人間の相互交流は，新たなシナプス結合を作り出し，神経伝達物質を放出するかもしれない。これらは，人々がより柔軟性を増し自らを落ち着かせる能力をもって応じることを助ける。気分障害と不安障害におけるいくつかの神経画像研究は，脳のある領域における活動が，誰が治療に対してもっともポジティブに反応しそうかを予測するということを見出した。これら一連の研究は，われわれが"精神障害"を治療しているだけでなく，文字どおり"脳障害"を治療しているのだということを思い出させてくれる（本来的に何が障害を引き起こしたかにかかわらず，である）。

神経科学の時代が到来したので，われわれは幼少期の気質や心理的な障害の遺伝的起源をさらに学び，薬物治療と心理療法に共通のもしくはおのおのに特異的な脳に及ぼす効果について検証するようになり，早期の外傷的な記憶と無意識の過程の神経生物学的な関連についてのさらなる理解が進むだろう。神経科学の中で急速に発展している分野はこころ

と脳の間の溝を埋めてくれそうである。それに加えて、心理療法がどのように効果を発揮するかについて考えたり、語っていく方法をまったく刷新する必要があるだろう。

7．行動的健康

　心理療法は時代の傾向や流行の影響を免れるものではない。10年ごとに特定の障害に対する新たな関心と集中が見られる。1980年代は摂食障害であった。1990年代はパーソナリティ障害と注意欠陥多動性障害（ADHD）が中心を占めた。2000年代前半は身体的な健康問題の治療に焦点が当てられている。

　ある程度，心理的な成果と健康問題の治療における関心は，経済的なものである。ヘルスケアにかかるコストの50％以上が行動によるものである（Prochaska, 1996）。喫煙，アルコール過剰摂取，肥満，慢性疼痛，そしてストレスがわれわれの社会でもっとも費用がかかる条件である。またある程度，最近関心を集めているのが，慢性的な健康状態に対する従来の医療的なケアが十分満足のゆくものではないと認識されたことによる。現在治療中の上記の条件の人々のうち，最大でもわずか10％しか効果的な治療を受けていない。さらに一部は，慢性的受療条件下の子どもや成人に対する心理的治療の有用性がその関心に拍車をかけている（Compas et al., 1998; Kibby, Tyc, & Mulhern, 1998; Morely, Eccleston, & Williams, 1999 による展望を参照のこと）。

　客観的な根拠とデルファイ投票法の専門家の両方は，心理療法家が将来，健康問題の行動的な要素と慢性的な病気を日常的に治療するようになるだろうと予測している。確かに，精神医学はメインストリームの医療の一部として自らを改めて医療に組み込み，体系化された心理学は自らをメンタルヘルスの専門領域とは対立するヘルスケアの専門領域として定義し直そうと試みている。**行動的ヘルスケア**（behavioral health care）という用語は，治療の対象となる障害への視点を幅広くし，さらに範囲を広げてつなごうと努力する中で，徐々にメンタルヘルスケアから置き換わっている。

　健康行動の治療はしばしば**段階的ケアモデル**（stepped care model）（Haaga, 2000）を適用する。すべての患者が同じ強度の介入を求めるわけではない。セルフヘルプの本を読むことで救われる者もいるし，短期の心理教育的なグループから何かしらの恩恵を得る者もいるだろう。中には，高度な訓練を受けた心理療法家による長期の個人治療を求める者もいるだろう。

　段階的ケアでは，セラピーで用いられる資源の配分の有用性と効果を最大限にしようと試みる。セルフヘルプ関連の本やその紹介ビデオといったセルフヘルプの資源のように，われわれは通常はもっとも低コストな援助から始める。もしこれらで効果があれば，素晴らしいことである。もしこれらが効果を発揮しなければ，われわれはより強力な治療にステップアップするだろう。たとえば，インターネットを介して配信されるマルチメディアを用いた相互交流的なプログラムのような技術的応用を考える。さらなる援助が必要ならば，電話カウンセリングを加えることができるだろう。対面の心理療法はもっとも込み入ったケースのためにとっておかれることになろう。このような行動的ヘルスケアは，健康

促進を強調したり，慢性疾患の生物学的症状だけでなく行動的な原因を治療したりすることで，われわれの現在のシステムを変容させるかもしれない。

8. 一般住民を対象とした積極的治療

　心理療法は伝統的に患者に対して受動的で狭いアプローチをとってきた。心理療法家は，多くのヘルスケア提供者同様，最初は患者に対し相手の言動に受動的に関わる。セラピストは患者個人が自分たちのサービスを捜し求めるのを待つ。結果として伝統的な心理療法は，精神的および身体的障害に苦しむ人々の少数にしか手が届かなかったのである。

　将来的には，心理療法家は全住民に向けて，積極的に働きかけ，治療的サービスを提供してゆくことになろう。**積極的な働きかけ**（proactive outreach）は，リスクの高い人や悩んでいる人が行動的問題で治療を受ける割合を著しく引き上げるだろう。

　米国においては，うつ，不安，摂食障害の全国規模のスクリーニングが，今や毎年数百万人規模で行われている。ロードアイランドでは，NIH（米国国立衛生研究所）の出資を受けた積極的なプログラムが，アルコール過剰摂取，うつ，肥満，喫煙やストレスに悩むすべての人々に手を差し伸べており，彼らの変化のステージに応じた援助を提供している。アルコール過剰摂取やうつがある患者はプライマリーケアの実践の中でスクリーニングされ，その後適切な治療を紹介される。肥満，喫煙やストレスがあると，在宅で電話による援助が提供される。

　われわれの研究室における最近の研究で，**一般住民を対象とした介入**（population-based interventions）の成功を調査研究した（Prochaska, 2004）。喫煙者5,000人の標本に対し，われわれは積極的に治療的サービスを提供した。というのも，このような集団のごく少数しか行動に移そうという準備がなかったので，われわれは治療的サービスがあらゆる変化のステージにある喫煙者のために用意されていることを，彼らに知らせたのである。20%かそれ以下が，翌月までに行動に移す準備があるという準備期にある人で，40%は今後6か月以内に止めようと準備しつつある熟考期の人で，40%がまだ止める準備の出来ていない前熟考期にある人であった。これらの患者に働きかけ，彼らの変化のステージに対するわれわれの臨床的コミュニケーションをあれこれと工夫することで，われわれは80%の人にサービスを提供した（Prochaska et al., 2001）。このことは，われわれの喫煙という嗜癖に対するケア能力を向上させるという結果に行き着いた。われわれは，これらの結果を喫煙者約4,000人のHMO集団（Prochaska et al., 2000）と複数の行動的なリスクを持つ10代の若者の両親2,300人の集団（Prochaska et al., 2004）においても同様の結果を得た。

　効果のみに着目する伝統的なパラダイムとは対照的に，一般住民パラダイムは影響力に着目する。影響力は，効果（あるいは成功率）に参加を乗じて算出される。75%の効果（あるいは成功率）で参加者が人口の4%である心理療法は，3%の影響力を生む。対照的に，30%の効果で参加者が人口の80%である一般住民を対象とした治療は24%の影響力を生む。この例では，効果が少なくより低コストの一般住民を対象とした治療が，心理療

法の8倍の影響力を持っているのである。われわれは公衆衛生や地域啓発のように考え始めるだろう。個人ではなく，一般住民全員を対象とするのである。

　心理療法の科学と実践における革命は，まだ見ぬニーズに出会い，メンタルヘルスの専門家に壮大な地位を築くかもしれない。この革命は，（前述のように）生物医学的な焦点から行動的健康という焦点へ，ケースマネジメントから一般住民集団のマネジメントへ，そして受動的実践から積極的実践へという移行を伴うだろう。このような変革を成し遂げるのは心理療法家のみではない。しかしながらセラピストは，援助を求める過程に入っていない人々をも含んだ，もっと広範にわたる一般住民に対して敏感かつ効果的に介入してゆく準備をする必要があるだろう。

9．信念にもとづく実践

　心理療法のシステムは徐々にシステムの中に宿る魂というものを再発見している。道徳的な事柄とのいかなる関係も排除することでその学問分野を正当化しようとした年月の後に，心理療法家はだんだんと治療に精神的で宗教的な内容を統合しつつある。

　宗教的信念はいろいろな形をとって治療の中に入り込んでいる。あからさまに宗教的な治療を求める患者もいるかもしれない。結局のところ，米国人口の約92％がいずれかの宗教に属していて，96％が神や普遍的な魂の存在を信じていることを告白している（Shafranske, 1996）。心理療法は，聖職者により行われるかもしれないし，また教会のカウンセリングという場で生じるかもしれない。また治療は，ユダヤ教徒，キリスト教徒やイスラム教徒のセラピストだと自ら名乗る実践家によって行われるかもしれない。加えて，治療は，宗教的信念主導の，政府出資宗教プログラムを背景として，慈善的支援や薬物乱用治療を提供するようになるかもしれない。

　この20年間を通して，心理療法に見られる宗教や精神性について言及する文献は急激にその数を増している。1970年代や80年代において，心理療法は固有の価値を内在していると認識され，結果的にクライエントの宗教的多様性に注目するに至ったのである。最近では，影響力のある多くの書籍が出版され，心理療法家が適切な時に精神性を心理療法の中に統合するよう激励されている（たとえば，Kelly, 1995; Miller, 1999; Richards & Bergin, 2000; Shafranske, 1996）。

　心理療法は，ある意味でいつも"魂の治療"の一形態としてあり続けてきた。しかし将来的には，宗教はより明確に，そして公然と治療に組み込まれていくだろう。臨床家は，宗教や精神性を臨床的な査定の際の標準的な次元，とりわけその潜在的な強さやソーシャルサポートとして含めるだろう。臨床家は，治療中に明らかになる宗教的，精神的問題やさまざまな人生上の問題に潜む宗教的次元について話し合いたいというクライエントの要求に対し，開かれた姿勢で臨むだろう。

　信念にもとづくサービスは，ゆるしのような宗教的到達点に対して新たな臨床的関心を生じるだろう。ゆるしという考えは昔からあるが，心理療法においては最近まで系統的に教えられたり，評価されることはなかった。臨床や他の場面でのゆるしの有用性は，9つ

の比較対照研究のメタ分析によって明らかになっている（Baskin & Enright, 2004）。個人治療が長期にわたるほどより有意に効果量が高まるということは，人を深く不当に扱った人物を完全にゆるすのには，より多くの時間とエネルギーが要ることを示唆している。経験的な根拠は，最有力な方法である認知的決定にもとづく介入の使用を支持していない。

　臨床家によっては，抑うつ治療の予備的研究によって効果的であるとされた**宗教と調和のとれたセラピー**（religion-accommodative therapies）を採用するだろう（Worthington & Sandage, 2002）。治療法と患者個人との治療関係を仕立てようとする際に，その人の持つ宗教的世界観と一致した介入を好むきわめて信仰心の厚いクライエントとの作業であれば，宗教と調和の取れたセラピーは，一般的な治療よりもいっそうの効果が示されるかもしれない。

10. ポジティブ心理学

　ポジティブ心理学（positive psychology）運動の生みの親の1人マーチン・セリグマン（Martin Seligman, 2000）は，過去100年にわたる心理療法は，人間の本質である"徹頭徹尾堕落した"考えに同意してきたと確信している。人間とは，悪ではないにしろ，根本的には神経症的である。これは，たんに苦難の緩和のみに焦点を当てるという中途半端な心理療法につながっている。ポジティブ心理学は，クライエントが意味のある強さを発見する援助をすることで，本人の成長を促すより充実したセラピーを提供している。

　ポジティブ心理学は，個人，地域，社会が繁栄できるような強さや徳を築くことを目的としている。この目的は心理療法において，臨床家が患者の性格の強さや徳を認定することに変換される（Peterson & Seligman, 2004）——それは，精神病理学的な診断の先入観を相殺する努力である。それは，組織内の管理者や役職者が目標を明らかにし，その目標に向かって動けるよう援助するという**管理的コーチング**（executive coaching）に変換される。それは，組織が責任感，柔軟性，公正性，楽観性，その他組織に適した強さなどを開発する手助けをすることに変換される。それは，個人や地域に対して，耐えるのみならずその成長をも手助けする数々の活動を含んでいる。

　こうしたテーマの多くを1960年代や70年代における人間性心理学者が発展させた。実際のところ，ストレスとコーピングを専門とする著名な心理学者であるリチャード・ラザルス（Richard Lazarus, 2003, p.107）は，ポジティブ心理学の多くの支持者は「残念なことに，非常に簡潔な教義を，新たに言うべきこともほとんどない曖昧で使い古されたイデオロギーへの熱中に駆り立てるように考案された，ありふれたスローガンに転換してしまった」と書いている。しかし，ポジティブ心理学はそれらの古いテーマを再統合し，科学的な分類と根拠を加えてきた。将来的には，心理療法家は精神病理を治療することと成長を促すことの両方を期待されるであろう。

11. 統合的・包括的ケア

　精神的健康と行動的健康のサービスは，全般的なヘルスケアシステムの一部として台頭しており，決して別のものではない。行動がヘルスケアシステムを通じて統合されなければ，いかなるヘルスケアシステムも効果を発揮しないだろう。将来的にはすべての人々にヘルスケアが提供されるだろう（Kaslow, Blount, & Sue, 2005）。

　歴史的に米国のヘルスケアは，生化学的検査や治療に大金を支払ってきた。しかしこのモデルは，伝統的なケアに行動的・社会的治療を取り入れた，より包括的な生物心理社会的モデルに移行している。生物心理社会的モデルだけが，ライフスタイルの選択，医学的管理の遵守ならびに慢性疾患のマネジメントの中心的な役割を果たすだろう。そして，心理療法家のみがそのような行動を変化させる訓練を受けている。

　今後10年の間に，われわれは統合的・包括的ケアに向けた明確な運動を目撃するだろう。われわれが目にしてきたように，コンピュータは臨床家を補完し，セルフヘルプは心理療法を補完し，一般住民を対象とした介入は個人を対象とした治療を補完し，精神性は世俗的なものを補完し，そしてポジティブさの促進は精神病理の治療を補完するのである。包括的なサービスは多岐にわたり，セルフヘルププログラム，インターネットを介した治療，電話での健康指導や積極的な電話カウンセリングから，より集中的な援助が必要な人々を対象にしたクリニックにおける心理療法に至るまでをカバーしている。

　従業員が，より消費者運営型のヘルスケアへ移行していくと，個人として自らの健康とヘルスケアにいっそうの責任を負うことが必要になる。制限のない健康保険よりもむしろ，より多くの従業員は健康貯金制度を利用するであろう。予防や積極的な治療などを行って自らの健康に気を遣えば遣うほど，従業員は精神的・身体的にも，そして経済的にもますます恩恵を被ることになろう。効果的かつ費用的にも，効果的な治療にこだわればこだわるほど，恩恵をより被ることになろう。

12. 心理療法の作用

　前章で展望された対照群を置いた治療結果研究は，データを非常に厳密に評価した心理療法の有用性を一貫して証明している。2,000人以上の個人研究に信頼を寄せても，あるいは何百ものメタ分析に信頼を寄せても，十分に練り上げられた心理的介入は意図した結果に対して意義深く，ポジティブな効果を持つのである（Lipsey & Wilson, 1993）。心理的な諸療法は，研究志向の研究室から臨床として典型的なクリニックに至る環境を通して，強力な効果がある（Shadish et al., 2000）。すべての研究を通して，心理療法の平均効果量は0.80であり，これは行動科学においては大きな効果量である（Wampold, 2001）。心理療法を受けた平均的クライエントは，未治療のクライエントの79％に比較すると，前よりも改善した。簡単にいえば，心理療法は著しく効果的である。

　ある適切な事例は，ヘルスケアシステムにおける心理的治療の有用性を表している。よくコントロールされた多数の対照研究は，薬物治療や代替治療と比較してさまざまな行動

症状——ストレス，失禁，不眠や湾岸戦争による病気など——に対する心理療法の成功を明らかにしている（Barlow, 2004）。これらの治療は特定の障害や特定の患者特性にすべて合わせている。心理療法と生物医学との効果を比較した興味深い一連の研究において，ローゼンタール（Rosenthal, 1990, 1995）が確信をもって明らかにしたことは，心理療法に特有の重大さは，その非常に大きい実践的重要性であり，それは生物医学の飛躍的前進においてしばしば見られた効果に匹敵し，それを乗り越えている。

別の適切な事例は，臨床的にうつ病と診断される治療である。抗うつ薬の処方，とりわけセロトニン再取り込み阻害薬は，うつ病のもっとも有効な治療であると一般的に信じられている。しかし実際のところ，うつ病には心理療法以上に強力な医療はないのである（Antonuccio, 1995; Antonuccio, Danton, & DeNelsky, 1994; DeRubeis et al., 2005）。入手可能な科学的根拠は，心理療法，とりわけ認知行動療法と対人関係療法は，それらが特に患者の状態を評価する測度や長期の追跡調査が考慮されている場合には，一般的にうつ病の薬物治療よりも同程度かあるいはそれ以上に効果的であることをはっきりと示している。これは，抗うつ薬の有益な影響力の価値を下げるものではなく，むしろ，心理療法の信頼に値する潜在力を強調するものである（Hollon et al., 2005; Munoz et al., 1994）。

研究するに尽きるなどと，今さら言わなくてもいいだろう。それどころか，われわれは成功した心理療法の効果的な構成要素をすべて活用し，すべて理解しなければならない。次世代にふさわしい心理療法研究の検討課題は，どの治療がもっとも効果的であるか，介在している因果関係のプロセスはどんな作用を通じてなのか，そして改善を最大限にするセラピストの特性の研究である。どういう患者に対して何が効くかを決めること——処方箋の作成——は研究課題の一部でもある（Roth & Fonagy, 2004）。論点はもはや，効き目があるかどうかではなく，どのように効き目が出たのかと，どうやったらもっと効き目を出せるのかである（Lipsey & Wilson, 1993）。

将来の方向性を繰り返し述べることになるが，実践家，患者，政策立案者，拠金者は等しく，心理療法のシステムの有用性は重要な科学に支えられていることをますます認識するようになるだろう。効果量や確率値は，人々がどれだけ幸せに，どれだけ健康になったかという生きた人間的統計に読みかえることを，われわれは忘れてはならない。

おわりに

心理療法の歴史は短いが，長く繁栄する将来があることをわれわれは確信している。メンタルヘルスサービスに対する容赦のない経費削減の可能性に関心を寄せる一方，われわれは皆一様に将来の心理療法について鼓舞されるのである。25年，いや10年後でさえ，将来がどのようになるか予測するのはたやすいことではない。ある意味，人間の行動は今もしばしばそうであるように不可解なままであろうが，われわれは，心理療法の驚くべき効果がより予測可能になり，ますます普及することを望んでいる。

ローマ神話のヤヌスのように，創造的で献身的な心理療法家は，将来と過去とを同時に

視野に入れねばならない（Rothenberg, 1988）。われわれは本書において，ヤヌス伝説のように，過去から大きな知識を獲得し，未来へ向けて情熱を傾けた追究を具体化するように努めてきたが，その思いは遂げられたであろうか。

重要用語

行動的e健康 behavioral e-health
行動的ヘルスケア behavioral health care
デルファイ投票法 Delphi poll
経験的に支持された治療 empirically supported treatments
根拠にもとづいた実践 evidence-based practice（EBP）
管理的コーチング executive coaching
メンタルヘルスケアの産業化 industrialization of mental health care
神経科学 neuroscience
一般住民を対象とした介入 population-based interventions
ポジティブ心理学 positive psychology
実践ガイドライン practice guidelines
積極的な働きかけ proactive outreach
宗教と調和のとれたセラピー religion-accommodative therapies
段階的ケアモデル stepped care model
遠隔的心理療法 telepsychotherapy
仮想現実療法 virtual therapy

推薦図書

American Psychiatric Association. (2000). *Practice guidelines for the treatment of psychiatric disorders, Compendium 2000*. Washington, DC: American Psychiatric Press.

Cozolino, L. (2003). *The neuroscience of psychotherapy: Building and rebuilding the human brain*. New York: Norton.

Miller, W. R. (Ed.). (1999). *Integrating spirituality into treatment: Resources for practitioners*. Washington, DC: American Psychological Association.

Nathan, P. E., & Gorman, J. M. (Eds.). (2002). *A guide to treatments that work* (2nd ed.). New York: Oxford University Press.

Newman, M. G. (Ed.). (2004). Technology in psychotherapy (special issue). *Journal of Clinical Psychology: In Session, 60*(2).

Norcross, J. C. (Ed.). (2002). *Psychotherapy relationships that work*. New York: Oxford University Press.

Norcross, J. C., Beutler, L. E., & Levant, R. F. (Eds.). (2005). *Evidence-based practice in mental health: Debate and dialogue on the fundamental questions*. Washington, DC: American Psychological Association.

Norcross, J. C., Hedges, M., & Prochaska, J. O. (2002). The face of 2010: A Delphi poll on the future of psychotherapy. *Professional Psychology: Research and Practice, 33*, 316-322.

Norcross, J. C., Santrock, J. W., Campbell, L. F., Smith, T. P., Sommer, R., & Zuckerman, E. L. (2003). *Authoritative guide to self-help resources in mental health* (rev. ed.). New York: Guilford.

Prochaska, J.O. (2004). Population treatment for addictions. *Current Directions in Psychological Science,* 13, 242-246.

Roth, A., & Fonagy, P. (2004). *What works for whom? A critical review of psychotherapy research* (2nd ed.). New York: Guilford.

Snyder, C. R., & Lopez, S. J. (Eds.). (2002). *Handbook of positive psychology.* New York: Oxford University Press.

Wiederhold, B. K., & Wiederhold, M. D.(2005). *Virtual reality therapy for anxiety disorders.* Washington, DC: American Psychological Association.

JOURNALS: *Behavioral Healthcare Tomorrow; Cyber Psychology & Behavior; Evidence-Based Mental Health; Journal of Positive Psychology; Mental Health Services Research; The Scientific Review of Mental Health Practice.*

推薦ウェブサイト

Cochrane Collaboration: **www. cochrane. org/**
Evidence Based Medicine Online: **ebm. bmjjournals. com/**
Positive Psychology Center: **www. positivepsychology. org/index. htm**
Psychological Self-Help: **www. mentalhelp. net/psyhelp**
Society for Neuroscience: **apu. sfn. org/**
Society of Behavioral Medicine: **www.sbm. org/**

本文内容一覧

（　）内は，本文当該頁

1．心理療法の定義と比較：統合の枠組み（第1章すべて）
心理療法の定義／理論の役割／治療の共通性／変化のプロセス／変化のプロセスに対する最初の統合／治療の内容／C夫人の症例／重要用語／推薦図書

2．治療関係
精神分析的療法における（pp.51-52）／精神力動的治療における（p.87）／実存療法における（pp.134-135）／パーソンセンタード療法における（pp.160-161）／ゲシュタルト療法における（pp.213-216）／交流分析における（p.250）／対人関係療法における（p.243）／暴露療法群における（pp.268-269, p.275, p.282）／行動療法における（pp.324-326）／REBTにおける（pp.366-367）／認知療法における（pp.373-374）／システム療法における（pp.405-406）／ジェンダーセンシティヴ療法における（pp.453-454）／多文化間療法における（pp.483-485）／ソリューションフォーカスド療法における（p.510）／ナラティヴ療法における（pp.516-517）／精神力動的-行動的統合療法における（pp.544-545）／マルチモダル療法における（pp.551-553）／C夫人を対象としたパーソンセンタードの分析（pp.184-186）

3．意識化——フィードバック
精神分析的療法における（pp.42-45）／アドラー派療法における（pp.78-80）／実存療法における（pp.121-124）／パーソンセンタード療法における（pp.162-165）／ゲシュタルト療法における（pp.199-203）／認知療法における（pp.370-373）／システム療法における（pp.400-401, pp.409-411, pp.418-419）／ジェンダーセンシティヴ療法における（意識覚醒）（pp.445-447）／多文化間療法における（pp.476-478）／ソリューションフォーカスド療法における（pp.506-507）／ナラティヴ療法における（pp.514-515）／C夫人を対象とした精神分析（pp.62-65）／C夫人を対象としたアドラー派療法の分析（pp.103-104）

4．意識化——教育
精神分析的療法における（pp.42-45）／アドラー派療法における（pp.78-80）／実存療法における（pp.121-124）／パーソンセンタード療法における（pp.162-165）／ゲシュタルト療法における（pp.199-203）／交流分析における（pp.248-249）／対人関係療法における（236-239）／REBTにおける（356-359）／認知療法における（370-371）／ボーエン家族システム療法における（pp.418-419）／フェミニスト療法における（意識覚醒）（pp.445-

447）／多文化間療法における（pp.476-478）／C夫人を対象とした対人関係分析（pp.256-258）／C家族を対象としたシステム的分析（pp.432-434）

5．カタルシス
パーソンセンタード療法における（pp.165-167）／ゲシュタルト療法における（pp.203-207）／対人関係療法における（pp.236-239）／インプローシヴ療法における（pp.266-268）／コミュニケーション/戦略的療法における（pp.403）／多文化間療法における（p.478）／C夫人を対象としたゲシュタルト分析（pp.225-227）／C夫人を対象としたインプローシヴ療法（pp.287-290）

6．選択——自己の解放
アドラー派療法における（pp.81-82）／実存療法における（pp.124-126）／コミュニケーション/戦略的療法における（pp.401-403）／ボーエン家族システム療法における（pp.419-420）／ジェンダーセンシティヴ療法における（pp.447-448）／文化重視療法における（pp.478-480）／ソリューションフォーカスド療法における（pp.507-509）／ナラティヴ療法における（p.515）／C夫人を対象とした実存分析（pp.146-148）／C夫人を対象としたナラティヴ分析（pp.523-524）

7．選択——社会的解放
アドラー派療法における（pp.81-82）／交流分析における（p.248）／構造療法における（pp.411-413）／ジェンダーセンシティヴ療法における（pp.448-450）／多文化間療法における（pp.478-480）／C夫人を対象としたフェミニストの分析（pp.462-463）／C夫人を対象とした多文化間的分析（pp.495-496）

8．自己の再評価
REBTにおける（pp.356-359）／C夫人を対象とした認知分析（pp.386-388）

9．刺激コントロール
行動療法における（pp.306-307）／マルチモダル療法における（pp.549-551）／C夫人の行動分析（pp.342-344）

10．拮抗条件づけ
暴露療法群における（pp.271-275）／EMDRにおける（pp.279-282）／行動療法における（pp.296-307）／REBTにおける（p.360）／認知療法における（pp.370-373）／コミュニケーション/戦略的療法における（pp.404-405）／ナラティヴ療法における（pp.515-516）／マルチモダル療法における（pp.549-550）／C夫人を対象としたインプローシヴ療法（pp.287-290）／C夫人を対象としたマルチモダル分析（pp.559-561）

11. 随伴性マネジメント
アドラー派療法における（pp.80-81）／行動療法における（pp.309-317）／REBT における（p.359）／C 夫人を対象とした行動分析（pp.342-344）

12. 心理療法の有用性
精神分析的療法における（pp.56-59）／精神力動的治療における（pp.97-100）／実存療法における（p.143）／パーソンセンタード療法における（pp.178-181）／ゲシュタルト療法と体験療法における（pp.220-222）／対人関係療法における（pp.251-254）／暴露療法群における（283-284）／行動療法における（pp.328-338）／認知療法における（pp.375-383）／システム療法における（pp.422-427）／ジェンダーセンシティヴ療法における（p.459）／多文化間療法における（pp.491-492）／構成主義的療法における（pp.517-519）／精神力動的-行動的統合療法における（p.545-546）／マルチモダル療法における（pp.554-556）

13. 比較による結論：多理論統合療法に向けて（16章すべて）
発達的観点／多理論統合モデル／変化のプロセス／変化のステージ／変化のレベル／統合化／多理論統合的関係／多理論統合的心理療法の有効性／多理論統合療法に対する批判／C 夫人を対象とした多理論統合的分析／重要用語／推薦図書

14. 将来の方向性
精神分析的療法における（pp.65-67）／精神力動的治療における（pp.105-106）／実存療法における（pp.149-150）／パーソンセンタード療法における（pp.186-187）／ゲシュタルト療法と体験療法における（pp.227-228）／対人関係療法における（pp.258-259）／暴露療法群における（p.290）／行動療法における（pp.344-345）／認知療法における（pp.388-389）／システム療法における（pp.434-435）／ジェンダーセンシティヴ療法における（pp.463-464）／多文化間療法における（pp.496-498）／構成主義的心理療法における（pp.524-526）／統合療法と折衷療法における（pp.561-562）／心理療法全般における（17章すべて）

その他の項目
創始者の人物像／パーソナリティ理論／精神病理の理論／治療の内容／心理療法の実用性／各心理療法に対する批判／推薦ウェブサイト

参考文献

Abel, J. L. (1993). Exposure with response prevention and serotonergic antidepressants in the treatment of obsessive compulsive disorder: A review and implication for interdisciplinary treatment. *Behaviour Research and Therapy, 31,* 463–478.

Abraham, K. (1927). The influence of oral eroticism on character formation. In K. Abramson (Ed.), *Selected papers.* London: Institute for Psychoanalysis and Hogarth Press.

Abramowitz, J. (1996). Variants of exposure and response prevention in the treatment of obsessive-compulsive disorder: A meta-analysis. *Behavior Therapy, 27,* 583–600.

Abramowitz, J. (1997). Effectiveness of psychological and pharmacological treatments for obsessive-compulsive disorder: A quantitative review. *Journal of Consulting and Clinical Psychology, 65,* 44–52.

Abramowitz, S. I., & Murray, J. (1983). Race effects in psychotherapy. In J. Murray & P. Abramson (Eds.), *Bias in psychotherapy.* New York: Praeger.

Abramson, L. Y., Seligman, M. E., & Teasdale, J. D. (1978). Learned helplessness in humans: Critique and reformulation. *Journal of Abnormal Psychology, 87,* 49–74.

Acierno, R., Hersen, M., van Hasselt, V. B., Tremont, G., & Meuser, K. T. (1994). Review of the validation and dissemination of Eye-Movement Desensitization and Reprocessing. A scientific and ethical dilemma. *Clinical Psychology Review, 14,* 287–299.

Addis, M. E., & Mahalik, J. R. (2003). Men, masculinity, and the contexts of help seeking. *American Psychologist, 58,* 5–14.

Adler, A. (1917). *Study of organ inferiority and its physical compensation.* New York: Nervous and Mental Diseases Publishing.

Adler, A. (1929). *Problems of neurosis.* London: Kegan Paul.

Adler, A. (1931). Compulsion neurosis. *International Journal of Individual Psychology, 9,* 1–16.

Adler, A. (1936). The neurotic's picture of the world: A case study. *International Journal of Individual Psychology, 3,* 3–13.

Adler, A. (1964). *Social interest: A challenge to mankind.* New York: Capricorn. (Original work published 1929.)

Agras, W. S. (1987). So where do we go from here? *Behavior Therapy, 18,* 203–217.

Agras, W. S., et al. (2000). A multicenter comparison of cognitive-behavioral therapy and interpersonal therapy for bulimia nervosa. *Archives of General Psychiatry, 57,* 459–466.

Alberts, G., & Edelstein, B. (1990). Therapist training: A critical review of skill training studies. *Clinical Psychology Review, 10,* 497–511.

Alexander, F., & French, T. M. (1946). *Psychoanalytic therapy.* New York: Ronald.

Alexander, J., & Parsons, B. (1973). Short-term behavioral intervention with delinquent families: Impact on family process and recidivism. *Journal of Abnormal Psychology, 81,* 219–225.

Alford, B. A., & Beck, A. T. (1997a). *The integrative power of cognitive therapy.* New York: Guilford.

Alford, B. A., & Beck, A. T. (1997b). Therapeutic interpersonal support in cognitive therapy. *Journal of Psychotherapy Integration, 7,* 105–117.

Alford, B. A., & Norcross, J. C. (1991). Cognitive therapy as integrative therapy. *Journal of Psychotherapy Integration, 1,* 175–190.

American Anthropological Association. (1998). American Anthropological Association Statement on "Race." Accessed at http://www.aaanet.org/stmts/racepp.htm, June 11, 2005.

American Psychiatric Association. (1994). *Diagnostic and statistical manual of mental disorders* (4th ed.). Washington, DC: Author.

American Psychiatric Association. (2000a). Position statement on therapies focused on attempts to change the sexual orientation (reparative or conversion therapies). *American Journal of Psychiatry, 157,* 1719–1721.

American Psychiatric Association. (2000b). *Practice guidelines for the treatment of psychiatric*

disorders, Compendium 2000. Washington, DC: American Psychiatric Press.
American Psychological Association. (1975). Report of the Task Force on Sex Bias and Sex-Role Stereotyping in Psychotherapeutic Practice. *American Psychologist, 30,* 1169–1175.
American Psychological Association. (1991). *Guidelines for psychological practice with ethnic and culturally diverse populations.* Washington, DC: Author.
American Psychological Association. (1993). Guidelines for providers of psychological services to ethnic, linguistic, and culturally diverse populations. *American Psychologist, 48,* 45–48.
American Psychological Association. (1998). Proceedings of the American Psychological Association, Incorporated, for the legislative year 1997. *American Psychologist, 53,* 934–935.
American Psychological Association. (2000). Guidelines for psychotherapy with lesbian, gay, and bisexual clients. *American Psychologist, 55,* 1440–1451.
American Psychological Association. (2003). Guidelines on multicultural education, training, research, practice, and organizational change for psychologists. *American Psychologist, 58,* 377–402.
American Psychological Association, Task Force on Sex Bias and Sex-Role Stereotyping in Psychotherapeutic Practice. (1978). Guidelines for therapy with women. *American Psychologist, 33,* 1122–1123.
Anchin, J., & Kiesler, D. E. (Eds.). (1982). *Handbook of interpersonal psychotherapy.* New York: Pergamon.
Anderson, E. M., & Lambert, M. J. (1995). Short-term dynamically oriented psychotherapy: A review and meta-analysis. *Clinical Psychology Review, 15,* 503–514.
Anderson, W. (1974). Personal growth and client-centered therapy: An information processing view. In D. Wexler & L. Rice (Eds.), *Innovations in client-centered therapy.* New York: Wiley.
Andrews, J. D., Norcross, J. C., & Halgin, R. P. (1992). Training in psychotherapy integration. In J. C. Norcross & M. R. Goldfried (Eds.), *Handbook of psychotherapy integration.* New York: Basic.
Andronico, M. P. (Ed.). (1996). *Men in groups: Insights, interventions, and psychoeducational work.* Washington, DC: American Psychological Association.
Ansbacher, H. L., & Ansbacher, R. R. (Eds.). (1964). *Superiority and social interest.* New York: Norton.
Antonuccio, D. O. (1995). Psychotherapy for depression: No stronger medicine. *American Psychologist, 50,* 450–452.
Antonuccio, D. O., Danton, W. G., & DeNelsky, G. Y. (1994). Psychotherapy for depression: No stronger medicine. *Scientist Practitioner, 4*(1), 2–18.
Aos, S., & Barnoski, R. (1998). *Watching the bottom line: Cost-effective interventions for reducing crime in Washington.* Washington State Institute for Public Policy.
Araoz, D. L., & Carrese, M. A. (1996). *Solution-oriented brief therapy for adjustment disorders.* New York: Brunner/Mazel.
Arkowitz, H. (1989). The role of theory in psychotherapy integration. *Journal of Integrative and Eclectic Psychotherapy, 8,* 8–16.
Arkowitz, H. (1992). Integrative theories of therapy. In D. K. Freedheim (Ed.), *History of psychotherapy: A century of change.* Washington, DC: American Psychological Association.
Arkowitz, H., & Messer, S. B. (Eds.). (1984). *Psychoanalytic therapy and behavior therapy: Is integration possible?* New York: Plenum.
Ascher, W. (1978). *Forecasting.* Baltimore: Johns Hopkins University Press.
Atayas, V. (1977). *Psychology and education of beyond adjustment.* Unpublished manuscript, University of Rhode Island Counseling Center.
Atkinson, D. R. (1985). A meta-review of research on cross-cultural counseling and psychotherapy. *Journal of Multicultural Counseling and Development, 13,* 138–153.
Atkinson, D. R., Morten, G., & Sue, D. W. (1989). A minority identity development model. In D. R. Atkinson, G. Morten, & D. W. Sue (Eds.), *Counseling American minorities.* Dubuque, IA: W. C. Brown.
Austad, C. S., & Berman, W. H. (1991). *Psychotherapy in managed health care: The optimal use of time and resources.* Hyattsville, MD: American Psychological Association.
Ayllon, T., & Azrin, N. (1968). *The token economy: A motivational system for therapy and rehabilitation.* New York: Appelton-Century-Crofts.
Aylmer, R. (1978). *Family systems therapy.* Workshop presented at the University of Rhode Island, Kingston.
Azrin, N., & Holz, W. (1966). Punishment. In W. Honig (Ed.), *Operant behavior: Areas of research and application.* New York: Appelton-Century-Crofts.
Babcock, J. C., Green, C. E., & Robie, C. (2004). Does batterers' treatment work? A meta-analytic review of domestic violence treatment. *Clinical Psychology Review, 23,* 1023–1053.
Bachrach, H. M., Galatzer-Levy, R., Skolnikoff, A., & Waldron, S. (1991). On the efficacy of psychoanalysis. *Journal of the American Psychoanalytic Association, 39,* 871–916.

Ballou, M. B. (1990). Approaching a feminist-principled paradigm in the construction of personality theory. In L. S. Brown & M. P. P. Root (Eds.), *Diversity and complexity in feminist therapy.* New York: Hawthorne.

Bandura, A. (1969). *Principles of behavior modification.* New York: Holt, Rinehart & Winston.

Bandura, A. (1977). Self-efficacy: Toward a unifying theory of behavior change. *Psychological Review, 84,* 191–215.

Bandura, A. (1982). Self-efficacy mechanism in human agency. *American Psychologist, 37,* 122–147.

Barak, A. (1999). Psychological applications on the Internet: A discipline on the threshold of a new millennium. *Applied & Preventative Psychology, 8,* 231–245.

Barbato, A., & D'Avanzo, B. (2000). Family interventions in schizophrenia and related disorders: A critical review of clinical trials. *Acta Psychiatry Scandanavia, 102,* 81–97.

Barber, J. P., & Luborsky, L. (1991). A psychodynamic view of simple phobias and prescriptive matching: A commentary. *Psychotherapy, 28,* 469–472.

Barber, S. L., Funk, S. C., & Houston, B. K. (1988). Psychological treatment versus nonspecific factors: A meta-analysis of conditions that engender comparable expectations for improvement. *Clinical Psychology Review, 8,* 579–594.

Barker, R. T., & Barker, S. B. (1996). An Adlerian approach to managing organizational change. *Individual Psychology, 52,* 181–192.

Barkley, R. A. (1987). *Defiant children: A clinician's manual for parent training.* New York: Guilford.

Barkley, R. A. (1991). *Attention-deficit hyperactivity disorder.* New York: Guilford.

Barlow, D. H. (1988). *Anxiety and its disorders.* New York: Guilford.

Barlow, D. H. (2004). Psychological treatments. *American Psychologist, 59,* 869–878.

Barlow, D. H., & Beck, J. G. (1984). The psychological treatment of anxiety disorders: Current status, future directions. In J. B. W. Williams & R. L. Spitzer (Eds.), *Psychotherapy research: Where are we and where should we go?* New York: Guilford.

Barlow, D. H., Gorman, J. M., Shear, M. K., & Woods, S. W. (2000). Cognitive-behavioral therapy, imipramine, or their combination for panic disorder: A randomized controlled trial. *Journal of the American Medical Association, 283,* 2529–2536.

Barlow, D. H., Hayes, S. C., & Nelson, R. O. (1984). *The scientist practitioner: Research and accountability in clinical and educational settings.* New York: Pergamon.

Barlow, D. H., & Lehman, C. L. (1996). Advances in the psychosocial treatment of anxiety disorders. *Archives of General Psychiatry, 53,* 727–735.

Barlow, D. H., & Wolfe, B. (1981). Behavioral approaches to anxiety disorders: A report on the NIMH–SUNY, Albany, research conference. *Journal of Consulting and Clinical Psychology, 49,* 448–454.

Barrett-Lennard, G. (1998). *Carl Rogers' helping system: Journey and substance.* Thousand Oaks, CA: Sage.

Barth, J. (1967). *The end of the road.* New York: Doubleday.

Barton, A. (1974). *Three worlds of therapy.* Palo Alto, CA: National Press Books.

Baruth, L. G., & Manning, M. L. (2003). *Multicultural counseling and psychotherapy: A lifespan perspective* (3rd ed.). New Jersey: Merrill Prentice Hall.

Basco, M. R., & Rush, A. J. (2005). *Cognitive-behavioral therapy for bipolar disorder* (2nd ed.). New York: Guilford.

Baskin, T. W., & Enright, R. D. (2004). Intervention studies on forgiveness: A meta-analysis. *Journal of Counseling and Development, 82,* 79–90.

Bateson, G., Jackson, D., Haley, J., & Weakland, J. (1956). Toward a theory of schizophrenia. *Behavioral Sciences, 1,* 251–261.

Baucom, D. H., Shoham, V., Mueser, K. T., Daiuto, A. D., & Stickle, T. R. (1998). Empirically supported couple and family interventions for marital distress and adult mental health problems. *Journal of Consulting and Clinical Psychology, 66,* 53–58.

Baum, M. (1970). Extinction of avoidance responding through response prevention (flooding). *Psychological Bulletin, 74,* 276–284.

Baxter, L. R., Schwartz, J. M. , Bergman, K. S., et al. (1992). Caudate glucose metabolic rate changes with both drug and behavior therapy for obsessive-compulsive disorder. *Archives of General Psychiatry, 49,* 681–689.

de Beauvoir, S. (1961). *The second sex.* New York: Bantam.

Bechtoldt, H., Norcross, J. C., Wyckoff, L. A., Pokrywa, M. L., & Campbell, L. F. (2001). Theoretical orientations and employment settings of clinical and counseling psychologists: A comparative study. *The Clinical Psychologist, 54*(1), 3–6.

Beck, A. T. (1967). *Depression: Clinical, experimental, and theoretical aspects.* New York: Harper & Row.

Beck, A. T. (1970). The core problem in depression: The cognitive triad. In J. Masserman (Ed.), *Depression: Theories and therapies.* New York: Grune & Stratton.

Beck, A. T. (1976). *Cognitive therapy and the*

emotional disorders. New York: International Universities Press.

Beck, A. T. (1988). *Love is never enough*. New York: Harper & Row.

Beck, A. T. (1991a). Cognitive therapy: A 30-year retrospective. *American Psychologist, 46,* 368–375.

Beck, A. T. (1991b). Cognitive therapy as *the* integrative therapy. *Journal of Psychotherapy Integration, 1,* 190–194.

Beck, A. T. (2000). *Prisoners of hate : The cognitive basis of anger, hostility, and violence*. New York: Harperperennial.

Beck, A. T., Emery, G., & Greenberg, R. L. (1985). *Anxiety disorders and phobias: A cognitive perspective*. New York: Basic.

Beck, A. T., Freeman, A., & Davis, D. D. (2004). *Cognitive therapy of personality disorders* (2nd ed.). New York: Guilford.

Beck, A. T., & Haaga, D. A. F. (1992). The future of cognitive therapy. *Psychotherapy, 29,* 34–38.

Beck, A. T., Rush, A. J., Shaw, B, & Emery, G. (1979). *Cognitive therapy of depression*. New York: Guilford.

Beck, A. T., Wright, F. D., Newman, C. F., & Liese, B. S. (1993). *Cognitive therapy of substance abuse*. New York: Guilford.

Beck, J. S. (1995). *Cognitive therapy: Basics and beyond*. New York: Guilford.

Beck, R., & Fernandez, E. (1998). Cognitive-behavioral therapy in the treatment of anger: A meta-analysis. *Cognitive Therapy & Research, 22,* 63–74.

Beitman, B. D. (1986). *The structure of individual psychotherapy*. New York: Guilford.

Beitman, B. D. (1992). Integration through fundamental similarities and useful differences among the schools. In J. C. Norcross & M. R. Goldfried (Eds.), *Handbook of psychotherapy integration*. New York: Basic.

Beitman, B. D., Beck, N. C., Deuser, W. E., Carter, C. S., Davidson, J. R. T., & Maddock, R. J. (1994). Patient stage of change predicts outcome in a panic disorder medication trial. *Anxiety, 1,* 64–69.

Bem, S. L. (1975). Sex-role adaptability: One consequence of psychological androgyny. *Journal of Personality and Social Psychology, 31,* 634–643.

Bem, S. L. (1977). On the utility of alternative procedures for assessing psychological androgyny. *Journal of Consulting and Clinical Psychology, 45,* 196–205.

Benjamin, A. (1987). *The helping interview*. Boston: Houghton Mifflin.

Benton, M. K., & Schroeder, H. E. (1990). Social skills training with schizophrenics: A meta-analytic evaluation. *Journal of Consulting and Clinical Psychology, 58,* 741–747.

Berg, I. K. (1999). *Building solutions with mandated clients*. Available at www.brief-therapy.org/insoo_handouts.htm.

Berg, I. K., & Miller, S. D. (1992). *Working with the problem drinker: A solution-focused approach*. New York: Norton.

Bergin, A. E., & Lambert, M. J. (1978). The evaluation of therapeutic outcomes. In S. L. Garfield & A. E. Bergin (Eds.), *Handbook of psychotherapy and behavior change* (2nd ed.). New York: Wiley.

Berne, E. (1964). *Games people play*. New York: Grove.

Berne, E. (1966). *Principles of group treatment*. New York: Oxford University Press.

Berne, E. (1970). *Sex in human loving*. New York: Simon & Schuster.

Berne, E. (1972). *What do you say after you say hello*. New York: Grove.

Berne, E., Steiner, C., & Dusay, J. (1973). Transactional analysis. In R. Jurjevich (Ed.), *Direct psychotherapy* (Vol. 1). Coral Gables, FL: University of Miami Press.

Besa, D. (1994). Evaluating narrative family therapy using single-system research designs. *Research on Social Work Practice, 4,* 309–325.

Beutler, L. E. (1983). *Eclectic psychotherapy: A systematic approach*. New York: Pergamon.

Beutler, L. E. (1991). Have all won and must all have prizes? Revisiting Luborsky et al.'s verdict. *Journal of Consulting and Clinical Psychology, 59,* 226–232.

Beutler, L. E., & Clarkin, J. (1990). *Systematic treatment selection: Toward targeted therapeutic interventions*. New York: Brunner/Mazel.

Beutler, L. E., Consoli, A. J., & Lane, G. (2005). Systematic treatment selection and prescriptive psychotherapy. In J. C. Norcross & M. R. Goldfried (Eds.), *Handbook of psychotherapy integration* (2nd ed.). New York: Oxford University Press.

Beutler, L. E., Crago, M., & Arezmendi, T. G. (1986). Research on therapist variables in psychotherapy. In S. L. Garfield & A. E. Bergin (Eds.), *Handbook of psychotherapy and behavior change* (3rd ed.). New York: Wiley.

Beutler, L. E., & Harwood, T. M. (2000). *Prescriptive psychotherapy: A practical guide to systematic treatment selection*. New York: Oxford University Press.

Beutler, L. E., Mahoney, M. J., Norcross, J. C., Prochaska, J. O., Sollod, R. M., & Robertson, M. (1987). Training integrative/eclectic psychotherapists II. *Journal of Integrative and Eclectic Psychotherapy, 6,* 296–332.

Bibring, E. (1954). Psychoanalysis and the dynamic psychotherapies. *Journal of the American Psychoanalytic Association, 2,* 745–770.

Binswanger, L. (1958a). The case of Ellen West. In

R. May, E. Angel, & H. Ellenberger (Eds.), *Existence*. New York: Basic.

Binswanger, L. (1958b). The existential analysis school of thought. In R. May, E. Angel, & H. Ellenberger (Eds.), *Existence*. New York: Basic.

Binswanger, L. (1963). *Being-in-the-world: Selected papers of Ludwig Binswanger*. New York: Basic.

Birk, L., Huddleston, W., Millers, E., & Cohler, B. (1971). Avoidance conditioning for homosexuality. *Archives of General Psychology, 25,* 314–323.

Black, A. (1958). The extinction of avoidance responses under curare. *Journal of Comparative and Physiological Psychology, 51,* 519–525.

Blagys, M. D., & Hilsenroth, M. J. (2000). Distinctive features of short-term psychodynamic-interpersonal psychotherapy: A review of the comparative psychotherapy process literature. *Clinical Psychology: Science and Practice, 7,* 167–188.

Blomberg, J., Lazar, A., & Sandell, R. (2001). Long-term outcome of long-term psychoanalytically oriented therapies: First findings of the Stockholm Outcome of Psychotherapy and Psychoanalysis Study. *Psychotherapy Research, 11,* 361–382.

Bohart, A. C. (1993a). Experiencing: The basis of psychotherapy. *Journal of Psychotherapy Integration, 3,* 51–67.

Bohart, A. C. (1993b). The person-centered therapies. In A. S. Gurman & S. B. Messer (Eds.), *Modern psychotherapies*. New York: Guilford.

Bohart, A. C., & Greenberg, L. S. (Eds.). (1997). *Empathy reconsidered: New directions in psychotherapy*. Washington, DC: American Psychological Association.

Bohart, A. C., Elliott, R., Greenberg, L. S., & Watson, J. C. (2002). In J. C. Norcross (Ed.), *Psychotherpy relationships that work* (pp. 89–108). New York: Oxford University Press.

Bolling, M. Y. (1995). Acceptance and Dasein. *Humanistic Psychologist, 23,* 213–226.

Booker, J., & Blymyer, D. (1994). Solution-oriented brief residential treatment with "chronic mental patients." *Journal of Systemic Therapies, 13*(4), 53–69.

Bootzin, R. R. (2005). Stimulus control instructions for the treatment of insomnia. In G. P. Koocher, J. C. Norcross, & S. S. Hill (Eds.), *Psychologists' desk reference* (2nd ed.). New York: Oxford University Press.

Bornstein, P. H., & Bornstein, M. T. (1986). *Marital therapy: A behavioral-communications approach*. New York: Pergamon.

Boss, M. (1963). *Daseinanalysis and psychoanalysis*. New York: Basic.

Boss, M. (1983). *Existential foundations of medicine and psychology* (2nd ed.). New York: Jason Aronson.

Boudewyns, P. A., & Hyer, L. A. (1996). Eye Movement Desensitization and Reprocessing as treatment for post-traumatic stress disorder. *Clinical Psychology and Psychotherapy, 3,* 185–195.

Boudewyns, P. A., & Shipley, R. H. (1983). *Flooding and implosive therapy*. New York: Plenum.

Bowen, M. (1972). On the difference of self. In J. Framo (Ed.), *Family interaction: A dialogue between family researchers and family therapists*. New York: Springer.

Bowen, M. (1978). *Family therapy in clinical practice*. New York: Jason Aronson.

Bowers, T. G., & Clum, G. A. (1988). Relative contribution of specific and nonspecific treatment effects: Meta-analysis of placebo-controlled behavior therapy research. *Psychological Bulletin, 103,* 315–323.

Bowlby, J. (1969). *Attachment and loss: Vol. 1. Attachment*. New York: Basic.

Bowlby, J. (1973). *Attachment and loss: Vol. 2. Separation, anxiety and anger*. New York: Basic.

Bowlby, J. (1977). The making and breaking of affectional bonds. I. Aetiology and psychopathology in light of attachment theory. *British Journal of Psychiatry, 130,* 201–210.

Bowman, D., Scogin, F., Floyd, M., & McKendree-Smith, N. (2001). Psychotherapy length of stay and outcome: A meta-analysis of the effect of therapist sex. *Psychotherapy, 38,* 142–150.

Boyd-Franklin, N. (2003). *Black families in therapy* (2nd ed.). New York: Guilford.

Bozarth, J. D. (1984). Beyond reflection: Emergent modes of empathy. In R. E. Levant & J. M. Shlien (Eds.), *Client-centered therapy and the person-centered approach*. New York: Praeger.

Bozarth, J. D. (1991). Person-centered assessment. *Journal of Counseling and Development, 69,* 458–461.

Bradley, R., Greene, J., Russ, E., Dutra, L., & Westen, D. (2005). A multidimensional meta-analysis of psychotherapy for PTSD. *American Journal of Psychiatry, 162,* 214–227.

Brannon, R., & David, D. S. (1976). The male sex role: Our culture's blueprint of manhood, and what it's done for us lately. In D. S. David & R. Brannon (Eds.), *The forty-nine percent majority*. Reading, MA: Addison-Wesley.

Breaux, C., & Ryujin, D. H. (1999). Use of mental health services by ethnically diverse groups within the United States. *The Clinical Psychologist, 52*(3), 4–15.

Broderick, C. B., & Schrader, S. S. (1991). The history of professional marriage and family therapy. In A. S. Gurman & D. P. Kniskern

(Eds.), *Handbook of family therapy* (Vol. 2). New York: Brunner/Mazel.

Brogan, M. M., Prochaska, J. O., Prochaska, J. M. (1999). Predicting termination and continuation status in psychotherapy using the transtheoretical model. *Psychotherapy, 36,* 105–113.

Bronowski, J. (1959). *Science and human values.* New York: Harper & Row.

Bronstein, P., & Quina, K. (Eds.). (2003). *Teaching gender and multicultural awareness: Resources for the psychology classroom.* Washington, DC: American Psychological Association.

Brooks, G. R. (1995). *The centerfold syndrome: How men can stop objectifying women and achieve true intimacy.* San Francisco: Jossey-Bass.

Brooks, G. R., & Good, G. E. (Eds.). (2001). *The new handbook of psychotherapy and counseling with men* (two vols.). San Francisco: Jossey-Bass.

Brown, L. S. (1994). *Subversive dialogues: Theory in feminist therapy.* New York: Basic.

Brown, L. S. (2004). Feminist paradigms of trauma treatment. *Psychotherapy, 41,* 464–471.

Brown, L. S. (2005a). Don't be a sheep: How this eldest daughter became a feminist therapist. *Journal of Clinical Psychology: In Session, 61,* 949–956.

Brown, L. S. (2005b). The neglect of lesbian, gay, bisexual, and transgendered clients. In J. C. Norcross, L. E. Beutler, & R. F. Levant (Eds.), *Evidence-based practices in mental health: Debate and dialogue on the fundamental questions.* Washington, DC: American Psychological Association.

Brown, L. S., & Ballou, M. (Eds.). (1992). *Personality and psychopathology: Feminist reappraisals.* New York: Guilford.

Brown, L. S., & Brodsky, A. M. (1992). The future of feminist therapy. *Psychotherapy, 29,* 51–57.

Brown, L. S., & Root, M. P. P. (Eds.). (1990). *Diversity and complexity in feminist therapy.* New York: Haworth.

Buber, M. (1958). *I and thou.* New York: Charles Scribner.

Budman, S. H. (Ed.). (1981). *Forms of brief therapy.* New York: Guilford.

Budman, S. H. (2000). Behavioral health care dot-com and beyond. *American Psychologist, 55,* 1290–1300.

Budman, S. H., & Gurman, A. S. (1988). *Theory and practice of brief therapy.* New York: Guilford.

Budney, A. J., Higgins, S. T., Radonovich, K. J., & Novy, P. L. (2000). Adding voucher-based incentives to coping skills and motivational enhancement improves outcomes during treatment for marijuana dependence. *Journal of Consulting and Clinical Psychology, 68,* 1051–1061.

Bugental, J. F. T. (1965). *The search for authenticity.* New York: Holt, Rinehart & Winston.

Bugental, J. F. T. (1976). *The search for existential identity.* San Francisco: Jossey-Bass.

Bugental, J. F. T. (1987). *The art of the psychotherapist.* New York: Norton.

Bugental, J. F. T. (1990). *Intimate journeys: Stories from life-changing therapy.* San Francisco: Jossey-Bass.

Bugental, J. F. T. (1991). Outcomes of an existential-humanistic psychotherapy: A tribute to Rollo May. *The Humanistic Psychologist, 19,* 2–9.

Bugental, J. F. T., & Bracke, P. E. (1992). The future of existential-humanistic psychotherapy. *Psychotherapy, 29,* 28–33.

Burke, B. L., Arkowitz, H., & Dunn, C. (2002). The efficacy of motivational interviewing and its adaptations: What we know so far. In W. R. Miller & S. Rollnick (Eds.), *Motivational interviewing: Preparing people for change* (2nd ed.). New York: Guilford.

Burke, B. L., Arkowitz, H., & Menchola, M. (2003). The efficacy of motivational interviewing: A meta-analysis of controlled clinical trials. *Journal of Consulting and Clinical Psychology, 71,* 843–861.

Burns, D. D. (1999). *Feeling good: The new mood therapy* (rev. ed.). New York: Avon.

Burns, D. D., & Nolan-Hoeksema, S. (1992). Therapeutic empathy and recovery from depression in cognitive-behavioral therapy: A structural equation model. *Journal of Consulting and Clinical Psychology, 60,* 441–449.

Bustillo, J. R., Lauriello, J., Horan, W. P., & Keith, S. J. (2001). The psychosocial treatment of schizophrenia: An update. *American Journal of Psychiatry, 158,* 163–175.

Camus, A. (1956). *The rebel: An essay on man in revolt.* New York: Knopf.

Cannon, W. (1939). *The wisdom of the body.* New York: Norton.

Caplan, P. J. (1989). *Don't blame mother.* New York: Harper & Row.

Cardemil, E. V., & Battle, C. L. (2003). Guess who's coming to therapy? Getting comfortable with conversations about race and ethnicity in psychotherapy. *Professional Psychology, 34,* 278–286.

Carkhuff, R. (1969). *Helping and human relations: A primer for lay and professional helpers* (Vols. 1–2). New York: Holt, Rinehart & Winston.

Carlson, J., & Slavik, S. (Eds.). (1997). *Techniques in Adlerian psychology.* New York: Brunner-Routledge.

Carroll, K. M. (1996). Relapse prevention as a psychological treatment: A review of controlled clinical trials. *Experimental and Clinical Psychopharmacology, 4,* 19–36.

Carroll, K. M., Rounsaville, B. J., & Gawin, F. H. (1991). A comparative trial of psychotherapies for ambulatory cocaine abusers: Relapse prevention and interpersonal psychotherapy. *Journal of Drug and Alcohol Abuse, 17,* 229–247.

Carson, R. C., & Butcher, J. N. (1992). *Abnormal psychology and modern life* (9th ed.). New York: Harper Collins.

Carter, B. (1989, July/August). Gender-sensitive therapy. *Family Therapy Networker,* pp. 57–60.

Castonguay, L. G., & Beutler, L. E. (Eds.). (2006). *Principles of therapeutic change that work.* New York: Oxford University Press.

Castonguay, L. G., Goldfried, M. R., Wiser, S., Raue, P. J., & Hayes, A. M. (1996). Predicting the effect of cognitive therapy for depression: A study of unique and common factors. *Journal of Consulting and Clinical Psychology, 64,* 497–504.

Cautela, J. (1967). Covert sensitization. *Psychological Reports, 74,* 459–468.

Chadwick, P., Birchwood, M., & Trower, P. (1996). *Cognitive therapy for delusions, voices, and paranoia.* New York: Wiley.

Chambless, D. L. (1998). Empirically validated treatments. In G. P. Koocher, J. C. Norcross, & S. S. Hill (Eds.), *Psychologists' desk reference.* New York: Oxford University Press.

Chambless, D. L., & Gillis, M. M. (1993). Cognitive therapy of anxiety disorders. *Journal of Consulting and Clinical Psychology, 61,* 248–260.

Champney, T. F., & Schulz, E. M. (1983). *A reassessment of the effects of psychotherapy.* Paper presented at the 55th annual meeting of the Midwestern Psychological Association, Chicago, IL. (ERIC document ED237895).

Chemtob, C. M., Tolin, D. F., van der Kolk, B. A., & Pitman, R. K. (2000). Eye movement desensitization and reprocessing. In E. B. Foa, T. M. Keane, & M. J. Friedman (Eds.), *Effective treatments for PTSD: Practice guidelines from the ISTSS.* New York: Guilford.

Chessick, R. D. (2000). Psychoanalysis at the millennium. *American Journal of Psychotherapy, 54,* 277–290.

Chodorow, N. J. (1978). *The reproduction of mothering: Psychoanalysis and sociology of gender.* Berkeley: University of California Press.

Chodorow, N. J. (1989). *Feminism and psychoanalytic theory.* New Haven: Yale University Press.

Christensen, H., Hadzi-Pavlovic, D., Andrews, G., & Mattick, R. (1987). Behavior therapy and tricyclic medication in the treatment of obsessive-compulsive disorder: A quantitative review. *Journal of Consulting and Clinical Psychology, 55,* 701–711.

Clark, D. A., Beck, A. T., & Alford, B. A. (1999). *Scientific foundation of cognitive theory and therapy of depression.* New York: Wiley.

Clark, D. M., & Ehlers, A. (1993). An overview of the cognitive theory and treatment of panic disorder. *Applied and Preventive Psychology, 2,* 131–139.

Clarkin, J. F., Foelsch, P., Levy, K. N., Hull, J. W., Delaney, J. C., & Kernberg, O. F. (2001). The development of a psychodynamic treatment for patients with borderline personality disorder: A preliminary study of behavioral change. *Journal of Personality Disorders, 15,* 487–495.

Clarkin, J. F., & Levy, K. N. (2004). The influence of client variables on psychotherapy. In M. J. Lambert (Ed.), *Handbook of psychotherapy an behavior change* (5th ed.). New York: Wiley.

Clarkin, J. F., Levy, K. N., Lenzenweger, M. F., & Kernberg, O. F. (2004). The Personality Disorders Institute/Borderline Personality Disorder Research Foundation randomized controlled trial for borderline personality disorder: Rationale, methods, and patient characteristics. *Journal of Personality Disorders, 18,* 52–72.

Clarkin, J. F., Yeomans, F. E., & Kernberg, O. F. (1998). *Psychotherapy for borderline personality.* New York: Wiley.

Clarkson, P. (1991). *Transactional analysis psychotherapy: An integrated approach.* London: Tavistock/Routledge.

Clarkson, P. (1992). Burnout: Typical racket systems of professional helpers. *Transactional Analysis Journal, 22,* 153–158.

Clifford, J. S., Norcross, J. C., & Sommer, R. (1999, February). *Autobiographies of mental patients: Psychologists' uses and recommendations. Professional Psychology: Research and Practice, 29,* 609–614.

Cochran, S. D., & Mays, V. M. (2000). Relation between psychiatric syndromes and behaviorally defined sexual orientation in a sample of the U.S. population. *American Journal of Public Health, 92,* 516–523.

Cochran, S. D., Sullivan, J. G., & Mays, V. M. (2003). Prevalence of mental disorders, psychological distress and mental health services use among lesbian, gay, and bisexual adults in the United States. *Journal of Consulting and Clinical Psychology, 71,* 53–61.

Cohen, J. (1977). *Statistical power analysis for the behavioral sciences.* New York: Academic Press.

Colapinto, J. (1991). Structural family therapy. In A. S. Gurman & D. P. Kniskern (Eds.), *Handbook of family therapy* (Vol. 2). New York: Brunner/Mazel.

Colby, K. (1951). On the disagreement between Freud and Adler. *American Imago, 8,* 229–238.

Coleman, H. L. K., Wampold, B. E., & Casali, S. L. (1995). Ethnic minorities' ratings of ethnically similar and European American counselors: A metaanalysis. *Journal of Counseling Psychology, 42,* 55–64.

Comas-Diaz, L. (1992). The future of psychotherapy

Comas-Díaz, L. (1994). An integrative approach. In L. Comas-Díaz & B. Greene (Eds.), *Women of color: Integrating ethnic and gender identities in psychotherapy* (pp. 287–318). New York: Guilford.

Comas-Díaz, L. (2000). An ethnopolitical approach to working with people of color. *American Psychologist, 55,* 1319–1325.

Comas-Díaz, L. (2005). Becoming a multicultural psychotherapist: The confluence of culture, ethnicity, and gender. *Journal of Clinical Psychology: In Session, 61,* 973–982.

Comas-Diaz, L., & Greene, B. (Eds.). (1994). *Women of color: Integrating ethnic and gender identities in psychotherapy.* New York: Guilford.

Comas-Diaz, L., & Griffin, E. H. (Eds.). (1988). *Clinical guidelines in cross-cultural mental health.* New York: Wiley.

Combs, A. W. (1988). Some current issues for person-centered therapy. *Person-Centered Review, 3,* 263–276.

Compas, B. E., Haaga, D. F., Keefe, F. J., Leitenberg, H., & Williams, D. A. (1998). Sampling of empirically supported psychological treatments from health psychology: Smoking, chronic pain, cancer, and bulimia nervosa. *Journal of Consulting and Clinical Psychology, 66,* 89–112.

Conklin, C. A., & Tiffany, S. T. (2002). Applying extinction research and theory to cue-exposure addiction treatments. *Addiction, 97,* 155–167.

Conoley, C. W., et al. (2003). Solution-focused family therapy with three aggressive and oppositional acting children: An N = 1 empirical study. *Family Process, 42,* 361–374.

Cook, J. (Ed.). (1997). *The book of positive quotations.* Minneapolis, MN: Fairview.

Cooper, N. A., & Clum, G. A. (1989). Imaginal flooding as a supplementary treatment for PTSD in combat veterans: A controlled study. *Behavior Therapy, 20,* 381–391.

Corrigan, P. (1991). Social skills training in adult psychiatric populations: A meta-analysis. *Journal of Behavior Therapy and Experimental Psychiatry, 22,* 203–210.

Cosgrove, L. (2004). What is postmodernism and how is it relevant to engaged pedagogy? *Teaching of Psychology, 31,* 171–177.

Cox, B. J., Endler, N. S., Lee, P. S., & Swinson, R. P. (1992). A meta-analysis of treatments for panic disorder with agoraphobia: Imipramine, alprazolam, and in vivo exposure. *Journal of Behavior Therapy and Experimental Psychiatry, 23,* 175–182.

Coyne, J. C., & Liddle, H. A. (1992). The future of systems therapy: Shedding myths and facing opportunities. *Psychotherapy, 29,* 44–50.

Cozolino, L. (2003). *The neuroscience of psychotherapy: Building and rebuilding the human brain.* New York: Norton.

Craig, E. (1988). Daseinanalysis today: A brief critical reflection. *Humanistic Psychologist, 16,* 224–232.

Craighead, W. E. (1990). There's a place for us, all of us. *Behavior Therapy, 21,* 3–23.

Crits-Cristoph, P. (1992). The efficacy of brief dynamic psychotherapy: A meta-analysis. *American Journal of Psychiatry, 149,* 151–158.

Crits-Christoph, P., & Barber, J. P. (Eds.). (1991). *Handbook of short-term dynamic psychotherapy.* New York: Basic.

Cuijpers, P. (1997). Bibliotherapy in unipolar depression: A meta-analysis. *Journal of Behaviour Therapy and Experimental Psychiatry, 28,* 139–147.

Cummings, N. A. (1986). The dismantling of our health system: Strategies for the survival of psychological practice. *American Psychologist, 41,* 426–431.

Cummings, N. A. (1987). The future of psychotherapy: One psychologist's perspective. *American Journal of Psychotherapy, 61,* 349–360.

Curran, J. P., & Monti, P. M. (Eds.). (1982). *Social skills training.* New York: Guilford.

Curtis, N. M., Ronan, K. R., & Borduin, C. M. (2004). Multisystemic treatment: A meta-analysis of outcome measures. *Journal of Family Psychology, 18,* 411–419.

Cushman, P., & Gilford, P. (2000). Will managed care change our way of being? *American Psychologist, 55,* 985–996.

Daldrup, R. J., Beutler, L. E., Engle, D., & Greenberg, L. S. (1988). *Focused expressive psychotherapy: Freeing the overcontrolled patient.* New York: Guilford.

Dattilio, F. M. (Ed.). (1998). *Case studies in couples and family therapy: Systemic and cognitive perspectives.* New York: Guilford.

Davanloo, H. (Ed.). (1978). *Basic principles and techniques in short-term dynamic psychotherapy.* New York: Spectrum.

Davanloo, H. (Ed.). (1980). *Short-term dynamic psychotherapy.* New York: Jason Aronson.

Davidson, P. R., & Parker, K. C. H. (2001). Eye Movement Desensitization and Reprocessing (EMDR): A meta-analysis. *Journal of Consulting and Clinical Psychology, 69,* 305–316.

Davis, J. (1990). Contribution to "The Wallflower." In N. Saltzman & J. C. Norcross (Eds.), *Therapy wars.* San Francisco: Jossey-Bass.

DeJong, P., & Berg, I. K. (2001). *Interviewing for solutions* (2nd ed.). Pacific Grove, CA: Brooks/Cole.

DeJong, P., & Hopwood, L. E. (1996). Outcome research on treatment conducted at the Brief Family Therapy Center, 1992–1993. In S. D. Miller, M.A. Hubble, & B. L. Duncan (Eds.), *Handbook of solution-focused brief therapy*. San Francisco: Jossey-Bass.

DelVecchio, T., & O'Leary, K. D. (2004). Effectiveness of anger treatments for specific anger problems: A meta-analytic review. *Clinical Psychology Review, 24*, 15–34.

den Boer, P. C. A. M., Wiersman, D., & Van Den Bosch, R. J. (2004). Why is self-help neglected in the treatment of emotional disorders? A meta-analysis. *Psychological Medicine, 34*, 959–971.

Denes-Radomisli, M. (1976). Existential-Gestalt therapy. In P. Olsen (Ed.), *Emotional flooding*. New York: Human Sciences Press.

DeRubeis, R. J., Hollon, S. D., Amsterdam, J. D., et al. (2005). Cognitive therapy vs medications in the treatment of moderate to severe depression. *Archives of General Psychiatry, 62*, 409–416.

DeShazer, S. (1985). *Keys to solution in brief therapy*. New York: Norton.

DeShazer, S. (1988). *Clues: Investigating solutions in brief therapy*. New York: Norton.

DeShazer, S. (1994). *Words were originally magic*. New York: Norton.

DeShazer, S., & Isebaert, L. (2003). The Bruges Model: A solution-focused approach to problem drinking. *Journal of Family Psychotherapy, 14*, 43–52.

DiClemente, C. C. (1986). Self-efficacy and the addictive behaviors. *Journal of Social and Clinical Psychology, 4*, 302–315.

DiClemente, C. C. (2002). Motivational interviewing and the stages of change. In W. R. Miller & S. Rollnick (Eds.), *Motivational interviewing: Preparing people for change* (2nd ed.). New York: Guilford.

DiClemente, C. C. (2003). *Addiction and change: How addictions develop and addicted people recover*. New York: Guilford.

DiClemente, C. C., & Hughes, S. (1990). Stages of change profiles in outpatient alcoholism treatment. *Journal of Substance Abuse, 2*, 217–235.

DiClemente, C. C., & Prochaska, J. O. (1982). Self-change and therapy change of smoking behavior: A comparison of processes of change in cessation and maintenance. *Addictive Behaviors, 7*, 133–142.

DiClemente, C. C., & Prochaska, J. O. (1985). Coping and competence in smoking behavior change. In S. Shiffman & T. A. Wills (Eds.), *Coping and substance abuse*. New York: Academic Press.

DiClemente, C. C., Prochaska, J. O., Fairhurst, S. K., Velicer, W. F., Valesquez, M. M., & Rossi, J. S. (1991). The process of smoking cessation: An analysis of precontemplation, contemplation, and preparation stages of change. *Journal of Consulting and Clinical Psychology, 59*, 295–304.

Didden, R., Duker, P. C., & Korzilius, H. (1997). Meta-analytic study on treatment effectiveness for problem behaviors with individuals who have mental retardation. *American Journal of Mental Retardation, 101*, 387–399.

Didion, J. (1968). *Slouching toward Bethlehem*. New York: Farrar, Straus and Giroux.

DiGiuseppe, R., & Tafrate, R. C. (2003). Anger treatments for adults: A meta-analytic review. *Clinical Psychology: Science and Practice, 10*, 70–84.

Dilk, M. N., & Bond, G. B. (1996). Meta-analytic evaluation of skills training research for individuals with severe mental illness. *Journal of Consulting and Clinical Psychology, 64*, 1337–1346.

Dinkmeyer, D. C., Dinkmeyer, D. C., Jr., & Sperry, L. (1990). *Adlerian counseling and psychotherapy* (2nd ed.). Englewood Cliffs, NJ: Prentice Hall.

Dobson, K. S. (1989). A meta-analysis of the efficacy of cognitive therapy for depression. *Journal of Consulting and Clinical Psychology, 57*, 414–419.

Dobson, K. S. (Ed.). (2000). *Handbook of cognitive-behavioral therapies* (2nd ed.). New York: Guilford.

Dollard, J., & Miller, N. (1950). *Personality and psychotherapy: An analysis in terms of learning, thinking, and culture*. New York: McGraw-Hill.

Dougherty, D. D., Rauch, S. L., & Jenike, M. A. (2004). Pharmacotherapy for obsessive-compulsive disorder. *Journal of Clinical Psychology: In Session, 60*, 1195–1202.

Dovidio, J. F., & Gaertner, S. L. (2004). Aversive racism. In M. P. Zanna (Ed.), *Advances in experimental social psychology* (Vol. 36, pp. 1–51). San Diego, CA: Academic Press.

Dovidio, J. F., Gaertner, S. L., Kawakami, K., & Hodson, G. (2002). Why can't we just get along? Interpersonal biases and interracial distrust. *Cultural Diversity & Ethnic Minority Psychology, 8*, 88–102.

Dreikurs, R. (1947). The four goals of children's misbehavior. *Nervous Child, 6*, 3–11.

Dreikurs, R. (1948). *The challenge of parenthood*. New York: Duell, Sloan & Pearce.

Dreikurs, R. (1950). Techniques and dynamics of multiple psychotherapy. *Psychiatric Quarterly, 24*, 788–799.

Dreikurs, R. (1959). Early experiments with group psychotherapy. *American Journal of Psychotherapy, 13*, 882–891.

Dreikurs, R., & Stoltz, V. (1964). *Children: The challenge.* New York: Meridith.

Drummond, D. C., & Glautier, S. (1994). A controlled trial of cue exposure treatment in alcohol dependence. *Journal of Consulting and Clinical Psychology, 62,* 809–817.

Dryden, W., & Lazarus, A. A. (1991). *A dialogue with Arnold Lazarus: "It depends."* London: Open University Press.

Duan, C., & Hill, C. E. (1996). The current state of empathy research. *Journal of Counseling Psychology, 43,* 261–274.

Dublin, J. O. A. (1981). Bio-existential therapy. *Psychotherapy, 18,* 3–10.

Dudley, G. R., & Rawlins, M. R. (Eds.). (1985). Psychotherapy with ethnic minorities [Special issue]. *Psychotherapy, 22*(2s).

Duncan, B. L., Hubble, M. A., & Miller, S. D. (1997). *Psychotherapy with "impossible" cases.* New York: Norton.

Dunn, R. L., & Schewebel, A. I. (1995). Meta-analytic review of marital therapy outcome research. *Journal of Family Psychology, 9,* 58–68.

Durlak, J. A., Fuhrman, T., & Lampman, C. (1991). Effectiveness of cognitive-behavior therapy for maladapting children: A meta-analysis. *Psychological Bulletin, 110,* 204–214.

Dusay, J. (1970). Script rehearsal. *Transactional Analysis Bulletin, 9,* 117–121.

Dush, D. M., Hirt, M. L., & Schroeder, H. E. (1983). Self-statement modification with adults: A meta-analysis. *Psychological Bulletin, 94,* 408–422.

Dush, D. M., Hirt, M. L., & Schroeder, H. E. (1989). Self-statement modification in the treatment of child behavior disorders: A meta-analysis. *Psychological Bulletin, 106,* 97–106.

Dworkin, M. (2005). *EMDR and the relational imperative.* New York: Routledge.

D'Zurilla, T. J., & Nezu, A. M. (1999). *Problem-solving therapy* (2nd ed.). New York: Springer.

Eccleston, C., Morley, S., Williams, A., Yorke, L., & Mastroyannopoulou, K. (2002). Systematic review of randomized controlled trials of psychological therapy for chronic pain in children and adolescents, with a subset meta-analyis of pain relief. *Pain, 99,* 157–165.

Eddy, K. T., Dutra, L., Bradley, R., & Westen, D. (2004). A multidimensional meta-analysis of psychotherapy and pharmacotherapy for obsessive-compulsive disorder. *Clinical Psychology Review, 24,* 1011–1030.

Edelstein, B. A., & Berler, E. S. (Eds.). (1987). *Evaluation and accountability in clinical training.* New York: Plenum.

Edwards, D. G. (1982). *Existential psychotherapy: The process of caring.* New York: Gardner.

Edwards, D. J. A. (1990). Cognitive-behavioral and existential-phenomenological approaches to therapy: Complementary or conflicting paradigms? *Journal of Cognitive Psychotherapy, 4,* 105–120.

Edwards, M. E., & Steinglass, P. (1995). Family therapy treatment outcomes for alcoholism. *Journal of Marital and Family Therapy, 21,* 475–509.

Eisler, R. M., & Blalock, J. A. (1991). Masculine gender role stress: Implications for the assessment of men. *Clinical Psychology Review, 11,* 45–60.

Elkin, I. E., Shea, T., Watkins, J. T., Imber, S. D., Stotsky, S. M., Collins, J. F., Glass, D. R., Pilkonis, P. A., Leber, W. R., Docherty, J. P., Fiester, S. J., & Parloff, M. B. (1989). National Institute of Mental Health Treatment of Depression Collaborative Research Program: General effectiveness of treatment. *Archives of General Psychiatry, 46,* 974–982.

Ellenberger, H. (1958). A clinical introduction to psychiatric phenomenology and existential analysis. In R. May, E. Angel, & H. Ellenberger (Eds.), *Existence.* New York: Basic.

Ellenberger, H. (1970). *The discovery of the unconscious: The history and evolution of dynamic psychiatry.* New York: Basic.

Ellerman, C. P. (1999). Pragmatic existential therapy. *Journal of Contemporary Psychotherapy, 29,* 49–64.

Elliott, R., Greenberg, L. S., & Lietaer, G. (2004). Research on experiential psychotherapies. In M. Lambert (Ed.), *Hanbook of psychotherapy and behavior change* (5th ed.). New York: Wiley.

Elliott R., Watson, J., Goldman, R., & Greenberg, L. (2004). *Learning emotion-focused therapy.* Washington, DC: American Psychological Association.

Ellis, A. (1957a). *How to live with a neurotic.* New York: Crown.

Ellis, A. (1957b). Outcome of employing three techniques of psychotherapy. *Journal of Clinical Psychology, 13,* 344–350.

Ellis, A. (1958). *Sex without guilt.* New York: Grove.

Ellis, A. (1972). Rational-emotive therapy. In R. Jurjevich (Ed.), *Direct psychotherapy: 28 American originals* (Vol. 1). Coral Gables, FL: University of Miami Press.

Ellis, A. (1973). *Humanistic psychotherapy: The rational-emotive approach.* New York: McGraw-Hill.

Ellis, A. (1987a). Integrative developments in rational-emotive therapy (RET). *Journal of Integrative and Eclectic Psychotherapy, 6,* 470–479.

Ellis, A. (1987b). Rational-emotive therapy: Current appraisal and future directions. *Journal of*

Cognitive Psychotherapy, 1, 73–86.
Ellis, A. (1988). *How to stubbornly refuse to make yourself miserable about anything—yes anything!* Secaucus, NJ: Lyle Stuart.
Ellis, A. (1991a). Rational-emotive treatment of simple phobias. *Psychotherapy, 28,* 452–456.
Ellis, A. (1991b). The revised ABC's of rational-emotive therapy. *Journal of Rational-Emotive and Cognitive-Behavior Therapy, 9,* 139–172.
Ellis, A. (1992). Group rational-emotive and cognitive-behavioral therapy. *International Journal of Group Psychotherapy, 42,* 63–80.
Ellis, A. (1995). *Better, deeper, and more enduring brief therapy.* New York: Brunnel/Mazel.
Ellis, A. (1999). Why rational-emotive therapy to rational-emotive behavior therapy? *Psychotherapy, 36,* 154–159.
Ellis, A. (2005). Why I (really) became a therapist. *Journal of Clinical Psychology: In Session, 61,* 945–948.
Ellis, A., & Dryden, W. (1998). *The practice of rational-emotive behavior therapy* (2nd ed.). New York: Springer.
Ellis, A., & Grieger, R. (Eds.). (1986). *Handbook of rational-emotive therapy* (Vols. 1–2). New York: Springer.
Ellis, A., & Harper, R. A. (1997). *A new guide to rational living* (rev. ed.). North Hollywood, CA: Wilshire.
Engels, G. L., Garnefski, N., & Drekstra, R. F. W. (1993). Efficacy of rational-emotive therapy: A quantitative analysis. *Journal of Consulting and Clinical Psychology, 61,* 1083–1090.
Epstein, N., & Baucom, D. H. (2002). *Enhanced cognitive-behavioral therapy for couples.* Washington, DC: American Psychological Association.
Epstein, N., Schlesinger, S. E., & Dryden, W. (Eds.). (1988). *Cognitive-behavioral therapy with families.* New York: Brunner/Mazel.
Erikson, E. H. (1950). *Childhood and society.* New York: Norton.
Erskine, R. G. (1997). *Theories and methods of an integrative transactional analysis.* San Francisco: TA Press.
Estes, W. (1944). An experimental study of punishment. *Psychological Monographs, 57* (Whole No. 263).
Estes, W. (1971). Reward in human learning: Theoretical issues and strategic choice points. In R. Glaser (Ed.), *The nature of reinforcement.* New York: Academic.
Etkin, A., Pittenger, C., Polan, H. J., & Kandel, E. R. (2005). Toward a neurobiology of psychotherapy: Basic science and clinical applications. *Journal of Neuropsychiatry and Clinical Neurosciences, 17,* 145–158.
Eubanks-Carter, C., Burckell, L., & Goldfried, M. R. (2005). Enhancing therapeutic effectiveness with lesbian, gay, and bisexual clients. *Clinical Psychology: Science and Practice, 12,* 1–18.
Evers, K. E., Prochaska, J. O., Mauriello, L. M., Johnson, J. L., Padula, J. A., & Prochaska, J. M. (2006). A randomized clinical trial of a population and transtheoretical-based stress management intervention. *Health Psychology.*
Evers, K. E., Prochaska, J. O., VanMarten, D., Johnson, J. L., & Prochaska, J. M. (2005). *Transtheoretical-based bullying prevention effectiveness trials in middle schools and high schools.* Manuscript under review.
Eysenck, H. J. (1970). A mish-mash of theories. *International Journal of Psychiatry, 9,* 140–146.
Fairbairn, W. (1952). *An object-relations theory of the personality.* New York: Basic.
Fairburn, C. G., Jones, R., Peveler, R. C., Hope, R. A., & O'Connor, M. (1993). Psychotherapy and bulimia nervosa: Longer-term effects of interpersonal psychotherapy, behavior therapy, and cognitive behavior therapy. *Archives of General Psychiatry, 50,* 419–428.
Fairburn, C. G., Norman, P. A., Welch, S. L., O'Connor, M. E., Doll, H. A., & Peveler, R. C. (1995). A prospective study of outcome in bulimia nervosa and the long-term effects of three psychological treatments. *Archives of General Psychiatry, 52,* 304–312.
Faludi, S. (1991). *Backlash: The undeclared war against American women.* New York: Craun.
Farber, B. A., Brink, D. C., & Raskin, P. M. (Eds.). (1996). *The psychotherapy of Carl Rogers: Cases and commentary.* New York: Guilford.
Federoff, I. C., & Taylor, S. (2001). Psychological and pharmacological treatments of social phobia: A meta-analysis. *Journal of Clinical Psychopharmacology, 21,* 311–324.
Feldman, J. M., & Kazdin, A. E. (1995). Parent management training for oppositional and conduct problem children. *The Clinical Psychologist, 48(4),* 3–5.
Feldman, L. B. (1992). *Integrating individual and family therapy.* New York: Brunner/Mazel.
Fenichel, O. (1941). *Problems of psychoanalytic techniques.* Albany, NY: Psychoanalytic Quarterly.
Fenichel, O. (1945). *The psychoanalytic theory of neurosis.* New York: Norton.
Ferguson, E. D. (1996). Adlerian principles and methods apply to workplace problems. *Individual Psychology, 52,* 270–287.
Feske, U., & Chambless, D. L. (1995). Cognitive behavioral versus exposure only treatment for social phobia: A meta-analysis. *Behavior Therapy, 26,* 695–720.
Fiore, M. C., Bailey, W. C., Cohen, S. J., et al.

(2000). *Treating tobacco use and dependence: Clinical practice guidelines*. Rockville, MD: U.S. Department of Health and Human Services.

Fish, L. S., & Busby, D. M. (1996). The Delphi method. In D. H. Sprenkle (Ed.), *Research methods in family therapy*. New York: Guilford.

Fisher, S., & Greenberg, R. P. (1996). *Freud scientifically reappraised: Testing the theories and therapy*. New York: Wiley.

Foa, E. B., & Jaycox, L. H. (1999). Cognitive-behavioral treatment of post-traumatic stress disorder. In D. Spiegel (Ed.), *Efficacy and cost-effectiveness of psychotherapy*. Washington, DC: American Psychiatric Press.

Foa, E. B., Keane, T. M., & Friedman, M. J. (Eds.). (2000). *Effective treatment for PTSD: Practice guidelines from the International Society for Traumatic Stress Studies*. New York: Guilford.

Foa, E. B., & Kozak, M. J. (1986). Emotional processing of fear and exposure to corrective information. *Psychological Bulletin, 99,* 20–35.

Foa, E. B., & Meadows, E. A. (1997). Psychosocial treatments for post-traumatic stress disorder: A critical review. In J. Spence (Ed.), *Annual review of psychology*. Palo Alto, CA: Annual Review.

Foa, E. B., & Rothbaum, B. O. (1998). *Treating the trauma of rape: Cognitive-behavioral therapy for PTSD*. New York: Guilford.

Foa, E. B., Rothbaum, B. O., Riggs, D. S., & Murdock, T. B. (1991). Treatment of post-traumatic stress disorder in rape victims: A comparison between cognitive-behavioral procedures and counseling. *Journal of Consulting and Clinical Psychology, 59,* 715–723.

Foa, E. B., & Wilson, R. (2001). *Stop obsessing! How to overcome your obsessions and compulsions* (2nd ed.). New York: Bantam.

Foa, E. B., Zoellner, L. A., Feeny, N. C., Hembree, E. A., & Alvarez-Conrad, J. (2002). Does imaginal exposure exacerbate PTSD symptoms? *Journal of Consulting and Clinical Psychology, 70,* 1022–1028.

Foley, V. (1974). *An introduction to family therapy*. New York: Grune & Stratton.

Fonagy, P., & Target, M. (1996). Predictors of outcomes in child psychoanalysis: A retrospective study of 763 cases at the Anna Freud Centre. *Journal of the American Psychoanalytic Association, 44,* 27–77.

Forfar, C. S. (1990). Personal communication to the authors.

Frank, E. (1991). Interpersonal psychotherapy as a maintenance treatment for patients with recurrent depression. *Psychotherapy, 28,* 259–266.

Frank, E., Kupfer, D. J., & Perel, J. M. (1989). Early recurrence in unipolar depression. *Archives of General Psychiatry, 46,* 397–400.

Frank, E., & Spanier, C. (1995). Interpersonal psychotherapy for depression: Overview, clinical efficacy, and future directions. *Clinical Psychology: Science and Practice, 2,* 349–369.

Frank, J. D. (1961). *Persuasion and healing: A comparative study of psychotherapy*. New York: Schocken.

Frank, J. D., & Frank, J. (1991). *Persuasion and healing* (3rd ed.). Baltimore: Johns Hopkins University Press.

Frankl, V. (1963). *Man's search for meaning*. New York: Washington Square Press.

Frankl, V. (1967). *Psychotherapy and existentialism: Selected papers on logotherapy*. New York: Washington Square Press.

Frankl, V. (1969). *The will to meaning*. New York: New American Library.

Frankl, V. (1978). *The unheard cry for meaning*. New York: Simon & Schuster.

Franks, C. (1984). Can behavior therapy find peace and fulfillment in a school of professional psychology? *The Clinical Psychologist, 28,* 11–15.

Freedheim, D. K. (Ed.). (1992). *History of psychotherapy: A century of change*. Washington, DC: American Psychological Association.

Freedman, N., Hoffenberg, J. D., Vorus, N., & Frosch, A. (1999). The effectiveness of psychoanalytic psychotherapy: The role of treatment duration, frequency of sessions, and the therapeutic relationship. *Journal of the American Psychoanalytic Association, 47,* 741–722.

Freeman, A. (Ed.). (1983). *Cognitive therapy with couples and groups*. New York: Plenum.

Freeman, A., Simon, K. M., Beutler, L. E., & Arkowitz, H. (Eds.). (1989). *Comprehensive handbook of cognitive therapy*. New York: Plenum.

Freud, A. (1936). *The ego and the mechanisms of defense*. New York: International Universities Press.

Freud, S. (1919). Turnings in the ways of psychoanalytic therapy. *Collected papers* (Vol. 2). London: Hogarth.

Freud, S. (1923). *The ego and the id*. London: Hogarth.

Freud, S. (1925). Character and anal eroticism. *Collected papers*. London: Institute for Psychoanalysis and Hogarth.

Freud, S. (1930). *Civilization and its discontents*. New York: Norton.

Freud, S. (1937/1964). Analysis terminable and interminable. In J. Strachey (Ed.), *Complete psychological works of Sigmund Freud*. London: Hogarth.

Freud, S. (1953). *The interpretation of dreams*. First German edition, 1900; in *Standard edition* (Vols. 4 & 5), London: Hogarth Press. (Originally published 1900)

Freud, S. (1965a). *Interpretation of dreams* (J. Strachey, trans.). New York: Avon. (Original work published 1900.)

Freud, S. (1965b). *New introductory letters on psychoanalysis* (J. Strachey, trans.). New York: Norton. (Original work published 1933.)

Freud, S. (1966). *Introductory lectures on psychoanalysis* (J. Strachey, trans.). New York: Norton. (Original work published 1917.)

Friedman, E. H. (1991). Bowen theory and therapy. In A. S. Gurman & D. P. Kniskern (Eds.), *Handbook of family therapy* (Vol. 2). New York: Brunner/Mazel.

Friedman, S. (1993). *The new language of change.* New York: Guilford.

Friere, P. (1970). *Cultural action for freedom.* Cambridge: Harvard Educational Review Press.

Friere, P. (1973). *Education for critical consciousness.* New York: Continuum International Publishing.

Frueh, B. C., Turner, S. M., & Beidel, S. M. (1995). Exposure therapy for combat-related PTSD: A critical review. *Clinical Psychology Review, 15,* 799–817.

Gabbard, G. O. (Ed.). (2002). *Treatments of psychiatric disorders* (3rd ed.). Washington, DC: American Psychiatric Press.

Gaffan, E. A., Tsaousis, I., & Kemp-Wheeler, S. M. (1995). Researcher allegiance and meta-analysis: The case of cognitive therapy for depression. *Journal of Consulting and Clinical Psychology, 63,* 966–980.

Galatzer, R. M., Bachrach, H., Skolnikoff, A., & Waldron, S. (2000). *Does psychoanalysis work?* New Haven: Yale University Press.

Ganley, A. L. (1988). Feminist therapy with male clients. In M. D. Douglas & L. E. Walker (Eds.), *Feminist psychotherapies: Integration of therapeutic and feminist systems.* Norwood, NJ: Ablex.

Garfield, S. L. (1980). *Psychotherapy: An eclectic approach.* New York: Wiley.

Garfield, S. L. (1986). Research on client variables in psychotherapy. In S. L. Garfield & A. E. Bergin (Eds.), *Handbook of psychotherapy and behavior change* (3rd ed.). New York: Wiley.

Garfield, S. L. (1992). Eclectic psychotherapy: A common factors approach. In J. C. Norcross & M. R. Goldfried (Eds.), *Handbook of psychotherapy integration.* New York: Basic.

Garfield, S. L., & Bergin, A. E. (Eds.). (1993). *Handbook of psychotherapy and behavior change* (4th ed.). New York: Wiley.

Garfield, S. L., & Kurtz, R. (1977). A study of eclectic views. *Journal of Clinical and Consulting Psychology, 45,* 78–83.

Gatz, M., Fiske, A., Fox, L. S., Kaskie, B., Kasl-Godley, J. E., McCallum, T. J., & Wethereall, J. L. (1998). Empirically validated psychological treatments for older adults. *Journal of Mental Health and Aging, 4,* 9–46.

Gaudiano, B. A. (2005). Cognitive-behavior therapies for psychotic disorders: Current empirical status and future directions. *Clinical Psychology: Science and Practice, 12,* 33–50.

Gaw, K. F., & Beutler, L. E. (1995). Integrating treatment recommendations. In L. E. Beutler & M. R. Birren (Eds.), *Integrative assessment of adult personality.* New York: Guilford.

Gay, P. (1988). *Freud: A life for our time.* New Haven: Yale University Press.

Gay, P. (1990). *Reading Freud.* New Haven: Yale University Press.

Gelso, C. J., & Hayes, J. A. (1998). *The psychotherapy relationship: Theory, research, and practice.* New York: Wiley.

Gendlin, E. T. (1981). *Focusing* (2nd ed.). New York: Bantam.

Gendlin, E. T. (1996). *Focusing-oriented psychotherapy: A manual of the experiential method.* New York: Guilford.

Gerber, L. (1992). Intimate politics: Connectedness and the social-political self. *Psychotherapy, 29,* 626–630.

Gergen, K. J. (1994). *Realities and relationships: Soundings in social construction.* Cambridge, MA: Harvard University Press.

Gergen, K. J. (2001). Psychological science in a postmodern context. *American Psychologist, 56,* 803–813.

Gill, M. M. (1994). *Psychoanalysis in transition: A personal view.* Hillsdale, NJ: Analytic Press.

Gilligan, C. (1982). *In a different voice: Psychological theory and women's development.* Cambridge, MA: Harvard University Press.

Gingerich. W. J., & Eisengart, S. (2000). Solution-focused brief therapy: A review of the outcome research. *Family Process, 39,* 477–498.

Gladfelter, J. (1992). Redecision therapy. *International Journal of Group Psychotherapy, 42,* 319–334.

Glasgow, R. E., & Rosen, G. M. (1978). Behavioral bibliotherapy: A review of self-help behavior therapy manuals. *Psychological Bulletin, 85,* 1–23.

Glass, C. R., & Arnkoff, D. B. (1992). Behavior therapy. In D. K. Freedheim (Ed.), *History of psychotherapy: A century of change.* Washington, DC: American Psychological Association.

Glass, C. R., Victor, B. J., & Arnkoff, D. B. (1992). Empirical research on integrative and eclectic psychotherapies. In G. Stricker & J. R. Gold (Eds.), *Comprehensive handbook of psycho-*

therapy integration. New York: Plenum.
Glasser, W. (1975). *Reality therapy*. New York: Harper & Row.
Glasser, W. (1984). *Control theory: A new explanation of how we control our lives*. New York: Harper & Row.
Glasser, W. (1999). *Choice theory: A new psychology of personal freedom*. New York: Norton.
Glasser, W. (2000). *Counseling with choice theory: The new reality therapy*. New York: Harper-Collins.
Glover, E. (1925). Notes on oral character formation. *International Journal of Psychoanalysis, 6*, 131–154.
Gold, J., & Stricker, G. (2001). A relational psychodynamic perspective on assimilative integration. *Journal of Psychotherapy Integration, 11*, 43–58.
Goldberg, G. A., & Kremen, E. (Eds.). (1990). *The feminization of poverty: Only in America?* New York: Praeger.
Goldenberg, I., & Goldenberg, H. (2000). *Family therapy: An overview* (5th ed.). Pacific Grove, CA: Brooks/Cole.
Goldfried, M. R. (1980). Toward the delineation of therapeutic change principles. *American Psychologist, 35*, 991–999.
Goldfried, M. R. (Ed.). (1982). *Converging themes in psychotherapy: Trends in psychodynamic, humanistic, and behavioral practice*. New York: Springer.
Goldfried, M. R. (1995). *From cognitive-behavior therapy to psychotherapy integration*. New York: Springer.
Goldfried, M. R. (Ed.). (2001). *How therapists change*. Washington, DC: American Psychological Association.
Goldfried, M. R., & Castonguay, L. G. (1992). The future of psychotherapy integration. *Psychotherapy, 29*, 4–10.
Goldfried, M. R., & Davison, G. (1976). *Clinical behavior therapy*. New York: Holt, Rinehart & Winston.
Goldfried, M. R., & Davison, G. (1994). *Clinical behavior therapy* (rev. ed.). New York: Wiley.
Goldfried, M. R., & Newman, C. (1992). A history of psychotherapy integration. In J. C. Norcross & M. R. Goldfried (Eds.), *Handbook of psychotherapy integration*. New York: Basic.
Goldfried, M. R., & Safran, J. D. (1986). Future directions in psychotherapy integration. In J. C. Norcross (Ed.), *Handbook of eclectic psychotherapy*. New York: Brunner/Mazel.
Goldman, R. N., Greenberg, L. S., & Angus, L. (in press). The effects of adding emotion-focused interventions to the therapeutic relationship in the treatment of depression. *Psychotherapy Research*.

Goldstein, A. J., de Beurs, E., Chambless, D. L., & Wilson, K. A. (2000). EMDR for panic disorder with agoraphobia: Comparison with waiting list and credible attention-placebo control conditions. *Journal of Consulting and Clinical Psychology, 68*, 947–956.
Gonzalez, J. E., Nelson, J. R., Gutkin, T. B., Saunders, A., Galloway, A., & Shwery, C. (2004). Rational emotive therapy with children and adolescents: A meta-analysis. *Journal of Emotional and Behavioral Disorders, 12*, 222–235.
Good, G. E., & Brooks, G. R. (Eds.). (2005). *The new handbook of psychotherapy and counseling with men* (rev. ed.). San Francisco: Jossey-Bass.
Gopaul-McNicol, S. A. (1991). *Working with West Indian families*. New York: Guilford.
Gordon, T. (1970). *Parent effectiveness training*. New York: Peter Wyden.
Gordon, T. (1974). *Teacher effectiveness training*. New York: Peter Wyden.
Gotlib, I. H., & McCabe, S. G. (1990). Marriage and psychopathology: A critical examination. In F. Fincham & T. Bradbury (Eds.), *The psychology of marriage: Conceptual, empirical, and applied perspectives*. New York: Guilford.
Gotlib, I. H., & Whiffen, V. E. (1991). The interpersonal context of depression: Implications for theory and research. In W. H. Jones & D. Perlman (Eds.), *Advances in personal relationships* (Vol. 3). London: Jessica Kingsley.
Gottlieb, N. H., Galavotti, C., McCuan, R. S., & McAlister, A. L. (1990). Specification of a social cognitive model predicting smoking cessation in a Mexican-American population: A prospective study. *Cognitive Therapy and Research, 14*, 529–542.
Gottman, J., Notarius, C., Gonso, J., & Markman, H. (1976). *A couple's guide to communication*. Champaign, IL: Research Press.
Gould, R. A., & Clum, G. A. (1993). A meta-analysis of self-help treatment approaches. *Clinical Psychology Review, 13*, 169–186.
Gould, R. A., Mueser, K. T., Bolton, E., Mays, V., & Goff, D. (2001). Cognitive therapy for psychosis in schizophrenia: An effect size analysis. *Schizophrenia Research, 48*, 335–342.
Gould, R. A., Otto, M. W., & Pollack, M. H. (1995). A meta-analysis of treatment outcome for panic disorder. *Clinical Psychology Review, 15*, 819–844.
Gould, R. A., Otto, M. W., Pollack, M. H., & Yap, L. (1997). Cognitive behavioral and pharmacological treatment of generalized anxiety disorder: A preliminary meta-analysis. *Behavior Therapy, 28*, 285–305.
Goulding, M. M., & Goulding, R. L. (1979). *Changing lives through redecision therapy*.

New York: Brunner/Mazel.
Grawe, K., Donati, R., & Bernauer, F. (1998). *Psychotherapy in transition.* Seattle: Hogrefe & Huber.
Greenberg, G. (1977). The family interactional perspective: A study and examination of the work of Don D. Jackson. *Family Process, 16,* 385–412.
Greenberg, L. S. (1995). *Process experiential psychotherapy.* Washington, DC: American Psychological Association.
Greenberg, L. (2002). *Emotion-focused therapy: Coaching clients to work through feelings.* Washington, DC: American Psychological Association.
Greenberg, L. S., Elliott, R., & Lietaer, G. (1994). Research on experiential psychotherapy. In A. E. Bergin & S. L. Garfield (Eds.), *Handbook of psychotherapy and behavior change* (4th ed.). New York: Wiley.
Greenberg, L. S., & Goldman, R. L. (1988). Training in experiential therapy. *Journal of Consulting and Clinical Psychology, 56,* 696–702.
Greenberg, L. S., & Johnson, S. M. (1988). *Emotionally focused therapy for couples.* New York: Guilford.
Greenberg, L. S., Rice, L. N., & Elliott, R. (1993). *Facilitating emotional change.* New York: Guilford.
Greenberg, L. S., & Watson, J. (1998). Experiential therapy of depression: Differential effects of client-centered relationship conditions and process-experiential interventions. *Psychotherapy Research, 8,* 210–224.
Greenberg, L. S., Watson, J. C., & Lietaer, G. (Eds.). (1998). *Handbook of experiential psychotherapy.* New York: Guilford.
Greene, B., & Croom, G. L. (Eds.). (2000). *Psychological perspectives on lesbian, gay and bisexual issues* (Vol. 5). Thousand Oaks, CA: Sage.
Greenson, R. R. (1967). *The technique and practice of psychoanalysis* (Vol. 1). New York: International Universities Press.
Greenspoon, J. (1955). The reinforcing effect of two spoken sounds on the frequency of two responses. *American Journal of Psychology, 68,* 409–416.
Gregory, R. J., Canning, S. S., Lee, T. W., & Wise, J. C. (2004). Cognitive bibliotherapy for depression: A meta-analysis. *Professional Psychology, 35,* 275–280.
Grencavage, L. M., & Norcross, J. C. (1990). Where are the commonalities among the therapeutic common factors? *Professional Psychology: Research and Practice, 21,* 72–378.
Gresham, F. M., Cook, C. R., Crews, S. D., & Kern, L. (2004). Social skills training for children and youth with emotional and behavioral disorders: Validity considerations and future directions. *Behavioral Disorders, 30,* 32–46.
Griffith, J. D., Rowan-Szal, G. A., Roark, R. R., & Simpson, D. D. (2000). Contingency management in outpatient methadone treatment: A meta-analysis. *Drug and Alcohol Dependence, 58,* 55–66.
Grissom, R. J. (1996). The magical number. 7±2: Meta-analysis of the probability of superior outcome in comparisons involving therapy, placebo, and control. *Journal of Consulting and Clinical Psychology, 64,* 973–982.
Guidano, V. (1987). *Complexity of the self: A developmental approach to psychopathology and therapy.* New York: Guilford.
Guisinger, S., & Blatt, S. J. (1994). Individuality and relatedness: Evolution of a fundamental dialectic. *American Psychologist, 49,* 104–111.
Guntrip, H. (1973). *Psychoanalytic therapy, theory, and the self.* New York: Basic Books.
Gurman, A. S., & Jacobson, N. S. (Eds.). (2003). *Clinical handbook of couple therapy* (3rd ed.). New York: Guilford.
Gurman, A. S., & Kniskern, D. P. (1978). Research on marital and family therapy: Progress, perspective, and prospect. In S. L. Garfield & A. E. Bergin (Eds.), *Handbook of psychotherapy and behavior change* (2nd ed.). New York: Wiley.
Gurman, A. S., & Kniskern, D. P. (Eds.). (1991). *Handbook of family therapy* (Vol. 2). New York: Brunner/Mazel.
Gurman, A. S., & Kniskern, D. P. (1992). The future of marital and family therapy. *Psychotherapy, 29,* 65–71.
Gurman, A. S., Kniskern, D. P., & Pinsof, W. M. (1986). Research on the process and outcome of marital and family therapy. In S. L. Garfield & A. E. Bergin (Eds.), *Handbook of psychotherapy and behavior change* (3rd ed.). New York: Wiley.
Haaga, D. A. F. (2000). Introduction to the special section on stepped care models in psychotherapy. *Journal of Consulting and Clinical Psychology, 68,* 547–548.
Haaga, D. A., Dryden, W., & Dancey, C. P. (1991). Measurement of rational emotive therapy in outcome studies. *Journal of Rational Emotive & Cognitive Behavior Therapy, 9,* 73–93.
Hahlweg, K., & Markman, H. J. (1988). Effectiveness of behavioral marital therapy: Empirical status of behavioral techniques in preventing and alleviating marital distress. *Journal of Consulting and Clinical Psychology, 56,* 440–447.
Haldeman, D. L. (1994). The practice and ethics of sexual conversion therapy. *Journal of Clinical and Consulting Psychology, 62,* 221–227.
Haley, J. (1973). *Uncommon therapies: The psy-

chiatric techniques of Milton Erickson, M.D. New York: Norton.

Haley, J. (1976). Problem-solving therapy: New strategies for effective family therapies. San Francisco: Jossey-Bass.

Haley, J. (1980). Leaving home. New York: McGraw-Hill.

Haley, J. (1984). Ordeal therapy. San Francisco: Jossey-Bass.

Haley, J. (1986). The power tactics of Jesus Christ and other essays (2nd ed.). Rockville, MD: Triangle.

Haley, J. (1990). Strategies of psychotherapy (2nd ed.). New York: Norton.

Halgin, R. P., & Whitbourne, S. K. (1993). Abnormal psychology. Philadelphia: Harcourt Brace Jovanovich.

Hall, C. C. I. (1997). Cultural malpractice: The growing obsolescence of psychology with the changing U.S. population. American Psychologist, 52, 642–651.

Hall, C., & Lindzey, G. (1970). Theories of personality. New York: Wiley.

Hammen, C. (1991). The generation of stress in the course of unipolar depression. Journal of Abnormal Psychology, 100, 555–561.

Hampton, B. R., & Hulgus, Y. F. (1993). The efficacy of paradoxical strategies: A quantative review of the research. Psychotherapy in Private Practice, 12, 53–72.

Hand, I., Lamontagne, Y., & Marks, I. M. (1974). Group exposure (flooding) in vivo for agoraphobics. British Journal of Psychiatry, 124, 588–602.

Hare-Mustin, R. (1987). The problem of gender in family therapy theory. Family Process, 26, 15–27.

Hargaden, H., & Sills, C. (2002). Transactional analysis: A relational approach. New York: Brunner-Routledge.

Harman, R. (1995). Gestalt therapy as brief therapy. Gestalt Journal, 18, 77–85.

Harper, R. A. (1959). Psychoanalysis and psychotherapy: 36 systems. Englewood Cliffs, NJ: Prentice Hall.

Harris, A. B., & Harris, T. A. (1990). Staying OK. New York: Harper & Row.

Harris, H., & Bruner, C. (1971). A comparison of self-control and a contract procedure for weight control. Behavior Research and Therapy, 9, 347–354.

Harris, T. A. (1967). I'm OK—you're OK. New York: Harper & Row.

Hartmann, A., Herzog, T., & Drinkman, A. (1992). Psychotherapy of bulimia nervosa: What is effective? A meta-analysis. Journal of Psychosomatic Research, 36, 159–167.

Hartmann, H. (1958). Ego psychology and the problem of adaptation. New York: International Universities Press.

Hartmann, H., Kris, E., & Loewenstein, R. M. (1947). Comments on the formation of psychic structure. In A. Freud et al. (Eds.), The psychoanalytic study of the child. New York: International Universities Press.

Hartshorne, T. S. (1991). The evolution of psychotherapy: Where are the Adlerians? Individual Psychology, 47, 321–325.

Haslam, C., & Lawrence, W. (2004). Health-related behavior and beliefs of pregnant smokers. Health Psychology. 23, 486–491.

Hatcher, C., & Himelstein, P. (Eds.). (1976). The handbook of Gestalt therapy. New York: Jason Aronson.

Hawton, K., & Kirk, J. (1989). Problem-solving. In K. Hawton, P. M. Salkovskis, J. Kirk, & D. M. Clark (Eds.), Cognitive behaviour therapy for psychiatric problems. New York: Oxford University Press.

Hawton, K., Salkovskis, P. M., Kirk, J., & Clark, D. M. (Eds.). (1989). Cognitive behaviour therapy for psychiatric problems: A practical guide. New York: Oxford University Press.

Hayes, S., Barlow, D., & Nelson-Gray, R. (1999). The scientist practitioner: Research and accountability in the age of managed care. Boston: Allyn & Bacon.

Hayes, S., Follette, V. M., & Linehan, M. M. (Eds.). (2004). Mindfulness and acceptance. New York: Guilford.

Hays, P. A. (1996). Culturally responsive assessment with diverse older clients. Professional Psychology: Research and Practice, 27, 188–193.

Hazelrigg, M. D., Cooper, H. M., & Borduin, C. M. (1987). Evaluating the effectiveness of family therapies: An integrative review and analysis. Psychological Bulletin, 101, 428–442.

Heard, H. L., & Linehan, M. M. (2005). Integrative therapy for borderline personality disorder. In J. C. Norcross & M. R. Goldfried (Eds.), Handbook of psychotherapy integration (2nd ed.). New York: Oxford University Press.

Heath, A. E., Neimeyer, G. J., & Pedersen, P. B. (1988). The future of cross-cultural counseling: A Delphi poll. Journal of Counseling and Development, 67, 27–30.

Heidegger, M. (1962). Being and time. New York: Harper & Row.

Held, B. S. (1991). The process/content distinction in psychotherapy revisited. Psychotherapy, 28, 207–217.

Held, B. S. (1995). Back to reality: A critique of postmodern theory in psychotherapy. New York: Norton.

Hendricks, I. (1943). The discussion of the "instinct to master." Psychoanalytic Quarterly, 12,

561–565.

Henggler, S., & Schoenwald, S. K. (2003). Multisystemic therapy. In T. L. Sexton, G. R. Weeks, & M. S. Robbins (Eds.), *Handbook of family therapy*. New York: Brunner-Routledge.

Henry, W. A. (1990, April 9). Beyond the melting pot. *Time*, pp. 28–31.

Henry, W. P., & Strupp, H. H. (1991). Vanderbilt University: The Vanderbilt Center for Psychotherapy Research. In L. E. Beutler & M. Crago (Eds.), *Psychotherapy research: An international review of programmatic studies*. Washington, DC: American Psychological Association.

Hersen, M., & Barlow, D. (1976). *Single-case experimental designs*. Elmsford, NY: Pergamon.

Herz, M. I., et al. (2000). A program for relapse prevention in schizophrenia: A controlled study. *Archives of General Psychiatry, 57*, 277–283.

Hester, R. K., & Delaney, H. D. (1997). Behavioral self-control program for Windows: Results of a controlled clinical trial. *Journal of Consulting and Clinical Psychology, 65*, 686–693.

Heuzenroeder, L., et al. (2004). Cost-effectiveness of psychological and pharmacological interventions for generalized anxiety disorder and panic disorder. *Australian and New Zealand Journal of Psychiatry, 38*, 602–612.

Higgins, S. T., & Silverman, K. (Eds.). (1999). *Motivating behavior change among illicit-drug abusers: Research on contingency management interventions*. Washington, DC: American Psychological Association.

Highlen, P. S. (1994). Racial/ethnic diversity in doctoral programs of psychology: Challenges for the twenty-first century. *Applied & Preventative Psychology, 3*, 91–108.

Hill, K. A. (1987). Meta-analysis of paradoxical interventions. *Psychotherapy, 24*, 266–270.

Ho, M. K. (1992). *Minority children and adolescents in therapy*. Newbury Park, CA: Sage.

Hoffman, E. (1994). *The drive for self: Alfred Adler and the founding of individual psychology*. Reading, MA: Addison-Wesley.

Hoffman, L. (1981). *Foundations of family therapy: A conceptual framework for systems change*. New York: Basic.

Hofmann, S. G., & Spiegel, D. A. (1999). Panic control treatment and its applications. *Journal of Psychotherapy Practice and Research, 8*, 3–11.

Holland, G. (1973). Transactional analysis. In R. Corsini (Ed.), *Current psychotherapies*. Itasca, IL: Peacock.

Hollin, C. R., & Trower, P. (Eds.). (1986). *Handbook of social skills training*. New York: Pergamon.

Hollon, S. D., & Beck, A. T. (1994). Cognitive and cognitive-behavioral therapies. In A. E. Bergin & S. L. Garfield (Eds.), *Handbook of psychotherapy and behavior change* (4th ed.). New York: Wiley.

Hollon, S. D., DeRubeis, R. J., Shelton, R. C., et al. (2005). Prevention of relapse following cognitive therapy vs medications in moderate to severe depression. *Archives of General Psychiatry, 62*, 417–422.

Holroyd, K. A., & Penzien, D. B. (1990). Pharmacological versus non-pharmacological prophylaxis of recurrent migraine headache: A meta-analytic review of clinical trials. *Pain, 42*, 1–13.

Holt, R. R. (1989). *Freud reappraised: A fresh look at psychoanalytic theory*. New York: Guilford.

Hora, T. (1959). Epistemological aspects of existence and psychotherapy. *Journal of Individual Psychology, 15*, 166–173.

Hora, T. (1960). The process of existential psychotherapy. *Psychiatric Quarterly, 34*, 495–504.

Horne, A., & Kiselica, M. S. (Eds.). (1999). *Handbook of counseling boys and men*. Thousand Oaks, CA: Sage.

Horner, A. (1979). *Object relations and the developing ego in therapy*. New York: Jason Aronson.

Horvath, A. O., & Bedi, R. P. (2002). The alliance. In J. C. Norcross (Ed.), *Psychotherapy relationships that work*. New York: Oxford University Press.

Houts, A. C., Berman, J. S., & Abramson, H. (1994). Effectiveness of psychological and pharmacological treatments for nocturnal enuresis. *Journal of Consulting and Clinical Psychology, 62*, 737–745.

Hoyt, M. F. (1995). *Brief therapy and managed care*. San Francisco: Jossey-Bass.

Hoyt, M. F. (Ed.). (1998). *The handbook of constructive therapies*. San Francisco: Jossey-Bass.

Hoyt, M. F. (2000). *Some stories are better than others*. Philadelphia: Brunner-Mazel.

Hubble, M. A., Duncan, B. L., & Miller, S. D. (Eds.). (1999). *The heart and soul of change*. Washington, DC: American Psychological Association.

Hull, C. (1943). *Principles of behavior*. New York: Appleton-Century-Crofts.

Hunt, W. A., Barnett, L. W., & Branch, L. G. (1971). Relapse rates in addiction programs. *Journal of Clinical Psychology, 27*, 455–456.

Huxley, N. A., Rendall, M., & Sederer, L. (2000). Psychosocial treatments in schizophrenia: A review of the past 20 years. *Journal of Nervous & Mental Disease, 188*, 187–201.

Hyde, J. S. (1991). *Half the human experience* (4th ed.). Lexington, MA: Heath.

Hyman, R. B., Feldman, H. R., Harris, R. B., Levin, R. F., & Mallory, G. B. (1989). The effects of relaxation training on clinical symptoms: A

meta-analysis. *Nursing Research, 8,* 216–220.
Institute of Medicine. (2001). *Crossing the quality chasm: A new health system for the 21st century.* Washington, DC: National Academy Press.
Institute of Medicine. (2003). *Unequal treatment: Confronting racial and ethnic disparities in health care.* Washington, DC: National Academy Press.
Integrative Psychotherapy {special issue}. (1996). *Transactional Analysis Journal, 26*(4).
Irvin, J. E., Bowers, C. A., Dunn, M. E., & Wang, M. C. (1999). Efficacy of relapse prevention: A meta-analytic review. *Journal of Consulting and Clinical Psychology, 67,* 563–570.
Ivey, A. E., & Brooks-Harris, J. E. (2005). Integrative psychotherapy with culturally diverse clients. In J. C. Norcross & M. R. Goldfried (Eds.), *Handbook of psychotherapy integration* (2nd ed.). New York: Oxford University Press.
Jackson, D. (1967). The eternal triangle. In J. Haley & L. Hoffman (Eds.), *Techniques of family therapy.* New York: Basic.
Jackson, L. C. (2004). Putting on blinders or bifocals: Using the new multicultural guidelines for educations and training. *The Clinical Psychologist, 57,* 11–16.
Jackson, L. C., & Greene, B. A. (Eds.). (2000). *Psychotherapy with African American Women.* New York: Guilford.
Jacobson, E. (1938). *Progressive relaxation.* Chicago: University of Chicago Press.
Jacobson, N. S., & Christensen, A. (1998). *Acceptance and change in couple therapy: A therapist's guide to transforming relationships.* New York: Norton.
Jacobson, N. S., & Gurman, A. S. (Eds.). (1986). *Clinical handbook of marital therapy.* New York: Guilford.
Jacobson, N. S., & Margolin, G. (1979). *Marital therapy: Strategies based on social learning and behavior exchange principles.* New York: Brunner/Mazel.
Jacobson, N. S., Martell, C. R., & Dimidjian, S. (2001). Behavioral activation treatment for depression: Returning to contextual roots. *Clinical Psychology: Science and Practice, 8,* 255–270.
James, M., & Jongeward, D. (1971). *Born to win.* Reading, MA: Addison-Wesley.
Jaycox, L. H., Zoellner, L., & Foa, E. B. (2000). Cognitive-behavior therapy for PTSD in rape survivors. *Journal of Clinical Psychology: In Session, 58,* 891–906.
Jensen, J. P., Bergin, A. E., & Greaves, D. W. (1990). The meaning of eclecticism: New survey and analysis of components. *Professional Psychology: Research and Practice, 21,* 124–130.
Johnson, S. M., Hunsley, J., Greenberg, L., & Schindler, D. (1999). Emotionally focused couples therapy: Status and challenges. *Clinical Psychology: Science and Practice, 6,* 67–79.
Johnson, W. G., Tsoh, J. Y., & Varnado, P. J. (1996). Eating disorders: Efficacy of pharmacological and psychological interventions. *Clinical Psychology Review, 16,* 457–478.
Jones, E. (1955). *The life and works of Sigmund Freud* (Vol. 2). New York: Basic.
Jones, H., Edwards, L., Vallis, M. T., Ruggiero, L., Rossi, S., Rossi, J. S., et al. (2003). Changes in diabetes self-care behaviors make a difference to glycemic control: The diabetes stages of change (DiSC) study. *Diabetes Care, 26,* 732–737.
Jones, M. A., Botsko, M., & Gorman, B. S. (2003). Predictors of psychotherapeutic benefit of lesbian, gay, and bisexual clients: The effects of sexual orientation matching and other factors. *Psychotherapy, 40,* 289–301.
Jordan, J. V., Kaplan, A. G., Miller, J. B., Stiver, I. P., & Surrey, J. L. (1991). *Women's growth in connection: Writings from the Stone Center.* New York: Guilford.
Jordan, J. V., Walker, M., & Hartling, L. M. (Eds.). (2004). *The complexity of connection: Writings from the Jean Baker Miller Training Institute.* New York: Guilford.
Kahn, E. (1985). Heinz Kohut and Carl Rogers: A timely comparison. *American Psychologist, 40,* 893–904.
Kanfer, F. H., & Goldstein, A. P. (Eds.). (1991). *Helping people change: A textbook of methods* (4th ed.). Boston: Allyn & Bacon.
Kantrowitz, R. E., & Ballou, M. (1992). A feminist critique of cognitive-behavioral therapy. In L. S. Brown & M. Ballou (Eds.), *Personality and psychopathology: Feminist reappraisals.* New York: Guilford.
Kaplan, A. G., Fibel, B., Greif, A. C., McComb, A., Sedney, M. A., & Shapiro, E. (1983). The process of sex-role integration in psychotherapy: Contributions from a training experience. *Psychotherapy: Theory, Research and Practice, 20,* 476–485.
Kaplan, E. H. (1997). Telepsychotherapy. *Journal of Psychotherapy Practice and Research, 6,* 227–237.
Kaplan, H. S. (1974). *The new sex therapy.* New York: Brunner/Mazel.
Kaplan, H. S. (1987). *The illustrated manual of sex therapy* (2nd ed.). New York: Brunner/Mazel.
Karasu, T. B. (1986). The specificity versus nonspecificity dilemma: Toward identifying therapeutic change agents. *American Journal of Psychiatry, 143,* 687–695.
Karpman, S. (1968). Script drama analysis. *Trans-

actional Analysis Bulletin, 7, 39–43.

Kaslow, F. (Ed.). (1996). *Handbook of relational diagnosis and dysfunctional family patterns.* New York: Wiley.

Kaslow, N. J., Blount, A., & Sue, S. (2005). *Health care for the whole person: Moving toward improved health outcomes.* Washington, DC: American Psychological Association.

Kazantis, N., Deane, F. P., & Ronan, K. R. (2000). Homework assignments in cognitive and behavioral therapy: A meta-analysis. *Clinical Psychology: Science and Practice, 7,* 189–202.

Kazdin, A. E. (1979). Nonspecific treatment factors in psychotherapy outcome research. *Journal of Consulting and Clinical Psychology, 47,* 846–851.

Kazdin, A. E. (1984). Integration of psychodynamic and behavioral psychotherapies: Conceptual versus empirical synthesis. In H. Arkowitz & S. B. Messer (Eds.), *Psychoanalytic therapy and behavior therapy: Is integration possible?* New York: Plenum.

Kazdin, A. E. (1991). Effectiveness of psychotherapy with children and adolescents. *Journal of Consulting and Clinical Psychology, 39,* 785–798.

Kazdin, A. E. (2001). *Behavior modification in applied settings* (6th ed.). Pacific Grove, CA: Brooks/Cole.

Kazdin, A. E. (2005). *Parent management training.* New York: Oxford University Press.

Keane, T. M., Fairbank, J. A., Caddell, J. M., & Zimering, R. T. (1989). Implosive (flooding) therapy reduces symptoms of PTSD in Vietnam combat veterans. *Behavior Therapy, 20,* 245–260.

Keane, T. M., & Kaloupek, D. G. (1982). Imaginal flooding in the treatment of a post-traumatic stress disorder. *Journal of Consulting and Clinical Psychology, 50,* 138–140.

Keen, E. (1970). *Three faces of being: Toward an existential clinical psychology.* New York: Irvington.

Kelly, E. W., Jr. (1995). *Spirituality and religion in counseling and psychotherapy.* Alexandria, VA: American Counseling Association.

Kelly, G. A. (1955). *The psychology of personal constructs* (2 vols.). New York: Norton.

Kempler, W. (1973). Gestalt therapy. In R. Corsini (Ed.), *Current psychotherapies.* Itasca, IL: Peacock.

Kendall, P. C. (Ed.). (2000). *Child and adolescent therapy: Cognitive-behavioral procedures* (2nd ed.). New York: Guilford.

Kendall, P. C., & Braswell, L. (1992). *Cognitive-behavioral therapy for impulsive children* (2nd ed.). New York: Guilford.

Kernberg, O. F. (1973). Summary and conclusions of "Psychotherapy and psychoanalysis: Final report of the Menninger Foundation's Psychotherapy Research Project." *International Journal of Psychiatry, 11,* 62–77.

Kernberg, O. F. (1975). *Borderline conditions and pathological narcissism.* New York: Jason Aronson.

Kernberg, O. F. (1976). *Object-relations theory and clinical psychoanalysis.* New York: Jason Aronson.

Kernberg, O. F. (1984). *Severe personality disorders: Psychotherapeutic strategies.* New Haven: Yale University Press.

Kernberg, O. F., Ellis, A., Person, E., Burns, D. D., & Norcross, J. C. (1993, April). *A meeting of the minds: Is integration possible?* Two-day conference sponsored by the Institute for Rational-Emotive Therapy, New York.

Kernberg, O. F., Selzer, M. A., Koenigsberg, H. W., Carr, A. C., & Applebaum, A. H. (1989). *Psychodynamic psychotherapy of borderline patients.* New York: Basic.

Kerr, M., & Bowen, M. (1988). *Family evaluation.* New York: Norton.

Kessler, R. C., Zhao, S., et al. (1999). Past-year use of outpatient services for psychiatric problems in the National Comorbidity Survey. *American Journal of Psychiatry, 156,* 115–123.

Kibby, M. Y., Tyc, V. L., & Mulhern, R. K. (1998). Effectiveness of psychological intervention for children and adolescents with chronic medical illness: A metaanalysis. *Clinical Psychology Review, 18,* 103–117.

Kierkegaard, S. (1954a). *Fear and trembling.* New York: Doubleday.

Kierkegaard, S. (1954b). *The sickness unto death.* New York: Doubleday.

Kiesler, D. J. (1996). *Contemporary interpersonal theory and research.* New York: Wiley.

Kirschenbaum, H., & Jourdan, A. (2005). The current status of Carl Rogers and the person-centered approach. *Psychotherapy, 42,* 37–51.

Kiselica, M. S. (2003). Transforming psychotherapy in order to succeed with adolescent boys: Male-friendly practices. *Journal of Clinical Psychology: In Session, 59,* 1225–1236.

Klein, D. F., Zitrin, C. M., Woerner, M. G., & Ross, D. C. (1983). Treatment of phobia II. Behavior therapy and supportive psychotherapy. *Archives of General Psychiatry, 40,* 139–145.

Klerman, G. L., Budman, S., Berwich, D., Weissman, M. M., Damico-White, J., Demby, A., & Feldstein, M. (1987). Efficacy of brief psychosocial interventions on symptoms of stress and distress among patients in primary care. *Medical Care, 25,* 1078–1088.

Klerman, G. L., & Weissman, M. M. (1991). Interpersonal psychotherapy: Research program and future prospects. In L. E. Beutler & M. Crago (Eds.), *Psychotherapy research: An international review of programmatic studies*. Washington, DC: American Psychological Association.

Klerman, G. L., & Weissman, M. M. (Eds.). (1993). *New applications of interpersonal psychotherapy*. Washington, DC: American Psychiatric Press.

Klerman, G. L., Weissman, M. M., Rounsaville, B. J., & Chevron, E. S. (1984). *Interpersonal psychotherapy of depression*. New York: Basic.

Knapp, B. W. (1999). Transactional analysis: A theory and context for an integrated approach to psychotherapy. *Transactional Analysis Journal, 29*, 92–95.

Knight, R. P. (1941). Evaluation of the results of psychoanalytic therapy. *American Journal of Psychiatry, 98*, 434–436.

Knobloch, F. (1996). Toward integration through group-based psychotherapy: Back to the future. *Journal of Psychotherapy Integration, 6*, 1–25.

Knobloch, F., & Knobloch, J. (1979). *Integrated psychotherapy*. New York: Jason Arasonson.

Kobak, K. A., Greist, J. H., Jefferson, J. W., Katzelnick, D. J., & Henk, H. J. (1998). Behavioral versus pharmacological treatments of obsessive compulsive disorder: A meta-analysis. *Psychopharmacology, 136*, 205–216.

Kohut, H. (1971). *The analysis of the self*. New York: International Universities Press.

Kohut, H. (1977). *The restoration of the self*. New York: International Universities Press.

Kohut, H. (1979). The two analyses of Mr. Z. *International Journal of PsychoAnalysis, 60*, 3–27.

Kort, J. (2004). Queer eye for the straight therapist. *Psychotherapy Networker, 28*, 59–61.

Koss, M. P., & Shiang, J. (1994). Research on brief psychotherapy. In A. E. Bergin & S. L. Garfield (Eds.), *Handbook of psychotherapy and behavior change* (4th ed.). New York: Wiley.

Kovacs, A. L. (1989). Evoked reflections on psychotherapy's future prospects—Adlerian and otherwise. *Individual Psychology, 45*, 248–260.

Krasner, L. (1988). Paradigm lost: On a historical/sociological/economic perspective. In D. B. Fishman, F. Rodgers, & C. M. Franks (Eds.), *Paradigms in behavior therapy: Present and promise*. New York: Springer.

Krijn, M., Emmelkamp, P. M. G., Olafsson, R. P., & Biemond, R. (2004). Virtual reality exposure therapy of anxiety disoders: A review. *Clinical Psychology Review, 24*, 259–281.

Kuehlwein, K. T., & Rosen, H. (Eds.). (1993). *Cognitive therapies in action: Evolving innovative practice*. San Francisco: Jossey-Bass.

Kuhn, T. S. (1970). *The structure of scientific revolutions* (2nd ed.). Chicago: University of Chicago Press.

Kwee, M. G. T. (1984). *Klinische multimodale gedragstherapie*. Lisse, Holland: Swets & Zeitlinger.

Kwee, M. G. T., & Kwee-Taams, M. K. (1994). *Klinishegedragstherapie in Nederland & vlaanderen*. Delft, Holland: Eubron.

Lackner, J. M., et al. (2004). Psychological treatments for irritable bowel syndrome: A systematic review and meta-analysis. *Journal of Consulting and Clinical Psychology, 72*, 1100–1113.

Lam, C. S., McMahon, B. T., Priddy, D. A., & Gehred-Schultz, A. (1988). Deficit awareness and treatment performance among traumatic head injury adults. *Brain Injury, 2*, 235–242.

Lambert, M. J. (1976). Spontaneous remission in adult neurotic disorders: A revision and summary. *Psychological Bulletin, 83*, 107–119.

Lambert, M. J. (1986). Future directions for research in client-centered psychotherapy. *Person-Centered Review, 1*, 185–200.

Lambert, M. J. (1992). Psychotherapy outcome research: Implications for integrative and eclectic therapists. In J. C. Norcross & M. R. Goldfried (Eds.), *Handbook of psychotherapy integration*. New York: Basic.

Lambert, M. J. (2002). Research summary on the therapeutic relationhip and psychotherapy outcome. In J. C. Norcross (Ed.), *Psychotherapy relationships that work*. New York: Oxford University Press.

Lambert, M. J. (Ed.). (2004). *Handbook of psychotherapy and behavior change* (5th ed.). New York: Wiley.

Lambert, M. J., & Bergin, A. E. (1992). Achievements and limitations of psychotherapy research. In D. K. Freedheim (Ed.), *History of psychotherapy: A century of change*. Washington, DC: American Psychological Association.

Lambert, M. J., Harmon, C., Nielsen, S. L., Smart, D. W., Shimokawa, K., & Sutton, S. W. (2005). Providing feedback to psychotherapists on their patients' progress: Clinical results and practice suggestions. *Journal of Clinical Psychology: In Session, 61*, 165–174.

Lantz, J. (1992). Using Frankl's concepts with PTSD clients. *Journal of Traumatic Stress, 5*, 485–490.

Larson, D. (1980). Therapeutic schools, styles, and schoolism: A national survey. *Journal of Humanistic Psychology, 20*, 3–20.

Layden, M. A., Newman, C. F., Freeman, A., & Morse, S. B. (1993). *Cognitive therapy of borderline personality disorder*. Boston: Allyn & Bacon.

Lazarus, A. A. (1956). A psychological approach to alcoholism. *South African Medical Journal, 30*, 707–710.

Lazarus, A. A. (1958). New methods in psychotherapy: A case study. *South African Medical Journal, 32,* 660–664.

Lazarus, A. A. (1966). Broad spectrum behavior therapy and the treatment of agoraphobia. *Behavior Research and Therapy, 4,* 95–97.

Lazarus, A. A. (1967). In support of technical eclecticism. *Psychological Reports, 21,* 415–416.

Lazarus, A. A. (1971a). *Behavior therapy and beyond.* New York: McGraw-Hill.

Lazarus, A. A. (1971b). Has behavior therapy outlived its usefulness? *American Psychologist, 32,* 550–555.

Lazarus, A. A. (1971c). Where do behavior therapists take their troubles? *Psychological Reports, 28,* 349–350.

Lazarus, A. A. (1973). Multimodal behavior therapy: Treating the BASIC I.D. *Journal of Nervous and Mental Disease, 156,* 404–411.

Lazarus, A. A. (1976). *Multimodal behavior therapy.* New York: Springer.

Lazarus, A. A. (1981/1989a). *The practice of multimodal therapy.* Baltimore: Johns Hopkins University Press.

Lazarus, A. A. (1989b). Brief psychotherapy: The multimodal model. *Psychology, 26,* 6–10.

Lazarus, A. A. (1991). A plague on Little Hans and Little Albert. *Psychotherapy, 28,* 444–447.

Lazarus, A. A. (1993). Tailoring the therapeutic relationship, or being an authentic chameleon. *Psychotherapy, 30,* 404–407.

Lazarus, A. A. (1997). *Brief but comprehensive psychotherapy: The multimodal way.* New York: Springer.

Lazarus, A. A. (2005). Multimodal therapy. In J. C. Norcross & M. R. Goldfried (Eds.), *Handbook of psychotherapy integration* (2nd ed.). New York: Oxford University Press.

Lazarus, A. A., Beutler, L. E., & Norcross, J. C. (1992). The future of technical eclecticism. *Psychotherapy, 29,* 11–20.

Lazarus, A. A., & Fay, A. (1984). Behavior therapy. In T. B. Karasu (Ed.), *The psychiatric therapies.* Washington, DC: American Psychiatric Association.

Lazarus, A. A., & Fay, A. (1990). Brief psychotherapy: Tautology or oxymoron? In J. K. Zeig & S. Gilligan (Eds.), *Brief therapy: Myths, methods, and metaphors.* New York: Brunner/Mazel.

Lazarus, A. A., & Lazarus, C. N. (2005). The Multimodal Life History Inventory. In G. P. Koocher, J. C. Norcross, & S. S. Hill (Eds.), *Psychologists' desk reference* (2nd ed.). New York: Oxford University Press.

Lazarus, A. A., Lazarus, C. N., & Fay, A. (1993). *Don't believe it for a minute! 40 toxic ideas that are driving you crazy.* San Luis Obispo: Impact.

Lazarus, A. A., & Messer, S. B. (1991). Does chaos prevail? An exchange on technical eclecticism and integration. *Journal of Psychotherapy Integration, 1,* 143–158.

Lazarus, A. A., & Zur, O. (Eds.). (2002). *Dual relationships and psychotherapy.* New York: Springer.

Lazarus, R. S. (2003). Does the positive psychology movement have legs? *Psychological Inquiry, 14,* 93–109.

Leahy, R. L. (2003). *Cognitive therapy techniques: A practitioner's guide.* New York: Guilford.

Lebow, J. (1997). The integrative revolution in couple and family therapy. *Family Process, 36,* 1–20.

Lebow, J. (2005). The role and current practice of personal therapy in systemic/family therapy. In J. D. Geller, J. C. Norcross, & D. E. Orlinsky (Eds.), *The psychotherapist's own therapy.* New York: Oxford University Press.

Lee, M. (1997). A study of solution-focused brief family therapy: Outcomes and issues. *American Journal of Family Therapy, 25,* 3–17.

Leichsenring, F., & Leibing, E. (2003). The effectiveness of psychodynamic psychotherapy and cognitive behavior therapy in the treatment of personality disorders: A meta-analysis. *American Journal of Psychiatry, 160,* 1223–1231.

Leichsenring, F., Rabung, S., & Leibing, E. (2004). The efficacy of short-term psychodynamic psychotherapy in specific psychiatric disorders: A meta-analysis. *Archives of General Psychiatry, 61,* 1208–1216.

Leong, F. T. L. (1986). Counseling and psychotherapy with Asian-Americans: Review of the literature. *Journal of Counseling Psychology, 33,* 196–206.

Lerman, H. (1992). The limits of phenomenology: A feminist critique of the humanistic personality theories. In L. S. Brown & M. Ballou (Eds.), *Personality and psychopathology: Feminist reappraisals.* New York: Guilford.

Lerner, H. (1986). *A mote in Freud's eye.* New York: Springer.

Lerner, H. (1988). *Women in therapy.* New York: Jason Aronson.

Lasser, J. S., & Gottlieb, M. C. (2004). Treating patients distressed regarding their sexual orientation: Clinical and ethical alternatives. *Professional Psychology: Research & Practice, 35,* 194–200.

Levant, R. F. (1990). Psychological services designed for men: A psychoeducational approach. *Psychotherapy, 27,* 309–315.

Levant, R., & Pollack, W. (Eds.). (1995). *The new psychology of men.* New York: Basic.

Levant, R. F., & Shlien, J. M. (Eds.). (1984). *Client-centered therapy and the person-centered approach.* New York: Praeger.

Levenson, H. (1995). *Time-limited dynamic psychotherapy: A guide to clinical practice.* New York: Basic Books.

Levine, J. L., Stolz, J. A., & Lacks, P. (1983). Preparing psychotherapy clients: Rationale and suggestions. *Professional Psychology: Research and Practice, 14,* 317–322.

Levis, D. J. (1966). Effects of serial CS presentation and other characteristics of the CS on the conditioned avoidance response. *Psychological Reports, 18,* 755–766.

Levis, D. J. (1987). Treating anxiety and panic attacks: The conflict model of implosive therapy. *Journal of Integrative and Eclectic Psychotherapy, 6,* 450–461.

Levis, D. J. (1991). The recovery of traumatic memories: The etiological sources of psychopathology. In R. G. Kumzendorf (Ed.), *Mental imagery.* New York: Plenum.

Levis, D. J. (1993). The power of extrapolating from basic laboratory procedures: The behavioral-cognitive approach of implosive therapy. *Behavior Change, 10,* 154–161.

Levis, D. J., Bouska, S., Eron, J., & McIlhon, M. (1970). Serial CS presentation and one-way avoidance conditioning: A noticeable lack of delayed responding. *Psychonomic Science, 20,* 147–149.

Levis, D. J., & Stampfl, T. (1972). Effects of serial CS presentation on shuttlebox avoidance responding. *Learning and Motivation, 3,* 73–90.

Levitsky, A., & Perls, F. (1970). The rules and games of Gestalt therapy. In J. Fagan & I. Shepherd (Eds.), *Gestalt therapy now.* Palo Alto, CA: Science and Behavior Books.

Lewandowski, L. M., Gebing, T. A., Anthony, J. L., & O'Brien, W. H. (1997). Meta-analysis of cognitive-behavioral treatment studies for bulimia. *Clinical Psychology Review, 17,* 703–718.

Lewinsohn, P. M., & Clarke, G. N. (1999). Psychosocial treatments for adolescent depression. *Clinical Psychology Review, 19,* 329–342.

Lewis, J., M., Beavers, W. R., Gossett, J. T., & Philips, V. A. (1976). *No single thread: Psychological health in family systems.* New York: Brunner/Mazel.

Lidz, T. (1963). *The family and human adaption.* New York: International Universities Press.

Liebman, R., Minuchin, S., Baker, L., & Rosman, B. (1975). The treatment of anorexia nervosa. *Current Psychiatric Therapies, 15,* 51–57.

Lietaer, G. (1990). The client-centered approach after the Wisconsin Project: A personal view on its evolution. In G. Lietaer, J. Rombauts, & R. VanBalen (Eds.), *Client-centered and experiential psychotherapy in the nineties.* Leuven, Belgium: Leuven University Press.

Lietaer, G., Rombauts, J., & VanBalen, R. (Eds.). (1990). *Client-centered and experiential psychotherapy in the nineties.* Leuven, Belgium: Leuven University Press.

Liff, Z. A. (1992). Psychoanalysis and dynamic techniques. In D. K. Freedhiem (Ed.), *History of psychotherapy: A century of change.* Washington, DC: American Psychological Association.

Linden, W., & Chambers, L. (1994). Clinical effectiveness of non-drug treatment for hypertension: A meta-analysis. *Annals of Behavioral Medicine, 16,* 35–45.

Linehan, M. M. (1993). *Cognitive-behavioral treatment of borderline personality disorder.* New York: Guilford.

Linstone, H. A., & Turoff, M. (Eds.). (1975). *The Delphi method: Techniques and applications.* Reading, MA: Addison-Wesley.

Lipchik, E. (2002). *Beyond technique in solution-focused therapy: Working with emotions and the therapeutic relationship.* New York: Guilford.

Lipsey, M. W., & Wilson, D. B. (1993). The efficacy of psychological, educational, and behavioral treatment: Confirmation from meta-analysis. *American Psychologist, 48,* 1181–1209.

Lloyd, G. (1984). *The man of reason: "Male" and "female" in western philosophy.* London: Methuen.

Loeschen, S. (1997). *Systematic training in the skills of Virginia Satir.* Pacific Grove, CA: Brooks/Cole.

Loevinger, J. (1976). *Ego development.* San Francisco: Jossey-Bass.

Lohr, J. M., Tolin, D. F., & Lilienfeld, S. O. (1998). Efficacy of Eye Movement Desensitization and Reprocessing. *Behavior Therapy, 26,* 123–156.

London, P. (1986). *The modes and morals of psychotherapy* (2nd ed.). New York: Hemisphere.

London, P. (1988). Metamorphosis in psychotherapy: Slouching toward integration. *Journal of Integrative and Eclectic Psychotherapy, 7,* 3–12.

Lonigan C. J., Elbert, J. C., & Johnson, S. B. (1998). Empirically supported psychosocial interventions for children: An overview. *Journal of Clinical Child Psychology, 27,* 138–142.

Lorenz, K. (1963). *On aggression.* New York: Harcourt Brace Jovanovich.

Lorion, R. P. (1978). Research on psychotherapy and behavior change with the disadvantaged: Past, present, and future directions. In S. L. Garfield & A. E. Bergin (Eds.), *Handbook of psychotherapy and behavior change* (2nd ed.). New York: Wiley.

Luborsky, L. (1984). *Principles of psychoanalytic psychotherapy.* New York: Basic.

Luborsky, L., et al. (1999). The researcher's own

therapy allegiances: A "wild card" in comparisons of treatment efficacy. *Clinical Psychology: Science and Practice, 6,* 95–106.

Luborsky, L., & Crits-Cristoph, P. (1990). *Understanding transference.* New York: Basic.

Luborsky, L., Singer, B., & Luborsky, L. (1975). Comparative studies of psychotherapies. *Archives of General Psychiatry, 32,* 995–1008.

Luborsky, L., Rosenthal, R., Diguer, L., Andrusyna, T. P., Berman, J. S., Levitt, J. T., et al. (2002). The dodo bird verdict is alive and well—mostly. *Clinical Psychology: Science and Practice, 9,* 2–12.

Luepnitz, D. A. (1988). *The family interpreted: Feminist theory in clinical practice.* New York: Basic.

Lundahl, B. W., et al. (2004, July). *Parent-training meta-analysis: 3,592 participants, 61 treatment groups, and 48 control groups.* Poster presented at the 112th annual convention of the American Psychological Association, Honolulu, HI.

Luria, A. (1961). *The role of speech in the regulation of normal and abnormal behaviors.* New York: Liveright.

Luthman, S. (1972). *Intimacy: The essence of male and female.* Los Angeles: Nash.

Lyhus, K. E., Glass, C. R., Arnkoff, D. B., & Lawrence, M. A. (forthcoming). *Integration of EMDR with other therapeutic approaches: A survey integration.*

Lynn, D. J., & Vaillant, G. E. (1998). Anonymity, neutrality, and confidentiality in the actual methods of Sigmund Freud: A review of 43 cases, 1907–1939. *American Journal of Psychiatry, 155,* 163–171.

Lyons, L. C., & Woods, P. J. (1991). The efficacy of rational-emotive therapy: A quantitative review of the outcome research. *Clinical Psychology Review, 11,* 357–369.

Maddi, S. R. (1978). Existential and individual psychologies. *Journal of Individual Psychology, 34,* 182–190.

Maddi, S. R. (1996). *Personality theories: A comparative analysis* (6th ed.). Pacific Grove, CA: Brooks/Cole.

Mahalik, J. R. (1990). Systematic eclectic models. *The Counseling Psychologist, 18,* 655–679.

Maheu, M., & Gordon, B. L. (2000). Counseling and therapy on the Internet. *Professional Psychology: Research and Practice, 31,* 484–489.

Mahler, M. S. (1968). *On human symbiosis of the vicissitudes of individuation.* New York: International Universities Press.

Mahoney, M. J. (1984). Psychoanalysis and behaviorism: The Yin and Yang of determinism. In H. Arkowitz & S. B. Messer (Eds.), *Psychoanalytic therapy and behavior therapy. Is integration possible?* New York: Plenum.

Mahoney, M. J. (1991). *Human change processes: The scientific foundations of psychotherapy.* New York: Basic.

Mahoney, M. J. (1996). Constructivism and the study of complex self-organization. *Constructive Change, 1,* 3–8.

Mahoney, M. J. (2003). *Constructive psychotherapy: A practical guide.* New York: Guilford.

Mahrer, A. R. (1983). *Experiential psychotherapy: Basic practices.* New York: Brunner/Mazel.

Mahrer, A. R. (1986). *Therapeutic experiencing.* New York: Norton.

Mahrer, A. R. (1996). *The complete guide to experiential psychotherapy.* New York: Wiley.

Mahrer, A. R., & Fairweather, D. R. (1993). What is experiencing? A critical review of meanings and applications in psychotherapy. *The Humanistic Psychologist, 21,* 2–25.

Malan, D. H. (1976a). *The frontier of brief psychotherapy.* New York: Plenum.

Malan, D. H. (1976b). *Toward the validation of dynamic psychotherapy: A replication.* New York: Plenum.

Malcolm, J. (1978, May 15). A reporter at large: The one-way mirror. *The New Yorker,* pp. 39–114.

Malgady, R. G., & Costantino, G. (2003). Narrative therapy for Hispanic children and adolescents. In A. E. Kazdin (Ed.), *Evidence-based psychotherapies for children and adolescents* (pp. 425–435). New York: Guilford.

Malleson, N. (1959). Panic and phobia. *Lancet, 1,* 225–227.

Mallinckrodt, B. (2000). Attachment, social competencies, social support, and interpersonal process in psychotherapy. *Psychotherapy Research, 10,* 239–266.

Manaster, G. J. (1987a). Adlerian theory and movement. *Individual Psychology, 43,* 280–287.

Manaster, G. J. (1987b). Editor's comments. *Individual Psychology, 43,* 1–2.

Manaster, G. J., & Corsini, R. J. (1982). *Individual psychology.* Itasca, IL: Peacock.

Mann, J. (1973). *Time-limited psychotherapy.* Cambridge, MA: Harvard University Press.

Mann, J., & Goldman, R. (1982). *A casebook in time-limited psychotherapy.* New York: McGraw-Hill.

Mari, J. D. J., & Streiner, D. L. (1994). An overview of family interventions and relapse on schizophrenia: Meta-analysis of research findings. *Psychological Medicine, 24,* 565–578.

Markowitz, J. C. (1997). The future of interpersonal psychotherapy. *Journal of Psychotherapy Practice and Research, 6,* 294–299.

Marks, I. M. (1987). *Fears, phobias, and rituals.* New York: Oxford University Press.

Markowitz, J. C. (1997). The future of interpersonal psychotherapy. *Journal of Psychotherapy Practice and Research, 6,* 294–299.

Marlatt, G. A., & Gordon, J. R. (Eds.). (1985). *Relapse prevention: Maintenance strategies in addictive behavior change.* New York: Guilford.

Martin, J., Paivio, S., & Labadie, D. (1990). Memory-enhancing characteristics of client-recalled important events in cognitive and experiential therapy: Integrating cognitive experimental and therapeutic psychology. *Counselling Psychology Quarterly, 3,* 239–256.

Marx, M. H., & Goodson, F. E. (Eds.). (1976). *Theories in contemporary psychology* (2nd ed.). New York: Macmillan.

Maslow, A. H. (1960). Existential psychology: What's in it for us? In R. May (Ed.), *Existential psychology.* New York: Random House.

Maslow, A. H. (1962). Some basic propositions of a growth and self-actualizing psychology. In *Perceiving, behaving, becoming: A new focus for education.* Washington, DC: Yearbook of the Association for Supervision and Curriculum Development.

Massey, R. F. (1989a). Integrating systems theory and TA in couples therapy. *Transactional Analysis Journal, 19,* 128–136.

Massey, R. F. (1989b). Techniques for integrating TA and systems theory in couples therapy. *Transactional Analysis Journal, 19,* 148–158.

Massey, S. D., & Massey, R. F. (1989). Systemic contexts for therapy with children. *Transactional Analysis Journal, 19,* 194–200.

Masters, W., & Johnson, V. (1966). *Human sexual response.* Boston: Little, Brown.

Masters, W., & Johnson, V. (1970). *Human sexual inadequacy.* Boston: Little, Brown.

Masterson, J. F. (1976). *Psychotherapy of the borderline adult.* New York: Brunner/Mazel.

Masterson, J. F. (1981). *The narcissistic and borderline disorders: An integrated developmental approach.* New York: Brunner/Mazel.

Maultsby, M. C., Jr., & Ellis, A. (1974). *Techniques for using rational-emotive imagery.* New York: Institute for Rational-Emotive Therapy.

Maxfield, L., & Hyer, L. (2002). The relationship between efficacy and methodology in studies investigating EMDR treatment of PTSD. *Journal of Clinical Psychology, 58,* 23–41.

May, R. (1958). Contribution of existential psychotherapy. In R. May, E. Angel, & H. Ellenberger (Eds.), *Existence: A new dimension for psychology and psychiatry.* New York: Basic.

May, R. (1967). *Psychology and the human dilemma.* New York: Van Nostrand.

May, R. (1969). *Love and will.* New York: Dell.

May, R. (1977). *The meaning of anxiety* (rev. ed.). New York: Norton.

May, R. (1981). *Freedom and destiny.* New York: Norton.

May, R. (1983). *The discovery of being: Writings in existential psychology.* New York: Norton.

May, R. (1989). Rollo May: A man of meaning and myth. Interview with F. E. Rabinowitz, G. Good, and L. Cozad. *Journal of Counseling and Development, 67,* 436–441.

May, R., Angel, E., & Ellenberger, H. (Eds.). (1958). *Existence: A new dimension in psychology and psychiatry.* New York: Basic.

McClendon, R., & Kadis, L. B. (1995). Redecision therapy: On the leading edge. *Transactional Analysis Journal, 25,* 339–342.

McConnaughy, E. A., DiClemente, C. C., Prochaska, W. F., & Velicer, W. F. (1989). Stages of change in psychotherapy: A follow-up report. *Psychotherapy, 26,* 494–503.

McConnaughy, E. A., Prochaska, J., & Velicer, W. (1983). Stages of change in psychotherapy: Measurement and sample profiles. *Psychotherapy, 20,* 368–375.

McCullough, L. (1997). *Changing character.* New York: Basic Books.

McDaniel, S. H., Hepworth, J., & Doherty, W. J. (1992). *Medical family therapy.* New York: Basic.

McGoldrick, M., Giordano, J., & Garcia-Preto, N. (Eds.). (2005). *Ethnicity and family therapy* (3rd ed.). New York: Guilford.

McGrath, E., Keita, G. P., Strickland, B. R., & Russo, N. F. (Eds.). (1990). *Women and depression: Risk factors and treatment issues.* Washington, DC: American Psychological Association.

McNally, R. J. (1999). On eye movements and animal magnetism: A reply to Greenwald's defense of EMDR. *Journal of Anxiety Disorders, 13,* 617–620.

McNamee, S., & Gergen, K. J. (1992). *Therapy as social construction.* London: Sage.

McWilliams, N. (2004). *Psychoanalytic psychotherapy: A practitioner's guide.* New York: Guilford.

Meador, B., & Rogers, C. (1973). Client-centered therapy. In R. Corsini (Ed.), *Current psychotherapies.* Itasca, IL: Peacock.

Meichenbaum, D. (1977). *Cognitive-behavior modification.* New York: Plenum.

Meichenbaum, D. (1985). *Stress inoculation training.* New York: Pergamon.

Meichenbaum, D. (1986). Cognitive-behavior modification. In F. H. Kanfer & A. P. Goldstein (Eds.), *Helping people change* (3rd ed.). New York: Pergamon.

Meichenbaum, D. (1996). Stress inoculation training for coping with stressors. *The Clinical*

Psychologist, 49, 4–10.
Meichenbaum, D., & Goodman, J. (1969). Reflection-impulsivity and verbal control of motor behavior. *Child Development, 40,* 785–797.
Meichenbaum, D., & Goodman, J. (1971). Training impulsive children to talk to themselves: A means of developing self-control. *Journal of Abnormal Psychology, 77,* 115–126.
Mellinger, G. D., Balter, M. B., Manheimer, D. I., Cisin, I. H., & Perry, H. J. (1978). Psychic distress, life crisis and use of psychotherapeutic medications. *Archives of General Psychiatry, 35,* 1045–1052.
Meltzoff, J., & Kornreich, M. (1970). *Research in psychotherapy.* New York: Atherton.
Messer, S. B., & Warren, C. S. (1995). *Models of brief psychodynamic therapy: A comparative approach.* New York: Guilford.
Messer, S. B., & Winokur, M. (1980). Some limits to the integration of psychoanalytic and behavior therapy. *American Psychologist, 35,* 818–827.
Meth, R. L., & Pasick, R. S. (1992). *Men in therapy: The challenge of change.* New York: Guilford.
Meyer, A. (1957). *Psychobiology: A science of man.* Springfield, IL: Charles C. Thomas.
Michael, K. D., & Crowley, S. L. (2002). How effective are treatments for child and adolescent depression? A meta-analytic review. *Clinical Psychology Review, 22,* 247–269.
Mikesell, R. H., Lusterman, D., & McDaniel, S. H. (Eds.). (1995). *Integrating family therapy: Handbook of family psychology and systems theory.* Washington, DC: American Psychological Association.
Miller, G., Galanter, E., & Pribram, K. (1960). *Plans and the structure of behavior.* New York: Holt, Rinehart & Winston.
Miller, L. (1994). Biofeedback and behavioral medicine: Treating the symptom, the syndrome, or the person? *Psychotherapy, 31,* 161–169.
Miller, M. D., et al. (1998). Using Interpersonal Therapy (IPT) in a combined psychotherapy/medication research protocol with depressed elders. *Journal of Psychotherapy Practice and Research, 7,* 47–55.
Miller, M. D., et al. (2001). Interpersonal psychotherapy for late-life depression. *Journal of Psychotherapy Practice and Research, 10,* 231–238.
Miller, R. C., & Berman, J. S. (1983). The efficacy of cognitive behavior therapies: A quantitative review of the research evidence. *Psychological Bulletin, 94,* 39–53.
Miller, S. D., & Berg, I. K. (1995). *The miracle method: A radically new approach to problem drinking.* New York: Norton.
Miller, S. D., Duncan, B. L., & Hubble, M. A. (1997). *Escape from Babel: Toward a unifying language for psychotherapy practice.* New York: Norton.
Miller, S. D., Duncan, B. L., & Hubble, M. A. (2005). Outcome-informed clinical work. In J. C. Norcross & M. R. Goldfried (Eds.), *Handbook of psychotherapy integration* (2nd ed.). New York: Oxford University Press.
Miller, S. D., & Hubble, M. A. (2004). Further archeological and ethnological findings on the obscure, late 20th century, quasi-religious, Earth group known as "the therapists." *Journal of Psychotherapy Integration, 14,* 38–65.
Miller, S. D., Hubble, M. A., & Duncan, B. L. (Eds.). (1996). *Handbook of solution-focused brief therapy.* San Francisco: Jossey-Bass
Miller, W. R. (1978). Behavioral treatment of problem drinkers: A comparative outcome study of three controlled drinking therapies. *Journal of Consulting and Clinical Psychology, 46,* 74–86.
Miller, W. R (Ed.). (1999). *Integrating spirituality into treatment: Resources for practitioners.* Washington, DC: American Psychological Association.
Miller, W. R., & Moyers, T. B. (2005). Motivational interviewing. In G. P. Koocher, J. C. Norcross, & S. S. Hill (Eds.), *Psychologists' desk reference* (2nd ed.). New York: Oxford University Press.
Miller, W. R., & Munoz, R. F. (1982). *How to control your drinking* (2nd ed.). Albuquerque: University of New Mexico Press.
Miller, W. R., & Rollnick, S. (1991). *Motivational interviewing: Preparing people for change.* New York: Guilford.
Miller, W. R., & Rollnick, S. (2002). *Motivational interviewing: Preparing people for change.* (2nd ed.). New York: Guilford.
Miller, W. R., & Taylor, C. A. (1980). Relative effectiveness of bibliotherapy, individual and group self-control training in the treatment of problem drinkers. *Addictive Behaviors, 5,* 13–24.
Miller, W. R., Yahne, C. E., Moyers, T. B., Martinez, J., & Pirritano, M. (2004). A randomized trial of methods to help clinicians learn motivational interviewing. *Journal of Consulting and Clinical Psychology, 72,* 1050–1062.
Miller, W. R., Zweben, A., DiClemente, C. C., & Rychtarik, R. G. (1992). *Motivational Enhancement Therapy manual: A clinical research guide for therapists treating individuals with alcohol abuse and dependence.* Rockville, MD: National Institute on Alcohol Abuse and Alcoholism.
Minuchin, S. (1970). The use of an ecological framework in child psychiatry. In J. Anthony & C. Kaupernik (Eds.), *The child in his family.*

New York: Wiley.

Minuchin, S. (1972). Structural family therapy. In G. Caplan (Ed.), *American handbook of psychiatry* (Vol. 2). New York: Basic.

Minuchin, S. (1974). *Families and family therapy.* Cambridge, MA: Harvard University Press.

Minuchin, S. (1997). *Mastering family therapy: Journeys of growth and tranformation.* New York: Wiley.

Minuchin, S., Baker, L., Rosman, B., Liebman, R., Milman, L., & Todd, T. (1975). A conceptual model of psychosomatic illness in children. *Archives of General Psychiatry, 32,* 1031–1038.

Minuchin, S., Montalvo, B., Guerney, B., Rosman, B., & Schumer, F. (1967). *Families of the slums.* New York: Basic.

Mischel, W. (1968). *Personality and assessment.* New York: Wiley.

Mitchell, S. (1988). *Relational concepts in psychoanalysis: An integration.* Cambridge: Harvard University Press.

Mitchell, S. (1993). *Hope and dread in psychoanalysis.* New York: Basic Books.

Mitchell, K. M., Bozarth, J. D., & Krauft, C. C. (1977). A reappraisal of the therapeutic effectiveness of accurate empathy, nonpossessive warmth, and genuineness. In A. S. Gurman & A. M. Razin (Eds.), *Effective psychotherapy.* New York: Pergamon.

Mitchell-Meadows, M. (1992). Consider culture when counseling. *APA Monitor, 23*(9), 37.

Mohr, D. V. (1995). Negative outcome in psychotherapy: A critical review. *Clinical Psychology: Science and Practice, 2,* 1–27.

Monastra, V. J., Lynn, S., Linden, M., Lubar, J. F., Gruzelier, J., & LaVaque, T. J. (2005). Electroencephalographic biofeedback in the treatment of attention-deficit/hyperactivity disorder. *Applied Psychophysiology and Biofeedback, 30,* 95–114.

Monte, C. F. (1991). *Beneath the mask* (4th ed.). Philadelphia: Holt, Rinehart and Winston.

Monti, P. M., Rohsenow, D. J., Rubonis, A. V., Niaura, R. S., Sirota, A. D., Colby, S. M., Goddard, P., & Abrams, D. B. (1993). Cue exposure with coping skills treatment for male alcoholics: A preliminary investigation. *Journal of Consulting and Clinical Psychology, 61,* 1011–1019.

Moore, C. M. (1987). *Group techniques for idea building.* Newbury Park, CA: Sage.

Moos, R. H., Finney, J .W., & Gamble, W. (1982). The process of recovery from alcoholism: II. Comparing spouses of matched community controls. *Journal of Studies on Alcohol, 43,* 888–909.

Morely, S., Eccleston, C., & Williams, A. (1999). Systematic review and meta-analysis of randomized controlled trials of cognitive behaviour therapy and behaviour therapy for chronic pain in adults, excluding headaches. *Pain, 80,* 1–13.

Morganstern, K. (1973). Implosive therapy and flooding procedures: A critical review. *Psychological Bulletin, 79,* 318–334.

Morgenstern, J., Labouvie, E., McCrady, B. S., Kahler, C. W., & Frey, R. M. (1997). Affiliation with Alcoholic Anonymous after treatment: A study of its therapeutic effects and mechanisms of action. *Journal of Consulting and Clinical Psychology, 65,* 768–777.

Morin, C. M., et al. (1999). Nonpharmacologic treatment of chronic insomnia: An American Academy of Sleep Medicine Review. *Sleep, 22,* 1134–1156.

Mosak, H., & Dreikurs, R. (1973). Adlerian psychotherapy. In R. Corsini (Ed.), *Current psychotherapies.* Itasca, IL: Peacock.

Mosak, H., & Maniacci, M. (1999). *A primer of Adlerian psychology.* New York: Brunner-Routledge.

Mowrer, O. H. (1947). On the dual nature of learning: A reinterpretation of "conditioning" and "problem-solving." *Harvard Education Review, 17,* 102–148.

Mowrer, O. H. (1961). *The crisis in psychiatry and religion.* New York: Van Nostrand Reinhold.

Mowrer, O. H., & Mowrer, W. M. (1938). Enuresis: A method for its study and treatment. *American Journal of Orthopsychiatry, 8,* 436–459.

Moyers, T. B., & Rollnick, S. (2002). A motivational interviewing perspective on resistance in psychotherapy. *Journal of Clinical Psychology: In Session, 58,* 185–194.

MTA Cooperative Group. (1999a). A 14-month randomized clinical trial of treatment strategies for attention-deficit/hyperactivity disorder. *Archives of General Psychiatry, 56,* 1073–1086.

MTA Cooperative Group. (1999b). Moderators and mediators of treatment response for children with attention-deficit/hyperactivity disorder. *Archives of General Psychiatry, 56,* 1088–1096.

Mufson, L. H., Dorta, K. P., Moreau, D., & Weissman, M. M. (2004a). *Interpersonal psychotherapy for depressed adolescents* (2nd ed.). New York: Guilford.

Mufson, L., Dorta, K. P., Wickramaratne, P., Nomura, Y., et al. (2004b). A randomized effectiveness trial of interpersonal psychotherapy for depressed adolescents. *Archives of General Psychiatry, 61,* 577–584.

Munoz, R. F., Hollon, S. D., McGrath, E., Rehm, L. P., & VandenBos, G. R. (1994). On the AHCPR Depression in Primary Care guidelines: Further considerations for practitioners. *American Psychologist, 49,* 42–61.

Murtagh, D. R. R., & Greenwood, K. M. (1995). Identifying effective psychological treatments for insomnia: A meta-analysis. *Journal of Consulting and Clinical Psychology, 63,* 79–89.

Napoli, D. F., & Wolk, C. A. (1989). Circular learning: Teaching and learning Gestalt therapy in groups. *Journal of Independent Social Work, 3*(4), 57–70.

Nathan, P. E., & Gorman, J. M. (Eds.). (2002). *A guide to treatments that work* (2nd ed.). New York: Oxford University Press.

Navarro, A. M. (1993). Effectividad de las psicoterapias con Latinos en los estados unidos: Una revision meta-analitica. *Interamerican Journal of Psychology, 27,* 131–146.

Neimeyer, R. A. (1993). An appraisal of constructivist psychotherapies. *Journal of Consulting and Clinical Psychology, 61,* 221–234.

Neimeyer, R. A., & Mahoney, M. J. (Eds.). (1995). *Constructivism in psychotherapy.* Washington, DC: American Psychological Association.

Neressian, E., & Kopff, R. G. (Eds.). (1996). *Textbook of psychoanalysis.* Washington, DC: American Psychiatric Press.

Nevid, J. S., Rathus, S. A., & Greene, B. (2002). *Abnormal psychology in a changing world.* Englewood Cliffs, NJ: Prentice Hall.

Newman, C. F., Leahy, R. L., Beck, A. T., Reilly-Harrington, N., & Gyulai, L. (2002). *Bipolar disorder: A cognitive therapy approach.* Washington, DC: American Psychological Association.

Newman, M. G. (Ed.). (2004). Technology in psychotherapy (special issue). *Journal of Clinical Psychology: In Session, 60*(2).

Nichols, W. C. (2003). *Family of origin treatment.* In T. L. Sexton, G. R. Weeks, & M. S. Robbins (Eds.), *Handbook of family therapy.* New York: Brunner-Routledge.

Nikelly, A. G. (1996). Alternatives to androcentric bias of personality disorders. *Clinical Psychology and Psychotherapy, 3,* 15–22.

Norcross, J. C. (1985). In defense of theoretical orientations for clinicians. *The Clinical Psychologist, 38*(1), 13–17.

Norcross, J. C. (1987). A rational and empirical analysis of existential psychotherapy. *Journal of Humanistic Psychology, 27,* 41–68.

Norcross, J. C. (1990). An eclectic definition of psychotherapy. In J. K. Zeig & W. M. Munion (Eds.), *What is psychotherapy?* San Francisco: Jossey-Bass.

Norcross, J. C. (Ed.). (1991). Prescriptive matching in psychotherapy: Psychoanalysis for simple phobias? *Psychotherapy, 28,* 439–472.

Norcross, J. C. (Ed.). (1992). The future of psychotherapy [Special issue]. *Psychotherapy, 29*(1), 1–158.

Norcross, J. C. (Ed.). (1993). The relationship of choice: Matching the therapist's stance to individual clients [Special section]. *Psychotherapy, 30*(4).

Norcross, J. C. (2000). Here comes the self-help revolution in mental health. *Psychotherapy, 37,* 370–377.

Norcross, J. C. (Ed.). (2002). *Psychotherapy relationships that work.* New York: Oxford University Press.

Norcross, J. C. (2005). A primer on psychotherapy integration. In J. C. Norcross & M. R. Goldfried (Eds.), *Handbook of psychotherapy integration* (2nd ed.). New York: Oxford University Press.

Norcross, J. C., Alford, B. A., & DeMichele, J. T. (1992). The future of psychotherapy: Delphi data and concluding observations. *Psychotherapy, 29,* 150–158.

Norcross, J. C., & Beutler, L.E. (1997). Determining the therapeutic relationship of choice in brief therapy. In J. N. Butcher (Ed.), *Personality assessment in managed care: A practitioner's guide.* New York: Oxford University Press.

Norcross, J. C., Beutler, L. E., & Levant, R. F. (Eds.). (2005). *Evidence-based practice in mental health: Debate and dialogue on the fundamental questions.* Washington, DC: American Psychological Association.

Norcross, J. C., & Goldfried, M. R. (Eds.). (2005). *Handbook of psychotherapy integration* (2nd ed.). New York: Oxford University Press.

Norcross, J. C., & Goldfried, M. R. (2006). The future of psychotherapy integration: A roundtable. *Journal of Psychotherapy Integration.*

Norcross, J. C., & Grencavage, L. M. (1989). Eclecticism and integration in psychotherapy: Major themes and obstacles. *British Journal of Guidance and Counseling, 17,* 227–247.

Norcross, J. C., & Guy, J. D. (2005). The prevalence and parameters of personal therapy in the United States. In J. D. Geller, J. C. Norcross, & D. E. Orlinsky (Eds.), *The psychotherapist's own psychotherapy.* New York: Oxford University Press.

Norcross, J. C., Hedges, M., & Castle, P. H. (2002). Psychologists conducting psychotherapy in 2001: A study of the Division 29 membership. *Psychotherapy, 39,* 97–102.

Norcross, J. C., Hedges, M., & Prochaska, J. O. (2002). The face of 2010: A Delphi poll on the future of psychotherapy. *Professional Psychology: Research and Practice, 33,* 316–322.

Norcross, J. C., Karg, R. S., & Prochaska, J. O. (1997a). Clinical psychologists in the 1990s. *The Clinical Psychologist, 50*(2), 4–9.

Norcross, J. C., Karg, R. S., & Prochaska, J. O.

(1997b). Clinical psychologists and managed care: Some data from the Division 12 membership. *The Clinical Psychologist, 50*(1), 4–8.

Norcross, J. C., Karpiak, C. P., & Lister, K. M. (2005). What's an integrationist? A study of self-identified integrative and (occasionally) eclectic psychologists. *Journal of Clinical Psychology, 61,* 1587–1594.

Norcross, J. C., Karpiak, C. P., & Santoro, S. O. (2006). Clinical psychologists across the years: The Division of Clinical Psychology from 1960 to 2003. *Journal of Clinical Psychology.*

Norcross, J. C., & Napolitano, G. (1986). Defining our journal and ourselves. *International Journal of Eclectic Psychotherapy, 5,* 249–255.

Norcross, J. C., & Prochaska, J. O. (1984). Where do behavior (and other) therapists take their troubles?: II. *The Behavior Therapist, 7,* 26–27.

Norcross, J. C. & Prochaska, J. O. (1988). A study of eclectic (and integrative) views revisited. *Professional Psychology: Research and Practice, 19,* 170–174.

Norcross, J. C., Prochaska, J. O., & Farber, J. A. (1993). Psychologists conducting psychotherapy: New findings and historical comparisons on the Psychotherapy Division membership. *Psychotherapy, 30,* 692–697.

Norcross, J. C., Ratzin, A. C., & Payne, D. (1989). Ringing in the New Year: The change processes and reported outcomes of resolutions. *Addictive Behaviors, 14,* 205–212.

Norcross, J. C., Saltzman, N., & Guinta, L. C. (1990). Contention and convergence in clinical practice. In N. Saltzman & J. C. Norcross (Eds.), *Therapy wars.* San Francisco: Jossey-Bass.

Norcross, J. C., Santrock, J. W., Campbell, L. F., Smith, T. P., Sommer, R., & Zuckerman, E. L. (2003). *Authoritative guide to self-help resources in mental health* (rev. ed.). New York: Guilford.

Norcross, J. C., Strausser, D. J., & Faltus, F. J. (1988). The therapist's therapist. *American Journal of Psychotherapy, 42,* 53–66.

Norcross, J. C., Strausser, D. J., & Missar, C. D. (1988). The process and outcomes of psychotherapists' personal treatment experiences. *Psychotherapy, 25,* 36–43.

Norcross, J. C., & Vangarelli, D. J. (1989). The resolution solution: Longitudinal examination of New Year's change attempts. *Journal of Substance Abuse, 1,* 127–134.

Norcross, J. C., & Wogan, M. (1983). American psychotherapists of diverse persuasions: Characteristics, theories, practices, and clients. *Professional Psychology, 14,* 529–539.

Noyes, R. (1991). Treatment of choice for anxiety disorders. In W. Coryell & G. Winokur (Eds.), *The clinical management of anxiety disorders.* New York: Oxford University Press.

O'Banion, D. R., & Whaley, D. L. (1981). *Behavior contracting.* New York: Springer.

Ockene, J., Kristeller, J. L., Goldberg, R., Ockene, I., Merriam, P., Barrett, S., et al. (1992). Smoking cessation and severity of disease: The Coronary Artery Smoking Intervention Study. *Health Psychology, 11,* 119–126.

Ockene, J., Ockene, I., & Kristellar, J. (1988). *The Coronary Artery Smoking Intervention Study.* Worcester, MA: National Heart Lung Blood Institute.

O'Donohue, W., Buchanan, J. A., & Fisher, J. E. (2000). Characteristics of empirically supported treatments. *Journal of Psychotherapy Practice and Research, 9,* 69–74.

O'Donohue, W. T. (2005). Cultural sensitivity: A critical examination. In R. H. Wright & N. A. Cummings (Eds.), *Destructive trends in mental health: The well-intentioned path to harm.* New York: Routledge.

Okun, B. F. (1992). Object relations and self psychology: Overview and feminist perspectives. In L. A. Brown & M. Ballou (Eds.), *Personality and psychopathology: Feminist reappraisals.* New York: Guilford.

Oldham, J. M., et al. (2002). Practice guideline for the treatment of patients with borderline personality disorder. In *American Psychiatric Association practice guidelines for the treatment of psychiatric disorders.* Washington, DC: American Psychiatric Association.

O'Leary, K. D., & Wilson, G. T. (1987). *Behavior therapy: Application and outcome* (2nd ed.). Englewood Cliffs, NJ: Prentice Hall.

Omer, H. (1993). The integrative focus: Coordinating symptom-and person-oriented perspectives in therapy. *American Journal of Psychotherapy, 47,* 283–295.

Omer, H. (1997). Narrative empathy. *Psychotherapy, 34,* 19–27.

Oquendo, M., Horwath, E., & Martinez, A. (1992). Ataques de nervios: Proposed diagnostic specific syndrome. *Culture, Medicine and Psychiatry, 16,* 367–376.

Orleans, C. T., Prochaska, J. O., Redding, C .A., Rossi, J. S., & Rimer, B. (2002, April). *Multiple behavior change for cancer prevention and diabetes management.* Symposium presented at the Society for Behavior Medicine, Washington, DC.

Orlinsky, D. E., & Howard, K. I. (1980). Gender and psychotherapeutic outcome. In A. M. Brodsky & R. T. Hare-Mustin (Eds.), *Women and psychotherapy.* New York: Guilford.

Orlinsky, D. E., & Howard, K. I. (1986). Process and outcome in psychotherapy. In S. L. Garfield & A. E. Bergin (Eds.), *Handbook of psychotherapy and behavior change* (3rd ed.).

New York: Wiley.

Orlinsky, D. E., & Howard, K. I. (1987). A generic model of psychotherapy. *Journal of Integrative and Eclectic Psychotherapy, 6,* 6–27.

Osborn, A. (1963). *Applied imagination.* New York: Scribner.

Otto, H., & Otto, R. (1972). *Total sex.* New York: New American Library.

Ouimette, P. C., Finney, J. W., & Moos, R. H. (1997). Twelve-step and cognitive-behavioral treatment for substance abuse: A comparison of treatment effectiveness. *Journal of Consulting & Clinical Psychology, 65,* 230–240.

Padesky, C. A., & Beck, A. T. (2003). Science and philosophy: Comparison of cognitive therapy and rational emotive behavior therapy. *Journal of Cognitive Therapy, 17,* 211–224.

Paivio, S. C., & Greenberg, L. S. (1995). Resolving "unfinished business": Efficacy of experiential therapy using empty-chair dialogue. *Journal of Consulting and Clinical Psychology, 63,* 419–425.

Palmer, J. E. (1980). *A primer of eclectic psychotherapy.* Pacific Grove, CA: Brooks/Cole.

Paludi, M. A. (1992). *The psychology of women.* Dubuque, IA: Brown & Benchmore.

Paniagua, F. A. (1998). *Assessing and treating culturally diverse clients: A practical guide* (2nd ed). Thousand Oaks, CA: Sage.

Parloff, M. (1976, February 21). Shopping for the right therapy. *Saturday Review,* 14–16.

Parloff, M. B., Waskow, I. E., & Wolfe, B. E. (1978). Research on therapist variables in relation to process and outcome. In S. L. Garfeld & A. E. Bergin (Eds.), *Handbook of psychotherapy and behavior change: An empirical analysis* (2nd ed.). New York: Wiley.

Patterson, C. H. (1984). Empathy, warmth, and genuineness in psychotherapy: A review of reviews. *Psychotherapy, 21,* 431–438.

Patterson, C. H. (1985). *The therapeutic relationship.* Belmont, CA; Brooks/Cole.

Patterson, C. H. (1989). Foundations for a systematic eclecticism in psychotherapy. *Psychotherapy, 26,* 427–435.

Patterson, C. H. (1990). On misrepresentation and misunderstanding. *Psychotherapy, 27,* 301.

Patterson, R. (2001). *Changing patient behavior: Improving outcomes in health and disease management.* San Francisco: Jossey-Bass.

Paul, G. (1966). *Insight versus desensitization in psychotherapy: An experiment in anxiety reduction.* Stanford, CA: Stanford University Press.

Paul, G. (1967). Insight versus desensitization in psychotherapy two years after termination. *Journal of Consulting and Clinical Psychology, 31,* 333–348.

Pedersen, P., Draguns, J. G., Lonner, W. J., Trimble, J. E. (Eds.). (2002). *Counseling across cultures* (5th ed.). Thousand Oaks, CA: Sage.

Pederson, P. (Ed.). (1985). *Handbook of cross-cultural counseling and therapy.* Westport, CT: Greenwood.

Pelham, W. E., et al. (2000). Behavioral vs. behavioral and pharmacological treatment in ADHD children attending a summer treatment program. *Journal of Abnormal Child Psychology, 28,* 507–526.

Perez, R. M., DeBord, K. A., & Bieschke, K. J. (Eds.). (2002). *Handbook of counseling and psychotherapy with lesbian, gay, and bisexual clients.* Washington, DC: American Psychological Association.

Perkins, B. R., & Rouanzoin, C. C. (2002). A critical evaluation of current views regarding eye movement desensitization and reprocessing (EMDR): Clarifying points of confusion. *Journal of Clinical Psychology, 58,* 77–97.

Perls, F. (1947). *Ego, hunger and aggression: A revision of Freud's theory and method.* Winchester, MA: Allen & Unwin.

Perls, F. (1969a). *Gestalt therapy verbatim.* Lafayette, CA: Real People Press.

Perls, F. (1969b). *In and out the garbage pail.* Lafayette, CA: Real People Press.

Perls, F. (1970). Four lectures. In J. Fagan & I. Shepherd (Eds.), *Gestalt therapy now.* Palo Alto, CA: Science and Behavior Books.

Perls, F. (1973). *The Gestalt approach and eye witness to therapy.* Palo Alto, CA: Science and Behavior Books.

Perls, F., Hefferline, R., & Goodman, P. (1951). *Gestalt therapy: Excitement and growth in the human personality.* New York: Dell.

Perry, M. A., & Furukawa, M. J. (1986). Modeling methods. In F. H. Kanfer & A. P. Goldstein (Eds.), *Helping people change* (3rd ed.). New York: Pergamon.

Perry, W. (1970). *Forms of intellectual and ethical development in the college years: A schema.* New York: Holt, Rinehart & Winston.

Persi, J. (1992). Top gun games: When therapists compete. *Transactional Analysis Journal, 22,* 144–152.

Person, E. S., Cooper, A. M., & Gabbard, G. O. (2005). *Textbook of psychoanalysis.* Washington, DC: American Psychiatric Publishing.

Persons, J. B., & Miranda, J. (1995). The search for mode-specific effects of cognitive and other therapies: A methodological suggestion. *Psychotherapy Research, 5,* 102–112.

Pervin, L. A. (1993). *Personality: Theory and research.* New York: Wiley.

Peterson, C., & Seligman, M. E. P. (2004). *Character*

strengths and virtues: A handbook and classification. New York: Oxford University Press.

Peterson, C., Semmel, A., vonBaeyer, C., Abramson, L. Y., Metalsky, G. I., & Seligman, M. E. P. (1982). The Attributional Style Questionnaire. *Cognitive Therapy and Research, 6,* 281–299.

Peterson, C., & Villanova, P. (1988). An expanded Attributional Style Questionnaire. *Journal of Abnormal Psychology, 97,* 87–89.

Petrocelli, J. V. (2002). Effectiveness of group cognitive-behavioral therapy for general symptomatology: A meta-analysis. *Journal for Specialists in Group Work, 27,* 92–115.

Petry, N. M., Martin, B., Cooney, J. L., & Kranzler, H. R. (2000). Give them prizes, and they will come: Contingency management for treatment of alcohol dependence. *Journal of Consulting and Clinical Psychology, 68,* 250–257.

Pew Internet and American Life Project. (2003). *Internet Health Resources.* http://www.pewinternet.org/reports/toc.asp?Report=95

Philips, J. C., & Fischer, A. R. (1998). Graduate students' training experiences with lesbian, gay, and bisexual issues. *The Counseling Psychologist, 26,* 712–734.

Piaget, J. (1952). *The origins of intelligence in children.* New York: International Universities Press.

Pilling, S., et al. (2002). Psychological treatments in schizophrenia: I. Meta-analysis of family intervention and cognitive behaviour therapy. *Psychological Medicine, 32,* 763–782.

Pinsof, W. M. (1995). *Integrative problem-centered therapy.* New York: Basic.

Pinsof, W. M., Wynne, L. C., & Hambright, A. B. (1996). The outcome of couple and family therapy: Findings, conclusions, and recommendations. *Psychotherapy, 33,* 321–331.

Pipher, M. B. (1994). *Reviving Ophelia.* New York: Putnam.

Pleck, J. H. (1995). The gender role strain paradigm: An update. In R. F. Levant & W. S. Pollack (Eds.), *A new psychology of men.* New York: Basic Books.

Pollock, R. F., & Brooks, G. R. (Eds.). (1998). *New psychotherapy for men.* New York: Wiley.

Polster, E., & Polster, M. (1973). *Gestalt therapy integrated.* New York: Brunner/Mazel.

Polster, M. (1974). Women in therapy: A Gestalt therapist's view. In S. V. Frankl & V. Burtle (Eds.), *Women in therapy.* New York: Brunner/Mazel.

Power, R. N. (1981). On the process and practice of psychotherapy: Some reflections. *British Journal of Medical Psychology, 54,* 15–23.

Prochaska, J. O. (1968, May). *Implosive therapy with a severe obsessive compulsive patient.* Paper presented at the University of Michigan Clinical Colloquium, Ann Arbor.

Prochaska, J. O. (1979). *Systems of psychotherapy: A transtheoretical analysis.* Chicago: Dorsey.

Prochaska, J. O. (1996). A revolution in health promotion: Smoking cessation as a case study. In R. J. Resnick & R. H. Rozensky (Eds.), *Health psychology through the lifespan: Practice and research opportunities.* Washington, DC: APA Books.

Prochaska, J. O. (2004). Population treatment for addictions. *Current Directions in Psychological Science, 13,* 242–246.

Prochaska, J. O., & DiClemente, C. C. (1982). Transtheoretical therapy: Toward a more integrative model of change. *Psychotherapy, 19,* 276–288.

Prochaska, J. O., & DiClemente, C. C. (1983). Stages and processes of self-change of smoking: Toward an integrative model of change. *Journal of Consulting and Clinical Psychology, 51,* 390–395.

Prochaska, J. O., & DiClemente, C. C. (1984). *The transtheoretical approach: Crossing the traditional boundaries of therapy.* Homewood, IL: Dow Jones-Irwin.

Prochaska, J. O., & DiClemente, C. C. (1992a). Stages of change in the modification of problem behaviors. In M. Hersen, R. M. Eisler, & P. M. Miller (Eds.), *Progress in behavior modification.* Sycamore, IL: Sycamore.

Prochaska, J. O., & DiClemente, C. C. (1992b). The transtheoretical approach. In J. C. Norcross & M. R. Goldfried (Eds.), *Handbook of psychotherapy integration.* New York: Basic.

Prochaska, J. O., DiClemente, C. C., & Norcross, J. C. (1992). In search of how people change: Applications to addictive behaviors. *American Psychologist, 47,* 1102–1114.

Prochaska, J. O., DiClemente, C. C., Velicer, W. F., & Rossi, J. S. (1993). Standardized, individualized, interactive, and personalized self-help programs for smoking cessation. *Health Psychology, 12,* 399–405.

Prochaska, J. O., & Norcross, J. C. (2002). Stages of change. In J. C. Norcross (Ed.), *Psychotherapy relationships that work.* New York: Oxford University Press.

Prochaska, J. O., Norcross, J. C., & DiClemente, C. C. (1995). *Changing for good.* New York: Avon.

Prochaska, J. O., Norcross, J. C., Fowler, J., Follick, M., & Abrams, D. B. (1992). Attendance and outcome in a work-site weight control program: Processes and stages of change as process and predictor variables. *Addictive Behavior, 17,* 35–45.

Prochaska, J. O., Redding, C. A., Velicer, W. F., Rossi, J. S., Fava, J. L., Sun, X., et al. (2002).

Stage-based expert systems to help a population of parents to quit smoking, eat healthier and prevent skin cancer. Manuscript submitted for publication.

Prochaska, J. O., Smith, N., Marzilli, R., Donovan, W., & Colby, J. (1974). Demonstration of the advantages of remote-control aversive stimulation in the control of headbanging in a retarded child. *Journal of Behavior Therapy and Experimental Psychiatry, 5*, 285–289.

Prochaska, J. O., Velicer, W. F., Fava, J. L., Rossi, J. S., & Tsoh, J. Y. (2001). Evaluating a population-based recruitment approach and a stage-based expert system intervention for smoking cessation. *Addictive Behaviors, 26*, 583–602.

Prochaska, J. O., Velicer, W. F., Fava, J. L., Ruggiero, L., Laforge, R., Rossi, J. S., et al. (2000). Counselor and stimulus control enhancements of a stage-matched expert system intervention for smokers in a managed care setting. *Preventive Medicine, 32*, 23–32.

Prochaska, J. O., Velicer, W. F., Rossi, J. S., Goldstein, M. G., Marcus, B. H., Rakowski, et al. (1994). Stages of change and decisional balance for twelve problem behaviors. *Health Psychology, 13*, 39–46.

Project MATCH Research Group. (1993). Project MATCH: Rationale and methods for a multisite clinical trial matching patients to alcoholism treatment. *Alcoholism: Clinical and Experimental Research, 17*, 1130–1145.

Project MATCH Research Group. (1997). Matching alcoholism treatments to client heterogeneity: Project MATCH posttreatment drinking outcomes. *Journal of Studies on Alcohol, 58*, 7–29.

Prout, H. T., & DeMartino, R. A. (1986). A meta-analysis of school-based studies of psychotherapy. *Journal of School Psychology, 24*, 285–292.

Prout, H. T., & Nowak-Drabik, K. M. (2003). Psychotherapy with persons who have mental retardation: An evaluation of effectiveness. *American Journal of Mental retardation, 108*, 82–93.

Purdie, N., Hattie, J., & Carroll, A. (2002). A review of the research on interventions for attention deficit hyperactivity disorder: What works best? *Review of Educational Research, 72*, 61–99.

Querimit, D. S., & Conner, L. C. (2003). Empowerment psychotherapy with adolescent females of color. *Journal of Clinical Psychology: In Session. 59*, 1215–1224.

Rabinowitz, F., & Cochran, S. (2001). *Deepening psychotherapy with men*. Washington, DC: American Psychological Association.

Rachman, S. J. (1991). The medium-term future. *Behavioural Psychotherapy, 19*, 3–5.

Rait, D. (1988). Survey results. *Family Therapy Networker, 12*, 52–56.

Rank, O. (1936). *Will therapy*. New York: Knopf.

Rapaport, D. (1958). The theory of ego autonomy: A generalization. *Bulletin of the Menninger Clinic, 22*, 13–35.

Raskin, N. J. (1986a). Client-centered group psychotherapy: 1. Development of client-centered groups. *Person-Centered Review, 1*, 272–290.

Raskin, N. J. (1986b). Client-centered group psychotherapy: 2. Research on client-centered groups. *Person-Centered Review, 1*, 389–408.

Raskin, N. J. (1992, August). *Not necessary, perhaps sufficient, definitely facilitative*. Paper presented at the 100th annual convention of the American Psychological Association, Washington, DC.

Rebecca, M., Hefner, R., & Oleshansky, B. (1976). A model of sex role transcendence. *Journal of Social Issues, 32*, 197–206.

Rector, N. A., & Beck, A. T. (2001). Cognitive behavioral therapy for schizophrenia: An empirical review. *Journal of Nervous & Mental Disease, 189*, 278–287.

Reed, S. D., Katkin, E. S., & Goldand, S. (1986). Biofeedback and behavioral medicine. In F. H. Kanfer & A. P. Goldstein (Eds.), *Helping people change* (3rd ed.). New York: Pergamon.

Reicherts, M. (1998). Gesprachspsychotherapie. In U. Baumann & M. Perrez (Eds.), *Lehrbuch klinische psychologie* (2nd ed.). Bern: Hans Huber.

Reik, T. (1948). *Listening with the third ear*. New York: Farrar, Straus & Giroux.

Reinecke, M. A., Ryan, N. E., & DuBois, D. L. (1998). Cognitive-behavior therapy of depression and depressive symptoms during adolescence: A review and metaanalysis. *Journal of the American Academy of Child and Adolescent Psychiatry, 37*, 1006–1007.

Reisman, D. (1961). *The lonely crowd*. New Haven: Yale University Press.

Reiss, D. (1977). The multiple family group as a small society: Family regulation of interaction with nonmembers. *American Journal of Psychiatry, 134*, 21–24.

Rice, L. N. (1988). Integration and the client-centered relationship. *Journal of Integrative and Eclectic Psychotherapy, 7*, 291–302.

Rice, L. N., & Greenberg, L. (Eds.). (1984). *Patterns of change*. New York: Guilford.

Richards, P. S., & Bergin, A. E. (Eds.). (2000). *Handbook of psychotherapy and religious diversity*. Washington, DC: American Psychological Association.

Ricks, D. F., Wandersman, A., & Poppen, P. J. (1976). Humanism and behaviorism: Towards new syntheses. In A. Wandersman, P. J. Poppen, &

D. F. Ricks (Eds.), *Humanism and behaviorism: Dialogue and growth.* Elmsford, NY: Pergamon.

Rimm, D., & Masters, J. (1974). *Behavior therapy.* New York: Academic.

Riordan, R. J., Mullis, F., & Nuchow, L. (1996). Organizing for bibliotherapy: The science in the art. *Individual Psychology, 52,* 169–180.

Roberts, L. J., & Marlatt, G. A. (1998). Guidelines for relapse prevention. In G. P. Koocher, J. C. Norcross, & S. S. Hill (Eds.), *Psychologists' desk reference.* New York: Oxford University Press.

Roberts, A. H., Kewman, D. G., Mercier, L., & Hovell, M. (1993). The power of nonspecific effects in healing: Implications for psychosocial and biological treatments. *Clinical Psychology Review, 13,* 375–391.

Robertson, M. (1979). Some observations from an eclectic therapist. *Psychotherapy, 16,* 18–21.

Robine, J. (1991). Contact, the first experience. *The Gestalt Journal, 14,* 45–60.

Robins, C. N., Helzer, J. D., Weissman, M. M., Orvaschel, H. Gruenberg, E., Burke, J. D., & Regier, D. A. (1984). Lifetime prevalence of specific psychiatric disorders in three sites. *Archives of General Psychiatry, 41,* 949–958.

Robinson, L. A., Berman, J. S., & Neimeyer, R. A. (1990). Psychotherapy for the treatment of depression: A comprehensive review of controlled outcome research. *Psychological Bulletin, 108,* 30–49.

Roethilsberger, F., & Dickson, W. (1939). *Management and the worker.* Cambridge, MA: Harvard University Press.

Rogers, C. R. (1939). *The clinical treatment of the problem child.* Boston: Houghton Mifflin.

Rogers, C. R. (1942). *Counseling and psychotherapy.* Boston: Houghton Mifflin.

Rogers, C. R. (1951). *Client-centered therapy.* Boston: Houghton Mifflin.

Rogers, C. R. (1957). The necessary and sufficient conditions of therapeutic personality change. *Journal of Consulting Psychology, 21,* 95–103.

Rogers, C. R. (1959). A theory of therapy, personality, and interpersonal relationships as developed in the client-centered framework. In S. Koch (Ed.), *Psychology: A study of a science.* New York: McGraw-Hill.

Rogers, C. R. (1961). *On becoming a person.* Boston: Houghton Mifflin.

Rogers, C. R. (1970). *Carl Rogers on encounter groups.* New York: Harper & Row.

Rogers, C. R. (1972). *On becoming partners: Marriage and its alternatives.* New York: Delacorte.

Rogers, C. R. (1977). *Carl Rogers on personal power.* New York: Delacorte.

Rogers, C. R. (1980). *A way of being.* Boston: Houghton Mifflin.

Rogers, C. R. (1983). *Freedom to learn for the 80's.* Columbus, OH: Merrill.

Rogers, C. R. (1986). Carl Rogers on the development of the person-centered approach. *Person-Centered Review, 1,* 257–259.

Rogers, C. R. (1987a). Comments on the issue of equality in psychotherapy. *Journal of Humanistic Psychology, 27,* 38–40.

Rogers, C. R. (1987b). Steps toward world peace, 1948–1986: Tension reduction in theory and practice. *Counseling and Values, 32,* 38–45.

Rogers, C. R., & Dymond, R. (1954). *Psychotherapy and personality change.* Chicago: University of Chicago Press.

Rogers, C. R., Gendlin, E., Kiesler, D., & Truax, C. (1967). *The therapeutic relationship and its impact: A study of psychotherapy with schizophrenics.* Madison: University of Wisconsin Press.

Rogers, C. R., & Rablen, R. (1958). *A scale of process in psychotherapy.* Unpublished manuscript, University of Wisconsin, Madison.

Rokeach, M. (1970). Faith, hope and bigotry. *Psychology Today, 3,* pp. 33–38.

Rollnick, S., & Miller, W. R. (1995). What is motivational interviewing? *Behavioural and Cognitive Psychotherapy, 23,* 325–334.

Rose, S. J., & Hartmann, H. I. (2004). *Still a man's labor market: The long-term gender gap.* Washington, DC: Institute for Women's Policy Research.

Rosen, C. S. (2000). Is the sequencing of change processes by stage consistent across health problems? A meta-analysis. *Health Psychology, 19,* 593–604.

Rosenberg, J. (1973). *Total orgasm.* New York: Random House.

Rosenthal, R. (1990). How are we doing in soft psychology? *American Psychologist, 45,* 775–777.

Rosenthal, R. (1995). Progress in clinical psychology: Is there any? *Clinical Psychology: Science and Practice, 2,* 133–150.

Rosenzweig, S. (1936). Some implicit common factors in diverse methods of psychotherapy. *American Journal of Orthopsychiatry, 6,* 412–415.

Rosewater, L. B., & Walker, L. E. A. (Eds.). (1985). *Handbook of feminist therapy.* New York: Springer.

Rosman, B., Minuchin, S., Liebman, R., & Baker, L. (1978, November). *Family therapy for psychosomatic children.* Paper presented at the annual meeting of the American Academy of Psychosomatic Medicine, Atlanta.

Rossi, J. S. Ruggiero, L., Rossi, S., Greene, G., Prochaska, J .O., Edwards, L., et al. (2003). Effectiveness of stage-based multiple behavior interventions for diabetes management in two randomized clinical trials. *Annals of Behavioral Medicine, 24*, (supplement) S192.

Roth, A., & Fonagy, P. (1996). *What works for whom?: A critical review of psychotherapy research*. New York: Guilford.

Roth, A., & Fonagy, P. (2004). *What works for whom? A critical review of psychotherapy research* (2nd ed.). New York: Guilford.

Rothbaum, B. O., Hodges, L., Smith, S., & Lee, J. H. (2000). A controlled study of virtual reality exposure therapy for the fear of flying. *Journal of Consulting and Clinical Psychology, 68*, 1020–1026.

Rothenberg, A. (1988). *The creative process of psychotherapy*. New York: Norton.

Rothwell, N. (2005). How brief is solution-focused therapy? A comparative study. *Clinical Psychology and Psychotherapy, 12*, 402–405.

Rotter, J. B. (1954). *Social learning and clinical psychology*. Englewood Cliffs, NJ: Prentice Hall.

Rouff, L. C. (2000). Clouds and silver linings: Training experiences of psychodynamically oriented mental health trainees. *American Journal of Psychotherapy, 54*, 549–559.

Rowan, T., & O'Hanlon, B. (1999). *Solution-oriented therapy for chronic and severe mental illness*. New York: Wiley.

Rubinstein, G. (1994). Expressions of existential philosophy in different therapeutic schools. *Journal of Contemporary Psychotherapy, 24*, 131–148.

Ryle, A. (1990). *Cognitive analytic therapy*. London: Wiley.

Ryle, A. (Ed.). (1995). *Cognitive analytic therapy: Developments in theory and practice*. New York: Wiley.

Sachse, R. (1990). Acting purposefully in client-centered therapy. In P. J. D. Drenth, J. A. Sergeant, & R. J. Tokens (Eds.), *European perspectives in psychology* (Vol. I). New York: Wiley.

Safran, J. D., & Segal, Z. V. (1990). *Interpersonal processes in cognitive therapy*. New York: Basic.

Salter, A. (1949). *Conditioned reflex therapy*. New York: Farrar, Straus & Giroux.

Saltzman, N., & Norcross, J. C. (Eds.). (1990). *Therapy wars: Contention and convergence in differing clinical approaches*. San Francisco: Jossey-Bass.

Samoilov, A., & Goldfried, M. R. (2000). Role of emotion in cognitive-behavior therapy. *Clinical Psychology: Science and Practice, 7*, 373–385.

Sandberg, J. G., et al. (1997). Demonstrated efficacy of models of marriage and family therapy: An update of Gurman, Kniskern, and Pinsof's chart. *American Journal of Family Therapy, 25*, 121–137.

Sandell, R., Blomberg, J., Lazar, A., Carlsson, J. Bromberg, J., & Schubert, J. (2000). Varieties of long-term outcome among patients in psychoanalysis and long-term psychotherapy. *International Journal of Psychoanalysis, 81*, 921–942.

Saner, R. (1989). Culture bias of Gestalt therapy: Made-in-USA. *The Gestalt Journal, 12*, 57–71.

Sartre, J. P. (1955). *No exit and three other plays*. New York: Vintage.

Sartre, J. P. (1956). *Being and nothingness*. New York: Philosophical Library.

Sartre, J. P. (1967). *Existential psychoanalysis*. Chicago: Henry Regnery.

Satir, V. (1967). *Conjoint family therapy*. Palo Alto, CA: Science and Behavior Books.

Satir, V. (1972). *Peoplemaking*. Palo Alto, CA: Science and Behavior Books.

Satir, V. (1982). The therapist and family therapy: Process model. In A. Horne & M. Olsen (Eds.), *Family counseling and therapy*. Itasca, IL: Peacock.

Satir, V., & Baldwin, M. (1983). *Satir step by step*. Palo Alto, CA: Science and Behavior Books.

Satir, V., Stachowiak, J., & Taschman, H. (1977). *Helping people change*. New York: Jason Aronson.

Satz, P., & Baraff, A. (1962). Changes in relation between self-concepts and ideal self-concepts of psychotics consequent upon therapy. *Journal of General Psychology, 67*, 191–198.

Saunders, T., Drishell, J. E., Johnston, J. H., & Salas, E. (1996). The effect of stress inoculation training on anxiety and performance. *Journal of Occupational Health Psychology, 1*, 170–186.

Scaturo, D. J. (2005). *Clincial dilemmas in psychotherapy*. Washington, DC: American Psychological Association.

Schachter, S. (1971). Some extraordinary facts about obese humans and rats. *American Psychologist, 26*, 129–149.

Schachter, S. (1982). Recidivism and self-cure of smoking and obesity. *American Psychologist, 37*, 436–444.

Schachter, S., & Singer, J. (1962). Cognitive, social and physiological determinants of emotional state. *Psychological Review, 69*, 379–399.

Schaefer, R. (2004). *Racial and ethnic groups* (9th ed.). New Jersey: Prentice Hall.

Schafer, R. (1976). *A new language for psychoanalysis*. New Haven: Yale University Press.

Scheel, K. R. (2000). The empirical basis of dialectical behavior therapy: Summary, critique, and implications. *Clinical Psychology: Science and Practice, 7*, 68–86.

Scher, M., Stevens, M., Good, G., & Eichenfield,

G. A. (Eds.). (1987). *Handbook of counseling and psychotherapy with men*. Newbury Park, CA: Sage.

Schiff, R., Smith, N., & Prochaska, J. (1972). Extinction of avoidance in rats as a function of duration and number of blocked trials. *Journal of Comparative and Physiological Psychology, 81*, 356–369.

Schneider, K., Bugental, J. F. T., & Pierson, J. F. (Eds.). (2001). *The handbook of humanistic psychology*. Thousand Oaks, CA: Sage.

Schottenbauer, M. A., Glass, C. R., & Arnkoff, D. B. (2005). Outcome research on psychotherapy integration. In J. C. Norcross & M. R. Goldfried (Eds.), *Handbook of psychotherapy integration* (2nd ed.). New York: Oxford University Press.

Schwartz, M. S., and associates. (2003). *Biofeedback: A practitioner's guide* (3rd ed.). New York: Guilford.

Scogin, F., & McElreath, L. (1994). Efficacy of psychosocial treatments for geriatric depression: A quantitative review. *Journal of Consulting and Clinical Psychology, 62*, 69–74.

Seeman, J., & Cain, D. J. (Eds.). (2001). *Humanistic psychotherapies: Handbook of research and practice*. Washington, DC: American Psychological Association.

Segal, L. (1962). Brief family therapy. In A. Horne & M. Ohlsen (Eds.), *Family counseling and therapy*. Itasca, IL: Peacock.

Segal, L. (1991). Brief therapy: The MRI approach. In A. S. Gurman & D. P. Kniskern (Eds.), *Handbook of family therapy* (Vol. 2). New York: Brunner/Mazel.

Segal, Z. V., Williams, J. M. G., & Teasdale, J. D. (2002). *Mindfulness-based cognitive therapy for depression*. New York: Guilford.

Seidenberg, R. (1970). *Marriage in life and literature*. New York: Philosophical Library.

Seligman, M. E. P. (1990). *Learned optimism*. New York: Knopf.

Seligman, M. E. P. (2000). Positive psychology: An introduction. *American Psychologist, 55*, 5–14.

Seligman, M. E. P., Abramson, L. Y., Semmel, A., & vonBaeyer, C. (1979). Depressive attributional style. *Journal of Abnormal Psychology, 88*, 242–247.

Senge, P. M. (1992). *The fifth discipline: The art and practice of the learning organization*. New York: Doubleday.

Serketich, W. J., & Dumas, J. E. (1996). The effectiveness of behavioral parent training to modify antisocial behavior in children: A meta-analysis. *Behavior Therapy, 27*, 171–186.

Sexton, T. L., Robbins, M. S., Hollimon, A. S., Mease, A. L., & Mayorga, C. C. (2003). Efficacy, effectivness, and change mechanisms in couple and family therapy. In T. L. Sexton, G. R. Weeks, & M. S. Robbins (Eds.), *Handbook of family therapy*. New York: Brunner-Routledge.

Sexton, T. L., Weeks, G. R., & Robbins, M. S. (Eds.). (2003). *Handbook of family therapy*. New York: Brunner-Routledge.

Shadish, W. R., & Baldwin, S. A. (2003). Meta-analysis of MFT interventions. *Journal of Marital and Family Therapy, 29*, 547–570.

Shadish, W. R., & Baldwin, S. A. (2005). Effects of behavioral marital therapy: A meta-analysis of randomized controlled trials. *Journal of Consulting and Clinical Psychology, 73*, 6–14.

Shadish, W. R., Montgomery, L. M., Wilson, P., Wilson, M. R., Bright, I., & Okwumakua, T. (1993). The effects of family and marital psychotherapies: A meta-analysis. *Journal of Consulting and Clinical Psychology, 61*, 992–1002.

Shadish, W. R., Navarro, A. M., Matt, G. E., & Phillips, G. (2000). The effects of psychological therapies under clinically representative conditions: A meta-analysis. *Psychological Bulletin, 126*, 512–529.

Shadish, W. R., Ragsdale, K., Glaser, R. R., & Montgomery, L. M. (1995). The efficacy and effectiveness of marital and family therapy: A perspective from meta-analysis. *Journal of Marital and Family Therapy, 21*, 345–360.

Shafranske, E. P. (Ed.). (1996). *Religion and the clinical practice of psychology*. Washington, DC: American Psychological Association.

Shapiro, D. A., & Shapiro, D. (1982). Meta-analysis of comparative therapy outcome studies: A replication and refinement. *Psychological Bulletin, 92*, 581–604.

Shapiro, F. (1995). *Eye movement desensitization and reprocessing: Basic principles, protocols, and procedures*. New York: Guilford.

Shapiro, F. (1997). *EMDR in the treatment of trauma*. Pacific Grove, CA: EMDR Institute.

Shapiro, F. S. (2002a). *Eye movement desensitization and reprocessing* (2nd ed.). New York: Guilford.

Shapiro, F. S. (Ed.). (2002b). *EMDR and the paradigm prism*. Washington, DC: American Psychological Association.

Shapiro, F. (2002c). EMDR twelve years after its introduction: Past and future research. *Journal of Clinical Psychology, 58*, 1–22.

Shapiro, F., & Forrest, M. S. (1997). *EMDR: The breakthrough therapy for overcoming anxiety, stress, and trauma*. New York: Basic.

Shaw, B. F., & Dobson, K. S. (1988). Competency judgments in the training and evaluation of psychotherapists. *Journal of Consulting and Clinical Psychology, 56*, 666–672.

Shepherd, I. L. (1976). Limitations and cautions

in the Gestalt approach. In C. Hatcher & P. Himmelstein (Eds.), *The handbook of Gestalt therapy.* New York: Jason Aronson.

Sherman, A. (1973). *Behavior modification: Theory and practice.* Pacific Grove, CA: Brooks/Cole.

Sherman, J. J. (1998). Effects of psychotherapeutic treatments for PTSD: A meta-analysis of controlled clinical trials. *Journal of Traumatic Stress, 11,* 413–434.

Shidlo, A., & Schroeder, M. (2002). Changing sexual orientation: A consumer's report. *Professional Psychology: Research and Practice, 33,* 249–259.

Shin, S. M., et al. (2005). A meta-analytic review of racial-ethnic matching for African American and Caucasian-American clients and clinicians. *Journal of Counseling Psychology, 52,* 49–56.

Shirk, S. R., & Karver, M. (2003). Prediction of treatment outcome from relationship variables in child and adolescent therapy: A meta-analytic review. *Journal of Consulting and Clinical Psychology, 71,* 452–464.

Shirk, S. R., & Russell, R. L. (1992). A reevaluation of estimates of child therapy effectiveness. *Journal of the American Academy of Child and Adolescent Psychiatry, 31,* 703–708.

Shoham-Salomon, V., & Rosenthal, R. (1987). Paradoxical interventions: A meta-analysis. *Journal of Consulting and Clinical Psychology, 55,* 22–28.

Siegel, D. J. (1999). *The developing mind.* New York: Guilford.

Sifneos, P. E. (1973). *Short-term psychotherapy and emotional crises.* Cambridge, MA: Harvard University Press.

Sifneos, P. E. (1992). *Short-term anxiety-provoking psychotherapy: A treatment manual.* New York: Basic.

Silver, B. V., & Blanchard, E. B. (1978). Biofeedback and relaxation training in the treatment of psychophysiologic disorders: Or are the machines really necessary? *Journal of Behavioral Medicine, 1,* 217–239.

Silverman, L. H. (1976). Psychoanalytic theory: "The reports of my death are greatly exaggerated." *American Psychologist, 31,* 621–637.

Simoneau, T. L., Miklowitz, D. J., & Saleem, R. (1998). Expressed emotion and interactional patterns in families of bipolar patients. *Journal of Abnormal Psychology, 107,* 497–507.

Sitharthan, T., Sithartan, G., Hough, M. J., & Kavanagh, D. J. (1997). Cue exposure in moderation drinking: A comparison with cognitive-behavior therapy. *Journal of Consulting and Clinical Psychology, 65,* 878–882.

Skinner, B. F. (1971). *Beyond freedom and dignity.* New York: Vintage.

Skinner, B. F. (1990). Can psychology be a science of mind? *American Psychologist, 45,* 1206–1210.

Sloane, R. B., Staples, F., Cristol, A., Yorkston, N., & Whipple, K. (1975). *Psychotherapy versus behavior therapy.* Cambridge, MA: Harvard University Press.

Sluzki, C., & Ransom, D. (Eds.). (1976). *Double bind: The foundations of the communicational approach to the family.* New York: Grune & Stratton.

Smedley, A., & Smedley, B. D. (2005). Race as biology is fiction, racism as a social problem is real: Anthropological and historical perspectives on the social construction of race. *American Psychologist, 60,* 16–26.

Smith, C., & Lloyd, B. (1978). Maternal behavior and perceived sex of infant: Revisited. *Child Development, 49,* 1263–1265.

Smith, M. (1975). *When I say no, I feel guilty.* New York: Dial.

Smith, M. L., & Glass, G. V. (1977). Meta-analysis of psychotherapy outcome studies. *American Psychologist, 32,* 752–760.

Smith, M. L., Glass, G. V., & Miller, T. I. (1980). *The benefits of psychotherapy.* Baltimore: Johns Hopkins University Press.

Smith, M. T., et al. (2002). Comparative meta-analysis of pharmacotherapy and behavior therapy for persistent insomnia. *American Journal of Psychiatry, 159,* 5–11.

Snyder, C. R., & Lopez, S. J. (Eds.). (2002). *Handbook of positive psychology.* New York: Oxford University Press.

Snyder, D. K., & Whisman, M. A. (Ed.). (2003). *Treating difficult couples: Helping clients with coexisting mental and relationship disorders.* New York: Guilford.

Solis, J., & Brink, T. L. (1992). Adlerian approaches in geriatric psychotherapy. *Individual Psychology, 48,* 419–426.

Sollod, R. N. (1978). Carl Rogers and the origins of client-centered therapy. *Professional Psychology, 9,* 93–104.

Solms, M. (2004). Freud returns. *Scientific America, 290*(5), 82–88.

Solomon, L. N. (1990). Carl Rogers's efforts for world peace. *Person-Centered Review, 5,* 39–56.

Solomon, R. (1964). Punishment. *American Psychologist, 19,* 239–253.

Solomon, R., Kamin, L., & Wynne, L. (1953). Traumatic avoidance learning. The outcomes of several extinction procedures with dogs. *Journal of Abnormal and Social Psychology, 48,* 291–302.

Solomon, R., & Wynne, L. (1954). Traumatic avoidance learning: The principle of anxiety conservation and partial irreversability. *Psychological Review, 61,* 353–385.

Sperry, L. (1992). Psychotherapy systems: An Adlerian integration with implication for older adults. *Individual Psychology, 48,* 451–461.

Spiegelberg, H. (1972). *Phenomenology in psychology and psychiatry.* Evanston, IL: Northwestern University Press.

Spiegler, M. D., & Guevremont, D. C. (2003). *Contemporary behavior therapy* (4th ed.). Pacific Grove, CA: Brooks/Cole.

Spitz, R. (1945). Hospitalism: Genesis of psychiatric conditions in early childhood. *Psychoanalytic Study of the Child, 1,* 53–74.

Spring, D., Prochaska, J., & Smith, N. (1974). Fear reduction in rats through avoidance blocking. *Behavior Research and Therapy, 12,* 29–34.

St. Clair, M., & Wigren, J. (2004). *Object relations and self psychology.* Belmont, CA: Brooks/Cole.

Stampfl, T. (1970). Implosive therapy: An emphasis on covert stimulation. In D. Levis (Ed.), *Learning approaches to therapeutic behavior change.* Hawthorne, NY: Aldine.

Stampfl, T. (1976). Implosive therapy. In P. Olsen (Ed.), *Emotional flooding.* New York: Aldine.

Stampfl, T., & Levis, D. (1973a). The essentials of implosive therapy: A learning-theory based on psychodynamic behavioral therapy. *Journal of Abnormal Psychology, 72,* 496–503.

Stampfl, T., & Levis, D. (1973b). *Implosive therapy: Theory and technique.* Morristown, NJ: General Learning Press.

Standal, S. (1954). *The need for positive regard: A contribution to client-centered theory.* Unpublished doctoral dissertation, University of Chicago.

Stanton, M. D., & Shadish, W. R. (1997). Outcome, attrition, and family-couples treatment for drug abuse: A meta-analysis and review of the controlled, comparative studies. *Psychological Bulletin, 122,* 170–191.

Steiner, C. (1967). A script checklist. *Transactional Analysis Bulletin, 6,* 38–39.

Steiner, C. (1971). *Games alcoholics play.* New York: Ballantine.

Steiner, C. (1974). *Scripts people live.* New York: Grove.

Steiner, C. (1990). *Scripts people live* (rev. ed.). New York: Grove/Atlantic.

Stetter, F., & Kupper, S. (2002). Autogenic training: A meta-analysis of clinical outcome studies. *Applied Psychophysiology and Biofeedback, 27,* 45–98.

Stiles, W. B., Shapiro, D. A., & Elliott, R. (1986). "Are all psychotherapies equivalent?" *American Psychologist, 41,* 165–180.

Stricker, G. (1988). Supervision of integrative psychotherapy: Discussion. *Journal of Integrative and Eclectic Psychotherapy, 7,* 176–180.

Strupp, H. H. (1971). *Psychotherapy and the modification of abnormal behavior.* New York: McGraw-Hill.

Strupp, H. H. (1986). The nonspecific hypothesis of therapeutic effectiveness: A current assessment. *American Journal of Orthopsychiatry, 56,* 513–520.

Strupp, H. H. (1992). The future of psychodynamic psychotherapy. *Psychotherapy, 29,* 21–27.

Strupp, H. H., & Binder, J. L. (1984). *Psychotherapy in a new key: A guide to time limited dynamic psychotherapy.* New York: Basic.

Stuart, R. (1969). Token reinforcement in marital treatment. In R. Robin & C. Franks (Eds.), *Advances in behavioral therapy.* New York: Academic Press.

Stuart, R. B. (2004). Twelve practical suggestions for achieving multicultural competence. *Professional Psychology: Research and Practice, 35,* 3–9.

Stuart, S., & Bowers, W. A. (1995). Cognitive therapy with inpatients: Review and meta-analysis. *Journal of Cognitive Psychotherapy, 9,* 85–92.

Sue, D., Sue, D.W., & Sue, S. (2003). *Understanding abnormal behavior* (7th Ed.). Boston: Houghton Mifflin.

Sue, D. W., & Sue, D. (1999). *Counseling the culturally different: Theory and practice* (3rd ed.). Somerset, NJ: Wiley.

Sue, D. W., & Sue, D. (2003). *Counseling the culturally diverse: Theory and practice* (4th ed.). New York: Wiley.

Sue, S. & Zane, N. (2005). Ethnic minority populations have been neglected by evidence-based practices. In J. C. Norcross, L. E. Beulter, & R. F. Levant (Eds.), *Evidence-based practices in mental health: Debate and dialogue on the fundamental questions.* Washington, DC: American Psychological Association.

Sue, S. (1988). Psychotherapeutic services for ethnic minorities: Two decades of research findings. *American Psychologist, 43,* 301–308.

Sue, S. (1994). Change, persistence, and enthusiasm for ethnic research. In P. Keller (Ed.), *Academic paths: Career decisions and experiences of psychologists.* Hillsdale, NJ: Erlbaum.

Sue, S. (1998). In search of cultural competence in psychotherapy and counseling. *American Psychologist, 53,* 440–448.

Sue, S. (2003). In defense of cultural competency in psychotherapy and treatment. *American Psychologist, 58,* 964–970.

Sue, S., & Lam, A. G. (2002). Cultural and demographic diversity. In J. C. Norcross (Ed.), *Psychotherapy relationships that work.* New York: Oxford University Press.

Sue, S., Zane, N., & Young, K. (1994). Research on psychotherapy with culturally diverse populations. In A. E. Bergin & S. L. Garfield (Eds.), *Handbook of psychotherapy and behavior change* (4th ed.). New York: Wiley.

Suinn, R. M., & Richardson, F. (1971). Anxiety management training: A nonspecific behavior therapy program for anxiety control. *Behavior Therapy, 2,* 498–510.

Sukhodolsky, D. G., Kassinove, H., & Gorman, B. S. (2004). Cognitive-behavioral therapy for anger in children and adults: A meta-analysis. *Aggression and Violent Behavior, 9,* 247–269.

Sullivan, H. S. (1953a). *Conceptions of modern psychiatry.* New York: Norton.

Sullivan, H. S. (1953b). *The interpersonal theory of psychiatry.* New York: Norton.

Sullivan, H. S. (1970). *The psychiatric interview.* New York: Norton.

Sullivan, H. S. (1972). *Personal psychopathology.* New York: Norton.

Sulloway, F. J. (1996). *Born to rebel: Birth order, family dynamics, and creative lives.* New York: Pantheon.

Svartberg, M., & Stiles, T. C. (1991). Comparative effects of short-term psychodynamic psychotherapy: A meta-analysis. *Journal of Consulting and Clinical Psychology, 5,* 704–714.

Sweeney, T. J. (1998). *Adlerian counseling: A practitioner's approach* (4th ed.). Bristol, PA: Accelerated Development.

Tafrate, R. C., DiGiuseppe, R., & Goshtasbpour-Parsi, F. (1997, August). *A review of treatment efficacy for adult anger disorders.* Paper presented at the annual convention of the American Psychological Association, Chicago, IL.

Tannen, D. (1990). *You just don't understand: Women and men in conversation.* New York: William Morrow.

Tarrier, N., & Wykes, T. (2004). Is there evidence that cognitive behaviour therapy is an effective treatment for schizophrenia? *Behaviour Research & Therapy, 42,* 1377–1401.

Task Force on Promotion and Dissemination of Psychological Procedures. (1995). Training in and dissemination of empirically validated psychological treatments. *The Clinical Psychologist, 48,* 3–23.

Tate, D. F., & Zabinski, M. F. (2004). Computer and Internet applications for psychological treatment: Update for clinicians. *Journal of Clinical Psychology: In Session, 60,* 209–220.

Tausch, R. (1990). The supplementation of client-centered communication therapy with other validated therapeutic methods: A client-centered necessity. In G. Lietaer, J. Rombouts, & R. Van-Balen (Eds.), *Client-centered and experiential psychotherapy in the nineties.* Leuven, Belgium: Leuven University Press.

Taylor, S. (1996). Meta-analysis of cognitive-behavioral treatments for social phobia. *Journal of Behavior Therapy and Experimental Psychiatry, 22,* 1–9.

Taylor, S., et al. (2003). Comparative efficacy, speed, and adverse effects of three PTSD treatments. *Journal of Consulting and Clinical Psychology, 71,* 330–338.

Taylor, S. E. (1990). Health psychology: The science and the field. *American Psychologist, 45,* 40–50.

Taylor, T. L., & Chemtob, C. M. (2004). Efficacy of treatment for child and adolescent traumatic stress. *Archives of Pediatric and Adolescent Medicine, 158,* 786–791.

Teyber, E. (2005). *Interpersonal process in psychotherapy* (5th ed.). Belmont, CA: Brooks/Cole.

Thompson-Brenner, H., Glass, S., & Westen, D. (2003). A multidimensional meta-analysis of psychotherapy for bulimia nervosa. *Clinical Psychology: Science and Practice, 10,* 269–287.

Thompson, J. R. (1987). *The process of psychotherapy: An integration of clinical experience and empirical research.* Frederick, MD: University Press of America.

Thoresen, C. E. (1973). Behavioral humanism. In C. E. Thoresen (Ed.), *Behavior modification in education.* Chicago: University of Chicago Press.

Tillich, P. (1952). *The courage to be.* New Haven: Yale University Press.

Tinbergen, N. (1951). *The study of instinct.* Oxford: Clarendon.

Tinker, R. H., & Wilson, S. A. (1999). *Through the eyes of a child: EMDR with children.* New York: Norton.

Tinsley, H. E., Bowman, S. L., & Ray, S. B. (1988). Manipulation of expectancies about counseling and psychotherapy: Review and analysis of expectancy manipulation strategies and results. *Journal of Counseling Psychology, 35,* 99–108.

Toffler, A. (1970). *Future shock.* New York: Bantam.

Torrey, E. F. (1972). *The mind game.* New York: Bantam.

Tosi, D. J., Rudy, D. R., Lewis, J., & Murphy, M. A. (1992). The psychobiological effects of cognitive experiential therapy, hypnosis, cognitive restructuring, and attention placebo control in the treatment of essential hypertension. *Psychotherapy, 29,* 274–284.

Truax, C. (1966). Reinforcement and nonreinforcement in Rogerian psychotherapy. *Journal of Abnormal Psychology, 71,* 1–9.

Truax, C., & Carkhuff, R. (1967). *Toward effective counseling and psychotherapy: Training and practice.* Hawthorne, NY: Aldine.

Tudor, K. (Ed.). (2002). *Transactional analysis approaches to brief therapy*. Thousand Oaks, CA: Sage.

Turner, S. M. (1997). *Behavior therapy for obsessive-complusive disorder*. Washington, DC: American Psychological Association Videotape Series.

Turner, S. M., Calhoun, K. S., & Adams, H. E. (Eds.). (1993). *Handbook of clinical behavior therapy* (2nd ed.). New York: Wiley.

U.S. Bureau of the Census. (1990). *Current population reports: United States population estimates by age, sex, and Hispanic origin, 1980–1988* (No. 1045). Washington, DC: U.S. Government Printing Office.

U.S. Bureau of Labor Statistics. (2001). *Highlights of women's earnings in 2000*. Washington, DC: U.S. Government Printing Office.

U.S. Census Bureau (2001). *Census 2000 gateway*. Retrieved May 3, 2005 from http://www.census.gov/main/www/cen2000.html

U.S. Department of Labor, Women's Bureau. (1997). *20 facts on women workers*. Washington, DC: Author.

U.S. Surgeon General. (2001). *Mental health: Culture, race, and ethnicity*. Rockville, MD: U.S. Department of Health and Human Services.

Usher, C. H. (1989). Recognizing cultural bias in counseling theory and practice: The case of Rogers. *Journal of Multicultural Counseling and Development, 17*, 62–71.

Valasquez, M. M., Maurer, G., Crouch, C., & DiClemente, C. C. (2001). *Group treatment for substance abuse: A stages-of-change therapy manual*. New York: Guilford.

van Balkom, A. J. L. M., van Oppen, P., Vermeulen, A. W. A., van Dyck, R., Nauta, M. C. E., & Vorst, H. C. M. (1994). A meta-analysis on the treatment of obsessive compulsive disorder. *Clinical Psychology Review, 14*, 359–381.

van Balkom, A. J. L., et al. (1997). A meta-analysis of the treatment of panic disorder with or without agoraphobia: A comparison of psychopharmacological, cognitive-behavioral, and combination treatments. *Journal of Nervous & Mental Disease, 185*, 510–516.

Van Etten, M. L., & Taylor, S. (1998). Comparative efficacy of treatments for post-traumatic stress disorder: A meta-analysis. *Clinical Psychology and Psychotherapy, 5*, 126–144.

Veevers, H. M. (1991). Which child—which family? *Transactional Analysis Journal, 21*, 207–211.

Velicer, W. F., Prochaska, J .O., Fava, J. L., Laforge, R. G., & Rossi, J.S. (1999). Interactive versus non-interactive interventions and dose-response relationships for stage-matched smoking cessation programs in a managed care setting. *Health Psychology, 18*, 21–28.

Veroff, J., Douvan, E., & Kulka, R. A. (1981a). *The inner America*. New York: Basic.

Veroff, J., Douvan, E., & Kulka, R. A. (1981b). *Mental health in America*. New York: Basic.

Viswesvaran, C., & Schmidt, F. L. (1992). A meta-analytic comparison of the effectiveness of smoking cessation methods. *Journal of Applied Psychology, 77, 554–561.*

von Bertalanffy, L. (1968). *General systems theory*. New York: George Braziller.

Vygotsky, L. (1962). *Thought and language*. New York: Wiley.

Wachtel, P. L. (1977). *Psychoanalysis and behavior therapy: Toward an integration*. New York: Basic.

Wachtel, P. L. (1983). *You can't go far in neutral: On the limits of therapeutic neutrality*. Paper presented at the 40th anniversary celebration of the William Alanson White Institute, New York.

Wachtel, P. L. (1987). *Action and insight*. New York: Guilford.

Wachtel, P. L. (1989). *The poverty of affluence: A psychological portrait of the American way of life*. Philadelphia: New Society.

Wachtel, P. L. (1990). Psychotherapy from an integrative psychodynamic perspective. In J. K. Zeig & W. M. Munion (Eds.), *What is psychotherapy?* San Francisco: Jossey-Bass.

Wachtel, P. L. (1991). From eclecticism to synthesis: Toward a more seamless psychotherapeutic integration. *Journal of Psychotherapy Integration, 1*, 43–54.

Wachtel, P. L. (1993). *Therapeutic communication: Principles and effective practice*. New York: Guilford.

Wachtel, P. L. (1997). *Psychoanalysis, behavior therapy, and the relational world*. Washington, DC: American Psychological Association.

Wachtel, P. L. (in press). *Relational psychotherapy*. New York: Guilford.

Wachtel, P. L., Kruk, J. C., & McKinney, M. K. (2005). Cyclical psychodynamics and integrative relational therapy. In J. C. Norcross & M. R. Goldfried (Eds.), *Handbook of psychotherapy integration* (2nd ed.). New York: Oxford University Press.

Wachtel, E. F., & Wachtel, P. L. (1986). *Family dynamics in individual psychotherapy*. New York: Guilford.

Wagner-Moore, L. E. (2004). Gestalt therapy: Past, present, theory, and research. *Psychotherapy, 41*, 180–189.

Walker, L. E. A. (1979). *The battered woman*. New York: Harper & Row.

Walker, M. (1990). *Women in therapy and counselling: Out of the shadows*. London: Open University Press.

Wallerstein, R. S. (1986). *Forty-two lives in treatment.* New York: Guilford.

Wallerstein, R. S., & Weinshel, E. M. (1989). The future of psychoanalysis. *Psychoanalytic Quarterly, 58,* 341–373.

Walter, J. L., & Peller, J. E. (1992). *Becoming solution-focused in brief therapy.* New York: Brunner/Mazel.

Wampold, B. E. (2001). *The great psychotherapy debate: Models, methods, and findings.* Mahwah, NJ: Erlbaum.

Wampold, B. E., Minami, T., Baskin, T. W., & Tierney, S. C. (2002). A meta-(re)analysis of the effects of cognitive therapy versus "other therapies" for depression. *Journal of Affective Disorders, 68,* 159–165.

Wampold, B. E., Mondin, G. W., Moody, M., Stich, F., Benson, K., & Ahn, H. N. (1997). A meta-analysis of outcome studies comparing bona fide psychotherapies: Empirically, "All must have prizes." *Psychological Bulletin, 122,* 203–215.

Wandersman, A., Poppen, P. J., & Ricks, D. F. (Eds.). (1976). *Humanism and behaviorism: Dialogue and growth.* Elmsford, NY: Pergamon.

Warren, K., Franklin, C., & Streeter, C. L. (1998). New directions in systems theory: Chaos and complexity. *Social Work, 43,* 357–372.

Watkins, C. E. (1982). A decade of research in support of Adlerian psychological theory. *Individual Psychology, 38,* 90–99.

Watkins, C. E. (1983). Some characteristics of research on Adlerian theory, 1970–1981. *Individual Psychology, 39,* 99–110.

Watkins, C. E. (1992). Adlerian-oriented early memory research: What does it tell us? *Journal of Personality Assessment, 59,* 248–262.

Watson, G. (1940). Areas of agreement in psychotherapy. *American Journal of Orthopsychiatry, 10,* 698–709.

Watson, J. B., & Rayner, R. (1920). Conditioned emotional reactions. *Journal of Experimental Psychology, 3,* 1–14.

Watson, J. C., Gordon, L. B., Stermac, L., et al. (2003). Comparing the effectiveness of process-experiential with cognitive-behavioral psychotherapy in the treatment of depression. *Journal of Consulting and Clinical Psychology, 71,* 773–781.

Watzlawick, P., Beavin, J., & Jackson, D. (1967). *Pragmatics of human communication.* New York: Norton.

Watzlawick, P., Weakland, J. H., & Fisch, R. (1974). *Change: Principles of problem formation and problem resolution.* New York: Norton.

Weakland, J., Fisch, R., Watzlawick, P., & Bodin, A. (1974). Brief therapy: Focused problem solving resolution. *Family Process, 13,* 141–168.

Webster, D. C., Vaughn, K., & Martinez, R. (1994). Introducing solution-focused approaches to staff in inpatient psychiatric settings. *Archives of Psychiatric Nursing, 8,* 254–261.

Weinberger, J. (1995). Common factors aren't so common: The common factors dilemma. *Clinical Psychology: Science and Practice, 2,* 45–69.

Weiner, I. B. (1975). *Principles of psychotherapy.* New York: Wiley.

Weiss, B., & Weisz, J. R. (1995a). Effectiveness of psychotherapy [Letter to the editor]. *Journal of the American Academy of Child and Adolescent Psychiatry, 34,* 971–972.

Weiss, B., & Weisz, J. R. (1995b). Relative effectiveness of behavioral versus nonbehavioral child psychotherapy. *Journal of Consulting and Clinical Psychology, 63,* 317–320.

Weissman, M. M., Markowitz, J. C., & Klerman, G. L. (2000). *Comprehensive guide to interpersonal psychotherapy.* New York: Basic.

Weisz, J. R., Donenberg, G. R., Han, S. S., & Weiss, B. (1995). Bridging the gap between laboratory and clinic in child and adolescent psychotherapy. *Journal of Consulting and Clinical Psychotherapy, 63,* 688–701.

Weisz, J. R., Hawley, K. M., & Doss, A. J. (2004). Empirically tested psychotherapies for youth internalizing and externalizing problems and disorders. *Child & Adolescent Psychiatric Clinics of North America, 13,* 729–815.

Weisz, J. R., Weiss, B., Alicke, M. D. & Klotz, M. L. (1987). Effectiveness of psychotherapy with children and adolescents: A meta-analysis for clinicians. *Journal of Consulting and Clinical Psychology, 55,* 542–549.

Weisz, J. R., Weiss, B., Han, S. S., Granger, D. A., & Morton, T. (1995). Effects of psychotherapy with children and adolescents revisited: A meta-analysis of treatment outcome studies. *Psychological Bulletin, 117,* 450–468.

Wells, R. A., & Giannetti, V. J. (Eds.). (1990). *Handbook of the brief psychotherapies.* New York: Plenum.

Werner, H. (1948). *Comparative psychology of mental development.* Chicago: Follett.

Werner, H., & Kaplan, B. (1963). *Symbol formation: An organismic-developmental approach to language and the expression of thought.* New York: Wiley.

Westen, D. (1991). Cognitive-behavioral interventions in psychoanalytic psychotherapy of borderline personality disorders. *Clinical Psychology Review, 11,* 211–230.

Westen, D. (1998). The scientific legacy of Sigmund Freud: Toward a psychodynamically informed psychological Science. *Psychological Bulletin, 124,* 333–371.

Wettersten, K. B., Lichtenberg, J. W., & Mallinckrodt, B. (2005). Associations between working alliance and outcome in solution-focused brief therapy and interpersonal therapy. *Psychotherapy Research, 15,* 35–43.

Wexler, D. (1974). A cognitive theory of experiencing, self-actualization, and therapeutic process. In D. Wexler & L. Rice (Eds.), *Innovations in client-centered therapy.* New York: Wiley.

Wexler, D., & Rice, L. (Eds.). (1974). *Innovations in client-centered therapy.* New York: Wiley.

Wheeler, G. (1990). *Gestalt reconsidered: A new approach to contact and resistance.* New York: Gardner.

Wheeler, G., & Backman, S. (Eds.). (1994). *On intimate ground: A Gestalt approach to working with couples.* San Francisco: Jossey-Bass.

Whitaker, C. A., & Bumberry, W. M. (1988). *Dancing with the family: A symbolic-experiential approach.* New York: Brunner/Mazel.

Whitaker, C. A., & Keith, D. V. (1981). Symbolic-experiential family therapy. In A. S. Gurman & D. P. Kniskern (Eds.), *Handbook of family therapy.* New York: Brunner/Mazel.

Whitbread, J., & McGowen, A. (1994). The treatment of bulimia nervosa: A meta-analysis. *Indian Journal of Clinical Psychology, 21,* 32–44.

White, R. W. (1959). Motivation reconsidered: The concept of competence. *Psychological Review, 66,* 297–333.

White, R. W. (1960). Competence and the psychosexual stages of development. In M. R. Jones (Ed.), *Nebraska symposium on motivation.* Lincoln: University of Nebraska Press.

White, M., & Epston, D. (1990). *Narrative means to therapeutic ends.* New York: Norton.

White, M., & Epston, D. (1994). *Experience, contradiction, narrative, and imagination.* Adelaide, South Australia: Dulwich Centre Publications.

Whittal, M. L., Agras, W. S., & Gould, R. A. (1999). Bulimia nervosa: A meta-analysis of psychosocial and pharmacological treatments. *Behavior Therapy, 30,* 117–135.

Wiederhold, B. K., & Wiederhold, M. D. (2005). *Virtual reality therapy for anxiety disorders.* Washington, DC: American Psychological Association.

Wiener, N. (1962). *Cybernetics, or control and communication in the animal and the machine.* Cambridge, MA: MIT Press.

Wilhelm, S., Tolin, D. F., & Steketee, G. (2004). Challenges in treating obsessive-compulsive disorder. *Journal of Clinical Psychology: In Session, 60,* 1127–1132.

Wilkins, W. (1977). Expectancies in applied settings. In A. S. Gurman & A. M. Razin (Eds.), *Effective psychotherapy: A handbook of research.* New York: Pergamon.

Wilkins, W. (1979). Expectancies in therapy research: Discriminating among heterogeneous nonspecifics. *Journal of Consulting and Clinical Psychology, 47,* 837–845.

Williams, R. J., & Chang, S. Y. (2000). A comprehensive and comparative review of adolescent susbstance abuse treatment outcome. *Clinical Psychology: Science and Practice, 7,* 138–164.

Williams, T. A. (1988). *A multimodal approach to assessment and intervention with children with learning disabilities.* Unpublished Ph.D. dissertation, Department of Psychology, University of Glasgow.

Wilson, G. T. (1996). Acceptance and change in the treatment of eating disorders and obesity. *Behavior Therapy, 27,* 417–439.

Wilson, G. T. (1999). Cognitive behavior therapy for eating disorders: Progress and problems. *Behaviour Research & Therapy, 37,* S79–S95.

Wilson, G. T., & Agras, W. S. (1992). The future of behavior therapy. *Psychotherapy, 29,* 39–43.

Wilson, G. T., & Fairburn, C. G. (1993). Cognitive treatments for eating disorders. *Journal of Consulting and Clinical Psychology, 61,* 261–269.

Wilson, G. T., & Schlam, T. R. (2004). The transtheoretical model and motivational interviewing in the treatment of eating and weight disorders. *Clinical Psychology Review, 24,* 361–378.

Wilson, P. H. (1996). Relapse prevention: Overview of research findings in the treatment of problem drinking, smoking, obesity, and depression. *Clinical Psychology and Psychotherapy, 3,* 231–248.

Wittgenstein, L. (1953). *Philosophical investigations.* New York: Macmillan.

Wittgenstein, L. (1958). *The blue and brown books.* New York: Harper & Row.

Wohl, J. (1989). Integration of cultural awareness into psychotherapy. *American Journal of Psychotherapy, 43,* 343–355.

Woldt, A. S., & Toman, S. M. (Eds.). (2005). *Gestalt therapy: History, theory, practice.* Newbury, CA: Sage.

Wolfe, B. E., & Goldfried, M. R. (1988). Research on psychotherapy integration: Recommendations and conclusions from a NIMH workshop. *Journal of Consulting and Clinical Psychology, 56,* 448–451.

Wolpe, J. (1958). *Psychotherapy by reciprocal inhibition.* Stanford, CA: Stanford University Press.

Wolpe, J. (1973). *The practice of behavior therapy* (2nd ed.). Elmsford, NY: Pergamon.

Wolpe, J. (1989). The derailment of behavior therapy: A tale of conceptual misdirection. *Journal of Behavior Therapy and Experimental Psychiatry, 20,* 3–15.

Wolpe, J. (1990). *The practice of behavior therapy* (4th ed.). Elmsford, NY: Pergamon.

Worell, J., & Remer, P. (Eds.). (1992). *Feminist perspectives in therapy: An empowerment model*

for women. New York: Wiley.
Worell, J., & Remer, P. (Eds.). (2002). *Feminist perspectives in therapy: Empowering diverse women* (2nd ed.). New York: Wiley.
Worthington, E. L., Jr., & Sandage, S. J. (2002). Religion and spirituality. In J. C. Norcross (Ed.), *Psychotherapy relationships that work.* New York: Oxford University Press.
Wright, J. H., Thase, M. E., Beck, A. T., & Ludgate, G. (Eds.). (1992). *Cognitive therapy with inpatients.* New York: Guilford.
Wright, J. H., & Wright, A. S. (1997). Computer-assisted psychotherapy. *Journal of Psychotherapy Practice and Research, 6,* 315–329.
Wubbolding, R. E. (2000). *Reality therapy for the 21st century.* New York: Brunner-Routledge.
Yalom, I. D. (1975). *The theory and practice of group psychotherapy* (2nd ed.). New York: Basic.
Yalom, I. D. (1980). *Existential psychotherapy.* New York: Basic.
Yang, F. R., Shua, Z., S., & Wen Feng, L. T. I. (2005). Comparative study of solution-focused brief therapy (SFBT) combined with paroxetine in the treatment of obsessive-compulsive disorder. *Chinese Mental Health Journal, 19,* 288–290.
Yarhouse, M. A., & Throckmorton, W. (2002). Ethical issues in attempts to ban reorientation therapies. *Psychotherapy, 34,* 66–75.
Yeomans, F. E., Clarkin, J. F., & Kernberg, O. F. (2002). *A primer of transference-focused psychotherapy for the borderline patient.* Northvale, NJ: Jason Aronson.
Yontef, G. (1988). Assimilating diagnostic and psychoanalytic perspectives into Gestalt therapy. *The Gestalt Journal, 11,* 5–32.
Yutrzenka, B. A. (1995). Making a case for training in ethnic and cultural diversity in increasing treatment efficacy. *Journal of Consulting and Clinical Psychology, 63,* 197–206.
Zeig, J. K., & Munion, W. M. (Eds.). (1990). *What is psychotherapy? Contemporary perspectives.* San Francisco: Jossey-Bass.
Zimring, F. (1974). Theory and practice of client-centered therapy: A cognitive view. In D. Wexler & L. Rice (Eds.), *Innovations in client-centered therapy.* New York: Wiley.
Zinker, J. (1977). *Creative process in Gestalt therapy.* New York: Brunner/Mazel.
Zinker, J. (1991). Creative process in Gestalt therapy: The therapist as artist. *The Gestalt Journal, 14,* 71–88.
Zinker, J. C. (1994). *In search of good form: Gestalt therapy with couples and families.* San Francisco: Jossey-Bass.

人名索引

*本文中に非表示の人名は参考文献頁を掲げ，
（ ）内にその文献の当該本文頁を掲げた。

Abel, J. L., 276
Abraham, K., 33
Abramowitz, J., 276, 379
Abramowitz, S. I., 491
Abrams, D. B., 649 (274), 653 (579, 582)
Abramson, H., 337
Abramson, L, Y., 657 (321)
Acierno, R., 278, 283
Addis, M. E., 457
Adler, A., 8, 31, 69, 72-89, 100-102, 105, 107, 112
Agras, W. S., 380
Ahn. H. N., 662 (533)
Alexander, F., 54
Alexander, J., 332
Alford, B. A., 374, 389, 390
Alicke, M. D., 662 (143, 181, 329)
Alvarez-Conrad, J., 635 (276)
Amsterdam, J. D., 632 (617)
Anderson, E. M., 100
Anderson, W., 163
Andronico, M. P., 458
Andrusyna, T. P., 646 (533)
Angel, E., 151
Angus, L., 637 (221)
Ansbacher, H. L., 107
Ansbacher, R. R., 107
Anthony, J. L., 645 (335)
Antonuccio, D. O., 617
Aos, S., 424
Araoz, D. L., 511
Arezmendi, T. G., 179, 459, 492
Arkowitz, H., 178, 529
Arnkoff, D. B., 297, 325, 327, 545, 607, 646 (282)
Ascher, W., 602
Atayas, V., 125
Atkinson, D. R., 491
Austad, C. S., 556
Ayllon, T., 311
Aylmer, R., 421
Azrin, N., 311

Babcock, J. C., 382
Bachrach, H. M., 57, 68
Backman, S., 216

Bailey, W. C., 634 (606)
Baker, L., 649 (426), 655 (426)
Baldwin, M., 403
Baldwin, S. A., 332, 423, 427
Ballou, M. B., 341, 385, 459
Balter, M. B., 648 (242)
Bandura, A., 325, 581
Barak, A., 609
Barbato, A., 425
Barber, J. P., 107, 277
Barber, S. L., 10
Barker, R. T., 88
Barker, S. B., 88
Barkley, R. A., 322
Barlow, D. H., 277, 329, 346, 379, 570, 586, 617
Barnett, L. W., 576
Barnoski, R., 424
Barrett, S., 651 (578)
Barrett-Lennard, G., 153
Barth, J., 116
Barton, A., 167
Baruth, L. G., 471, 488, 491
Basco, M. R., 375
Baskin, T. W., 615, 662 (378, 533)
Bateson, G., 396, 397, 398
Battle, C. L., 484
Baucom, D. H., 375
Baum, M., 266
Baxter, L. R., 611
Beavers, W. R., 645 (431)
Beavin, J., 399, 402, 422
Beauvoir, S. de, 454
Bechtoldt, H, 5, 106
Beck, A. T., 348, 349, 367-375, 377, 382, 383, 387-390
Beck, J. G., 570
Beck, J. S., 390
Beck, N. C., 627 (578)
Bedi, R. P., 10, 96
Beidel, S. M., 276
Beitman, B. D., 578
Bem, S. L., 453
Benjamin, A., 573
Benson, K., 662 (533)

665

Benton, M. K., 336
Berg, I. K., 500, 504, 506, 509, 511, 526, 527
Bergin. A. E., 10, 14, 614, 641 (434)
Bergman, K. S., 626 (611)
Berman, J. S., 337, 377, 646 (533)
Berman, W. H., 556
Bernauer, F., 97, 328, 638 (143, 181, 251, 555)
Berne, E., 244, 245, 248, 259
Berwich, D., 642 (258)
Besa, D., 518
Beutler, L. E., 27, 179, 184, 187, 222, 382, 459, 492, 535, 555, 563, 570, 606, 608, 618
Bibring, E., 42
Biemond, R., 643 (290, 609)
Bieschke, K. J., 499, 652 (489)
Binder, J. L., 95, 107
Binswanger, L., 110-112, 113, 122, 134, 144, 150
Birk, L., 340
Black, A., 266
Blagys, M. D., 96
Blalock, J. A., 456
Blatt, S. J., 102
Bleuler, E., 111
Blomberg, J., 57, 656 (59)
Blount, A., 616
Blymyer, D., 511
Bodin, A., 662 (421, 422)
Bohart, A. C., 163, 179, 180, 186-188, 217
Bolling, M. Y., 135
Bolton, E., 637 (381)
Bond, G. B., 333
Booker, J., 511
Bootzin, R. R., 307
Borduin, C, M., 424
Bornstein, M. T., 305
Bornstein, P. H., 305
Boss, M., 111-113, 122, 123, 134, 135, 149, 151
Boudewyns, P. A., 284, 291
Bouska, S., 645 (265)
Bowen, M., 415, 416, 418, 420, 421, 428, 430, 436
Bowers, C. A., 641 (576)
Bowers, T. G., 331
Bowlby, J., 91, 106, 232, 254
Bowman, D., 459
Boyd-Franklin, N., 435
Bozarth, J. D., 163, 173, 179
Bracke, P. E., 137, 149
Bradley, R., 276, 284, 380, 633 (276, 334)
Branch, L. G., 576
Brannon, R., 456
Braswell, L., 322
Breaux, C., 491
Bright, I., 657 (425, 426)
Brink, D. C., 188
Brink, T. L., 105
Broderick, C. B., 393

Brodsky, A. M., 450, 461, 463, 464
Brogan, M. M., 579
Bromberg, J., 656 (59)
Bronowski, J., 146, 365
Bronstein, P., 464
Brooks, G. R., 457, 458, 463, 465
Brooks-Harris, J. E., 492, 559
Brown, L. S., 444, 445, 450, 456, 461, 463-465, 487, 489, 492
Bruner, C., 314
Buber, M., 112, 129
Buchanan, J. A., 651 (606)
Budman, S. H., 136, 174, 609, 642 (258)
Budney, A. J., 314
Bugental, J. F. T., 109, 112, 117, 123, 133, 135, 137, 149, 151, 188
Bumberry, W. M., 218
Burckell, L., 488
Burke, B. L., 178
Burke, J. D., 655 (441)
Burns, D, D., 180, 368, 642 (350)
Busby, D, M., 602
Bustillo, J. R., 336
Butcher, J. N., 474

Caddell, J. M., 642 (350)
Cain, D. J., 189
Campbell, L, F., 618, 626 (5, 106)
Camus, A., 131, 132
Canning, S. S., 638 (611)
Cannon, W., 394
Caplan, P. J., 61, 443
Cardemil, E. V., 484
Carkhuff, R., 170, 173, 174
Carlson, J., 107, 656 (59)
Carrese, M. A., 511
Carroll, A., 654 (336)
Carroll, K, M., 242
Carson, R. C., 474
Carter, C. S., 627 (578)
Casali, S. L., 492
Castle, P. H., 650 (427)
Castonguay, L. G., 27, 383, 561
Cautela, J., 316
Chambers, L., 337
Chambless, D. L., 284, 378, 379, 606, 667 (290)
Champney, T. F., 180
Chang, S. Y., 424
Chemtob, C. M., 284, 380
Chessick, R. D., 56
Chesterton, G. K., 573
Chevron, E. S., 232, 238, 259
Chodorow, N., 440
Christensen, A. 344
Cisin, I. H., 648 (242)
Clark, D, A., 390

Clark, D, M., 373, 379
Clarke, G. N., 378
Clarkin, J. F., 9, 94, 97, 98, 107, 555
Clarkson, P., 250, 258
Clifford, J. S., 611
Clum, G. A., 269, 331
Cochran, S., 458, 489
Cochrane, A., 606
Cohen, J., 99
Cohen, S. J., 634 (606)
Cohler, B., 628 (340)
Colapinto, J., 408, 414
Colby, J., 654 (315)
Colby, K., 100
Colby, S. M., 649 (274)
Coleman, H. L. K., 491
Colijn, S., 467
Collins, J. F., 633 (252)
Comas-Díaz, L., 466, 468, 469, 479, 486, 497, 499
Combs, A. W., 174, 187
Compas, B, E., 612
Conklin, C. A., 275
Conner, L. C., 485
Conoley, C, W., 518
Consoli, A. J., 627 (222, 555)
Cook, C. R., 638 (333)
Cook, J., 486
Cooney, J. L., 653 (314)
Cooper, A. M., 68
Cooper, N. A., 269
Corrigan, P., 332
Cosgrove, L., 526
Costantino, G., 517
Cox, B. J., 277
Coyne, J. C., 434
Cozolino, L., 618
Crago, M., 179, 459, 492
Craig, E., 111, 149
Craighead, W, E., 296
Crews, S. D., 638 (333)
Cristol, A., 58, 658 (325, 339)
Crits-Christoph, P., 94, 95, 100, 107
Croom, G. L., 470, 499
Crouch, C., 599
Crowley, S. L., 378
Cummings, N. A., 605
Curran, J. P., 305
Curtis, N. M., 424
Cushman, P., 519

Daldrup, R. J., 222
Damico-White, J., 642 (258)
Dancey, C. P., 638 (383)
Danton, W. G., 617
Dattilio, F. M., 375
D'Avanzo, B., 425

David, D. S., 456
Davidson, J. R. T., 627 (578)
Davidson, P. R., 284
Davis, A., 470
Davis, D. D., 367, 627 (375)
Davis, J., 558
Davison, G., 187, 304, 321, 345, 346
de Beauvoir, S., 454
de Beurs, E., 667 (290)
Deane, F. P., 382
DeBord, K, A., 499, 652 (489)
DeJong, P., 511, 517, 527
Delaney, H. D., 327
Delaney, J. C., 630 (97)
DelVecchio, T., 337
Demby, A., 642 (258)
Demosthenes., 74
den Boer, P. C. A. M., 611
DeNelsky, G. Y., 617
Denes-Radomisli, M., 136, 212
Denza, L., 358
DeRubeis, R. J., 617
DeShazer, S., 507, 511, 527
Deuser, W. E., 627 (578)
Dickens, C., 124
Dickinson, E., 478
Dickson, W., 12
DiClemente, C. C., 569, 574, 577, 578-581, 588, 599, 648 (178)
Didden, R., 335
Didion, J., 354
DiGiuseppe, R., 336
Diguer, L., 646 (533)
Dilk, M. N., 333
Dimidjian, S., 641 (383)
Dobson, K. S., 346, 377, 378, 390
Docherty, J. P., 633 (252)
Doll, H. A., 634 (253)
Dollard, J., 285, 538
Donati, R., 97, 328, 638 (143, 181, 251, 555)
Donenberg, G. R., 98, 99, 143, 662 (221, 377, 555)
Donovan, W., 654 (315)
Dorta, K. P., 649 (236, 253, 258, 260)
Doss, A. J., 97, 662 (328, 329)
Dougherty, D. D., 276
Douvan, E., 569
Dovidio, J. F., 474
Draguns, J. G., 499, 652 (471, 476, 485)
Dreikurs, R., 76, 79, 80, 82, 88
Drekstra, R.F. W., 634 (376)
Drinkman, A.,335
Drishell, J. E., 656 (333)
Drummond, D. C., 274
Dryden, W., 102, 353, 360, 375, 389, 390, 548, 550, 551, 554, 638 (383)
Duan, C., 187

Dublin, J. O. A., 136
DuBois, D. L., 378
Duker, P. C., 335
Dumas, J. E., 334
Duncan, B. L., 506, 527, 534, 535, 563
Dunn, C., 178
Dunn, M. E., 641 (576)
Dunn, R. L., 332, 382
Dusay, J., 244
Dush, D. M., 333
Dutra, L., 628 (276, 284, 380), 630 (276, 334)
Dworkin, M., 282
D'Zurilla, T. J., 323, 346

Eccleston, C., 380, 612
Eddy, K. T., 276, 334
Edwards, D. G., 112
Edwards, D. J. A., 136
Edwards, L., 641 (488, 591)
Edwards, M. E., 424
Ehlers, A., 373, 379
Eisengart, S., 517
Eisler, R. M., 456
Eliot, T. S., 503
Elkin, I. E., 252
Ellenberger, H., 105, 124, 125, 151
Ellerman, C. P., 136
Elliott, R., 181, 186, 204, 217, 220, 221, 587, 628 (179), 638 (224, 228)
Ellis, A., 348-367, 368, 374, 375, 376, 383, 387-390
Emery, G., 367, 390, 627 (368, 370, 371, 387)
Emmelkamp, P. M. G., 643 (290, 609)
Endler, N. S., 631 (277)
Engels, G. L., 376
Engle, D., 631 (222)
Enright, R. D., 615
Epstein, N., 375
Epston, D., 513, 514, 527
Ericksom, M., 404, 406
Erikson, E., 35, 89, 90, 540
Eron, J., 645 (265)
Erskine, R. G., 258
Estes, W., 317
Etkin, A., 611
Eubanks-Carter, C., 488
Evers, K. E., 590, 591
Eysenck, H. J., 342, 536

Fairbairn, W., 91
Fairbank, J. A., 642 (269)
Fairburn, C. G., 253, 380
Fairhurst, S. K., 632 (574, 581)
Fairweather, D. R., 217
Faludi, S., 439
Farber, B. A., 188
Fava, J. L., 641 (591), 654 (613)

Fay, A., 552, 556, 560
Federoff, I. C., 277
Feeny, N. C., 635 (276)
Feldman, H. R., 640 (333)
Feldman, J. M., 334
Feldstein, M., 642 (258)
Fenichel, O., 35, 51, 245
Ferguson, E. D., 88
Feske, U., 379
Fibel, B., 641 (568)
Fiester, S. J., 633 (252)
Finney, J. W., 611, 649 (241)
Fiore, M. C., 606
Fisch, R., 437, 662 (421, 422)
Fischer, A. R., 488
Fish, L. S., 602
Fisher, J. E., 651 (606)
Fisher, S., 60, 68
Floyd, M., 628 (459)
Foa, E. B., 261, 270-271, 273-276, 291
Foelsch, P., 630 (97)
Foley, V., 400
Follette, V. M., 639 (389)
Follick, M., 653 (579, 582)
Fonagy, P., 27, 57, 143, 241, 336, 425, 617 619
Forfar, C. S., 215
Forrest, M. S., 278
Fowler, J., 653 (579, 582)
Frank, E., 236, 251, 252, 259
Frank, J., 13, 27, 535
Frank, J. D., 13, 27
Frankl, V., 137-139, 143, 149, 151
Franklin, C., 422
Franks, C., 342
Freedheim, D. K., 27
Freedman, N., 57
Freeman, A., 375
French, T. M., 54
Freud, A., 53, 54, 68, 71
Freud, S., 29, 30-39, 41, 46, 49, 50, 52, 54 56, 61, 62, 65, 68, 70, 71, 72, 90, 91, 100, 101, 102, 105, 111, 144, 271, 285, 296, 520, 530, 570
Frey, R. M., 649 (611)
Friedman, M. J., 291
Friedman, S., 515
Friere, P., 479
Fromm, I., 216
Frosch, A., 635 (57)
Frueh, B. C., 276
Funk, S. C., 10
Furukawa, M. J., 325

Gabbard, G. O., 27, 68
Gaertner, S. L., 474
Gaffan, E. A., 378
Galatzer, R. M., 57, 68

Galatzer-Levy, R., 625 (57)
Galavotti, C., 637 (578)
Galloway, A., 637 (377)
Gamble, W., 649 (241)
Gandhi M., 132
Ganley, A. L., 455
Garcia-Preto, N., 436
Garfield, S., 13
Garfield, S. L., 9, 536, 537
Garnefski, N., 634 (376)
Gaudiano, B. A., 381
Gawin, F. H., 242
Gay, P., 30, 31, 46
Gebing, T. A., 645 (335)
Gehred-Schultz, A., 643 (578)
Gelso, C. J., 27
Gendlin, E. T., 218, 229, 551, 655 (160, 162, 167, 180, 182)
Gerber, L., 448
Gergen, K. J., 502, 512, 514, 516, 526, 527
Giannetti, V. J., 136
Gilford, P., 519
Gill, M., 57
Gilligan, C., 439, 452
Gillis, M. M., 378
Gingerich, W. J., 517
Giordano, J., 436
Gladfelter, J., 250
Glaser, R. R., 657 (423)
Glass, C. R., 297, 325, 327, 545, 607, 646 (282)
Glass, D. R., 633 (252)
Glass, G. V., 97, 98, 99, 180, 251, 327, 330, 376, 587, 658 (220)
Glass, S., 660 (335, 380)
Glasser, W., 140-142, 151
Glautier, S., 274
Glover, E., 33
Goddard, P., 649 (274)
Goff, D., 637 (381)
Gold, J., 56
Goldberg, G. A., 444
Goldberg, R., 651 (578)
Goldenberg, H., 422
Goldenberg, I., 422
Goldfried, M. R., 9, 187, 304, 321, 345, 346, 488, 530, 532, 537, 561, 562, 630 (383)
Goldman, R., 95
Goldman, R. L., 217
Goldman, R. N., 221
Goldstein, A. J., 290
Gonzalez, J. E., 377
Good, G. E., 457, 458, 463, 465
Goodman, J., 322
Goodman, P., 201, 216, 652 (207)
Goodson, F. E., 7
Gordon, B. L., 609

Gordon, J. R., 305, 576, 599
Gordon, L. B., 662 (221)
Gordon, T., 170
Gorman, B. S., 660 (337)
Gorman, J. M., 618, 626 (379)
Gossett, J. T., 645 (431)
Gotlib, I. H., 236, 241
Gottlieb, M. C., 488
Gottlieb, N. H., 578
Gould, R. A., 379, 380, 381
Goulding, M. M., 249
Goulding, R. L., 249
Granger, D. A., 662 (181)
Grawe, K., 97, 99, 143, 181, 251, 328, 331,555
Greaves, D. W., 641 (434)
Green, C. E., 625 (382)
Greenberg, G., 397
Greenberg, L. S., 181, 186, 187, 188, 190, 204, 216-221, 224, 228, 229, 628 (179), 631 (222)
Greenberg, R. L., 367, 390
Greenberg, R. P., 60, 68
Greene, B., 466, 470, 479, 499
Greene, G., 656 (591)
Greene, J., 628 (276, 284, 380)
Greenson, R. R., 42, 43, 68
Greenspoon, J., 313
Greenwood, K. M., 338
Gregory, R. J., 611
Greif, A. C., 641 (568)
Greist, J. H., 643 (276, 334)
Grencavage, L. M., 9, 10, 13
Gresham, F. M., 333
Grieger, R., 390
Griffith, J. D., 334
Grissom, R. J., 10
Gruenberg, E., 655 (441)
Gruzelier, J., 649 (336)
Guerney, B., 649 (407, 409)
Guevremont, D. C., 347
Guinta, L. C., 10, 651 (602)
Guisinger, S., 102
Guntrip, H., 67
Gurman, A. S., 136, 425, 436
Gutkin, T. B., 637 (377)
Guy, J. D., 52, 327
Gyulai, L., 650 (375)

Haaga, D. F., 383, 612
Hahlweg, K., 332
Haldeman, D. L., 488
Haley, J., 396, 397, 404-406, 421 429,436
Halgin, R. P., 234
Hall, C., 111
Hall, C. C. I., 497
Hambright, A. B., 653 (434)
Hammen, C., 240

Hampton, B. R., 426
Han, S. S., 662 (97, 143, 181, 221, 377, 555)
Hand, I., 241
Hare-Mustin, R., 435
Hargaden, H., 258
Harman, R., 217
Harmon, C., 643 (535)
Harper, R. A., 3, 368
Harris, A. B., 248
Harris, H., 314
Harris, R. B., 640 (333)
Harris, T. A., 248, 259
Hartling, L. M., 465
Hartmann, A., 335
Hartmann, H., 32, 89
Hartmann, H. I. 444
Hartshorne, T. S., 105
Harwood, T. M., 382, 555, 563, 608
Haslam, C., 591
Hatcher, C., 228, 229
Hattie, J., 654 (336)
Hawley, K. M., 97, 662 (328, 329)
Hawton, K., 324
Hayes, A. M., 630 (383)
Hayes, J. A., 27
Hayes, S., 329, 346, 389
Hays, P. A., 497
Heard, H. L., 381
Heath, A. E., 498
Hedges, M., 602, 618, 650 (427)
Hefferline, R., 201, 652 (207, 216)
Hefner, R., 568
Heidegger, M., 110, 111, 112, 133
Held, B. S., 22, 503, 512
Helzer, J. D., 655 (441)
Hembree, E. A., 635 (276)
Hendricks, I., 84
Henggler, S., 424
Henk, H. J., 643 (276, 334)
Hersen, M., 624 (278, 283)
Herzog, T., 335
Hester, R. K., 327
Heuzenroeder, L., 379
Higgins, S. T., 314
Hill, C. E., 187
Hill, K. A., 143
Hilsenroth, M. J., 96
Himelstein, P., 228, 229
Hirt, M. L., 633 (333)
Hitler, A., 191
Hodges, L., 656 (290, 609)
Hodson, G., 632 (474)
Hoffenberg, J. D., 635 (57)
Hoffman, E., 73
Hoffman, L.,436
Hofmann, S. G., 379

Hollimon, A. S., 657 (424, 518)
Hollin, C. R., 305
Hollon, S. D., 370, 617
Holroyd, K. A., 338
Hope, R. A., 634 (253)
Hopwood, L. E., 511, 517
Hora, T., 134
Horan, W. P., 629 (336)
Horne, A., 458
Horner, A., 91
Horney, K., 540
Horvath, A. O., 10, 96
Horwath, E., 474
Hough, M. J., 658 (275)
Houston, B. K., 10
Houts, A. C., 337
Hovell, M., 9
Howard, K. I., 180, 459, 486
Hoyt, M. F., 502, 510, 516, 527, 556
Hubble, M. A., 110, 506, 527, 534, 535, 563
Huddleston, W., 628 (340)
Hughes, S., 577
Hulgus, Y. F., 426
Hull, C., 297
Hull, J. W., 630 (97)
Hume, D., 296
Hunsley, J., 641 (222)
Hunt, W. A., 576
Huxley, N. A., 425
Hyde, J. S., 445, 449, 453
Hyer, L., 284
Hyman, R. B., 333

Imber, S. D., 633 (252)
Irvin, J. E., 576
Isebaert, L., 511
Ivey, A. E., 476, 492, 559

Jackson, D., 396, 397, 399, 401-404, 422
Jackson, L. C., 470
Jacobson, E., 300
Jacobson, N. S., 313, 383, 436
James, M., 224, 248
James, W., 31
Jaycox, L. H., 271
Jefferson, J. W., 643 (276, 334)
Jenike, M. A., 276
Jensen, J. P., 434
Johnson, J. L., 634 (591, 592)
Johnson, S. M., 216, 222
Johnson, V., 15, 169, 190, 305, 306, 346
Johnson, W. G., 253, 380
Johnston, J. H., 656 (333)
Jones, E., 30, 191
Jones, H., 488, 591
Jones, R., 634 (253)

人名索引

Jongeward, D., 224, 248
Jordan, J. V., 451, 465
Jourdan, A., 179, 188
Jung, C. G., 31, 53, 71

Kadis, L. B., 250
Kahler, C. W., 649 (611)
Kahn, E., 187
Kaisar, H., 140
Kaloupek, D. G., 269
Kamin, L., 266
Kandel, E. R., 634 (611)
Kant, I., 296
Kantrowitz, R. E., 341, 385
Kaplan, A. G., 568, 641 (451)
Kaplan, B., 568
Kaplan, E. H., 610
Kaplan, H. S., 305, 306
Karg, R. S., 650 (605)
Karpiak, C. P., 5, 536
Karver, M., 96
Kaslow, F., 434
Kaslow, N. J., 616
Kassinove, H., 660 (337)
Katzelnick, D. J., 643 (276, 334)
Kavanagh, D. J., 658 (275)
Kawakami, K., 632 (474)
Kazantis, N., 382
Kazdin, A. E., 7, 10, 294, 328, 329, 334, 339, 346, 531
Keane, T. M., 269, 291
Keefe, F. J., 631 (613)
Keen, E., 112, 125, 126
Keita, G. P., 647 (445)
Keith, D. V., 218
Keith, S. J., 629 (336)
Kelly, E. W., Jr., 614
Kelly, G., 503
Kemp-Wheeler, S. M., 636 (378)
Kempler, W., 214, 215
Kendall, P. C., 322, 390
Kennedy, J. F., 131
Kennedy, R., 470
Kern, L., 638 (333)
Kernberg, O. F., 58, 59, 91, 94, 97, 107, 350, 630 (9, 97)
Kerr, M., 415
Kessler, R., 610
Kewman, D. G., 9
Kibby, M. Y., 612
Kierkegaard, S., 110, 112
Kiesler, D. J., 259, 655 (160, 162, 167, 180, 182)
King, M. L., Jr., 131, 470
Kirk, J., 324
Kirschenbaum, H., 179, 188
Kiselica, M. S., 458

Klein, D. F., 277
Klerman, G. L., 231-238, 242, 244, 251, 252, 258, 259, 260
Klotz, M. L., 662 (143, 181, 329)
Knapp, B. W., 258
Knight, R. P., 57
Kniskern, D. P., 425
Knobloch, F., 530
Knobloch, J., 530
Kobak, K. A., 276, 334
Koenigsberg, H. W., 642 (94)
Kohut, H., 69, 91, 92, 93, 107
Kornreich, M., 57
Kort, J., 489, 491
Korzilius, H., 335
Koss, M. P., 174
Kovacs, A. L., 105
Kozak, M. J., 271, 273
Kranzler, H. R., 653 (314)
Krauft, C. C., 179
Krazner, L., 270
Kremen, E., 444
Krijn, M., 290, 609
Kris, E., 89
Kristeller, J. L., 579
Kruk, J. C., 545
Kuhn, T. S., 396
Kulka, R. A., 569
Kupfer, D. J., 252
Kupper, S., 333
Kurtz, R., 536, 537
Kwee, M. G. T., 554
Kwee-Taams, M. K., 554

Labadie, D., 647 (224)
Labouvie, E., 649 (611)
Lackner, J. M., 338
Lacks, P., 486
Laertius, D., 530
Laforge, R. G., 654 (613)
Lam, A. G., 459, 487, 491, 492
Lam, C. S., 578
Lambert, M. J., 8, 10, 14, 27, 99, 100, 187, 535, 567, 570, 610
Lamontagne, Y., 241
Lane, G., 627 (222, 555)
Lantz, J., 149
Larson, D., 529
Lasser, J. S., 488
Lauriello, J., 629 (336)
LaVaque, T. J., 649 (336)
Lawrence, M. A., 646 (282)
Lawrence, W., 590
Layden, M. A., 375
Lazar, A., 628 (57), 656 (59)
Lazarus, A. A., 102, 277, 297, 327, 528, 535, 539,

671

546-554, 556, 558, 559, 560, 562, 563
Lazarus, C. N., 560, 644 (550)
Lazarus, R., 615
Leahy, R. L., 391, 650 (375)
Leber, W. R., 633 (252)
Lebow, J., 421, 434
Lee, J. H., 656 (290, 609)
Lee, M., 518
Lee, P. S., 631 (277)
Lee, T. W., 638 (611)
Lehman, C. L., 379
Leibing, E., 98, 100, 381
Leichsenring, F., 98, 100, 381
Leitenberg, H., 631 (613)
Lenzenweger, M. F., 630 (9)
Leong, F. T. L., 483
Lerman, H., 183
Lerner, H., 62, 442, 445
Levant, R. F., 173, 456, 457, 458, 606, 618
Levenson, H., 95
Levin, R. F., 640 (333)
Levine, J. L., 486
Levis, D., 263, 265, 292
Levitsky, A., 201, 205, 206, 213
Levitt, J. T., 646 (533)
Levy, K. N., 9, 630 (97)
Lewandowski, L. M., 335
Lewinsohn, P. M., 378
Lewis, J., 431, 660 (224)
Lichtenberg, J. W., 662 (517)
Liddle, H. A., 434
Lidz, T., 399, 400
Liebman, R., 426, 649 (426)
Liese, B. S., 627 (367, 375)
Lietaer, G., 181, 186, 204, 221, 228, 229, 633 (220)
Liff, Z. A., 530
Lilienfeld, S. O., 284
Linden, M., 649 (336)
Linden, W., 337
Lindzey, G., 111
Linehan, M., 375, 381, 391, 639 (389)
Linstone, H. A., 602
Lipchik, E., 510, 527
Lipsey, M. W., 616, 617
Lister, K. M., 536
Lloyd, B., 440
Lloyd, G., 430
Loeschen, S., 405
Loevinger, J., 89
Loewenstein, R. M., 89
Lohr, J. M., 284
London, P., 6, 365, 530, 565
Lonner, W. J., 499, 652 (471, 476, 485)
Lopez, S. J., 619
Lorenz, K., 48
Lorion, R. P., 486

Lubar, J. F., 649 (336)
Luborsky, L., 94, 99, 107, 221, 277, 533, 586, 587
Ludgate, G., 664 (375)
Luepnitz, D. A., 430, 440
Lundahl, B. W., 334
Luria, A., 322
Luthman, S., 209
Lyhus, K. E., 282
Lynn, D. J., 66
Lynn, S., 649 (336)
Lyons, L. C., 376, 377

Madanes, C., 397
Maddi, S. R., 22, 27, 33, 51, 136
Maddock, R. J., 627 (578)
Mahalik, J. R., 457
Maheu, M., 609
Mahler, M., 91, 92
Mahoney, M. J., 501, 503, 524, 527
Mahrer, A. R., 217, 218
Maimonides, 296
Malcolm, J., 407, 411
Malcolm X, 131
Malgady, R. G., 517
Mallinckrodt, B., 244, 662-3 (517)
Mallory, G. B., 640 (333)
Manaster, G. J., 105
Manheimer, D. I., 648 (242)
Maniacci, M., 107
Mann, J., 95
Manning, M. L., 471, 488. 491
Margolin, G., 313
Mari, J. D. J., 425
Markman, H. J., 332
Markowitz, J. C., 233, 234, 254, 259, 260
Marks, I. M., 241
Marlatt, G. A., 305, 576, 599
Martell, C. R., 641 (383)
Martin, B., 653 (314)
Martin, J., 224
Martinez, A., 474
Martinez, R., 511
Marx, M. H., 7
Marzilli, R., 654 (315)
Maslow, A. H., 137, 145, 521
Massey, R. F., 251
Massey, S. D., 251
Masters, J., 304
Masters, W., 15, 169, 190, 305, 306, 346
Masterson, J., 94
Matt, G. E., 657 (616)
Maultsby, M. C., Jr., 360
Maurer, G., 599
Mauriello, L. M., 634 (591)
Maxfield, L., 284
May, R., 109, 111-113, 122, 127, 128, 144, 146, 151

Mayorga, C. C., 657 (424, 518)
Mays, V. M., 489, 637 (381)
McAlister, A. L., 637 (578)
McCabe, S. G., 241
McClendon, R., 250
McComb, A., 641 (568)
McConnaughy, E. A., 573, 577
McCrady, B. S., 649 (611)
McCuan, R. S., 637 (578)
McCullogh, L., 96
McElreath, L., 378, 526
McGoldrick, M., 435, 436
McGowen, A., 335
McGrath, E., 445, 649 (617)
McIlhon, M., 645 (265)
McKendree-Smith, N., 628 (459)
McKinney, M. K., 544, 545, 661 (556)
McMahon, B. T., 643 (578)
McNally, R. J., 284
McNamee, S., 502, 512, 514, 516
McWilliams, N., 68
Meador, B., 161
Meadows, E. A., 273, 276
Mease, A. L., 657 (424, 518)
Meichenbaum, D., 293, 295, 321, 322, 333, 346
Mellinger. G. D., 242
Meltzoff, J., 57
Menchola, M., 178
Mercier, L., 9
Merriam, P., 651 (578)
Messer, S. B., 8, 95, 558, 559
Metalsky, G. I., 653 (321)
Meth, R. L., 440, 458
Meuser, K. T., 624 (278, 283)
Meyer, A., 232
Michael, K. D., 378
Miklowitz, D. J., 241
Miller, J. B., 641 (451)
Miller, L., 320
Miller, M. D., 252
Miller, N., 285, 538
Miller, S. D., 110, 504, 506, 511, 526, 527, 534, 535, 563
Miller, T. I., 97, 98, 99, 177, 251, 330, 376, 587, 658 (220)
Miller, W. R., 152, 174-178, 188, 614, 618
Millers, E., 628 (340)
Milman, L., 649 (426)
Minami, T., 662 (378, 533)
Minuchin, S., 392, 397, 407-413. 426, 430, 436
Miranda, J., 383
Mischel, W., 296
Missar, C. D., 5
Mitchell, K. M., 179
Mitchell, S., 55, 56, 68
Mitchell-Meadows, M., 477

Mohr, D. V., 223
Monastra, V. J., 336
Mondin, G. W., 662 (533)
Montalvo, B., 407, 649 (407, 409)
Monte, C. F., 54, 111
Montgomery, L. M., 657 (423, 425, 426)
Monti, P. M., 274, 305
Moore, C. M., 602
Moos, R. H., 241, 611
Moreau, D., 649 (236, 258, 260)
Morely, S., 380, 612
Moreno, J., 191
Morganstern, K., 269
Morgenstern, J., 611
Morin, C. M., 338
Morley, S., 380
Morse, S. B., 643 (375)
Morton, T., 662 (181)
Mosak, H., 79, 80, 107
Mowrer, O. H., 46, 144, 264, 337
Mowrer, W. M., 337
Moyers, T. B., 174, 176, 177
Mueser, K. T., 637 (381)
Mufson, L. H., 236, 253, 258, 260
Mulhern, R. K., 612
Mullis, F., 79
Munion, W. M., 27
Munoz, R. F., 174, 617
Murdock, T. B., 635 (275)
Murphy, M. A., 660 (224)
Murray, J., 491
Murtagh, D. R. R., 338

Napoli, D. F., 217
Napolitano, G., 537
Nathan, P. E., 618
Nauta, M. C. E., 661 (334)
Navarro, A. M., 492, 657 (616)
Neimeyer, G. J., 498
Neimeyer, R. A., 377, 501, 527
Nelson, J. R., 637 (377)
Nelson-Gray, R., 329, 346
Nevid, J. S., 470
Newman, C. F., 375, 530, 627 (367)
Newman, M. G., 618
Nezu, A, M., 323, 346
Niaura, R. S., 649 (274)
Nichols, W. C.,427
Nielsen, S. L., 643 (535)
Nietzche, F., 522
Nikelly, A. G., 441
Nolan-Hoeksema. S., 180
Nomura, Y., 649 (253)
Norcross, J. C., 4-6, 8-10, 13, 52, 137, 149, 180, 184, 187, 327, 328, 427, 529, 531, 535, 537, 556, 561, 562, 563, 570, 575, 580, 582, 583, 590,

673

599, 602, 605, 607, 608, 610, 618, 626 (106), 642 (350)
Norman, P. A., 634 (253)
Novy, P. L., 629 (314)
Nowak-Drabik, K. M., 335
Nuchow, L., 79

O'Banion, D. R., 313
O'Brien, W. H., 645 (335)
Ockene, I., 578, 579
Ockene, J., 578, 579
O'Connor, M. E., 634 (253)
O'Donohue, W. T., 493, 606
O'Hanlon, B., 526
Okum, B. F., 61
Okwumakua, T., 657 (425, 426)
Olafsson, R. P., 643 (290, 609)
Oldham, J. M., 98
O'Leary, K. D., 294, 337, 346
Oleshansky, B., 568
Omer, H., 516, 556
Oquendo, M., 474
Orlinsky, D. E., 180, 459, 486
Orvaschel, H., 655 (441)
Osborn, A., 324
Otto, H., 210
Otto, M. W., 637 (379)
Otto, R., 210
Ouimette, P. C., 611

Padesky, C. A., 370
Padula, J. L., 634 (591)
Paivio, S. C., 217, 647 (224)
Paludi, M. A., 444
Paniagua, F. A., 472, 485, 487, 499
Parker, K. C. H., 284
Parloff, M. B., 3, 179, 633 (252)
Parsons, B., 332
Pasick, R. S., 440, 458
Patterson, C. H., 166, 179, 536
Paul, G., 12, 270, 339
Pavlov, I., 297
Pedersen, P., 471, 476, 485, 498, 499
Pelham, W. E., 336
Peller, J. E., 504, 507
Penzien, D. B., 338
Perel, J. M., 252
Perez, R. M., 489, 499
Perkins, B. R., 284
Perls, F., 190, 191-198, 200, 201, 205-216, 219, 223, 224, 229
Perls, L., 216
Perry, H. J., 648 (242)
Perry, M. A., 325
Perry, W., 565
Persi, J., 250

Person, E., 68, 642 (350)
Persons, J. B., 384
Pervin, L. A., 183
Peterson, C., 321, 615
Petrocelli, J. V., 382
Petry, N. M., 314
Peveler, R. C., 634 (253)
Philips, J. C., 488
Philips, V. A., 645 (431)
Phillips, G., 657 (616)
Piaget, J., 46, 47, 541
Pierson, J. F., 188
Pilkonis, P. A., 633 (252)
Pilling, S., 425
Pinsof, W. M., 425, 434
Pipher, M. B., 501
Pitman, R. K., 630 (284)
Pittenger, C., 634 (611)
Pleck, J. H., 457
Pokrywa, M. L., 626 (5, 106)
Polan, H. J., 634 (611)
Pollack, M. H., 637 (379)
Pollack, W., 456, 458
Pollock, R. F., 458, 465
Polster, E., 197, 207, 230
Polster, M., 197, 207, 224, 230
Poppen, P. J., 532
Power, R. N., 286
Priddy, D. A., 643 (578)
Prochaska, J. M., 629 (579), 634 (591, 592)
Prochaska, J. O., 15, 266, 268, 315, 327, 536, 537, 569, 572, 573, 574, 577-582, 588-591, 599, 602, 612, 613, 618, 619
Prout, H. T., 335
Purdie, N., 336

Querimit, D. S., 485
Quina, K., 464

Rabinowitz, F., 458
Rablen, R., 165
Rabung, S., 100
Rachman, S., 297
Radonovich, K. J., 629 (314)
Ragsdale, K., 657 (423)
Rait, D., 434
Rank, O., 153
Ransom. D., 397
Rapaport, D., 89
Raskin, N. J., 179
Raskin, P. M., 188
Rathus, S. A., 470
Rauch, S. L., 276
Raue, P. J., 630 (383)
Rayner, R., 548
Rebecca, M., 568

Rector, N. A., 381
Regier, D. A., 655 (441)
Rehm, L. P., 649 (617)
Reich, W., 71, 191
Reicherts, M., 181, 221
Reik, T., 47
Reilly-Harrington, N., 650 (375)
Reinecke, M. A., 378
Reisman, D., 114, 128
Reiss, D., 394
Remer, P., 441, 442, 443, 444, 450, 465
Rendall, M., 425
Rice, L. N., 180, 186, 218, 220, 638 (224, 227)
Richards, P. S., 614
Ricks, D. F., 532
Riggs, D. S., 635 (275)
Rimm, D., 304
Riordan, R. J., 79
Roark, R. R., 638 (334)
Robbins, M. S., 437, 657 (424, 518)
Roberts, A. H., 9
Roberts, L. J., 576
Robertson, M., 531
Robie, C., 625 (382)
Robine, J., 215
Robins, C. N., 441
Robinson, L. A., 377
Roethilsberger, F., 12
Rogers, C. R., 8, 11, 51, 52, 96, 152-174, 178, 179, 180, 182-184, 186, 188, 218, 325, 552
Rohsenow, D. J., 649 (274)
Rollnick, S., 174, 175, 176, 188
Rombauts, J., 186
Ronan, K. R., 382, 424
Rose, S. J., 444
Rosen, C. S., 580
Rosenberg, J., 210
Rosenthal, R., 143, 426, 617, 646 (533)
Rosenzweig, S., 8, 56
Rosewater, L. B., 465
Rosman, B., 426, 649 (407, 409, 426)
Rosqvist, J., 291
Ross, D. C., 642 (277)
Rossi, J. S., 591, 632 (574, 581), 641 (488), 653 (578), 654 (613)
Rossi, S., 591, 641 (488)
Roth, A., 27, 143, 241, 336, 425, 617, 619
Rothbaum, B. O., 290, 291, 609, 635 (275)
Rothenberg, A., 618
Rothwell, N., 511, 527
Rotter, J. B., 536
Rouanzoin, C. C., 284
Rouff, L. C., 66
Rounsaville, B. J., 232, 238, 239, 242, 259
Rowan, T., 526
Rowan-Szal, G. A., 638 (334)

Rubinstein, G., 149
Rubonis, A. V., 649 (274)
Rudy, D. R., 660 (224)
Ruggiero, L., 641 (488, 591), 654 (613), 656 (591)
Rush, A. J., 375, 390, 627 (367, 368, 370, 371, 387)
Russ, E., 628 (276, 284, 380)
Russell, B., 296
Russell, R. L., 330
Russo, N. F., 647 (445)
Ryan, N. E., 378
Rycharik, R. G., 648 (178)
Ryle, A., 389
Ryujin, D. H., 491

Sachse, R., 187
Safran, J. D., 187
Salas, E., 656 (333)
Saleem, R., 241
Saltzman, N., 10, 651 (602)
Sandage, S. J., 615
Sandberg, J. G., 425, 426, 427, 518
Sandell, R., 59, 628 (57)
Saner, R., 224
Santoro, S. O., 5
Santrock, J. W., 618
Sartre, J-P., 112, 120, 121, 133
Satir, V., 392, 396, 397, 399, 403, 423, 430, 437
Saunders, A., 637 (377)
Saunders, T., 333
Scaturo, D. J., 67
Schachter, S., 312, 320
Schaefer, R., 473, 483
Schafer, R., 503
Schewebel, A. I., 332, 382
Schiff, R., 266
Schindler, D., 641 (222)
Schlam, T. R., 593
Schmidt, F. L., 337
Schneider, K., 188
Schoenwald, S. K., 424
Schottenbauer, M. A., 545
Schrader, S. S., 393
Schroeder, H. E., 336, 633 (333)
Schroeder, M., 488
Schubert, J., 656 (59)
Schulz, E. M., 180
Schumer, F., 649 (407, 409)
Schwartz, J. M., 626 (611)
Schwartz, M. S., 320, 347
Scogin, F., 378, 526, 628 (459)
Sederer, L., 425
Sedney, M. A., 641 (568)
Seeman, J., 189
Segal, L., 421, 422
Segal, Z. V., 187, 389
Seidenberg, R., 442

Seligman, M. E. P., 321, 615
Selzer, M. A., 642 (94)
Semmel, A., 657 (321)
Serketich, W. J., 334
Sexton, T. L., 424, 437, 518,
Shadish, W. R., 332, 423, 424, 425, 426, 427, 616
Shafranske, E. P., 614
Shakespeare, W., 460
Shapiro, D. A., 99, 180, 270, 331, 587
Shapiro, E., 641 (568)
Shapiro, F. S., 261, 277-283, 285, 287, 291
Shaw, B., 390, 627 (367, 368, 370, 371, 387)
Shea, T., 633 (252)
Shear, M. K., 626 (379)
Shelton, R. C., 640 (617)
Shepherd, I. L., 224, 225
Sherman, A., 310
Sherman, J. J., 276, 284
Shiang, J., 174
Shidlo, A., 488
Shimokawa, K., 643 (535)
Shin, S. M., 492
Shipley, R. H., 291
Shirk, S. R., 96, 330
Shlien, J. M., 173
Shoham-Salomon, V., 143, 426
Shwery, C., 637 (377)
Siegel, D. J., 611
Sifneos, P., 95
Sills, C., 258
Silverman, K., 314
Silverman, L. H., 65
Simoneau, T. L., 241
Simpson, D. D., 638 (334)
Singer, B., 587
Singer, J., 320
Sirota, A. D., 649 (274)
Sitharthan, G., 275
Sitharthan, T., 275
Skinner, B. F., 20, 60, 144, 295, 344
Skolnikoff, A., 68, 636 (57)
Sloane, R. B., 58, 325, 339
Sluzki, C., 397
Smart, D. W., 643 (535)
Smedley, A., 472
Smedley, B. D., 472
Smith, A., 466
Smith, C., 440
Smith, M. L., 97, 98, 99, 180, 220, 251, 330, 376, 587
Smith, M. T., 338
Smith, N., 266, 654 (315)
Smith, S., 656 (290, 609)
Smith, T, P., 618
Snyder, C. R., 619
Snyder, D. K., 434

Socrates, 592
Solis, J., 105
Sollod, R. N., 153
Solms, M., 66
Solomon, L. N., 154
Solomon, R., 264, 266
Sommer, R., 618, 630 (611)
Spanier, C., 251, 259
Sperry, L., 88
Spiegel, D. A., 379
Spiegelberg, H., 123
Spiegler, M D., 347
Spitz, R., 246
Spring, D., 266
St. Clair, M., 107
Stachowiak, J., 403
Stampfl, T. G., 261, 263, 265, 266, 269, 292
Standal, S., 156
Stanton, M. D., 424, 425, 426, 427
Staples, F., 58, 658 (325, 339)
Steiner, C., 244, 247, 248
Steinglass, P., 424
Steketee, G., 276
Stermac, L., 662 (221)
Stetter, F., 333
Stich, F., 662 (533)
Stiles, T. C., 100
Stiles, W. B., 587
Stiver, I, P., 641 (451)
Stolz, J. A., 486
Stotsky, S. M., 633 (252)
Strausser, D. J., 5
Streeter, C. L., 422
Streiner, D. L., 425
Stricker, G., 8, 56
Strickland, B. R., 647 (445)
Strupp, H. H., 95, 106, 107, 179, 607
Stuart, R. B., 313, 467, 473
Sue, D., 470, 472, 475, 477, 483, 484, 499
Sue, S., 459, 466, 469, 470, 472, 475, 477, 479, 483, 484, 487, 491, 492, 616
Sukhodolsky, D. G., 337
Sullivan, H. S., 232, 254, 260, 540
Sullivan, J. G., 630 (489)
Sulloway, F. J., 75
Surrey, J. L., 641 (451)
Sutton, S. W., 643 (535)
Svartberg, M., 100
Swinson, R. P., 631 (277)

Tafrate, R. C., 336
Tannen, D., 451
Target, M., 57
Tarrier, N., 381
Taschman, H., 403
Tate, D. F., 609

Tausch, R., 186
Taylor, C. A., 174
Taylor, S., 276, 277, 283, 284, 379
Taylor, T. L., 380
Teasdale, J. D., 657 (389)
Teyber, E., 260
Thase, M. E., 664 (375)
Thompson-Brenner, H., 335, 380
Thoreau, H. D., 502
Tierney, S. C., 662 (378, 533)
Tiffany, S. T., 275
Tillich, P., 112, 115, 127
Tinbergen, N., 48
Tinker, R. H., 282
Todd, T., 649 (426)
Toffler, A., 429
Tolin, D. F., 276, 284
Toman, S. M., 215, 216, 228, 230
Torrey, E. F., 9
Tosi, D. J., 224
Tremont, G., 624 (278, 283)
Trimble, J. E., 499, 652 (471, 476, 485)
Trower, P., 305
Truax, C., 170, 173, 174, 655 (160, 162, 167, 180, 182)
Tsaousis, L., 636 (378)
Tsoh, J. Y., 253, 641 (380)
Tudor, K., 251
Turner, S. M., 273, 276
Turoff, M., 602
Twain, M., 65
Tyc, V. L., 612

Ullmann, L., 270
Usher, C. H., 183

Vailant, G. E., 66
Valasquez, M. M., 599, 632 (574, 581)
Vallis, M. T., 641 (488, 591)
van Balkom, A. J. L. M., 334, 335
Van Den Bosch, R. J., 611
van der Kolk, B. A., 630 (284)
van Dyck, R., 661 (334)
Van Etten, M. L., 276, 284
van Hasselt, V. B., 624 (278, 283)
van Oppen, P., 661 (334)
VanBalen, R., 186
VandenBos, G. R., 649 (617)
Vangarelli, D. J., 575
VanMarten, D., 634 (592)
Varnado, P. J., 253, 641 (380)
Vaughn, K., 511
Veevers, H. M., 251
Velicer, W. F., 573, 590, 632 (574, 581), 647 (577), 653 (578), 654 (613)
Vermeulen, A. W. A., 661 (334)

Veroff, J., 569
Victor, B. J., 545
Villanova, P., 321
Viswesvaran, C., 337
von Bertalanffy, L., 393
vonBaeyer, C., 657 (321)
Vorst, H. C. M., 661 (334)
Vorus, N., 635 (57)

Wachtel, E., 539, 544
Wachtel, P. L., 528, 538-545, 556-558, 563
Wagner-Moore, L. E., 215
Waldron, S., 68, 636 (57)
Walker, L. E. A., 445, 465
Walker, M., 443, 454, 455, 465
Wallerstein, R. S., 59, 66
Walter, J. L., 504, 507
Wampold, B. E., 98, 99, 328, 330, 378, 492, 533, 534, 563, 587, 607, 616
Wandersman, A., 532
Wang, M. C., 641 (576)
Warren, C. S., 95
Warren, K., 422
Waskow, I. E., 179, 652 (3)
Watkins, C. E., 97
Watkins, J. T., 633 (252)
Watson, G., 8
Watson, J. B., 548
Watson, J. C., 221, 228, 229, 628 (179)
Watts, R. E., 107
Watzlawick, P., 396, 399, 402, 437, 662 (421, 422)
Weakland, J. H., 396, 421, 422, 437, 626 (398)
Webster, D. C., 511
Weeks, G. R., 437
Weinberger, J., 8
Weiner, I. B., 608
Weinshel, E. M., 66
Weiss, B., 181, 330, 662 (97, 143, 221, 377, 555)
Weissman, M. M., 231-238, 242, 244, 251, 252, 258, 259, 260, 655 (441)
Weisz, J. R., 97-99, 143, 181, 221, 328, 329, 330, 377, 555
Welch, S. L., 634 (253)
Wells, R. A., 136
Werner, H., 568
West, E., 110
Westen, D., 66, 628 (276, 284, 380), 633 (276, 334)
Wettersten, K. B., 517
Wexler, D., 162
Whaley, D. L., 313
Wheeler, G., 215, 216
Whiffen, V. E., 236
Whipple, K., 58, 658 (325, 339)
Whisman, M. A., 434
Whitaker, C., 218, 466
Whitbourne, S. K., 234

White, M., 500, 513, 514, 527
White, R. W., 89
Whitebread, J., 335
Whittal, M. L., 380
Wickramaratne, P., 649 (253)
Wiederhold, B. K., 290, 292, 619
Wiederhold, M. D., 290, 292, 619
Wiener, N., 394
Wiersman, D., 611
Wigren, J., 107
Wilhelm, S., 276
Wilkins, W., 9
Williams, A., 612, 641 (380)
Williams, D. A., 631 (612)
Williams, J. M. G., 657 (389)
Williams, R. J., 424
Williams, T. A., 554
Wilson, D. B., 616, 617
Wilson, G. T., 294, 345, 346, 380, 593
Wilson, K. A., 667 (290)
Wilson, M. R., 657 (425, 426)
Wilson, P., 657 (425, 426)
Wilson, R., 274
Wilson, S. A., 282
Winokur, M., 8
Wise, J. C., 638 (611)
Wiser, S., 630 (383)
Wittgenstein, L., 165
Woerner, M. G., 642 (277)
Wogan, M., 328
Wohl, J., 467
Woldt, A. S., 215, 216, 228, 230
Wolfe, B., 179, 537, 570, 586
Wolk, C. A., 217
Wolpe, J., 270, 293, 296-298, 300, 301, 304, 305, 344, 347, 538, 539, 546

Woods, P. J., 376, 377
Woods, S. W., 626 (379)
Worell, J., 441, 442, 443, 444, 450, 465
Worthington, E. L., Jr., 615
Wright, A. S., 609
Wright, F. D., 375, 627 (367)
Wright, J. H., 375, 609
Wubbolding, R, E., 151
Wyckoff, L. A., 626 (5, 106)
Wykes, T., 381
Wynne, L., 264, 266, 653 (434)

Yalom, I, D., 66, 112, 124, 127, 137, 149, 151, 601
Yap, L., 637 (379)
Yeomans, F. E., 97, 107, 630 (94)
Yontef, G., 228
Yorke, L., 633 (380)
Yorkston, N., 58, 658 (325, 339)
Young, K., 491
Yutrzenka, B. A., 486
Ywahoo, D., 486

Zabinski, M. F., 609
Zane, N., 491, 492
Zeig, J. K., 27
Zhao, S., 642 (610)
Zimering, R. T., 642 (269)
Zimring, F., 162, 165
Zinker, J., 206, 214, 230
Zitrin, C. M., 642 (277)
Zoellner, L. A., 635 (276)
Zuckerman, E. L., 618
Zur, O., 553
Zweben, A., 648 (178)

事項索引

英字

A→B→Cのつながり　309
AABT（Association for the Advancement of Behavior Therapy）　296, 327
ABAB（反転）デザイン　329
ABC図式　351, 353
BASIC I.D.　548
BFTC（Brief Family Therapy Center）　506
BMT（behavioral marital therapy）　332
CAT（cognitive analytic therapy）　389
CBM（cognitive-behavior modification）　317-324→認知行動変容も見よ
CBT（cognitive-behavior therapy）　367-383
C家族→C夫人を見よ
C夫人　24-26
　アドラー派療法　103-105
　インプローシヴ療法　287-290
　ゲシュタルト分析　225-227
　行動分析　342-344
　システム的分析　432-434
　実存分析　146-148
　精神分析　62-65
　対人関係分析　256-258
　多文化間的分析　495-496
　多理論統合的分析　594-598
　ナラティヴ分析　523-524
　認知分析　386-388
　パーソンセンタードの分析　184-186
　フェミニストの分析　462-463
　マルチモダル分析　559-561
　予後　597-598
DA（dysfunctional attitude）　354
DBT（dialectical behavior therapy）　375, 381
EBP（evidence-based practice）　327, 525, 605-607
EE（expressed emotion）　241, 424
EEGフィードバック　320
Eigenwelt（自己世界）　113
EMDR（眼球運動による脱感作と再処理法）　277-284
　SUD（主観的苦痛単位）　280
　実用性　282-283
　シャピロ　277-278
　将来の方向性　290
　精神病理の理論　279
　治療過程の理論　279-282
　治療関係　282
　認知の妥当性（VOC）尺度　280
　批判　285-287
　有用性　283-284
EMDR人道支援プログラム　283
ES（effect size）　98-99
e健康　609
GST（general system theory）　393, 395
iBs（irrational beliefs）　353, 354
IPT（interpersonal psychotherapy）→対人関係療法を見よ
LGBTのクライエント　487-491
MATCHプロジェクト　177
MET（motivational enhancement therapy）　177-8
MI（motivational interviewing）　174-178
Mitwelt（共同世界）　113
MST（multisystemic therapy）　424
NIMH協同治療研究　252
NLP（neurolinguistic programming）　551
PAC（parent, adult, childe）　245
PCT（panic control therapy）　379
PET（process-experiental therapy）　218-220
PFLAG（Parents, Families & Friends of Lesbians and Gays）　489
PTSD（心的外傷後ストレス障害）　269, 270, 283, 380
rB（rational beliefs）　351, 355
RCTs（randomized clinical trials）　233
REBT（論理情動行動療法）
　意識化　356-359
　意味　365
　エリス　349-350
　拮抗条件づけ　360
　際立った特徴　374
　コミュニケーション　362-363
　コントロール　363-364
　自尊感情　361
　衝動コントロール　364
　将来の方向性　388-389
　親密さ　362
　随伴性マネジメント　359
　精神病理の理論　352-355
　責任　361
　セクシャリティ　362
　治療過程の理論　355-360
　治療関係　366-367
　治療の内容　360-366

679

敵意　363
　　適応vs.超越　364
　　パーソナリティ理論　351-352
　　批判　383-386
　　不安　360
　　不合理な信念（iBs）　353, 354
　　防衛　360-361
　　有用性　375-377
　　理想の個人　365-366
REBTによるパーソナリティの説明　351
RP (relapse prevention)　576
SAMHSA (Substance Abuse and Mental Health Services Administration)　606
SEPI (Society for the Exploration of Psychotherapy Integration)　531
SPSMM (Society for the Psychological Study of Men and Masculinity)　458
SUD（主観的苦痛単位）　280
TA (transactional analysis)→交流分析を見よ
TAU (treatment as usual)　253
TTM→多理論統合モデルを見よ
Umwelt（環境世界）　113
USA (unconditional self-acceptance)　361
VOC (validity of cognition) 尺度　280
「Z氏の二回の精神分析（コフート）」　93

あ 行

愛することと働くこと　50
愛着　91
愛着スタイル　106
悪循環　544
アタケ・デ・ネルビオス　474
アドラー派療法　72-89
　　アドラー　72-73
　　意識化　78-80
　　意味　86
　　コミュニケーション　84
　　コントロール　85
　　自尊感情　83
　　実用性　87-89
　　衝動コントロール　86
　　将来の方向性　105-106
　　症例（C夫人）　103-105
　　親密さ　84
　　随伴性コントロール　80-81
　　精神病理の理論　76-78
　　責任　83-84
　　セクシャリティ　84
　　選択　81-82
　　治療過程の理論　78
　　治療関係　87
　　治療の内容　82-87
　　敵意　85
　　適応vs.超越　85-86
　　パーソナリティ理論　73-75

　　不安　83
　　防衛　83
　　有用性　97
　　理想的な人間　86-87
アメリカ男性研究協会　458
アモク　474
誤った信念　120
新たな認識論　422
荒っぽい分析　543
アルコール依存　424
アルバート坊や　548
安全な緊急対応　214
アンダードッグ　197
安定した状態　394

怒り障害　336-337
医原性の　588
維持（期）　311, 575
意識化　15-16→意識化―教育，意識化―フィードバックも見よ
意識化―教育　15-16
　　C家族を対象としたシステム的分析　432-434
　　C夫人を対象とした対人関係分析　256-258
　　REBT　356-359
　　アドラー派療法　78-80
　　ゲシュタルト療法　199-203
　　交流分析　248
　　実存療法　121-124
　　精神分析的療法　42-45
　　多文化間療法　476-478
　　パーソンセンタード療法　162-165
　　フェミニスト療法　445-447
　　ボーエン家族システム療法　418-419
意識覚醒（CR）グループ　447
意識化―フィードバック　15-16
　　C夫人を対象としたアドラー派療法の分析　103-105
　　C夫人を対象とした精神分析　62-65
　　アドラー派療法　78-80
　　ゲシュタルト療法　199-203
　　交流分析　248
　　ジェンダーセンシティヴ療法　445-447
　　システム療法　400-401, 409-411, 418-419
　　実存療法　121-124
　　精神分析的療法　42-45
　　ソリューションフォーカスド療法　506-507
　　多文化間療法　476-478
　　ナラティブ療法　514-515
　　認知療法　370-374
　　パーソンセンタード療法　162-165
いじめと暴力　591-592
異性愛主義　489
一次過程思考　40
一次性刺激般化　298
一般化のしすぎ　368
一般システム理論（GST）　393, 395

一般住民を対象とした介入　613
一般住民を対象とした積極的治療　613-614
偽りの層　196
偽ること　118-121
今-ここ　199
意味-への-意志　137
イメージ暴露　272
医療研究・品質調査機構　606
インパクト　590
インパス（行き詰まり）　198, 235
インプローシヴ療法　263-270
　カタルシス　266-268
　実用性　269
　症例（C夫人）　287-290
　スタンプル　263
　精神病理の理論　263-265
　治療過程の理論　265-268
　治療関係　268-269
　有用性　269-270

ウィンディゴ　474
植え付け　281
ウェルナーの生体-発達理論　568
打ち消し　36
うつ病　377-378, 617

エディプス葛藤　37
エナクトメント（再演）　411
遠隔的心理療法　610
エンパワーされた同意　455
エンパワメント　448, 453
エンプティ・チェア　201, 204

大きな車輪　456
置き換え　40
オッカムの剃刀　547
オペラント条件づけ　264, 295
思いとどまる　81
親の自我状態　245-246
オンラインカウンセリング　609

か　行

解決法に焦点を当てる　508
解釈　43-44
階層的組織　394
外破の層　198
回避条件づけ　263
回避反応　263
回避抑制　265
開放システム　395
解放心理療法　479
快楽主義　352
関わり方のルール　398
画一性神話　472
学習された楽観主義　321

学習の2要因説　264
仮想現実　290
仮想現実療法　609
家族システム　393-395
家族システム療法→ボーエン家族システム療法を見よ
家族投影過程　417
語り　511
カタルシス　16-17
　C夫人を対象としたインプローシヴ療法　287-290
　C夫人を対象としたゲシュタルト分析　225-227
　インプローシヴ療法　266-268
　ゲシュタルト療法　203-207
　コミュニケーション／戦略的療法　403
　対人関係療法　236-239
　多文化間療法　478
　パーソンセンタード療法　165-167
価値の条件　157
価値の明確化　304
葛藤から自由な領域　89
葛藤を超えて達成へ　23
カップルを対象とした認知行動療法　381
カップル療法→夫婦療法を見よ
仮定された回避の手がかり　267
過度の責任　368
"かのように"（技法）　82, 373
過敏性腸症候群　338
ガラスの天井　444
絡み合いの家族　409
眼球運動による脱感作と再処理法→EMDRを見よ
環境世界　113
環境の再評価　581
関係精神分析　55-56
関係性の選択　562
関係論モデル　55
観察学習　325
患者とされた者（IP）　398
感情焦点づけカップル療法　218, 222
情動焦点づけ療法　218
感情制御　219
感情の反射　163
感情表出（EE）　241, 424
「完全な合理性」　358
関与しながらの観察者　232
管理的コーチング　615

器官劣等性　74
擬似的社会的存在　193
キス・オフのゲーム　249
帰属　320
帰属スタイル　321
期待　9-10
喫煙　337
気づきの心理療法　15, 21

キック・ミー　250
拮抗条件づけ　19, 296-307, 582
　　C夫人を対象としたインプローシヴ療法　287-290
　　C夫人を対象としたマルチモダル分析　559-561
　　EMDR　279-282
　　REBT　360
　　ウォルピ　296-298
　　コミュニケーション／戦略的療法　404-405
　　刺激コントロール　306-307
　　自己主張訓練　302-305
　　精神病理の理論　298-300
　　性的興奮　305-306
　　治療過程の理論　300-307
　　ナラティブ療法　515-516
　　不安　298-300
　　マルチモダル療法　550
機能不全的態度（DAs）　354
機能分析　309
技法的折衷　535-538
基本的構え　247-248
基本的帰属エラー　444
基本的な人生の課題　76
基本的な間違い　78, 79
逆制止　300
逆説的意図　139
逆説的技術　402
逆説的指示　404
客体化　118
逆転移　52, 55
逆戻りと繰り返し　575-576
逆戻り予防（RP）　576
究極の目標　192
急進的なフロイト派　49
教育→意識化―教育も見よ　15
強化　307, 315
境界　393
境界設定　412
共感　187
共生精神病　92
共通性（共通要因）　8-14
共通要因　532-535
共通要因にもとづいた心理療法　13
共同世界　113
共同体意識　86
共同的経験主義　373
強迫性障害（OCD）　271, 273, 334-335, 379
強迫的なライフスタイル　77
恐怖の層　197-198
去勢不安　37
拒否スキル訓練　305
距離を置く　372
禁煙研究　590
近親姦が起こっている家族　394
緊張病　198

空想的な目標至上主義　73
苦行療法　405
くたばれ　456
句読点　399
組み合わせ治療　252
クライエント中心療法　173→パーソンセンタード療法も見よ
クライエント・マーカー　186
繰り返し　575-577
繰り返し教え続ける　350
訓化　273
群間デザイン　328

ゲイ・クライエント　487-491
経験主義　501, 502
経験的に支持された治療　606
ゲイ肯定セラピー　489
系統的脱感作　528, 542
系統的治療選択　555
契約　313
劇的解放　17, 204, 580
ゲシュタルト　193
ゲシュタルト・エクササイズ／ゲーム　202
ゲシュタルト・ドリームワーク　203
ゲシュタルトの祈り　224
ゲシュタルト療法と体験療法　190-230
　　意識化　199-203
　　意味　213
　　カタルシス　203-207
　　コミュニケーション　210-211
　　コントロール　211-212
　　自尊感情　208-209
　　実用性　216-217
　　衝動コントロール　212-213
　　将来の方向性　227-228
　　症例（C夫人）　225-227
　　親密さ　209-210
　　精神病理の理論　196-198
　　責任　209
　　セクシャリティ　210
　　体験療法　217-220
　　短期ゲシュタルト療法　217
　　治療過程の理論　198-207
　　治療関係　213-216
　　治療の内容　207-213
　　敵意　211
　　適応vs.超越　212
　　パーソナリティ理論　192-195
　　パールズ　191-192
　　批判　222-225
　　不安　207-208
　　プロセス志向体験療法（PET）　219
　　防衛　207-208
　　有用性　220-222
　　理想の個人　213
結果（C）　351

決定論的なシステム　46
嫌悪コントロール　314-317
嫌悪条件づけ　314, 315, 316
源家族療法　421
研究者の忠誠　377
元型　71
現在中心　201
顕在内容　40
現実脱感作　302
現実暴露　272, 274
現実療法　139-142
現象学的方法　123
原初的不安　45
現存在　135
現存在分析　137
権利擁護者　485

"こうあるべき"の暴君　361
行為障害　424
行為と洞察　541
効果性vs.インパクト　589-590
効果的な新しい哲学（E）　355
効果量（ES）　98-99
攻撃性本能　72
高血圧　337-338
口唇期　33-34
口唇性格　34
構成主義　501, 502, 524
構成主義的療法　500-527
　将来の方向性　524-526
　ソリューションフォーカスド療法→ソリューションフォーカスド療法を見よ
　ナラティヴ療法→ナラティヴ療法を見よ
　バックグランド　500-503
　批判　519-522
　有用性　517-519
構造　408
構造的プロフィール　551
構造の変化　59
構造分析　248
構造療法　407-414
　意識化　409-411
　実用性　414
　精神病理の理論　408-409
　選択　411-413
　治療過程の理論　409-413
　治療関係　413-414
　批判　427-432
　ミニューチン　407-414
　有用性　426-427
肯定的関心　156
行動交換理論　313
行動志向療法　21
行動-する-必要性　115
行動的e健康　609
行動的親訓練　334

行動的健康　612-613
行動的夫婦療法（BMT）　332
行動の過剰　309
行動の欠損　309
行動の不適切　309
行動分析　295, 309
行動変化の螺旋パターン　576
行動変容　295
行動療法　293-347
　怒り障害　336
　過敏性腸症候群　338
　喫煙　337
　拮抗条件づけ　296-307→拮抗条件づけも見よ
　強迫性障害　334-335
　高血圧　337-338
　行動的親訓練　334
　行動的夫婦療法（BMT）　332
　自己陳述修正法　333-334
　実用性　326-327
　社会的スキル訓練　332-333
　少数事例法　328-329
　将来の方向性　344-345
　症例（C夫人）　342-344
　随伴性マネジメント　307-317→随伴性マネジメントも見よ
　ストレス免疫法　323, 333
　摂食障害　335
　短期　328
　知的障害　335
　注意欠陥多動性障害（ADHD）　335-336
　治療関係　324-326
　統合失調症　336
　特徴　294
　認知行動変容　317-324→認知行動変容（CBM）も見よ
　パニック障害　335
　批判　339-342
　夫婦療法　332
　不眠　338
　片頭痛　338
　方法論　294
　夜尿　337
　有用性　328-338
　リラクセーション訓練　333
行動連鎖　309
降伏戦略　404
肛門期　35-36
肛門期性格　35
合理化　360
合理的な信念（rB）　351, 355
交流　246
交流分析（TA）　244-250
　PAC（親，成人，子ども）　245-246
　意識化　248
　基本的構え　247-248
　参照サイト　232

683

集団療法　251
　　将来の方向性　258-259
　　批判　256
　　有用性　251
呼吸法の再教育　273
個人−社会間葛藤　23, 24
個人心理学　72
個人的構成　503
個人的なことは政治的なこと　448
個人内葛藤　22, 23
固着　47
古典的条件づけ　264, 298
古典的（パブロフ型）条件づけ　19
孤独　117
子どもの自我状態　245
コミュニケーション
　　REBT　362-363
　　アドラー派療法　84
　　ゲシュタルト療法　210-211
　　実存療法　130
　　精神分析的療法　47
　　対人関係療法（IPT）　241
　　多文化間療法　481
　　パーソンセンタード療法　170
　　フェミニスト療法　451
コミュニケーションスキル訓練　305
コミュニケーション／戦略的療法　396-407
　　意識化　400-401
　　カタルシス　403
　　拮抗条件づけ　404-405
　　実用性　406-407
　　精神病理の理論　397-400
　　選択　401-403
　　治療過程の理論　400
　　治療関係　405-406
　　批判　429-430
　　有用性　425-426
孤立　117
根拠にもとづいた実践（EBP）　327, 525, 605-607
混合主義　536
コンタクト　215
コントロール
　　REBT　363-364
　　アドラー派療法　85
　　ゲシュタルト療法　211-212
　　実存療法　131
　　精神分析的療法　48-49
　　多文化間療法　481
　　パーソンセンタード療法　170-171
　　フェミニスト療法　452
コンピュータ介在治療　609

　　　　　さ　行

再決断療法　249
再交渉　235

最小限の効果的な反応　304
最大インパクト方略　585
サイバネティックス　393, 395
再評価　20→自己の再評価も見よ
作業同盟　42, 51, 96
査察的立場　468
悟り　199
三角関係　416, 418
三角関係化　416

シェイピング　304
ジェノグラム　419
ジェンダー・アイデンティティ・パラダイム　457
ジェンダーセンシティヴ療法　438-465
　　社会・政治的力　439
　　将来の方向性　463-464
　　男性センシティヴ療法　456-458
　　批判　459-461
　　フェミニスト療法→フェミニスト療法を見よ
　　有用性　459
ジェンダーの社会化　441
ジェンダー役割期待　441-442
ジェンダー役割緊張パラダイム　457
ジェンダー・ルール　442
自我状態　245-246
自我心理学　89-91
自我分析　90
刺激コントロール　19, 582
　　C夫人の行動分析　342-344
　　行動療法　306-307
　　マルチモダル療法　549-551
自己愛性パーソナリティ　93
志向性　121
試行的立場　468
自己概念　156
自己関心　156, 168
自己教示訓練　321
自己言及　368
自己効力感　581
自己実現　155
自己主張訓練　302-305
自己受容　361
自己心理学　92
自己世界　113
自己体験　156
自己陳述修正法　333-334
自己の解放　19, 581
自己の再評価　20, 581
　　C夫人を対象とした認知分析　386-388
　　REBT　356-359
自己の尊厳　172
自己分化　416
指示　404, 405
システム療法　392-437
　　アルコール依存　424

684

意味　396
行為障害　424
構造療法　407-414→構造療法も見よ
コミュニケーション／戦略的療法　396-407→
　　コミュニケーション／戦略的療法も見よ
将来の方向性　434-435
症例（C家族）　432-434
多システム療法（MST）　424
短期　421-422
統合失調症　424-425
批判　427-432
物質乱用　424
ボーエン家族システム療法　415-421→ボーエ
　　ン家族システム療法も見よ
有用性　422-427
システム理論　394→システム療法も見よ
施設でのコントロール　310-311
自然-の内に-あること　113
自然場面での観察　310
自尊感情
　REBT　361
　アドラー派療法　83
　ゲシュタルト療法　208-209
　実存療法　128
　精神分析的療法　46
　対人関係療法（IPT）　240
　多文化間療法　480
　パーソンセンタード療法　168
　フェミニスト療法　450
失感情症　457
実現傾向　155
実行期　574-575
実践ガイドライン　606
実存的罪悪感　128
実存的所与　117
実存的真空　138
実存的直面化　123-124
実存的な生き方　172
実存-人間性療法　137
実存不安　18, 115, 127
実存分析　137
実存療法　109-151
　意識化　121-124
　偽ること　118-121
　現実療法　139-142
　コミュニケーション　130
　コントロール　131
　自尊感情　128
　実存-人間性療法　137
　実用性　135
　衝動コントロール　132
　将来の方向性　149-150
　症例（C夫人）　146-148
　初期の実存療法家3人　110-112
　人生における意味　133
　親密さ　129

精神病理の理論　118-121
選択　124-126
責任　128-129
セクシャリティ　129
選択理論　142
短期　136
治療過程の理論　121-126
治療関係　134-135
治療の内容　126-134
敵意　130-131
適応vs.超越　131-132
パーソナリティ理論　112-117
批判　144-146
不安　127
防衛　127
有用性　143
理想の個人　133-134
ロゴセラピー　137-139
自動思考　369
自動制御装置　394
自分自身-のために-偽ること　120
自分で努力せよ（PYA）　360
社会構成主義　503→構成主義的療法も見よ
社会的解放　19, 411, 448-450→選択―社会的解放
　　も見よ
社会的スキル訓練　305, 332-333
社会的尊敬　128
社会への関心　75
社会を超越すること　86
宗教的信念　614
宗教と調和のとれたセラピー　615
終結期　577
集合的無意識　71
修正感情体験　17, 55, 204
修正主義的立場　468
集団での学習　217
集団認知行動療法　381-382
修復的治療　488
十分に機能している人間　172
重要な問題領域　237
重要なレベル方略　585
自由連想　42
主観的苦痛単位（SUD）　280
熟考期　573-574
宿題の割り当て　382
出生順位　75
受容　344
循環的精神力動　540, 544
純粋性　160
準備期　574
ジョイニング　412
昇華　50
条件刺激　19-20→拮抗条件づけも見よ
条件づけられた不安　299
消去　263, 265, 272
勝者の賭け　404

症状処方　401
症状につながる刺激　285
症状の再発　299
症状の増悪　276
症状の代理　299
少数事例法　328-329
象徴的・体験的家族療法　218
情緒的遮断　417
衝動コントロール
　REBT　364
　アドラー派療法　86
　実存療法　132
　ゲシュタルト療法　212-213
　精神分析的療法　50
　対人関係療法（IPT）　242
　多文化間療法　482
　パーソンセンタード療法　171
情動処理　271, 273
丈夫な樫の木　456
症例（事例）→C夫人をみよ
女性→フェミニスト療法を見よ
女性っぽい持ち物は持たない　456
女性のリーダーシップ・スタイル　455
処方箋マッチング　555
序列　75
自律訓練法　333
自律性　168
自律的自我　89
自律的自己　92
心気症者　119
神経科学　66, 611-612
神経言語学的プログラミング（NLP）　551
神経症　30
神経症的パラドックス　271
神経精神分析学　66
神経性大食症（過食症）　335, 380
神経性無食欲症　474
人種　472
人種を重視した療法→多文化間療法を見よ
『人生ゲーム入門』　245
真正さ　114, 133
真正な実存　114
人生における意味
　REBT　365
　アドラー派療法　86
　ゲシュタルト療法　213
　実存療法　133
　精神分析的療法　50
　対人関係療法（IPT）　242-243
　多文化間療法　482
　パーソンセンタード療法　171-172
　フェミニスト療法　452-453
人生の出来事（A）　351
心的決定論　46
信念（B）　351
信念にもとづく実践　614-615

真のカメレオン　552
"真の男性性"のステレオタイプ　456
親密さ
　REBT　362
　アドラー派療法　84
　ゲシュタルト療法　209-210
　実存療法　129
　精神分析的療法　46-47
　対人関係療法（IPT）　240-241
　多文化間療法　480
　パーソンセンタード療法　169
　フェミニスト療法　451
心理社会的発達段階　90
心理生理学的アプローチ　232
心理療法で提供される外在化　545
心理療法における将来の方向性
　ゲシュタルト療法と体験療法　227-228
　構成主義的療法　524-526
　行動療法　344-345
　ジェンダーセンシティヴ療法　463-464
　システム療法　434-435
　実存療法　149-150
　心理療法全般　601-619→心理療法の将来も見よ
　精神分析的療法　65-67
　精神力動的治療　105-106
　対人関係療法　258-259
　多文化間療法　496-498
　統合療法と折衷療法　561-562
　認知療法　388-389
　パーソンセンタード療法　186-187
　暴露療法群　290
心理療法の新たなテーマ　604-617→心理療法の将来も見よ
心理療法の技法→心理療法のシステムも見よ
　EMDR　277-284, 290
　REBT→REBTを見よ
　アドラー派療法→アドラー派療法を見よ
　インプローシヴ療法　263-270, 287-290
　家族システム療法　415-421, 427
　苦行療法　405
　現実療法　139-142
　現存在分析　137
　構造療法　407-414, 426-427
　行動的親訓練　334
　行動的夫婦療法　332
　交流分析　244-250→交流分析（TA）も見よ
　コミュニケーション／戦略的療法　396-407, 425-426, 429-430
　自我心理学　89-91
　刺激コントロール　306-307
　自己主張訓練　302-305
　自己陳述修正法　333-334
　社会的スキル訓練　332-333
　ストレス免疫法　323, 333
　精神力動的-行動的統合療法　538-546, 557

性的興奮　305-306
選択理論　142
ソリューションフォーカスド療法　503-511, 517
体験療法　217-220
対象関係　91-94, 97-98
多システム療法　424
短期精神動的治療　94-97, 100
男性センシティヴ療法　456-458
動機づけ面接　174-178
ナラティヴ療法　511-517, 523-524
認知分析療法　389
パニックコントロール療法（PCT）　379
フェミニスト療法→フェミニスト療法を見よ
マルチモダル療法　546-556, 557-561
問題解決療法　323
リラクセーション訓練　333
ロゴセラピー　137-139
心理療法のシステム→心理療法の技法も見よ
　ゲシュタルト療法と体験療法　190-230
　構成主義的療法　500-527
　行動療法　293-347
　ジェンダーセンシティヴ療法　438-465
　システム療法　392-437
　実存療法　109-151
　将来の方向性→心理療法における将来の方向性を見よ
　精神分析的療法　29-68
　精神力動的治療　69-108
　対人関係療法　231-260
　多文化間療法　466-499
　統合療法と折衷療法　528-563
　認知療法　348-391
　パーソンセンタード療法　152-189
　暴露療法群　261-292
　有用性→心理療法のシステムの有用性を見よ
　要約（表）　571
心理療法のシステムの有用性　617
　REBT　375-377
　ゲシュタルト療法と体験療法　220-222
　構成主義的療法　517-519
　行動療法　328-338
　ジェンダーセンシティヴ療法　459
　システム療法　422-427
　実存療法　143
　精神分析的療法　56-59
　精神力動的-行動的統合療法　545-546
　精神力動的治療　97-100
　対人関係療法　251-254
　多文化間療法　491-492
　多理論統合モデル　589-592
　認知療法　375-383
　パーソンセンタード療法　178-181
　暴露療法　275-277
　マルチモダルセラピー　554-556
心理療法の将来　601-619→心理療法における将来の方向性も見よ
　一般住民を対象とした積極的治療　613-614
　技術的応用　609-610
　行動的健康　612-613
　根拠にもとづいた実践　605-607
　神経科学　611-612
　信念にもとづく実践　614-615
　心理療法の作用　616-617
　セルフヘルプの資源　610-611
　治療関係　607-608
　デルファイ投票法　601-604
　統合的・包括的ケア　616
　ポジティブ心理学　615
　メンタルヘルスケアの経済学　604-605
　理論的オリエンテーションの予測　603
心理療法の全理論　14
心理療法の統合　529, 561→統合療法と折衷療法も見よ

スイッチ　247
随伴性コントロール　20
随伴性マネジメント　20, 307-317
　C夫人の行動分析　342-344
　REBT　359
　アドラー派療法　80-81
　嫌悪コントロール　314-317
　行動療法　307-317
　施設でのコントロール　310-311
　精神病理の理論　307-309
　セラピストコントロール　313-314
　セルフコントロール　312
　相互コントロール　313
　治療過程の理論　309-317
　内潜的感作　316-317
　6つのステップ　310
　有用性　334-335
スキーマ　369, 540
スケーリング・クェスチョン　518
ススト　474
ストア派の哲学者　351
ストレスマネジメント　590-591
ストレス免疫法　323, 333
ストローク　246
「〜するな」という禁止令　249

性格分析　71
生活歴の記憶　79
性感フォーカシング　306
性器期　38
性器性格　50
制御された順応　394
正常共生期　92
正常自閉期　91
精神性　614
成人の自我状態　246
精神病理学のぼんやりした大げさな見方　540

687

精神病理の層　196
精神分析的心理療法　53-56
精神分析的療法　29-68
　意識化　42-45
　関係精神分析　55-56
　コミュニケーション　47
　コントロール　48-49
　自尊感情　46
　実用性　52-53
　主要な選択肢　53-56
　衝動コントロール　50
　将来の方向性　65-67
　事例（C夫人）　62-65
　人生における意味　50
　親密さ　46-47
　精神病理の理論　39-41
　精神分析的心理療法　53-56
　責任　46
　セクシャリティ　46-47
　治療過程の理論　41-45
　治療関係　51-52
　治療の内容　45-51
　敵意　48
　適応vs.超越　49-50
　パーソナリティ理論　31-38
　発達段階　33-38
　批判　59-62
　不安　45
　フロイト　30-31
　防衛　45
　有用性　56-59
　理想の個人　50-51
精神分析の対人関係学派　232
精神力動的-行動的統合療法　538-546
　実用性　545
　治療過程の理論　541-543
　治療関係　544-545
　治療の内容　543-544
　パーソナリティ理論と精神病理の理論　539-541
　批判　557-559
　有用性　545-546
　ワクテル　538-539
精神力動的治療　69-108
　アドラー派療法→アドラー派療法を見よ
　自我心理学　89-91
　将来の方向性　105-106
　対象関係　91-94, 97-98
　短期精神力動的治療　94-97, 100
　批判　100-102
　有用性　97-100
精神力動的心理療法家　70
生体-発達理論　568
成長障害　196
性的興奮　305-306
性的志向　491

性的トラウマ　443
性転換（転向）的治療　488
青年期への対人関係療法（IPT-A）　253
性役割ステレオタイプ　442
性役割分析グループ　447
世界-の内に-あること　113, 134
責任　18
　REBT　361-362
　アドラー派療法　83-84
　ゲシュタルト療法　209
　実存療法　128-129
　精神分析的療法　46
　フェミニスト療法　451
　対人関係療法（IPT）　240
　パーソンセンタード療法　168
セクシャリティ
　REBT　362
　アドラー派療法　84
　実存療法　129
　精神分析的療法　46-47
　ゲシュタルト療法　210
　対人関係療法（IPT）　240-241
　多文化間療法　481
　パーソンセンタード療法　169-170
　フェミニスト療法　451
積極的な働きかけ　613
摂食障害　335, 380
セッション間の実験課題　382
折衷主義　535-538→統合療法と折衷療法も見よ
セラピー→心理療法のシステム，心理療法の技法を見よ
セラピストコントロール　313-314
セラピストの効果　533
セルフコントロール　312
セルフヘルプの資源　610-611
潜在知覚　158
潜在内容　40
前熟考期　573
全体性　393
選択　17-19→選択─自己の解放も見よ
選択─自己の解放　19
　C夫人を対象とした実存分析　146-148
　C夫人を対象としたナラティヴ分析　523-524
　アドラー派療法　81-82
　コミュニケーション／戦略的療法　401-403
　ジェンダーセンシティヴ療法　447-448
　実存療法　124-126
　ソリューションフォーカスド療法　507-509
　ナラティヴ療法　515-516
　文化重視療法　478-480
　ボーエン家族療法　419-420
選択─社会的解放　19
　C夫人を対象としたフェミニストの分析　462-463
　C夫人を対象とした多文化間的分析　495-496
　アドラー派療法　81-82

構造療法　411-413
　　交流分析　249
　　ジェンダーセンシティヴ療法　447-448
　　多文化間療法　478-480
選択的抽出　368
選択理論　142
戦闘関連PTSD　269
潜伏期　38
戦略的療法　396-407→コミュニケーション／構造的療法も見よ

相互コントロール　313
創造的な自己　75
相対主義　566-567
相補的関係　399
ソクラテス式問答法　373
組織　393
ソリューション・トーク　506
ソリューションフォーカスド療法　503-511
　　意識化　506-507
　　実用性　510-511
　　選択　507-509
　　治療関係　510
　　パーソナリティ理論および精神病理の理論　503-505
　　有用性　517-519
それ-それ関係　129

た　行

対応力のある私　419
体験すること　217
体験療法　217-220→ゲシュタルト療法と体験療法も見よ
対抗抵抗　175
代償　83
対象関係　91-94, 97-98
対称的関係　399
対人間葛藤　22, 23
対人関係療法（IPT）　231-260
　　IPTとは　237
　　意味　242-243
　　交流分析　244-250→交流分析（TA）も見よ
　　コミュニケーション　241
　　自尊感情　240
　　実用性　243-244
　　衝動コントロール　242
　　将来の方向性　258-259
　　事例（C夫人）　256-258
　　親密さ　240-241
　　精神病理の理論　234
　　責任　240
　　セクシャリティ　240-241
　　創始者たち　232-233
　　喪失と悲哀　234-235
　　対人関係上の役割をめぐる不和　235

　　対人関係の欠如　236
　　短期対人関係療法　251
　　治療過程の理論　236-239
　　治療関係　243
　　治療の内容　240
　　敵意　241
　　敵応vs.超越　241
　　パーソナリティ理論　233-234
　　ひとり親家族　236
　　批判　254-256
　　不安　240
　　防衛　240
　　役割の移行　235-236
　　有用性　251-254
対人恐怖症（TKS）　474
対話ゲーム　202
妥協形成　32
多元論（multiplism）　567
多元論（pluralism）　497
多システム療法（MST）　424
他者-のために-あること　114
他者-のために-偽ること　119
多世代伝達過程　417
多層ベースラインデザイン　329
脱感作段階　281
脱帰属テクニック　372
脱構築　513
脱-内省　139
多文化間心理療法　471
多文化間療法　466-499
　　LGBTのクライエント　487-491
　　意識化　476-478
　　カタルシス　478
　　コミュニケーション　481
　　コントロール　481
　　自尊感情　480
　　実用性　485-486
　　衝動コントロール　482
　　将来の方向性　496-498
　　症例（C夫人）　495-496
　　人生における意味　482
　　親密さ　480
　　精神病理の理論　473-476
　　セクシャリティ　481
　　選択　478-480
　　短期　486-487
　　治療過程の理論　476-480
　　治療関係　483-485
　　治療の内容　480-483
　　敵意　481
　　適応vs.超越　482
　　パーソナリティ理論　471-472
　　パイオニアたち　467-471
　　批判　492-495
　　不安　480
　　文化に結びついた症候群　473

689

有用性　491-492
　　理想の個人　483
魂の治療　614
他律性　168
多理論統合的関係　588-589
多理論統合モデル（TTM）　14, 568-598
　　いじめと暴力　591-592
　　介入方略　584-585
　　禁煙研究　590
　　症例（C夫人）　594-598
　　心理療法のシステムの統合　585
　　ステージとプロセスの統合　579-582
　　ストレスマネジメント　590-591
　　治療関係　588-589
　　統合化　584-588
　　批判　592-594
　　複数の行動変化　591
　　変化のステージ　572-579→変化のステージも見よ
　　変化のプロセス　569-572
　　変化のレベル　583-584
　　有効性　589-592
段階的ケアモデル　612
段階的ホームワーク　303
短期家族療法センター（BFTC）　506
短期行動療法　328
短期システム療法　421-422
短期実存療法　136
短期精神力動的治療　94-97, 100
短期精神力動的心理療法　95-97, 545
短期対人関係療法　251
短期多文化間療法　486-487
短期統合療法と短期折衷療法　556-557
短期認知療法　375
短期パーソンセンタード療法　174
男根期　36-38
男性性　456
男性センシティヴ療法　456-458
男性中心　439
男性的なプロテスト　74
男性と男性性に関する心理研究会（SPSMM）　458

知性化　36
知性・倫理に関する発達のステージ　565-568
腟けいれん　19
知的障害　335
注意欠陥多動性障害（ADHD）　335-336
注意プラセボ群　12
忠誠効果　99, 221, 534
超越→適応vs.超越を見よ
長時間暴露　272
調節　412
直線的でない力動　422
直面化　42-43
地理的治療　417

治療開始前の患者の心構え　486
治療関係　10-11
　　C夫人を対象としたパーソンセンタードの分析　184-186
　　REBT　366-367
　　アドラー派療法　87
　　ゲシュタルト療法　213-216
　　行動療法　324-326
　　交流分析（TA）　244-250
　　ジェンダーセンシティヴ療法　453-454
　　システム療法　405-406, 413-414, 420
　　実存療法　134-135
　　精神分析的療法　51-52
　　精神力動的-行動的統合療法　544-545
　　ソリューションフォーカスド療法　510
　　対人関係療法　243
　　多文化間療法　483-485
　　多理論統合的関係　588-589
　　ナラティブ療法　516-517
　　認知療法　373-374
　　パーソンセンタード療法　160-161
　　暴露療法群　268-269, 275, 282
　　マルチモダル療法　551-553
治療選択　550, 562
治療的二重拘束　402
治療同盟　96
治療内容／目標　396
治療の意図による分析　380
治療の共通性　8-14
治療の内容　22-24
治療法への忠誠　284
治療マニュアル　106
治療様式／型　395

通常の治療（TAU）　253

抵抗　45
手がかりに対する暴露　274
敵意
　　REBT　363
　　アドラー派療法　85
　　ゲシュタルト療法　211
　　実存療法　130-131
　　精神分析的療法　48
　　対人関係療法（IPT）　241
　　多文化間療法　481
　　パーソンセンタード療法　170
適応的情報処理　279
適応vs.超越
　　REBT　364
　　アドラー派療法　85-86
　　ゲシュタルト療法　212
　　実存療法　131-132
　　精神分析的療法　49-50
　　対人関係療法（IPT）　241
　　多文化間療法　482

パーソンセンタード療法　171
　　　フェミニスト療法　452
徹底操作　44
デルファイ投票法　601-604
転移　51, 54-55
転移神経症　54
転移に焦点づけられた心理療法（TFP）　97
伝統的／土着・伝統的療法家　486

投影　34, 360
動機づけ増強治療（MET）　177
動機づけに関するズレ　176
動機づけ面接（MI）　174-178
道具的条件づけ　264
統合失調症　336, 381, 424-425
統合的・包括的ケア　616
統合の"不毛理論"　530
統合モデル　5, 14, 21
統合療法と折衷療法　528-563
　　技法的折衷　535-538
　　共通要因　532-535
　　将来の方向性　561-562
　　精神力動的-行動的統合療法　538-546→精神力動的-行動的統合療法も見よ
　　短期療法　556-557
　　統合療法の発展　530-531
　　批判　557-559
　　マルチモダル療法　546-556→マルチモダル療法も見よ
　　理論的統合　536-538
洞察療法　15, 21
投射　207
投射遊び　202
投射を自分のものにする　200
同性愛嫌悪　488
堂々巡り　281
道徳的な不安　45
トークン・エコノミー法　311
ドードー鳥の評決　533
読書療法　78, 248, 447
『時計じかけのオレンジ』　286
特権を持つ立場　514
トップドッグとアンダードッグのエクササイズ　200
ドメスティック・バイオレンス（DV）　382, 591
共に-あること　134
取り入れ（introjection）　92
取り入れ（introjectors）　208

な　行

内在化された人種差別主義　480
内在化された同性愛嫌悪感　488
内在化された抑圧　442
内潜（カバラント）　317
内潜的オペラント反応　317

内潜的感作　316-317
内破の層　198
内容特異性仮説　369
ナラティヴ療法　511-517
　　意識化　514-515
　　拮抗条件づけ　515-516
　　実用性　517
　　症例（C夫人）　523-524
　　選択　515
　　治療過程の理論　513-516
　　治療関係　516-517
　　パーソナリティ理論および精神病理の理論　512-513
ナラティヴの共感性　516

二元論　567
二次思考過程　40
二次性般化　298
二重拘束コミュニケーション　398, 402
二重拘束コミュニケーション研究計画　396-397
二分法思考　368, 372
ニューロフィードバック　320
尿アラーム　337
認知行動療法（CBT）　367-383→認知療法も見よ
認知行動的カップル療法　381
認知行動変容（CBM）　317-324
　　ストレス免疫法　323
　　精神病理の理論　318-319
　　治療過程の理論　319-324
　　問題解決療法　323
認知的再体制化　295, 304, 371
認知的な目隠し　16
認知の編み込み　281
認知の3要素　369
認知の妥当性（VOC）尺度　280
認知分析療法（CAT）　389
認知療法　348-391
　　PTSD　380
　　REBT→REBTを見よ
　　うつ病　377-378
　　エリス　349-350
　　カップル療法　381-382
　　実用性　374-375
　　集団療法　381-382
　　宿題の割り当て　382
　　将来の方向性　388-389
　　症例（C夫人）　386-388
　　精神病性障害　381
　　精神病理の理論　368-369
　　摂食障害　380
　　短期　375
　　治療過程の理論　370-374
　　治療関係　373-374
　　ドメスティック・バイオレンス（DV）　382
　　パーソナリティ障害　381

パニックコントロール療法　379
パニック障害　379
批判　383-386
不安障害　378-379
分化的な反応　382-383
ベック　367-368
ベック／エリスの共通点　368
弁証法的行動療法（DBT）　375, 381
慢性疼痛　380
有用性　375-383

ネガティブ・フィードバックループ　395

脳障害　611
脳療法　611

は行

パーソナリティ障害　381
パーソナリティと精神病理の葛藤　22-23
パーソンセンタード療法　152-189
　意識化　162-165
　意味　171-172
　カタルシス　165-167
　コミュニケーション　170
　コントロール　170-171
　自尊感情　168
　実用性　172-173
　衝動コントロール　171
　将来の方向性　186-187
　症例（C夫人）　184-186
　親密さ　169
　精神病理の理論　157-160
　責任　168
　セクシャリティ　169-170
　短期　174
　治療関係　160-161
　治療の内容　167-172
　敵意　170
　適応vs.超越　171
　パーソナリティ理論　155-157
　批判　181-184
　不安　167-168
　防衛　167-168
　有用性　178-181
　理想の個人　172
　ロジャーズ　153-155
パートナーによる暴力　382, 591
バイオフィードバック　319-320
媒介的般化　298
背理法　401
破局願望　195
暴露療法　261-292
　EMDR→EMDRを見よ
　インプローシヴ療法→インプローシヴ療法を見よ

実用性　275
将来の方向性　290
精神病理の理論　271
治療過程の理論　271-275
治療関係　275
批判　285-287
フォア　270-271
有用性　275-277
バタードウイメン症候群　444
罰　307, 314
パニックコントロール療法（PCT）　379
パニック障害　335, 379
母親非難　443
母親への道　444
パブリケーションバイアス　332
パブロフ型条件づけ　19
破滅的　354
パラダイムシフト　396
パワー　404
パワー分析グループ　447
般化　264, 311
般化勾配　298
反現実主義者　512
ハンス坊や　548
反転　208
反動形成　36
反応妨害　266, 272, 273
反駁（D）　355
ハンプティ・ダンプティのジレンマ　255
反論　357

比較による結論　564-600
　多理論統合モデル　568-598→多理論統合モデル（TTM）も見よ
　発達的観点　565-568
比較のゲーム　208
必要にして十分な条件　160
人々が演じるゲーム　246
否認　34
標的行動　294
標的行動の操作化　309
平等主義　454
貧困の女性化　444

不安
　REBT　360
　アドラー派療法　83
　拮抗条件づけ　298-300
　ゲシュタルト療法　207-208
　実存療法　127
　精神分析的療法　45
　対人関係療法（IPT）　240
　多文化間療法　480
　パーソンセンタード療法　167-168
　フェミニスト療法　450
不安階層表　298, 301

不安障害　378-379
フィードバックループ　395
フィードバック　15→意識化—フィードバックも見よ
不一致　157
夫婦の分裂　399
夫婦（カップル）療法
　　行動療法　332
　　認知療法　381-382
　　ボーエン療法→ボーエン家族システム療法を見よ
フェイディング　308
フェミニスト療法　439
　　意識覚醒（意識化）　445-447
　　コミュニケーション　451-452
　　コントロール　452
　　自尊感情　450
　　実用性　455
　　社会的解放　448-450
　　将来の方向性　463-464
　　症例（C夫人）　462-463
　　人生における意味　452-453
　　親密さ　451
　　精神病理の理論　441-445
　　責任　451
　　セクシャリティ　451
　　選択　447-448
　　短期療法　455-456
　　治療関係　453-454
　　治療のガイドライン　446
　　治療の内容　450-453
　　適応vs.超越　452
　　パーソナリティ理論　440
　　批判　459-461
　　不安　450
　　有用性　459
　　理想の個人　453
フェミニズム　439
複数の行動変化　591
不合理な信念（iBs）　353, 354
不条理劇状　149
2つの椅子のワーク　219
物質乱用　424
物質乱用・精神衛生管理庁（SAMHSA）　606
不眠　338
フラストレーション　195, 200
フラッディング　543
フロイトの後継者たち　70-71
プロクルステスの寝台　548
プロセス研究　178
プロセス志向体験療法（PET）　218, 220
プロセス診断　205
プロブレム・トーク　506
プロンプト　308
文化　471
文化相対主義　471

分化的な反応　382-383
文化的な有能性　463
文化的に決定される　441
文化に結びついた異常な行動　474
文化に結びついた症候群　473
文化普遍主義　471
文化変容　475
文化を重視した療法→多文化間療法を見よ
文章を補ってもいいですか　202
分析心理学　71
分裂（schism）　399
分裂（splitting）　92

ペイオフ（報酬）　247
米国行動療法学会（AABT）　296, 327
米国の有色人種化　468
ベースライン測定　294, 310
ペリーの知性・倫理に関する発達モデル　565-568
　　自己関与的セラピスト　567-568
　　相対論　566-567
　　多元論　566
　　二元論　565-566
変化のステージ　572-579
　　維持期　575
　　繰り返し　575-577
　　実行期　574-575
　　終結期　577
　　熟考期　573-574
　　準備期　574
　　ステージの異なるクライエント　577-578
　　ステージ理論についての代表的な研究　578-579
　　前熟考期　573
変化のプロセス　14-18, 532, 569-572
　　意識化　15-16
　　カタルシス　16-17
　　条件刺激　19-20
　　随伴性コントロール　20
　　選択　17-19
変化のレベル　583-584
偏向　208
弁証法的行動療法（DBT）　375, 381
片頭痛　338
弁別刺激　308

防衛
　　REBT　360-361
　　アドラー派療法　83
　　ゲシュタルト療法　207-208
　　実存療法　127
　　精神分析的療法　45
　　対人関係療法（IPT）　240
　　パーソンセンタード療法　167-168
防衛機制　32
崩壊　235

ボーエン家族システム療法　415-421
　　意識化　418-419
　　実用性　420-421
　　精神病理の理論　416-417
　　選択　419-420
　　治療過程の理論　418-421
　　治療関係　420
　　批判　427-432
　　ボーエン　415-416
　　有用性　427
ホーソン研究　12
ホーソン効果　11-13
ポジティブ心理学　615
ポジティブな期待　9-10
ポジティブ・フィードバックループ　395
ポストモダン　503
ボタンを押す技法　82
ホットシート　199
ホメオスタシス　394
ホモセクシャル・クライエント　487-491
本質-において-偽ること　119
本能　32
本文内容一覧表　621-623→個別項も見よ

ま　行

マインドフルネス　389
マニュアル化治療　327
マネジドケア　604
マヤ　196
マルチモダル療法　546-556
　　実用性　553-554
　　症例（C夫人）　559-561
　　治療過程の理論　549-551
　　治療関係　551-553
　　治療の内容　548-549
　　パーソナリティ理論と精神病理の理論　547-548
　　批判　557-559
　　有用性　554-556
　　ラザルス　546-547
慢性疼痛　380

未完の経験　204
未分化の家族自我集塊　416
ミメシス　412
ミラーリング　92, 93
ミラーリングを強く求める人　93
ミラクル・クェスチョン　507
民族　472

無意識的人種差別主義　474
無意味であること　116
無条件の肯定的関心　161
無条件の自己受容（USA）　361
無料（pro bono）　283

明確化　42-43
明白な指示　404
メタコミュニケーション　400
メタ分析　98
メニンガー財団心理療法調査プロジェクト　58
メンタルヘルスケアの経済学　604-605
メンタルヘルスケアの産業化　605

もう1人の人-と共に-あること　134
目標設定のための質問　507
目標に焦点を当てる　507-508
モデリング　325
問題解決療法　323

や　行

役割葛藤　443
役割緊張　443
役割交代　202
夜尿　337
ヤヌス　617-618

優越性の希求　73
有機体的価値づけ　155
有機体としての欲求　193
有限性　117
融合　416
遊離家族　408

様式のプロフィール　550
抑圧　360
抑うつの原因となる認知の誤り　368
欲動理論　70

ら　行

ライフスタイル　74
ライフスタイルの分析　79
ラター　474
ランダム化臨床試験（RCTs）　233

力動的脱感作　528
力動的な手がかり　267
理想化　93
理想的自己　74
理想の個人
　　REBT　365-366
　　アドラー派療法　86-87
　　ゲシュタルト療法　213
　　実存療法　133-134
　　精神分析的療法　50-51
　　多文化間療法　483
　　パーソンセンタード療法　172
　　フェミニスト療法　453
リハーサル　202

リフレーミング　401, 410-411
両極性　197
両性具有　453
リラクセーション訓練　333
リラベリング　401
理論　7-8
理論的統合　536-538
理論的補完性　586
臨床の代表性　330

例外　506
例外さがしの質問　508
例外に焦点を当てる　508
レイプ　443
レズビアン，ゲイ，両性愛，トランスジェンダー（LGBT）　487-491
レズビアンとゲイの両親，家族と友人（PFLAG）　489
レスポンスコスト　314
レスポンデント条件づけ　264, 298

レベルのシフト方略　584-585
劣等感コンプレックス　74

ロゴセラピー　137-139
論理情動行動療法→REBTを見よ
論理的な思考　40

わ 行

私意識　224
私が責任を取る　202
私-それ関係　129
"私"の位置　419
私はOK，あなたはOKでない　247
私はOKでない，あなたはOK　247
私はOKでない，あなたもOKでない　248
我-汝　134, 213
われわれ意識　211, 224
われわれ自身-のために-ある　114

監訳者紹介

津田　彰
　1951年生。上智大学大学院文学研究科教育学専攻（心理コース）博士後期課程満期退学。医学博士。久留米大学医学部薬理学講座助手，同文学部人間科学科教授，ロンドン大学，ロードアイランド大学（いずれも客員教授）を経て，現在，同大学心理学科，大学院心理学研究科教授。日本健康心理学会，日本健康支援学会（いずれも常任理事）等。主要著書に，『Psychosocial Processes and Health』（分担執筆，Cambridge University Press, 1994），『医療の行動科学 2』（編著，北大路書房，2004），『心理学総合事典』（分担執筆，朝倉書店，2006）。

山崎　久美子
　1956年生。上智大学大学院文学研究科教育学専攻（心理コース）博士後期課程修了。文学博士。東京医科歯科大学教養部助教授，同教授，早稲田大学人間科学学術院教授を経て，現在，防衛省人事教育局衛生官付総括班　兼　防衛医科大学校准教授（看護学教育部（仮称）設立準備室副室長）。日本カウンセリング学会理事，日本行動医学会理事，日本保健医療行動科学会理事等。主要著書に，『21世紀の医療への招待』（編著，誠信書房，1991），『臨床心理学大系　第 1 巻　臨床心理学の科学的基礎』（分担執筆，金子書房，1992），『臨床心理クライエントセミナー』（編著，至文堂，2007）

訳者紹介　　（　）内は担当章。

津田　彰（第 1 章，第16章）
　監訳者

妙木　浩之（第 2 章）
　1960年生。上智大学大学院文学研究科教育学専攻（心理コース）博士後期課程単位取得退学。現在，東京国際大学人間社会学部教授。

高田　洋平（第 2 章）
　1980年生。東京国際大学大学院臨床心理学研究科修士課程修了。現在，医療法人智生会イサオクリニック勤務。

林　直樹（第 3 章）
　1955年生。東京大学医学部卒業。現在，都立松沢病院精神科部長，東京医科歯科大学臨床教授，東京大学教育学部客員教授。

重宗　祥子（第 4 章）
　1958年生。上智大学大学院文学研究科教育学専攻（心理コース）博士後期課程単位取得退学。現在，さちクリニック・サイコセラピー室臨床心理士。

田畑　治（第 5 章）
　1940年生。京都大学大学院教育学研究科博士課程満期退学。教育学博士。現在，愛知学院大学心身科学部教授。同大学院心身科学研究科長。（なお，本章の翻訳にあたっては，各務秀昭，桧木雄史，坂本真也，篠田瑛子（いずれも愛知学院大学大学院心身科学研究科心理学専攻修了）各氏の協力を得た。）

倉戸　ヨシヤ（第 6 章）
　1936年生。マサチューセッツ大学大学院教育学部博士課程修了。教育学博士。現在，福島学院大学教授。

小澤　真（第 7 章）
　1963年生。筑波大学大学院博士課程心理学研究科中退。現在，聖徳大学人文学部心理学科准教授。

市井　雅哉（第 8 章）
　1961年生。早稲田大学大学院文学研究科心理学専攻博士後期課程単位取得満期退学。兵庫教育大学大学院発達心理臨床研究センター教授。

吉里　肇（第 8 章）
　1980年生。兵庫教育大学大学院臨床心理学コース修了。現在，堺市子ども相談所　児童心理司。

監訳者・訳者紹介

鈴木　絢（第8章）
　1984年生。兵庫教育大学大学院臨床心理学コース修了。現在，（社会福祉法人あいむ）アメニティホーム広畑学園　児童指導員。

杉山　雅彦（第9章）
　1953年生。教育学博士。筑波大学大学院博士課程心身障害学研究科修了。現在，広島国際大学心理科学部教授。

丹野　義彦（第10章）
　1954年生。医学博士。現在，東京大学大学院総合文化研究科教授。

山内　貴史（第10章）
　1976年生。修士（学術）。現在，東京大学大学院総合文化研究科博士課程・日本学術振興会特別研究員。

平木　典子（第11章）
　1936年生。ミネソタ大学大学院教育心理学専攻修士課程修了。MA。現在，東京福祉大学大学院教授。

有倉　眞知子（第11章）
　1952年生。日本女子大学大学院人間社会研究科心理学専攻博士課程前期修了。現在，鷗友学園女子中学・高等学校スクールカウンセラー。

髙畠　克子（第12章）
　1944年生。ハーヴァード大学教育学部修士課程修了。現在，東京女子大学心理学専攻心理学科教授，心理臨床センター長。

大西　守（第13章）
　1952年生。医学博士。現在，㈳日本精神保健福祉連盟常務理事，多文化間精神医学会執行理事，日本精神衛生学会常任理事。

井上　孝代（第13章）
　博士（教育心理学）。現在，明治学院大学心理学部教授。

楡木　満生（第14章）
　1938年生。医学博士。現在，立正大学名誉教授。

稲谷　ふみ枝（第15章）
　1964年生。久留米大学大学院心理学研究科博士課程修了。博士（心理学）。現在，久留米大学文学部心理学科，大学院心理学研究科教授。

伊藤　桜子（第15章，第16章）
　1968年生。久留米大学大学院心理学研究科博士後期課程満期退学。現在，横浜労災病院勤労者メンタルヘルス研究センター研究員。

山崎　久美子（第17章）
　監訳者

（所属・肩書は，2010年1月現在）

編集協力・フライリーフ編集室

Credits

29 National Library of Medicine. **69** Courtesy of Alfred Adler Institute of Cicago; Courtesy of Heinz Kohut. **109** Courtesy of Rolo May; Courtesy of James Bugental. **152** Courtesy of Dr. Natalie Rogers; Courtesy of Dr. Willam Miller. **190** Courtesy of National Library of Medicine; Courtesy of Dr. Leslie Greenberg. **231** Courtesy of Drs. Gerald Klerman and Myrna Weissman. **261** Courtesy of Dr. Thomas G.Stampfl; Courtesy of Dr. Edna Foa; Courtesy of Dr. Francine Shapiro. **293** Courtesy of Dr. Joseph Wolpe; Courtesy of Dr. Donald Meichenbaum, University of Waterloo, Department of Psychology. **348** Courtesy of Dr. Albert Ellis; Courtesy of Dr. Aaron Beck. **370** This and other quotes following are from *Cognitive Therapy of Depression*, By A. T. Beck, A. J. Shaw, G. Emery, pp.147-148 and 153. Copyright © 1979 Guilford Press. Reprinted with permission. **392** Avanta, The Virginia Satir Network; Courtesy of Dr. Salvador Minuchin. **466** Courtesy of Dr. Lillian Comas-Diaz; Courtesy of Dr. Stanley Sue; Courtesy of Dr. Beverly Greene. **500** Courtesy of Insoo Kim Berg; Courtesy of Dr. Michael White. **528** Courtesy of Dr. Arnold Lazarus; Photo by Ellen Wachtel.

心理療法の諸システム　多理論統合的分析［第6版］	
2010年6月30日　初版第1刷　発行 2019年3月28日　初版第2刷　発行	［検印省略］

著　者	ジェームズ・O・プロチャスカ ジョン・C・ノークロス
監訳者	津田　彰 山崎久美子
発行者	金子　紀子
発行所	株式会社　金子書房 〒112-0012　東京都文京区大塚3-3-7 TEL 03-3941-0111(代表)　FAX 03-3941-0163 http://www.kanekoshobo.co.jp 振替　00180-9-103376
装　丁	高須賀　優
印　刷	凸版印刷株式会社
製　本	島田製本株式会社

Ⓒ 2010, Kanekoshobo　Printed in Japan
ISBN 978-4-7608-2630-8 C3011